U1012197

中华人民共和国史编年

2011 年卷

当代中国研究所　中央档案馆 编

当代中国出版社
Contemporary China Publishing House

《中华人民共和国史编年》编纂委员会

顾　问　朱佳木

主　任　姜　辉　李明华

副主任　武　力　王绍忠　李正华　管明军

委　员（按姓氏笔画为序）

丁　明　王凤环　王巧荣　王爱云

王瑞芳　纪国伟　李　文　宋月红

张金才　陈东林　欧阳雪梅　郑有贵

姚　力　徐　成　焦东华

《中华人民共和国史编年》2011年卷编写组

执行主编　武　力

副主编　徐　成　王凤环

撰稿人（按姓氏笔画为序）

陈希驰　徐　成　章舜粤

目　录

正　文

附　录

凡 例

一 《中华人民共和国史编年》（简称《国史编年》）是以编年体全面反映中华人民共和国各个领域重大史事的资料书，旨在为研究中华人民共和国史提供翔实可靠的史料，同时也为国内外读者查阅有关中华人民共和国史的资料提供方便。

二 举凡涉及中华人民共和国政治、经济、文化、科技、教育、卫生、民族、社会、人口、宗教、疆域、地理、区划、灾害、气候、生态、资源、军事、国防、外交等方面的大事，均在编写之列。

三 《国史编年》为多卷本，自1949年起，每年独立成卷，采用纲目体编写。

四 《国史编年》由纲文、目文、注释、附录等部分组成。部分条目史事简单，将纲目合一，仅以纲文记事。与纲目文内容相关的重要文献或史料，分别以文献或附录形式附在纲文或目文之后，并标明资料来源。对纲目文涉及的人名、地名等，作必要注释。注释采用页末脚注。

五 《国史编年》条目采自原始的或权威的资料，凡对某一事件有两种或两种以上说法的，在经过认真考证后，采用相对准确的说法，并用注释加以说明。

六 《国史编年》条目以时间先后为序，逐日排列。难以确定具体日期的，视具体情况分别标以上旬、中旬、下旬，月初、月底，或月、季、上半年、下半年。

七 在编写《国史编年》的条目时，原则上一事一条，遇有重大事件或一件事始终时间间隔较长的，可以出两个条目。

八 《国史编年》对各种机构、会议的称谓，凡文字较多的，在文内用简称，并在附录中附有该机构的全称与简称对照表。

九 《国史编年》采用1986年经国务院批示由国家语言文字工作委员会重

新发表的《简化字总表》，以及1988年由国家语言文字工作委员会和新闻出版署发布的《现代汉语通用字表》收录的汉字。

十 《国史编年》所用数字，除习惯用法或特殊用法以汉字标示外，一般用阿拉伯数字。文献中的数字遵从原文中的用法。

十一 《国史编年》中的人物在加注时，凡中国人，只注明生卒年（不详者空缺备考）、民族、籍贯、时任职务（兼数职者注主要职务）。凡外国人，取其标准译名，只注国别和时任职务。

十二 凡条目所涉及的内容在本卷或之前各卷中有相关内容的，凡编者认为有必要提示的，在该条目中用括号标注：参见本卷某月某日，或《国史编年》某某年卷某月某日。

十三 《国史编年》每卷在目录后面均置：（1）《凡例》，说明《国史编年》的体例；（2）《本卷编辑说明》，概述该年基本历史脉络、特点、主要资料来源、未尽事宜和作者分工。

《中华人民共和国史编年》编委会

2019年5月30日

本卷编辑说明

本卷为《中华人民共和国史编年》2011年卷，起止时间为2011年1月1日至12月31日。

2011年，是中国“十二五”开局之年。以胡锦涛为总书记的党中央以改革创新精神不断推进党的建设新的伟大工程，以党的执政能力建设和先进性建设为主线，坚持党要管党、从严治党，贯彻为民、务实、清廉的要求，加强思想、组织、作风、制度和反腐倡廉建设，不断提高党的领导水平和执政水平。

在党的建设方面，由中共中央党史研究室编写的《中国共产党历史》第二卷（1949—1978）出版。中共中央办公厅印发《关于加强市（地、州、盟）党政正职管理的若干规定》，中共中央办公厅、国务院办公厅印发《农村基层干部廉洁履行职责若干规定（试行）》。7月1日，胡锦涛在庆祝中国共产党成立90周年大会上讲话指出，经过90年的奋斗、创造、积累，党和人民必须倍加珍惜、长期坚持、不断发展的成就是：开辟了中国特色社会主义道路，形成了中国特色社会主义理论体系，确立了中国特色社会主义制度。

在国家政治建设方面，十一届全国人大四次会议批准的全国人大常委会工作报告宣布：以宪法为统帅，以宪法相关法、民法商法等多个法律部门的法律为主干，由法律、行政法规、地方性法规等多个层次的法律规范构成的中国特色社会主义法律体系已经形成。6月8日，中共中央办公厅、国务院办公厅印发《关于深化政务公开加强政务服务的意见》，指出：要坚持保障人民群众的知情权和监督权，加大推进政务公开力度，把公开透明的要求贯穿于政务服务各个环节。这一年，98个中央部门和北京、上海、广东、陕西等省市公开“三公经费”，基本完成乡镇机构改革，事业单位分类改革有序开展。在法制建设方面，全国人大常委会共审议24件法律、法律解释和有关法律问题的决定草案，通过《中华人民共和国刑法修正案（八）》等 14 件。其中新制定了《中华人民共和国非物质文化遗产法》《中华人民共和国车船税法》《中华人民共和国行政强制法》，修改了《中华人民共和国煤炭法》《中华人民共和国建筑法》《中华人民共和国道路交通安全法》《中华人民共和国个人所得税法》《中华人民共和国兵役法》《中华人民共和国居民身份证法》《中华人民共和国职业病防治法》。

在经济建设方面，2011 年，面对复杂严峻的国际经济形势和艰巨繁重的国内改革发展稳定任务，全国各族人民在党中央、国务院的正确领导下，坚持以科学发展为主题，以加快转变经济发展方式为主线，按照稳中求进的工作总基调，认真贯彻落实加强和改善宏观调控的各项政策措施，国民经济运行总体平稳，各项社会事业取得新的进步，为全面建成小康社会奠定了良好基础。中国加强同各国的交流合作，积极参与促进世界经济增长和金融稳定、完善全球经济治理、解决国际和地区热点问题等国际合作，为促进人类和平与发展作出了新的贡献。3 月 14 日，十一届全国人大四次会议批准了《国民经济和社会发展第十二个五年规划纲要》，确定未来五年的经济和社会发展的目标任务和方针政策。

2011 年，面临复杂的国际经济形势和国内转变发展方式的迫切要求，温家宝在年度政府工作报告中提出今年国民经济和社会发展的主要预期目标是：国内生产总值增长 8% 左右；经济结构进一步优化；居民消费价格总水平涨幅控制在 4% 左右；城镇新增就业 900 万人以上，城镇登记失业率控制在 4.6% 以内；国际收支状况继续改善。为此，提出 2011 年的十大任务：（1）保持物价总水平基本稳定；（2）进一步扩大内需，特别是居民消费需求；（3）巩固和加强农业基础地位；（4）加快推进经济结构战略性调整；（5）大力实施科教兴国战略和人才强国战略；（6）加强社会建设和保障改善民生；（7）大力发展文化建设；（8）深入推进重点领域改革；（9）进一步提高对外开放水平；（10）加强廉政建设和反腐败工作。按照部署，2011 年经济工作的重点是：保持物价总水平基本稳定；坚定不移地把房地产市场调控政策落到实处，确保见到实效；毫不放松农业和粮食生产；推进结构调整和节能减排；着力深化改革开放；大力保障和改善民生。在文化建设方面，10 月召开的中国共产党第十七届中央委员会第六次全体会议，审议通过《中共中央关于深化文化体制改革、推动社会主义文化大发展大繁荣若干重大问题的决定》，这是新中国成立以来中国共产党首次专门通过全会来讨论制定文化发展的方针政策。该《决定》总结了文化改革发展取得的丰硕成果和宝贵经验，明确了文化改革发展的指导思想、重要方针、目标任务、政策举措，是新形势下推进文化改革发展的纲领性文件。2月25日，十一届全国人大常委会第十九次会议通过《中华人民共和国非物质文化遗产法》。

在社会建设和社会治理方面，2011年也取得重大进展。2月26日，国务院办公厅发出《关于积极稳妥推进户籍管理制度改革的通知》，指出：要落实放宽中小城市和小城镇落户条件的政策，引导非农产业和农村人口有序向中小城市和建制镇转移，逐步实现城乡基本公共服务均等化。3月23日，中共中央、国务院印发《关于分类推进事业单位改革的指导意见》，对事业单位改革作出全面部署。5月27日，中共中央、国务院印发《中国农村扶贫开发纲要（2011—2020年）》，指出：到2020年，稳定实现扶贫对象不愁吃、不愁穿，保障其义务教育、基本医疗和住房。贫困地区农民人均纯收入增长幅度高于全国平均水平，基本公共服务主要领域指标接近全国平均水平，扭转发展差距扩大趋势。7月5日，中共中央、国务院印发《关于加强和创新社会管理的意见》。9月17日，国务院印发《中国老龄事业发展“十二五”规划》。

2011年是世界经济的多事之秋，欧洲债务危机、美国华尔街的抗议以及北非和西亚的动荡显示出世界金融危机并没有走出低谷，而作为世界第二大经济体的中国，依旧“风景这边独好”，虽然也遭遇通货膨胀的压力，但是仍然呈现出生机勃勃、欣欣向荣的局面。这一年经济平稳较快发展。国内生产总值47.2万亿元，比2010年增长9.2%；公共财政收入10.37万亿元，增长24.8%；粮食产量57121万吨，再创历史新高；城镇新增就业1221万人，城镇居民人均可支配收入和农村居民人均纯收入实际增长8.4%和11.4%。巩固和扩大了应对国际金融危机冲击成果。经济和社会发展等各项工作及成效主要表现在以下几个方面：

一、加强和改善宏观调控，遏制物价过快上涨，实现经济平稳较快发展。综合运用多种货币政策工具，6次上调存款准备金率，3次上调存贷款基准利率。

全年新增人民币贷款7.47万亿元，比2010年少增3901亿元；年末广义货币供应量M2余额同比增长13.6%，低于预期目标2.4个百分点。取消、降低和减免了一批涉农涉企收费。全年共查处各类价格违法案件4.51万件，实施经济制裁20.91亿元。价格涨幅逐步收窄。居民消费价格同比涨幅由7月份的6.5%逐月回落到12月份的4.1%，全年上涨5.4%，没有实现预期目标。重点城市房价涨幅回落。12月份，70个大中城市中，新建商品住宅价格同比下降的有9个，环比价格下降的城市扩大到52个。

二、转变经济发展方式，提高发展的协调性和产业的竞争力。全国财政用于“三农”的支出达29342亿元，增长21.2%；中央预算内投资用于农业和农村建设的比重超过50%。粮食总产量实现“八连增”，连续5年超万亿斤，解决了6398万农村人口的饮水安全和60万无电地区人口的用电问题。支持重点产业振兴和技术改造，中央预算投资安排150亿元，支持4000多个项目，带动总投资3000亿元。发布实施“十二五”节能减排综合性工作方案、控制温室气体排放工作方案和加强环境保护重点工作的意见。清洁能源发电装机达到2.9亿千瓦，比2010年增加3356万千瓦。新增城镇污水日处理能力1100万吨，5000多万千瓦新增燃煤发电机组全部安装脱硫设施。淘汰落后的水泥产能1.5亿吨、炼铁产能3122万吨、焦炭产能1925万吨。实施天然林保护二期工程并提高补助标准，实行草原生态保护奖补政策，开展湖泊生态环境保护试点。植树造林9200多万亩。新开工22项西部大开发重点工程，投资总规模2079亿元。出台实施促进西藏、新疆等地区跨越式发展的一系列优惠政策。制定实施新10年农村扶贫开发纲要和兴边富民行动规划。城镇化率超过50%。胜利完成四川汶川特大地震灾后恢复重建任务，积极推进青海玉树、甘肃舟曲、云南盈江抗灾救灾和恢复重建工作。

三、发展社会和文化事业，促进经济社会协调发展。全国财政支出2.82万亿元投入科技、教育、文化、卫生、体育事业。“天宫一号”目标飞行器与“神舟八号”飞船先后成功发射并顺利交会对接，成为我国载人航天发展史上新的里程碑。经过25年坚持不懈的努力，全面实现九年制义务教育。免除3000多万名农村寄宿制学生住宿费，其中1228万名中西部家庭经济困难学生享受生活补助。首届免费师范生全部到中小学任教，90%以上在中西部。文物保护、非物质文化遗产保护和传承取得重要进展。13亿城乡居民参保，全民医保体系初步形成。各级财政对城镇居民医保和新农合的补助标准由每人每年120元提高到200元。

四、保障和改善民生，解决关系群众切身利益的问题。高校毕业生初次就业率77.8%，同比提高1.2个百分点。农民工总量2.53亿人，比上年增长4.4%，其中，外出农民工1.59亿人，增长3.4%。农村居民人均纯收入实际增速为1985年以来最高；连续第七年提高企业退休人员基本养老金，全年人均增加1680元，5700多万人受益；对全国城乡低保对象、农村“五保”供养对象等8600多万名困难群众发放一次性生活补贴；个人所得税起征点从2000元提高到3500元。降低900多万个体工商户税负。中央决定将农民人均纯收入2300元（2010年不变价）作为新的国家扶贫标准，比2009年提高92%。2147个县（市、区）实施城镇居民社会养老保险试点，1334万人参保，641万人领取养老金。2343个县（市、区）开展新型农村社会养老保险试点，3.58亿人参保，9880万人领取养老金，覆盖面扩大到60%以上。解决了500多万名集体企业退休人员养老保障的历史遗留问题。将312万名企业“老工伤”人员和工亡职工供养亲属纳入工伤保险统筹管理。大力推进保障性安居工程建设。中央财政安排资金1713亿元，是2010年的2.2倍，全年城镇保障性住房基本建成432万套，新开工建设1043万套。

2011年，中国外交取得新成就。成功举办金砖国家领导人会晤、博鳌亚洲论坛年会。中国领导人出访的足迹遍及全球，二十国集团领导人戛纳峰会、亚太经合组织领导人非正式会议、上合组织阿斯塔纳峰会、圣彼得堡国际经济论坛……在一次次重大多边场合，国家主席胡锦涛全面阐述中国内外政策，就共迎挑战、共谋发展提出建设性主张和倡议。发表《中国的和平发展》等9部白皮书。

2月，利比亚国内形势发生重大变化，中国政府分批组织中国在利比亚人员（包括港澳台同胞）35860人安全有序撤离。这是新中国成立以来最大一次有组织撤离海外中国人员的行动。“海陆空总动员”，几十个中国驻外使领馆联动，近千名外交官参与，确保了中国公民撤出。

在国防和军队建设方面，全国人大审议通过“十二五”规划纲要，在新中国历史上，第一次从国家战略规划层面对经济建设和国防建设两大主题进行全面统筹，这既可从整体上消除军事经济和民用经济的分割状态，又能集中全民族的智慧和力量建设全民国防和强大的人民军队。总后勤部还下发《整体推进全面建设现代后勤试点目标任务框架》，提出“到2020年基本完成全面建设现代后勤任务”。北海舰队、陆军、空军和第二炮兵部队举行了联合演练。国务院、中央军委批准印发《军队保障社会化“十二五”规划》。

在取得上述成绩的同时，中国经济社会发展中还存在不少困难和问题。世界经济复苏进程艰难曲折，国际金融危机还在发展，一些国家主权债务危机短期内难以缓解。主要发达经济体失业率居高难下，增长动力不足，新兴经济体面临通货膨胀和经济增速回落的双重压力。主要货币汇率剧烈波动，大宗商品价格大幅震荡。国际贸易投资保护主义强化。经济增长存在下行压力，物价水平仍处高位，房地产市场调控处于关键阶段，农业稳定发展、农民持续增收难度加大，就业总量压力与结构性矛盾并存，一些企业，特别是小型微型企业经营困难增多，部分行业产能过剩凸显，能源消费总量增长过快。一些长期矛盾与短期问题相互交织，结构性因素和周期性因素相互作用，国内问题和国际问题相互关联，宏观调控面临更加复杂的局面。政府工作仍存在一些缺点和不足，节能减排、物价调控目标没有完成；征地拆迁、安全生产、食品药品安全、收入分配等方面问题还很突出，群众反映强烈；政府管理和服务水平有待提高，廉政建设亟须加强。

本卷在编写过程中，依据和参考资料的主要来源为《国务院公报》、《人民日报》、《光明日报》、《经济日报》、中国政府网、新华网、人民网、全国人大网、全国政协网及国务院各部委网站等。

本卷在编写过程中，武力、王凤环、徐成参加了统稿工作，吴文红参与了资料整理和编辑工作，王绍忠、焦东华、纪国伟等参加了审定稿工作。

本卷撰稿人的分工如下：徐成、陈希驰：1月1日—12月31日；章舜粤：附录。

本卷编写组

正　文

1 月

1 月 1 日

［纲　文］　**全国政协在政协礼堂举行新年茶话会。**

［目　文］　胡锦涛、吴邦国、温家宝、贾庆林、李长春、习近平、李克强、贺国强等党和国家领导人同各民主党派中央、全国工商联领导人和无党派人士代表、中央和国家机关有关方面负责人以及首都各族各界人士代表欢聚一堂，共庆 2011 年元旦。茶话会由中共中央政治局常委、全国政协主席贾庆林主持。

中共中央总书记、国家主席、中央军委主席胡锦涛在茶话会上发表讲话。他强调，经过 5 年不懈努力，“十一五”规划确定的目标任务胜利完成，我国经济实力、综合国力、人民生活水平迈上新的台阶。5 年的实践再次证明，有中国共产党的坚强领导，有中国特色社会主义道路和中国特色社会主义理论体系，有全党全国各族人民的紧密团结，我们一定能战胜前进道路上的任何艰难险阻，坚定不移推进全面建设小康社会进程，朝着中华民族伟大复兴的光明前景阔步前进。我们必须再接再厉、同心协力、锐意进取，增强全党全国各族人民走中国特色社会主义道路和实现中华民族伟大复兴的理想信念，紧紧依靠最广大人民群众，勇于变革、勇于创新，奋发有为开创党和国家各项工作新局面。

贾庆林指出，胡锦涛同志的讲话全面回顾了过去一年中共中央团结带领全国各族人民推进改革开放和社会主义现代化建设所取得的新的重大成就，明确提出了今年党和国家事业发展的指导思想和主要目标任务。讲话充分肯定了一年来人民政协坚持围绕中心、服务大局，切实履行政治协商、民主监督、参政议政职能所作的重要贡献，对新的一年里发挥统一战线重要作用、加强人民政协各项工作提出了明确要求，充分体现了以胡锦涛同志为总书记的中共中央对统一战线和人民政协事业的高度重视，为当前和今后一个时期人民政协事业发展指明了前进方向。我们一定要认真学习贯彻讲话精神，更好发挥协调关系、汇聚力量、建言献策、服务大局的重要作用。

九三学社中央主席韩启德代表各民主党派中央、全国工商联和无党派人士讲话，表示要更加紧密地团结在以胡锦涛同志为总书记的中共中央周围，同心同德，扎实工作，为实现“十二五”时期经济社会发展目标和全面建设小康社会宏伟目标而不懈努力。

1 月 1 日

［纲　文］　**中央外宣办和中央党史研究室在全国主要新闻网站和门户网站同步推出《党史上的今天》栏目。**

［目　文］　该栏目在全面、系统介绍党的历史的基础上，着重把握党的历史发展的主流和本质，侧重介绍党的光辉历史、伟大成就、宝贵经验、光荣传统和优良作风等党的历史基本知识，重温中国共产党90年的光辉历程，从而进一步坚定走中国特色社会主义道路的信心和决心。栏目编写过程中坚持实事求是的原则，坚持全面、客观、真实，力求反映历史的全貌。同时，栏目内容通俗易懂、可读性很强，注意突出主要历史节点，囊括了许多最新的党史研究成果。

1月1日

［纲　文］　**国家主席胡锦涛特使、水利部部长陈雷出席在巴西首都巴西利亚举行的巴西总统权力交接仪式，并会见新任总统迪尔玛·罗塞夫。**

1月1日

［纲　文］　**《中国古代书画鉴定实录》在安徽省博物馆举行首发式。**

［目　文］　来自全国各地的200多位文博专家、书画家、收藏家出席。

20世纪80年代初，在中央领导同志的关心下，国家文物局组成以谢稚柳、启功为组长的中国古代书画鉴定组。7位专家历时8年，过目10万余件故宫博物院、辽宁省博物馆、上海博物馆、南京博物院、安徽省博物馆等国家大型博物馆馆藏的中国古代书画作品，对其中6万件作品认真鉴定后，遴选了3万余件作品，由文物出版社用10年时间编纂出版了24卷本的《中国古代书画图目》。该图目被称为中国古代书画鉴定的学科奠基石。

《中国古代书画鉴定实录》一书作者劳继雄曾参与这一国家工程，8年间写下350万字的工作笔记。中国出版集团东方出版中心组织力量，历时3年，编辑出版了这套实录。该书详尽地记录了当年专家们的鉴定意见和学术之争，保留了古代书画鉴定学科的珍贵史料。同时作者又用按语具体分析了部分作品，填补了图目的文字空白。

1月1日

［纲　文］　**“中巴友好年”启动仪式在巴基斯坦首都伊斯兰堡的巴中友谊中心举行。**

［目　文］　中国驻巴大使刘健和巴基斯坦外长库雷希共同出席启动仪式并致辞。巴政府官员、外国驻巴使节、中巴友好人士等800多人参加了启动仪式。中巴两国艺术家在仪式上表演了节目。

12月23日，国家主席胡锦涛代表、国务委员戴秉国在巴基斯坦伊斯兰堡总理府出席中巴建交60周年暨“中巴友好年”闭幕仪式并发表讲话。巴基斯坦总理吉拉尼、国民议会议长米尔扎及巴党、政、军、媒体等各界人士出席。

戴秉国说，在中国与巴基斯坦建交60周年之际，谨代表胡锦涛主席、代表中国政府和人民，向兄弟的巴基斯坦人民致以亲切问候和良好祝愿！向长期致力于中巴友好的各界朋友表示衷心感谢和崇高敬意！中巴建交60年来，两国关系历经考验，政治基础日益牢固，利益纽带不断拉紧，建立起成果丰硕的战略合作伙伴关系。两国相互尊重、平等对待，彼此给予真诚无私的支持和帮助。

同日，戴秉国在伊斯兰堡会见了巴基斯坦总理吉拉尼，并共同出席《中华人民共和国与巴基斯坦伊斯兰共和国政府关于经贸合作五年发展规划的补充协议》《中国人民银行与巴基斯坦国家银行人民币 / 卢比双边本币互换协议》等多项协议的签字仪式，还会见了巴基斯坦外长希娜。

1 月 1 日

［纲　文］　**中俄原油管道正式投产输油。**

［目　文］　俄罗斯的原油输送至中国境内的中俄原油管道正式投入商业运营，标志着我国东北方向的原油进口战略要道正式贯通。中俄原油管道起自俄罗斯远东原油管道斯科沃罗季诺分输站，穿越中国边境，止于黑龙江大庆末站，管道全长近 1000 公里，设计年输油量 1500 万吨，最大年输油量 3000 万吨。从 2011 年 1 月 1 日起，中俄双方正式履行每年 1500 万吨原油进口协议，共持续 20 年。

1 月 1 日

［纲　文］　**中国人民解放军总医院推出“365 无假日门诊”。**

1 月 1—2 日

［纲　文］　**温家宝在内蒙古自治区锡林郭勒盟牧区看望各族干部群众。**

［目　文］　中共中央政治局常委、国务院总理温家宝在锡林郭勒大草原腹地，走访牧民家庭，在超市了解商品供应和物价情况，看望社区困难群众。他指出，中国牧区面积大，发展潜力大，牧业发展不仅关系到牧民生活改善，也关系到城市居民副食供应。统筹城乡发展，不仅要重视“三农”工作，还要重视牧业发展、牧区进步和牧民生活水平的提高。要以建立草原生态保护补偿奖励机制为契机，认真研究制定推进牧区又好又快发展的政策措施。他看望了居住在廉租房的低保家庭，了解他们的生活和工作情况，嘱咐当地政府负责人要关心困难群众生活，为他们多办实事；在锡林浩特市数字城市指挥中心，慰问节日期间坚守岗位的工作人员；在锡林郭勒盟老年公寓，看望老人，祝福他们健康长寿、安度晚年；在锡林郭勒盟儿童福利院，看望了在这里生活的 21 位孤儿，鼓励孩子们自强自立，将来成为对社会有用的人。

1 月 2 日

［纲　文］　**2010 年广东国税收入再创新高，完成税收 6796.32 亿元，同比增长 25%，增收 1360.54 亿元，连续 16 年居全国国税系统首位。**

1 月 2 日

［纲　文］　**厦门国际马拉松赛举行。**

［目　文］　肯尼亚选手凯伯春姆巴·罗伯特·凯伯科理尔夺得男子组冠军并打破赛会纪录，成绩为 2 小时 8 分 07 秒。埃塞俄比亚选手包揽了女子组的冠、亚军，中国女选手王佳丽名列第三。厦门国际马拉松赛创办于 2003 年。2007 年，该项赛事被评为“国际田联路跑金牌赛事”。

1月2日

［纲　文］　**正兵团职离休干部、国防科学技术大学原政委李东野，在上海逝世，享年96岁**。

1月3日

［纲　文］　**香港特区政府公布，香港数码地面电视广播的覆盖人口由85%扩展至约90%**。

［目　文］　特区政府发言人说，超过620万市民可享受数码地面电视广播带来的崭新视听效果，比2009年底增加30万人。

1月3日

［纲　文］　**《人民日报》报道，北京5年建保障房3648万平方米**。

［目　文］　北京市住房和城乡建设委员会发布：过去5年，北京保障性住房累计新开工面积达3648万平方米，约占同期全市住房总规模的1/3，完成“十一五”规划目标的1.2倍，累计解决35万户中低收入家庭住房困难。“十一五”期间，保障性住房建设完成投资达到1035亿元，是“十五”期间的2.7倍。过去5年，保障性住房新开工面积跨越式攀升，从2006年到2010年分别是115万、592万、803万、938万和1200万平方米。

1月3—7日

［纲　文］　**外交部部长杨洁篪应邀访问美国**。

［目　文］　4日，杨洁篪在华盛顿会见美国总统奥巴马时表示，国家主席胡锦涛在21世纪第二个十年伊始对美国进行国事访问，对新时期中美关系发展具有重大意义。中美双方应保持密切沟通与合作，全力做好此访准备工作，共同推动访问取得圆满成功。中方愿意同美方一道，加强各领域务实合作以及双边、地区和全球层面对话与协调，推动积极合作全面的中美关系向前发展。

奥巴马表示，我期待着胡锦涛主席对美国进行国事访问。胡锦涛主席此次访美时机很好，意义重大，美方将与中方加紧工作，认真筹备，确保此访取得成功。

同日，杨洁篪会见了美国总统国家安全事务助理多尼隆，就当前中美关系、国家主席胡锦涛访美及共同关心的国际和地区问题交换了意见。

5日，杨洁篪在华盛顿与美国国务卿希拉里·克林顿举行会谈时表示，两国元首保持密切接触，双方建立中美战略与经济对话机制及人文交流高层磋商机制。两国共同应对国际金融危机，双边重要领域的交流合作不断取得新进展，并就地区热点以及全球性问题保持着有效沟通和协调，推动中美积极合作全面关系向前发展。

希拉里·克林顿说，美方期待着胡锦涛主席对美国进行的国事访问。美方愿意同中方共同努力，精心准备，确保此访取得成功。两国在应对国际金融危机、气候变化等全球性问题上有效合作，美方对中方发挥的积极和建设性作用表示赞赏。

杨洁篪访美期间，在华盛顿还分别会见了美国财政部长盖特纳、商务部长骆家辉，就胡锦涛对美国进行国事访问有关准备工作及中美关系交换意见；还会见了联合国秘书长潘基文。

1 月 4 日

［纲　文］　**国务院批复《山东半岛蓝色经济区发展规划》。**

［目　文］　国务院以国函〔2011〕一号文件批复《山东半岛蓝色经济区发展规划》，这是“十二五”开局之年第一个获批的国家发展战略，也是我国第一个以海洋经济为主题的区域发展战略。《规划》的批复实施，是我国区域发展从陆域经济延伸到海洋经济、积极推进陆海统筹的重大战略举措，标志着全国海洋经济发展试点工作进入实施阶段，也标志着山东半岛蓝色经济区建设正式上升为国家战略，成为国家海洋发展战略和区域协调发展战略的重要组成部分。山东半岛蓝色经济区规划主体区范围包括山东全部海域和青岛等 6 市及滨州市的无棣、沾化 2 个沿海县所属陆域，海域面积 15.95 万平方公里，陆域面积 6.4 万平方公里。依据《规划》，山东将建设具有较强国际竞争力的现代海洋产业集聚区、具有世界先进水平的海洋科技教育核心区、国家海洋经济改革开放先行区和全国重要的海洋生态文明示范区。计划到 2015 年，基本建立海洋产业体系，到 2020 年，建成海洋经济发达、产业结构优化、人与自然和谐的蓝色经济区，率先实现现代化。

1 月 4 日

［纲　文］　**纪念杨得志同志诞辰 100 周年座谈会在人民大会堂举行。**

［目　文］　中共中央政治局常委、国家副主席、中央军委副主席习近平出席座谈会。

座谈会由中央军委委员、总参谋长陈炳德主持。座谈会上，副总参谋长章沁生、湖南省委副书记梅克保、军事科学院原战术研究部研究员杨凤安等发言。杨得志亲属及生前友好等约 200 人出席座谈会。

杨得志（1911 年 1 月 3 日—1994 年 10 月 25 日）是中国共产党的优秀党员，忠诚的共产主义战士，久经考验的无产阶级革命家、军事家，我军著名的高级将领，曾任国防部副部长、解放军总参谋长，中央军委常委、副秘书长，第十一届中央书记处书记、第十二届中央政治局委员等职务。

1 月 4 日

［纲　文］　**国务院防震减灾工作联席会议在北京召开。**

［目　文］　国务院副总理、国务院抗震救灾指挥部指挥长回良玉出席会议并讲话。

会议听取了中国地震局等部门和专家关于我国 2010 年防震减灾工作情况的汇报，研究部署了 2011 年重点工作任务。

回良玉要求，各地区、各有关部门要创新思路、细化措施，全面做好 2011 年防震减灾各项工作。一要以国民经济社会发展规划纲要为依据，科学谋划“十二五”时期防震减灾事业发展。二要切实做好地震监测预报工作，加强震情趋势跟踪研判，充分发挥群测群防作用，力争多做有减灾实效的预报。三要进一步强化抗震设防监管，不断提高各类建设工程和基础设施抗震能力，加强防震减灾知识宣传普及，夯实城乡防震减灾基础。四要加快完善地震应急管理体系，健全地震应急法规和预案，加强军地救援能力建设，完善防震减灾社会动员机制。五要扎实推进灾后恢复重建工作，加快实施玉树地震灾后重建规划，帮助受灾群众重建美好家园，尽快恢复灾区正常生产生活秩序。六要继续安排好受灾群众生产生活，及时拨付救助资金物资，妥善解决群众饮食、衣被、住所、取暖、医疗等问题，确保群众安全。

1月4日

［纲　文］　**交通运输部公布《交通运输行政执法证件管理规定》。**

［目　文］　《规定》共5章37条。主要有总则、证件申领、证件发放与管理、监督检查与责任追究、附则等内容。自2011年3月1日起实施。《交通行政执法证件管理规定》（交通部1997年第16号令）同时废止。

1月4日

［纲　文］　**交通运输部公布《邮政行业安全监督管理办法》。**

［目　文］　《办法》共7章57条。主要有总则、通信与信息安全、生产安全、应急管理、监督管理、法律责任、附则等内容。自2011年2月1日起施行。

1月4日

［纲　文］　**税务总局发布《关于公布全文失效废止、部分条款失效废止的税收规范性文件目录的公告》。**

［目　文］　《公告》说，根据《国务院办公厅关于做好规章清理工作有关问题的通知》（国办发〔2010〕28号），我局对税收规范性文件进行了全面清理。清理结果已经2010年12月7日第17次局长办公会审议通过。现将《全文失效废止、部分条款失效废止的税收规范性文件目录》予以发布。

《全文失效废止的税收规范性文件目录》包括《财政部海洋石油税务局关于对外国石油公司临时派来我国为海洋石油作业进行工作的雇员征收个人所得税问题的批复》（财税油政字〔1984〕第3号）等699件。《部分条款失效废止的税收规范性文件目录》包括《财政部税务总局关于房产税若干具体问题的解释和暂行规定》（财税地字〔1986〕第008号）等87件。

1月4日

［纲　文］　**质检总局公布《进出口水产品检验检疫监督管理办法》。**

［目　文］　《办法》共5章53条。主要有总则、进口检验检疫、出口检验检疫、监督管理、附则等内容。自2011年6月1日起施行。国家质检总局2002年11月6日公布的《进出境水产品检验检疫管理办法》（国家质检总局令第31号）同时废止。

1月4日

［纲　文］　**质检总局公布《进出口肉类产品检验检疫监督管理办法》。**

［目　文］《办法》共6章54条。主要有总则、进口检验检疫、出口检验检疫、过境检验检疫、监督管理、附则等内容。自2011年6月1日起施行。国家质检总局2002年8月22日公布的《进出境肉类产品检验检疫管理办法》(国家质检总局令第26号)同时废止。

1月4日

［纲　文］**教育部发布《关于大力加强中小学教师培训工作的意见》。**

［目　文］《意见》说，为贯彻落实全国教育工作会议精神和教育规划纲要，建设高素质专业化教师队伍，现就当前和今后一个时期进一步加强中小学教师培训工作提出如下意见：一、高度重视中小学教师培训，全面提高教师队伍素质。二、紧紧围绕新时期教育改革发展的中心任务，开展中小学教师全员培训。三、创新教师培训模式方法，提高教师培训质量。四、完善教师培训制度，促进教师不断学习和专业发展。五、加强教师培训能力建设，建立健全教师培训支持服务体系。六、加强组织领导，为教师全员培训提供有力保障。《意见》指出，各地要根据本意见精神，结合当地实际，制定具体实施意见。

1月4日

［纲　文］**《江海横流显本色　人间正道是沧桑——以胡锦涛同志为总书记的党中央"十一五"时期治国理政纪实》单行本出版发行。**

1月4日

［纲　文］**中国国际战略学会2010年年会在北京举行。**

［目　文］中国国际战略学会会长马晓天主持并作了题为《把握战略机遇期的时代内涵，明确我们的历史使命和担当》的主题发言。200多名老将军、老外交官和中青年学者出席了年会。

1月4日

［纲　文］**《人民日报》报道，中国自主设计、自主建造、自主研发的第一座动力堆乏燃料后处理中间试验工厂——中核集团四〇四中试工程热调试取得成功。**

［目　文］实现了核燃料闭式循环的目标，同时实现了核动力堆中燃烧后的核燃料铀、钚材料的回收。铀利用率提高60倍。本次乏燃料后处理工程取得的成功，对进一步安全、高效地发展核电，对发展清洁能源起到一个基础性作用。

此项技术的专业名称叫"动力堆乏燃料后处理技术"。核电站发电，是通过核燃料在核反应堆中发生裂变反应，放出能量。如同火力发电站要不断加煤一样，当核燃料裂变不能维持一定功率时，也需要更换。这些被换下来的核燃料，就叫作乏燃料。通俗地说，乏燃料类似于火力发电站中的"煤渣"，但它不是真正的"煤渣"，而是可以实现增值的"大宝贝"。因为，燃烧过的核燃料都会留下未燃尽的部分，而核燃料在燃烧过程中，还会产生新的核燃料。把核燃料进行后处理，就是通过一系列化学过程，把核电站没燃烧完的核燃料和新产生的核燃料提出来，再制成核电所需要的燃料元件。

此前，法国、英国、俄罗斯、日本、印度等国掌握了动力堆乏燃料后处理技术。

1月4—5日

［纲　文］　**中宣部在北京召开全国宣传部长会议。**

［目　文］　中共中央政治局常委李长春出席会议并讲话。中共中央政治局委员、中宣部部长刘云山主持会议。中共中央政治局委员、国务委员刘延东，全国政协副主席、中国社科院院长陈奎元出席了会议。各省、自治区、直辖市和新疆生产建设兵团以及副省级城市的党委宣传部部长，中央和国家机关有关部委、中央宣传文化系统各单位、总政宣传部、武警总部政治部和有关人民团体的负责人出席会议。出席全国对外宣传工作会议、全国文明办主任会议、全国文化厅局长会议的代表列席了会议。

会议对2010年工作进行了总结，对2011年工作作出安排。会议指出，2011年是中国共产党成立90周年，是“十二五”时期开局之年，宣传思想文化战线要认真贯彻党的十七大和十七届三中、四中、五中全会精神，坚持以邓小平理论和“三个代表”重要思想为指导，深入贯彻落实科学发展观，增强机遇意识、忧患意识、发展意识，发挥主观能动性、增强工作创造性，不断巩固扩大宣传思想文化工作良好态势，更好地服务改革发展稳定大局。

1月4—12日

［纲　文］　**国务院副总理李克强应邀对西班牙、德国、英国进行正式访问。**

［目　文］　4—6日，李克强在西班牙访问期间，在马德里会见了西班牙国王胡安·卡洛斯一世；会见了西班牙首相萨帕特罗，就中西和中欧关系达成广泛共识并共同出席了两国在金融、电信、能源、油气、食品等领域15个项目合作文件的签字仪式；与西班牙副首相萨尔加多女士举行会谈，双方就进一步加强中西关系，深化双边经贸合作深入交换了意见。李克强在马德里出席了中西企业家早餐会并发表题为《满怀信心　合作发展》的讲话。

6—9日，李克强在德国访问期间，在柏林会见了德国总统武尔夫；与德国总理默克尔举行会谈，就中德关系及共同关心的问题深入交换意见；会见了德国副总理兼外长韦斯特韦勒并共同出席了金融、造船、太阳能、汽车、纺织机械等领域合作文件签字仪式。李克强出席中德工商界晚宴并发表题为《加深相互理解　实现合作共赢》的演讲。李克强还访问了慕尼黑，会见巴伐利亚州地方政府领导人并参观工业企业和科技设施。

9—12日，李克强在英国访问期间，在伦敦会见了英国首相卡梅伦；与英国副首相克莱格举行会谈，双方一致同意，抓住机遇，深化合作，全面推进中英关系持续健康稳定向前发展并共同出席了中英双方在金融、投资、贸易、能源、低碳合作、文化以及大熊猫保护研究等领域一系列合作文件的签字仪式，涉及金额约47亿美元；会见英国财政大臣奥斯本；会见英国工党领袖米利班德；会见英国商务大臣凯布尔；会见英国48家集团俱乐部主席佩里和“青年破冰者”组织代表。李克强出席英国工商界晚宴并发表题为《创新发展　共促繁荣》的演讲；在伦敦大英博物馆同孔子学院学生交流。

李克强在爱丁堡会见苏格兰首席部长萨蒙德；会见了英国苏格兰事务大臣莫尔，双方就进一步发展中英两国地区间交流，推进中方与苏格兰在经贸、金融、能源、食品、旅游、教育等领域合作交换了意见。

1 月 4—6 日

［纲　文］ **2011 年全国铁路工作会议在北京召开。**

［目　文］ 中共中央政治局委员、国务院副总理张德江出席会议并讲话。全国 18 个铁路局、各专业运输公司、铁道第三勘察设计院、各合资铁路公司、各省自治区直辖市地方铁路局（公司）及铁道部机关各司局、中国铁路驻外机构、铁道部境外项目机构、安全监察特派员驻各地区办事处、驻各地区机车车辆验收办事处、在京直属单位的代表出席了会议。

会议提出 2011 年铁路工作的总体要求是：认真贯彻落实党的十七届五中全会和中央经济工作会议精神，以科学发展观为指导，紧紧抓住难得的历史机遇，牢牢把握科学发展这一主题、加快转变经济发展方式这一主线，按照建设安全、便捷、高效、绿色铁路的要求，确保运输安全持续稳定，精心组织实施大规模铁路建设，进一步提升技术装备水平，全面完成运输经营任务，大力提高服务质量，深化铁路改革，加快“走出去”步伐，加强党的建设和思想政治工作，发展内部和谐环境，开创铁路现代化建设新局面，为经济社会又好又快发展作出新的更大贡献，以优异成绩迎接中国共产党成立 90 周年。

2011 年，全国铁路安排建设投资 7000 亿元，安排新开工项目 70 个，其中高铁和城际铁路项目 15 个，区际干线和煤运通道项目 26 个，主要有京沈、京张呼、杭黄等高铁，以及西银、青岛—日照—连云港、库尔勒—格尔木、九江—景德镇—衢州等普速铁路。根据国务院京沪办建设领导小组第四次会议的最新精神，京沪高铁将于 2011 年 6 月通车。

1 月 5 日

［纲　文］ **温家宝主持召开国务院常务会议。**

［目　文］ 会议决定实施新一轮农村电网改造升级工程。会议提出，在“十二五”期间，使全国农村电网普遍得到改造，农村居民生活用电得到较好保障，农业生产用电问题基本解决，基本建成安全可靠、节能环保、技术先进、管理规范的新型农村电网。会议要求，各地区、各有关部门、单位要高度重视，强化组织领导，科学编制规划，加强工程质量管理，确保农村电网改造升级工程顺利实施。

1 月 5 日

［纲　文］ **农业部公布《水产种质资源保护区管理暂行办法》。**

［目　文］ 《办法》共 4 章 25 条。主要有总则、水产种质资源保护区设立、水产种质资源保护区管理、附则等内容。自 2011 年 3 月 1 日起施行。

1 月 5 日

［纲　文］ **银监会公布修改后的《银行业金融机构衍生产品交易业务管理暂行办法》，自 2011 年 1 月 5 日起施行。**

1月5日

［纲　文］　**税务总局印发《关于防治国家税务总局机关“小金库”问题的规定（试行）》的通知。**

［目　文］　通知说，“小金库”问题是我国经济社会发展中的顽疾，危害严重，党中央、国务院多次明令禁止，党的十七届四中全会和中纪委十七届四次全会要求彻底清理。为贯彻落实党中央、国务院的要求，建立高效廉洁的税务机关，杜绝“小金库”问题的发生，国家税务总局治理“小金库”工作领导小组办公室制定了《关于防治国家税务总局机关“小金库”问题的规定（试行）》，现印发给你们，请遵照执行。执行中若发现问题，请及时向国家税务总局治理“小金库”工作领导小组办公室（督察内审司）反映。

1月5日

［纲　文］　**文物局发布《文物拍卖企业资质年审管理办法》，自2011年1月5日起施行。**

1月5日

［纲　文］　**第二届全国商务系统反垄断工作会议在北京召开。**

［目　文］　商务部国际贸易谈判副代表崇泉出席会议并讲话。各地商务主管部门、发展改革委、工业和信息化部、工商总局、国务院法制办等国务院有关部门以及有关商会、协会代表共100余人参加会议。崇泉表示，2011年的反垄断工作重点主要包括，加强经营者集中配套立法和执法，维护市场竞争秩序；注重做好国外反垄断案件的业务指导工作，为“走出去”战略实施服务；加大反垄断法宣传力度，倡导竞争文化和守法意识。

1月5日

［纲　文］　**中国战略文化促进会在北京成立。**

［目　文］　首届会员代表大会选举全国政协副主席郑万通为会长。中国战略文化促进会是由从事国际问题研究、台湾问题研究和文化问题研究的专家、学者、团体和社会活动家组成的全国性、非营利性民间社会团体，旨在通过对中国战略文化的研究、传播和交流，为促进亚太地区安全稳定与台湾海峡两岸和平发展作出贡献。

1月5日

［纲　文］　**澳门地区纪念辛亥革命100周年活动组委会成立，组委会主席由澳门地区中国和平统一促进会大会主席崔世昌担任。**

1月5日

［纲　文］　**清华大学出版《清华大学藏战国竹简（壹）》。**

［目　文］　以清华大学出土文献研究与保护中心主任李学勤先生为首的研究团队完成了《清华大学藏战国竹简（壹）》的编写工作。清华大学研究团队共整理出60余篇文献。本次面世的《清华大学藏战国竹简（壹）》共包括《尹至》《尹诰》《程寤》《保训》《耆夜》《金縢》《皇门》《祭公》和《楚居》9篇文献。9篇竹简都是以战国时期楚国的文字书写的，具有特殊的结构风格。其中部分篇章有传世本可相对照，对于推进楚文字研究

提供便利。

1月5—6日

［纲　文］ **全国林业厅局长会议在北京召开。**

［目　文］ 国家林业局局长贾治邦出席并讲话。会议的主要任务是：深入贯彻党的十七大和十七届三中、四中、五中全会，以及中央经济、农村、林业工作会议精神，全面总结“十一五”时期林业工作，认真谋划“十二五”时期林业发展思路，安排部署2011年林业重点工作。

贾治邦表示，力争到2015年，我国森林覆盖率达到21.66%，森林蓄积量达到143亿立方米，林地保有量达到3.09亿公顷，森林植被总碳储量达到84亿吨。未来5年，我国加快建成十大国土生态安全屏障，包括：东北森林屏障、北方防风固沙屏障、东部沿海防护林屏障、西部高原生态屏障、长江流域生态屏障、黄河流域生态屏障、珠江流域生态屏障、中小河流及库区生态屏障、平原农区生态屏障和城市森林生态屏障。到2020年森林面积比2005年增加4000万公顷、森林蓄积量增加13亿立方米的“双增”目标，是“十二五”时期转变林业发展方式的主要任务。加快构建十大国土生态安全屏障，是实现“双增”目标的重要举措。

1月6日

［纲　文］ **国务院任免香港特区政府主要官员。**

［目　文］ 依照香港特别行政区基本法的有关规定，根据香港特别行政区行政长官的提名和建议，国务院决定：任命曾伟雄为警务处处长，免去邓竟成的警务处处长职务。

1月6日

［纲　文］ **中国人民银行发布《境外直接投资人民币结算试点管理办法》，自2011年1月6日起实施。**

1月6日

［纲　文］ **两岸经济合作委员会正式成立。**

［目　文］ 根据《海峡两岸经济合作框架协议》规定：双方成立两岸经济合作委员会。委员会由双方指定的代表组成，负责处理与本协议相关的事宜。经两会商定，由海协会常务副会长郑立中与台湾海基会副董事长高孔廉作为委员会会议双方召集人；大陆方委员会由首席代表及代表组成，首席代表由海协会特邀顾问姜增伟（商务部副部长）担任，代表为来自商务部、国台办、发展改革委、工信部、财政部、海关总署、质检总局7个部门的海协会理事、专家。双方同意，未来可视议题需要调整和增补相关人员。

1月6日

［纲　文］ **“2011年中国民营书业峰会暨2010年度中国民营书业颁奖盛典”在北京举行。**

［目　文］ 峰会由中国图书商报社、中华全国工商联合会书业商会联合举办。与会

者围绕2010年度民营书业发生的大事进行了回顾，同时就“民营书业如何布局下一个五年”的论题，探讨“十二五”期间我国民营书业应该如何布局，如何发展。

据统计，2009年我国共出版图书30余万种，其中民营公司策划出版的约有10万种。民营出版策划公司在教辅领域已经占据主导地位，年销售码洋在2亿元以上的公司有20多家，规模超过许多大中型国有出版社。

1月6日

［纲　文］　**全国工商联慰问北京农民工子弟小学。**

［目　文］　全国政协副主席、全国工商联主席黄孟复一行来到北京市朝阳区星河双语学校金盏分校，慰问农民工子弟学校的学生和教职员工。黄孟复在孩子们的英语课堂旁听了教师的英语授课。他与教师和孩子们交谈，了解农民工子弟学校的办学特点，询问孩子们在北京学习、生活的情况和回乡过年的安排，对辛勤工作的园丁表示感谢，并向大家致以新年的祝福，祝愿孩子们健康成长，拥有美好的未来。

全国工商联向星河双语学校金盏分校师生捐赠了580套学习用具和30余套教师生活用品，转交了企业捐赠的2000余册图书和10套外语教学设备，并举行了“光彩文库”图书室揭牌仪式。

1月6—19日

［纲　文］　**国务院副总理回良玉应邀对毛里求斯、赞比亚、刚果（金）、喀麦隆和塞内加尔进行正式访问。**

［目　文］　回良玉在毛里求斯访问期间，在路易港会见了毛里求斯总理拉姆古兰；同毛里求斯副总理普拉温德·贾格纳特举行会谈，共同出席了两国政府经济技术合作协定的签字仪式并共同会见了记者。

回良玉在赞比亚访问期间，在卢萨卡会见了赞比亚总统班达，共同出席了卢萨卡体育场项目奠基仪式并致辞；同赞比亚副总统兼司法部部长孔达举行会谈并共同出席两国政府经济技术合作协定、加强农业合作谅解备忘录等文件的签字仪式。回良玉出席了中非发展基金赞比亚办事处揭牌仪式。

回良玉在刚果（金）访问期间，在金沙萨会见了刚果（金）总统卡比拉；同刚果（金）总理穆兹托举行会谈，共同出席了两国经济技术合作、医疗设备和医用物资等协议的签字仪式并会见了记者。

回良玉在喀麦隆访问期间，在雅温得会见了喀麦隆总统比亚；同喀麦隆总理菲勒蒙举行会谈，共同出席了两国政府间经济技术合作协定、中国向喀提供优惠性质贷款框架协议等4份文件的签字仪式并一同出席中喀建交40周年招待会。回良玉参观了中国援建的雅温得多功能体育馆。

回良玉在塞内加尔访问期间，在达喀尔会见了塞内加尔总统瓦德；与塞内加尔总理恩迪亚耶举行了会谈并共同出席了两国政府间经济技术合作协定、农业技术合作项目换文和优惠贷款协议等文件的签字仪式。回良玉考察了中国农业发展集团公司渔业基地并出席了新加工厂开业仪式。

1月6—9日

［纲　文］　**第10届中国·重庆西部国际农产品交易会在重庆举办。**

［目　文］　交易会由农业部、台盟中央、重庆市政府举办。以“绿色、品牌、合作、发展”为主题。泰国、越南、日本等11个国家和地区及国内28个省区市的1700余家企业、采购商、经销商参展，比2010年增加7.9%。

1月7日

［纲　文］　**中英志愿者国际交流项目欢迎仪式在北京举行。**

［目　文］　欢迎仪式由中国社会工作协会志愿者工作委员会与英国海外志愿服务社（VSO）北京代表处共同主办。中英两国的16名志愿者在抵京之前已经在英国的社区中工作、生活了3个月，他们在接下来的3个月中继续以结对子的方式在西安的社区中体验生活并为当地提供志愿服务。2011年是中欧青年交流年，中欧双方将携手在青年志愿服务、气候变化、创新与创造力、青年权利和教育等方面促进、扩大中欧青年之间的交流，此次抵达的该项目志愿者便是中欧青年交流的先行者。

1月7日

［纲　文］　**大型丛书《故宫博物院藏品大系》新书发布会在北京举行。**

［目　文］　新书发布会上，故宫博物院院长郑欣淼透露，根据最新的普查结果，故宫目前共藏各类文物180万件（套），这个数字比以前公布的150万件（套）“新添”了30万件（套），故宫藏品也占到了全国文物系统博物馆藏品总量的11.5%；此外，故宫现存一级文物8273件（套），相当于全国文物系统博物馆藏品一级文物总数的1/6。

此次故宫博物院“新添”文物大部分都是宫廷遗存。专家介绍，由于受到传统观念的影响，以往很多宫廷物件并未受到重视，大量物品未被当作文物对待。比如10万余件珍贵的历史资料、2.5万件清代帝后的书画作品等，其实都具有很高的历史研究价值，在本次普查过程中，首次被升格为文物对待。

1月8日

［纲　文］　**国务院公布《关于废止和修改部分行政法规的决定》。**

［目　文］　《决定》说，为进一步深入贯彻依法治国基本方略，维护社会主义法制统一，全面推进依法行政，国务院在1983年以来已对行政法规进行过4次全面清理的基础上，根据经济社会发展和改革深化的新情况、新要求，再次对截至2009年底现行的行政法规共691件进行了全面清理。经过清理，国务院决定：一、对7件行政法规予以废止：（一）关于各地厂矿对于法定假日工资发放办法的决定（1950年7月31日政务院公布）。（二）关于保护机场净空的规定（1982年12月11日国务院、中央军委公布）。（三）金融机构代客户办理即期和远期外汇买卖管理规定（1987年12月13日国务院批准，1988年

3月5日国家外汇管理局公布)。(四)境外投资外汇管理办法(1989年2月5日国务院批准,1989年3月6日国家外汇管理局公布)。(五)境外金融机构管理办法(1990年3月12日国务院批准,1990年4月13日中国人民银行令第1号公布)。(六)中华人民共和国企业劳动争议处理条例(1993年7月6日中华人民共和国国务院令第117号公布)。(七)石油天然气管道保护条例(2001年8月2日中华人民共和国国务院令第313号公布)。二、对《中华人民共和国对外合作开采海洋石油资源条例》等107件行政法规的部分条款予以修改。本《决定》自2011年1月8日起施行。

1月8日

[纲 文] **全军政法工作会议在北京召开。**

[目 文] 本次会议是军队和武警部队各级政法委成立之后召开的第一次全军政法工作会议,主要任务是深入学习贯彻党的十七届五中全会和全国政法工作会议精神,总结"十一五"时期工作,分析面临形势,研究部署2011年全军政法工作。

1月8日

[纲 文] **中国首座独立设计、制造、运行管理与维护的天文科考智能支撑平台在南极昆仑站成功运行。**

[目 文] 该平台攻克了昆仑站所在的南极冰穹A地区极寒、低气压、缺氧条件下的一系列关键技术,将为我国运行于该地区的各类天文科考仪器提供能源动力、就地自动监测与控制、远程遥测与遥控及海量数据存储等技术支持。平台单台机组输出功率1.8千瓦,最多可6台机组并网运行,并可实现无人值守自主运行,在输出功率、智能化程度等方面超出国外同类平台的水平。同时,由于平台的远程监控和数据接收中心位于国内,因而打破了我国南极天文科考受制于人的尴尬局面。平台的成功运行得到了国家海洋局极地考察办公室和中国极地研究中心的大力支持。

南极大气的清净度和透明度很好,特别是整个天空非常清净。最新研究表明,南极高原可能是地球上最好的天文台址,很多方面接近太空天文站。曾有研究说,在冰穹A地区观测天体的效果堪比美国哈勃太空望远镜。在昆仑站建设天文台,对宇宙深空、暗物质观测等前沿课题具有重要意义。在前几次南极科学考察中,我国已对冰穹A地区进行了天文台址的测量和研究,并计划进行进一步的深入监测。

1月8日

[纲 文] **第四届全球闽南语歌曲创作演唱大赛总决赛暨颁奖电视晚会在澳门举办。**

[目 文] 本次活动由福建省对外文化交流协会、福建省广播影视集团及中华广播影视交流协会、中华文化联谊会、澳门福建社团、澳门广播电视股份有限公司、澳亚卫视等单位联合主办。福建选手郑奕灿获得冠军,印尼选手谢伟娜和马来西亚选手陈采君分获亚、季军。

该比赛自2006年创办以来,已先后在福州、台中、吉隆坡等地成功举办过3届总决赛。本届歌赛也是在澳门首次举办的纯闽南语歌曲音乐盛会。

1 月 8—16 日

［纲 文］ **首届“两岸当代百名女画家精品邀请展”在台北孙中山先生纪念馆举行。**

［目 文］ 海峡两岸及港澳地区的130多位当代知名女画家的代表作品参与展出。此次画展由台湾发展研究院、洛阳女子书画院联合主办，展出画作包括中国画、油画、水彩画及胶彩画四大类。

1 月 8—16 日

［纲 文］ **应全国人大常委会委员长吴邦国的邀请，马尔代夫人民议会议长沙希德对中国进行正式友好访问。**

［目 文］ 10日，吴邦国在北京会见沙希德时说，中方高度重视发展对马关系，愿保持包括高层互访在内的各层次友好往来，增进政治互信，深化经贸合作，挖掘在渔业、旅游、基础设施等领域的潜力，中方将继续鼓励本国企业参与马尔代夫经济社会建设，鼓励更多中国游客赴马尔代夫旅游观光，加强在国际事务中的沟通协调，共同把中马关系发展成为大小国家和不同社会制度国家友好合作的典范。国家关系的发展离不开议会和广大议员的参与和支持。中国全国人大重视发展与马尔代夫议会的友好关系，愿加强高层交往，密切各专门委员会、友好小组之间的往来，促进两国经贸、人文、教育等务实合作，为夯实两国关系的民意和社会基础多做工作，为双边关系发展多作贡献。

沙希德说，中国的快速发展给包括马尔代夫在内的许多发展中国家带来有益启示。马方高度赞赏中方在加强环境保护、促进节能减排、推动应对气候变化国际合作等方面作出的积极努力。明年马中即将迎来建交40周年，马方愿以此为契机，加强与中方在经贸、旅游、教育等领域的务实合作。马尔代夫议会愿发挥议会交往的独特优势和作用，为马中关系更加美好的明天作出贡献。

1 月 9 日

［纲 文］ **国务院公布《太湖流域管理条例》。**

［目 文］ 《条例》共9章70条，主要有总则，饮用水安全，水资源保护，水污染防治，防汛抗旱与水域、岸线保护，保障措施，监测与监督，法律责任，附则等内容。自2011年11月1日起施行。

1 月 9 日

［纲 文］ **承德避暑山庄及周围寺庙文化遗产保护工程领导小组第一次会议在承德召开。**

［目 文］ 领导小组由发展改革委、财政部、中宣部、住房城乡建设部、国家民族事务委员会、国家文物局6个部委，河北省人民政府和省直有关部门、承德市人民政府等单位组成。领导小组的成立标志着避暑山庄及周围寺庙文化遗产保护工程进入全面实施阶段。这是继西藏布达拉宫历史建筑群保护工程、长城保护工程之后，我国又一重大文物保

护工程。

该项工程在5年内由中央财政投入6亿元经费。2010年，中央财政已安排资金1.1亿元，目前全部到位。为此，承德市出台了专项资金管理办法。同时，承德编制完成了48项维修方案，其中14项已通过国家文物局的审批。按照总体规划，2011年有23项工程项目陆续开工建设。

1月9日

［纲　文］ **雷洁琼在北京逝世。**

［目　文］ 著名的社会学家、法学家、教育家，杰出的社会活动家，中国民主促进会的创始人之一和卓越领导人，中国共产党的亲密朋友，中国人民政治协商会议第六届全国委员会副主席，第七届、八届全国人民代表大会常务委员会副委员长，中国民主促进会第七届、八届、九届中央委员会主席，第十届、十一届名誉主席雷洁琼，在北京逝世，享年106岁。

14日，中央统战部、民进中央和民进北京市委会在北京联合主办雷洁琼同志追思会。全国人大常委会副委员长、民进中央主席严隽琪，全国政协副主席、中共中央统战部部长杜青林出席追思会并讲话。各民主党派中央、全国工商联等负责人和无党派人士代表，有关方面负责人及雷洁琼亲属、家乡代表等200多人参加追思会。会上，播放了缅怀雷洁琼同志的专题片。

15日，雷洁琼的遗体在北京八宝山革命公墓火化。胡锦涛、吴邦国、温家宝、贾庆林、李长春、习近平、李克强、贺国强等送别。

1月9日

［纲　文］ **中日绿色经济·资源循环政策研讨会在北京举行。**

［目　文］ 研讨会由国务院发展研究中心主办，旨在为绿色经济和资源循环社会建设的政策执行而相互交流法规、方针的具体制定及应用意见，探讨中日两国强化环境领域合作的课题和发展方向。中国、日本两国政府相关部门、行业团体、企业以及研究机构约200名代表进行了交流。

8日，国务院副总理张德江在北京会见出席中日绿色经济·资源循环政策研讨会的日方主要代表时指出，中国政府历来高度重视节能环保，大力推进节能减排工作，取得了显著进展。“十二五”时期，中国政府将坚持科学发展，以节能减排为重点，加快建设资源节约型、环境友好型社会。中日两国在节能环保领域互补性强，合作前景广泛，双方应加强交流与协作，深化合作项目，取得务实成效，为亚洲乃至世界的可持续发展作出贡献。

日方代表介绍了日本绿色经济战略构想，表示愿在发展绿色经济方面进一步推动日中交流与合作。

1月9—11日

［纲　文］ **中国共产党第十七届中央纪律检查委员会第六次全体会议在北京召开。**

［目　文］ 中央纪律检查委员会常务委员会主持会议。中共中央总书记胡锦涛出席

全会第二次大会并发表讲话。吴邦国、温家宝、贾庆林、李长春、习近平、贺国强等党和国家领导人出席了会议。出席会议的中央纪委委员有118人，列席329人。

会议全面贯彻党的十七大和十七届三中、四中、五中全会精神，高举中国特色社会主义伟大旗帜，以邓小平理论和“三个代表”重要思想为指导，深入贯彻落实科学发展观，回顾总结了2010年党风廉政建设和反腐败工作，研究部署了2011年任务。全会审议通过了贺国强代表中央纪委常委会所作的《坚持改革创新，狠抓工作落实，努力取得党风廉政建设和反腐败斗争新成效》工作报告。

胡锦涛出席会议时指出，党风廉政建设和反腐败斗争贯彻以人为本、执政为民，要以邓小平理论和“三个代表”重要思想为指导，深入贯彻落实科学发展观，把实现好、维护好、发展好最广大人民根本利益作为一切工作的出发点和落脚点，认真解决损害群众利益的突出问题和反腐倡廉建设中群众反映强烈的突出问题，切实维护社会公平正义；大力加强干部队伍作风建设，保持党同人民群众的血肉联系；紧紧依靠人民群众支持和参与，充分发挥人民群众在党风廉政建设和反腐败斗争中的积极作用；坚决反对腐败、严厉惩治腐败分子，以党风廉政建设和反腐败斗争的实际成效取信于民。

全会提出，全党必须深刻认识反腐败斗争的长期性、复杂性、艰巨性，以更加坚定的信心、更加坚决的态度、更加有力的措施，扎实推进反腐倡廉各项工作，不断取得党风廉政建设和反腐败斗争的新成效。2011年，要全面贯彻党的十七大和十七届三中、四中、五中全会精神，高举中国特色社会主义伟大旗帜，以邓小平理论和“三个代表”重要思想为指导，深入贯彻落实科学发展观，坚持标本兼治、综合治理、惩防并举、注重预防的方针，认真执行党风廉政建设责任制，加强以保持党同人民群众血肉联系为重点的作风建设，加强以完善惩治和预防腐败体系为重点的反腐倡廉建设，着力解决反腐倡廉建设中人民群众反映强烈的突出问题，围绕中心、服务大局，突出重点、整体推进，改革创新、狠抓落实，不断提高反腐倡廉建设科学化水平，为顺利实施“十二五”规划、促进经济社会又好又快发展提供有力保证，以党风廉政建设和反腐败斗争的新成效迎接建党90周年。

1月9—12日

［纲 文］ **应国务委员兼国防部部长梁光烈邀请，美国国防部部长盖茨访华。**

［目 文］ 访问期间，国家主席、中央军委主席胡锦涛，国家副主席、中央军委副主席习近平，外交部部长杨洁篪在北京分别会见了盖茨。梁光烈与盖茨举行了会谈，双方一致认为，一个健康稳定的中美军事关系，是两国元首关于建设21世纪积极合作全面中美关系共识的重要组成部分。保持中美两军关系健康稳定发展符合双方共同利益。双方均期待着国家主席胡锦涛即将对美国进行的国事访问。

胡锦涛会见盖茨时说，中方高度重视中美关系，我们始终认为中美两国有着广泛的共同利益，双方合作前景十分广阔。一个良好的中美关系符合两国人民的根本利益，也有利于世界的和平与发展。中方愿同美方一道，在相互尊重、互利共赢的基础上，推动积极合作全面的中美关系更深入地向前发展。中美两军关系是两国关系的重要组成部分，一个健康稳定的两军关系对建设21世纪积极合作全面的中美关系具有重要意义。希望中美两国防务部门本着“尊重、互信、对等、互惠”的原则，扩大和加强对话交流，培育和增进战略互信，尊重和照顾彼此重大关切，为发展健康稳定的两军关系而共同努力。

盖茨说，美方愿与中方共同努力，加强对话与沟通，不断推进两军关系向前发展。盖茨积极评价此次访问，认为是一次成功的访问，双方达成了很多共识，取得了积极的成果。

习近平会见盖茨时说，近年来，在双方共同努力下，中美关系总体保持了稳定发展的良好势头。一个健康稳定的中美关系对于中美两国和整个世界都十分重要。新形势下，中美双方应该相互信任，同舟共济，携手合作，共同应对不断增多的全球性挑战，共同分享发展机遇，更好地造福两国和世界人民。习近平就台湾问题阐述了中方的原则立场，向客人介绍了中国坚持走和平发展道路的情况。

盖茨说，近段时间以来，美中两国在一系列国际和地区问题上进行了密切协调与合作，取得了许多成果。将与中方一起推动美中两军在各个领域的交流与合作。

梁光烈与盖茨会谈时指出，中方一贯重视两军关系的发展，并为此做出了不懈的努力。当前，中美两军关系面临新的发展机遇，同时也存在一些困难和挑战，需要双方共同努力，按照“尊重、互信、对等、互惠”的原则，把握正确发展方向，扩大共同利益，化解矛盾分歧，确保两军关系沿着健康稳定的轨道发展。

盖茨说，两军不间断地开展各层次的交流与合作符合双方的共同利益，有助于增进互信，减少误解、误判。两国防务部门可利用防务磋商、工作会晤、海上安全磋商等机制性交流渠道，继续保持沟通和协调。

1月10日

［纲　文］　**国家副主席习近平在北京会见第六十五届联合国大会主席戴斯。**

［目　文］　习近平表示，联合国作为最具普遍性、代表性和权威性的国际组织，应该也能够在国际事务中继续发挥重要作用。中国一直是多边主义的倡导者、支持者和实践者，积极参与联合国在各领域的工作，同联合国方面保持着密切沟通，开展了良好合作，为维护世界和平、促进共同发展、推动国际合作作出了力所能及的贡献。中国将一如既往，继续积极支持联合国及联大主席的工作。

戴斯赞同中方对当前形势的看法，表示第六十五届联合国大会将集中讨论如何加强全球治理和发挥联合国在此方面的作用等问题。戴斯高度赞赏中国对联合国工作的支持，希望中国作为联合国的重要会员国之一，继续支持并推动联合国在国际事务中发挥更大作用，联合国将进一步加强同中方的沟通与合作。

双方还就联合国千年发展目标、联合国改革、环境及可持续发展等问题交换了意见。

1月10日

［纲　文］　**财政部、发展改革委、水利部印发《水利建设基金筹集和使用管理办**

法》，自2011年1月1日起施行，到2020年12月31日止。

1月10—11日

［纲　文］ **全国政协提案委员会在北京举行国家有关部委工作情况通报会。**

［目　文］ 全国政协副主席黄孟复、郑万通、罗富和，全国政协办公厅和各专门委员会、各民主党派中央和全国工商联有关负责人出席会议。在政协全国委员会全体会议召开之前举行国家有关部委工作情况通报会，旨在拓宽政协委员知情明政渠道，使广大政协委员更全面地把握党和政府的重大决策部署，更深入地了解各部门的工作重点、难点，更有针对性地提出高质量的提案，使提案真正成为党和政府的重要决策参考，对国家经济社会发展起到更加切实有效的推动作用。

参加通报情况的国家部委负责人表示，各部门对政协提案高度重视，把政协提案作为促进科学决策、民主决策的重要途径，建立健全了政协提案的办理答复机制，认真办理并积极落实政协提案。对于一些短期内难以采纳落实的提案，也及时与提案者沟通协商，增进理解和共识。提案中的许多意见建议已在国家有关政策法规、发展规划和部门工作中得到体现。

1月11日

［纲　文］ **胡锦涛在世博会总结表彰大会上的讲话少数民族文字单行本发行。**

［目　文］ 中共中央总书记、国家主席、中央军委主席胡锦涛《在中国2010年上海世界博览会总结表彰大会上的讲话》的蒙古、藏、维吾尔、哈萨克、朝鲜5种少数民族文字单行本已由中国民族语言翻译局翻译，民族出版社出版。

1月11日

［纲　文］ **《中国共产党历史》第二卷正式出版。**

［目　文］ 《中国共产党历史》第二卷（1949—1978）由中共中央党史研究室编写，分上、下册，全书98.8万字，由中共党史出版社出版。该书记述中国共产党从1949年10月中华人民共和国成立到1978年12月党的十一届三中全会召开这29年的历史。

1月11日

［纲　文］ **中央政法委在北京召开会议，专题研究部署2011年信访工作。**

［目　文］ 全国人大常委会副委员长兼秘书长李建国，国务委员兼国务院秘书长马凯出席会议并讲话，要求有关方面满怀对人民群众的感情，把已经出台的政策落实到人；对群众反映强烈的问题，要抓紧摸清情况，加大政策攻关力度；对各地行之有效的经验做法，要及时转化为长效机制，上升为制度规范。

12个中央信访工作督导调研组汇报了近期对24个省区市开展督导调研的情况，国家信访局负责人就2011年工作安排和有关文件稿作了说明，与会中央和国家机关各部门负责人进行了讨论。

1月11日

［纲　文］　**总政治部、军委纪委在北京召开全军纪律检查工作会议。**

［目　文］　会上，对全军和武警部队54个先进纪检监察集体和68名优秀纪检监察干部进行了表彰，并为获奖单位和个人颁发了奖牌、奖章和证书。

会议的主要任务是，贯彻党的十七大和十七届三中、四中、五中全会精神，认真学习贯彻中央纪委六次全会精神，总结工作，分析形势，部署任务，表彰先进，推动军队反腐倡廉建设不断取得新成效。总政治部副主任兼军委纪委书记童世平作了题为《认清形势任务，加大防治力度，更加富有成效地推进军队反腐倡廉建设》的报告。

1月11日

［纲　文］　**财政部、水利部印发《关于进一步加强小型农田水利重点县建设管理工作确保如期实现重点县建设目标的意见》。**

［目　文］　《意见》由六个部分组成：一、提高思想认识，进一步明确重点县建设的目标任务。二、加大财政投入，确保重点县建设资金足额落实到位。三、加强资金整合，确保重点县建设资金整合取得实效。四、加大建设管理力度，确保建设进度和质量。五、加强管护机制改革，确保管护责任落到实处。六、强化奖惩措施，确保重点县建设目标如期实现。

1月11日

［纲　文］　**新闻出版总署印发《全国印刷复制行政执法报告评价制度实施办法》，自2011年1月11日起施行。**

1月11日

［纲　文］　**新闻出版总署印发《数字印刷管理办法》，自2011年2月1日起施行。**

1月11日

［纲　文］　**中组部新闻发言人发布2010年全国组织工作满意度民调结果。**

［目　文］　调查数据显示：对组织工作总体评价的满意度为75.17分，比2009年提高1.34分；对干部选拔任用情况的满意度为72.92分，比2009年提高1.63分。这是在2009年比2008年提高的基础上，满意度各项主要指标又一次全面提高。

发言人称，自2008年起，中央组织部已连续三年委托国家统计局在全国独立组织开展了组织工作满意度民意调查。此次调查仍采取随机抽样、入户调查的方式进行。实际调查79438个样本，与上两次基本相同。有效问卷79091个，有效问卷率为99.56%。调查范围涵盖全国31个省区市的398个地级市及直辖市辖区，695个县区，1389个乡镇，3944个村，在京的168个中央和国家机关、中央企事业单位以及新疆生产建设兵团。2010年，31个省区市两项满意度分值整体水平提高，在京中央单位两项满意度分值有明显提高。

1月11日

［纲　文］　**2011“中欧青年交流年”欧方开幕式在比利时首都布鲁塞尔的欧盟总部**

举行。

［目　文］　中华全国青年联合会主席、中国青年代表团团长王晓和欧盟委员会负责教育、文化、语言多样性及青年事务的委员瓦西利乌签署《中华全国青年联合会与欧盟委员会关于中欧青年领域对话合作的联合声明》。200 名中欧青年代表就青年志愿服务、青年流动、研究者和学生流动、青年获得文化和创造力的途径等主题进行了探讨。在随后为期一周的交流活动中，100 名中国青年代表参观比利时社区青年组织、欧洲议会、欧洲学院、欧盟法院等，与欧洲青年政治家、学者和学生开展对话交流。

举办“中欧青年交流年”是中欧领导人共同提出的倡议，由共青团中央、全国青联和欧盟委员会机构牵头实施。交流年活动将在中国和欧盟 27 个成员国中陆续展开，以增进中欧青年之间的相互理解和友谊，推动中欧关系健康、持续、富有活力地向前发展。

2 月 23 日，2011“中欧青年交流年”中方开幕式在北京首都博物馆举行。国务院总理温家宝出席并启动“中欧青年交流年”官方网站。温家宝希望青年人始终以客观、积极、发展的眼光看待和认识世界，敢于追求真理，永远做和平、进步的促进者；秉持坦诚、包容、开放的精神，彼此尊重和信任，相互借鉴和学习；不怕困难，勇于探索和创新，努力超越前人，共同创造中欧关系更加美好的明天。

22 日，作为 2011“中欧青年交流年”系列活动之一的中欧青年文化论坛在北京举行。来自欧洲各国和中国的数百名青年学生和文化学者与会，分别就“传统文化的传承与创新”“时尚文化的行为和观念”等国际间青年人共同关注的话题，进行了交流与探讨。

1 月 11 日

［纲　文］　**“2010 中国田径绿茵天地金跑道颁奖盛典”在北京举行。**

［目　文］　颁奖盛典由国家体育总局田径运动管理中心创办，旨在鼓励和表彰为中国田径事业作出重大贡献的运动员、教练员、管理人员及相关从业者。

首届金跑道奖主要奖励 2010 年国内田径各方面的佼佼者，设亚运会突出表现奖，最佳男、女运动员奖，最佳新人奖，最佳教练员奖等十个奖项：一、最佳新人奖：劳义。二、亚运会突出表现奖：男子 4×100 米接力（陆斌、梁嘉鸿、苏炳添、劳义）、周春秀。三、最佳女运动员奖：李艳凤。四、最佳男运动员奖：王浩。五、最佳教练员奖：杨文科、张景龙。六、最佳田径单项后备人才基地奖：唐山市体育运动学校（投掷）、扬州竞走中长跑基地（竞走）、沈阳市体育运动学校（中长跑）。七、最佳竞赛组织奖：江苏省体育竞赛管理中心。八、世界冠军输送奖：黑龙江省体育局、内蒙古自治区体育局。九、企业贡献奖：耐克体育（中国）有限公司、苹果（中国）有限公司、江苏金陵体育器材股份有限公司、北京绿茵天地体育产业股份有限公司、吉林市淞露饮品有限公司、宁波仕达实业有限公司、昆山多威体育用品有限公司。十、年度特殊贡献奖：刘翔、孙海平。

1 月 11 日

［纲　文］　**“倾注三农　情系农民工”专题综艺晚会暨首届农民工春节晚会在北京**

举行。

［目　文］　晚会由发展改革委、中央农村工作领导小组办公室、农业部和国务院农民工办共同主办。国务院副总理、国务院农民工工作联席会议总召集人张德江，全国人大常委会副委员长陈昌智，全国政协副主席李兆焯，中央和国家有关部门负责人、农民工代表以及社会各界人士1000余人观看演出。

1月11—12日

［纲　文］　**全国新闻出版工作会议在北京召开。**

［目　文］　中共中央政治局常委李长春，中共中央政治局委员、中央宣传部部长刘云山，中共中央政治局委员、国务委员刘延东对会议作出了批示。

李长春在批示中指出，2010年，全国新闻出版系统认真贯彻落实中央决策部署，高举旗帜，服务大局，以改革创新精神全力推进改革、发展、服务、管理等各项工作，新闻出版体制改革取得重大成果，新闻出版产业继续保持强劲发展势头，公共服务体系建设全面提速，行政管理工作扎实高效，出版产品出口和版权贸易实现新突破，在"十一五"收官之年交出了一份优秀答卷。李长春希望新闻出版系统坚持以科学发展为主题，以转变发展方式为主线，开好头、起好步，在深化改革方面继续走在文化体制改革的前列，在加快发展方面继续当好文化产业的主力军，坚持一手抓繁荣、一手抓管理，为把我国建设成为新闻出版强国而不懈奋斗。

新闻出版总署署长、国家版权局局长柳斌杰出席会议并作了题为《抓住战略机遇，把握主题主线，精心谋划实施新闻出版"十二五"规划》的主题报告，全面总结了"十一五"时期新闻出版工作取得的成就和经验，并对如何做好"十二五"时期新闻出版工作进行了部署动员。

1月11—12日

［纲　文］　**全国体育局长会议在北京召开。**

［目　文］　国家体育总局局长刘鹏在大会上作了题为《科学规划，改革创新，迈出建设体育强国新步伐》的讲话。国家体育总局副局长段世杰作了总结讲话。会议宗旨是：深入贯彻落实党的十七届五中全会精神，以科学发展观为统领，总结经验，面向未来，以改革创新的精神，科学规划"十二五"时期体育事业的发展，开好局，起好步，迈出建设体育强国的新步伐。与会代表讨论了《体育事业"十二五"规划（征求意见稿）》，提出了预期目标。

1月11—12日

［纲　文］　**亚欧职业技术教育研讨会在青岛举行。**

［目　文］　研讨会由教育部、外交部和青岛市人民政府主办。国务委员刘延东发来贺信。亚欧23国共200余名代表围绕"在新的全球经济形势下，增强职业教育吸引力并促进就业"的主题，进行了交流和探讨。

1月12日

［纲　文］　**国家主席胡锦涛任免驻外大使。**

［目　文］　胡锦涛根据全国人民代表大会常务委员会的决定任免下列驻外大使：一、免去郁红阳的中华人民共和国驻约旦哈希姆王国特命全权大使职务；任命岳晓勇为中华人民共和国驻约旦哈希姆王国特命全权大使。二、免去解晓岩的中华人民共和国驻伊朗伊斯兰共和国特命全权大使职务；任命郁红阳为中华人民共和国驻伊朗伊斯兰共和国特命全权大使。三、免去刘志明的中华人民共和国驻黎巴嫩共和国特命全权大使职务；任命吴泽献为中华人民共和国驻黎巴嫩共和国特命全权大使。四、免去孙树忠的中华人民共和国驻卢旺达共和国特命全权大使职务；任命舒展为中华人民共和国驻卢旺达共和国特命全权大使。五、免去杨民的中华人民共和国驻多哥共和国特命全权大使职务；任命王作峰为中华人民共和国驻多哥共和国特命全权大使。六、免去殷恒民的中华人民共和国驻墨西哥合众国特命全权大使职务；任命曾钢为中华人民共和国驻墨西哥合众国特命全权大使。七、免去蔡润国的中华人民共和国驻厄瓜多尔共和国特命全权大使职务；任命苑桂森为中华人民共和国驻厄瓜多尔共和国特命全权大使。八、免去曾钢的中华人民共和国驻阿根廷共和国特命全权大使职务；任命殷恒民为中华人民共和国驻阿根廷共和国特命全权大使。九、免去潘伟芳的中华人民共和国驻阿曼苏丹国特命全权大使职务；任命吴久洪为中华人民共和国驻阿曼苏丹国特命全权大使。十、任命王宗来为中华人民共和国驻多米尼克国特命全权大使。

1月12日

［纲　文］　**温家宝主持召开国务院常务会议。**

［目　文］　会议主要内容是：一、研究部署进一步鼓励软件产业和集成电路产业发展的政策措施。会议指出，软件产业和集成电路产业是国家战略性新兴产业，是国民经济和社会信息化的重要基础。近些年来，我国软件产业和集成电路产业快速发展，产业规模迅速扩大，技术水平显著提升，有力推动了国家信息化建设和经济社会发展。但与国际先进水平相比，我国软件产业和集成电路产业发展基础仍然薄弱，企业科技创新和自我发展能力不强，应用开发水平有待提高。会议确定了以下政策措施：（一）强化投融资支持。中央预算内投资支持符合条件的集成电路企业技术进步和技术改造项目。（二）加大对研究开发的支持力度。（三）实施税收优惠。（四）加强人才培养和引进。（五）严格落实软件和集成电路知识产权保护制度，依法打击各类侵权行为。（六）加强市场引导，规范市场秩序。二、决定将国有企业老工伤人员等纳入工伤保险统筹管理。会议指出，近年来，我国工伤保险制度不断完善，参保范围不断扩大，对保障职工权益、分散企业风险发挥了重要作用。但2004年《工伤保险条例》实施前已认定为工伤、未纳入统筹管理的国有和集体企业工伤职工和工亡职工供养亲属等老工伤人员，大多仍由单位承担工伤待遇，缺乏制度保障，待遇普遍偏低。会议决定，2011年4月底前，将国有企业有伤残等级的老工

伤人员和工亡职工供养亲属纳入工伤保险统筹管理；2011年年底前，将国有企业其他老工伤人员和集体企业、原国有和集体改制企业老工伤人员纳入工伤保险统筹管理。所需资金由各地通过统筹基金调剂、企业一次性缴纳部分费用、政府补助等渠道筹集，中央财政按照“奖补结合”的原则给予一次性补助。

1月12日

［纲　文］　**国务院在北京召开全国安全生产电视电话会议**。

［目　文］　国务院副总理、国务院安全生产委员会主任张德江出席会议时指出，2011年要以贯彻落实《国务院关于进一步加强企业安全生产工作的通知》精神为核心，以强化企业安全生产主体责任为重点，继续深入开展“安全生产年”活动，重点抓好“三深化”“三推进”。一要深化企业主体责任落实，全面加强安全管理和监督。二要深化依法监管，持续打击非法违法行为。三要深化煤矿、非煤矿山、交通运输、建筑施工、烟花爆竹、危险化学品、民爆物品、工矿商贸其他及消防等行业领域安全专项整治。四要推进科技进步，加快安全技术装备研发推广应用和应急救援基地建设。五要推进安全达标，加强企业班组安全建设、安全宣传教育和培训，强化安全基层基础。六要推进长效机制建设，制定“十二五”安全生产规划，落实和完善政策措施，构建安全防范体系。

1月12日

［纲　文］　**全国人大常委会委员长吴邦国在北京会见爱沙尼亚议长埃尔格马**。

［目　文］　吴邦国说，中方愿与爱方一道，以建交20周年为契机，加强高层往来，增进政治互信，探索经贸合作的新方式新途径，扩大合作规模，加强教育、科技、人文等领域的合作，密切在国际事务中的沟通协调，推动双边关系不断向前发展。议会交往是国家关系的重要组成部分。近年来，中国全国人大与爱沙尼亚议会的交流与合作日益密切，取得积极成效。希望双方继续保持多层次、多渠道的友好交往，扩大在民主法制建设、治国理政等方面的经验交流，为中爱关系发展注入新的活力。

埃尔格马说，爱方对两国关系的发展现状感到满意，对与中国合作的未来充满期待，相信中国的快速发展将为爱沙尼亚带来更多的发展机遇。爱沙尼亚议会愿加强与中国全国人大的友好关系，促进两国在科研、教育、信息技术等领域的合作，推动双方企业的交往，不断充实爱中关系的内涵，造福两国人民。

1月12日

［纲　文］　**国家副主席习近平在北京会见卡塔尔副首相兼能源和工业大臣阿提亚**。

［目　文］　习近平表示，双方在政治、经贸、能源、人文等各领域合作成果丰硕，在国际和地区事务中相互理解和支持。中方感谢卡方长期以来在台湾、涉疆等涉及中方核心利益问题上给予的坚定支持。当前，中卡关系面临新的发展机遇，前景广阔。中方高度重视加强同卡塔尔在各领域友好合作关系，愿同卡方一道，不断探索双方合作的新模式，扩大在能源、金融、基础设施建设等诸多领域的务实合作，推动中卡关系全面、深入发展，造福两国和两国人民。

阿提亚表示，卡塔尔把加强对华合作作为对外关系的优先方向。卡方希望不断拓展两国在能源、贸易、相互投资和基础设施建设等领域的合作，增进双方在国际和地区事务中的沟通与协调，共同推动卡中友好合作关系向前发展。

1 月 12 日

［纲　文］　**习近平在北京会见以蔡冠深为团长的香港中华总商会访京团全体成员。**

［目　文］　中共中央政治局常委、国家副主席习近平对香港中华总商会新一届会董会的成立表示祝贺并说，香港中华总商会是香港历史悠久、规模较大、影响广泛的工商社团之一，在 20 世纪以来的不同历史时期，始终秉承发展工商、繁荣香港、造福社会的宗旨，积极参与香港社会事务及内地经济建设，为香港和内地发展作出了重要贡献。

习近平向香港中华总商会提出四点希望：一是要带头发扬爱国爱港优良传统，深入贯彻落实“一国两制”方针和基本法，使“一国两制”方针和基本法在香港社会更加深入人心。二是要继续抓住和用好重要战略机遇期，不断促进香港繁荣发展。三是要继续支持行政长官和特区政府依法施政，切实维护香港社会和谐稳定。四是要继续加强总商会和属会自身建设，大力培养年轻一代爱国爱港人才，使爱国爱港光荣传统薪火相传。

1 月 12 日

［纲　文］　**中共中央政治局委员、中华全国总工会主席王兆国在北京会见来华出席“中国—南太平洋国家工会领导人研讨会”的各国工会领导人。**

［目　文］　王兆国表示，中国共产党和政府一直坚持把保民生放在同保增长同等重要位置，把促进经济发展同消除贫困、促进就业增长紧密结合起来。中国目前已拥有一整套较全面的保障工人权益的法律体系，中国工会积极参与了各项法律的制定及执法监督。中国工会愿继续加强与南太平洋国家工会的交流与合作，共同维护劳动者权益，推动国际工会运动和谐发展。

南太平洋工会理事会主席、汤加公共服务工会总书记梅勒作为外方代表发言，她积极评价中国工会为保障工人权益作出的不懈努力及取得的成就，并希望与中国工会不断加强交流与合作。

“中国—南太平洋国家工会领导人研讨会”由中华全国总工会举办，共有来自南太平洋 11 个国家全国性工会组织的 27 位领导人应邀来华。

1 月 12 日

［纲　文］　**农业部公布《农业机械事故处理办法》。**

［目　文］　《办法》共 8 章 55 条。主要有总则、报案和受理、勘查处理、事故认定及复核、赔偿调解、事故报告、罚则、附则等内容。自 2011 年 3 月 1 日起施行。

1 月 12 日

［纲　文］　**中国奥委会 2011 年全会在北京举行。**

［目　文］　全会听取并审议了中国奥委会主席刘鹏所作的工作报告，并通过了中国奥委会人事变更提案。会议由中国奥委会副主席蔡振华主持。

刘鹏指出，2010年，中国奥委会努力开创体育对外交流与合作的新局面，为努力实现中国“大国大外交”格局作出了积极的贡献，认真做好有关国际综合性运动会的申办、筹备和参赛工作，尤其是在广州亚运会的筹办工作中发挥了不可或缺的重要作用。中国体育代表团在广州亚运会上以历史最好成绩第八次蝉联亚运会金牌榜和奖牌榜第一位，保持了中国竞技体育在亚洲的整体优势。中国奥委会高度重视反兴奋剂工作、体育宣传、奥林匹克知识产权保护等各项工作，通过各类活动推动和普及奥林匹克运动的发展，充分展示了奥林匹克精神和体育的社会公共服务功能，进一步提升了中国奥委会的形象和社会影响力。2011年，中国奥委会将面临备战伦敦奥运会、第七届亚冬会参赛、多项在我国举办的综合性运动会筹办工作等新一轮任务。刘鹏号召全体委员以更高的起点和更高的标准进一步发挥中国奥委会的作用，为推动我国由体育大国向体育强国迈进、推动体育事业全面发展，为夺取全面建设小康社会新胜利、开创中国特色社会主义事业新局面作出新的贡献。

1月12—14日

［纲　文］　**共青团十六届四中全会在北京召开**。

［目　文］　中共中央政治局委员、全国人大常委会副委员长王兆国出席会议并讲话。会议内容是：学习贯彻党的十七届五中全会和中央经济工作会议精神，学习贯彻党中央书记处指示和中央领导讲话精神，总结2010年全团工作情况，研究部署2011年共青团工作任务，审议并通过《关于认真学习贯彻党的十七届五中全会精神，团结带领广大团员青年为实现十二五时期奋斗目标作贡献的决定（草案）》，审议并通过共青团十六届四中全会关于团中央委员、候补委员卸职递补的确认案（草案），增补团十六届中央委员、常委。

1月13日

［纲　文］　**中央精神文明建设指导委员会在北京召开全体会议**。

［目　文］　中共中央政治局常委、中央精神文明建设指导委员会主任李长春主持会议并讲话。中共中央政治局委员、中央文明委副主任刘云山，中共中央政治局委员、中央文明委副主任刘延东，中央文明委成员单位负责人出席会议。

会议指出，2010年是我国发展进程中很不平凡的一年。精神文明建设紧紧围绕党和国家工作大局，认真贯彻落实中央决策部署，坚持高举旗帜、围绕大局、服务人民、改革创新，充分运用思想教育的丰富资源，推动社会主义核心价值体系建设取得新进展；充分调动人民群众的积极性主动性，推动精神文明创建工作取得新进展；充分发挥社会各方面的作用，推动青少年思想道德建设取得新进展；充分焕发文化体制机制改革创新的活力，推动文化惠民、乐民、育民、富民工作取得新进展。精神文明建设为推动经济社会发展、全面完成“十一五”规划目标任务、促进社会和谐稳定作出了应有的贡献。

1月13日

［纲　文］　**中国人民外交学会第七届理事会年会在北京举行。**

［目　文］　全国政协副主席董建华等外交学会高级顾问出席会议，100余位顾问和理事参会。外交部部长杨洁篪在会上作国际形势报告，外交学会会长杨文昌作工作报告。

中国人民外交学会由周恩来总理倡导，于1949年12月成立，是新中国第一个专门从事人民外交的机构。周总理生前一直担任外交学会名誉会长。

1月13日

［纲　文］　**中国银行业监督管理委员会公布《商业银行信用卡业务监督管理办法》。**

［目　文］　《办法》共8章115条。主要有总则、定义和分类、业务准入、发卡业务管理、收单业务管理、业务风险管理、监督管理、附则等内容。自2011年1月13日起施行。

1月14日

［纲　文］　**中共中央、国务院在北京举行2010年度国家科学技术奖励大会。**

［目　文］　中共中央总书记胡锦涛向获得2010年度国家最高科学技术奖的中国科学院院士、中国工程院院士、国家自然科学基金委员会特邀顾问、中国科学院金属研究所名誉所长、著名材料科学家师昌绪，中国工程院院士、上海交通大学医学院附属瑞金医院终身教授、著名血液学专家王振义颁发奖励证书。随后，胡锦涛等党和国家领导人向获得国家自然科学奖、国家技术发明奖、国家科学技术进步奖和中华人民共和国国际科学技术合作奖的代表颁奖。中央和国家机关及军队有关方面负责人，国家科技教育领导小组成员，国家科学技术奖励委员会委员和首都科技界代表等共约3300人出席大会。中共中央政治局委员、国务委员刘延东在会上宣读了《国务院关于2010年度国家科学技术奖励的决定》。奖励大会开始前，胡锦涛等党和国家领导人会见了2010年度国家科学技术奖励获奖代表。

国务院总理温家宝代表党中央、国务院向2010年度国家科学技术奖获得者表示热烈祝贺，向全国广大科技工作者表示诚挚问候和崇高敬意。他强调，崇尚科学技术的民族，才是最有希望的民族。中华民族要屹立于世界民族之林，必须有强大的科技，有大批创新型人才。“十二五”期间，我们要以科学发展为主题，以加快经济发展方式转变为主线，促进经济长期平稳较快发展和社会和谐稳定。加快转变经济发展方式，实现科学发展，必须依靠科技支撑和引领。要把科技摆在更加突出的位置，瞄准世界科技发展前沿，加强基础研究和战略高技术研究，继续推进重大科技专项和重点科技计划，大力实施知识创新工程和技术创新工程，集中力量突破一批核心关键技术，加快发展战略性新兴产业，在新一轮科技革命和产业革命中赢得发展的主动权。

国务院副总理李克强在主持大会时指出，建设创新型国家、加快转变经济发展方式、赢得发展先机和主动权，必须依靠科学技术的力量。希望广大科技工作者以获奖者为榜样，继续发扬求真务实、勇于创新的科学精神，不畏艰险、勇攀高峰的探索精神，团结协作、淡泊名利的团队精神，报效祖国、服务社会的奉献精神，共同肩负起科教兴国的重任。

师昌绪在代表全体获奖人员发言时表示，中央召开科学技术奖励大会，中央领导同志向获奖人员代表颁奖，这充分体现了党和国家对科技事业的高度重视和对科技工作者的热情关怀。全体科技工作者要以科教兴国为己任，将自己的专长同国家发展、社会进步、人民幸福紧密结合起来，为建设创新型国家、为实现全面建设小康社会奋斗目标作出更大的贡献。

2010年度国家科学技术奖励共授奖356项（人）。其中，国家最高科学技术奖获得者2人；国家自然科学奖授奖项目30项，其中一等奖空缺、二等奖30项；国家技术发明奖授奖项目46项，其中一等奖2项、二等奖44项；国家科学技术进步奖授奖项目273项，其中特等奖3项、一等奖31项、二等奖239项；授予5名外籍科学家中华人民共和国国际科学技术合作奖。

同日，刘延东代表中国政府会见获得2010年度中华人民共和国国际科学技术合作奖的德国环境规划专家克劳斯·托普弗、美国能源系统工程与智能控制专家甘中学、法国空间物理专家罗格·博奈、德国天体物理学家格哈德·伯纳和德国建筑材料专家福克·荷弗里德·维特曼，并向他们颁发奖章。

15日，科学技术部在人民大会堂举办国家科学技术奖励大会专场音乐会。全国政协副主席、科技部部长万钢与2010年度国家科学技术奖获奖者代表、国家科学技术奖励委员会委员、有关部门领导及首都科技界代表共6000人欢聚一堂，共享这一科技界盛事。

1月14日

［**纲　文**］　**第24次全国“扫黄打非”工作电视电话会议在北京召开。**

［**目　文**］　会议部署2011年“扫黄打非”工作。中共中央政治局委员、中宣部部长刘云山出席会议并讲话。全国“扫黄打非”工作小组成员单位、中央和国家机关有关部门、有关人民团体和有关中管企业负责人出席会议。各省、自治区、直辖市和新疆生产建设兵团的党政分管领导及有关部门负责人在分会场参加会议。

刘云山指出，2011年“扫黄打非”工作要明确任务、突出重点、细化措施，严格执行各类法律法规，坚决遏制各种非法出版活动，深入整治互联网和手机传播淫秽色情信息，严厉打击各类侵权盗版活动，切实保护知识产权，严肃查处制售非法违规报刊行为，进一步规范文化市场和新闻出版行业秩序。各地各部门要把“扫黄打非”作为政治性任务、作为经常性工作，纳入党委政府重要议事日程，摆上重要位置，明确工作责任，狠抓工作落实，切实提高执行力。要加强基层建设，深入开展社会动员，完善和落实举报奖励制度，夯实“扫黄打非”工作基础，充分调动广大群众参与监督的积极性。要加强宣传教育，加大投入力度，完善保障措施，积极探索创新，有效增强“扫黄打非”工作的主动性和实效性。

1月14日

［纲　文］ **国防部在八一大楼举行2011年新春招待会。**

［目　文］ 中央军委委员、国务委员兼国防部部长梁光烈，中央军委委员陈炳德、李继耐、廖锡龙、常万全、靖志远、吴胜利、许其亮，解放军四总部、驻京各大单位的领导和夫人，近90个国家的250多位外国驻华武官夫妇出席。

1月14日

［纲　文］ **刘华清逝世。**

［目　文］ 中国共产党的优秀党员，久经考验的忠诚的共产主义战士，杰出的无产阶级革命家、政治家、军事家，党、国家和军队的卓越领导人，中国共产党第十四届中央政治局常委，原中共中央顾问委员会委员，中央军委原副主席刘华清，在北京逝世，享年95岁。

24日，刘华清的遗体在北京八宝山革命公墓火化。胡锦涛、吴邦国、温家宝、贾庆林、李长春、习近平、李克强、贺国强等送别。

1月14日

［纲　文］ **教育部印发《全国教育人才发展中长期规划（2010—2020年）》。**

［目　文］ 《规划》由五个部分组成：一、总体要求和战略目标。二、主要任务。三、重大项目。四、体制机制改革和政策创新。五、组织实施。

《规划》指出，教育是强国之基，人才是强教之本。面向现代化、面向世界、面向未来，必须切实增强紧迫感、危机感、责任感、使命感，把加强教育人才队伍建设作为更好地实施科教兴国战略和人才强国战略的重要基础性工程，作为推动教育事业科学发展的根本举措，坚定不移地走人才强教、人才强校之路，科学规划，改革创新，整体推进，重点突破，不断开创教育人才队伍建设新局面。

1月15日

［纲　文］ **全国地质调查工作会议在北京召开。**

［目　文］ 国土资源部部长、国家土地总督察徐绍史出席会议并讲话。国土资源部副部长、中国地质调查局局长汪民在会上作题为《落实新机制　推进“358”　谱写地质调查工作新篇章》的工作报告。中国地质调查局27个局属单位、全国31个省（市、区）地质调查院、地质环境监测总站、中央管理的地勘单位、有关地质院校和大型矿业企业的200多名代表参加会议。

会议指出，12年来，新发现矿产地900余处。新增一批资源量：铁矿石50亿吨、铜3800万吨、铝土矿4.5亿吨、钾盐4.6亿吨、金1800吨、铅锌8300万吨。在开采强度不断加大的情况下，铁、铜、铝、钾盐、金等矿产保有储量分别比1999年底增长41%、28%、39%、88%和53%。在地质调查工作的支持推动下，过去10年全国新增重要矿产资源储量之和几乎占到新中国成立50年总和的一半。在资源消费迅猛增长的情况下，扭转了保有资源储量消耗大于增长的被动局面，保证了资源储量稳定增长态势，基本稳定了重要矿产整体对外依存度，为提高国内矿产资源保障能力作出了重要贡献。初步形成藏中、滇西北、东天山铜多金属、祁漫塔格钨锡多金属、罗布泊钾盐、大场金矿等十大资源基地。12年来，大调查还科学地调查评价了全国地下水资源潜力、严重缺水地区地下水资源远景和重点地区地质环境状况，初步建立了一套地质灾害监测防治体系等。

1月15日

［纲　文］　**刘延东在深圳考察第26届世界大学生运动会筹办工作。**

［目　文］　中共中央政治局委员、国务委员刘延东听取组委会汇报，考察了大运会运动员村、开闭幕式场馆建设情况。

本届大运会于2011年8月12—23日在深圳举办。

1月15日

［纲　文］　**国务委员戴秉国应约同美国总统国家安全事务助理多尼隆通电话。**

［目　文］　双方就国家主席胡锦涛即将对美国进行国事访问有关准备工作交换了意见。双方一致表示，将共同努力，确保胡主席访问取得圆满成功。

1月15—16日

［纲　文］　**中国三农问题高峰论坛在北京举行。**

［目　文］　论坛由农民日报社和CCTV年度“三农”人物推介活动组委会联合主办。论坛旨在总结农业领域发展成就，剖析“三农”热点、难点问题，探讨新时期农村发展新理念。多位“三农”问题专家对中央农村工作会议精神以及“十二五”规划中的农民工城市化等政策进行了解读。近200位农村基层干部、农民企业家等围绕新农村建设中出现的各种焦点问题进行了探讨和交流。

1月16日

［纲　文］　**全国人大常委会副委员长、全国妇联主席陈至立在大马士革会见叙利亚副总统阿塔尔。**

［目　文］　陈至立说，中方赞赏叙政府高度重视妇女发展，大力扶持妇女参政，为实现男女平等提供法律保障，促进了妇女地位的提高。两国妇女组织肩负着同样的使命，有许多共同语言，也有许多经验值得相互借鉴。扩大妇女交流与合作不仅有利于两国妇女发展，也将促进两国友好合作关系不断向前发展。

阿塔尔说，叙方关注中国妇女的发展，重视妇女之间的友好关系。两国多年来相互理解、相互支持，使叙中传统友谊愈加牢固，叙方将继续坚持一个中国的立场。

同日，陈至立与叙妇女联合总会主席玛吉黛举行了会谈，双方相互介绍了本国妇女工作，就共同关心的问题深入交换了意见。会谈后，双方签署了《中华全国妇女联合会与叙利亚妇女联合总会合作协议》。

1月16日

［纲　文］　**2010年度CCTV安踏体坛风云人物颁奖晚会在北京举行。**

［目　文］　2010年度评选的最终结果为：林丹获得最佳男运动员奖，王濛获得最佳女运动员奖，短道速滑教练李琰获得最佳教练奖，冬奥会花样滑冰双人组合冠军申雪/赵宏博蝉联最佳组合奖，国际象棋世界冠军侯逸凡获得最佳非奥项目运动员奖，男子游泳选手孙杨获得最佳新人奖，未名人士体育精神奖被《白云之帆》表演团队摘得，中国女子盲人门球队获得残疾人体育精神奖，广州亚运会、亚残会开闭幕导演团队获得体坛特别贡献奖，中国短道速滑队获得最佳团队奖，中国人民解放军军事五项队获得评委会大奖。

CCTV体坛风云人物评选创办于2001年，至今已经举办了7届。评选始终致力于打造中国体育界最权威、最具影响的人物评选。

1月16日

［纲　文］　**在伦敦温布利体育馆进行的2011年斯诺克大师赛决赛中，中国选手丁俊晖以10∶4击败中国香港选手傅家俊，首获斯诺克大师赛冠军。**

1月16—17日

［纲　文］　**中央直属机关党的工作会议在北京召开。**

［目　文］　中直机关工委常务副书记孙淦在会上作工作报告。中直机关工委副书记孟学农主持会议。中直机关工委副书记、纪工委书记，中直机关各单位机关党委书记、副书记等参加了会议。

1月17日

［纲　文］　**国家主席胡锦涛在北京接受美国《华尔街日报》和《华盛顿邮报》联合书面采访。**

［目　文］　胡锦涛就推动中美关系长期健康稳定发展、外资企业在华投资环境、中国应对国际金融危机政策举措、中国经济社会发展、中国和平发展和政治体制改革、中国同亚太国家关系、朝鲜半岛局势等回答了提问。

1月17日

［纲　文］　**全国政协在北京举行春节茶话会，邀请部分已故党外全国政协委员、知名人士夫人畅叙情谊，共迎新春。**

［目　文］　中共中央政治局常委、全国政协主席贾庆林出席茶话会。茶话会由全国政协副主席兼秘书长钱运录主持。中共中央政治局委员、全国政协副主席王刚出席并在讲话中回顾了过去一年我国改革开放和社会主义现代化建设中取得的显著成就和全国政协所做的主要工作。

出席茶话会的已故党外全国政协委员、知名人士夫人有：林佳楣（李先念夫人）、王定国（谢觉哉夫人）、许克坤（李沛瑶夫人）、徐素芝（陈俊生夫人）、赵志珍（杨成武夫人）、师剑英（马文瑞夫人）、张素我（周嘉彬夫人、张治中女儿）、廖静文（徐悲鸿夫人）、马存真（马坚夫人）、廖望月（熊克武夫人）、赵恕之（陈劭先夫人）、文洁若（萧乾夫人）、李玲虹（蔡子民夫人）、黄浣碧（爱泼斯坦夫人）、徐桂芬（彭清源夫人）。

1月17日

［纲　文］　**纪念党的对外工作90年暨中联部建部60年大会在北京举行。**

［目　文］　中共中央政治局常委、国家副主席习近平出席并讲话。国务委员戴秉国出席。中央和国家机关有关部门负责人参加。会前，习近平观看了纪念党的对外工作90年暨中联部建部60年图片展。

习近平指出，面对国内外形势深刻复杂的变化，党的对外工作作为国家总体外交的重要组成部分，任务重、责任大，一定要继往开来、开拓进取、再创辉煌，努力成为促进我国对外关系发展的重要途径，成为展示党的良好国际形象的重要窗口，成为党员领导干部观察和研究世界的重要平台，成为借鉴国外经验、为中央决策服务的重要渠道。

1月17日

［纲　文］　**张德江在北京检查春运准备工作，慰问交通运输系统干部职工。**

［目　文］　中共中央政治局委员、国务院副总理张德江在北京六里桥客运主枢纽，与司乘人员和旅客进行交流，查看旅客安检和候车情况；在北京交通运行协调中心了解北京市春运准备工作和系统运行情况；在北京铁路南站，查看了售票、候车等情况，了解全国铁路春运准备工作；在民航总调度室，听取了全国民航春运准备工作汇报。

张德江指出，交通运输系统要坚持以人为本，坚持安全第一，科学分析春运期间的客货流量，精心制订周密的运输计划，全力以赴做好春运各项工作，努力做到让旅客安全有序便捷满意出行，切实保障重要生产生活物资运输。

1月17日

［纲　文］　**贺国强在北京出席中央纪委监察部机关2010年度竞争上岗任职人员集体谈话会。**

［目　文］　中共中央书记处书记、中央纪委副书记何勇主持会议。中央纪委副书记黄树贤宣布任免通知。中央纪委监察部有关派驻机构和委部机关各单位主要负责人以及委部机关2010年度竞争上岗任职人员参加了会议。

中共中央政治局常委、中央纪委书记贺国强说，这次共有47名同志通过竞争上岗走上了局处级领导岗位，这是深化干部人事制度改革的重要举措。向年轻干部提出4个方面的要求。一是要修身。二是要勤学。三是要敬业。四是要自律。要坚持自重、自省、自警、自励，切实把各项纪律要求转化为自觉行动。要慎独，时时处处严格要求自己，加强自我规范和约束，切实做到人前人后一个样、8小时内外一个样、有没有监督一个样；要慎微，认真做好每件小事、管好每个小节，见微知著、防微杜渐，切实做到不该说的话不说、不该拿的东西不拿、不该去的地方不去、不该办的事情不办；要慎情，教育和管好自己的配偶、子女和亲属，决不允许他们利用自己的职权或职务影响谋取不正当利益；要慎友，正确处理人际关系，慎重对待社会交往，注意净化自己的社交圈、生活圈和朋友圈，善交益友、乐交诤友、不交损友，始终保持共产党人的蓬勃朝气、昂扬锐气和浩然正气。

1月17日

［纲　文］　**中央纪委、中组部在北京召开严肃换届纪律、保证换届风清气正视频会。**

［目　文］　中共中央政治局委员、中组部部长李源潮，中央纪委副书记黄树贤出席并讲话。中组部常务副部长沈跃跃主持会议。辽宁、河南、河北、云南省负责人发言。

李源潮指出，要按照胡锦涛总书记在中央纪委六次全会上提出的明确要求，加强对地方换届工作的纪律保障，坚持教育在先、警示在先、预防在先，严肃换届纪律，保证风清气正。换届工作要健康顺利进行，必须有风清气正的换届环境作保证。换届风气不好，就会扰乱干部群众思想，就会偏转科学发展导向，就会破坏选人用人的公正性，就会使老实人吃亏、投机钻营者得利。因此，必须以最坚决的态度落实中央要求，把保证风清气正摆在换届工作突出位置，从换届一开始就抓紧抓好、抓出成效。坚持从严治党，不搞不教而诛，而要警钟长鸣。

1月17日

［纲　文］　**中华全国总工会第十五届执行委员会主席团第八次全体会议在北京召开。**

［目　文］　中共中央政治局委员、中华全国总工会主席王兆国出席会议并讲话。会议审议通过了全总十五届五次执委会议议程，审议并原则通过王玉普同志代表全总十五届执委会主席团拟在全总十五届五次执委会议上作的工作报告（审议稿），审议并原则通过拟提交全总十五届五次执委会议审议的《中华全国总工会关于组织动员广大职工为实现“十二五”规划目标任务创先争优建功立业的决议（审议稿）》，审议通过拟提交全总十五届五次执委会议和五次经审会议履行民主程序的有关人事事项。

1月17日

［纲　文］　**全国信访局长电视电话会议在北京召开。**

［目　文］　国务委员兼国务院秘书长马凯出席会议并讲话。国务院副秘书长、国家信访局局长王学军作了工作报告。中央和国家机关有关部门负责人，各省（区、市）和新疆生产建设兵团，各地（市）、县（区、市）分管信访工作的负责人、信访局（办）局长（主任）参加了会议。

马凯指出，各地区各部门要按照中央要求，坚持信访工作本质上是群众工作重要组成部分的理念，怀着对人民群众的深厚感情，全力以赴做好今年的信访工作。一要更加深入地落实中央各项决策部署，并加强督导检查；二要更加有效地推动“事要解决”，提高初次接访工作质量，加强政策研究，全力突破工作难点；三要更加主动地探索体制机制创新，用群众工作统揽信访工作，拓宽工作思路，促进整体工作水平提高；四要更加突出地强化责任，对每一项重点工作都要研究制定具体落实措施，并确定责任部门、责任领导和责任人；五要继续加强信访干部队伍能力建设，培养锻造一支政治坚定、办事公道、作风优良、群众工作经验丰富的信访干部队伍。

1月17日

［纲　文］　**国务院公布《国家赔偿费用管理条例》，自2011年1月17日起施行。1995年1月25日国务院发布的《国家赔偿费用管理办法》同时废止。**

1月17日

［纲　文］　**卫生部发布《药品生产质量管理规范（2010年修订）》。**

［目　文］　《规范》共14章313条，主要有总则、质量管理、机构与人员、厂房与设施、设备、物料与产品、确认与验证、文件管理、生产管理、质量控制与质量保证、委托生产与委托检验、产品发运与召回、自检、附则等内容。自2011年3月1日起施行。按照《中华人民共和国药品管理法》第九条规定，具体实施办法和实施步骤由国家食品药品监督管理局规定。

1月17日

［纲　文］　**工业和信息化部公布《关于做好工业领域电力需求侧管理工作的指导意见》。**

［目　文］　《意见》由四个部分组成：一、充分认识工业领域电力需求侧管理工作的重要性和紧迫性。二、指导思想和主要目标。三、主要任务和重点工作。四、保障措施。

《意见》指出，各级工业和信息化主管部门要加强工业领域电力需求侧管理社会化服务体系建设，会同有关部门建立本地区信息服务平台，定期发布节电新产品、新工艺、新设备等相关信息；扶持培育一批面向工业的专业化节电服务公司，为工业企业提供节电技术诊断、融资、改造等服务，加快推进合同能源管理。

1月17日

［纲　文］　**海关总署、外汇局、中国银行发布《海关总署、外汇局、中国银行公告（2011年第5号）》。**

［目　文］　《公告》说，为规范对非居民旅客征收个人物品进口税适用币种的管理，现决定废止海关总署、国家外汇管理局和中国银行联合发布的《海关总署、国家外汇管理局、中国银行关于修改对非居民旅客征收个人物品进口税适用币种的通知》（署监二〔1993〕526号），该规范性文件自本公告发布之日起停止执行。

1月17日

［纲　文］　**证监会发布《中国证券监督管理委员会公告〔2011〕2号》。**

［目　文］　《公告》说，为了正确理解与适用《上市公司收购管理办法》有关要约豁免申请的规定，我会制定了《〈上市公司收购管理办法〉第六十二条、第六十三条有关要约豁免申请的条款发生竞合时的适用意见——证券期货法律适用意见第8号》，现予公布，请遵照执行。

1月17日

［纲　文］　**证监会发布《中国证券监督管理委员会公告〔2011〕3号》。**

［目　文］《公告》说，为了正确理解与适用《上市公司收购管理办法》第七十四条有关收购人在收购完成后12个月内不得转让其持有的被收购公司股份的规定，我会制定了《〈上市公司收购管理办法〉第七十四条有关通过集中竞价交易方式增持上市公司股份的收购完成时点认定的适用意见——证券期货法律适用意见第9号》，现予公布，请遵照执行。

1月17日

［纲　文］**证监会发布《中国证券监督管理委员会公告〔2011〕4号》。**

［目　文］《公告》说，为了正确理解与适用《上市公司重大资产重组管理办法》第三条有关“任何单位和个人不得利用重大资产重组损害上市公司及其股东的合法权益”的规定，规范上市公司重大资产重组行为，我会制定了《〈上市公司重大资产重组管理办法〉第三条有关拟购买资产存在资金占用问题的适用意见——证券期货法律适用意见第10号》，现予公布，请遵照执行。

1月17日

［纲　文］**证监会发布《中国证券监督管理委员会公告〔2011〕5号》。**

［目　文］《公告》说，为了正确理解与适用《上市公司重大资产重组管理办法》第十二条上市公司在12个月内连续购买、出售同一或者相关资产的比例计算的规定，我会制定了《〈上市公司重大资产重组管理办法〉第十二条上市公司在12个月内连续购买、出售同一或者相关资产的有关比例计算的适用意见——证券期货法律适用意见第11号》，现予公布，请遵照执行。

1月17日

［纲　文］**外交部部长杨洁篪应约与俄罗斯外长拉夫罗夫通电话。**

［目　文］杨洁篪表示，2011年对中俄关系发展具有重要意义，两国领导人将保持密切交往，中方愿与俄方继续加强沟通和协调，推动中俄各领域合作再上新台阶。

拉夫罗夫表示，希望俄中两国领导人保持互访和接触的势头，推动俄中关系在新的一年取得更大发展。

1月17日

［纲　文］**外交部发言人就安理会改革问题答记者问。**

［目　文］就印度常驻联合国代表日前在接受采访时表示，在选举安理会新常任理事国时，印度有信心获得足够多的票数当选，中国不会成为印度“入常”的障碍，发言人表示，中国在安理会改革问题上的立场没有改变。我们支持对安理会进行必要、合理的改革，优先增加发展中国家的代表性。目前会员国在安理会改革问题上分歧仍十分严重，应继续开展民主、耐心协商，争取找到能获得会员国最广泛支持的“一揽子”解决方案。我们一直重视印度作为新兴市场国家和发展中大国在国际事务中的地位，理解并支持印度在联合国包括安理会中发挥更大作用的愿望。我们愿继续同包括印度在内的广大会员国就安理会改革问题保持接触与协商。

就韩国媒体报道，韩政府官员称，近期中方曾与朝鲜商议向朝罗先市派遣少量驻军，保护中国投资的港口设备和侨民，发言人说，有关报道谈到的情况纯属子虚乌有。

1月17日

［纲 文］ **“感受中国”——中国国家形象片亮相纽约时报广场。**

［目 文］ 由国务院新闻办筹拍的《中国国家形象片——人物篇》在美国纽约时报广场大型电子显示屏上播出，中国各领域杰出代表和普通百姓在片中逐一亮相，让美国观众了解一个更直观、更立体的中国国家新形象。《中国国家形象片——人物篇》以每小时15次、每天共300次的频率播出。至2月14日，共计播放8400次。《中国国家形象片——人物篇》包括了杨利伟、姚明等各领域优秀代表以及普通百姓，旨在向全世界展示立体的中国。

1月18—21日

［纲 文］ **国家主席胡锦涛应美国总统奥巴马邀请对美国进行国事访问。**

［目 文］ 陪同胡锦涛此行人员有：国务院副总理王岐山、中央政策研究室主任王沪宁、国务委员戴秉国、外交部部长杨洁篪、发展改革委主任张平、财政部部长谢旭人、商务部部长陈德铭等。

访问期间，胡锦涛在白宫同奥巴马举行会谈。两国元首一致同意，顺应时代潮流，致力于共同努力建设相互尊重、互利共赢的中美合作伙伴关系。两国元首全面规划了发展今后一个时期中美关系的重点方向和深化双方合作重点领域，达成重要共识，取得丰富成果并就朝鲜半岛局势、伊朗核、苏丹等问题交换了意见，表示要加强沟通和协调，共同促进亚太地区和世界和平稳定。胡锦涛和奥巴马共同会见了中美两国企业家。双方发表了《中美联合声明》。胡锦涛在华盛顿分别会见了美国副总统约瑟夫·拜登、美国前总统克林顿、美国众议长博纳和参议院多数党领袖里德；出席美国友好团体举行的欢迎宴会并发表题为《建设相互尊重、互利共赢的中美合作伙伴关系》的讲话。胡锦涛还访问了芝加哥。会见了芝加哥市市长戴利；参观美国中西部中国企业展，勉励在美中资企业继续发展壮大，为促进两国经贸合作、增进两国人民友谊发挥更大作用；访问芝加哥沃尔特·佩顿大学预科中学，同美国青年亲切交流，寄语中美关系未来。

胡锦涛同奥巴马会谈时表示，我是带着13亿中国人民对美国人民的友好情谊来美国访问的。中方愿同美方一道，从战略高度和长远角度出发，着眼于两国人民福祉和国际社会共同利益，加强对话、增进互信、扩大交流、深化合作，开创两国伙伴合作新局面。中美作为在国际社会有重要影响的两个大国，要积极推动积极合作全面的中美关系继续向前发展。中美关系发展需要新思路、新行动、新气象。第一，发展求同存异、平等互信的政治关系。第二，深化全面合作、互利双赢的经济关系。第三，开展共同应对挑战的全球伙伴合作。第四，推进人民广泛参与的中美友好事业。第五，建立深入沟通、坦诚对话的高层交往模式。胡锦涛强调，台湾问题事关中国主权和领土完整，事关中国核心利益，是中美关系中最敏感问题。这个问题处理得好，中美关系就能稳步发展，两国合作就会比较顺畅。反之，中美关系就会发生波折。中方重视并赞赏美方多次重申坚持一个中国政策、遵守中美三个联合公报、不支持任何旨在分裂中国的势力及其活动，希望我们推动两岸关系和平发展的努力得到美方更明确的支持。

奥巴马完全赞同胡锦涛关于进一步发展两国关系的意见，表示美方愿意同中方共同努力，加强高层接触，增进战略互信，在推动解决全球经济可持续增长、促进亚太和世界繁荣、防止大规模杀伤性武器扩散、应对全球环境和气候变化等问题上加强合作。美方认为两国强有力的经贸关系给两国人民带来好处。美方愿意认真对待中方在经贸领域重要关切，努力取得积极进展。美方对两国战略与经济对话取得的进展表示高兴，愿意继续发挥这一机制的作用，增进两国了解，通过对话解决分歧。解决21世纪多边问题需要美中两国携手合作。美方赞赏中方在应对气候变化问题上发挥的重要作用。奥巴马重申，美国坚持一个中国政策，遵守美中三个联合公报。美方乐见两岸关系不断改善并为此深受鼓舞，希望两岸关系继续取得进展。

1月18日

［纲　文］　**温家宝主持召开国务院第五次全体会议，讨论提请十一届全国人大四次会议审议的《政府工作报告（征求意见稿）》《“十二五”规划纲要（草案）》。**

［目　文］　国务院全体会议组成人员出席了会议，有关部门、单位负责人列席了会议。会议决定，将这两个文件发往各省、自治区、直辖市和中央有关部门、单位征求意见。

国务院总理温家宝指出，国务院向全国人民代表大会报告工作，是一项法定的重要职责，也是政府接受人民监督的重要形式。一定要以对人民高度负责的精神，认真修改《报告》稿和《纲要（草案）》。要把这两个文件征求意见和修改的过程，作为发扬民主、集思广益的过程，作为总结工作、提高认识的过程，作为深入研究和推动解决一系列重大经济社会问题的过程。国务院将召开一系列座谈会，分别听取民主党派、经济和社会领域专家、企业负责人、科教文卫界人士、基层群众代表的意见，国务院领导同志还要深入农村、城市社区，直接听取群众意见。要通过对《报告》稿和《纲要（草案）》征求意见和修改，达到集中民智、反映民意、凝聚民心、提振信心的目的，使广大干部群众了解政府的决策，增进对政府的信任，支持政府的工作；使政府了解群众的意见、期望和要求，让决策更加贴近群众、贴近实际，增强政府做好各项工作的责任感和使命感，密切政府与人民群众的血肉联系，切实改进政府工作。

1月18日

［纲　文］　**李克强主持召开国务院深化医药卫生体制改革领导小组第八次全体会议并讲话。**

［目　文］　会议听取了医改工作接受全国人大常委会审议和专题询问情况，审议了医药卫生体制五项重点改革2011年主要工作安排、2011年公立医院改革试点重点工作安

排、建立全科医生制度的指导意见等文件。国务院医改办负责人、卫生部负责人作了汇报和说明。与会者发表了意见。

中共中央政治局常委、国务院深化医药卫生体制改革领导小组组长李克强指出，要深入贯彻落实党中央、国务院的决策部署，坚持保基本、强基层、建机制，统筹谋划，攻坚克难，把医改向纵深推进。医改实施一年多来，通过各地区各有关部门积极探索，改革的成效逐步显现，人民群众得到了实惠。2011年是深化医改的攻坚之年，要抓重点、克难症、下准药，加快建立新机制新模式，确保完成全年医改的重点任务。公立医院是群众看病就医的主要场所，也是医改的重点和难点。2011年公立医院改革试点，一要推进试点城市公立医院综合改革，着力完善内部机制，探索公立医院改革的基本路子。二要优先发展县级医院。县级医院服务9亿多群众，是上下联动的枢纽和缓解看病难看病贵的中心环节。要加大支持力度，推进综合改革，提高县级医院看大病的能力。三要转变服务理念，优化诊疗流程，在全国推行惠民便民措施。四要着力形成多元办医格局，适应人民群众看病就医多样化的需求。五要发挥医务人员主力军作用，调动他们投身医改、服务群众的积极性主动性，构建和谐医患关系。

1月18日

［纲　文］ **第14届两岸奥委会体育交流座谈会在台北举行。**

［目　文］ 应中华台北奥委会主席蔡辰威之邀，中国奥委会主席刘鹏率代表团参加了座谈会。两岸奥委会体育交流座谈会1997年由两岸共同发起，每年轮流在海峡两岸举办。此次座谈会上，双方回顾了2010年两岸体育交流的情况，就广州成功举办2010年亚运会等共同关心的议题交换意见。双方提出2011年度两岸体育交流规划，并以备忘录形式记录在案。双方同意，2011年，两岸将进行多项重要交流活动，包括中国奥委会组织金牌教练员赴台参访、组织体育产业访问团赴台参加第二届两岸体育产业研讨会等活动，中华台北奥委会将组织基层竞技运动交流访问团赴大陆参访等活动。

会后，上海市体育总会、陕西省体育总会分别与台北市体育总会、台湾省体育总会签署体育交流合作意向书。

1月18日

［纲　文］ **《人民日报》报道，首届“中国人民解放军新闻奖”评选结果揭晓。**

［目　文］ 《解放军报》和总政直属新闻单位，各军区军兵种和武警部队报纸，中央主要新闻单位，共推荐322件作品参加了评选，其中99件作品获奖。《守望和平的雪域铁骑》荣获一等奖。获一等奖的还有《和平的力量庄严的检阅——胡锦涛主席检阅共和国武装力量侧记》等25件作品，《2009，中国海上大阅兵》《“嫦娥飞天”不是梦》《亲历特战队员随船护航》等33件作品获二等奖，《大海见证和平之约——纪念人民海军成立60周年多国海军活动全记录》《汉族和少数民族同是一个妈妈的儿女》《海军护航编队系列报道》等41件作品获三等奖。

“中国人民解放军新闻奖”是全军最高军事新闻奖项，从2010年起，每年评选一次。

1月18日

［纲　文］　**公安部发布公告。**

［目　文］　公告说，公安部对现行的70件部门规章和810件规范性文件（截至2010年11月）进行了清理，决定保留规章69件、规范性文件732件，废止规章《群众性文化体育活动治安管理办法》（公安部令第44号）1件、规范性文件78件。根据清理结果，公安部编制了《公安部现行有效规章及规范性文件目录》和《公安部决定废止的规范性文件目录》，现予公布。

1月18日

［纲　文］　**工业和信息化部公布《工业和信息化部工业领域工程建设行业标准制定实施细则（暂行）》。**

［目　文］　《细则》共9章34条。主要有总则，标准立项，标准起草和审查，标准报批，标准批准和发布，标准出版，标准复审，标准修订、修改，附则等内容。自2011年1月18日起实施。

1月18日

［纲　文］　**中国国际广播电视网络台（CIBN）成立暨国广环球传媒控股有限公司挂牌仪式在北京举行。**

［目　文］　这标志着有近70年发展历史的中国国际广播电台全面进入新媒体领域。CIBN以“中国立场、世界眼光、人类胸怀”为传播理念，发挥国际台61个语种人才优势，以视听互动、资源共享、语种集合为特色，大力发展互联网电视、手机广播电视、多媒体移动广播等各种新媒体业态。

1月18日

［纲　文］　**澳门大熊猫馆开馆。**

［目　文］　中央政府赠澳大熊猫“开开”“心心”结束30天检疫隔离期，首次与澳门观众见面。澳门特区行政长官崔世安、全国政协副主席何厚铧、国务院副秘书长张勇及中央驻澳机构负责人等出席开幕仪式。

1月18日

［纲　文］　**外交部发言人表示，中国向斯里兰卡提供1000万元紧急人道主义物资援助。**

［目　文］　发言人表示，中国政府决定向斯里兰卡提供价值1000万元人民币的紧急人道主义物资援助，中国红十字会也将向斯方提供3万美元的现汇援助。近期，斯里兰卡连降大雨，引发特大洪水和泥石流灾害，造成人员伤亡和财产损失。中国人民对此感同身受。中国外交部部长杨洁篪已向斯里兰卡外交部部长佩里斯致慰问电。中方相信，在斯里兰卡政府领导下，斯里兰卡人民一定能够战胜洪灾，重建美好家园。

1月18日

［纲　文］　**江苏省第六届人民代表大会常务委员会主任、党组书记储江，在南京逝**

世，享年95岁。

1月18—19日

［纲　文］　**全国总工会第十五届执委会第五次全体会议在北京召开。**

［目　文］　全国人大常委会副委员长、中华全国总工会主席王兆国出席并讲话。会议审议通过了全总副主席、书记处第一书记王玉普代表全总十五届执委会主席团作的工作报告，审议通过了《中华全国总工会关于组织动员广大职工实现“十二五”规划目标任务创先争优建功立业的决议》。会议通过了有关人事事项。

1月18—19日

［纲　文］　**第9届两岸关系研讨会在桂林举行。**

［目　文］　研讨会由中共中央台办、国务院台办海峡两岸研究中心主办，以“弘扬中华文化优秀传统，促进两岸关系和平发展”为主题。120余位来自海峡两岸及港澳、海外的专家学者、各界人士就“中华文化优秀传统的核心内涵，中华传统智慧对两岸关系发展的启示、对共同促进中华文化发展繁荣的思考”等议题进行了讨论。

1月18—19日

［纲　文］　**第2届中美清洁能源务实合作战略论坛在美国华盛顿举行。**

［目　文］　论坛由中国国家创新与发展战略研究会与美国布鲁金斯学会联合主办。中美双方100多位政界、学术界和企业界人员就中美关系、中美清洁能源合作的政策及实际商业问题进行探讨。中美企业、研究机构签署多项清洁能源领域的合作协议，涉及高能效建筑、清洁煤、电动汽车等领域。论坛举行了中美清洁能源技术研究与合作专题会议和中美清洁能源研究中心成立仪式，国家能源局与美国能源部签署了18份总值超过130亿美元的能源合作协议。

1月19日

［纲　文］　**温家宝主持召开国务院常务会议。**

［目　文］　会议主要内容有：一、审议并原则通过《国有土地上房屋征收与补偿条例（草案）》。会议指出，《国有土地上房屋征收与补偿条例（草案）》是根据《全国人民代表大会常务委员会关于修改〈中华人民共和国城市房地产管理法〉的决定》起草的。制定这个条例，关系到群众切身利益，关系到工业化、城镇化进程，关系到现代化建设全局。党中央、国务院高度重视条例的制定工作，2007年12月，国务院常务会议首次审议这个条例草案时提出，修改后要公开征求群众意见。2010年，条例草案先后两次向社会公开征求意见，分别收到意见和建议65601条和37898条；起草单位召开45次各类座谈会、论证会，广泛听取中央各部门、地方政府、被征收人以及相关专家的意见；选取40多个有代表性的城市进行专项调查研究；组织力量对社会高度关注的重点难点问题逐一研究论证，力求从制度上加以解决。经过各方面的共同努力，条例草案已经比较成熟。会议决定，该条例草案经进一步修改后，由国务院公布施行。二、决定春节前为城乡困难群

众发放生活补贴。会议指出，2010年下半年以来，各地区、各有关部门贯彻落实党中央、国务院决策部署，采取发放价格临时补贴、提高城乡低保和抚恤补助标准、实施临时救助等措施，保障困难群众基本生活，取得积极成效。会议决定，2011年春节前，按照城市低保对象每人150元，农村低保和"五保"对象每人100元，享受国家抚恤补助的优抚对象和新中国成立前入党的农村老党员、未享受离退休待遇的城镇老党员每人180元的标准，发放一次性生活补贴。补贴以现金形式发放，需要补助资金104亿元，全部由中央财政负担，将有8600多万群众受惠。

1月19日

［纲　文］ **政协第十一届全国委员会第三十四次主席会议在北京召开。**

［目　文］ 中共中央政治局常委、全国政协主席贾庆林主持会议并讲话。全国政协副主席王刚、白立忱、陈奎元、阿不来提·阿不都热西提、李兆焯、黄孟复、张梅颖、张榕明、孙家正、李金华、郑万通、林文漪、厉无畏、罗富和、陈宗兴、王志珍出席会议。

会议审议通过了政协第十一届全国委员会第四次会议议程（草案）和日程（草案）、政协第十一届全国委员会第四次会议各次全体会议执行主席和主持人名单、政协全国委员会常务委员会工作报告（草案）、政协全国委员会关于政协十一届三次会议以来提案工作情况的报告（草案）、政协第十一届全国委员会委员增补名单（草案）、政协第十一届全国委员会专门委员会副主任增补名单（草案），书面审议了政协全国委员会2010年度对外交往工作总结（稿）、政协全国委员会办公厅关于2010年委员视察考察工作情况的报告（草案）和政协全国委员会专门委员会2010年度工作总结（稿）。会议决定将上述有关草案和文稿提请政协全国委员会常务委员会第十二次会议审议。会议决定由全国政协副主席王志珍代表常委会在政协十一届四次会议上作提案工作情况的报告。会议还通报了中共政协全国委员会党组2011年度工作要点。

1月19日

［纲　文］ **中组部、人力资源社会保障部在北京召开公务员法实施五周年座谈会。**

［目　文］ 中共中央政治局委员、中组部部长李源潮，中共中央政治局委员、国务院副总理张德江，全国人大常委会副委员长路甬祥出席会议。中央纪委副书记黄树贤和财政部、天津市、四川省负责人介绍了经验，部分公务员代表发言。座谈会由人力资源社会保障部部长尹蔚民主持。中央和国家机关有关部门、部分省（区、市）党委组织部和政府公务员局负责人参加会议。

李源潮指出，各级党政机关要按照胡锦涛总书记和温家宝总理指示精神，以推动科学发展、促进社会和谐、服务人民群众为主题，带头开展创先争优活动，兢兢业业做好本职工作，以模范行动，起表率作用，争做人民满意的公务员。要坚持从严管理与关心爱护相结合，不断加强基层公务员队伍建设。

1月19日

［纲　文］ **住房城乡建设部、财政部、人民银行、银监会发布《关于加强和改进住**

房公积金服务工作的通知》。

［目　文］《通知》由五个部分组成：一、优化业务流程，健全服务制度。二、完善服务设施，改善服务环境。三、加快信息化建设，创新服务方式。四、强化人员素质，提升服务质量。五、加强监督检查，确保取得实效。

1月19日

［纲　文］**第3届中日韩文化部长会议在日本奈良举行。**

［目　文］文化部部长蔡武、日本文部科学大臣高木义明和韩国文化体育观光部长官柳仁村签署了加强中日韩文化艺术、非物质文化遗产和文化产业合作的文件《奈良宣言》。

1月19日

［纲　文］**政协第十届浙江省委员会第四次会议选举乔传秀为浙江省政协主席。**

1月19日

［纲　文］**中国成功研发全球首款商用40纳米手机芯片。**

［目　文］展讯通信有限公司在北京发布全球首款商用40纳米手机芯片，这标志着我国在半导体自主研发领域再次取得重大突破。据介绍，40纳米仅为普通A4纸厚度的1/1750，对于芯片设计而言，纳米数越小则意味着技术越先进。目前世界主流量产的手机芯片普遍采用65纳米技术，此次展讯通信研发成功的40纳米手机芯片，可以在更小的芯片集成更多的电路，具有高性能、低功耗、高集成度、低成本四大优势。

1月19—20日

［纲　文］**中国侨联八届三次全委会议在北京召开。**

［目　文］中共中央政治局委员、全国人大常委会副委员长王兆国出席会议并讲话。中国侨联主席林军在会上作工作报告，回顾总结了2010年全国各级侨联工作取得的成绩，提出了2011年侨联工作的总体要求。

1月20日

［纲　文］**中共中央总书记胡锦涛致信祝贺阮富仲当选越共中央总书记。**

［目　文］越共中央总书记阮富仲在河内会见了正在越南访问的中共中央总书记胡锦涛特使、中联部部长王家瑞。王家瑞转交了胡锦涛致阮富仲的贺信。

胡锦涛在贺信中代表中共中央并以他本人名义对阮富仲当选新一届越共中央总书记表示热烈祝贺。胡锦涛表示，20多年来，越南在社会主义建设和革新事业中取得了令人瞩目的伟大成就，政治社会长期稳定、经济持续快速发展、人民生活日益改善、国际地位不断提高。胡锦涛表示相信，在越南共产党的正确领导下，越南的社会主义建设和革新事业必将继续向前发展。在"长期稳定、面向未来、睦邻友好、全面合作"方针和"好邻居、好朋友、好同志、好伙伴"精神的指引下，中越两党、两国和两国人民的传统友谊和中越全面战略合作伙伴关系必将得到不断巩固和加强。

1月20日

［纲　文］　**刘延东在北京出席纪念《国家通用语言文字法》颁布10周年座谈会。**

［目　文］　全国人大常委会副委员长路甬祥出席座谈会并讲话。有关部门负责人及各省区市语言文字工作部门负责人等约240人参加座谈会。

中共中央政治局委员、国务委员刘延东指出，要适应新形势新任务要求，切实加强领导，严格依法行政，不断改革创新，深入贯彻落实《国家通用语言文字法》，推动语言文字事业科学发展。贯彻《国家通用语言文字法》是长期战略任务，要以颁布10周年为新起点，完善“政府主导、语委统筹、部门支持、社会参与”的体制机制，研究解决突出矛盾和问题，不断提高语言文字工作科学化、规范化水平。要大力推广和普及国家通用语言文字，建立健全科学的评价体系，全面提升人民群众规范使用语言文字能力。注重语言文字规范标准和信息化建设，加强对社会语言生活的监测与服务，促进语言文字健康发展。要严格执法，加强监督，加大宣传引导，营造良好社会氛围。要积极推动中国语言文字和中华文化走向世界，为提升国家软实力作贡献。

1月20日

［纲　文］　**住房城乡建设部、发展改革委、人力资源社会保障部发布《房地产经纪管理办法》。**

［目　文］　《办法》共6章40条。主要有总则、房地产经纪机构和人员、房地产经纪活动、监督管理、法律责任、附则等内容。自2011年4月1日起施行。

1月20日

［纲　文］　**《人民日报》报道，西藏实行农牧区免费学前双语教育。**

［目　文］　西藏自治区在“十二五”期间建立健全学前藏汉双语教育经费保障机制，在农牧区推行免费学前藏汉双语教育，力争到2015年以前，将学前双语教育幼儿园入学率从现在的24.5%提高到60%。

西藏“十二五”期间将加快发展学前双语教育，推进学前教育普及率。在学制上，农牧区将实行学前两年双语教育，城市实行学前三年双语教育。农牧区的学前教育经费将纳入公共财政保障体系，建立与义务教育相一致的经费保障机制，对接受学前教育的农牧民子女实行幼儿园“三包”，学费、住宿费、生活费全部由财政负担。城镇三年制的公办幼儿园实行成本合理负担机制，对困难家庭给予专门补助。

1月20日

［纲　文］　**政协北京市第十一届委员会第四次会议选举王安顺为北京市政协主席。**

1月20日

［纲　文］　**天津市第十五届人民代表大会第四次会议选举肖怀远为市人大常委会主任。**

1月20日

［纲　文］　**中国和美国代表在华盛顿签署大熊猫合作研究新协议。**

［目　文］　中国野生动物保护协会秘书长臧春林与美国国家动物园园长丹尼斯·凯利在美国国家动物园签署了这一协议。根据协议，在美大熊猫夫妇“美香”和“添添”将继续留在美国国家动物园开展合作研究，为期5年，自2010年12月至2015年12月止。同时，中美两国专家将在大熊猫日常安全管理方面加强交流与合作，在大熊猫麻醉、发情、繁殖、育幼等关键时期，中方将派专家参与指导交流，促进项目顺利、安全地实施，争取早日再出繁殖成果。

1月20日

［纲　文］　**中国免除坦赞铁路建设一半债务。**

［目　文］　中国商务部副部长钟山在赞比亚首都卢萨卡代表中国政府与赞比亚、坦桑尼亚政府代表签署议定书，免除坦赞铁路建设50%的债务。钟山在签署仪式上表示，目前坦赞铁路在经营中存在很多困难，中国政府希望通过免除两国部分债务使该铁路轻装上阵，促进地区经济发展，造福坦赞两国人民。

1月20日

［纲　文］　**中日在北京举行第12次安全对话。**

［目　文］　外交部部长助理胡正跃和日本外务省审议官别所浩郎分别率两国外交、防务当局人员参加。双方就国际地区安全形势、各自防卫政策等坦诚深入交换了意见。双方一致认为，两国在安全领域拥有广泛共同利益，应探讨在此领域加强沟通与合作，推动中日战略互惠关系健康稳定发展。

中方阐述了中国的和平发展理念和中日友好政策，强调中国的发展将继续给各国带来扩大合作、共同发展的机遇，促进亚洲和世界的和平、稳定与繁荣。日方表示，日本将继续坚持走和平发展道路，遵守现行宪法和专守防卫政策。日本视中国为合作伙伴，不采取以中国为对手、损害中国利益的安全政策。

1月20—27日

［纲　文］　**温家宝在中南海主持召开五次座谈会，征求对《政府工作报告（征求意见稿）》和《中华人民共和国国民经济和社会发展第十二个五年规划纲要（草案）（征求意见稿）》的意见。**

［目　文］　国务院副总理李克强、回良玉、张德江、王岐山，国务委员刘延东、梁光烈、马凯、孟建柱，全国政协副主席、中共中央统战部部长杜青林和有关部门负责人分别参加了座谈会。各民主党派中央、全国工商联负责人和无党派人士，经济社会领域专家学者，教育、科技、文化、卫生、体育界代表，企业界代表和工人、农民、学生等基层群众代表，分别出席了座谈会。

座谈会上，民革中央主席周铁农、民盟中央主席蒋树声、民建中央主席陈昌智、民进中央常务副主席罗富和、农工党中央主席桑国卫、致公党中央常务副主席王钦敏、九三学社中央主席韩启德、台盟中央主席林文漪、全国工商联主席黄孟复、无党派人士郝如玉在发言中，围绕推进经济结构调整、合理调节收入分配、加大保障性住房建设、发展现代农业、支持中小企业发展、走中国特色城镇化道路、推进公共服务均等化、促进区域协调发展、深化医药卫生体制改革等问题建言献策。

在经济、社会领域的座谈会上，国务院发展研究中心副主任陈清泰认为，“十二五”时期结构调整的关键是提高创新发展能力，要继续改造提升传统制造业，重视中小企业在创新发展中不可替代的作用，利用我国新的比较优势抢占产业发展制高点。国务院发展研究中心副主任卢中原建议，继续重视扩大内需，特别是居民消费需求。发展改革委宏观经济研究院副院长陈东琪、中国社科院财贸所所长高培勇认为，要继续实施结构性减税，财政支出更多向民生、“三农”和促进结构调整的领域倾斜。交通银行首席经济学家连平建议，进一步推进人民币汇率形成机制改革，促进国际收支平衡。中国社科院农村发展研究所所长张晓山建议，理顺投入要素与粮食价格关系，加大和整合支农投入，重点加强农产品流通体系建设，让农民和消费者得到更多实惠。中国人民银行研究生部部务委员会副主席汤敏从建立粮食主产区补偿机制、创新外汇储备运用、支持小额贷款公司和加快发展公益慈善事业等方面提出了建议。北京师范大学收入分配与贫困研究中心主任李实建议，要从初次分配、再分配多个环节入手，加大再分配调节力度，逐步扭转收入分配差距扩大趋势。

参加企业界人士座谈会的，有国有大公司负责人，非公有制经济和中小企业代表，分别来自钢铁、汽车、装备制造、房地产、金融、流通、信息技术、新材料等行业；在教育、科技、文化、卫生、体育界代表座谈会上，大家认为，“十一五”期间我国社会事业获得了长足发展，过去“一条腿长，一条腿短”的现象有了明显改观；参加基层群众座谈会的 11 位代表，发表了来自基层的意见。

温家宝在五次座谈会上说，大家畅所欲言，建言献策，提出许多宝贵的意见建议，对修改好《报告》稿、《纲要》稿和改进政府工作都有很大帮助，国务院将认真研究、吸收。坚持依法科学民主决策，是做好政府工作的重要前提。要健全重大事项决策的规则和程序，进一步完善群众参与、专家咨询和政府决策相结合的决策机制。国务院在作出重大决策前，需要通过多种形式，直接听取民主党派、社会团体、专家学者、基层群众等方面的意见和建议。归根到底，我们的政府是人民的政府，我们的权力是人民赋予的，我们做出的每一项决策，最高检验标准就是群众满意不满意，群众高兴不高兴，群众答应不答应。只有认真听取群众的意见和呼声，切实按照人民的意愿办事，我们的政府才能真正做到全心全意为人民服务。

1 月 20—22 日

[纲　文]　**习近平在吉林调研。**

[目　文]　中共中央政治局常委、国家副主席习近平在吉林市、长春市调研。在吉林化纤集团生产车间、一汽轿车生产线，观看生产过程和产品，了解生产经营情况，看望一线工人；在丰满发电厂发电机组车间、中国科学院长春光学精密机械与物理研究所，同干部职工和科研人员就提高自主创新能力进行交流；在受洪涝灾害最重的永吉县居民家中，了解受灾群众安置和灾后恢复重建情况；在长春市春城农贸综合市场，向菜农和买菜

居民了解农产品价格、春节商品供应等情况；在长春市南关区自由大路居民小区居民家中，体验“暖房子”工程的成效；在长春市宽城区兰家镇小城子村党支部村民服务中心，参加了村党支部评议党员履行承诺活动；在长春市绿园区党组织服务民生指导服务中心，与在雷锋超市购物的困难职工交谈；在吉林大学，考察国家级生物实验教学示范基地，看望假期留校学生。

调研期间，习近平主持召开党政领导干部座谈会，听取吉林省委、省政府工作汇报。他指出，在省市县乡党委换届工作中，要认真贯彻德才兼备、以德为先用人标准，突出科学发展导向，真正把政治坚定、实绩突出、作风过硬、群众信任的干部选拔上来，杜绝品行不端、心术不正、作风不实的投机钻营者谋到好处、占到便宜。要加强以人为本、执政为民教育，引导和帮助各级领导干部自觉加强党性修养，增强是非面前的辨别能力、诱惑面前的自控能力、警示面前的醒悟能力，正派做人、干净干事。

1月21日

［纲　文］ **国务院公布《国有土地上房屋征收与补偿条例》。**

［目　文］ 《条例》共5章35条。主要有总则、征收决定、补偿、法律责任、附则等内容。自2011年1月21日起施行。2001年6月13日国务院公布的《城市房屋拆迁管理条例》同时废止。本条例施行前已依法取得房屋拆迁许可证的项目，继续沿用原有的规定办理，但政府不得责成有关部门强制拆迁。

1月21日

［纲　文］ **国务院印发《关于加快长江等内河水运发展的意见》。**

［目　文］ 《意见》由四个部分组成：一、充分认识加快长江等内河水运发展的重要意义。二、指导思想、主要原则和发展目标。三、主要任务。四、保障措施。

《意见》指出，国务院有关部门要根据各自职能分工，加强协调配合，认真贯彻落实本意见提出的各项任务，切实做好规划编制、资金支持、项目审批、体制创新、人才培养、制定配套政策措施等各项工作。同时要加强指导监督，及时研究新情况，协调解决相关问题。沿江沿河省（区、市）人民政府，要加强领导，因地制宜，制定具体落实方案，抓好组织实施，共同推进内河水运又好又快发展。

1月21日

［纲　文］ **全国人大常委会委员长吴邦国在北京分别会见塞浦路斯议长卡洛扬和新西兰副议长蒂什。**

［目　文］ 吴邦国会见卡洛扬时指出，2011年是两国建交40周年，中塞关系面临新的发展机遇。中方愿以此为契机，进一步密切双方政府、议会、政党交流，扩大在经贸等领域的务实合作，特别是航运、旅游、科技创新等项目的合作，增进人民间的了解和友谊，加强在国际和地区事务中的协调与配合，更好地造福两国和两国人民。

卡洛扬说，塞方高度重视发展对华关系，愿加强双方在政治、经济、文化等各个领域的合作，推动塞中战略合作伙伴关系取得更大成果。

吴邦国在会见蒂什时积极评价中国全国人大与新西兰议会长期以来的友好交往并说，希望双方继续保持高层互访势头，加强专门委员会、友好小组以及青年代表和议员间的交往，扩大在治国理政、改善民生等方面的经验交流，为中新关系发展注入新的活力。

蒂什说，中国是亚太地区重要的国家，中国的发展为包括新西兰在内的亚太各国以及世界经济的复苏与发展带来机遇。新方愿与中方一道，加强合作、密切交流，深入实施自贸协定，不断提升两国经贸合作水平，使新中关系在更高层次发展。

1 月 21 日

［纲 文］ **中共中央政治局常委李长春在北京会见由党主席加德卡里率领的印度人民党代表团。**

［目 文］ 李长春说，新世纪以来，中印关系发展进入快车道，两国建立了面向和平与繁荣的战略合作伙伴关系。2010 年是中印建交 60 周年，两国高层互访和一系列交流庆祝活动，有力地充实和提升了新时期的中印关系。在当前国际形势深刻调整变化、中印同时快速发展的大背景下，中印关系进一步发展面临重要机遇。希望双方不断增进政治互信，深化经贸合作，扩大人文交流，加强国际合作，共同推动建设和谐亚洲，共同推动中印关系全面深入发展。中印政党交流是中印战略合作伙伴关系的重要组成部分，希望双方继续深化党际交流与合作内涵，增进相互了解与友谊，为两国关系的发展不断注入新动力。

加德卡里说，印度人民党钦佩中国共产党的执政能力和领导中国取得的巨大成就，希望进一步深化两党之间的关系，加强治国理政经验和党的自身建设经验的交流互鉴，为各自党的发展和国家建设、为印中关系的不断提升作出新的贡献。

1 月 21 日

［纲 文］ **全国人大常委会在北京举行报告会，听取国务院有关部委工作汇报。**

［目 文］ 国务院有关部委向在京的十一届全国人大代表汇报 2010 年经济社会发展情况，为代表出席十一届全国人大四次会议审议各项报告和议案做好准备。全国人大常委会副委员长、秘书长李建国主持会议并讲话。

发展改革委副主任朱之鑫、财政部副部长廖晓军、工业和信息化部部长苗圩分别汇报了 2010 年国民经济和社会发展计划执行情况、2010 年中央财政预算执行情况、2010 年国家工业和信息化发展情况，介绍了“十二五”规划纲要编制工作的有关情况。教育部、科学技术部、公安部、人力资源社会保障部、农业部、文化部、卫生部、最高人民法院和最高人民检察院作了书面汇报。

李建国指出，2011 年，全国人大常委会将在新的起点上推进社会主义法治国家建设，不断完善中国特色社会主义法律体系；坚持以科学发展为主题、以加快转变经济发展方式为主线，紧紧围绕推动中央重大决策部署和“十二五”规划纲要贯彻落实依法开展监督工作；支持和保障人大代表依法行使职权，密切与人民群众的联系；努力开创人大工作新局面，为确保“十二五”时期经济社会发展开局良好和社会和谐稳定作出新贡献。

1月21日

［纲　文］ **第十二次全国干部教育联席会议在北京召开。**

［目　文］ 中共中央政治局委员、中组部部长李源潮出席并讲话。联席会议传达学习了中央对干部教育培训工作的新要求。中央纪委、中央统战部、中央编办负责人和全国干部教育联席会议成员参加会议。

1月21日

［纲　文］ **人民银行发布《关于银行业金融机构做好个人金融信息保护工作的通知》，自2011年5月1日起执行。**

1月21日

［纲　文］ **全国国土资源管理系统先进集体和先进工作者表彰大会在北京举行。**

［目　文］ 国土资源部部长徐绍史出席并讲话。150个先进集体、80名先进工作者受到表彰。

同日，中共中央政治局常委、国务院副总理李克强在北京会见基层国土资源管理工作先进代表，与他们座谈，并参观“十一五”国土资源管理工作展览。徐绍史主持会见、座谈活动。中央和国务院有关部门负责人参加会见、座谈并参观展览。

1月21日

［纲　文］ **中国工商银行与东亚银行就美国东亚银行股权买卖交易达成协议。**

［目　文］ 中国工商银行股份有限公司与美国东亚银行有限公司联合宣布，双方已就美国东亚银行股权买卖交易达成协议，并于2011年1月21日（美国中部时间）在芝加哥签署了股份买卖协议。根据协议，工行将向东亚银行支付约1.4亿美元的对价，收购美国东亚银行80%的股权，东亚银行持有剩余20%的股权。同时，东亚银行还拥有卖出期权，可在本交易完成后，按双方协议约定的条款和日期，将其剩余股份转让给工行。上述交易的最终完成，还必须分别获得中国银监会、香港金融管理局和美国联邦储备委员会的批准。交易完成后，工行将负责美国东亚银行的营运和管理。

美国东亚银行是东亚银行通过其在美国的全资附属公司间接持有100%股权的全资子公司。目前，美国东亚银行在美拥有13家分行，分别位于纽约和加州（洛杉矶及旧金山地区），拥有美国商业银行牌照，主要经营零售银行、商业银行、贸易融资等传统银行业务。

1月21日

［纲　文］ **中国首艘5万吨级新型半潜船——“祥云口”号在广州中船龙穴造船基地举行命名仪式并交付使用。**

［目　文］ 该型号船舶为亚洲最大半潜船，同时也为世界最大、最先进的半潜船之一，这标志着我国高端、高附加值的特殊船舶建造水平再上新台阶，并大大提升我国远洋特种船舶运输在国际上的竞争力。5万吨半潜船由广船国际和黄埔船厂合作建造，交付后

入列中远航运船队，该船主要用于装运海洋平台、导管架、门式起重机等海上大型物件，是一艘自动化程度极高的高技术、高附加值与具有特殊用途的高科技特种船舶。

新入列中远航运的“祥云口”号船总长216.7米，宽大的装货甲板达7600平方米，其先进技术装备不仅是亚洲独有，也是目前全球最先进的大型海上工程设备专业运输船舶之一，被誉为亚洲第一的“海上叉车”。

1月21日

［纲　文］　**外交部发言人表示，中方支持和欢迎朝韩双方通过对话改善关系。**

［目　文］　有记者问：据报道，朝方日前提议举行朝韩高级别军事会谈，韩方也作出了积极回应。中方对此有何评论？

发言人说，中方一贯主张并推动有关各方通过对话接触、以和平方式解决半岛有关问题。我们支持和欢迎朝韩双方通过对话改善关系，推进和解合作，希望对话取得积极成果。

1月21日

［纲　文］　**政协河南省第十届委员会第四次全体会议选举叶冬松为河南省政协主席。**

1月21日

［纲　文］　**政协内蒙古自治区第十届委员会第四次会议选举任亚平为内蒙古自治区政协主席。**

1月21—22日

［纲　文］　**温家宝在河南鹤壁、安阳就政府工作报告和“十二五”规划纲要草案听取群众意见并就当前旱情和抗旱工作调研。**

［目　文］　国务院总理温家宝在鹤壁、安阳的一些社区和农村，与群众座谈交流。考察了棚户区改造、“城中村”改造的示范村、服装市场、劳动保障所等。

温家宝在鹤壁主持召开抗旱工作座谈会。他指出：现在离开春很近了，农时紧。受旱地区要及早动手，科学安排，以抗旱为中心，强化技术保障、设施保障、资金保障、物资保障、组织保障，全面做好抗旱保丰收各项工作。一要尽快制定和实施抗旱保丰收的农业技术方案。二要抓紧检修水利设施，努力增加抗旱水源，全面做好春灌准备。三要加快抗旱资金投入，重点用于加强抗旱应急水源工程、“五小”水利工程和抗旱服务组织建设。四要抓紧抗旱物资的筹备，确保抗旱设备、材料的供给。五要重视解决好重旱区人畜饮水问题，绝不让一个群众没有水喝。六要加强抗旱工作领导，形成抗旱保丰收的合力。

1月21—22日

［纲　文］　**全国妇联十届三次执委会议在北京召开。**

［目　文］　会议传达学习了中共中央书记处对妇联工作的指示精神。中共中央政治局委员、全国人大常委会副委员长王兆国出席会议并讲话。全国人大常委会副委员长、全国妇联主席陈至立主持会议。

王兆国指出，要把广大妇女动员组织起来，在完成“十二五”时期目标任务过程中充分展现“半边天”的时代风采。妇联工作是党的群众工作的重要组成部分，各级党委、政府要高度重视妇女儿童事业发展，支持妇联组织依照法律和章程创造性地开展工作，积极为妇女依法平等行使民主权利、平等参与经济社会发展、平等享有改革发展成果创造条件。

1月22日

［纲　文］ **政协黑龙江省第十届委员会第四次全体会议选举杜宇新为省政协主席。**

1月22日

［纲　文］ **《人民日报》发表评论员文章《平衡利益才能和谐发展》。**

1月23日

［纲　文］ **民政部走访解放军四总部、各军兵种和武警总部，慰问基层部队官兵。**

1月23日

［纲　文］ **政协安徽省第十届委员会第四次全体会议选举王明方为省政协主席。**

1月24日

［纲　文］ **国务院批复江苏省人民政府，同意江苏省宜兴市列为国家历史文化名城。**

［目　文］ 批复说，一、同意将江苏省宜兴市列为国家历史文化名城。宜兴市历史悠久，文化底蕴丰厚，历史遗存丰富，陶瓷文化特色突出。二、你省及宜兴市人民政府要根据本批复精神，按照《历史文化名城名镇名村保护条例》的要求，正确处理城市建设与历史文化遗产保护的关系，明确保护的原则和重点，编制好历史文化名城保护规划，并纳入城市总体规划，划定历史文化街区、文物保护单位、历史建筑的保护范围及建设控制地带，制定严格的保护措施。在历史文化名城保护规划的指导下，编制好重要保护地段的详细规划。在规划和建设中，要注重体现陶瓷文化特色和地方传统风貌，不得进行任何与历史文化名城环境和风貌不相协调的建设活动。三、你省和住房城乡建设部、国家文物局要加强对宜兴市国家历史文化名城规划、保护工作的指导、监督和检查。

1月24日

［纲　文］ **国务院批复浙江省人民政府，同意将浙江省嘉兴市列为国家历史文化名城。**

［目　文］ 批复说，一、同意将浙江省嘉兴市列为国家历史文化名城。嘉兴市历史悠久，文化底蕴丰厚，历史遗存丰富，城市建设特色突出，红色文化价值独特。二、你省及嘉兴市人民政府要根据本批复精神，按照《历史文化名城名镇名村保护条例》的要求，正确处理城市建设与历史文化遗产保护的关系，明确保护的原则和重点，编制好历史

文化名城保护规划，并纳入城市总体规划，划定历史文化街区、文物保护单位、历史建筑的保护范围及建设控制地带，制定严格的保护措施。在历史文化名城保护规划的指导下，编制好重要保护地段的详细规划。在规划和建设中，要注重体现传统文化特色和地方传统风貌，不得进行任何与历史文化名城环境和风貌不相协调的建设活动。三、你省和住房城乡建设部、国家文物局要加强对嘉兴市国家历史文化名城规划、保护工作的指导、监督和检查。

1月24日

［纲　文］ **温家宝在国家信访局就政府工作听取来访群众意见**。

［目　文］ 中共中央政治局常委、国务院总理温家宝在国家信访局，与来访群众交流，了解他们的困难和要求，并就政府工作听取意见。这是共和国总理首次与来京上访群众进行面对面交流。

温家宝倾听8位来访人员反映的情况后说，2011年3月要召开全国人代会，我要向大会报告政府工作，我们还正在制定“十二五”规划纲要。这些都要听取群众的意见。今天我不只是了解个案，更重要的是了解政府工作、制度和政策等方面还存在哪些问题，从而更好地为人民服务。我们的政府是人民的政府，我们的权力是人民赋予的。我们应该利用手中的权力为人民谋利益，负责地解决人民群众的困难和问题。各类行政程序都要向社会公开，所有行政行为都要接受社会监督，确保一切行政权力在阳光下运行。

1月24日

［纲　文］ **全国人大常委会在北京召开形成中国特色社会主义法律体系座谈会**。

［目　文］ 中共中央政治局常委、全国人大常委会委员长吴邦国出席并讲话。中共中央政治局委员、全国人大常委会副委员长王兆国主持座谈会。路甬祥、韩启德、华建敏、陈至立、周铁农、司马义·铁力瓦尔地、蒋树声、陈昌智、桑国卫和王汉斌、盛华仁出席座谈会。国务委员兼国务院秘书长马凯、最高人民法院院长王胜俊、最高人民检察院检察长曹建明和全国人大法律委员会主任委员胡康生、全国人大常委会法制工作委员会主任李适时、湖北省人大常委会副主任周坚卫、中国人民大学教授许崇德、中国社会科学院法学研究所所长李林在座谈会上发言。中央有关部门负责人，国务院有关部门负责人，中央军委有关部门负责人，有关人民团体负责人，各省、自治区、直辖市人大常委会负责人，部分全国人大代表，有关专家学者等，共400多人参加了座谈会。

吴邦国指出，新中国成立以来，特别是改革开放30多年来，在中国共产党的正确领导下，经过各方面坚持不懈的共同努力，我国立法工作取得了举世瞩目的巨大成就。一个立足中国国情和实际、适应改革开放和社会主义现代化建设需要、集中体现党和人民意志的，以宪法为统帅，以宪法相关法、民法商法等多个法律部门的法律为主干，由法律、行政法规、地方性法规等多个层次的法律规范构成的中国特色社会主义法律体系已经形成，国家经济建设、政治建设、文化建设、社会建设以及生态文明建设的各个方面实现有法可依。这是我国社会主义民主法制建设史上的重要里程碑，具有重大的现实意义和深远的历史意义。

1月24日

［纲　文］　**贾庆林在北京看望无党派知名人士、著名文学家、翻译家杨绛。**

［目　文］　中共中央政治局常委、全国政协主席贾庆林来到杨绛家中，看望这位即将迎来百岁华诞的老人，向她致以诚挚问候和新春祝福。

贾庆林说，几十年来，您和钱钟书先生一道为繁荣祖国文化事业作出了积极贡献，著作等身，《管锥编》《围城》《堂吉诃德》等著作和译作在学界和社会上都产生了广泛的影响，是德高望重的前辈。杨先生涉猎的领域非常广泛，在创作、翻译、评论、剧作等领域都倾注了心血，卓有建树，影响深远，有的作品还入选中学教材。这些年来，您已是期颐之年，但始终笔耕不辍，每天伏案工作，翻译和创作了大量作品。您崇高的精神境界、淡泊谦逊的人生态度、孜孜不倦的学术追求，我们感到由衷地敬佩。

杨绛1911年出生，我国著名文学家、翻译家、剧作家，是著名文学研究家和作家钱钟书先生的夫人。

1月24日

［纲　文］　**中共中央政治局委员、中央组织部部长李源潮在北京会见以全国书记比塔尔为团长的澳大利亚工党青年政治家代表团。**

［目　文］　李源潮积极评价中澳关系和澳大利亚工党为中澳关系发展作出的积极贡献并表示，中国共产党重视同澳大利亚工党的友好关系，两党青年政治家加强交流与对话，有助于促进中澳全面合作关系长期稳定发展。中国坚持走和平道路，坚持互利共赢的开放战略，同世界各国一道推动建设持久和平、共同繁荣的和谐世界。李源潮还介绍了中国共产党党的建设及组织工作有关情况。

比塔尔表示，澳中经济依存度高，澳大利亚视中国的发展为机遇。澳大利亚工党重视同中国和中国共产党的关系，愿继续推动两国各领域的交流与合作。

1月24日

［纲　文］　**国务院新闻办公室主任王晨在北京会见美国《财富》杂志主编苏安迪。**

［目　文］　双方就加强新闻和人文领域的交流以及“财富—时代全球论坛”相关事宜交换了意见。

1月24日

［纲　文］　**中俄第五轮战略安全磋商在莫斯科举行。**

［目　文］　国务委员戴秉国同俄罗斯联邦安全会议秘书帕特鲁舍夫与会。双方就涉及国际形势和双边关系的战略安全问题进行了沟通交流。双方认为，中俄战略协作伙伴关系建立15年来，两国关系取得了前所未有的大发展。双方彻底解决了边界问题，签署了《中俄睦邻友好合作条约》，在涉及各自核心利益问题上相互坚定支持，有力维护了各自的国家主权、安全和发展利益。两国双边务实合作持续深入发展，人文交流合作蓬勃发展，在全球性事务和重大国际问题上密切协调配合，促进了地区及世界的和平、安全与稳定，

推进了世界多极化发展进程。

同日，戴秉国在莫斯科会见俄罗斯总统梅德韦杰夫。

25日，戴秉国在莫斯科会见俄罗斯外长拉夫罗夫。双方就双边关系、亚太局势、上海合作组织、金砖国家合作等问题交换了意见。

1月24日

［纲　文］　**安徽省第十一届人民代表大会第四次会议选举张宝顺为省人大常委会主任。**

1月25日

［纲　文］　**《胡锦涛主席2011年对美国进行国事访问时的讲话》单行本由人民出版社出版，全国新华书店发行。**

1月25日

［纲　文］　**国家主席胡锦涛、国务院总理温家宝就莫斯科多莫杰多沃机场发生恐怖袭击事件分别向俄罗斯总统梅德韦杰夫、俄罗斯总理普京致慰问电。**

1月25日

［纲　文］　**国家副主席习近平在北京会见汤加国王图普五世。**

［目　文］　习近平表示，中国政府一贯主张，国家无论大小、贫富、强弱，都是国际社会平等成员。中方愿同汤方一道，继续加强高层和各级别交往，扩大广泛领域交流与合作，巩固深化两国人民的传统友谊，在政治上坚持互相尊重、平等相待，经济上坚持真诚合作、共同发展，在国际地区事务中继续密切沟通、相互支持，共同在和平共处五项原则基础上将中汤关系提升到新的水平。

图普五世表示，建交以来，两国关系发展顺利，双方相互尊重，相互支持，友好合作不断深入。中国与汤加同属发展中国家，汤方愿进一步加强同中方在各领域的交流合作，造福两国人民。图普五世重申汤方将继续坚定奉行一个中国政策。

1月25日

［纲　文］　**国务院副总理李克强在北京会见世界银行高级副行长兼首席经济学家林毅夫，就世界经济形势、加强世行与中国合作研究等问题交换了意见。**

1月25日

［纲　文］　**中组部、解放军总政治部、中共北京市委在北京举行在京老同志迎春茶话会。**

［目　文］　中共中央政治局常委、国家副主席、中央军委副主席习近平出席并讲话。茶话会由中共中央政治局委员、中央组织部部长李源潮主持。在京中央、国家机关和北京市的老同志代表，老同志家属，中央党政军群各部门及北京市负责同志，各民主党派、全国工商联负责人和无党派人士代表，北京市的工人、农民和知识分子代表也出席了茶话会。

习近平要求各级党委和政府以切实保障老同志安度晚年、颐养天年为着力点，坚决贯彻执行中央出台的一系列惠及老同志的政策措施，确保离休干部离休费保障机制、医药费保障机制和财政支持机制的有效运转，确保离休干部“两费”落实，确保提高企业退休人员养老金政策落实。要进一步建立健全帮扶机制，切实帮助困难地区、困难行业、困难单位和有特殊困难的老同志解决问题。要深入研究和认真解决老干部工作中的新情况新问题，以改革创新精神做好老干部工作，不断完善政策措施、健全工作机制，把老干部工作提高到新水平。

1月25日

［纲　文］　**回良玉在北京出席全国双拥工作领导小组全体会议并讲话。**

［目　文］　中共中央政治局委员、国务院副总理、全国双拥工作领导小组组长回良玉指出，2011年是国家和军队实施“十二五”规划的开局之年，也是深化改革开放、加快转变经济发展方式和推进军队改革建设的关键之年。各地区、各部门要着眼国家和军队改革建设的新任务新要求，围绕中心、服务大局，突出重点、主动作为，在支持国防和军队改革与建设上有新成效，在促进国家经济社会发展上有新建树，在破解双拥工作热点难点问题上有新作为，认真落实好退役士兵职业教育和技能培训政策，帮助解决部队，特别是艰苦地区部队的特殊困难。要在推动创建活动深入发展上有新举措，高标准高质量地做好全国双拥模范城（县）考评推荐工作，大力推动创建活动的深入发展，在全社会进一步形成关心支持国防和军队建设的浓厚氛围。要深入开展节日期间的双拥活动，互办实事，互解难题，不断密切军民鱼水情谊。

1月25日

［纲　文］　**刘延东在北京出席2011年全国教育工作会议并讲话。**

［目　文］　中共中央政治局委员、国务委员刘延东指出，要把握机遇，勇担使命，以科学发展为主题，创新和完善中国特色教育发展道路，狠抓教育规划纲要的贯彻落实，努力开创教育事业科学发展新局面。过去的5年是我国教育事业快速健康发展的5年，特别是2010年，全国教育工作会议召开、教育规划纲要颁布实施，一系列重要政策相继出台，教育体制改革试点全面启动，教育工作机制不断创新，形成了全社会关心支持教育事业发展的良好局面。各级教育行政部门要把思想和行动统一到中央部署上来，把智慧和力量凝聚到落实纲要上来，以改革创新的精神，解放思想，科学谋划，抓住关键，因地制宜，统筹兼顾，落实责任，形成合力，顺利推进贯彻落实工作。要加强干部队伍建设，增强攻坚克难的信心，树立求真务实的作风，提高履职尽责的能力，保持清正廉洁的品行，真抓实干、乘势而上，推动教育事业迈上新台阶。

1月25日

［纲　文］　**中央军委慰问驻京部队老干部迎新春文艺演出在北京举行。**

［目　文］　中共中央总书记、国家主席、中央军委主席胡锦涛出席观看，向在座的军队老同志和全军离退休老干部致以新春问候，祝福大家节日快乐、健康长寿。中共中央

政治局常委、国家副主席、中央军委副主席习近平等出席。

1月25日

［纲　文］ **公安部召开紧急视频会议，就做好春运和春节安保工作进行再部署、再落实。**

1月25日

［纲　文］ **中央外宣办牵头召开深入整治互联网和手机媒体淫秽色情及低俗信息工作会议。**

［目　文］ 全国“扫黄打非”办、工业和信息化部、公安部、文化部、工商总局、广电总局、新闻出版总署、国资委等九部门有关负责人出席会议。

会议确定，2011年专项整治行动要努力达到三大工作目标，即广大人民群众对网络环境更加满意、维护良好网络环境的基础更加巩固、打击网络淫秽色情信息的长效机制更加完善。2011年的工作重点是：贯彻“抓源头、打基础、切断利益链”的要求，加强源头管理，多管齐下，打压淫秽色情网站生存空间；严厉打击将淫秽色情网站向境外转移行为；斩断淫秽色情传播利益链，严查非法广告联盟及任何为淫秽色情网站“输血送电”行为；进一步完善网站接入服务、域名注册等基础管理，落实网络信息安全责任制度；建立健全涉黄网站跨地区、跨部门、跨行业协同处置机制。

1月25日

［纲　文］ **国家林业局公布《关于废止和修改部分部门规章的决定》，自2011年1月25日起施行。**

1月25日

［纲　文］ **中国经济社会理事会三届三次会议在北京举行。**

［目　文］ 会议听取并审议了经社理事会2010年度工作报告。中共中央政治局委员、全国政协副主席、中国经济社会理事会主席王刚出席会议并指出，要认真贯彻落实中央重大决策部署，更加自觉地把开展各项工作与服务党和国家中心工作联系起来，充分发挥人才荟萃、智力密集、联系广泛的优势，发挥咨政建言、参谋服务的作用，为“十二五”时期发展开好局、起好步献计出力，以优异成绩迎接中国共产党成立90周年。

1月25日

［纲　文］ **“中国年”活动在奥地利启动。**

［目　文］ “2011中国新年音乐会”在维也纳“音乐圣殿”——金色大厅奏响，标志着奥地利政府为庆祝中奥建交40周年而举办的系列庆祝活动“中国年”正式启动。正在奥地利访问的全国人大常委会副委员长乌云其木格和奥地利国民议会议长普拉默女士在音乐会致辞中高度评价中奥关系，“祝愿中奥交流硕果累累，中奥友谊万古长青”。

此次为庆祝中奥建交40周年而举办的“中国年”包括上百场活动。两国在北京、上海、香港、澳门、维也纳和萨尔茨堡等地举办音乐会、艺术展、文化讲座、戏剧演出等一系列文化活动。

1月26日

［纲　文］　**国务院印发《关于坚决遏制部分城市房价过快上涨的通知》。**

［目　文］　《通知》由八个部分组成：一、进一步落实地方政府责任。二、加大保障性安居工程建设力度。三、调整完善相关税收政策，加强税收征管。四、强化差别化住房信贷政策。五、严格住房用地供应管理。六、合理引导住房需求。七、落实住房保障和稳定房价工作的约谈问责机制。八、坚持和强化舆论引导。

1月26日

［纲　文］　**温家宝主持召开国务院常务会议。**

［目　文］　会议研究部署进一步做好房地产市场调控工作。会议确定了以下政策措施：一、进一步落实地方政府责任。地方政府要切实承担起促进房地产市场平稳健康发展的责任。二、加大保障性安居工程建设力度。各地要通过新建、改建、购买、长期租赁等方式，多渠道筹集保障性住房房源，逐步扩大住房保障制度覆盖面。加强保障性住房管理，健全准入退出机制，切实做到公开、公平、公正。有条件的地区，可以把建制镇纳入住房保障工作范围。三、调整完善相关税收政策，加强税收征管。调整个人转让住房营业税政策，对个人购买住房不足5年转手交易的，统一按销售收入全额征税。四、强化差别化住房信贷政策。对贷款购买第二套住房的家庭，首付款比例不低于60%，贷款利率不低于基准利率的1.1倍。五、严格住房用地供应管理。各地要增加土地有效供应，落实保障性住房、棚户区改造住房和中小套型普通商品住房用地不低于住房建设用地供应总量的70%的要求。六、合理引导住房需求。各直辖市、计划单列市、省会城市和房价过高、上涨过快的城市，在一定时期内，要从严制定和执行住房限购措施。七、落实住房保障和稳定房价工作的约谈问责机制。未如期确定并公布本地区年度新建住房价格控制目标、新建住房价格上涨幅度超过年度控制目标或没有完成保障性安居工程目标任务的省（区、市）人民政府，要向国务院作出报告，有关部门根据规定对相关负责人进行问责。八、坚持和强化舆论引导。对各地稳定房价和住房保障工作好的做法和经验，要加大宣传力度，引导居民从国情出发理性消费。对制造、散布虚假消息的，要追究有关当事人的责任。

1月26日

［纲　文］　**住房城乡建设部发布《关于公布住房和城乡建设部规范性文件清理结果目录的公告》。**

［目　文］　《公告》说，根据《国务院办公厅关于做好规章清理工作有关问题的通知》（国办发〔2010〕28号）的要求，我部认真组织开展了规范性文件清理工作，确定废止或失效规范性文件290件，继续有效的规范性文件877件。现将《住房和城乡建设部规范性文件清理结果目录》予以公布。

1月26日

［纲　文］　**科学技术部公布《关于对部分规范性文件予以废止或宣布失效的决定》。**

［目　文］《决定》说，为了适应新时期科学技术事业发展的需要，建设有利于自主创新的法制环境，根据国务院办公厅《关于做好规章清理工作有关问题的通知》（国办发〔2010〕28号）要求，科学技术部对所发布的规章和规范性文件进行了清理，对与其他部门联合发布的文件征求了有关部门的意见。现决定对《科技开发企业审批登记暂行办法》等68件规范性文件予以废止，对《二十三种大型精密仪器管理试行办法》等28件规范性文件宣布失效。自2011年1月26日起施行。

1月26日

［纲　文］**科学技术部公布《科学技术部现行有效规章和规范性文件目录》。**

［目　文］《目录》包括：一、《国家科学技术奖励条例实施细则》（1999年12月26日科学技术部令第1号发布，2004年12月27日科学技术部令第9号第一次修改，2008年12月23日科学技术部令第13号第二次修改）等13件现行有效规章。二、《科技类民办非企业单位登记审查与管理暂行办法》（国科发政字〔2000〕209号）等135件现行有效规范文件。

1月26日

［纲　文］**住房城乡建设部发布《住房和城乡建设部关于废止和修改部分规章的决定》。**

［目　文］《决定》说，一、废止《城市房屋拆迁单位管理规定》（1991年7月8日建设部令第12号发布）等5件规章。二、对《城市公厕管理办法》等16件规章的部分条款修改。

1月26日

［纲　文］**财政部、国家林业局发布《关于印发〈中央财政林业科技推广示范资金绩效评价暂行办法〉的通知》。**

［目　文］《通知》说，为规范和加强中央财政林业科技推广示范资金与项目管理，促进项目科学实施，发挥财政资金使用效益，财政部、国家林业局联合制定了《中央财政林业科技推广示范资金绩效评价暂行办法》。现印发给你们，请遵照执行。执行中有何问题，请及时反馈财政部、国家林业局。

1月26日

［纲　文］**中国地震局发布《水库地震监测管理办法》。**

［目　文］《办法》共5章26条。主要有总则、水库地震监测台网建设、水库地震监测台网运行、罚则、附则等内容。自2011年5月1日起施行。

1月26日

［纲　文］**习近平在北京市看望著名科学家。**

［目　文］中共中央政治局常委、国家副主席习近平分别来到中国工程院院士王忠诚，中国科学院院士孙家栋、李振声家中，代表中共中央总书记胡锦涛和党中央看望这三位为新中国科技事业作出突出贡献的著名科学家，向他们致以诚挚的问候和新春的祝福，

听取他们对深入实施人才强国战略的意见和建议。

习近平在新中国培养的第一代神经外科专家王忠诚院士的家中，赞扬王老精湛的医术、崇高的医德和在教学科研上取得的丰硕成果，要求广大医务工作者向王忠诚学习，在技术上精益求精，全心全意为病人服务；在航天科技专家孙家栋院士家中，对他为我国航天科技事业发展作出的突出贡献表示敬意和感谢，并认真听取孙老对创新型科技人才培养的意见和建议；在著名小麦遗传育种专家李振声院士家中看望，对他培育“小偃”系列优良品种、为解决中国人民的“吃粮”问题作出的贡献给以肯定。

王忠诚、孙家栋、李振声对胡锦涛总书记和党中央的关心深表感谢。他们表示要继续努力，为培养更多高素质人才、为建设创新型国家贡献智慧和力量。

1月26日

［纲　文］　**李长春在北京市看望文化界知名人士。**

［目　文］　中共中央政治局常委李长春分别看望了国务院新闻办公室原主任朱穆之、中央文献研究室原主任逄先知、著名作家铁凝、著名剧作家和词作家阎肃、著名导演翟俊杰、著名书法家李铎、著名京剧表演艺术家杜近芳、新中国第一代播音员葛兰、著名雕塑家曾竹韶；看望和会见了全国性文艺家协会负责人和部分著名书画家。李长春代表中共中央总书记胡锦涛和党中央向他们表示慰问，并向全国广大文化工作者致以节日问候和良好祝愿，对他们为党的文化事业作出的贡献表示敬意和感谢，祝愿他们身体健康、生活愉快，希望他们进一步发挥传帮带的作用，在推动多出精品力作、多出优秀人才方面作出更大贡献。

文化界知名人士对胡锦涛总书记和党中央的关怀表示衷心感谢。他们表示，要发挥自身优势，继续勤勉工作，积极建言献策，努力培养新人，以更加优异的成绩回报党和人民的厚爱。

1月26日

［纲　文］　**国台办发言人就近期两岸关系有关事宜回答记者提问。**

［目　文］　在被问到新的一年两岸文教交流将会在两岸关系中扮演怎样的角色时，发言人说，推进两岸经济合作、推进两岸经济合作框架协议的后续商谈，以及早收计划的顺利实施，是国台办2011年工作的重要方向。另一方面，大陆方面也希望不失时机地加强两岸文教交流，以便为两岸交流合作，为两岸关系和平发展奠定更加良好的基础。2011年，两岸经贸文化论坛还会继续举办。

发言人在回答有关厦门渔船和船员日前遭台当局扣留的提问时表示，希望台湾当局尊重两岸渔民长期以来在台湾海峡生产作业的客观事实，共同维护台海渔业的生产秩序。

就有关两岸海上搜救合作和航运业界互设分支机构的问题，发言人说，两岸一直在根据相关协议推进航运交流与合作。2010年已经举行了海上联合搜救演练，相信今后会根据实际需要逐步推进。关于设立航运分支机构事宜，也会按照两岸经济合作框架协议的有关规定执行。

发言人应询表示，为了维护两岸金融市场的稳定，两岸银行业的监管机构在监管合作备忘录的框架下，就建立定期监管磋商机制进行了多次沟通。目前双方已经就此问题达成原则共识，正在就具体相关事宜进行沟通，希望双方能尽快举行监管磋商。

1月26日

［纲　文］ **中宣部在北京召开迎新春走基层、送欢乐下基层座谈会。**

［目　文］ 中共中央政治局委员、中宣部部长刘云山出席会议并讲话。中宣部常务副部长雒树刚主持会议。中央宣传文化部门和单位负责人，新闻工作者和文艺工作者代表出席会议。

刘云山指出，宣传思想文化战线要深入贯彻胡锦涛总书记关于加强新形势下群众工作的指示精神，把迎新春走基层、送欢乐下基层活动作为重要政治任务和惠民举措，以饱满的热情、务实的作风走进基层、走进群众，写百姓故事、为人民放歌，把温暖和欢乐送到基层、送给群众。

1月26日

［纲　文］ **刘玉美先进事迹报告会在北京人民大会堂举行。**

［目　文］ 报告会由中组部、中宣部、中央政法委、中央创先争优活动领导小组办公室、司法部、重庆市委联合主办。中央和国家机关干部、首都和重庆市政法干警、群众代表约700人聆听了刘玉美的感人事迹。

刘玉美生前是重庆市江北区铁山坪街道司法所所长，2010年1月16日，因积劳成疾去世。她扎根基层20年，先后担任过乡镇司法助理员，综治办副主任、主任。让1000多个“普法细胞”融入机关、学校、企业、社区和家庭；她柔情化解纠纷，成功调解民间纠纷1500多件；她真情投入帮教，使辖区刑释帮教人员帮教率达到100%，安置成功率达到91%。

1月26日

［纲　文］ **中阿文学与出版论坛在开罗举行。**

［目　文］ 新闻出版总署署长柳斌杰署长向作出突出贡献的6名埃及专家学者颁奖并表示，中国和埃及永远是朋友，更是兄弟。希望今后中埃双方能有更好的合作，在更广泛的领域合作。

1月26日

［纲　文］ **香港特区金管局宣布，特区外汇基金2010年投资收益为790亿元港币，回报率为3.6%。**

［目　文］ 在外汇基金的投资收益中，债券投资赚421亿元港币，港股投资赚116亿元港币，其他股票投资赚270亿元港币，其他投资项目赚得14亿元港币；外汇投资方面，外汇基金则亏损31亿元港币。

1月26日

［纲　文］ **内蒙古自治区发现单指恐龙化石。**

［目　文］　中科院古脊椎动物与古人类研究所发布，由该所研究员徐星领导的国际古生物科考小组，在内蒙古自治区临河地区的早白垩世时期沉积的岩石中，发现了被命名为“单指临河爪龙”的小型恐龙。这是世界上首次发现的只发育了一个手指的恐龙。

临河爪龙的标本是一具部分保存的骨架，包括零散脊椎、前肢骨、不完整的腰带和近完整的后肢。这件珍贵的标本由科考小组中来自英国和美国的两名博士研究生，在内蒙古自治区乌拉特后旗的巴音满达乎国家地质公园发现，其地质年代为84—75百万年前。像大多数鸟类一样，临河爪龙个体非常小，体长只有几十厘米，体重不足500克，前肢上只有一个手指。

1月26日

［纲　文］　**教育部原党组书记张承先，在北京逝世，享年96岁。**

1月26日—3月31日

［纲　文］　**西域遗珍——新疆历史文献暨古籍保护成果展在国家图书馆举办。**

［目　文］　成果展由文化部、新疆维吾尔自治区人民政府、全国古籍保护工作部际联席会议成员单位共同主办，国家图书馆（国家古籍保护中心）、新疆维吾尔自治区文化厅共同承办。成果展系统反映了新疆多民族、多语言、多文化、多宗教、历史悠久的鲜明特点。展出了全国23家收藏单位320余件展品，其中超过半数为现今仅存的孤本，21部古籍已入选《国家珍贵古籍名录》。展品类型包括汉文和20余种民族文字的木简、文书、古籍、舆图、拓片，展品时间跨度从先秦至明清。展品中，选自国家图书馆“四大专藏”的《皇清职贡图》《西域同文志》《海国图志》等文献是首次与读者见面。

2月18日，全国政协主席贾庆林等参观该成果展。

1月26—30日

［纲　文］　**第41届世界经济论坛年会在瑞士达沃斯举行。**

［目　文］　100多个国家和地区的2500多名各界代表围绕“应对新形势”“经济前景和制定包容性增长政策”“支持二十国集团的行动计划”“建立全球风险应对机制”四大论题展开讨论，探寻新形势下如何确立全球新经济秩序和新经济治理规则。

中国商务部举办了中国“入世十周年论坛”“透视中国”“中国企业的未来”“现代中国的新现实”“中国对世界贸易和增长的影响”“中国在非洲”“中国的海外形象”等一系列研讨会。商务部部长陈德铭出席关于中国加入世界贸易组织10周年的研讨活动。

1月27日

［纲　文］　**贾庆林在北京与全国性宗教团体负责人举行迎春座谈。**

［目　文］　中共中央政治局常委、全国政协主席贾庆林代表中共中央和中共中央总书记胡锦涛向全国宗教界人士和广大信教群众致以节日的问候和新春的祝福。中共中央政治局委员、国务院副总理回良玉，国务委员兼国务院秘书长马凯，全国政协副主席、中央统战部部长杜青林等出席座谈会。出席座谈会的全国性宗教团体负责人有：中国佛教协会

会长传印、中国道教协会会长任法融、中国伊斯兰教协会会长陈广元、中国天主教爱国会主席房兴耀、中国天主教主教团主席马英林、中国基督教三自爱国运动委员会主席傅先伟、中国基督教协会会长高峰等。

贾庆林在听取宗教团体负责人的发言后指出，希望各宗教要继承发扬优良传统，始终坚持正确的政治方向，以纪念中国共产党成立90周年为契机，系统总结老一辈宗教界人士与党真诚合作的宝贵经验，继承发扬优良传统，推动各宗教团体继续沿着正确的方向前进。要紧紧围绕“十二五”时期的主题主线，为经济社会发展作出积极贡献，不断创新服务社会的途径方法，努力提高服务的社会化、专业化和科学化水平。

1月27日

［纲　文］　**财政部、税务总局《关于调整个人住房转让营业税政策的通知》。**

［目　文］　《通知》说，为了促进房地产市场健康发展，经国务院批准，现对个人住房转让营业税政策通知如下：一、个人将购买不足5年的住房对外销售的，全额征收营业税；个人将购买超过5年（含5年）的非普通住房对外销售的，按照其销售收入减去购买房屋的价款后的差额征收营业税；个人将购买超过5年（含5年）的普通住房对外销售的，免征营业税。二、上述普通住房和非普通住房的标准、办理免税的具体程序、购买房屋的时间、开具发票、差额征税扣除凭证、非购买形式取得住房行为及其他相关税收管理规定，按照《国务院办公厅转发建设部等部门关于做好稳定住房价格工作意见的通知》（国办发〔2005〕26号）、《国家税务总局　财政部　建设部关于加强房地产税收管理的通知》（国税发〔2005〕89号）和《国家税务总局关于房地产税收政策执行中几个具体问题的通知》（国税发〔2005〕172号）的有关规定执行。三、本通知自发文次日起执行，《财政部国家税务总局关于调整个人住房转让营业税政策的通知》（财税〔2009〕157号）同时废止。

1月27日

［纲　文］　**交通运输部公布《中华人民共和国船舶污染海洋环境应急防备和应急处置管理规定》。**

［目　文］　《规定》共8章48条。主要有总则、应急能力建设和应急预案、专项验收、船舶污染清除单位、船舶污染清除协议的签订、应急处置、法律责任、附则等内容。自2011年6月1日起施行。

1月27日

［纲　文］　**交通运输部公布《中华人民共和国水上水下活动通航安全管理规定》，自2011年3月1日起施行。**

1月27日

［纲　文］　**文物局发布《文物复制拓印管理办法》。**

［目　文］　《办法》共16条。自2011年1月27日起施行。国家文物局1979年9月4日发布的《拓印古代石刻的暂行规定》，1998年8月20日发布的《文物复制暂行管理办法》同时废止。

1月27日

［纲　文］　**外交部部长杨洁篪同法国外长阿利奥－马里通电话。**

［目　文］　双方积极评价去年以来双边关系的发展，一致认为两国各领域合作取得了积极成果，表示在新的一年里，将进一步落实两国领导人达成的共识，推动中法关系取得新的更大发展。

1月27日

［纲　文］　**《人民日报》发表评论员文章《坚持和强化楼市调控》《警惕面对群众诉求的"制度休眠"》。**

1月27日—2月6日

［纲　文］　**第25届世界大学生冬季运动会在土耳其埃尔祖鲁姆举行。**

［目　文］　57个国家和地区的2800多名运动员参加了本届大冬会。中国代表团以3金3银4铜的成绩列奖牌榜第八位。俄罗斯代表团以14金14银11铜列奖牌榜首位，韩国和乌克兰分列奖牌榜第二和第三位。

1月28日

［纲　文］　**国务院发布《进一步鼓励软件产业和集成电路产业发展若干政策》。**

［目　文］　《政策》由八个部分组成：一、财税政策。二、投融资政策。三、研究开发政策。四、进出口政策。五、人才政策。六、知识产权政策。七、市场政策。八、政策落实。本《政策》自2011年1月28日起实施。

1月28日

［纲　文］　**国务院办公厅通知山东省人民政府，批准泰安市城市总体规划。**

［目　文］　通知说，你省《关于报请审批〈泰安市城市总体规划（2005—2020年）〉的请示》收悉。经国务院批准，现通知如下：一、原则同意修订后的《泰安市城市总体规划（2011—2020年）》。二、泰安市是鲁中地区中心城市之一，国家历史文化名城。《总体规划》实施要以科学发展观为指导，坚持经济、社会、人口、环境和资源相协调的可持续发展战略，统筹做好泰安市城市规划、建设和管理的各项工作。三、重视城乡统筹发展。在《总体规划》确定的2087平方公里的城市规划区范围内，实行城乡统一规划管理。要妥善处理泰山风景名胜区、泰城和南部新城的关系，优化空间总体布局，完善城市功能，提高中心城区对周边地区经济社会发展的辐射带动能力。四、合理控制城市规模。到2020年，中心城区城市人口控制在135万人以内，城市建设用地控制在147平方公里以内。五、完善城市基础设施体系。要加快公路、铁路等交通基础设施建设，改善城市与周边地区交通运输条件。六、建设资源节约型和环境友好型城市。城市发展要走节约资源、保护环境的集约化道路，大力发展循环经济，切实做好节能减排工作。七、重视历史文化和风貌特色保护。八、创造良好的人居环境。要坚持以人为本，创建宜居环境。九、严格实施《总体规划》。城市建设要实现经济社会协调发展，物质文明和精神文明共

同进步。城市管理要健全民主法制，坚持依法治市，构建和谐社会。

1月28日

［纲　文］　**财政部、审计署印发《中央财政对地方审计专项补助经费管理暂行办法》。**

［目　文］　《办法》共7章27条。主要有总则、管理机构及职责、补助经费使用范围、经费分配方法、经费的申报与下达、经费的监督管理、附则等内容。自2011年1月28日起实施。

1月28日

［纲　文］　**财政部印发《关于深入推进基层财政专项支出预算公开的意见》。**

［目　文］　《意见》主要由四个部分组成：一、充分认识基层财政专项支出预算公开的重要意义。二、基层财政专项支出预算公开的重点范围。三、基层财政专项支出预算公开的原则、主要内容和方式。四、基层财政专项支出预算公开工作的要求。

1月28日

［纲　文］　**国务院总理温家宝应约与德国总理默克尔通电话。**

［目　文］　两国总理认为，在过去一年里，双边关系取得重要进展，特别是中德确立战略伙伴关系、建立政府年度磋商机制具有深远意义。双边贸易额再创历史新高，促进了两国经济向好势头，增强了中欧扩大经贸合作的信心。

温家宝表示，中方将继续以实际行动支持欧方应对主权债务危机，支持德国发挥重要作用和影响。这体现了中欧全面战略伙伴关系的精神，有利于世界经济稳步复苏和增长。温家宝希望，在新的一年里，中德、中欧密切沟通，携手努力，顺应时代进步、变革的潮流，为世界和平与发展作出更大贡献。

默克尔感谢中方为欧方应对主权债务危机提供的宝贵支持，表示这有力增强了欧方战胜危机的信心，欧方将团结一致，争取依靠自己的力量克服困难。德方愿继续与中方密切合作，推动德中关系和欧中关系迈上新的台阶。

1月28日

［纲　文］　**刘延东在国家体育总局与中国足球新老运动员、教练员、青少年足球训练基地负责人等足球界、教育界、企业界人士座谈。**

［目　文］　国家体育总局局长刘鹏，足球界、企业界代表，有关部门负责人参加了座谈会。与会者就深化足球改革，加强科学训练，推进体教结合、中外结合，深入开展青少年足球等提出了意见和建议。

中共中央政治局委员、国务委员刘延东指出，要充分吸收我国优势体育项目的好做法，学习借鉴世界足球发展的先进经验，坚持走出去、请进来，不断完善促进足球发展的新体制新机制。要以校园足球为突破口，切实加强青少年足球，培养青少年足球兴趣，促进青少年强身健体，发掘培养足球后备人才，打牢足球运动的根基，推动足球事业的可持续发展。要建立政府主导、部门协调配合、社会参与推进足球发展的科学体系，充分发挥广大体育工作者的聪明才智，推动足球事业尽快走上持续健康快速发展之路。

1月28日

［纲　文］ **国务委员戴秉国在北京会见美国常务副国务卿斯坦伯格。**

［目　文］ 戴秉国说，在中美双方共同努力下，胡锦涛主席对美国的国事访问取得成功，受到了中美两国人民和国际社会的热烈欢迎。下阶段，双方应认真落实两国元首达成的共识，履行《中美联合声明》，以实际行动致力于建设相互尊重、互利共赢的中美合作伙伴关系，推动两国关系长期健康稳定发展。

斯坦伯格说，胡锦涛主席不久前对美国的成功访问向外界充分展示了两国关系的积极面和双方合作的广泛性。美方愿与中方共同努力落实好访问成果，维护当前良好势头，推动美中关系不断向前发展。

双方还就朝鲜半岛局势问题交换了意见，强调将致力于通过对话和谈判解决相关问题。

1月28日

［纲　文］ **海峡两岸关系协会第二届理事会第三次会议在北京召开。**

［目　文］ 会议总结了2010年工作，规划了2011年的工作任务，根据工作需要调整了部分理事。

中共中央台办、国务院台办主任王毅出席会议并发表讲话。他说，海协会与台湾海基会去年举行的第五次和第六次会谈，签署了《海峡两岸经济合作框架协议》《海峡两岸知识产权保护合作协议》《海峡两岸医药卫生合作协议》3项新协议，为在经济领域率先构建两岸关系和平发展框架做出了积极努力。2011年是两岸关系承前启后的重要一年。希望海协会保持两会制度化协商的稳定发展，落实好框架协议后续协商的各项目标。

海协会会长陈云林发表讲话，对做好海协会今年工作提出要求。他说，坚持“九二共识”是两会协商谈判的重要基础。在2011年的工作中，海协会要继续通过协商深化两岸经济合作、增进两岸人民福祉、融洽两岸同胞感情，尽快启动两岸经济合作框架协议的后续协商，早日签署两岸投资保护协议，持续推动两岸文化、教育、科技等领域的商谈。

1月29日

［纲　文］ **国务院总理温家宝在北京看望柬埔寨太皇诺罗敦·西哈努克和太后诺罗敦·莫尼列·西哈努克。**

［目　文］ 温家宝向他们转达了国家主席胡锦涛和夫人的问候，并祝愿他们新春快乐，身体健康。西哈努克夫妇对此表示感谢，并祝愿中国人民在新的一年里取得更大成就。

1月29日

［纲　文］ **外交部发言人表示，日本防卫大臣稻田朋美参拜靖国神社，对所谓珍珠港“和解之旅”形成莫大讽刺，中方对此坚决反对。**

［目　文］ 发言人表示，作为日本内阁重要成员，稻田朋美昨天陪同安倍首相在珍

珠港大谈“和解”和“宽容”，言犹在耳，今天就去参拜供奉二战甲级战犯和美化日本侵略历史的靖国神社，这不仅再次反映出日方一些人顽固不化的错误历史观，也对所谓珍珠港“和解之旅”形成莫大讽刺，只会让世人对其行动和意图更加警惕。人无信则不立，国无信则衰。我们再次敦促日本领导人认真倾听日本国内和国际社会的正义之声，切实正视和深刻反省侵略历史，信守有关表态和承诺，以对历史和未来负责任的态度妥善处理有关问题。

1月29日—2月8日

［纲　文］　**第43届开罗国际书展在埃及开罗举行。**

［目　文］　中国是本届书展的主宾国。中国主宾国馆面积1400平方米，设有古代典籍、非物质文化遗产、版画艺术、图片等展区。中国110家出版社的248名出版人，以及13位作家、学者和艺术家参加书展。书展期间，中方举办“中阿文学与出版论坛”“中埃作家和学者交流会”和为期一周的中国电影展等活动。

1月30日

［纲　文］　**中共中央、国务院印发《关于加快水利改革发展的决定》。**

［目　文］　《决定》由八个部分组成：一、新形势下水利的战略地位。二、水利改革发展的指导思想、目标任务和基本原则。三、突出加强农田水利等薄弱环节建设。四、全面加快水利基础设施建设。五、建立水利投入稳定增长机制。六、实行最严格的水资源管理制度。七、不断创新水利发展体制机制。八、切实加强对水利工作的领导。

《决定》指出，各级党委和政府要站在全局和战略高度，切实加强水利工作，及时研究解决水利改革发展中的突出问题。实行防汛抗旱、饮水安全保障、水资源管理、水库安全管理行政首长负责制。各地要结合实际，认真落实水利改革发展各项措施，确保取得实效。各级水行政主管部门要切实增强责任意识，认真履行职责，抓好水利改革发展各项任务的实施工作。各有关部门和单位要按照职能分工，尽快制定完善各项配套措施和办法，形成推动水利改革发展合力。把加强农田水利建设作为农村基层开展创先争优活动的重要内容，充分发挥农村基层党组织的战斗堡垒作用和广大党员的先锋模范作用，带领广大农民群众加快改善农村生产生活条件。

1月30日

［纲　文］　**公安部、卫生部发布《吸毒成瘾认定办法》，自2011年4月1日起施行。**

1月30日

［纲　文］　**财政部发布《国际金融组织贷款赠款项目财务管理暂行办法》。**

［目　文］　《办法》共10章63条。主要有总则、财务管理机构与职责、资金及支付管理、成本费用管理、资产管理、债务管理、会计核算、财务报告和信息管理、财务监督与审计、附则等内容。自2011年1月30日起执行，《世界银行贷款项目财会管理暂行

规定》(〔93〕财世字第127号)、《财政部国际司管理的赠款项目财务管理办法》、《国际农业发展基金会贷款项目财务管理办法》(财外字〔1995〕16号)同时废止。

1月30日—2月6日

［纲　文］　**第7届亚洲冬季运动会在哈萨克斯坦阿斯塔纳、阿拉木图举办。**

［目　文］　本届亚冬会设11个大项69个小项比赛项目，总共决出69枚金牌。26个国家的843名运动员参加本届亚冬会。哈萨克斯坦获得32枚金牌，同时也是其历史上首次位列亚冬会金牌榜榜首，日本和韩国都获得13枚金牌，分列二、三名，中国取得11枚金牌，列金牌榜第四名，历史上首次跌出亚冬会金牌榜三甲。

1月31日

［纲　文］　**全国人大常委会委员长吴邦国分别致电缅甸联邦共和国联邦议会议长兼民族院议长吴钦昂敏和人民院议长吴瑞曼，对其就职表示祝贺。**

1月31日

［纲　文］　**国务院副总理王岐山在北京会见日内瓦协会董事长冯博德一行。**

［目　文］　王岐山预祝日内瓦协会在华召开董事会取得成功并说，日内瓦协会是国际保险业的知名智库，在保险业发展改革中发挥了积极作用。中国保险业发展快，变化大，得之于坚定不移地推进改革开放。希望双方加强合作，共同推动保险业规则和标准的调整，促进全球保险业稳定健康发展。

冯博德表示，中国保险业在全球的影响力越来越大，日内瓦协会愿继续深化与中国保险业的交流合作。

1月31日

［纲　文］　**财政部、外交部发布《关于严格控制在华举办国际会议的通知》。**

2 月

2月1—2日

［纲 文］ **胡锦涛在河北保定同基层干部群众共迎新春。**

［目 文］ 中共中央总书记胡锦涛在河北省保定市，看望慰问基层干部群众，同大家一起喜迎新春，代表党中央、国务院和中央军委，向全党全军全国各族人民致以节日的亲切问候和新春的美好祝福。

胡锦涛在保定长途汽车客运中心站，查看春运期间群众出行和客运服务情况；参观了反映当年“狼牙山五壮士”和根据地军民浴血奋战事迹的陈列馆，对“狼牙山五壮士”的大无畏英雄气概表示敬意；在保定市顺平县民政事业服务中心，看望慰问生活在这里的老人、孤儿和节日期间坚守岗位的民政工作人员；在保定市高新技术开发区茗畅园社区，看望慰问社区的居民和工作人员；在武警某部4连驻地，看望慰问部队官兵。

在保定期间，胡锦涛听取了河北省委和省政府的工作汇报，对“十一五”时期河北改革开放和社会主义现代化建设取得的成绩给予肯定。希望河北广大干部群众高举中国特色社会主义伟大旗帜，以邓小平理论和“三个代表”重要思想为指导，深入贯彻落实科学发展观，按照党的十七大和十七届三中、四中、五中全会精神及中央经济工作会议提出的要求，坚持以科学发展为主题、以加快转变经济发展方式为主线，牢牢把握机遇，不断开拓进取，做好改革发展稳定各项工作，努力实现“十二五”时期河北经济社会发展良好开局，以优异成绩迎接中国共产党成立90周年。

2月1日

［纲 文］ **中共中央、国务院在北京人民大会堂举行2011年春节团拜会。**

［目 文］ 党和国家领导人胡锦涛、吴邦国、温家宝、贾庆林、李长春、习近平、李克强、贺国强等同首都各界人士3000多人共庆新春佳节。

中共中央总书记胡锦涛主持团拜会。他说，在中华民族的传统节日春节即将到来之际，我们欢聚一堂，共迎新春佳节。我代表中共中央、国务院，向全国各族人民，向广大工人、农民、知识分子和干部，向人民解放军指战员、武警官兵和公安民警，向各民主党派和工商联、各人民团体和各界人士，表示诚挚的慰问。向香港特别行政区同胞、澳门特别行政区同胞、台湾同胞和海外侨胞，致以良好的祝愿。向关心和支持我国现代化建设的国际友人，表示衷心的感谢。祝大家新春愉快、身体健康、阖家幸福。

国务院总理温家宝在团拜会上讲话。他说，2011年是实施“十二五”规划的开局之年，各项任务十分繁重和艰巨。我们要高举中国特色社会主义伟大旗帜，坚持以科学发展为主题，以加快转变经济发展方式为主线，大力调整经济结构，不断深化改革开放，全面发展社会事业，着力保障和改善民生，推动经济社会发展再上新台阶，为全面建成小康社会打下更加坚实的基础。让我们在以胡锦涛同志为总书记的党中央领导下，同心同德，奋发进取，在新的起点上继续阔步前进，为建设富强民主文明和谐的社会主义现代化国家而奋斗。

2月1日

［纲　文］　**商务部印发《关于贯彻实施农产品流通标准的通知》。**

［目　文］　《通知》由七个部分组成：一、充分认识贯彻实施农产品流通标准的重要意义。二、深刻理解标准实质内容，推进农产品流通标准化。三、加强政策引导，建立标准贯彻实施促进机制。四、选好龙头企业，发挥示范带动作用。五、采取多种形式，加大新闻宣传力度。六、开展标准培训，推动标准实施。七、及时总结推广，提高农产品流通标准化水平。

2月1日

［纲　文］　**联合国秘书长潘基文通过新华社向中国人民祝贺春节。**

［目　文］　潘基文用英文发表的春节贺词中说：值此农历新年“兔年”到来之际，我谨向中国人民致以最诚挚的祝福，祝愿中国人民在新的一年里万事如意、幸福安康，我期待与中国人民一起，继续为全球和平与可持续发展作贡献。

2月1日

［纲　文］　**外交部发言人表示，中国政府高度重视在埃中国公民的安全，正想方设法安排仍滞留埃及的中国公民尽快回国。**

［目　文］　发言人说，1月28日埃及开罗等城市爆发游行示威以来，外交部和驻埃使领馆立即采取各项应急措施，多次发布《出国特别提醒》并开通24小时热线电话，为中国公民提供领事保护和协助。外交部、国家旅游局、公安部、民航局组成的工作小组正会同中国驻埃及大使馆，想方设法为仍滞留埃及的中国公民提供协助，安排他们尽快回国。

3日，全国假日办发布，自1月31日起，截至本日13时，中国政府协调中国国际航空公司、海南航空公司、南方航空公司、东方航空公司先后派出8架飞机，共接回包括港澳台同胞在内的中国公民1848人。至此，滞埃中国游客和团组人员已基本接回。

2月1—3日

［纲　文］　**温家宝在安徽、山东与基层干部群众共度春节。**

［目　文］　1日，中共中央政治局常委、国务院总理温家宝在大别山腹地金寨县，进村入户，看望农民群众，了解大别山革命老区经济社会发展情况，同基层干部群众共度新春佳节。金寨县是红四方面军主要诞生地和鄂豫皖革命根据地的核心区，也是全国扶贫开发工作重点县。1995年8月，温家宝曾经到过这里。2011年春节前夕，他特意提出要

再来这里看一看乡亲们，了解他们的生活状况，与他们一起过年。

2—3日，温家宝在山东嘉祥县、曲阜市看望农民群众。他深入麦田了解旱情，到水库实地查看蓄水情况，到农户家中与农民共度春节。

2月2日

［纲　文］　**李源潮在徐州市看望大学生村官。**

［目　文］　中共中央政治局委员、中组部部长李源潮在徐州市贾汪区紫庄村大学生村官创业园，了解大学生村官工作和生活情况并召开座谈会，听大学生村官谈体会、收获和建议。

李源潮说，党中央对大学生村官十分重视、十分关心。胡锦涛总书记和习近平同志等中央领导多次作出重要指示，要求各地党组织关心大学生村官的工作与生活。总书记充分肯定大学生村官的创业激情和奉献精神，要求健全完善大学生村官工作长效机制，使大学生村官更好地在农村锻炼成长。实施大学生村官计划的一个重要目的，就是培养熟悉基层、对普通百姓有深厚感情的后备人才。焦裕禄、沈浩、文建明等党的优秀干部，都是在与基层百姓一起摸爬滚打中赢得群众信任，建立起血肉相连的感情。

2月2日

［纲　文］　**外交部发言人表示，中方对朝鲜半岛的和平稳定高度关注，希望北南双方的接触会谈取得积极成果。**

［目　文］　有记者问：据报道，朝韩商定于2月8日举行高级军事会谈预备会议，重点讨论双方高级军事会谈的级别、时间和议题。中方对此有何评论？

发言人表示，中方对朝鲜半岛的和平稳定高度关注，一贯主张并积极推动有关各方通过对话协商解决矛盾分歧，寻求和解合作。我们支持和欢迎有利于实现这一目标的任何建设性努力，希望北南双方的接触会谈取得积极成果。

2月3日

［纲　文］　**国务院办公厅印发《建立外国投资者并购境内企业安全审查制度的通知》。**

［目　文］　《通知》由五个部分组成：一、并购安全审查范围。二、并购安全审查内容。三、并购安全审查工作机制。四、并购安全审查程序。五、其他规定。

2月8日

［纲　文］　**新华社讯，中央军委发布新修订的《中国共产党军队委员会工作条例》。**

［目　文］　《条例》是规范军队党委工作的基本法规，是军队各级党委开展工作的基本依据。2004年4月中央军委发布的《中国共产党军队委员会工作条例（试行）》，对于规范和指导各级党委工作，加强党委班子能力建设和先进性建设，发挥了重要作用。此次

修订《党委工作条例》，是全面贯彻党的十七大和十七届四中、五中全会精神，进一步加强军队党的建设、规范军队各级党委工作的重要措施。

《条例》是深入学习实践科学发展观的重要制度成果。条例的发布施行，将进一步规范军队各级党委的工作，促进军队各级党委的建设，提高党委科学决策、民主决策、依法决策水平，增强党委的创造力、凝聚力、战斗力，更好地发挥党委在推动部队建设科学发展和带领部队完成各项任务中的领导核心作用。

2月9日

［纲　文］　**温家宝主持召开国务院常务会议。**

［目　文］　会议分析当前粮食生产形势，研究部署进一步促进粮食生产的政策措施。会议指出，保持2011年粮食稳定增产，对于管理好通胀预期，稳定消费价格总水平，实现经济平稳较快增长和社会和谐稳定，具有十分重要的意义。当前我国粮食生产面临一些不容忽视的困难和问题。一是河北、河南、山东、安徽、江苏、山西、陕西、甘肃等冬小麦主产区旱情持续发展。据预测，今后一段时期，华北、黄淮地区降水仍比常年同期偏少，主要江河来水总体将继续偏枯。二是粮食生产成本不断上升，农民种粮效益下降。三是一些地方出现放松粮食生产的倾向。在粮食连续7年增产后，盲目乐观情绪有所滋长，麻痹懈怠倾向有所抬头，对保持粮食继续增产的困难和挑战估计不足。

会议决定，一、扩大冬小麦抗旱浇水补助范围，补助标准仍为每亩10元。二、实施冬小麦返青拔节弱苗施肥补助，每亩补助10元。三、中央财政预安排农机购置补贴资金12亿元，主要用于冬小麦主产区农民购置抗旱急需的水泵、喷灌机械设备以及其他抗旱节水机具补贴，增加抗旱机具数量，提高旱区农机装备水平。四、实施病虫专业化统防统治补助。在小麦、水稻、玉米三大粮食作物主产区的800个县和迁飞性、流行性重大病虫源头区的200个县，全面推行专业化统防统治，扶持2000个规模化的专业化服务组织，中央财政每个补助25万元。五、实施东北水稻育秧大棚补助。中央安排5亿元资金，支持东北三省新建水稻育秧大棚20万栋。六、实施西南西北玉米覆膜种植补助，补助面积5000万亩，每亩补助10元。七、扩大旱区县级抗旱服务队补助范围。在原定受旱严重6省600个县级抗旱服务队设备购置补助的基础上，再增加补助旱区200个县，每县补助200万元，用于购置抗旱应急拉水车辆、移动抗旱浇地设备等。八、加大抗旱基础设施建设力度。在先期安排受旱严重地区农村饮水安全、大型灌区续建配套与节水改造中央投资40亿元的基础上，再安排中央投资20亿元，继续用于旱区大型灌区改造骨干工程和农村饮水安全工程建设，根据需要可主要用于抗旱应急水源和灌区田间工程建设。实施上述政策，中央安排资金67亿元。九、提高稻谷最低收购价。2011年生产的三等早籼稻、中晚籼稻、粳稻最低收购价分别提高到每50公斤102元、107元、128元，比2010年分别提高9元、10元、23元。十、组织实施全国粮食稳定增产行动。完善产粮大县奖励政策，增加奖励资金规模。

2月10日

［纲　文］　**国家主席胡锦涛与尼日利亚联邦共和国总统乔纳森互致贺电，庆祝两国建交40周年**。

［目　文］　胡锦涛在贺电中说，中尼建交40年来，双边关系一直健康顺利发展。2005年中尼建立政治上互信、经济上互利、国际事务中互助的战略伙伴关系，两国关系进入快速发展的新阶段，各领域合作取得丰硕成果。中尼都是发展中大国，目前都处在重要的发展阶段。中方愿同尼方一道，继续充实两国战略伙伴关系的内涵，进一步密切高层交往，不断扩大务实合作，促进人文交流和民间往来，加强在中非合作论坛等多边机制和国际事务中的协调配合，更好地造福两国和两国人民。

乔纳森在贺电中说，40年来，尼中政治上相互信任，经贸合作迅猛增长，人员交流逐步增加，促进了双方社会经济的发展。在双方领导人和两国人民的共同努力下，尼中关系战胜了巨大挑战，上升到战略水平。希望尼中战略伙伴关系进一步丰富两国友好的内涵，促进双方在基础设施建设、农业等领域的合作。

同日，外交部部长杨洁篪也就中尼建交40周年与尼外长阿朱莫戈比亚互致贺电。

2月10日

［纲　文］　**国务院在北京召开全国粮食生产电视电话会议**。

［目　文］　国务院总理温家宝出席并讲话。国务院副总理回良玉主持会议。国务院各有关部委、单位的负责人出席会议。中共中央、全国人大、全国政协有关部门负责人应邀出席会议。各省、自治区、直辖市和计划单列市政府，新疆生产建设兵团，市（地）县（市）政府，有关企业的主要负责人和其他负责人在各地分会场参加会议。

温家宝指出，稳定发展粮食和农业生产，是管理好通胀预期、稳定消费价格总水平的基础，也是实现经济平稳较快发展和社会和谐稳定的基础。各地区各部门要牢固树立大局意识，进一步加强领导，加大支持力度，抓好政策落实，努力促进粮食和农业生产稳定发展。要全面强化促进粮食和农业生产发展的各项措施。一是切实抓好抗旱工作。二是统筹做好春耕备耕各项工作。三是切实加强农田水利建设。四是加大促进粮食和农业生产发展的资金投入。五是进一步做好粮食等农产品市场调控。各级政府要按照中央的要求，坚持把“三农”工作摆到重中之重的位置。越是加快工业化、城镇化进程，越要巩固和加强农业基础地位。加强农业不能停留在口号上，要切实体现到领导精力、工作部署和资金投入上，推进农业与二、三产业协调发展、农村与城市共同繁荣。要细化要求、实化措施、强化监督，全面落实“米袋子”省长负责制和“菜篮子”市长负责制。受旱地区要按照抗旱条例的要求，认真落实抗旱行政首长负责制。加强部门协作，形成支持粮食和农业生产合力。

2月10日

［纲　文］　**财政部、国家林业局印发《林业生产救灾资金管理暂行办法》，自2011**

年3月1日起施行。

2月10日

［纲　文］　**中国在赣州地区设立稀土矿国家规划矿区。**

［目　文］　为实现稀土矿的可持续利用，保护生态环境，国土资源部决定设立我国首批稀土矿国家规划矿区，规划区包括11个区块，总面积达2500多平方公里。本次划定的赣州地区稀土矿国家规划矿区包括勘查区、开采区及成矿远景区，预测稀土远景资源量约76万吨，其中中重稀土资源储量约71万吨。资源查明后，可望使目前全国中重稀土探明资源储量增长80%。

国土资源部矿产开发管理司负责人表示，稀土是我国重要优势矿产资源和保护性开采的特定矿种之一。目前中国稀土储量只占世界的1/3左右，而供应量则占世界的90%以上。这显然是不可持续的。稀土矿开采造成大面积开挖，山林被砍伐，泥土裸露，沟壑遍布，水土流失，而大量水土流失又毁坏了耕地。稀土矿开采后的排放物造成严重环境破坏。划定设立稀土国家规划矿区既是保护稀土耗竭性资源、实现可持续利用的需要，也是保护生态环境的需要。

2月10日

［纲　文］　**中国第七批赴苏丹（瓦乌）维和部队授勋仪式在苏丹西加扎勒河州首府瓦乌的中国维和医疗队营区内举行。**

［目　文］　联合国驻苏丹特派团（联苏团）副司令扎卡尔·侯赛因与中国驻苏丹武官吴树陈等向官兵们授予联合国“和平荣誉勋章”。

侯赛因在致辞中表示，中国维和部队在苏丹和平重建中扮演了重要角色。官兵们在各个领域的工作都展现了真正的职业精神和热情，为联苏团部队树立了专业、勤奋和奉献的典范。

2月11日

［纲　文］　**全国老龄工作委员会在北京召开全体会议。**

［目　文］　国务院副总理、全国老龄工作委员会主任回良玉出席并讲话。国家应对人口老龄化战略研究专家委员会主任蒋正华介绍了战略研究进展情况。全国老龄工作委员会成员单位负责人出席会议。会议审议通过了《中国老龄事业发展“十二五”规划》。

回良玉指出，人口老龄化是我国经济社会发展必须认真应对的重大课题，要充分认识应对人口老龄化的重要性、复杂性和长期性，以更高的站位审视老龄问题，以更广阔的视野谋划老龄事业，以更有力的措施推进老龄工作，统筹安排“十二五”时期老龄工作的基本任务，促进我国老龄事业又好又快发展。各地区、各有关部门务必深化认识，抓住机遇，强化领导，充分利用应对人口老龄化战略研究成果，完善政策，落实措施，努力提高整体推进老龄事业的战略决策能力，积极探索多元长效的老龄事业投入机制，加快建立有效的老龄事业监管、激励机制，进一步提高老龄工作机构履职能力，不断提升管理服务水平，切实保障老龄事业发展“十二五”规划的顺利实施。

2月11日

［纲　文］　**孟建柱在北京会见公安部“11·30”特大跨国跨境电信诈骗犯罪专案组赴非警官小组全体成员。**

［目　文］　国务委员、公安部部长孟建柱称赞办案民警不畏艰难、不辱使命、顽强拼搏，打了一场漂亮硬仗，向党和人民交了一份满意答卷并指出，各级公安机关要永远坚持“人民公安为人民”的宗旨，积极应对新型犯罪挑战，认真总结跨国跨境打击犯罪的成功经验，努力提高打击预防犯罪的能力和水平，切实保护广大人民群众切身利益。

2010年10月以来，电信诈骗犯罪案件屡屡发生，部分地区群众深受其害，公安部高度重视，迅速成立“11·30”专案指挥部，调集北京、云南、湖北、黑龙江、四川、广东、广西、重庆、福建9省区市警力，联手菲律宾警方同步展开打击行动，成功摧毁了这个组织严密的特大跨国跨境电信诈骗犯罪集团，端掉了隐藏在菲律宾的主要犯罪窝点，获取了犯罪证据，并将24名犯罪嫌疑人从菲律宾押解回国。

2月11—13日

［纲　文］　**李克强在贵州省考察。**

［目　文］　中共中央政治局常委、国务院副总理李克强在黔南布依族苗族自治州和贵阳的山乡瑶寨、田间地头、企业车间、城镇社区和群众家中，就进一步解决群众生产生活中的突出困难、推动西部地区经济社会又好又快发展进行调研。

李克强在黔南州荔波县董蒙村的村民家中，查看起居、询问冷暖。他说，随着综合国力不断增强，必须加大民生工作力度，把保障群众基本生活摆在更加突出的位置。这不仅是老百姓的热切期盼，也有利于扩内需、转方式、促发展，要切实做好饮水安全、农村道路、危房改造等工作，并为群众增收开辟更多的渠道，使改善民生与经济发展同步。李克强还特别叮嘱当地干部，要让困难家庭孩子都能上学，使瑶寨的明天更有希望。在董蒙村新建的卫生室里，与村医了解基本药物使用、公共卫生项目、村医收入待遇等情况，勉励村医更好地为群众防病治病；在荔波县城关镇社区卫生服务中心，了解基层医疗卫生机构改革发展实情；在荔波县玉屏镇驼背树，查看石漠化治理情况。

在贵阳市，李克强考察了七冶公司保障性安居小区建设，在云岩区大营坡棚户区看望困难家庭。他说，吃穿问题解决后，住的矛盾凸显出来。各级政府要多渠道筹集资金，保证土地供应，健全准入退出等管理机制，大规模推进保障性安居工程建设，大力发展小户型、齐功能、质量可靠的公共租赁住房，使困难群众有安稳的住所，增强他们生活和发展的信心。

考察期间，李克强肯定贵州经济社会发展取得的显著成绩，希望贵州进一步深化改革、扩大开放，统筹推进工业化、城镇化和农业现代化，促进经济社会全面协调可持续发展，为全面建设小康社会打下坚实基础。

2月12日

［纲　文］**中共中央决定，任命盛光祖同志为铁道部党组书记，免去刘志军的铁道部党组书记职务。**

2月12日

［纲　文］**国务院学位委员会、教育部在北京人民大会堂举行《中华人民共和国学位条例》实施30周年纪念大会。**

［目　文］中共中央政治局委员、国务院学位委员会主任委员刘延东出席会议并讲话。

纪念大会由国务院学位委员会副主任委员、教育部部长袁贵仁主持。第六届国务院学位委员会主任委员、副主任委员、委员，历任学位委员代表，国务院学位委员会组成部门及省级教育主管部门代表，作出突出贡献的博士、硕士学位获得者代表，高校研究生院院长，导师和研究生代表共300余人参加了纪念大会。

刘延东指出，要以育人为根本，以质量为核心，以改革为动力，加快发展中国特色、世界一流、结构优化、布局合理的高质量学位与研究生教育，为建设创新型国家和人力资源强国、提升国家综合实力提供有力支撑。《学位条例》作为新中国教育和科学领域的第一部法律，是改革开放的重要成果和新中国教育史上的重要里程碑，其颁布实施30年来取得了重大成就，累计培养了33.5万名博士、273.2万名硕士和1830万名学士，也积累了宝贵经验。坚持中国特色学位与研究生教育发展之路是我国学位制度的根本方向，与时俱进、改革创新是学位与研究生教育的动力之源，积极提升质量水平是学位与研究生教育的核心任务，加强法制建设是学位与研究生教育改革发展的重要保障，虚心学习、开放包容是中国特色学位制度应有的胸怀。

《中华人民共和国学位条例》于1980年2月12日在第五届全国人大常务委员会第十三次会议上审议通过，于1981年1月1日正式实施。它的颁布实施，标志着新中国学位制度从此诞生，也标志着新中国教育走上法制化轨道，极大地推动了“尊重知识、尊重人才”的社会风气的形成。

2月12日

［纲　文］**税务总局公布《税收违法行为检举管理办法》。**

［目　文］《办法》共7章36条。主要有总则、检举事项的受理、检举事项的处理、检举事项的管理、权利保护、法律责任、附则等内容。自2011年3月15日起施行。《国家税务总局关于印发〈税务违法案件举报管理办法〉的通知》（国税发〔1998〕53号）同时废止。

2月12日

［纲　文］**外交部举行例行记者会。**

［目　文］有记者问：据媒体报道，日前，有些国家在纽约举行会议，并发表声

明，认为绝大多数联合国会员国支持安理会同时扩大常任和非常任理事国两类成员，强调安理会改革应在本届联大期间取得具体成果。中方对此有何评论？

外交部发言人说，联合国安理会改革政府间谈判启动以来，广大会员国就改革所涉各类问题展开了深入讨论，取得了一些积极进展。从讨论情况看，各方在安理会改革的一些重大问题上还存在严重分歧，仍未能达成共识。中方认为，越是有分歧，就越有必要加强对话与协商。经验证明，预设改革成果或者强行推动不成熟方案，不仅影响会员国团结，最终也会损害安理会改革进程本身，这不符合任何一方利益。中方主张，在安理会改革问题上会员国应通过广泛、民主协商，兼顾各方利益和关切，寻求"一揽子"解决方案，争取达成最广泛一致。中方愿与各方保持接触，共同努力，推动改革朝有利于维护联合国整体利益和会员国团结的方向发展。

有记者问：据报道，日本海上保安厅近日就钓鱼岛"撞船事件"向中方船长提出赔偿要求。中方对此有何回应？

发言人说，钓鱼岛及其附属岛屿自古以来就是中国的固有领土。日方应该深刻反省其在此事件中的行为，无权提出所谓的赔偿要求。

2月13日

［纲　文］　**国务院办公厅印发《医药卫生体制五项重点改革2011年度主要工作安排》。**

［目　文］　《安排》由三个部分组成：一、总体要求。二、工作任务。三、保障措施。

《安排》指出，国务院医改办公室将继续与各省（区、市）医改领导小组签订责任状。牵头部门对牵头任务全国范围内的完成情况负总责，要及时将任务分解到各地，制订进度计划，加强督促指导。地方各级政府主要负责同志是本地区医改工作第一责任人，对本地区医改任务完成情况负总责，分管负责同志要具体负责、亲自抓。各有关部门、各省（区、市）要层层分解任务，层层落实责任，2011年2月底前完成各项任务分解，作出具体安排。要督促县级政府实行包干负责制，按照"一人一院（中心）"的要求确定干部包干负责基层医疗卫生机构综合改革。

2月13日

［纲　文］　**"文化中国·四海同春"艺术团在巴黎会议大厦演出。**

［目　文］　艺术团由国务院侨办主任李海峰率领，演出了《千手观音》《祝福》《踏歌》《俏花旦》等舞蹈。

2月13—15日

［纲　文］　**回良玉在山西省考察指导农业生产和抗旱工作。**

［目　文］　国务院副总理回良玉在受旱较重的冬小麦主产区临汾市洪洞县、尧都区等地，了解农田受旱和抗旱措施落实情况，查看设施蔬菜的发展状况。在受旱麦田，查看

土壤墒情，了解小麦生长情况，与农技人员研究抗旱技术措施。

回良玉召开座谈会，听取农技专家关于当前旱情及小麦生产形势的分析与山西省关于抗旱和农业工作的汇报。他说，山西抗旱工作启动早、应对及时，资金物资投入多、支持有力，技术指导服务实、措施有效，冬浇面积扩大，春浇准备充分，抗旱工作取得初步成效。虽然北方地区出现雨雪天气，但山西旱区的降水量少，不足以缓解旱情。山西总体上是个严重缺水的地方，我们对旱情的发展一定要有充分的估计，要有抗大旱、抗长旱的准备，抗旱措施要进一步加强，尽一切努力减少干旱损失。做好当前的春管春播和抗旱工作，直接关系夏粮和全年农业丰收，关系物价总水平的基本稳定，关系经济平稳较快发展。各地各部门要牢固树立大局意识，坚持把“三农”工作放到重中之重的位置，切实采取措施，促进粮食和农业生产稳定发展，促进农民持续增收。

2月13—22日

［纲　文］　**国务委员、公安部部长孟建柱访问朝鲜、老挝、新加坡、马来西亚。**

［日　文］　孟建柱访问朝鲜期间，在平壤分别会见了朝鲜劳动党总书记、国防委员会委员长金正日，朝鲜劳动党中央政治局常委、最高人民会议常任委员会委员长金永南，朝鲜劳动党中央政治局常委、人民军总参谋长李英浩；与朝鲜劳动党中央政治局委员、人民保安相朱霜成举行了会谈，并签署了进一步深化两国公安部门间友好合作的协议。

孟建柱访问老挝期间，在万象分别会见了老挝人民革命党中央总书记、国家主席朱马利，老挝政府总理通辛；与老挝人革党中央书记处书记、公安部部长通班以及老挝总理府部长、国家禁毒委主席苏班举行了会谈，就进一步加强中老执法和禁毒合作、规范边境管理交换了意见。双方共同签署了会议纪要及援助换文。

孟建柱访问新加坡期间，分别会见了新加坡总统纳丹、新加坡副总理黄根成；与新加坡内政部长尚穆根举行了会谈，双方一致表示，愿继续推动高层互访和业务团组往来，共同推进经济刑事犯罪侦查、反恐等执法合作，加大在国际刑警组织和东盟框架下打击跨国犯罪的力度。双方签署了《关于合作打击跨国犯罪的谅解备忘录》和有关协议。

孟建柱访问马来西亚期间，在吉隆坡会见了马来西亚总理纳吉布；与马来西亚内政部长希沙姆丁举行了会谈，双方签署了会议纪要。

2月14日

［纲　文］　**国家主席胡锦涛在人民大会堂接受赤道几内亚、科威特、朝鲜、智利、厄瓜多尔和阿尔及利亚六国新任驻华大使递交的国书。**

2月14日

［纲　文］　**新华社讯，中共中央办公厅、国务院办公厅印发《关于进一步加强新形势下农村精神文明建设工作的意见》。**

［日　文］　《意见》指出，农村精神文明建设是社会主义精神文明建设的重要组成部分，是社会主义新农村建设的重要内容。在新形势下，要高举中国特色社会主义伟大旗

帜，以邓小平理论和“三个代表”重要思想为指导，深入贯彻落实科学发展观，紧紧抓住社会主义核心价值体系建设这个根本，按照社会主义新农村建设“生产发展、生活宽裕、乡风文明、村容整洁、管理民主”的总体要求，突出抓好群众性精神文明创建活动，着力培育新农民、倡导新风尚、发展新文化，着力提高农民思想道德文化素质和农村社会文明程度，推动农村精神文明建设迈上新台阶，为建设社会主义新农村、促进农村经济社会又好又快发展提供思想保证、精神动力和文化环境。

2月14日

［纲　文］　**税务总局公布《中华人民共和国发票管理办法实施细则》。**

［目　文］　《细则》共7章38条。主要有总则、发票的印制、发票的领购、发票的开具和保管、发票的检查、罚则、附则等内容。自2011年2月1日起施行。

2月14日

［纲　文］　**人口计生委印发《人口和计划生育工作者职业道德规范（试行）》。**

［目　文］　《规范》由四个部分组成：　一、忠于国家，落实国策。二、依法办事，服务群众。三、爱岗敬业，诚信务实。四、团结协作，廉洁奉公。

2月14日

［纲　文］　**全国党的建设研究会第五次会员代表大会在北京召开，胡锦涛会见与会代表。**

［目　文］　中共中央总书记胡锦涛向辛勤工作在党建研究战线的同志们表示诚挚的敬意和问候。中共中央政治局常委习近平、贺国强参加会见。

中共中央政治局委员、中组部部长李源潮出席大会并讲话。本次全国党的建设研究会会员代表大会修订了研究会章程，选举产生了新一届理事会，部署了今后的工作。

2月14日

［纲　文］　**习近平就大学生村官张广秀事迹作出批示。**

［目　文］　中共中央政治局常委、国家副主席习近平批示指出，大学生村官张广秀同志的事迹很朴实、很感人。她全身心为村民服务，身患重病不忘本职，用真诚赢得了大家的认可。要注意总结宣传张广秀同志这样的先进典型，进一步引导大学生村官扎根基层、奉献才干、锻炼成长。习近平还要求有关方面组织医疗专家对张广秀同志进行精心治疗。

张广秀是全国大学生村官群体的优秀代表。她于2009年9月考取烟台市大学生村官，扎根基层，虚心学习，吃苦耐劳，服务群众，以实际行动赢得了当地干部群众的好评。2010年9月，张广秀被确诊为急性白血病，但她一直保持积极乐观的态度，坚持同疾病作斗争，同时仍然惦记着工作，挂念着群众。

15日，全国大学生村官论坛执委会代表全国20万大学生村官致信，表达对张广秀精神的敬佩，感谢中央领导同志对一位普通大学生村官的关心，表示要学习张广秀精神，听党的话，扎根基层，服务群众，创业致富。

16日，中共中央政治局委员、中组部部长李源潮给张广秀和大学生村官论坛执委会回信，充分肯定张广秀热爱人民、无私奉献的高尚精神，希望广大大学生村官向张广秀学习，扎根基层、服务群众，做与人民群众心连心、受人民群众欢迎的大学生村官。

2014年1月15日，张广秀致信中共中央总书记习近平，汇报了自己的工作生活情况，表示一定不辜负习总书记的殷切期望，努力工作，服务群众，勤奋学习，不断进步，为实现中国梦作出自己的贡献。

1月28日，习近平给张广秀复信写道，张广秀同志：来信收悉，感谢你和乡亲们的祝福。得知你康复良好、重返岗位的消息，我感到很欣慰，同时希望你仍要注意保重身体。改变农村面貌，帮助农民群众过上好日子，推动广大农村全面建成小康，需要党和政府的好政策，也需要千千万万农村基层干部带领广大农民群众不懈努力。大学生村官计划实施以来，数十万大学生走进农村，热情服务，努力实现人生价值。你们的付出和贡献，农民群众有最真切的感受，我看了很多反映大学生村官事迹的材料，为你们的进步和成绩感到高兴。希望你和所有大学生村官热爱基层、扎根基层，增长见识、增长才干，促农村发展，让农民受益，让青春无悔。祝工作顺利、身体健康、阖家幸福！请转达我对垆上村乡亲们的节日问候！

2月15日

［纲　文］　**国家主席胡锦涛在北京人民大会堂接受马耳他、东帝汶、意大利、立陶宛、埃塞俄比亚和欧盟新任驻华大使递交的国书。**

2月15日

［纲　文］　**国务院印发《全民健身计划（2011—2015年）》。**

［目　文］　《计划》由五个部分组成：一、指导思想。二、目标任务。三、工作措施。四、保障措施。五、组织实施。

《计划》指出，中国人民解放军和中国人民武装警察部队可根据本计划，结合部队实际参照执行。

2月15日

［纲　文］　**全国深化医药卫生体制改革工作会议在北京召开。**

［目　文］　中共中央政治局常委、国务院深化医药卫生体制改革领导小组组长李克强出席会议并讲话。国务院医改办，北京市、安徽省、江西省、甘肃省政府负责人在会上发言。会议总结2010年医改工作，部署2011年医改工作。会议强调，2011年是医改攻坚之年，各地各部门要以突出抓好推进全民医保、基本药物制度实施和公立医院改革为重点，统筹推进五项重点改革，确保各项医改任务完成，让老百姓享受更多实惠。

李克强指出，要认真贯彻落实党中央、国务院的决策部署，统筹推进医改近期五项重点任务，努力实现全民基本医保，建立健全基本药物制度，拓展公立医院改革试点，逐步达到人人享有基本医疗卫生服务。拓展公立医院改革试点，2011年要在国家16个公立医院改革试点城市和地方试点城市，重点实践政事分开、管办分开、医药分开、营利性与非营利性分开的有效方式。县医院覆盖9亿多人口，是大医院和基层医疗卫生机构连接的枢纽。要继续加强县医院建设，推动综合改革，消除以药养医，控制医药费用。所有公立医院都要推广便民惠民措施，改善群众就医条件，优化诊疗流程，让居民看病方便舒适，构建和谐医患关系。还要完善公立医院与基层机构分工协作机制，鼓励社会办医。通过加快改革步伐，积极探索公立医院发展新模式。

2月15日

［纲　文］ **国务院副总理王岐山在北京会见美国摩根士丹利公司董事长麦克率领的美国工商界代表团。**

［目　文］ 王岐山积极评价美国工商界为促进中美关系健康发展作出的贡献。他说，不久前胡锦涛主席对美国进行国事访问取得了圆满成功，开创了相互尊重、互利共赢的中美合作伙伴关系新局面。工商界是两国经贸合作的主体，双方企业家加强交流，增进了解，有利于进一步推动中美经贸合作，实现互利共赢。中国政府将努力为两国企业合作创造良好的环境。

麦克表示，美国工商界愿进一步加强与中方企业的交流与合作，为美中关系健康发展发挥积极作用。

2月16日

［纲　文］ **十一届全国人大常委会第五十七次委员长会议在北京召开。**

［目　文］ 会议由全国人大常委会委员长吴邦国主持，全国人大常委会副委员长王兆国、路甬祥、乌云其木格、韩启德、华建敏、陈至立、周铁农、司马义·铁力瓦尔地、蒋树声、陈昌智、严隽琪、桑国卫等出席会议。会议决定，十一届全国人大常委会第十九次会议2011年2月23日至25日举行。

委员长会议上，全国人大常委会副委员长兼秘书长李建国就常委会十九次会议议程草案、日常安排意见作了汇报。全国人大常委会有关副秘书长，全国人大法律委员会、全国人大常委会代表资格审查委员会负责人就常委会十九次会议的其他议程和十一届全国人大四次会议议程草案、日程安排意见、表决议案办法草案及全国人大常委会工作报告起草情况等作了汇报。

2月16日

［纲　文］ **温家宝主持召开国务院常务会议。**

［目　文］ 会议主要内容有：一、研究部署促进稀土行业持续健康发展的政策措施。会议指出，稀土是不可再生的重要战略资源，在新能源、新材料、节能环保、航空航天、电子信息等领域的应用日益广泛。经过多年发展，我国稀土开采、冶炼分离和应用技术研发取得较大进步，产业规模不断扩大。但稀土行业发展中仍存在非法开采屡禁不止，冶炼分离产能扩张过快，生态环境破坏和资源浪费严重，高端应用研发滞后，出口秩序较

为混乱等问题，严重影响行业健康发展。会议强调，必须加快转变稀土行业发展方式，提升开采、冶炼和应用的技术水平，坚持保护环境和节约资源，坚持控制总量和优化存量，坚持统筹国内国际两个市场、两种资源，积极开展国际合作，力争用5年左右时间，形成合理开发、有序生产、高效利用、技术先进、集约发展的稀土行业持续健康发展格局。二、会议审议并原则通过《公路保护条例（草案）》和《危险化学品安全管理条例（修订草案）》。

2月16日

［纲　文］　**财政部、水利部印发《第一次全国水利普查经费使用管理办法》。**

［目　文］　《办法》共5章24条。主要有总则、管理职责、预算管理、经费管理、监督检查等内容。自2011年2月16日起施行。

2月16日

［纲　文］　**妇女儿童五个协调小组联席会议在北京召开。**

［目　文］　全国妇女“双学双比”“巾帼建功”活动领导小组，全国维护妇女儿童权益暨平安家庭创建协调组，全国“五好文明家庭”创建活动协调小组，中国小公民道德建设暨全国“双合格”家庭教育宣传实践活动领导小组联席会议召开，全国人大常委会副委员长、全国妇联主席陈至立主持会议并讲话。全国妇联党组书记、书记处第一书记宋秀岩通报了5个协调小组2010年度工作情况及2011年的工作安排。5个协调小组成员单位的负责人出席会议并发言。

2月16日

［纲　文］　**国家电网公司在北京发布《2010社会责任报告》。**

［目　文］　《报告》承诺，2011年城市和农村用户平均停电时间分别控制在7小时和29.6小时内。

《报告》显示，为我国80%国土上超过10亿人提供用电的国家电网，在“十一五”期间使城市用户年均停电时间由2005年的21.5小时减少至2010年的8.234小时，同时解决了农村地区134万无电户、509万人口的用电问题，实现“户户通电”。

2月16日

［纲　文］　**西部首个保税港区——广西钦州保税港区开港运营。**

［目　文］　广西钦州保税港区于2008年5月29日获国务院批准设立，是中国距东盟最近的保税港区，是我国西部沿海唯一的保税港区，也是我国唯一具备整车进口口岸功能的保税港区，规划面积10平方公里。

2月16日

［纲　文］　**中国亚非发展交流协会2011年新春招待会在北京举行，约旦、苏丹、突尼斯等亚非国家的驻华使节出席。**

2月16日

［纲　文］　**第六次中日韩外交高官磋商在日本东京举行。**

［目　文］　外交部部长助理刘振民、日本外务省审议官别所浩郎、韩国外交通商部次官补金在信分别率团参加。三方就第四次中日韩领导人会议和第五次中日韩外长会议筹备工作、三国各领域合作以及地区和国际问题交换了意见。三方一致同意，积极落实三国领导人会议达成的共识，推动三国合作不断取得新进展。日本担任2011年中日韩合作协调国，主办第四次中日韩领导人会议和第五次中日韩外长会议。

2月16—18日

［纲　文］　**贾庆林在北京市调研。**

［目　文］　中共中央政治局常委、全国政协主席贾庆林在海淀、昌平、丰台、大兴、朝阳、通州以及北京经济技术开发区的工厂车间、建设工地、村镇社区，就加快转变经济发展方式、促进经济平稳较快发展与干部群众交流、共话发展。

贾庆林在昌平小汤山特菜基地，查看现代农业发展情况；在永定河宛平湖工程建设现场和朝阳循环经济产业园，了解北京加强生态环境治理、发展循环经济的措施和成效；在海淀四季青镇北坞村、通州新城，询问北京城乡接合部改革发展和新城规划建设的有关情况；乘坐地铁大兴线和4号线，感受北京轨道交通发生的新变化；在昌平巩华城高端科技商务服务区项目现场、CBD国贸三期，了解北京整合区域优势资源、打造研发服务和国际商务中心情况；在北京奔驰汽车有限公司，同企业负责人和技术人员交谈，共商坚持科技创新、发展高端装备制造业大计。

调研期间，贾庆林指出，实现2011年经济社会发展目标任务，实现"十二五"良好开局，必须依靠各党派团体、各族各界人士共同团结奋斗。各级党委要进一步加强和改善对统一战线和人民政协的领导，大力关心支持统战和政协工作，积极采纳他们的真知灼见，真正使统一战线和人民政协参政议政成为充分反映民意、广泛集中民智的有效方式，成为切实改进工作、提高执政能力的重要途径。各级政协组织和统战部门要充分发挥自身优势，紧扣大局大事开展工作，紧扣主题主线履行职能，紧扣群众工作凝心聚力，为促进经济平稳较快发展、维护社会和谐稳定作出新的更大贡献。

2月17日

［纲　文］　**中共中央在北京人民大会堂举行元宵节联欢晚会。**

［目　文］　胡锦涛、吴邦国、温家宝、贾庆林、李长春、习近平、李克强、贺国强等党和国家领导人同首都知识界代表共度佳节。晚会由中共中央政治局常委李长春主持。

歌舞《中国日子中国节》拉开了晚会文艺演出的序幕。独唱《和谐大家园》《狂欢节》《望月》《众里寻你》，钢琴独奏《春舞》《彩云追月》，藏族群舞《扎西德勒》，蒙古族民歌合唱《八骏赞》，诗朗诵《温暖的记忆》，京剧《穆桂英挂帅》选段，合唱《走向复兴》等节目异彩纷呈，表达了对祖国的真挚祝福和对未来的美好憧憬。

2月17日

［纲　文］　**文化部发布《互联网文化管理暂行规定》，自2011年4月1日起施行。**

2003年5月10日发布、2004年7月1日修订的《互联网文化管理暂行规定》同时废止。

2月17日

［纲　文］　**国家文物局发布《全国文物拍卖管理工作座谈会会议纪要》。**

［目　文］　《纪要》再次重申，被盗窃、盗掘、走私的文物或明确属于历史上被非法掠夺的中国流失文物，不得随意拍卖。

2月17日

［纲　文］　**亚太经合组织技能开发促进中心揭牌仪式暨亚太经合组织技能开发促进项目启动仪式在无锡举行。**

［目　文］　国务院副总理张德江出席仪式并为亚太经合组织技能开发促进中心揭牌。人力资源社会保障部部长尹蔚民，江苏省委书记罗志军、省长李学勇和国务院有关部门负责人，亚太经合组织各成员的代表等出席了仪式。

张德江在致辞中指出，2010年11月，中国国家主席胡锦涛在亚太经合组织第十八次领导人非正式会议上正式宣布，中国决定同各成员共同开展亚太经合组织技能开发促进项目，建立亚太经合组织技能开发促进中心。今天，亚太经合组织技能开发促进中心正式揭牌、亚太经合组织技能开发促进项目正式启动，这是中国政府落实胡锦涛主席重要倡议的具体行动，必将对亚太经合组织各成员加强人力资源开发合作、实现包容性增长发挥积极作用。我们要共同努力，使中心和项目能够成为亚太经合组织成员在职业技能培训领域开展政策对话和人员交流的平台，成为在课程开发、师资培训、职业资格融合等方面进行深度研发的平台，成为在职业技能培训方面推进务实合作的平台。

2月18日

［纲　文］　**中共中央总书记、国家主席胡锦涛在北京人民大会堂会见越共中央总书记阮富仲特使、越共中央对外部部长黄平君。**

［目　文］　胡锦涛说，越共十一大是一次团结奋进、继往开来的大会。我们相信，在以阮富仲同志为总书记的新一届越共中央领导下，越南党和政府一定能牢牢把握前进方向，带领越南人民实现国家建设发展的宏伟目标。中越传统友谊是两党两国人民的宝贵财富。中国党和政府始终从战略高度和长远角度看待中越两党两国关系，将一如既往坚持“长期稳定、面向未来、睦邻友好、全面合作”十六字方针和“好邻居、好朋友、好同志、好伙伴”四好精神，我们愿同越方一道，加强高层交往，深化战略沟通，推进互利合作，扩大人文交流，密切在国际和地区事务中的协调与配合，为促进各自社会主义建设事业和中越全面战略合作伙伴关系发展注入新动力，开拓新局面。

黄平君通报了越共十一大的情况和成果，代表越共中央和阮富仲总书记对中共中央和胡锦涛总书记致信祝贺越共十一大召开和阮富仲当选越共中央总书记表示衷心感谢。黄平君说，越共新一届中央领导集体珍视越中传统友谊，将继续坚持“十六字”方针和“四好”精神，同中方一道努力，把越中两党两国关系不断提升到新水平，为世界和亚洲的和平稳定发展作出贡献。

2月18日

［纲　文］　**李克强在北京主持召开国务院食品安全委员会第三次全体会议。**

［目　文］　中共中央政治局常委、国务院副总理、国务院食品安全委员会主任李克强指出，要认真贯彻落实党中央、国务院的决策部署，把加强食品安全作为保障和改善民生的重要内容，全面执行食品安全法，彻查严处重大食品安全事故，坚持集中治理和日常监管并重，突出重点，常抓不懈，打好攻坚战、持久战，切实保障人民群众身体健康和生命安全。

国务院副总理、国务院食品安全委员会副主任回良玉，国务院副总理、国务院食品安全委员会副主任王岐山出席会议并讲话。国务院食品安全委员会各成员单位和有关部门负责人参加会议。会议听取了国务院食品安全办负责人以及卫生部、农业部、工商总局、质检总局等有关部门负责人的汇报和发言。研究了2011年食品安全重点工作和任务分工。

会议认为，过去一年，在各地区、各有关部门的共同努力和广大人民群众的大力支持下，我国食品安全工作力度不断加大，食品安全形势总体保持平稳。但当前食品安全基础薄弱，工作难度加大，形势仍然十分严峻。必须增强紧迫感，毫不松懈地继续抓好食品安全工作，促进食品安全形势稳定好转。

会议强调，民以食为天，食以安为先，食品安全关系人民群众健康和生命安全，关系经济发展和社会和谐。做好今年食品安全工作，要针对消费者最为关心的重点问题，持续开展食品安全专项整治，一抓到底，决不手软，切实解决损害群众健康的突出矛盾；落实企业食品安全第一责任人的责任，增强安全意识和守法意识；强化政府监管，在各个环节上严把安全关口，加大监管投入，增加重点产品抽查力度和检查批次，依法严惩违法违规的食品生产经营者。加快建立健全食品安全风险监测评估体系，完善应对突发事件的预案，提高应急处置和快速反应能力，完善有关法律法规和标准，从体制机制上解决影响食品安全的深层次问题。

会议要求，针对食品生产经营链条长、涉及面广的特点，地方各级政府要加强对食品安全工作的组织领导，健全食品安全工作机制；各有关部门要密切协作，食品安全办要加强综合协调，进一步形成食品安全工作合力。要面向和依靠人民群众，搞好舆论宣传和监督，及时发布准确信息，及时澄清虚假消息，增强消费者信心，在全社会形成有利于保障食品安全的良好氛围。

2月18日

［纲　文］　**全国科技工作会议在北京召开。**

［目　文］　中共中央政治局委员、国务委员刘延东出席并讲话。全国人大常委会副委员长桑国卫，全国政协副主席、科技部部长万钢及中央国家机关有关负责人，全国科技系统的代表等参加会议。

刘延东指出，要进一步深化科技体制改革，完善科技与经济紧密结合的体制机制，探索政产学研用紧密结合的有效途径；加强科技系统的统筹协调，促进科技资源的优化配置和开放共享；营造宽松和谐的知识创新环境，加大创新人才培养使用力度；拓展科技对外开放的广度和深度，努力建设符合社会主义市场经济要求和科技发展规律的国家创新体系。

2月18日

［纲　文］　**外交部驻港特派员公署在香港举行2011年新春酒会。**

［目　文］　全国政协副主席董建华，香港特区行政长官，解放军驻港部队司令员张仕波、政委王增钵，特区政府主要官员、行政会议成员、立法会议员、港区全国人大代表和全国政协委员等香港各界知名人士500多人出席酒会。

2月18日

［纲　文］　**山东半岛蓝色经济区建设恳谈暨项目推介会在北京举行。**

［目　文］　中共中央政治局委员、全国政协副主席王刚出席恳谈会并讲话。全国人大常委会副委员长兼秘书长李建国出席会议。会议由山东省委、省政府主办，发展改革委、中国工商银行、华润集团和山东省的负责人在会上发言，来自国家有关部委、商业银行、保险公司和国有大型企业以及山东省的370多位同志参加。山东省政府与12家大型商业银行和6家保险公司签署了战略合作协议，山东半岛蓝色经济区7市签署了23个重大项目合作协议，总投资2549.4亿元。

王刚指出，2011年伊始，国务院正式批复《山东半岛蓝色经济区发展规划》，这是“十二五”时期开局之年第一个获得批准的国家发展战略，也是我国第一个以海洋经济为主题的区域发展战略。建设山东半岛蓝色经济区，关系到国家战略利益，关系到加快转变经济发展方式，关系到促进我国区域协调发展大局。

2月18日

［纲　文］　**国务委员兼国防部长梁光烈在北京会见印尼国防部副部长沙夫里。**

［目　文］　梁光烈说，中国非常重视同印尼发展友好关系，愿从战略高度和长远角度推动中印尼战略伙伴关系实现更大发展。中印尼两军关系近年来取得长足发展。两军在双边和多边安全领域开展了良好的交流与合作，希望双方进一步挖掘潜力，加强合作，推动两军关系不断向前发展，为本地区和平与发展作出新的贡献。

沙夫里表示，印尼愿与中方共同努力，推进两国在防务和地区安全事务中的合作，为深化两国战略伙伴关系，维护地区和平稳定做出积极努力。

2月18日

［纲　文］　**中宣部、中央直属机关工委、中央国家机关工委、教育部、解放军总政治部、中共北京市委六部门在北京举办热点问题形势报告会。**

［目　文］　卫生部部长陈竺作了题为《深化医药卫生体制改革　逐步缓解群众看病就医问题》的报告。陈竺指出，我国将全面深化医药卫生体制改革，统筹推进医改近期五项重点任务，进一步缓解群众“看病难，看病贵”。陈竺在报告中分析了人民群众“看病

难，看病贵”的主要原因，介绍了医改方案的主要政策思路和具体措施，并总结了医改五项重点改革工作取得的成效。他说，两年来，医改取得了明显进展和初步成效，人民群众得到了看得见、摸得着的实惠。

24日，教育部部长袁贵仁作了题为《加快教育改革和发展　努力办好人民满意的教育》的报告。袁贵仁指出，教育系统要认真学习贯彻胡锦涛总书记在中央政治局第二十六次集体学习时的讲话、党的十七届五中全会精神和教育规划纲要，坚持优先发展、育人为本、改革创新、促进公平、提高质量的工作方针，全面落实教育规划纲要，深入推进教育事业科学发展。

25日，财政部部长谢旭人作了题为《当前财政发展改革有关问题》的报告。

28日，住房城乡建设部部长姜伟新作了题为《关于城镇住房问题》的报告。姜伟新指出，“十二五”时期，国家将进一步加大保障性住房建设力度，争取到“十二五”末，基本解决城镇低收入家庭的住房困难，改善部分中等偏下收入家庭的住房条件。姜伟新同时指出，部分城市房价过快上涨是当前房地产市场的突出问题，要认真贯彻落实中央的房地产调控政策，采取坚决措施抑制房价过高过快上涨。

2月19日

［纲　文］　**胡锦涛在中央党校出席省部级主要领导干部社会管理及其创新专题研讨班开班式并讲话**。

［目　文］　中共中央政治局常委吴邦国、温家宝、贾庆林、李长春、李克强、贺国强等出席开班式，中共中央政治局常委习近平主持。各省区市、中央和国家机关以及军队各大单位主要负责人参加这次研讨班。中央和国家机关副部级单位主要负责人，中央管理的国有重要骨干企业、金融机构和高等学校主要负责人，列席了开班式。

中共中央总书记胡锦涛指出，中央举办这次省部级主要领导干部专题研讨班，目的是正确把握国内外形势新变化新特点，针对当前社会管理中的突出问题，着重研究加强和创新社会管理、做好新形势下群众工作的思路和举措，为促进社会和谐、实现“十二五”时期经济社会发展目标任务凝聚强大力量。加强和创新社会管理，是继续抓住和用好我国发展重要战略机遇期、推进党和国家事业的必然要求，是构建社会主义和谐社会的必然要求，是维护最广大人民根本利益的必然要求，是提高党的执政能力和巩固党的执政地位的必然要求，对实现全面建设小康社会宏伟目标、实现党和国家长治久安具有重大战略意义。各级党委和政府要充分认识新形势下加强和创新社会管理的重大意义，统筹经济建设、政治建设、文化建设、社会建设以及生态文明建设，把社会管理工作摆在更加突出的位置，深刻认识和准确把握社会管理规律，加强调查研究，加强政策制定，加强工作部署，加强任务落实，不断提高社会管理科学化水平，不断促进社会和谐稳定，努力为“十二五”时期经济社会发展、为实现全面建设小康社会宏伟目标创造更加良好的社会条件。

23日，中共中央政治局常委、中央党校校长习近平出席省部级主要领导干部社会管理及其创新专题研讨班结业式并作总结讲话。他指出，加强和创新社会管理，要同做好群众工作紧密结合起来，深入研究形势和任务的发展变化对群众工作提出的新要求，积极探索加强和改进群众工作的新途径新办法，把群众工作贯穿到社会管理各个方面、各个环节，从源头上化解社会矛盾、维护社会稳定、促进社会和谐。

2月19日

［纲　文］　**著名越剧表演艺术家、上海越剧院名誉院长袁雪芬，在上海逝世，享年89岁。**

2月19日

［纲　文］　**《人民日报》发表中共中央党史研究室的文章《为党和人民事业奋斗的一生——纪念华国锋同志诞辰90周年》。**

2月20日

［纲　文］　**王岐山在北京主持召开导游工作座谈会。**

［目　文］　党中央、国务院有关部门和人民团体负责人，各省区市旅游管理部门负责人参加了座谈会。会议听取了部分导游代表和旅行社、导游培训机构、旅游管理部门负责人发言。

国务院副总理王岐山指出，要坚持以人为本，从学习培训、服务管理、体制机制改革等入手，不断提高导游队伍素质，加快组织制度创新，促进旅游业又好又快发展。改革开放以来，导游队伍不断壮大，涌现出一批优秀导游，为旅游业快速发展作出了重要贡献。

2月20日

［纲　文］　**国务委员刘延东在国家大剧院会见来华进行工作访问的土库曼斯坦副总理亚兹穆哈梅多娃。**

［目　文］　刘延东表示中方感谢土方长期以来在涉台、涉藏、打击“东突”等重大问题上给予中方的宝贵支持，将一如既往地坚定支持土库曼斯坦走符合本国国情的发展道路。中方愿与土方一道，全面落实双方达成的各项共识，推动中土真诚互信、平等互利的友好合作关系深入发展。

亚兹穆哈梅多娃表示，土方高度重视土中关系，愿同中方密切沟通与协调，不断增进双方相互理解与信任，加强土中在文化、教育和新闻等各领域交流与合作，提升土中友好合作关系水平。

会见结束后，刘延东与亚兹穆哈梅多娃共同观看了原生态客家歌舞集《土楼神韵》。

2月20日

［纲　文］　**世界中医药学会联合会在北京举行第四届中医药国际贡献颁奖大会。**

［目　文］　全国政协副主席张梅颖出席大会。本次获奖者为天津中医药大学校长、中国工程院院士张伯礼，法国《中医基本名词术语中法对照国际标准》编委会和新加坡中

医—生物双学士学位本科项目。获奖个人和组织在各自的领域或岗位，对中医药的传播、交流与合作，教育和制定国际标准等方面作出了贡献。国家中医药管理局局长王国强在会上表示，目前我国与重要国际组织和外国政府间高层次合作机制建设得到加强，已经与世界上70个国家（地区）签订了含有中医药合作的政府协议91个，专门的中医药合作协议48个。中医药国际贡献奖的设立和开展有力地推动了中医药国际化的进行。

世界中联中医药国际贡献奖是经中国科技部奖励办公室批准设立的，是目前世界范围内中医药领域唯一的国际贡献奖。

2月21日

［**纲　文**］　**中共中央政治局召开会议。**

［**目　文**］　中共中央总书记胡锦涛主持会议。讨论国务院拟提请第十一届全国人民代表大会第四次会议审议的政府工作报告稿和审查的中华人民共和国国民经济和社会发展第十二个五年规划纲要草案稿。

会议指出，“十一五”时期是我国发展进程中极不平凡的5年。面对国内外环境的复杂变化和重大风险挑战，我们党团结带领全国各族人民，贯彻落实党的理论和路线方针政策，全面推进改革开放和社会主义现代化建设，国家面貌发生新的历史性变化。我国社会生产力、综合国力显著提高，各项社会事业加快发展，人民生活明显改善，改革开放取得重大进展，国际地位和影响力显著提高。

会议对“十二五”规划纲要草案提出的“十二五”时期我国经济社会发展的主要目标、战略重点、重大举措等进行了讨论研究。会议认为，“十二五”时期是全面建设小康社会的关键时期，是深化改革开放、加快转变经济发展方式的攻坚时期。科学制定“十二五”规划纲要，对继续抓住和用好我国发展的重要战略机遇期、促进经济长期平稳较快发展，对夺取全面建设小康社会新胜利、开创中国特色社会主义事业新局面，具有十分重要的意义。

会议强调，2011年是“十二五”时期开局之年。我国发展面临的形势仍然极其复杂。我们要保持清醒头脑，增强忧患意识，努力做好今年各项工作，为“十二五”时期发展开好局、起好步。要保持宏观经济政策的连续性、稳定性，提高针对性、灵活性、有效性，继续实施积极的财政政策和稳健的货币政策，处理好保持经济平稳较快发展、调整经济结构、管理通胀预期的关系，防止经济出现大的波动。要保持物价总水平基本稳定，进一步扩大内需，特别是居民消费需求，巩固和加强农业基础地位，加快推进经济结构战略性调整，大力实施科教兴国战略和人才强国战略，加强社会建设和保障改善民生，大力加强文化建设，深入推进重点领域改革，进一步提高对外开放水平，加强廉政建设和反腐败工作。全党全国要在以胡锦涛同志为总书记的党中央领导下，紧紧抓住历史机遇，勇敢面对各种挑战，开拓进取，团结奋斗，扎实工作，努力实现“十二五”时期良好开局，把中国特色社会主义伟大事业继续推向前进。

2月21日

［纲　文］　**新华社讯，中央组织部、中央创先争优活动领导小组印发命名表彰决定，授予第十六届亚运会组委会志愿者部党支部等48个基层党组织“广州亚运会创先争优先进基层党组织”称号，授予阮剑华等12名共产党员“广州亚运会创先争优优秀共产党员”称号。**

2月21日

［纲　文］　**财政部公布《财政部关于公布废止和失效的财政规章和规范性文件目录（第十一批）的决定》。**

［目　文］　《决定》说，为了适应依法行政、依法理财的需要，根据《国务院办公厅关于做好规章清理工作有关问题的通知》（国办发〔2010〕28号）的要求以及我部“第十一次财政规章和规范性文件清理工作方案”，我部在前十次财政规章和规范性文件清理的基础上，对新中国成立以来至2008年12月发布的现行财政规章和规范性文件进行了第十一次全面清理，并逐一作出了鉴定。经过清理，确定废止和失效的财政规章和规范性文件共864件，其中，废止的财政规章5件，失效的财政规章4件，废止的财政规范性文件415件，失效的财政规范性文件440件。现将这864件废止和失效的财政规章和规范性文件的目录予以公布。

2月21日

［纲　文］　**全国国防动员建设2010年度人物颁奖仪式在北京举行。**

［目　文］　中央军委委员、国务委员兼国防部部长梁光烈出席颁奖仪式并讲话。来自全国国防动员系统的10名个人当选“全国国防动员建设2010年度人物”，32人获得“全国国防动员建设2010年度人物”提名奖。

2月21日

［纲　文］　**新华社讯，中国科学院发布《中国科学院教育发展战略与路线图（2010—2050年）》。**

［目　文］　《路线图》提出，面向未来，中国科学院教育发展应坚持的方针是：“科教融合，协同发展，突出特色，引领示范。”中国科学院要完善“一校一院”教育体系，把中国科学技术大学建设成为国际一流的研究型大学，把中国科学院研究生院建设成为国际一流的研究生教育机构，若干学科达到世界领先水平，培养出一批具有国际竞争力的拔尖创新创业人才。

《路线图》提出了中国科学院教育发展的5项总体战略，包括科教融合战略、开放合作战略、全面发展战略、社会服务战略、追求卓越战略。《路线图》还分别提出了在基础科学研究、可持续发展研究、高技术与工程、继续教育与科技产业创业等领域中科院教育发展的战略任务，以及数学、物质科学、天文学等学科领域，生物科学领域、资源与环境科学领域以及高技术和工程领域研究生教育发展的战略。

2月21日

［纲　文］　**中国航空油料集团公司成为亚洲最大航油供应商。**

［目　文］　2010年作为“十一五”的收官之年，中航油公司全年各项业绩指标均创历史最高水平。中国航油已成为亚洲第一、世界第五大航油供应商，企业形象和行业影响力进一步提升。2010年，中国航油共销售油化产品2879万吨，同比增长37%。其中，销售航油1275万吨，同比增长14%；其他成品油和化工品823万吨，同比增长43%；国际油品贸易量781万吨，同比增长90%。全年实现销售收入1531亿元，同比增长63%。

2月21日

［纲　文］　**中日污泥处理和资源化利用研讨会在北京举行。**

［目　文］　研讨会由中国住房城乡建设部和日本国际协力机构（JICA）联合主办，两国专家分别就中日两国污泥处理的现状和意义进行了交流与研讨。

2月21—23日

［纲　文］　**应国家主席胡锦涛邀请，哈萨克斯坦共和国总统纳扎尔巴耶夫对中国进行国事访问。**

［目　文］　访问期间，胡锦涛在北京与纳扎尔巴耶夫举行会谈。两国元首高度评价双边关系发展取得的成果，一致同意携手努力，推动中哈战略伙伴关系向更高层次迈进。还就上海合作组织、地区形势及其他重大国际和地区问题交换了意见，达成广泛共识并出席了双边合作文件的签字仪式；全国人大常委会委员长吴邦国和国务院总理温家宝在北京分别会见了纳扎尔巴耶夫；国务院副总理、中国和哈萨克斯坦合作委员会中方主席王岐山与纳扎尔巴耶夫共同出席了中哈企业家代表午餐会；双方发表了《中华人民共和国和哈萨克斯坦共和国联合公报》。

胡锦涛与纳扎尔巴耶夫举行会谈时说，近年来，中哈关系呈现全面快速发展的强劲势头。两国领导人交往密切，政治上相互支持，高度互信。双方在经贸、能源、非资源、人文等领域的合作成果斐然，在国际和地区事务中的战略协作日益紧密。中方高度重视对哈关系，发展长期稳定、睦邻友好、合作共赢的中哈战略伙伴关系是我们坚定不移的政策，无论国际风云如何变化，这一政策都不会改变。

纳扎尔巴耶夫表示，哈中建立战略伙伴关系以来，在两国元首亲自推动下，两国政治互信不断加深，各领域务实合作取得长足进展，人民友谊日益加深，在重大国际和地区问题上持有相同或相似的看法，在涉及各自核心利益的重大问题上相互支持，发展两国关系具有雄厚政治法律基础。哈方坚定地坚持一个中国立场。

吴邦国会见纳扎尔巴耶夫时表示，中方愿同哈方共同努力，以建交20周年为契机，结合两国发展战略，不断深化各领域务实合作，继续加强在多边框架内的沟通与协作，推动中哈战略伙伴关系不断向前发展。议会交往是国家关系的重要组成部分。在当前中哈战略伙伴关系深入发展的大背景下，中国全国人大愿同哈萨克斯坦议会继续加强交流合作，为推动双边关系不断向前发展贡献智慧和力量。

纳扎尔巴耶夫表示，哈方支持两国议会发展更密切的交往与合作。

温家宝会见纳扎尔巴耶夫时表示，中哈以应对国际金融危机为契机，进一步密切两国经济联系，能源、农业、交通、金融、科技等领域的合作呈现出广阔前景。中国政府愿同哈方一道，加强规划协调，发挥企业的主体作用，落实各项协议和共识，使两国在互利共赢的道路上取得更大成就。

纳扎尔巴耶夫表示，哈方感谢中方为哈方克服国际金融危机影响提供的宝贵支持，愿与中方共同努力，进一步深化经贸、能源、交通等领域合作，推动两国关系不断迈上新台阶。

2月21—23日

［纲　文］　**全国党委新闻发言人首次培训班在北京举行。**

［目　文］　培训班由中共中央对外宣传办公室主办。课程包括党委新闻发言人的基本素质和要求、如何发布新闻和与媒体打交道、互联网时代信息传播及舆论引导的规律特点、新闻发布会的策划组织、新闻发言人的工作技巧、突发事件新闻发布技巧等。中央纪委、中组部、中宣部等13个党中央部门的新闻发言人、全国31个省区市和新疆生产建设兵团以及计划单列市、省会城市的党委新闻发言人和新闻发布工作团队负责人共200余人参加了培训。

22日，中共中央政治局常委李长春会见培训班全体学员时指出，建立党委新闻发言人制度，是党的十七届四中全会确定的一项重要任务，对于新形势下提高党的执政能力，发展社会主义民主，保障人民群众的知情权、参与权、表达权、监督权，密切党同人民群众的血肉联系，把握舆论引导主动权，树立党和政府良好形象，都具有十分重要的意义。

2月21—22日

［纲　文］　**908专项成果第三次学术交流会在杭州举行。**

［目　文］　会议主题是：海岛、海岸带调查与研究。会议指出，我国最大规模的摸清“海洋家底”行动——我国近海海洋综合调查与评价，目前已全面完成海岛和海岸带调查，掌握了我国海岛海岸带资源、环境要素的分布特征与变化规律，实现了我国海岛海岸带数据的全面更新。

简称908专项的我国近海海洋综合调查与评价，是新中国成立以来国家投入最大、参与人数最多、调查范围最广、采用技术手段最先进的一项重大海洋基础工程，目的是查清我国近海资源环境的基本现状。908专项中的海岛海岸带调查于2005年全面展开，目的是查清我国海岛海岸带的位置、海岛类型、岸线长度等基础数据，系统掌握海岛海岸带环境资源的现状和潜力，为海洋开发利用、生态与环境保护、防灾减灾等海洋综合管理和经济可持续发展提供科学依据。

据介绍，经过6年努力，迄今908专项海岛海岸带调查已全面完成，并在此次海岛海岸带调查资料的基础上，开展了深入研究和成果集成，取得大量阶段性成果；编辑出版了《南沙群岛岛礁高分辨率卫星遥感影像图集》《中国领海基点岛屿航空遥感影像图集》《典型海岛航空遥感影像图集》等系列遥感影像图集。正式公布的《中国海岛名录》，是我国调查资料最新、范围最全、内容最丰富的海岛"家谱"。

2月22日

［纲　文］　**胡锦涛主持中共中央政治局第二十六次集体学习。**

［目　文］　本次学习主题是：优先发展教育、建设人力资源强国问题。中国教育学会谈松华研究员、中央教育科学研究所袁振国教授就这个问题进行讲解，并谈了他们的意见和建议。中共中央政治局各位委员听取了他们的讲解。

中共中央总书记胡锦涛在主持学习时指出，教育是民族振兴、社会进步的基石，是提高国民素质、促进人的全面发展的根本途径，寄托着亿万家庭对美好生活的期盼，承载着中华民族伟大复兴的希望。优先发展教育、建设人力资源强国，对实现全面建设小康社会目标、建设富强民主文明和谐的社会主义现代化国家具有十分重大的意义。全国教育工作会议召开和《国家中长期教育改革和发展规划纲要》颁布以来，贯彻落实工作取得了初步成效。下一步，我们要以邓小平理论和"三个代表"重要思想为指导，深入贯彻落实科学发展观，大力实施科教兴国战略和人才强国战略，认真落实优先发展、育人为本、改革创新、促进公平、提高质量的工作方针，切实把教育规划纲要全面落实好。各级党委和政府要把推动教育事业优先发展作为重要职责、摆上重要议事日程，以更大的决心、更多的财力、更多的精力支持教育事业，及时研究和解决教育改革和发展的重大问题和群众关心的热点问题，扎实落实推动教育科学发展的政策措施和工作部署。要动员全社会关心和支持教育事业改革和发展，为把我国建设成为教育强国和人力资源强国而共同奋斗。

2月22日

［纲　文］　**胡锦涛、温家宝对保障我驻利比亚人员安全作出指示和批示。**

［目　文］　鉴于近日利比亚安全形势发生重大变化，中共中央总书记胡锦涛、国务院总理温家宝作出指示和批示，要求有关方面迅即采取切实有效措施，全力保障我驻利人员生命财产安全。国务院决定成立应急指挥部，负责组织协调我驻利人员撤离及有关安全保障工作，由国务院副总理张德江担任总指挥，国务委员戴秉国协助。

同日，张德江紧急召开应急指挥部全体会议，研究部署贯彻落实胡锦涛、温家宝等中央领导同志指示精神的具体措施。他强调，各有关方面要立即启动应急预案，按照职责分工，密切配合，千方百计保障我人员安全，千方百计保障我财产安全，千方百计维护我国家利益。会议决定立即调派民航包机和附近海域的中远集团运输船只、我海外作业渔船，携带必要的生活和医疗物资，并就近租用大型邮轮和大客车，赶赴利比亚附近，随时准备进入利比亚，分批组织我包括港澳台同胞在内的驻利比亚人员安全有序撤离。

27日，温家宝通过中国驻希腊、马耳他大使馆分别向希腊总理帕潘德里欧、马耳他总理贡齐致口信，代表中国政府和人民感谢希腊、马耳他政府和人民在中方撤离在利比亚人员方面所提供的支持和帮助。

温家宝说，在中国政府决定从利比亚撤离人员并向希腊、马耳他政府提出协助请求后，希腊、马耳他政府立即响应，为他们提供入境、食宿等便利，充分体现了希腊、马耳他人民对中国人民的友好情谊和双方在危急时刻相互帮助的崇高精神。今后几天，还会有在利比亚的中方人员陆续撤到希腊、马耳他，中国政府将尽快将他们接运回国。希望中方撤离人员行动继续得到希腊、马耳他政府的大力支持。

帕潘德里欧、贡齐感谢温家宝的口信，表示希腊、马耳他是中国的好朋友，充分理解中国政府对撤离中方人员的高度重视，愿继续全力支持和配合中方做好有关工作。

同日，外交部发言人就埃及、突尼斯协助中方撤离在利比亚人员答记者问时表示，利比亚局势突变后，大批中国公民通过埃及、突尼斯同利比亚的边界撤离，撤离工作得到了埃及和突尼斯等国有关部门的积极协助，中方对此表示赞赏和感谢。

2 月 22 日至 3 月 5 日，中国政府协调派出 91 架次民航包机、12 架次军机，5 艘货轮、1 艘护卫舰，租用 35 架次外国包机、11 艘次外籍邮轮和 100 余班次客车，海、陆、空联动，开展了新中国成立以来最大规模的有组织撤离海外中国公民行动。2 月 23 日起，中国政府派出由多部门组成的 3 个工作组，分别赴利比亚首都的黎波里及利比亚与突尼斯边境，东部和中部城市班加西、米苏拉塔，以及南部城市塞卜哈协助组织撤离工作。3 月 2 日，外交部掌握并有回国意愿的在利中国公民 35860 人全部撤出利比亚。3 月 5 日，上述公民全部回国。

3 月 5 日，中国政府赴利比亚工作组圆满结束协助撤离在利比亚中国公民任务，分乘 2 架包机抵达北京。

2 月 22 日

［纲　文］ **《〈胡锦涛总书记在第十七届中央纪委第六次全会上的重要讲话〉学习读本》由人民出版社出版，在全国公开发行。**

2 月 22 日

［纲　文］ **温家宝主持召开国务院常务会议。**

［目　文］ 会议主要内容是：一、听取全国病险水库除险加固任务完成情况的汇报。会议指出，我国现有水库绝大多数兴建于 20 世纪 50—70 年代，限于当时的经济技术条件，水库建设先天不足，经过多年运行，病险问题突出，严重影响防洪安全。会议决定，在继续巩固大中型和重点小型病险水库除险加固成果的基础上，加快其余小型病险水库除险加固步伐，全面消除水库安全隐患。（一）2012 年底前，完成 5400 座小（1）型水库除险加固。每座平均投资约 450 万元，总投资约 244 亿元，其中中央财政补助投资 168 亿元。（二）2013 年底前，完成坝高 10 米以上、库容 20 万立方米以上的 1.59 万座重点小（2）型水库除险加固。每座平均投资约 240 万元，总投资 381.38 亿元，全部由中央财政安排。（三）2015 年底前，完成其余 2.5 万座小（2）型水库除险加固，所需资金由地方安排。（四）对新出现的大中型病险水库，加快推进除险加固工作，力争 2013 年底前完成。二、会议讨论通过《关于加快推进现代农作物种业发展的意见》。会议指出，必

须坚持自主创新，改革体制机制，完善法律法规，整合农作物种业资源，加大政策扶持和投入力度，快速提升我国农作物种业科技创新能力、企业竞争能力、供种保障能力和市场监管能力，构建以产业为主导、企业为主体、基地为依托、产学研相结合、育繁推一体化的现代农作物种业体系。力争到2020年，培育一批具有重大应用前景和自主知识产权的突破性优良品种，建设一批标准化、规模化、集约化、机械化的优势种子生产基地，打造一批育种能力强、生产加工技术先进、市场营销网络健全、技术服务到位的现代农作物种业集团，全面提升我国农作物种业发展水平。三、会议审议并原则通过《土地复垦条例（草案）》。

2月22日

［纲　文］　**国务院在北京召开全国职业培训工作电视电话会议。**

［目　文］　国务院副总理张德江出席并讲话。人力资源社会保障部、发展改革委、教育部、财政部和北京市、江苏省、广东省等负责人发言。中央有关部门负责人在北京主会场出席会议。各省、自治区、直辖市和计划单列市、新疆生产建设兵团负责人及有关部门负责人等在本地区分会场出席会议。

张德江指出，要深入贯彻落实科学发展观，全面落实《国务院关于加强职业培训促进就业的意见》精神和要求，坚持以服务就业和经济发展为宗旨，按照城乡统筹、就业导向、技能为本、终身培训的原则，切实加强制度建设，加快完善工作机制，努力提升培训质量，不断扩大培训规模，增强职业培训的针对性和有效性，做到“培训一人，就业一人”和“就业一人，培训一人”，全面提高全体劳动者技能素质，努力开创职业培训事业新局面。

2月22日

［纲　文］　**中宣部在北京召开新闻战线“新春走基层”活动座谈会。**

［目　文］　中共中央政治局委员、中宣部部长刘云山出席会议并讲话。中央宣传文化部门和单位负责人，新闻工作者代表出席会议。部分新闻单位和参加“新春走基层”活动的新闻工作者在座谈会上作了发言。

刘云山指出，新闻战线要牢固树立以人为本的理念，自觉贯彻党的群众路线，认真总结“新春走基层”活动的经验做法，把深入基层、深入一线作为体察民情民意、服务人民群众的根本途径，作为锻炼提高队伍、改进作风文风的重要载体，使走基层、下基层机制化常态化，不断提高新闻工作服务群众的水平。

2月22日

［纲　文］　**发展改革委发布《关于印发中关村国家自主创新示范区发展规划纲要（2011—2020年）的通知》。**

［目　文］　《通知》说，中关村科技园区建设国家自主创新示范区部际协调小组成员单位：根据《国务院关于中关村国家自主创新示范区发展规划纲要（2011—2020年）的批复》（国函〔2011〕12号）和国务院有关要求，现将《中关村国家自主创新示范区发展

规划纲要（2011—2020年）》印发你们，请认真组织落实。

2月22日

［纲　文］ **外交部部长杨洁篪在北京与奥地利外交部部长施平德勒格举行会谈。**

［目　文］ 杨洁篪表示，中奥建交40年来，在双方共同努力下，两国关系取得很大发展。中方赞赏奥地利政府坚持一个中国政策。双方应以建交40周年为新的起点，坚持传统友好，深化政治互信，拓宽合作领域，加强人文交流，推动双边关系在新时期有更大发展。

施平德勒格说，奥方高度重视发展对华关系，希望以两国庆祝建交40周年活动为新的契机，全面加强奥中在各个领域的务实合作。

2月22日

［纲　文］ **海协会与台湾海基会在台湾桃园举行两岸经济合作委员会（经合会）第一次例会。**

［目　文］ 经合会召集人海协会常务副会长郑立中与台湾海基会副董事长高孔廉分别在会议上致辞。经合会大陆首席代表、海协会特邀顾问姜增伟与台方首席代表共同主持商谈。会议就经合会工作小组设置、启动《海峡两岸经济合作框架协议》（ECFA）后续协议磋商、回顾和评估ECFA早期收获计划执行情况等议题深入交换意见，并取得多项共识。

会议决定成立经合会第一批工作小组，包括货物贸易、服务贸易、投资、争端解决、产业合作、海关合作6个工作小组，负责相关协议的磋商、推动相关领域的合作。

会议肯定了两岸投保协议商谈取得的积极进展，并宣布启动货物贸易协议、服务贸易协议、争端解决协议3个协议的商谈，全面启动了ECFA后续协商工作。双方还就两岸经贸社团互设办事机构事宜交换了意见。双方表示，将通过经合会平台积极推动经贸社团互设办事机构，为两岸经济交流与合作提供便利。

双方认为，经合会作为两会框架下ECFA及其相关议题的执行和磋商机制，两岸经贸领域制度化协商的重要平台，必将对深化两岸经贸交流、密切两岸经济关系发挥重要作用。双方愿以积极务实的态度，稳步推进ECFA后续工作不断取得新成果，促进两岸经济繁荣、增进两岸人民福祉。

2月23日

［纲　文］ **国务院总理温家宝就新西兰发生强烈地震致电新西兰总理约翰·基，代表中国政府和人民表示慰问。**

2月23日

［纲　文］ **国务院总理温家宝在北京会见奥地利副总理兼财政部部长普勒尔和外交部部长施平德勒格。**

［目　文］ 双方就深化中奥关系以及共同关心的国际和地区问题交换了看法。

24 日，国务院副总理张德江在北京会见普勒尔和施平德勒格时说，2011 年是中奥建交 40 周年，两国关系发展顺利。双方应以此为契机，拓宽合作思路，拓展合作领域，深化务实合作，不断提高合作水平，不断取得新发展。

普勒尔表示，奥方对近年来奥中经贸关系迅速发展感到高兴，愿与中方一道开拓新的合作领域，尤其是加强在环保、机械制造和高科技领域的实质合作。

2 月 23 日

［纲　文］ **中共中央政治局常委李长春在北京会见由党总部负责人雷德旺率领的埃塞俄比亚人民革命民主阵线（埃革阵）代表团。**

［目　文］ 李长春表示，中国共产党与埃革阵政治互信不断加深，交流与合作日益拓展和深化，两党关系已成为两国关系的政治依托。中国共产党愿与埃革阵以两国建交 40 周年为契机，携手并进，围绕国家关系发展大局，充分发挥政党交往独特优势，进一步加强合作，推动中埃国家关系全面深入发展。

雷德旺说，埃革阵和埃塞俄比亚政府高度重视发展与中国共产党和中国政府的关系，愿意学习借鉴中国共产党领导中国人民战胜贫困、取得巨大经济发展成就的经验。

2 月 23 日

［纲　文］ **国务院副总理王岐山在北京会见英国怡和集团主席凯瑟克爵士，双方就中英经贸关系及共同关心的问题交换了看法。**

2 月 23 日

［纲　文］ **国务院副总理张德江在北京会见希腊海洋、岛屿和渔业事务部部长季亚曼蒂季斯一行。**

［目　文］ 张德江首先感谢希方为中方撤离在利比亚中国公民提供的帮助并指出，中希两国传统友好，中希关系全面发展，合作不断深化和拓展。中希同为海运大国，在港口、海运和海事技术与管理方面保持了良好的合作关系，这符合双方的共同利益和发展需要。希望双方加强交流，发挥互补优势，深化海运等领域的务实合作，促进两国关系长期健康稳定发展。

季亚曼蒂季斯表示，希腊一贯重视对华关系，希腊政府和海运界将一如既往地与中国密切合作，巩固并拓展双方在港口和海事技术领域的实质性合作。

2 月 23 日

［纲　文］ **中共中央政治局委员、中央组织部部长李源潮在北京会见由主席朗贝尔率领的欧洲绿党代表团。**

［目　文］ 李源潮说，中国共产党重视发展与包括欧洲绿党在内的欧洲政党的党际关系，愿在“独立自主、完全平等、互相尊重、互不干涉内部事务”四项基本原则基础上，加强各领域的相互了解与合作，推动中欧战略伙伴关系更加全面、稳定地发展。

朗贝尔表示，中国在国际舞台上发挥着越来越重要的作用，欧洲绿党愿与中方加强交往，增进双方相互了解，进一步推动中欧之间的交流与合作。

2月23日

［纲　文］　**中共中央政治局委员、中宣部部长刘云山在北京会见由中央政治局委员、中央组织和动员书记平托率领的安哥拉人民解放运动代表团。**

［目　文］　刘云山说，中方愿以两国建立战略伙伴关系为契机，把中安友好合作不断推向深入。中国共产党珍视与安哥拉人民解放运动的传统友谊，愿进一步加强两党各领域多层次的交流合作，为中安战略伙伴关系发展服务。刘云山还应询介绍了中国当前经济社会发展情况。

平托说，安哥拉人民解放运动愿进一步深化与中国共产党的友好合作关系，推动两国各领域务实合作不断向前发展。

2月23日

［纲　文］　**国务院台湾事务办公室举行新闻发布会，就近期两岸关系有关事宜回答记者提问。**

［目　文］　发言人表示，大陆方面将促进两岸各级各类学校在教学、科研等方面的合作。欢迎更多台湾学生前来大陆高校就读，做好台湾高校来大陆招生的准备工作。同时，扩大两岸青少年交流规模，丰富交流内容。海峡两岸大学校长论坛、两岸基础教育论坛等一系列活动今年也将继续举办。两岸文化机构和团体将继续举办形式多样、内容丰富的两岸文化交流活动，如分别收藏在两岸的《富春山居图》将在台北故宫博物院合璧展出，两岸文化团体将在台湾举办第二届“两岸汉字艺术节”、第二届“两岸非物质文化遗产月”、第二届“海峡两岸文化创意产业展”、“海峡两岸当代艺术双年展”，以及“妈祖之光”、“客家之歌”等文艺演出。为推动两岸文教交流规范化、机制化，大陆方面愿与台湾方面就商签两岸文教交流合作协议加强沟通，积累共识。

就有关为在利比亚的台湾同胞提供协助的问题，发言人说，近日利比亚部分地区局势紧张，中国政府已开始采取撤侨行动。只要台湾同胞有任何需要，可以打电话同外交部或我驻利比亚使馆联系，我们将全力提供协助。

2月23日

［纲　文］　**境外媒体记者首次集体“走进”全国政协。**

［目　文］　2011年全国两会召开前夕，来自33家外国驻华和港澳台地区媒体的43名记者受邀参观了“人民政协光辉历程”展览和全国政协礼堂。这是全国政协机关首次向境外媒体集体开放。

全国政协外事委员会主任、全国政协十一届四次会议新闻发言人赵启正与记者们进行了座谈，介绍了政协在中国政治生活中的地位、作用及即将召开的全国政协十一届四次会议的相关情况，并就大家关心的问题进行了交流。5名外国记者向赵启正提出了近10个问题，涉及委员组成、政协提案、“十二五”规划重点和社会稳定问题等。

2月23日

［纲　文］　**中央和国家机关贯彻落实2011年反腐倡廉工作任务分工会议在北京**

召开。

［目　文］　中央纪委副书记干以胜主持会议。中央纪委副书记黄树贤宣读分工意见。

中共中央书记处书记、中央纪委副书记何勇出席并讲话。他指出，中央和国家机关要认真贯彻十七届中央纪委第六次全会精神，按照《关于中央和国家机关贯彻落实2011年反腐倡廉工作任务的分工意见》的安排，锐意进取，扎实工作，不断取得党风廉政建设和反腐败斗争的新成效，为实施“十二五”规划开好局起好步提供有力保证。

2月23日

［纲　文］　**中国围棋棋手朴文垚在韩国首尔夺得第十五届LG杯世界围棋棋王战冠军。**

［目　文］　这是不满23岁的朴文垚首次在世界大赛中登顶，也成为中国第七位围棋世界冠军。朴文垚取代古力，成为中国最年轻的围棋世界冠军。

2月23—25日

［纲　文］　**十一届全国人大常委会第十九次会议在北京召开。**

［目　文］　全国人大常委会委员长吴邦国主持开、闭幕会。全国人大常委会副委员长王兆国、路甬祥、乌云其木格、韩启德、华建敏、陈至立、周铁农、李建国、司马义·铁力瓦尔地、蒋树声、陈昌智、严隽琪、桑国卫和常委会组成人员出席会议。

会议主要内容是：一、会议经过表决，通过了刑法修正案（八）、非物质文化遗产法、车船税法；决定免去刘志军的铁道部部长职务，任命盛光祖为铁道部部长。国家主席胡锦涛分别签署主席令，公布了有关法律和任免决定。二、会议表决通过了全国人大常委会工作报告稿，并委托委员长会议根据常委会组成人员审议意见，对报告稿作必要的修改完善后，提请十一届全国人大四次会议审议。三、会议表决通过了十一届全国人大四次会议议程草案，决定提请十一届全国人大四次会议预备会议审议；表决通过了十一届全国人大四次会议主席团和秘书长名单草案，决定提请十一届全国人大四次会议预备会议选举；表决通过了十一届全国人大四次会议列席人员名单。四、会议表决通过了全国人大常委会代表资格审查委员会关于个别代表的代表资格的报告。根据全国人大常委会发表的公告，十一届全国人大现在实有代表2979人。五、会议分别经过表决，任命刘胜玉、孙大发为全国人大民族委员会副主任委员，黄献中为全国人大环境与资源保护委员会副主任委员。六、会议表决通过了关于接受倪岳峰辞去全国人大常委会委员及全国人大环境与资源保护委员会副主任委员职务的请求的决定，报请十一届全国人大四次会议确认。倪岳峰因另有任用，依照法律规定，向全国人大常委会提出了辞职请求。

2月23—24日

［纲　文］　**贾庆林在北京召开专题会议。**

［目　文］　会议主要内容是：学习中共中央总书记胡锦涛在省部级主要领导干部专题研讨班上的讲话，全面贯彻落实中央第五次西藏工作座谈会精神，对做好“十二五”时

期西藏和四省藏区发展稳定各项工作进行部署。国务委员、公安部部长孟建柱，全国政协副主席、中央统战部部长杜青林出席会议并讲话。中央有关部门，西藏、四川、云南、甘肃、青海省（自治区）党委、政府负责人参加会议。

中共中央政治局常委、全国政协主席贾庆林肯定了过去一年西藏和四省藏区的各项工作并指出，2011年是“十二五”开局之年，要谋划好今后5年乃至更长时期的工作，推进西藏和四省藏区经济社会跨越式发展。要切实做好中央和五省区“十二五”时期重大项目、政策的衔接，把中央第五次西藏工作座谈会确定的、“十二五”期间应当落实的优惠政策、重大项目和资金投入，充分体现于国家“十二五”规划、国家重大建设项目总盘子，以及五省区“十二五”规划、中央各部门专项规划。要加大财政支持力度，充分发挥财政转移支付导向性作用，帮助西藏和四省藏区发展特色优势产业，培育自我发展能力；加强生态环境保护和建设，确保生态环境良好；保障和改善民生，推进基本公共服务均等化。要继续支持做好青海玉树、甘肃舟曲灾后重建工作。加强民族团结，全面提高社会管理科学化水平，促进社会和谐稳定，是实现经济发展民生改善的保障和基础。深入开展对达赖集团斗争，周密部署维护稳定的各项工作，扎实做好藏传佛教工作，有针对性地加强涉藏外交外宣工作，为西藏和四省藏区的发展营造良好环境。

2月23—25日

［纲　文］　**外交部部长杨洁篪对韩国、蒙古国进行正式访问。**

［目　文］　杨洁篪在韩国访问期间，在首尔会见了韩国总统李明博，同韩国外交通商部长官金星焕举行了会谈。

杨洁篪在蒙古国访问期间，在乌兰巴托分别会见了蒙古国总统额勒贝格道尔吉、蒙古国总理巴特包勒德；同蒙古国对外关系与贸易部部长赞登沙特尔举行了会谈。

2月24日

［纲　文］　**全国保障性安居工程工作会议在北京召开。**

［目　文］　中共中央政治局常委、国务院副总理李克强出席并讲话。各省（区、市）政府和新疆生产建设兵团，中央有关部门、国务院有关部门和单位，军队有关部门负责人，各省（区、市）住房城乡建设、发展改革、财政、国土资源部门负责人参加会议。住房城乡建设部主要负责人通报了2010年全国保障性安居工程建设进展情况，对下一步工作提出了安排意见；内蒙古、黑龙江、山东、河南、陕西五省（区）政府负责人介绍了当地保障性安居工程建设的做法和经验，谈了下一步工作打算。会上，国家保障性安居工程协调小组与各省（区、市）政府和新疆生产建设兵团签订了2011年保障性安居工程目标责任书。

中共中央政治局常委、国务院副总理李克强指出，要认真贯彻落实党中央、国务院的决策部署，大规模实施保障性安居工程，加大投入，完善机制，公平分配，保质保量完成2011年开工建设1000万套的任务，努力改善群众住房条件。加快推进保障性安居工程，要把保障基本需求与引导合理消费结合起来，从我国人多地少的基本国情出发，多提供小户型、齐功能、质量可靠的住房。要大力发展公共租赁住房，大幅度提升公租房在保障房中的比例，满足居民住房租赁需求，形成梯度消费的合理模式。解决群众的住房问题，既要加快保障性安居工程建设，又要促进房地产市场平稳健康发展。各地要进一步加强领导，明确目标责任，及时制定实施细则，有效抑制投资投机性需求，增加普通商品住房供给，坚决落实进一步加强房地产市场调控的政策措施。

2月24日

［纲　文］ **国家副主席、中央军委副主席习近平在北京会见巴基斯坦参联会主席韦恩。**

［目　文］ 习近平说，中巴友谊符合两国人民的根本利益，是两国人民共同的正确选择。面对当今复杂多变的国际和地区形势，中巴两国保持密切的沟通和协调，对于地区和平、稳定和发展具有重要积极意义。近年来，中巴两国在各个领域开展了成果丰富的务实合作。中方将继续在关系到巴基斯坦国计民生和长远发展的重要项目上给予必要的支持，努力促进两国共同繁荣。今年是中巴建交60周年，也是“中巴友好年”。两国将通过举办政治、经贸、军事、文体、教育等领域庆祝和纪念活动，进一步推动两国人员往来，弘扬传统友谊，深化务实合作，让中巴友谊世代相传。

韦恩说，长期以来，中国在维护地区和平稳定、促进共同发展方面发挥了不可替代的重要作用，巴基斯坦始终为拥有中国这一伟大的朋友感到骄傲，并愿意在涉及中国核心利益的问题上予以全力支持，祝愿中国在和平发展的进程中取得更加辉煌的成就。

同日，国务委员兼国防部部长梁光烈在北京会见韦恩时说，两军关系不断深入发展。双方开展了包括团组往来、联合训练、装备技术、人员培训和人道主义救援等全方位务实合作，为加强两军建设，促进两国关系全面发展，维护地区和平稳定，发挥了积极作用。中方愿与巴方一道，巩固和深化中巴“全天候”友谊，将两国两军友好合作推向新的高度。

韦恩说，我们不会忘记解放军为加强巴中两军关系所作出的努力。我们以巴中友谊为荣，并期待巴中友好合作发展到新的高度。

2月24日

［纲　文］ **中国和平发展基金会在北京成立。**

［目　文］ 国务委员戴秉国致信祝贺，全国政协副主席孙家正出席会议。中联部部长王家瑞出席会议并致辞。中联部、中央统战部、外交部、商务部、国家税务总局、共青团中央、全国妇联、中国民间组织国际交流促进会有关负责人以及部分省区市、企业界代表等参加了成立大会。

中国和平发展基金会是为中国民间组织开展国际交往服务的全国性基金会，目的是拓宽民间对外交往渠道，宣传中国坚持走和平发展道路的主张，推动国家软实力建设，促进世界和平发展。

2月24日

［纲 文］ **“盛世民族情”征文颁奖会在中国现代文学馆举行。**

［目 文］ 颁奖会由人民日报社、中国作协共同主办，本次征文活动历时一年，共收到散文、报告文学、诗歌等作品纸质投稿2400件，网上投稿上万件。《人民日报》用了11个专版，发表了来自28个民族作者的118篇作品。经评审，15篇佳作获得了征文优秀奖。

2月24日

［纲 文］ **香港汉荣书局有限公司在北京向中国红十字巴蜀力量基金捐赠图书。**

［目 文］ 全国人大常委会副委员长韩启德，全国政协副主席白立忱，全国政协原副主席、中国红十字巴蜀力量基金理事长杨汝岱，全国人大常委会原副委员长许嘉璐等出席活动。

捐赠图书价值774万元，共172080册，全部为繁体版。将全部用于中国红十字巴蜀力量基金已援助的四川地震灾区和全国项目合作地区的市县公共图书馆。

2月24—25日

［纲 文］ **全国党史研究室主任会议、中国中共党史学会第七次会员代表大会在北京召开。**

［目 文］ 中共中央党史研究室和各省、自治区、直辖市及副省级城市、新疆生产建设兵团党委党史部门负责人等出席全国党史研究室主任会议；中国中共党史学会第七次会员代表大会修订学会章程，选举产生新一届理事会。

25日，中共中央政治局常委、国家副主席习近平在北京人民大会堂会见出席全国党史研究室主任会议和中国中共党史学会第七次会员代表大会的代表。他指出，2011年是中国共产党成立90周年，各级党史部门和广大党史工作者要以此为契机，切实搞好党史宣传教育，引导广大党员干部加深对我们党光辉历史的认识，增强为中国特色社会主义伟大事业不懈奋斗的使命感和自豪感。党史工作是党和国家工作全局中一项十分重要的工作。党中央对党史工作高度重视，2010年，党中央第一次以中央名义制定颁发了党史工作文件，召开了全国党史工作会议，对加强和改进新形势下党史工作作出全面部署。随后，中央又批准出版了《中国共产党历史》第二卷，修订重印了第一卷。所有这些，都为进一步做好党史工作增添了强大动力，提供了有利条件。

2月25日

［纲 文］ **胡锦涛签署中华人民共和国主席令（第四十一至四十三号）。**

［目 文］ 主席令（第四十一号）说，《中华人民共和国刑法修正案（八）》已由中华人民共和国第十一届全国人民代表大会常务委员会第十九次会议于2011年2月25日通过，现予公布，自2011年5月1日起施行。

主席令（第四十二号）说，《中华人民共和国非物质文化遗产法》已由中华人民共和国第十一届全国人民代表大会常务委员会第十九次会议于2011年2月25日通过，现予公布，自2011年6月1日起施行。

主席令（第四十三号）说，《中华人民共和国车船税法》已由中华人民共和国第十一届全国人民代表大会常务委员会第十九次会议于2011年2月25日通过，现予公布，自2012年1月1日起施行。

2月25日

［纲　文］　**十一届全国人大常委会在北京人民大会堂举行第二十讲专题讲座。**

［目　文］　讲座由全国人大常委会委员长吴邦国主持，全国人大常委会副委员长王兆国、路甬祥、乌云其木格、韩启德、华建敏、陈至立、周铁农、李建国、司马义·铁力瓦尔地、蒋树声、陈昌智、严隽琪、桑国卫等听取讲座。本次讲座的题目是《我国水利建设现状、问题及对策》。主讲人、水利部总规划师周学文从我国的基本水情及水利建设现状、存在的主要问题和对策措施等方面作了讲解。

2月25日

［纲　文］　**财政部发布《党政机关公务用车预算决算管理办法》。**

［目　文］　《办法》共6章27条。主要有总则、公务用车配备更新计划、公务用车购置费用预算编制、公务用车运行费用预算编制、公务用车预算执行和决算编制、附则等内容。自2011年2月25日起施行。此前有关公务用车预算决算管理的规定，凡与本办法不一致的，按照本办法执行。

2月25日

［纲　文］　**中央社会治安综合治理委员会全体会议在北京召开。**

［目　文］　中共中央政治局委员、中央综治委副主任王乐泉，全国人大常委会副委员长、中央综治委副主任李建国，国务委员、中央综治委副主任孟建柱，最高人民法院院长、中央综治委副主任王胜俊，最高人民检察院检察长、中央综治委副主任曹建明和中央综治委委员及有关部门负责人出席会议。中央综治办、中央政法委汇报了2010年综治工作情况和2011年综治工作要点等文件的研究起草情况，公安部、教育部、交通运输部、工商总局负责人作了专题发言，与会人员进行了讨论。

2月25日

［纲　文］　**国务院新闻办公室召开新闻发布会。**

［目　文］　中国民用航空局局长李家祥表示，2011年1月全行业实现盈利34亿元，同比增长611.4%，创历史同期最好水平。过去5年，民航旅客运输量累计超过10亿人次，年均增长速度14.1%，在全球航空运输业和国内综合交通运输体系中，继续保持最快增长速度。“十二五”期间，民航全行业将更加积极主动地在加快经济发展方式转变、促进经济结构调整方面发挥重要作用，扎实推进持续安全战略、大众化战略和国际化战略。在继续提高安全水平的同时，计划5年投资1.5万亿元以上，实现旅客运输量达到4.5亿人，运输机场数量超过220个，机队规模增至5000架左右，使更多百姓能够享受到航空

服务，并力争提高中国航空的国际业务市场份额。

2月25日

［纲　文］　**国资委在北京首次召开中央企业农民工工作会议。**

［目　文］　会议主要内容是：贯彻落实党中央、国务院有关农民工工作的部署和要求，总结中央企业农民工工作，部署下一步工作。国资委副主任黄淑和出席会议并讲话。中国海运、中国中铁和中冶集团介绍了开展农民工工作的经验与做法。

2月25日

［纲　文］　**杨善洲先进事迹报告会在北京人民大会堂举行。**

［目　文］　中共中央政治局常委、国家副主席习近平会见报告团全体成员时指出，在开展创先争优活动中，要广泛宣传杨善洲同志的先进事迹，引导基层党组织和广大党员争科学发展之先、创和谐社会之优，进一步形成学习先进、争当先进、赶超先进的浓厚氛围。

报告会由中央组织部、中央宣传部、中央创先争优活动领导小组和云南省委联合举办。中央和国家机关有关部门党员、干部和离退休干部代表700多人参加了报告会。报告团成员以自己的亲身经历，从不同角度、不同侧面讲述了杨善洲的事迹。

杨善洲生前曾任云南省原保山地委书记，1988年退休，2010年10月逝世。他六十年如一日，始终坚持共产党人的理想信念和根本宗旨，一心为民、无私奉献。退休后主动放弃省城舒适的生活条件，带领家人和群众历尽艰辛义务造林20多年，建成约5.6万亩的大亮山林场，使昔日的荒山变成了绿洲。2009年4月，他将价值超过3亿元的大亮山林场经营管理权无偿交给国家。

2月25日

［纲　文］　**台盟中央、全国台联在北京举办纪念台湾人民“二二八”起义64周年座谈会。**

［目　文］　台盟中央副主席黄志贤出席并讲话。“二二八”亲历者陈炳基、黄幸、潘渊静，台盟中央涉台政策策略咨询委员会委员，部分在京盟员、台胞共50多人参加了会议。

2月25日

［纲　文］　**中国人民对外友好协会、中国非洲人民友好协会、尼日利亚驻华大使馆联合主办的庆祝中国和尼日利亚建交40周年招待会在对外友协和平宫举行。**

［目　文］　全国政协副主席、中非友协会长阿不来提·阿不都热西提，外交部副部长翟隽以及一些非洲国家驻华使节和各界人士200多人出席。

2月25日

［纲　文］　**《中国机构改革与管理》杂志正式出版。**

［目　文］　《中国机构改革与管理》杂志由中央机构编制委员会办公室主管，中国机构编制管理研究会主办。集政策宣传、工作指导、对策研究、理论探讨和经验交流于一

体，是我国第一个专门针对机构改革与管理的综合性期刊。

2月25日

［纲　文］　**红丝带健康包百校进千企项目在北京启动。**

［目　文］　全国政协副主席、全国工商联主席、中华红丝带基金名誉理事长黄孟复出席。活动由全国工商联和国务院艾滋病防治工作委员会办公室共同主办，中华红丝带基金、北京潮人商会承办。

2011年，该项目通过“百校进千企”的形式，动员高校志愿者带着健康包走进企业、工厂、工地、社区，为外来务工人员讲解知识，传递关爱，提高他们的艾滋病防护能力，树立健康意识，共同筑起一道艾滋病防线。

2月25日—3月1日

［纲　文］　**贺国强在云南调研。**

［目　文］　中共中央政治局常委、中央纪委书记贺国强在西双版纳、保山、昆明等地，就贯彻落实中共中央总书记胡锦涛在十七届中央纪委第六次全会上的讲话精神，把以人为本、执政为民贯彻落实到党和国家全部工作，特别是党风廉政建设和反腐败工作之中的问题进行调研。

贺国强在保山市腾冲县明光乡红云社区，走进大棚了解烤烟育苗情况，登上田埂查看中低产田地改造情况，深入养殖基地了解农业循环经济发展情况；在国家级磷肥生产基地昆明市云天化集团，了解企业生产经营情况；在西双版纳州景洪市澜沧江民族风情新区建设工地，指出要坚持高标准规划、滚动式开发，因地制宜、量力而行、循序渐进、分步实施，充分发挥建成项目和区域的示范带动作用，不断提高新区建设的经济效益和综合效应；在中科院西双版纳热带植物园、昆明滇池泛亚国际城市湿地，强调要坚持开发和保护并举，加快推进生态环境综合治理和重点生态功能区建设，切实把云南得天独厚的生态环境和宝贵的青山绿水保护好；在景洪市曼弄枫村，询问国家的各项惠农政策到位了没有，还希望党和政府做些什么，并鼓励大家积极发展“农家乐”旅游业，不断增加收入、改善生活；在勐仑镇大卡村，登上哈尼族村民阿伍家的木楼，与一家人攀谈。

贺国强指出，把以人为本、执政为民贯彻落实到党和国家全部工作中去，必须大力加强和创新社会管理，努力营造和谐稳定的社会环境。把以人为本、执政为民贯彻落实到党和国家全部工作中去，必须深入推进党风廉政建设和反腐败斗争，为改革开放和社会主义现代化建设提供有力纪律保证。

2月25—26日

［纲　文］　**王岐山在西安市考察农村金融工作。**

［目　文］　在农村金融工作座谈会上，国务院副总理王岐山听取了中国农业银行和陕西、甘肃农村金融机构代表的发言。他说，解决“三农”问题是全党全国工作的重中之重。伴随着中央和地方一系列强农惠农政策措施的落实，农村经济健康快速发展，这为农村金融发展提供了新的机遇，也对农村金融服务提出了更高要求。面对“十二五”开局之

年“三农”工作的需要，在当前货币政策由适度宽松转向稳健的形势下，金融支农力度决不能削弱，涉农信贷投放决不能减少。从根本上增强金融服务“三农”的能力，必须与时俱进，既要发挥市场机制的作用，也要加强政策集成，形成支持合力。农村信用社要当好支农服务的主力军。农业银行要深化“三农”金融事业部改革。农业发展银行、邮政储蓄银行、农村商业银行、村镇银行、小额贷款公司等都要积极推进改革创新，提升服务“三农”的水平。各级党委、政府要为农村金融服务营造良好环境。

王岐山考察了中国农业银行户县支行、户县农村信用联社、西安市大洋汇鑫小额贷款公司，并与瓜菜种植农户代表座谈。他指出，各类农村金融机构要扎根当地，突出特色。办好农村金融关键在人。要以人为本，加强农村金融机构领导班子建设，全面提高员工素质。春耕在即，要切实做好农业生产信贷服务。

2月25—27日

［纲　文］　**国家主席胡锦涛特使、国家体育总局局长刘鹏访问科威特并出席科国庆50周年暨解放20周年庆祝活动。**

［目　文］　访问期间，刘鹏向科威特埃米尔萨巴赫转达了胡锦涛的口信。胡锦涛在口信中对科威特国庆50周年暨解放20周年表示热烈祝贺，并积极评价科威特解放20年来取得的巨大成就，表示中方重视发展同科威特的友好合作关系，愿进一步巩固政治互信，增进两国各领域交往，共同开创中科友好合作关系美好的未来。

萨巴赫感谢胡锦涛派特使出席科威特国庆50周年暨解放20周年庆祝活动并带来热情友好的口信。萨巴赫强调，科方珍视同中方的友谊与合作，愿同中方一道，推动两国关系不断取得新的进展。

2月25日—3月1日

［纲　文］　**全国边检机关提高服务水平专题培训班在中国人民公安大学举行。**

［目　文］　各边检总站总站长、边检处处长，边检站站长；边境沿海边防总队分管领导，内陆边防总队总队长，各边防总队边检处处长、边检站站长；武警学院、公安海警学院、广州边防指挥学校有关管理和教学人员，以及公安部边防管理局、出入境管理局有关领导和处室负责人参加培训。

25日，国务委员、公安部部长孟建柱会见培训班全体学员时指出，全国边检机关和广大边检人员要积极适应我国改革开放深入发展的新形势，忠实践行全心全意为人民服务的宗旨，坚持以人为本、执法为民，进一步提升边检管理科学化水平，更好地服务于人民群众，促进经济社会发展。

2月26日

［纲　文］　**国务院办公厅印发《关于积极稳妥推进户籍管理制度改革的通知》。**

［目　文］　《通知》由五个部分组成：一、指导思想和基本原则。二、分类明确户口迁移政策。三、依法保障农民土地权益。四、着力解决农民工实际问题。五、切实加强组

织领导。

《通知》指出，公安部要会同有关部门进一步加强对各地落实国家有关户籍管理制度改革的政策措施进行指导和监督。各地区、各有关部门要将执行本通知的情况报国务院。

2月26日

［纲　文］　**全国社会保障基金投资南京保障房30亿元信托贷款项目在南京签约，这是全国社保基金投资的首个保障性住房项目。**

［目　文］　这是全国社保基金投资的首个保障性住房项目。2010年，南京规划了西善桥等四大保障房项目，总建筑面积约980万平方米，其中保障性住房8万余套。为缓解保障房建设的融资压力，南京多次与全国社保基金会商谈投资事宜，终获全国社保基金投资决策委员会表决通过。

2月26日

［纲　文］　**湖北省第十一届人民代表大会第四次会议补选李鸿忠为省人大常委会主任，补选王国生为省长。**

2月26日

［纲　文］　**朱光亚逝世。**

［目　文］　中国共产党的优秀党员，忠诚的共产主义战士，杰出的科学家，我国核科学事业的主要开拓者之一，中国科学院、中国工程院资深院士，中国科学技术协会名誉主席、原主席，中国工程院原院长、党组书记，中国人民政治协商会议第八届、九届全国委员会副主席朱光亚同志，在北京逝世，享年87岁。

3月2日，朱光亚的遗体在北京八宝山革命公墓火化。胡锦涛、吴邦国、温家宝、贾庆林、李长春、习近平、李克强、贺国强等党和国家领导人送别。

3月3日，总装备部在北京举行缅怀朱光亚同志追思会。来自国防科技和武器装备战线的著名专家、学者和有关单位的代表追忆学习朱光亚的光辉业绩和崇高品格。中央军委委员、总装备部部长常万全出席并指出，学习朱光亚同志的思想和精神，就要像他那样爱党爱国、坚定信念，勇于创新、不懈登攀，尊重知识、提携人才，淡泊名利、无私奉献，勤勉敬业、扎实工作。要把缅怀学习朱光亚同志激发出的动力，转化为高标准做好本职工作的行动，在新的起点上推动武器装备和部队建设又好又快发展。

2月26—28日

［纲　文］　**政协第十一届全国委员会常务委员会第十二次会议在北京召开。**

［目　文］　全国政协主席贾庆林主持开幕会，全国政协副主席王刚主持闭幕会。全国政协副主席杜青林、白立忱、陈奎元、阿不来提·阿不都热西提、黄孟复、董建华、张梅颖、张榕明、孙家正、李金华、郑万通、邓朴方、万钢、林文漪、厉无畏、罗富和、陈宗兴、王志珍、何厚铧和常委会组成人员出席会议。

会议主要内容是：一、会议决定，中国人民政治协商会议第十一届全国委员会第四次会议于2011年3月3日在北京召开，建议这次会议的主要议程是：听取和审议政协全国委员会常务委员会工作报告和政协十一届三次会议以来提案工作情况的报告；列席十一届全国人大四次会议，听取并讨论政府工作报告及其他有关报告，讨论国民经济和社会发展第十二个五年规划纲要草案。二、会议以表决方式，通过了政协第十一届全国委员会第四次会议议程（草案）和日程，原则通过了提交政协十一届四次会议审议的政协常委会工作报告和政协十一届三次会议以来提案工作情况的报告，通过了政协全国委员会提案工作条例，通过了政协十一届四次会议秘书长、副秘书长名单，决定钱运录为大会秘书长。三、会议决定增补王太华等4人为政协第十一届全国委员会委员，决定增补阳安江为提案委员会副主任，李毅中、张国宝为经济委员会副主任，王太华、王国发为人口资源环境委员会副主任，王全书、胡振民为教科文卫体委员会副主任，王巨禄、宋育英、陈学亨、季允石为社会和法制委员会副主任，刘凡为港澳台侨委员会副主任，刘京、杨多良为外事委员会副主任，陈光林、周国富为文史和学习委员会副主任。四、依据政协章程及有关规定，会议通过表决方式，审议通过了关于撤销李建国政协第十一届全国委员会委员资格的决定。

会议期间，常委会组成人员围绕会议主题，积极发表意见和建议，郑重履行职责。常委们对过去一年全国政协常委会的工作给予了充分肯定。大家一致认为，过去的一年，全国政协常委会认真贯彻中共中央决策部署，坚持协商议政谋发展、履职为民促和谐，充分发挥协调关系、汇聚力量、建言献策、服务大局的重要作用，为促进经济社会平稳较快发展作出了积极贡献。大家普遍认为，常委会工作报告稿肯定成绩实事求是，指出问题具体明确，概括经验精辟深刻，部署工作切实可行，是一个主题鲜明、重点突出、内容丰富、文风朴实的报告。常委们就进一步完善常委会工作报告稿和改进政协工作提出了意见和建议。

2月27日

［纲　文］　**温家宝在中国政府网和新华网，与网友在线交流。**

［目　文］　访谈持续一个多小时。网友提出的问题主要集中在改善民生方面，包括物价、房价、农民工子女上学、大学生就业等。

国务院总理温家宝一一回答。他表达了党和政府对于这些关系民生热点问题的高度关注，以及解决这些问题的决心和信心。他向广大网友介绍了政府已经和即将采取的重要措施，特别指出，“十二五”规划中，我们特别强调改善民生，把它作为规划的出发点和落脚点。我们发展经济的目的就是满足人们日益增长的物质文化需求，就是让人民生活得舒心、安心、放心，对未来有信心。

2月27日

［纲　文］　**2011年全国铁路春运工作结束。**

［目　文］　为期40天春运，全国铁路发送旅客总量达2.2亿人，同比增加1701.6万人，增长8.3%，旅客发送总量、单日旅客发送量、单日直通旅客发送量均创下历史新高。

2月27日—3月2日

［纲　文］　**中联部副部长刘结一率中共友好代表团访问蒙古国并出席蒙古人民党建党90周年庆祝大会。**

2月28日

［纲　文］　**新华社讯，中共中央办公厅、国务院办公厅转发《中央宣传部、国务院国资委关于加强和改进新形势下国有及国有控股企业思想政治工作的意见》。**

［目　文］　《意见》由四个部分组成：一、加强和改进新形势下国有企业思想政治工作的重要意义和总体要求。二、加强和改进新形势下国有企业思想政治工作的主要任务。三、建立健全国有企业思想政治工作的责任体系和保障机制。四、加强对国有企业思想政治工作的组织领导。

《意见》指出，各地区各有关部门要结合实际，按照本意见精神制定贯彻落实的具体办法。其他所有制企业的思想政治工作可参照本意见执行。

2月28日

［纲　文］　**国务院办公厅印发《2011年公立医院改革试点工作安排》。**

［目　文］　《安排》由七个部分组成：一、工作思路。二、开展重大体制机制综合改革试点。三、推进公立医院服务体系建设发展。四、在全国推行惠民便民措施。五、充分调动医务人员积极性。六、推进形成多元化办医格局。七、有关要求。

2月28日

［纲　文］　**国家统计局发布《中华人民共和国2010年国民经济和社会发展统计公报》。**

2月28日

［纲　文］　**全国女职工五一巾帼奖表彰大会在北京人民大会堂举行。**

［目　文］　会前，中共中央政治局委员、中华全国总工会主席王兆国会见了获奖者代表。会见全国五一巾帼奖状奖章获得者代表时指出，广大女职工要立足本职、建功立业，在实现"十二五"时期目标任务、加快转变经济发展方式中发挥"半边天"作用。

全总副主席、书记处第一书记王玉普出席表彰大会并讲话。全总副主席、书记处书记张鸣起宣读《中华全国总工会关于授予获2011年全国五一巾帼奖状、奖章先进集体和个人全国工人先锋号、全国五一劳动奖章的决定》，全总副主席、书记处书记张世平宣读《中华全国总工会关于表彰全国五一巾帼奖状（奖章）、全国五一巾帼标兵岗（标兵）的决定》。

2月28日

［纲　文］　**中宣部、解放军总政治部、共青团中央、黑龙江省委在北京人民大会堂举行郜忠利同志先进事迹报告会。**

［目　文］　报告会上，黑龙江省军区边防某团政委韩杰、某团三连指导员时强、山

东省烟台市毓璜顶宾馆迎宾员刘冰冰、被救青年张文礼、黑龙江电视台记者安菲，分别从不同侧面介绍了郃忠利的事迹。

郃忠利，1986年出生于内蒙古自治区鄂温克旗。2005年12月入伍，生前系原黑龙江省军区边防第八团一营三连代理排长。2009年8月9日下午，郃忠利一行5人到呼玛县下站巡逻。16时40分许，他们沿江边小路返回距哨所50米处时，忽然听到有人呼救。郃忠利听到后，第一个跑下江堤，纵身跳入江中，奋力将落水群众张文礼推向岸边。张被随后赶来的两名战士拖到岸上，而郃忠利却消失在无情的江水中，献出了年仅23岁的宝贵生命。

2月28日

［纲　文］　**中共中央对外宣传办公室在北京举行新闻发布会。**

［目　文］　中央文化体制改革工作领导小组办公室主任、中宣部副部长孙志军，中央文化体制改革工作领导小组办公室副主任、文化部副部长欧阳坚，新闻出版总署副署长蒋建国，广电总局副局长张海涛在发布会上通报了“十一五”时期文化体制改革取得的成效，介绍了进一步深化改革的举措，并就各界关心的问题作出解答。

2月28日

［纲　文］　**外交部部长杨洁篪应约同新西兰外长麦卡利通电话。**

［目　文］　杨洁篪表示，中国愿意继续与新方保持密切联系，为新方抗震救灾提供力所能及的帮助，相信在新西兰政府领导下，新西兰人民一定能够尽快战胜灾害，渡过难关，重建家园。中方赞赏新方为搜救中国受灾公民提供的各种帮助，希望新方继续克服各种困难，抓紧搜救中国被困人员，查找失踪人员下落。

麦卡利表示，新方将尽一切努力，搜救中国被困人员。对中国政府就新西兰克赖斯特彻奇市地震造成重大人员伤亡和财产损失向新方表示慰问并提供援助表示衷心感谢。

同日，商务部发布，2011年2月22日，新西兰第二大城市基督城发生强烈地震，造成人员伤亡和重大经济损失。为表达中国政府和人民对新西兰政府和人民的友好情谊，中国政府决定向新西兰政府提供50万美元的紧急人道主义现汇援助，帮助新西兰开展震后救灾工作。

2月28日

［纲　文］　**文化部在北京举行第三批国家级文化产业示范园区和首批国家级文化产业试验园区授牌仪式。**

［目　文］　文化部部长蔡武等出席活动并向园区代表授牌。本次授牌旨在通过国家级文化示范园区、试验园区的示范、辐射和带动作用，引导推动我国文化产业向规模化、集约化的方向发展，进一步增强我国文化产业的整体实力和竞争力。

开封宋都古城文化产业园区和上海市张江文化产业园区被命名为第三批国家级文化产业示范园区，广州北岸文化码头、黑龙江（大庆）文化创意产业园、长沙天心文化产业园区、中国曲阳雕塑文化产业园4家园区被命名为首批国家级文化产业试验园区。

2月28日

［纲　文］　**中国社会保障改革与发展战略研讨会暨《中国社会保障改革与发展战略》首发式在中国人民大学举行。**

［目　文］　全国人大常委会副委员长华建敏、全国政协副主席张梅颖和专家学者出席会议。《中国社会保障改革与发展战略》包括《总论卷》《养老保险卷》《医疗保障卷》《救助与福利卷》四卷，由全国人大常委会委员、社会保障学者郑功成主编，是国家社科基金决策咨询项目、“十一五”国家重点图书出版规划项目，全书共计200余万字。

2月28日—3月1日

［纲　文］　**全国行政机关公务员考核工作经验交流会在南昌召开。**

［目　文］　人力资源社会保障部副部长、国家公务员局副局长杨士秋出席会议并讲话。31个省（市、自治区）和15个副省级市人力资源部门的负责人共计120余人参加会议。

与会人员围绕健全公务员法制度、加快考试立法进程、完善公务员管理激励约束机制等问题进行了交流和研讨。会议认为，要深入贯彻落实干部人事制度改革规划纲要，全面深入贯彻公务员法，不断完善公务员法配套法规体系，制定出台一批配套法规文件，填补相关制度空白；要加大从有基层工作经历人员中考录公务员力度，探索从生产一线工人、农民中考录公务员的办法，逐步建立公开遴选的操作体系和长效机制，同时进一步加强公务员录用考试安全，提高考试录用的科学性；要加强公务员队伍建设，做好公务员培训“十二五”规划，做好奖励表彰综合管理工作，努力提高公务员考核工作水平。

3 月

3月1日

［纲　文］　**国家主席胡锦涛在北京会见土库曼斯坦总统特使、政府副总理霍贾穆罕默多夫。**

［目　文］　双方就进一步发展中土友好关系，加强两国互利合作进行了交谈。外交部部长杨洁篪、发展改革委主任张平等参加会见。

3月1日

［纲　文］　**温家宝主持召开国务院常务会议。**

［目　文］　会议主要内容是：一、讨论并原则通过《中华人民共和国个人所得税法修正案（草案）》。会议认为，为加强税收对收入分配的调节作用，进一步减轻中低收入者的税收负担，有必要对个人所得税法进行修改，提高工资薪金所得减除费用标准，调整工资薪金所得税率级次级距，并相应调整个体工商户生产经营所得和承包承租经营所得税率级距。会议决定，《中华人民共和国个人所得税法修正案（草案）》经进一步修改后，由国务院提请全国人大常委会审议。二、讨论并原则通过《成渝经济区区域规划》。会议指出，包括重庆市31个区县和四川省15个市在内的成渝经济区，是我国重要的人口、城镇、产业聚集区，自然禀赋优良，交通体系完整，人力资源丰富，在我国经济社会发展中具有重要的战略地位。在新形势下加快成渝经济区发展，对于深入推进西部大开发，促进全国区域协调发展，增强国家综合实力，具有重要意义。力争到2015年，使成渝经济区经济实力显著增强，建成西部地区重要的经济中心和全国重要的现代产业基地；基本公共服务水平显著提升，人民群众生活水平明显提高。

3月1日

［纲　文］　**新华社讯，国务院正式批复《浙江海洋经济发展示范区规划》。**

［目　文］　批复要求，《规划》实施要突出科学发展主题和加快转变经济发展方式主线，以深化改革为动力，着力优化海洋经济结构，加强海洋生态文明建设，提高海洋科教支撑能力，创新体制机制，统筹海陆联动发展，推进海洋综合管理，建设综合实力较强、核心竞争力突出、空间配置合理、生态环境良好、体制机制灵活的海洋经济发展示范区，形成我国东部沿海地区重要的经济增长极。浙江省人民政府按照《规划》确定的战略定位、空间布局和发展重点，有序推进重点项目建设，探索建立有利于海洋经济科学发展的体制机制。并创新区域合作方式，加强与长江三角洲地区和海峡西岸经济区相关省市的对接合作。

同时要求国务院有关部门加强对《规划》实施的支持和指导，在资金安排、项目布局、体制创新等方面给予积极支持，为促进浙江海洋经济发展示范区建设和发展创造良好的政策环境。并要求发展改革委加强对《规划》实施情况的跟踪分析，做好指导与督促检查工作。

3月1日

［纲　文］　**国务院在北京召开贯彻实施《全民健身计划（2011—2015年）》电视电话会议。**

［目　文］　会议由国务院副秘书长项兆伦主持。会议的任务是：贯彻实施国务院印发的《全民健身计划（2011—2015年）》，对当前和今后一个时期的全民健身工作进行动员部署。中共中央政治局委员、国务委员刘延东出席会议并讲话。国家体育总局局长刘鹏就《全民健身计划》做了介绍。中央文明办、发展改革委、教育部和全国总工会，上海市、山东省、重庆市人民政府的相关负责人在会上作了发言。

刘延东在讲话中主要有四部分内容：一、总结成绩，坚定信心，坚持走中国特色全民健身事业发展道路；二、认清形势，牢记使命，不断增强做好全民健身工作的责任感；三、抓住关键，突出重点，切实推进全民健身事业健康发展；四、加强领导，精心组织，确保《全民健身计划》落到实处。

3月1日

［纲　文］　**政协十一届全国委员会常务委员会举办第九次学习讲座。**

［目　文］　全国政协主席贾庆林主持并讲话。全国政协副主席王刚、白立忱、阿不来提·阿不都热西提、李兆焯、张梅颖、钱运录、李金华、厉无畏、罗富和、王志珍出席。发展改革委员会宏观经济研究院研究员王一鸣在会上作了《在新的历史起点上推动我国经济社会又好又快发展》的报告。他在报告中分析了国际金融危机后国内外环境的新变化新特征，阐释了“十二五”时期我国经济社会发展的指导思想、目标任务、重大部署，并就编制和实施中长期规划的有关问题阐述了意见。

贾庆林指出，我们要充分发挥人民政协的优势，围绕“十二五”规划纲要的制定和实施，就加快转变经济发展方式、推进经济结构战略性调整、推动科技进步和创新、建设资源节约型和环境友好型社会等具有综合性、全局性、前瞻性的重大课题，积极开展视察、调研和专题协商，综合运用调研报告、大会发言、政协信息等各种方式，为党和政府决策提供重要参考意见。要认真研究加强和创新社会管理面临的新情况新问题，主动开展群众工作，积极协助党和政府协调关系、化解矛盾，努力维护社会秩序、促进社会和谐、保障人民安居乐业，为“十二五”时期发展营造良好社会环境。

3月1日

［纲　文］　**中央党校举行春季学期开学典礼。**

［目　文］　中共中央政治局常委、中央党校校长习近平出席并讲话。中央组织部部长李源潮、中央纪律检查委员会副书记何勇等出席。中央党校常务副校长李景田主持开学典礼。中央有关部门负责人、中央党校负责人以及2011年春季学期全体学员、分校学员

代表和党校教职员工，共1800多人参加开学典礼。

习近平指出，全心全意为人民服务是我们党的根本宗旨。各级领导干部要把以人为本、执政为民贯穿到抓落实之中，切实做到权为民所用、情为民所系、利为民所谋。抓落实的过程必然会遇到许多矛盾和问题。领导干部应该具有的根本态度是，不要怕遇到矛盾和问题，而要敢于正视矛盾和问题；不要绕开矛盾和问题走，而要同群众一道千方百计地去求得矛盾和问题的及时正确解决。抓落实必须发扬求真务实、真抓实干的优良作风，防止和克服形式主义。基层是一切工作的落脚点。抓落实的重心要放在基层一线，解决落实不到位问题的思路和办法要到基层和群众中去寻找。

3月1日

［纲　文］　**李克强在北京主持召开国务院南水北调工程建设委员会第五次会议。**

［目　文］　国务院副总理、国务院南水北调工程建设委员会副主任回良玉出席会议并讲话。国务院南水北调工程建委会办公室负责人汇报了工程建设情况，河南、湖北、山东省政府负责人汇报了中线工程丹江口水库移民搬迁安置工作和东线工程沿线治污的相关情况，有关省（市）和部门负责人发言。国务院南水北调工程建委会各成员单位和有关部门负责人、工程沿线省（市）政府负责人出席了会议。会议指出，做好征地移民工作是南水北调工程的重要基础。移民群众为国家建设做出了奉献，要认真总结征地移民经验做法，进一步落实移民安置各项政策，扎实开展深入细致的群众工作，切实做到和谐征迁、和谐移民，积极采取后期帮扶措施，确保移民群众搬得出、稳得住、能发展、可致富。

中共中央政治局常委、国务院副总理、国务院南水北调工程建设委员会主任李克强指出，我国北方地区水资源严重短缺，南水北调是优化配置水资源的战略举措。但无论是调来的水还是当地的水都十分宝贵，必须合理开发、节约使用。要把节水工作贯穿于工农业生产和社会生活的全过程，建立健全节约用水机制，出台有效的政策措施，全方位提高用水效率。要把加强水资源管理与加大南水北调工程建设力度更好地结合起来，促进沿线地区经济社会全面协调可持续发展。

南水北调工程于2002年底开工，目前部分工程已经建成并持续发挥效益，中线京石段工程已累计向北京市应急调水7.75亿立方米，有效缓解了北京水资源短缺状况。东线部分工程在防汛排涝和抗旱中发挥了积极作用。

3月1日

［纲　文］　**中国宋庆龄基金会五届七次常务理事会在北京召开。**

［目　文］　会议审议并原则通过了《五届七次常务理事会上的工作报告》《2010年度基金管理工作报告》《关于召开中国宋庆龄基金会第六届理事会的决定》。

3月1日

［纲　文］　**中国科学院工程热物理研究所举办建所55周年庆典大会。**

3月1日

［纲　文］　**中国运载火箭技术研究院博士协会成立并召开2011年年会。**

［目　文］ 中国运载火箭技术研究院领导、院士和全院466名博士与会，以“梦想从这里起航”为主题。研究院还宣布了博士协会近期、中期和长期发展规划，明确了2011年度工作计划。2010年度研究院“十佳博士”受到表彰，4名院士为“十佳博士”颁发荣誉证书。

3月1日

［纲　文］ **21世纪教育研究院、社会科学文献出版社在北京发布《教育蓝皮书：中国教育发展报告（2011）》。**

［目　文］ 蓝皮书的两个主题分别是《国家中长期教育改革和发展规划纲要（2010—2020年）》的制定及落实、教育人口与教育格局变化。

蓝皮书称，围绕教育规划纲要的制定和贯彻落实，我国教育改革正在进入一个活跃期，地方的教育改革和制度创新的案例日渐增多。当前，我国学龄人口呈现不断减少的趋势，基础教育、高等教育的供求关系日益宽松，是中国教育转型和科学发展的历史性机遇。

3月1日

［纲　文］ **新中国军事外交历史陈列馆揭幕仪式在北京举行。**

［目　文］ 中央军委委员、国务委员兼国防部部长梁光烈出席揭幕仪式，并代表中央军委看望战斗在军事外交工作岗位上的官兵和离退休老同志。

新中国军事外交历史陈列馆主要以图片和实物形式，回顾新中国军事外交的历史发展过程，反映军队外事工作的辉煌成就，展现一代代军队外事工作者开拓创新、努力拼搏的精神风貌。

3月1日

［纲　文］ **中国国际商会、中国贸促会在北京主办“中国工商界纪念加入世界贸易组织十周年会议”。**

［目　文］ 中国国际商会会长万季飞致开幕词。全国人大常委会副委员长华建敏、中国入世首席谈判代表龙永图、中国国际商会副会长张伟、中国世界贸易组织研究会副会长俞晓松、中国世贸组织研究会常务理事周世俭等出席并发表演讲。

华建敏指出，加入世贸组织的10年是中国与世界分享繁荣、实现共赢的10年。加入世贸组织是改革开放的延续和深化，既为中国经济的长期快速发展奠定了基础，也为世界经济的持续繁荣提供了动力。

3月1日

［纲　文］ **中国国家博物馆改扩建工程竣工暨《复兴之路》基本陈列复展仪式在中国国家博物馆举行。**

［目　文］ 中共中央政治局常委李长春出席仪式。中共中央政治局委员、中宣部部长刘云山出席并讲话。中共中央政治局委员、国务委员刘延东主持仪式。全国人大常委会副委员长、民革中央主席周铁农，全国政协副主席、中国社科院院长陈奎元出席仪式。首

都各界群众、高校师生、解放军和武警部队官兵、国家博物馆干部职工和改扩建工程施工单位代表2000多人参加。

2007年3月，中国国家博物馆改扩建工程开始正式动工。改扩建后的国家博物馆是世界上建筑面积最大的博物馆，由过去6.5万平方米增加到19.19万平方米，展厅49个，馆藏藏品达106万件。《复兴之路》基本陈列，是目前唯一一个全面展示中华民族近代以来复兴之路宏大主题的陈列展览，共分为中国沦为半殖民地半封建社会、探求救亡图存的道路、中国共产党肩负起民族独立人民解放历史重任、建设社会主义新中国和走中国特色社会主义道路五个部分，展出1280多件（套）珍贵文物和870多张历史照片。

3月1日

［纲　文］　**中组部在北京召开全国组织系统深入推进“讲党性、重品行、作表率”活动视频会**。

［目　文］　中组部常务副部长沈跃跃主持会议。中组部部长李源潮出席并讲话。中央纪委干部室和广东、沈阳、山东滨州、江西奉新党委组织部门的负责人发言。省、市、县三级党委组织部负责人和乡镇党委组织委员，中央和国家机关、人民团体、在京部分重要骨干企业和中管高校组织人事部门的负责人参加视频会。

会议对2010年全国组织系统工作进行了总结，对2011年组织系统开展“讲党性、重品行、作表率”活动情况进行了安排部署。会议强调，2011年是省市县乡党委的换届之年，搞好换届工作是今年组织工作的重中之重。2011年的“讲党性、重品行、作表率”活动要突出换届工作这个主题，为换届工作提供组织保证。要公道正派选人用人，把坚持公道正派作为深入推进“讲党性、重品行、作表率”活动的核心要求，落实在换届工作的方方面面，落实在各个具体环节。要按照德才兼备、以德为先的标准来选人、用人，用民主公开竞争的办法用人，以五湖四海、唯贤是举的广阔胸怀来用人。各级组织部门要保证自身的清正廉洁，以“讲党性、重品行、作表率”的实际行动，高度负责，一抓到底，努力完成换届工作的各项任务，确保换届工作风清气正。

3月1日

［纲　文］　**新闻出版总署公布《新闻出版总署废止第五批规范性文件的决定》**。

［目　文］　《决定》说，为全面推进依法行政，加强新闻出版法治政府建设，新闻出版总署组织了第五批规范性文件集中清理工作，决定废止161件规范性文件。自2011年3月1日起生效。

3月1日

［纲　文］　**国家版权局公布《国家版权局决定废止的第四批规范性文件目录》**。

［目　文］　《目录》包括《关于降低期刊稿费及取消期刊、丛刊、丛书编辑费的通知》(〔65〕文出李字261号）等53件规范性文件。自2011年3月1日起生效。

3月1日

［纲　文］　**国务院副总理、中土合作委员会中方主席王岐山在北京会见土库曼斯坦**

总统特使、政府副总理、中土合作委员会土方主席霍贾穆罕默多夫。

［目　文］　王岐山说，中国视土库曼斯坦为真诚的朋友和可靠的合作伙伴。近年来，中土关系健康稳定发展，两国高层交往频繁，政治互信不断加深，经贸、能源、金融等领域合作成果丰硕。希望双方充分发挥中土合作委员会的指导和协调作用，全面扩大天然气合作，继续落实并拓展交通、通信、基础设施等领域重点合作项目，营造良好合作环境，更好地造福两国人民。

霍贾穆罕默多夫表示，土库曼斯坦高度重视巩固和发展同中国的友好合作关系。土方愿与中方一道，推进各领域务实合作全面发展，将土中关系提升到更高水平。

会见后，双方签署了中土政府间关于中国国家开发银行向土库曼斯坦天然气康采恩提供贷款的框架协议。

3月1日

［纲　文］　**国务委员兼国防部部长梁光烈在北京会见意大利陆军参谋长瓦洛托。**

［目　文］　梁光烈说，建交40余年来，中意关系不断向前发展。两军关系近年来不断发展。两军高层保持往来，各种交流与合作机制运行良好，专业领域务实合作开展顺利，人员培训合作稳步推进，促进了各自军队的建设和发展。中国军队重视同意大利军队发展长期稳定的友好合作关系，愿同意方一道，不断加强双方在军事领域的交流与合作。

瓦洛托说，意中友好关系的长足进步世界有目共睹。意方愿与中方携手努力，把两国两军关系不断提升到新水平。

3月1日

［纲　文］　**纪念孙起孟同志诞辰100周年座谈会在北京举行。**

［目　文］　全国人大常委会委员长吴邦国出席会议。全国人大常委会副委员长王兆国在座谈会上讲话。全国政协副主席、中央统战部部长杜青林主持座谈会。全国人大常委会副委员长、民建中央主席陈昌智，全国政协副主席、全国工商联主席黄孟复出席座谈会。全国政协副主席张榕明、中央统战部副部长尤兰田、民建中央常务副主席马培华、全国人大常委会副秘书长王万宾、中共安徽省委书记张宝顺等发言。孙起孟亲属、生前友好、生前工作单位和家乡代表及在京民主党派人士代表等出席座谈会。

王兆国说，孙起孟同志为祖国和人民奉献了毕生精力，以他不平凡的人生轨迹，见证了百年中国的沧桑巨变。他的光辉业绩和杰出贡献，深深铭记在我们心中。今天，我们纪念孙起孟同志，就是要学习他热爱祖国，对国家和人民无限忠诚、无私奉献的崇高品德；学习他衷心拥护和热爱中国共产党领导、坚持中国共产党领导的多党合作和政治协商制度、矢志不渝走中国特色社会主义道路的坚定信念；学习他勤奋学习、善于思考、学以致用的求实精神；学习他光明磊落、清正廉洁、宽厚待人的高尚风范。

孙起孟（1911年—2010年3月2日），安徽省休宁县人，中国著名的教育家和社会活动家；中国民主建国会和全国工商联的卓越领导人；第七届、八届全国人民代表大会常务委员会副委员长；中国民主建国会第七届、八届中央委员会名誉主席，中国共产党优秀党员。

3月1日

［纲　文］ **中国疫苗监管体系通过世界卫生组织（WHO）评估。**

［目　文］ 世界卫生组织（WHO）在北京宣布，中国疫苗监管体系通过了它的评估。这意味着，中国生产的疫苗质量可靠，其安全性和有效性得到了国际标准的保障；中国产疫苗有资格申请世卫组织的预认证，进入联合国疫苗采购计划，供应国际市场。

3月1日

［纲　文］ **国家公共文化服务体系建设专家委员会成立大会在北京举行。**

［目　文］ 专家委员会的职责主要是为公共文化服务体系建设提供政策建议、业务咨询和理论指导。专家委员会由专家学者、行政管理人员和基层文化工作者按照“三三制”的原则组成，来自北京大学、清华大学、中国社会科学院等学术科研机构和全国部分文化机构的39名专家组成的专家委员会代表着我国公共文化服务体系理论研究的核心力量和一流水平。

3月1日

［纲　文］ **国务院妇女儿童工作委员会副主任、全国妇联副主席宋秀岩在布鲁塞尔出席欧洲社会党纪念“三八”国际妇女节100周年研讨会并讲话。**

［目　文］ 宋秀岩说，中国愿与欧洲各国团结协作，共同为世界妇女运动在新的百年不断发展而奋斗。百年来，中国妇女始终把个人的前途命运同国家和民族的前途命运紧密联系在一起，走出一条具有鲜明中国特色和时代特征的妇女解放道路。新中国成立60多年，特别是改革开放30多年来，中国妇女投身国家建设、改革的伟大事业，在国家建设和民族发展中真正发挥了“半边天”的作用。中国政府一向高度重视妇女事业进步，通过制定并完善法律法规，保障妇女权益；建立国家机制，促进性别平等；制订国家行动计划，推动妇女全面发展。全国妇联作为中国最大的妇女组织，积极促进妇女就业、创业，切实保障妇女健康权益，促进基层妇女参政，促进知识女性发展，帮助特殊妇女群体解决特殊困难。

3月1—2日

［纲　文］ **广西民族音画《八桂大歌》在国家大剧院展演。**

［目　文］ 《八桂大歌》用40多首民歌串起“劳动篇”和“爱情篇”两部画卷，用音画的艺术形式演绎和礼赞八桂大地上苗、瑶、侗、壮、京各族人民充满人文气息的图画。

3月2日

［纲　文］ **国务院公布新修订的《危险化学品安全管理条例》。**

［目　文］ 《条例》共8章102条。主要有总则，生产、储存安全，使用安全，经营安全，运输安全，危险化学品登记与事故应急救援，法律责任，附则等内容。《条例》

自2011年12月1日起施行。

3月2日

［纲　文］　**卫生部公布《食品安全地方标准管理办法》，自2011年3月2日起施行。**

3月2日

［纲　文］　**回良玉在北京主持召开国务院扶贫开发领导小组全体会议。**

［目　文］　会议听取了国务院扶贫办的工作汇报，对2011—2020年中国农村扶贫开发纲要进行了审议。

国务院副总理、国务院扶贫开发领导小组组长回良玉强调指出，过去10年扶贫开发工作成就辉煌、影响深远，应予以充分肯定。在党中央、国务院的正确领导和全国人民的大力支持下，经过贫困地区广大干部群众的共同努力，如期实现了《中国农村扶贫开发纲要（2001—2010）》确定的目标和任务，农村贫困人口大幅度下降，贫困地区生产生活条件和基础设施状况明显改善，经济社会面貌发生深刻变化，进一步探索和拓宽了适合我国国情的扶贫开发道路。2011年是新10年扶贫工作起步之年，要以更大的决心、更强的力度、更实的举措，努力实现良好开局。

3月2日

［纲　文］　**2010年度惩治和预防腐败体系建设重点抽查工作部署会在北京召开。**

［目　文］　中共中央书记处书记、中央纪委副书记何勇出席会议并讲话。中央纪委副书记张惠新主持会议，中央纪委副书记李玉赋宣读《2010年度惩治和预防腐败体系建设重点抽查工作方案》，中央纪委常委、监察部副部长屈万祥宣读检查人员分组名单和有关情况说明。

何勇指出，在检查过程中，要紧紧抓住惩治和预防腐败体系建设中的重点难点问题、腐败现象易发多发的重点领域和关键环节以及群众反映强烈的问题，进行深入细致的了解，确保检查工作取得实效。各检查组和被抽查地区、部门和单位党委（党组）、纪委（纪检组）要树立政治意识、大局意识、责任意识，齐心协力做好重点抽查工作。检查组要深入调查研究，深入基层第一线、深入到干部群众中去了解情况。要注重成果运用，增强检查工作的针对性和实效性。

中央纪委共组织13个检查组，分别由中央纪委监察部领导同志和派驻纪检组主要负责同志、省（区、市）纪委书记和近期退出领导岗位的省纪委书记担任组长，对天津、黑龙江、江苏、广东、甘肃、四川6个省（区、市），中宣部、中央政法委、中央党校、全国总工会、全国人大常委会法工委、最高人民检察院、发展改革委、公安部、民政部、司法部、人力资源社会保障部、环境保护部、农业部、中国人民银行、国务院国资委、国家税务总局、国务院法制办、证监会、国家信访局19个中央部门，中国电信集团公司、中国化工集团公司、中国冶金科工集团有限公司、中国航天科技集团公司4家中央企业和中国投资有限责任公司、中国农业发展银行2家中央金融机构进行检查。

3月2日

［纲　文］　**国务院港澳事务办公室发言人就香港特别行政区行政长官遭示威者撞伤发表谈话。**

［目　文］　发言人表示，我们注意到，3月1日下午，香港特别行政区行政长官在香港历史博物馆出席辛亥革命百年展览时，被香港“社民连”所组织的示威者冲撞受伤。我们对此表示严重关注。香港特别行政区行政长官是依照香港基本法和有关法律在当地选举产生并由中央人民政府任命的，应当受到尊重，其人身安全必须得到切实保护。我们认为，对此类暴力行为应当依法予以惩处。

3月2日

［纲　文］　**吴阶平逝世。**

［目　文］　著名的医学科学家、医学教育家、泌尿外科专家和社会活动家，九三学社的杰出领导人，第八届、九届全国人民代表大会常务委员会副委员长，九三学社第九届、十届中央委员会主席，十一届名誉主席，中国科协名誉主席，中国医学科学院名誉院长，中国科学院、中国工程院资深院士，中国共产党的优秀党员吴阶平，在北京逝世，享年94岁。

9日，吴阶平遗体在北京八宝山革命公墓火化。胡锦涛、吴邦国、温家宝、贾庆林、李长春、习近平、李克强、贺国强等送别。

3月2—4日

［纲　文］　**应外交部部长杨洁篪邀请，巴西外交部长帕特里奥塔对中国进行正式访问。**

［目　文］　访问期间，国务院总理温家宝、外交部部长杨洁篪在北京分别同帕特里奥塔举行了会见、会谈，就中巴关系及共同关心的国际和地区问题深入交换了意见。双方对近年来两国关系全面快速发展表示满意，将筹备好巴西总统罗塞夫近期访华各项准备工作。双方相信，此访将积极推进新时期中巴战略伙伴关系，有利于加强新兴大国合作。双方一致认为，中巴互为战略伙伴和真诚朋友，将继续保持高层密切交往，在相互理解、互利共赢的基础上扩大贸易、投资、科技、人文领域的交流与合作，携手维护新兴大国团结协作，推动两国关系取得更大发展。

3月3日

［纲　文］　**国务院任命白春礼为中国科学院院长；免去路甬祥的中国科学院院长职务。任命蔡赴朝为国家广播电影电视总局局长；免去王太华的国家广播电影电视总局局长职务。**

3月3日

［纲　文］　**财政部、人力资源社会保障部印发《新型农村社会养老保险基金财务管理暂行办法》。**

［目　文］《办法》共10章44条。主要有总则、基金预算、基金筹集、基金支付、基金结余、财政专户、资产与负债、基金决算、监督与检查、附则等内容。自2011年7月1日起施行。凡与本办法不一致的，以本办法规定为准。

3月3日

［纲　文］**税务总局印发《纳税服务经费管理暂行规定》。**

［目　文］《规定》共6章22条。主要有总则、预算管理、支出范围和标准、会计核算、财务管理与监督、附则等内容。自2011年3月3日起执行。

3月3日

［纲　文］**国家海洋局发布《2010年中国海洋经济统计公报》。**

［目　文］《公报》显示，2010年我国海洋生产总值38439亿元，海洋生产总值占到国内生产总值的9.7%。海洋生产总值和各主要海洋产业增加值均按现价计算，增长速度按可比价格计算。各项统计数据均未包括香港、澳门特别行政区和台湾地区。其中，海洋产业增加值22370亿元，海洋相关产业增加值16069亿元；海洋第一产业增加值2067亿元，第二产业增加值18114亿元，第三产业增加值18258亿元。海洋经济三次产业结构为5 ∶ 47 ∶ 48。据测算，2010年全国涉海就业人员3350万人，其中新增就业80万人。

3月3日

［纲　文］**国家科技重大专项《极大规模集成电路制造装备及成套工艺》“十一五”成果发布会暨采购签约仪式在北京举行。**

［目　文］全国政协副主席、科技部部长万钢，北京、上海市有关负责人出席并讲话。会上举行了采购合同与合作协议的签约仪式。目前在IC产业链上已有46家企业达成了合作共识，首期合同总额共计8.48亿元。其中23家企业作为代表现场签订了采购合同与合作协议。

“十一五”期间这个专项启动项目58项，各项任务按计划有序推进，累计申请专利4248件，取得标志性成果。在成套工艺方面，突破了一批核心技术，实现了65纳米成套工艺批量生产，使我国集成电路成套工艺技术实现跨越式发展，迈入国际主流水平。在装备整机及零部件方面，多台12英寸关键整机产品及关键零部件实现突破，改变了长期被国外公司垄断的被动局面。在封装测试方面，形成了较为完整的封测产业链，大幅提升了国内企业的竞争实力。在关键材料方面，一批适用于65纳米工艺的关键材料实现突破，进入12英寸生产线批量应用。

3月3日

［纲　文］**《人民日报》发表社论《汇聚推动科学发展的强大合力——热烈祝贺全国政协十一届四次会议开幕》。**

3月3—13日

［纲　文］**中国人民政治协商会议第十一届全国委员会第四次会议在北京召开。**

［目　文］胡锦涛、吴邦国、温家宝、李长春、习近平、李克强、贺国强等党和国

家领导人出席开、闭幕会。全国政协主席贾庆林，全国政协副主席王刚、廖晖、杜青林、帕巴拉·格列朗杰、白立忱、陈奎元、阿不来提·阿不都热西提、李兆焯、黄孟复、董建华、张梅颖、张榕明、钱运录、孙家正、李金华、郑万通、邓朴方、万钢、林文漪、厉无畏、罗富和、陈宗兴、王志珍、何厚铧出席会议。王刚、贾庆林主持开、闭幕会。会议期间，胡锦涛等看望出席会议的委员并参加分组讨论，与委员共商国是、共议大计。

会议通过了政协第十一届全国委员会第四次会议关于常务委员会工作报告的决议、政协第十一届全国委员会提案委员会关于政协十一届四次会议提案审查情况的报告、政协第十一届全国委员会第四次会议政治决议。会议听取并赞同温家宝总理所作的政府工作报告，赞同《国民经济和社会发展第十二个五年规划纲要（草案）》，赞同最高人民法院工作报告、最高人民检察院工作报告以及其他报告。

会议号召，人民政协的各级组织、各参加单位和广大政协委员，紧密团结在以胡锦涛同志为总书记的中共中央周围，高举中国特色社会主义伟大旗帜，以邓小平理论和“三个代表”重要思想为指导，深入贯彻落实科学发展观，以昂扬向上的进取精神、求真务实的工作态度，凝心聚力、共谋发展，为实现“十二五”时期目标任务、夺取全面建设小康社会新胜利而努力奋斗。

贾庆林在闭幕会上指出，广大委员以对国家和人民高度负责的精神，以尽心竭力履行职责的态度，以讲真话、建诤言的作风，紧紧围绕政府工作报告、《国民经济和社会发展第十二个五年规划纲要（草案）》等，着重就加快转变经济发展方式和调整经济结构、保障和改善民生、繁荣和发展社会主义文化等重大问题，提出了许多有价值、有分量的意见和建议，充分体现了人民政协这一政治组织和民主形式的独特优势，生动展现了广大政协委员心系国事、情牵民生的精神风貌。蓝图已经描绘，目标已经明确，关键是心无旁骛抓落实，同心协力开新局。让我们紧密团结在以胡锦涛同志为总书记的中共中央周围，以邓小平理论和“三个代表”重要思想为指导，深入贯彻落实科学发展观，全面学习贯彻胡锦涛总书记在两会期间的重要讲话、温家宝总理所作的政府工作报告、“十二五”规划纲要以及其他重要文件精神，认真落实刚刚通过的本次会议政治决议，团结一切可以团结的力量，凝聚一切可以凝聚的智慧，激发一切可以激发的活力，向着“十二五”规划和全面建设小康社会的宏伟目标，向着中华民族伟大复兴的光明前景奋勇前进。

13 日，贾庆林在人民大会堂会见了参加两会新闻报道工作的中央主要新闻单位负责人、采编人员，向所有参加两会报道的新闻工作者表示慰问和感谢。

3 月 4 日

［纲　文］　**国务院批复浙江省人民政府，同意浙江省义乌市国际贸易综合改革试点总体方案。**

［目　文］　批复指出，国家有关部门要按照职责分工，积极支持义乌市开展相关专项改革，先行试验一些重大的改革开放措施。特别是拟推出的与国际贸易相关的改革事

项，要优先放在义乌市先行试验。

3月5日

［纲　文］　**国务院公布《土地复垦条例》。**

［目　文］　《条例》共7章44条。主要有总则、生产建设活动损毁土地的复垦、历史遗留损毁土地和自然灾害损毁土地的复垦、土地复垦验收、土地复垦激励措施、法律责任、附则等内容。自2011年3月5日起施行。1988年11月8日国务院发布的《土地复垦规定》同时废止。

3月5日

［纲　文］　**《人民日报》发表社论《凝聚科学发展的共同意志——热烈祝贺第十一届全国人大四次会议开幕》。**

3月5日

［纲　文］　**《人民日报》发表评论员文章《在全党营造崇尚学习的深厚氛围》。**

3月5—14日

［纲　文］　**第十一届全国人民代表大会第四次会议在北京召开。**

［目　文］　胡锦涛、温家宝、贾庆林、李长春、习近平、李克强、贺国强等党和国家领导人出席开、闭幕会。全国人大常委会委员长吴邦国主持开、闭幕会。会议期间，胡锦涛等出席会议并参加有关代表团分组讨论，与人大代表们一起审议和讨论。

会议主要内容是：一、会议表决通过了关于政府工作报告的决议。决议指出，会议高度评价“十一五”时期我国经济社会发展取得的巨大成就，充分肯定国务院过去一年的工作，同意报告提出的“十二五”时期的主要目标任务和2011年的工作部署，决定批准这个报告。二、会议表决通过了关于国民经济和社会发展第十二个五年规划纲要的决议。决议指出，会议同意全国人大财政经济委员会的审查结果报告，决定批准这个规划纲要。会议要求，要认真实施“十二五”规划纲要，高举中国特色社会主义伟大旗帜，以邓小平理论和“三个代表”重要思想为指导，深入贯彻落实科学发展观，适应国内外形势新变化，顺应各族人民过上更好生活新期待，以科学发展为主题，以加快转变经济发展方式为主线，深化改革开放，保障和改善民生，巩固和扩大应对国际金融危机冲击成果，促进经济长期平稳较快发展和社会和谐稳定，为全面建成小康社会打下具有决定性意义的基础。三、会议表决通过了关于2010年国民经济和社会发展计划执行情况与2011年国民经济和社会发展计划的决议，决定批准关于2010年国民经济和社会发展计划执行情况与2011年国民经济和社会发展计划草案的报告，批准2011年国民经济和社会发展计划；表决通过了关于2010年中央和地方预算执行情况与2011年中央和地方预算的决议，决定批准关于2010年中央和地方预算执行情况与2011年中央和地方预算草案的报告，批准2011年中央预算。四、会议经表决，通过了关于全国人大常委会工作报告的决议。决议指出，会议高度评价全国人大常委会过去一年的工作，同意报告提出的2011年的主要任务，决定批准这个报告。五、会议表决通过了关于最高人民法院工作报告的决议、关于最高人民检察院工作报告的决议，决定批准这两个报告。六、会议表决通过了关于确认全国人大常委会接受倪岳峰辞去全国人大常委会委员职务的请求的决定。倪岳峰因另有任用，依照法律规定，向全国人大常委会提出了辞职请求。

吴邦国在闭幕会上说，会议高度评价了“十一五”时期我国经济社会发展取得的巨大成就，审查批准了《国民经济和社会发展第十二个五年规划纲要》。我们奏响的时代凯歌强劲而嘹亮，我们绘就的发展蓝图绚丽而辉煌。让我们紧密团结在以胡锦涛同志为总书记的党中央周围，高举中国特色社会主义伟大旗帜，以邓小平理论和“三个代表”重要思想为指导，深入贯彻落实科学发展观，同心同德，开拓进取，扎实工作，以优异的成绩迎接中国共产党成立90周年，为实现“十二五”时期良好开局，为夺取全面建设小康社会新胜利、开创中国特色社会主义事业新局面而努力奋斗。

13日，吴邦国在人民大会堂看望了参加两会新闻报道的中央主要新闻媒体负责人和工作人员。他代表全国人大常委会，向所有参加两会报道的新闻工作者表示感谢。

14日，十一届全国人大四次会议在人民大会堂举行记者会，国务院总理温家宝应大会发言人李肇星的邀请会见中外记者，并回答记者提问。

3月6日

［纲　文］ **求是杂志社主管主办的理论文摘杂志《红旗文摘》创刊。**

［目　文］ 《红旗文摘》摘编国内报刊和学术理论期刊文章，反映党的理论创新成果和哲学社会科学研究成果，服务于党的理论宣传事业。杂志设有“要文要论”“政治发展”“经济改革”“文化创新”“社会建设”“生态文明”“党建经纬”等栏目，并以专题讨论和延伸阅读的方式聚焦、深化选编内容。《红旗文摘》目前为双月刊，大16开，内文192页，约35万字。

3月6日

［纲　文］ **大型历史画册《中国妇女运动百年》出版座谈会在北京召开。**

［目　文］ 全国人大常委会副委员长、全国妇联主席陈至立出席会议并讲话。中国关心下一代工作委员会主任顾秀莲出席会议。该画册是我国出版史上第一部总结、反映我国广大妇女在党的领导下觉醒、奋争，积极投身革命运动，为我国各时期经济社会发展贡献力量的大型历史画册。共分为启蒙与觉醒、抗争与解放、新生与自强、开拓与奋进四个章节，收录700多张珍贵的历史图片。

3月6日

［纲　文］ **广东省人民政府和澳门特别行政区政府在北京签署《粤澳合作框架协议》。**

［目　文］ 中共中央政治局常委、国家副主席习近平出席签署仪式，并会见澳门特别行政区行政长官崔世安和广东省省长黄华华等出席签署仪式的粤澳双方代表。黄华华、

崔世安分别代表广东省人民政府和澳门特别行政区政府签署协议。

《粤澳合作框架协议》共 8 章 38 条 1 万多字，涵盖了粤澳经济、社会、民生、文化等领域，明确了新形势下粤澳合作的定位、原则、目标，确立了合作开发横琴、产业协同发展、基础设施与便利通关、社会公共服务、区域合作规划等合作重点，提出了共建粤澳合作产业园区等一系列具体、务实、可操作的合作举措，并明确了完善合作机制等保障机制安排。

3 月 7 日

［纲　文］　**国务院公布《公路安全保护条例》。**

［目　文］　《条例》共 6 章 77 条。主要有总则、公路线路、公路通行、公路养护、法律责任、附则等内容。自 2011 年 7 月 1 日起施行。1987 年 10 月 13 日国务院发布的《中华人民共和国公路管理条例》同时废止。

3 月 7 日

［纲　文］　**发展改革委、商务部、人民银行、税务总局、工商总局发布《关于开展国家电子商务示范城市创建工作的指导意见》。**

［目　文］　《意见》由四个部分组成：一、深刻认识创建电子商务示范城市的重要意义。二、指导思想和基本原则。三、总体目标和主要任务。四、组织实施。《意见》指出，电子商务示范城市创建工作将根据实际发展需要分批组织实施，具体工作安排将另行通知。

3 月 7 日

［纲　文］　**吴邦国在清华大学考察。**

［目　文］　全国人大常委会委员长吴邦国考察学校教学科研，了解师生学习生活，祝贺这所享有盛誉的著名高等学府迎来百年华诞。

吴邦国指出，要在“十二五”时期推动转变经济发展方式取得实质性进展，根本靠科技进步，关键是提高自主创新能力。改革开放以来，我国经济社会发展取得了巨大成就，但也要看到，许多关键核心技术仍受制于人。加快转变经济发展方式的现实需求为实现技术创新带来了难得的机遇，开辟了广阔的空间。高等院校，特别是像清华这样的著名学府，在自主创新方面既有优势也有传统。要从加快建设创新型国家的需要出发，加快科学研究与高等教育有机结合的知识体系建设，加强基础性、前沿性技术和共性技术研究，鼓励创新、宽容失败，着力攻克重大科学难题，不断突破核心关键技术，多出成果出好成果，努力抢占未来科技制高点，为加快转变经济发展方式、发展现代产业体系提供强大的科技支撑。清华是享誉国内外的知名学府，有着光荣传统和良好学风，在各个历史时期培养了一批又一批各条战线的优秀人才，取得了一个又一个重大科技成果，为国家发展和中华民族振兴作出了重要贡献。

3月7日

［纲　文］　**国务院副总理王岐山在北京会见芝加哥商业交易所集团终身荣誉主席利奥·梅拉梅德。**

3月7日

［纲　文］　**创先争优巾帼建功全国三八红旗手（集体）表彰大会在北京举行。**

［目　文］　会前，中共中央政治局委员、全国人大常委会副委员长王兆国，中共中央政治局委员、国务委员刘延东会见出席大会的先进个人和集体代表。

全国人大常委会副委员长、全国妇联主席陈至立出席并讲话。乌云其木格、严隽琪、张梅颖、王志珍和何鲁丽、顾秀莲等参加会见并出席大会。大会表彰了全国三八红旗手标兵、全国三八红旗手（集体）及全国城乡妇女巾帼建功先进集体和个人。与会的全国三八红旗手向广大妇女发出倡议书，号召全国妇女姐妹积极行动起来，坚定信念、志存高远，立足本职、奋勇争先，刻苦学习、增强能力，积极实践、弘扬文明，为实现“十二五”规划宏伟目标尽展“半边天”的时代风采。

3月7日

［纲　文］　**国家野生动物保护协会在北京授予吉林省镇赉县“中国白鹤之乡”荣誉称号。**

［目　文］　白鹤是国家一级保护动物，全球目前只有3200只左右。白鹤主要生活在俄罗斯西伯利亚的东北部地区，每年冬天向南飞越5000多公里到中国长江中下游越冬，4月份白鹤开始向北迁徙回归，在迁徙过程中，吉林镇赉成了白鹤的重要歇脚地。

3月7日

［纲　文］　**外交部部长杨洁篪与阿盟秘书长穆萨通电话，双方就中阿关系、当前中东形势等共同关心的问题交换了意见。**

3月7日—4月15日

［纲　文］　**“复感·动观——2011海峡两岸当代艺术展”在中国美术馆举办。**

［目　文］　艺术展由中华文化联谊会、中国美术馆、台湾美术基金会、台湾美术馆共同主办。展览主题由“复感”和“动观”两个关键词构成，旨在探讨艺术本体中语言与观念之间关系的学术命题。两岸24位当代艺术家带来65组件力作。

3月7—10日

［纲　文］　**2011亚洲滑雪登山大会在吉林北大湖举行。**

［目　文］　登山大会由亚洲滑雪登山联盟和中国登山协会主办。来自中国、韩国的近50名运动员参加，共设置了垂直竞速、个人越野和团体赛雪地救援等项目。本次大会，亚洲滑雪登山联盟延续了2010年亚洲杯滑雪登山比赛暨亚洲滑雪登山训练营赛训结合的模式，并计划将这种形式作为推动亚洲滑雪登山运动发展的途径之一，在未来每年持续举办下去。

3月8日

［纲　文］　**国务院批复发展改革委，批准《海峡西岸经济区发展规划》。**

［目　文］　《规划》共12章。主要有发展基础、总体要求和发展目标、空间布局、构筑两岸交流合作的前沿平台、加快建设现代化基础设施、构建现代产业体系、统筹城乡和区域协调发展、加强区域合作、加快社会事业发展、加强生态文明建设、提升改革开放水平、规划实施的保障措施等内容。

《规划》指出，海峡西岸经济区东与台湾地区一水相隔，北承长江三角洲，南接珠江三角洲，是我国沿海经济带的重要组成部分，在全国区域经济发展布局中处于重要位置，具有对台交往的独特优势。福建省在海峡西岸经济区中居主体地位，在对台交流合作中发挥着重要作用。本规划范围包括福建省全境以及浙江省温州市、衢州市、丽水市，广东省汕头市、梅州市、潮州市、揭阳市，江西省上饶市、鹰潭市、抚州市、赣州市，陆域面积约27万平方公里。规划期从2011年至2020年。

3月8日

［纲　文］　**教育部发布《关于做好2011年普通高等学校招生工作的通知》。**

［目　文］　《通知》由五个部分组成：一、保证高考安全顺利举行。二、积极稳妥推进高考改革。三、深入实施高校招生“阳光工程”。四、营造良好的高考社会环境。五、严肃查处招生考试违规行为。

《通知》指出，严格执行高校招生责任制及责任追究办法，严肃查处各种徇私舞弊、弄虚作假案件。严禁将录取行为与收费挂钩，严禁将提前交纳学费等任何费用作为是否录取考生或考生确认录取的依据。对未经教育部核准计划擅自招收的学生或未经省级招办办理录取手续的学生，一律不予新生学籍电子注册。对存在严重违规行为的高校或中学，不仅要取消其相关招生或推荐资格，还要追究当事人和有关负责人的责任，并将违规事实及处理结果予以通报，或通过媒体向社会公布。

3月8日

［纲　文］　**全国妇联在北京举办纪念“三八”国际劳动妇女节中外妇女招待会。**

［目　文］　全国人大常委会副委员长、全国妇联主席陈至立在招待会上向各国姐妹致以节日的祝贺。全国妇联副主席、书记处第一书记宋秀岩主持招待会。王兆国、严隽琪、戴秉国、张榕明和何鲁丽、顾秀莲，在京女中央委员、候补委员，各有关部委女领导、专家以及中国各族各界妇女代表和在华访问的斯里兰卡总统夫人、各国驻华女外交官、使节夫人、武官夫人，联合国系统驻华机构代表等关心、支持中国妇女儿童事业发展的各界朋友近1800人出席招待会。

3月8日

［纲　文］　**首届世界木门大会在北京举行。**

［目　文］　大会由中国林产工业协会、中国产业报协会、中国建筑装饰协会等单位

主办。大会主题为“绿色创想未来携手共赢世界”。大会发布了《2011世界木门大会北京宣言》和《中国林业产业创新奖实施办法》，并对中国木门十年功勋企业、品牌、人物进行了表彰。

3月8日

［纲　文］ **外交部部长杨洁篪同法国外长朱佩通电话。**

［目　文］ 双方就中法关系交换了看法，一致表示进一步落实两国领导人达成的共识，不断推进双边各领域务实合作，加强在重大国际问题上的沟通协调，推动中法关系取得新的更大发展。杨洁篪还与朱佩就中东形势交换了看法。

3月8—14日

［纲　文］ **“十一五”国家重大科技成就展在北京国家会议中心举办。**

［目　文］ 成就展由科技部、中组部、发展改革委、财政部、总装备部牵头，会同教育部、中国科学院、中国工程院、国家自然科学基金委员会、中国科协、国家国防科技工业局等共同主办。展览介绍了“十一五”期间我国科技战线取得的重大科技成就。参展项目约600项，集中展出了一批对国民经济和社会发展有重大影响、具有重大创新与突破且掌握关键核心技术、具有自主知识产权的标志性项目，“神舟七号”返回舱、“天河一号”超级计算机、12英寸刻蚀机等项目是首次与公众见面。

3月9日

［纲　文］ **第六届“中国青年创业奖”评选结果在北京揭晓。**

［目　文］ 本届由共青团中央、人力资源社会保障部联合举办。马春彪等10名青年荣获“中国青年创业奖”，王万均等20名青年荣获“中国青年创业奖”提名奖。

本届30名获奖者平均年龄35.4岁，创业领域广泛，创业前的身份有大中专毕业生、进城务工青年、城市失业青年、农村青年、机关企事业单位职工、复转退伍军人等不同类型。本次评选注重创业过程，获奖者大部分是白手起家，经历了从无到有、从小到大的创业历程。

“中国青年创业奖”评选活动自2004年开展以来，已经连续举办了六届，共评选出“中国青年创业奖”62名，“中国青年创业奖”提名奖117名。

22日，全国人大常委会副委员长王兆国在北京会见第六届“中国青年创业奖”获得者时指出，青年一代蕴藏着巨大的创业潜力，要奋发进取、自主创业，为实现“十二五”规划目标任务多作贡献。广大青年要以“中国青年创业奖”获得者为榜样，自觉树立报效祖国、振兴中华的宏伟志向，弘扬自主创业、艰苦奋斗的时代精神，坚持服务人民、奉献社会的优良品质，为推动科学发展、实现全面建设小康社会的宏伟目标，创造无愧于青春、无愧于时代的光辉业绩。

3月9日

［纲　文］ **《人民日报》报道，全国首个慈善产业园“黄河善谷”在宁夏红寺堡开建。**

［目　文］　项目规划面积30平方公里，总投资73亿元。宁夏欲将产业园建成西部地区重要的出口贸易加工区和对外贸易窗口，以及中国慈善产业合作示范区。

3月10日

［纲　文］　**国务院办公厅印发《关于调整打击侵犯知识产权和制售假冒伪劣商品专项行动结束时间的通知》。**

［目　文］　《通知》说，2010年10月国务院部署开展为期半年的打击侵犯知识产权和制售假冒伪劣商品专项行动以来，各地区、各有关部门认真贯彻落实国务院的决策部署，高度重视，加强领导，积极行动，各项工作正在有序展开。为确保专项行动取得预期成效，根据各地工作进展情况和实际需要，经国务院批准，决定将专项行动结束时间由2011年3月底调整为2011年6月底，《国务院办公厅关于印发打击侵犯知识产权和制售假冒伪劣商品专项行动方案的通知》（国办发〔2010〕50号）中确定的专项行动各阶段工作的时间安排相应顺延。请各省、自治区、直辖市人民政府将开展专项行动的情况报告于2011年7月15日前报送国务院，同时抄送全国专项行动领导小组办公室（设在商务部）。

3月10日

［纲　文］　**卫生部发布《公共场所卫生管理条例实施细则》。**

［目　文］　《细则》共5章43条。主要有总则、卫生管理、卫生监督、法律责任、附则等内容。自2011年5月1日起实施。卫生部1991年3月11日发布的《公共场所卫生管理条例实施细则》同时废止。

3月10日

［纲　文］　**12时58分，云南省德宏州盈江县发生里氏5.8级地震。**

［目　文］　地震造成28.25万人受灾，紧急转移安置12.71万人，因灾死亡25人、受伤300余人，房屋倒塌1.8万余间，严重损坏4.9万余间。

中共中央总书记胡锦涛、国务院总理温家宝作出批示，要求把抢救生命放在第一位，迅速开展抗灾救灾工作。习近平、李克强等也分别作出指示，对抗震救灾工作提出明确要求。

中共中央政治局委员、国家减灾委主任回良玉作出部署，要求有关部门迅速贯彻落实中央领导同志指示精神，组成国务院工作组，由民政部副部长姜力带队，发展改革委、教育部、财政部、交通运输部、卫生部、地震局等部门参加，立即赶赴灾区指导抗震救灾，看望慰问受灾群众，并紧急安排应急资金支持灾区抗灾救灾。国家减灾委、地震局迅速启动应急响应；中央财政已安排5500万元救灾应急资金；民政部从中央救灾物资储备库紧急调拨5000顶帐篷、1万床棉被、1万件棉大衣、62吨彩条布运往灾区。四川省、红十字总会等有关方面立即组织力量支援灾区。

19日，国务院总理温家宝在云南省德宏傣族景颇族自治州盈江县地震灾区，指导抗震救灾和灾后重建工作，看望慰问受灾的各族群众。

3月10日

［纲　文］　**外交部发言人表示，中方欢迎美方提名骆家辉担任新任驻华大使。**

［目　文］　发言人说：我们欢迎美方提名骆家辉先生担任新任驻华大使。中美关系极为重要，希望美国新任驻华大使为推动中美关系取得更大发展发挥积极作用。

3月11日

［纲　文］　**2011年回国服务工作部际联席会议在北京召开。**

［目　文］　会议由联席会议副组长、人力资源社会保障部副部长王晓初主持。人力资源社会保障部部长、联席会议组长尹蔚民出席并讲话。联席会议各成员单位和列席单位成员及联络员参加会议。会议总结交流了2010年留学回国工作情况，讨论审议了《2011年留学人员回国服务工作部际联席会议工作要点》，研究部署了2011年留学回国工作。

3月11日

［纲　文］　**商务部条约法律司负责人就我诉美反倾销反补贴措施世贸争端案胜诉发表谈话。**

［目　文］　世贸组织上诉机构发布我诉美反倾销反补贴措施世贸争端案裁决报告，认定美方对华采取的“双反”措施违反世贸规则。

商务部条约法律司负责人就此表示，该裁决是中方在世贸争端中取得的重大胜利，中方对此表示欢迎。该案涉及美国商务部对来自中国的标准钢管、矩形钢管、非公路用轮胎、复合编织袋四种产品采取的双反措施。美国商务部在该四起双反案件中，认定中国商业化运作的国有企业构成了所谓的“公共机构”，并认为中国国有企业提供原材料构成政府“财政资助”。世贸组织上诉机构经过审理，认定美国商务部在这个问题上适用了错误的法律标准，缺乏相应的事实依据，违反了世贸规则。

25日，世贸组织争端解决机构在日内瓦召开例会，通过了中国诉美国反倾销和反补贴（简称“双反”）措施世贸争端案上诉机构报告。世贸组织争端解决机构支持了中国在公共机构和双重救济等核心诉点上的立场，推翻了专家组的有关结论，裁定美涉案的四起双反措施违反世贸规则。

同日，商务部条约法律司负责人就此表示，此案是中方运用世贸规则维护权益的胜利，也会极大增强世贸成员对多边规则的信心。希望美方尽快执行世贸组织的裁决，改变对中国出口产品采取的错误做法，确保公平贸易环境，维护中美经贸关系稳定健康发展。

3月11日

［纲　文］　**美国首次向中国移交收缴文物。**

［目　文］　美国国土安全部在华盛顿的史密森学会弗利尔美术馆举行仪式，向中国政府移交在2010年期间收缴的中国文物14件，其中绝大部分文物都有1500年至2000年的历史。

这是中美两国自2009年1月签署限制中国文物入境美国的谅解备忘录后，美国首次向中国移交收缴的文物，彰显了两国执法部门的合作成果。中国驻美使馆邓洪波公使代表中国政府接收了这批珍贵文物。

3月11—13日

［纲　文］　**2011年短道速滑世界锦标赛在英国谢菲尔德举行。**

［目　文］　来自32个国家的117名运动员参加本届短道速滑世锦赛。中国队以2金1银5铜位列第三，韩国队以7金1银1铜居榜首，美国队以2金2银4铜排名第二。

3月12日

［纲　文］　**国务院批复广东省人民政府，同意广东省中山市列为国家历史文化名城。**

［目　文］　批复说，一、同意将广东省中山市列为国家历史文化名城。中山市历史悠久，文化底蕴丰厚，历史遗存丰富，近代城市建设特色突出。二、你省及中山市人民政府要根据本批复精神，按照《历史文化名城名镇名村保护条例》的要求，正确处理城市建设与历史文化遗产保护的关系，保护好中山市的传统格局、历史风貌和历史建筑。要编制好历史文化名城保护规划并纳入城市总体规划，明确保护的原则和重点，划定历史文化街区、文物保护单位、历史建筑的保护范围及建设控制地带，制定严格的保护措施。要在历史文化名城保护规划的指导下，编制好重要保护地段的详细规划。在规划和建设中，要注重体现近代文化特色和地方传统风貌，加强对孙中山故居等文物保护单位以及近现代重要史迹、建筑的保护，不得进行任何与历史文化名城环境和风貌不相协调的建设活动。三、你省和住房城乡建设部、国家文物局要加强对中山市国家历史文化名城规划、保护工作的指导、监督和检查。

3月12日

［纲　文］　**国务院办公厅通知辽宁省、山东省、宁夏回族自治区人民政府和环境保护部，同意调整辽宁蛇岛老铁山等3处国家级自然保护区的请示。**

［目　文］　通知说，一、国务院同意调整辽宁蛇岛老铁山、山东滨州贝壳堤岛与湿地和宁夏贺兰山国家级自然保护区的范围。调整后保护区的面积、范围和功能分区等由环境保护部予以公布。二、有关地区要按照批准的调整方案组织勘界，落实自然保护区土地和海域权属，并在规定的时限内标明区界，予以公告。上述国家级自然保护区原则上5年内不得再次进行调整。三、有关地区和部门要严格执行《中华人民共和国自然保护区条例》等有关规定，认真贯彻《国务院办公厅关于做好自然保护区管理有关工作的通知》（国办发〔2010〕63号）要求，切实加强对自然保护区工作的领导和协调、监督，妥善处理好自然保护区管理与当地经济建设及居民生产生活的关系，确保各项管理措施得到落实，高标准建设国家级自然保护区。

3 月 12 日

［纲　文］　**首都各界人士在中山公园中山堂举行纪念孙中山先生逝世 86 周年纪念仪式。**

［目　文］　民革中央常务副主席厉无畏主持纪念仪式。全国政协副主席李兆焯代表全国政协，民革中央主席周铁农代表民革中央，中共中央统战部副部长尤兰田代表中共中央统战部，北京市副市长程红代表北京市人民政府，北京市政协副主席、民革北京市委会主委傅惠民代表民革北京市委员会，分别向孙中山先生像敬献花篮。参加仪式的各界人士在孙中山先生像前全体肃立静默并三鞠躬。

全国人大、全国政协、中共中央统战部、民革中央、北京市等有关负责人，部分在京参加十一届全国人大四次会议和政协十一届全国委员会四次会议的代表、委员，北京各界人士等 200 多人出席了仪式。

3 月 12—15 日

［纲　文］　**2012 年伦敦奥运会跆拳道选拔赛暨第十六届全国跆拳道锦标赛在厦门举行。**

［目　文］　来自全国 44 个代表队，840 名运动员、教练员参赛。运动员在本次比赛所取得的成绩作为入选跆拳道项目奥运会阵容的依据。

3 月 14 日

［纲　文］　**国家主席胡锦涛就日本东北地区发生特大地震灾害致电日本天皇明仁表示慰问。**

［目　文］　12 日，中国红十字会向日本红十字会提供 100 万元人民币的紧急援助，并向日本红十字会发出慰问电。

13 日，全国人大常委会委员长吴邦国就此致电日本众议院议长横路孝弘和参议院议长西冈武夫，代表中国全国人大常委会，向日本人民表示慰问，对遇难人员表示哀悼。

同日，外交部发言人就日本发生强烈地震后中方所做工作情况答记者问时说，中国政府派遣中国国际救援队一行 15 人已于 13 日中午乘包机抵达日本，参加救援行动。中国国内有关省市和民间团体也纷纷向日方表示慰问，并提供援助。日本强烈地震发生后，中国党和国家领导人十分关心中国在日公民安危，作出批示和工作部署。外交部立即启动应急机制，通过驻日使领馆、有关部门和各地方政府，千方百计了解灾区中国公民情况，并请日方积极救助受灾中国公民。中国驻日使领馆第一时间启动应急机制，派工作组冒着生命危险赶赴灾区，实地了解中国公民安全情况并全力提供协助。中国外交部和驻日使领馆已开通 24 小时热线救助电话，及时发布、更新有关情况。

3 月 14 日

［纲　文］　**国务院批复山西省人民政府，同意山西省太原市列为国家历史文化名城。**

［目　文］　批复说，一、同意将山西省太原市列为国家历史文化名城。太原市历史悠久，文化底蕴丰厚，历史遗存丰富，城市建设特色突出。二、你省及太原市人民政府要根据本批复精神，按照《历史文化名城名镇名村保护条例》的要求，正确处理城市建设与历史文化遗产保护的关系，保护好太原市的传统格局、历史风貌和历史建筑。要编制好历史文化名城保护规划并纳入城市总体规划，明确保护的原则和重点，划定历史文化街区、文物保护单位、历史建筑的保护范围及建设控制地带，制定严格的保护措施。要在历史文化名城保护规划的指导下，编制好重要保护地段的详细规划。在规划和建设中，要注重体现传统文化特色和地方传统风貌，不得进行任何与历史文化名城环境和风貌不相协调的建设活动。三、你省和住房城乡建设部、国家文物局要加强对太原市国家历史文化名城规划、保护工作的指导、监督和检查。

3月14日

［纲　文］　全国绿化委员会发布《2010年中国国土绿化状况公报》。

［目　文］　《公报》由八个部分组成：一、全民义务植树蓬勃开展。二、林业重点工程造林成效显著。三、城市绿化稳步推进。四、部门绿化扎实开展。五、草原建设效果明显。六、自然保护区和湿地建设取得新成绩。七、森林、草原保护得到加强。八、造林绿化政策机制不断完善。

《公报》指出，2010年国土绿化虽然成绩显著，但与建设生态文明和改善人居环境的要求相比还存在一定差距，面临着诸多问题和困难。我国现有宜林地4400多万公顷，自然条件大都比较差，造林绿化难度大。2011年是我国实施“十二五”规划的开局之年、开展全民义务植树运动30周年，做好全年国土绿化工作，意义重大。

3月14日

［纲　文］　《人民日报》发表社论《共同谱写科学发展壮丽篇章——热烈祝贺全国政协十一届四次会议胜利闭幕》。

3月15日

［纲　文］　国家主席胡锦涛在北京接受布隆迪、博茨瓦纳、斐济、汤加、巴布亚新几内亚和缅甸六国新任驻华大使递交的国书。

3月15日

［纲　文］　《人民日报》报道，国务院批准设立西安综合保税区。

［目　文］　这是我国西北内陆首个综合保税区。该项目建成后，将成为西安近年来打造的国际内陆港中最为重要的支撑平台之一，有助于西北地区进一步提高外向度。西安综合保税区位于西安国际港务区内，面积为6.17平方公里，规划包含120万平方米的标准厂房、仓库面积。通过与西安铁路集装箱中心站、西安公路港等物流基础设施连通，以其特殊优惠政策形成西部中国国际内陆交通的枢纽，实现“港口后移、就地办单、海铁联运、无缝对接”的国际内陆港模式和内陆地区“通江达海”的物流国际化目标。

西安综合保税区具有对外开放口岸、保税物流、保税出口加工、国际贸易、国际中转、国际配送，国内外采购、分销和配送等功能，是目前我国开放层次最高、享受优惠条件最多的保税区。

3月15日

［纲　文］　**国务院办公厅印发《2011年食品安全重点工作安排》。**

［目　文］　《安排》由五个部分组成：一、严厉打击食品安全违法违规行为。二、突出抓好重点品种综合治理。三、着力提升企业食品安全管理能力。四、进一步提高食品安全监管水平。五、切实加强食品安全宣传教育。

《安排》指出，地方政府要将食品安全工作列入重要议事日程，加强对本行政区域食品安全工作的统一领导、组织和协调。2011年底前，所有县级以上地方政府都要建立健全食品安全综合协调机制，并明确办事机构。进一步加强食品安全监管能力和综合协调能力建设，切实保障执法办案和监管基础能力建设经费投入，支持监管部门认真履行职责，严禁各种形式的保护主义。

3月15日

［纲　文］　**国务院在北京召开全国森林草原防火工作电视电话会议。**

［目　文］　会议主要内容是：总结“十一五”期间森林草原防火工作，安排部署“十二五”及2011年森林草原防火重点任务。中共中央政治局委员、国务院副总理回良玉出席并讲话。国家森林防火指挥部全体成员和中央有关部门负责人出席会议。各省、自治区、直辖市和计划单列市人民政府、新疆生产建设兵团负责人，有关市县和单位负责人在各地分会场出席会议。国家森林防火指挥部总指挥贾治邦作了工作汇报。吉林、内蒙古、江西、广西四省区政府负责人发了言。会议对吉林省取得30年连续无重大森林火灾给予通报表扬。

3月15日

［纲　文］　**人力资源社会保障部公布《专业技术人员资格考试违纪违规行为处理规定》。**

［目　文］　《规定》共5章21条。主要有总则、应试人员违纪违规行为处理、考试工作人员违纪违规行为处理、处理程序、附则等内容。自2011年5月1日起施行。人事部2004年10月20日颁布的《专业技术人员资格考试违纪违规行为处理规定》（人事部令第3号）同时废止。

3月15日

［纲　文］　**发展改革委、中国消费者协会发起“3·15，我们推进明码实价”活动。**

［目　文］　为了依法规范价格行为，维护公开公平公正的市场竞争秩序，切实保护消费者合法权益，推出《明码实价自律承诺》。

发展改革委和中国消费者协会按照实事求是、循序渐进的原则，先从已经具备条件的环节入手，在尽可能多的地区和行业，尽可能多的市场和领域，尽可能多的商品和服务项目，尽可能多的企业中推行明码实价，让广大消费者受益。

发展改革委和中消协在以下四个领域逐步推进明码实价：一是价格收费实行政府管制的行业和部门，包括电力、自来水等；二是内部管理比较规范、自我约束能力较强的行业和部门，包括大型连锁超市、家用电器维修服务、金银饰品、烟草、餐饮、理发、文艺演出等；三是大型商场的部分柜台或品牌专柜；四是中心城市、经济发达地区和市场监管工作搞得较好的地区。

3 月 15 日

［纲　文］　**中国人民银行发布《关于推进金融 IC 卡应用工作的意见》。**

［目　文］　《意见》由三个部分组成：一、充分认识推进金融 IC 卡应用的重要意义。二、认真完成推进金融 IC 卡应用的各项任务。三、积极采取相应措施，落实各项要求。

《意见》明确提出，在我国全面推进金融 IC 卡应用，有利于提高国家银行卡的整体风险防控能力，降低风险损失，维护金融稳定和社会稳定；有利于增强银行卡在公共服务领域的拓展能力，便民惠民；有利于促进城市信息化与金融信息化的结合，提升各类交易与管理的信息化和智能化；有利于带动银行卡产业升级。2015 年 1 月 1 日起，在经济发达地区和重点合作行业领域，商业银行发行的、以人民币为结算账户的银行卡应为金融 IC 卡。

3 月 15 日

［纲　文］　**全国社会保障基金理事会第四届理事大会第一次会议在北京召开。**

［目　文］　中央政治局委员、国务院副总理张德江出席并讲话。成思危、李贵鲜、陈锦华、袁宝华、刘仲藜、项怀诚、王梦奎等 17 位理事出席了会议。中央有关部门和做实个人账户试点省份的代表列席会议。会议审议并通过了全国社会保障基金理事会理事长戴相龙代表社保基金会所作的工作报告、全国社保基金 2011 年战略资产配置计划和 2011 年战术资产配置计划、2010 年全国社保基金财务会计报告。

张德江指出，全国社会保障基金理事会要深入贯彻落实科学发展观，全面贯彻落实两会的部署，完善体制机制，不断扩大基金规模，努力拓宽基金来源渠道，继续坚持安全至上、稳健经营的原则，切实完成好社保基金管理运营的各项任务，确保基金保值增值，努力开创社会保障基金发展事业新局面。面对新形势、新任务，全国社会保障基金理事会要按照中央确定的方针政策，开拓创新，扎实工作，甘于奉献，更好地履行中央赋予的各项职责，创造更加优异的业绩。

3 月 15 日

［纲　文］　**中共中央政治局委员、中华全国总工会主席王兆国在北京会见由主席雷丁率领的卢森堡总工会代表团。**

［目　文］　王兆国说，中卢两国工会自 1985 年建立友好关系以来，友好合作关系不断发展，取得了积极成果。中国目前已经拥有了一套比较全面的保障工人权益的法律体系，中国工会积极参与了各项法律的制定过程以及执法监督工作。中国工会愿意一如既往

地在国际政治、经济和工会运动中继续加强与卢森堡总工会的交流与合作，共同维护广大劳动者的权益，共同推动国际工会运动的和谐发展。

雷丁说，卢森堡总工会愿进一步加强与中国工会在国际多边组织内的交流与合作，推动中卢两国工会友好合作关系不断发展。

3月15日

［纲　文］ **中华女子学院理事会成立大会在北京举行。**

［目　文］ 全国人大常委会副委员长、全国妇联主席陈至立出席会议并为中华女子学院理事会顾问、理事颁发证书。全国妇联党组书记宋秀岩出席并讲话。会议审议通过了《中华女子学院理事会章程》。全国人大常委会委员、教育部原副部长吴启迪出席会议，并当选为中华女子学院理事会顾问，全国妇联书记处书记、中华女子学院党委书记范继英当选为中华女子学院理事会理事长。

中华女子学院的前身是新中国妇女职业学校，始建于1949年，由宋庆龄、何香凝、蔡畅、邓颖超、康克清等革命前辈亲手创建。中华女子学院是全国妇联所属的唯一一所女子普通高等学校。

3月15日

［纲　文］ **中国和平统一促进会在北京召开八届二次常务理事会。**

［目　文］ 全国政协副主席、中国和平统一促进会执行副会长杜青林出席会议并讲话。会议由中国和平统一促进会副会长桑国卫主持。中国和平统一促进会副会长韩启德、周铁农、蒋树声、陈昌智、严隽琪、黄孟复、万钢、林文漪、厉无畏等出席会议。会议审议通过了增补理事、常务理事和聘任执行副秘书长人选名单。

杜青林指出，一年来，中国和平统一促进会始终高举爱国主义旗帜，牢牢秉持反"独"促统宗旨，紧紧围绕中央对台工作大局，坚持长远谋划与阶段任务相结合、常规工作与亮点活动相协调、业务拓展与自身建设相促进，各方面工作在继承中创新、在探索中开拓、在发展中深化，取得了显著成绩。

3月15日

［纲　文］ **内蒙古自治区八苏木隧道贯通。**

［目　文］ 由中铁四局二公司承建的内蒙古自治区八苏木隧道贯通。该隧道全长8148米，是内蒙古自治区在建铁路最长隧道。

3月15日

［纲　文］ **《人民日报》发表社论《万众一心开创科学发展新局面——热烈祝贺十一届全国人大四次会议胜利闭幕》。**

3月16日

［纲　文］ **国务院批复河北省人民政府，同意唐山市城市总体规划。**

［目　文］ 批复说，一、原则同意修订后的《唐山市城市总体规划（2011—2020

年）》。二、唐山市是河北省中心城市之一，环渤海地区新型工业化基地和港口城市。要以科学发展观为指导，遵循城市发展客观规律，坚持经济、社会、人口、环境和资源相协调的可持续发展战略，统筹做好唐山市城市规划、建设和管理的各项工作。三、重视城乡统筹发展。在《总体规划》确定的6918平方公里城市规划区范围内，实行城乡统一规划管理。四、合理控制城市规模。到2020年，中心城区城市人口控制在220万人以内，城市建设用地控制在210平方公里以内。五、完善城市基础设施体系。要加快公路、铁路、港口和机场等交通基础设施建设，改善城市与周边地区交通运输条件。六、建设资源节约型和环境友好型城市。城市发展要走节约资源、保护环境的集约化道路，坚持经济建设、城乡建设与环境建设同步规划，大力发展循环经济，强化工业、交通和建筑节能，切实做好节能减排工作。七、创造良好的人居环境。要坚持以人为本，创建宜居环境。八、重视历史文化和风貌特色保护。要统筹协调发展与保护的关系，按照整体保护的原则，切实保护好城市传统风貌和格局。重点保护好唐山大地震遗址等文物保护单位及其周围环境。九、严格实施《总体规划》。《总体规划》是唐山市城市发展、建设和管理的基本依据，城市规划区内的一切建设活动都必须符合《总体规划》的要求。

3 月 16 日

［纲　文］ **温家宝主持召开国务院常务会议。**

［目　文］ 会议主要内容是：一、为贯彻落实十一届全国人大四次会议审议通过的《政府工作报告》，国务院决定把《报告》提出的重点工作逐项分解到国务院各部门、各单位，落实责任，确保实现国民经济和社会发展的预期目标。二、决定开展2011年全国粮食稳定增产行动，全年粮食产量在1万亿斤以上。三、会议决定对《出版管理条例》和《音像制品管理条例》作出修改。四、听取应对日本福岛核电站核泄漏有关情况的汇报。会议指出，3月11日，日本东北部和关东首都圈发生里氏9级强震，并引发海啸，日本福岛第一核电站发生放射性物质泄漏事故。我国辐射环境监测未发现异常，国内所有运行核电机组处于安全状态。会议决定：（一）立即组织对我国核设施进行全面安全检查。通过全面细致的安全评估，切实排查安全隐患，采取相关措施，确保绝对安全。（二）切实加强正在运行核设施的安全管理。核设施所在单位要健全制度，严格操作规程，加强运行管理。监管部门要加强监督检查，指导企业及时发现和消除隐患。（三）全面审查在建核电站。要用最先进的标准对所有在建核电站进行安全评估，存在隐患的要坚决整改，不符合安全标准的要立即停止建设。（四）严格审批新上核电项目。抓紧编制核安全规划，调整完善核电发展中长期规划，核安全规划批准前，暂停审批核电项目包括开展前期工作的项目。

3 月 16 日

［纲　文］ **新华社讯，中共中央办公厅、国务院办公厅、中央军委办公厅印发《民兵政治工作规定》《中国人民解放军预备役部队政治工作规定》。**

［目　文］ 《民兵政治工作规定》共8章40条，主要包括总则、职责、思想政治教

育、组织整顿中政治工作、军事训练与平时执行任务中政治工作、参战支前中政治工作、争创民兵工作先进单位和争当民兵工作先进个人等内容。

《中国人民解放军预备役部队政治工作规定》共10章49条，主要包括总则，组织领导与职责，第一政治委员、政治委员和政治教导员、政治指导员，党组织建设，思想政治教育，预备役军官队伍建设，组织整顿、军事训练和平时执行任务中政治工作，战时政治工作，争创先进预备役营、先进预备役连队和争当优秀预备役军官、优秀预备役士兵等内容。

3月16日

［纲　文］　**发展改革委发布《关于印发〈商品房销售明码标价规定〉的通知》。**

［目　文］　《通知》说，为了深入贯彻党中央、国务院关于保持价格总水平基本稳定的要求，落实《国务院关于坚决遏制部分城市房价过快上涨的通知》（国发〔2010〕10号）、《国务院办公厅关于促进房地产市场平稳健康发展的通知》（国办发〔2010〕4号）、《国务院办公厅关于进一步做好房地产市场调控工作有关问题的通知》（国办发〔2011〕1号）精神，切实加强房地产市场价格监管，着力解决商品房销售中存在的标价混乱、信息不透明、价格欺诈等问题，我委在征求各方面意见基础上，制定了《商品房销售明码标价规定》，现印发你们，请按照执行。执行过程中发现新情况、新问题，请及时报告我委（价格监督检查司）。

3月16—18日

［纲　文］　**国务委员兼国防部部长梁光烈应邀出席上海合作组织成员国国防部长会议并访问乌兹别克斯坦。**

［目　文］　17日，上海合作组织成员国国防部长会议在哈萨克斯坦首都阿斯塔纳举行。成员国国防部（副）部长就地区安全形势面临的新挑战、新威胁，上海合作组织防务安全合作机制化、务实化发展等交换了意见，共同签署了《上海合作组织成员国国防部长会议联合公报》，批准了《上海合作组织成员国国防部2012年至2013年合作计划》。

会议期间，梁光烈分别会见了哈萨克斯坦国防部长贾克瑟别科夫和吉尔吉斯斯坦国防部部长库代别尔季耶夫，与他们就双边关系、地区安全形势以及上合组织防务安全合作等问题交换了意见。

18日，梁光烈在塔什干会见了乌兹别克斯坦总统卡里莫夫；与乌兹别克斯坦国防部部长别尔季耶夫举行会谈。双方就两国两军关系以及共同关心的国际和地区问题交换了意见。

3月17日

［纲　文］　**中国共产党中央委员会致电祝贺老挝人民革命党第九次全国代表大会召开。**

3月17日

［纲　文］　**财政部发布《关于印发〈农业综合开发财政资金违规违纪行为处理办法〉的通知》。**

［目　文］　《通知》说，为进一步完善农业综合开发资金管理制度，财政部对2005年12月14日印发的《农业综合开发财政资金违规违纪行为处理暂行办法》（财发〔2005〕68号）进行了修订，现将修订后的《农业综合开发财政资金违规违纪行为处理办法》印发给你们，请遵照执行。执行中有何问题，请及时向财政部（国家农业综合开发办公室）反馈。待农业综合开发财政有偿资金全部回收后，《农业综合开发财政资金违规违纪行为处理办法》第九条、第十条自行废止。

3月17日

［纲　文］　**中美工商领袖和前高官首轮对话在北京举行。**

［目　文］　会议由中国国际经济交流中心和美国全国商会共同主办。中国国际经济交流中心理事长曾培炎、中国国际经济交流中心顾问董建华、美国全国商会会长托马斯·多诺霍等在开幕式上致辞。会议围绕2011年中美及全球经济形势、改善中美投资环境、促进中美金融业发展、推动科技创新等议题进行充分讨论和沟通。与会代表一致认为，解决中美经贸关系中的问题，除了政府层面的对话，也需要建立非官方的民间和企业间的对话渠道。

同日，国务院总理温家宝在北京会见出席"中美工商领袖和前高官首轮对话"美方代表时说，当前世界经济正在缓慢复苏，仍面临许多不稳定、不确定因素。我们要坚定信心，正确把握宏观经济政策取向，加强各国之间的合作，积极促进世界经济回升。主要经济体既要解决本国经济发展面临的突出问题，也要防止对世界经济产生负面影响。国际金融危机没有改变中美经济互补性强的特点，中国实施扩大内需、鼓励科技创新等一系列政策也为美国企业提供了更多商机。温家宝强调，中国政府坚定奉行互利共赢的开放战略，不断完善涉外经济法律法规，愿与美方加强沟通协调，妥善处理分歧，共同应对挑战。双方要本着建设性的态度，探讨开展大规模财政、金融、经贸合作的有效方式，为促进两国经济发展和世界经济强劲、可持续、平衡增长注入新的活力。

3月17日

［纲　文］　**财政部下达2011年第一批中央补助公共租赁住房专项资金100亿元。**

［目　文］　财政部要求，各地专项用于补助政府组织实施的公共租赁住房项目的开支，包括投资补助、贷款贴息以及政府投资项目的资本金等支出。

3月17日

［纲　文］　**《人民日报》报道，文化部通报各地文化部门开展打击侵犯知识产权和假冒伪劣商品专项行动的最新进展情况。**

［目　文］　通报说，2010年10月以来，各地文化行政部门和文化市场综合执法机构以网络音乐、网络游戏和出版物等市场为重点，进一步加大综合执法力度，严厉打击侵

权盗版。其间，各地文化行政部门和文化市场综合执法机构共立案查处涉及知识产权案件3646件，涉案金额2088.698万元，其中重大案件53件，涉案金额1262.64万元；移送司法机关121件，涉案金额570.19万元，其中重大案件23个，涉案金额242.25万元。另外，捣毁侵权制假窝点744个，罚没物品639万余件。

3月17—22日

［纲 文］ **贾庆林在海南省调研。**

［目 文］ 全国政协主席贾庆林在三亚市、保亭县、乐东县、东方市、洋浦经济开发区、澄迈县、海口市等地，到民族村寨、工厂企业、旅游景区、种植基地，与干部群众交流。他指出，要学习贯彻全国两会精神，按照“十二五”规划纲要的要求，切实发挥先行先试的优势，下大气力优化经济结构、创新体制机制、保障和改善民生，努力把海南建设成为生态环境优美、文化魅力独特、社会文明祥和的开放之岛、绿色之岛、文明之岛、和谐之岛。

调研期间，贾庆林看望了海南省政协、统战部机关干部以及各民主党派、工商联负责人和无党派人士。他指出，完成“十二五”规划的目标任务，离不开各党派、各团体、各族各界人士的共同团结奋斗。各级党委要进一步加强和改善对统一战线和人民政协的领导，切实关心支持统战和政协工作，给他们多出题目，多压担子，积极采纳他们的真知灼见，发挥他们的优势和作用，真正使统一战线和人民政协参政议政成为充分反映民意、广泛集中民智的有效方式，成为协助化解矛盾、促进社会和谐的积极力量，成为切实改进工作、提高执政能力的重要途径，形成促进科学发展和社会和谐的强大合力。

3月17—21日

［纲 文］ **贺国强在重庆市调研。**

［目 文］ 中共中央政治局常委、中央纪委书记贺国强在重庆市黔江区、彭水苗族土家族自治县、武隆县和主城区等地调研时，要求进一步加大对民族地区、贫困地区的扶贫开发力度，切实使这些地区的群众过上幸福美好的新生活。广大干部要经常深入基层，了解真实情况，倾听群众呼声，认真解决好中央惠农政策落实、农村党务村务公开、重大事项民主决策、基层干部作风以及征地拆迁、涉法涉诉等方面群众反映强烈的突出问题，切实维护群众权益，密切党同人民群众的血肉联系。在彭水县第一中学教室里登上讲台，向同学们讲解日本大地震中核辐射的有关知识。在重庆大学图书馆，与大学生们交流如何清除腐败现象的问题。

考察期间，贺国强听取了重庆市委、市政府和市纪委的工作汇报。他希望重庆各级党委、政府和广大干部群众深入贯彻落实中央对重庆工作的指示精神，围绕主题、紧扣主线，抓住机遇、开拓创新，艰苦奋斗、扎实工作，努力实现在西部地区率先全面建成小康社会和建成长江上游经济中心的宏伟目标。

3月17—23日

［纲 文］ **国务院副总理王岐山对肯尼亚、津巴布韦和安哥拉进行正式访问。**

［目　文］　王岐山在肯尼亚访问期间，在内罗毕会见了肯尼亚总统齐贝吉并共同出席了两国政府间有关加强经贸、投资、金融、卫生等领域合作文件的签字仪式；会见了肯尼亚副总统穆西约卡；与肯尼亚总理奥廷加举行会谈。王岐山主持召开了对非经贸合作座谈会，听取了部分在非中资企业和机构代表发言，并就新形势下进一步加强对非经贸合作、推动中非新型战略伙伴关系发展发表意见。

王岐山在津巴布韦访问期间，在哈拉雷与津巴布韦副总统穆朱鲁举行会谈并共同出席了两国政府间有关经贸、金融、教育等领域合作文件的签字仪式。

王岐山在安哥拉访问期间，在罗安达会见了安哥拉总统多斯桑托斯；与安哥拉副总统费尔南多举行会谈并共同出席两国间关于经贸、农业、卫生、金融等领域合作文件的签字仪式。

24日，王岐山在访问非洲回国经停塞舌尔期间，在塞首都维多利亚会见了塞总统米歇尔并共同出席了两国政府间有关经贸、金融等领域合作文件的签字仪式。

3月18日

［纲　文］　**国家主席胡锦涛在日本驻华使馆吊唁日本“3·11”地震遇难者并会见日本驻华大使丹羽宇一郎。**

［目　文］　胡锦涛代表中国政府和人民向丹羽宇一郎并日本人民致以诚挚慰问，对遇难者表示深切哀悼。胡锦涛表示，中日两国是一衣带水的友好近邻。我们对日本人民在这次地震中遭受的痛苦感同身受。中国政府和人民正积极支援日本抗震救灾，我们将继续向日方提供必要的帮助。祝愿日本人民早日克服困难，重建家园。中国政府十分关心在日中国公民安全。“3·11”地震发生后，日本政府积极救助在日中国公民，中方对此表示诚挚感谢。

丹羽宇一郎表示，日本“3·11”地震发生后，胡锦涛主席阁下致电我国天皇陛下，祝愿日本人民早日克服困难，重建家园。中国政府向日方提供物资援助，并迅速派出国际救援队，积极开展救援活动。许多中国民众也向日方表示慰问。日本正在国际社会支援下开展救灾。日本政府将确保在日中国公民安全，全力以赴为他们提供支援和方便。

3月18日

［纲　文］　**国家主席胡锦涛在北京会见沙特阿拉伯王国国王特使、国王安全事务顾问班达尔亲王。**

［目　文］　双方就中沙关系和当前中东海湾地区形势等问题交换了看法。胡锦涛肯定了近年来中沙关系取得的长足发展并表示，中方珍视中沙友谊，始终将沙特视为值得信赖的好朋友、真诚合作的好伙伴，我们愿同沙方共同努力，巩固政治互信，加强战略沟通，深化务实合作，努力把中沙战略性友好关系推向新的高度。

同日，外交部部长杨洁篪在北京会见班达尔亲王时表示，中方愿与沙方一道，不断深化两国各领域合作，推动中沙战略性友好关系进一步发展。中方理解并支持海湾合作委员会国家为维护地区和平与稳定所作出的努力。

班达尔亲王高度评价沙中友好合作关系近年来取得的长足进展，赞赏并感谢中方为维护地区稳定、推动解决地区热点问题所持的公正立场和发挥的重要作用。

3月18日

［纲　文］　**张德江在中国航天科技集团公司调研。**

［目　文］　中共中央政治局委员、国务院副总理张德江在中国航天科技集团公司中国空间技术研究院，了解了“天宫一号”目标飞行器和“神舟八号”飞船研制情况，听取了航天工程进展和航天科技工业发展的情况汇报。他指出，载人航天工程空间交会对接任务已进入关键阶段，中国航天科技集团公司要全力以赴，精益求精，绝不放过每一个环节、每一个部件，把困难和问题想足，把疑点和漏洞弄清，切实做好测试试验等各项准备工作，确保我国首次空间交会对接任务取得成功。要大力推进体制机制创新，加快形成鼓励企业科技创新的政策体系和激励机制，加快形成产学研用相结合的创新体系，加快形成技术研发的有效模式。要继续加大企业科技创新投入，大力推进国家重点科技专项任务实施，着力加强核心关键技术研发能力，争取在重要技术领域取得重大突破。要深化用人制度改革，建立企业优秀科技人才脱颖而出的良好环境，加快培养造就一大批创新型科技人才和科技领军人物。

3月18日

［纲　文］　**李源潮在江西调研县乡党委换届工作。**

［目　文］　中共中央政治局委员、中组部部长李源潮在江西兴国县长岗乡，了解乡党委换届工作进展情况，了解中央有关换届工作的政策规定、纪律要求有没有为党员干部所知晓，肯定他们对乡党委领导班子成员政绩进行公示，接受群众评价和监督的做法。他还召开座谈会，听取省、市、县、乡党委和组织部门负责人对做好县乡党委换届工作的意见。

李源潮指出，领导班子换届是关系一个地方发展全局的大事。换届工作搞好了，“十二五”时期科学发展、社会和谐，就会有比较可靠的思想保证、政治保证和组织保证。

3月18日

［纲　文］　**书香中国——第二届中国出版政府奖颁奖典礼在北京举行。**

［目　文］　中共中央政治局委员、中央宣传部部长刘云山，中共中央政治局委员、国务委员刘延东致信祝贺，全国政协副主席孙家正出席颁奖典礼。

第二届中国出版政府奖评奖范围是2007年、2008年、2009年三年出版的经过市场和读者检验的出版物及其出版单位和人物。评奖工作自2010年9月启动以来，经过层层推荐、逐级审核、专家评审和社会公示等环节，最终评选出240个作品、单位和个人，其中首次评出期刊奖20个、优秀编辑26名，代表了近年来我国新闻出版业改革发展水平。《马克思恩格斯文集》等60种图书获图书奖，《求是》等20种期刊获期刊奖，《辉煌六十年》等20种音像制品、电子出版物、网络出版物获音像电子网络奖，《季羡林全集》等10件作品获印刷复制奖，《北京跑酷》等10件作品获装帧设计奖，上海科学技术出版社等50家单位获先进出版单位奖，王明亮等70人获优秀出版人物奖。

3月18日

［纲　文］ **国务院学位委员会、教育部、人力资源社会保障部在北京召开全国金融等29个专业学位研究生教育指导委员会成立会议。**

［目　文］ 教育部副部长杜玉波，人力资源社会保障部副部长王晓初出席会议并代表三部委讲话。全国法律硕士专业学位研究生教育指导委员会副主任委员、司法部副部长赵大程，全国会计专业学位研究生教育指导委员会主任委员、财政部副部长王军，分别代表各自指导委员会发言。教育部部长助理林蕙青主持会议。会议为指导委员会委员颁发了聘书。国务院及20多个有关部委相关负责人出席会议，来自有关部门、高校、行业和企业的600多位指导委员会委员参加会议。

目前我国硕士专业学位达到39种，博士专业学位达到5种，基本覆盖了国民经济和社会发展的主干领域；具有研究生专业学位授予权的培养单位509个，硕士专业学位授权点2679个，博士专业学位授权点66个，累计招收专业学位研究生超过100万人。全国专业学位研究生教育指导委员会是国务院学位委员会、教育部、人力资源社会保障部领导下的专家组织，由有关主管部门、行业协会及有关学位授予单位推荐的专家和负责人组成，主要从事专业学位研究生教育的指导、督查、评估认证、研究和咨询等工作。

3月18日

［纲　文］ **中国科学家绘制出石斑鱼全基因组序列图谱。**

［目　文］ 中山大学联手深圳华大基因研究院开展的“石斑鱼全基因组序列图谱”绘制完成，这是中国完成的第三个鱼类基因组测序项目和全基因组序列图谱，也是世界上首个鲈形目鮨科石斑鱼类基因组序列图谱。图谱的建立，对建立鱼类性别控制的生物技术途径和揭示整个脊椎动物性别决定机制的形成及进化途径具有重要的理论价值。

石斑鱼是名贵海鲜鱼类，经济价值巨大。由于石斑鱼是典型的雌雄同体雌性先熟鱼类，在高龄的时候会发生天然的性别转变，因此，在人工繁育中很难同时获得数量相同的雌雄鱼，影响了养殖产量。长期以来，中国的石斑鱼产量主要还是依赖野生捕捞。

3月18—20日

［纲　文］ **“江苏澳门周暨活力澳门推广展”在南京举办。**

［目　文］ 推广展由澳门旅游局、经济局、会议展览业协会主办。本次展览面积达1.5万平方米，展位近300个，澳门百余家企业带着特色食品、工艺品、电子品、服饰与家居产品等参展。为加强澳门与江苏企业的对接，增设了“南京采购商展区”和“澳门文化创意展区”。

3月19日

［纲　文］ **国务院印发《关于落实〈政府工作报告〉重点工作部门分工的意见》。**

［目　文］《意见》说，根据党中央关于2011年工作部署和十一届全国人大四次会议通过的《政府工作报告》，为做好今年的政府工作，实现国民经济和社会发展的预期目标，现就《政府工作报告》明确的重点工作提出部门分工意见如下：一、保持宏观经济政策的连续性和稳定性，提高针对性、灵活性、有效性。二、进一步扩大内需，特别是居民消费需求。三、巩固和加强农业基础地位。四、加快推进经济结构战略性调整。五、大力实施科教兴国战略和人才强国战略。六、加强社会建设和保障改善民生。七、大力加强文化建设。八、深入推进重点领域改革。九、进一步提高对外开放水平。十、加强廉政建设和反腐败工作。十一、加强民族、宗教、国防、港澳台侨、外交工作。

《意见》指出，2011年是"十二五"开局之年，做好今年的工作对于完成"十二五"各项目标任务至关重要。各部门、各单位要认真履行职责，加倍努力工作，切实完成各项任务。一要加强组织领导，结合本部门、本单位实际，抓紧制定落实重点工作的实施方案，明确每项任务的时间进度和质量要求，并于4月15日前报国务院。二要增强大局观念，牵头部门与协办部门要强化协调配合，形成工作合力，切实提高办事效率。三要统筹兼顾，抓住重点，着力解决经济社会发展中的突出矛盾和问题，做好关系全局、影响长远的重要工作。四要坚持求真务实，真抓实干，深入基层、深入群众开展调查研究，及时发现新情况，解决新问题。五要加强督促检查，完善问责机制，严肃责任追究，确保各项政策措施落到实处。

3月19日

［纲　文］ **国务院公布新修订的《出版管理条例》。**

［目　文］《条例》共9章74条。主要有总则、出版单位的设立与管理、出版物的出版、出版物的印刷或者复制和发行、出版物的进口、监督与管理、保障与奖励、法律责任、附则等内容。自2011年3月19日起施行。

《条例》指出，出版活动必须坚持为人民服务、为社会主义服务的方向，坚持以马克思列宁主义、毛泽东思想、邓小平理论和"三个代表"重要思想为指导，贯彻落实科学发展观，传播和积累有益于提高民族素质、有益于经济发展和社会进步的科学技术和文化知识，弘扬民族优秀文化，促进国际文化交流，丰富和提高人民的精神生活。

3月19日

［纲　文］ **国务院公布新修订的《音像制品管理条例》。**

［目　文］《条例》共7章51条。主要有总则，出版，复制，进口，批发、零售和出租，罚则，附则等内容。自2011年3月19日起施行。

《条例》强调，出版、制作、复制、进口、批发、零售、出租音像制品，应当遵守宪法和有关法律、法规，坚持为人民服务和为社会主义服务的方向，传播有益于经济发展和社会进步的思想、道德、科学技术和文化知识。

3月19日

［纲　文］ **首届海峡两岸清明文化论坛在上海举行。**

［目　文］　论坛由上海市公共关系研究院与台湾中华两岸人民文经交流促进会联合举办。来自两岸的百余位专家学者与会，围绕着清明文化主题，进行了交流和研讨。全国政协副主席厉无畏在发言中说，首届清明文化论坛的成功召开，为两岸又搭建了一座文化的桥梁，这是两岸学者的创举。两岸清明文化论坛的举办，有利于增强民族认同感和凝聚力，进一步促进两岸文化交流，为发扬清明文化乃至中华文化提供了有益的启迪和思路。

中国国民党荣誉主席吴伯雄在视频致辞中表示，他相信清明节的文化，可以让所有的人认同两岸的人民都是同文同种，都是属于中华民族的一部分，都是炎黄的子孙。这种认知对两岸的和平发展是非常重要的一件事情。中国国民党副主席蒋孝严为本届论坛发来了贺信。

3月19日

［纲　文］　**第五次中日韩外长会议在日本京都举行。**

［目　文］　外交部部长杨洁篪、日本外务大臣松本刚明、韩国外交部长官金星焕出席。

三国外长就筹备第四次中日韩领导人会议、进一步加强中日韩合作及东亚合作、朝鲜半岛局势等共同关心的国际和地区问题交换了意见。三国外长认为，中日韩合作，不仅有利于三国共同发展，也有利于本地区乃至世界的和平、稳定与繁荣。三方探讨了在政治、经济、社会、人文、灾害管理及国际事务等各领域的合作，表示将共同努力，推动合作取得积极成果，并不断开拓合作的新领域、新途径。三国外长决定，2012年在中国举行第六次中日韩外长会议。

同日，杨洁篪在日本京都分别会见了松本刚明和金星焕。

3月20日

［纲　文］　**新华社讯，胡锦涛作出指示，要求广大党员干部向杨善洲同志学习。**

［目　文］　中共中央总书记胡锦涛作出指示，要求广大党员干部向杨善洲同志学习。胡锦涛指出，杨善洲同志是党员干部的学习楷模，是离退休老同志的优秀代表。他一辈子忠于党的事业，一辈子全心全意为群众谋利益。他的模范事迹和崇高精神感人至深。每一个党员干部，特别是领导干部都要向他学习，自觉加强党性修养，自觉实践党的宗旨，努力做人民满意的好党员、好干部。

中共中央政治局常委李长春作出指示指出，杨善洲同志的事迹十分感人，代表了党员领导干部的主流，模范地践行了全心全意为人民服务宗旨，是领导干部的楷模，要深入报道、大力宣传。

中共中央政治局常委、国家副主席习近平作出指示强调，学习杨善洲同志先进事迹要以胡锦涛总书记重要指示为指导，进一步形成学习先进、争当先进、赶超先进的浓厚氛围。

总政发通知要求全军和武警部队广大党员干部认真学习贯彻胡主席重要批示精神，广泛开展向杨善洲同志学习活动。

中共中央组织部作出决定，追授杨善洲同志“全国优秀共产党员”称号。决定要求各级党组织认真贯彻胡锦涛总书记等中央领导同志的重要指示精神，把学习杨善洲同志作为创先争优活动的重要内容，引导广大党员干部，特别是领导干部学习杨善洲同志坚定信念、对党忠诚的政治品格，牢记宗旨、一心为民的公仆情怀，鞠躬尽瘁、不懈奋斗的崇高境界，大公无私、淡泊名利的奉献精神，自觉实践共产党人的人生价值和精神追求，以更加优异的成绩迎接中国共产党成立 90 周年。

21 日，中央组织部、中央宣传部、中央创先争优活动领导小组印发通知，要求认真学习贯彻胡锦涛同志重要批示精神，在广大党员、干部中广泛开展向杨善洲同志学习的活动。通知指出，杨善洲同志 60 年坚守共产党人的精神家园，始终忠诚党的事业，鞠躬尽瘁、死而后已；始终把人民利益放在第一位，尽心竭力为老百姓干实事、办好事；始终淡泊名利、廉洁奉公，一尘不染、两袖清风；始终艰苦创业，保持劳动人民的朴素本色。杨善洲同志的模范事迹和崇高精神，生动诠释了当代中国共产党人的先进和优秀，为党员干部，特别是领导干部为政、干事、做人树立了一面光辉的旗帜。

29 日，杨善洲同志先进事迹报告会在人民大会堂大礼堂举行。中共中央政治局委员、中宣部部长刘云山出席并讲话。报告会上，5 名报告团成员讲述了杨善洲同志模范践行党的宗旨、一生为群众谋利益的先进事迹。中央和国家机关司局级以上干部和部分离退休干部 3000 多人出席。

杨善洲（1927 年 1 月—2010 年 10 月 10 日），男，汉族，云南施甸人，曾任施甸区、县主要领导，保山地委副书记、书记。

3 月 20 日

［纲　文］　**国务院办公厅印发《关于开展 2011 年全国粮食稳定增产行动的意见》。**

［目　文］　《意见》由四部分组成：一、总体要求和目标任务。二、重点措施。三、调动各方面发展粮食生产的积极性。四、切实加强组织领导。

《意见》强调，省级人民政府要切实落实粮食省长负责制，主要负责人要对粮食生产亲自研究、亲自部署，在政策制定、工作部署、资金投入上动真格。要层层分解任务，强化市县人民政府的粮食生产责任，加大对粮食和农业生产的资金投入。主产区要在稳定增产的基础上，增加商品粮调出量；主销区要保证必要的自给率，力争有所提高；产销平衡区要继续确保产需基本平衡，力争多作贡献。各省（区、市）人民政府要明确责任，上下联动，深入开展粮食稳定增产行动，并于 2011 年年底向国务院报告履行粮食生产目标责任的情况。

3 月 20 日

［纲　文］　**国务院副总理李克强在北京会见亚洲开发银行行长黑田东彦。**

［目　文］　李克强说，25 年来，中国和亚行的合作富有成效。亚行的支持对推动中国经济社会协调发展和体制机制的完善起到了积极作用，同时中国的成功实践也为亚太地

区经济发展和减贫事业提供了有益借鉴。希望双方总结经验、积极探索，结合中国转变经济发展方式的重点，深化在贷款，特别是知识等方面的合作，加大对中国经济社会发展薄弱环节的支持，加强对重大战略问题的研究交流，促进发展理念和发展模式的创新。并共同推动多边合作，促进本地区经济社会平稳持续发展。

黑田高度评价中国改革开放和现代化建设事业取得的成就并表示，亚行愿积极努力，推动与中国的合作取得更大成效。

3月20—23日

［纲　文］　**习近平在湖南调研。**

［目　文］　中共中央政治局常委、国家副主席习近平在湘潭电机公司、南车株洲电力机车有限公司、中联重工科技发展股份有限公司，询问生产经营情况；在南车株洲电力机车研究所有限公司、湖南青苹果数据中心有限公司，对企业高度重视科技攻关、努力掌握产业发展急需的关键技术、不断提高核心竞争力表示赞赏；视察了国防科技大学“天河一号”超级计算机系统；考察了湘江综合治理工程；在长沙市橘子洲头，走进生态文化公园和长株潭“两型社会”展览馆，了解湖南推进“两型社会”建设的新进展；在株洲云龙示范区云田社区花卉培育大棚，叮嘱当地干部要继续深入贯彻党的强农惠农政策，积极推进农业现代化，确保粮食等主要农产品供给安全；在长沙市岳麓区咸嘉新村社区，考察了社区服务站，了解社区党组织在创先争优活动中创新载体、把活动与民生工程结合起来的情况。

调研期间，习近平在韶山，向毛泽东同志铜像敬献了花篮，瞻仰了毛泽东同志故居，参观了中共韶山特别支部展室，与韶山村党员群众代表进行了座谈。习近平还瞻仰了刘少奇、彭德怀同志故居。他深情地说，重温毛泽东同志等老一辈革命家的光辉业绩、崇高精神和道德风范，深受教育。革命传统资源是我们党的宝贵精神财富，每一个红色旅游景点都是一个常学常新的生动课堂，蕴含着丰富的政治智慧和道德滋养。

3月20—22日

［纲　文］　**刘延东在山西考察调研。**

［目　文］　中共中央政治局委员、国务委员刘延东在太原、晋中、忻州等地考察调研，了解山西校舍安全工程建设、教育教学质量提升和文化旅游产业发展等方面的情况，看望广大基层教职员工和省城部分晋剧艺术家，广泛听取干部群众的意见和建议。她肯定了近年来山西经济社会发展取得的成绩，特别是推进中小学校舍安全工程建设中所取得的成绩并指出，当前党和国家把教育置于优先发展的战略地位，对教育的投入逐年加大，各级政府和相关部门要认真贯彻落实中央决策部署，按照全国教育工作会议精神和《国家中长期教育改革和发展规划纲要》要求，锐意进取，扎实工作，推动教育事业科学发展，为广大人民群众提供更加丰富、更加公平、更高质量的教育。

3月20—21日

［纲　文］　**中国发展高层论坛2011年会在北京举行。**

［目　文］　国务院副总理李克强出席论坛开幕式并致辞。他指出，中国将按照加快转变经济发展方式的要求，推动经济转型，创新发展模式，把各方面发展的积极性引导到保障和改善民生、调整经济结构、加强节能环保、深化改革开放上来，促进经济社会又好又快发展。

论坛由国务院发展研究中心主办。以“经济发展方式转变中的中国”为主题，围绕“十二五”规划、宏观经济政策、财政改革、收入分配与社会保障建设、新时期对外开放战略、战略性新兴产业、国内和国际热点问题展开多视角、深层次讨论。论坛将秉承“高端、深度、前瞻、互动”的特色，围绕主题展开深入讨论。除主论坛外，还设有“学术峰会”和“企业峰会”两个特色环节，并有早餐会、午餐演讲、晚宴等活动，以扩大和促进与会代表的交流。来自国内外的企业家、专家学者、政府官员和国际组织代表共 600 多人与会。

21 日，国务院总理温家宝在北京会见与会的 70 名境外代表时说，“十二五”规划纲要给中国发展带来了信心和希望，也给世界带来了信心和希望。中国的发展离不开世界，世界的发展也离不开中国。中国越发展，就越要同各国加强合作。中国的对外开放方针不会改变，吸引外资和引进先进技术和管理经验的政策只会加强，不会削弱。在世界经济回升向好的形势下，国际社会应该继续发扬同舟共济的精神，密切协调配合，齐心协力促进世界经济实现强劲、可持续、平衡增长。我对世界经济前景是乐观的。

外方代表赞扬中国的“十二五”规划纲要，认为温家宝的讲话和答问使他们深受鼓舞和启发，愿意同中方加强合作，实现共同发展。

3 月 21 日

［纲　文］　中共中央总书记、国家主席胡锦涛致电祝贺朱马利再次当选老挝人民革命党中央委员会总书记。

3 月 21 日

［纲　文］　国务院发布《关于香港特别行政区政府陈国基、白韫六职务任免的通知》。

［目　文］　《通知》说，香港特别行政区政府：依照《中华人民共和国香港特别行政区基本法》的有关规定，根据香港特别行政区行政长官的提名和建议，国务院 2011 年 3 月 21 日决定：任命陈国基为入境事务处处长，免去白韫六的入境事务处处长职务。

3 月 21 日

［纲　文］　国务院在河南许昌召开全国春季农业生产工作会议。

［目　文］　中共中央政治局委员、国务院副总理回良玉出席并讲话。会议主要任务是全面部署抗灾促春管保春播工作和粮食稳定增产行动。各省、自治区、直辖市人民政府及发展改革、财政、水利、农业、气象部门负责人，各计划单列市人民政府和新疆生产建设兵团负责人参加了会议。河南、河北、黑龙江、山东、湖南、四川、陕西省人民政府在

会上作交流发言。与会代表考察了许昌10万亩小麦高产创建整乡推进示范片、有机蔬菜生产基地和龙头企业生鲜物流园。

回良玉说，各地区、各部门要把春季农业生产作为当前农业农村工作的中心任务，以组织实施好粮食稳定增产行动为重点，以实化政策、细化部署、强化落实为抓手，掀起春耕备耕高潮，加强田间管理，扩大春播面积，推进高产创建，保障农资供应，搞好抗旱减灾，千方百计夺取夏粮丰收，再创农业稳定发展、农民持续增收新佳绩。当前春耕生产正由南向北全面展开，农情急、农时紧、农事多，各地区、各有关部门要迅速行动起来。

3月21日

［纲　文］　**财政部发布《关于印发〈境外会计师事务所在中国内地临时执行审计业务暂行规定〉的通知》。**

［目　文］　《通知》说，为了进一步规范境外会计师事务所在中国内地临时执行审计业务行为，我部制定了《境外会计师事务所在中国内地临时执行审计业务暂行规定》，现予印发，请遵照执行。自本《暂行规定》发布之日起，一律使用新版《境外会计师事务所临时执行审计业务许可证》。各省级财政部门应当根据需要，及时向我部申领新版证书。

3月21日

［纲　文］　**海关总署发布《中华人民共和国海关对海南省进出境游艇及其所载物品监管暂行办法》。**

［目　文］　《办法》共5章23条。主要有总则、进出境监管、境内及在境外期间管理、法律责任、附则等内容。自2011年4月15日起施行。

3月21日

［纲　文］　**"杨佳同志先进事迹巡回报告会"在全国政协礼堂举行。**

［目　文］　杨佳在会上作了《走向光明　走向世界》的事迹报告。中央统战部副部长黄跃金等出席报告会。中共中央统战部、北京市统战部系统等700余人参加了报告会。

杨佳是十一届全国政协委员，九三学社社员，中科院研究生院教授，联合国残疾人权利委员会副主席。她19岁大学毕业成为中科院最年轻的讲师，在29岁不幸失明后，在困境中不懈奋斗，为争取残疾人合法权益做了大量卓有成效的工作，在联合国的舞台上为中国不断赢得荣誉。

中共中央统战部与九三学社中央决定组织杨佳同志先进事迹巡回报告会，在各地进行巡讲。这是推动学习践行社会主义核心价值体系活动深入开展，发挥身边榜样的示范引领作用的重要举措。

3月21日

［纲　文］　**外交部发言人就多国部队对利比亚实施军事打击表示，中国对向利进行军事打击表示遗憾。**

［目　文］　有记者问：多国部队已开始对利比亚实施军事打击，中方对此有何

评论？

发言人说，中方注意到利比亚局势的最新发展，对向利进行军事打击表示遗憾。中方一贯不赞成在国际关系中使用武力，主张遵循《联合国宪章》的宗旨与原则以及相关国际法准则，尊重利主权、独立、统一和领土完整。我们希望利局势尽快恢复稳定，避免武装冲突升级造成更多平民伤亡。

3月21—22日

［纲　文］　**李克强在内蒙古自治区考察**。

［目　文］　中共中央政治局常委、国务院副总理李克强在包头老城区的北梁棚户区慰问困难家庭时说，这片棚户区即将改造，大家一起努力，争取早日住上新房子；在石拐棚户区搬迁改造新区访问居民时指出，大规模推进保障性安居工程建设，是改善民生、促进发展的硬任务，要进一步落实资金、土地、公平分配等各项政策，采取新建、改造、购买等多种方式筹集公租房等保障性房源，确保实现今年千万套的建设目标；在包钢稀土研究院，听取了稀土研究和精细加工介绍，查看技术和工艺；考察了大唐公司、神华包头煤炭深加工项目、北方重工大型无缝钢管垂直挤压生产线，对企业推进技术进步、发展循环经济的做法表示肯定。

李克强在呼和浩特市南郊考察奶牛养殖和牧民生活等情况时说，要发挥比较优势，优质高效发展特色农牧业，扩大市场供应。这既可增加农牧民收入，又有利于促发展、稳物价。叮嘱随行的工作人员，要确保奶源质量。在呼和浩特市托克托县医院，看望并慰问就医群众和医务人员，了解医院改革发展情况时指出，县级医院覆盖面广，是连接大医院与基层医疗卫生机构的桥梁，要推进县级医院综合改革试点，积极探索公立医院改革的路子。

3月21—24日

［纲　文］　**王乐泉在河北调研**。

［目　文］　中共中央政治局委员、中央综治委副主任王乐泉在河北省沧州、衡水、石家庄，了解各地经济社会发展和基层政法综治工作情况，就全国两会精神、省部级主要领导干部社会管理及其创新专题研讨班的部署和全国政法工作会议精神的贯彻落实进行调研。

王乐泉指出，各级政法机关要认真学习贯彻全国两会精神，更加自觉地把政法综治工作放到经济社会发展大局中来谋划和推进，以人民群众的新要求新期待作为切入点，抓基层、打基础，充分发挥职能作用，大力推进社会管理创新，推动政法综治工作和政法队伍建设迈上新台阶。各级政法机关要紧紧抓住实施“十二五”经济社会发展规划的重要机遇，立足当前，着眼长远，积极争取党委、政府的大力支持，确定一批重大政法建设项目，特别是基础设施建设项目，纳入规划并组织实施好。

3月21日—4月3日

［纲　文］　**“刘国松创作大展——八十回眸”在中国美术馆举办**。

［目　文］ 展览由文化部、国务院台湾事务办公室作为支持单位，中华文化联谊会与中国美术馆共同主办。展览共分四个部分，包括“太空画”“西藏系列”“九寨沟系列”等多个系列创作的代表作，是刘国松所提倡的“中国画的现代化”的理念与实践的全面展示。刘国松是台湾著名画家，多年追求中国画的现代化。

31日，全国政协主席贾庆林观看刘国松创作大展时说，中华文化是所有炎黄子孙共同拥有的精神财富，是连接两岸同胞牢固的心灵纽带。在两岸关系和平发展新形势下，两岸围绕传承和弘扬中华文化而进行的交流与合作，呈现出新的积极态势，为推动两岸关系继续向前发展提供了新的动力。

3月22日

［纲　文］ **国家主席胡锦涛与科威特埃米尔萨巴赫互致贺电，庆祝两国建交40周年。**

［目　文］ 胡锦涛在贺电中说，科威特是最早同中国建交的海湾阿拉伯国家。建交40年来，中科关系稳步发展。两国政治互信不断增强，务实合作持续深化，人文交流富有成效，在国际和地区事务中保持着良好沟通和协调。中方重视发展同科威特的关系，愿与科方共同努力，以建交4 0周年为契机，进一步巩固政治互信，拓展务实合作，扩大人文交流，加强在国际和地区事务中的沟通和协调，共同谱写中科友谊与合作的新篇章。

萨巴赫在贺电中表示，40年来，科中关系始终秉承友好与建设性合作的精神。两国领导人之间的互访也为发展双方各领域互利合作创造了有利条件。科方一贯珍视两国间业已存在的友好关系，并愿同中方共同努力，开启双边关系更广阔的前景。

同日，国务院总理温家宝与科威特首相纳赛尔互致贺电。外交部部长杨洁篪与科威特副首相兼外交大臣穆罕默德互致贺电。

3月22日

［纲　文］ **中共中央纪委发布《〈中国共产党党员领导干部廉洁从政若干准则〉实施办法》。**

［目　文］ 《实施办法》是为保证《中国共产党党员领导干部廉洁从政若干准则》的正确贯彻和顺利实施，增强《廉政准则》的操作性，切实提高《廉政准则》的执行力。

《实施办法》对《廉政准则》中的相关概念进行了解释；对违反《廉政准则》规定的8个方面52项禁止性规定如何适用《中国共产党纪律处分条例》予以明确；对于需要采取组织处理等措施的违纪行为，规定了相应的处理方式。《实施办法》进一步细化和明确了《廉政准则》的相关要求，内容更加全面，要求更加具体，责任更加明确，监督更加有力，既彰显了党中央依靠制度预防和惩治腐败的坚强决心，也体现了我国反腐倡廉制度建设的与时俱进。《实施办法》的颁布实施，是反腐倡廉制度建设取得的又一重大成果，为《廉政准则》的顺利实施提供了重要保障，为进一步加强对党员领导干部廉洁从政行为的规范和监督提供了重要制度依据，对于完善惩治和预防腐败体系，深入推进反腐倡廉建设，规范党员领导干部的从政行为，加强干部队伍建设，保持党的纯洁性和先进性，具有十分重要的意义。

3月22日

［纲　文］ **全国中小学校舍安全工程现场会在太原召开。**

［目　文］ 中共中央政治局委员、国务委员刘延东出席并讲话。各省（区、市）和国务院有关部门负责人出席，教育部部长袁贵仁通报了全国中小学校舍安全工程建设情况。

刘延东指出，校舍安全工程是维护人民群众切身利益、履行政府公共服务职能的客观要求，是落实国家防震减灾总体部署、切实保障广大师生安全的紧迫任务。工程实施一年多来，按照中央部署，各级政府联动，部门协调一致，社会积极支持，加大投入，加强督查，全面开展校舍排查鉴定，制定工程规划，建立安全档案和信息系统。截至目前，以中西部七度及以上地震高烈度且人口稠密地区为重点，已完成6.5万所中小学校舍加固改造，竣工面积1.7亿平方米，惠及学生近5000万人，取得了阶段性成果。

3月22日

［纲　文］ **王毅在北京会见台湾前高雄县长杨秋兴。**

［目　文］ 中共中央台办主任王毅表示，大陆推行的对台政策及惠台措施，是面向所有台湾民众的，当然包括台湾中南部民众，大陆对台交流合作的大门始终是敞开的，欢迎更多台湾同胞，尤其是没有来过大陆的台湾同胞都能来大陆走走看看，增进相互了解，促进互利合作。

杨秋兴表示，两岸关系和平发展，实现务实、和谐、和平、共荣，是两岸民众之福。两岸应抛弃成见，搁置争议，求同存异，共创双赢。未来两岸可以在各个领域，包括文化、农业、观光、防灾等很多领域开展交流，加强合作。

3月22日

［纲　文］ **中国特命全权裁军大使王群在日内瓦就任裁军谈判会议（裁谈会）轮值主席时说，中国愿与有关各方通力合作，共同努力推动裁谈会尽早启动各项实质性工作，促进多边裁军进程。**

［目　文］ 王群在主持裁谈会发言时表示，中国将本着以下原则履行好主席职责：一是公正、平等地对待各国关切，平衡处理裁谈会各大核心议题，为推动裁谈会取得进展营造良好气氛；二是维护裁谈会的权威及其民主和法制传统，严格按照裁谈会议事规则开展工作；三是通过公开、透明的政府间磋商，依靠全体成员国的共同努力；四是求同存异，注重实效和目标。

3月22日

［纲　文］ **《人民日报》报道，中国转基因抗虫棉打破国外垄断。**

［目　文］ 2008—2010年，中国新型转基因抗虫棉培育和产业化全面推进，新培育36个抗虫棉品种，累计推广1.67亿亩，实现效益160亿元，国产抗虫棉市场份额达到

93%，有效控制了棉铃虫危害，彻底打破了国外抗虫棉的垄断地位。这是我国转基因生物新品种培育重大专项取得的成就之一。

3月22日

［纲　文］　**沈阳部队队在丹东夺得全国女篮甲级联赛冠军。**

3月22日

［纲　文］　**原中共中央顾问委员会委员、国务院原秘书长杜星垣，在北京逝世，享年97岁。**

3月22日—4月21日

［纲　文］　**《辉煌“十一五”》大型图片展在中国人民革命军事博物馆举行。**

［目　文］　图片展由中宣部和发展改革委主办，新华社承办。分综合、经济、政治、科技、文化、民生、教育、生态环保、改革开放、民族、党建、国防、港澳台侨、外交等部分，展示了“十一五”时期我国发展历程中的瞬间。展览共展出600多张图片、图表，其中包括24幅3D照片。中共中央政治局委员、中宣部部长刘云山出席开幕式并讲话。

3月23日

［纲　文］　**中共中央、国务院印发《关于分类推进事业单位改革的指导意见》。**

［目　文］　《意见》由九个部分组成：一、改革的重要性和紧迫性。二、改革的指导思想、基本原则和总体目标。三、科学划分事业单位类别。四、推进承担行政职能事业单位改革。五、推进从事生产经营活动事业单位改革。六、推进从事公益服务事业单位改革。七、构建公益服务新格局。八、完善支持公益事业发展的财政政策。九、认真做好组织实施工作。

3月23日

［纲　文］　**中共中央、国务院转发《中央宣传部、司法部关于在公民中开展法制宣传教育的第六个五年规划（2011—2015年）》。**

［目　文］　《规划》由五个部分组成：一、指导思想、主要目标和工作原则。二、主要任务。三、对象和要求。四、工作步骤和安排。五、组织领导和保障。

《规划》指出，中国人民解放军和中国人民武装警察部队的第六个五年法制宣传教育工作，参照本规划进行安排部署。

3月23日

［纲　文］　**温家宝主持召开国务院常务会议。**

［目　文］　会议主要内容是：一、研究部署进一步加强城市生活垃圾处理工作。会议指出，城市生活垃圾处理是城市管理和环境保护的重要内容，是社会文明程度的重要标志，关系人民群众的切身利益。到2015年，全国城市生活垃圾无害化处理率达到80%以上，50%的设区城市初步实现餐厨垃圾分类收运处理。二、决定在全国范围内开展厂办大

集体改革。会议决定，从2011年开始，在全国范围内开展厂办大集体改革，用3至5年时间，使厂办大集体与主办国有企业彻底分离，成为产权清晰、面向市场、自负盈亏的独立法人实体和市场主体；职工得到妥善安置，职工合法权益得到切实维护。三、继续压缩中央部门“三公”经费预算。会议研究了中央部门因公出国（境）经费、公务用车购置及运行费、公务接待费“三公”经费预算有关问题。会议决定，在2009年和2010年大幅压缩的基础上，2011年继续压缩中央部门“三公”经费预算，2011年6月向全国人大常委会报告中央财政决算时，将中央本级“三公”经费支出情况纳入报告内容，并向社会公开，接受社会监督。四、会议讨论并原则通过《中华人民共和国道路交通安全法修正案（草案）》，决定该草案经进一步修改后，由国务院提请全国人大常委会审议。

3月23日

［纲　文］　**发展改革委印发《关于规范煤化工产业有序发展的通知》。**

［目　文］　《通知》由三个部分组成：一、高度重视煤化工盲目发展带来的问题。二、切实加强煤化工产业的调控和引导。三、统筹规划，做好试点示范工作。

3月23日

［纲　文］　**证监会公布《期货公司期货投资咨询业务试行办法》。**

［目　文］　《办法》共6章36条。主要有总则、公司业务资格和人员从业资格、业务规则、防范利益冲突、监督管理和法律责任、附则等内容。自2011年5月1日起施行。

3月23日

［纲　文］　**海关总署公布《中华人民共和国海关对海南省离岛旅客免税购物监管暂行办法》。**

［目　文］　《办法》共4章19条。主要有总则，免税品销售、运送和提取，法律责任，附则等内容。自2011年4月20日起实施。

3月23日

［纲　文］　**财政部新闻办公室发布，中央财政下拨2011年第一批扩大农村危房改造试点补助资金100亿元。**

［目　文］　明确2011年将中西部地区所有县（市、区、旗）全部纳入试点范围。中央补助标准为户均6000元，在此基础上，对陆地边境县边境一线贫困农户，东北、西北、华北“三北”地区和西藏自治区试点范围内建筑节能示范户每户再增加2000元补助。同时，要求中西部省（自治区、直辖市）在确保完成危房改造任务的前提下，依据农村危房改造方式、建设标准、成本需求和补助对象自筹资金能力等不同情况，合理确定不同地区、不同类型、不同档次的省级分类补助标准，切实做好扩大农村危房改造试点工作。为解决好农村困难群众基本住房安全问题，2008—2010年，中央逐步扩大农村危房改造试点范围，增加危房改造任务，加大资金投入力度。中央财政3年共安排117亿元补助资金，帮助试点地区完成约204万农村贫困户的危房改造。

3月23日

［纲　文］　**第四届中印尼防务与安全磋商在雅加达举行。**

［目　文］　中国人民解放军副总参谋长马晓天与印度尼西亚国防部副部长沙夫里·沙姆苏丁共同主持。双方就地区安全形势、两国防务领域合作以及其他共同关心的问题深入交换了意见。

同日，马晓天出席了首届雅加达国际防务对话会，发表了题为《深化互信合作，共创和谐亚太》的主旨演讲，并参观了亚太安全防务展。

3月23日

［纲　文］　**中国香港选手郭灏霆在荷兰阿珀尔多伦夺得2011年场地自行车世界锦标赛男子15公里追逐赛冠军。**

3月23—25日

［纲　文］　**第十九届中国国际广播电视信息网络展览会在北京举办。**

［目　文］　展览会由国家广电总局主办。本次展会以“创新、融合、服务”为核心理念，以推进“三网融合”为主题。来自世界上30多个国家和地区的1000余家企业和机构参展，展出面积69000平方米。展会共接待参观观众近26万人次，其中专业参观观众8万余人，亚洲、欧洲、美洲等海外参观机构300多家。展览内容包含广播电视采、编、播、传、收、测各类设备与技术，编播网络与传输网络建设，媒体资产管理，高清节目制作，用户管理系统等多个方面，汇集了全球范围内数字电视与宽带网络方面的创新成果以及广电新业务的应用、设计与开发技术。

23日，中共中央政治局常委李长春参观第十九届中国国际广播电视信息网络展览会。

3月23—27日

［纲　文］　**刘云山在湖北调研。**

［目　文］　中共中央政治局委员、中宣部部长刘云山调研时指出，刚刚闭幕的全国两会是一次科学谋划未来的重要会议，宣传思想文化战线要把两会精神宣传作为一项重要政治任务，在深度解读上下功夫，在延伸拓展上下功夫，在注重实效上下功夫，进一步统一思想认识、凝聚智慧力量，为实现“十二五”奋斗目标提供有力的思想舆论支持。

刘云山在十堰、武汉等地考察了农村、社区、企业和宣传文化单位，同基层宣传文化干部进行座谈，对湖北经济社会发展和宣传思想文化工作给予充分肯定。他指出，推动“十二五”规划的顺利实施，需要广泛深入的宣传动员。要突出宣传科学发展这个主题，宣传加快转变经济发展方式这条主线，宣传保障改善民生这个出发点落脚点，宣传“十二五”目标任务和重大举措，引导干部群众看到我国经济社会发展的光明前景，不断增强贯彻落实科学发展观的自觉性坚定性，推动经济社会又好又快发展。要结合干部群众的普遍关切，联系各领域改革发展的实际，加强专题分析、权威解读，加强政策阐释、热点引导，着力增强宣传教育的针对性实效性。

3月23—25日

［纲　文］　**中央军委委员、解放军总参谋长陈炳德对尼泊尔进行正式友好访问。**

［目　文］　23日，陈炳德在加德满都与尼泊尔军队参谋长古隆举行了会谈。陈炳德与古隆共同签署了中方向尼泊尔提供医疗援助和工程机械的文件。

访问期间，陈炳德在加德满都分别会见了尼泊尔总统亚达夫、尼泊尔总理卡纳尔、尼泊尔国防部长保德尔。

3月23—25日

［纲　文］　**"2011中国交响乐峰会"在济南举行。**

［目　文］　"峰会"由中国交响乐发展基金会与山东省委宣传部、省文化厅联合主办。50余支国内外交响乐团的负责人，演艺、出版、评论等相关行业的嘉宾共100多人与会，围绕国际视角下的中国交响乐发展、文化体制改革背景下的乐团发展等主题展开交流。

3月23日—4月3日

［纲　文］　**"2011艺术湖南"美术精品展在中国美术馆举办。**

［目　文］　精品展有"工笔画"和"油画"两个画种，展现了12名工笔画家、12名油画家的200多幅作品。

3月24日

［纲　文］　**全国人大常委会食品安全法执法检查组第一次全体会议在北京举行。**

［目　文］　中共中央政治局常委、全国人大常委会委员长吴邦国作出批示指出，食品安全事关人民群众健康和生命安全，全面贯彻实施食品安全法，是保障和改善民生的重要内容。今年，全国人大常委会再次组织开展对食品安全法的执法检查，主要目的是督促政府进一步落实好食品安全法的各项规定，推动法律实施中一些重点和难点问题的解决。希望检查组精心准备，突出重点，深入基层，扎实工作，特别是要针对2009年执法检查报告中提出的问题和建议，全面深入地了解有关情况，督促国务院及其有关部门毫不松懈地抓好食品安全工作，切实改进我国食品安全状况，让人民群众满意和放心。

全国人大教科文卫委员会主任委员白克明主持会议。国务院食品安全委员会办公室、卫生部、农业部、国家工商总局、国家质检总局和国家食品药品监管局分别介绍了贯彻实施食品安全法的情况，工业和信息化部、商务部等部门提交了书面汇报。

全国人大常委会副委员长王兆国出席会议时指出，食品安全法是跨越了两届全国人大常委会、经过四次审议通过的。它的颁布实施，充分反映了全国人大常委会对出台这部涉及民生问题法律的慎重态度，以及积极应对食品安全问题、努力提高食品安全水平的决心和信心。

全国人大常委会副委员长路甬祥担任此次执法检查组组长。路甬祥在会上部署了这次执法检查的总体安排。他说，这次检查将在全面了解和评估食品安全法实施情况的基础上，重点检查上次执法检查报告提出意见和建议的整改落实情况。这次检查将突出五个重点：一是食品安全监管体制机制建设情况；二是配套法规体系建设情况；三是食品生产经营者食品安全管理制度的建立情况；四是风险监测、评估体系和标准体系建设、运行情况；五是依法开展食品安全源头治理情况。

根据安排，执法检查组将分为4个小组，于2011年4月至6月赴内蒙古、吉林、上海、江苏、湖北、四川、陕西等地开展检查，并委托其他省、自治区、直辖市人大常委会分别对本行政区域内食品安全法的实施情况进行检查。

3月24日

［纲　文］　**全国人大内务司法委员会"五五"普法决议实施情况座谈会在合肥召开。**

［目　文］　全国人大常委会副委员长兼秘书长李建国出席会议并讲话。全国人大内务司法委员会主任委员黄镇东等出席会议。安徽、北京、宁夏等七省（市、区）人大内司委就决议的实施情况进行了交流发言。

李建国强调，在实现了有法可依的新形势下，必须更加突出有法必依，保障宪法和法律有效实施。他说，要深入学习贯彻十一届全国人大四次会议精神，围绕实现"十二五"时期经济社会发展目标，围绕全面落实依法治国基本方略，以中国特色社会主义法律体系如期形成为契机，更加广泛深入地学习宣传宪法和法律，增强全体公民的法律素养，增强法治观念和依法办事意识，使我国经济社会生活的各个领域都在法制轨道上运行，实现国家长治久安。

3月24日

［纲　文］　**全国政协十一届四次会议提案交办会在北京举行。**

［目　文］　中共中央政治局委员、全国政协副主席王刚出席会议并讲话。全国政协副主席兼秘书长钱运录主持会议。全国政协各专门委员会负责人，中央和国家机关有关部门负责人、有关省（自治区、直辖市）党委政府负责人及部分国有大型企业负责人出席会议。

王刚说，全国政协十一届三次会议以来，在各方共同努力下，人民政协提案办理工作取得了显著成绩，特别是各提案承办单位优质高效地完成了提案办理任务，99.49%的提案已得到办理，许多提案反映的问题得到了及时妥善解决，一些重点提案的内容被纳入党和国家的重大决策部署，为促进经济社会又好又快发展发挥了重要作用。要总结经验、把握规律，认真办理、郑重答复，使人民政协和广大政协委员的履职成果得到充分体现。

3月24日

［纲　文］　**国土资源部发布《关于下达2011年钨矿锑矿和稀土矿开采总量控制指标的通知》。**

［目　文］　《通知》确定，2011年稀土矿（稀土氧化物REO）开采总量控制指标为9.38万吨（其中轻稀土8.04万吨，中重稀土1.34万吨），钨精矿（三氧化钨含量为65%）开采总量控制指标为8.7万吨，锑矿（金属量）开采总量控制指标为10.5万吨。

《通知》要求，各省区市国土资源主管部门要按照总量控制指标，认真做好指标分解和下达工作。做到控制指标到市、到县、到矿山企业，并于2011年4月底前将指标分解和落实情况向社会公示后上报国土资源部。

3月24日

［纲　文］　**卫生部印发《食品相关产品新品种行政许可管理规定》，自2011年6月1日起施行。**

3月24日

［纲　文］　**卫生部发布《医疗卫生机构医学装备管理办法》。**

［目　文］　《办法》共7章53条。主要有总则、机构与职责、计划与采购、使用管理、处置管理、监督管理、附则等内容。自2011年3月24日起施行。1996年卫生部《医疗卫生机构仪器设备管理办法》（卫计发〔1996〕第180号）同时废止。

3月24日

［纲　文］　**国家统计局发布《国际地位稳步提高　国际影响持续扩大》的“十一五”经济社会发展成就系列报告。**

［目　文］　报告显示，中国国内生产总值（GDP）占世界的比重，从2005年的5.0%上升到2010年的9.5%。“十一五”期间，中国GDP总量的国际排序实现“三连跳”：从2005年的第五位提升到2006年的第四位、2007年的第三位、2010年的第二位。中国GDP相当于美国GDP的比例从2005年的17.9%上升至2010年的40.2%。

报告指出，“十一五”期间，中国人均国民总收入（GNI）大幅提高。据世界银行计算，2009年中国人均GNI达到3850美元，居世界第125位，比2005年前进了3位。人均GNI相当于世界平均水平的比例从2005年的24.8%，提高到2009年的41.8%。

3月24日

［纲　文］　**香港中国企业协会在香港会展中心举行20周年庆典晚会。**

［目　文］　全国政协副主席董建华、香港特区行政长官、中央政府驻港联络办公室主任彭清华、外交部驻港特派员公署特派员吕新华等出席庆典晚会。

香港中国企业协会1991年3月由中国银行（香港）有限公司、华润（集团）有限公司、招商局集团有限公司、香港中旅（集团）有限公司发起成立，现有近千家会员公司。

3月24日

［纲　文］　**云南省大理白族自治州在昆明举行新闻发布会通报，文化部正式发文，同意在大理白族自治州设立“大理文化生态保护实验区”。**

［目　文］　实验区保护范围涵盖大理州所辖行政区域，总面积2.95万平方公里，具体包括南诏大理国历史文化保护区、坝区白族民俗文化保护区、彝族文化保护区等，保护对象为体现大理民族文化多样性、独特性的各类非遗名录项目、非遗传承人及与非遗传承密切相关的历史传统文化及自然景观文化等。

3月24日

［纲　文］　**外交部部长杨洁篪同德国外长韦斯特韦勒通电话。**

［目　文］　杨洁篪对当前有关国家对利比亚采取军事行动造成平民伤亡深表关切，呼吁有关各方立即停火。杨洁篪指出，应尊重利比亚主权、独立、统一和领土完整，通过对话等和平手段解决当前危机。中方支持联合国秘书长利比亚问题特使以及非盟、阿盟为和平解决当前危机开展的外交努力，希望利比亚局势尽快恢复和平稳定，避免出现武装冲突升级和更为严重的人道主义危机。

3月24日

［纲　文］　**第二十九届巴拿马国际贸易博览会中国馆揭幕。**

［目　文］　23—26日，第二十九届巴拿马国际贸易博览会在巴拿马举行。本届展会参展企业有500多家，其中中国内地的企业超过60家，是参展国家和地区中最多的。

3月24日

［纲　文］　**中国全球健康研发中心在北京成立。**

［目　文］　中国全球健康研发中心由中华国际科学交流基金会与全球肺结核联盟共同组建。其研究目标是将肺结核治疗时间缩短至2个月，最终目标是将治疗周期缩短为10天，让肺结核病的治疗像治疗普通疾病那样的容易快捷。

中国全球健康研发中心是公募性的非营利机构，是中华国际科学交流基金会的下属分支机构，具有独立的运营能力。其工作重点是致力于肺结核、艾滋病、疟疾及寄生虫等危害全球公共健康重大疾病的治疗，缩短治疗时间，在药物、疫苗和诊断方面开发又快又有效的创新产品，让更多的病患者更加容易、更加便宜地得到治疗。

3月24日

［纲　文］　**中国对外文化交流协会与美国子午线国际中心在华盛顿签署合作谅解备忘录。**

［目　文］　备忘录的主要内容为双方自2011年至2015年间，就表演艺术、视觉艺术、烹饪艺术及其他人文交流项目展开合作。

3月24日

［纲　文］　**中国选手朱启南在2011赛季射击世界杯悉尼站男子步枪三姿比赛中，以总成绩1271.4分摘得金牌。**

3月24日

［纲　文］　**浪潮集团有限公司发布，国产飞腾CPU服务器已达业界主流水平。**

［目　文］　此次浪潮推出的全国产化服务器产品序列，涵盖了单路塔式、2U两路、1U两路及刀片服务器全产品形态，在研制过程中突破了完整系统设计、高速信号仿真平台、板卡Layout等核心技术和工程技术，不仅能应用于大规模数据库等关键系统，同时在高性能计算领域，已达到业界主流水平。

3月24—27日

［纲　文］　**李长春在福建调研。**

［目　文］　中共中央政治局常委李长春在福州、莆田、平潭综合实验区等地，进企业、入农户、下工地、走访宣传文化单位，就加快转变经济发展方式、发展文化事业和文化产业、促进对台文化交流等进行调研；在湄洲岛的妈祖祖庙，了解妈祖文化发展历程及海内外影响。

李长春希望福建贯彻落实胡锦涛总书记在福建考察工作时的讲话精神，紧紧抓住国家鼓励东部地区率先发展、支持福建加快建设海峡西岸经济区等重大机遇，乘势而上、开拓进取，努力走出一条符合福建实际的科学发展之路。他指出，提高自主创新能力是国家发展战略的核心，是加快转变经济发展方式的中心环节。在贯彻落实全国两会精神、全面实施"十二五"规划纲要的进程中，要把提高自主创新能力贯穿于加快转变经济发展方式的全过程，大力弘扬创新精神，积极培育创新文化，推动创新成果不断涌现、创新人才脱颖而出，为实现"十二五"发展良好开局提供强大支撑。

3月24—27日

［纲　文］　**国家主席胡锦涛主席特使、全国人大常委会副委员长陈昌智应邀访问哥斯达黎加并出席中国援建哥斯达黎加国家体育场移交启用仪式。**

［目　文］　访问期间，陈昌智在圣何塞分别与哥总统钦奇利亚和立法大会代主席萨莫拉举行会晤，双方就中哥政治、经济、文化和议会交流等议题深入交换意见。中哥正式签署了关于中国援建哥国家体育场项目交接证书及经济技术合作协定。

3月24—25日

［纲　文］　**金砖国家智库会议在北京举行。**

［目　文］　会议由当代世界研究中心和中国和平发展基金会主办。中国、巴西、俄罗斯、印度和南非的60多位中外专家学者，以"发展、合作、共享"主题，就推动全球经济治理、加强务实合作与机制化建设等问题进行了探讨。会议发表了《金砖国家智库会议对金砖国家领导人第三次会晤的建议》。

25日，国务委员戴秉国在北京会见了金砖国家智库会议代表时说，金砖国家智库是各国的"思想工厂"和"政策基地"，要发挥智库交流的独特作用，为促进金砖国家的合作和即将在中国召开的金砖国家峰会的成功多作贡献。

3月25日

［纲　文］　**国家主席胡锦涛就缅甸地震灾害向缅甸总统吴登盛致慰问电。**

3月25日

［纲　文］　**国务院在北京召开第四次廉政工作会议。**

［目　文］　国务院总理温家宝出席并讲话。国务院副总理李克强主持会议。国务院副总理回良玉、张德江、王岐山，国务委员刘延东、孟建柱、戴秉国出席会议。中共中央

政治局常委、中央纪委书记贺国强，中共中央书记处书记何勇应邀出席会议。监察部、审计署和天津市政府主要负责人在会上发言。各省、自治区、直辖市政府，计划单列市政府和新疆生产建设兵团，市（地）、县（市）政府主要负责人和分管廉政建设的负责人在分会场参加会议。

温家宝指出，一年来，国务院和各级政府按照中央关于反腐倡廉建设的部署，坚决查办大案要案，深入推进制度建设，加强中央重大决策部署贯彻落实的监督检查和资金审计，解决损害群众利益的突出问题，大力压缩行政支出，取得了新的进展。但是，腐败现象在一些领域仍呈易发多发之势，反腐倡廉形势依然严峻，任务十分艰巨。今年要重点抓好三方面工作。一、认真治理领导干部以权谋私和渎职侵权问题。二、切实加强领导干部廉洁自律。三、坚决遏制奢侈浪费和形式主义。

温家宝强调，要认真落实党风廉政建设责任制，对反腐倡廉各项工作部署要细化分工，落实责任，明确进度，切实做到有部署、有督查、有验收。要集中力量查办大案要案，不论什么人，不论职务高低，只要违纪违法，就要一查到底、严惩不贷，绝不姑息迁就。反腐倡廉工作任务十分艰巨。让我们在以胡锦涛同志为总书记的党中央领导下，高举中国特色社会主义伟大旗帜，以邓小平理论和“三个代表”重要思想为指导，深入贯彻落实科学发展观，以更加坚决的态度和更加有力的措施，扎实推进政府系统反腐倡廉建设，为经济社会健康发展提供有力保障。

3月25日

［纲　文］　**新华社讯，国务院、中央军委批转公安部、总参谋部、总政治部、总后勤部《关于调整军人家属随军政策的意见》。**

［目　文］　《意见》指出，驻全国一般地区部队干部家属随军条件，由副营职调整为正连职；取消驻艰苦地区部队和在特殊岗位工作干部家属随军条件；驻北京城区部队干部家属随军条件由正营职或服役满15年的副营职调整为副营职；驻艰苦地区部队士官家属随军条件，由三级军士长以上士官调整为四级军士长以上士官。

军人家属随军政策建立于1963年，1991年作了进一步规范和完善。这次军人家属随军政策调整，是根据国家户籍管理制度改革发展形势，着眼增强部队凝聚力、战斗力作出的重大决策，充分体现了党中央、国务院、中央军委和中央军委主席胡锦涛对广大官兵的关怀，体现了以人为本、向一线倾斜的特点。

3月25日

［纲　文］　**国家新闻出版总署公布《订户订购进口出版物管理办法》，自2011年3月25日起实施。**

3月25日

［纲　文］　**国家新闻出版总署、商务部公布《出版物市场管理规定》。**

［目　文］　《规定》共5章45条。主要有总则、出版物发行单位设立、出版物发行活动管理、罚则、附则等内容。自2011年3月25日起施行，此前新闻出版总署和有关

部门颁布的《出版物市场管理规定》《音像制品批发、零售、出租管理办法》《外商投资图书、报纸、期刊分销企业管理办法》《中外合作音像制品分销企业管理办法》及有关补充规定同时废止，本规定施行前与本规定不一致的其他规定不再执行。

3月25日

［纲　文］　**国务院副总理回良玉在北京会见欧盟委员会农业委员乔洛什。**

［目　文］　回良玉说，希望双方充分利用中欧农业与农村发展对话机制，扩大和深化农业互利合作，继续保持在粮农、动物卫生组织等多边框架下的沟通和协调。解决好13亿人吃饭问题是中国政府面临的首要民生问题。我们坚持立足国内实现粮食基本自给的方针，在力所能及的范围内，积极向国际社会提供粮食援助，为发展中国家提供技术援助。世界各国应更加重视粮食安全，共同为保障全球粮食安全努力。

乔洛什对此完全赞同，并表示愿意与中国在农业领域加强多渠道、多层次的交流与合作，促进共同发展，为保障世界粮食安全作出贡献。

3月25日

［纲　文］　**中共中央政治局委员、中组部部长李源潮在北京会见由党主席格瓦拉率领的哥斯达黎加自由运动党代表团。**

［目　文］　李源潮指出，中哥自2007年建交以来，在双方的共同努力下，两国关系发展顺利，高层互访不断，政治互信加深，经贸、文教、科技和旅游等领域的合作卓有成效。中国共产党愿在独立自主、完全平等、互相尊重、互不干涉内部事务原则基础上，与哥自由运动党开展交流与合作，共同推动中哥关系持续、稳定发展。李源潮还应询介绍了中国共产党党的建设和组织工作情况。

格瓦拉表示，哥自由运动党重视发展对华关系，愿与中国共产党携手努力，共同促进双方在各领域的友好交流与互利合作。

3月25日

［纲　文］　**中国人民对外友好协会与喀麦隆共和国驻华大使馆在北京共同举行中喀建交40周年招待会。**

3月25日

［纲　文］　**国家内河高等级航道“十二五”建设启动仪式在湖北荆州举行。**

［目　文］　中共中央政治局委员、国务院副总理张德江出席启动仪式。交通运输部部长李盛霖、湖北省省长王国生和发展改革委、财政部等国务院有关部门负责人出席。江苏省委书记罗志军、省长李学勇，广西壮族自治区党委书记郭声琨、自治区政府主席马飚等分别在江苏、广西分会场出席了仪式。

3月25日

［纲　文］　**王毅在北京会见中国国民党青年工作总会“辛亥革命百年访问团”一行。**

［目　文］　中共中央台办主任王毅表示，中国国民党青工总会首次派大型团组来大陆参访，是两岸关系不断改善发展的新成果，也表明国共两党交流正不断拓展和深入。近

年来两岸关系新局面的打开，是中国共产党和中国国民党两党领导人站在全民族高度，顺应两岸同胞共同期待作出的重大决断。两党领导人达成的两岸关系共同愿景，已成为两党乃至两岸同胞为之努力的目标。

中国国民党青年工作总会由国民党各县市青工总会会长组成，主要任务是做社会青年工作，为国民党中央培养青年人才。

同日，中国国民党青工总会大陆参访团在北京香山碧云寺，拜谒了孙中山先生纪念堂及中山先生衣冠冢。

3月25日

［纲　文］ **新落成的澳门日报社新闻大厦举行启用典礼。**

［目　文］ 全国政协副主席何厚铧、澳门特区行政长官崔世安等逾300名各界人士出席典礼，并参观了新闻大厦。

《澳门日报》创办于1958年，是澳门发行量最大的报纸。新大厦高90米，共23层，总建筑面积达34000平方米，集办公、印刷、仓储功能于一体。印刷厂车间的机器全部更新，报纸实现全彩式印刷。

3月25日

［纲　文］ **英国国际视觉传播协会在伦敦颁发2011年度大奖，曾在上海世博会中国馆展出的电子动态版《清明上河图》夺得最佳现场和体验活动奖。**

3月25日—4月14日

［纲　文］ **电子动态版《清明上河图》在澳门展出。**

［目　文］ 本次展览由上海市人民政府和澳门特区政府主办，上海世博会事务协调局及澳门体育发展局承办。全国政协副主席何厚铧、澳门特区行政长官崔世安等出席展览开幕式。

3月26日

［纲　文］ **国家主席胡锦涛与喀麦隆共和国总统比亚互致贺电，热烈庆祝两国建交40周年。**

［目　文］ 胡锦涛在贺电中说，中喀建交40年来，两国关系经受住了时间和国际风云变幻的考验，始终健康稳定向前发展。双方高层交往频繁，各领域合作成果显著，在中非合作论坛框架内的项目顺利实施，在地区和国际事务中密切协调与配合。中喀关系的发展，源于双方不断增强的政治互信，也源于双方为推进两国关系所作出的不懈努力。中方愿同喀方一道，以建交40周年为新的起点，将两国友好合作关系推上更高水平。

比亚在贺电中表示，在双方的共同推动下，喀中关系不断发展，各领域合作日益扩大，两国人民相互尊重，友谊不断加深。中国已成为喀发展道路上重要的合作伙伴。喀麦隆政府和人民感谢中国政府为喀实现现代化所提供的形式多样的帮助。祝愿两国友好合作关系不断巩固，造福两国人民。

同日，外交部部长杨洁篪就中喀建交40周年与喀对外关系部长埃耶贝互致贺电。

3月26日

［纲　文］　**中国大众文学学会第三届全国会员代表大会在北京召开。**

［目　文］　全国各地近300名代表出席，选举产生新一届理事会的161名理事和46名常务理事，赵铁信当选为会长。赵铁信代表中国大众文学学会第二届理事会作了《凝心聚力，开拓创新，努力推动中国大众文学事业繁荣发展》的报告，阐述了中国大众文学事业繁荣发展需要处理好的五大关系：主旋律与多样化的关系、数量与质量的关系、批评与评奖的关系、继承与创新的关系、创作自由与社会责任的关系。

3月26日

［纲　文］　**“2011年全国企业管理创新大会”在北京召开。**

［目　文］　大会由中国企业联合会和国务院国资委企业改革局、工业和信息化部产业政策司和中小企业司共同主办。以“后危机时期的企业管理：转型·队伍·创新”为主题。大会发布了第十七届国家级企业管理创新成果，其中一等32项、二等152项。

3月26日

［纲　文］　**中国航天科工集团成功研制测量辐射粒子的厚型气体电子倍增探测器THGEM多孔膜板。**

［目　文］　其高精度、高密度和在较低工作电压下获得高气体增益的特点为我国这类新型气体探测器的研发跻身国际先进水平奠定基础。

该新型气体探测器研发项目是国家自然科学基金课题，其中THGEM多孔膜板由中国航天科工集团公司二院699厂承担试制。这类探测器可应用于高能物理核物理研究，X射线和同步辐射应用、宇宙学空间研究、等离子体诊断、核安全防护方面的微剂量检测与利用宇宙线多次散射检测核材料、生物医学成像与对紫外光区灵敏的日盲探测等方面。

THGEM多孔膜板制作工艺在国际上属于前沿技术，目前已试制成功的样板是在5×5平方厘米、厚度仅为0.2毫米的双面覆铜箔板上按“正三角形等距”规范打下数万个直径约为0.2毫米的孔。

3月26日

［纲　文］　**首届“网络问政与舆情监测高峰论坛”在南宁举行。**

［目　文］　论坛由人民网主办，南宁市政府、人民网舆情监测室承办。论坛旨在通过探讨“网络问政”的新理念、新观点、新思路，增进主流传媒与地方党政机构之间的沟通与交流。100多位来自地方宣传机构、中国社科院、清华大学等媒体、政府官员及专家学者与会，研讨“微博时代政府与民众的良性互动”。

中国互联网信息中心的数据显示，截至2010年底，中国网民规模已达4.57亿，是当今世界上网民数量最多的国家。

3月26日

［纲　文］　**中国最后一架民用“运七－100”飞机退役。**

［目　文］　中国最后一架民用国产“运七－100”飞机在中国民航飞行学院洛阳分院完成最后一次教学任务后正式退役，接替它执行飞行教学任务的是中航工业西安飞机工业有限责任公司最新研制的“新舟600”飞机。

运七－100型飞机是西飞公司以20世纪80年代世界先进支线飞机技术水平为标准研制的双发涡轮螺旋桨式中短程支线运输机，1984年通过设计定型并批量生产。运七－100飞机的出现，打破了我国民航客运全部使用外国飞机的历史。1987年7月10日，运七－100型飞机正式加入中国民航飞行学院高级教练机序列。自1987年7月至2011年3月，运七－100型飞机共培训飞行员近9000名。

中航工业西飞公司从2005年开始启动新舟600飞机的研制。历时3年多的研制后，新舟600飞机于2008年6月总装下线，同年10月实现成功首飞。2010年12月，新舟600飞机获得了中国民航局颁发的生产许可证，具备了批量交付用户的能力。同月，首架新舟600飞机交付中国民用航空飞行学院。

3月26日

［纲　文］　**钱学森青少年航天科学院在北京成立。**

［目　文］　钱学森青少年航天科学院是由中国运载火箭技术研究院、北京市教委、北京市科委、北京市科协和北京市丰台区政府共同创建，具有航天特色的校外教育机构。学员在这里参与航天科学实验、航天产品创意设计，提高航天科学素养，培养创新和实践能力。

3月26日

［纲　文］　**“十二五”城镇化发展高层论坛在上海举行。**

［目　文］　论坛由国家发展和改革委员会城市和小城镇改革发展中心、上海市发展和改革委员会、上海市宝山区人民政府联合主办。此次论坛系统地总结了过去10年间我国城镇化发展的经验和教训，并对“十二五”时期我国城镇化发展所必须坚持的基本原则和重点任务进行了讨论。与会嘉宾在加强农民工基本公共服务、转变城镇发展模式、促进城镇化健康发展等方面达成诸多共识。

3月27日

［纲　文］　**《人民日报》报道，胡锦涛对深入开展创先争优活动作出指示。**

［目　文］　中共中央总书记胡锦涛对深入开展创先争优活动作出指示，强调要坚持以推动科学发展、促进社会和谐、服务人民群众为主题，深入一线，深入实际，开展创先争优活动。

中共中央政治局常委吴邦国、温家宝、贾庆林、李长春、习近平、李克强、贺国强等也分别作出指示，要求各条战线基层党组织按照中央统一部署，组织广大党员立足本职、联系实际，深入开展创先争优活动，进一步形成崇尚先进、学习先进、争当先进的良好氛围。

3月27日

［纲　文］　**发展改革委公布《产业结构调整指导目录（2011年本）》，自2011年6月1日起施行。**

3月27日

［纲　文］　**人民网报道，中国天然气产量进入世界前十。**

［目　文］　“十一五”期间，我国科研工作者围绕勘探、开发、工程技术和煤层气展开深入攻关，形成了岩性地层油气藏等21项理论新认识，研发了特高含水油田和高温高盐油藏提高采收率、海上稠油高效开发等24项重大核心技术和162项专有技术，整体提升了我国油气和煤层气勘探开发关键技术的自主创新能力，有力支撑了油气储量高峰期工程，实现了天然气跨越式发展。近3年来，我国新增探明石油地质储量36亿吨和天然气地质储量1.9万亿立方米。天然气年产量从2004年400亿立方米快速增长到2010年的946亿立方米，产量实现翻番，使我国在世界产气国的排名由第十三位晋升到前十位。我国原油继续保持了1.9亿吨的稳产和世界第五大产油国地位。

在大型油气田及煤层气开发重大专项的支持下，我国石油地质理论研究和勘探技术攻关取得重要突破。围绕岩性地层、前陆盆地、碳酸盐岩等重点勘探领域，对大型油气田形成条件、分布特点、成藏规律和勘探技术进行了系统攻关，取得了重大地质理论突破和勘探技术进步。以陆相大型浅水三角洲为核心的岩性地层油气藏地质理论，突破了以往陆相湖盆中心油气勘探的禁区，指导了鄂尔多斯盆地苏里格示范区新增探明天然气储量2.25万亿立方米和陇东示范区新增探明石油储量5.22亿吨。

地质理论新认识和勘探技术新成果指导了四川川中、新疆克拉美丽、南海流花等7个千亿方级大气田和新疆塔河等6个亿吨级油田的发现，证实了我国南海深水具有万亿方大气区资源潜力，推动我国石油工业进入以天然气发展为主的第二次快速增长期。新领域勘探集成与配套技术取得重大进展，大幅度提高了新领域油气资源勘探的竞争力，成功发现了7个规模油田，新增探明、控制石油地质储量9.58亿吨、天然气2210亿立方米。科技进步也推动高含水油田和复杂油气田提高采收率技术。针对以大庆油田为代表的特高含水油田，经过不懈攻关，水驱油开发规律等理论、0.2米级薄层剩余油精细描述等技术取得了重大进展，提高了水驱采收率1%—1.5%；同时研发形成的二类油层聚驱技术和复合驱技术可提高采收率10%以上，有力地保障了大庆油田原油4000万吨持续稳产，该项成果获2010年国家科技进步特等奖。

在海洋油气资源勘探开发技术领域，我国也实现了重大突破。以前，我国海洋油气开发主要集中在水深小于500米的内海，深水油气开发技术和装备几乎为空白。经过我国科技人员不懈攻关，成功研制了3000米深水半潜式钻井平台，是国内首次建造完成的顶级深水半潜式钻井平台，基本形成了3000米水深作业能力，标志着我国实现从500米到3000米海洋深水的重大跨越。

3 月 27 日

［纲　文］ **西藏百万农奴解放纪念日主题文艺晚会《翻身农奴把歌唱》在拉萨举行。**

［目　文］ 晚会在《唱支山歌给党听》的熟悉旋律中拉开序幕。来自西藏歌舞团、西藏话剧团、拉萨市民族艺术团及一些由群众自发组成的表演团队，表达了各族人民对西藏美好未来的坚定信心。

1959 年 3 月 28 日，在中国共产党的领导下，以解放农奴为核心目标的西藏民主改革运动拉开序幕，由此开辟了西藏从黑暗走向光明、从贫穷走向富裕、从落后走向进步、从专制走向民主、从封闭走向开放的历史新纪元。2009 年 1 月 19 日，西藏自治区九届人大二次会议投票决定，将每年的 3 月 28 日设为西藏百万农奴解放纪念日。

28 日，西藏各族各界干部群众以各种方式欢庆第三个“西藏百万农奴解放纪念日”。

3 月 27 日

［纲　文］ **澳门基本法推广协会、法务局、民政总署及教育暨青年局在塔石广场举办澳门基本法颁布 18 周年纪念活动。**

3 月 27 日

［纲　文］ **中国女子冰壶队获得丹麦 2011 年女子冰壶世锦赛季军。**

3 月 27 日

［纲　文］ **广州建立全国首家区域远程胸痛急救网络。**

［目　文］ 广州军区总医院发布：广州军区总医院胸痛中心、远程心电会诊中心正式成立，中国首个区域远程协同胸痛急救网正式投入运营。该网络通过智能化的信息传输手段，在救护车内即可实现胸痛病人的快速诊断并将信息传输回医院。全面投入运营后，胸痛病人如心肌梗死等疾病的抢救时间有望从原来的 70 分钟缩减到 40 分钟。

3 月 28 日

［纲　文］ **中共中央政治局召开会议，讨论研究加强市、地、州、盟党政正职干部管理工作。**

［目　文］ 中共中央总书记胡锦涛主持会议。会议认为，地市一级在党和国家工作全局中处于承上启下的重要位置，地市党政正职干部是党治国理政的重要骨干力量，在推进改革发展稳定中担负着重要责任、发挥着关键作用。按照党的十七大和十七届三中、四中、五中全会精神，以邓小平理论和“三个代表”重要思想为指导，深入贯彻落实科学发展观，培养造就一支高素质党政正职干部队伍，对提高党的执政能力、推动经济社会又好又快发展、实现党和国家长治久安具有十分重要的意义。

会议强调，要坚持德才兼备、以德为先标准，按照忠于党、忠于国家、忠于人民，政治上强、具有领导科学发展能力、能够驾驭全局、善于抓班子带队伍、民主作风好、清正廉洁的要求，严格把握人选标准和条件，注重选拔实际工作经验丰富的干部，形成队伍合理结构，推进交流任职，把优秀领导人才选配到市党政正职岗位。要按照干部人事制度改革要求，进一步健全选拔任用机制，完善人选提名，加强考察工作，落实全委会票决制度。要强化教育培训，着力提高推动科学发展、促进社会和谐能力，加强党性锻炼和党性修养，提高教育培训针对性和实效性，拓宽培训渠道，创新培训方式。要健全和改进考核机制，积极引导牢固树立科学发展观和正确政绩观，加强德的考核，全面客观准确考核评价领导科学发展的工作实绩，注重了解群众公认度，支持和鼓励干部踏实干事。要加强管理和监督，促进秉公用权、廉洁从政，加强对贯彻民主集中制情况的监督，严格选人用人行为，落实和完善巡视、经济审计、报告个人有关事项、述职述廉等监督制度。

3月28日

［纲　文］　**胡锦涛主持中共中央政治局第二十七次集体学习。**

［目　文］　本次学习的主题是：推进依法行政和弘扬社会主义法治精神。国家行政学院胡建淼教授、中央党校卓泽渊教授就这个问题进行讲解，并谈了他们的意见和建议。中共中央政治局各位委员听取了他们的讲解，并就有关问题进行了讨论。

中共中央总书记胡锦涛在主持学习时指出，全面推进依法行政、弘扬社会主义法治精神，是坚持立党为公、执政为民的必然要求，是推动科学发展、促进社会和谐的必然要求。我们必须增强全面推进依法行政、弘扬社会主义法治精神的自觉性和主动性，加快建设社会主义法治国家。全面推进依法行政，要以邓小平理论和“三个代表”重要思想为指导，深入贯彻落实科学发展观，坚持党的领导、人民当家作主、依法治国有机统一，认真落实依法治国基本方略，以建设法治政府为目标，以事关依法行政全局的体制机制创新为突破口，以增强领导干部依法行政意识和能力、提高制度建设质量、规范行政权力运行、保证法律法规严格执行为着力点，为保障经济又好又快发展和社会和谐稳定发挥更大作用。要更加注重制度建设，在中国特色社会主义法律体系已经形成的有利基础上，继续通过完善立法加强和改进制度建设，坚持科学立法、民主立法，着力抓好促进科学发展、深化改革开放、保护资源环境、保障和改善民生、维护社会和谐稳定、加强政府建设等方面所急需法律法规的制定或修改工作，力求体现规律要求、适应时代需要、符合人民意愿、解决实际问题。在全社会大力弘扬社会主义法治精神，对全面贯彻落实依法治国基本方略、建设社会主义法治国家具有基础性作用，必须把加强宪法和法律实施作为弘扬社会主义法治精神的基本实践，不断推进科学立法、严格执法、公正司法、全民守法进程。

3月28日

［纲　文］　**国家知识产权局公布修改后的《专利代理管理办法》，自2011年3月28日起施行。**

3月28日

［纲　文］　**财政部、交通运输部发布《车辆购置税用于交通运输重点项目专项资金管理暂行办法》。**

［目　文］　《办法》共7章21条。主要有总则、使用范围和预算管理方式、项目库管理、资金下达、决算管理、监督检查、附则等内容。自2011年3月28日起执行。此前

有关规定与本办法不一致的，以此办法为准。

3 月 28 日

［纲　文］ **审计署印发《关于加强审计监督促进“十二五”规划顺利实施的意见》。**

［目　文］ 《意见》由三个部分组成：一、深入学习把握“十二五”规划纲要的精神实质，增强围绕主题主线开展审计工作的自觉性。二、认真履行审计职责，积极推动“十二五”规划的顺利实施。三、加强基础建设，全面提升审计工作的层次和水平。

3 月 28 日

［纲　文］ **国务院副总理王岐山在北京会见英国前首相布莱尔，双方就世界经济形势、能源环保等问题交换了看法。**

3 月 28 日

［纲　文］ **中国首次蟒蛇放归自然活动在海南呀诺达景区举行。**

［目　文］ 活动由国家林业局和海南省林业局主办，100 条人工繁育和救护的蟒蛇被放归野外。

蟒蛇是国家一级保护野生动物，被称为“蛇中之王”。长期以来，我国蟒蛇野外种群数量急剧减少，到 20 世纪 80 年代达到濒危状态。为拯救这一濒危物种，国家林业局 2008 年批准海南东盛弘蟒业科技股份有限公司为全国首家开展蟒蛇繁育利用的试点单位；经过多年努力，实现了蟒蛇的人工规模化养殖。这些放归的蟒蛇已被植入芯片，科研人员将进行长期跟踪，深入开展蟒蛇野外情况的研究。

3 月 28 日

［纲　文］ **由韩美林、张风塘、刘大为等多位国内艺术家共同创作的名为《民生》的书法长卷在北京亮相。**

［目　文］ 书法长卷长约 10 米，宽 0.9 米，以歌曲《民生》的歌词为内容。歌曲是为中国共产党成立 90 周年而作，由曾创作《国家》《生死不离》等作品的王平久作词，金培达作曲。

3 月 28—31 日

［纲　文］ **梁光烈在四川成都、资阳、广安调研民兵工作情况。**

［目　文］ 中央军委委员、国务委员兼国防部长梁光烈指出，加强新形势下民兵工作，要高举中国特色社会主义伟大旗帜，以邓小平理论和“三个代表”重要思想为指导，深入贯彻落实科学发展观，开拓进取，真抓实干，努力开创民兵工作新局面。各级要坚持军地双重领导，使民兵工作真正形成军地合力、齐抓共管的良好局面。要健全完善民兵管理机制、民兵战斗力考评机制、民兵应急行动保障机制，确保民兵工作顺利开展。要加强法律法规建设，进一步提高民兵工作的规范化法制化水平。

调研期间，梁光烈出席了成都军区边防委员会第四次全体（扩大）会议。他肯定了“十一五”时期西南边防工作成绩，强调要深刻认识新形势下边海防的重要地位作用，全面把握中央对边海防工作的部署要求，以实在有力措施，把中央决策指示转化为具体行动和实际成果。要加强对边境管控的分类指导，健全完善军警民联防机制，进一步提高西南边境管控整体水平。要贯彻体系建设思想，突出抓好边防信息化建设，大力推进边防建设军民融合式发展，不断提升西南边防建设的质量和水平。

3 月 28—29 日

［纲 文］ **中国机械工业联合会三届三次会员大会在北京召开。**

［目 文］ 会议的主题是：学习贯彻党的十七届五中全会和全国两会精神，总结 10 年来机械工业发展情况及中国机械工业联合会工作，研究分析面临形势，部署“十二五”时期及 2011 年工作任务。来自全国机械工业的会员代表 300 多人出席会议。

29 日，全国政协主席贾庆林在北京会见中国机械工业联合会三届三次会员大会代表时指出，要认真学习贯彻党的十七届五中全会和全国两会精神，切实把思想统一到中央的决策部署上来，把力量凝聚到“十二五”时期的目标任务上来，牢牢把握科学发展这个主题和加快转变经济发展方式这条主线，振奋精神、扎实工作，努力推动机械工业又好又快发展，为实现我国由机械工业大国向机械工业强国迈进作出新的更大贡献。

3 月 28—31 日

［纲 文］ **第十九届中国国际服装服饰博览会在北京举行。**

［目 文］ 博览会由中国服装协会、中国国际贸易中心股份有限公司和中国国际贸易促进委员会纺织行业分会共同主办。来自中国、意大利、法国和中国香港、中国澳门、中国台湾等 19 个国家和地区的 1000 多个服装服饰品牌参展。

29 日，国务院副总理张德江参观第十九届中国国际服装服饰博览会时指出，要坚持科学发展，加快转变发展方式，大力推动产业结构调整升级，加速推进自主品牌建设，努力提高服装行业的竞争实力和可持续发展能力，为实现纺织大国向纺织强国转变作出新的更大贡献。

3 月 28—30 日

［纲 文］ **应外交部部长杨洁篪邀请，韩国外交通商部长官金星焕对中国进行正式访问。**

［目 文］ 29 日，国务院总理温家宝在北京会见金星焕，双方就中韩关系和共同关心的问题交换了意见。

同日，杨洁篪在北京与金星焕举行会谈。双方积极评价当前的中韩关系，同意继续加强两国各领域交流与合作，推动两国战略合作伙伴关系进一步向前发展。双方还就朝鲜半岛局势、尽快重启六方会谈等共同关心的问题交换了意见。

3 月 29 日

［纲 文］ **国家主席胡锦涛在北京接受土库曼斯坦、法国、西班牙和塞拉利昂四国新任驻华大使递交的国书。**

3 月 29 日

［纲　文］　**全国绿化委员会在北京召开全体会议。**

［目　文］　国务院副总理、全国绿化委员会主任回良玉出席并讲话。全国绿化委员会副主任、国家林业局局长贾治邦作了工作报告。会议总结“十一五”时期国土绿化工作，安排部署植树造林和国土绿化重点任务。会议审议通过了《全国造林绿化规划纲要（2011—2020 年）》和《关于表彰全国绿化先进集体、劳动模范和先进工作者的决定》。

回良玉要求，采取综合措施，突出重点任务，全面提升国土绿化的质量和效益。一要认真实施《全国造林绿化规划纲要（2011—2020 年）》，将建设任务分解落实到各个地方，严格检查验收，确保如期完成。二要全面深化集体林权制度改革，增强林业发展的活力与吸引力，充分调动社会各界尤其是广大农民群众参与林业建设的积极性，不断壮大国土绿化的力量。三要深入开展全民义务植树运动，研究探索推进义务植树的新思路新办法，鼓励适龄公民通过多种方式履行植树义务。四要着力巩固国土绿化成果，依法严惩盗伐滥伐林木和非法占用林地绿地行为，切实加强森林草原防火工作，抓好林业有害生物防治。五要切实加强国土绿化工作的组织领导，完善地方各级政府造林绿化目标责任制和部门绿化责任制。

3 月 29 日

［纲　文］　**中国大学生自主创业工作经验交流会暨全球创业周峰会在上海举行。**

［目　文］　会议由教育部、科技部、人力资源社会保障部、共青团中央会同上海市人民政府共同举办。会议内容是：总结交流全国大学生自主创业工作经验，部署下一阶段工作；学习借鉴国外推动大学生自主创业的经验和做法。中共中央政治局委员、国务委员刘延东出席并发表题为“共同推动创新创业事业蓬勃发展”的主旨演讲。来自世界 96 个国家和地区的创业组织代表和中国的创业教育工作者、企业家代表出席。

同日，刘延东在上海会见美国纽约大学校长约翰·塞克斯通一行时介绍了“十二五”规划、国家中长期教育改革和发展规划纲要以及中美人文交流高层磋商机制的情况，鼓励纽约大学继续深化与中国教育界的合作，与华东师范大学等中方单位一起，把上海纽约大学建好办好，促进两国人文交流，特别是青年学生的交流，为推动中美关系长期健康稳定发展作出应有的贡献。

3 月 29 日

［纲　文］　**中国航天员中心成立人因工程国家重点实验室。**

［目　文］　这是我国在人因工程领域唯一的国家级重点实验室。旨在进一步推动人机交互理论研究，为中国载人航天工程发展提供理论依据和技术支撑。

人因工程是新兴的交叉学科，着眼解决“为人使用而设计”的工程问题，研究如何使机器、环境系统的设计符合人的身体结构和生理心理特点，确保人安全、健康、高效地工作。在我国载人航天飞行任务中，载人航天器、舱外航天服等工程研制都充分考虑到航天员生理和心理特性，体现了人机协同的设计理念。

3月29日

［纲 文］ **航天飞行动力学技术重点实验室揭牌仪式在北京航天飞行控制中心举行。**

［目 文］ 实验室以北京航天飞行控制中心为主要依托单位，联合西北工业大学共同建设，将瞄准国际航天飞行动力学研究前沿，以解决航天飞行动力学技术中的基础性、战略性、关键性技术难题为目标，开展轨道计算与分析、深空探测器轨道测定及任务规划与控制等方向的探索研究。

3月29日

［纲 文］ **故宫博物院宣布成立北京故宫文物保护基金会及北京故宫文化促进会。**

3月29日—4月3日

［纲 文］ **应外交部部长杨洁篪邀请，利比里亚外交部部长麦金托什对中国进行正式访问。**

［目 文］ 30日，国家副主席习近平在北京会见麦金托什时说，中方愿与利方共同努力，积极拓展友好合作的新领域、新渠道，密切在重大国际问题上的协调配合，加强人文交流，推动中利友好合作关系不断取得新成果，造福两国人民。中国政府高度关注非洲的和平与安全形势，愿同包括利比里亚在内的非洲国家一道，积极推动有关危机的和平解决，为促进非洲和平与发展事业作出更大贡献。

麦金托什感谢中方为利比里亚经济社会发展提供的大力支持，表示利比里亚政府重视发展与中国的友好关系，愿进一步加强双方各领域交流，扩大投资合作，推动两国关系全面深入发展。

同日，杨洁篪在北京与麦金托什会谈时说，中利两国复交以来，双边友好合作全面、深入发展，双方高层交往密切，在涉及各自重大利益问题上相互支持，政治互信不断增强，在经贸、文教、卫生等领域务实合作成果显著。中方愿与利方进一步加强各领域友好交往，继续支持利比里亚和平重建进程，推动两国关系再上新台阶。

麦金托什表示，利中关系近年来发展迅速，双方在政治、经贸等多个领域开展了卓有成效的合作。利方愿与中方共同努力，加强友好交往，扩大各领域合作，全面提升利中关系。

3月30日

［纲 文］ **国家主席胡锦涛在北京见来华出席国际货币体系改革研讨会的法国总统萨科齐。**

［目 文］ 胡锦涛说，过去的一年中法关系取得了新进展。两国领导人就构建中法全面战略伙伴关系达成重要共识，推动中法关系进入了新的发展阶段。双方要保持两国高层和各级别交往势头，加强对话沟通，增进战略互信，尊重和照顾彼此重大关切。双方要深化两国经贸、航空、航天等传统领域的合作，大力拓展新能源、新材料、循环经济等新

兴产业的合作，尤其是核安全领域的合作，扩大双向投资，提升合作水平。双方要深入推进人文交流，办好中法语言年系列活动和首批百名法国青年访华活动，推动中法全面战略伙伴关系持续深入发展。近一时期，利比亚局势引起国际社会高度关注。中方对此也深表关切。我们认为，安理会就利比亚局势通过决议，目的是制止暴力，保护平民。如果军事行动殃及无辜平民，造成更大人道主义危机，则违背了安理会决议的初衷。我们一贯主张，每个国家的独立、主权、统一和领土完整都应当受到尊重，不赞成在国际事务中使用武力。历史经验一再证明，武力解决不了问题，只能使问题更加复杂化，对话等和平手段才是最终解决问题的出路。中方支持法国举办二十国集团领导人戛纳峰会，愿同法方及其他成员国加强沟通和协调。

萨科齐说，2010年，胡锦涛主席对法国进行了成功的国事访问。今年对于法中关系十分重要，双方要继续保持两国关系发展良好势头，加强高层互访及各领域交往与合作。法方愿就国际货币体系改革问题同中方保持沟通，期待着胡锦涛主席出席二十国集团领导人戛纳峰会。萨科齐表示，法方也希望通过政治和外交方式解决利比亚危机。

3月30日

［纲　文］　**温家宝主持召开国务院常务会议。**

［目　文］　会议主要内容有：一、讨论通过《青藏高原区域生态建设与环境保护规划（2011—2030年）》。会议指出，包括西藏、青海、四川、云南、甘肃、新疆6省（区）27个地区179个县在内的青藏高原，地理位置特殊，自然资源丰富，是我国重要的生态安全屏障。加强青藏高原生态建设与环境保护，对于维护国家生态安全，促进边疆稳定和民族团结，全面建设小康社会，具有重要意义。党中央、国务院对此高度重视，先后作出一系列决策部署，青藏高原生态环境保护取得积极进展。2001年以来，累计退牧还草约16万平方公里，退耕还林约4200平方公里，治理水土流失面积约9000平方公里，森林覆盖率提高0.8个百分点，主要河流、湖泊水质优良，大部分城镇大气环境质量优于国家一级标准。会议强调，力争到2030年，使青藏高原自然生态系统趋于良性循环，城乡环境清洁优美，人与自然和谐相处。会议要求各有关地区和部门加强组织领导和协调配合，制定实施方案，落实工作责任，完善政策措施，保障资金投入，确保规划顺利实施。二、会议审议并原则通过《个体工商户条例（草案）》。会议认为，为进一步鼓励、支持和引导个体工商户健康发展，充分发挥个体工商户在经济社会发展和扩大就业中的重要作用，有必要在总结实践经验基础上制定个体工商户条例。《条例（草案）》取消了对个体工商户从业人员人数、申请设立者身份的限制，放宽了经营范围，规定了对个体工商户的扶持、服务措施和个体工商户从事经营活动的基本行为规范等。

3月30日

［纲　文］　**财政部、水利部印发《中央分成水资源费使用管理暂行办法》。**

［目　文］　《办法》共5章18条，主要有总则、使用范围、项目申报与批复、资金监督与检查验收、附则等内容。自2011年3月30日起施行。

3月30日

［纲　文］　**中央组织部、国务院国资委在北京召开中央企业2010年公开招聘高管人员和海外人才集体谈话会。**

［目　文］　中共中央政治局委员、中组部部长李源潮出席并讲话。国务院国资委主任王勇主持会议。中央企业2010年公开招聘上岗人员，公开招聘工作领导小组成员，中央组织部、国务院国资委有关厅局负责人参加了会议。

李源潮指出，希望聘任人员以对国家、对社会、对企业高度负责的精神履职尽责。要有创先争优的责任感和使命感，有全球竞争视野、长远战略思维和改革创新意识，不断提高引领企业科学发展的本领，为做强做优中央企业作出积极贡献。要自觉维护班子团结，虚心向其他同志学习，严于律己、秉公用权、廉洁从业。

面向海内外公开招聘央企高管自2001年以来已开展8次，共招聘了128名央企高管和12名海外高层次人才。这次招聘与引进海外高层次人才相结合，共有1410人报名，31人被聘任，是规模最大的一次。其中，中央管理的企业总经理3名，国家级人才创新创业基地负责人4名。

3月30日

［纲　文］　**中宣部、国资委在北京召开电视电话会议。**

［目　文］　部署宣传和贯彻落实《关于加强和改进新形势下国有及国有控股企业思想政治工作的意见》相关工作。

会议要求，各级宣传部门要同国资委紧密合作，在党委和政府统一领导下，把贯彻落实《意见》作为今后一个时期加强宣传思想工作的一项重大任务，采取有效措施，切实抓紧抓好；要组织新闻媒体深入宣传中央关于国有企业改革发展的方针政策和决策部署，大力宣传加强和改进国有企业思想政治工作的重要意义、总体要求和主要任务，积极宣传有关部门和企业贯彻落实《意见》的创新举措和工作经验；要牵头抓紧研究制定落实方案，提出阶段性目标和进度安排；要在认真学习领会中央精神和《意见》要求的基础上，主动深入企业、深入一线、深入职工群众之中，有针对性地加强调研指导和督促检查，广泛听取意见建议，及时了解、掌握、解决《意见》实施过程中发现的问题，确保在"十二五"开局之年取得新的更大的成效。中央企业要带头贯彻落实好《意见》。

3月30日

［纲　文］　**统一战线参与毕节试验区建设工作联席会议第四次全体（扩大）会议在北京召开。**

［目　文］　中共中央政治局常委、全国政协主席贾庆林作出批示指出，2010年，统一战线参与毕节试验区建设工作取得显著成效，这是各民主党派中央、全国工商联、国务院有关部委、东部10省市党委统战部、贵州省委省政府和毕节地委行署以及人民群众共同努力的结果。今年是"十二五"规划开局之年，统一战线参与毕节试验区建设站在了一个新的起点上，希望统一战线和各有关方面认真学习贯彻胡锦涛同志关于思想上同心同

德、目标上同心同向、行动上同心同行的重要讲话精神，坚持科学发展的主题和转变经济发展方式的主线，围绕打造“同心”品牌，发挥优势、突出特色，总结经验、开拓创新，抓好落实、注重实效，为推进试验区科学发展和多党合作事业作出新的贡献。

全国政协副主席、中央统战部部长杜青林出席会议并讲话。中央统战部、各民主党派中央和全国工商联，毕节试验区专家顾问组，国务院有关部门，北京等10省市党委统战部以及贵州省委、毕节地委有关人员约100人参加会议。

会议传达了中共中央总书记胡锦涛关于“同心”思想和贾庆林批示。全国政协副主席、农工党中央常务副主席陈宗兴，民革中央副主席何丕洁，民盟中央常务副主席张宝文，民建中央副主席张少琴，民进中央副主席王佐书，致公党中央副主席李卓彬，九三学社中央副主席丛斌，台盟中央常务副主席汪毅夫，全国工商联副主席谢经荣和发展改革委、教育部、科技部、水利部、农业部、卫生部、天津市、贵州省、毕节试验区专家顾问组等有关部门负责人结合各自工作实际，就统一战线参与毕节试验区建设工作提出思路和部署。

3月30日

［纲　文］　**国务院副总理李克强在北京会见德国财政部长朔伊布勒。**

［目　文］　李克强说，中德经济互补性强，合作大有可为。双方应不断拓展传统贸易和投资，积极扩大在节能环保、绿色经济、战略性新兴产业等新领域的合作，加强财经合作。希望两国继续加强沟通协调，共同推动国际金融体系改革和全球经济治理结构的完善，增加新兴市场国家和发展中国家的发言权和代表性。

朔伊布勒表示，德方愿在中国实施“十二五”规划的过程中进一步推动双边经贸合作，对中国支持欧洲应对主权债务危机表示欢迎和感谢，表示欧盟将坚决捍卫欧元和欧洲经济稳定。

3月30日

［纲　文］　**国务院副总理王岐山在北京会见法国经济、财政与工业部部长克里斯蒂娜·拉加德。双方就中法经济合作、二十国集团戛纳峰会等共同关心的问题交换了意见。**

3月30日

［纲　文］　**纪念澳门基本法颁布18周年学术研讨会在澳门举行。**

［目　文］　研讨会的主题是探讨国家“十二五”规划与澳门特区的发展。研讨会由澳门基本法推广中心、澳门特区政府法务局、民政总署、教育暨青年局和北京大学港澳台法律中心主办，澳门大学法学院、澳门科技大学法学院、澳门理工学院“一国两制”研究中心协办。来自内地与港澳台的专家学者300多人出席了研讨会。澳门特区行政长官崔世安在致辞中说，继续深入对澳门基本法的系统研究，学习和理解国家“十二五”规划的精神和内容，对于澳门基本法的实施，促进特区的可持续发展，必定产生重要的推动作用。

3月30日

［纲　文］　**中澳首届气候变化论坛在澳大利亚国立大学举行。**

［目　文］　国家发展和改革委员会副主任解振华与澳大利亚气候变化和能源效率部部长格雷格·康贝特在论坛上强调，气候变化问题是当今人类面临的重大挑战。应对气候变化，需要朝着低碳、绿色经济的方向发展。

3月31日

［纲　文］　**新华社讯，胡锦涛签署命令，发布施行《中国人民解放军财务条例》。**

［目　文］　《条例》共设11章66条，明确了新时期军队财务工作的总体要求、基本任务、方针原则、领导体制和基本制度等；明晰了总部、军区级单位和军级以下单位财务部门和事业部门的财务工作职责，构成既相互协调又相互制约的运行机制；按照经费管理使用的基本流程，对预算管理、经费供应、支出管理、资产管理、会计核算、财务监督和相关业务建设等内容分别作了规范；在涉及经费使用审批、资金安全管理、预算外经费收缴、资产处置、会计核算要求，以及财务内部控制等方面，严格了财经纪律；特别规定各级机关要从严控制会议、集训、公务接待、差旅、办公设备购置与维修、办公杂支等行政消耗性支出，贯彻了国家和军队关于厉行节约工作的政策要求。《条例》自2011年5月1日起施行。

3月31日

［纲　文］　**全国人大常委会办公厅在北京召开代表建议交办会。**

［目　文］　全国人大常委会副委员长兼秘书长李建国出席并讲话。全国人大常委会副秘书长王万宾主持会议。全国人大常委会副秘书长何晔晖通报了十一届全国人大四次会议代表建议提出和交办等情况。国务院副秘书长焦焕成对国务院承办代表建议的部门和单位提出了要求。全国人大常委会法工委、部分在京承办单位负责人等参加会议。

会议将十一届全国人大四次会议期间全国人大代表提出的8043件建议、批评和意见统一交由177个机关和组织研究办理，并从中确定11项内容作为2011年重点办理的建议。11项包括：建立完善县级财力保障机制的建议，支持粮食主产区发展的建议，发展特高压电网的建议，完善食品安全监管机制、加强食品监测评估和检验检测体系建设的建议，开展农村河道综合整治的建议，加强企业自主创新的建议，加快推进西部铁路建设的建议，支持区域经济发展的建议，加快养老服务业发展的建议，加强矿山地质环境治理的建议，加强林业建设、增加林农收入的建议。

3月31日

［纲　文］　**国务院新闻办公室发表《2010年中国的国防》白皮书。**

［目　文］　白皮书由十个部分组成：一、安全形势。二、国防政策。三、人民解放军的现代化建设。四、武装力量运用。五、国防动员和后备力量建设。六、军事法制。七、国防科技工业。八、国防经费。九、建立军事互信。十、军控与裁军。

同日，国防部外事办公室负责人就中国政府发表《2010年中国的国防》白皮书接受了记者的专访，就相关内容回答了记者的提问。

3 月 31 日

［纲　文］　**国家税务总局发布《企业资产损失所得税税前扣除管理办法》。**

［目　文］《办法》共 8 章 52 条。主要有总则、申报管理、资产损失确认证据、货币资产损失的确认、非货币资产损失的确认、投资损失的确认、其他资产损失的确认、附则等内容。自 2011 年 1 月 1 日起施行。《国家税务总局关于印发〈企业资产损失税前扣除管理办法〉的通知》（国税发〔2009〕88 号）、《国家税务总局关于企业以前年度未扣除资产损失企业所得税处理问题的通知》（国税函〔2009〕772 号）、《国家税务总局关于电信企业坏账损失税前扣除问题的通知》（国税函〔2010〕196 号）同时废止。本办法生效之日前尚未进行税务处理的资产损失事项，也应按本办法执行。

3 月 31 日

［纲　文］　**国有资产监督管理委员会公布《地方国有资产监管工作指导监督办法》。**

［目　文］《办法》共 5 章 26 条。主要有总则、指导监督工作机制、指导监督工作事项、指导监督工作方式、附则等内容。自 2011 年 5 月 1 日起施行。原《地方国有资产监管工作指导监督暂行办法》（国务院国资委令第 15 号）同时废止。

3 月 31 日

［纲　文］　**工业和信息化部、科技部、财政部、商务部、国资委发布《关于加快推进信息化与工业化深度融合的若干意见》。**

［目　文］《意见》由四个部分组成：一、指导思想。二、基本原则。三、发展目标和主要任务。四、主要措施。

3 月 31 日

［纲　文］　**民政部在徐州召开全国零散烈士纪念设施建设管理保护工作会议。**

［目　文］　据统计，目前全国有 100 多万座散葬烈士墓和 7000 余处零散烈士纪念设施。由于诸多因素影响，它们的管理仍存在很多问题，普遍规模较小，年久失修。

会议指出，当前烈士褒扬工作的首要任务是高标准抓好零散烈士纪念设施建设管理保护工作。要精心搞好普查，把本地零散烈士纪念设施数量、目前现状等信息掌握清楚，研究制定科学的工作规划和实施方案。要严密组织实施，科学配置资金，合理调配力量，确保工作进度。要加强组织领导，对工程质量实施全方位、全过程监管。还要着力提高烈属权益保障水平，加强烈士褒扬工作法规政策建设，继续把烈士纪念设施打造成革命传统教育和爱国主义教育基地，精心做好烈士遗物搜集、遗产保护、事迹编纂、史料整理、陈列展示以及纪念设施布局、维护等工作。

3 月 31 日

［纲　文］　**全国农村青年致富带头人表彰会在北京举行。**

［目　文］　中共中央政治局委员、国务院副总理回良玉出席会议并指出，“十二五”时期，是全面建设小康社会的关键时期，是促进农民增收致富、建设社会主义新农村的重要时期，需要亿万农村青年为之不懈奋斗。各级党委和政府要为农村青年建功立业创造环

境和条件，提供空间和舞台。要积极拓展农村青年就业创业空间，既要倡导进城入镇就业创业，也要鼓励就地就近就业创业，还要支持外出者回乡创业兴业。引导农村青年从实际出发，选准就业创业兴业门路，宜农则农、宜工则工、宜商则商。研究制定鼓励农村青年创业、以创业带动就业的扶持政策，加强市场信息、创业辅导、管理咨询、融资指导等服务。着力提升农村青年就业创业能力，下功夫加强教育培训工作，努力使走出去的具有较强务工经商技能，留下来的掌握先进适用农业技术，搞创业的掌握基本经营管理知识。

全国农村青年致富带头人由共青团中央和农业部联合评选，每两年表彰一次，旨在激励和引导广大农村青年在农村和农业领域敢闯敢试，创业致富，建设幸福美好的家园。

3月31日

［纲　文］　**国务委员刘延东在北京会见美国杜克能源公司董事长罗杰毅。**

［目　文］　刘延东说，中国致力于转变经济发展方式，完善和增强以企业为主体、政产学研用互动的技术创新体系。中国欢迎世界各国参与中国发展、分享中国发展机遇，也欢迎科技创新型企业积极参与中美能源科技合作，实现互利双赢。

3月31日

［纲　文］　**李源潮在北京中关村调研人才特区建设。**

［目　文］　中组部部长李源潮在北京中关村的国家作物分子设计工程技术研究中心和联想研究院，了解人才培养、吸引和使用情况，肯定他们在引进海外高层次人才和发挥人才作用方面取得的成绩；在联想研究院召开座谈会，听取中关村管委会和园区企业负责人对建设人才特区的意见。

李源潮指出，要认真落实国家人才发展规划，落实中央有关部门和北京市《关于中关村国家自主创新示范区建设人才特区的若干意见》，解放思想，积极探索，努力把中关村建设成为全国人才体制机制改革创新的试验区。要着眼于解放人才、解放科技生产力，采取务实灵活的措施，推进人才政策创新，先行先试有利于人才引进、人才成长和创新创业的政策措施。

3月31日

［纲　文］　**澳门特区支持四川地震灾后重建协调小组发布澳门特区政府参与四川“5·12”地震灾后重建工作情况。**

［目　文］　澳门特区政府参与四川“5·12”地震灾后重建工作已进入第三年。3月22日，援建项目的最后一批资金约人民币1.65亿元已一次性拨付至四川方面专用账户。至此，澳门特区政府已完成拨付所有项目协议金额，共计澳门币49.66亿元（人民币42.24亿元）。原50亿元澳门币的援助承诺中，尚有少数作为备用的剩余资金有待双方日后协商。

协调小组说，澳门援建的102个项目，包括51个教育、29个卫生、13个基础建设、6个体育及3个社会福利项目已全部开工，其中11个项目已完工，并进入最后审计决算程序。根据川方进度计划显示，澳门援建项目至年底估计可完成98个项目，余下4个项目将在 2012 年年中之前完工。

3 月 31 日

［纲　文］　**G20 国际货币体系高级别研讨会在南京召开。**

［目　文］　此次会议由 G20 轮值主席国法国主办。国务院副总理王岐山、法国总统萨科齐共同宣布研讨会开幕并分别致辞。二十国集团财长、国际货币基金组织（IMF）主要官员、各国央行行长及财经方面重要学者专家悉数出席此次南京研讨会，从多角度商讨国际货币体系发展前景。研讨会分四场讨论：国际货币体系的现状和缺陷、资本流动管理、全球流动性管理以及加强基金组织监督。

同日，王岐山在南京分别会见了与会的美国财长盖特纳、土耳其副总理巴巴詹和英国财政大臣奥斯本；与英国财政大臣奥斯本，就当前世界经济形势、G20 戛纳峰会、中英第四轮经济财金对话准备工作等共同关心的问题交换了意见。

3 月 31 日

［纲　文］　**外交部发言人就东海问题答记者问。**

［目　文］　有记者问：据报道，日方称，中国国家海洋局直升机 26 日在东海海域过于接近并监视日本驱逐舰。在日忙于灾后重建之际，中方举动令人极为“遗憾”，日方已向中方提出交涉。中方对此有何评论？

发言人说，中方在东海问题上的立场是明确和一贯的。据我了解，中方直升机系进行正常的巡航执法活动，并与日方舰只保持了必要的安全距离。此事与日本国内正在进行的救灾活动毫无关联。需要指出的是，中日双方对东海部分海域存在不同主张，日方在有关问题上应该采取负责任的态度，停止做不该做的事情，防止情况进一步复杂化，影响两国关系大局。

有记者问：有媒体报道，日本文部科学省 30 日公布了新版教科书的审定结果，全部 7 家出版社发行的社会科教科书均声称钓鱼岛是日本领土。中方对此有何评论？

发言人说，钓鱼岛及其附属岛屿自古以来就是中国的固有领土，中国对此拥有无可争辩的主权，任何试图改变这一事实的言行都是徒劳的。中国外交部已就此向日方提出严正交涉。

3 月 31 日

［纲　文］　**欧盟对中国皮鞋维持近 5 年的反倾销被终结。**

［目　文］　4 月 1 日起，欧盟正式取消对中国皮鞋征收 16.5% 的高额反倾销税。在中国鞋企的不懈努力下，这一维持了近 5 年之久的不合理贸易保护措施终于被终结。

2006 年 10 月，欧盟继此前持续对中国皮鞋实行配额限制后，首次对中国皮鞋实行反倾销，征收为期两年的 16.5% 的高额反倾销税。当反倾销征税期满后，欧盟再次发起复审，决定将反倾销措施再延长 15 个月，直到 2011 年 3 月 31 日。4 年多来，中国奥康等 5 家企业 3 次奋起应诉、抗辩。其间，2010 年 4 月 8 日，中国政府还上诉 WTO。

3月31日—4月2日

［纲　文］　**孟建柱在陕西调研。**

［目　文］　国务委员、公安部部长孟建柱在西安世界园艺博览会安保指挥中心调度室，听取了安保工作介绍，通过视频系统查看各安保责任区的工作情况。他指出，要认真总结借鉴北京奥运、上海世博和广州亚运安保工作的成功经验，坚持专项整治与治安防范体系建设相结合，扎实细致地做好各项安保工作；在西安市雁塔区华城国际小区，参加了公安机关“大走访”开门评警活动；在汉中市公安局信访接待室，他称赞民警把信访工作当作送上门来的群众工作，认真处理涉及群众切身利益的信访问题；在西安市公安局交警支队莲湖大队，了解行政调解、人民调解、司法调解有机衔接的“三调合一”交通事故处理工作机制。

孟建柱指出，要深入推进公安信息化、执法规范化、构建和谐警民关系“三项建设”，为公安事业长远发展奠定坚实基础。进一步加强公安队伍建设，切实提高维护国家安全和社会稳定的能力和水平，为“十二五”时期经济社会发展作出新的更大贡献。

3月31日—4月2日

［纲　文］　**应外交部部长杨洁篪邀请，德国副总理兼外交部部长韦斯特韦勒对中国进行正式访问。**

［目　文］　访问期间，国务院总理温家宝、国务院副总理李克强在北京分别会见了韦斯特韦勒。

温家宝在会见韦斯特韦勒时说，在新形势下，中德关系内涵更加丰富，影响进一步提升，前景十分广阔。双方要抓住机遇，积极落实达成的各项共识。我同默克尔总理商定，于2011年7月共同主持首轮中德政府磋商，两国外交、经济、金融、科技、文教、社会等部门负责人将广泛参与。这是中德政府之间一种崭新的、综合性的对话协调机制，旨在就双边关系发展进行全方位规划，并制定具体措施。相信在双方共同努力下，这次重要磋商将取得丰硕成果，推动中德战略伙伴关系迈入新阶段。

韦斯特韦勒表示，近年来，德中两国在政治、经济、文化、青年等领域的交流与合作不断深入，在国际和地区事务中保持良好沟通与协调。德国是第一个同中国建立政府磋商机制的欧洲国家，我们为此感到高兴，愿与中方密切协作，确保首轮德中政府磋商取得成功，使两国关系实现新的发展。

李克强在会见韦斯特韦勒时表示，中国始终从战略高度和长远角度重视发展中德关系。在经济全球化的世界，各国相互依存，面临共同挑战。中德社会制度、历史文化传统不同，双方应求同存异，相互尊重，互学互鉴，深化各领域务实合作，把巨大合作潜力转变为现实成果，造福两国人民。同时，中德在国际和地区事务中应加强协调沟通，发挥积极的建设性作用，推动相关国际热点问题的合理妥善解决。

韦斯特韦勒表示，德国经济与中国越来越密不可分。中国新的经济社会发展宏伟规划为双方合作带来机遇。德方愿与中方一道，深化双边互利合作，推动两国关系再上新台阶。

1日，杨洁篪与韦斯特韦勒在北京举行首轮中德部长级战略对话。中德双方一致同意，两国应通过各级别交往和对话不断深化相互理解和信任，尊重各自的发展道路；努力通过解决实际问题来推动双边关系发展；大力加强文化及民间交流，不断巩固社会民意基础；密切在国际事务中的合作，携手应对各种挑战。

杨洁篪表示，德国是中国重要的合作伙伴，中国政府高度重视中德关系。在新的国际形势下，中德面临许多共同挑战，共同利益不断增加，进一步发展两国关系有利于两国人民福祉，也有利于世界和平与发展。

韦斯特韦勒表示，德方致力于发展与中国的战略伙伴关系，深化在经贸、政治、科技、环保、文化等各领域全面交流合作。德方相信德中首次部长级战略对话将为此发挥重要作用。

3月31日—4月2日

［**纲　文**］ **“2011年澳门国际环保合作发展论坛及展览”在澳门举行。**

［**目　文**］ 本届活动由澳门特区政府主办。澳门特区行政长官崔世安出席开幕式并致辞。本届会展有324家来自24个国家和地区的企业与机构参展。展览包括再生能源、绿色交通、能源效益及环境保护等，其中涵盖了绿色产业的重要项目，包括太阳能、风能、电动车及混能车、充电站、电池及储存方案、建筑技术、环保建材、智能电网、废物处理、水资源保护等。其间举办了“城市规划及生态城市发展”“低碳都市工业：可持续旅游发展”“绿色建筑：低碳未来的基础”等多场专题论坛。

4 月

4月1日

［纲 文］ **新华社讯，胡锦涛签署命令，发布新修订的《中国人民解放军保密条例》。**

［目 文］ 《条例》坚持以中央军委主席胡锦涛和中央军委关于加强新形势下军队保密工作的一系列指示为指导，遵循信息化条件下军队保密工作的特点规律，依据近年来军委、总部制定的保密政策规定，吸收部队的实践经验，并注重与《中华人民共和国保守国家秘密法》相衔接，充实完善了新形势下军队保密工作的各项制度规定，增强了时代性、科学性和规范性。

《条例》根据“缩小范围、缩短战线，突出重点、确保重点”的划密指导思想，调整了军事秘密的基本范围；针对定密解密工作中存在的问题，增加了定密责任人制度和解密审核、复核制度；适应军队信息化建设需要，增加了涉密信息系统建设与使用、国际联网和移动电话使用等方面的保密要求；根据工作实际和有关法律法规，规范了泄密案件查处工作；着眼建立职责清晰、协调配合的保密工作机制，明确了保密委员会以及军队人员、各级领导和业务部门在保密方面的职责。《条例》自2011年5月1日起施行。

4月1日

［纲 文］ **温家宝在北京主持召开会议，听取了《浙江沿海及海岛综合开发战略研究综合报告》的汇报。**

［目 文］ 国务院副总理李克强出席会议。《浙江沿海及海岛综合开发战略研究综合报告》由中国工程院院士钱正英任组长，中国工程院院士徐匡迪等任顾问，中国工程院、国家开发银行和浙江省人民政府联合完成。报告系统分析了浙江沿海及海岛的基本情况，提出了综合开发的战略思路、发展目标和一系列政策建议。

国务院总理温家宝指出，中国既是一个陆地大国，也是一个海洋大国。科学开发利用海洋资源，加快海洋经济发展和沿海地区综合开发，有利于充分利用国土资源，加快经济发展方式转变，对促进东部地区率先发展、实现全面建设小康社会的战略目标具有重大意义。“十二五”期间，我国海洋事业发展面临着难得的机遇，我们要坚持陆海统筹、协调发展的方针，促进海洋经济发展和沿海地区综合开发迈上一个新台阶。这个报告基础研究扎实，战略目标清晰，发展重点明确，政策建议具体可行，对于科学编制发展规划、研究制定相关政策有重要的参考价值。院士、专家们从民族生存发展和综合国力竞争的战略高度审视中国的水问题和可持续发展问题，体现了忧国忧民的高度责任感和振兴中华的强烈愿望。

4月1日

［纲　文］　**贺国强在中央党校作反腐倡廉专题报告。**

［目　文］　中共中央书记处书记、中央纪委副书记何勇，中央纪委监察部、中央党校有关负责人，中央党校各班次学员、部分教职工和离退休老同志等共1000余人参加了报告会。中央党校常务副校长李景田主持报告会。

中共中央政治局常委、中央纪委书记贺国强阐述了深入推进党风廉政建设和反腐败斗争需要着重把握的几个问题。他指出，党的十七大以来，在党中央、国务院坚强领导下，全国各级纪检监察机关在充分运用和发扬以往成功经验的基础上，坚持以改革创新精神和求真务实作风推进反腐倡廉建设，进行了一系列探索和实践，取得了新的成效，积累了新的经验，需要我们在今后工作中长期坚持并不断丰富发展。一是坚持围绕中心、服务大局，严明政治纪律，加强对中央重大决策部署贯彻落实情况的监督检查；二是坚持以保持党同人民群众的血肉联系为重点，加强和改进党的作风建设；三是坚持以完善惩治和预防腐败体系为重点，整体推进反腐倡廉建设；四是坚持以人为本、执政为民，着力解决反腐倡廉建设中人民群众反映强烈的突出问题；五是坚持以改革创新精神推进反腐倡廉建设，不断提高反腐倡廉建设科学化水平；六是坚持不断完善反腐败领导体制和工作格局，切实形成推进反腐倡廉建设的强大合力；七是坚持严格要求、严格教育、严格管理、严格监督，大力加强纪检监察机关自身建设。

4月1日

［纲　文］　**中共中央政治局常委李长春在北京分别会见土耳其副总理兼国务部部长巴巴詹、德国萨克森州州长提里希。**

［目　文］　李长春会见巴巴詹时说，中土建交以来，双方在经济、政治、文化等领域进行了卓有成效的合作，友好关系不断发展。两国高层互访频繁，经贸合作稳步推进，人文交流丰富多彩，两国人民的相互了解与友谊不断加深。两国在国际事务中密切协调与配合，为维护世界和地区的和平与稳定作出了积极贡献。当前，两国深化各领域合作面临重要机遇。中方愿与土方加强配合，落实双方达成的重要共识，进一步将中土两国关系提升到新水平。他对两国执政党之间的友好交往为推动国家关系发展所发挥的积极作用给予充分肯定。

巴巴詹说，土中政治关系取得快速发展，在贸易、文化、旅游、基础建设、航空等领域的合作富有成果，并展现出巨大的发展潜力。土方对此予以高度评价，将继续全力推动土中战略合作伙伴关系不断提升。他重申土方将坚定奉行一个中国政策，尊重中国的主权和领土完整。

李长春会见提里希时表示，欢迎他率萨克森州代表团来华出席国家博物馆《启蒙的艺术》展览。中国一贯视德国为重要的合作伙伴，高度重视发展中德战略伙伴关系，始终从战略高度和长远角度看待中德关系。当前，国际形势复杂多变，中德面临着许多相同的挑战和机遇，两国在新能源与绿色低碳经济领域合作势头良好。双方应本着相互尊重、平等相待的原则，推动中德关系长期健康稳定向前发展。李长春还向客人简要介绍了中国当前经济社会发展情况。

提里希表示，很高兴看到德中各领域合作取得丰硕成果，萨克森州愿进一步加强与中国在经贸、文化领域里的合作。

4月1日

［纲　文］ **《启蒙的艺术》大型主题展览在中国国家博物馆开幕。**

［目　文］ 国务委员刘延东、德国副总理兼外长韦斯特韦勒共同为该展揭幕并致辞，文化部部长蔡武、副部长赵少华，外交部副部长傅莹，德国驻华大使施明贤，萨克森州州长提里希等中外来宾近千人出席开幕式。

《启蒙的艺术》大型主题展览由国家主席胡锦涛与德国总统武尔夫共同担任监护人。

中国国家博物馆联合德国柏林国家博物馆、德累斯顿国家艺术收藏馆和巴伐利亚国家绘画收藏馆共同举办。通过579件（组）艺术珍品独到、全面地展现“启蒙运动”这一全人类思想的重要遗产。这既是德国在其境外举办的最大规模的展览，也是德国三家最大的博物馆在欧洲以外的首次合作。展期为12个月。

2日，由中国国家博物馆和德国墨卡托基金会共同举办的“启蒙之对话”系列论坛在北京拉开序幕，作为《启蒙的艺术》展览的附属活动，该论坛持续一年时间。“启蒙之对话”系列活动将在《启蒙的艺术》整个展览期间陆续展开，共包括《启蒙的艺术——展览的背景》《启蒙与艺术》《启蒙与它的中国史》《启蒙与现代》《启蒙与知识文化》5个部分。

4月1日

［纲　文］ **国内首家数字化脑科医院——北京军区总医院附属八一脑科医院开业。**

［目　文］ 数字化医院主要是指运用现代计算机技术和网络通信技术，使医院的医疗和管理信息实现数字化采集、存储、传递及处理的程序化运作，核心内容包括数字化医疗设备、计算机网络平台和医院管理业务软件。

4月1日

［纲　文］ **中国航天科技集团公司中国资源卫星应用中心承担的环境和灾害监测预报小卫星A星泰国接收站工程建设项目正式交付泰国。**

［目　文］ 根据政府间关于亚太多任务小卫星多边合作协议，在亚太空间合作组织卫星数据共享体系的框架下，由中国航天科技集团公司在泰国农业大学的曼谷校区建设一套环境监测A星地面系统，对卫星遥感数据进行接收、处理和分发。

该项目集数据接收、处理、存储、分发、应用服务于一体，是我国将高新技术以工程项目的形式出口到卫星遥感海外市场的重要举措。它的建成交付标志着中国首次实现了卫星遥感地面接收站整套系统出口。项目的成功实施不仅实现了中国整套地面系统出口零的突破，同时为中国卫星遥感数据产品拓展国际市场开创了新局面。

4月2日

［纲　文］ **胡锦涛等党和国家领导人参加首都义务植树活动**。

［目　文］ 胡锦涛、吴邦国、温家宝、贾庆林、李长春、习近平、李克强、贺国强等，在北京市永定河畔，同少先队员一起参加植树活动。

胡锦涛向北京市和国家林业局负责人了解造林绿化工作情况。他们表示，开展全民义务植树活动30年来，全国共义务植树589亿株。胡锦涛对全民义务植树活动取得的成绩给予肯定并指出，前不久召开的全国两会，明确了“十二五”时期经济社会发展的目标任务，对生态文明建设提出了新的更高要求。我们要在新的起点上进一步推进植树造林工作，坚持依靠群众、依靠科技、依靠改革，不断提高生态文明建设成效，努力促进经济社会可持续发展。

4月2日

［纲　文］ **国家主席胡锦涛任免驻外大使**。

［目　文］ 胡锦涛根据全国人民代表大会常务委员会的决定任免下列驻外大使：一、免去陈明明的中华人民共和国驻瑞典王国特命全权大使职务；任命兰立俊为中华人民共和国驻瑞典王国特命全权大使。二、免去余洪耀的中华人民共和国驻蒙古国特命全权大使职务；任命王小龙为中华人民共和国驻蒙古国特命全权大使。三、免去马崇仁的中华人民共和国驻萨摩亚独立国特命全权大使职务；任命赵卫平为中华人民共和国驻萨摩亚独立国特命全权大使。四、免去郑清典的中华人民共和国驻阿富汗伊斯兰共和国特命全权大使职务；任命徐飞洪为中华人民共和国驻阿富汗伊斯兰共和国特命全权大使。五、免去张国庆的中华人民共和国驻马里共和国特命全权大使职务；任命曹忠明为中华人民共和国驻马里共和国特命全权大使。六、免去周欲晓的中华人民共和国驻利比里亚共和国特命全权大使职务；任命赵鉴华为中华人民共和国驻利比里亚共和国特命全权大使。七、免去高德毅的中华人民共和国驻莱索托王国特命全权大使职务；任命胡定贤为中华人民共和国驻莱索托王国特命全权大使。八、免去于洪君的中华人民共和国驻乌兹别克斯坦共和国特命全权大使职务；任命张霄为中华人民共和国驻乌兹别克斯坦共和国特命全权大使。

4月2日

［纲　文］ **财政部发布《财政支出绩效评价管理暂行办法》**。

［目　文］ 《办法》共8章37条。主要有总则，绩效评价的对象和内容，绩效目标，绩效评价指标、评价标准和方法，绩效评价的组织管理和工作程序，绩效报告和绩效评价报告，绩效评价结果及其应用，附则等内容。自2011年4月2日起施行。《中央部门预算支出绩效考评管理办法（试行）》（财预〔2005〕86号）、《财政支出绩效评价管理暂行办法》（财预〔2009〕76号）同时废止。《财政部关于进一步推进中央部门预算项目支出绩效评价试点工作的通知》（财预〔2009〕390号）及其他有关规定与本办法不一致的，以本办法为准。

4月2日

［纲　文］ **《中华人民共和国国民经济和社会发展第十二个五年规划纲要》蒙古、藏、维吾尔、哈萨克、朝鲜、彝、壮7种少数民族文字单行本发行。**

4月2日

［纲　文］ **国务委员兼国防部部长梁光烈在北京会见赞比亚陆军司令洛帕。**

［目　文］ 梁光烈说，中赞两国人民有着深厚的传统友谊。建交47年来，两国关系发展顺利，高层交往密切，政治互信不断增强，各领域合作广泛，取得了显著成果。在国际和地区事务中，两国有着广泛的共识，进行了良好的配合。中方赞赏赞政府坚持一个中国政策，感谢赞方在台湾、涉藏、人权等涉及中方核心利益问题上给予的宝贵支持。

洛帕说，赞方感谢中国对赞比亚及整个非洲的基础设施建设的支持，希望继续加强两国两军在各领域的合作。

4月2—4日

［纲　文］ **温家宝在山西吕梁考察。**

［目　文］ 国务院总理温家宝在吕梁山区的岚县、兴县和临县的田间地头查看墒情，进农户家中问农事、访民情，在学校、卫生院和农贸市场了解民生。

温家宝分别在岚县和临县主持召开座谈会，听取地方关于当前经济工作的汇报和基层干部群众的建议、意见。他指出，吕梁是我国扶贫开发的重点地区。这些年来，面貌发生了很大变化。但我们也必须看到，包括吕梁在内的贫困地区，农民生活水平仍比较低，农村的生产生活条件还比较差。要继续加大对贫困地区的扶持力度，鼓励、引导社会各方面积极参与扶贫开发，经过10多年的努力，使吕梁山区及其他贫困地区的面貌有更大的变化。

4月2—13日

［纲　文］ **全国政协主席贾庆林应邀对缅甸、澳大利亚、萨摩亚进行正式友好访问。**

［目　文］ 2—5日，贾庆林在缅甸访问。在内比都，会见了缅甸总统吴登盛；与缅甸副总统吴丁昂敏乌共同出席了两国有关合作文件签字仪式和中方向缅甸灾区捐赠急救品交接仪式；与缅甸人民院议长吴瑞曼举行会谈并共同出席全国政协向缅人民院捐赠物资清单的仪式；在曼德勒会见了曼德勒省行政长官吴耶敏。

5—10日，贾庆林在澳大利亚访问。在堪培拉，分别会见了澳大利亚总督布赖斯、澳大利亚副众议长斯科特；与澳大利亚总理吉拉德举行会谈并共同出席两国有关合作文件的签字仪式；在珀斯分别会见了西澳大利亚州州督迈克尔和州长巴奈特，出席巴奈特举行的欢迎午宴暨中澳企业家午餐会并发表题为《增进相互理解　深化互利合作》的演讲；在布里斯班，分别会见澳大利亚外长陆克文、昆士兰州州督温斯莉女士；分别出席了设于昆士兰大学的中国宝钢—澳大利亚联合研发中心和格里菲斯大学旅游孔子学院揭牌仪式并致辞；在悉尼，会见新南威尔士州州长奥法雷，出席澳大利亚新南威尔士州华侨华人举行的欢迎午宴并发表讲话，参观了澳联邦科工组织无线通信技术研究中心，听取了新南威尔士大学澳国家太阳能光伏研究中心负责人的情况介绍。5日，澳主流媒体《西澳人报》发表了贾庆林《坚持和平发展　共创美好未来》的署名文章。

10—13日，贾庆林在萨摩亚访问。在阿皮亚，分别会见了萨摩亚国家元首埃菲、萨摩亚议长拉乌利。与萨摩亚总理图伊拉埃帕举行会谈并共同出席中萨有关合作文件的签字仪式。参观了中国—萨摩亚农业技术合作示范农场和瓦伊特莱小学。

4月2—10日

［纲　文］ **“新玉树、新家园”——“4·14”玉树地震一周年美术书法摄影展在北京举办。**

［目　文］ 展览由中共青海省委宣传部、中国人民革命军事博物馆、中国美术家协会、中国书法家协会、中国摄影家协会、青海省文学艺术界联合会、青海省体育局联合举办，以“新玉树、新家园”为主题。展览共展出美术、书法、摄影作品1000余幅，其中，美术作品81幅，书法作品208幅，摄影作品800余幅。

4月3日

［纲　文］ **天津女子排球队获得2010—2011赛季全国女排联赛冠军。**

4月3日

［纲　文］ **纪念奉天万国鼠疫研究会即国际鼠疫大会召开100周年研讨会在北京大学人民医院召开。**

［目　文］ 本次大会由中国微生物学会、中华医学会、中国检验检疫科学研究院共同主办。国内外近百位学者与会。

1910年秋冬之际，中国东北发生了百年不遇的烈性传染病——肺鼠疫。1911年4月，在当时的东三省总督府奉天（今沈阳），由中国政府发起举办了“万国鼠疫研究会”。

4月4日

［纲　文］ **国家主席胡锦涛致电纳扎尔巴耶夫，祝贺他再次当选哈萨克斯坦共和国总统。**

4月5日

［纲　文］ **国务院任命于广洲为海关总署署长。**

4月5日

［纲　文］ **环境保护部发布《关于环保系统进一步推动环保产业发展的指导意见》。**

［目　文］ 《意见》由七个部分组成：一、充分认识环保产业的战略性、基础性地位，进一步发挥环保系统在推动环保产业发展中的作用。二、环保部门推动环保产业发展的指导思想、基本原则与重点发展方向。三、科学规划，提前发布环保要求，扩大环保产

业有效需求。四、协调环境监管与环保市场监管，形成环保产业现实需求。五、大力推进环境服务体系建设，推动环保需求的产业化。六、突破自主创新瓶颈，提升环保产业技术装备水平。七、协调配合，创新实践，促进环保产业健康有序发展。

4月5日

［纲　文］　**辛卯（2011）年清明公祭轩辕黄帝典礼在陕西黄陵举行**。

［目　文］　全国人大常委会副委员长、民进中央主席严隽琪，中国国民党荣誉主席吴伯雄及海内外一万多名中华儿女代表出席。

3日，中共中央台办主任王毅在西安会见来参加“辛卯年清明公祭轩辕黄帝典礼”等活动的中国国民党荣誉主席吴伯雄，双方就当前两岸关系发展交换了意见。

4月6日

［纲　文］　**温家宝主持召开国务院常务会议**。

［目　文］　会议主要内容有：一、研究部署促进牧区又好又快发展的政策措施。会议指出，我国牧区包括12个省（区）的264个牧区半牧区县，占全国国土面积的40%，是我国主要江河的发源地和水源涵养区，在全国经济社会发展大局中具有重要战略地位。会议提出，经过努力，到2020年，全面实现草畜平衡，草原生态步入良性循环，牧区经济结构进一步优化，牧民生产生活条件全面改善，基本实现全面建设小康社会目标。二、讨论通过《全国中小河流治理和病险水库除险加固、山洪地质灾害防御和综合治理总体规划》。规划的范围主要包括：流域面积200平方公里以上有防洪任务的5000多条中小河流的重要河段，300多座大中型病险水库和2万多座小型病险水库，2000多座大中型病险水闸，洞庭湖、鄱阳湖重点圩垸和蓄滞洪区；山洪地质灾害防治区和灾害易发地区生态环境综合治理范围487万平方公里，涉及2058个县（市、区）。会议提出，力争用5年时间，基本解决防灾减灾体系薄弱环节的突出问题，使防洪和防治地质灾害的能力显著增强，灾害易发地区生态环境明显改善，防灾减灾长效机制更加完善，保障人民群众生命财产安全，维护经济社会发展大局。三、会议审议并原则通过《军工关键设备设施管理条例（草案）》，决定草案经进一步修改后，由国务院、中央军委公布施行。

4月6日

［纲　文］　**全国人大常委会委员长吴邦国在北京会见泰国公主诗琳通**。

［目　文］　吴邦国说，公主殿下是杰出的中泰友好使者，为促进中泰两国人民的相互了解和传统友谊，推动中泰教育、文化、科技等领域务实合作作出了积极贡献。吴邦国指出，在泰国王室、政府和人民的共同努力下，中泰关系长期稳定发展，双方高层互访频繁，政治互信加深，各领域合作全面推进，务实合作成果丰硕，在国际和地区事务中密切协调配合。中方高度重视发展同泰国的战略性合作，愿同泰方携手努力，传承传统友谊，深化互利合作，实现共同发展。

诗琳通说，我对中国人民怀有深厚感情，对中国的语言、文化、艺术十分热爱，愿意通过自己的努力，为增进泰中友好，促进互利合作多作贡献。泰国国王和王室成员将始终致力于弘扬泰中友好事业。

7日，全国人大常委会副委员长陈至立在北京会见诗琳通时表示，公主是中国人民的老朋友，长期致力于中泰友好，不辞辛劳，通过多种形式向泰国人民介绍中国的发展和变化，在人文、教育、社会等领域做了大量实实在在有益工作，为增进泰国人民对中国的了解和友谊作出了特殊贡献。

4月6日

［纲　文］　**国家副主席习近平、国务院副总理李克强在北京分别会见来华出席博鳌亚洲论坛年会的美国前财政部长、博鳌亚洲论坛理事保尔森。**

［目　文］　习近平会见保尔森时说，在中美双方共同努力下，国家主席胡锦涛新年伊始对美国进行的国事访问取得历史性成功。两国元首一致同意共同建设相互尊重、互利共赢的中美合作伙伴关系，推进全面经济合作，为新时期中美关系发展明确了方向。中方愿与美方一道，认真落实两国元首达成的重要共识，不断加强对话、互信与合作，尊重彼此核心利益和重大关切，推动中美在各领域合作取得新的更大发展。中美经济高度互补，发展互利共赢的中美经贸关系，符合两国和两国人民的根本利益。双方在经贸、能源与环境、科技、基础设施等领域有着广阔的合作前景。希望美方放宽对华高科技产品出口的限制，并为中国企业进入美国提供公平竞争环境。期待保尔森继续发挥影响力，为促进中美关系发展和两国经贸互利合作发挥积极作用。

保尔森表示，美中关系是最重要的双边关系之一，并且今后将越来越重要，加强美中经贸合作对双方都有利。我一直关注美中关系，关注亚洲，也关注美中在二十国集团等多边机制下发挥的日益重要的作用。愿意通过博鳌亚洲论坛等渠道，为增进美中合作关系作出积极贡献。

李克强会见保尔森时说，当前世界经济复苏进程复杂曲折，深层次问题尚未解决，新的风险还在积聚，不确定因素增多，各国需要携手合作、共迎挑战。中美双方应认真落实两国元首达成的重要共识，共同努力建设相互尊重、互利共赢的中美合作伙伴关系。经贸合作是中美关系的重要基石。中国已开始实施第十二个五年规划，美国也在调整经济结构，两国深化经贸合作面临新的机遇。中国将坚持扩大对外开放，希望美方尽快实质性放宽对华高技术出口限制，并为中国企业在美投资创造公平公正、可预期、非歧视的环境。李克强赞赏保尔森为推进中美合作所做的努力，希望他继续发挥积极影响。

保尔森高度评价中国应对国际金融危机、保持经济平稳较快发展所取得的成就，表示愿继续努力增进中美相互了解，促进双边合作。

4月6日

［纲　文］　**国务院副总理王岐山在北京会见吉尔吉斯斯坦共和国政府第一副总理巴巴诺夫。**

［目　文］　王岐山说，建交19年来，中吉关系健康稳定发展。双方高层交往密切，

政治互信日益加深，各领域合作不断扩大。中方愿与吉方共同努力，落实好双方商定的重点合作项目，继续深化经贸、交通、金融、农业、安全等领域合作，推动中吉睦邻友好合作关系不断向前发展。

巴巴诺夫说，吉尔吉斯斯坦视中国为伟大的邻邦和友好的伙伴。发展对华关系是吉外交政策优先方向之一。吉方真诚感谢中方长期以来给予吉尔吉斯斯坦的无私帮助和大力支持，愿与中方全面推进各领域务实合作，共同严厉打击“三股势力”，不断提高吉中友好关系水平。

7日，国家副主席习近平在北京会见巴巴诺夫时说，中方愿与吉方一道，本着《中吉睦邻友好合作条约》的原则和精神，巩固传统友谊，深化互利合作，扩大安全合作，密切在国际和地区事务中的协调与配合，推动中吉睦邻友好合作关系不断迈上新台阶。作为吉尔吉斯斯坦的友好邻邦，中方十分关注吉尔吉斯斯坦局势的发展变化，衷心希望吉社会保持稳定，经济持续发展，人民安居乐业。中方愿在双边及上海合作组织等多边框架内继续向吉方提供力所能及的帮助。

巴巴诺夫说，吉方感谢中方长期以来向吉方提供的宝贵支持和无私帮助，将继续坚定奉行一个中国政策，支持中方在台湾、涉藏、打击“三股势力”等重大问题上的立场，愿与中方密切配合，共同维护和促进地区乃至世界的和平、稳定与发展。

4月6日

［纲　文］　**纪念中国海员工会成立90周年座谈会在北京召开。**

［目　文］　中共中央政治局委员、中华全国总工会主席王兆国发贺信，向全国交通水运系统的广大职工和工会工作者致以诚挚的问候。

中国海员工会是我国第一个全国性产业工会组织，1921年4月6日在香港成立。2001年，在原中国海员工会、中国公路运输工会和中国建设建材工会的基础上，成立了中国海员建设工会。2009年，中国海员建设工会和中国船东协会通过集体协商，签订了全国第一个行业性集体协议——《中国船员集体协议》，为全面维护中国船员的合法权益提供了保证。目前，我国共有155万船员，其中海员65万人，是世界上拥有海员数量最多的国家。

4月6日

［纲　文］　**中组部在北京召开市县乡换届工作座谈会。**

［目　文］　中组部部长李源潮出席并讲话。中组部常务副部长沈跃跃主持会议。北京等14个省区市交流发言。各省区市党委组织部和中央有关部门负责人参加会议。

李源潮指出，各级党委和组织部门要按照中央要求，以高度负责的精神统筹抓好市县乡换届工作，努力换出组织满意、干部满意、群众满意的好班子，换出为民造福、干事创业、创先争优的积极性，为“十二五”时期科学发展提供坚强组织保证。

4月6日

［纲　文］　**财政部、能源局、农业部印发《绿色能源示范县建设补助资金管理暂行**

办法》。

[目　文]《办法》共6章24条。主要有总则、支持范围及条件、补助方式与标准、资金下达与管理、监管与考核、附则等内容。自2011年4月6日起施行。

4月6日

[纲　文]　**财政部、工业和信息化部印发《物联网发展专项资金管理暂行办法》**。

[目　文]《办法》共5章24条。主要有总则、支持范围与方式、专项资金的申请与审核、监督检查、附则等内容。自2011年4月6日起施行。

4月6日

[纲　文]　**卫生部、工业和信息化部、农业部、工商总局、质检总局发布《公告》**。

[目　文]《公告》说，三聚氰胺不是食品原料，也不是食品添加剂，禁止人为添加到食品中。对在食品中人为添加三聚氰胺的，依法追究法律责任。三聚氰胺作为化工原料，可用于塑料、涂料、黏合剂、食品包装材料的生产。资料表明，三聚氰胺可能从环境、食品包装材料等途径进入食品中，其含量很低。为确保人体健康和食品安全，根据《食品安全法》及其实施条例规定，在总结乳与乳制品中三聚氰胺临时管理限量值公告（2008年第25号公告）实施情况基础上，考虑到国际食品法典委员会已提出食品中三聚氰胺限量标准，特制定我国三聚氰胺在食品中的限量值。现公告如下：婴儿配方食品中三聚氰胺的限量值为1mg/kg，其他食品中三聚氰胺的限量值为2.5mg/kg，高于上述限量的食品一律不得销售。本《公告》自2011年4月6日起施行。乳与乳制品中三聚氰胺临时管理限量值公告（2008年第25号公告）同时废止。

4月6日

[纲　文]　**国家旅游局公布《国家旅游局规章和规范性文件制定程序规定》**。

[目　文]《规定》共7章34条。主要有总则，立项，起草，审查，审议与公布，备案、解释、修订与废止，附则等内容。自2011年4月6日起施行。

4月6日

[纲　文]　**国家新闻出版总署、海关总署公布《音像制品进口管理办法》**。

[目　文]《办法》共6章37条。主要有总则、进口单位、进口审查、进口管理、罚则、附则等内容。自2011年4月6日起施行。2002年6月1日文化部、海关总署发布的《音像制品进口管理办法》同时废止。

4月6日

[纲　文]　**商务部发布，2011年一季度全国家电下乡实现销售额857.8亿元**。

[目　文]　商务部统计：2011年3月，全国家电下乡产品销售1471.5万台，实现销售额344.8亿元，同比分别增长135%和179%。2011年一季度，全国家电下乡产品销售3626万台，实现销售额857.8亿元。截至2011年3月底，全国家电下乡产品累计销售1.5亿台，实现销售额3273.5亿元，累计发放补贴额375.6亿元。从产品种类来看，空调产品3月份实现销售额36.8亿元，同比增长398%。

4月6—11日

［纲　文］　**周铁农带队在成都、宜宾开展食品安全法执法检查。**

［目　文］　全国人大常委会副委员长周铁农率全国人大常委会食品安全法执法检查小组在食品生产加工企业、综合农贸市场、餐饮场所、食品药品检测中心等单位，检查食品安全监管体制机制和配套法规体系的建设情况、食品生产经营者建立食品管理制度的情况以及食品安全源头治理情况等。

4月6—12日

［纲　文］　**“中国工笔花鸟画传承展”在上海美术馆举办。**

［目　文］　传承展由上海市文联、江苏省美协、江苏省花鸟画研究会联合主办。展览以“传承·创新·发展”为主题，集中展示了20世纪至今中国工笔花鸟画坛上以谢稚柳、陈佩秋、刘菊清、章培筠、江宏伟、喻慧、徐乐乐、陈履生等为代表的三代19位工笔花鸟画艺术家的作品。

4月7日

［纲　文］　**中央创先争优活动领导小组在北京召开创先争优座谈会。**

［目　文］　会议主要内容有：学习贯彻中共中央总书记胡锦涛等中央领导同志指示，部署深入推进创先争优活动。中组部部长李源潮出席并讲话。中央创先争优领导小组成员，各省区市和新疆生产建设兵团党委组织部负责人，中央统战部等9个行业系统创先争优活动指导小组负责人参加会议。

李源潮指出，要围绕“十二五”目标任务，以推动科学发展、促进社会和谐、服务人民群众为主题，深入开展创先争优活动，进一步形成学先进、当先进、赶先进的浓厚氛围。2011年是“十二五”开局之年，要组织基层党组织和党员对照“十二五”发展目标任务，明确创先争优的目标和内容，立足本职岗位，勇挑工作重担，创造一流业绩，努力争科学发展之先。

4月7日

［纲　文］　**监察部、水利部发布《关于加强对〈中共中央、国务院关于加快水利改革发展的决定〉贯彻落实情况监督检查的通知》。**

［目　文］　《通知》强调，要重点检查地方各级政府和有关部门在贯彻落实《决定》过程中履行职责情况，水利投入稳定增长机制建立、重点水利建设任务推进、水利资金管理使用情况。要以农田水利建设、中小河流治理、病险水库除险加固、农村饮水安全等薄弱环节建设工程，大江大河治理、水资源配置、水土保持和水生态保护等水利基础设施建设工程为重点，检查水利工程项目立项审批、招标投标、合同履约、建设实施、资金使用、质量安全管理情况等。

《通知》要求，采取自查自纠和重点检查相结合的方式开展监督检查工作，水利工程建设项目单位、地方政府和有关部门开展自查，上级单位组织重点检查。对水利工程项目建立台账，进行滚动摸排、实时监控。要集中力量查处一批水利领域典型案件。要从监督检查、专项审计中发现的严重违规问题入手，深入查处背后隐藏的腐败问题。

4月7日

［纲　文］　**体育总局印发《社会体育指导员发展规划（2011年—2015年）》。**

［目　文］　《规划》由四个部分组成：一、指导思想。二、目标任务。三、保障措施。四、组织实施。

《规划》指出，各级体育部门要切实提高认识，认真履行职责，积极探索社会体育指导员工作的新思路、新办法，加强领导，落实保障、奖励、评估检查等措施，确保规划的各项目标任务落到实处。

4月7日

［纲　文］　**国务委员兼国防部部长梁光烈在北京与喀麦隆国防部部长梅贝举行会谈。**

［目　文］　梁光烈说，长期以来，中喀两军之间保持着令人满意的交往与合作。中国军队十分重视发展与喀麦隆军队的关系，愿进一步加强合作，促进两军关系向多层次、宽领域、全方位方向发展。梁光烈还向梅贝一行简要介绍了中国国防政策和军队建设的有关情况。

梅贝说，喀中两国建交以来，一直保持着良好的合作关系。相信这次访问会进一步增进双方之间的交流与了解，促进两军友好合作关系的发展。

4月7日

［纲　文］　**发展改革委环资司与日本国际协力机构在北京举行“中日合作城市典型废弃物循环利用体系建设及示范试点项目”启动仪式。**

［目　文］　该项目旨在借鉴日本城市废弃物收集、分类、高效循环利用和安全处理的先进经验，建立中国特色的安全、高效的废弃物循环利用体系。中日双方决定围绕餐厨废弃物、废旧轮胎和包装物三种最典型废弃物的资源化利用，在青岛、贵阳、西宁、嘉兴四个城市进行试点，开展相关研究，提出科学合理的利用方案、技术路线，完善政策法规，构建适合中国国情的城市典型废弃物循环利用体系。中日双方将为试点城市提供相应的支持，帮助青岛、西宁研究建立餐厨废弃物和废旧轮胎资源化利用体系，帮助嘉兴、贵阳研究制定餐厨废弃物和包装物资源化利用体系。通过举办论坛、召开研讨会、在试点城市举办培训班、组织相关人员赴日进修等方式，开展技术交流，加强人才培训，帮助试点城市提高能力建设。项目合作期为4到5年。

4月7日

［纲　文］　**政协第十一届全国委员会委员周海婴，在北京逝世，享年81岁。**

4月7—8日

［纲　文］　**陆路东盟崇左看——首届国际商务文化（壮族歌坡）节在广西崇左举行。**

［目　文］　本次商务文化节由商务部国际贸易经济合作研究院、广西发展改革委、中共崇左市委员会、崇左市人民政府等单位主办。文化节期间，举办了陆路东盟崇左商务

论坛、综合保税区建设与发展研讨会、项目专场签约仪式、陆路东盟商务文化节文艺晚会、崇左名特优产品展销展示、陆路东盟商务文化节汽车展暨北部湾（崇左）汽车展等活动。其中，项目专场签约会共有30个项目签订合同和合作协议，总投资额达83.9亿元，其中合同项目26个，合同投资额56.61亿元。名特优产品展和北部湾汽车展上，展出20多类150多种本地名特优产品，来自国内20多家汽车生产商和经销商也携43个汽车品牌参展。

4月8日

［纲　文］ **《人民日报》报道，中央组织部发布《关于做好全国先进基层党组织、优秀共产党员、优秀党务工作者推荐工作的通知》。**

［目　文］ 《通知》指出，这次表彰的对象是在推动科学发展、促进社会和谐、服务人民群众中创造优秀业绩、作出突出贡献、得到党员群众公认的先进模范；重点是近5年来，特别是在开展深入学习实践科学发展观活动和创先争优活动中涌现出来的先进基层党组织、优秀共产党员、优秀党务工作者。要通过表彰，激励全党和全国各族人民更加紧密地团结在以胡锦涛同志为总书记的党中央周围，继续解放思想，坚持改革开放，推动科学发展，促进社会和谐，着力实施“十二五”规划战略部署，全面推进党的建设新的伟大工程，为夺取全面建设小康社会新胜利、开创中国特色社会主义事业新局面、实现中华民族伟大复兴而不懈奋斗。

4月8日

［纲　文］ **质检总局发布修改后的《口岸艾滋病预防控制管理办法》，自2011年4月8日起施行。**

4月8日

［纲　文］ **环境保护部、商务部、发展改革委、海关总署、质检总局公布《固体废物进口管理办法》。**

［目　文］ 《办法》共8章55条。主要有总则、一般规定、固体废物进口许可管理、检验检疫与海关手续、监督管理、海关特殊监管区域和场所的特别规定、罚则、附则等内容。自2011年8月1日起施行。国务院环境保护行政主管部门、国务院商务主管部门、国务院经济综合宏观调控部门、海关总署、国务院质量监督检验检疫部门在本办法实施前根据各自职责发布的进口固体废物管理有关规定、通知与本办法不一致的，以本办法为准。

4月8日

［纲　文］ **贺国强在北京出席全国纪检监察机关查办案件工作座谈会并讲话。**

［目　文］ 中央纪委副书记何勇主持会议。中共中央政治局常委、中央纪委书记贺国强指出，要认真学习贯彻中央精神，进一步加大查办案件工作力度，提高查办案件工作水平，为改革发展稳定提供坚强纪律保证。

4月8日

［纲　文］　**国务院残疾人工作委员会在北京召开全体会议。**

［目　文］　国务院副总理、国务院残疾人工作委员会主任回良玉，全国政协副主席、国务院残工委副主任、中国残联名誉主席邓朴方出席并讲话。会议听取了残疾人事业“十一五”发展纲要执行情况的报告，审议了残疾人事业“十二五”发展纲要草案。国务院残工委各成员单位负责人出席会议。

4月8日

［纲　文］　**国际极地年中国行动总结大会在北京举行。**

［目　文］　国土资源部部长、国家土地总督察徐绍史参会，宣布第四次国际极地年中国行动结束，并勉励广大极地科考人员把国际极地年中国行动的结束作为新起点，努力使我国从极地考察大国走向极地考察强国。

国际极地年中国行动从2007年2月启动至2011年3月结束，包括南北极科学考察计划、国际合作计划、信息数据共享和公众宣传计划四大内容的国际极地年中国行动计划任务完成，所取得的成果受到国际社会的关注和赞誉。

4月8日

［纲　文］　**国务委员刘延东在北京会见剑桥大学校长博里塞维奇。**

［目　文］　刘延东对剑桥大学长期以来与中国高校开展合作给予积极评价并介绍了中国“十二五”规划及教育规划纲要的有关内容，希望剑桥大学能一如既往地加强与中国高等教育机构的交流与合作，为促进中英两国关系健康发展作出积极贡献。

4月8日

［纲　文］　**外交部发言人就日本排放核废液一事答记者问。**

［目　文］　有记者问，日本东京电力公司将福岛第一核电站的1.15万吨低浓度核废液排放到太平洋。中方对此有何反应？

发言人说，日方已向中方作了正式通报。作为日本的近邻，我们理所当然地对此表示关切。希望日方按照有关国际法行事，采取切实措施保护海洋环境。中方正在密切关注事态发展，同时进行专业评估，并就此继续与日方保持接触，要求日方及时、全面、准确地向中方通报有关信息。

4月8日

［纲　文］　**“中国—阿拉伯国家经济贸易关系研究中心”在中国对外经济贸易大学成立。**

［目　文］　这是目前国内第一家系统化、长期化、机制化研究中阿关系的学术机构。该机构定位是全心打造国内一流学术智库，全力推动中阿经贸关系务实深化，全面提供理论支持提升中国对阿拉伯世界战略的制定能力。

4月8日

［纲　文］　**中国漕运博物馆开馆。**

［目 文］ 博物馆在江苏省淮安市楚州区，是中国目前唯一展示中国漕运历史和文化的专题博物馆，总建筑面积6300平方米，分地面和地下建筑。地面两层面积1200平方米，采用我国明清时期江淮流域建筑的主流风格，典雅凝重、古朴大方。地下面积5100平方米，由漕运专题展区和精品文物展区组成。

2002年，位于楚州的"总督漕运部院"遗址被发现，经保护性发掘后，被列为当年全国重点考古发现之一。"总督漕运部院"是漕运最高管理机构，为从一品级官署。2008年1月，经国家和江苏省文物部门批准，楚州区在该遗址上开工兴建中国首座漕运博物馆。

4月8日

［纲 文］ **中航工业汽车、北京亦庄国际联合收购耐世特汽车系统公司暨中国区总部落户北京经济技术开发区签字仪式在北京举行。**

［目 文］ 本次收购是迄今为止中国汽车零部件产业最大的一次海外并购，也是中美之间最大的汽车零部件并购，标志着我国汽车零部件企业在关键零部件系统方面拥有了国际领先的核心技术、产品、优质客户、成熟的人才与管理团队，无论产业规模还是技术水平，均跻身全球前列。这次收购已通过了中国、美国以及欧盟等政府机构的审批和审查，中国航空汽车工业控股有限公司持有收购主体太平洋世纪（北京）汽车零部件有限公司51%股份，北京亦庄国际投资发展有限公司及合作伙伴持有49%股份。因收购主体持有耐世特汽车系统公司100%股权，中国航空汽车工业控股有限公司实际成为耐世特汽车系统公司的控股股东。

4月8日

［纲 文］ **首届中国315电子商务诚信研讨会在北京举行。**

［目 文］ 研讨会由中国315电子商务诚信平台主办，与会企业有40余家。会上就2010年电子商务诚信经营状况，进行了相关研讨并发布了《2010年电子商务投诉报告》。

4月8日

［纲 文］ **交通银行获准在美设立第二家分行。**

［目 文］ 美国联邦储备委员会正式批准交通银行在旧金山设立分行，经营批发性商业银行业务。交通银行旧金山分行是美联储自国际金融危机以来批准设立的第一家中资银行在美机构。交通银行自1991年设立纽约分行以来，已在美经营近20年。旧金山分行设立以后，交通银行在美国的业务范围将覆盖东西海岸，可更好地服务于中资企业的"走出去"战略，为中美经贸往来持续扩大提供一流的金融服务。

4月8—10日

［纲 文］ **吴邦国在重庆调研。**

［目 文］ 全国人大常委会委员长吴邦国在企业、高等院校、社区农村，看望企业员工、学校师生和农民朋友，与干部群众交流，共话发展。

吴邦国指出，要坚持以科学发展为主题，以加快转变经济发展方式为主线，进一步创新发展理念和发展模式，凝聚各方面智慧和力量，为“十二五”发展开好局起好步，以优异成绩迎接建党 90 周年。坚持发展是硬道理的本质要求，就是坚持科学发展。实现“十二五”时期的发展目标，要突出科学发展这个主题和加快转变经济发展方式这条主线，加大经济结构战略性调整力度，提高对外开放水平，大力推进科技创新，确保科学发展取得新的显著进步，确保转变经济发展方式取得实质性进展。保障和改善民生要抓住重点，突破难点，要加大投入，强化政府责任，调动社会各方面力量，着力解决收入分配差距问题，着力解决人民群众最关心、最直接、最现实的利益问题，特别是困难群众的基本生活保障问题，为老百姓办实事办好事。

4 月 8—9 日

［纲　文］　**温家宝在浙江调研经济运行情况。**

［目　文］　国务院总理温家宝在舟山市、宁波市深入渔村看望渔民，考察海洋科技、装备制造、纺织出口企业和国际航运服务中心等。在宁波主持召开上海、江苏、浙江三省市经济形势座谈会。

温家宝指出，要保持宏观经济政策的连续性、稳定性，提高针对性、灵活性、有效性，防止物价过快上涨和经济出现大的波动。稳定物价总水平是当前宏观调控的首要任务。中央从控制货币发行、发展生产、保障供应、搞好流通、加强监管等方面作出了全面部署，各地区各部门要不折不扣地贯彻落实。住房供应和房价问题涉及人民群众切身利益，关系经济健康发展、社会和谐稳定，中央加强房地产市场调控的目标是明确的，决心是坚定的。各级政府要切实担负起责任。实施稳健的货币政策，是中央综合分析国内外形势作出的重要决策。要处理好总量和结构的关系，抑制通货膨胀和促进经济增长的关系，综合运用好公开市场操作、存款准备金率、利率、汇率等多种价格和数量工具，消除通货膨胀的货币因素。提高直接融资比重，加强对实体经济的支持。“十二五”时期是我国加快转变发展方式的攻坚时期，要推进产业转型升级，提高产业核心竞争力。长三角地区是我国综合实力最强的区域之一，在全国经济发展中具有重要引领和支撑作用，要在转变发展方式、调整经济结构和加强科技创新方面走在全国前列。

4 月 8—10 日

［纲　文］　**习近平在安徽调研。**

［目　文］　国家副主席习近平就“十二五”规划贯彻实施和党的建设，在阜阳市、合肥市的农村、企业、社区、大学和科研机构进行调研。习近平指出，各级党组织和广大党员干部要深入贯彻全国两会精神，真抓实干，奋发有为，努力实现“十二五”时期良好开局，以优异成绩迎接建党 90 周年。各级党员干部要深入学习杨善洲同志、沈浩同志的先进事迹和崇高精神，在对待党和国家事业上始终保持进取之心，在对待人民赋予权力上始终保持敬畏之心，在对待个人名利地位上始终保持平常之心，在改革发展稳定中充分发挥先锋模范作用。

习近平在阜阳市颍州区西湖景区街道白行村，查看村党务公开栏、村务公开栏和农家书屋、村卫生室，询问这里发展经济、服务群众、推进新农村建设的情况；在太和县旧县镇张槐村头的田间，询问机井的水位，与全国劳动模范、种植大户徐淙祥以及村民交谈；在中国科技大学同步辐射实验室，慰问部分老专家和一线科研人员；在学校图书馆自习室，与同学们交谈，了解他们的学习、生活情况和今后打算，勉励大家珍惜宝贵时光，努力刻苦学习，掌握真才实学，陶冶道德情操，做到德智体美全面发展，不断提高综合素质，为今后报效祖国、服务人民打好知识基础和能力基础。

4月8—9日

［纲　文］　**李克强在吉林考察。**

［目　文］　国务院副总理李克强在吉林市、长春市的企业车间、田间地头、城镇社区、群众家中，着重就经济运行和重点民生工作进行考察调研。

李克强指出，要按照党中央、国务院的决策部署，围绕实现2011年发展目标，突出重点领域，加强薄弱环节，努力增加有效供给，保持经济平稳运行，为“十二五”发展开好局、起好步。把国家强农惠农各项政策落实到位，促进农业再获丰收。粮食生产和储备不能有丝毫松懈。保障好粮食供应，稳定经济运行、稳定物价水平就有坚实基础。食品安全事关人民群众身体健康和生命安全，食品安全检测涉及面广、责任大，要研发更多更好的仪器设备，为食品安全管理提供技术支撑。加强食品安全监管是各级政府一项十分重要的工作，要完善监管体制机制，严格落实企业主体责任，把食品质量标准贯穿于生产加工、流通消费的全过程，形成全社会关心维护食品安全的良好氛围，让群众吃上安全、放心的食品。

4月8—10日

［纲　文］　**李源潮在湖南调研创先争优活动和市县乡换届工作。**

［目　文］　中组部部长李源潮在长沙召开座谈会，听取湖南省市县乡四级党组织负责人的意见。他说，创先争优活动是推动各项工作的有力抓手，希望湖南紧扣科学发展、富民强省主题，组织基层党组织和党员深入创先争优，扎实开展“四化两型先锋行”和“惠民服务先锋行”活动，为实现“十二五”发展目标提供动力和保证。

4月8—12日

［纲　文］　**桑国卫带队在上海开展食品安全法执法检查。**

［目　文］　全国人大常委会副委员长桑国卫率全国人大常委会食品安全法执法检查小组听取了上海市政府的汇报，在菜场、超市、乳制品企业、上海市食品药品检验所等单位进行检查，并召开食品流通企业、餐饮服务行业、行业协会负责人的座谈会，了解法律实施的具体情况，听取各方意见和建议。

4月8—23日

［纲　文］　**台湾少数民族文化展在重庆三峡博物馆举办。**

［目　文］　文化展由全国台联、台湾原住民出版公司等联合举办。设历史馆、文化

馆、生活馆三个展区。展览以照片、影片、文字、器物等形式呈现了阿美、排湾、泰雅、布农、太鲁阁、鲁凯等台湾少数民族14个族群的氏族制度、家庭组织、生命礼俗、信仰祭典、音乐舞蹈等。

4月9日

［纲　文］ **公安部发布《公路巡逻民警队警务工作规范》。**

［目　文］ 《规范》共10章66条。主要有总则、职责权限、公路勤务、应急管理、现场处置、执法监督、预防道路交通事故、科技信息化应用、警务保障与内务管理、附则等内容。自2011年7月1日起施行。2001年5月23日发布的《公路巡逻民警中队警务规范》（公安部令第58号）同时废止。

4月9日

［纲　文］ **国家旅游局发布，中国跃居全球第三大入境旅游接待国。**

［目　文］ “十一五”时期，我国旅游业保持了平稳较快发展的良好势头：国内旅游人数年均增长12%；入境过夜旅游人数年均增长3.5%；出境旅游人数年均增长19%；全国旅游业总收入年均增长15%；居民人均出游率达1.5次；旅游消费对社会消费的贡献超过10%。2010年，中国已跃居全球第三大入境旅游接待国和第四大出境旅游消费国，旅游业对中国经济社会发展的积极作用更加凸显。2010年，我国旅游业实现了平稳较快增长，国内旅游人数达21亿人次，同比增长10.6%；旅游业总收入1.57万亿元，同比增长21.72%；旅游直接就业达1350万人；入境过夜旅游人数5566万人次，同比增长9.4%；旅游外汇收入458亿美元，同比增长15.5%；出境旅游人数5739万人次，同比增长20.4%。

4月9日

［纲　文］ **“国际友人义务植树暨国际森林年中国行动启动仪式”在北京望京公园举行。**

［目　文］ 2011年是联合国确定的国际森林年。来自50多个国家驻华使馆、20多个国际组织驻华机构的代表，以及北京市群众代表共500人，以植树播绿的形式，为国际森林年中国行动系列活动拉开了序幕。目前，中国人工林面积达到6000万公顷，稳居世界首位。

4月9日

［纲　文］ **外交部发言人就美国务院发表涉华人权报告表示，中方坚决反对美方借人权问题干涉中国内政。**

［目　文］ 有记者问：美国务院4月8日发表《2010年度国别人权报告》，涉华部分再次攻击中国人权状况。你对此有何评论？

发言人说，中国政府重视保障人权。中国经济持续发展，民主法制建设不断推进，文化事业日益繁荣，各族人民日益享有广泛的自由和权利。中美在人权问题上有分歧。我们愿在平等和相互尊重的基础上就人权问题开展对话。但坚决反对借人权问题干涉中国内政。我们奉劝美方多反省自己的人权问题，不要以“人权教师爷”自居，停止借人权报告等方式干涉别国内政。

4月9日

［纲　文］ **“国际化学年在中国”启动大会在北京举行。**

［目　文］ 中共中央政治局委员、国务委员刘延东出席并讲话。全国化学化工领域科研院所、企业代表，高校化学院系代表，社会团体代表等约730人出席启动大会。

以“化学——我们的生活，我们的未来”为主题的“国际化学年在中国”系列活动包括纪念性活动、学术性活动、科普活动和宣传活动，主要有“触摸化学，感受魅力”趣味实验设计大赛、“科学讲坛”国际化学年专题科普讲座、化学科普展览、化学开放日、化学企业科普进校园、石油和化学工业行业安全发展大会、“化学，就在你身边”全国高校系列活动、中学生测水游戏、澳门“绿色化工论坛”等。

4月9—12日

［纲　文］ **亚太旅游协会成立60周年庆典暨年会在北京举行。**

［目　文］ 中共中央政治局委员、国务院副总理王岐山出席并致辞。他强调，加快发展旅游业，是扩内需、调结构、促就业、惠民生的重要举措。在今后5年中，中国政府将深入贯彻落实科学发展观，多策并举，把旅游业培育成国民经济的战略性支柱产业。

本次活动以“共筑旅游：过去、现在、未来”为主题。就结构变化、分销挑战、尽责旅游、航线拓展和技术创新等专题研讨。来自66个国家和地区、400多个机构的约1000名嘉宾与代表参加。

4月10日

［纲　文］ **国务院印发《关于加快推进现代农作物种业发展的意见》。**

［目　文］ 《意见》由五个部分组成：一、我国农作物种业发展的形势。二、总体要求。三、重点任务。四、政策措施。五、保障措施。

《意见》指出，由农业部会同中央农办、发展改革委、教育部、科技部、财政部、国土资源部、商务部、人民银行、国资委、税务总局、质检总局、国研室、银监会、保监会等部门成立推进现代农作物种业发展工作协调组，研究解决推进现代农作物种业发展中的重大问题，组织拟定重大政策。有关部门要按照职责分工，细化并落实各项政策措施。各省（区、市）人民政府要加强对农作物种业工作的领导，制定本省（区、市）推进现代农作物种业发展的规划和方案。

4月10日

［纲　文］ **海关总署发布中国2011年一季度进出口数据。**

［目　文］ 数据显示，2011年一季度我国进出口总值8003亿美元，同比增长29.5%，累计出现10.2亿美元的贸易逆差，为我国6年来首现季度贸易逆差。

海关统计显示，一季度我国外贸出口达3996.4亿美元，增长26.5%；进口4006.6亿美元，增长32.6%。其中，3月份出口1522亿美元，增长35.8%；进口1520.6亿美元，增长27.3%，当月贸易顺差1.4亿美元。在进口商品中，主要大宗商品进口量保持增长，进口均价普遍出现明显回升。铁矿砂进口1.8亿吨，增加14.4%，进口均价为每吨156.5美元，上涨59.5%；大豆1096万吨，减少0.7%，进口均价为每吨573.9美元，上涨25.7%。

4月10日

［纲　文］　**中国人民大学中国对外战略研究中心成立。**

［目　文］　国家有关部委、科研机构和高校的约50名专家学者与会，就中东北非局势等国际热点问题进行了探讨。与会者从政治、经济、社会、外交等多种角度分析中东北非局势的根源和影响，并从中国对外战略的角度出发，提出了相应观点和对策。

4月10日

［纲　文］　**《北京市全民健身实施计划》颁布动员大会暨第五届“和谐杯”乒乓球比赛启动仪式在国家体育馆举行。**

［目　文］　1600多名乒乓球爱好者参加了本次活动。《北京市全民健身实施计划》对全市今后5年的全民健身工作进行了系统规划部署。到2015年，北京市全民健身总体目标是：城乡居民体育健身意识进一步增强，经常参加体育锻炼人数达到发达国家水平并长期保持，市民身体素质明显提高，初步形成覆盖城乡的全民健身公共服务体系。

北京市第五届“和谐杯”乒乓球赛同日启动。该项赛事在2011年4月至11月期间展开。

4月10日

［纲　文］　**纪念“乒乓外交”40周年活动在日本名古屋举行。**

［目　文］　中日两国人士在名古屋举行中日友好乒乓球友谊赛和纪念酒会。爱知县知事大村秀章、名古屋市市长河村隆之、中国驻日本大使程永华等中日两国各界人士出席了纪念酒会。

1971年4月，第三十一届世界乒乓球锦标赛在名古屋举行。应日本乒乓球协会邀请，中国乒乓球代表团首次与日本、美国乒乓球队进行比赛。之后美国队应邀访华，为实现中美建交和中日邦交正常化开启了序幕。

4月10—16日

［纲　文］　**国务委员刘延东访问美国并在华盛顿出席第二轮中美人文交流高层磋商。**

［目　文］　12日，第二轮中美人文交流高层磋商在华盛顿举行。国务委员、中美人文交流高层磋商机制中方主席刘延东与美国国务卿、中美人文交流高层磋商机制美方主席希拉里共同主持会议。会议总结了中美人文交流高层磋商机制成立一年来两国人文交流与合作取得的进展和成果，规划了今后一个时期中美人文交流的总体框架、阶段重点和工

作原则，并就进一步加强教育、科技、文化、妇女、青年、体育等领域合作达成一系列共识，确定了数十项合作项目。

刘延东在美国访问期间，在华盛顿分别会见了美国教育部部长邓肯和美国总统科技助理兼白宫科技政策办公室主任霍尔德伦、美国前国务卿基辛格、前总统国家安全事务助理布热津斯基和斯考克罗夫特、白宫前办公厅主任麦克拉蒂、劳工部前部长赵小兰等美前政要及教育科技界知名人士，就推进新形势下中美合作伙伴关系、深化两国人文交流与合作等议题交换意见；在波士顿考察了哈佛大学，参观了肯尼迪政府学院和威德纳图书馆，出席了中国国家留学基金管理委员会与哈佛大学关于共同设立攻读研究生学位奖学金项目合作文件的签字仪式；在旧金山出席了第四届全美中文大会开幕式并致辞，分别会见了旧金山市市长李孟贤、市参事会主席邱信福及美国大学理事会主席卡普顿和亚洲协会主席丁文嘉，考察了思科公司和当地幼儿园，并出席了国家汉办与亚洲协会和美国大学理事会有关中国语言文化项目协议的签字仪式；在俄勒冈州波特兰市分别会见俄勒冈州州长基察伯、俄勒冈州参议院议长考特尼、众议院共同议长罗布朗和汉纳等，出席俄勒冈州 12 所学校孔子课堂揭幕仪式，考察了耐克公司总部和英特尔公司研发中心。

4 月 10—15 日

［纲　文］ **路甬祥带队在湖北开展食品安全法执法检查**。

［目　文］ 全国人大常委会副委员长路甬祥率食品安全法执法检查小组在学校食堂、餐饮企业、食品生产加工企业等单位检查。在学校食堂，检查小组考察了食堂的卫生情况，并就学校饭菜供应等情况询问相关负责人；在餐饮企业，检查小组走进厨房检查，认真询问员工体检和原料采购等情况。

4 月 10—13 日

［纲　文］ **第三届“句容茅山·碧桂园杯”全国象棋冠军邀请赛在江苏句容市茅山风景区举行**。

［目　文］ 本届比赛由中国象棋协会、句容市人民政府主办。比赛会聚了历届全国象棋锦标赛（个人）男、女冠军，其中男子组 11 人、女子组 9 人。

4 月 11 日

［纲　文］ **中纪委、中组部通报两起违反选举纪律案件**。

［目　文］ 通报说，一是山西省太原市原市长张某违反选举纪律问题。2011 年 1 月中旬山西省两会召开前夕及人代会期间，时任太原市市长的张某对自己未被列为副省长候选人不满。在张的直接影响下，市政府副秘书长崔某根据张给其提供的省人代会部分代表电话号码，匿名向数十名代表发送了干扰选举的手机短信。山西省委发现后，迅速组织调查，免去了张某太原市委副书记、市长职务。山西省委已经研究决定，给予张某党内严重警告处分。省委还责成太原市委对崔某作出了严肃处理。二是湖南省怀化市溆浦县油洋乡干部严某贿选问题。2010 年 12 月 20 日，溆浦县油洋乡召开人代会，等额补选一名副乡

长。没有被列为候选人的严某为了当上副乡长，本人或委托他人向 5 名代表行贿 1000 元。最终，严某当选油洋乡副乡长。根据有关规定，给予严某开除党籍处分，并依法撤销补选严某为副乡长的选举结果。

4 月 11 日

［纲　文］ **交通运输部发布《关于进一步加强道路运输市场诚信体系建设的意见》。**

［目　文］《意见》由四个部分组成：一、加强道路运输市场诚信体系建设的重要性和紧迫性。二、指导思想、主要目标和基本原则。三、主要任务和政策措施。四、保障措施。《意见》要求，各级交通运输主管部门要根据本意见精神，制定具体工作措施，确保道路运输诚信建设的各项任务落到实处。

4 月 11 日

［纲　文］ **财政部关于印发《大中型会计师事务所转制为特殊普通合伙组织形式实施细则》的通知。**

［目　文］ 通知说，为深入贯彻落实财政部、工商总局印发的《关于推动大中型会计师事务所采用特殊普通合伙组织形式的暂行规定》（财会〔2010〕12 号），进一步推进大中型会计师事务所转制为特殊普通合伙组织形式，规范操作程序，明确相关要求，确保转制工作依法、扎实、平稳进行，财政部制定了《大中型会计师事务所转制为特殊普通合伙组织形式实施细则》，经会签工商总局同意，现予印发，请遵照执行。执行中有何问题，请及时反馈财政部（会计司）。

4 月 11 日

［纲　文］ **国家副主席习近平在北京会见摩洛哥外交和合作大臣菲赫里。**

［目　文］ 习近平说，双方应加强政治互信，推进各领域务实合作，加强人文交流，密切在国际和地区事务中的协调与配合。中方感谢摩方在涉及中方核心利益和重大关切问题上给予的支持和帮助，愿与摩方携手努力，推动两国友好互利合作迈上新台阶。在谈到当前西亚北非地区局势时，习近平说，该地区一些国家近来局势动荡，中方对此十分关注。我们主张通过对话、谈判等和平方式解决有关争端与分歧，认为西亚北非地区国家事务应由这些国家人民自主决定，希望该地区能够尽快恢复稳定。

菲赫里积极评价近年来摩中关系取得的长足发展，表示摩洛哥政府重视发展与中国的友好关系，愿进一步加强双方各领域交流，扩大投资合作，推动两国关系全面深入发展。

同日，外交部部长杨洁篪在北京与菲赫里举行会谈。双方均对近年来两国友好合作关系发展表示满意，一致同意进一步加强双边友好交往，深化各领域务实合作，提升两国合作关系水平。双方还就西亚北非局势等共同关心的国际和地区问题深入交换了意见。

4 月 11 日

［纲　文］ **国务委员、公安部部长孟建柱在北京会见越南共产党中央政治局委员、公安部部长黎鸿英。**

［目　文］ 孟建柱说，中越是社会主义友好邻邦，有着共同的理想和奋斗目标。中

方愿与越方携手努力，认真落实两国领导人达成的共识，增进政治互信，深化务实合作，巩固发展中越传统友谊，推动两国全面战略合作伙伴关系持续健康稳定发展。中越执法安全合作是两国友好合作的重要组成部分。2010年9月两国公安部第二次合作打击犯罪会议以来，双方积极落实会议共识，各领域合作取得新进展。希望双方进一步加强在防范和打击非法出入境活动、电信诈骗、恐怖犯罪等领域的合作，不断提升两国执法安全合作水平。

4月11日

［纲　文］　**教育部批准在南开大学、中国政法大学和广州大学三所高校分别设立人权教育与培训基地。**

［目　文］　这是中国首次在高校设立国家级人权教育与培训基地，是落实《国家人权行动计划（2009—2010）》相关内容的举措。

4月11—24日

［纲　文］　**中共中央政治局常委李长春应邀对亚美尼亚、罗马尼亚、斯洛文尼亚、肯尼亚、莫桑比克进行正式友好访问。**

［目　文］　11—13日，李长春对亚美尼亚访问，在埃里温分别会见了亚美尼亚总统谢尔日·萨尔基相、亚美尼亚总理季格兰·萨尔基相、亚美尼亚议长奥维克·阿布拉米扬、繁荣亚美尼亚党主席加吉克·察鲁基扬。李长春和季格兰·萨尔基相共同出席两国经贸、文化等领域合作协定的签字仪式，中国国际广播电台亚美尼亚分台的开播仪式，“中亚企业家”论坛并发表题为《巩固经贸成果　深化务实合作》的主旨演讲。李长春参观了亚美尼亚埃里温布留索夫国立语言大学孔子学院。

13—15日，李长春对罗马尼亚访问，在布加勒斯特分别会见了罗马尼亚总统特拉扬·伯塞斯库、罗马尼亚总理埃米尔·博克、罗马尼亚副总理马尔科·贝洛、罗马尼亚参议院议长米尔恰·达恩·杰瓦讷、罗马尼亚参议院副议长迪亚科内斯库和外长特奥多尔·巴孔斯基。双方就中罗全面友好合作伙伴关系、中欧关系和共同关心的国际、地区问题交换看法。李长春与贝洛共同出席了中罗有关经贸、文化、教育合作协定的签字仪式。李长春在罗马尼亚议会发表题为《巩固中罗传统友谊　谱写友好合作新篇章》的演讲。

15—18日，李长春在斯洛文尼亚访问，在卢布尔雅那分别会见了斯洛文尼亚总统达尼洛·图尔克、斯洛文尼亚总理博鲁特·帕霍尔、斯洛文尼亚议长甘塔尔、斯洛文尼亚外长日博加尔。

18—21日，李长春在肯尼亚访问，在内罗毕分别会见了肯尼亚总统齐贝吉、肯尼亚副总统穆西约卡、肯尼亚议长马伦德。李长春和齐贝吉共同出席两国有关经贸、新闻、文化、教育等领域合作协定的签字仪式。李长春和穆西约卡共同出席“新华手机报”开通仪式。李长春看望中央媒体驻非洲总站记者，勉励他们不懈努力，担当好中非之间信息传播和文化交流使者的重要角色，架设中非友谊桥梁。李长春访问内罗毕大学，并对师生发表题为《加强中非友好合作　携手共建美好明天》的演讲。

21—24日，李长春在莫桑比克访问，在马普托分别会见了莫桑比克总统、解放阵线党主席阿曼多·埃米利奥·格布扎，莫桑比克总理艾雷斯·阿里。李长春与阿里共同出席中莫两国政府间有关合作协定的签字仪式；与莫桑比克解放阵线党总书记菲利佩·保恩德举行会谈。李长春在马普托中心医院，看望援莫桑比克医疗队。

4月11—16日

［纲　文］ **第十二届中国国际机床展览会在北京举行。**

［目　文］ 展览会由中国机床工具工业协会主办。本届展会的主题是“以科技创新迎接后危机时代”。28个国家和地区的1400家机床制造商参展。

13日，中共中央政治局委员、国务院副总理张德江在参观第十二届中国国际机床展览会时指出，要深入贯彻落实科学发展观，加强技术创新，加快结构调整，推动产业升级，大幅度提高基础配套件和基础工艺水平，大幅度提高重大技术成套装备自主化、智能化、产业化水平，大力促进装备制造业由大变强，为国民经济又好又快发展提供坚实可靠的装备保障。

4月12日

［纲　文］ **国务院通知香港特别行政区政府，批准刘吴惠兰辞去香港特别行政区政府商务及经济发展局局长职务。**

［目　文］ 通知说，依照《中华人民共和国香港特别行政区基本法》的有关规定，根据香港特别行政区行政长官的建议，国务院批准刘吴惠兰辞去商务及经济发展局局长职务，从即日起离职。

4月12日

［纲　文］ **证监会公布《期货公司分类监管规定》。**

［目　文］ 《规定》共7章51条。主要有总则、评价指标、评价方法、公司类别、组织实施、分类结果的使用、附则等内容。自2011年4月12日起施行。2009年8月17日公布的《期货公司分类监管规定（试行）》（证监会公告〔2009〕22号）同时废止。

4月12日

［纲　文］ **测绘局印发关于《国家测绘局科技领军人才科技资助专项资金管理暂行办法》的通知。**

［目　文］ 通知说，《国家测绘局科技领军人才科技资助专项资金管理暂行办法》已经局党组会议审议通过，现予印发，请认真贯彻执行。

4月12日

［纲　文］ **财政部、商务部、工业和信息化部发布《家电下乡政策执行监管及违规处理办法》。**

［目　文］ 《办法》共7章23条。主要有总则、家电下乡主管部门监管职责及违规处罚、中标生产企业家电下乡职责及违规处罚、中标流通企业家电下乡职责及违规处罚、

备案网点家电下乡职责及违规处罚、家电下乡监管处罚种类及处罚权限、附则等内容。自2011年4月12日起执行。此前规定与本办法不符的，按本办法执行。其他未尽事宜按《家电下乡操作细则》（财建〔2009〕155号）等有关规定执行。

4月12日

［纲　文］　**商务部发布《第三方电子商务交易平台服务规范》。**

［目　文］　《规范》由九个部分组成：一、范围。二、规范性引用文件。三、术语和定义。四、基本原则。五、第三方交易平台的设立与基本行为规范。六、平台经营者对站内经营者的管理与引导。七、平台经营者对消费者的合理保护。八、平台经营者与相关服务提供者的协调。九、监督管理。

4月12日

［纲　文］　**国家旅游局发布，自2011年起，每年5月19日将被确定为"中国旅游日"。**

4月12日

［纲　文］　**国务院总理温家宝、国务院副总理李克强在北京分别会见西班牙首相萨帕特罗。**

［目　文］　温家宝在会见萨帕特罗时说，中国珍视同西班牙的互信和友谊，愿同西方密切高层交往，推动两国全面战略伙伴关系深入发展。欧盟作为最大的发达国家集团，拥有雄厚的经济基础、先进的科技和管理经验以及高素质人才等优势，有能力克服某些成员国面临的主权债务危机。中国政府重申，愿意继续购买西班牙国债，参与支持西班牙储蓄银行重组基金。中国是欧洲金融市场负责任的长期投资者，支持欧盟和国际货币基金组织采取的救助措施，相信欧洲一定能够实现经济社会稳定发展。

萨帕特罗表示，在西班牙遇到困难时，中国及时给予了坚定支持，有力增强了西班牙克服困难的信心和能力，有利于维护西班牙和欧洲经济的稳定与发展。西班牙欢迎中方扩大在西投资规模，希望进一步加强两国在人文、旅游、基础设施建设等领域的合作，不断推进两国关系发展。西班牙是中国在欧盟国家中的最好朋友，将继续为推动欧中关系发展发挥积极作用。

李克强在会见萨帕特罗时指出，世界经济复苏正处关键阶段，新的不稳定、不确定因素还在增加，各国要携手共同应对挑战。西班牙是欧洲重要经济体，中西应深化战略共识，加强在国际事务中的沟通协调，共同推进国际金融体系和全球经济治理机制改革，反对各种形式的保护主义。

萨帕特罗感谢中国支持西班牙应对国际金融危机的努力，表示愿同中方巩固传统友好，加强交流合作，推动西中、欧中关系进一步发展。

萨帕特罗是来华出席博鳌亚洲论坛2011年年会开幕式的。

4月12日

［纲　文］　**国务院总理温家宝同日本首相菅直人通电话。**

［目　文］　温家宝对日本遭受强烈地震和海啸灾害再次表示慰问，强调中方支持日方抗震救灾，愿同日方加强救灾和灾后重建等方面的合作。中日两国互为重要近邻，中国政府重视中日关系，愿同日方一道，根据中日四个政治文件的原则，推动中日关系健康稳定向前发展。

关于日本向海洋排放核污水问题，温家宝说，中国政府和人民对此表示关切，要求日本政府高度重视此事对海洋环境，特别是周边国家的影响，严格遵守有关国际法，切实采取有效防控措施，并及时向中方全面准确通报有关情况。

菅直人表示，日本地震和海啸灾难发生后，中方及时派出国际救援队，并向日本灾区提供了大量无私援助，胡锦涛主席亲自到日本驻华使馆吊唁遇难者，他代表日本政府和人民向中方表示衷心感谢，并对在灾难中遇难的中国公民表示沉痛哀悼。日方对发生福岛第一核电站事故表示遗憾，将及时准确地向包括中国在内的国际社会提供相关信息，确保透明度，并彻查事故原因，为国际核安全合作作出贡献。

4 月 12 日

［纲　文］　**张德江在北京调研部分中央企业。**

［目　文］　国务院副总理张德江在中国五矿集团、中国船舶工业集团和国家核电技术公司了解企业生产经营情况。

张德江指出，2011 年中央企业生产经营形势开局良好，转方式、调结构有实际举措，发展势头好，发展潜力大，发展后劲足。中央企业是国民经济的顶梁柱，保持平稳较快发展态势，对于确保国民经济持续健康发展意义重大。要认真落实国家“十二五”规划纲要，科学制定落实企业发展规划，大力推进企业发展方式转变。要加快推动结构调整和转型升级，优化产业布局，加大落后产能淘汰力度，改造提升传统产业，加快“走出去”步伐，提升国际化经营能力和水平，力争在“十二五”期间有新的发展、质的飞跃，成为转变发展方式的排头兵。

4 月 12 日

［纲　文］　**国务院副总理王岐山在北京会见菲律宾财政部部长塞萨尔·普里西马率领的菲律宾政府高级经贸代表团，双方就加强经贸、投资、基础设施等领域的合作交换了意见。**

4 月 12 日

［纲　文］　**中共中央纪委首次举办以“走进中共中央纪委”为主题的面向驻华高级外交官的开放日活动。**

［目　文］　来自 40 多个国家的近 50 名驻华高级外交官走进中央纪委，了解中国共产党反腐倡廉建设情况，亲身感受党的纪律检查工作。这也是中联部与中共中央有关部门合作组织的“走进党的部门”系列主题开放日活动的重要一站。

驻华高级外交官分别参观了中央纪委新闻发布厅、宣传教育室、法规室、案件审理室，观看了党的十七大以来反腐倡廉成果展，并与中央纪委主要职能部门负责人进行了座谈，双方就如何看待当前中国反腐败形势、反腐败组织体系、反腐败法规制度建设、信访举报、反腐倡廉宣传教育、中外反腐败国际交流与合作等问题进行了交流。

中央纪委副书记、秘书长吴玉良会见了参加活动的高级外交官，并向他们介绍了中国反腐倡廉工作情况。

4月12日

［纲　文］ **“诚信经营、规范服务——2011第三方电子商务交易平台高峰论坛”在北京举行。**

［目　文］ 论坛由商务部与北京市人民政府共同主办。发展改革委、工业和信息化部、科技部、人民银行、海关总署、质检总局、国家知识产权局以及各地商务主管部门有关负责人、知名电子商务企业代表、电子商务专家学者共500人参加了论坛。会上发布了《第三方电子商务交易平台服务规范》。

4月12日

［纲　文］ **“珍藏的记忆——宋庆龄故居馆藏孙中山文物展”在宋庆龄故居开展。**

［目　文］ 本年为辛亥革命100周年。宋庆龄故居现藏有320余件与孙中山有关的文物和史料，大部分为宋庆龄生前精心留存。此次宋庆龄故居精选110余件馆藏照片与文物展出，其中近半数文物为首次与公众见面，包括孙中山从事革命时使用过的私印、手枪，孙中山穿过的皮大衣、戴过的礼帽等。本次展览的一大亮点，是在展现孙中山革命历程的同时，还通过宋庆龄故居珍藏文物与史料，展现孙中山与宋庆龄精诚笃爱、甘苦共尝的风雨历程，包括孙中山与宋庆龄的结婚照、孙中山遗嘱照片及孙中山与宋庆龄的众多合影等。

此展览作为常设展在宋庆龄故居主楼展出，所展示的文物、图片将定期轮换。

4月12日

［纲　文］ **科威特驻华使馆在北京举办招待会，庆祝中科建交40周年。**

［目　文］ 全国人大常委会副委员长司马义·铁力瓦尔地和科威特驻华大使祖维赫出席招待会并致辞。中科各界约500人出席招待会。

4月12日

［纲　文］ **重庆市人民政府与台湾华硕电脑股份有限公司签约，华硕全球电脑生产基地暨中国第二营运总部落户重庆。**

［目　文］ 按计划，华硕将在未来几年内投资1.5亿美元，在重庆建成华硕全球电脑基地，形成年产2000万台以上的智能终端生产规模，并在重庆高新区建设华硕中国第二营运总部大楼及其他配套设施。

华硕电脑创建于1990年，是全球知名的高科技企业，2007—2010年连续4年跻身《财富》世界500强，成为最年轻的世界500强企业之一，在全球20多个国家拥有10万余名员工。全世界每三台个人电脑中，就有一台安装了华硕主板。在笔记本电脑领域，华硕销量位居世界第四。

4月12日

［纲　文］　**河北省抚宁县大新寨镇大石窟村发生森林火灾。**

［目　文］　国务院副总理回良玉作出指示，要求调集足够力量，特别是专业队伍，尽早将火扑灭，要强化科学指挥，确保扑火人员安全，最大限度地减少损失。当前高温物燥，林场树密，山高坡陡，对扑火的难度应有充分的估计和准备，应予以严密组织和有力的指导。

国家森防指启动森林火灾扑救预案，派出工作组赶赴火场一线，调动武警森林指挥部机动支队600人和一架米-26灭火直升机，同时，协调军队派出三架米-171直升机支援扑火，并调拨大量扑火物资支援火场。共有专业扑火人员1000多名和7100多名解放军、武警官兵、民兵预备役人员及2200多名群众相继投入扑火。火灾发生地为山地，主要树种为松林和灌木混交林。

4月12—13日

［纲　文］　**应国家主席胡锦涛邀请，巴西总统罗塞夫对中国进行国事访问。**

［目　文］　访问期间，胡锦涛在北京同罗塞夫举行会谈，就进一步发展双边关系等问题达成共识。两国元首共同签署了《中华人民共和国和巴西联邦共和国联合公报》，并出席了双边合作文件的签字仪式。全国人大常委会委员长吴邦国、国务院总理温家宝在北京分别会见了罗塞夫。国务院副总理王岐山在北京与罗塞夫共同出席中巴企业家研讨会闭幕式并致辞。

胡锦涛与罗塞夫会谈时说，中方愿与巴方一道，重点从以下四个方面进一步深化和发展两国关系，为各自国家经济发展和民生改善作出贡献。第一，坚持平等协商，深化战略互信。双方要保持高层和各级别密切交往，充分发挥中巴高委会、战略对话等各对话机制作用。两国政府部门、立法机构、政党、地方要扩大交流合作。第二，坚持互利互惠，提高合作水平。双方要进一步落实两国政府《共同行动计划》，保持贸易健康平稳发展，促进经贸、投资、能矿、基础设施建设、财金合作。第三，坚持优势互补，扩大科技合作。双方要进一步加强农业、新能源、生物技术、纳米技术、信息技术、空间技术等领域合作。第四，坚持交流互鉴，巩固社会基础。双方要积极拓展文化、教育、公共卫生、社会保障、扶贫等领域交流合作，增进两国新闻界、学术界、体育界和青年友好往来，使中巴友好更加深入人心。

罗塞夫完全赞同胡锦涛关于进一步发展两国关系的重要意见，表示巴方愿意进一步密切两国战略伙伴关系，提升两国伙伴关系的战略性，发挥巴中高委会等机制作用，加强贸易、投资、金融、科技、农业、能矿、基础设施建设以及人文等领域交流与合作，使巴中关系在现有基础上实现质的飞跃。

吴邦国在会见罗塞夫时指出，作为中巴战略伙伴关系的重要组成部分，中国全国人大与巴西参众两院的友好往来也在快速发展，有力地促进了两国人民之间的友谊，希望双方尽快启动议会定期交流机制，深化实质性交流与合作，为中巴战略伙伴关系发展不断注入新的活力。

罗塞夫表示，近年来，巴中关系全面快速发展，取得了丰硕成果，显示出强大的生命力和活力。巴方愿不断深化与中国的全方位战略合作。

温家宝在会见罗塞夫时说，中国政府愿同巴西政府密切协调配合，制定和落实各领域合作政策举措，为促进两国经济社会发展、维护共同战略利益作出不懈努力。

罗塞夫表示，巴方愿与中方共同努力，落实各项共识，加强贸易、基础设施、科技创新等领域的务实合作，扩大人文、教育等领域的交流，密切在重大国际问题上的磋商协作，推动巴中战略合作伙伴关系取得新进展。

4月12—15日

［纲　文］　**应国务院总理温家宝邀请，韩国国务总理金滉植对中国进行正式访问。**

［目　文］　访问期间，全国人大常委会委员长吴邦国在北京会见了金滉植。温家宝在北京与金滉植举行会谈，双方就进一步发展两国战略合作伙伴关系达成共识。金滉植出席了博鳌亚洲论坛2011年年会开幕式。

吴邦国会见金滉植时说，中韩关系发展迅速，高层互访频繁，各领域合作日益深化，在重大地区和国际问题上保持密切沟通与协调。中韩地理相邻，文化相通，经济互补，两国共同利益不断增多。加强中韩关系反映了人民的意愿，顺应了时代的潮流。中方高度重视发展同韩国的关系，愿以建交20周年为新的契机，进一步密切与韩方在议会、政党、地方等各方面的友好交流，加强在经贸、投资等领域的务实合作，促进人民之间的友好往来，推动中韩关系不断向前发展。

金滉植表示，韩国十分重视中国，对韩中关系现状表示满意。韩方赞赏中方为维护朝鲜半岛和平稳定所做的努力，愿加强与中方在地区和国际事务中的合作。

温家宝与金滉植会谈时表示，中方愿与韩方就双边、地区和全球重大问题保持各级别密切对话和磋商，妥善应对各种挑战，照顾彼此关切，深化政治互信和战略协作。中方正在积极扩大内需、加快转变经济发展方式，韩方制定了“万亿美元贸易目标”，这为拓展两国经贸合作提供了有利条件。相信通过扎实努力，2015年双边贸易额达到3000亿美元是可以实现的。中韩在通信、造船、金融、物流、高新技术、环保节能等领域合作前景广阔，要扩大相互投资和共同研发，深化产业融合，更好地实现互利共赢。双方有关部门要加紧落实领导人达成的共识，如期启动两国自贸区谈判，这对提振企业界信心、推进东亚经济一体化进程具有重大而深远的意义。

关于朝鲜半岛局势，温家宝表示，对话和协商始终是解决半岛有关问题的最佳方式。当前各方开始进行一些有助于缓和的接触和互动，这些努力应该得到加强，为早日重启六方会谈创造条件。中方愿为实现半岛无核化、维护地区和平稳定继续发挥积极的建设性作用。

金滉植赞同温家宝关于进一步发展两国关系的意见，表示希望两国进一步加强高层交往，扩大青少年、学界、媒体等民间交往，办好2012年建交20周年庆祝活动，不断增进互信和友谊。进一步扩大两国在经贸、投资、高新科技、清洁能源等领域的务实合作和地方之间的合作。韩方欢迎更多中国企业到韩国投资兴业。韩方愿与中方加强战略沟通，共同维护东北亚地区的和平稳定，并加强在东亚地区合作、应对气候变化、防灾救灾等方面的交流与合作。

4月12日—5月6日

［纲　文］　**中国残疾人艺术团对塞内加尔、加纳、津巴布韦、南非和毛里求斯访问演出。**

［目　文］　文化部与商务部联合组派中国残疾人艺术团，携大型歌舞《我的梦》在五国演出。包括参加中国政府援建塞内加尔国家大剧院竣工首演、津巴布韦哈拉雷艺术节演出等。根据《中非合作论坛沙姆沙伊赫行动计划（2010—2012年）》，中非共同打造“文化聚焦”品牌，逢双年在中国举办“非洲文化聚焦”活动，逢单年在非洲举办“中国文化聚焦”活动。

4月13日

［纲　文］　**吴邦国在北京主持召开十一届全国人大常委会第六十一次委员长会议。**

［目　文］　全国人大常委会副委员长王兆国、乌云其木格、韩启德、华建敏、周铁农、司马义·铁力瓦尔地、蒋树声、陈昌智、严隽琪、桑国卫等出席会议。会议决定十一届全国人大常委会第二十次会议4月20—22日在北京举行。全国人大常委会副委员长兼秘书长李建国就常委会第二十次会议议程草案、日程安排意见作了汇报。全国人大有关专门委员会负责人、常委会代表资格审查委员会负责人、常委会有关副秘书长就常委会第二十次会议的相关议程作了汇报。

委员长会议建议，十一届全国人大常委会第二十次会议继续审议行政强制法草案，审议关于修改煤炭法和建筑法个别条款的决定草案、道路交通安全法修正案草案、个人所得税法修正案草案。十一届全国人大常委会第二十次会议审议国务院关于集体林权制度改革工作情况的报告、关于“五五”普法工作情况的报告和关于进一步加强法制宣传教育的决议草案的议案；审议全国人大常委会代表资格审查委员会关于个别代表的代表资格的报告；审议有关任免案等。

4月13日

［纲　文］　**温家宝主持召开国务院常务会议，分析一季度经济形势，研究部署下一阶段经济工作。**

［目　文］　会议指出，2011年以来，我国经济保持平稳运行，国民经济开局良好。投资、消费、出口稳定增长，内需支撑作用增强；工业平稳增长，农业生产形势向好；财政收支增长较快，货币信贷平稳回调，经济增长的主要拉动力逐步从政策刺激向自主增长有序转变；就业和居民收入继续增加，人民生活进一步改善。

会议认为，当前国内外环境仍然极为复杂，不稳定、不确定性因素还不少。从国际看，主要经济体经济恢复增长，但国际市场粮食、石油等大宗商品价格不断上涨，通胀压力正在从新兴经济体扩大到发达经济体，世界经济还没有走上正常增长的轨道，目前又出现了一些新的变数。从国内看，虽然发展的有利条件较多，但面临的挑战也不少，主要是物价上涨比较快，通胀预期增强，房地产市场成交量萎缩，多数城市房价还在上涨，宏观调控仍然面临较大压力。我们一定要保持清醒头脑，增强忧患意识，冷静观察，沉着应对，未雨绸缪，做好应对各种困难和风险的准备。

4月13日

［纲　文］　**学习杨善洲精神做人民满意的好党员好干部座谈会在北京举行。**

［目　文］　中共中央政治局常委、国家副主席习近平出席会议并讲话。座谈会由中组部部长李源潮主持。云南、湖北、河北、山东省，人民日报社等有关负责人从不同角度介绍了学习宣传杨善洲同志先进事迹的体会。中央和国家机关有关部委主要负责人、中央组织部部务会成员、中央党校学员代表和市、县委书记代表共100余人参加会议。

杨善洲是在深入开展创先争优活动中在全国推出和集中宣传的先进典型，被中央组织部追授为“全国优秀共产党员”。中共中央总书记胡锦涛作出指示，要求广大党员干部向杨善洲同志学习。杨善洲先进事迹报告团先后到9个省市及中央和国家机关一些单位、北京大学等作了巡回报告，中央各主要新闻媒体连续报道了杨善洲的先进事迹，在社会各界引起反响。

4月13日

［纲　文］　**新华社讯，中共中央宣传部、中央文明办、总政治部、全国总工会、共青团中央、全国妇联发布《关于评选表彰第三届全国道德模范的通知》。**

4月13日

［纲　文］　**“2011海峡两岸工会论坛”在北京举行。**

［目　文］　本次论坛主题为“ECFA时期的工会作用：组建工会和促进就业”，分5个单元举行了论坛开幕式、大会发言、论坛发言、论坛研讨和闭幕式，两岸工会和劳动界代表进行了发言。来自海峡两岸工会和劳动界的350多位代表出席会议。

15日，全国政协主席贾庆林在北京会见了出席“2011海峡两岸工会论坛”的台湾工会界主要代表时说，2010年两岸签署了“经济合作框架协议”（ECFA），标志着构建两岸关系和平发展框架在经济领域取得重大进展。这次论坛以此为切入点，共同探讨在ECFA背景下的工会工作，意义重要而深远，充分表明了两岸职工支持两岸经济深化合作的态度，体现了两岸职工在促进两岸关系和平发展中的重要作用。台湾工会界踊跃参与论坛，特别是许多基层工会、青年代表出席，表明论坛的代表性越来越广泛，影响力越来越深入。

4月13日

［纲　文］　**2011年中韩日残疾人美术交流展在韩国首尔开幕。**

［目　文］　交流展由中国残疾人联合会、韩国国会李贞铉议员室、文化体育观光部

和日本厚生劳动省共同主办。来自中国、韩国和日本三国的残疾人美术家代表团成员、主办机构官员以及韩国各界人士出席开幕仪式。本次交流展共汇集了中韩日三国残疾人最新创作的180件美术和书法作品。中国选送了33位优秀残疾人美术家的33件作品参展。

本展是“2011年中韩日残疾人美术交流展”的首站活动，5月下旬和年底分别在中国上海和日本东京再次举办交流展及相关活动。

4月13日

［纲　文］　**第四届中国非洲非政府组织研讨会在北京举行。**

［目　文］　研讨会由中国民间组织国际交流促进会与中国亚非发展交流协会共同举办。会议的主题为“推进民间交往，深化友好合作”。研讨会就非政府组织与政府的关系，非政府组织在推动社会建设中的作用以及中非非政府组织加强在社会领域的合作等几个议题展开研讨。来自北京市民政局、中国红十字会、中国经社理事会等单位的中方代表和来自非洲国家的代表与会。

4月13—14日

［纲　文］　**贾庆林在深圳调研。**

［目　文］　全国政协主席贾庆林调研时指出，要认真贯彻落实党的十七届五中全会和全国两会精神，紧扣科学发展主题和加快转变经济发展方式主线，大力推进自主创新，切实增强经济发展的动力和活力，促进经济平稳较快发展和社会和谐稳定，努力实现“十二五”时期良好开局。非公有制经济是我国社会主义市场经济的重要组成部分。要坚持公有制为主体、多种所有制经济共同发展的基本经济制度，营造各种所有制经济依法平等使用生产要素、公平参与市场竞争、同等受到法律保护的体制环境。要认真落实国家促进非公有制经济发展的政策措施，推动企业转型升级，加强对企业的服务、指导和规范管理，促进非公有制企业健康发展。

4月13—17日

［纲　文］　**贺国强在辽宁大连、营口、盘锦和沈阳等地调研。**

［目　文］　中纪委书记贺国强考察企业、高新技术园区、新农村建设、居民社区时指出，辽宁老工业基地为新中国的建设和发展作出了重要贡献，通过深入实施东北地区等老工业基地振兴战略，重新焕发了生机活力，希望你们继续抓住这一重要机遇，进一步加快结构调整、技术改造和产业升级，重振雄风、再铸辉煌。专程看望了被誉为“毛主席的好工人”的全国劳动模范尉凤英时说，现在我们国家发展起来了，各方面的条件好了，但劳模们的贡献不能忘，精神不能丢。我们要结合新的形势，大力宣传他们的先进事迹，学习他们的宝贵精神，关心他们的工作生活，真正把他们艰苦奋斗、无私奉献的光荣传统继承下来、发扬光大。

考察期间，贺国强听取了辽宁省委、省政府和省纪委的工作汇报。他希望辽宁各级党委、政府和广大干部群众认真贯彻落实中央要求，进一步解放思想、开拓进取，求真务实、艰苦奋斗，在全面建设小康社会的新征程上谱写辽宁更加美好的明天。贺国强还专门到省纪委监察厅看望了机关干部，要求各级纪检监察机关全面履行纪检监察两项职能，不断以党风廉政建设和反腐败工作新成效为改革发展稳定提供有力保证。

4月13—23日

［纲　文］ **梁光烈在浙江、福建省检查调研民兵工作。**

［目　文］ 中央军委委员、国务委员兼国防部部长梁光烈在浙江省杭州、湖州、台州、温州市和福建省福州、厦门、漳州、宁德市检查调研民兵工作；调研了浙江、福建省海防建设情况，指出要深刻领会中央决策指示，准确把握新形势下边海防工作的指导思想、方针原则、目标任务和战略措施；要认真落实规划计划，加大建设力度，提升海防建设水平；要密切军地配合，强化分类指导，合力抓好海防管控，推动海防建设创新发展。

4月13—14日

［纲　文］ **2011年金砖国家工商论坛在海南三亚召开。**

［目　文］ 论坛由中国贸促会主办，以“新兴市场国家合作与世界经济发展”为主题。与会代表就金砖国家崛起与世界经济复苏、能源资源利用与可持续发展、金砖国家消费市场的潜力及商机、经贸合作与金融支持、科技创新与绿色增长等议题讨论。与会代表签署了《成立金砖国家工商联络机制谅解备忘录》，并发表《金砖国家工商论坛共同声明》。

4月13—22日

［纲　文］ **“2011年全国青年手球锦标赛”男子组比赛在国家体育总局秦皇岛训练基地举行。**

4月14日

［纲　文］ **金砖国家领导人第三次会晤在海南三亚举行。**

［目　文］ 国家主席胡锦涛主持会议并发表题为《展望未来　共享繁荣》的讲话。巴西总统罗塞夫、俄罗斯总统梅德韦杰夫、印度总理辛格、南非总统祖马出席。本次会晤的主题是“展望未来、共享繁荣”。与会领导人就国际形势、国际经济金融问题、发展问题、金砖国家合作等议题交换意见，并出席了有关合作文件签字仪式。会议发表了《三亚宣言》。

13日，胡锦涛在海南三亚分别会见了梅德韦杰夫、祖马、辛格。

4月14日

［纲　文］ **温家宝在北京向新聘任的国务院参事和中央文史研究馆馆员颁发聘书并同参事、馆员座谈。**

［目　文］ 国务委员兼国务院秘书长马凯宣读国务院聘任通知。国务院总理温家宝向新聘任的国务院参事王明明、汤敏、施祖麟、刘桓、时殷弘、张纲、王石奇、李烈和新聘任的中央文史研究馆馆员戴逸、汤一介、马振声、刘梦溪、陶思炎颁发聘书。

4月14日

［纲　文］ **国务院副总理李克强在北京会见希腊国务部部长巴布基斯。**

［目　文］　李克强说，中国正在实施“十二五”规划，致力于转变经济发展方式、调整结构和改善民生，市场潜力将不断释放。中国欢迎希腊企业来华投资，分享机遇，也支持中国企业到希腊开展合作，实现互利共赢。在应对国际金融危机中，中希双方密切合作，共克时艰，中方以实际行动表明了对希腊经济的信心。中欧互为重要贸易伙伴，中方坚信欧盟一定能够克服部分成员国的暂时困难，实现稳定增长，这有利于世界经济复苏，有利于拓展中欧经贸合作。中方愿与欧盟一道，把中欧关系不断推向前进。

巴布基斯表示希腊珍视同中方的友谊，愿为中方企业赴希腊投资提供便利。

12 日，外交部副部长张志军在北京会见巴布基斯。双方就中希关系、全球经济治理和欧洲主权债务危机等共同关心的国际和地区问题交换了意见。

4 月 14 日

［纲　文］　**纪念青海玉树强烈地震一周年活动在地震重灾区玉树县结古镇举行。**

［目　文］　国务院副总理回良玉出席并讲话。纪念活动由青海省委书记强卫主持。中宣部部长刘云山、全国人大常委会副委员长韩启德、全国政协副主席李金华出席纪念活动。中央和国家机关有关部门、人民解放军和武警部队、有关人民团体负责人，对口援建有关地方代表，宗教界人士代表，当地干部群众代表参加了纪念活动。

回良玉代表中共中央、国务院向在地震灾害中不幸罹难的同胞们、向为夺取抗震救灾斗争重大胜利而英勇献身的烈士们表达深切思念，号召全党全军全国各族人民大力弘扬抗震救灾精神，为夺取抗震救灾和灾后重建全面胜利努力奋斗。

同日，由青海省委宣传部主办，青海省广电局、青海省文联等单位承办的“玉树大地震周年祭音乐之夜”在国家大剧院举行。历时一个半小时的音乐之夜演出以青海省作曲家加贝创作的《安魂与祈福》为序曲，节目包括配乐诗朗诵《嘉那嘛呢石上的星空》、贝多芬第三（英雄）交响曲选曲、交响合唱《圣殿般的雪山》。北京交响乐团、中国交响乐团合唱团、中央歌剧院合唱团等参加演出。

2010 年 4 月 14 日 7 时 49 分，青海玉树发生 7.1 级强烈地震，这是玉树有记录以来破坏性最强、波及范围最广、救灾难度最大的地震灾害，涉及玉树州 6 个县 19 个乡镇。此次地震造成 2698 人遇难、270 人失踪。

4 月 14 日

［纲　文］　**外交部发言人表示，中国支持对联合国安理会进行合理、必要的改革。**

［目　文］　有记者问：4 月 14 日，金砖国家领导人会议发表《三亚宣言》，其中表示重申需要对联合国包括安理会进行全面改革，使其更有效、更有代表性，以更成功地应对当今全球性挑战。中国、俄罗斯重申重视印度、巴西和南非在国际事务中的地位，理解并支持其希望在联合国发挥更大作用的愿望。这是否意味着中方在安理会改革问题上的立场发生变化？

发言人说，中方在安理会改革问题上的立场没有改变。我们支持对安理会进行合理、必要的改革，以增加广大发展中国家，特别是非洲国家在安理会的代表性，主张会员国继续通过民主、耐心协商，寻求“一揽子”解决方案，并达成最广泛一致。我们坚决反对“分步走”或“零散处理”的做法，反对强行推动不成熟的决议草案。

4月14日

［纲　文］　**第十七届中法经济研讨会在北京举行。**

［目　文］　本届研讨会的主题是“可持续发展和新型消费”。来自中国、法国两国的政府官员、专家学者对中法经济合作前景进行了探讨。中法专家认为，两国应当抓住机遇，不断拓宽合作领域，从核能、航空和铁路等传统领域的重大项目合作，扩大到金融、环保、生产服务、新能源、低碳技术等新领域，鼓励联合研发，扩大相互投资，创新合作模式，培育形成新的经济增长点。

2010年，中法双边贸易额达到448亿美元，同比增长30%。2011年前两个月，双边贸易额达73.2亿美元，其中从法国进口额达32.1亿美元，同比增长45.8%。法国在华投资项目4000多个，实际投资额超过100亿美元。中国有近百家企业通过绿地投资、参股、并购等方式在法创业发展，各类投资累计近15亿美元，已成为法国第十大投资来源国。

12日，国家副主席习近平在北京会见与会的法国前总理拉法兰时表示，中法两国经济有着较强互补性，双方应抓住中法经济发展和各自产业结构调整的机遇，努力挖掘传统领域的合作潜力，大力拓展新能源、新材料、循环经济等新兴产业的合作，进一步巩固中法关系的经济基础，推动中法全面战略伙伴关系持续深入发展。

拉法兰说，法方对中国经济社会发展取得的成就表示钦佩，希望法中工商界人士携手合作，为法中经贸关系的深入发展注入新的活力。

4月14日

［纲　文］　**中国—巴西农业科学联合实验室在北京中国农业科学院正式成立。**

［目　文］　中国农科院和巴西农牧业研究院举行中国—巴西农业科学联合实验室揭牌仪式。该实验室是我国面向拉美国家的第一个农业科学联合实验室。双方主要的合作领域包括遗传资源、作物育种和生物技术、生物质与生物能源、工程与自动化、食品加工技术、畜牧兽医、农业生态和环境科学、草原科学以及双方共同确定的其他领域。中国农科院2012年将在巴西农牧研究院设立联合实验室，这将是我国在国外设立的第一个农业科学联合实验室。

巴西是世界上生物多样性最多的国家，拥有世界上最大的自然遗传种质宝库，美国和欧盟一些国家的科研机构已与巴西合作开展亚马逊地区气候对世界农业、生态和气候的研究，包括亚马逊地区火灾对世界农业气候的影响等课题科研。中国农业科学院已经与其开展优良品种和种质资源的交流，参与部分科研合作活动。

4月14—16日

［纲　文］　**博鳌亚洲论坛2011年年会在海南博鳌举行。**

［目　文］　国家主席胡锦涛出席开幕式并发表题为《推动共同发展　共建和谐亚洲》的主旨演讲。胡锦涛指出，中国将坚定不移走和平发展道路，坚定不移奉行互利共赢

的开放战略，始终把亚洲放在对外政策的首要位置，坚持与邻为善、以邻为伴的周边外交方针，积极发展同亚洲各国的睦邻友好和互利合作，不断增进相互理解和信任，永远做亚洲各国的好邻居、好朋友、好伙伴。

俄罗斯总统梅德韦杰夫、巴西总统罗塞夫、南非总统祖马、韩国总理金滉植、西班牙首相萨帕特罗、乌克兰总理阿扎罗夫出席开幕式并发表演讲。

博鳌亚洲论坛2011年年会的主题是“包容性发展：共同议程与全新挑战”，设立“包容性发展——健康、有序的增长”“新一轮增长的需求引擎”“‘中等收入陷阱’的亚洲式规避”“人民币走出去：挑战与机遇”等23个议题，探讨了包容性发展的具体策略。2000余名各国政要、工商界领袖、专家学者和媒体人士出席年会。

会议期间，胡锦涛分别会见了与会的西班牙首相萨帕特罗、乌克兰总理阿扎罗夫、博鳌亚洲论坛理事会成员、外国领导人和外国部长级代表及主要演讲嘉宾、青年领导人圆桌会议代表、中外企业家代表、港澳企业家代表、台湾企业家代表、华商圆桌会议代表。

博鳌亚洲论坛成立于2001年，作为一个非政府、非营利的国际组织，目前共有28个发起国。博鳌亚洲论坛成立以来，致力于推动亚洲区域经济合作，为本地区经济实现可持续发展提供智力支持，目前已成为亚洲以及其他大洲有关国家政府、工商界和学术界领袖就亚洲以及全球重要事务进行对话的高层次平台。

4月14—18日

［纲　文］　**王兆国在贵州考察。**

［目　文］　中华全国总工会主席王兆国在贵阳、遵义、黔南布依族苗族自治州等地，看望劳动模范、职工群众和工会干部，了解贵州经济社会发展和职工生产生活情况。

王兆国分别出席了全国人大和全国总工会在贵阳召开的工作座谈会，看望与会代表。王兆国指出，实现“十二五”规划目标任务，离不开广大职工的辛勤劳动，也搭建了他们建功立业的广阔舞台。要深入开展形势政策任务宣传教育活动，用工人阶级伟大品格和劳模精神引领广大职工，进一步坚定理想信念，切实增强主人翁责任感和使命感，不断提高思想道德和科学文化技术素质，广泛开展创先争优建功立业劳动竞赛活动，最大限度地激发劳动热情和创造活力，在推动科学发展、促进社会和谐中展示工人阶级的时代风采。

4月15—16日

［纲　文］　**胡锦涛在海口调研。**

［目　文］　中共中央总书记胡锦涛在海南省出席金砖国家领导人第三次会晤和博鳌亚洲论坛2011年年会后，在海口的农村、企业，就贯彻党的十七届五中全会精神、落实“十二五”规划纲要进行调查研究，同各族干部群众共商海南改革发展大计。

胡锦涛考察了2010年遭受特大洪涝灾害的海口市龙华区龙泉镇五一万亩田洋，了解农业生产恢复情况。考察刚开园不久的海南国际创意港。乘坐海南第一条高速铁路——东环高速铁路，听取了铁路工作情况汇报，接见了铁路系统劳动模范代表。他希望大家进一步增强责任感和使命感，把科学发展主题和加快转变发展方式主线贯穿到铁路建设和运营的各个方面，着力加快转变铁路发展方式，科学有序推进铁路建设，切实保证铁路安全万无一失，努力维护职工群众利益，注重抓好反腐倡廉建设，全面提升我国铁路现代化水平，更好地为经济社会发展服务、为广大人民群众服务。在海南省规划展览馆，了解海南国际旅游岛规划和建设情况。

胡锦涛对海南省有关负责人说，中央已作出建设海南国际旅游岛的重大战略决策，旅游岛建设发展规划也已批准。对海南来说，现在的关键是要抓住机遇、狠抓落实。希望海南广大干部群众牢牢把握科学发展这个主题和加快转变经济发展方式这条主线，在保护生态环境的前提下，开发旅游资源，完善旅游基础设施，规范旅游市场秩序，着力打造世界一流的海岛休闲度假旅游胜地，努力实现海南经济繁荣、社会和谐、环境优美、人民幸福。

4月15日

［纲　文］　**国家副主席习近平在北京会见安哥拉人民解放运动政治局委员、国家石油公司总裁文森特。**

［目　文］　习近平说，两国高层互访频繁，互惠贷款、能源、工程和劳务承包等领域的务实合作扎实推进，文化、教育、卫生、航空、环保等领域的交流与合作全面展开，在国际和地区事务中保持良好协调和配合。双方已成为彼此信赖的重要合作伙伴。正是在此基础上，两国正式建立战略伙伴关系，将两国关系提升到了新的高度。中方对两国关系的良好发展势头感到满意，愿与安方继续携手努力，不断加强两国政治互信，深化经贸等领域务实合作，扩大人文领域交流，进一步丰富中安战略伙伴关系内涵，推动中安关系取得更大发展。

文森特表示，安方愿学习借鉴中国发展经验，加强与中方在能源、基础设施建设等各领域的合作，促进安哥拉国家经济发展和人民生活改善。安方衷心希望，安中合作在两国战略伙伴关系框架下不断取得新进展。

4月15日

［纲　文］　**王岐山在广州考察广交会有关工作并召开外贸形势座谈会。**

［目　文］　在外贸形势座谈会上，国务院副总理王岐山听取了部分省和外贸企业代表的发言。他说，改革开放，特别是加入世贸组织10年来，我国外贸发生了历史性变化，进出口总额已跃居世界第二位。在新的发展阶段，必须认真贯彻中央的决策部署，围绕主题主线，坚持进口与出口并重，保持出口稳定增长，努力扩大进口，促进贸易平衡发展。要多措并举，研究完善进出口政策，推进市场多元化，从点滴和细节入手，提高贸易便利化水平。商务、海关、质检、金融等部门要深入基层和市场调查研究，夯实基础工作。相关部门要配好班子，带好队伍，改进工作作风，加强协调配合，不断提高为基层和企业服务的水平，强化管理能力。要将维护企业合法权益作为营造良好市场环境的重要工作，充分发挥行业协会在信息沟通、反映企业诉求、对外谈判等方面的作用，积极帮助企业应对

国际贸易摩擦。

王岐山考察了第109届广交会和广州城市建设情况。他说，广交会折射出新中国建设，特别是改革开放的巨大成就，在保护知识产权方面发挥了很好的示范作用。各类展会都要不断创新，办出特色，把保护知识产权和打击假冒伪劣商品的责任和措施落到实处。

4月15日

［纲　文］ **新华社讯，经国务院、中央军委批准，发展改革委、财政部、解放军总装备部发布《关于进一步推进军品价格工作改革的指导意见》。**

［目　文］ 《意见》提出，要坚决贯彻落实国务院和中央军委决策部署，充分认识推进军品价格工作改革的重大意义，厘清军品价格工作改革的总体思路，牢牢把握改革的方向重点，突出机制创新、方式创新、制度创新、管理创新，加快军品价格从“事后定价”到“事前控制”、从“单一定价模式”到“多种定价模式”、从“个别成本计价”到“社会平均成本计价”的转变，确保军品价格工作改革在建立科学合理的军品价格形成机制、建立适应武器装备多种采购方式的定价模式、完善规范的价格管理制度体系、健全完备的装备价格工作管理体制、构建互联共享的价格信息化管理平台等方面取得突破，努力走出一条投入少、效益高的武器装备建设和国防科技工业发展路子。

4月15日

［纲　文］ **《大学生村官报》创刊仪式在南京举行。**

［目　文］ 创刊仪式上，中组部有关负责人宣读了中组部部长李源潮发来的贺信。教育部、人力资源社会保障部、农业部、中国人民银行、共青团中央及各省区市、新疆生产建设兵团党委组织部、中央新闻单位和部分大学生村官代表参加。

《大学生村官报》是面向全国大学生村官创办的一份专门性报纸。受中央组织部委托，报纸由江苏省委组织部主办，其他各省区市和新疆生产建设兵团党委组织部协办。报纸的宗旨是“贴近实际、贴近生活、贴近大学生村官”，宣传党的路线方针政策，报道农村经济社会发展形势，反映大学生村官工作动态，宣传大学生村官先进典型。报纸设立专门投稿邮箱，采集来自全国的大学生村官工作稿源信息。报纸为周报，对开四版。

4月15日

［纲　文］ **由中华全国集邮联合会等10家单位主办的第三十一届全国最佳邮票评选活动在安徽马鞍山落幕，《朱熹诞生880周年》获得最佳邮票奖。**

4月15日

［纲　文］ **中国首次绘制完成朱鹮全基因组序列图谱。**

［目　文］ 西安交大和深圳华大基因研究院召开新闻发布会，宣布世界仅存千余只的朱鹮“全基因组序列图谱绘制”完成。这是继家鸡基因组、珍珠鸟基因组、火鸡基因组之后，中国完成的第四个鸟类基因组测序项目和全基因组序列图谱，对于挽救和保护世界濒危珍禽朱鹮具有重要科学价值。

朱鹮被誉为鸟类中的“东方宝石”，中国朱鹮种群从1981年重新发现的7只增长到

1617只，其中野外种群997只，人工饲养种群620只。加上日本和韩国繁育的数量，全世界朱鹮已达到1814只。数量持续增加使朱鹮受威胁等级从极危降为濒危。

4月15日—5月5日

［纲　文］　**第109届广交会在广州琶洲国际会展中心举办。**

［目　文］　广交会由商务部、广东省人民政府主办。本届出口成交368.6亿美元，增长5.8%。其中对美国、欧盟、金砖国家分别增长12.4%、14.1%、30.1%；对日本、东盟、香港分别下降19.1%、3.7%、16.8%。中东地区下降11.4%。电子商务网上累计意向成交额为5319万美元，比上届增长7.2%。

4月16日

［纲　文］　**国务院公布《个体工商户条例》，自2011年11月1日起施行。1987年8月5日国务院发布的《城乡个体工商户管理暂行条例》同时废止。**

4月16日

［纲　文］　**国务院办公厅关于发布河北驼梁等16处新建国家级自然保护区名单的通知。**

［目　文］　通知说，河北驼梁等16处新建国家级自然保护区已经国务院审定，现将名单予以发布。新建国家级自然保护区的面积、范围和功能分区等由环境保护部另行公布。建立自然保护区是保护生态环境、自然资源的有效措施，是保护生物多样性、建设生态文明的重要载体，是加快转变经济发展方式、实现可持续发展的积极手段。河北驼梁等16处国家级自然保护区主要保护对象的典型性、稀有性、濒危性、代表性较强，在保护生物多样性和生物资源、维持生态系统良性循环等方面具有重要作用。有关地区和部门要严格执行《中华人民共和国自然保护区条例》等有关规定，认真贯彻《国务院办公厅关于做好自然保护区管理有关工作的通知》（国办发〔2010〕63号）要求，切实加强对自然保护区工作的领导和协调、监督，妥善处理好自然保护区管理与当地经济建设及居民生产生活的关系，确保各项管理措施得到落实，不断提高国家级自然保护区建设和管理水平。有关地区要按照批准的面积和范围组织勘界，落实自然保护区土地和海域权属，并在规定的时限内标明区界，予以公告。自然保护区自批准建立之日起，原则上5年内不得进行调整。

新建国家级自然保护区名单：河北省驼梁国家级自然保护区，内蒙古自治区高格斯台罕乌拉国家级自然保护区，辽宁省白狼山国家级自然保护区，吉林省波罗湖国家级自然保护区，黑龙江省新青白头鹤国家级自然保护区，浙江省象山韭山列岛国家级自然保护区，安徽省清凉峰国家级自然保护区，江西省九岭山国家级自然保护区，湖北省赛武当国家级自然保护区，湖南省高望界国家级自然保护区，重庆市雪宝山国家级自然保护区，四川省老君山国家级自然保护区，云南省轿子山国家级自然保护区，陕西省延安黄龙山褐马鸡国家级自然保护区、米仓山国家级自然保护区，甘肃省张掖黑河湿地国家级自然保护区。

4月16日

［纲　文］ **中国石化胜利油田发布，胜利油田累计生产原油已突破10亿吨，约占新中国成立后原油总产量的1/5；原油产量连续15年保持在2700万吨以上。**

［目　文］ 1961年4月16日，华北地区第八口探井——华八井出油，标志着胜利油田的发现。1978年，油田原油产量达到1946万吨，建成我国第二大油田。迄今，胜利油田累计上缴利税近6000亿元。胜利油田坚持实施“科技兴油”战略，积极创新勘探理论。自2000年以来，油田连续11年共有20项成果获国家科技进步奖。依靠科技进步，油田每年新增探明储量4000万吨以上，新增可采储量1000多万吨，新增原油产量300多万吨。目前，胜利油田共发现77个油田，累计探明石油地质储量50亿吨；油田连续14年实现储采平衡，探明石油地质储量连续28年过亿吨。

4月16日

［纲　文］ **“两岸四地青少年纪念辛亥革命100周年”活动在广州启动。**

［目　文］ 活动由澳门中华民族团结促进会、香港青年联会、台湾省原住民发展协会等联合广州市青年联合会共同发起。来自穗港澳台的共500名青少年代表首次在广州黄花岗七十二烈士墓宣誓、献花圈、献花。启动仪式后，两岸四地的青少年代表赴广州、香港、澳门、台湾等地开展主题讲座、参观博物馆。

4月16日

［纲　文］ **首届“全国青联讲坛”在北京启动。**

［目　文］ “讲坛”由全国青联文化艺术界别、经济界别承办。全国政协副主席、中国文联主席孙家正为全国青联委员作“文化与人生”的主题报告。共青团中央书记处常务书记、全国青联主席王晓主持报告会并讲话。

4月16—17日

［纲　文］ **李源潮在重庆调研创先争优活动。**

［目　文］ 中组部部长李源潮主持召开座谈会，听取基层党组织和党员的意见。他说，“十二五”时期是重庆科学发展、跨越发展的关键时期，各级党组织和广大党员要紧紧围绕“十二五”发展目标任务，争科学发展之先、创社会和谐之优。要以创先争优为动力，更加重视产业科技创新，更加重视人才引进和培养，更加重视本地民众创业，更加重视城市文化精神塑造，更加重视干部队伍建设和基层组织建设，努力推动科学发展迈上新水平。

4月16—20日

［纲　文］ **最高人民法院院长王胜俊率团对越南进行主题为“司法更好地为民众服务和推进司法改革”的工作访问。**

［目　文］ 最高人民法院和越南最高人民法院双方签署了司法合作谅解备忘录。访问期间，王胜俊分别会见了越南国家主席阮明哲、越南最高人民法院院长张和平和越南最高人民检察院副院长陈公繁、越南司法部常务副部长黄世连等。双方还就法院机构设置、人事管理、法官选任、法官培训以及法官待遇等问题进行了交流。

4月16—19日

［纲　文］　**应国务院副总理李克强邀请，新西兰副总理兼财政、基础设施部部长英格利希对中国进行正式访问。**

［目　文］　18日，国家副主席习近平在会见英格利希时说，中新自由贸易协定实施顺利，中国已成为新西兰第二大贸易伙伴、最大的海外留学生来源国和增长最快的海外游客市场。两国在联合国、亚太经合组织、东亚峰会等多边组织中保持着密切的沟通与协调。在新形势下，双方应不断增进互信，深化互利合作，密切人文交流，提高共同应对全球性挑战的能力，推动两国全面合作关系再上新台阶，成为不同政治制度、不同历史文化、不同发展阶段国家彼此尊重、和谐相处、互利共赢的典范。

英格利希完全赞同习近平对双边关系的积极评价，重申新方将坚持一个中国政策。他表示，新中建交近40年来，两国相互信任不断加强，经贸合作日益扩大，新中自由贸易协定给新西兰带来了巨大利益。

同日，李克强在北京同英格利希举行会谈时指出，中方一贯从战略高度和长远角度看待和发展中新关系，把新西兰视为互利合作的好朋友、好伙伴，愿与新方一道，推动两国全面合作关系不断迈上新台阶。一是保持高层交往，扩大对话领域。二是坚持互利共赢，推动实现2015年双边贸易额翻一番的目标，积极培育两国在清洁能源、低碳经济、基础设施建设等领域合作新亮点。三是尊重和照顾彼此核心利益和重大关切。四是深化文化、教育、科技、旅游等领域的人文交流，巩固中新友谊。五是加强多边合作，维护共同利益。

英格利希赞同李克强对新中关系的积极评价，表示中国的发展是世界的机遇，新西兰愿同中方一道，实施好自贸协定，扩大双向投资等各领域合作，推动双边关系进一步深入发展。英格利希重申新方将坚持一个中国政策。

双方还就联合国改革、完善国际货币体系、区域经济合作等共同关心的问题交换了意见。会谈后，李克强与英格利希共同出席了中国人民银行与新西兰储备银行双边本币互换协议的签字仪式。

4月17日

［纲　文］　**中国共产党中央委员会致电古巴共产党第六次全国代表大会，祝贺大会召开。**

4月17日

［纲　文］　**纪念新中国航空工业创建60周年大会在北京举行。**

［目　文］　国务院副总理张德江出席并讲话。全国政协副主席李金华出席纪念大会。有关中央国家机关、军队、中央企业和航空院校的代表参加了纪念大会。新中国航空工业从无到有、由小到大、由弱到强，60年来累计生产了几十种飞机和直升机两万多架，发动机近6万台。

张德江指出，航空工业战线要深入贯彻落实科学发展观，面向国防军队建设，面向经济社会发展，面向人民群众需要，以科学发展为主题，以加快转变发展方式为主线，大力弘扬航空报国精神，着力增强自主创新能力，继续深化改革扩大开放，加快把我国建设成为世界航空工业强国。

4月17日

［纲　文］　**《人民日报》报道，中国民间文化遗产抢救工程首批全国性重点实施项目——《中国木版年画集成》成果发布。**

［目　文］　这部皇皇22卷本的集成性图文集是农耕时代中国木版年画首次全景式的集中呈现。《中国木版年画集成》包括《杨家埠卷》《杨柳青卷》《俄罗斯藏品卷》《日本藏品卷》与《拾零卷》等卷，共300万字、1万幅图片、1000多分钟动态影像DVD光盘。与此同时，作为此项目延伸项目的《中国木版年画传承人口述史丛书》，完成了涉及19个重要产地传承人的全部14本口述史的出版工作。

年画一直在中国民间传承，距今已有千余年历史，在中国人的文化生活中占有举足轻重的地位，形成了风格各异的许多著名的年画产地。这是历史上首次对中国木版年画进行大规模、全方位、地毯式的田野普查。此次普查中，依产地规模、影响大小与现存状况分为两类。素有名望与普查发现的20个年画重要产地，形成19个卷本。遗存不多、几近衰亡的20个小产地的代表作，包括台湾、澳门地区，收录于《拾零卷》中。境外收藏中国年画最多、研究颇丰的俄罗斯和日本，均委托俄日两国资深学者调查、采集、编撰《俄罗斯藏品卷》与《日本藏品卷》。这两卷图书为俄日珍藏中国木版年画及其研究成果首次大规模在国人面前亮相，其中绝大部分藏品在国内已无法见到。

4月17日

［纲　文］　**大理农村电影历史博物馆开馆。**

［目　文］　该馆是中国首家专题农村电影历史博物馆，位于云南大理古城内，项目总投资约800万元，分为序厅、农村电影放映场景复原区等10个展区，以文字、图片、电影海报、剧照等形式，介绍电影发展历史，特别对农村电影放映史进行了重点展示。目前博物馆已收集到胶片电影放映老设备、电影胶片拷贝、老电影海报、老照片、服装道具等展品共6200余件，其中包括无声电影时代的放映机、《五朵金花》等大理题材的电影剧照。

4月17日

［纲　文］　**中国海洋石油总公司惠州炼油项目在第24届IPMA国际项目管理大会上，荣获国际卓越项目管理最高奖——特大型项目金奖。**

［目　文］　这是继2006年“神舟六号载人飞船项目”夺得金奖之后，中国项目再次获此殊荣，也是全球炼油项目首次荣获的最高奖项。

惠州炼油项目是中国海洋石油总公司独资兴建的世界上第一座完全加工海洋高含酸重质原油的特大型炼化项目，年加工能力1200万吨，其所加工的重质原油产自我国渤海湾；这种原油因含酸量高、杂质多、品质差、加工时腐蚀性强以及产品质量、污水处理等难题，一直困扰中外炼化业。为了解决这一难题，中国海洋石油总公司斥资195亿元，创新技术与管理，一举解决了海洋高含酸重质原油炼制难题，并使原油综合商品率达到94.5%以上。目前惠州炼油年产优质石化产品达15大类1150余万吨，对中海油产业结构调整、珠三角经济发展和国家能源安全发挥了重要的推动作用。2011年第一季度，在国际原油价格不断飙升的形势下，该项目依然保持低成本、高收益的经营态势。

4月17日

［纲　文］　**中国科学院上海微系统与信息技术研究所发布，中国第一款具有自主知识产权的相变存储器（PCRAM）芯片研制成功。**

［目　文］　PCRAM试验芯片存储容量为8Mb。经语音演示，已证实该芯片可实现读、写、擦的存储器全部功能。截至2010年底，这款PCRAM相变存储器已经获得50多项发明专利授权，相关专利分布涵盖从材料、结构工艺、设计到测试的芯片生产全部流程。这款芯片具有微缩性能优越、循环寿命长、数据稳定性强、功耗低等诸多优势，可广泛应用于手机存储、射频识别等多种消费型电子产品中。

4月17—21日

［纲　文］　**应外交部部长杨洁篪邀请，马来西亚外交部部长阿尼法对中国进行正式访问。**

［目　文］　18日，杨洁篪与阿尼法举行会谈。在双方共同努力下，中马战略性合作关系得到全面深入发展。两国高层互访频繁，政治互信不断加深，各领域合作成效显著，在共同关心的国际和地区问题上保持了良好的协调与配合。双方要继续保持贸易投资增长势头，推动互利合作向深层次发展。中方也愿与马方共同努力，为本地区稳定与繁荣作出新的贡献。

阿尼法表示，马视中方为亲密的合作伙伴，愿同中方继续加强在政治、经济、文化等各领域的务实合作，全面推进马中战略性合作关系。

双方还就东亚合作等共同关心的国际和地区问题交换了意见。会谈后，两国外长共同出席了中马关于部分互免持外交、公务（官员）护照人员签证协定生效的换照仪式。

4月18日

［纲　文］　**新华社讯，中央军委印发《2020年前军队人才发展规划纲要》。**

［目　文］　《纲要》提出，到2020年，我军人才发展的总体目标是：转变发展方式，优化资源配置，完善政策制度，培养造就数量规模充足、结构布局合理、信息能力较高、效能作用明显的高素质新型军事人才队伍，确保人才队伍的质量、规模和结构与部队现代化建设进程相适应，确立军事人才竞争比较优势，为有效履行新世纪新阶段我军历史使命奠定坚实人才基础。各级党委要加强组织领导，牢固树立人才资源是第一资源、是战斗力第一要素的观念，坚持把人才工作纳入重要议事日程。要优化发展环境，坚持尊重劳动、尊重知识、尊重人才、尊重创造，树立关心支持各类人才发展的导向。要推进科学管理，

加强对重大问题的研究，加快人才工作信息化建设，不断提高人才建设管理科学化水平。

4月18日

［纲 文］ **国务院办公厅印发《关于在全国范围内开展厂办大集体改革工作的指导意见》。**

［目 文］ 《意见》由六个部分组成：一、总体目标和基本原则。二、改革方式。三、有关资产和债权债务处理。四、职工安置和劳动关系处理。五、社会保障政策。六、工作要求。

《意见》指出，厂办大集体改革工作涉及面广，情况复杂，工作难度大，各有关地区、部门和中央企业要高度重视，加强组织领导，成立由有关负责同志牵头的改革工作领导小组，明确职责分工，周密安排，积极配合，在确保稳定的前提下，积极稳妥地完成改革工作。

4月18日

［纲 文］ **质检总局公布《进出口食品添加剂检验检疫监督管理工作规范》。**

［目 文］ 《规范》共5章44条。主要有总则、食品添加剂进口、食品添加剂出口、监督管理、附则等内容。自2011年6月1日起施行。自施行之日起，其他相关进出口食品添加剂检验检疫管理规定与本规范不一致的，以本规范为准。

4月18日

［纲 文］ **交通运输部印发《公路水路交通运输"十二五"教育与培训发展规划》。**

［目 文］ 《规划》由五个部分组成：一、发展回顾。二、发展需求。三、指导思想和基本原则。四、发展目标和主要任务。五、保障措施。

《规划》鼓励开展国际交流与合作，学习借鉴国际先进教育培训理念和经验；建立和完善行业教育培训需求信息服务体系，整合信息资源，实现信息资源共享。加强对交通教育培训工作的宣传，扩大其在行业和社会的影响，使更多的力量能进一步关心、支持交通教育培训事业的发展，为交通教育培训工作创造更加良好的发展环境。

4月18日

［纲 文］ **环境保护部公布《突发环境事件信息报告办法》，自2011年5月1日起施行。《环境保护行政主管部门突发环境事件信息报告办法（试行）》（环发〔2006〕50号）同时废止。**

4月18日

［纲 文］ **环境保护部公布《放射性同位素与射线装置安全和防护管理办法》。**

［目 文］ 《办法》共9章61条。主要有总则、场所安全和防护、人员安全和防护、废旧放射源与被放射性污染的物品管理、监督检查、应急报告与处理、豁免管理、法律责任、附则等内容。自2011年5月1日起施行。

4月18日

［纲 文］ **国务院总理温家宝在北京同乌克兰总理阿扎罗夫举行会谈。**

［目　文］　温家宝说，乌克兰是中国值得信任的朋友和伙伴，中方珍视两国的友谊与合作，愿同乌方加强高层交往和各级别磋商，共同致力于建立和发展战略伙伴关系。中乌在经贸、高科技、农业、基础设施建设等领域的互利合作有着良好基础和巨大潜力。两国副总理级合作委员会即将启动，双方要利用这一机制加强协调配合，确保已商定的大项目顺利推进。同时要结合两国经济发展战略和各自优势，研究制定长期合作规划和相关政策措施，推动中乌务实合作规模和质量达到更高水平。

阿扎罗夫表示，2010年以来，两国领导人多次会晤，达成重要共识，为两国关系发展打下坚实基础。乌方欢迎中方参与乌基础设施建设并扩大对乌投资，愿与中方共同努力，充分发挥中乌合作委员会的作用，为双方合作提供更有利的条件，促进两国的现代化建设。

会谈后，两国总理共同出席了双边有关合作文件的签字仪式。

同日，中共中央政治局常委、中央纪委书记贺国强在北京会见了阿扎罗夫，双方共同出席了《中国共产党与乌克兰地区党合作协议》的签署仪式。阿扎罗夫是来华出席博鳌亚洲论坛2011年年会的。

4月18日

［纲　文］　**国务院总理温家宝在北京会见新加坡国务资政吴作栋。**

［目　文］　温家宝说，近年来中新加强在生态环境、节能、金融等领域的合作，积极落实双边自贸协定和中国—东盟自贸协定，取得重要成果，较好地应对了国际金融危机。面对错综复杂的地区和国际局势，双方要坚持从战略和长远角度出发，巩固政治互信和战略互信，进一步密切两国关系，为维护共同利益，促进东亚和平、稳定和繁荣作出不懈努力。

吴作栋表示，新中天津生态城、苏州工业园区等已成为双方合作亮点，新方愿进一步加强同中方在各领域的务实合作，推动新中友好关系深入发展。

4月18日

［纲　文］　**国务院副总理李克强在北京会见乌兹别克斯坦共和国第一副总理兼财政部部长阿齐莫夫。**

［目　文］　李克强说，中方对双边关系发展现状感到满意。卡里莫夫总统即将来华访问，将为中乌关系发展注入新的动力。中乌经济互补性强，开展经贸合作有着得天独厚的优势和条件。中方愿与乌方共同努力，完善双边贸易结构，扩大贸易规模，加强金融合作。创造促进企业相互投资的良好环境，加快推进能源、非资源、基础设施等领域大型合作项目，不断提升两国关系水平。

阿齐莫夫说，卡里莫夫总统访华是今年两国关系的大事，乌方视中国为亲密的朋友和伙伴，希望深化双边贸易、投资、能源、交通等各领域合作。

4月18日

［纲　文］　**国务委员、公安部部长孟建柱在北京会见斐济国防、国家安全与移民部**

代理部长索卡纳辛加。

［目 文］ 双方共同签署了《中华人民共和国公安部和斐济群岛共和国国防、国家安全与移民部合作谅解备忘录》。

4月18日

［纲 文］ **国务委员戴秉国在北京会见匈牙利国家发展部部长、匈中关系政府专员费勒吉。**

4月18日

［纲 文］ **西部五省区市部分城市人才工作座谈会在重庆召开。**

［目 文］ 中组部部长李源潮出席并讲话。重庆、广西、四川、贵州、云南五省区市委组织部和部分城市党委负责人参加会议。

李源潮指出，要把人才作为西部地区科学发展的第一资源，坚定不移走人才强市之路，为实现“十二五”目标任务提供人才保证。人才是一个地方、一个城市发展的核心竞争力。西部地区要科学发展、跨越发展，必须大力培育人才比较优势。要与实施“十二五”规划相配套，落实人才优先发展战略布局。要坚持以用为本，根据需求培养人才，根据产业配套人才，根据紧缺引进人才。要特别重视培养创业人才和实用人才，重视引进开放型领导和管理人才。要解放思想、解放人才、解放科技生产力，营造人才发展良好环境。要加大人才投入力度，像招商引资那样招才引智，依托重大项目和骨干企业引进和培养高层次人才。

4月18—22日

［纲 文］ **国务院副总理张德江访问乌克兰，举行中乌合作委员会第一次会议，并作为国家主席胡锦涛代表出席“安全与创新利用核能”峰会。**

［目 文］ 19日，张德江出席在乌克兰首都基辅举行的“安全与创新利用核能”峰会并发表讲话指出，25年前乌克兰切尔诺贝利核事故和最近在日本福岛发生的核泄漏事故带来的灾难令人痛心，也再一次警示人们：开发利用核电必须以确保安全为前提。张德江就国际社会通力合作、促进核能安全发展提出四点主张：一是健全制度，提高能力；二是依靠科技，提供保障；三是加强合作，共促安全；四是认真履约，防范风险。

本次会议是为纪念切尔诺贝利核电站事故25周年召开，63个国家和国际组织与会。峰会围绕核安全问题展开讨论，通过了“安全与创新利用核能”峰会宣言。

同日，张德江会见了出席本次峰会的联合国秘书长潘基文和国际原子能机构总干事天野之弥，分别就核安全问题、中国和联合国及国际原子能机构的关系问题交换了意见。

20日，张德江在基辅会见了乌克兰第一副总理、中乌合作委员会乌方主席克柳耶夫并签署《中乌两国政府关于成立中乌合作委员会的协定》。张德江和克柳耶夫共同主持了中乌合作委员会第一次会议，并签署了《中乌合作委员会第一次会议纪要》。

张德江在乌克兰访问期间，在基辅分别会见了乌克兰总统亚努科维奇、乌克兰总理阿扎罗夫。

4月19日

［纲　文］ **国务院批转住房城乡建设部等部门《关于进一步加强城市生活垃圾处理工作意见》。**

［目　文］《意见》由七个部分组成：一、深刻认识城市生活垃圾处理工作的重要意义。二、指导思想、基本原则和发展目标。三、切实控制城市生活垃圾产生。四、全面提高城市生活垃圾处理能力和水平。五、强化监督管理。六、加大政策支持力度。七、加强组织领导。

《意见》指出，各省（区、市）人民政府要在2011年8月底前将落实本意见情况报国务院，同时抄送住房城乡建设部。

4月19日

［纲　文］ **经中央军委批准，《中国人民解放军华北野战部队战史》首发式在北京举行。**

［目　文］《中国人民解放军华北野战部队战史》是我军军史研究继第一、二、三、四野战军战史之后的又一部力作，填补了我军解放战争时期五大野战部队战史的空白，使我军五大野战部队的战史形成一个完整的研究系列。

该书由战史编纂人员历时近7年编写终审定稿，包括《华北野战部队战史》正卷和《华北野战部队战史文献汇编》《华北野战部队战史图集》两个副卷。2010年11月，该书被评为全军党史军史优秀成果一等奖，受到总政治部的通报表彰。

4月19日

［纲　文］ **人力资源社会保障部发布《关于加强留学人员回国服务体系建设的意见》。**

［目　文］《意见》由四个部分组成：一、指导思想和目标任务。二、主要措施。三、服务内容。四、切实保障留学人员回国服务体系建设的顺利实施。

《意见》指出，留学人员回国服务体系建设是一项长期、艰巨的任务。各级人力资源社会保障部门要坚持党管人才原则，加大工作力度，全面推进留学人员回国服务体系建设。

4月19日

［纲　文］ **财政部、税务总局发布《关于暂停部分玉米深加工企业购进玉米增值税抵扣政策的通知》。**

［目　文］《通知》说，为控制玉米深加工过快发展，经国务院批准，暂停玉米深加工企业收购玉米增值税抵扣政策。自2011年4月20日起至6月30日，纳税人向农业生产者购进玉米深加工生产除饲料产品之外的货物，不得开具农产品收购发票并计提进项税额。

4月19日

［纲　文］　**最高人民法院发布《中国法院知识产权司法保护状况（2010年）》。**

［目　文］　这是最高人民法院自2010年首次以白皮书的形式发布人民法院知识产权司法保护情况之后，再次对外发布我国知识产权司法保护状况白皮书。

白皮书显示，2010年，地方各级人民法院共新收和审结知识产权民事一审案件42931件和41718件，比2009年增长40.18%和36.74%，新收一审案件诉讼标的总金额达到794801.33万元。全国知识产权民事一审案件平均调解撤诉率达到66.76%，同比上升5.68个百分点。

在行政审判支持和监督依法行政方面，2010年，地方各级人民法院新收一审知识产权行政案件2590件，同比上升25%；审结2391件，同比上升21.31%。知识产权行政案件一审收结案数大幅上升，主要集中在商标行政案件，这表明注册商标作为区分商品和服务来源的重要手段，作为生产者和经营者商誉的重要载体，受到越来越多的重视。

在刑事审判方面，2010年，全国法院新收一审知识产权刑事案件3992件，同比上升9.58%。全国法院共审结涉及知识产权侵权的一审刑事案件3942件，同比上升7.7%；判决发生法律效力6001人，其中有罪判决6000人。

4月19日

［纲　文］　**共青团中央、教育部、财政部、人力资源社会保障部在北京召开"2011年大学生志愿服务西部计划电视电话会议"。**

［目　文］　标志着2011年大学生志愿服务西部计划招募工作全面启动。该活动鼓励团员青年到祖国最需要的地方去，加大向民族地区派遣西部计划志愿者力度。

2011年，由中央财政支持的西部计划全国项目将适当扩大实施规模，特别是将选派万名大学生到西部民族地区服务，报名时间为4月19日至5月15日。

4月19日

［纲　文］　**国务院总理温家宝在北京会见印度尼西亚外长马蒂。**

［目　文］　温家宝说，中国政府高度重视发展同印尼的战略伙伴关系。印尼是中国的好邻居、好伙伴，同印尼发展长期稳定的睦邻友好合作关系是中国外交的重要方向。我期待着对印尼进行正式访问，通过访问，推动两国关系和两国在各领域的合作迈上新的水平。

马蒂表示，印尼政府和人民热切期待温家宝总理来访。印尼高度重视对华关系，愿继续加强与中方在基础设施、经贸、投资、金融等领域务实合作，推动两国战略伙伴关系不断向前发展。

同日，外交部部长杨洁篪与马蒂举行会谈。双方就中印尼关系及共同关心的国际和地区问题交换了意见。

4月19日

［纲　文］　**贾庆林参观生物芯片北京国家工程研究中心暨博奥生物有限公司。**

［目　文］　全国政协主席贾庆林听取了中国工程院院士程京关于博奥公司生物芯片项目研发应用情况的介绍，观看了生物芯片和配套仪器，与科研人员亲切交谈，了解公司自主创新、产品生产销售、人才培养等情况。

贾庆林指出，实现“十二五”规划目标任务，关键要靠科学技术，靠提高自主创新能力。希望博奥公司按照“自主创新、重点跨越、支撑发展、引领未来”的方针，坚持把企业技术进步与国家发展战略、经济社会发展目标、人民日益增长的物质文化需要紧密结合起来，加快推进科技创新，重视新技术产品的应用，为提高我国人民的健康水平提供科技支撑。

生物芯片北京国家工程研究中心暨博奥生物有限公司成立于2000年，主要是为集成医疗领域开发和提供创新性产品和服务。目前已利用自主创新技术成功开发出生物芯片及相关仪器设备、试剂耗材、软件数据库等四个系列数十项具有自主知识产权的产品和服务，其中10余项为国际首创，共获得国内外专利100余项。

4月19日

［纲　文］　**国务院副总理李克强在北京同马来西亚副总理穆希丁举行会谈。**

［目　文］　李克强表示，中马同为发展中国家，拥有广泛的共同利益。进一步发展友好关系，不仅能促进相互发展、造福两国人民，也有利于本地区和平、稳定与繁荣。一是保持高层密切交往，深化战略沟通，增强政治互信。二是进一步拓展经贸合作广度和深度，抓住中国实施“十二五”规划和马来西亚实施“十五”计划的契机，围绕调整经济结构和促进经济可持续发展的共同任务，统筹规划双边贸易与投资合作，在继续开展机电产品、棕榈油、橡胶等传统大宗商品贸易的同时，培育油气、汽车、渔业、林业等新的贸易增长点，推进在基础设施、能源资源方面的投资合作。三是促进人文交流，加深人民，特别是青年之间的了解和友谊。四是加强防务和执法合作。五是从两国关系大局出发，妥善处理有关问题。六是密切国际和地区事务合作。

穆希丁赞同李克强关于促进两国关系进一步发展的建议，表示马方愿扩大两国在投资、经贸、金融、能源、人文等各领域的合作，全面深入地推动两国关系发展。穆重申马方将坚持一个中国政策。

20日，国务院总理温家宝在北京会见穆希丁时说，近年来中马关系发展势头良好，双方积极落实战略性合作共同行动计划，取得显著成效，马来西亚已成为中国在东盟最大贸易伙伴。中方愿同马方保持高层交往，推进互利合作，加强人文交流，密切在重大国际和地区问题上的沟通与配合，使中马睦邻友好关系代代相传，造福两国人民。

穆希丁说，马来西亚政府和人民热切地期待温家宝总理不久正式访问马来西亚。马方视中国为可靠的伙伴，愿同中国扩大贸易和投资，拓展在经济、金融、基础设施建设、人文等领域的合作，加强在国际和地区事务中的协调和沟通。

4月19日

［纲　文］　**国务院副总理王岐山在北京会见加中贸易理事会名誉主席、加拿大鲍尔**

公司总裁兼首席执行官安德烈·德马雷。双方就世界经济形势、中加经贸合作等问题交换了看法。

4月19日

［纲　文］　**新华社讯，刘云山在四川调研。**

［目　文］　中宣部部长刘云山调研时指出，近三年抗震救灾和恢复重建创造了奇迹，取得了巨大成就，要深入挖掘、大力弘扬蕴含其中的思想和精神，充分展示党的力量、人民的力量、中国特色社会主义的力量，进一步振奋精神、鼓舞士气，动员和激励广大干部群众为推动科学发展、促进社会和谐、实现"十二五"目标而奋斗。

刘云山在北川、安县、绵竹、汶川、都江堰等地考察了地震灾区恢复重建情况，在农村、社区、企业和宣传文化单位并同基层宣传文化干部座谈，对四川灾后恢复重建、经济社会发展和宣传思想文化工作给予充分肯定。他指出，灾后恢复重建既是物质基础重建的过程，也是精神文化重建的过程，不仅使灾区城乡面貌、基础设施、产业发展、社会建设实现了历史性跨越，而且带来了人们思想观念、精神面貌新的提升，为民族精神时代精神增添了鲜活内容。要广泛开展宣传教育，大力宣传抗震救灾和恢复重建的巨大成就，宣传灾区干部群众、援建人员、解放军和武警官兵奋力拼搏、甘于奉献的感人事迹，宣传科学重建和灾区自我发展的成功经验。

4月19日

［纲　文］　**中国侨联在北京举办侨史学界纪念辛亥革命100周年学术研讨会。**

［目　文］　来自全国各地的百余名侨史专家和侨务工作者回顾与缅怀广大海外华侨在辛亥革命运动中发挥的独特作用。

中国侨联主席林军指出，华侨在推翻封建专制制度的每一个阶段、每一次行动中都发挥过极其重要的作用，他们不仅是革命团体的积极参与者和革命思想的积极宣传者，也是革命运动的有力支持者和革命起义的英勇献身者。众多海外华侨追随孙中山先生奔走革命，不惜抛头颅、洒热血，为革命作出了杰出贡献。孙中山先生赞誉"华侨为革命之母"，是对华侨在辛亥革命过程中地位和作用的高度概括与肯定。侨界人士纪念辛亥革命100周年，就要更加坚定走中国特色社会主义道路，更加积极推进祖国和平统一大业，更加努力推动海外侨社的团结和谐，更加切实关注海外侨胞的生存与发展，突出"振兴中华、民族复兴"这一主题，为实现中国和平统一、民族伟大复兴、建设持久和平与共同繁荣发展的和谐世界作出新的更大贡献。

4月19日

［纲　文］　**全国工商系统打击侵犯知识产权和制售假冒伪劣商品专项行动现场交流会在济南召开。**

［目　文］　会议指出，专项行动开展以来，国家工商总局共审查62万件商标注册申请，依法驳回11万件。截至2011年4月15日，全国各级工商机关共出动执法人员278.7万人次，捣毁制假售假窝点3776个，吊销营业执照1629户。已立案查处侵权假冒

案件59511件，其中侵犯驰名商标权益数量9691件，侵犯涉外商标专用权案件8610件，地理标志商标专用权案件629件，罚没金额2.7亿元，移送司法机关439件。

工商总局专项行动领导小组分3批确立29个重点督办案件，涉及商标注册和保护各个环节，涵盖食品、药品、农资等关系民生的日用品及工业品，目前已结案16起，13起案件正在处理中。

4月19日

［纲　文］　**外交部举行例行记者会。**

［目　文］　有记者问：有媒体近日报道称，中国正加速在跨境河流上修建水坝，引发周边国家担心，报道认为未来中国可能把水资源当作一种政治武器影响下游国家。中方对此有何回应？

外交部发言人说，中方对跨境河流的开发利用一直采取负责任的态度，充分考虑对下游的影响和下游国家的正当利益。中方一贯高度重视对资源、环境和生态的影响，主动照顾下游国家关切，并与有关国家保持良好沟通。作为负责任的上游国家，中方决不会做有损下游国家利益的事情。中国将继续通过相关对话与合作渠道，在平等协商、互惠互利的基础上，加强与有关各方的沟通与协调。

有记者问：美国国务院发言人近日表示，朝韩举行对话并建立友好关系是重启六方会谈的首要步骤。中方对此有何回应？

发言人说，全面均衡落实第四轮六方会谈发表的“9·19”共同声明，实现朝鲜半岛无核化，维护半岛和东北亚地区的长治久安符合有关各方的共同利益。最近半岛局势有所缓和，各方之间的互动正在逐渐展开。希望朝鲜半岛核问题有关各方抓住当前有利时机，并通过各种形式的接触对话，为早日重启六方会谈创造条件。要实现朝鲜半岛无核化这一目标，就必须尽快谈起来，在谈判的进程中建立信任，寻找妥善的解决办法。

4月19日

［纲　文］　**2011年粤澳合作联席会议在珠海举行。**

［目　文］　粤澳双方认为，在中共中央大力支持下，粤澳合作取得了丰硕成果。截至目前，服务业对澳开放在广东先行先试政策措施已达33项，涉及16个领域。双方强调，中共中央批准签署《粤澳合作框架协议》，并将澳门与内地，特别是广东的合作纳入国家“十二五”规划，为进一步加强粤澳合作指明了方向，注入了强大动力。粤澳提出，当前和今后一段时期，粤澳双方要按照“促进区域经济共同发展，打造更具综合竞争力的世界级城市群”的目标，全面深化粤澳各领域合作。会后，粤澳双方签署了《实施〈粤澳合作框架协议〉工作安排》等合作协议。

同日，粤澳合作中医药科技产业园在珠海横琴新区奠基。该项目是2011年3月《粤澳合作框架协议》签订以来粤澳合作首个启动项目，也是“十二五”期间澳门经济向“适度多元化”发展迈出的首个重要项目。

4月19—20日

［纲　文］　**应国家主席胡锦涛邀请，乌兹别克斯坦共和国总统卡里莫夫对中国进行国事访问。**

［目　文］　访问期间，胡锦涛在北京同卡里莫夫举行会谈。两国元首一致同意，本着相互尊重、真诚合作、互利双赢、共同发展原则，努力推动两国关系进一步向前发展，共同谱写中乌友好合作新篇章。两国元首共同签署了《中华人民共和国和乌兹别克斯坦共和国联合声明》，并出席了双边合作文件的签字仪式。全国人大常委会委员长吴邦国、国务院总理温家宝、外交部部长杨洁篪在北京分别会见了卡里莫夫。

胡锦涛同卡里莫夫会谈时就进一步推进中乌友好合作伙伴关系发展提出以下五点建议：一是加强各级别交往，增进政治互信。双方要保持高层交往密切，深化政府、立法机构、政党合作，进一步健全和完善双边合作机制。二是深挖合作潜力，推进务实合作。双方要继续推动两国贸易持续稳定增长，扩大能源、非资源领域合作，加强交通、通信等重点领域合作，切实改善投资环境，为双方企业在对方投资兴业提供更多便利。三是深化安全合作，维护地区稳定。双方要加强双边和多边框架内的安全对话与协作，及时交流信息，协调行动，严厉打击“东突”等“三股势力”和跨国有组织犯罪。四是扩大人文交流，促进民间友好。双方要结合明年中乌建交20周年，开展形式多样的交流活动，进一步巩固两国友好的社会基础。五是密切多边协调，加强相互支持。中方支持乌兹别克斯坦加入世贸组织，愿同乌方深化在联合国、上海合作组织等多边框架内的协调与合作，共同致力于维护并促进本地区和世界和平、稳定与发展。

卡里莫夫完全赞同胡锦涛全面推进双边关系发展的重要意见，表示乌方愿以明年两国建交20周年为契机，进一步密切高层交往，相互尊重和照顾彼此核心利益，完善合作机制，扩大经贸、投资、科技、能源、非资源等领域的务实合作，加强人文交流，在国际和地区事务中密切协作，使两国关系取得更多成果，更好地造福两国人民。乌方将继续坚定支持中方在台湾、涉藏等涉及中国主权和领土完整问题上的立场，共同打击“东突”等“三股势力”，维护地区和平与稳定。

吴邦国会见卡里莫夫时说，中方高度赞赏乌方多年来在台湾、涉藏、打击“东突”恐怖势力等重大核心利益问题上给予的坚定支持，将一如既往支持乌兹别克斯坦走符合本国国情的发展道路，支持乌兹别克斯坦政府为维护本国独立与主权、安全与稳定及发展经济所作的努力。中国全国人大支持中乌关系发展，愿通过加强与乌兹别克斯坦最高会议的友好往来与合作，为国家关系作出更大贡献。

卡里莫夫表示，乌兹别克斯坦视中国为可信赖、可依靠的合作伙伴，愿与中国加强包括议会交往在内的全方位友好往来与合作。

温家宝会见卡里莫夫时说，双方商定建立中乌政府间合作委员会机制，这有利于双方更好地统筹、协调和推进各领域务实合作，推进两国关系发展。双方要制定工作细则，加强两国政府间的交流与合作。

卡里莫夫表示，乌方愿与中方共同努力，充分利用两国政府间合作委员会机制，深化能源、资源、投资、农业等领域的务实合作，扩大创新和高科技合作，进一步提升两国经贸合作水平。乌方欢迎中国企业到乌投资兴业并为此提供便利。

4月19—24日

［纲　文］　**2011羽毛球亚锦赛在成都举办。**

［目　文］　中国羽毛球队首次包揽亚锦赛五冠。蔡赟、付海峰获得男双冠军，林丹获得男单冠军，王晓理、于洋获得女双冠军，王仪涵获得女单冠军，张楠、赵芸蕾获得混双冠军。

4月20日

［纲　文］　**中共中央总书记、国家主席胡锦涛致电劳尔·卡斯特罗，祝贺他当选古巴共产党中央委员会第一书记。**

4月20日

［纲　文］　**胡锦涛在清华大学考察。**

［目　文］　在清华大学迎来建校100周年之际，中共中央总书记胡锦涛代表党中央、国务院向全校师生员工和海内外校友表示热烈祝贺和诚挚问候。

胡锦涛在校史馆参观，并会见了杨振宁等知名教授。胡锦涛对教授们说，你们都是国家的宝贵财富，长期以来献身科学事业、攀登科学高峰，取得了被海内外学术界公认的重大成就，为祖国赢得了无上荣光。在实验室，了解清华大学前沿科研情况，勉励科研人员奋力攻坚克难。在信息网络工程研究中心听介绍、看演示，询问两代互联网衔接、下一代互联网技术标准和安全性能等情况。在结构生物学中心观看实验，了解实验成果的应用前景，还问起年轻学者在这里发挥作用的情况。

胡锦涛在水利系，与当年的老同学深情忆旧，向在读的大学生说，过去我们常讲水利是农业的命脉，现在水利的重要性远远超出农业领域，还关系到经济安全、生态安全、国家安全，关系到国家经济社会发展全局。中央对水利事业一直高度重视，2011年专门就新形势下加快水利改革发展发了一号文件。你们将来一定会大有用武之地。他希望同学们珍惜宝贵光阴，掌握过硬本领，毕业以后成为推动我国水利事业又好又快发展的生力军。

4月20日

［纲　文］　**温家宝主持召开国务院常务会议，研究部署2011年深化经济体制改革重点工作。**

［目　文］　会议指出，2011年是“十二五”开局之年，要以更大的决心和勇气推进重点领域和关键环节的改革，处理好政府和市场、经济增长和社会发展、深化改革和保持稳定、应对当前挑战和完善体制机制之间的关系，更加重视改革顶层设计和总体规划，加快破除制约科学发展的体制机制障碍，促进经济发展方式转变，推动经济社会全面协调可

持续发展。

会议确定了2011年改革重点工作。一是推进转变经济发展方式的改革，促进科学发展。二是深化社会领域改革，保障和改善民生。深化收入分配和社会保障制度改革，研究制定收入分配改革方案，稳步推行工资集体协商制度。三是深化行政体制改革，加强廉政建设。深化行政审批制度改革，加强行政问责制度建设。四是深化农村改革，完善体制机制。

会议决定，中央财政增加安排180亿元，用于公共租赁住房和廉租住房建设、城市棚户区改造及相关基础设施配套补助；增加安排123亿元，用于新农保试点补助。增加安排后，2011年新农保覆盖地区范围将从原计划的40%提高至60%，从7月1日起实施，城镇无收入居民养老保险试点工作同步推进。

4月20日

［纲　文］　**国务院办公厅印发《关于严厉打击食品非法添加行为切实加强食品添加剂监管的通知》。**

［目　文］　《通知》由四个部分组成：一、严厉打击食品非法添加行为。二、规范食品添加剂生产使用。三、加强长效机制建设。四、严格落实各方责任。

《通知》指出，各有关部门要认真履行食品安全监督管理和行业管理职责，及时查处纠正违法违规行为；建立实施岗位责任制，细化、明确各级各类监管岗位的监管职责，并抄送同级监察机关；切实加强本系统监督执法队伍建设，提高素质，增强监管责任意识，提升依法行政和科学监管能力。加大责任追究力度。监察部门要加大责任追究力度，对失职、渎职行为要依法依纪追究责任。

4月20日

［纲　文］　**国务院办公厅转发国务院纠正行业不正之风办公室《关于2011年纠风工作实施意见的通知》。**

［目　文］　《通知》由三个部分组成：一、总体要求。二、主要任务。三、工作要求。

《通知》指出，各地区、各部门要高度重视纠风工作，完善纠风工作领导体制和工作机制，认真落实纠风工作责任制，进一步健全党和政府主导的维护群众权益机制。加强对中央重大改革措施和各项惠民政策落实情况的监督检查，确保各项惠民政策落实到位。加强对苗头性、倾向性问题的分析研究，及时制定和完善相关制度，从源头上预防损害群众利益问题的发生。

4月20日

［纲　文］　**财政部、工业和信息化部、能源局印发《淘汰落后产能中央财政奖励资金管理办法》。**

［目　文］　《办法》共5章18条。主要有总则、奖励条件和标准、资金安排和使用、监督管理、附则等内容。自2011年4月20日起实施。同时，《淘汰落后产能中央财政奖

励资金管理暂行办法》(财建〔2007〕873号)废止。

4月20日

[纲　文]　**新闻出版总署印发《新闻出版业"十二五"时期发展规划》。**

[目　文]　《规划》由六个部分组成:一、"十一五"时期新闻出版业取得巨大成绩。二、"十二五"时期新闻出版业面临的发展环境。三、"十二五"时期新闻出版业发展的指导思想和基本要求。四、"十二五"时期新闻出版业发展的主要目标。五、"十二五"时期新闻出版业发展的重点任务。六、推动"十二五"时期新闻出版业发展的主要措施。

《规划》指出,进一步深化新闻出版体制改革,在重点领域和关键环节取得突破。全面完成非时政类报刊出版单位转制工作。加快推进党报党刊发行体制改革,建立健全市场发行体系。推动新闻出版企业建立现代企业制度,完善法人治理结构,打造大型新闻出版传媒集团,提升企业核心竞争力。

4月20日

[纲　文]　**版权局印发《版权工作"十二五"规划》。**

[目　文]　《规划》由五个部分组成:一、"十一五"时期版权工作取得显著成就。二、"十二五"时期版权工作面临的发展环境。三、"十二五"时期版权工作的指导思想和主要目标。四、"十二五"时期版权工作的重点任务。五、"十二五"时期版权工作的保障措施。

《规划》指出,各级版权行政管理部门要把贯彻落实《规划》作为"十二五"时期一项重要工作,并结合各地实际,制订符合本地区特点的版权工作"十二五"规划,保证"十二五"时期各项版权重点工作的有效落实。

4月20日

[纲　文]　**国家重点基础研究发展计划(973计划)和国家重大科学研究计划2011年项目实施会在北京召开。**

[目　文]　这是"十二五"期间国家科技计划启动的首批项目。科技部副部长陈小娅、973计划专家顾问组组长周光召出席会议,向973计划、国家重大科学研究计划2011年立项项目首席科学家颁发了聘书并发表讲话。973计划、国家重大科学研究计划2011年立项项目的首席科学家,项目承担单位以及科技部、教育部、中科院、基金委等部门的代表近400人参加了会议。

陈小娅总结了973计划"十一五"期间的成绩,阐述了973计划和国家重大科学研究计划"十二五"改革发展思路,对"十二五"开局之年项目部署的重点和特点作了分析,并代表科技部对项目首席科学家和项目执行提出了要求。

周光召在讲话中回顾了973计划的发展历程,归纳了973计划的实施经验,分析了当前基础研究面临的机遇与挑战,对科学家们提出了希望。

4月20日

[纲　文]　**全军人才工作会议在北京召开。**

[目　文]　中共中央总书记、国家主席、中央军委主席胡锦涛向会议召开表示祝

贺，希望同志们充分认识人才建设的重要性，深入实施军队人才战略工程，努力培养大批高素质新型军事人才，为推动国防和军队建设科学发展提供坚强有力的人才保证。

中央军委委员、总政治部主任李继耐出席会议并讲话。解放军四总部领导、各大单位政治部主任、总部和大单位机关有关部门领导、军队院校和武警部队直属院校主要领导，以及受表彰的先进单位和个人代表出席会议。会议主要任务是，学习贯彻党中央、中央军委和胡锦涛关于人才建设的决策指示，紧紧围绕国防和军队发展的主题和主线，贯彻全国人才工作会议和教育工作会议精神，交流经验、表彰先进，部署实施《2020年前军队人才发展规划纲要》，在新的起点上推动军队人才建设科学发展。

4月20日

［纲　文］　**全国人大常委会委员长吴邦国在北京会见印尼国会议长马祖基。**

［目　文］　吴邦国说，中国与印尼2005年建立战略伙伴关系以来，各领域交往日益深化，政治互信不断增强，两国关系蓬勃发展。尤为可喜的是，双边经贸合作增长势头迅猛，合作领域不断拓展，成为两国关系新的亮点，为双方人民带来了实实在在的利益。印尼是充满活力的新兴经济体，也是东盟今年的轮值主席国，中方高度重视发展两国关系，愿进一步推动双方在经贸、人文、防灾减灾等领域的务实合作。吴邦国积极评价中国全国人大与印尼国会的良好关系，希望双方继续加强领导人、专门委员会、友好小组等各层次友好往来，为国家关系的发展注入新的活力。

马祖基说，印尼高度重视发展对华关系，尤其希望进一步发展在基础设施、建材、机电等领域的务实合作。他重申，印尼将继续坚定奉行一个中国政策。

21日，国务院总理温家宝在北京会见马祖基时表示，两国应加强高层交往，包括政府、议会的交往，就全面深化两国战略合作深入交换意见；用好中国—东盟自贸区这一平台，深化经贸合作；创造良好的投资环境，加强投资合作；加强人文交流，增进两国人民的友谊；加强在国际和地区问题上的协调配合，共同推动中国—东盟关系和东亚合作持续健康发展，维护发展中国家利益。

马祖基表示，印尼愿与中国一道，充分利用中国—东盟自贸区的有利条件，进一步深化双方各方面的合作。印尼欢迎更多的中国企业到印尼投资兴业。印尼国会愿为此作出努力，以造福两国人民。

4月20日

［纲　文］　**全国政协主席贾庆林在北京会见以联盟总裁、旁遮普省首席部长谢里夫为团长的巴基斯坦穆斯林联盟（谢里夫派）代表团。**

［目　文］　贾庆林说，中方将继续坚定支持巴基斯坦为维护国家安全、保持社会稳定和促进经济发展所作的努力。中方感谢巴基斯坦历届政府在涉及中国核心利益问题上予以中方的坚定支持。中国共产党愿与巴穆盟（谢）继续保持两党高层交往，加大青年政治家交流，推动两党两国关系健康、稳定、可持续发展。

谢里夫表示，巴穆盟（谢）十分重视与中共的关系，愿进一步加强与中共的交流与合作，互学互鉴，共同推动两党两国关系的深入发展。

4月20日

［纲　文］　**中共中央政治局常委、国家副主席习近平在北京会见以总主席巴克里为团长的印尼专业集团党代表团。**

［目　文］　习近平表示，当前，世界和亚洲正在经历着深刻变化。作为发展中大国，中印尼拥有广泛的共同利益，双方进一步加强战略伙伴关系，符合两国和两国人民的利益，有利于亚洲乃至世界的和平、发展与稳定。习近平积极评价中国—东盟建立对话关系20年来取得的成就，希望中印尼一如既往地密切配合，促进中国—东盟关系持续深化发展。习近平还简要介绍了中国“十二五”规划的有关情况。

巴克里表示，印尼乐见中国繁荣、稳定、进步。专业集团党一贯坚持一个中国政策，愿进一步加强与中国共产党的相互交流，不断加强两国双边合作，推动中国与东盟关系发展，造福两国人民。

4月20日

［纲　文］　**国务院副总理王岐山在北京会见美国国会参议院多数党领袖瑞德率领的美国参议员代表团。**

［目　文］　王岐山说，中美经济高度互补，谁也离不开谁，两国关系已经远远超出双边范畴，越来越具有全球性影响。双方应当考虑两国历史文化和经济发展阶段的差异，加强沟通，增进理解，避免经济问题政治化。要充分发挥中美战略与经济对话的平台作用，深化经贸、投资、金融等各领域合作，推动两国关系健康稳定发展。在当前极为复杂的形势下，确保世界经济全面复苏是第一位的任务。中国将坚定不移地推进改革开放，加快转变经济发展方式，调整经济结构，努力促进内外需平衡。

瑞德等参议员表示，十分珍视美中人民的友谊，愿继续为加强美中合作作出积极贡献。

21日，国家副主席习近平在北京会见瑞德率领的参议院代表团时说，中方愿与美方不断加强政治互信，深化互利合作，密切在国际事务中的协调合作，更好地造福两国人民和世界人民。中美关系发展离不开美国国会的参与和支持，希望美国国会议员积极推动和支持中美交流与合作，为中美合作伙伴关系的健康发展发挥建设性作用。习近平介绍了中国“十二五”规划纲要的有关内容，指出中美经贸关系互补互利，发展前景广阔。双方应抓住机遇，积极扩大双向投资，拓展在清洁能源、基础设施建设等领域合作，不断深化两国地方间经贸合作，同时排除保护主义干扰，通过平等协商妥善处理经贸合作中出现的问题，保持两国经贸关系健康稳定发展，为各自经济发展和维护世界经济复苏势头作出贡献。

瑞德等参议员表示，美中两国同处一个地球，美中合作为世界的和平、稳定与繁荣作出了贡献。美中作为大国，应在更广泛领域不断加强合作。美国会参议院愿为促进美中关系发展作出不懈努力。

4月20日

［纲　文］　**中华全国总工会主席王兆国在北京会见由主席吕克率领的比利时天主教工会联合会代表团。**

［目　文］　王兆国介绍了中国保障工人权益的法律体系和中国工会当前的主要工作。他说，中国目前已经拥有了一整套比较全面的保障工人权益的法律体系，这是中国特色社会主义工会发展道路的重要内容之一，为维护工人权益和开展工会工作提供了有力保障。中国工会积极参与了各项法律的制定和执法监督工作，切实履行了维护职工权益的职责。王兆国还介绍了国民经济与社会发展“十二五”规划。

吕克高度评价了中国经济社会发展取得的巨大成就和中国工会的出色工作，希望进一步加强与中国工会在双边和多边领域的交流合作，相互学习和借鉴有益经验，为维护世界各国劳动者权益共同努力。

4月20日

［纲　文］　**2011年院士专家咨询服务活动启动仪式在北京举行。**

［目　文］　本次院士专家咨询服务活动，由中组部、发展改革委、教育部、科技部、工业和信息化部、人力资源社会保障部、环境保护部、农业部、中科院、中国社科院、中国工程院等12家单位举办。230位院士专家分赴福建、陕西、湖北、广西、辽宁、江西6省区开展科技咨询服务，这是近年来规模最大的一次。12家主办单位和6省区党委组织部负责人参加了启动仪式。

中组部部长李源潮在欢送院士专家时指出，以院士专家为代表的高层次人才是我国科学发展的稀缺资源，要把最稀缺的资源送到最需要的地方去，为落实“十二五”规划、推动科学发展提供科技服务。

4月20日

［纲　文］　**中国伊斯兰教协会在北京举行伊斯兰教解经工作10周年新闻发布会。**

［目　文］　中国伊斯兰教协会于2001年4月在北京成立中国伊斯兰教教务指导委员会，开始解经工作。解经旨在发扬中国穆斯林优良传统，学习国际伊斯兰教界抵制极端主义的思想主张，正本清源，宣传伊斯兰教的真精神，维护伊斯兰教信仰的纯洁性，促进伊斯兰教教务工作的开展，保障中国伊斯兰教的健康发展。

4月20—22日

［纲　文］　**十一届全国人大常委会第二十次会议北京召开。**

［目　文］　全国人大常委会委员长吴邦国主持开、闭幕会议。全国人大常委会副委员长王兆国、路甬祥、乌云其木格、韩启德、华建敏、周铁农、李建国、司马义·铁力瓦尔地、蒋树声、陈昌智、严隽琪、桑国卫和常委会组成人员出席会议。

会议主要内容有：一、会议经表决，通过了关于修改煤炭法的决定、关于修改建筑法的决定和关于修改道路交通安全法的决定。国家主席胡锦涛分别签署主席令，公布了有关法律。二、会议表决通过了全国人大常委会关于进一步加强法制宣传教育的决议。根据决议，从2011年到2015年，在全体公民中组织实施法制宣传教育第六个五年规划。三、会议表决通过了全国人大常委会代表资格审查委员会关于个别代表的代表资格的报告。根据全国人大常委会发表的公告，十一届全国人大现在实有代表2978人。四、会议分别经过表决，任命黄小晶、王庆喜为全国人大环境与资源保护委员会副主任委员，免去王庆喜的全国人大常委会副秘书长职务；免去孙伟的全国人大常委会副秘书长职务；任命沈春耀、刘水生为全国人大常委会副秘书长。

4月20—26日

［纲　文］　**2011年全国知识产权宣传周举办。**

［目　文］　宣传周由国家知识产权局、中宣部等25个部门联合主办。主题是：知识产权助推经济转型。25部委结合各自工作特点，开展多项特色活动。举办了各类论坛、讲座、咨询、开放日、纪念活动等，宣传我国知识产权事业发展的显著成就，增强全社会的知识产权意识，加大知识产权保护力度，为建设创新型国家营造良好的舆论氛围和有利条件。

4月20—26日

［纲　文］　**2011年全国拳击男子锦标赛在东北财经大学体育馆举行。**

［目　文］　本次拳击锦标赛是世界男子拳击锦标赛（2012年伦敦奥运会资格赛）积分赛的重要一站。来自全国各省、区、市46个参赛单位的400余名拳击运动员在10个级别上展开争夺。

4月21日

［纲　文］　**经中央军委主席胡锦涛和中央军委批准，全军预备役官兵从2011年5月1日起，统一换发07式预备役军服。**

4月21日

［纲　文］　**国务院办公厅印发《关于进一步加强政府网站管理工作的通知》。**

［目　文］　《通知》由四个部分组成：一、高度重视，进一步加强对政府网站管理工作的领导。二、全面检查，切实解决政府网站管理中的突出问题。三、健全机制，充分发挥政府网站的信息公开、互动交流作用。四、规范管理，不断提升政府网站工作水平。

《通知》指出，各地区、各部门要通过举办培训班和开展交流研讨等多种方式，对政府网站工作人员进行经常化的管理和业务培训，不断提高办网、管网能力。

4月21日

［纲　文］　**发展改革委印发《有序用电管理办法》。**

［目　文］　《办法》共6章35条。主要有总则、方案编制、预警管理、方案实施、奖惩措施、附则等内容。自2011年5月1日起施行。

4月21日

［纲　文］　**工业和信息化部公布《卫星移动通信系统终端地球站管理办法》，自**

2011年6月1日起施行。

4月21日

［纲　文］ **国务院在北京召开全国严厉打击非法添加和滥用食品添加剂专项工作电视电话会议。**

［目　文］ 中共中央政治局常委、国务院食品安全委员会主任李克强出席并讲话。中共中央政治局委员、国务院食品安全委员会副主任回良玉主持会议。中共中央政治局委员、国务院食品安全委员会副主任王岐山，国务委员孟建柱出席会议。国务院食品安全委员会办公室主要负责人，北京市、浙江省和湖南省长沙市、陕西省扶风县政府主要负责人在会上作了发言。

李克强指出，食品问题无小事，保障安全是大事。这直接关系群众身体健康和生命安全，关系经济社会发展大局。近期发生并查处的一些食品安全突出事件，都与食品生产经营中滥用或非法使用添加物有关，群众对此高度关注。遇乱则治、知难而进，要把整治食品非法添加作为保障食品安全的重要切入点，追踪溯源，加强全过程管理，严查食品制作和加工源头，严管食品添加剂使用，严禁非法添加物，严把食品生产、流通、消费各道关口，促进食品安全形势稳定好转。食品非法添加危害性大，一旦发生问题，社会影响面广，容易引起连锁反应，必须高度重视。要以《食品安全法》为准绳，重典治乱，加大惩处力度，切实改变违法成本低的问题，让不法分子付出高昂代价，真正起到震慑作用。

4月21日

［纲　文］ **全国"扫黄打非"工作小组在全国31个省、自治区、直辖市举行2011年侵权盗版及非法出版物集中销毁活动。**

［目　文］ 活动是为迎接"4·26"世界知识产权日，倡导全社会形成尊重劳动、尊重创造、尊重知识的良好氛围，展示我国"扫黄打非"工作、打击侵权盗版、保护知识产权的成果。此次销毁活动，全国共销毁盗版音像制品、盗版图书、盗版电子出版物及非法报刊2648万件。其中，销毁数量超过100万件的省、自治区、直辖市有13个，分别是北京、河北、黑龙江、辽宁、山东、河南、广东、浙江、湖北、湖南、四川、甘肃和贵州。

4月21日

［纲　文］ **中国环境宏观战略研究成果在北京发布。**

［目　文］ 研究成果由50多位两院院士和数百位专家历时三年多完成。这项研究成果提出了我国到2050年环境保护的"三步走"战略目标，并就我国环保战略思想、方针、目标、任务和措施提出了一系列政策建议。

这项战略研究指出，我国环境状况是"局部有所改善、总体尚未遏制、形势依然严峻、压力继续加大"。我国环境保护的战略目标是：到2020年，主要污染物排放得到控制，环境安全得到有效保障；到2030年，污染物排放总量得到全面控制，环境质量全面改善；到2050年，环境质量与人民群众日益提高的物质生活水平相适应，与社会主义现代化强国相适应。要避免发达国家走过的先污染后治理、牺牲环境换取经济增长的老路，积极探索代价小、效益好、排放低、可持续的中国环境保护新道路，加快构建符合国情的环境保护宏观战略体系、全防全控的防范体系、高效的环境治理体系、完善的环境法规政策标准体系、健全的环境管理体系和全民参与的社会行动体系。

环境保护部部长周生贤在成果发布会上表示，要学习好、应用好环境宏观战略研究成果，推进环境保护与经济发展相协调相融合，确保科学发展和保障改善民生取得显著进步，让污染减排的倒逼机制发挥更加积极的作用，努力开创“十二五”环境保护新局面。

中国工程院院长周济指出，研究结果表明，我国环境保护的压力依然在加大，必须通过改善人类的生产技术和其他技术，更加高效和可持续地利用有限的自然资源，从根本上改善人与自然的关系，从而使严峻的环境形势得到根本缓解。

中国环境宏观战略研究是我国首次开展的环境保护战略研究，由中国工程院和环境保护部共同牵头组织实施，形成了项目综合报告、成果要点报告、4个课题组综述报告，以及29个专题报告等多项研究成果，最终成稿达600多万字。

4月21日

［纲　文］ **中共中央政治局委员、全国政协副主席王刚在北京会见了以总书记本·阿卜杜拉为团长的摩洛哥进步与社会主义党代表团。**

［目　文］ 王刚说，中摩建交50多年来，两国和两国人民一直相互尊重，相互理解，相互支持，两国关系保持健康深入发展。近年来，双方政治互信得到增强，经贸合作日益深化，人文等领域的交流不断扩大，中摩关系发展呈现出更加广阔的前景。中国共产党重视发展同摩洛哥进步与社会主义党的友好合作关系，愿在党际交往四项原则基础上，不断加强两党交往，进一步丰富交流形式，深化合作内涵，为巩固和发展两国友好合作关系作出积极贡献。

本·阿卜杜拉表示，摩洛哥进步与社会主义党愿通过党际交往推动摩中关系发展，造福两国人民。

4月21日

［纲　文］ **全国青少年“永远跟党走”青春歌会启动仪式暨首场青春歌会在上海大剧院举行。**

［目　文］ 全国青少年“永远跟党走”青春歌会，是团中央纪念中国共产党成立90周年开展的“学党史、知党情、跟党走”主题教育活动的重要组成部分。近3000名上海各界青年会聚一堂，唱响“永远跟党走”的青春誓言。

从4月下旬开始到7月1日，各地团组织普遍开展以歌颂党、歌颂祖国、歌颂社会主义为主要内容的青春歌会活动。其中，由团中央重点统筹安排，沿着党“诞生——开辟井冈山根据地——红军长征——延安时期——西柏坡时期——建立新中国”的历史足迹，并选择社会主义建设和改革开放进程中的若干代表性地点，依次在上海、江西、福建、湖南、广东、贵州、四川、重庆、甘肃、陕西、河北、吉林、新疆、北京等全国14个省区市组织举办“永远跟党走”青春歌会传唱活动。

4 月 21 日

［纲　文］ **外交部发言人表示，中方希望有关各方为早日重启六方会谈创造条件。**

［目　文］ 有记者问，据报道，近日美国总统奥巴马颁布行政命令，禁止进口朝鲜商品、服务和技术。美财政部宣布对一家朝鲜银行实施金融制裁。中方对此有何评论？是否担心此举将影响六方会谈重启？

发言人说，中方一贯主张通过对话协商解决有关问题，当前形势下，我们希望有关各方显示灵活，多做有利于缓和局势的事，为早日重启六方会谈创造条件。

4 月 21 日

［纲　文］ **昆明泛亚有色金属交易所开市。**

［目　文］ 该交易所是国内首家有色金属现货电子交易所。昆明泛亚有色金属交易所由昆明泛亚有色金属交易所股份有限公司首期投资 1 亿元人民币成立。此次首推上市的交易品种有白银和金属铟，目的在于保护国内的白银和铟资源。今后，交易所将以云南丰富的有色金属资源为基础，选择有色金属、稀有金属、小金属等商品逐步上市。

4 月 22 日

［纲　文］ **国家主席胡锦涛签署中华人民共和国主席令（第四十五至四十七号）。**

［目　文］ 主席令（第四十五号）说，《全国人民代表大会常务委员会关于修改〈中华人民共和国煤炭法〉的决定》已由中华人民共和国第十一届全国人民代表大会常务委员会第二十次会议于 2011 年 4 月 22 日通过，现予公布，自 2011 年 7 月 1 日起施行。

主席令（第四十六号）说，《全国人民代表大会常务委员会关于修改〈中华人民共和国建筑法〉的决定》已由中华人民共和国第十一届全国人民代表大会常务委员会第二十次会议于 2011 年 4 月 22 日通过，现予公布，自 2011 年 7 月 1 日起施行。

主席令（第四十七号）说，《全国人民代表大会常务委员会关于修改〈中华人民共和国道路交通安全法〉的决定》已由中华人民共和国第十一届全国人民代表大会常务委员会第二十次会议于 2011 年 4 月 22 日通过，现予公布，自 2011 年 5 月 1 日起施行。

4 月 22 日

［纲　文］ **中央社会治安综合治理委员会等 16 家单位印发《关于深入推进矛盾纠纷大调解工作的指导意见》。**

［目　文］ 《意见》指出，各级综治委及其办公室在党委、政府的领导下，具体负责矛盾纠纷大调解工作的组织、协调、检查、督办工作，重点加强对县（市、区）、乡镇（街道）矛盾纠纷大调解工作平台的协调指导。督促各部门各单位认真落实部门和单位责任制，把做好大调解工作作为社会治安综合治理考评的重要内容。组织有关部门和单位，对大调解衔接情况进行专项检查，及时解决工作中出现的问题。对矛盾纠纷调解得力的单位（组织）和个人，按照国家规定予以表彰奖励；对领导不重视，调解不力，发生危害社会治安和社会稳定重大矛盾纠纷的地方和单位，实行责任倒查，视情予以通报批评、警示

直至一票否决。

4月22日

［纲　文］　**环境保护部、中宣部、中央文明办、教育部、共青团中央、全国妇联印发《全国环境宣传教育行动纲要（2011—2015年）》。**

［目　文］　《纲要》由四个部分组成：一、“十一五”环境宣传教育情况和面临的任务。二、“十二五”环境宣传教育行动总体目标和基本原则。三、“十二五”环境宣传教育行动任务。四、“十二五”环境宣传教育行动保障措施。

《纲要》指出，各级政府要加大对环境宣传教育工作的资金投入力度，把环境宣传教育经费纳入年度财政预算予以保障。各级环保宣传教育部门要积极扩宽资金投入渠道，努力争取各级财政、发展改革委基础设施建设项目及各类专项资金的投入；要充分调动社会力量，扩大社会资源进入环保宣教的途径，多渠道增加社会融资。

4月22日

［纲　文］　**十一届全国人大常委会在人民大会堂举行第二十一讲专题讲座。**

［目　文］　本次讲座的题目是《法律体系的概念与意义》。全国人大常委会委员长吴邦国主持讲座。全国人大常委会副委员长王兆国、路甬祥、乌云其木格、韩启德、华建敏、周铁农、李建国、司马义·铁力瓦尔地、蒋树声、陈昌智、严隽琪、桑国卫等听取讲座。全国人大常委会委员、全国人大常委会法工委副主任信春鹰从法律体系的概念、中国特色社会主义法律体系部门划分的内在规律和在新的起点上做好立法工作等方面作了讲解。

4月22日

［纲　文］　**《人民日报》报道，为纪念中国共产党成立90周年，党史专家学者编辑的《中国共产党党员纪念册》新编本、《中国共产党党员语录》由中央文献出版社出版。**

4月22日

［纲　文］　**中共中央政治局常委、国务院副总理李克强在北京会见以德国联邦议院联盟党党团主席考德尔为团长的联盟党代表团。**

［目　文］　李克强向客人介绍了中国正在实施的“十二五”规划。他说，中国将着力扩大内需，调整结构，坚定不移地深化改革、扩大开放，保持经济长期平稳较快发展，促进社会文明进步。中德各领域合作的前景极为广阔。联盟党是德国主要执政党，在欧洲政坛上也有重要影响。中国共产党十分重视发展同联盟党的关系，双方应进一步加强对话和交流，就共同关心的重大问题以及治国理政经验深入探讨，互学互鉴，共同推动两党两国关系不断前行。中国支持欧洲一体化进程并对其未来发展抱有信心。

考德尔表示中国在国际和地区事务中日益发挥着重要作用，联盟党愿加强同中方的政党交流，积极发展对华关系。

4月22日

［纲　文］　**中共中央政治局委员、全国人大常委会副委员长王兆国在北京会见巴基**

斯坦百名青年代表团。

［目　文］　王兆国说，中巴自建交以来，在两国政府和人民的共同努力下，已成为全天候的战略合作伙伴，两国青年和青年组织之间也建立了稳固的友好交流与合作关系。进入21世纪后，中巴青年交流向大规模、深层次方向发展。青年兴则国家兴，青年强则国家强。希望中巴两国青年加强在各个领域的交流与合作，加深理解，增进友谊，相互学习，共同发展，为促进中巴全天候战略合作伙伴关系迈上新台阶作出贡献。

巴基斯坦青年代表团团长、巴基斯坦经济事务部联秘阿希夫表示，一定会把中国人民的友好情谊带回去，为促进中巴两国青年组织和两国青年之间友好关系的不断发展而努力。

4月22日

［纲　文］　**中国人民对外友好协会和老挝驻华大使馆在北京联合举办中老建交50周年庆祝招待会**。

4月22日

［纲　文］　**国家防汛抗旱总指挥部在国家防总指挥中心召开全体会议**。

［目　文］　国务院副总理、国家防总总指挥回良玉出席并讲话。国家防办负责人汇报了去冬今春以来开展的主要工作和2011年工作要点，中国气象局负责人汇报了2011年以来天气特点及今年汛期气象预测预报情况。

回良玉要求，各地区各有关部门要认真贯彻中央关于防汛抗旱工作的部署，切实加强对防汛抗旱工作的组织领导。要全面落实各项责任，将地方政府行政首长防汛抗旱责任制贯穿到工程建设、汛前准备、队伍组织、物资储备、防洪调度、抢险救灾等各个环节。要建立健全督察制度，对责任制落实、方案预案编制、抗洪抢险救灾、队伍建设、物资储备、决策指令执行等进行重点督察。要加强协调配合，建立健全部门联动机制，强化军地之间协调联动，形成防汛抗旱救灾合力。

4月22日

［纲　文］　**刘云山在北京主持召开中国共产党成立90周年宣传报道工作专题会议**。

［目　文］　中央宣传文化部门、中央新闻单位、解放军总政治部宣传部和北京市委宣传部负责人出席会议。

中宣部部长刘云山指出，宣传思想文化战线要把做好建党90周年宣传报道工作作为重要政治任务，切实抓紧抓好。要牢牢把握正确导向，突出宣传党的光辉历史和不朽功绩，深刻揭示历史和人民是怎样选择了中国共产党、选择了社会主义道路、选择了改革开放；宣传我们党90年来坚持和发展马克思主义的理论成果，深刻揭示在当代中国坚持中国特色社会主义理论体系就是真正坚持马克思主义；宣传加强和改进党的建设取得的重要成果，深刻揭示党的建设是我们事业不断发展壮大的重要法宝；宣传基层党组织的战斗堡垒作用和共产党员的先锋模范作用，深刻揭示增强党的创造力、凝聚力和战斗力，必须始终坚持全心全意为人民服务的根本宗旨、永葆党的先进性。

4 月 22 日

［纲　文］　**全国治理教育乱收费部际联席会议第十一次会议在北京召开。**

［目　文］　中共中央政治局委员、国务委员刘延东出席并讲话。全国治理教育乱收费部际联席会议成员单位负责人参加了会议。

刘延东指出，要认真贯彻中央纪委第六次全会、国务院第四次廉政工作会议和教育规划纲要精神，坚持标本兼治、综合治理，破解难题、改革创新，建立健全长效机制，推动治理教育乱收费工作不断取得新成效。治理教育乱收费是涉及千家万户和亿万学生切身利益的重要民生工程，事关教育事业科学健康发展。

4 月 22 日

［纲　文］　**“发扬传统、坚定信念、执法为民”主题教育实践活动首场报告会在天津举行。**

［目　文］　中央政法委决定在全国政法机关开展为期一年的“发扬传统、坚定信念、执法为民”主题教育实践活动，邀请先进模范人物和党史专家组成光荣传统教育宣讲团在全国巡回宣讲。天津市干部群众和政法干警、武警官兵共 2000 人参加了报告会。

报告会上，88 岁的老英雄、兰州军区原副司令员董占林将军结合参加抗日战争、解放战争的经历，讲述了支撑革命先烈浴血奋战的崇高理想信念和“人民军队为人民”的光荣传统。78 岁的中国空间技术研究院原院长戚发轫院士参加了我国首枚导弹、载人火箭和首颗人造卫星的研制工作，他结合自身经历，讲述了科技工作者坚定理想信念、攻克科技难关、实现航天梦想的感人事迹。全国优秀共产党员、江苏省信访局原巡视员张云泉坚守信访岗位 26 年，真情讲述了践行全心全意为人民服务宗旨、化解矛盾纠纷的感人故事。全国公安一级英模、福建省龙岩市公安局局长郭韶翔结合漳州 110 报警服务台发展历程，讲述了新时期人民警察发扬传统、执法为民的生动实践。

4 月 22 日

［纲　文］　**“保护母亲河——2011 年度青少年植树行动”全国统一行动日活动在全国各地开展。**

［目　文］　活动由团中央、全国绿化委员会、国家林业局主办。在江西瑞金、贵州遵义等 10 个党的历史和红军长征途中有重要意义的地区，以及吉林通化、湖北宜昌等全国其他地区同步启动，这标志着 2011 年度青少年植树行动全面展开。全国共有 184 万青少年植下约 1970 万棵树，面积 16 万余亩。今春以来，已有近 900 万青少年种植了面积 110 多万亩的 6900 万多棵树。

4 月 22 日

［纲　文］　**庆祝中国共产党成立 90 周年网上系列活动启动仪式在北京举行。**

［目　文］　仪式由中宣部、中央外宣办、中央文明办、中央党史研究室、教育部、团中央指导，人民网、新华网、中国文明网、中国网络电视台等 100 家网站共同主办。活

动以中国共产党成立90周年伟大历程为主题，包括开设专题网页，开展网上作品大赛、网上知识竞赛、“双百”人物和时代先锋网上论坛、网上系列谈、网上红色旅游、“童心向党”歌咏活动展播等内容。

4月22日

［纲　文］　**“2010绿色中国年度焦点人物”颁奖仪式在北京举行。**

［目　文］　此次评选活动由中国绿化基金会、中国生态文明研究与促进会、人民网、绿色中国杂志社共同主办。全国人大常委会原副委员长姜春云，中共青海省委书记、省人大常委会主任强卫，国家开发银行董事长陈元获年度大奖；云南省保山原地委书记杨善洲获年度特别奖；中国电影表演艺术学会会长、中国电视家协会副主席唐国强等46人分获其他各类奖项。

以“弘扬绿色理念，树立绿色典型，建设生态文明，共建绿色中国”为宗旨的绿色中国年度焦点人物评选活动至今已成功举办了三届。此次评选活动从2010年4月22日启动，吸引了1.8亿网民参与，通过网民投票和专家评定，最终评出获奖人选。

4月23日

［纲　文］　**全国哲学社会科学规划领导小组在北京召开会议。**

［目　文］　会议审议《国家哲学社会科学研究“十二五”规划》。中共中央政治局委员、全国哲学社会科学规划领导小组组长刘云山出席会议并讲话。中国社科院院长、全国哲学社会科学规划领导小组副组长陈奎元，全国哲学社会科学规划领导小组全体成员出席会议。

刘云山指出，要紧密结合“十二五”时期我国经济社会发展的新形势新任务，认真贯彻中央关于推进哲学社会科学创新体系建设、实施哲学社会科学创新工程的精神，组织实施好《国家哲学社会科学研究“十二五”规划》，进一步推动哲学社会科学繁荣发展，充分发挥哲学社会科学认识世界、传承文明、创新理论、咨政育人、服务社会的重要作用，为全面建设小康社会、加快推进社会主义现代化建设作出新的贡献。

4月23日

［纲　文］　**2011大学校长全球峰会暨环太平洋大学联盟第15届校长年会在清华大学召开。**

［目　文］　中共中央政治局委员、国务委员刘延东出席开幕式并致辞。来自40个国家和地区的130余所大学校长与会，以“全球社会经济发展与高等教育”为主题，共商全球化背景下各国高校所面临的历史责任、时代使命和现实挑战，庆祝清华百年校庆。峰会达成“清华共识”。

4月23日

［纲　文］　**河北张家口至内蒙古集宁铁路正式开通。**

4月23—28日

［纲　文］　**第一届北京国际电影季举办。**

［目　文］　电影季由北京市人民政府、国家广播电影电视总局主办。包括电影季开幕式、北京展映、电影魅力·北京论坛、北京电影洽商、电影音乐会、闭幕式与第18届北京大学电影节颁奖典礼六大组成部分。

4月24日

［纲　文］　**国务院批复重庆市、四川省人民政府和发展改革委，原则同意成渝经济区区域规划。**

［目　文］　批复说，发展改革委《关于报送成渝经济区区域规划（修改稿）的请示》（发改地区〔2011〕677号）收悉。现批复如下：一、原则同意《成渝经济区区域规划》，请认真组织实施。二、《规划》实施要以邓小平理论和“三个代表”重要思想为指导，深入贯彻落实科学发展观，以科学发展为主题，以加快转变经济发展方式为主线，进一步解放思想，深化改革，扩大开放，着力推动区域一体化发展，着力推进统筹城乡改革，着力提升发展保障能力，着力保障和改善民生，着力发展内陆开放型经济，着力构建长江上游生态安全屏障，努力把成渝经济区建设成为西部地区重要的经济中心、全国重要的现代产业基地、深化内陆开放的试验区、统筹城乡发展的示范区和长江上游生态安全的保障区，在带动西部地区发展和促进全国区域协调发展中发挥更加重要的作用。三、重庆市、四川省人民政府要切实加强对《规划》实施的组织领导，明确分工，落实责任，完善机制，科学制定具体实施方案，涉及的重大政策和建设项目按程序另行报批。四、国务院有关部门要按照职能分工，加强对《规划》实施的支持和指导，做好与国家总体规划和相关专项规划的衔接和协调，在政策实施、项目建设、资金投入、体制创新等方面给予积极支持。五、发展改革委要加强对《规划》实施情况的跟踪分析和督促检查，会同重庆市和四川省人民政府开展《规划》实施情况的评估工作。要切实做好统筹协调，重视研究新情况，解决新问题，总结新经验，重大问题要及时向国务院报告。

4月24日

［纲　文］　**庆祝清华大学成立100周年大会在人民大会堂举行。**

［目　文］　中共中央总书记胡锦涛出席并讲话。党和国家领导人吴邦国、温家宝、贾庆林、习近平、李克强出席大会。庆祝大会由清华大学党委书记胡和平主持。清华大学校长顾秉林在发言中回顾了清华大学百年发展历程。中央和国家机关有关部门、北京市和其他省市负责人，国内外知名学者代表，国内外著名大学校长代表，对清华大学发展作出贡献的来宾代表，中国台湾省的新竹清华大学代表团，清华大学校友代表和师生代表等共8000多人参加庆祝大会。

胡锦涛指出，清华百年历史又一次表明，坚持解放思想、实事求是、与时俱进，坚持以实现国家富强、民族振兴、人类进步为己任，坚持正确办学方向，坚持以人为本，遵循高等教育规律，全面实施素质教育，不断推进改革创新，我们的大学就能获得事业发展的强大动力，就能源源不断培养出德才兼备的优秀人才。推动经济社会又好又快发展，实现中华民族伟大复兴，科技是关键，人才是核心，教育是基础。不断提高质量，是高等教育的生命线，必须始终贯穿高等学校人才培养、科学研究、社会服务、文化传承创新各项工作之中。建设若干所世界一流大学和一批高水平大学，是我们建设人才强国和创新型国家的重大战略举措。要以重点学科建设为基础，以体制机制改革为重点，以创新能力提高为突破，加大支持力度，健全长效机制，鼓励重点建设高校成为知识创新的策源地、深化教育改革的试验田、扩大开放的桥头堡。

胡锦涛在讲话中给清华大学的同学们和全国青年学生提出三点希望。一是要把文化知识学习和思想品德修养紧密结合起来，刻苦学习科学文化知识，积极加强自身思想品德修养，立为国奉献之志，立为民服务之志，以实际行动创造无愧于人民、无愧于时代的业绩。二是要把创新思维和社会实践紧密结合起来，做到勤于学习、善于思考、勇于探索、敏于创新，坚持理论联系实际，积极投身社会实践，切实掌握建设国家、服务人民的过硬本领。三是要把全面发展和个性发展紧密结合起来，实现思想成长、学业进步、身心健康有机结合，努力成为可堪大用、能负重任的栋梁之材。

同日，中国台湾地区的新竹清华大学举行集会，庆祝清华大学创校100周年暨在台建校55周年。台湾当局负责人马英九出席大会并致辞。中国台湾地区行政机构负责人吴敦义、立法机构负责人王金平等各界人士出席。

中国台湾地区的新竹清华大学成立于1956年，曾担任北京清华大学校长的梅贻琦为其首任校长。建校55年来，新竹清大已经发展成为人文社会、理、工、管理等学科均衡发展的著名高等学府，培养了超过5万名人才。

4月24日

［纲　文］　**国务院办公厅转发发展改革委、财政部、交通运输部《关于进一步完善投融资政策促进普通公路持续健康发展若干意见》。**

［目　文］　《意见》由五个部分组成：一、充分认识普通公路发展的重要性。二、总体要求和基本原则。三、切实保障普通公路养护和建设资金。四、抓紧完善相关配套措施。五、工作要求。

《意见》指出，各地区、各有关部门要根据本意见的要求，结合本地区、本部门实际制定具体实施意见，统筹安排落实工作任务。要正确处理改革、发展与稳定的关系，稳妥推进各项工作。发展改革委、财政部、交通运输部等部门要根据各自职责，密切协同配合，加强对普通公路发展投融资工作的宏观指导和监督检查，及时解决工作中出现的重大问题。

4月24日

［纲　文］　**新华社讯，中央纪委、中组部、中宣部联合发出通知，要求认真组织学习《论党的群众工作——重要论述摘编》。**

［目　文］　由中宣部理论局组织选编出版的《摘编》，选编了毛泽东、邓小平、江泽民和胡锦涛关于党的群众工作的一系列重要论述，分为“关于群众工作的重要性”“关于牢固树立群众观点”“关于自觉贯彻群众路线”“关于始终站稳群众立场”“关于群众工作主要任务”“关于提高群众工作本领”六个专题，集中反映了我们党关于群众工作的思想内涵和基本精神。

通知指出，《摘编》是深入学习贯彻中央关于做好新形势下群众工作的部署和要求、推进新形势下群众工作的重要学习材料。要充分发挥《摘编》在加强以人为本、执政为民教育中的作用，组织广大党员干部认真学习我们党关于群众工作的重要文献，学习党中央关于群众工作的一系列重要观点、一系列重要部署，学习胡锦涛同志在党的十七届五中全会、十七届中央纪委六次全会和省部级主要领导干部社会管理及其创新专题研讨班上的重要讲话精神，引导党员干部进一步增强做好新形势下群众工作的自觉性。

4月24日

［纲　文］　**孟建柱在新疆维吾尔自治区喀什地区调研。**

［目　文］　国务委员、公安部部长孟建柱召开座谈会，听取维护社会稳定工作汇报。他指出，当前喀什地区各族干部群众正在认真贯彻中央新疆工作座谈会精神，经济发展势头很好，社会稳定工作不断进步。公安机关和广大公安民警要充分认识新形势、新任务对维稳工作提出的新要求、新挑战，切实提高维护国家安全和社会稳定的能力和水平，筑牢祖国西北安全屏障。要紧紧团结依靠各族群众，采取坚决有效措施防范打击各种犯罪活动，进一步增强各族群众的安全感。要紧密结合民族地区经济社会发展实际，进一步加强和创新公安机关社会管理，为“十二五”时期新疆跨越式发展作出更大贡献。

4月24日

［纲　文］　**第八次中日韩经贸部长会议在日本东京举行。**

［目　文］　商务部部长陈德铭、日本经济产业大臣海江田万里、韩国外交通商部通商交涉本部长金宗埙共同出席会议。三国经贸部长就共同应对日本大地震、中日韩自贸区官产学联合研究、中日韩投资协定以及加强三国在多边框架下合作等共同关心的问题交换了意见。会议发表了《第八次中日韩经贸部长会议联合声明》。

4月24—30日

［纲　文］　**2011年世界中学生篮球锦标赛在张家港举行。**

［目　文］　锦标赛由世界中学生体育联合会主办，中国中学生体育协会和张家港市人民政府联合承办。25个国家和地区的45个男女代表队报名参赛。中国男、女一队在决赛中分别以55∶43和98∶42战胜法国男队与丹麦女队，双双夺得冠军。

4月25日

［纲　文］　**中共中央总书记、国家主席胡锦涛，全国人大常委会委员长吴邦国，国务院总理温家宝分别与老挝人民革命党中央总书记、国家主席朱马利，国会主席巴妮，政**

府总理通辛互致贺电，热烈庆祝两国建交50周年。

4月25日

［纲　文］ **全国人大常委会办公厅公布《中华人民共和国个人所得税法修正案（草案）》，向社会广泛征求意见。**

［目　文］ 十一届全国人大常委会第二十次会议初次审议了《中华人民共和国个人所得税法修正案（草案）》。为了听取社会各界的意见和建议，全国人大常委会办公厅向社会公布了这部法律草案全文，并向社会公开征集意见。意见征集截止日期是2011年5月31日。

4月25日

［纲　文］ **贾庆林在北京会见伊斯兰教解经工作10周年总结大会代表。**

［目　文］ 全国政协主席贾庆林表示，2001年中国伊斯兰教协会成立中国伊斯兰教教务指导委员会，正式开展解经工作。10年来，在中央的高度重视和亲切关怀下，在有关部门的正确指导和大力支持下，解经工作取得了丰硕成果，有力地弘扬和发展了伊斯兰教教义中适应社会主义社会的积极思想，批驳了“三股势力”歪曲篡改伊斯兰教教义的歪理邪说，为维护民族团结、社会稳定和祖国统一发挥了重要作用。实践证明，解经工作是伊斯兰教工作中抓根本、打基础、管长远的工作，是团结引导广大穆斯林群众的法宝，是与民族分裂势力和宗教极端势力斗争的利器，是引导宗教与社会主义社会相适应的创举。各级党委、政府和有关部门要从政治和全局的高度，充分认识解经工作的重要意义，及时了解和掌握进展情况，切实帮助解决存在的困难和问题，确保解经工作健康有序开展。

同日，伊斯兰教解经工作10周年总结大会在北京举行。会议总结了解经工作成果，交流了各地成功经验，提出了今后工作任务和目标。中央统战部、国家宗教局等有关部门负责同志，中国伊斯兰教协会会长、副会长，中国伊斯兰教教务指导委员会成员，中国伊协常委，各省、自治区、直辖市伊协秘书长及在京伊斯兰教界知名人士等约200人参加会议。

4月25日

［纲　文］ **李克强在北京参加2011年全国儿童预防接种日活动并考察北京市医改工作。**

［目　文］ 国务院副总理李克强在方庄社区卫生服务中心，与带孩子来服食糖丸的家长亲切交谈。李克强说，儿童是祖国的未来，预防接种是控制疾病流行最有效的措施，动手早、花钱少、效果好。2011年国家提高公共卫生服务经费标准，扩大覆盖人群和服务项目，儿童预防保健服务要新增4800万人，慢性病患者健康管理要新增1900万人，老年人健康体检受益者要达到1.1亿人，使城乡居民享受到更多更好的实惠。

在北京友谊医院，李克强与医院的医护人员进行了座谈。他说，公立医院改革是整个医改的重点和难点，要从三方面做好这篇文章。一要逐步缓解人民群众看病难、看病贵问题。破除以药养医、药价虚高现象，减轻患者就医负担。二要使医护人员的价值和地位得到应有体现。注重医德医技，倡导尊医重卫，理顺分配机制，发挥好医务人员改革主力军作用。三要建立有利于医疗卫生持续发展的体制机制。制度创新、管理创新、服务创新潜力很大。要加快推进投入、补偿和人事分配、绩效考核等方面机制建设，走出公立医院发展的新路子。

4月25日

［纲　文］　**全国开展党政机关公务用车问题专项治理工作和清理规范庆典、研讨会、论坛活动工作电视电话会议在北京召开。**

［目　文］　中央纪委书记贺国强出席并讲话。中央纪委副书记何勇主持会议。中央纪委副书记、秘书长吴玉良宣读了《中共中央办公厅、国务院办公厅关于开展清理和规范庆典、研讨会、论坛活动工作的实施意见》和《中共中央办公厅、国务院办公厅关于开展党政机关公务用车问题专项治理工作的实施意见》。全国清理规范庆典、研讨会、论坛工作领导小组成员和中央公务用车问题专项治理工作领导小组成员，中央和国家机关各部门、各人民团体负责人，两个领导小组成员所在单位有关司局负责人，中央纪委监察部有关部门负责人等在主会场参加了会议。

贺国强强调，两个《实施意见》明确提出了开展两项专项治理工作的重要意义、总体要求、范围内容、方法步骤、政策界限和工作措施等，我们要全面领会、准确把握、认真落实。一是要明确任务要求，把握正确方向。二是要抓住关键环节，整体推进工作。三是要把握政策界限，保证治理效果。四是要抓好督促整改，严格执行纪律。五是要注重制度建设，建立长效机制。既要抓紧解决当前存在的问题，又要通过深化改革和完善制度，巩固和扩大治理成果，逐步形成防治同类问题反复发生的长效机制。

4月25日

［纲　文］　**财政部、交通运输部印发《港口建设费征收使用管理办法》。**

［目　文］　《办法》共5章32条。主要有总则、征收、使用、监督检查与法律责任、附则等内容。自2011年10月1日起施行，到2020年12月31日止。本办法施行后，其他港口建设费的相关规定同时废止。

4月25日

［纲　文］　**《中国青年报》创刊60周年座谈会在北京举行。**

［目　文］　中共中央政治局委员、全国人大常委会副委员长王兆国出席并讲话。《中国青年报》党组书记、总编辑陈小川在座谈会上致辞，基层团干部代表、读者代表等分别发言。共青团中央书记处第一书记陆昊和中央有关部门负责人，《中国青年报》编辑记者、老同志代表参加座谈会。

王兆国指出，《中国青年报》60年来始终坚持正确舆论导向，积极宣传党的路线方针政策，热情讴歌时代精神和青年楷模，发出了拼搏奉献、埋头苦干、改革创新、锐意进取的时代强音，在青年中吹响了建设祖国、振兴中华的嘹亮号角，不愧为青年人学习党的科学理论的重要阵地，不愧为青年人进行社会观察的重要载体，不愧为青年人交流沟通思想的精神家园。

《中国青年报》是共青团中央机关报，创刊于1951年4月27日。

4月25日

［纲 文］ **两岸首次银行业监管磋商在台北举行。**

［目 文］ 大陆银行业监督管理机构和台湾金融监督管理机构在台北举行第一次两岸银行业监管磋商活动。本次磋商是继两岸签署《海峡两岸金融合作协议》与《海峡两岸银行业监督管理合作谅解备忘录》之后，双方金融合作的又一进展。磋商中，双方就建立两岸银行监管合作机制的内容及运作方式进行了沟通。

4月25日

［纲 文］ **国务委员刘延东在北京会见瑞士联邦委员兼内政部部长伯克哈尔特一行。**

［目 文］ 刘延东对60年来稳固发展的中瑞关系给予积极评价，对中瑞双方在携手应对金融危机和气候变化方面取得的成绩，特别是中瑞科技合作计划的顺利开展表示赞赏。刘延东介绍中国“十二五”规划有关内容后说，中国欢迎世界各国参与中国发展，也愿同瑞方共同努力，扩大交流，增进友谊，加强合作，推动中瑞友好合作关系不断迈上新台阶。

4月25日

［纲 文］ **中组部部长李源潮在北京会见以共同主席波斯坦尼、拉森为团长的美国国会众议院“美中工作小组”代表团。**

［目 文］ 李源潮说，当前国际形势正在发生复杂深刻变化，中美两国作为世界上最大的发展中国家和最大的发达国家，拥有更加广泛的共同利益，肩负更加重要的责任。一个良好的中美关系符合两国根本利益，也有利于亚太地区乃至世界的和平、稳定、繁荣。中方愿与美方一道，认真落实胡锦涛主席和奥巴马总统关于建设相互尊重、互利共赢的中美合作伙伴关系的共识，加强对话、交流、合作，推动中美关系健康稳定发展。李源潮还应询介绍了党的组织工作有关情况。

美方表示，愿与中方加强交往，密切沟通，增进双方相互了解，共同推动互利共赢的中美关系健康向前发展。

同日，国务委员戴秉国在北京会见以波斯坦尼、拉森众议员为团长的美国会众院“美中工作小组”代表团，双方就中美关系和共同关心的国际、地区问题进行了交谈。

26日，国务院副总理王岐山在北京会见以共同主席波斯坦尼、拉森为团长的美国国会众议院“美中工作小组”代表团时说，作为世界上最大的发展中国家和最大的发达国家，中美两国经济相互依存，互补性强，经贸、投资等各领域合作日益紧密。双方应当围绕胡锦涛主席和奥巴马总统确定的建设相互尊重、互利共赢的中美合作伙伴关系这个大方向，增进了解和互信，共同推动中美关系健康发展。

波斯坦尼、拉森等表示，愿继续为促进美中沟通与合作发挥积极作用。

4月25日

［纲　文］　**外交部部长杨洁篪在北京与索马里过渡政府副总理兼外长奥马尔举行会谈。**

［目　文］　杨洁篪说，中国一贯支持索马里和平进程，支持索马里过渡政府恢复国内和平的努力，并将继续与国际社会一道，为索马里和平与重建发挥建设性作用。中方珍视中索传统友谊，愿与索方共同努力，推动两国友好关系不断深入发展。

4月25日

［纲　文］　**上合组织首次成员国军队总参谋长会议在上海举行。**

［目　文］　中央军委委员、总参谋长陈炳德主持会议并作大会发言。哈萨克斯坦共和国、吉尔吉斯共和国、塔吉克斯坦共和国、俄罗斯联邦、乌兹别克斯坦共和国总参谋长出席会议。会议旨在总结合作经验，研究问题，规划未来深化务实合作的具体形式和内容。与会成员国总参谋长们共同回顾总结了上合组织10年来在防务安全领域的合作情况，就国际和本地区安全形势、进一步推动防务安全领域合作等交换意见。各方对10年来成员国在防务安全领域取得的成就表示满意，表示将共同努力，加强合作，为上合组织防务安全合作取得更丰硕成果作出新的努力。与会六方代表团团长共同签署了《上海合作组织成员国军队总参谋长会议纪要》。

同日，国家副主席、中央军委副主席习近平在北京会见了来华出席上海合作组织成员国军队总参谋长会议的哈萨克斯坦国防部第一副部长兼参谋长委员会主席扎苏扎科夫、吉尔吉斯斯坦国防部第一副部长兼总参谋长奥穆拉利耶夫、俄罗斯国防部第一副部长兼总参谋长马卡罗夫、塔吉克斯坦国防部第一副部长兼总参谋长纳德罗夫、乌兹别克斯坦国防部副部长尼亚佐夫。

24日，陈炳德在八一大楼分别会见扎苏扎科夫、奥穆拉利耶夫、马卡罗夫、纳德罗夫、尼亚佐夫。

4月25—30日

［纲　文］　**应全国人大常委会委员长吴邦国的邀请，法国国民议会议长阿夸耶率法国国民议会代表团对中国进行正式友好访问。**

［目　文］　访问期间，国家主席胡锦涛、中央纪委书记贺国强在北京分别会见了阿夸耶。吴邦国与阿夸耶在北京、桂林举行会谈、会见，并共同出席了中国广西桂林阳朔县与法国上萨瓦省老阿讷西市建立友好关系签约仪式。全国人大常委会副委员长兼秘书长李建国在西安会见了阿夸耶。

胡锦涛会见阿夸耶时说，中法作为联合国安理会常任理事国和二十国集团成员，比以往拥有更加广泛的共同利益和更加广阔的合作前景。中方愿与法方一道努力，进一步加强双边、地区和多边层面的合作，共同应对各种全球性挑战，推动中法全面战略伙伴关系进一步向前发展。中国政府支持两国立法机构加强交往，扩大合作。希望两国立法机构发挥代表性强、联系广泛等优势，为深化双边务实合作建言献策、牵线搭桥，推动中法全面战略伙伴关系取得更多实实在在的成果。

阿夸耶说，在当今形势下，法中加强全面合作显得尤为重要。法方期待双方在核电、航空、机电和文化、教育、医疗卫生等领域的合作取得更大成绩，更好地造福两国人民，把法中全面战略伙伴关系推上更高层次。

吴邦国与阿夸耶举行会谈时说，中法应充分发挥互补优势，在巩固传统领域合作的同时，拓展在新能源、新材料、环境保护等新兴领域的合作，构建更加紧密、长期、可持续的经贸合作伙伴关系。希望双方进一步密切领导人、专门委员会、友好小组和办事机构之间的交往，加强在治国理政、立法监督等方面的经验交流，使中法友好更加深入人心。不同国情、不同政治制度的议会之间，只要牢牢把握两国关系发展大局，坚持相互尊重、平等相待、友好相处的原则，增进了解，深化合作，就能够成为国家关系的建设性力量，为双边关系发展注入新的活力。

阿夸耶说，法方期待双方在核电、太阳能、风能等新能源领域和航空、医疗卫生、文化、旅游等方面的合作结出更多硕果。他表示乐见中国的经济社会取得更大发展，相信中国一定能实现国家“十二五”规划发展目标。

4月25—28日

［纲　文］　**应国务院总理温家宝的邀请，澳大利亚总理吉拉德对中国进行正式访问。**

［目　文］　访问期间，国家主席胡锦涛在北京会见了吉拉德。温家宝在北京与吉拉德举行会谈，两国总理出席了有关双边合作文件的签字仪式。国务院副总理李克强与吉拉德共同出席了中澳经贸合作论坛并致辞，并共同会见了出席第二届中澳工商界首席执行官圆桌会议的代表。

胡锦涛积极评价吉拉德就任以来奉行务实友好、互利合作的对华关系，表示中澳双方应共同落实好两国高层互访成果，进一步做好以下三方面工作：一是相互尊重，深化政治互信。双方要妥善处理两国间的敏感问题，牢牢把握两国关系发展大方向，使中澳关系始终沿着健康稳定的轨道发展。二是互利合作，实现共同发展。双方要充分发挥互补优势，将巨大的合作潜力转化为实实在在的合作成果，提升各领域务实合作水平。三是加强对话，扩大多边合作。双方要加强在区域、二十国集团机制、应对全球性挑战等国际和地区事务中的沟通与协调，为促进亚太地区乃至世界的和平、稳定与发展而共同努力，推动中澳关系向更高层次、更广领域迈进。

吉拉德表示，澳方坚定奉行一个中国政策，视澳中关系为对外关系中最重要的双边关系之一，高度重视进一步发展两国关系。我此次访华，与中方就广泛领域合作深入交换意见，签署了多项新的合作协议。澳方愿与中方密切合作，抓住机遇，推动两国关系不断取得新发展。

温家宝与吉拉德举行会谈时指出，双方应进一步提升能源资源合作水平，通过贸易、投资、服务、培训等多种形式，建立长期稳定的战略合作关系，并扩大在新能源、清洁能源、可再生能源研发和利用等方面的合作。拓展网络、铁路、港口等基础设施建设领域合作的新途径、新方法。稳步推进两国自由贸易协定谈判，积极探讨开展双边金融合作，更好地实现优势互补和共同发展。

吉拉德表示，澳方愿与中方共同努力，不断完善合作机制，进一步密切高层交往，加强经贸、能源资源、投资、基础设施建设、旅游、人文等领域的交流合作。澳大利亚政府欢迎中国扩大对澳投资，欢迎更多中国留学生到澳留学深造，欢迎更多中国游客到澳观光。

4月25—29日

［纲　文］　**国务委员、公安部部长孟建柱访问塔吉克斯坦、吉尔吉斯斯坦，哈萨克斯坦，并出席上海合作组织成员国有关会议。**

［目　文］　孟建柱访问塔吉克斯坦期间，在杜尚别分别会见了塔吉克斯坦总统拉赫蒙、塔安全会议秘书阿济莫夫、国家安全委员会主席亚季莫夫、内务部部长卡霍罗夫。双方签署了《中华人民共和国公安部和塔吉克斯坦共和国国家安全委员会合作协议》等文件。

孟建柱访问吉尔吉斯斯坦期间，在比什凯克拜会吉过渡时期总统奥通巴耶娃；分别会见了吉副总理兼国防会议秘书阿塔哈诺夫、国家安全委员会主席杜舍巴耶夫和内务部部长雷萨利耶夫。双方签署了《中华人民共和国公安部和吉尔吉斯共和国国家安全委员会2011—2012年合作议定书》等文件。

孟建柱访问哈萨克斯坦期间，在阿斯塔纳会见了哈萨克斯坦总理马西莫夫；与内务部部长卡西莫夫、总统助理兼安全会议秘书塔任举行会谈、会见。双方签署了《中华人民共和国公安部和哈萨克斯坦共和国内务部会谈纪要》。

28日，孟建柱在哈萨克斯坦首都阿斯塔纳出席上海合作组织成员国第二次公安内务部长会议并讲话。会议由哈萨克斯坦内务部部长卡西莫夫主持。吉尔吉斯斯坦、俄罗斯、塔吉克斯坦、乌兹别克斯坦的内务部部长或代表出席会议并分别发言。与会者就打击有组织犯罪、毒品走私、非法移民和利用信息技术及网络犯罪等问题进行了磋商和交流。

29日，孟建柱在哈萨克斯坦阿斯塔纳出席上海合作组织成员国第六次安全会议秘书会议并发表讲话。哈萨克斯坦总统助理兼安全会议秘书塔任主持会议。吉尔吉斯斯坦、俄罗斯、塔吉克斯坦、乌兹别克斯坦的安全会议秘书或代表出席会议并发言。会议决定在过去有效合作的基础上，进一步发挥安秘会的统筹协调作用。会议为阿斯塔纳峰会作了准备，与会代表签署了会议纪要。

4月25—27日

［纲　文］　**中国民间文艺家协会第八次全国代表大会在北京召开。**

［目　文］　来自全国31个省、自治区、直辖市和解放军、中直机关等单位的民间文艺工作者代表参加了会议。中宣部部长刘云山出席开幕式并讲话。全国政协副主席、中国文联主席孙家正出席大会。大会选举产生了新一届理事会和以冯骥才为主席的主席团等领导机构。

4月25—30日

［纲　文］ **“感知中国·印度行——四川周”活动在印度新德里举行。**

［目　文］ 此次活动是2010年12月中国国务院总理温家宝访印期间，与印度总理辛格确定的“2011中印交流年”的项目。由中国国务院新闻办公室、四川省人民政府与中国驻印度大使馆共同主办。通过图片展览、美食品鉴、商务洽谈、旅游推介、文艺演出等方式，展示富有浓厚地域特色的“天府之国”四川省的锦绣风光与发展成就，让印度民众了解中国风貌、认知中国文化。

4月26日

［纲　文］ **中共中央政治局召开会议，研究当前扶贫开发工作面临的形势和任务，审议《中国农村扶贫开发纲要（2011—2020年）》。**

［目　文］ 中共中央总书记胡锦涛主持会议。会议认为，《中国农村扶贫开发纲要（2001—2010年）》实施以来，我国扶贫开发取得新的成就。农村贫困人口大幅减少，收入水平稳步提高，贫困地区基础设施明显改善，社会事业不断进步，最低生活保障制度全面建立，农村居民生存和温饱问题基本解决，探索出一条中国特色扶贫开发道路。扶贫开发的成就，为我国经济发展、政治稳定、民族团结、边疆巩固、社会和谐发挥了重要作用，为全球减贫事业作出了重大贡献。

会议指出，我国仍处于并将长期处于社会主义初级阶段，经济社会发展总体水平不高，制约贫困地区发展的深层次矛盾依然存在，特别是集中连片特殊困难地区扶贫攻坚任务仍十分艰巨。深入推进扶贫开发，是坚持以人为本、执政为民、改善民生、缩小差距、促进全体人民共享改革发展成果的重大举措，是全面建设小康社会、构建和谐社会的迫切需要。必须以更大的决心、更强的力度、更有效的举措，打好新一轮扶贫开发攻坚战，确保全国人民共同进入全面小康。

会议强调，我国扶贫开发已经从解决温饱为主要任务的阶段转入巩固温饱成果、提高发展能力、加快脱贫致富、缩小发展差距的新阶段。要高举中国特色社会主义伟大旗帜，以邓小平理论和“三个代表”重要思想为指导，深入贯彻落实科学发展观，提高扶贫标准，加大投入力度，把连片特困地区作为主战场，把稳定解决扶贫对象温饱、尽快实现脱贫致富作为首要任务。到2020年，稳定实现扶贫对象不愁吃、不愁穿，保障义务教育、基本医疗和住房；贫困地区农民人均纯收入增长幅度高于全国平均水平，基本公共服务主要领域指标接近全国平均水平，扭转发展差距扩大趋势。

会议要求，要坚持开发式扶贫方针，创新体制机制，完善政策体系，大力推进专项扶贫、行业扶贫、社会扶贫，不断提高贫困地区和扶贫对象自我发展能力，积极开展国际合作。各级党委和政府要进一步提高思想认识，切实加强组织领导，强化扶贫开发责任，加强扶贫机构队伍建设，加强扶贫法制化建设，努力实现到2020年扶贫开发目标任务。

4月26日

［纲 文］ **中共中央政治局进行第二十八次集体学习。**

［目 文］ 中共中央总书记胡锦涛主持学习。本次学习的主题是：世界人口发展和全面做好新形势下我国人口工作。中国人民大学社会与人口学院翟振武教授、国家人口计生委中国人口老龄化与经济社会发展研究中心于学军研究员就这个问题进行讲解，并谈了他们的意见和建议。中共中央政治局各位委员听取了他们的讲解，并就有关问题进行了讨论。

胡锦涛要求抓好以下重点工作的落实：第一，坚持和完善现行生育政策，切实稳定低生育水平，创新人口和计划生育工作体制机制和手段方法，全面加强基层基础工作，完善人口和计划生育利益导向政策体系。第二，着力提高人口素质，切实加快建设人力资源强国，完善人口发展政策体系，重视婴幼儿早期发展，加强青少年健康人格教育，加强人力资源开发，促进人的全面发展。第三，综合治理出生人口性别比问题，切实促进社会性别平等，深入开展“关爱女孩行动”，广泛宣传男女平等、少生优生等文明婚育观念，保障妇女合法权益，加强未成年人保护，制定有利于女孩健康成长和妇女发展的经济社会政策，推动妇女儿童事业全面发展。第四，引导人口有序迁移和合理分布，切实加强流动人口管理和服务，制定引导人口合理流动、有序迁移的政策，积极稳妥推进城镇化，统筹协调好人口分布和经济布局、国土利用的关系，把流动人口管理和服务纳入流入地经济社会发展总体规划之中，为人口流动迁移创造良好政策和制度环境。第五，完善社会保障和养老服务体系，切实应对人口老龄化，制定实施应对人口老龄化战略和政策体系，培育壮大老龄事业和产业，加强公益性养老服务设施建设，发扬敬老、养老、助老的良好社会风尚。第六，建立健全家庭发展政策，切实促进家庭和谐幸福，加大对孤儿监护人家庭、老年人家庭、残疾人家庭、留守人口家庭、流动人口家庭、受灾家庭以及其他特殊困难家庭的扶助力度。

4月26日

［纲 文］ **国务院总理温家宝在北京接受马来西亚新闻社、《星报》和印度尼西亚泗水电视台、《罗盘报》、《雅加达邮报》记者的联合采访。**

4月26日

［纲 文］ **中华志愿者协会在北京成立。**

［目 文］ 协会是由志愿者、志愿服务组织以及关心支持志愿服务事业的单位或组织自愿组成，按照章程开展活动的联合性、全国性、非营利性社会团体组织，接受中央文明办和民政部的业务指导，业务范围是维护志愿者权益、规范志愿者行为、提高志愿者素质、宣传和培育志愿文化。全国人大常委会副委员长周铁农当选第一任会长。

4月27日

［纲 文］ **交通运输部印发《公路水路交通运输信息化“十二五”发展规划》。**

［目　文］《规划》由五个部分组成：一、“十一五”公路水路交通信息化发展回顾。二、“十二五”交通运输信息化发展需求。三、指导思想、基本原则和发展目标。四、建设重点。五、保障措施。

《规划》指出，“十二五”时期是我国经济结构战略性调整和转变经济发展方式的重要时期，是推动信息化、工业化深度融合和加快经济社会各领域信息化进程的重要阶段。交通运输业坚持以科学发展为主题，以转变发展方式、发展现代交通运输业为主线，着力调整交通结构、拓展服务功能、提高发展质量、提升服务水平，构建便捷、安全、经济、高效的综合运输体系。必须充分发挥信息化对改造传统产业、发展现代交通运输业的支撑和保障作用，着力在信息化环境下强化各种运输方式高效衔接，提高公众信息服务水平，规范市场运行秩序，增强安全监管和应急处置能力，提升政府决策管理效能，促进行业可持续发展。

4 月 27 日

［纲　文］**国土资源部发布修改后的《外国的组织或者个人来华测绘管理暂行办法》，自 2011 年 4 月 27 日起施行。**

4 月 27 日

［纲　文］**银监会印发《关于中国银行业实施新监管标准的指导意见》。**

［目　文］《意见》由五个部分组成：一、总体目标和指导原则。二、提高银行业审慎监管标准。三、增强系统重要性银行监管有效性。四、深入推动新资本协议实施工作。五、工作要求。

《意见》指出，新监管标准实施是事关全局的长期系统工程，银行业金融机构要准确理解新监管标准的实质，充分认识实施新监管标准的意义，加强配合，积极稳妥地做好新监管标准实施的各项准备工作。

4 月 27 日

［纲　文］**汶川特大地震抗震救灾和恢复重建先进事迹首场报告会在北京举行。**

［目　文］报告会前，中共中央政治局常委李长春、李克强会见了报告团全体成员。李长春指出，要大力弘扬抗震救灾和恢复重建形成的宝贵精神财富，深入开展社会主义核心价值体系教育、爱国主义教育、民族团结进步教育，在全社会唱响共产党好、社会主义好、改革开放好、伟大祖国好、人民军队好、各族人民好的时代主旋律，激励广大干部群众为实现“十二五”规划目标任务而努力奋斗。

报告会由中宣部、发展改革委、解放军总政治部和四川省委联合主办。报告团成员讲述了在抗震救灾和恢复重建过程中的亲身经历和感受。中央国家机关和北京市干部代表、驻京部队官兵代表、首都高校师生以及社会各界代表 3000 多人聆听了报告。首场报告会后，报告团在山东、西安、兰州、南京、广州、上海、杭州、福州等地巡回报告。

4 月 27 日

［纲　文］**国家主席胡锦涛特使、农业部部长韩长赋在弗里敦出席塞拉利昂独立 50**

周年庆典。

4月27日

［纲 文］ **国务院副总理王岐山在北京会见国际金融协会理事长查尔斯·达拉雷，双方就当前世界经济形势、国际金融监管改革等问题交换了看法。**

4月27日

［纲 文］ **全国妇联主席陈至立在北京会见伊朗妇女代表团。**

［目 文］ 陈至立与伊朗总统顾问、妇女与家庭事务中心主席玛丽亚姆·穆杰塔赫扎德共同签署了《中华全国妇女联合会与伊朗妇女与家庭事务中心合作谅解备忘录》。

4月27日

［纲 文］ **国防部举行首次例行记者会。**

［目 文］ 国防部新闻事务局局长、国防部新闻发言人耿雁生表示，从2011年4月起，每月最后一周周三下午在国防部外事办公室举行例行记者会。并就航母、J-20隐形战机试飞、网络黑客以及中美、中日、中印军事关系和上合组织军演等一一回应。

耿雁生表示，从建立国防部新闻发言人制度到举行国防部例行记者会，是中国军队日益开放迈出的新步伐。例行记者会与专题记者会有很大的不同。实现国防部新闻发布的常态化，更有利于及时、充分地发布中国国防和军队建设的相关信息，回应社会各界的关切，更好地向世界说明中国军队。

4月27日

［纲 文］ **中国—缅甸友好协会在北京举办招待会，庆祝中缅友协恢复成立。**

［目 文］ 中国人民对外友好协会副会长、中缅友协会长冯佐库，中缅友协副会长耿志远、缅甸驻华使馆公使衔参赞昊莱敏乌等出席。

中缅友协成立于20世纪50年代初，由于历史的原因，从20世纪60年代末起已中断活动多年。

4月27日

［纲 文］ **第十一届“相约北京”联欢活动在北京开幕。**

［目 文］ 此次活动特邀澳大利亚作为主宾国。国务委员刘延东、澳大利亚总理朱莉娅·吉拉德出席并致辞。文化部部长蔡武等出席。

本届“相约北京”联欢活动以“浪漫春天里的艺术节”为主题。在为期一个月的时间里，来自澳大利亚、英国、俄罗斯等20多个国家的69个艺术团体、近2000名艺术家登上北京舞台，共同呈献集音乐、舞蹈、戏剧、广场联欢、展览于一体的演出。

4月27—30日

［纲 文］ **国务院总理温家宝应邀对马来西亚、印度尼西亚进行正式访问。**

［目 文］ 27—28日，温家宝访问马来西亚，在吉隆坡与马来西亚总理纳吉布举行会谈，双方就加强中马战略性合作以及共同关心的国际和地区问题全面、深入交换意见，达成广泛共识。两国总理见证了两国政府和企业间多项合作协议的签署，并共同会见了记

者。温家宝与纳吉布共同出席中马经贸投资合作论坛并致辞。温家宝在吉隆坡分别会见了马来西亚前总理马哈蒂尔和巴达维、辛亥革命先驱的后代和华文媒体代表。参观了马来亚大学，并与该校师生交流。

28—30日，温家宝访问印度尼西亚。在雅加达与印度尼西亚总统苏西洛举行会谈。双方就双边关系及共同关心的国际和地区问题坦诚、深入交换意见，达成重要共识。两国领导人出席了双边合作文件的签字仪式，并共同会见了记者。会见了印度尼西亚副总统布迪奥诺，双方重点就推进中印尼经贸合作交换了意见。并共同出席“中国—印尼战略商务对话”，与两国企业家代表交流并致辞。分别会见了印度尼西亚国会议长马祖基、东盟秘书长素林、曾来华参与中国四川汶川特大地震救援工作的印尼国际医疗队队员。在印度尼西亚首都雅加达的阿拉扎大学，与该校师生交流。在印度尼西亚雅加达卡尔蒂妮宫发表了题为《加强睦邻友好　深化互利合作》的演讲。中国和印度尼西亚发表了《中华人民共和国政府和印度尼西亚共和国政府关于进一步加强战略伙伴关系的联合公报》。

4月27—28日

［纲　文］　**“2011’经济全球化与工会”国际论坛在北京举行。**

［目　文］　全国人大常委会委员长吴邦国、中华全国总工会主席王兆国出席开幕式并致辞。论坛由中华全国总工会与世界工会联合会、非洲工会统一组织、阿拉伯工人工会国际联合会等共同发起举办，以“转变经济发展方式与提升劳动者素质”和“体面劳动与社会保障”为主题，来自90个国家和地区的146个工会组织的领导人近400人参加。论坛通过了《2011’经济全球化与工会国际论坛共识》。

26日，王兆国在北京分别会见了出席“2011’经济全球化与工会”国际论坛的国际劳工组织副总干事阿桑·迪奥普、副总干事萨拉萨，世界工联、非工统、阿拉伯工联领导人，以及来自亚非拉和欧洲国家的工会领导人。

4月27—28日

［纲　文］　**中美人权对话在北京举行。**

［目　文］　外交部国际司司长陈旭和美国负责人权事务助理国务卿波斯纳主持对话。中美双方介绍了各自在人权领域取得的新进展，就联合国人权领域合作、法治、劳工权利、言论自由等问题广泛、深入地交换了意见。双方认为此次对话坦诚、开放，富有建设性。

美国代表团在京期间走访了中央统战部、司法部、国务院新闻办、国家宗教局、全国总工会等单位，并与中共中央党校等专家学者座谈。

4月28日

［纲　文］　**全国军队转业干部安置工作电视电话会议在北京召开。**

［目　文］　中共中央政治局委员、国务院副总理张德江，中央军委委员、总政治部主任李继耐出席会议并讲话。国务院军转安置工作小组组长、人力资源社会保障部部长尹蔚民在会上作了工作报告。会议要求，要深入贯彻落实科学发展观，进一步增强做好军转

安置工作的责任感、使命感、紧迫感，始终把军转安置工作作为一项重要政治任务，坚持以人为本，加强领导，强化责任，深化改革，狠抓落实，以确保完成军转安置任务为目标，不断完善军转安置政策制度，促进军转安置工作科学发展、和谐发展，初步建立具有中国特色退役军官安置制度。

“十一五”时期，在党中央、国务院、中央军委的领导下，经过军地双方密切协作，全国共安置了28.7万名军转干部，完成了军转安置的各项任务。

4月28日

［纲　文］ **中华全国总工会庆祝五一国际劳动节大会在人民大会堂举行。**

［目　文］ 中华全国总工会主席王兆国出席并讲话。国务院副总理张德江、全国人大常委会副委员长兼秘书长李建国、全国政协副主席阿不来提·阿不都热西提以及全国人大常委会原副委员长、中华全国总工会原主席倪志福出席大会。会议宣读了《中华全国总工会关于表彰先进集体、先进个人的决定》。

同日，中华全国总工会庆祝五一国际劳动节招待会在中国职工之家举行。王兆国、倪志福，全国五一劳动奖状、奖章获得者代表和全国工人先锋号代表，香港、澳门工会代表团成员，各省（区、市）总工会、新疆生产建设兵团工会，各全国产业工会、中央直属机关工会联合会、中央国家机关工会联合会和全总各部门主要负责人共200余人出席。

4月28日

［纲　文］ **中央企业创先争优活动领导小组、国资委党委在北京举行中央企业创先争优活动先进事迹报告会。**

［目　文］ 启动学习宣传郭明义、吕清森、郝振山先进事迹巡回报告活动。中央创先争优活动领导小组有关负责人、中央企业创先争优活动领导小组成员及国资委机关和中央企业干部职工代表6000余人参加了视频会议。

中央企业创先争优活动领导小组组长、国资委主任王勇表示，国家电网的吕清森、中海油的郝振山、鞍钢的郭明义，都是中央企业一线的优秀职工，是新时期中国工人阶级的优秀代表。他们的先进事迹，集中体现了中央企业广大共产党员忠于党、忠于祖国、忠于人民的坚定信念和艰苦奋斗、严于律己、无私奉献的崇高精神；集中体现了中央企业广大职工立足本职、爱岗敬业、勇于创新、争创一流的不懈追求和高尚品德。他们是中央企业的骄傲，也是大家学习的榜样。

4月28日

［纲　文］ **第二届中国工业大奖表彰大会在北京召开。**

［目　文］ 会议公布了第二届中国工业大奖的获奖名单。根据《中国工业大奖实施管理办法》，经申报、推荐、评审、审定、公示等程序，并报国务院同意，授予金川集团有限公司、兖矿集团有限公司、宝钢集团有限公司、波司登股份有限公司、特变电工股份有限公司和潍柴控股集团有限公司6家企业以及国家电网公司1000千伏晋东南—南阳—荆门特高压交流试验示范工程项目中国工业大奖；授予大连机床集团有限责任公司、上海

电气集团股份有限公司、太原重型机械集团有限公司等 12 家企业以及大同煤矿集团有限责任公司塔山循环经济示范项目等 12 个项目中国工业大奖表彰奖。

4 月 28 日

［纲　文］　**中关村人才特区建设指导委员会成立。**

［目　文］　委员会由中共中央组织部牵头，发展改革委等 15 个中央国家机关部委和北京市组成。旨在进一步加强对中关村人才特区建设工作的组织领导和统筹协调，以特殊政策、特殊机制、特事特办，打造世界一流的国际化人才特别集聚区。

4 月 28 日

［纲　文］　**国家统计局公布 2010 年第六次全国人口普查主要数据公报。**

［目　文］　公报说，根据《全国人口普查条例》和《国务院关于开展第六次全国人口普查的通知》，我国以 2010 年 11 月 1 日零时为标准时点进行了第六次全国人口普查。在国务院和地方各级人民政府的统一领导下，在全体普查对象的支持配合下，通过广大普查工作人员的艰苦努力，目前已完成人口普查任务。现将快速汇总的主要数据公布如下：一、全国总人口为 1370536875 人。其中，普查登记的大陆 31 个省、自治区、直辖市和现役军人的人口共 1339724852 人。香港特别行政区人口为 7097600 人。澳门特别行政区人口为 552300 人。台湾地区人口为 23162123 人。二、人口增长：大陆 31 个省、自治区、直辖市和现役军人的人口，同第五次全国人口普查 2000 年 11 月 1 日零时的 1265825048 人相比，10 年共增加 73899804 人，增长 5.84%，年平均增长率为 0.57%。三、家庭户人口：大陆 31 个省、自治区、直辖市共有家庭户 401517330 户，家庭户人口为 1244608395 人，平均每个家庭户的人口为 3.10 人，比 2000 年第五次全国人口普查的 3.44 人减少 0.34 人。四、性别构成：大陆 31 个省、自治区、直辖市和现役军人的人口中，男性人口为 686852572 人，占 51.27%；女性人口为 652872280 人，占 48.73%。总人口性别比（以女性为 100，男性对女性的比例）由 2000 年第五次全国人口普查的 106.74 下降为 105.20。

4 月 28 日

［纲　文］　**首届“先进军事文化学术研讨会”在解放军艺术学院举行。**

［目　文］　研讨会由《解放军报》文化部、《中国军网》、解放军出版社《军营文化天地》、解放军艺术学院文化管理系、军队管理研究会文化管理研究中心等单位联合举办，解放军艺术学院文化管理系、军队管理研究会文化管理研究中心承办。来自全国、全军科研院所的 40 余名专家学者和作战部队的特邀代表，围绕创新发展先进军事文化、提升部队文化软实力、提高军队文化信息化水平以及如何积极适应广大官兵文化需求的新变化等先进军事文化前沿核心课题，进行了研讨。

4 月 28 日

［纲　文］　**国家文物局与秘鲁文化部在北京签署《中华人民共和国国家文物局与秘鲁共和国文化部关于在文化遗产保护、保存及归还和博物馆发展领域的合作与培训的谅解**

备忘录》。

［目　文］　国家文物局局长单霁翔与秘鲁文化部部长胡安·欧西奥共同签署了《备忘录》。《备忘录》的主要内容集中在三个方面：一是双方支持专家培训及交流领域的合作，鼓励联合举办工作室和研究班；二是通过双方各相应职权机构之间签署的展品借用协议来举办文物展览；三是培训项目。

目前，我国已经与秘鲁、意大利、印度、菲律宾、希腊等13个国家签署了有关防止盗窃、盗掘和非法进出境文物的协定。

4月28日

［纲　文］　**中共中央对外联络部部长王家瑞在北京与苏丹全国大会党对外关系部部长、总统顾问穆斯塔法·奥斯曼·伊斯梅尔举行工作会谈。**

4月28—29日

［纲　文］　**吴邦国在广西壮族自治区田东县调研。**

［目　文］　田东是中共中央政治局常委、全国人大常委会委员长吴邦国学习实践科学发展观活动联系点。2008年10月，他曾到这里调研和指导工作，强调田东的根本出路在于发展，要做好发展特色农业，把资源、区位、劳动力优势转化为经济优势，大力发展非公有制经济等五篇文章。

吴邦国在瑶族山寨、企业车间、农贸市场、学校课堂，了解田东贯彻落实科学发展观的情况，就在新的起点上实现经济社会又好又快发展，加快贫困山区群众脱贫致富，同当地干部群众进行交流。

调研期间，吴邦国对田东深入开展学习实践科学发展观活动取得的成绩给予肯定。他说，田东经济实现跨越式发展，产业格局基本形成，基础设施大为改观，人民生活明显改善。吴邦国强调，田东的发展条件和基础已经发生了很大变化，要在认真总结实践经验的基础上，进一步明确发展思路和重点，把推进大石山区扶贫开发、改善干群关系、增强党组织的凝聚力和战斗力作为开展创先争优活动的重要抓手，结合田东实际创造性地开展工作，在为群众办实事、办好事的实践中锻炼和培养干部，走出一条贫困地区加快实现科学发展的新路子。

4月28日—10月22日

［纲　文］　**2011西安世界园艺博览会举办。**

［目　文］　博览会组织委员会是由陕西省人民政府、国家林业局、中国贸促会、中国花卉协会等主办单位与商务部、外交部、环境保护部、国家旅游局等国家有关部委共同组建，由西安市人民政府承办。博览会以“天人长安·创意自然——城市与自然和谐共生”为主题，52个国家和地区、58个国内城市与单位，以园艺与建筑、科技与文化，展示了“绿色引领时尚”理念。1572万参观者与会。

4月28日—5月3日

［纲　文］　**第七届中国国际动漫节在杭州举办。**

［目　文］　动漫节由国家广电总局和浙江省人民政府主办。以“动漫我的城市，动漫我的生活”为主题，包括会展、大赛、论坛、活动四大板块，主会场设在杭州萧山休博园，美国、法国、日本、韩国等54个国家和地区参展、参会，展会面积超过7万平方米。动漫节期间，首次举办名家漫画拍卖会、动漫衍生产品交易会、动漫青年才俊发现计划等活动。

4月29日—5月1日

［纲　文］　**胡锦涛在天津市调研**。

［目　文］　中共中央总书记胡锦涛在社区、企业、科研机构，就贯彻落实党的十七届五中全会精神和“十二五”规划纲要、加快转变经济发展方式、保障和改善民生调查研究，同基层干部群众共商科学发展、和谐发展、率先发展大计。

胡锦涛听取了天津市保障性住房建设情况，看望企业退休职工。在天津市产品质量监督检测技术研究院指出：民以食为天，食以安为先。食品安全是关系人民群众身体健康和生命安全的一件大事。你们中心作为食品安全的重要守卫者，一定要坚决执行食品安全法，以对人民群众高度负责的精神，加大监管力度，严把食品安全关，确保广大群众都能吃上放心的食品。在天津滨海新区了解优化产业结构、推进自主创新等情况。考察了中新天津生态城国家动漫产业综合示范园。在国家超级计算天津中心展厅和机房了解到由国防科技大学研制的“天河一号”实现了多项技术突破，是目前世界上运算速度最快的超级计算机，装备到天津中心后，已经为70多家用户提供了高性能计算服务。他勉励科研人员再接再厉，不断攀登超级计算机研制新高峰，不断提高服务质量，为推动我国经济社会又好又快发展发挥更大作用。在中国科学院天津工业生物技术研究所，观看微生物分子设计和改造、秸秆等可再生生物资源转化实验，向科研人员了解工业生物技术研发和应用情况。

胡锦涛听取了天津市委和市政府的工作汇报。胡锦涛希望天津市以邓小平理论和“三个代表”重要思想为指导，深入贯彻落实科学发展观，牢牢把握国家支持东部地区率先发展、加快推进天津滨海新区开发开放的重大历史机遇，始终坚持科学发展这个主题和加快转变经济发展方式这条主线，把创新精神和务实作风紧密结合起来，注重加快转变经济发展方式，注重深化改革开放，注重保障和改善民生，注重加强干部队伍建设，在新的起点上开创科学发展新局面，描绘人民幸福生活新画卷，以优异成绩迎接中国共产党成立90周年。

4月29日

［纲　文］　**体育总局印发《体育产业“十二五”规划》**。

［目　文］　《规划》由四个部分组成：一、“十二五”体育产业发展面临的形势。二、指导思想与发展目标。三、主要任务。四、主要措施。

《规划》指出，加大体育产业人才培养力度，结合《全国体育人才发展规划（2010—

2020)》，重点培养管理、经营、中介、科研等高层次体育产业人才。鼓励多方投入，开展各类体育产业培训，多渠道培养复合型体育产业人才。鼓励有条件的高等院校，开展体育产业人才的培养、培训工作，为体育产业可持续发展提供人才和智力储备。加强现有体育产业从业人员的岗位职业培训，建立体育产业专业人员资质认证制度，提高体育产业从业人员素质。

4月29日

［纲　文］　**证监会公布《信息披露违法行为行政责任认定规则》。**

［目　文］　《规则》共5章24条。主要有总则、信息披露违法行为认定、信息披露义务人信息披露违法的责任认定、信息披露违法行为责任人员及其责任认定、附则等内容。自2011年4月29日起施行。本规则施行前尚未做出处理决定的案件适用本规则。

4月29日

［纲　文］　**证监会公布《关于证券公司证券自营业务投资范围及有关事项的规定》，自2011年6月1日起施行。**

4月29日

［纲　文］　**李克强在北京主持召开"十二五"国家重点专项规划编制工作座谈会。**

［目　文］　座谈会上，发展改革委负责人介绍了国家重点专项规划编制的总体情况，工业和信息化部负责人介绍了有关重点专项规划编制的思路，6位专家学者从不同角度对编制重点专项规划提出了意见和建议。国务院有关部门负责人参加了座谈会。

中共中央政治局常委、国务院副总理李克强说，当前世界经济政治格局加快调整变革，我国发展有许多有利条件，但国际国内环境中不确定不稳定因素增多。推动"十二五"发展，必须按照加快转变经济发展方式的要求，着力解决不平衡、不协调、不可持续问题。未来5年发展的规划纲要已经制定，抓好落实至关重要。要切实发挥规划纲要的引领和指导作用，防止规划与工作脱节，避免"两张皮"，真正做到长短结合、标本兼治，抓住重点、突破难点，促进经济长期平稳较快发展与社会和谐进步。编制若干专项规划是落实规划纲要的重要内容。专项规划编制的过程，是提高对主题主线认识的过程，也是加深对纲要思路理解的过程。要以专项规划为抓手，把纲要的内容细化、具体化，对纲要提出的目标，特别是约束性指标进行必要的分解，使纲要的任务转化为发展的实际行动，为实现"十二五"发展蓝图提供有力支撑。

4月29日

［纲　文］　**王岐山在青岛主持召开全国打击侵犯知识产权和制售假冒伪劣商品专项行动工作会议。**

［目　文］　上海、青岛、深圳、郑州、成都、义乌市和商务部、公安部、工商总局、新闻出版总署负责人作了发言。

国务院副总理王岐山对专项行动最后两个月的工作作出了具体部署。他要求，各地区、各部门要发扬连续作战的作风，突出工作重点，分清轻重缓急，掀起打击侵权假冒的新高潮。要继续突出重点领域和重点市场的整治，严厉打击网络购物领域侵权、制售假劣农资、问题食品、假冒药品等损害农民利益和群众生命健康安全的行为。要抓紧大案要案的查处，加大刑事打击和经济处罚的力度，特别是要使侵权和制售假冒伪劣商品的违法分子在经济上付出高昂的代价，真正形成震慑，打到痛处。要在软件采购纳入财政预算、实施国有资产管理和审计等环节落实工作责任，按照时间节点推进政府机关使用正版软件工作。要加大宣传和舆论监督力度，继续保持强大的打击声势。

4月29日

［纲　文］　**中共中央党校举行2011年春季学期第一批进修班毕业典礼。**

［目　文］　中共中央政治局常委、中央党校校长习近平出席毕业典礼，并为学员颁发毕业证书。中组部部长李源潮、中央纪委副书记何勇、中央有关部门负责人、中央党校负责人出席毕业典礼。中央党校各直属单位主要负责人和全体毕业学员260多人参加了毕业典礼。

4月29日

［纲　文］　**中国国际交流协会第十届理事会第二次全体会议在北京召开。**

［目　文］　全国人大常委会副委员长、交流协会会长周铁农，全国人大常委会副委员长、交流协会副会长陈昌智，全国政协副主席、交流协会副会长李金华，全国政协副主席、交流协会副会长陈宗兴，全国政协副主席、交流协会副会长王志珍，中联部部长王家瑞及交流协会理事出席会议。会议通过了协会领导变更及增补理事事宜。

中国国际交流协会成立于1981年9月，由中国各团体、政党以及各界知名人士、社会活动家和学者发起组成，以增进中国人民同世界各国人民之间的相互了解与友好合作、维护世界和平、促进共同发展为宗旨，本着“让世界了解中国，让中国了解世界”的目的，对外积极而广泛地开展民间交流与对话活动，现与世界上几十个国家的各类团体、政党组织和研究机构以及国际组织建立了联系。

4月29日

［纲　文］　**中共中央政治局委员、全国政协副主席王刚在北京会见以党团执行局成员布鲁克为团长的欧洲议会人民党党团工作组一行。**

4月29日

［纲　文］　**国务委员兼国防部部长梁光烈在北京与泰国国防部部长巴维·翁素万举行会谈，双方就地区形势、两国两军关系及其他共同关心的问题深入交换了意见。**

4月29日

［纲　文］　**国务委员戴秉国在北京会见巴基斯坦外交秘书巴希尔。**

［目　文］　双方就推动中巴战略合作伙伴关系发展及共同关心的国际和地区问题进行了深入交谈。巴希尔是应外交部副部长张志军邀请来华进行中巴第四轮战略对话。

4月29日—5月1日

［纲　文］　**第四届海峡两岸合唱节在台湾新竹举办。**

［目　文］　合唱节由中国音乐家协会、福州市政府、新竹市政府联合举办。两岸共有近20支合唱团队以及4支童声合唱团队参赛参演，演艺人员超过1000人，其中大陆赴台人员超过600人，为2008年首届两岸合唱节举办以来参与人数最多的一次。从2008年开始，两岸合唱节在福州和台湾两地轮流举办。

4月30日

［纲　文］　**国家主席胡锦涛就美国亚拉巴马等州遭受龙卷风灾害向美国总统奥巴马致慰问电。**

4月30日

［纲　文］　**原核工业部党组书记、部长张忱，在北京逝世，享年92岁。**

4月30日—5月1日

［纲　文］　**全国文化体制改革工作会议在合肥举行。**

［目　文］　中共中央政治局常委李长春对会议作出批示，指出要深入贯彻胡锦涛总书记在中央政治局第二十二次集体学习时的重要讲话精神和党的十七届五中全会精神，按照国家“十二五”经济社会发展总体部署，牢牢把握科学发展主题和加快转变经济发展方式主线，着力破除制约文化发展的体制机制障碍，转变文化发展方式，为“十二五”文化改革发展开好局、起好步。

中共中央政治局委员、中宣部部长刘云山，中共中央政治局委员、国务委员刘延东出席会议并讲话。全国人大常委会副委员长路甬祥，全国政协副主席、中国社会科学院院长陈奎元出席会议。会上，中宣部、文化部、国家广电总局、新闻出版总署表彰了84个全国文化体制改革工作先进地区。中央文化体制改革工作领导小组成员及其办公室成员，各省区市党委宣传部长、副省长（副主席、副市长），全国人大、全国政协专门委员会负责同志，中央宣传文化单位负责人，各省区市文化、广电、新闻出版部门负责人等出席会议。

5 月

5月1日

［纲　文］　**国务院批复山东省人民政府，同意将山东省蓬莱市列为国家历史文化名城。**

［目　文］　批复说，一、同意将山东省蓬莱市列为国家历史文化名城。蓬莱市历史悠久，地位独特，历史遗存丰富，城市传统格局保存较好，城市建设特色突出。二、你省及蓬莱市人民政府要根据本批复精神，按照《历史文化名城名镇名村保护条例》的要求，正确处理城市建设与历史文化遗产保护的关系，保护好蓬莱市的传统格局、历史风貌和历史建筑。要编制好历史文化名城保护规划并纳入城市总体规划，明确保护的原则和重点，划定历史文化街区、文物保护单位、历史建筑的保护范围及建设控制地带，制定严格的保护措施。要在历史文化名城保护规划的指导下，编制好重要保护地段的详细规划。在规划和建设中，要注重体现传统文化特色和地域风貌，不得进行任何与历史文化名城环境和风貌不相协调的建设活动。三、你省和住房城乡建设部、国家文物局要加强对蓬莱市国家历史文化名城规划、保护工作的指导、监督和检查。

5月1日

［纲　文］　**温家宝在北京保障性住房建设工地，看望建筑工人。**

［目　文］　国务院总理温家宝在北京朝阳区王四营保障性住房项目建设工地，查看工人宿舍和食堂。温家宝说，作为改革开放和工业化、城镇化进程中涌现出来的一支新型劳动大军，农民工已成为产业工人的主体，北京乃至全国的建设都离不开农民工。北京现在抓保障性住房建设，就是靠农民工在一线劳动。北京人民感谢你们，全国人民感谢你们。党和政府高度重视农民工问题，农民工的地位发生了巨大变化。要切实维护农民工合法权益，包括政治权利、工资待遇和各种保险。同时，企业要把培养农民工作为一项重要任务，帮助农民工不断提高技能，练就过硬本领。

温家宝指出，保障性住房建设要讲规模，讲质量，讲配套。所谓规模，就是说保障性住房要在住宅建设中占一定比例，全国的目标是20%，北京提出要超过20%甚至达到30%。所谓配套，就是户型要多种多样，户型虽小但功能齐全；注意设施配套，有学校、幼儿园、医院或诊所，靠近地铁或公交线路，使大家感到方便。所谓质量，就是从设计、施工、监理到验收都要坚持“质量第一”的理念。所有建筑都要重视质量，保障性住房更要重视，要确保每根钢筋的使用、每块混凝土的浇注、每个门窗的安装都要达到安全要求，这是百年大计。保障性住房建设还要建立一套包括资金筹措、生产建设、管理运营、退出在内的完善机制。政府主要是做好指导、规划和资本金补充保障工作，建设和运营管理要靠企业。

5 月 1—7 日

［纲　文］　**外交部部长杨洁篪出席中国—海湾合作委员会第二轮战略对话并对埃及、塞尔维亚、瑞士、俄罗斯进行正式访问。**

［目　文］　2 日，中国—海湾阿拉伯国家合作委员会第二轮战略对话在阿联酋首都阿布扎比举行。会议由杨洁篪和海湾合作委员会部长理事会轮值主席国阿联酋外长阿卜杜拉·本·扎耶德·阿勒纳哈扬共同主持。科威特副首相兼外交大臣穆罕默德·萨巴赫、巴林外交大臣哈立德、海合会下任轮值主席国沙特阿拉伯外交国务大臣迈阿尼和海合会秘书长扎耶尼出席会议。

双方强调，愿根据 2010 年 6 月在北京签署的《中华人民共和国和海湾阿拉伯国家合作委员会战略对话谅解备忘录》以及 2004 年 6 月在北京签署的经济、投资和技术合作框架协议，进一步完善双方在各领域的磋商、协调与合作机制。双方认为应尽快召开专家会议，为落实上述框架协议和谅解备忘录在贸易、投资、能源、文化、教育、科研、环境、卫生等领域的有关内容制订行动计划，确定具体时间表。双方同意继续加强磋商，尽早完成自由贸易区谈判。双方一致认为，中东海湾地区战略地位重要，对世界和平与发展具有重要影响，维护该地区的和平与稳定符合地区国家和国际社会的共同利益。中方欢迎并支持海合会为解决也门当前危机所作的努力。

杨洁篪访问埃及期间，同埃及外长阿拉比举行会谈；在开罗阿盟总部会见阿盟秘书长穆萨。

杨洁篪访问塞尔维亚期间，在贝尔格莱德会见塞尔维亚总统塔迪奇；与塞尔维亚外长耶雷米奇会谈。双方向中国驻前南使馆旧址纪念牌敬献花圈。

杨洁篪访问瑞士期间，在伯尔尼同瑞士联邦主席兼外交部部长卡尔米—雷伊举行了会谈，就中瑞双边关系以及共同关心的国际和地区问题交换了意见。

杨洁篪访问俄罗斯期间，在莫斯科会见了俄罗斯总统梅德韦杰夫；会见俄罗斯外长拉夫罗夫，双方就两国关系发展进行了深入交谈，并就西亚北非局势等共同关心的重大国际和地区问题交换了意见。杨洁篪此行主要目的是为国家主席胡锦涛 6 月份访俄作准备。

5 月 2 日

［纲　文］　**中宣部在合肥召开全国宣传部长座谈会。**

［目　文］　中宣部部长刘云山出席会议并讲话。中宣部常务副部长雒树刚主持了会议。各省、自治区、直辖市和新疆生产建设兵团党委宣传部部长，中央宣传文化系统各单位负责人出席会议。

会议认为，今年以来，宣传思想文化战线认真贯彻中央要求，坚持高举旗帜、围绕大局、服务人民、改革创新，推动各方面工作取得新进展新成效。集中开展党的十七届五中全会精神、全国两会精神的形势政策教育，扎实推进党的理论创新成果的宣传普及，广泛开展社会主义核心价值体系教育，开展向杨善洲等先进典型学习活动，有力弘扬了民族精神和时代精神。加快文化体制机制改革创新，加快公共文化服务体系建设，加快文化产业发展，加强对文化产品创作生产的引导，文化改革发展整体推进、成效显著。宣传思想文化工作巩固和发展了积极健康向上的良好态势，为推动科学发展、加快转变经济发展方式、促进社会和谐稳定作出了重要贡献。

5 月 2 日

［纲　文］　**外交部发言人就"基地"组织领导人本·拉登在巴基斯坦被击毙事答记者问。**

［目　文］　有记者问：美方宣布，"基地"组织领导人本·拉登在巴基斯坦被击毙。请问中方对此有何评论？

发言人说，我们注意到上述宣布，认为这是国际反恐斗争的重要事件和积极进展。恐怖主义是国际社会公敌。中国也是恐怖主义的受害者。中国历来反对一切形式的恐怖主义，并积极参与国际反恐斗争。中方主张，国际社会应进一步加强合作，共同打击恐怖主义。中方认为，反恐应标本兼治，努力消除恐怖主义滋生的土壤。

5 月 2 日

［纲　文］　**香港实施法定最低工资。**

［目　文］　首个法定最低工资水平是每小时 28 元。《最低工资条例》要求，雇员在任何工资期的工资，按其在该工资期内的总工作时数平均计算后，不得低于法定最低工资水平。

香港特区立法会于 2010 年 7 月 17 日通过了《最低工资条例》，这是香港首个法定最低工资制度条例，于 2011 年 5 月 1 日起实施。

5 月 3 日

［纲　文］　**国务院批复安全监管总局，同意建立烟花爆竹安全监管部际联席会议制度。**

［目　文］　批复说，你局《关于建立烟花爆竹安全监管部际联席会议制度的请示》（安监总管三〔2011〕35 号）收悉。现批复如下：同意建立由安全监管总局牵头的烟花爆竹安全监管部际联席会议制度。联席会议不刻制印章，不正式行文，请按照国务院有关文件精神认真组织开展工作。

5 月 3 日

［纲　文］　**新华社讯，中央创先争优活动领导小组、共青团中央发出通知，要求以纪念五四青年节为契机，深入推进基层团组织和广大团员青年创先争优活动。**

［目　文］　通知指出，以纪念五四青年节为契机，深入推进基层团组织和广大团员

青年创先争优活动，对于激发全国亿万青年热爱党、热爱祖国、热爱社会主义的热情，团结带领广大团员青年为实现“十二五”良好开局而努力奋斗，以优异成绩喜迎建党90周年，在全社会推动形成更加浓厚的创先争优风气，具有重要意义。

5月3日

［纲　文］　**温家宝在中南海同首都各界青年代表座谈，共话青年成才之路。**

［目　文］　国务院总理温家宝关心青年人的成长。自担任国务院总理以来，每年五四青年节他都要抽时间看望青年，鼓励广大青年健康成长，为祖国发展作贡献。本次应邀的20名青年代表有首都高校大学生、青年作家、社区医生、游泳运动员、新闻记者和科研人员、文艺工作者、公交司机、交通警察、小学教师、农民工、超市收银员等。

5月3日

［纲　文］　**新华社讯，共青团中央、全国青联决定，授予马金永等25名同志第十五届“中国青年五四奖章”、中国海洋石油总公司渤海油田勘探开发研究院辽东湾勘探项目队等2个青年集体“中国青年五四奖章集体”。**

5月3日

［纲　文］　**国资委发布《关于积极参与保障性住房开发建设有关事项的通知》。**

［目　文］　《通知》要求，各中央企业要把积极参与保障性住房开发建设作为企业履行社会责任的重要途径，进一步加大对保障性住房开发建设的投入力度，通过多种途径参与保障性住房开发建设。中央企业中的勘察设计企业要充分发挥在人员、资质、经验等方面的优势，主动承接保障性住房的规划和设计；房地产开发企业要抓住各地在保障性住房土地供应、投资补助、财政贴息、融资、税费等方面出台优惠政策的机会，将保障性住房与商业性房地产开发有机结合起来；工程建设企业要积极承担保障性住房项目的建设任务；建材企业要努力保障各地对保障性住房建设所需建材的供应；矿区企业要利用有关优惠政策，争取将本企业棚户区改造工作纳入当地保障性住房建设计划。

5月3日

［纲　文］　**质检总局公布修改后的《特种设备作业人员监督管理办法》，自2011年7月1日起施行。**

5月3日

［纲　文］　**国家最高科技奖获得者黄昆、吴孟超、李振声、闵恩泽等人的小行星命名仪式在北京举行。**

［目　文］　科技部部长万钢、中科院院长白春礼分别向吴孟超、李振声、闵恩泽本人和黄昆的代表颁发了小行星证书和小行星运行轨道图。

小行星是目前各类天体中唯一可以根据发现者意愿进行提名，并经国际组织审核批准而得到国际公认的天体。小行星命名的严肃性、唯一性和永久性，使获得小行星命名成为世界公认的一项殊荣。此次以4位科学家命名的小行星，均为中科院国家天文台施密特CCD小行星项目组发现，并获得国际永久编号和正式命名的。

5月3日

［纲　文］ **《人民日报》发表社论《就怕“不认真”》。**

5月3—4日

［纲　文］ **贺国强在四川绵阳、成都等地，就抗震救灾和灾后重建以及监督检查工作进行调研。**

［目　文］ 中共中央政治局常委、中央纪委书记贺国强在北川抗震纪念广场，对群众说，这次是我在汶川地震后第三次来北川，第一次是地震发生后不久，我看到的是老北川的一片废墟。第二次是去年4月，我看到的是一片紧张忙碌的施工现场。这次再来，展现在我们面前的是一座羌族文化特色鲜明的美丽新城。北川浴火重生的实践再次证明，只有在中国共产党的坚强领导下，发挥社会主义制度的巨大优越性，依靠全党全国各族人民的共同奋斗，才能创造出一个又一个人间奇迹。在举行五四青年节纪念活动的北川中学学生们中间，对同学们说，希望大家不忘历史、珍惜现在、放眼未来，懂得感恩、努力学习、增长本领，长大后为全面建设小康社会、加快推进社会主义现代化、实现中华民族伟大复兴作出应有贡献。在北川新县城尔玛小区查看了羌族群众入住的新房。在震后新建成的安县社会福利中心看望老人。在北川新县城工程建设指挥部办公点，了解抗震救灾和灾后重建监督检查工作情况。他说，汶川地震发生后，按照中央的要求和部署，有关方面认真组织开展了抗震救灾和灾后重建监督检查工作，确保了廉洁救灾、阳光重建。

5月3—8日

［纲　文］ **应国务委员兼国防部部长梁光烈的邀请，秘鲁国防部部长托尔内对中国进行正式友好访问。**

［目　文］ 3日，梁光烈在北京与托尔内举行会谈时说，近年来，中秘两国关系发展迅速，政治互信不断增强。中方高度重视与秘鲁的友好合作关系，将秘鲁视为在拉美地区的重要伙伴，对两国关系的发展前景充满信心。中秘军事关系作为两国关系中的重要组成部分，近年来交流与合作进展顺利。中方愿与秘方共同努力，将两军关系提升到更高的水平。

托尔内说，秘中两国人民有着传统的友谊。基于秘中良好的国家间关系，双方在防务和军事领域的平等互惠合作发展顺利，这种合作有利于巩固两国各自国防能力。

5月4日

［纲　文］ **在汶川特大地震3周年到来之际，胡锦涛、温家宝对抗灾救灾和灾后重建监督检查工作作出指示。**

［目　文］ 中共中央总书记胡锦涛指出，监督检查工作要扎实有效，确保灾后重建工作顺利进行。望认真总结经验，继续抓好其他重大工程、活动的监督检查工作。

国务院总理温家宝指出，监督检查对汶川特大地震抗震救灾和灾后重建工作发挥了重要保障作用。其工作和经验值得认真总结。

中共中央政治局委员、国务院副总理回良玉也作出指示。

4日，中央纪委监察部会同中央抗震救灾资金物资监督检查领导小组在四川成都召开抗灾救灾和灾后重建监督检查工作总结会。中共中央政治局常委、中央纪委书记贺国强出席会议并讲话。中共中央书记处书记、中央抗震救灾资金物资监督检查领导小组组长何勇主持会议。中央抗震救灾资金物资监督检查领导小组，四川、陕西、甘肃、青海4个受灾省以及对口援建省（市）代表广东省汇报了抗灾救灾和灾后重建监督检查工作情况。

贺国强指出，胡锦涛总书记等中央领导同志的重要指示，充分体现了中央对抗灾救灾和灾后重建工作以及监督检查工作的高度重视，对于我们进一步做好各项监督检查工作，确保中央政令畅通，具有重要指导意义。我们一定要认真学习领会、坚决贯彻落实。

5月4日

［**纲　文**］　**温家宝主持召开国务院常务会议**。

［**目　文**］　会议主要内容是：一、研究部署进一步推进财政预算公开工作。会议指出，一是中央财政预算公开步伐明显加快。2009年首次公开了经全国人大审查批准的中央财政收入、中央财政支出、中央本级支出、中央对地方税收返还和转移支付4张预算表。2010年，经全国人大审查批准的中央财政预算12张表格全部公开，内容涵盖公共财政预算、政府性基金预算和国有资本经营预算。二是中央部门预算公开工作取得突破性进展。2010年，在报送全国人大审查部门预算的98个中央部门中，有75个公开了部门预算。三是地方财政预算公开工作稳步推进。2010年，18个省（区、市）财政公开了本地区公共财政预算和政府性基金预算，2011年，27个省（区、市）财政进行了公开。2011年，20个省（区、市）公开了省直部门的部门预算。二、会议讨论并原则通过《中华人民共和国职业病防治法修正案（草案）》。草案从保护劳动者权益出发，完善了职业病诊断制度。会议决定，草案经进一步修改后由国务院提请全国人大常委会审议。

5月4日

［**纲　文**］　**最高人民法院公布《关于审理船舶油污损害赔偿纠纷案件若干问题的规定》，自2011年7月1日起施行**。

5月4日

［**纲　文**］　**财政部印发《中央教科文部门预算执行管理办法》**。

［**目　文**］　《办法》共5章23条。主要有总则、预算编制、预算执行、激励约束制度、附则等内容。自2011年5月4日起实施。财政部2009年12月29日印发的《中央教科文部门预算执行管理暂行办法》（财教〔2009〕498号）同时废止。

5月4日

［**纲　文**］　**卫生部发布《药品不良反应报告和监测管理办法》**。

［**目　文**］　《办法》共8章67条。主要有总则、职责、报告与处置、药品重点监测、评价与控制、信息管理、法律责任、附则等内容。自2011年7月1日起施行。国家食品药品监督管理局和卫生部于2004年3月4日公布的《药品不良反应报告和监测管理办法》

（国家食品药品监督管理局令第7号）同时废止。

5月4日

［纲　文］　**国家旅游局、中央文明办、国家民委等11个部门发布《关于组织开展“中国旅游日”活动的通知》。**

［目　文］　《通知》说，经国务院批准，自2011年起，每年5月19日为“中国旅游日”。设立“中国旅游日”，是贯彻落实《国务院关于加快发展旅游业的意见》（国发〔2009〕41号）的具体举措，体现了党中央、国务院对旅游发展的高度重视，体现了社会各界对旅游促进经济社会发展、促进人类文明健康的广泛认同，体现了新时期广大人民群众对旅游生活的新期待。

《通知》指出，各省（区、市）相关部门在当日及前后相邻时段，组织开展相应活动。“中国旅游日”活动将每年推出一个主题。2011年“中国旅游日”活动主题是“读万卷书，行万里路”。

5月4日

［纲　文］　**国家安全生产监督管理总局公布《尾矿库安全监督管理规定》。**

［目　文］　《规定》共7章43条。主要有总则、尾矿库建设、尾矿库运行、尾矿库回采和闭库、监督管理、法律责任、附则等内容。自2011年7月1日起施行。国家安全生产监督管理总局2006年公布的《尾矿库安全监督管理规定》（国家安全生产监督管理总局令第6号）同时废止。

5月4日

［纲　文］　**安全监管总局公布《小型露天采石场安全管理与监督检查规定》。**

［目　文］　《规定》共5章43条。主要有总则、安全生产保障、监督检查、法律责任、附则等内容。自2011年7月1日起施行。2004年12月28日原国家安全生产监督管理局（国家煤矿安全监察局）公布的《小型露天采石场安全生产暂行规定》（原国家安全生产监督管理局〈国家煤矿安全监察局〉令第19号）同时废止。

5月4日

［纲　文］　**财政部、住房城乡建设部发布《关于进一步推进公共建筑节能工作的通知》。**

［目　文］　《通知》由六个部分组成：一、明确“十二五”期间公共建筑节能工作目标。二、加强新建公共建筑节能管理。三、深入开展公共建筑节能监管体系建设。四、积极推动公共建筑节能改造工作。五、大力推进能效交易、合同能源管理等节能机制创新。六、加强公共建筑节能组织管理。

《通知》要求，各地应在公共建筑节能改造中大力推广应用新型节能技术、材料、产品，带动相关产业发展。要加强对公共建筑节能监管体系建设及节能改造全过程的质量安全监管，在用电分项计量改造、用能设备改造、围护结构节能改造工程中，加强安全控制，强化对计量器具、关键设备、保温材料、门窗等关键材料产品的质量管理，确保工程质量。

5月4日

［纲　文］ **商务部、财政部、工业和信息化部印发《家电下乡产品标识卡申领管理办法》，自2011年5月1日起实施。**

5月4日

［纲　文］ **安监总局、科技部印发《关于进一步加强安全生产科技支撑工作的通知》。**

［目　文］ 《通知》由三个部分组成：一、认真制定和组织实施安全生产科技“十二五”规划，进一步加强安全生产科技支撑能力建设。二、坚持把预防事故作为安全生产科技工作主攻方向，着力提高生产企业防、管、监控科技能力。三、加快安全生产科技成果转化和先进适用技术试点示范工程建设，推动安全产业化发展。

《通知》知出，各级安全监管监察和科技部门要加强领导，创新工作思路和工作方式，为实现安全生产形势根本好转提供强有力的科技支撑。各省级安全监管监察和科技部门要认真贯彻落实本通知要求，并于12月底前将落实情况报送至国家安全监管总局规划科技司和科技部社会发展科技司。

5月4日

［纲　文］ **证监会公布《合格境外机构投资者参与股指期货交易指引》，自2011年5月4日起施行。**

5月4日

［纲　文］ **最高人民检察院国家赔偿工作办公室发布《关于2010年度全国职工日平均工资标准的通知》。**

［目　文］ 《通知》指出，根据国家统计局2011年5月3日公布数据，2010年全国城镇非私营单位在岗职工年平均工资为37147元，日平均工资为142.33元。2011年全国检察机关在办理刑事赔偿案件时，执行新的日赔偿标准，该标准比2010年增加了16.9元。

5月4日

［纲　文］ **全国人大常委会老年人权益保障法执法检查组第一次全体会议在北京举行。**

［目　文］ 全国人大常委会委员长吴邦国作出批示指出，应对人口老龄化，是实施我国经济社会发展“十二五”规划纲要的重大课题，是人大代表和社会各界普遍关注的重要民生问题。老年人权益保障法执法检查，是今年人大监督工作的重点，要精心组织，讲求实效，把执法检查与法律的修改完善有机结合起来，与代表议案、建议的办理有机结合起来。通过监督检查，督促有关方面高度重视老龄工作，发展完善老年社会保障体系和老龄服务体系，加强老龄工作体制机制建设，进一步营造敬老、养老、助老的良好社会氛围，切实维护老年人合法权益。

中共中央政治局委员、全国人大常委会副委员长王兆国，全国人大常委会副委员长李建国、司马义·铁力瓦尔地出席会议。全国人大内务司法委员会主任委员黄镇东主持会议。全国老龄委、发展改革委、民政部、财政部、人力资源社会保障部、住房城乡建设部和最高人民法院分别汇报了本系统贯彻实施老年人权益保障法的情况，中组部、教育部、司法部、文化部、卫生部、国家人口计生委、体育总局、解放军总政治部、全国总工会、全国妇联等单位提交了书面汇报。

李建国指出，在执法检查过程中，要围绕城乡养老保险、老年医疗和贫困老年人救助情况，居家养老服务和机构养老工作开展情况，老龄工作体制机制建设及运行情况，老年人参与社会发展情况四个重点问题，深入调查研究，了解真实情况，抓住那些带有普遍性的经过努力可以解决的突出问题，研究提出意见，督促有关方面着力加以解决，增强执法检查工作的实效性。

据介绍，执法检查组组成7个小组，于2011年5月至7月分赴上海、安徽、福建、山东、云南、陕西、新疆等地开展检查。同时，委托其余各省（区、市）人大常委会分别对本行政区域内老年人权益保障法的执行情况进行检查。

5月4日

［纲　文］　**国家副主席习近平在北京会见以会长高村正彦为团长的日本日中友好议员联盟代表团一行。**

［目　文］　习近平代表中国政府和人民对日本东北地区发生特大地震和海啸灾害表示慰问，表示中方愿与日方加强在抗震救灾以及灾后重建等方面的合作，祝愿日本人民早日战胜困难，重建家园。习近平对日中友好议员联盟长期以来为维护两国关系健康发展所作的贡献表示赞赏。他说，当前中日关系保持良好发展势头。中国政府高度重视中日关系，我们愿与日方一道，进一步增进政治互信，加强各领域交流与合作，改善两国国民感情，妥善处理敏感问题，推动中日关系进一步改善发展，为迎接明年中日邦交正常化40周年创造良好环境和条件。

高村转达了日本首相菅直人的问候，感谢中国政府和人民在日本地震发生后给予的同情和援助，表示希望通过加强两国各领域，特别是青少年之间的交流，促进两国国民感情进一步改善，推动日中战略互惠关系向前发展。

5日，中组部部长李源潮在北京会见以高村正彦为团长的日本日中友好议员联盟代表团一行时说，中方愿与日方共同努力，坚持和平、友好、合作的大方向，恪守中日间四个政治文件所确定的各项原则和精神，增进战略互信，扩大两国在各领域各层次的交流合作，加深两国人民的友好感情，为迎接明年中日邦交正常化40周年营造良好氛围。

高村表示，日中友好议员联盟愿深化双方交流，进一步推动两国各领域的友好交往与互利合作。

5月4日

［纲　文］　**第26届世界大学生夏季运动会火炬点燃暨火炬传递活动启动仪式在北**

京举行。

［目　文］　中共中央政治局常委、国务院副总理李克强参加仪式并宣布世界大学生运动会火炬传递活动开始。第26届世界大学生夏季运动会组委会主席、中国教育部部长袁贵仁在仪式上致辞。仪式由第26届世界大学生夏季运动会组委会执行主席、广东省省长黄华华主持。中央和国家机关有关部门负责人，北京市、广东省以及深圳市有关负责人，国际大学生体育联合会官员以及学生代表约400人参加。

第26届世界大学生夏季运动会于2011年8月12—23日在深圳举行。

5月4日

［纲　文］　**“五月的鲜花——永远跟党走”全国大学生校园文艺会演在北京举行。**

［目　文］　会演由中宣部、教育部、共青团中央主办。以五四青年节为契机，弘扬“五四精神”，歌颂中国共产党的光辉历程，讴歌中国共产党在各个历史时期领导人民所取得的伟大成就。中共中央政治局常委李长春，中共中央政治局委员、中宣部部长刘云山，中共中央政治局委员、国务委员刘延东，全国政协副主席、中国社会科学院院长陈奎元与首都高校学生代表一起观看了演出。

5月4日

［纲　文］　**纪念五四运动92周年暨中国青年五四奖章和全国优秀团员、团干部、团组织表彰座谈会在北京举行。**

［目　文］　中共中央政治局委员、全国人大常委会副委员长王兆国出席并讲话，第十五届中国青年五四奖章获得者和全国优秀团员、团干部、团组织代表等参加座谈会。

王兆国强调，广大青年要继承和弘扬伟大的五四精神，牢牢围绕当代中国青年运动的核心、主题、方向和基础，沿着党指引的方向前进，努力续写当代中国青年运动的新篇章，以优异成绩迎接建党90周年。各级党委和政府要热情关心青年，正确引导青年，真心帮助青年，千方百计为青年成长成才、干事创业创造条件。

5月4日

［纲　文］　**民政部在北京召开全国打拐被解救人员救助保护工作视频会议。**

［目　文］　专题部署全国打拐被解救人员救助保护工作，积极配合公安机关开展的打拐专项行动，重点做好新疆籍流浪儿童返乡安置工作。

5月4日

［纲　文］　**公安部在北京召开全国公安机关反腐倡廉建设电视电话会议。**

［目　文］　国务委员、公安部部长孟建柱出席并讲话。公安部部属各局级单位负责人在主会场参加会议。全国省市县级公安机关领导班子成员，各部门、各警种负责人，全体公安纪检监督干部，基层所队科长在各地分会场参加会议。

孟建柱指出，要深刻认识新的历史条件下加强公安机关反腐倡廉建设的重要性、紧迫性，毫不动摇地坚持“两手抓，两手都要硬”的方针，忠实践行“人民公安为人民”的庄严承诺，打造人民满意的廉洁警队，努力以党风廉政建设的新成效和队伍建设的新形象，迎接中国共产党成立90周年。要着力解决人民群众反映强烈的突出执法问题，进一步提升公安机关执法公信力。要健全完善执法标准和程序性规定，最大限度地预防和减少人为因素的干扰，最大限度地压缩自由裁量空间。要完善警务公开制度，积极推行执法告知制度，提高执法工作透明度。要紧密结合“大走访”开门评警活动，主动听取人民群众对执法工作的意见、建议，切实把压力转化为工作动力。

5月4日

［纲　文］　**国务院办公厅机关举行“我为党旗添光彩”青年诗歌朗诵会。**

5月4日

［纲　文］　**西藏自治区统计局发布，西藏自治区常住人口为3002166人。**

［目　文］　与2000年第五次全国人口普查相比，10年间，西藏常住人口增加385837人，增长14.75%，年平均增长率为1.39%。在西藏自治区常住人口中，藏族人口为271.6万人，其他少数民族人口为4万多人，汉族人口为24.5万人。藏族人口占九成以上，是西藏自治区的主体民族。

数据显示，10年间，西藏人口受教育程度有了大幅提高。同2000年第五次全国人口普查相比，每10万人中具有大学文化程度的由1282人上升为5507人，具有中学文化程度的由9891人上升为17214人，具有小学文化程度的由30441人上升为36589人。

5月4日

［纲　文］　**外交部发言人就美国国际宗教自由委员会年度报告涉华内容答记者问。**

［目　文］　有记者问：近日美国国际宗教自由委员会发表2011年度“国际宗教自由报告”，涉华部分再次攻击中国。中方对此有何评论？

发言人说，中国政府依法保障公民的宗教信仰自由。中国人民依法享有充分的宗教信仰自由。我们奉劝美方所谓“国际宗教自由委员会”摒弃偏见，尊重事实，停止借发表报告等方式干涉中国内政。

5月4日

［纲　文］　**中国政府向蒙古国政府无偿援助价值90万元人民币农机设备的交接仪式在乌兰巴托举行。**

［目　文］　这些设备提供给蒙古国农牧业企业。这是中、蒙及联合国粮农组织三方共同实施旨在支持蒙古国粮食安全计划“南南合作”项目的内容之一。

5月4日

［纲　文］　**中国—非盟第四次战略对话在亚的斯亚贝巴举行。**

［目　文］　外交部副部长翟隽与非洲联盟（非盟）委员会主席让·平共同主持。

翟隽说，中方愿同非盟加强高层交往，完善对话机制，扩大务实合作，密切在地区和国际重大事务中的协调配合。中方将一如既往地重视非洲关切和利益，继续支持非盟能力建设和维护地区和平稳定与发展的努力。

让·平表示，非盟视中国为可以信赖的好朋友，高度重视同中国的友好合作关系，希望与中方进一步加强对话和交流，促进双方在经济社会、和平安全等领域的合作，共同应对全球化背景下的各种挑战，努力维护广大发展中国家的共同利益。

5月4日

［纲　文］ **中国和伊朗在德黑兰签署有关互译两国文化经典作品方面的协议，并举行波斯语版中国经典著作《孙子兵法》及《道德经》的新书发布会。**

5月5日

［纲　文］ **国务院食品安全委员会办公室印发《食品安全宣传教育工作纲要（2011—2015年）》。**

［目　文］ 《纲要》由四个部分组成：一、指导思想。二、主要目标。三、重点任务。四、工作要求。

《纲要》指出，到2015年底，建立起比较完善的食品安全宣传教育工作机制，形成政府、企业、行业组织、专家、消费者和媒体共同参与的宣传教育网络体系，食品安全常识和法律知识得到普及，社会公众的食品安全意识和认知水平明显提高，食品生产经营者的法制观念、主体责任意识和诚信意识显著增强，食品安全监管人员岗位培训实现规范化、制度化，监管能力明显提高。食品安全宣传报道工作进一步加强，信息发布公开透明，舆论引导及时有效。

5月5日

［纲　文］ **新华社讯，国土资源部印发《关于下达〈2011年全国土地利用计划〉的通知》。**

［目　文］ 《通知》指出，切实发挥土地利用计划的管控作用，统筹安排土地利用计划指标。2011年国家只预留国家基础设施建设项目计划指标，其余计划指标全部下达地方。优先安排民生建设用地。对保障性安居工程用地、农村建设用地实施计划指标单列，保障基础设施、抗灾救灾等用地，严禁向高能耗、高污染、产能过剩行业供地。推进土地利用计划差别化管理。清理批而未征、征而未供土地，允许依法调整使用。落实计划分级管理制度，下达各省（区、市）的计划指标除预留必要的省级重点建设项目指标外，其余计划指标应分解下达到市、县。并严格加强土地利用计划执行监管。

5月5日

［纲　文］ **财政部、农业部在北京召开草原生态保护补助奖励机制政策实施动员布置会。**

［目　文］ 财政部部长谢旭人、农业部部长韩长赋出席会议并讲话。8个主要草原牧区省（区）及新疆生产建设兵团财政部门、农牧部门的有关负责人参加会议。会议主要内容是：对内蒙古、新疆、西藏、青海、四川、甘肃、宁夏和云南8个主要草原牧区省（区）及新疆生产建设兵团正式实施草原生态保护补助奖励机制政策进行动员和部署，以推动草原生态加快恢复和草原畜牧业生产方式加快转变，促进牧民持续增收。

5 月 5 日

［纲　文］　**国家副主席习近平在北京会见日本前首相鸠山由纪夫。**

［目　文］　习近平表示，国之交在于民相亲。民间交流是国与国交往的重要组成部分，也是人民与人民之间加深了解、增进互信的有效方式。开展中日各领域的民间交往，不仅有利于增进两国人民之间的友好感情，而且可以丰富中日战略互惠关系的实质内涵。中方高度重视中日关系，始终将两国关系放在外交战略全局的重要位置，愿同日方一道，从战略高度和长远角度牢牢把握中日关系发展的正确方向，进一步增进政治互信，加强各领域交流与合作，妥善处理两国间的敏感问题，从增进战略互信、扩大共同利益等方面不断努力，推动中日战略互惠关系不断向前发展。

鸠山由纪夫感谢习副主席在百忙之中拨冗会见。他感谢中国政府和人民在日本发生特大地震并引发海啸之后，及时伸出援助之手。他表示，日中双方要正确对待和处理历史问题，在加强相互合作基础上，发扬友爱精神，努力做到求大同存小异，使日中两国关系不断朝着友好、合作的方向发展。

5 月 5 日

［纲　文］　**中国红十字会在成都举行汶川地震三周年援建成果总结报告会。**

［目　文］　全国人大常委会副委员长、中国红十字会会长华建敏出席会议并发表讲话。

中国红十字会常务副会长王伟在会上发布的《中国红十字会汶川地震三周年援建成果总结报告》中指出，汶川地震发生后，中国红十字会总会先后向灾区调拨帐篷 13 万余顶、衣物 69 万余件、棉被 79 万余床、蚊帐 170 万顶和粮食 6400 多吨，全国各地红十字会也接收了大批各类捐赠物资并运往灾区，灾区各级红十字会对救灾物资及时进行分发，协助政府做好群众的生活安置工作；参与了国家为灾区兴建的 100 万套过渡性安置房中的学校、卫生诊所建设；仅在四川灾区就有来自全国各地的红十字志愿者 18 万人参与抗震救灾工作。

目前，红十字会参与的汶川地震灾区的硬件重建任务已基本完成。据统计，截至 2011 年 2 月 28 日，全国红十字系统共接收汶川地震救灾款物价值人民币 199 亿元，其中资金 160 亿元，物资价值 39 亿元；紧急及过渡安置阶段共投入款物价值 64 亿元，重建阶段已投入资金 123 亿元，待拨付资金 12 亿元，这些资金将根据项目协议及项目要求分批拨付。截至目前，红十字系统在汶川地震灾区共援建民房 183179 户、学校 2114 所、卫生院（站）5123 所，以及部分康复中心、敬老院、福利院及防灾减灾设施等。

5 月 5 日

［纲　文］　**“河仁慈善基金会”揭牌成立仪式在北京举行。**

［目　文］　该基金会是中国首家以股票捐赠形式支持社会公益事业的基金会。仪式上，福耀集团董事局主席曹德旺向“河仁慈善基金会”捐赠了 3 亿股福耀玻璃股票，市值 35.49 亿元人民币，该基金会以股捐建立的形式开创了中国基金会资金注入方式、运作模

式、管理规则等领域的先河。

5 月 5—8 日

［纲　文］　**贾庆林在四川调研。**

［目　文］　全国政协主席贾庆林在南充、遂宁、成都等地的农业生态园区、工厂企业、乡镇社区，就学习贯彻全国两会精神、促进经济社会又好又快发展进行调研。

贾庆林在都江堰市幸福镇民丰社区，了解安置房建设、分配、入住情况，看到地震中失去家园的群众住进了新居，安居乐业，祝愿他们生活越来越幸福；在向峨乡，他查看乡镇恢复重建情况，当看到向峨小学的师生们在宽敞明亮的新教学楼里上课，感到非常欣慰；在天马镇金陵花园，了解农村新型社区建设情况，询问大家生产生活、家庭收入、社会保障等方面情况，鼓励他们积极发展生产，不断提高生活水平。

调研期间，贾庆林听取了四川省委、省政府的工作汇报，他希望四川努力实现发展新跨越和社会和谐稳定，继续走在西部地区科学发展前列。各级党委要切实加强和改善对统一战线和人民政协的领导，更好地为实现党的总目标、总任务服务。各级政协组织和统战部门要进一步增强走中国特色社会主义政治发展道路的自觉性和坚定性，进一步提高服务科学发展的能力和水平，进一步协助党和政府做好新形势下的群众工作，进一步加强制度化、规范化、程序化建设，努力提高统战、政协工作的科学化水平。

5 月 5—7 日

［纲　文］　**李克强在福建考察。**

［目　文］　中共中央政治局常委、国务院副总理李克强在南平市、平潭综合实验区、福州市等地，访农家，上茶山，进工厂，到社区，与基层干部群众深入交流，着重就深化改革开放、加快转变经济发展方式进行考察调研。

李克强在 2010 年遭受特大洪灾的闽北南平市下梅村，入户看望居民，并与群众交谈时说，虽然遭了天灾，但通过人努力，你们不仅渡过了难关，还有新的发展、新的希望，让人感到高兴和振奋；在茶园，同采茶的农民交谈时说，生产茶叶等食品，安全永远是第一位的，必须坚持质量优先，让消费者放心；在平潭综合实验区，考察服务业园区等建设工地，并听取实验区规划介绍；在福州市保障性住房重点项目东方新苑建设工地，查看建设情况，叮嘱施工人员一定要把质量放在首位，确保施工安全；在东方新苑三区，看望搬进新房的居民，了解住房设施功能、房屋分配过程等情况。

考察期间，李克强肯定福建近年来各方面取得的成绩，希望福建广大干部群众继续开拓进取，勇于创新，推进海西经济区建设，在加快转变经济发展方式中走在前列。李克强指出，改革开放是促进经济社会发展的必由之路。随着世情国情变化，我们需要在总结过去成功经验的基础上，进一步积极探索，不断完善体制机制，创新发展理念和模式。要围绕破解不平衡、不协调、不可持续的问题，全面推进各项改革，努力在重点领域和关键环节取得突破性进展，不断提升开放型经济水平，促进经济长期平稳较快发展与社会和谐进步。

5 月 5—13 日

［纲　文］　**省部级领导干部加强食品安全监管专题研讨班在北京举办。**

［目　文］　研讨班由中央组织部、国务院食品安全委员会办公室和国家行政学院共同举办。

13 日，国务院副总理、国务院食品安全委员会主任李克强出席研讨班结业式并讲话。国务院副总理、国务院食品安全委员会副主任回良玉、王岐山出席结业式。山东省、河北省、江苏省、宁夏回族自治区、广东省的学员作了汇报。

李克强指出，要进一步落实党中央、国务院关于食品安全工作的决策部署，严格执行《食品安全法》，攻坚克难，深入持久推进重点整治，坚决把关系人民群众身体健康、生命安全和正常生活的食品安全工作抓实抓好。确保食品安全是全面建设小康社会的关键环节。改革开放以来，我们用 30 多年时间解决了人民吃得饱的问题；进入新的发展阶段，必须下决心解决群众吃得好、吃得安全的问题。提高食品安全水平也是转变经济发展方式的必然要求，有利于增强国际国内对“中国制造”的信心，有利于开拓十几亿人口大市场、促进内需扩大。保障食品安全还是创新社会管理、维护和谐稳定的重要内容。必须坚定信心、迎难而上，打好食品安全攻坚战和持久战。

5 月 5—7 日

［纲　文］　**应国务院总理温家宝邀请，奥地利共和国联邦总理法伊曼对中国进行正式访问。**

［目　文］　5 日，温家宝在北京与法伊曼会谈时表示，中方愿与奥方共同努力，实现贸易平衡、多元化和可持续发展，争取 5 年内将双边贸易额翻一番；欢迎奥地利扩大对中国尤其是中西部地区投资，中国政府鼓励企业到奥地利发展，并同奥方合作参与中东欧经济建设；支持中奥在节能环保、可再生能源、现代制造业、高科技领域深化合作。中奥文化交流成果丰硕，形成了政府主导与民间自发、政府资助与商业运作并行发展的良好局面。中方愿与奥方扩大文化贸易、广播电视、出版、教育等领域的交流合作，共同办好庆祝中奥建交 40 周年系列活动，为增进两国人民的相互了解和友谊注入新的活力。

法伊曼表示，希望两国保持高层互访和各级别交往，扩大贸易和投资规模，尤其加强在节能环保、可再生能源、高科技领域的合作，扩大文化、教育交流，共同办好两国建交 40 周年庆祝活动。相信在双方共同努力下，奥中关系将会迈上新的台阶。

6 日，国家主席胡锦涛在北京会见法伊曼时表示，中奥两国没有根本利害冲突，双方都倡导多边主义、维护世界文明多样性，都有推进各领域合作的积极愿望。希望双方以两国建交 40 周年为契机，继续本着平等友好、互利合作、共同发展的精神，继往开来，携手努力，进一步扩大各领域的交流与合作，加强在国际和地区事务中的沟通与协调，共同开创中奥友好合作关系的美好未来。

法伊曼说，奥方愿意同中方一道，进一步扩大两国在经贸、可再生能源、环保、科技、文化、教育等领域务实合作，加强双方在国际和地区事务中的对话与磋商，推动两国关系取得新的进展。

5月6日

［纲　文］　**国务院印发《关于支持云南省加快建设面向西南开放重要桥头堡的意见》**。

［目　文］　《意见》由九个部分组成：一、加快建设面向西南开放重要桥头堡的总体要求。二、强化基础设施建设，提高支撑保障能力。三、依托重点城市和内外通道，优化区域发展布局。四、加强经贸交流合作，全面提升开放水平。五、立足资源和区位优势，建设外向型特色产业基地。六、加强生态建设和环境保护，实现可持续发展。七、大力发展社会事业，切实保障和改善民生。八、加快脱贫致富步伐，建设稳定繁荣边疆。九、加大政策支持力度，创新体制机制。

《意见》指出，把云南省建设成为我国面向西南开放的重要桥头堡，意义重大，使命光荣，各有关方面要进一步解放思想，开拓创新，团结拼搏，扎实工作，努力开创云南跨越式发展和我国对外开放新局面。

5月6日

［纲　文］　**中共中央、国务院在广州举行广州亚运会、亚残运会总结表彰大会**。

［目　文］　中共中央政治局委员、国务委员刘延东出席并讲话。中共中央政治局委员、广东省委书记汪洋主持大会。全国人大常委会副委员长桑国卫，全国政协副主席罗富和出席大会。北京、吉林、黑龙江、福建、江西、山东、湖南、广东、广西、海南省（区、市）负责人，中央和国家机关有关部门负责人，解放军有关单位和武警部队负责人，共青团中央、中国残联负责人，广州亚运会、亚残运会先进集体代表和先进个人，以及各方面代表等约3000人参加大会。人力资源社会保障部部长尹蔚民宣读了《人力资源和社会保障部、国家体育总局、解放军总政治部、中国残疾人联合会、中共广东省委、广东省人民政府关于表彰广州亚运会亚残运会先进集体和先进个人的决定》，广东省省长黄华华宣读了《中共广东省委、广东省人民政府关于表彰广州亚运会亚残运会先进集体和先进个人的决定》。

5月6日

［纲　文］　**国土资源部、财政部、农业部发布《关于加快推进农村集体土地确权登记发证工作的通知》**。

［目　文］　《通知》由三个部分组成：一、充分认识加快农村集体土地确权登记发证的重要意义。二、切实加快农村集体土地确权登记发证工作，强化成果应用。三、加强组织领导，强化督促落实。

《通知》指出，充分发挥农村土地确权登记发证工作成果在规划、耕保、利用、执法等国土资源管理各个环节的基础作用。农村集体土地登记发证与集体建设用地流转、城乡建设用地增减挂钩、农用地流转、土地征收等各项重点工作挂钩。凡是到2012年底未按时完成农村集体土地所有权登记发证工作的，农转用、土地征收审批暂停，农村土地整治项目不予立项。

5 月 6 日

［纲　文］　**商务部发布《关于原产于美国的部分进口汽车产品反倾销调查和反补贴调查的终裁公告》。**

［目　文］　《公告》对美部分进口汽车产品反倾销和反补贴调查的终裁决定，最终认定原产于美国的排气量在 2.5 升以上的小轿车和越野车存在倾销和补贴，中国国内产业受到了实质损害，并且倾销和补贴与损害之间存在因果关系。终裁决定暂不采取反倾销措施和反补贴措施。

5 月 6 日

［纲　文］　**交通运输部公布《集邮市场管理办法》。**

［目　文］　《办法》共 6 章 38 条。主要有总则、经营主体管理、经营业务管理、监督检查、法律责任、附则等内容。自 2011 年 8 月 1 日起施行。2000 年颁布的《集邮市场管理办法》（国家邮政局、国家工商行政管理局第 1 号令）同时废止。

5 月 6 日

［纲　文］　**中国人民银行与蒙古国中央银行在乌兰巴托签署了金额为 50 亿元人民币的双边本币互换协议。**

［目　文］　协议有效期 3 年，经双方同意可以展期。旨在促进双边贸易发展和为金融体系提供短期流动性。

金融危机以来，央行已与韩国、中国香港、马来西亚、白俄罗斯、印度尼西亚、阿根廷、冰岛、新加坡、新西兰、乌兹别克斯坦、蒙古国等国家和地区货币当局签署了 11 个双边本币互换协议，总金额已达 8342 亿元人民币。

5 月 6 日

［纲　文］　**中国和吉尔吉斯斯坦、塔吉克斯坦在中国新疆喀什举行“天山 –2 号（2011）”上海合作组织成员国执法安全机关联合反恐演习。**

［目　文］　演习设置“决策指挥”“武力解救被劫持人质”“定点清剿”三个演示科目，展示了中、吉、塔三方反劫持和清剿恐怖分子营地的能力和水平。

5 月 6 日

［纲　文］　**《人民日报》发表评论员文章《把青春献给祖国》《互联网持续发展创造良好环境》。**

5 月 6 日—6 月 16 日

［纲　文］　**“庆祝中国共产党成立九十周年中国油画展”在中国美术馆举办。**

［目　文］　画展由中国中共文献研究会、中国现代史学会、国家民委民族问题研究中心联合主办。分为“党的光辉历程油画作品展”“中国共产党人英烈肖像作品展”“各族人民好写生作品展”三个单元，共有 300 多幅画参展。

5月6—8日

［纲　文］　**第七届两岸经贸文化论坛在成都举行**。

［目　文］　论坛由中共中央台办海峡两岸关系研究中心与中国国民党“国政研究基金会”共同主办。全国政协主席贾庆林和中国国民党荣誉主席吴伯雄出席开、闭幕式并致辞。

论坛期间，与会者围绕大陆“十二五”规划与台湾地区“黄金十年”蓝图、两岸经济合作框架协议（ECFA）实施与促进两岸经济发展、两岸文教合作与青年交流三项议题，展开研讨。其中“黄金十年”对接“十二五”规划，共谋两岸战略性合作，实现跨越式发展，成为学者普遍关注的焦点。

6日，贾庆林在成都会见吴伯雄和应邀出席第七届两岸经贸文化论坛的两岸各界人士时指出，2011年是两岸关系承前启后之年。保持两岸关系的持续稳定发展，关键在于巩固和增强反对“台独”、坚持“九二共识”的共同政治基础。近三年来，两岸双方在此基础上增进互信、良性互动，推动两岸关系发展取得一系列重要成果。坚持这一方向，就会继续得到两岸同胞的支持。两岸同胞一定要携起手来，共同反对“台独”分裂活动，共同维护两岸关系的良好局面，并为下一步两岸关系发展创造更好的条件。在稳定两岸关系的基础上，两岸双方还要尽量多办一些两岸同胞关心的事情。两岸双方推动交流合作、协商谈判，都要着眼于真正给老百姓带来实实在在的好处。为此，我们要积极落实两岸经济合作框架协议，推进有关后续协商并取得实质进展。要完成大陆居民赴台个人游试点的协商，使更广大的基层民众直接受益。要抓紧就建立核电安全信息通报机制、开展技术交流合作等开始商谈，并尽快达成一致，以维护两岸同胞的健康福祉。贾庆林向吴伯雄一行介绍了四川地震灾区恢复重建所取得的成就，并对台湾同胞以各种方式援助救灾、参与重建表示衷心感谢。

吴伯雄表示，汶川地震灾后重建取得的成就令人感佩，台湾民众在四川救灾和重建中表达了同胞之间血肉相连的感情，令人欣慰。近几年，两岸关系和平发展局面得来不易，值得珍惜。两岸关系发展方向正确，不能倒退。期望本届两岸经贸文化论坛能够取得新的成果，凝聚两岸各界共识，共同努力，推动两岸关系持续稳定发展。

5月6—10日

［纲　文］　**李长春在山西调研**。

［目　文］　中共中央政治局常委李长春在运城、临汾、晋中、太原等地的企业、农村、高校和宣传文化单位，就加快转变经济发展方式、深化文化体制改革、推动文化大发展大繁荣等进行调研。

调研期间，李长春主持召开座谈会，听取基层干部群众、专家学者、文化工作者对加强文化建设、推进文化改革发展的意见和建议。他指出，深化文化体制改革、推动文化大发展大繁荣，对于满足人民群众日益增长的精神文化需求，对于建设社会主义核心价值体系、巩固全党全国各族人民团结奋斗的共同思想基础，对于推动经济社会又好又快发展，对于全面建设小康社会、推进中国特色社会主义伟大事业，对于提高国家文化软实力、增强我国国际竞争力，对于传承中华文明、弘扬中华优秀传统文化，具有十分重要的意义。他希望山西充分发挥丰厚的文化资源优势，紧紧围绕“三加快”“一加强”的重点任务，加快文化改革发展步伐，繁荣文化事业和文化产业，为实现由文化大省向文化强省的跨越打下坚实基础。

5 月 6 日—6 月 9 日

［纲　文］ **“科学重建伟大壮举——汶川地震灾后恢复重建主题展览”在中国人民革命军事博物馆举办。**

［目　文］ 展览由中宣部、发展改革委、中共四川省委、中共甘肃省委、中共陕西省委共同主办，新华通讯社、中共四川省委宣传部、军事博物馆承办。展览分为序篇“强震突袭众志成城”和“坚强领导科学决策”“团结奋战重建家园”“翻天覆地谱就华章”“伟大精神　英雄壮歌”四个部分。中共中央政治局常委李长春出席开幕式并参观展览。他强调，抗震救灾和恢复重建取得的巨大成就以及伟大的抗震救灾精神，充分彰显了我们党以人为本、执政为民的执政理念和非凡的执政能力，彰显了社会主义制度的巨大优越性，彰显了中华民族强大的凝聚力和向心力，进一步丰富和发展了以爱国主义为核心的民族精神和以改革创新为核心的时代精神。要在全社会大力弘扬抗震救灾和恢复重建形成的宝贵精神财富，激励广大干部群众坚定信心、振奋精神，为实现“十二五”规划目标任务而努力奋斗。

5 月 7 日

［纲　文］ **国务院新闻办举行 2011 年中国航海日活动新闻发布会。**

［目　文］ 交通运输部副部长徐祖远表示，我国港口货物吞吐量和集装箱吞吐量已经连续 7 年位居世界第一，水产品的总产量已经近 20 年位居世界首位。从 2010 年起，我国不仅是航运大国、海洋大国，更跃居为世界第一造船大国。

5 月 7 日

［纲　文］ **2011 中国女性公益慈善论坛在江苏淮安淮阴区举行。**

［目　文］ 全国人大常委会副委员长、全国妇联主席陈至立为论坛发来贺信。全国政协副主席李金华，全国政协社会和法制委员会副主任、中国妇女发展基金会理事长黄晴宜出席并致辞。来自公益慈善理论研究的专家代表和实践工作一线的女性公益慈善组织负责人、首届中华女性公益慈善典范、企业代表等围绕“公益慈善文化发展现状与建议、女性公益慈善文化实践与探索、女性公益慈善文化传播与发展”三个单元进行了探讨。

5 月 7 日

［纲　文］ **北京国际户外耐力跑挑战赛中，中国选手杨家根、刘君彦分别获得百公里男子组、女子组冠军。**

5月7—9日

［纲　文］　**温家宝在四川地震灾区考察灾后恢复重建工作。**

［目　文］　这是国务院总理温家宝第十次来到四川灾区。他在青川、北川、绵竹、什邡、彭州、都江堰、汶川、茂县等受灾极重的县市，看望慰问各族干部群众，实地查看灾后恢复重建情况。

9日，温家宝在都江堰主持召开会议，他指出，汶川地震灾后恢复重建取得了决定性胜利，基本实现了“家家有房住、户户有就业、人人有保障、设施有提高、经济有发展、生态有改善”的重建目标，灾区面貌发生翻天覆地的变化。汶川地震灾后恢复重建的巨大成就，充分体现了社会主义制度的优越性，集中展现了“一方有难、八方支援”的优良传统，再次彰显了中华民族的凝聚力和向心力。

温家宝对四川、陕西、甘肃地震灾区的恢复重建工作和对口支援省市的援建工作，给予肯定。他指出，目前灾后重建的主要任务已经完成，灾区城乡居民住房条件显著改善，公共服务设施水平大幅度提升，基础设施保障能力明显提高，产业发展实现再生性跨越，精神家园得到了同步重建，灾区经济社会发展和群众基本生产生活条件明显超过了灾前水平，实现了一个大的跨越。对灾区的恢复重建，群众十分满意，社会各界高度评价，国际社会也给予广泛赞誉。恢复重建的胜利是我们战胜自然灾害的又一伟大壮举，很多经验值得总结。

5月7—11日

［纲　文］　**贺国强在湖南株洲、衡阳、岳阳、湘潭、长沙等地调研。**

［目　文］　中共中央政治局常委、中央纪委书记贺国强在南车株洲电力机车有限公司嘱咐企业负责人要抓住宝贵机遇，进一步提高企业经营管理水平和加大市场开拓力度，在实现企业自身快速发展的同时，为国家铁路建设作出新贡献；在巴陵石化公司和长岭炼化公司，要求把加快企业发展与改善职工生活结合起来，通盘考虑、协调推进，使广大职工共享企业改革发展成果；在江南机器集团公司、湘潭电机公司、湖南红太阳光电科技有限公司，希望企业进一步加强科技研发和自主创新，增强核心竞争力、争创发展新优势；在衡阳市衡山县福田铺乡白云村，他要求当地干部加强农田水利设施建设，不断改善农业生产条件，积极发展特色农业，不断拓宽农民增收渠道，加强农村文化设施建设，不断丰富群众的精神文化生活；在衡阳市蒸湘区联合新村社区，他要求重视和加强社区工作，保证社区工作者的收入和待遇，为他们履行职责、开展工作创造良好条件。

贺国强在考察岳麓山生态修复工程、橘子洲文化生态公园和长株潭“两型社会”展览馆时，希望湖南进一步加快长株潭“两型社会”综合配套改革试验区建设发展步伐，充分发挥试验区建设的辐射和带动作用，把加快经济社会发展与加强生态环境保护结合起来，推动经济社会发展走上全面协调可持续发展的轨道，为全国“两型社会”建设探索经验、作出示范；在考察株洲市廉政反腐教育基地时，要求大力加强基层党风廉政建设，进一步密切党同人民群众的血肉联系，为推动科学发展、促进社会和谐提供有力保证；在韶山，瞻仰了毛泽东同志故居和遗物馆，与韶山村党员群众代表进行了座谈；在长沙县瞻仰了杨开慧故居。

考察期间，贺国强听取了湖南省委、省政府和省纪委的工作汇报，他希望湖南各级党委、政府和广大干部群众认真贯彻落实中央要求，进一步解放思想、开拓创新，团结奋进、顽强拼搏，在全面建设小康社会的新征程上谱写湖南科学发展、富民强省的新篇章。

5月7—12日

［纲　文］　**"影像见证汶川涅槃"纪实摄影展在北京西单商业文化广场举办。**

［目　文］　摄影展由中国文学艺术界联合会主办，中国摄影家协会、四川省文学艺术界联合会承办。本次影展首创利用户外巨型LED播放摄影作品，播放四川地震灾区重建的成就。

5月8日

［纲　文］　**中国新闻出版传媒集团有限公司成立大会在北京举行。**

［目　文］　中国新闻出版报社整体转企改制，成立中国新闻出版传媒集团有限公司，是贯彻落实全国文化体制改革工作会议精神的举措，标志着我国非时政类报刊出版单位改革取得了新的进展。新闻出版总署署长柳斌杰出席大会并讲话。

新闻出版总署机关各司局、各直属单位主要负责同志，各行业协会的主要负责人，业内重要的新闻出版传媒集团和新闻出版单位的主要负责人，部分高校的负责人，部分新媒体出版单位和民营书业企业的负责同志以及中国新闻出版报社历届负责人、职工代表和40多家媒体的记者等共计300多人参加了大会。

作为非时政类报刊单位的中国新闻出版报社成立于1988年1月，目前拥有《中国新闻出版报》《中国出版》《农家书屋》等报刊和中国新闻出版网。

5月8日

［纲　文］　**中共中央政治局委员、中国经济社会理事会主席王刚在北京会见欧盟经济社会委员会主席尼尔森。**

［目　文］　王刚表示，近年来，中国经济社会理事会与欧盟经济社会委员会的关系日益密切，双方交流与合作不断深入，特别是中欧圆桌会议机制具有独特优势和重要价值，已成为中欧交流与合作的重要平台，对于深化中欧合作、促进相互了解、推动中欧关系发展，发挥着越来越重要的作用。希望双方充分运用现有交流合作机制和平台，进一步拓展交流领域、丰富合作内涵，为推动中欧全面战略伙伴关系发展作出新的贡献。

尼尔森表示，欧盟经济社会委员会愿继续为发展欧中关系作出努力。

5月8日

［纲　文］　**李德生逝世。**

［目　文］　中国共产党的优秀党员，久经考验的忠诚的共产主义战士，无产阶级革命家、军事家，我党我军卓越的领导人，中国共产党第十届中央政治局常委、中央委员会副主

席，原中共中央顾问委员会常务委员，中央军委原委员，总政治部原主任，北京军区原司令员，沈阳军区原司令员，国防大学原政治委员李德生同志，因病在北京逝世，享年 96 岁。

14 日，李德生的遗体在北京八宝山革命公墓火化。胡锦涛、吴邦国、温家宝、贾庆林、李长春、习近平、李克强、贺国强等党和国家领导人送别。

5 月 8—11 日

［纲　文］　**习近平在贵州调研**。

［目　文］　中共中央政治局常委、国家副主席习近平在黔西南布依族苗族自治州、黔南布依族苗族自治州和贵阳市，围绕推动经济社会又好又快发展以及加强和改进党的建设，深入农村、企业、社区、高等学校和科研机构进行调研。

习近平在黔西南州布依族村寨楼纳村、苗族村寨鲤鱼村，考察农业结构调整、扶贫开发、新农村建设等工作；在贵州瓮福集团公司，他对企业依靠科技创新提高资源综合利用率、发展循环经济等做法表示赞许，希望贵州坚持走新型工业化道路，大力发展新兴战略性产业，加大自主创新力度，推动经济发展走科技引领、创新驱动的路子；在贵定县甘溪林场，他强调要坚持处理好加快经济发展与保护生态环境的关系，继续强化植树造林、石漠化治理、草地湿地恢复保护等生态工程建设，使贵州青山常在、碧水长流、资源得到永续利用；在贵阳市小河区瑞华社区退休职工家中，询问住房、就业、子女教育、医疗保障等民生问题；在社区服务中心，考察了解社区党委创新基层党建和社会管理、建立社区共治机制、提高服务群众水平等情况；在贵州大学精细化工研究开发中心，了解科研攻关情况；听取贵州大学中国文化书院举行主题读书会活动学生演讲和老师点评。

调研期间，习近平主持召开贵州党政干部座谈会并讲话。他指出，贵州各级党组织要以纪念建党 90 周年为契机，充分利用红色资源对党员干部进行党的优良传统教育和理想信念教育，引导大家结合新的实际弘扬当年红军的伟大精神，开拓进取、真抓实干，为推动科学发展而不懈奋斗。

10 日，习近平在贵阳主持召开深入贯彻落实十七届四中全会精神、进一步加强和改进党的建设座谈会。山西、江苏、重庆、贵州、云南、陕西六个省市党委有关负责人交流汇报了前一段贯彻落实四中全会精神情况和下一步工作考虑。

5 月 8—15 日

［纲　文］　**第五十一届世乒赛在荷兰鹿特丹举办**。

［目　文］　143 个国家和地区的 725 名运动员参赛。中国队包揽了 5 个单项的冠亚军，张继科获得男单冠军，丁宁获得女单冠军，马龙、许昕获得男双冠军，郭跃、李晓霞获得女双冠军，张超、曹臻获得混双冠军。

5 月 9 日

［纲　文］　**海关总署发布 2011 年第 29 号公告《关于对原产于日本、美国和欧盟的进口氯丁橡胶继续征收反倾销税》**。

［目　文］　公告说，2005年，国务院关税税则委员会决定对原产于日本、美国和欧盟的进口氯丁橡胶征收反倾销税，征税时间自2005年5月10日起，期限为5年。在反倾销措施届满之际，商务部决定对原产于日本、美国和欧盟的进口氯丁橡胶所适用的反倾销措施进行期终复审调查。根据期终复审调查结果，国务院关税税则委员会决定自2011年5月10日起对原产于日本、美国和欧盟的进口氯丁橡胶继续征收反倾销税，期限为5年。现就有关事项公告如下：自2011年5月10日起，海关对申报进口原产于日本、美国和欧盟的氯丁橡胶，继续按照海关总署公告2005年第17号、2010年第57号的相关规定征收反倾销税。

5月9日

［纲　文］　**刘延东在北京会见以庄成鑫为团长的香港中华出入口商会访京团全体成员。**

［目　文］　中共中央政治局委员、国务委员刘延东指出，香港回归祖国13年多来，中央政府坚定不移贯彻“一国两制”方针和基本法，全力支持行政长官和特区政府依法施政，香港保持了繁荣稳定的局面。实践表明，“一国两制”、“港人治港”、高度自治的方针完全正确，香港同胞完全有能力管理好、建设好、发展好香港。希望香港中华出入口商会高举爱国爱港旗帜，广泛团结进出口界人士，不断加强自身建设，积极促进香港经济发展和社会和谐，为“一国两制”事业和香港的长期繁荣稳定作出应有的贡献。

5月9日

［纲　文］　**解放军总参谋部、教育部在首都师范大学启动“2011年高校毕业生入伍预征宣传动员暨政策咨询周”活动。**

［目　文］　教育部部长助理林蕙青，国防部征兵办公室负责人出席启动仪式并讲话。5月9日至15日，全国范围内同步开展高校毕业生入伍预征宣传动员和政策咨询活动，高校毕业生可登录“全国大学生就业公共服务立体化平台”进行在线政策咨询。

5月9日

［纲　文］　**中国驻巴基斯坦大使馆举行中巴建交60周年招待会。**

［目　文］　巴基斯坦总统扎尔达里、参议院主席奈克、参联会主席韦恩等100多位巴官员与中国驻巴各界代表一同出席。

5月9—10日

［纲　文］　**第三轮中美战略与经济对话在美国华盛顿举行。**

［目　文］　国家主席胡锦涛特别代表国务院副总理王岐山、国务委员戴秉国，美国总统奥巴马特别代表美国国务卿希拉里、财政部部长盖特纳共同主持对话。双方就落实国家主席胡锦涛2011年1月访美期间两国元首达成的共识，推动中美相互尊重、互利共赢的合作伙伴关系向前发展进行了沟通交流。王岐山和盖特纳共同签署了《中美关于促进经济强劲、可持续、平衡增长和经济合作的全面框架》。双方发表了《第三轮中美战略与经济对话框架下战略对话成果清单》，涉及能源、环境、科技、交通、林业、气候变化等多

领域合作成果。王岐山和戴秉国与克林顿和盖特纳共同会见了记者。第四轮中美战略与经济对话于2012年在中国举行。

9日，美国总统奥巴马在华盛顿白宫椭圆形办公室会见王岐山、戴秉国。

王岐山转达了胡锦涛致奥巴马的口信。胡锦涛在口信中表示，自2011年1月对美国成功进行国事访问以来，中美元首达成的努力建设相互尊重、互利共赢的中美合作伙伴关系共识正得到认真落实，双方在双边、地区、全球领域保持密切交往与对话，开展有效沟通与合作。在新形势下，中方愿与美方一道努力，进一步加强对话交流，增进了解和战略互信，妥善处理分歧，扩大和深化各领域务实合作，推动中美合作伙伴关系不断向前发展。

奥巴马表示，胡锦涛主席2011年1月对美国的访问对于两国关系意义重大。美中战略与经济对话是双边关系中的重要机制，有力促进了相互了解与合作。第三轮对话很有成果，他对此非常满意。当前美中共同的目标是落实胡锦涛主席2011年访美时双方达成的一致意见。美方支持一个强大、繁荣、成功的中国，支持中国在国际事务中发挥更大作用。中方在保护知识产权等方面取得了良好进展。美方愿向中国和其他国家出口更多高科技产品，这符合双方的利益。

10—11日，王岐山在华盛顿分别会见了世界银行行长罗伯特·佐利克、美国联邦储备委员会主席伯南克、泛美开发银行行长莫雷诺、美国众议院筹款委员会主席坎普和众议院“美中工作小组”共同主席布斯塔尼、拉森等20名美国国会众议员。

戴秉国在美国华盛顿分别会见了美国国会参议院外委会主席克里、参议院国土安全和政府事务委主席利伯曼等美国国会参议员。

5月9—13日

［纲　文］　**第二十八届IEEE世界机器人与自动化大会在上海举行。**

［目　文］　大会由上海交通大学承办，主题是“机器人，让生活更美好”。会议安排了6个专题论坛、178个主题分会，有学术论文980余篇在会宣读、交流，多位知名学者作大会报告，分别介绍车辆自主驾驶、非结构化环境中的移动机器人等研究成果和最新技术进展，另有30多个机器人与自动化专业高端技术展览、机器人竞赛等。本次会议首次由中国承办。

5月9—12日

［纲　文］　**应外交部部长杨洁篪邀请，阿富汗外长拉苏尔对中国进行正式访问。**

［目　文］　10日，国务院副总理李克强在北京会见拉苏尔时说，中阿是传统友好邻邦，建交半个多世纪以来，中阿两国始终相互尊重、相互支持、平等相待，双边关系顺利发展，在经济、人文等各领域的合作取得丰硕成果，这不仅符合两国人民根本利益，也有利于本地区和平与稳定。中方愿与阿方一道，加强在重大国际和地区事务中的协调配合，照顾彼此重大关切，推动两国睦邻互信、世代友好的全面合作伙伴关系不断向前发展。中方始终关注和支持阿富汗和平重建进程，将继续通过援建工程、培训人员等多种方式支持

阿经济社会建设。推动扩大双边贸易，加强务实合作，实现互利双赢。

拉苏尔感谢中方对阿的支持和帮助，赞赏中国对维护地区和平稳定的作用，表示阿方愿进一步发展对华友好合作关系。

同日，杨洁篪在北京与拉苏尔举行会谈时表示，中方将继续坚定支持阿方维护国家独立、主权和领土完整，促进和平、稳定与发展，将一如既往地为阿和平重建提供支持与帮助。相信在阿政府和人民的努力下，在国际社会的大力支持下，阿富汗一定能够实现和平稳定、独立自主、发展进步。

拉苏尔表示，阿政府和人民感谢中国政府和人民长期以来给予的支持和帮助。阿政府正积极致力于提高执政能力，推进民族和解与和平重建进程，愿与国际社会一道，共同推动阿早日实现和平、稳定与发展。

5月10日

［纲　文］　**胡锦涛在北京会见中国国民党荣誉主席吴伯雄。**

［目　文］　中共中央总书记胡锦涛对吴伯雄率团赴成都出席第七届两岸经贸文化论坛之后来北京访问表示欢迎，对论坛成功举办表示祝贺。

胡锦涛指出，2008年5月，我同吴主席举行了正式会谈，我们都表示要致力于开创两岸关系和平发展新局面。三年来，两岸关系取得一系列突破性进展，总体面貌发生历史性变化。两岸协商持续进行，为两岸交往作出一系列制度化安排。两岸实现全面直接双向“三通”，给两岸同胞往来创造了前所未有的有利条件。两岸达成经济合作框架协议，推进两岸经济合作机制化、制度化进程。两岸社会各界交流广泛展开，加强了两岸同胞尤其是基层民众的交往。经过双方共同努力，两岸同胞在经济合作中增加了共同利益，在文化交流中增强了精神纽带，在直接往来中增进了彼此感情。事实证明，走两岸关系和平发展道路，符合两岸同胞愿望，给两岸同胞带来了实实在在的利益，得到两岸同胞广泛支持，也受到国际社会普遍欢迎。我们应该沿着这条道路坚定不移走下去。

胡锦涛就推动两岸关系发展提出四点意见。第一，要继续把握两岸关系和平发展大局。为此，国共两党、两岸双方要坚持体现一个中国原则的“九二共识”，继续坚决反对“台独”分裂活动。巩固了这一共同政治基础，双方就可以继续营造两岸交流合作、协商谈判的必要环境，就可以携手开辟两岸关系发展新局面。第二，要继续维护国共两党、两岸双方的良性互动。三年来，国共两党、两岸双方交往的一条重要经验，就是要在共同政治基础上建立互信，进而求同存异，展开良性互动。双方应该在两岸关系上更多发出积极正面信息，及时妥善处理可能发生的问题。第三，要继续稳步推进两岸交流合作。积极对待两岸经济合作框架协议各项后续商谈，及早达成并签署投资保障协议。要大力推进两岸文化教育交流，重视和加强两岸青少年交流，增强中华文化的认同和中华民族的认同。对台湾方面提出开展两岸核电安全交流合作，我们充分理解，希望双方尽快通过商谈达成相关协议。第四，要继续保障台湾基层民众共享两岸交流合作成果。这些年来，我们一直设身处地考虑台湾同胞实际需求，解决好与他们切身利益相关的具体问题。两岸同胞共同推动两岸关系发展，也应该共享两岸关系发展成果。

吴伯雄表示，坚持“九二共识”、反对“台独”是两岸关系和平发展的重要基础，需要双方共同巩固。两岸同胞同属中华民族、炎黄子孙，经贸合作是两岸手携手，文化交流是两岸心连心。三年来，两岸交流持续扩大，协商积极进行，两岸关系和平发展已走在历史正确的道路上，不应该受到阻碍，更不能倒退。我们要珍惜已有的成就，克服存在的困难，继续奋勇前行。

5月10日

［纲　文］　**胡锦涛给北京大学第十二届研究生支教团成员回信。**

［目　文］　中共中央总书记胡锦涛的回信写道，北京大学第十二届研究生支教团的同学们：很高兴收到你们的来信。首先，我向你们，并通过你们，向北京大学研究生支教团的全体同学，表示诚挚的问候！从同学们的信中得知，你们志愿到西部地区参加为期一年的支教扶贫工作，不怕艰苦，竭诚奉献，为推动西部地区教育事业发展发挥了积极作用。经过支教扶贫实践，你们丰富了阅历、磨炼了意志、增长了才干。我为你们的进步感到由衷的欣慰。

这些年来，北京大学组织一批又一批在读研究生深入西部地区基层一线开展支教扶贫活动。这是促进青年学生向实践学习、向人民群众学习的一个有效形式。希望北京大学坚持把支教扶贫的接力棒一届一届传下去，让更多的青年学生在实践中得到锻炼提高，努力成长为堪当国家建设重任的栋梁之材。衷心祝愿同学们都拥有一个精彩的人生！

集体给中共中央总书记胡锦涛写一封信，是北京大学第十二届研究生支教团成员的共同心愿。2010年8月，来自不同院系的18位研究生接过学长传下的接力棒，志愿到西部地区开展为期一年的支教扶贫。8个多月的艰苦磨炼，让同学们收获了许多刻骨铭心的感受和体悟。当有人提议给总书记写信说说心里话时，立刻得到了全体成员的响应。

5月10日

［纲　文］　**国务院印发《关于促进稀土行业持续健康发展的若干意见》。**

［目　文］　《意见》由六个部分组成：一、明确指导思想、基本原则和发展目标。二、建立健全行业监管体系，加强和改善行业管理。三、依法开展稀土专项整治，切实维护良好的行业秩序。四、加快稀土行业整合，调整优化产业结构。五、加强稀土资源储备，大力发展稀土应用产业。六、加强组织领导，营造良好的发展环境。

《意见》指出，国务院各有关部门和有关地方政府要进一步统一思想，增强大局意识、责任意识，加强组织领导和协调配合，抓好督促检查，落实责任制，确保各项政策措施落到实处，切实加强稀土资源的有效保护和合理利用，促进稀土行业持续健康发展。

5月10日

［纲　文］　**国务院办公厅转发发展改革委《关于实施新一轮农村电网改造升级工程意见》的通知。**

［目　文］　通知说，发展改革委《关于实施新一轮农村电网改造升级工程的意见》已经国务院同意，现转发给你们，请认真贯彻执行。实施新一轮农村电网改造升级工程，是贯彻落实《中共中央国务院关于加大统筹城乡发展力度进一步夯实农业农村发展基础的若干意见》（中发〔2010〕1号）要求，加强农村电力基础设施建设，加快改善农村民生，缩小城乡公共事业发展差距的重要举措，各有关部门和地方各级人民政府要高度重视，加强组织领导，完善工作机制，落实责任，周密安排，扎实工作，切实完成好农村电网改造升级各项任务。

5月10日

［纲　文］　**住房城乡建设部印发《2011—2015年建筑业信息化发展纲要》。**

［目　文］《纲要》由四个部分组成：一、指导思想。二、发展目标。三、发展重点。四、保障措施。

5月10日

［纲　文］　**《人民日报》报道，公安部发布通知，要求各级公安机关依法履行职责、严厉打击食品非法添加犯罪行为。**

［目　文］　通知指出，各地公安机关要充分发挥职能作用，积极会同有关行政主管部门，重点对农村、城乡接合部、县域接合部等重点区域，企业外租的厂房、车间、仓库以及城镇临时建筑、出租民房等重点部位组织开展经常性排查，及时发现、彻底清剿违法制造存储非法添加物的“黑窝点”，坚决捣毁地下销售渠道；对涉嫌犯罪的，要迅速行动，依法立案侦查，重大案件由公安部挂牌督办；要加强部门、警种合作，形成整体作战合力，并加强与检、法机关沟通协调；要注重分析研判，系统梳理食品监管工作中存在的漏洞和薄弱环节，创新工作方法，增强打击实效，推动完善监管打击长效机制。

针对当前社会关切的“瘦肉精”事件，通知特别强调，要认真贯彻《国务院食品安全委员会办公室关于印发〈“瘦肉精”专项整治方案〉的通知》要求，组织开展针对性强的打击行动，将查清“瘦肉精”生产源头、查清销售网络、将犯罪分子全部缉拿归案作为侦办“瘦肉精”案件的硬性标准。

5月10日

［纲　文］　**全国妇联、中央文明办等18部委联合发布通知，要求各地、各有关部门切实组织好2011年六一国际儿童节各项庆祝活动。**

［目　文］　通知要求，各地、各有关部门要紧紧围绕纪念中国共产党成立90周年主题，抓住节日契机，从儿童特点出发，组织开展丰富多彩的主题教育活动，在广大儿童中深入开展党的历史、党的知识、党的优良传统和社会主义核心价值体系的宣传教育，引导和帮助儿童增长历史知识，培养学习党史的兴趣，增强爱党、爱国、爱社会主义的情感，坚定心向党、跟党走的政治信念。节日期间，各地、各有关部门要及时推出一批思想性、知识性、趣味性、科学性强的儿童图书、报刊、音像制品、电子出版物和广播影视作品。要围绕向全国青少年推荐的优秀图书等精品出版物，组织开展读书活动。各地、各

部门要在节日期间，重点关注农村留守流动儿童、孤残儿童、流浪儿童、贫困儿童、灾区儿童、单亲贫困家庭儿童等处于特殊困境中的儿童群体，针对他们在成长发展中面临的突出困难和问题，组织开展多种形式的关爱救助，推出为特殊困境儿童办实事的关爱服务项目，送去党和政府及社会各界的关怀。

5月10日

［纲　文］　**发展改革委印发《关于完善价格政策促进蔬菜生产流通的通知》。**

［目　文］　《通知》由六个部分组成：一、实施优惠价格政策扶持蔬菜生产经营。二、运用价格调节基金支持蔬菜生产流通。三、加强市场收费管理。四、强化价格监督检查。五、完善菜农利益保护机制。六、配合落实相关政策。

《通知》指出，各地价格主管部门要在当地党委和政府领导下，进一步加强调查研究，认真分析蔬菜产供销过程中出现的新情况、新问题，及时提出对策建议，努力促进蔬菜生产供应，保持市场价格基本稳定。

5月10日

［纲　文］　**交通运输部、铁道部在北京签署《关于共同推进铁水联运发展合作协议》。**

［目　文］　《协议》明确，两部将在完善铁水联运发展规划、加快基础设施建设、完善配套政策和标准、加强运输组织管理、推进信息共享、培育龙头企业六个方面深化合作与交流。

5月10日

［纲　文］　**吴孟超同志先进事迹报告会在北京举行。胡锦涛对学习宣传吴孟超先进事迹作出指示。**

［目　文］　中共中央总书记胡锦涛对学习宣传吴孟超先进事迹作出指示，强调要大力宣传吴孟超院士的先进事迹和高尚医德，宣传他的爱党爱国爱民情怀。要把宣传优秀共产党员的先进事迹作为纪念中国共产党成立90周年活动的重要组成部分。

报告会由中宣部、卫生部、总政治部、总后勤部、上海市委举办。中央军委委员、总政治部主任李继耐，中央军委委员、总后勤部部长廖锡龙出席报告会。报告会上，第二军医大学东方肝胆外科医院院长吴孟超讲述了自己爱党爱国爱民、立足岗位践行宗旨的奋斗历程。第二军医大学校长刘振全、第二军医大学东方肝胆外科医院护士长程月娥、第二军医大学东方肝胆外科研究所副所长王红阳、湖北省随州市农村信用社职员王甜甜，分别从不同侧面讲述了吴孟超的事迹。

中国科学院院士、第二军医大学东方肝胆外科医院院长吴孟超主刀完成14000多台手术，耄耋之年仍坚持亲自上手术台，把中国肝胆外科事业提高到世界领先水平，荣获了国家最高科学技术奖。

6月15日，吴孟超同志先进事迹报告团在中国科学院举行专场报告会，千余名在京院士、青年科学家代表和青年学生代表参加了报告会。

5月10日

［纲　文］　**最高人民法院、浙江省委在杭州召开授予陈辽敏“全国模范法官”“人民的好法官”荣誉称号表彰大会。**

［目　文］　最高人民法院院长王胜俊，中共浙江省委书记、省人大常委会主任赵洪祝出席大会，向陈辽敏颁发证书和奖章并讲话。最高人民法院政治部主任周泽民宣读了《最高人民法院关于授予陈辽敏同志全国模范法官荣誉称号的决定》，浙江省委常委、政法委书记李强宣读了《中共浙江省委关于授予陈辽敏同志人民的好法官荣誉称号的决定》。陈辽敏作了《用“心”做一名好法官》的事迹报告。

陈辽敏现任浙江省杭州市西湖区人民法院立案庭庭长，近4年来，共办结各类民商事案件4000余件，涉案标的额7亿多元，所办案件无一超审限，无一引发缠诉上访。

5月10日

［纲　文］　**庆祝新疆维吾尔自治区政协成立60周年大会在乌鲁木齐举行。**

［目　文］　政协全国委员会发来贺电，对政协新疆维吾尔自治区委员会成立60周年表示热烈祝贺。全国政协副主席阿不来提·阿不都热西提宣读了政协全国委员会的贺电。中共中央政治局委员、全国政协副主席、全国政协代表团团长王刚，新疆维吾尔自治区党委书记张春贤出席大会并讲话。大会由新疆维吾尔自治区政协主席艾斯海提·克里木拜主持。新疆维吾尔自治区党政军生产建设兵团和各有关方面、对口援疆省市政协有关负责人以及社会各族各界1600余人参加庆祝大会。

王刚指出，60年来，新疆人民政协与自治区一道成长，与全疆各族人民一道前行，创造了辉煌的业绩，谱写了光辉的篇章。新疆各级政协组织和广大政协委员，始终高举爱国主义和社会主义旗帜，牢牢把握团结和民主两大主题，认真履行政治协商、民主监督、参政议政职能，为维护祖国统一、反对民族分裂、增进民族团结，为新疆的经济发展、民生改善、社会稳定作出了不可磨灭的重要贡献。新疆各级政协组织和广大政协委员要深入贯彻落实中央新疆工作座谈会精神，牢牢把握重大历史机遇，紧紧围绕党和政府中心工作，服从服务于新疆改革发展稳定大局，坚持把走中国特色社会主义政治发展道路作为根本保证，始终保持人民政协工作的正确方向；把促进科学发展作为履行职能的第一要务，积极推动新疆经济社会又好又快发展；把促进社会和谐作为履行职能的政治责任，着力维护新疆社会稳定；把促进民族团结作为履行职能的重大使命，不断巩固和发展平等团结互助和谐的社会主义民族关系，努力开创人民政协事业新局面，为加快建设繁荣富裕和谐稳定的社会主义新疆创造新业绩、建立新功勋。

5月10日

［纲　文］　**国务院副总理张德江在北京会见美国国际商业机器公司（IBM）董事长兼首席执行官彭明盛一行。**

［目　文］　张德江向彭明盛介绍了当前中国经济社会发展情况，希望国际商业机器公司进一步扩大和深化与中国的互利合作，为推动中美关系健康发展多作贡献。

彭明盛表示，2011 年是国际商业机器公司成立 100 周年。多年来，国际商业机器公司在华业务发展顺利，并将继续致力于发展与中国的友好关系。

5月10日

［纲 文］ **第五届中国发明家论坛开幕式暨第六届发明创业奖颁奖典礼在北京举行。**

［目 文］ 全国人大常委会副委员长陈至立出席并致辞，她希望广大发明人紧密结合“十二五”规划纲要开展发明创造，希望中国发明协会进一步发挥联系政府和发明人之间的桥梁和纽带作用。此次论坛由中国发明协会、国家科学技术奖励工作办公室、科技日报社、中国知识产权报社联合举办。

发明创业奖是经国家奖励办批准，由中国发明协会在 2005 年设立的奖项，主要奖励有重要技术发明和创新，有自主知识产权并在产业化应用方面作出突出贡献的发明人。丁宏标等 50 人获得第六届发明创业奖，丁冉峰等 10 人获得发明创业奖特等奖，同时授予“当代发明家”荣誉称号。

5月10日

［纲 文］ **企业参与支援新疆工作座谈会在乌鲁木齐召开。**

［目 文］ 中共中央政治局委员、中央政法委副书记王乐泉出席会议并讲话。中国石油天然气集团公司、神华集团公司、国家电网公司、宝钢集团公司、喀什广新纺织公司、新华联集团、新疆阿尔曼清真食品工业集团等中央企业、援疆省市企业、新疆本地企业介绍了在新疆发展的情况和今后工作安排。新疆维吾尔自治区、新疆生产建设兵团和发展改革委、财政部、国土资源部、税务总局、国务院国资委等部门介绍了鼓励支持引导企业到新疆投资兴业的政策措施。

5月11日

［纲 文］ **温家宝主持召开国务院常务会议，讨论通过《中国残疾人事业“十二五”发展纲要》。**

［目 文］ 会议指出，党中央、国务院高度重视发展残疾人事业。“十一五”时期，我国残疾人事业取得历史性新成就。5 年来，全国有 1038 万残疾人得到不同程度的康复，特殊教育学校发展到 1704 所，残疾少年儿童义务教育水平明显提高，接受社会救助的城乡残疾人达到 5861 万人次，城镇新就业残疾人 180 万人次，累计扶持农村贫困残疾人解决温饱 618 万人次。广大残疾人自强不息、顽强拼搏，在经济社会发展中发挥了重要作用。

会议强调，当前我国残疾人事业基础依然比较薄弱，残疾人社会保障和服务政策措施还不够完善，残疾人总体生活状况与社会平均水平仍存在较大差距。“十二五”时期，必须按照政府主导、社会参与，国家扶持、市场推动，统筹兼顾、分类指导，立足基层、面向群众的原则，健全残疾人社会保障体系和服务体系，力争到 2015 年，使我国残疾人生活总体达到小康，参与和发展状况显著改善。为此，一要加强残疾人社会保障体系建设，保障残疾人基本生活。二要大幅增加残疾人基本公共服务供给，促进残疾人全面发展。建立残疾人托养服务体系，为智力、精神和重度残疾人托养服务提供200万人次补助。新安排城镇100万残疾人就业，扶持1000万农村贫困残疾人改善生活状况。三要加强残疾人康复和残疾预防工作，有效控制残疾的发生和发展。四要优化社会环境，促进残疾人事业可持续发展。会议要求各地区、各部门加强组织领导和督促检查，制定实施方案，切实抓好落实。

5月11日

［纲　文］　**中国奇迹——纪念抗击汶川特大地震三周年大型专题文艺晚会在北京举行。**

［目　文］　中共中央政治局常委李长春、国务院副总理回良玉、中宣部部长刘云山、全国人大常委会副委员长陈昌智、全国政协副主席李金华以及中央军委委员、总政治部主任李继耐等观看演出。晚会由中宣部、国家广电总局和解放军总政治部举办。

演出在序曲《向英雄致敬》中拉开帷幕。整台节目分为《中国大爱》《中国速度》《中国力量》《中国奇迹》四个篇章，由文艺表演、专题短片和现场访谈相结合，汇集了合唱、二重唱、舞蹈、诗朗诵等多种表演形式。

5月11日

［纲　文］　**"万众一心众志成城——5·12抗震救灾纪念馆"开馆。**

［目　文］　纪念馆在四川成都大邑县安仁镇，占地14000平方米，建筑面积8508平方米。内设主题展厅、地震科普厅、临展厅等。纪念馆主题展览分为序篇及《坚强领导、心系人民》《争分夺秒、全力营救》《临危不惧、奋起自救》《八方支援、共克时艰》《恢复生产、重建家园》《伟大精神、不竭动力》六个主题陈列单元。

5月11日

［纲　文］　**中宣部、文化部印发《关于加快国有文艺院团体制改革的通知》。**

［目　文］　《通知》指出，除中央文化体制改革工作领导小组确定的少数保留事业单位性质的院团外，其他国有文艺院团（不含新疆、西藏地区）都要转制为企业。要加大对转制文艺院团的资金扶持力度。转制前由各级财政安排的正常事业经费，转制后在一定期限内继续拨付。中央和地方财政通过安排文化产业发展专项资金、宣传文化专项资金，对转制文艺院团重点产业发展项目予以支持，分批为县级转制文艺院团配备流动舞台车、交通车，资助转制文艺院团更新设备、改善排练和演出条件。鼓励探索以政府采购等方式支持转制文艺院团加快发展。国家非物质文化遗产保护专项资金向承担非物质文化遗产保护任务的转制文艺院团倾斜。要全力保障转制文艺院团职工的合法权益。转制前已经离退休人员的离退休待遇标准不变，对转制前参加工作、转制后退休人员与事业单位同类人员的退休待遇差，要通过多种方式妥善予以解决。要充分尊重演职人员的择业意愿，拓宽转岗途径，加强转岗培训，经考核可充实到文化馆（站）、群众艺术馆等公益性文化单位，也

可安排其从事艺术普及工作。经协商一致自谋职业的，要依照国家有关规定支付经济补偿、接续社会保险关系。鼓励艺术名家和其他演职人员以个人持股的方式参与转制院团的股份制改造。

《通知》提出，2011年下半年，中宣部、文化部将联合开展对地方国有文艺院团体制改革工作的督察。2012年上半年，对各地国有文艺院团体制改革工作进行验收。

5月11日

［纲　文］　**习近平在北京会见以会长马有礼为团长的澳门中华总商会访京团全体成员。**

［目　文］　国家副主席习近平向访京团简要介绍了国家“十一五”发展情况和“十二五”发展规划。他指出，国家“十二五”规划首次将港澳内容独立成章，对港澳在国家发展全局中的地位作用界定得更加清晰，对中央支持港澳巩固提升竞争优势、加快培育新兴产业的政策举措阐述得更加详尽，这为澳门明确长远发展方向、规划未来发展蓝图奠定了重要基础，也为澳门发挥优势和作用提供了广阔空间。

习近平向澳门中华总商会提出四点希望：一是深入贯彻“一国两制”方针和澳门基本法，不断巩固扩大爱国爱澳的社会政治基础。二是把握宝贵发展机遇，发挥澳门独特优势，为支持国家又好又快发展、促进澳门繁荣稳定再立新功。三是在继续培养青年人才方面尽职尽责，确保“一国两制”伟大事业后继有人、薪火相传。四是更好履行服务会员、服务社会职能，为促进澳门社会更加和谐稳定多作贡献。

5月11日

［纲　文］　**刘云山在辽宁调研。**

［目　文］　中宣部部长刘云山在铁岭、沈阳等地，深入城乡基层和宣传文化单位调研，同宣传文化干部和专家学者座谈。他指出，在党中央坚强领导下，近年来文化体制改革不断向广度深度展开，取得重大突破和显著成效，公共文化服务得到加强，文化产业实力进一步壮大，文化市场日益繁荣，文化产品更加丰富。实践证明，中央关于深化文化体制改革的决策部署是完全正确的。我们要在认真总结成功经验的基础上，进一步认识文化体制改革的重要意义，增强深化文化体制改革的自觉性坚定性，按照“加大力度、加快进度、巩固提高、重点突破、全面推进”的要求，采取更有力的措施加以推进，打牢文化发展的体制机制基础。

5月11日

［纲　文］　**王兆国在江苏考察。**

［目　文］　中共中央政治局委员、中华全国总工会主席王兆国考察时强调，工青妇工作是党的群众工作的重要组成部分，工青妇组织在做群众工作方面具有不可替代的作用。加强和创新社会管理，做好新形势下党的群众工作，要紧紧依靠工会、共青团、妇联等群众组织，充分发挥它们的特点和优势，赋予它们更多的资源和手段，支持它们积极参与社会管理，为开创社会建设新局面作出更大贡献。

5月11日

［纲　文］　**国务院副总理回良玉在北京会见荷兰副首相兼经济、农业与创新大臣费尔哈亨。**

［目　文］　回良玉说，荷兰连续8年保持中国在欧盟第二大贸易伙伴地位，中荷经贸、农业和水利等领域合作在中欧各有关合作中处于领先水平。中方重视同荷兰的关系，愿同荷方共同努力，保持高层和各领域交往，扩大务实合作，在多双边领域加强协调配合，推动双边关系更好地向前发展。

费尔哈亨表示愿意与中国在经贸、农业等领域继续加强合作，促进荷中两国经济可持续增长，为世界经济发展作出积极贡献。

同日，农业部部长韩长赋在北京会见费尔哈亨，双方就深化中荷农业合作交换了意见。

5月11日

［纲　文］　**林业局在北京举行"爱鸟周"30周年暨表彰先进活动。**

［目　文］　全国政协副主席陈宗兴出席活动。对在爱鸟护鸟方面作出贡献的42个先进集体和41位先进个人进行了表彰。

5月11日

［纲　文］　**原中共吉林省顾问委员会主任张凤岐，在长春逝世，享年91岁。**

5月11—13日

［纲　文］　**张德江在陕西调研。**

［目　文］　国务院副总理张德江在榆林市、宝鸡市的街道、社区、乡镇、农户、市民中心、养老保险经办机构，召开基层群众座谈会，了解新农保和城镇居民社会养老保险工作情况，听取基层干部和城乡居民的意见和建议。

张德江在调研新农保试点进展情况时指出，新型农村社会养老保险试点工作开展以来，有关部门和试点地区制定相关政策，采取有力措施，积极引导农民参保，基础养老金按时足额发放，受到亿万农民群众广泛拥护，试点工作已取得重要进展。2011年新农保覆盖地区范围将从原计划的40%提高至60%，各地区、各部门要认真总结试点经验，抓紧制定工作方案，突出重点，加大投入，加强经办能力建设和基金监管，切实做好2011年的扩大试点工作，把党的惠民政策落到实处。我们要以高度的政治责任感和历史使命感，加强组织领导，保证资金投入，狠抓政策落实，确保试点工作起好步、开好局。要借鉴新农保试点经验，根据城镇居民特点，科学制定试点方案。要注重制度建设，建立长效机制。要坚持城乡统筹，兼顾不同保障制度的衔接。要广泛宣传试点工作的重要意义、基本原则和政策措施，引导城镇居民踊跃参保。

5月11—15日

［纲　文］　**王刚率全国政协调研组在新疆维吾尔自治区调研。**

［目　文］　中共中央政治局委员、全国政协副主席王刚等在乌鲁木齐、伊犁、喀

什、石河子、昌吉等地就加快转变经济发展方式、推动经济社会又好又快发展进行调研。王刚说，当前新疆正处于经济社会快速发展、综合实力明显增强、各族群众得到实惠最多的时期，各族人民共同团结奋斗的物质基础、政治基础、思想基础、群众基础不断巩固，各项事业已站在新的历史起点上。我们要切实把思想和行动统一到中央对形势的分析判断和对工作的决策部署上来，扎扎实实做好改革发展稳定各项工作。

5月11—13日

［纲　文］　**主权财富基金国际论坛在北京举行**。

［目　文］　本次会议由中国投资有限责任公司承办，26个国家主权财富基金和政府机构、7个多边机构及国内外多家公司代表参加，就全球宏观经济形势和投资环境、金融监管和投资体制改革，以及中国企业境外投资等议题进行了交流。

12日，国务院副总理李克强出席会议并发表致辞。他指出，实现世界经济全面复苏和持续发展，需要建立更加平等均衡的发展伙伴关系，构建稳健安全的财政金融体系，促进金融和经济协调发展。中国将全面深化包括财税金融改革在内的各领域改革，推动科学发展和经济发展方式加快转变。中国将推进经济结构战略性调整，保持经济长期平稳较快发展。实现未来发展目标，关键在于创新体制机制。我们将加快财税体制改革，积极构建有利于转变经济发展方式的财税体制；深化金融体制改革，稳步推进利率市场化，完善汇率制度，加强和改善金融监管，努力构建现代金融体系。

5月11—15日

［纲　文］　**第十二届世界俄语大会在上海举办**。

［目　文］　大会由世界俄语学会、中国俄语教学研究会和上海外国语大学联合主办，上海外国语大学承办，会议主题为：时间与空间中的俄语和俄罗斯文学。来自世界48个国家和地区的1000多名专家学者与会，就俄语语言政策、语言历史、俄罗斯文学等展开讨论。

国务委员刘延东出席开幕式并致辞。俄罗斯总理普京给大会发来贺信。

世界俄语学会于1967年成立于巴黎，是联合国教科文组织注册的C级国际组织，宗旨是传播、发展和研究作为世界文化组成部分的俄罗斯语言文学。目前该组织共有来自85个国家的200多个成员组织，中国俄语教学研究会是成员之一。

5月12日

［纲　文］　**财政部印发《金融企业绩效评价办法》**。

［目　文］　《办法》共7章39条。主要有总则、评价指标与权重、评价基础数据与调整、评价标准与评价计分、评价结果与评价报告、工作要求与责任、附则等内容。自2011年5月12日起施行，金融企业2010年度绩效评价工作执行本办法。《财政部关于印发〈金融类国有及国有控股企业绩效评价暂行办法〉的通知》(财金〔2009〕3号)、《财政部关于金融类国有及国有控股企业绩效评价相关事项的通知》(财金〔2009〕27号)

和《财政部关于印发〈金融类国有及国有控股企业绩效评价实施细则〉的通知》（财金〔2009〕169 号）同时废止。

5 月 12 日

［纲　文］　**回良玉在北京主持召开国家减灾委员会全体会议。**

［目　文］　会议主要内容是：总结“十一五”期间防灾减灾救灾工作，分析当前自然灾害形势，安排部署“十二五”及 2011 年重点工作任务。

国务院副总理、国家减灾委主任回良玉强调，以人为本的执政理念和各类自然灾害多发频发的复杂形势，对防灾减灾救灾工作提出了新的更高的要求。要始终把保障人民群众生命安全放在首位，按照“以防为主、防抗救相结合”的方针，坚持科学依法统一、有力有序有效的原则，大力加强监测预警、防范防御、应急抢险、灾后救助和恢复重建能力建设。要高度重视近日南方地区出现的大范围持续强降雨过程，切实加强对滑坡、泥石流灾害的防范，增强公众防灾减灾意识和自救互救能力。

5 月 12 日

［纲　文］　**新华社讯，中央公务用车问题专项治理工作领导小组第一次会议在北京召开。**

［目　文］　中央纪委副书记、领导小组组长吴玉良出席会议并讲话。国务院副秘书长兼国管局局长、领导小组常务副组长焦焕成主持会议。会议主要内容是：贯彻落实《中共中央办公厅、国务院办公厅印发〈关于开展党政机关公务用车问题专项治理工作的实施意见〉的通知》和全国电视电话会议精神，研究部署当前和今后一段时期专项治理工作。

会议要求，中央公务用车问题专项治理工作领导小组成员单位要各负其责，充分发挥职能优势，加强联系沟通，密切协作配合，形成工作合力。领导小组办公室要认真履行职责，发挥组织协调、参谋助手和督促指导作用。

5 月 12 日

［纲　文］　**教育部发布《2010 年中国语言生活状况报告》。**

［目　文］　《报告》由十个部分组成：一、中央政府重视语言文字事业。二、语言文字工作亮点突出。三、社会大众关注语言生活。四、微博、新词语、热词成为新的信息传递方式。五、自然灾害和人道主义救援中的语言援助问题引起关注。六、关注国际语言生活。七、媒体用字用语情况。八、少数民族语文教材状况。九、海外汉语教材与东南亚华文教材用字用词状况。十、中文博客语言状况。

5 月 12 日

［纲　文］　**中国人民银行发布，从 2011 年 5 月 18 日起，上调存款类金融机构人民币存款准备金率 0.5 个百分点。**

［目　文］　此次上调后，大中型金融机构存款准备金率达 21%，再创历史新高。这是央行 2011 年以来第五次上调存款准备金率。2011 年以来，央行以每月一次的频率，在过去四个月里先后四次上调存款准备金率。这也是央行自 2010 年以来第十一次上调存款

准备金率。

5月12日

［纲 文］ **全国首个海峡两岸交流基地——台儿庄古城开埠。**

［目 文］ 中国国民党荣誉主席吴伯雄与海协会副会长王富卿共同为海峡两岸交流基地台儿庄古城鸣鼓开埠。

1938年台儿庄大战时，古城在日本侵略者的炮火下变成废墟。2008年，台儿庄大战胜利70周年之际，枣庄市决定重建台儿庄古城，规划面积约2平方公里，一期核心区占地75.8公顷。2009年12月，经国台办批准，台儿庄古城被确立为全国首个海峡两岸交流基地。

5月12日

［纲 文］ **中组部部长李源潮在北京会见由会长米仓弘昌和名誉会长御手洗富士夫率领的日本经济团体联合会代表团。**

［目 文］ 李源潮指出，中日经贸合作是两国关系的重要支柱，中方愿与日方一道，加强各领域交流与合作，不断充实中日战略互惠关系内涵，增进两国人民的友好感情，为实现中日两国和平友好、互利合作、共同发展作出新的贡献。

米仓弘昌表示，愿继续为发展日中友好做出积极努力，推动并支持两国年轻一代的相互交流，促进两国共同发展。

5月12日

［纲 文］ **"纪念人类太空飞行50周年宇航图片展"在中国科技馆开幕。**

［目 文］ 图片展由中国科学技术协会和中国人民对外友好协会与俄罗斯联邦驻华大使馆共同策划组织。全国人大常委会副委员长、中国科协主席韩启德出席开幕式并致辞表示，50年前，苏联宇航员尤里·加加林乘坐"东方号"宇宙飞船在太空飞行108分钟，实现了人类首次太空飞行，震惊了世界。中国在2003年成功完成了首次载人航天，继而又进行了多人多天太空飞行和出舱活动，并在此过程中开展了大量空间科学与应用实验。载人航天科技是当今世界最具代表性和综合性的高科技领域。50年的实践表明，载人航天科技的迅猛发展，不仅能促进能源、信息现代化，更能对科技结构性变革以及对其他先进技术的发展起到积极的带动作用，对人类社会的发展和进步产生着日益深远的影响。随着人类太空探索不断取得新的成就，太空资源能够更好地造福世界人民，人类的载人航天事业一定会走得更远。

开幕式结束后，俄罗斯现役宇航员尤里·隆恰科夫、马克西姆·苏拉耶夫为出席活动的中俄青少年和宇航爱好者500多人作专题报告，介绍了航天的历史、现状以及宇航员在太空的工作和生活。中国航天员景海鹏参加了活动。

1961年4月12日，苏联宇航员尤里·加加林乘坐"东方一号"载人飞船顺利进入太空，开创了人类探索和开发太空时代的新纪元。

5 月 12 日

［纲　文］ **陈慕华逝世**。

［目　文］ 中国共产党的优秀党员，久经考验的忠诚的共产主义战士，无产阶级革命家，我国经济工作和妇女儿童工作的杰出领导人，中国共产党第十一届、十二届中央政治局候补委员，第七届、八届全国人民代表大会常务委员会副委员长，国务院原副总理，原国务委员，中华全国妇女联合会原主席、名誉主席陈慕华同志，在北京逝世，享年 90 岁。

18 日，陈慕华的遗体在北京八宝山革命公墓火化。胡锦涛、吴邦国、温家宝、贾庆林、李长春、习近平、李克强、贺国强等党和国家领导人送别。

5 月 12—15 日

［纲　文］ **李长春在深圳调研**。

［目　文］ 中共中央政治局常委李长春在企业、社区、科研院所和宣传文化单位，就加快转变经济发展方式、深化文化体制改革、推进文化事业和文化产业等进行调研。他指出，改革创新是时代精神的核心，是推进文化建设的强大动力。要坚持社会主义先进文化的前进方向，以满足人民群众日益增长的精神文化需求为根本目标，以建设社会主义核心价值体系为根本要求，以构建有利于文化科学发展的体制机制为主攻方向，进一步深化文化体制改革，解放和发展文化生产力，推动社会主义文化大发展大繁荣，充分发挥文化引导社会、教育人民、推动发展的重要作用。

调研期间，李长春主持召开座谈会，听取对文化改革发展的意见和建议。来自基层一线的实际工作者和专家学者围绕创新文化体制机制、加快发展文化事业和文化产业等畅谈经验体会，积极建言献策。李长春指出，各级党委政府要以高度的文化自觉，进一步深化对文化重要地位和作用的认识，牢固树立新的文化发展理念，正确认识和妥善处理文化改革发展中的重大关系，切实把文化工作摆在全局工作的重要位置，纳入重要议事日程，纳入经济社会发展总体规划，纳入科学发展考核评价体系，加强组织领导，加强统筹协调，加强政策扶持，加强资金投入，加强督促检查，充分调动社会各方面和广大文化工作者的积极性主动性创造性，不断提高领导和推动文化改革发展的科学化水平。

5 月 12—15 日

［纲　文］ **国务委员戴秉国出席第二轮中欧高级别战略对话并访问匈牙利**。

［目　文］ 12 日，第二轮中欧高级别战略对话在欧盟轮值主席国匈牙利布达佩斯举行，国务委员戴秉国和欧盟外交与安全政策高级代表兼欧盟委员会副主席阿什顿共同主持对话。双方就如何看待对方发展、中欧关系和国际形势进行了交流。双方一致同意：第一，保持双方高层交往，增进政治互信。第二，深化务实合作，努力实现互利共赢。应结合中国“十二五”规划和“欧洲 2020 战略”契合点，扎扎实实推进合作，特别是在基础设施建设、环保、可持续发展等领域的合作。为对方企业赴当地投资兴业提供良好条件。第三，大力开展人文交流，积极推动青年、地方省市、专家学者交流。第四，加强在国际

事务中的协调与合作。

戴秉国访问匈牙利期间，在布达佩斯分别会见了匈牙利总统施米特和匈牙利总理欧尔班。

5月13日

［纲 文］ **国务院办公厅通知广东省人民政府，批准江门市城市总体规划。**

［目 文］ 通知说，你省《关于上报江门市城市总体规划的请示》（粤府〔2010〕23号）收悉。经国务院批准，现通知如下：一、原则同意修订后的《江门市城市总体规划（2011—2020年）》。二、江门市是珠江三角洲西部地区的中心城市之一。三、重视城乡统筹发展。在《总体规划》确定的1786平方公里的城市规划区范围内，实行城乡统一规划管理。四、合理控制城市规模。到2020年，主城区城市人口控制在160万人以内，城市建设用地控制在156平方公里以内。五、完善城市基础设施体系。要加快公路、铁路和港口等交通基础设施建设，改善城市与周边地区交通运输条件。六、建设资源节约型和环境友好型城市。七、创造良好的人居环境。要坚持以人为本，创建宜居环境。八、重视历史文化和风貌特色保护。九、严格实施《总体规划》。城市建设要实现经济社会协调发展，物质文明和精神文明共同进步。

5月13日

［纲 文］ **国务院办公厅发出通知，决定立即在全国开展征地拆迁制度规定落实情况专项检查，强化监管，严肃问责，坚决制止违法强拆行为，切实维护群众合法权益。**

［目 文］ 通知要求各地区、各有关部门要认真贯彻2011年1月国务院公布施行的《国有土地上房屋征收与补偿条例》和《国务院办公厅关于进一步严格征地拆迁管理工作切实维护群众合法权益的紧急通知》（国办发明电〔2010〕15号）等征地拆迁制度规定，严格依法按程序办事，切实落实地方政府责任，坚决制止违法强制拆迁、暴力拆迁，从源头防范化解矛盾，做到依法、文明、和谐拆迁。

通知要求各省（区、市）督促所辖各市、县政府认真贯彻落实《条例》和《紧急通知》要求，对自查出的问题抓紧整改。坚决依法从严从快查处违法强制拆迁、暴力拆迁案件，对违法实施强拆的责任人，要依法处理；对失职渎职的部门，要严肃追究部门负责人的责任；对情节严重、影响恶劣的，要依法追究有关地方领导的责任；构成犯罪的，要及时移送司法机关，依法追究刑事责任。要着力完善相关制度，建立健全防范化解征地拆迁矛盾纠纷的长效机制，切实维护群众合法权益和社会和谐稳定。

5月13日

［纲 文］ **国务院总理温家宝在北京会见由会长米仓弘昌和名誉会长御手洗富士夫率领的日本经济团体联合会代表团。**

［目 文］ 温家宝说，日本人民在“3·11”特大地震、海啸中遭受巨大损失和痛苦，中方感同身受，愿继续提供必要的帮助。温家宝表示，我期待在东京出席中日韩领导人会

议期间，就发展两国关系、加强区域合作等重大议题同菅直人首相全面、深入交换意见。届时我将赴灾区慰问日本民众，传递中国人民对日本人民的友好情谊和对日本灾后重建的真诚支持。温家宝希望经团联继续为推动中日经济技术合作和民间交往发挥积极作用。两国政府和人民要共同努力，以中日邦交正常化40周年为契机，推动双方战略互惠关系取得新进展。

米仓和御手洗表示，中国政府和人民在东日本地震、海啸发生后第一时间向日方表示慰问并提供有力支援，增添了我们救灾的勇气和力量。当前，日本全国正在为灾区恢复重建而努力，日本经济界希望以防灾减灾、节能环保、循环经济为重点，加强同中方的经贸合作。经团联愿为增进日中两国人民的友好感情作出不懈努力。

5月13日

［纲　文］ **中央党校举行春季学期第二批入学学员开学典礼。**

［目　文］ 中共中央政治局常委、中央党校校长习近平出席典礼并讲话。中组部部长李源潮、中央纪委副书记何勇出席开学典礼。中央党校副校长陈宝生主持开学典礼。中央有关部门负责人、中央党校负责人以及2011年春季学期第二批入学学员和在校学员，共1100多人参加了开学典礼。

5月13日

［纲　文］ **民政部与中国气象局在北京签署《关于加强防灾减灾工作合作备忘录》。**

［目　文］ 《备忘录》指出，双方建立综合防灾减灾的联合宣传工作机制，利用中国气象频道、国家减灾网、中国天气网、中国兴农网等资源联合开展综合防灾减灾宣传和科普活动，共同将中国气象频道建设成为面向综合防灾减灾的电视频道。

5月13日

［纲　文］ **武警驻京机动部队能力建设成果汇报会在首都南郊国家反恐训练基地举行。**

［目　文］ 国务委员、公安部部长兼武警部队第一政委孟建柱出席汇报会并发表讲话。

指挥车、防暴装甲车、武装巡逻车、运兵宿营车等多种车辆装备组成的方阵，以威武雄壮的姿态依次亮相，5000多名官兵进行了防暴和突发事件处置等演示。

孟建柱强调，武警驻京机动部队担负着维护首都社会稳定的重任，要牢记神圣使命，增强忧患意识，大力加强部队建设，提升遂行任务能力，全面维护好社会公共安全。

5月13日

［纲　文］ **兰州军区原顾问伍生荣，在兰州逝世，享年94岁。**

5月13—16日

［纲　文］ **第七届中国（深圳）国际文化产业博览交易会在深圳举办。**

［目　文］ 文博会由文化部、国家广播电影电视总局、新闻出版总署、广东省人民政府和深圳市人民政府联合主办。中宣部部长刘云山出席开幕式。本届文博会总成交

额达到1245.49亿元人民币，比上一届增加156.93亿元，增长14.42%，其中合同成交额600.49亿元，占总成交额48.21%。参观人数达354.05万人次。本届文博会突出了“文化+科技”的特点，重点引进有市场前景、有出口潜力、代表中华文化精粹的文化遗产和重点项目，同时加强与国际接轨，注重突出项目、促进交易、推动出口。

13日，文化产业发展座谈会在深圳召开。刘云山出席会议并讲话。中央有关部门和部分省区市党委宣传部负责人，部分文化企业负责人出席会议。中宣部常务副部长雒树刚主持会议。光明日报社和经济日报社发布了第三届“文化企业30强”名单。本届“文化企业30强”评选包括文化艺术、广播影视、新闻出版和文化新业态四大类。其中，文化艺术类6家，广播影视类7家，新闻出版类10家，文化新业态类7家。

刘云山指出，加快发展文化产业是党中央立足经济社会发展全局、着眼推动社会主义文化大发展大繁荣作出的重大战略部署，要紧紧围绕科学发展这个主题和加快转变发展方式这条主线，以改革创新和科技进步为动力，以壮大实力、提高竞争力为核心，以满足人民群众多层次多样化多方面精神文化需求为目标，加大推进力度、提高质量效益、实现跨越发展，推动文化产业成为国民经济支柱性产业。

5月13—16日

［纲　文］　**第二十八届中国国际体育用品博览会在四川成都举办。**

［目　文］　来自30多个国家和地区的近1100家企业、3000多个品牌亮相。展会期间，举办了健身管理高端论坛、中国体育场馆行业高峰论坛、体育产业资本论坛、中国体育产业与体育用品业发展论坛等活动。

5月14日

［纲　文］　**《人民日报》报道，国务院召开第四次廉政工作会议。**

［目　文］　会议部署2011年的政府系统反腐倡廉工作。国务院总理温家宝出席会议并讲话。他讲了三部分内容：一、加强政府系统反腐倡廉工作，是促进服务政府建设的必然要求。二、正确认识形势，是科学决策的依据，也是做好工作的前提。三、2011年是中国共产党成立90周年，也是“十二五”开局之年，政府系统反腐倡廉工作任务十分繁重。各级监察机关要按照《行政监察法》赋予的职责，充分发挥行政监察职能，力求取得反腐倡廉建设新的更大成效。

5月14日

［纲　文］　**首届“瑞安华富杯”全国短篇报告文学奖颁奖大会在中国现代文学馆举行。**

［目　文］　本届评选作品为2008—2009年正式公开发表的短篇报告文学。9篇获奖作品为：一等奖李春雷的《夜宿棚花村》；二等奖孙梽文的《希望之路》，郝敬堂的《好大一个家》和党益民的《守望天山》；三等奖朱晓军的《“水鬼”的天下》，王丛伟、施正勋、张益的《云江爱潮接汶川》，李青松的《一种精神》，江胜信的《情洒昆仑，梦回浦江》和张成起的《与死神拔河的村官》。

5月14日

［纲 文］ **外交部部长杨洁篪出席在哈萨克斯坦阿拉木图举行的上海合作组织成员国外长理事会会议。**

［目 文］ 杨洁篪赞赏上合组织成立10年来为促进地区和谐、发展和国际关系民主化作出的贡献。他说，中国是上合组织的积极参与者和建设者，将继续以自身发展促进本组织及其成员国的发展，为地区的持久和平与共同繁荣作出更大努力。中方愿同各方密切配合，做好上合组织阿斯塔纳峰会的筹备工作。

会议期间，杨洁篪分别会见了俄罗斯外长拉夫罗夫、哈萨克斯坦外长卡济哈诺夫、吉尔吉斯斯坦外长卡扎克巴耶夫。

5月14—21日

［纲 文］ **2011年全国科技活动周举办。**

［目 文］ 活动周由科技部会同中宣部、中国科协等19个部门组成科技活动周组委会，在全国范围内组织实施。本届科技周以“携手建设创新型国家——科技改变生活，科普服务民生”为主题。

14日，中共中央政治局委员、国务委员刘延东在北京出席2011年科技活动周开幕式时强调，要突出科学发展主题和转变经济发展方式主线，切实推进科技进步与创新，广泛开展科学技术普及，促进经济社会全面协调可持续发展，为人民群众创造更加美好幸福的生活。

5月14—26日

［纲 文］ **中华全国台湾同胞联谊会会长文化交流参访团在台湾访问。**

［目 文］ 这是全国台联首次组织省区市台联会长赴台访问，26名团员中包括北京、福建、广东等14位地方台联会长。参访团由全国台联会长梁国扬率领。本次参访，旨在进一步了解台湾的社情民意，有效整合台联各方面的资源，更好地为台胞乡亲服务。参访团在台北、新竹、台中、台南、高雄、花莲等地访问交流。

5月15日

［纲 文］ **中国民主同盟成立70周年纪念大会在北京举行。**

［目 文］ 中共中央政治局委员、国务委员刘延东出席大会并代表中共中央致贺词。刘延东在贺词中指出，中国共产党将坚持和完善共产党领导的多党合作和政治协商制度，贯彻“长期共存、互相监督，肝胆相照、荣辱与共”的方针，充分发挥民主党派在国家政治和社会生活中的作用，巩固和发展最广泛的爱国统一战线，为实现中华民族伟大复兴努力奋斗。

全国人大常委会副委员长、民盟中央主席蒋树声在纪念大会上回顾了民盟成立70年来的光辉历程，号召全盟继承民盟前辈爱国奉献、追求真理、修身明志、自尊自强的优良传统，自觉接受中国共产党的领导，与中国共产党风雨同舟、亲密合作，坚定不移地走中国特色政治发展道路，坚持和完善中国共产党领导的多党合作和政治协商制度，在国家政治生活中积极发挥作用，坚持把促进科学发展作为参政议政的第一要务，不断提高履行职能的能力和水平，为夺取全面建成小康社会的新胜利、谱写中华民族伟大复兴新篇章而努力奋斗。

纪念大会由全国政协副主席、民盟中央第一副主席张梅颖主持。全国人大常委会副委员长、农工党中央主席桑国卫代表民革、民建、民进、农工党、致公党、九三学社、台盟等民主党派中央和全国工商联致贺词。民盟中央原副主席吴修平作为民盟盟员代表在会上发言。

民盟中央对民盟 512 个地方和基层组织、1059 名盟员给予表彰，分别向其授予先进集体和先进个人称号。

5 月 15 日

［纲　文］ **回良玉在北京残疾人集中就业单位，慰问残疾人职工。**

［目　文］ “改善残疾人民生，保障残疾人权益”为主题的全国助残日到来之际，中共中央政治局委员、国务院残疾人工作委员会主任回良玉在北京赢冠义齿加工有限责任公司慰问残疾人职工。他指出，就业是民生之本，也是残疾人的基本权益，促进残疾人就业是国家就业优先战略的一个组成部分。各级政府和社会各界要千方百计、齐心合力，努力促进有劳动能力的残疾人就业，大力推进残疾人社会保障体系和服务体系建设，不断改善残疾人民生，推动残疾人事业再上新台阶。

5 月 15 日

［纲　文］ **刘延东在北京调研。**

［目　文］ 中共中央政治局委员、国务委员刘延东指出，要顺应时代发展要求，把握文化发展规律，树立新的文化发展理念，牢牢把握主题主线，正确认识和妥善处理文化改革发展中的重大关系，以改革创新精神谋划文化发展战略、统筹文化发展大局，不断提高领导和推动文化发展的科学化水平。推进文化改革发展必须坚持以科学发展观为统领，加大力度、突出重点，不断巩固、扩大改革成果，加快形成有利于文化科学发展的体制机制。要统筹城乡文化建设，建立公共文化共建共享的长效机制，加快构建覆盖广泛、运行高效的公共文化服务体系。要加快文化产业发展，推进文化与科技、金融等融合，大力培育骨干文化企业、发展新兴文化业态，使之成为国民经济支柱性产业。要充分发挥广大文化工作者的主体作用，健全人才培养、使用、评价、激励保障机制，形成人才辈出的生动局面，创造更多更高质量的精神文化产品，不断提升全民族素质。

5 月 15 日

［纲　文］ **在罗马网球大师赛女双决赛中，中国运动员郑洁、彭帅以 2 ∶ 0 战胜美国运动员金久慈、哈萨克斯坦选手舍夫多娃，获得女双冠军。**

5 月 15—19 日

［纲　文］ **应国家主席胡锦涛邀请，欧洲理事会主席范龙佩访问中国。**

［目　文］　16 日，胡锦涛在北京与范龙佩会谈时说，建交 30 多年来，中欧关系经受住了国际风云变幻的考验，取得了长足发展。双方高层交往频繁，各级别对话富有成效，各领域合作成果丰硕，在重大国际和地区问题上也保持着密切沟通与协调。中欧关系的发展促进了各自的发展与繁荣，对国际关系格局产生了深远影响。中方始终从时代发展和战略高度看待中欧关系，我们愿与欧方一道，进一步规划和把握好中欧关系发展大局，把中欧全面战略伙伴关系提高到新的水平。中方一贯支持欧洲一体化建设，欢迎欧盟在国际事务中发挥更加积极的建设性作用。欧盟是世界重要经济体，也是中国最大的贸易伙伴，一个经济稳定、繁荣发展的欧洲对世界、对中国都有好处。无论过去、现在还是将来，中国都是欧洲可以信赖的合作伙伴。

范龙佩说，双方不仅是经济伙伴，而且是政治伙伴，人文领域交往也在不断加强。欧中双方发展阶段和发展水平各不相同，但双方有着许多共同点，在投资和贸易领域合作潜力巨大，在应对气候变化、金融、科技、城市化等方面有着很大合作空间。欧方愿意同中方加强各领域合作，扩大人文交往，共同保持市场开放，避免保护主义，推动多哈回合谈判尽早取得成果。中国为保持欧元区稳定、促进欧洲经济复苏作出了重要贡献，欧方对此表示感谢。

17 日，国务院总理温家宝在北京会见范龙佩时说，双方在携手应对国际金融危机和欧洲一些国家的主权债务危机中，加深了相互了解，扩大了互利合作，这对维护共同利益、促进多极化和全球化必将产生重大而深远的影响。中方对欧洲保持稳定和繁荣抱有信心，支持欧洲一体化进程，高度重视欧盟的国际地位。

范龙佩表示，欧方高度重视欧中关系，希望双方结合各自的发展战略和优势，共同制定长期的合作交流规划，妥善处理分歧。

18 日，国家副主席习近平在北京会见范龙佩时说，中方一向视欧盟为世界上一支重要力量，一贯支持欧盟一体化建设，重视同欧盟发展全面战略伙伴关系。目前欧盟已是中国最大的贸易伙伴，中国是欧盟第二大贸易伙伴和第二大出口市场，双方利益融合日益深厚，相互人员往来和交流也更加活跃。

范龙佩表示，新形势下，欧方愿与中方进一步加强各领域合作，突出双方关系的长期性、战略性，认真做好即将举行的欧中领导人会晤准备工作，推动欧中全面战略伙伴关系向更高水平发展。

5 月 16 日

［纲　文］　**商务部、海关总署发布《关于将稀土铁合金纳入稀土出口配额许可证管理的公告》。**

［目　文］　《公告》说，一、自 2011 年 5 月 20 日起，将海关商品编号为 7202999100 的“其他按重量计稀土元素总含量 >10% 的铁合金”纳入稀土出口配额许可证管理。二、出口上述商品的企业，应当符合稀土出口配额申领条件（商务部 2010 年第 77 号公告）

并获得稀土出口配额，按照《货物出口许可证管理办法》（2008年商务部第11号令）和《2011年出口许可证管理货物目录》（商务部、海关总署2010年第108号公告）有关规定，向商务部配额许可证事务局或驻各地特派员办事处申领出口许可证。企业持出口许可证向海关办理通关手续。三、对2011年5月20日（含）之前已签订合同的上述商品出口设立过渡期，时间为2011年5月20日起至2011年6月30日止。商务部配额许可证事务局或企业所在地省级商务主管部门于6月5日（含）之前向持相关合同企业签发铁合金出口许可证，企业于6月30日前向海关申报出口。四、2011年7月1日起，企业一律持商务部配额许可证事务局或驻各地特派员办事处签发的稀土出口配额许可证向海关办理通关手续。五、商务部、海关总署负责本公告的解释。

5月16日

［纲　文］　**财政部印发《全国会计从业资格证书信息化调转暂行办法》，自2011年6月1日起执行。**

5月16日

［纲　文］　**中国国家博物馆《古代中国》基本陈列举行预展仪式。**

［目　文］　《古代中国》陈列是国博新馆竣工、重新开放后最重要的基本陈列之一，它的前身为《中国通史陈列》。本次陈列以王朝更替为主要脉络，分为远古时期、夏商西周时期、春秋战国时期、秦汉时期、三国两晋南北朝时期、隋唐五代时期、辽宋夏金元时期和明清时期8个部分。17日正式接待公众参观。

该陈列以古代珍贵文物为主，共展出展品2500余件，其中珍贵文物2000余件，一级文物就占500余件，较为全面地展示了古代中国不同历史时期的发展状况。为丰富和提升展览质量，国博向故宫博物院、上海博物馆等17家文物收藏单位商借文物共计218件（组），弥补了陈列缺少的文物。

5月16日

［纲　文］　**国务院副总理王岐山在北京会见美国凯雷投资集团联合创始人兼董事总经理鲁宾斯坦。**

［目　文］　王岐山说，上周举行的第三轮中美战略与经济对话取得丰硕成果。中美双方应当充分利用这一重要平台，加深了解，增进共识，管控碰撞，避免经济问题“政治化”，为两国企业合作营造更加公平、透明、稳定的环境。

鲁宾斯坦高度评价第三轮中美战略与经济对话取得的成功，并对美中经济合作的前景表示乐观。

5月16日

［纲　文］　**外交部副部长宋涛和希腊副外长库维利斯在北京签署《中华人民共和国外交部和希腊共和国外交部关于简化签证手续的联合声明》。**

5月16—18日

［纲　文］　**第二届“中欧政党高层论坛”在北京、天津举行。**

［目　文］　论坛由中国共产党主办。来自19个欧洲国家的31个政党，以及1个欧洲地区性政党和5个欧洲议会党团领导人出席。论坛期间，双方代表围绕“中国‘十二五’规划与‘欧洲2020战略’——中国和欧洲未来5—10年经济社会发展的方向标”“中欧战略的共同点及中欧合作的新机遇”“中欧贸易及经济合作的现状与前景”等议题进行了交流。

16日，论坛在北京开幕。中宣部部长刘云山出席并发表了题为《把握机遇、深化合作、共创未来》的主旨讲话。中联部部长王家瑞，欧洲议会社会党党团主席舒尔茨，法国人民运动联盟副总书记诺维利，欧洲议会人民党党团代表、欧洲议会对华关系代表团副团长伊万诺娃，欧洲自由党副主席洛宁，欧洲议会绿党党团副主席彼蒂科费尔，捷克和摩拉维亚共产党主席菲利普等外方代表也先后致辞。18日在天津闭幕。

会议期间，中共中央政治局常委、国家副主席习近平在北京会见出席论坛的欧方政党领导人；中共中央政治局委员、北京市委书记刘淇在北京出席论坛招待会并致辞；对外联络部部长王家瑞在北京分别会见出席论坛的欧洲议会社会党党团主席马丁·舒尔茨、英国工党影阁外交大臣道格拉斯·亚历山大；中组部部长李源潮在北京会见由党团主席马丁·舒尔茨率领的欧洲议会社会党党团代表团；全国妇联主席陈至立在北京会见出席论坛的意大利民主党主席、众议院副议长宾迪一行；中共中央政治局委员、天津市委书记张高丽在天津会见出席论坛的欧方政党领导人和企业家代表。

5月17日

［纲　文］　**国务院批复黑龙江省人民政府，同意哈尔滨市城市总体规划。**

［目　文］　批复说，你省《关于呈报〈哈尔滨市城市总体规划（2004—2020）〉的请示》（黑政发〔2005〕16号）收悉。现批复如下：一、原则同意修订后的《哈尔滨市城市总体规划（2011—2020年）》。二、哈尔滨是黑龙江省省会，我国东北地区重要的中心城市，国家重要的制造业基地，国家历史文化名城。《总体规划》实施要以科学发展观为指导，坚持经济、社会、人口、环境和资源相协调的可持续发展战略，统筹做好哈尔滨市城乡规划、建设和管理的各项工作。三、重视城乡统筹发展。在《总体规划》确定的7086平方公里的城市规划区范围内，实行城乡统一规划管理。四、合理控制城市规模。到2020年，主城区城市人口控制在460万人以内，城市建设用地控制在458平方公里以内。五、完善城市基础设施体系。要加快公路、铁路、港口和机场等交通基础设施建设，改善城市与周边地区交通运输条件。六、建设资源节约型和环境友好型城市。七、创造良好的人居环境。要坚持以人为本，创建宜居环境。统筹安排关系人民群众切身利益的教育、医疗、市政等公共服务设施的规划布局和建设。八、重视历史文化和风貌特色保护。九、严格实施《总体规划》。城市建设要实现经济社会协调发展，物质文明和精神文明共同进步。城市管理要健全民主法制，坚持依法治市，构建和谐社会。

5月17日

［纲　文］　**国务院批复海南省人民政府，同意海口市城市总体规划。**

［目　文］　批复说，你省《关于审批海口市城市总体规划的请示》（琼府〔2006〕6号）收悉。现批复如下：一、原则同意修订后的《海口市城市总体规划（2011—2020年）》。二、海口是海南省省会，我国旅游度假胜地，国家历史文化名城。要以科学发展观为指导，遵循城市发展客观规律，坚持经济、社会、人口、环境和资源相协调的可持续发展战略，统筹做好海口市城乡规划、建设和管理的各项工作。三、重视城乡统筹发展。在《总体规划》确定的2304.8平方公里的城市规划区范围内，实行城乡统一规划管理。四、合理控制城市规模。到2020年，主城区常住人口控制在180万人以内，城市建设用地控制在209平方公里以内。五、完善城市基础设施体系。要加快公路、港口、机场等区域性交通基础设施建设，改善城市与周边地区交通运输条件。六、建设资源节约型和环境友好型城市。七、创造良好的人居环境。要坚持以人为本，创建宜居环境。八、重视历史文化和风貌特色保护。九、严格实施《总体规划》。城市建设要实现经济社会协调发展，物质文明和精神文明共同进步。

5月17日

［纲　文］　**新闻出版总署发布《新闻采编人员不良从业行为记录登记办法》，自2011年5月17日起施行。**

5月17日

［纲　文］　**国家地震灾害紧急救援队成立10周年座谈会在北京举行。**

［目　文］　国务院总理温家宝作出批示，指出国家地震灾害紧急救援队肩负崇高使命，在历次抢险救灾中，坚持生命至上，科学施救，不畏艰险，勇挑重担，作出了突出贡献，赢得了国内外高度赞誉。实践证明，这是一支技术精湛、作风顽强的队伍，是一支党和人民信得过的队伍。希望再接再厉，在今后的抢险救灾行动中作出更大的贡献。

国务院副总理回良玉出席座谈会并讲话。中央有关部门和总参谋部、总政治部、北京军区、武警部队负责人以及救援队队员代表出席会议。中国地震局、总参谋部在会上介绍了国家地震灾害紧急救援队10年来建设和发展情况，并向为国家地震灾害紧急救援队建设和发展作出突出贡献的部门和单位颁发了荣誉证书。

5月17日

［纲　文］　**国务院副总理李克强在北京会见英国国际贸易与投资特别代表安德鲁王子。**

［目　文］　李克强指出，当前中英经贸正处在十分活跃和富有成果的时期，双方应充分运用彼此发展机遇，鼓励两国企业包括中小企业加强在能源环保、高端制造、基础设施、金融服务等领域的合作，将互补性强的优势转化为合作成果，发挥大项目示范带动作用，形成合作新亮点，为提升中英经贸关系、促进两国经济社会发展注入新的推动力。

安德鲁王子表示英中加强经济合作十分重要，愿继续为加强英中、欧中经济关系而努力。

5 月 17 日

［纲　文］　**中国、巴西高层协调与合作委员会经贸分委会第二次会议在巴西巴西利亚举行。**

［目　文］　商务部部长陈德铭和巴西外交部部长帕特里奥塔，巴西工业贸易发展部部长皮门特尔共同主持了会议。会议就中巴两国在贸易、投资、贸易统计、知识产权、海关合作等议题深入交换了意见。双方认为，作为两国战略伙伴关系的重要组成部分，中巴两国加强经贸合作，有利于地区及全球经济的稳定和繁荣。双方同意，按照“超越互补、互利共赢”的原则深化投资合作。双方签署了《中巴高委会经贸分委会第二次会议纪要》，并召开联合新闻发布会。

5 月 17—20 日

［纲　文］　**应国务院总理温家宝邀请，巴基斯坦总理吉拉尼对中国进行正式访问。**

［目　文］　访问期间，国家主席胡锦涛、全国政协主席贾庆林在北京分别会见了吉拉尼。

温家宝在北京与吉拉尼举行会谈，双方一致表示，要以庆祝中巴建交 60 周年和举办“中巴友好年”为契机，为两国和两国人民的友谊与合作注入新的活力。两国总理出席了有关双边合作文件的签字仪式。双方发表了《中华人民共和国和巴基斯坦伊斯兰共和国联合声明》。

国务委员刘延东在苏州会见了出席首届太湖文化论坛开幕式的吉拉尼。

胡锦涛在会见吉拉尼时表示，双方要保持高层交往，及时就涉及各自核心利益的重大问题交换意见。双方要加强务实合作，抓紧落实基础设施、能源、农业等重点领域合作项目，稳步推进经贸、金融、科技等领域的合作，积极探讨新的合作方式和途径，不断挖掘潜力，提高合作质量和水平。同时要着眼长远，扩大人文交流，促进教育、文化、媒体、政党、地方友好交往和对口交流，办好“中巴友好年”、百名青年互访等活动。中方赞赏巴方为反恐斗争作出的重大努力和重要贡献，愿同巴方加强安全对话与协作，共同打击“三股势力”、毒品走私、跨国犯罪，为两国经济社会发展营造良好安全环境。

吉拉尼表示，巴基斯坦各界全力支持同中国发展强有力的关系。巴方愿意同中方一道，进一步加强基础设施、能源、农业、经贸、金融、科技、文化等领域务实合作，以及在国际和地区问题上的协调与对话，深化巴中友谊，推动两国战略合作伙伴关系不断向前发展。巴方致力于打击各种形式的恐怖主义，感谢中方对巴方反恐斗争的支持。

温家宝与吉拉尼会谈表示，巴基斯坦为国际反恐斗争付出了巨大牺牲，作出了重要贡献。巴独立、主权和领土完整必须得到尊重。国际社会应该理解和支持巴方维护国内稳定、实现经济社会发展的努力。中方上述立场是一贯的、坚定的。中方正在积极履行援助巴灾后重建的承诺，愿尽最大努力帮助巴政府和人民渡过难关。中巴制定了新的经贸合作规划，将能源、基础设施建设、农业作为重点，建立了合作机制。中国政府鼓励本国企业扩大对巴投资，加强同巴方在贸易、金融、科技领域的合作。双方要密切配合，努力在上述方面取得更多实质性成果。共同办好商定的一系列人文交流活动，增进两国人民的相互了解和友好感情。

吉拉尼表示，巴基斯坦致力于进一步发展巴中战略合作伙伴关系，坚定奉行一个中国政策，支持中国在台湾、涉藏、涉疆等问题上的立场。巴方愿与中方共同努力，扩大和深化两国在基础设施建设、能源、农业、经贸、投资、金融、人文等领域的合作，加强在国际和地区事务中的协调与配合，以两国建交60周年为契机，将巴中战略合作伙伴关系推向更高水平。

5月17—22日

［纲　文］　**第十四届中国北京国际科技产业博览会举办。**

［目　文］　科博会由科技部、商务部、教育部、工业和信息化部、国资委、中国贸促会、国家知识产权局和北京市人民政府主办，以“创新驱动发展，科技引领转型”为主题。20多个国家和地区、2000多家来自国内外的高新技术企业和国有大型企业、科研机构和高新技术产业园区、开发区参加展览展示。主要活动包括：举办主题报告会、举办高新技术展览会（包括电子与创新科技、“智慧北京”信息技术及应用成果、循环经济与节能减排技术、汽车科技和全国各省区市科技创新与成果交易展、中关村自主创新成果展、国家重大科技成就暨高技术产业化协作贡献展、北京科技创新成果、海外学人科技成果、青年学生科技作品等10个主题展区）；围绕中关村创新、金融创新、能源创新、循环经济、人才、城市管理创新等主题举办6个论坛；围绕科技成果推广与商务合作、低碳技术、双向网络改造技术、海外学人科技创新成果、省区市重点科技项目等内容，举办7个专场推介交易活动。

5月17—20日

［纲　文］　**第二届中德媒体论坛在德国柏林举行。**

［目　文］　论坛由环球时报社和德国博世基金会联合主办。主题是：中欧关系的未来。20位中德主流媒体负责人与会交流。

5月18日

［纲　文］　**《十七大以来重要文献选编》中册出版。**

［目　文］　经中共中央批准，中共中央文献研究室编辑的《十七大以来重要文献选编》中册，由中央文献出版社出版发行。

《选编》中册，收入自2009年3月十一届全国人大二次会议后至2010年10月党的十七届五中全会这段时间的重要文献，共80篇，约64万字。其中，中共中央、全国人大、国务院作出的决议、决定33篇，中央领导同志的报告、讲话和文稿等47篇。有23篇重要文献是第一次公开发表。

5月18日

［纲　文］　**国务院副总理王岐山在北京会见英国金融服务局主席特纳勋爵，双方就中英经济关系、世界经济形势、国际金融监管改革等问题交换了看法。**

5月18—30日

［纲　文］　**全国人大常委会委员长吴邦国应邀对纳米比亚、安哥拉、南非、马尔代夫进行正式友好访问。**

［目　文］　19—22日，吴邦国访问纳米比亚。分别会见了纳米比亚总统波汉巴、纳米比亚全国委员会主席卡佩雷；与纳米比亚国民议会议长古里拉布举行了会谈，双方就双边关系、议会交往和其他共同关心的问题深入交换意见，达成共识。两位领导人还就当前国际和地区热点问题交换了意见。吴邦国和古里拉布共同出席了中纳两国经济技术合作协定等四项协议签字仪式；吴邦国出席了在温得和克举行的中非青年领导人论坛开幕式并致辞。

22—23日，吴邦国访问安哥拉。在罗安达会见了安哥拉总统多斯桑托斯；与安哥拉国民议会议长卡索马举行会谈。双方就双边关系、议会交往等问题广泛交换意见，达成共识。吴邦国和卡索马共同出席了中安两国经济技术合作协定、双边劳务合作协定等六项协议的签字仪式；吴邦国等考察了中国华为公司援建的安哥拉邮电部信息技术培训中心。

23—28日，吴邦国访问南非。在开普敦分别会见了南非总统祖马、南非省务院主席马赫兰古；与南非国民议会议长西苏鲁举行会谈。双方一致表示愿继续发挥议会交往的特点和优势，共同推动中南全面战略伙伴关系不断向前发展；吴邦国在南非国民议会发表题为《弘扬传统友谊　共创美好未来》的主旨演讲；接见了我驻开普敦总领馆工作人员、中资机构、华侨华人和留学生代表；出席了在比勒陀利亚举行的中国—南非工商界晚餐会并致辞。

28—30日，吴邦国访问马尔代夫。在马累会见了马尔代夫总统纳希德。双方就中马关系和其他共同关心的问题交换意见，达成共识。吴邦国和纳希德共同出席了中马两国政府经济技术合作协定签字仪式；与马尔代夫人民议会议长沙希德举行会谈。双方一致表示，将共同努力，进一步加强两国议会交往，推动国家关系长期、稳定向前发展。

5月18—29日

［纲　文］　**中组部在北京举办全国基层党组织书记加强社会管理集中轮训示范班。**

［目　文］　256名来自基层社会管理一线的乡镇、村和街道、社区党组织书记参加了培训。

5月18—30日

［纲　文］　**“法治·法院·法官”——全国法院情景书画摄影展在国家博物馆举行。**

［目　文］　展览由最高人民法院主办，以“法治·法院·法官”为主题。采用情景展示方式，将书画摄影作品与部分场景相融合，从不同角度展现我国社会主义法治建设进程、人民法院发展进步情况和人民法官精神风貌。

5月18—19日

［纲　文］　**首届太湖文化论坛在苏州举办。**

［目　文］　国务委员刘延东出席开幕式并致辞。论坛由太湖文化论坛、中国文学艺术界联合会、江苏省人民政府、中国人民外交学会主办，支持单位为文化部。以“加强文明对话与合作，促进世界和谐与发展”为主题。中外政要、学者、文化官员、文化人士等约500人出席。围绕论坛主题，探讨不同文明的历史启示和现实价值，中华文明与世界文明，应对共同挑战、增进世界和谐，政府与民间力量在共建世界和谐中的作用等议题进行交流。

论坛期间，刘延东分别会见了与会巴基斯坦总理吉拉尼和印度尼西亚前总统梅加瓦蒂。

19日，刘延东在苏州评弹学校等文化单位调研，同宣传文化工作者进行座谈。她指出，加强文化建设关系综合国力的提升，关系经济社会发展，关系人民群众的精神文化需求和综合素质的提高。要坚定深化改革、加快发展的信心和决心，立足新的起点谋划文化发展战略，以改革创新激活文化发展的动力活力，繁荣发展文化事业，加快振兴文化产业。

5月18—19日

［纲　文］　**应外交部部长杨洁篪邀请，塞内加尔外交国务部部长尼昂对中国进行正式访问。**

［目　文］　19日，国家副主席习近平在北京会见尼昂时说，中方重视与塞内加尔的关系，愿与塞方继续共同努力，深入挖掘合作潜力，推动中塞友好合作不断取得新成果，造福两国人民。在中非合作论坛引领下，中非关系在21世纪头10年取得了长足发展。中方赞赏非方对中非合作的重视和积极参与。面对当今深刻变化的国际形势，中方愿与包括塞内加尔在内的非洲国家共同努力，推动中非新型战略伙伴关系深入发展，为促进世界和平、稳定与发展作出贡献。

尼昂说，塞政府将坚定奉行一个中国政策，支持中国统一大业。塞内加尔和非洲其他国家一样，高度赞赏中国为非洲和平与发展事业所作的贡献，愿在中非合作论坛框架下加强非中友好合作，推动非中关系不断发展。

同日，杨洁篪在北京与尼昂举行会谈时说，事实证明，发展中塞友好合作关系符合两国和两国人民的根本利益，中方愿与塞方进一步加强友好往来，积极探讨经贸互利合作的新领域、新方式，密切双方在国际事务中的磋商协作，推动两国关系持续深入发展。

尼昂表示，塞政府坚定奉行一个中国政策，愿与中方进一步深化贸易、投资、基础设施建设和农业等各领域合作，加强在国际和地区问题上的协调配合，推动双边合作取得更多成果。

5月19日

［纲　文］　**财政部、海关总署、税务总局印发《动漫企业进口动漫开发生产用品**

免征进口税收的暂行规定》，本规定执行时间暂定为2011年1月1日至2015年12月31日。

5月19日

［纲　文］　**国务院副总理李克强在北京会见世界经济论坛主席施瓦布。**

［目　文］　李克强说，中国正在实施“十二五”规划，加快推进经济发展方式转变，通过扩大内需、调整结构、鼓励创新、扩大开放，不断提高经济增长的质量和效益，增强可持续发展能力。这将为世界经济稳定复苏和各国发展带来更多的机遇。当前，世界正处于大发展大变革大调整时期，各国需要共同应对面临的挑战。世界经济论坛是国际社会就重大经济问题交换意见的重要平台，多年来，中国与世界经济论坛的合作不断深化，为各方面扩大共识、促进共同发展作出了贡献，也推动了中外企业的交流、合作与共赢。

施瓦布感谢中方对世界经济论坛的支持，表示世界经济论坛愿利用其资源为中国的发展、繁荣和对外交往而努力。

5月19日

［纲　文］　**中国人民对外友好协会与巴基斯坦驻华大使馆在北京共同举办庆祝中国—巴基斯坦建交60周年招待会。**

［目　文］　全国政协主席贾庆林和正在中国访问的巴基斯坦总理吉拉尼出席了招待会并致辞。中央和国务院有关部委代表、巴基斯坦访华代表团和中巴两国各界友好人士共500余人出席了招待会。

5月19日

［纲　文］　**国务院副总理王岐山在北京分别会见澳大利亚前总理基廷等国家开发银行国际顾问委员会成员、空客公司总裁兼首席执行官汤姆·恩德斯。**

5月19日

［纲　文］　**全国妇女小额贴息贷款工作现场推进会在兰州召开。**

［目　文］　全国妇联主席陈至立，财政部、人力资源社会保障部、人民银行的负责人出席会议并讲话。全国妇联副主席宋秀岩主持会议，甘肃省委书记陆浩出席并致辞。甘肃、新疆、广西等地介绍了工作经验。

陈至立指出，妇女小额贴息贷款工作实施一年多来，在各级财政、人社、金融机构的支持指导下，在各地党委政府的高度重视、各级妇联组织积极推动下取得了可喜成绩，有力地促进了妇女创业就业和增收致富，为现代农业生产和农村发展以及地方经济增长作出了积极贡献，在维护妇女权益、提高妇女地位、维护家庭和谐及社会稳定方面发挥了重要作用。

截至2010年12月底，全国已发放妇女小额贴息贷款237亿元，助推54万多名妇女创业，带动就业300余万人。

5月19日

［纲　文］　**国家海洋局发布新批准的5处国家级海洋特别保护区和7处国家级海洋**

公园名单，其中国家级海洋公园属首次设立。

［目　文］　经过国家级海洋特别保护区评审委员会评审和国家海洋局局长办公会审议，此次批准新建立5处国家级海洋特别保护区（山东省乳山市塔岛湾海洋生态国家级海洋特别保护区、烟台牟平沙质海岸国家级海洋特别保护区、莱阳五龙河口滨海湿地国家级海洋特别保护区、海阳万米海滩海洋资源国家级海洋特别保护区、威海小石岛国家级海洋特别保护区）和7处国家级海洋公园（广东海陵岛国家级海洋公园、广东特呈岛国家级海洋公园、广西钦州茅尾海国家级海洋公园、福建厦门国家级海洋公园、江苏连云港海州湾国家级海洋公园、山东刘公岛国家级海洋公园、山东日照国家级海洋公园）。

自2005年我国建立第一个国家级海洋特别保护区，到2010年已建立17个。加上本次新建的5处国家级海洋特别保护区和7处国家级海洋公园，海洋特别保护区总面积接近36万公顷。

5月19日

［纲　文］　**中共青海省委原书记、中共中央直属机关工作委员会原副书记尹克升，在北京逝世，享年80岁。**

5月19—21日

［纲　文］　**应外交部部长杨洁篪邀请，突尼斯民族团结政府外交部部长凯菲对中国进行正式访问。**

［目　文］　20日，国家副主席习近平在会见凯菲时说，双方相互理解、相互支持，各领域合作取得了令人满意的成果。中方将一如既往地高度重视中突关系，愿与突方共同努力，推动双方各领域互利合作，不断开创两国友好合作关系新局面，造福两国人民。2011年初，突政局发生重大变化。中方尊重突人民的意愿和选择，相信突政府和人民有能力、有智慧、有办法找到一条适合本国国情的政治体制和发展道路，实现社会稳定和经济繁荣。

凯菲完全赞同习近平对双边关系的积极评价，表示突方致力于发展与中国的友好关系，希望进一步推动双方友好合作继续向前发展。

同日，杨洁篪在北京与凯菲会谈时表示，突尼斯政局近来发生重大变化，中方尊重突尼斯人民的意愿和选择，并将致力于继续发展两国传统友好关系。

凯菲感谢中国政府对突尼斯民族团结政府所给予的政治支持和经济援助。双方一致同意进一步加强双边友好交往，深化各领域务实合作。

5月20日

［纲　文］　**国务院在北京召开全国天然林资源保护工程工作会议。**

［目　文］　国务院副总理回良玉出席并讲话。会议主要内容是：研究部署工程二期建设工作。中央有关部门和17个有工程建设任务的省、自治区、直辖市人民政府，新疆生产建设兵团及林业、发展改革、财政、人力资源和社会保障部门负责人，内蒙古、吉

林、黑龙江、大兴安岭森工（林业）集团公司主要负责人参加会议。黑龙江、四川、甘肃省和内蒙古森工集团，以及国家林业局、发展改革委、财政部、人力资源社会保障部负责人在会上作了发言。会议还表彰了保护森林和野生动植物资源先进集体、先进个人和优秀组织单位。

回良玉指出，推进天然林资源保护工程二期建设，是党中央、国务院从战略全局出发作出的一项重大决策，是一项功在当代、泽被子孙、造福人类的德政之举。各地区、各有关部门要深入贯彻落实科学发展观，把保护天然林资源作为建设生态文明的战略举措，把加快林区建设作为促进区域协调发展的重要抓手，把改善林区民生作为全面建设小康社会的重要任务，以保护和培育森林资源为核心，完善政策措施，加大投入力度，创新体制机制，加快建立布局合理、结构稳定、功能强大的森林生态系统，为经济社会可持续发展提供牢固的资源基础和坚强的绿色屏障。

5 月 20 日

［**纲　文**］　**政协第十一届全国委员会第三十八次主席会议在北京召开。**

［**目　文**］　全国政协主席贾庆林主持会议并讲话。全国政协副主席王刚、阿不来提·阿不都热西提、李兆焯、黄孟复、董建华、张梅颖、孙家正、邓朴方、万钢、厉无畏、罗富和、何厚铧出席会议。会议决定 6 月下旬召开全国政协十一届常委会第十四次会议，建议这次常委会议的议题为围绕“加快经济结构战略性调整，促进经济长期平稳较快发展”建言献策。

会议审议通过了政协第十一届全国委员会常务委员会第十四次会议议程草案和日程，审议通过了有关人事事项的决定草案。会议决定，将上述草案提请第十四次常委会议审议。全国政协副主席、中共中央统战部部长杜青林，全国政协副主席兼秘书长钱运录，全国政协副秘书长全广成分别对有关事项作了说明。

5 月 20 日

［**纲　文**］　**质检总局发布《关于公布现行有效规范性文件和废止部分规范性文件的公告》。**

［**目　文**］　《公告》说，为全面建设法治质检，提升质检系统依法行政的水平，按照国务院要求，国家质检总局对规范性文件进行了清理。经清理，截至 2010 年 12 月底，现行有效规范性文件 1084 件，决定废止规范性文件 353 件。现予以公布，决定废止的规范性文件自公布之日起废止。依法制定并发布的规程和行政管理中的目录属于规范性文件，根据实际工作需求继续有效。

《国家质量监督检验检疫总局现行有效规范性文件目录》有《出口商品质量许可证管理办法》(〔87〕国检监字 512 号）等 1084 件。《国家质量监督检验检疫总局决定废止的规范性文件目录》有《计量 / 审查认可（验收）获证检测机构监督管理办法》(国认实〔2002〕50 号）等 353 件。

5月20日

［纲　文］　**国家林业局公布《国家级森林公园管理办法》，自2011年8月1日起施行。**

5月20日

［纲　文］　**2011年度国家社科基金项目评审工作会议在北京召开。**

［目　文］　中共中央政治局常委李长春出席会议并讲话。中共中央政治局委员、全国哲学社会科学规划领导小组组长刘云山主持会议。中共中央政治局委员、国务委员刘延东，中国社会科学院院长、全国哲学社会科学规划领导小组副组长陈奎元出席会议。中央宣传思想工作领导小组成员，全国哲学社会科学规划领导小组成员，各省、自治区、直辖市和新疆生产建设兵团党委宣传部部长，中央和国家机关有关部门、部分高校负责人，国家社科基金23个学科评审组300多名专家学者出席会议。

李长春强调，做好"十二五"时期哲学社会科学工作，要高举中国特色社会主义伟大旗帜，以邓小平理论和"三个代表"重要思想为指导，深入贯彻落实科学发展观，深入贯彻落实《中共中央关于进一步繁荣发展哲学社会科学的意见》，坚持为人民服务、为社会主义服务的方向和百花齐放、百家争鸣的方针，解放思想、实事求是、与时俱进，贴近实际、贴近生活、贴近群众，着力推进实践基础上的理论创新，着力提高服务大局的能力和水平，着力增强学术创造力和影响力，为实现"十二五"发展目标、夺取全面建设小康社会新胜利、开创中国特色社会主义事业新局面提供强大的思想保证和理论支撑。

2011年国家社科基金23个学科共收到了21180多项申报课题。经过通讯初评，有近6000项课题入围本次会议评审。会议按照公平公正、质量第一的要求，评选出2900个左右拟立项目。

5月20日

［纲　文］　**加快转变经济发展方式监督检查工作电视电话会议在北京召开。**

［目　文］　为加强对加快转变经济发展方式监督检查工作的领导，经中央批准，由中央纪委牵头，成立了中央加快转变经济发展方式监督检查工作领导小组。中央纪委副书记何勇任组长，发展改革委、科技部、工业和信息化部、监察部、财政部、国土资源部、环境保护部、住房城乡建设部、水利部、审计署等部门负责人为成员，领导小组办公室设在监察部。本次电视电话会议，对加快转变经济发展方式监督检查工作进行动员部署。

中央纪委书记贺国强出席加快转变经济发展方式监督检查工作电视电话会议并讲话。中央纪委副书记、中央加快转变经济发展方式监督检查工作领导小组组长何勇主持会议并讲话。中央加快转变经济发展方式监督检查工作领导小组成员，各项监督检查工作参加部门的相关负责人，中央纪委派驻领导小组成员单位和各项监督检查工作参加部门的纪检组组长等在主会场出席会议。发展改革委、水利部、辽宁省、湖北省有关负责人作了发言。

贺国强指出，加快转变经济发展方式监督检查工作涉及面广、情况复杂、时间跨度长、工作难度大，必须加强组织领导，确保取得实效。要加强协调配合、形成工作合力，各级党委和政府要切实担负起对本地区贯彻落实中央关于加快转变经济发展方式决策部署及其监督检查的领导责任，各级监督检查工作领导小组要切实履行牵头抓总的职责，领导小组成员单位要认真履行各自职责，7 项重点监督检查工作分别由发展改革部门和财政部门等单位牵头主抓，有关部门参与配合，各级纪检监察机关要加强组织协调和工作指导。要周密安排部署、扎实推进工作，不断提高监督检查综合效能。要积极探索创新、提高工作水平，不断提出开展监督检查的新思路新办法新举措。要搞好宣传教育、正确引导舆论，为加快转变经济发展方式和开展监督检查工作营造良好舆论氛围和社会环境。

5 月 20 日

［纲　文］　**卫生部发布《医疗器械召回管理办法（试行）》。**

［目　文］　《办法》共 6 章 38 条。主要有总则、医疗器械缺陷的调查与评估、主动召回、责令召回、法律责任、附则等内容。自 2011 年 7 月 1 日起施行。

5 月 20 日

［纲　文］　**王岐山在中国计量科学研究院考察工作。**

［目　文］　国务院副总理王岐山查看了化学计量、太阳能光伏和 LED 照明计量、强激光计量、激光二维坐标计量、时间频率计量等实验室，听取了国家质检总局、中国计量科学研究院的汇报，并与有关专家进行座谈。王岐山要求，围绕 2011 年我国世界计量日“计量检测，健康生活”的主题，普及计量知识，提高全社会的计量诚信意识。

5 月 20 日

［纲　文］　**全国妇联“贫困母亲两癌救助专项基金”在兰州启动。**

［目　文］　全国妇联主席陈至立出席启动仪式并讲话。全国妇联副主席宋秀岩主持启动仪式，财政部、卫生部有关负责人出席并讲话。全国 31 个省区市妇联及财政、卫生部门负责人出席。

陈至立指出，要进一步扩大两癌检查覆盖面，做到早发现、早治疗。对两癌救助基金的运作，各级妇联要建章立制、规范管理、公开透明，最大限度地发挥基金使用效益。要充分发挥妇联组织优势，把救助金发放工作做细做好，确保患病贫困妇女及时得到救助。

自 2009 年国家确定为农村妇女进行妇科病免费检查试点以来，在各级卫生部门和妇联组织的共同努力下，全国共有 800 多万农村妇女接受了宫颈癌检查，90 多万接受了乳腺癌检查。随着工作的不断推进，一些两癌患病贫困妇女的治疗问题凸显出来。为解决这一问题，中央财政在“十二五”期间每年将安排 5000 万元资金，由全国妇联建立“贫困母亲两癌救助专项基金”，专门用于帮助患病贫困妇女治病。

5 月 20—26 日

［纲　文］　**应中共中央总书记、国家主席胡锦涛的邀请，朝鲜劳动党总书记、国防委员会委员长金正日对中国进行非正式访问。**

［目　文］　访问期间，胡锦涛同金正日在北京举行会谈，国务院总理温家宝会见金正日。中共中央政治局常委贾庆林、李长春、习近平、李克强、贺国强等分别同金正日会

晤、陪同参观或参加有关活动。金正日在北京、黑龙江、吉林、江苏进行了访问。

胡锦涛同金正日会谈时指出，中方愿同朝方一道努力，推动中朝友好合作关系不断向前发展，维护和促进本地区和平、稳定、繁荣。一是加强高层交往，深化中朝友谊。欢迎朝鲜领导同志访华。二是加强治党治国经验交流，促进各自经济社会发展。三是扩大互利合作，造福两国人民。四是深化文化、教育、体育等领域交流，特别是青少年交往，使中朝友谊世代相传。五是就国际和地区形势及重大问题加强沟通、保持协调，共同维护本地区和平稳定。

金正日表示，今年是朝中友好合作互助条约签署50周年，这一条约是朝中老一辈领导人留给我们的重要遗产，具有十分重要的意义。我们要继承老一代领导人的传统，与中方共同努力，推动朝中友谊不断取得新的更大发展。

双方就朝鲜半岛形势及共同关心的国际和地区问题深入交换了意见。胡锦涛强调，中方积极评价朝方为缓和朝鲜半岛局势、改善外部环境作出的积极努力，主张有关各方继续高举维护朝鲜半岛和平稳定和无核化旗帜，保持冷静克制，显示灵活，消除障碍因素，改善彼此关系，为实现半岛和平、稳定、发展作出积极努力。金正日表示，朝鲜正在集中精力进行经济建设，十分需要稳定的周边环境。我们希望缓和朝鲜半岛局势，坚持朝鲜半岛无核化的目标，主张尽快重启六方会谈，对改善北南关系也一直抱有诚意。朝方对中方为推动重启六方会谈及维护朝鲜半岛和平稳定所做的努力表示感谢。

温家宝在会见金正日时表示，近年来，中朝高层密切交往，在加强战略沟通的同时，推动经贸等领域的务实合作，促进了两国经济建设和民生改善。中方愿同朝方一道，发挥各工作机制的作用，进一步调动地方和企业的积极性，加强规划、协调，将互利合作提升到更高水平。

金正日表示，近来，朝中两国经贸合作取得了多方面的进展，鸭绿江跨境新大桥等建设也已迈出了有意义的步伐。今年是朝中友好合作互助条约签署50周年，双方应以此为契机，推动各领域合作不断扩大和深化，开创经贸合作新局面。

5月20—21日

［**纲　文**］　**中央宣传部、司法部在北京召开第七次全国法制宣传教育工作会议。**

［**目　文**］　中宣部副部长申维辰宣读了中宣部、司法部关于表彰2006—2010年全国法制宣传教育先进集体和先进个人的决定。

会议指出，“五五”普法期间，全民法制宣传教育深入开展，法律进机关、进乡村、进社区、进学校、进企业、进单位活动蓬勃开展，依法治理和法治创建活动深入推进，宪法和法律得到较为广泛普及，全体公民宪法和法律意识明显增强，全社会法治化管理水平逐步提高，法制宣传教育在落实依法治国基本方略、服务经济社会发展、维护社会和谐稳定方面发挥了重要作用。会议对全面贯彻实施“六五”普法规划作出了具体部署：突出学习宣传宪法。深入学习宣传中国特色社会主义法律体系形成的重要意义、基本经验及其基本构成、基本特征。深入开展社会主义法治理念教育。深入学习宣传与经济社会发展和人民生产生活密切相关的法律法规。积极推进社会主义法治文化建设。全面推进依法治理和法治创建活动。进一步深化法律进机关、进乡村、进社区、进学校、进企业、进单位的"法律六进"主题活动，实现法制宣传教育全覆盖。切实抓好重点对象法制宣传教育。努力推进法制宣传教育工作创新。

5月21日

［纲　文］　**国家主席胡锦涛与巴基斯坦总统扎尔达里互致贺电，热烈庆祝两国建交60周年。**

［目　文］　胡锦涛在贺电中说，建交60年来，在和平共处五项原则的基础上，中巴关系经受住了国际风云变幻和各自国内情况变化的考验，健康顺利向前发展。双方在政治、经贸、人文、安全等领域进行了富有成效的交流与合作，在国际和地区事务中保持着沟通与协调。中巴战略合作伙伴关系的建立为两国关系注入了新的动力与活力。中巴两国是好邻居、好朋友、好伙伴、好兄弟。在当前复杂多变的国际和地区形势下，进一步巩固和发展中巴睦邻友好合作，符合两国和两国人民的根本利益，也有利于地区乃至世界的和平与发展。中方珍视中巴友谊，始终将发展对巴关系置于中国外交的优先方向。我们愿同巴方一道，深化全天候友谊，加强全方位合作，推动中巴战略合作伙伴关系不断迈上新台阶。

扎尔达里在贺电中说，巴中两国尽管面积、经济和社会制度不同，但彼此关系深厚，超越了时代变迁。巴中关系堪称世界各国关系的典范。我们为巴中友谊深感自豪。中国取得的成就让巴基斯坦感到骄傲和鼓舞。巴中友好合作不仅惠及两国人民，也有利于地区和国际的和平与稳定。"巴中友好年"将进一步拓宽两国社会各界的交往。巴方将继续坚定致力于巴中友好，深化和拓展两国合作。

同日，国务院总理温家宝与巴基斯坦总理吉拉尼就中巴建交60周年互致贺电。

温家宝在贺电中表示，中巴两国山水相连，睦邻友好历史悠久，人民间友谊深入人心。建交60年来，两国始终恪守和平共处五项原则，政治上相互信任，经济上互利合作，在涉及彼此核心利益问题上相互理解和支持。中巴关系堪称不同社会制度国家间友好相处的典范，为两国人民带来实实在在的利益，也为促进本地区和平与发展作出了积极贡献。

吉拉尼在贺电中表示，60年来，中国一直是巴基斯坦坚定的朋友、可靠的伙伴和值得信任的邻居。巴中友谊基础深厚，经受住了时间考验。不管国际政治和地区形势如何风云变幻，巴中两国始终坚定地站在一起。巴中双方要回顾过去，展望未来，使两国友好合作世代传承，历久弥新。

5月21日

［纲　文］　**《团结报》创刊55周年座谈会在北京举行。**

［目　文］　中共中央统战部发来贺信。贺信中表示，55年来，《团结报》宣传统一战线和多党合作的理论方针政策，讴歌各民主党派在建设中国特色社会主义事业中取得的

成绩，展示各民主党派与中国共产党风雨同舟、肝胆相照的精神风貌，为推进改革开放和现代化建设，建设社会主义政治文明，巩固和发展最广泛的爱国统一战线，推动祖国和平统一事业作出了积极贡献。希望《团结报》立足新形势，适应新发展，更好地担负起宣传统一战线和多党合作事业的光荣使命。

全国人大常委会副委员长、民革中央主席周铁农出席座谈会并讲话。全国政协副主席、民革中央常务副主席厉无畏出席座谈会。中共中央统战部、全国政协、各民主党派中央、中央社会主义学院、全国记协等机构负责人出席座谈会并致贺。

55年前，中国国民党革命委员会中央委员会（简称“民革中央”）领导人主持创办了服务于统一战线和民主党派工作的《团结报》，1966年一度停刊，1980年2月复刊。

5月21日

［纲　文］　**原山西省委第一书记、原国家经济体制改革委员会顾问陶鲁笳，在北京逝世，享年94岁。**

5月21—22日

［纲　文］　**国务院总理温家宝出席在日本东京举行的第四次中日韩领导人会议。**

［目　文］　21日，温家宝访问了日本宫城县名取市和福岛县福岛市灾区，代表中国政府和人民向灾区民众表示慰问；在东京会见了日本上智大学学生代表和日本流行演唱组合SMAP成员。

22日，第四次中国、日本、韩国领导人会议在东京举行。国务院总理温家宝、日本首相菅直人和韩国总统李明博出席。发表了《第四次中日韩领导人会议宣言》。

温家宝在发言中说，中日韩建立伙伴关系三年来，经受住了国际金融危机、重大自然灾害和错综复杂的地区、国际形势考验，相互沟通协调得到加强，合作领域不断拓宽，促进了三国经济和社会发展，维护了地区和平与稳定。三国利益密不可分，命运休戚相关、同舟共济、互利共赢的精神深入人心，这是我们继续携手前行最为重要的基础。我们必须坚定信念，排除干扰，增进互信，深化合作，维护共同利益，促进东亚地区的和平、稳定与繁荣。

会议期间，温家宝在东京与菅直人举行会谈，双方就进一步改善两国关系、加强互利合作深入交换了意见，达成重要共识；会见了李明博；会见了中国驻日本使馆工作人员、中资机构、留学生和华侨华人代表。

5月22日

［纲　文］　**全国公安厅局长座谈会在上海召开。**

［目　文］　中共中央政治局委员、上海市委书记俞正声，国务委员、公安部部长孟建柱出席会议并讲话。座谈会的主要任务，是落实中共中央总书记胡锦涛等中央领导同志的指示精神，回顾总结近年来公安机关重大活动安保工作经验，深入分析当前和今后一个时期维护社会稳定工作面临的形势，就进一步提升维护国家安全和社会稳定的能力和水平

进行研究部署。

5月22日

［纲　文］　**内蒙古自治区首个危险废物处置项目——内蒙古自治区中西部地区危险废物处置中心在包头点火运行。**

［目　文］　该中心是发展改革委下达的全国第一批危险废物和医疗废物处置设施建设项目，项目总投资超过2亿元。主厂区建设规模年处理处置危险废物5.93万吨，服务范围包括呼和浩特市、包头市、鄂尔多斯、乌兰察布等内蒙古自治区中西部8个盟市的危险废物和包头市的医疗废物。分厂区建设规模年处理稀土废酸3万吨，集中处理包头市稀土硫酸焙烧产生的废酸液。

5月22—23日

［纲　文］　**首届中国自然保护论坛在北京举办。**

［目　文］　论坛由北京林业大学、中国野生动物保护协会和北京富群环境研究院共同主办。近200名中外专家秉承“加强自然保护区建设，保护生物多样性”的基本理念，深入交流了中外自然保护与管理，特别是自然保护区建设、湿地与重点野生动植物保护研究中的进展与经验，分析了我国自然保护区建设与管理当前面临的关键问题，探讨了我国自然保护工作中的公众参与机制，并提出了我国野生动植物保护、湿地保护和自然保护区事业未来的发展战略。

5月22—24日

［纲　文］　**2011中国—拉美企业投资与贸易合作论坛在石家庄举行。**

［目　文］　论坛由中国生产力学会、中国市场学会主办。论坛期间举行了专题研讨会、石家庄“拉美风情国际城”开工奠基仪式等多场活动，国家相关部委负责人及有关专家学者100多人出席论坛。专家学者们从全球视野围绕中国与拉丁美洲国际经贸合作的现状、发展趋势、存在问题及其对策展开讨论，并为中国和拉美经贸发展出谋献策。

5月22日—6月2日

［纲　文］　**“心灵与自然的对话”——何韵兰、刘洁联合画展在中国美术馆举办。**

［目　文］　展览由吴作人国际美术基金会、中国美术家协会艺术委员会、中央戏剧学院、清华大学美术学院主办。此次展出的60多件中国画作品，以意象或抽象的艺术形式、富有现代特色的个性语言，呈现对人与自然关系的思考，表达着也传递出两位女画家对和谐美好未来的真诚期盼。

何韵兰、刘洁两代女画家，画风迥异：何韵兰的彩墨作品充满对大自然的诗化隐喻，或柔美，或神奇，或严酷；刘洁的焦墨作品则是对变幻莫测、生生不息的宇宙万象的恣意表达，两人的作品视觉反差强烈，但都表现出对于生命本源的思考和对天地自然的敬畏之情。

5月22—29日

［纲　文］　**第十二届苏迪曼杯世界羽毛球混合团体锦标赛在青岛举行。**

［目　文］　在决赛中，中国羽毛球队以3∶0战胜丹麦队，实现了苏迪曼杯四连冠。印度尼西亚队和韩国队获得了第三名。

5月23日

［纲　文］　**国务院发布《关于公布第三批国家级非物质文化遗产名录的通知》。**

［目　文］　《通知》说，国务院批准文化部确定的第三批国家级非物质文化遗产名录（共计191项）和国家级非物质文化遗产名录扩展项目名录（共计164项），现予公布。

各地区、各部门要按照《国务院关于加强文化遗产保护的通知》（国发〔2005〕42号）和《国务院办公厅关于加强我国非物质文化遗产保护工作的意见》（国办发〔2005〕18号）要求，认真贯彻落实“保护为主、抢救第一、合理利用、传承发展”的工作方针，坚持科学的保护理念，扎实做好非物质文化遗产名录项目的保护、传承和管理工作，努力推动非物质文化遗产保护迈上新的台阶，为构建完备的、有中国特色的非物质文化遗产保护制度，推动文化大发展大繁荣，建设中华民族共有精神家园，满足人民群众日益增长的精神文化需求，作出积极的贡献。

8月29日，文化部在人民大会堂举行第三批国家级非物质文化遗产名录项目颁牌仪式，中共中央政治局委员、国务委员刘延东出席仪式，向申报单位颁发标牌并观看了部分第三批国家级名录项目的演出。

5月23日

［纲　文］　**新华社讯，中央军委印发《中央军委“十二五”期间立法规划》。**

［目　文］　《规划》以邓小平理论和“三个代表”重要思想为指导，贯彻落实科学发展观，认真落实胡主席关于新形势下国防和军队建设重要论述，围绕国防和军队建设的主题主线，着眼有效履行新世纪新阶段我军历史使命，按照中央军委关于“十二五”时期军队建设发展的总体部署，重点安排了大力加强思想政治建设、拓展和深化军事斗争准备、积极稳妥推进国防和军队改革、强化依法治军从严治军、推动军民融合式发展需要的立法项目，同时兼顾了国防和军队建设急需的其他立法项目。

《规划》要求，各单位负责法制工作的部门要加强对立法工作的指导，会同起草部门研究解决立法中的重点、难点问题，经常督促检查立法项目的进展情况，切实把好法规草案审查的“政治关、政策关、事实关、保密关、文字关”，确保出台的法规经得起实践和历史的检验，努力为全面加强军队革命化现代化正规化建设，为我军圆满完成党和人民赋予的各项任务，提供更加完备的法制保障。

5月23日

［纲　文］　**中共中央办公厅、国务院办公厅发布《农村基层干部廉洁履行职责若干规定（试行）》。**

［目　文］　《规定》共5章29条。主要有乡镇领导班子成员和基层站所、村党组织领导班子成员和村民、实施与监督、违反规定行为的处理、附则等内容。自2011年5月

23日起施行。

5月23日

［纲　文］ **国务院办公厅印发《关于国家测绘局更名为国家测绘地理信息局的通知》。**

［目　文］《通知》说，经国务院批准，国家测绘局更名为国家测绘地理信息局。调整后，其主要职责、内设机构和人员编制不变。

5月23日

［纲　文］ **国务院办公厅转发发展改革委、安全监管总局《关于进一步加强煤矿瓦斯防治工作若干意见》。**

［目　文］《意见》由五个部分组成：一、进一步落实防治责任。二、提高准入门槛。三、强化基础管理。四、加大政策支持。五、加强安全监管监察。

《意见》要求，各地区、各部门和各有关单位要加强组织领导，制定具体实施方案，分解落实工作任务，确保执行到位。煤矿瓦斯防治部际协调领导小组及成员单位要加强督促指导。

5月23日

［纲　文］ **国务院办公厅转发人民银行等部门《关于规范商业预付卡管理意见》。**

［目　文］《意见》由四个部分组成：一、明确职责，加强管理。二、健全制度，规范行为。三、坚决治理，防贿促廉。四、防范风险，维护权益。

《意见》指出，商业预付卡管理涉及部门众多，情况复杂，规范整顿的任务十分艰巨。各有关部门要各负其责，建立对商业预付卡的联合监督检查机制，进一步加强协调配合，齐抓共管，形成合力。2011年底前，人民银行、商务部等有关部门要联合开展一次商业预付卡市场专项检查，以检查促整改，促进商业预付卡市场规范发展。

5月23日

［纲　文］ **财政部、住房城乡建设部印发《"十二五"期间城镇污水处理设施配套管网建设项目资金管理办法》。**

［目　文］《办法》共6章30条。主要有总则、专项资金分配原则和标准、专项资金安排与使用、前期工作和工程建设管理、监督管理和绩效评价、附则等内容。自2011年5月23日起实施。财政部《城镇污水处理设施配套管网以奖代补专项资金管理办法》（财建〔2009〕501号）同时废止。

5月23日

［纲　文］ **证监会公布修改后的《中国证券监督管理委员会冻结、查封实施办法》，自2011年10月1日起施行。**

5月23日

［纲　文］ **银监会印发《关于支持商业银行进一步改进小企业金融服务的通知》。**

5月23日

［纲　文］　**交通运输部长江航务管理局发布《2010长江航运发展报告》。**

［目　文］《报告》是长航局连续第二年发布有关长江航运发展情况的白皮书。内容主要包括2010年长江航运行业发展环境，水运基础设施建设、航运生产，行业服务保障与监督情况，并对2011年行业发展进行了展望。全书不仅涵盖了过去一年长江航运建设与发展的轨迹，而且较为全面地总结了“十一五”期间长江航运发展取得的成就和经验，是全面反映2010年长江航运发展情况的综合报告。

5月23日

［纲　文］　**首都各界纪念西藏和平解放60周年座谈会在北京举行。**

［目　文］　全国政协主席贾庆林出席座谈会并讲话。座谈会由中央统战部、全国人大常委会办公厅、全国政协办公厅、国家民委举办。全国政协副主席、中央统战部部长杜青林主持。全国人大常委会副委员长陈昌智，国务院秘书长马凯，全国政协副主席、中国社会科学院院长陈奎元，十届全国人大常委会副委员长热地等出席。

贾庆林指出，西藏自古以来就是中国不可分割的一部分，西藏的命运始终同祖国的命运紧密相连。1951年5月23日，中央人民政府代表和原西藏地方政府代表在北京签订了“十七条协议”，实现了西藏的和平解放。西藏的和平解放，彻底驱逐了帝国主义势力，捍卫了祖国主权和领土完整；沉重打击了各种分裂势力，维护了国家统一和民族团结；为改变西藏政教合一的封建农奴制创造了条件，开辟了百万农奴翻身解放的道路；开启了西藏繁荣进步的光明前程，极大地促进了西藏各项事业发展。从和平解放到今天，西藏已走过60年波澜壮阔的光辉历程。在中央正确领导和全国人民大力支持下，西藏自治区历届党委和政府团结带领全区各族人民开拓奋进，取得了举世瞩目的辉煌成就：西藏各族人民真正实现了当家作主，经济走上了跨越式发展道路，各族人民生活水平显著提高，宗教信仰自由受到充分尊重，优秀传统文化得到保护和发展，生态环境保护与建设全面加强。历史雄辩地证明：只有坚持中国共产党领导，坚持社会主义制度，坚持民族区域自治制度，坚持走中国特色、西藏特点的发展路子，西藏才会有繁荣进步的今天和更加美好的明天。

同日，《西藏和平解放60周年》邮票在北京、拉萨共同举行首发仪式。《西藏和平解放60周年》纪念邮票，是中国邮政集团公司为了纪念西藏和平解放60周年发行的，该邮票1套3枚，分别为“和平解放”“跨越发展”“美好生活”，面值均为1.2元。

24日，中国藏学研究中心庆祝西藏和平解放60周年暨中心成立25周年大会在北京举行。中央统战部常务副部长朱维群出席并讲话。藏研中心对《中华大藏经》（藏文部分）的对勘、编辑、出版工作进行表彰，并发布了首部《中国藏学年鉴》。

5月23日

［纲　文］　**国家副主席习近平在北京会见新加坡前总理李光耀。**

［目　文］　习近平说，近年来，中新关系不断取得新进展，两国领导人保持频繁交往，相互了解与友谊不断加深，特别是人才合作方面成效显著，改革开放以来有数万名中

国各级干部到新加坡考察学习，在促进双边关系和中国现代化建设方面发挥了重要作用。中方愿同新方一道，继续加强在经贸、人文、防务等各领域的友好交流与互利合作，继续扩大各领域人员交流和培训，共同推动中新关系全面发展。

李光耀高度评价中国发展成就，并表示相信中国的未来一定会更加辉煌。李光耀对新中关系良好发展感到满意，希望两国在人才培养和人力资源交流方面加强合作。

同日，中宣部部长刘云山在北京会见李光耀时说，李光耀作为中新关系的奠基者、开拓者和推动者，为中新友好事业作出了历史性贡献。多年来，两国领导人保持频繁交往，推动中新关系健康稳定发展，目前中新关系已形成多层次、全方位的合作布局。在人民行动党的领导下，新加坡创造了举世瞩目的发展奇迹。中国共产党愿继续加强与新加坡人民行动党在各领域的交流，相互学习借鉴对方经验，实现共同发展。

李光耀表示，新加坡重视发展同中国的关系。中国人民是勤劳智慧的伟大人民，中国的发展强大给包括新加坡在内的国际社会带来了许多实实在在的利益。新方愿同中方继续扩大在人力资源、新闻传媒、治国理政等方面的经验交流与合作。

5月23日

［纲　文］　**全国基础研究工作会议在北京召开。**

［目　文］　会议由科技部、教育部、中科院、中国工程院和自然科学基金委员会共同主办。中共中央政治局委员、国务委员刘延东出席会议并讲话。全国政协副主席、科技部部长万钢出席会议并作工作报告。中国科协名誉主席周光召，国家机关、军队有关部门和地方科技部门的负责人，有关科研院所、高校及专家代表等共300多人出席会议。刘延东指出，要以提高自主创新能力为核心，坚持服务国家需求和鼓励自由探索相结合，突出高水平创新人才培养和研究基地建设，创新机制、优先发展，瞄准前沿、强化支持，重点突破、整体推进，开创我国基础研究繁荣发展新局面。

我国近10年基础研究投入年均增长近20%，年度基础研究经费是20年前的40多倍。目前，数学、物理、化学、材料、计算机和工程科学等学科整体水平已进入世界前5名，建设了38个先进的重大科技基础设施和382个国家重点实验室。

5月23日

［纲　文］　**李克强在中国测绘创新基地，看望测绘工作者并召开座谈会。**

［目　文］　国务院副总理李克强听取了国家测绘局负责人的汇报并与院士专家座谈，院士代表陈俊勇、刘先林、李德仁和中青年专家张继贤等就做好测绘地理信息工作、发展地理信息产业、监测地理国情、建设数字城市、加强测绘教育等提出了意见建议。

李克强说，“十一五”时期，测绘地理信息发展取得新的成就，已站到一个新的起点上。特别是在汶川特大地震和灾后重建中，测绘部门冲锋在前，在第一时间获取和制作灾区影像、第一时间提供使用，为了解灾情、指挥决策、抢险救灾及恢复重建提供了有效的保障服务。广大测绘职工，特别是基层一线工作人员为此付出了大量心血。测绘地理信息是战略性新兴产业和生产型服务业的重要结合点，开发利用潜力很大。随着地理信息的不断丰富和广泛应用，将促进物联网、数字城市等领域及关联服务业的发展，完善“网格化”社会管理，支撑重大项目决策，带动扩大就业，方便生产生活。国家测绘局近日更名为国家测绘地理信息局，体现了国家对测绘地理信息工作的支持和期望。要抓住这个重要契机，紧密围绕我国经济社会发展的需要，密切跟踪国际相关领域最新发展，统筹规划，加大投入，完善体制，加快发展测绘事业和地理信息产业，增强自主创新能力，丰富测绘地理信息产品和服务，实现信息资源共享，为全面建设小康社会作出新贡献。

5 月 23—24 日

［纲　文］　**孟建柱在江苏、浙江、上海调研。**

［目　文］　国务委员、公安部部长孟建柱指出，要把深入总结重大活动安保经验与当前实际工作紧密结合起来，传承世博安保精神，不断创新理念机制，切实提升维护公共安全、服务人民群众的能力素质，努力在服务经济社会发展中推动公安事业长足进步。

孟建柱在苏州市公安局平江分局观前派出所、枫桥街道马浜社区，了解当地开展创意警务、在无警力增长下实现工作显著改善的成果，并现场体验民警的发明创造。在嘉兴市公安局南湖分局新兴派出所、杭州市交警支队北山中队，了解执法规范化建设带来的积极成效。在上海市闵行区城市综合管理和应急联动中心、嘉定真新新村派出所，对将公安工作与社会工作主动对接的思路和做法给予肯定。在上海市公安局刑侦、经侦总队，观看了直接服务破案工作的“实战性分析研判平台”运行演示。他要求，既要破大案，也要管小案，坚持什么犯罪突出就集中打击什么犯罪、老百姓最痛恨什么犯罪就狠狠打击什么犯罪，将传统做法与科技应用、机制创新紧密结合，有效整合各类资源，不断提高新形势下公安机关打击犯罪的针对性、实效性，切实增强人民群众的安全感。考察了苏浙沪公安机关总结世博安保经验的情况。

5 月 23—26 日

［纲　文］　**联合国教科文组织世界记忆工程国际咨询委员会（IAC）第十次会议在英国曼彻斯特召开。**

［目　文］　由世界记忆工程中国国家委员会申报的两部中医古籍文献《黄帝内经》《本草纲目》列入《世界记忆名录》，评审委员会对两部文献的独创性、历史价值、科学价值、文化价值等方面给予肯定，这是中国传统医药典籍文献进入世界文献遗产保护工程的一项成果，对中医药走向世界会产生影响。

5 月 24 日

［纲　文］　**国家副主席习近平在北京会见伊朗外交部部长萨利希。**

［目　文］　习近平说，双方政治互信不断深化，经贸合作稳步推进，在地区和国际事务中保持密切的沟通与协调。中方对此表示满意。中方一贯重视伊朗的地位和作用，珍视两国传统友谊，愿与伊方携手努力，保持双边关系良好的发展势头，更好地造福两国人民。

萨利希赞同习近平对双边关系的积极评价，表示伊朗高度重视中国的国际地位和影响，赞赏中国经济、社会等方面的发展成就，高度重视发展伊中关系。今年是两国建交40周年，伊方愿进一步加强与中国在经贸等各领域的交流与合作。

习近平与萨利希还就西亚北非地区形势等共同关心的国际、地区问题交换了看法。

23日，外交部部长杨洁篪在北京与萨利希会谈时表示，近年来双边关系发展顺利，各领域友好合作取得积极进展。2011年是中伊建交40周年，中方愿与伊方共同努力，推动双边关系不断发展。萨利希说，伊朗重视发展对华关系，愿以两国建交40周年为契机，进一步发展两国在各领域的友好合作。

双方还就伊朗核问题、西亚北非局势等共同关心的国际和地区问题交换了意见。

5月24日

［纲　文］　**人力资源社会保障部发布《关于普遍开展城镇居民基本医疗保险门诊统筹有关问题的意见》。**

［目　文］　《意见》由六个部分组成：一、充分认识门诊统筹的重要意义。二、合理确定保障范围和支付政策。三、完善医疗服务管理措施。四、创新就医管理和付费机制。五、加强经办管理。六、积极稳妥开展门诊统筹工作。

5月24日

［纲　文］　**中宣部部长刘云山在北京会见由党的第一副主席尼格马图林率领的哈萨克斯坦“祖国之光”人民民主党代表团。**

［目　文］　刘云山说，哈萨克斯坦是中国的友好邻邦，中哈双方深化战略互信、推进互利共赢，双边关系取得全面深入发展。中方愿与哈方共同努力，全面落实两国领导人达成的各项共识和双方签署的各项协议，不断巩固和发展中哈战略伙伴关系。两党可在加强党建、治国理政以及务实合作等多方面继续加强交流。

尼格马图林表示，哈方期望与中国共产党加强定期交流与合作，不断充实合作内容，为推动两国战略伙伴关系和两国人民友好作出积极贡献。

25日，全国政协主席贾庆林在北京会见以第一副主席尼格马图林为团长的哈萨克斯坦“祖国之光”人民民主党代表团时说，中国共产党愿在党际关系四项原则基础上继续深化与“祖国之光”党的友好合作关系，进一步推动两国执政党战略交流与对话，创新合作形式，充实合作内容，共同谱写中哈友好合作新篇章。

尼格马图林表示，将继续通过党际关系加强相互交流借鉴，共同促进两国各领域的务实合作。

5月24日

［纲　文］　**环境保护部部长周生贤与东盟副秘书长米思然·卡尔梅在北京为中国—东盟环境保护合作中心揭牌。**

［目　文］　中国与东盟商定环保合作行动计划，确保双方合作的惠益共享。该中心开展“中国—东盟绿色使者计划”活动，扎实推进在环境无害化技术、环境标志与清洁生

产等方面的合作。

2009年，环境保护部与东盟国家联合编制完成了《中国—东盟环境保护合作战略（2009—2015）》，中国—东盟环境保护中心的成立，任务之一也是落实这一合作战略。

5月24日

［纲　文］ **三峡集团发布，三峡水利枢纽地下电站的首台机组正式并网发电。**

5月24—25日

［纲　文］ **贺国强在上海就加快转变经济发展方式、保持经济平稳较快发展进行调研。**

［目　文］ 中共中央政治局常委、中央纪委书记贺国强在江南造船（集团）有限责任公司了解企业的发展历史和发展规划，询问公司的生产建设情况和各种船品性能。当得知该公司许多技术处在世界领先水平时，他说，希望大家切实抓住宝贵机遇，坚持走军民融合的发展道路，紧跟世界造船业的前沿技术和市场需求，进一步增强自主创新能力，努力在重大关键技术方面取得新突破，不断提高企业的核心竞争力，为我国新型工业化发展再立新功。在上海花园坊节能环保产业园，参观了“上海高新技术产业化展”，了解上海市高新技术产业的发展情况。他说，这个展览基本涵盖了上海高新技术产业的主要内容，也反映了当前我国高新技术产业发展的主要方向。提高自主创新能力是加快转变经济发展方式的根本途径和关键环节，要充分发挥上海科技和人才密集以及综合配套能力强等优势，瞄准国际科技发展前沿，紧跟世界产业发展潮流，努力掌握更多重要关键技术、获得更多自主知识产权、培植更多自主创新品牌，力争在新一轮科技革命和产业革命中赢得发展的主动权。

考察期间，贺国强希望上海各级党委、政府和广大干部群众认真贯彻落实党的十七届五中全会精神，充分发挥上海世博会的后续效应和浦东新区先行先试的带动作用，加快推进国际经济、金融、贸易、航运中心和现代化国际大都市建设，努力争当全国加快转变经济发展方式、推动科学发展的排头兵。

5月25日

［纲　文］ **温家宝主持召开国务院常务会议。**

［目　文］ 会议主要内容是：一、研究部署进一步做好高校毕业生就业工作。会议指出，高校毕业生是国家宝贵的人才资源，是现代化建设的重要生力军。近年来，各地区、各有关部门认真贯彻落实党中央、国务院决策部署，高校毕业生就业形势总体保持稳定。但是要看到，目前高校毕业生总量多、就业压力大，部分毕业生就业愿望和能力与市场需求不相适应、结构性矛盾突出，就业服务体系和服务能力不能满足毕业生就业需要，促进毕业生就业任务依然十分繁重。必须继续把高校毕业生就业摆在就业工作的首位，采取更有针对性的措施，千方百计促进毕业生就业。二、会议听取了关于侨务工作的汇报。会议指出，在世界各地分布着大量的海外侨胞，是我国的独特国情和重要资源。当前和今

后一个时期侨务工作的主要任务是，围绕国家工作大局，在更广领域、更高层面、更深层次发挥侨务工作的优势和作用。重点抓好以下工作：一是服务国家经济社会发展，引荐华侨创新创业领军人才。二是围绕国家总体外交战略，拓展侨务公共外交。三是引导海外侨胞积极推进两岸关系和平发展和祖国统一大业。四是围绕提高国家文化软实力战略，加强海外华文教育，弘扬中华优秀文化。五是建立健全工作机制，依法维护侨胞权益，促进侨界改善民生。六是深入开展联谊、服务和引导工作，培育和发展海外对我友好力量。

5月25日

［纲　文］　**廉洁办世博、廉洁办亚运总结大会在上海举行。**

［目　文］　中共中央总书记胡锦涛、国务院总理温家宝等作出指示，要求总结运用好廉洁办世博、廉洁办亚运的经验，探索建立长效机制。

中共中央政治局常委、中央纪委书记贺国强，中共中央政治局委员、广东省委书记汪洋，中共中央政治局委员、上海市委书记俞正声出席会议并讲话。中央纪委副书记何勇主持会议。中央纪委监察部、上海市和广东省纪委以及上海世博局、广州亚运会监督委员会有关负责人在会上发了言。上海市、广东省、中央和国家机关及有关机构、中央管理的国有骨干企业负责人参加了会议。

5月25日

［纲　文］　**国务院机关事务管理局中央国家机关政府采购中心宣布，正式开通“正版软件采购网”。**

［目　文］　网站开通仪式上，北京、河北、山东、山西四省市级政府采购中心与中央国家机关政府采购中心签署合作备忘录，承诺联手推动政府机关正版软件的采购与使用。

5月25日

［纲　文］　**新闻出版总署在北京召开总结“十一五”、部署“十二五”国家重点出版规划工作会议。**

［目　文］　“丨二五”国家重点出版规划鼓励精品出版。“十一五”国家重点出版规划项目已经顺利完成。“十一五”国家重点出版物规划中，出版图书1397种，音像、电子出版物531种，93%的完成率创下历史最好水平。不仅如此，在2007年和2010年两届政府图书奖、音像电子出版物奖中，98%是“十一五”国家重点出版物规划项目，体现了规划的整体质量和国家水平。

5月25日

［纲　文］　**国务院副总理王岐山在北京会见微软公司首席执行官史蒂夫·鲍尔默。**

［目　文］　王岐山对微软亚太研发集团总部落户北京表示祝贺。他说，微软公司在中国现代化建设中参与、奉献，也获得了利益。中国政府高度重视保护知识产权，自2010年10月以来开展的打击侵权和制售假冒专项行动，取得了明显成效。政府机关软件正版化工作进展顺利。中国政府将积极探索建立知识产权保护长效机制，为外资企业提供

更好的投资环境。

鲍尔默高度评价中国政府在保护知识产权方面取得的成绩，表示愿进一步加强对华合作，为促进美中经济关系健康发展作出贡献。

5月25日

［纲　文］　**中共中央政治局委员、中央政法委副书记王乐泉在北京会见由党主席科洛马率领的智利独立民主联盟代表团。**

［目　文］　王乐泉说，自2004年两国建立全面合作伙伴关系以来，中智在各领域的友好交流与合作持续深入发展。中国共产党愿在党际关系四项原则基础上同智利独立民主联盟建立和发展友好关系，交流治国理政经验，推动两国关系持续、健康、稳定发展。

科洛马说，进一步发展对华关系已成为智利人民及朝野各界共识。智利独立民主联盟愿与中国共产党建立和发展友好关系。

5月25—26日

［纲　文］　**回良玉在河北考察夏粮生产并主持召开粮食生产座谈会。**

［目　文］　中共中央政治局委员、国务院副总理回良玉在保定定兴县、定州市、望都县的田间地头、蔬菜基地，与农民群众、基层干部、农技人员交谈，查看小麦长势，查穗数粒，分析夏粮产量；在蔬菜专业合作社，了解蔬菜产销、质量监测和价格形势。

考察期间，回良玉主持召开了粮食生产座谈会，认真听取河北省的汇报。他指出，各地区、各有关部门要全面落实粮食稳定增产行动的要求，抢抓农时、强化措施，力争夏粮首战告捷。一要着力抓好小麦后期田间管理，落实好“一喷三防”技术措施，密切防范干热风、烂场雨的危害，增强灌浆强度，增加千粒重，努力提高单产。二要着力抓好跨区机收作业，提前做好机具检修、跨区作业方案制定等抢收抢打的各项准备，确保夏季粮油颗粒归仓。三要着力抓好夏播面积落实，引导农民种足种好夏播作物，调整优化种植结构，扩大市场紧缺农产品生产，保障“菜篮子”供应和价格稳定。四要着力抓好“三夏”农资供应，稳定柴油等农资价格，规范农资市场秩序，让农民用上“放心种子”“放心肥”。五要着力抓好夏季粮油收储准备工作，认真落实小麦最低收购价政策，做好仓容、资金、技术等服务支持，规范收购和经营秩序，保护种粮农民利益。六要着力抓好防汛抗旱防灾减灾，强化旱情、雨情、水情监测预报，及时启动应急响应，最大限度地减轻灾害损失。长江中下游等干旱地区要采取有力措施，千方百计保证群众生活用水和生产用水。

5月25日—6月3日

［纲　文］　**格桑花开——西藏妇女60年影像纪实展在中国妇女儿童博物馆举办。**

［目　文］　纪实展由国务院新闻办公室、全国妇联、中国西藏文化保护与发展协会、中共西藏自治区委员会宣传部主办。160幅珍贵照片有的是当年徒步进军西藏的18军女战士亲自提供的，有的是从纪录片中定格的瞬间，有的是专业记者拍摄的，有的则是业余摄影爱好者的佳作；这些照片有从翻身农奴成长为高级领导干部的巴桑，有唱着《格萨尔王》的传统女说书艺人，也有西藏历史上第一位藏族女律师、女教授、女法官等。

5月26日

［纲　文］　**国务委员、公安部部长孟建柱在北京与乌兹别克斯坦内务部部长马特卢博夫举行会谈。**

［目　文］　孟建柱说，近年来，中乌两国公安、内务部门在一系列合作法律文件的基础上，开展了积极、务实、高效的合作，在业务部门交流、大型活动安保、打击跨国犯罪、案件协查、执法培训、警用技术装备交流等领域合作成果显著。希望双方继续深化务实合作，不断提升合作水平，切实维护两国和本地区的安全与稳定。

马特卢博夫表示，乌内务部高度重视发展与中国公安部的执法合作关系，愿与中方进一步加强沟通协调，继续扩大和深化执法安全各领域务实合作。

孟建柱和马特卢博夫出席了《中国人民公安大学与乌兹别克斯坦内务部警察学院合作备忘录》签字仪式。

5月26日

［纲　文］　**“国家林业局中国科学院野生动物疫病研究中心”成立暨揭牌仪式在中国科学院动物研究所举行。**

［目　文］　研究中心由国家林业局和中国科学院联合成立，标志着我国野生动物疫源疫病监测防控工作步入以科研为先导的轨道，在解决我国野生动物源新发和重大传染病预防与控制、疫病早期预警等关键科学问题和技术瓶颈方面发挥作用。

5月26日

［纲　文］　**中国疾病预防控制中心联合中国健康教育中心、卫生部新闻宣传中心在北京举办“世界卫生组织第24个无烟日主题活动”。**

［目　文］　工业和信息化部、卫生部和外交部的领导，控烟非政府组织、国际组织、控烟专家和媒体代表100余人参加了活动。中国疾病预防控制中心发布了《2011年中国控制吸烟报告》。本年5月31日是世界卫生组织发起的第24个世界无烟日，其主题是“世界卫生组织《烟草控制框架公约》”，口号是“烟草致命如水火无情，控烟履约可挽救生命”。

5月26日

［纲　文］　**中国证监会第十三届主板发行审核委员会成立大会在北京举行。**

［目　文］　本次换届的方式和2010年有所不同。为保持发行审核工作的连续性，采用部分委员留任，部分委员更换的做法。25名委员中，续聘13名，更换12名。12名新委员的选聘工作与2010年相同，在行业协会或有关部门推荐、向社会公示、对候选人执业情况进行核查、征求相关部门意见的基础上，经中国证监会发审委提名委员会资格审定，中国证监会主席办公会决定聘任上述25名人选。证监会主席尚福林签发了关于聘任第十三届主板发行审核委员会委员的公告。

5 月 26 日

［纲　文］　**国家国防科技工业局在北京举行风云三号 B 星在轨交付仪式，卫星正式交付给中国气象局使用。**

［目　文］　风云三号 B 星与风云三号 A 星形成“双星合璧”，首次实现中国极轨气象卫星上午星和下午星的双星组网观测，使全球观测频次由 12 小时提高到 6 小时，气象灾害监测时效提高了 1 倍。

风云三号卫星是中国“十五”期间投资最大的民用航天工程项目，目前已经发射 A、B 两颗星。风云三号 B 星上搭载了 11 个先进的遥感仪器及 99 个光谱探测通道，其中有 5 个通道的分辨率达到 250 米，而在中国第一代极轨气象卫星上，仅有 1 个仪器及 5 个通道。

5 月 26 日

［纲　文］　**外交部部长杨洁篪在北京会见来华进行非正式访问的赤道几内亚外交、国际合作与法语国家事务部部长米查。**

［目　文］　杨洁篪说，近年来，中赤几关系始终沿着健康稳定的方向发展。两国各领域合作日益拓展，不断取得新成果。中方愿与赤几方一道，在现有合作基础上进一步挖掘合作潜力，提升合作水平，推动双边友好合作关系深入发展。

米查表示，赤几方对两国关系发展感到满意，感谢中方为赤几经济社会建设提供的帮助，愿与中方进一步深化各领域合作，推动双边合作取得更多成果。

5 月 26—28 日

［纲　文］　**应国家主席胡锦涛邀请，缅甸总统吴登盛对中国进行国事访问。**

［目　文］　访问期间，胡锦涛在北京同吴登盛举行会谈，两国元首一致同意，顺应形势发展需要，把两国关系提升为全面战略合作伙伴关系并共同出席了有关合作文件的签字仪式。国务院总理温家宝、全国政协主席贾庆林在北京分别会见吴登盛。双方发表了《中国与缅甸关于建立全面战略合作伙伴关系的联合声明》。

胡锦涛同吴登盛会谈时就进一步发展中缅关系提出四点建议：一是着眼未来，提升双边关系。中方愿同缅方建立和发展全面战略合作伙伴关系，加强各级别友好交往，扩大各领域交流合作，增进相互了解和友谊，永做好邻居、好朋友、好伙伴。二是相互配合，加强战略支持。中方尊重缅甸人民根据本国国情自主选择的发展道路和政治制度，支持缅甸新政府为维护稳定、发展经济、改善民生所做的努力，高度赞赏缅方坚定奉行一个中国政策。三是平等互利，深化务实合作。双方要抓紧商签《中缅经济合作规划》，更好地规划、指导、协调两国经贸合作，促进双边贸易健康、稳定、持续发展。双方要扩大能源、电力、交通、农业等领域合作，按期保质建设好中缅大型合作项目，推动两国互联互通建设，创新合作思路和方式。四是齐抓共管，维护边境稳定。中方尊重缅甸主权和领土完整，理解缅甸政府和人民维护国家统一、民族团结的愿望。中缅双方要继续加强边境管理合作，把中缅边境建设成为和平、友好、合作的纽带。

吴登盛同意胡锦涛关于进一步发展两国关系的意见。他表示，缅方愿意同中方继续密切配合，保持两国高层交往势头，加强经贸、交通、能源、农业、禁毒等领域务实合作，推进两国重大合作项目，加强在区域和次区域合作框架内的合作，巩固两国传统友谊，夯实两国友好关系的基础，推动两国全面战略合作不断迈上新台阶。缅方愿意同中方加强边境管理合作，共同维护两国边境和平与稳定。

温家宝在会见吴登盛时表示，双方要抓紧编制《中缅经济合作规划》，确保油气管道、水电、交通等基础设施项目顺利实施，加强农业综合开发合作，密切在东亚区域和次区域合作框架中的协调配合。

吴登盛表示，缅甸新政府高度重视缅中友好合作关系，愿与中方保持高层交往，扩大互利合作，共同维护地区和平、稳定，推动两国关系全面、深入发展。

5月26日—6月1日

［纲　文］　**华建敏率团访问台湾。**

［目　文］　中国红十字会会长华建敏访问团一行11人由中国红十字会总会、中国红十字基金会、福建省和四川省红十字会等相关人员组成。在台期间，代表团一行与台湾红十字组织进行了业务交流；国民党荣誉主席连战设宴招待代表团一行。

5月26—27日

［纲　文］　**境外中国公民和机构安全保护工作部际联席会议在福州举行。**

［目　文］　部际联席会议秘书长、外交部副部长宋涛主持会议并讲话。国家有关部委、有关地方政府及部分国有、民营企业代表100多人出席会议。会议学习了党中央、国务院领导有关加强境外中国公民和机构安全保护工作的指示精神，结合近年来开展的重大境外安全保护行动，特别是前不久自利比亚大规模撤离我国人员行动的经验和启示，深入分析了做好境外中国公民和机构安全保护工作的重要意义和当前及今后一段时期工作面临的形势，研究了今后一段时期主要工作方向。

5月26—31日

［纲　文］　**第二届（中国·余姚）国际河姆渡文化节举办。**

［目　文］　文化节由中华文化促进会、余姚市人民政府联合主办。以“弘扬河姆渡文化，彰显幸福城魅力”为主题，包括文化节开幕式暨文艺晚会、中国（余姚）河姆渡国际论坛——世界建筑艺术与低碳生活国际论坛、《百家讲坛》名家纵论河姆渡文化暨记者招待会、“中国河姆渡稻作科技贡献奖”大型评选颁奖活动、“全球视野：河姆渡文化国际学术论坛”等主体活动。

5月27日

［纲　文］　**财政部、税务总局发布《反避税专项经费管理暂行办法》。**

［目　文］　《办法》共5章17条。主要有总则、支出范围和标准、预算管理、经费使用和监督、附则等内容。自2011年5月27日起执行。

5月27日

［纲　文］　**国务院副总理回良玉在北京会见法国农业、食品、渔业、农村事务及土地整治部部长勒梅尔一行。**

［目　文］　回良玉说，当前中法关系发展良好，双方积极落实两国元首会晤时达成的各项共识，高层交往密切，各领域合作稳步推进，在二十国集团等重大国际地区问题上保持着良好的沟通。中国政府始终高度重视农业和粮食问题，坚持立足国内实现粮食基本自给，这是对世界粮食安全的重大贡献。中国政府赞赏法方作为轮值主席为二十国集团戛纳峰会及农业部长会议所做的卓有成效的筹备工作，愿与法国继续保持密切的沟通与协调。

勒梅尔表示，法方高度重视中国政府的作用和影响力，愿与中国政府进行密切协作，共同推动二十国集团会议取得圆满成功。双方还就进一步推进中法农业合作深入交换了意见。

5月27日

［纲　文］　**国务委员、公安部部长孟建柱在北京会见缅甸内政部部长哥哥。**

［目　文］　孟建柱表示，中国公安部重视与缅方在执法安全领域的友好合作关系，希望双方共同努力，加大打击跨国犯罪合作力度，为维护两国，特别是边境地区的安全与稳定作出积极贡献。

哥哥表示，缅甸政府重视与中国的友好合作，愿与中方共同努力，巩固和完善边境地区打击跨国犯罪和维护社会治安会议机制，更好地维护各自国家安全与社会稳定。

5月27日

［纲　文］　**中国人民对外友好协会在北京举办活动，庆祝中国和苏里南共和国建交35周年。**

5月27日

［纲　文］　**文化部与天津市人民政府合作共建的国家动漫产业综合示范园开园。**

［目　文］　产业园位于中新天津生态城，是我国第一个国家级动漫园。中共中央政治局委员、天津市委书记张高丽出席开园仪式。文化部部长蔡武出席并致辞。

国家动漫产业综合示范园占地1平方公里，总投资45亿元，规划建设面积77万平方米，一期30万平方米已建成，包括产业用房、技术研发服务平台和交流展示中心。二期工程已开工，动漫园整体于2012年全部建成。

5月27日

［纲　文］　**新华社与联合国开发计划署联合举办“关注贫困全球摄影大赛”在北京启动。**

［目　文］　自2011年5月27日启动至2011年9月1日征稿截止，大赛共收到来自世界100多个国家和地区的3.2万多张摄影作品，其中包括美联社、路透社、法新社、俄塔社、共同社和肯尼亚《民族报》等在内的新闻机构和数千名摄影爱好者的照片；262家海外媒体参与了这次摄影大赛。

10 月 17 日，“关注贫困全球摄影大赛”颁奖仪式于“国际消除贫困日”当天在北京举行。大赛名誉主席、新华社社长李从军和大赛名誉主席、联合国开发计划署署长海伦·克拉克为来自海内外的获奖者颁发了奖牌和证书。大赛共设“消除贫困贡献者奖”、纪实类职业单幅作品组、纪实类职业组照作品组、纪实类非职业单幅作品组、纪实类非职业组照作品组、创意作品组和“最具网络人气奖”7 个奖项。

5 月 27—30 日

［纲　文］　**中国科学技术协会第八次全国代表大会在北京召开。**

［目　文］　胡锦涛、温家宝、贾庆林、李长春、习近平、李克强、贺国强等党和国家领导人出席大会开幕会，中共中央政治局常委、国家副主席习近平代表党中央，作了题为《科技工作者要为加快建设创新型国家多作贡献》的祝词。中国科学院院长白春礼和全国总工会副主席、书记处第一书记王玉普，分别代表科技界和各人民团体向大会致贺词。中国科协主席、大会主席团主席韩启德主持开幕式，代表第七届全国委员会在会上作了工作报告。报告回顾了过去 5 年的科协工作，总结了做好科协工作的经验体会，并对今后 5 年科协工作提出了建议。

会议期间，国务院总理温家宝应邀作关于科技发展问题的报告。他强调，我们国家要真正强大起来，屹立于世界民族之林，必须要有强大的科技，有众多高水平人才，这是国家发展的力量所在、后劲所在。没有科技的发展，就没有中国的发展；科技发展的未来，决定着中国的未来。

30 日，中共中央政治局委员、全国人大常委会副委员长王兆国出席闭幕式并讲话。中共中央政治局委员、国务委员刘延东，全国人大常委会副委员长司马义·铁力瓦尔地，全国政协副主席郑万通等出席闭幕式并为获奖者颁奖授牌。闭幕式由中国科协副主席、书记处第一书记陈希主持。1300 多名科技工作者代表出席会议。

大会宣布了中国科协第八届全国委员会主席、副主席、常务委员会委员和中国科协第八届书记处第一书记、书记名单。全国人大常委会副委员长、九三学社中央主席、中国科协主席韩启德连任中国科协第八届全国委员会主席；通过了中国科协八大关于中国科协七届全委会工作报告的决议、中国科协八大《关于〈中国科协事业发展“十二五”规划（2011—2015）（草案）〉的决议》，宣布授予马国馨等 20 位同志为中国科协荣誉委员，聘请张晓强等 11 位同志为中国科协顾问；中国科协授予北京林学会等 200 个集体“全国科协系统先进集体”荣誉称号；授予刘晓勘等 499 名同志“全国科协系统先进工作者”称号；同时宣布《关于命名 2011—2015 年度全国科普示范县（市、区）的决定》，并向 32 个全国科普示范县（市、区）代表授牌。

5 月 27—29 日

［纲　文］　**第二次全国对口支援新疆工作会议在北京召开。**

［目　文］　中共中央总书记胡锦涛作出批示指出：一年来，援疆工作取得了显著成绩。要认真总结交流经验，切实贯彻援疆规划，全面实施援疆工作，务求取得扎实成效。

国务院副总理李克强出席会议并讲话。中央政法委副书记王乐泉，国务委员、国务院秘书长马凯出席并分别主持会议。各援疆省市及有关部门、前方指挥部，新疆维吾尔自治区及各受援地州，新疆生产建设兵团及各受援师，中央和国家机关有关部门、部分中央企业负责人近300人出席会议。北京、天津、河北、山西、辽宁、吉林、黑龙江、上海、江苏、浙江、安徽、福建、江西、山东、河南、湖北、湖南、广东、深圳19个援疆省市负责人，介绍了一年来援疆工作的做法、经验和成效。

李克强要求，各有关地区、部门和企业要加强组织领导，创新理念机制，坚持真情援建、科学援建、高效援建，严格项目和资金管理，保质保量地完成建设任务，确保援疆工作取得扎实成效。他强调，援疆干部和人才是对口援疆的中坚力量，要从政治、工作、生活上关心帮助，支持他们与新疆同志一道，把援疆规划的宏伟蓝图变成美好现实，造福各族人民群众。

5月27—31日

［纲　文］ **“向党报告——庆祝中国共产党成立90周年曲艺演出周”在北京举行。**

［目　文］ 演出周由中国文联、中国曲协联合湖北省文联、中国铁路文工团、山东省文联、中共河南省委宣传部、河南省文联、江苏省文联、中国广播艺术团等单位共同主办。集中展示了曲艺在党的创建、社会主义建设和改革开放不同阶段的作品，唱响了共产党好、社会主义好、改革开放好、伟大祖国好、各族人民好的主旋律。

5月27—28日

［纲　文］ **刘延东在宁夏回族自治区调研。**

［目　文］ 中共中央政治局委员、国务委员刘延东在宁夏西海固地区看望农村中小学和幼儿园师生，与回汉各族小朋友共庆六一儿童节，并向全国少年儿童祝贺节日。

刘延东在考察固原、银川等地的科技、文化和体育单位并走访农户考察农村科技推广项目时指出，要紧密结合民族地区经济社会发展，加快科技进步步伐，不断提升科技支撑和引领作用，完善公共文化服务体系，发展特色文化产业，广泛开展全民健身运动。要整合基层基本公共服务设施资源，使之成为集宣传教育、文体活动、科技推广和学习培训等多种功能的群众活动场所，把这一惠民利民工程切实抓实抓好。在考察六盘山红军长征纪念馆时指出，要以建党90周年为契机，加强革命遗址保护，大力宣传党的光辉历程，让革命传统代代相传。

5月27—30日

［纲　文］ **第二十一届全国图书交易博览会在哈尔滨举办。**

［目　文］ 书博会由国家新闻出版总署、黑龙江省人民政府主办。本届书博会举办了读者大会、中国出版（版权）发展论坛、文艺晚会等13项活动。举办了“庆祝中国共产党成立90周年”和“纪念辛亥革命100周年”精品出版物专题展，实物展出以建党90周年和纪念辛亥革命100周年为主题的100种新版图书及国家版本图书馆收藏的500余种有历史价值的相关出版物，同时展出中国版本图书馆馆藏的中国共产党党史、辛亥革命历

史老版本宣传画200余幅。

5月28日

［纲　文］ **国家主席胡锦涛与奥地利联邦总统菲舍尔互致电函，庆祝两国建交40周年**。

［目　文］ 胡锦涛在贺电中说，40年前的今天，中奥正式建立外交关系，两国关系揭开了崭新的一页。40年来，在双方共同努力下，中奥关系日益成熟，充满活力。两国领导人交往频繁，相互了解和信任加深。双方在经贸、文化、科教等领域的合作持续扩大，两国在联合国等多边组织和国际事务中保持良好沟通与协调。在相互尊重、平等互利的基础上发展健康稳定的中奥关系是中国政府的一贯政策。我们愿与奥方一道，加强各层次交往，增进政治互信，扩大务实合作，推动两国友好关系不断迈上新台阶。

菲舍尔在贺信中表示，奥中建交以来，双边关系不断改善和加强。奥地利愿以两国建交40周年为契机，在双边及欧盟与中国关系层面相互学习、交流，进一步加强同中国的政治、经济和文化关系，将两国友好合作提升到更高水平，这有利于两国人民的福祉及世界和平与稳定。

同日，外交部部长杨洁篪与奥地利联邦欧洲与国际事务部部长米夏埃尔·施平德勒格为庆祝两国建交40周年互致了贺电。

5月28日

［纲　文］ **国务院批转发展改革委《关于2011年深化经济体制改革重点工作意见》**。

［目　文］ 《意见》由六个部分组成：一、指导思想和总体要求。二、围绕加快转变经济发展方式深化改革。三、围绕保障和改善民生深化改革。四、围绕加强政府自身建设深化改革。五、围绕完善农村发展体制机制深化改革。六、积极推进综合配套改革试点。

《意见》指出，各地区、各有关部门要加强组织领导和统筹协调，狠抓贯彻落实，确保2011年各项重点改革取得实质性突破。对“十二五”规划提出的深化铁路石油等行业改革、理顺各级政府间财力事权关系、调整国民收入分配格局、推进基础养老金全国统筹等中长期重大改革任务，要抓紧制定方案，尽快启动实施。对国有经济战略性调整、促进非公有制经济发展、金融机构改革和农村新型金融机构发展、住房保障体系建设等需要继续深化的改革任务，要按照国务院的部署积极推进。

5月28日

［纲　文］ **陈至立在河南看望留守、流动儿童**。

［目　文］ 全国妇联主席陈至立在河南省妇女儿童活动中心，了解了妇联组织和社会各界开展留守流动儿童工作的情况并观看他们表演节目。

陈至立指出，给予留守流动儿童更多的关爱，帮助他们健康快乐成长是全社会共同的责任。希望社会各界继续关爱留守流动儿童，让他们进一步感受到社会大家庭的温暖。各级妇联组织要从促进社会和谐的高度，认识做好留守流动儿童工作的重要性和紧迫性，推进“农村留守妇女儿童关爱行动”，因地制宜组织开展形式多样、内容丰富的关爱活动，协助有关部门解决留守流动儿童在生活、学习、医疗、安全等方面遇到的困难和问题。

5月28日

［纲　文］　**李源潮、戴秉国在北京与第三批全国公选高级外交官座谈。**

［目　文］　座谈会上，公选高级外交官谈了参加公选和岗前培训实习的体会。中组部部长李源潮指出，外交工作承担着维护国家主权、安全和发展利益的重要使命，公选高级外交官要知大局、讲政治、懂外交，忠诚、负责、严谨、守纪，努力为我国外交事业作出积极贡献。

从外交部系统外公开选调高级外交官，是深化干部人事制度改革、优化外交干部结构、增强外交队伍活力的一项措施。2000年以来，中组部、外交部已两次开展公选高级外交官工作。第三批公选工作从2010年9月开始，扩大了选人规模和视野，完善了竞争择优机制，从地方、中央和国家机关、人民团体、国有重要骨干企业和中管金融机构选调了22名高级外交官。经过近4个月的岗前培训，他们于近期到驻外使领馆赴任。

5月29日—6月11日

［纲　文］　**第三届中国成都国际非物质文化遗产节在成都国际非物质文化遗产博览园举行。**

［目　文］　本次非遗节由文化部、四川省人民政府、联合国教科文组织共同主办，以“弘扬人类文明，共建精神家园”为主题。国际非遗节从本届开始将正式落户四川成都。本届国际非遗节举办了国际非物质文化遗产博览会、非物质文化遗产国际论坛、传统戏剧精品剧目展演、中国古琴艺术大展、分会场和惠民慰问演出、闭幕式晚会等七大类286场丰富多彩的文化活动。

5月30日

［纲　文］　**胡锦涛主持中共中央政治局第二十九次集体学习。**

［目　文］　本次学习主题是：培育发展战略性新兴产业研究。清华大学公共管理学院教授薛澜、国务院发展研究中心产业经济研究部研究员冯飞就这个问题进行讲解，并谈了他们的意见和建议。中共中央政治局各位委员听取了他们的讲解，并就有关问题进行了讨论。

中共中央总书记胡锦涛强调，加快培育发展战略性新兴产业，对实现经济社会全面协调可持续发展，对全面建设小康社会、加快推进社会主义现代化具有重要战略意义。要深入贯彻落实科学发展观，面向经济社会发展重大需求，处理好市场基础性作用和政府引导推动的关系、整体推进和重点突破的关系、立足当前和着眼长远的关系，发挥企业主体作用，加大政策扶持力度，深化体制机制改革，着力营造良好环境，强化科技成果产业化，推动战略性新兴产业快速健康发展。

5月30日

［纲　文］　**中共中央政治局召开会议，研究加强和创新社会管理问题。**

［目　文］　中共中央总书记胡锦涛主持会议。会议指出，加强和创新社会管理，事关巩固党的执政地位，事关国家长治久安，事关人民安居乐业，对继续抓住和用好我国发展重要战略机遇期、推动党和国家事业发展、实现全面建设小康社会宏伟目标具有重大战略意义。会议认为，当前，我国既处于发展的重要战略机遇期，又处于社会矛盾凸显期，社会管理任务更为艰巨繁重。我国经济实力和综合国力不断增强，为不断满足人民日益增长的物质文化需要、解决社会管理领域存在的问题奠定了重要物质基础。同时，我国仍处于并将长期处于社会主义初级阶段的基本国情没有变，人民日益增长的物质文化需要同落后的社会生产之间的矛盾这一社会主要矛盾没有变。随着实际情况的变化，我国社会管理理念思路、体制机制、法律政策、方法手段等方面还存在很多不适应的地方，解决社会管理领域存在的问题既十分紧迫又需要长期努力。

会议指出，加强和创新社会管理，要高举中国特色社会主义伟大旗帜，全面贯彻党的十七大和十七届三中、四中、五中全会精神，以邓小平理论和“三个代表”重要思想为指导，深入贯彻落实科学发展观，全面落实依法治国基本方略，充分发挥党的领导的政治优势和我国社会主义制度优势，总结推广我国社会管理成功经验，借鉴国外社会管理有益成果，推动中国特色社会主义社会管理体系自我完善和发展。要紧紧围绕全面建设小康社会的总目标，牢牢把握最大限度激发社会活力、最大限度增加和谐因素、最大限度减少不和谐因素的总要求，积极推进社会管理理念、体制、机制、制度、方法创新，完善党委领导、政府负责、社会协同、公众参与的社会管理格局，加强社会管理法律、能力建设，完善基层社会管理服务，建设中国特色社会主义社会管理体系。

会议强调，加强和创新社会管理，要坚持以人为本、服务为先，多方参与、共同治理，关口前移、源头治理，统筹兼顾、协商协调，依法管理、综合施策，科学管理、提高效能的原则，立足基本国情，坚持正确方向，推进改革创新。要加强和完善社会管理格局，加强社会管理制度建设，加强基层社会管理和服务，完善党和政府主导的维护群众权益机制，加强流动人口和特殊人群服务管理，加强非公有制经济组织、社会组织服务管理，加强公共安全体系建设，完善信息网络服务管理，营造良好社会环境。

5月30日

［纲　文］　**国务院办公厅通知湖北省人民政府，批准荆州市城市总体规划。**

［目　文］　通知说，你省《关于审批荆州市城市总体规划的请示》（鄂政文〔2008〕75号）收悉。经国务院批准，现通知如下：一、原则同意修订后的《荆州市城市总体规划（2011—2020年）》。二、荆州市是鄂中南地区的中心城市，长江中游交通枢纽之一，国家历史文化名城。三、重视城乡统筹发展。在《总体规划》确定的1576平方公里的城市规划区范围内，实行城乡统一规划管理。要优化城市空间布局，提高中心城区的辐射

带动能力，城镇基础设施和公共服务设施建设应统筹考虑为周边农村服务。四、合理控制城市规模。到2020年，中心城区城市人口控制在100万人以内，城市建设用地控制在102.5平方公里以内。五、完善城市基础设施体系。要加快公路、铁路和港口等交通基础设施建设，改善城市与周边地区交通运输条件。六、建设资源节约型和环境友好型城市。城市发展要走节约资源、保护环境的集约化道路，坚持经济建设、城乡建设与环境建设同步规划，大力发展循环经济，强化工业、交通和建筑节能，切实做好节能减排工作。七、创造良好的人居环境。要坚持以人为本，创建宜居环境。统筹安排关系人民群众切身利益的教育、医疗、市政等公共服务设施的规划布局和建设。八、重视历史文化和风貌特色保护。九、严格实施《总体规划》。城市建设要实现经济社会协调发展，物质文明和精神文明共同进步。

5月30日

［纲　文］　**商务部公布《对外援助物资项目管理办法》。**

［目　文］　《办法》共10章61条。主要有总则、供货指导目录、立项、配单、项目分类和采购方式、采购、实施、监督管理、法律责任、附则等内容。自2011年7月15日起施行。《对外援助物资项目管理暂行办法》（商务部2006年第5号令）同时废止。

5月30日

［纲　文］　**财政部、水利部发布《中小河流治理财政专项资金绩效评价暂行办法》。**

［目　文］　《办法》共4章15条。主要有总则、评价依据和内容、评价的程序、评价结果运用等内容。自2011年5月30日起施行。

5月30日—6月3日

［纲　文］　**国务院副总理、中俄能源谈判中方代表王岐山访问俄罗斯并举行中俄能源谈判代表第7次会晤。**

［目　文］　31日，王岐山在莫斯科与中俄能源谈判俄方代表、俄罗斯副总理谢钦共同主持中俄能源谈判代表第7次会晤。

王岐山指出，在两国政府及相关企业积极努力下，双方在石油、天然气、煤炭、电力、核能等领域合作都取得了可喜进展，中方对此表示满意。中俄原油管道2011年1月1日正式投产以来，保持了稳定运行态势，截至目前已输油600多万吨。通过此次会晤，中俄就积极推进原油管道贸易达成了新的共识。天然气合作是当前中俄能源合作的重中之重，中方愿与俄方一道，全力推动天然气合作早日取得实质性进展。双方可充分发挥各自资源、技术、资金和人才等方面的优势，加强煤炭领域合作。中方高度评价两国在核能领域开展的一系列卓有成效的合作。中俄电力合作稳步推进，可再生能源领域合作取得新突破。中方愿与俄方秉持互利共赢的原则，密切沟通，真诚合作，推动两国能源合作不断取得新的成果，造福两国人民。

谢钦表示，俄中能源合作具有战略性，我和王岐山副总理就方方面面的议题深入交换了意见，在绝大多数问题上达成了广泛共识。特别是在大型能源合作项目上有新进展。从今天的会晤中可以得出结论：现在俄中战略协作伙伴关系已经发展到相当高的水平，允许我们双方解决任何问题。希望我们的友好合作带来更多的务实成果。

访俄期间，王岐山在莫斯科会见俄罗斯总理普京。会见后，在普京的见证下，王岐山与俄副总理谢钦签署了中俄《天然气领域合作谅解备忘录的议定书》。

5月30日—6月3日

［纲　文］　**全国大法官研讨班在上海举行。**

［目　文］　最高人民法院院长王胜俊在开幕式讲话中指出，中国特色社会主义法律体系的形成为人民司法事业发展提供了难得的历史机遇。各级人民法院要充分认识法律体系形成的重大意义，准确把握法律体系形成后人民法院工作面临的机遇与挑战，进一步明确法律体系形成后人民法院所担负的重大历史使命。根据中国特色社会主义法律体系形成后的新形势、新情况、新要求，确保宪法法律实施，确保公正司法，人民法院必须始终坚持社会主义法治理念，始终坚持加强学习，始终坚持公正司法，始终坚持以人为本、执法为民，始终坚持能动司法，始终坚持调解优先、调判结合，始终坚持司法改革，始终坚持加强队伍建设，始终坚持抓基层打基础，始终坚持党的领导。

5月31日—6月3日

［纲　文］　**胡锦涛在湖北考察。**

［目　文］　中共中央总书记胡锦涛在十堰、武汉，就加快转变经济发展方式、保障和改善民生、加强和改进党的建设等进行调查研究。

胡锦涛在丹江口市土关垭镇龙家河村，叮嘱当地干部，现在是抗旱的关键时刻，要把抗旱作为当前农村工作最紧迫的任务，动员各方力量，采取综合措施，加大资金、物资、技术等方面的保障力度，确保人畜饮水，确保不误农时，坚决打赢抗旱这场硬仗。在丹江口水库，听取南水北调工程建设和丹江口水库运行管理情况汇报。他提出，当前特别要针对汉江流域的严重旱情，加强水库下泄流量的科学调度，帮助群众有效缓解生产生活用水困难，把大型水利枢纽在抗旱中的重要作用充分发挥出来。在武汉东湖新技术开发区，观看园区企业的科技创新产品展示。他希望园区进一步创新体制机制、完善基础设施、提高服务水平，为企业创造更加有利的发展环境。在东风汽车公司的技术中心，勉励东风汽车公司坚持以市场需求为导向，以科技创新为动力，突破更多核心关键技术，研发更多新型汽车产品，努力实现从量的增长向质的跨越转变，为提升我国汽车工业发展水平再立新功。在武汉重型机床集团有限公司，他希望企业抓住机遇、乘势而上，坚定不移走深化改革、自主创新之路，不断提升核心竞争力，为促进我国装备制造业由大变强作出更大的贡献。在华中科技大学的武汉光电国家实验室，他强调，科技创新，人才为先。要依托国家实验室这个平台，进一步聚集人才、培养人才，更好地发挥创新型科技人才的作用，努力在光电领域取得更多原创性科研成果。考察了武汉市青山区总工会创建的困难职工帮扶中心。

考察期间，胡锦涛听取了湖北省委和省政府的工作汇报。胡锦涛强调，“十二五”时期发展目标任务已经确定，关键是要狠抓落实。新形势下党的建设必须紧紧围绕这个中心任务来展开，把全党的注意力集中到抓落实上来，着力提高领导班子抓落实的能力，着力增强干部队伍抓落实的自觉性，着力发挥广大党员抓落实的先锋模范作用，为实现“十二五”时期发展目标任务、夺取全面建设小康社会新胜利提供坚强政治保证和组织保证。

31日，胡锦涛在十堰市柳林幼儿园看望小朋友和幼儿教师，代表党中央，向全国各族少年儿童表示节日的祝贺，向广大少年儿童工作者表示诚挚的慰问。

5月31日

［纲　文］　**国务院印发《关于进一步做好普通高等学校毕业生就业工作的通知》。**

［目　文］　《通知》由五个部分组成：一、适应加快转变经济发展方式和调整经济结构的进程，积极拓展高校毕业生就业领域。二、鼓励引导高校毕业生面向城乡基层、中西部地区以及民族地区、贫困地区和艰苦边远地区就业。三、鼓励支持高校毕业生自主创业，稳定灵活就业。四、支持高校毕业生参加就业见习和技能培训，鼓励科研项目单位吸纳高校毕业生就业。五、大力加强就业指导、就业服务和就业援助。

《通知》指出，各地区、各有关部门要按照本通知精神，进一步加强对高校毕业生就业工作的领导，强化目标责任，把高校毕业生就业工作情况列入政府政绩考核内容，切实抓好贯彻落实。要加大对就业政策措施和先进典型的宣传力度，引导高校毕业生转变就业观念，营造良好的就业环境。

5月31日

［纲　文］　**《解放军报》报道，中央军委发布《军队党员领导干部廉洁从政若干规定》，并发出通知要求全军和武警部队认真贯彻执行。**

［目　文］　《规定》共4章26条。主要有总则、廉洁从政行为规范、实施与监督、附则等内容。自发布之日起施行。

5月31日

［纲　文］　**人力资源社会保障部印发《关于进一步推进医疗保险付费方式改革的意见》。**

［目　文］　《意见》由六个部分组成：一、推进付费方式改革的任务目标与基本原则。二、结合基金预算管理加强付费总额控制。三、结合医保制度改革探索相应的付费办法。四、结合谈判机制科学合理确定付费标准。五、建立完善医疗保险费用质量监控标准体系。六、统筹规划，精心组织，以点带面推动实施。

《意见》指出，各省级人力资源社会保障部门要按照本意见要求，在认真调研的基础上制定本省（区、市）推进付费方式改革总体规划。要通过建立重点联系城市制度，发现、培育、树立典型，通过搭建交流工作平台，充分发挥典型城市的示范带头作用，以点带面加强对所辖统筹地区的指导。各统筹地区人力资源社会保障部门要按照省（区、市）的统一部署，制定本地区推动付费方式改革的工作方案，明确改革目标、改革思路以及推进步骤。统筹地区工作方案应报送省级人力资源社会保障部门备案。

5月31日

［纲　文］ **财政部、人力资源社会保障部印发《关于进一步加强就业专项资金管理有关问题的通知》，自2011年5月31日起执行。**

5月31日

［纲　文］ **温家宝在北京市朝阳区十八里店小学看望师生，并和孩子们一起上了一堂体育课。**

［目　文］ 国务院总理温家宝，中共中央政治局委员、北京市委书记刘淇，中共中央政治局委员、国务委员刘延东等来到该校看望师生。温家宝和同学们上了一堂篮球课。刘延东和五年级三班的同学一起上了一堂排球课。

温家宝说，只有孩子们健康，才有祖国的未来。你们要懂得这个道理。我们要有一个健康的体魄，才能更好地为人民服务。同学们要热爱运动，经常运动，把运动贯穿一生。

3月8日，第十一届全国人民代表大会第四次会议期间，温家宝参加吉林代表团审议时，全国人大代表、冬奥会短道速滑冠军杨扬提出一个请求：希望总理能够和青少年共上一堂体育课，以推动青少年体育运动。温家宝当场愉快地答应：我一定和孩子们上一堂体育课！

5月31日

［纲　文］ **李克强在北京主持召开国务院深化医药卫生体制改革领导小组第九次全体会议。**

［目　文］ 国务院深化医药卫生体制改革领导小组成员单位和有关部门负责人参加了会议。会议听取了国务院医改办公室负责人关于2011年一季度医改集中督导情况的汇报，审议了《关于进一步加强乡村医生队伍建设的指导意见》等文件。

国务院副总理、国务院深化医药卫生体制改革领导小组组长李克强指出，要认真贯彻落实党中央、国务院决策部署，深化改革举措，加强制度建设，加快推进全民基本医保，切实把人民群众的基本医疗卫生服务保障好。2011年以来，医改继续保持良好势头，基本医保参保人数增加，基本药物制度覆盖面扩大，基本公共卫生服务项目增多，公立医院改革试点逐步深入，便民惠民举措全面推开，成效进一步显现。要继续巩固扩大成果，推动医改五项重点任务取得新突破。

国务院医改办公室介绍，截至2011年3月底，全国城乡居民基本医保参保人数达到12.7亿，新农合和城镇居民医保政策范围内住院费用报销比例达到60%以上。已有82%的政府办基层医疗卫生机构实施了基本药物制度。70%以上的地区拥有了达标的县级医院、乡镇卫生院和社区卫生服务机构。城乡居民健康档案规范化管理人数达到6.2亿，5464万名高血压和糖尿病患者得到规范化服务。全国共有69个城市开展了中央和省级的公立医院改革试点，参与改革的医院总数达到2299所。

5月31日

［纲　文］　**全国计划生育协会工作座谈会在贵阳举行。**

［目　文］　中共中央政治局委员、中国计划生育协会会长王刚，国家人口计生委主任李斌出席会议并讲话。中国计生协常务副会长杨玉学主持会议。各省区市、计划单列市、新疆生产建设兵团计生协、人口计生委负责人以及有关方面260多人参加了会议。

王刚强调，中共中央总书记胡锦涛在中央政治局第二十八次集体学习时的讲话，为全面做好新形势下我国人口工作指明了方向。各级计划生育协会和广大会员要认真学习贯彻胡锦涛总书记的重要讲话精神，紧紧围绕经济社会发展大局和人口计生工作中心任务，不断提高计划生育协会工作科学化水平，努力开创计划生育协会工作新局面，为促进我国人口与经济、社会、资源、环境协调可持续发展作出新的更大贡献。

5月31日

［纲　文］　**中央国家机关厉行节约工作会议在北京召开。**

［目　文］　国务院总理温家宝作出批示指出，建设一个廉洁、节俭的政府是我们的目标。中央国家机关要带头厉行节约，特别要从严控制和压缩因公出国出境、公务用车购置及运行、公务接待三项经费支出。这项工作要注重制度改革和建设，加强监督检查，务求实效，不搞形式主义，不走过场。

国务委员兼国务院秘书长马凯出席会议并讲话。会议由国管局、发展改革委、财政部和中央国家机关工委联合召开，中央国家机关各部门有关负责人参加会议，有关部门交流了开展厉行节约工作的经验与做法。

马凯指出，中央国家机关要全面落实党中央、国务院部署和要求，认真学习贯彻温家宝总理批示精神，进一步弘扬艰苦奋斗的优良作风，带头做好厉行节约工作。一是把压缩“三公”经费支出作为中央国家机关厉行节约工作的重点，采取严格控制措施，确保达到预期目标，并按要求公开“三公”经费预算及支出情况。二是深入推进机关节能降耗，努力实现2011年用电、用水、用油比2010年下降2%的目标。三是深入开展公务用车问题专项治理，严格控制和规范庆典、研讨会和论坛等活动，不得以各种名义向地方政府、企业、个人摊派会议活动经费。四是严格控制楼堂馆所建设，坚决防止和杜绝违规建设办公楼和以维修为名超标准豪华装修。五是着力把好国有资产采购关，强化日常管理，提高使用效益。六是进一步加强机构编制管理，严格控制人员经费。

5月31日

［纲　文］　**纪念《中国日报》创刊30周年座谈会在北京举行。**

［目　文］　中共中央政治局常委李长春致信祝贺。他指出，30年来，《中国日报》作为我国国际传播事业的重要力量，始终坚持正确舆论导向，积极对外宣传和介绍中国，深入阐释我国党和政府在重大问题上的立场主张，生动展示中国人民热爱和平、建设美好家园的精神风貌，及时报道国际重大事件，已经成为中国感知世界、世界了解中国的重要窗口，成为我国对外宣传的重要阵地，为树立我良好国家形象、营造良好国际舆论氛围作

出了积极贡献。

当前，全党全国各族人民正在实施国民经济和社会发展第十二个五年规划，为夺取全面建设小康社会新胜利而共同奋斗。希望《中国日报》高举中国特色社会主义伟大旗帜，以邓小平理论和“三个代表”重要思想为指导，深入贯彻落实科学发展观，牢牢把握正确舆论导向，积极推进国际传播能力建设，大力宣传我坚持走和平发展道路，推动建设持久和平、共同繁荣的和谐世界的主张，宣传我国经济社会发展取得的巨大成就，生动展示中国人民在全面推进中国特色社会主义伟大事业中的良好精神风貌，在重大国际问题上及时发出中国声音，不断增强国际传播力、竞争力和影响力，努力为我国改革开放和社会主义现代化建设营造更加有利的国际舆论环境，为夺取全面建设小康社会新胜利、实现中华民族伟大复兴作出新的更大贡献。

中共中央政治局委员、中央宣传部部长刘云山出席大会并讲话。全国人大常委会副委员长乌云其木格、国务委员戴秉国、全国政协副主席陈奎元出席座谈会。

《中国日报》创刊于1981年6月1日，目前在全球发行50余万份，是境外媒体转载率最高的中国报纸。《中国日报》经过30年发展，已经形成由印刷媒体、网络媒体、移动媒体和电子阅读器等构成的立体化全媒体模式，旗下拥有《中国日报》中国版、美国版、欧洲版、亚洲版、香港版等12份报纸、1个国家级网站、8个网站集群、3大移动平台和14个无线终端产品。

5月31日

［纲　文］　**国务院副总理李克强在北京会见英国前首相布莱尔。**

［目　文］　李克强说，中英两国都是具有重要影响的国家，也都是经济大国。在国际格局深刻变化的形势下，中英加强合作的意义已日益超出双边范畴。双方应登高望远，把握大局，推动中英全面战略伙伴关系不断深化。中国正在实施“十二五”规划纲要，加快转变经济发展方式，培育发展战略性新兴产业，致力于绿色发展。中英两国应发挥各自优势，大力推动在低碳、环保、新能源等领域的务实合作，打造交流合作新亮点，培育新的经济增长点，增强可持续发展能力。

布莱尔表示愿继续为推动英中关系发展发挥积极作用，愿为中外企业深化合作搭建桥梁。

5月31日—6月4日

［纲　文］　**贾庆林在贵州省、重庆市、湖南省调研。**

［目　文］　全国政协主席贾庆林在贵州铜仁地区，重庆秀山县，湖南湘西州、张家界市等地，在农村乡镇、工厂企业、城市社区和高等院校，就加快推进扶贫开发，促进武陵山区发展进行调研。

贾庆林指出，要深入贯彻落实科学发展观，紧紧抓住国家推进扶贫开发的历史机遇，全面贯彻中央扶贫开发战略部署，广泛凝聚各方面的智慧和力量，打好新一轮扶贫开发攻坚战，努力实现武陵山区又好又快发展，确保贫困地区人民与全国人民一道共同实现全面小康。加快武陵山区发展，必须依靠各党派团体、各族各界人士共同团结奋斗。各级党委要认真贯彻中央有关文件精神，进一步加强对统战、政协工作的领导，充分发挥统一战线和人民政协的优势，更好地听取民意、集中民智，更好地提高水平、改进工作，更好地推动发展、促进和谐，真正把统一战线这一重要法宝和人民政协这一政治组织的作用运用好发挥好，为加快武陵山区扶贫开发步伐、实现经济社会发展目标作出新的贡献。

5月31日—6月1日

［纲　文］ **全国党史界纪念中国共产党成立90周年学术研讨会在北京召开。**

［目　文］ 研讨会由中央党史研究室、中国中共党史学会和中国中共党史人物研究会联合举办。全国党史系统、党校系统、军队系统、社科院系统、高校系统的160多位专家学者参加了会议。与会专家围绕“中国共产党领导革命、建设和改革的成功实践、基本理论和宝贵经验”这一主题进行研讨。通过研讨，与会专家学者进一步深化了对党的历史发展的主题和主线、主流和本质的认识与研究，深化了对共产党执政规律、社会主义建设规律、人类社会发展规律的认识与研究。

5月31日—6月4日

［纲　文］ **台北国际计算机展举办。**

［目　文］ 此次展览特设了“海峡两岸区”。其间举办了2011两岸资通讯产品暨产销合作研讨会、海峡两岸云端产业合作研讨会等活动。

6 月

6月1日

［纲　文］　**国家主席胡锦涛任免驻外大使。**

［目　文］　胡锦涛根据全国人民代表大会常务委员会的决定任免下列驻外大使：一、免去石虎的中华人民共和国驻中非共和国特命全权大使职务；任命孙海潮为中华人民共和国驻中非共和国特命全权大使。二、免去张援远的中华人民共和国驻比利时王国特命全权大使职务；任命廖力强为中华人民共和国驻比利时王国特命全权大使。三、免去李强民的中华人民共和国驻赞比亚共和国特命全权大使职务；任命周欲晓为中华人民共和国驻赞比亚共和国特命全权大使。四、免去胡定贤的中华人民共和国驻巴哈马国特命全权大使职务；任命胡山为中华人民共和国驻巴哈马国特命全权大使。五、免去陈京华的中华人民共和国驻牙买加特命全权大使职务；任命郑清典为中华人民共和国驻牙买加特命全权大使。六、免去吴虹滨的中华人民共和国驻土库曼斯坦特命全权大使职务；任命肖清华为中华人民共和国驻土库曼斯坦特命全权大使。

6月1日

［纲　文］　**国务院印发《关于促进牧区又好又快发展的若干意见》。**

［目　文］　《意见》由七个部分组成：一、重要意义与基本方针。二、总体要求。三、加强草原生态保护建设，提高可持续发展能力。四、加快转变发展方式，积极发展现代草原畜牧业。五、促进牧区经济发展，拓宽牧民增收和就业渠道。六、大力发展公共事业，切实保障和改善民生。七、切实加强对牧区工作的组织领导。

6月1日

［纲　文］　**银监会公布《商业银行杠杆率管理办法》。**

［目　文］　《办法》共4章21条。主要有总则、杠杆率的计算、杠杆率的监督管理、附则等内容。自2012年1月1日起施行。

6月1日

［纲　文］　**温家宝主持召开国务院常务会议。**

［目　文］　会议主要内容是：一、决定启动城镇居民社会养老保险试点。会议决定，自2011年7月1日起，启动城镇居民社会养老保险试点工作，今年试点范围覆盖全国60%的地区，明年基本实现全覆盖。（一）年满16周岁（不含在校学生）、不符合职工基本养老保险参保条件的城镇非从业居民，均可在户籍地自愿参加城镇居民养老保险。

（二）参保居民要按规定缴纳养老保险费，政府对参保居民缴费给予补贴，补贴标准不低于每人每年30元。（三）参保居民年满60周岁，可按月领取包括基础养老金和个人账户养老金在内的养老金。基础养老金由政府全额支付，每人每月不低于55元，国家根据经济发展和物价变动等情况适时调整。（四）已年满60周岁、符合规定条件的城镇居民，不用缴费，可按月领取基础养老金。会议要求，各地区、各有关部门要加强组织领导和督促检查，结合实际制定试点实施方案，确保试点顺利进行。要强化基金监督管理，做好相关制度的衔接，不断提高经办服务管理能力，切实把好事办好。二、研究部署加强地质灾害防治工作。会议指出，力争到2020年，全面建成地质灾害调查评价体系、监测预警体系、防治体系和应急体系，基本消除特大型地质灾害隐患点威胁，减少灾害造成的人员伤亡和财产损失。为此，一要全面开展隐患调查评估。以县为单元，在全国范围开展山洪、地质灾害调查评价工作。对地质灾害隐患点开展经常性巡回检查。二要加强监测预报预警。完善监测预报网络，以农村山区等偏远地区为重点，加强预警信息发布手段建设，确保及时发现险情、及时发出预警。三要实施综合防治。对危害程度高、治理难度大的地质灾害隐患点，优先实施搬迁避让，对一时难以实施搬迁避让的隐患点实施工程治理。加强地震灾区、三峡库区和重要设施周边地质灾害的防治。建立健全地面沉降、塌陷及地裂缝防控机制。四要提高应急救援水平。加强应急救援体系建设，修订完善突发地质灾害应急预案。组织应急避险演练，强化基层地质灾害防范，做到临灾避险组织快速有序。五要健全保障机制。完善法律法规和相关标准，加强防治队伍建设，加大资金投入，积极推进科技创新。深入开展科普宣传和培训教育，构建全社会共同参与地质灾害防治的工作格局。

6月1—2日

［纲　文］　**银监会国际咨询委员会第九次会议在北京召开。**

［目　文］　会议由银监会主席、银监会国际咨询委员会主席刘明康主持。各位委员就国际宏观经济形势与全球银行业发展、国际金融监管改革及中国审慎监管制度的建立、人民币"走出去"对中国银行业的影响、对影子银行的有效监管、系统性重要金融机构的监管制度等问题提出了自己的看法和建议。各位委员对银监会实施国际监管新规则、提高监管有效性给予肯定。银监会国际咨询委员会由国际金融业知名人士组成，主要对中国银行业长期发展和银行业监管等问题提供咨询。

2日，国务院副总理李克强在北京会见与会的全体委员时说，按照"十二五"规划的要求，中国正围绕转变经济发展方式，立足扩大内需，对经济结构进行战略性调整，积极推进节能环保，实施重大民生工程，不断深化改革开放，加强财政、金融、产业等各项政策的协调配合，促进经济长期平稳较快发展。当前，世界经济正缓慢复苏，但仍存在很大的不确定性，风险因素较多。国际社会应继续同舟共济，加强宏观政策沟通协调，推进国际金融监管改革，建立公平、公正、包容、有序的国际金融新秩序，促进世界经济稳定和健康复苏。

外方委员就完善银行监管、加强风险控制等问题提出了建议，表示愿为中国银行业发展继续贡献力量。

6月1—13日

［纲　文］　**国家副主席习近平应邀对意大利、古巴、乌拉圭、智利进行正式访问。**

［目　文］　1—4日，习近平访问意大利。在罗马出席“意大利统一150周年”庆典；会见了意大利总统纳波利塔诺；同意大利总理贝卢斯科尼举行会谈，双方共同出席了两国有关科技、经贸等领域合作文件的签字仪式；分别会见了意大利外长弗拉蒂尼和民主党全国书记贝尔萨尼。在米兰出席了中意工商晚宴，并发表了题为《开拓创新互利合作抓住机遇共同发展》的讲话；会见了意大利伦巴第大区政府主席福尔米科尼；参观了圣拉菲尔生物医药科技园。

习近平在罗马分别会见了来意出席庆典活动的联合国秘书长潘基文、俄罗斯总统梅德韦杰夫、美国副总统拜登。

4—8日，习近平访问古巴。在哈瓦那同古巴国务委员会主席兼部长会议主席劳尔·卡斯特罗举行会谈，双方出席了有关合作文件的签字仪式；探望了古巴革命领导人菲德尔·卡斯特罗；参观考察了哈瓦那贝达多综合诊所和中石油长城钻探工程公司古巴项目。

8—9日，习近平访问乌拉圭。在蒙得维的亚同乌拉圭总统穆希卡举行会谈，双方出席了两国有关合作文件的签字仪式；同乌拉圭副总统兼国会主席、参议长阿斯托里举行会谈。

9—11日，习近平访问智利。在圣地亚哥同智利总统皮涅拉举行会谈，共同出席了两国经贸、农业、矿业、金融、电信、检验检疫等领域合作文件的签字仪式；会见了智利众议长梅莱罗；出席了中国—智利企业家委员会第五次年会开幕式，并发表了题为《把握有利机遇　深化互利合作》的讲话；在联合国拉丁美洲和加勒比经济委员会发表题为《携手开创中拉全面合作更加美好的未来》的演讲。

11日，习近平在出访回国途中经停法属波利尼西亚塔希提岛，会见了法属波利尼西亚高级专员迪迪埃和自治政府主席特马鲁。

6月1—2日

［纲　文］　**中俄总理定期会晤委员会环境保护合作分委会第六次会议在哈尔滨举行。**

［目　文］　分委会中方主席环境保护部部长周生贤主持会议并致辞，俄方主席自然资源与生态部部长特鲁特涅夫率团出席了会议。双方对中国、俄罗斯环保合作取得的成果给予肯定。双方回顾了分委会第五次会议以来两国在环保领域的合作进展，听取了污染防治和环境灾害应急联络工作组、跨界水体水质监测与保护工作组、跨界自然保护区和生物多样性保护工作组的工作进展报告。分委会审议并批准了各工作组的工作计划，通过了《2010年度中俄跨界水体水质联合监测数据评估结论》，审议并批准了《2011年中俄跨界水体水质联合监测实施方案》和《中俄黑龙江流域自然保护区网络建设战略》文本。周生贤和特鲁特涅夫签署了会议纪要。

6月1—3日

［纲　文］　**“2011年中日绿色博览会”在北京举办。**

［目　文］　绿博会由中国贸促会和日本经济团体联合会联合主办。以“中日携手共创绿色未来”为主题，以展览展示、高层论坛、技术交流、新产品和新技术发布会及商务洽谈会等为主要内容。

2日，国务院副总理李克强在北京会见了来华参加“2011年中日绿色博览会”、以会长米仓弘昌和名誉会长御手洗富士夫为团长的日本经济团体联合会代表团。

6月1日—7月31日

［纲　文］　**“艰难与辉煌——纪念中国共产党成立九十周年馆藏珍贵历史文献展（1921—1949）”在国家图书馆举行。**

［目　文］　文献展由国家图书馆主办，军事科学院、军事博物馆、国家博物馆协办。以1911年至1949年中国社会的政治、经济、文化以及国际共产主义运动为大背景，以中国共产党发展历程的时间脉络为主线，分为“东方欲晓”“开天辟地”“风起云涌”“星火燎原”“中流砥柱”“天翻地覆”6个篇章，选取各时期的重大事件、重要人物作为节点，用各种类型珍贵资料还原历史、解读史实。展出馆藏珍贵历史文献实物500余件。展品以红色革命文献为主体，以国民党统治区文献为衬托，还包含珍贵古籍善本及珍稀外文善本，超过一半展品为首次展出，是国家图书馆建馆以来举办的最大规模的革命历史文献展览。《共产党宣言》第一个中文全译本、中国共产党创办的第一份日报《热血日报》创刊号、《毛泽东选集》的最早版本等众多珍贵革命历史文献，展现了中国共产党从建党到新中国成立所走过的28年艰难而辉煌的历程。

24日，中共中央政治局委员、国务委员刘延东，全国人大常委会副委员长华建敏、司马义·铁力瓦尔地，以及来自中央国家机关等单位的数十位部级领导干部参观文献展。

6月1—13日

［纲　文］　**中共中央政治局委员、中组部部长李源潮率中共代表团对缅甸、印尼、朝鲜进行友好访问。**

［目　文］　在缅甸访问期间，李源潮在内比都会见了缅甸总统吴登盛；会见了缅甸联邦议会人民院议长吴瑞曼；会见了巩发党总书记吴泰乌并共同出席《中国共产党与缅甸联邦巩固与发展党交流合作备忘录》的签字仪式；与缅甸副总统吴丁昂敏乌出席了两国有关经贸合作协议的签字仪式；看望正在仰光开展“光明行”活动的中国医生护士以及中国和平发展基金会的工作人员；参观了仰光第一中学；考察了巩发党基层党组织建设情况，出席在缅中资企业党建座谈会等活动。

在印尼访问期间，李源潮在雅加达分别会见了印度尼西亚国会议长马祖基，印尼前总统、民主斗争党总主席梅加瓦蒂，民主党总主席阿纳斯，专业集团党总主席巴克里以及提高国家机构效率国务部部长芒因达安，就发展两国及两国政党关系深入交换意见，并与阿纳斯出席了《中国共产党与印尼民主党交流合作备忘录》的签字仪式。出席由印尼各主要政党参加的招待会，并发表题为《携手谱写中国印尼互利合作新篇章》的讲话。

在朝鲜访问期间，李源潮在平壤分别会见了朝鲜劳动党总书记、国防委员会委员长金正日，朝鲜最高人民会议常任委员会委员长金永南；与朝鲜劳动党中央政治局委员、中央书记、最高人民会议议长崔泰福举行会谈，宣布启动中朝两党战略沟通机制。李源潮还拜谒友谊塔，参观万景台金日成主席故居，走访居民家庭等。

6月2日

［纲　文］　**人力资源社会保障部印发《人力资源和社会保障事业发展“十二五”规划纲要》。**

［目　文］　《纲要》共九章。主要有：一、民生为本人才优先，开创事业发展新局面。二、实施就业优先战略，努力实现充分就业。三、健全社会保障体系，基本实现人人享有。四、实施人才强国战略，建设高素质人才队伍。五、深化人事制度改革，形成充满生机活力的用人机制。六、深化工资制度改革，形成合理有序的收入分配格局。七、构建和谐劳动关系，维护劳动者合法权益。八、加强基础能力建设，提升公共服务水平。九、强化综合保障措施，完成规划目标任务。

6月2日

［纲　文］　**财政部、教育部印发《关于加强中央高校基本科研业务费管理工作的通知》。**

6月2日

［纲　文］　**国务院在北京召开全国普通高校毕业生就业工作电视电话会议。**

［目　文］　中共中央政治局委员、国务院副总理张德江出席并讲话。中共中央政治局委员、国务委员刘延东主持会议。人力资源社会保障部、教育部、财政部的负责人在会上发言。国务院就业工作部际联席会议成员单位，中央和国家机关其他有关部门及总参谋部、总政治部、总装备部负责人，部委直属在京高校负责人在主会场参加会议。

张德江指出，国务院为加强高校毕业生就业工作，制定下发了《国务院关于进一步做好普通高等学校毕业生就业工作的通知》，在财政、税收、金融、就业服务等方面提出了新的政策措施，加大了鼓励支持力度，进一步明确了工作要求。各地区、各部门要认真抓好文件精神和各项政策的贯彻落实。要加快调整经济结构，着力发展智力密集型、技术密集型产业和生产性、生活性服务业等劳动密集型产业，创造更多适合高校毕业生的就业机会。要积极引导高校毕业生转变就业观念，同时采取更有效的措施，鼓励高校毕业生到城乡基层、中西部地区和中小企业就业。要强化政策落实、创业教育培训和创业服务，鼓励高校毕业生自主创业，使更多的高校毕业生通过创业实现就业。

刘延东强调，各地区、各有关部门、各高校要认真贯彻落实国务院文件要求和本次会议精神，把高校毕业生就业作为重要民生工程，作为就业工作的首要目标，完善政策，开拓渠道，加强服务，帮扶重点，以高度的责任感、坚定的决心和务实的作风，千方百计促进高校毕业生就业。

6月2—4日

［纲　文］　**温家宝、回良玉在江西、湖南、湖北考察抗旱救灾工作。**

［目　文］　国务院总理温家宝和国务院副总理、国家防汛抗旱总指挥部总指挥回良玉在旱情严重的江西、湖南、湖北三省，到鄱阳湖、洞庭湖等湖区及丹江口水库实地查看水情、旱情、灾情，看望慰问干部群众，指导抗旱救灾工作。

4日，温家宝在武汉主持召开江苏、安徽、江西、湖北、湖南五省抗旱工作座谈会，就做好抗旱救灾工作作出部署。回良玉出席并讲话。

温家宝指出，做好当前的抗旱工作，一要千方百计保障群众生活用水，努力促进粮食和农业稳定发展。二要强化水利水电工程的科学调度，发挥好三峡等水利工程的综合调蓄作用，提高长江流域抗灾减灾整体能力，多渠道开辟抗旱水源，大力推行农业节水，强化科学用水。三要加大抗旱资金和物资投入，强化对农业生产的扶持。四要坚持抗旱防汛两手抓，未雨绸缪，防范旱涝急转，抓紧进行堤防、水库隐患排查与除险加固，加强监测预报，保障安全度汛。五要全面加强水利基础设施建设，着眼长远，全面规划，落实好中央加强水利建设的各项政策措施。六要切实加强对抗旱工作的组织领导，受旱地区要把抗旱减灾作为当前的一项重要任务来抓。主要领导要深入抗旱第一线，切实帮助群众解决抗旱工作中遇到的实际困难和问题。七要统筹抓好稳定物价、保障性住房建设、经济运行调节、财政金融等各方面工作，努力实现全年经济社会发展目标。

回良玉指出，要认真落实中央的各项政策措施，科学配置抗旱水源，兼顾上下游、左右岸，坚持抗旱和防汛两手抓，充分发挥三峡工程和江河湖泊的调蓄作用，统筹水资源开发利用和水生态保护，全面做好防汛抗旱和促进农业发展各项工作。

6月2—7日

［纲　文］　**应外交部部长杨洁篪邀请，莫桑比克外交与合作部部长巴洛伊对中国进行正式访问。**

［目　文］　3日，国务院副总理李克强在北京会见巴洛伊时说，中方赞赏莫方长期坚持一个中国政策，愿与莫方共同努力，推动中莫友好合作关系不断迈上新台阶。中国一贯重视非洲，支持非洲国家通过对话协商、以非洲方式解决非洲问题的主张，支持非洲国家联合自强、实现经济社会发展的努力。中国将继续落实中非合作论坛确定的各项举措，为非洲和平与发展事业发挥积极作用。

巴洛伊感谢中方长期以来对莫方的支持和帮助，愿学习借鉴中国发展经验，进一步巩固扩大莫中友谊。

同日，杨洁篪与巴洛伊会谈时说，中方对两国全方位友好合作取得的成果感到满意，愿同莫方共同努力，进一步加强两国各领域交流与合作，不断推动两国关系深入发展。

巴洛伊表示，赞赏中国在国际事务中发挥的重要作用，愿进一步巩固和发展两国友好合作关系。

6月3日

［纲　文］　**财政部、住房城乡建设部发布《关于绿色重点小城镇试点示范的实施意见》。**

［目　文］　《意见》由五个部分组成：一、开展绿色重点小城镇试点示范的重要意义。二、开展绿色重点小城镇试点示范的指导思想和基本原则。三、绿色重点小城镇试点示范的工作内容。四、绿色重点小城镇试点示范的支持政策。五、绿色重点小城镇试点示范的组织实施。

《意见》指出，绿色重点小城镇试点示范工作要求高、任务重。地方各级财政、住房城乡建设部门要根据以上实施意见，制定推进绿色重点小城镇试点示范工作的具体办法。试点示范工作开展的情况，及时向财政部、住房城乡建设部报告。

6月3日

［纲　文］　**住房城乡建设部公布《国有土地上房屋征收评估办法》，自2011年6月3日起施行。2003年12月1日原建设部发布的《城市房屋拆迁估价指导意见》同时废止。**

6月3日

［纲　文］　**外交部发言人表示，中方一贯致力于维护南海地区和平与稳定。**

［目　文］　有记者问：据媒体报道称，6月1日，3艘中国船只向在南沙群岛附近海域作业的越南渔民鸣枪示警，请介绍有关情况。

发言人说，据我所知，有关报道纯属子虚乌有。中方一贯致力于维护南海地区和平与稳定，愿同有关国家共同努力，相向而行，把南海建成和平、友好、合作之海。

6月3—5日

［纲　文］　**国务委员兼国防部部长梁光烈在新加坡出席2011年亚洲安全大会（香格里拉对话会）。**

［目　文］　本次对话会是中国国防部部长首次出席。梁光烈在对话会上就“中国的国际安全合作”做了题为《促进安全合作，共创美好未来》的专题发言。他指出，中国参与国际安全合作，不是要建立自己的势力范围、对外扩张，而是着眼于维护良好的周边安全环境，着眼于与其他国家的共同利益，着眼于自己的国际责任和人道主义义务。

本届对话举行5场讨论会，内容涉及阿富汗问题、解决地区纠纷、亚太地区核技术发展等。香格里拉对话由英国伦敦国际战略研究所主办，新加坡国防部协办，2002年首次在新加坡香格里拉饭店举行，故称香格里拉对话。是目前亚太地区安全对话机制中规模最大、规格最高的多边会议之一。

会议期间，梁光烈在新加坡分别会见了美国国防部部长盖茨、新加坡代总理张志贤、印度国防国务部部长拉朱、越南国防部部长冯光青、俄罗斯联邦政府第一副总理伊万诺夫、美国副国务卿斯坦伯格、日本防卫大臣北泽俊美、韩国国防部长官金宽镇、新西兰国防部部长马普、英国国防大臣福克斯、澳大利亚国防部部长史密斯、蒙古国国防部部长包勒德。

6月3—5日

［纲　文］ **南部非洲发展共同体轮值主席、纳米比亚共和国总统波汉巴访问中国。**

［目　文］ 访问期间，国家主席胡锦涛、全国人大常委会委员长吴邦国在北京分别会见了波汉巴。国务院副总理王岐山和波汉巴出席在北京举行的中国—南部非洲发展共同体（南共体）经贸论坛并致辞，见证了中国贸促会与南共体秘书处共同签署合作文件。

胡锦涛在会见波汉巴时表示，中国一贯重视发展同南共体的友好合作关系，愿继续本着平等、互利、共赢的精神，同南共体加强对话磋商，积极探讨并适时建立相关合作机制。稳步推进能源、水利、交通、通信等领域务实合作。中纳建交以来，两国关系一直健康顺利发展。双方在政治、经贸、文教、卫生等领域和国际事务中进行了卓有成效的合作。我们高度赞赏纳米比亚坚定奉行一个中国政策。在新世纪新形势下，中方愿进一步深化两国友好合作，在涉及各自核心利益的重大问题上继续相互支持。

波汉巴表示，南共体致力于促进地区经济发展，推进地区一体化进程，为此，愿意进一步挖掘潜力，加强同中国在贸易、投资、基础设施、通信、能源、水利、渔业、农业等领域合作，以及在国际和地区事务中的磋商与协调。中国为纳米比亚民族解放斗争提供宝贵支持，为纳经济社会发展提供大量帮助，纳方对此表示衷心感谢。纳方将继续坚定奉行一个中国政策。

吴邦国在会见波汉巴时表示，中非关系是中非几代领导人精心培育的成果，是双方的宝贵财富。中非双方应该共同努力，不断深化中非新型战略伙伴关系，让中非友好世代相传。南共体在维护南部非洲和平稳定、促进次区域一体化、自主解决本地区事务方面发挥着重要作用，中方愿以总统此访为契机深化与南共体的友好合作，支持南共体在促进南部非洲经济社会发展、一体化建设、解决地区问题上作出的积极努力。

波汉巴说，他首次以南共体主席身份访华，就是为了在更高水平上发展同中国的友好合作，实现共同发展。

6月3—12日

［纲　文］ **应外交部部长杨洁篪邀请，刚果共和国外交与合作部部长伊奎贝对中国进行正式访问。**

［目　文］ 10日，国务院副总理回良玉在北京会见伊奎贝时表示，加强中非友好合作关系是中国对外政策的重要基石。面对当今复杂的国际形势，中方愿与包括刚果（布）在内的非洲国家共同努力，推动中非新型战略伙伴关系深入发展，为维护世界和平与稳定、促进中非共同发展作出贡献。

伊奎贝表示，刚果（布）对两国友好合作关系感到满意，对刚中关系未来发展充满信心，愿与中方一道继续扩大合作领域和范围，共同推动两国友好关系和务实合作再上新台阶。

同日，杨洁篪在北京与伊奎贝举行会谈时说，中方珍视中刚传统友谊，愿与刚方一道，进一步密切各层次人员往来，推进务实合作，加强人文交流，努力推动两国关系不断迈上新台阶。

伊奎贝说，刚果（布）将坚持奉行一个中国和对华友好政策，积极推动两国在经贸、农业、科技、文化等领域的合作，进一步加强两国在国际多边机构的磋商和协调，不断巩固和发展刚中传统友谊。

6月4日

［纲　文］ **刘延东在国家教育考试命题基地和北京市远郊县检查高考准备工作。**

［目　文］ 中共中央政治局委员、国务委员刘延东考察了国家教育考试命题基地的有关设施和高考电子监控室、试卷保管室和移动监测车等考点设施，看望了高考命题教师以及公安、工信、卫生、保密等保障部门工作人员。

刘延东指出，要狠抓安全保密工作，加强考卷运输、保管等各环节的监控与管理，做好应对各类突发事件的准备，完善考试安全设施，确保试卷和考场绝对安全。要严肃考风考纪，加强考试环境综合治理，重点整治考点周边环境和网络环境，依托科技手段防范查处舞弊和诈骗行为，依法严惩违法犯罪分子。要推进国家教育考试标准化考点建设，深入实施高校招生“阳光工程”，加强信息公开和社会监督，保障每一位高考考生的权益，切实维护高考公平公正。

6月4日

［纲　文］ **中国运动员李娜以2∶0战胜上届冠军意大利选手斯齐亚沃尼，夺得法国网球公开赛女子单打冠军。**

［目　文］ 网坛最高荣誉的苏珊·朗格伦杯第一次刻上了亚洲选手的名字。

同日，中共中央政治局委员、国务委员刘延东在获悉李娜夺得法国网球公开赛女子单打冠军后，通过国家体育总局向李娜表示祝贺。

6月4日

［纲　文］ **国家海洋局北海分局接到康菲石油中国有限公司报告，称蓬莱19-3油田B平台东北方向海面发现不明来源少量油膜。**

［目　文］ 7月13日，国家海洋局表示，蓬莱19-3油田B、C平台附近再次出现溢油带，且经进一步海底探测发现，B平台附近海域仍有溢油的迹象。国家海洋局责令康菲公司“迅速查找漏油点，彻底封堵溢油源”。

9月2日，康菲公司收到了中国国家海洋局的“三停”的指令。即，在整个蓬莱19-3油田停止回注、停止钻井、停止油气生产作业。康菲中国介绍说，此次在渤海湾停止作业的231口井中，包括180口生产井和51口注水井。

2012年1月25日，美国康菲石油中国有限公司、农业部、中海油总公司同时发布，康菲公司将出资10亿元，用于解决河北省、辽宁省部分区县养殖生物和渤海天然渔业资源损害赔偿和补偿问题。

6月5日

［纲 文］ **国务院办公厅印发《兴边富民行动规划（2011—2015年）》。**

［目 文］ 《规划》由五个部分组成：一、指导思想和基本原则。二、发展目标。三、主要任务。四、政策措施。五、组织保障。

《规划》指出，边境省区要切实履行职责，全面负责本省区的规划组织实施工作，制定配套规划或实施意见，明确责任分工，确保规划落到实处。地方各级政府民族工作、发展改革和财政部门要加强综合协调，监督检查规划的实施和进展情况，及时研究规划实施过程中出现的新情况新问题，定期向本级政府报告规划实施情况。

6月5日

［纲 文］ **纪念中国书协成立30周年座谈会在北京举行。**

［目 文］ 全国人大常委会副委员长周铁农，全国政协副主席李金华出席座谈会。中国文联党组书记赵实、中国书协主席张海出席并讲话。在京的中国书协部分理事、书法家、书法理论家等130多人参加了座谈会。

6月5—17日

［纲 文］ **中共中央政治局委员、全国人大常委会副委员长王兆国率全国人大代表团对乌克兰、爱尔兰、波兰进行正式友好访问。**

［目 文］ 王兆国在乌克兰访问期间，在基辅分别会见了乌克兰总统亚努科维奇、乌克兰总理阿扎罗夫、乌克兰最高拉达（议会）主席利特温；并与乌克兰议会最高拉达（议会）第一副主席马丁纽克举行会谈。

王兆国在爱尔兰访问期间，在都柏林分别会见爱尔兰总统麦卡利斯、爱尔兰参议院议长伯克；并与爱尔兰众议院议长巴雷特举行会谈。

王兆国在波兰访问期间，在华沙与波兰众议院议长谢蒂纳举行会谈；会见了波兰参议院议长波格丹·博鲁塞维奇。

6月5—10日

［纲 文］ **第十九届中国昆明进出口商品交易会及第四届南亚国家商品展在昆明举行。**

［目 文］ 国务委员戴秉国出席开幕式、开馆仪式。本届昆交会及南亚国家商品展以“互联互通、合作共赢”为主题。本届昆交会设置4个商品专业馆、2个专题馆和2个室外展示区。商品专业馆包括机电馆、生物资源馆、化工矿业馆和家居建材馆；专题馆包括东盟馆和投资促进馆；展示区包括斯里兰卡主题国展示区和大型工程机械展示区。南亚国家商品展按国别划分区域。本届展会共设置室内标准展位2485个，其中，昆交会设1983个标准展位，南亚国家商品展设置502个标准展位。另外，还设立了3000平方米的室外展区。

会议期间，戴秉国在昆明分别会见与会的斯里兰卡总理迪萨纳亚克·贾亚拉特纳、老挝副总理宋萨瓦·伦萨瓦。

6 月 6 日

［纲　文］ **国务委员刘延东在北京会见了美国马里兰州州长奥马利。**

［目　文］ 刘延东说，中美双方应不断增加相互了解与信任，不断加强互利合作，妥善处理两国关系中的重大敏感问题，推动中美关系长期健康稳定发展，为两国乃至世界人民造福。中美经贸合作和人文交流是双边关系的重要组成部分。中方愿意与美国联邦及各州政府加强合作，扩大双方在经贸、教育、文化、科技各方面交流。

6 月 6—7 日

［纲　文］ **“中国共产党的建设”国际研讨会在北京举行。**

［目　文］ 研讨会由当代世界研究中心和美国乔治·华盛顿大学联合举办。中联部部长、当代世界研究中心名誉理事长王家瑞出席研讨会开幕式并作主旨演讲。来自美国、欧洲、新加坡等学术界的知名学者以及相关中方学者出席研讨会。

研讨会期间，与会代表围绕“中国共产党建党 90 年来的理论和实践”“中国共产党的思想建设”“中国共产党的组织建设”等议题进行了交流和探讨。双方一致认为，研讨会为促进中国与世界的相互了解与共同发展更好地搭建了平台和桥梁。外方专家表示，通过此次研讨会，加深了对中国共产党的了解，增强了对中国在中国共产党领导下发展成就和道路的认识。

7 日，中宣部部长刘云山在北京会见与会的外方代表时表示，中国共产党成立 90 年来，团结带领全国各族人民不断取得革命、建设和改革的伟大胜利，并在长期执政实践中不断总结党的自身建设的成功经验，借鉴汲取世界上一些执政党兴衰成败的经验教训，党建工作的理论和实践不断丰富发展。中国共产党愿继续以开放的姿态，积极开展与包括学界在内的国外各方面人士的交流，促进共同发展。

美国乔治·华盛顿大学中国项目主任沈大伟等外方代表表示，中国共产党领导中国人民取得了举世瞩目的建设成就，研讨会的召开展现了中国共产党坦诚开放的襟怀，也为加深外界对中国共产党的认知搭建了有益平台。

6 月 6—7 日

［纲　文］ **外交部部长杨洁篪在匈牙利格德勒出席第十届亚欧外长会议。**

［目　文］ 杨洁篪在会上发表讲话，呼吁亚欧各国加强互信与合作，共同维护地区和平与稳定，促进可持续发展，应对非传统安全问题。杨洁篪表示，随着新成员加入，亚欧会议的地位和影响进一步上升，亚欧合作大有可为，应从战略高度和长远角度推进亚欧合作。各方应坚持通过对话和协商，以和平方式解决国际争端。要恪守《联合国宪章》宗旨和原则，充分发挥联合国在维护世界和平、促进共同发展、推动国际合作方面的核心作用。会议发表了第十届亚欧外长会议《主席声明》。

会议期间，杨洁篪分别会见了匈牙利总理欧尔班、欧盟委员会副主席兼外交与安全政策高级代表阿什顿、澳大利亚外长陆克文、韩国外长金星焕、波兰外长西科尔斯基、蒙古国对外关系与贸易部部长赞达沙塔尔和新加坡外长尚穆根。

6月7日

［纲　文］ **国务院印发《关于开展城镇居民社会养老保险试点的指导意见》。**

［目　文］ 《意见》由15个部分组成：一、基本原则。二、任务目标。三、参保范围。四、基金筹集。五、建立个人账户。六、养老金待遇。七、养老金待遇领取条件。八、待遇调整。九、基金管理。十、基金监督。十一、经办管理服务。十二、相关制度衔接。十三、加强组织领导。十四、制定具体办法和试点实施方案。十五、做好舆论宣传工作。

《意见》指出，各地要注意研究试点过程中出现的新情况、新问题，积极探索和总结解决问题的办法和经验，妥善处理改革、发展和稳定的关系，把好事办好。重要情况要及时向国务院试点工作领导小组报告。

6月7日

［纲　文］ **中华全国手工业合作总社第七次代表大会在北京召开。**

［目　文］ 国务院副总理张德江出席会议并讲话。来自全国各省、市、自治区的400多名代表参加了会议。

中华全国手工业合作总社于1957年成立，是由全国各省、自治区、直辖市联社及其集体工业经济联合组织组成的集体所有制经济联合组织。

6月7日

［纲　文］ **中共中央政治局委员、全国政协副主席王刚在北京会见了以第一副主席萨法罗夫为团长的塔吉克斯坦人民民主党干部考察团。**

［目　文］ 王刚表示，党际交往是中塔两国关系的重要组成部分，中国共产党与塔吉克斯坦人民民主党自建立关系以来一直保持密切交往。中国共产党愿在党际交往四项原则基础上，进一步加强两党友好交流合作，相互学习借鉴治国理政经验，丰富两党关系内涵，不断推动中塔睦邻友好合作关系全面深入发展。

萨法罗夫表示，塔人民民主党高度赞赏中国在各领域取得的巨大成就，愿进一步加强与中国共产党的党际交往，全面深化塔中友好合作。

6月7日

［纲　文］ **外交部发言人表示，中方不接受菲律宾关于南海问题的无端指责。**

［目　文］ 有记者问，菲律宾外交部近日称，中国船只在南海日益加强的活动损害了菲律宾渔民利益，危害了地区和平稳定，侵犯菲律宾主权和海洋管辖权，违反《南海各方行为宣言》，请问你对此有何评论？

发言人说，中国船只在中国管辖海域进行例行巡航和科学考察及测量活动，是完全正当、合法的。中方不接受菲方的无端指责。中国在南海的主张是长期的、一贯的，延续了若干世纪，完全符合包括《联合国海洋法公约》在内的国际法有关规定。中方要求菲律宾停止损害中方主权和海洋权益，导致南海争议扩大化和复杂化的单方面行动，并且不再发表与事实不符和不负责任的言论。中方愿与菲方通过直接协商谈判，寻求妥善解决有关争议的办法。中方愿与有关各方共同努力，认真落实《南海各方行为宣言》，切实维护南海稳定，将南海建设成为和平之海、友谊之海、合作之海。

6月7日

［纲　文］　**中国侨联主办的“健康光明联合行动”在北京启动。**

［目　文］　中国侨联组织有关地方侨联和医疗队，分赴全国8个省区、覆盖30多个市县，计划为贫困白内障患者实施2000余例复明手术，并在甘肃建立2—3个眼科培训点。

6月7—10日

［纲　文］　**“十一五”环保成就展暨第十二届中国国际环保展览会在北京举办。**

［目　文］　展览由环境保护部、发展改革委、科技部、工业和信息化部、住房城乡建设部、北京市政府联合举办。“十一五”环保成就展以“践行生态文明、建设环境友好型社会”为主题，分为“回眸‘十一五’”“探索新道路”“环保促发展”“环保惠民生”“全民共参与”“展望‘十二五’”6个部分，反映了过去5年我国环保工作取得的成效。中国国际环保展览会以“节能减排、绿色发展”为主题，共设6个展馆，展览面积3万平方米，汇集了中外环保技术和产业成果3000余项。

展览期间，国务院副总理李克强、全国人大常委会副委员长陈至立等参观了展览会。

6月7—9日

［纲　文］　**中朝罗先经济贸易区和黄金坪、威化岛经济区开发合作联合指导委员会第二次会议在辽宁和吉林举行。**

［目　文］　商务部部长陈德铭和朝鲜劳动党中央行政部部长张成泽共同主持会议。外交部、中联部、发展改革委、辽宁省政府和吉林省政府以及朝方劳动党中央国际部、外务省、合营投资委员会、罗先市人民委员会、平安北道人民委员会等双方有关单位负责人出席了会议。双方明确了“政府引导、企业为主、市场运作、互利共赢”的开发合作原则。双方商定，将共同努力，充分利用、发挥各自优势，努力将两个经济区建设成为中朝经贸合作示范区和与世界各国开展经贸合作的平台。会议期间，双方举行了两个经济区部分合作项目启动仪式。

罗先经济贸易区位于朝鲜东北部，毗邻中国吉林省延边地区；黄金坪、威化岛经济区位于鸭绿江下游，毗邻中国辽宁省丹东地区。

6月8日

［纲　文］　**温家宝主持召开国务院常务会议。**

［目　文］　会议主要内容是：一、研究部署进一步加大财政教育投入工作。会议指

出，在中央和地方各级政府的共同努力下，我国财政教育投入持续大幅增长，已成为公共财政第一大支出。2010年，全国财政教育支出相当于公共财政收入的17.6%。但要清醒地看到，到2012年实现国家财政性教育经费支出占国内生产总值比例达到4%的目标，任务仍然十分艰巨。今明两年，各地区、各有关部门要以更大的决心调整财政支出结构，将新增财力着力向教育倾斜，更加突出教育优先发展的战略地位。一要严格落实教育经费法定增长要求。各级政府安排支出预算时，要保证财政教育支出增幅明显高于财政经常性收入增幅。对预算执行中的超收部分，也要按照这一要求安排教育拨款。二要进一步增加公共财政预算对教育的投入。2011年和2012年，各省（区、市）财政教育支出占财政一般预算支出的比重都要明显提高。三要拓宽财政性教育经费来源渠道。统一内外资企业和个人教育费附加制度。四要合理安排使用财政教育经费。支持实施重大项目，切实减轻人民群众教育负担。二、研究部署促进物流业健康发展工作。会议指出，2009年3月国务院印发《物流业调整和振兴规划》以来，物流业快速发展，产业发展水平不断提升。必须制定完善配套政策措施，促进物流业健康发展。一要切实减轻物流企业税收负担。二要加大对物流业的土地政策支持力度。三要促进物流车辆便利通行。四要改进对物流企业的管理。五要鼓励整合物流设施资源。六要推进物流技术创新和应用。七要加大对物流业的投入。各级政府要加大对物流基础设施的投资扶持，积极引导银行业金融机构加大对物流企业的信贷支持，拓宽融资渠道。八要促进农产品物流业发展。大力发展农超对接、农校对接、农企对接。

6月8日

［纲　文］　**中共中央办公厅、国务院办公厅印发《关于深化政务公开加强政务服务的意见》。**

［目　文］　《意见》由四个部分组成：一、深化政务公开、加强政务服务的重要性和总体要求。二、以改革创新精神深化政务公开工作。三、统筹推进政务服务体系建设。四、强化监督保障措施。

《意见》指出，各地区各部门要把政务公开和政务服务工作纳入党风廉政建设责任制考核、行政机关绩效考核和民主评议范围，细化考核评估标准。建立健全电子监察系统，对行政许可、非行政许可审批和公共服务事项实现全过程监察。加强党的基层组织和党代会代表的监督，充分发挥人大代表、政协委员、民主党派、人民团体和新闻媒体的监督作用，强化社会监督。

6月8日

［纲　文］　**商务部公布《对外援助物资项目实施企业资格管理办法》。**

［目　文］　《办法》共6章36条。主要有总则、资格等级和条件、资格认定、资格管理、法律责任、附则等内容。自2011年7月15日起施行。《对外援助物资项目实施企业资格认定办法（试行）》（商务部2004年第10号令）同时废止。

6月8日

［纲　文］　**财政部、国家林业局发布《关于开展2011年造林补贴试点工作的**

意见》。

［目　文］《意见》说，造林主体的人工造林和更新，经验收合格后均可享受补贴。补贴对象为使用先进技术培育的良种苗木在宜林荒山荒地、沙荒地人工造林和迹地（采伐之后还没种树的土地）人工更新，面积不小于1亩（含1亩）的林农、林业合作组织以及承包经营国有林的林业职工。造林直接补贴是对造林主体造林所需费用的补贴，补贴标准为：乔木林和木本油料经济林每亩补助200元，灌木林每亩补助120元，水果、木本药材等其他经济林每亩补助100元，新造竹林每亩补助100元。迹地人工更新，每亩补助100元。造林直接补贴应全部落实到造林主体。享受中央财政造林补贴营造的乔木林，造林后10年内不准主伐。

6月8日

［纲　文］**国务院总理温家宝在国家博物馆会见日本首相特使、前首相麻生太郎以及中日两国影视、动漫界代表，并出席中日合办影视周、动漫节启动仪式。**

［目　文］温家宝说，2010年我访问日本时，就中日合办影视周、动漫节同日方领导人达成共识，目的是通过两国人民，特别是青少年喜闻乐见的形式，增进相互了解和感情。日方克服特大地震、海啸带来的困难，如期来中国办展，体现了对促进中日人文交流的重视和真诚，一定会受到中国观众的欢迎。温家宝希望两国影视、动漫企业和工作者，加强相互借鉴与合作，向两国人民奉献更多优秀作品，作中日友好的纽带。

麻生太郎说，很高兴率日本代表团来北京参加影视周、动漫节活动。日本政府和社会各界积极支持同中国开展文化交流，相信两国合办影视周、动漫节将为增进双方的相互了解、推动两国关系发展发挥重要作用。

两国影视、动漫界代表们表示，要以中日合办影视周、动漫节为契机，促进两国文化交流与产业合作，为中日关系发展贡献力量。

会见后，温家宝和麻生太郎共同按下影视周、动漫节启动开关，并同两国少年儿童和影视、动漫工作者一起参观了展览。

6月8日

［纲　文］**国务院副总理王岐山在北京会见法国经济、财政与工业部部长拉加德。**

［目　文］王岐山听取了拉加德希望参与竞选国际货币基金组织总裁的情况介绍。双方就二十国集团领导人戛纳峰会、国际金融机构改革、国际经济规则和标准改革等共同关心的问题交换了意见。

6月8日

［纲　文］**国务委员兼国防部部长梁光烈在北京与智利国防部部长阿拉芒举行会谈。**

［目　文］梁光烈说，作为两国关系的重要组成部分，中智两军在高层互访、专业交流和人员培训等领域进行了卓有成效的合作。中方对继续深化中智两军关系持积极态度，并愿与智方共同努力，推动两军友好合作不断向前发展。

阿拉芒说，智方认为，当今世界安全面临多重挑战，各国应加强合作，联合起来共同应对。智方希望在人员交流、后勤备装等方面进一步加强与中方的合作。

6月8日

［纲　文］　**《人民日报》报道，第三届优秀通俗理论读物推荐评选揭晓。**

［目　文］　评选由中宣部、新闻出版总署组织。经过网上投票和专家论证，从63个部门和单位报送的122种作品中评选出15种推荐图书，它们是：《七个怎么看——理论热点面对面·2010》（学习出版社、人民出版社）、《划清“四个重大界限”学习读本》（学习出版社）、《军营理论热点怎么看·2010》（解放军出版社）、《党的十七届五中全会〈建议〉学习辅导百问》（党建读物出版社、学习出版社）、《马克思主义中国化的历史进程和基本经验简明读本》（北京人民出版社）、《与大学生村干部谈心》（山西人民出版社）、《农村基层干部反腐倡廉知识读本》（北京人民出版社）、《通俗哲学简编》（辽宁人民出版社）、《科学发展观在湖南的认识与实践之二》（湖南人民出版社）、《提问2010：中国百姓关注的十大民生问题》（红旗出版社）、《“精神家园”丛书·民族精神》（黑龙江教育出版社）、《上海高校六个“为什么”学习宣传系列丛书》（上海教育出版社）、《给领导干部提个醒》（新华出版社）、《马克思的故事》（辽宁人民出版社）和《道德力》（北京大学出版社）。

6月8日

［纲　文］　**2011世界海洋日暨全国海洋宣传日主场活动在大连举行。**

［目　文］　活动由国家海洋局、全国人大环资委、全国政协人口资环委以及中宣部新闻局联合多家部委共同主办。活动主题是：“辛亥百年、海洋振兴”。主场活动主要由庆祝大会、海洋学术交流会和海洋主题文艺晚会及广场大型宣传活动组成，揭晓了2010年度全国十大海洋人物，中国载人深潜海试团队等入选“十大海洋人物”。同日，我国沿海各地也组织开展了海洋日宣传活动。

6月8日

［纲　文］　**庆祝中国—伊朗建交40周年招待会在北京举行。**

［目　文］　全国人大常委会副委员长陈至立，中国人民对外友好协会、中国伊朗友好协会会长陈昊苏等200多名嘉宾出席。在招待会上，陈昊苏向伊朗中国友好协会主席穆罕默迪颁发了“人民友谊贡献奖”。中伊两国友好协会共同表彰了为中伊友好事业作出杰出贡献的两国人士。陈至立在招待会前会见了穆罕默迪。双方就以中伊建交40周年为契机，进一步发展两国各领域友好合作交换了意见。

同日，中国人民对外友好协会、中国伊朗友好协会和伊朗中国友好协会在北京共同举行了“中国伊朗关系研讨会暨两国友好协会2011年会”。中伊双方代表就经贸、文化、旅游等领域的合作进行了会谈。

6月8日

［纲　文］　**慈善事业发展与社会管理创新国际论坛在北京举行。**

［目　文］　论坛由全国妇联、中国儿童少年基金会共同主办，是纪念中国儿童少年基金会成立30周年系列活动之一。全国妇联主席、中国儿童少年基金会理事长陈至立出

席论坛并致辞。本次论坛以“慈善组织在社会管理中的责任与使命”为主题，围绕“公益事业发展与企业社会责任”“儿童慈善需求与发展方向”“公益创新与推进全民公益”三个议题进行了交流和探究。

6月8日

［纲　文］　**中国政府特使、国务院新闻办公室主任王晨在伊斯兰堡出席中巴建交60周年招待会。**

［目　文］　巴基斯坦总统扎尔达里、巴总理吉拉尼及巴议会、政党和军队领导人等中巴各界人士350余人出席。

招待会开始前，扎尔达里、吉拉尼共同会见王晨一行。同日，王晨会见了巴新闻和广播部部长阿万，双方签署了中巴新闻媒体交流合作备忘录。

6月8日

［纲　文］　**全球反假冒组织（GACG）在法国巴黎举行颁奖仪式，向中国海关颁发了2011年“反假冒最佳政府机构奖”。**

［目　文］　海关总署是本年度全球唯一获此奖项的政府机构。我驻欧盟使团海关处刘健公参出席仪式并代表海关总署领奖。

全球反假冒组织是一个在全球范围内专门从事保护知识产权和反假冒工作的非政府组织，总部设在巴黎，在国际知识产权领域具有广泛的影响。为了鼓励各国、各地区的反假冒工作，全球反假冒组织自1999年开始设立一系列奖项，包括最佳机构奖和个人奖等7个奖项，分别授予各国在知识产权执法领域作出突出贡献的政府执法机构、企业、非政府组织、新闻媒体和个人。2011年是第13次颁发上述奖项。中国海关曾于2006年获得“反假冒政府机构嘉勉奖”。

6月8—11日

［纲　文］　**张德江在山西、湖南调研。**

［目　文］　中共中央政治局委员、国务院副总理张德江在山西省太原市、忻州市、朔州市，湖南省长沙市、岳阳市、浏阳市等地的煤炭、钢铁、有色、公路、铁路、化工、烟花爆竹等企业，调研安全生产工作。他指出，2011年以来，全国安全生产继续保持总体稳定、持续好转的态势，较大以上事故起数和死亡人数同比有较大幅度下降，但部分地区行业较大事故上升，非法违法生产经营建设问题仍然突出，安全生产形势依然严峻。各地区、各部门要深入贯彻落实科学发展观，认真分析、切实解决安全生产领域面临的新情况新问题，进一步强化安全生产企业主体责任、部门监管责任和属地管理责任，采取更加有效措施，全力消除安全隐患，坚决遏制事故发生。

6月9日

［纲　文］　**发展改革委发布《关于印发国家东中西区域合作示范区建设总体方案的通知》。**

［目　文］　《通知》说，江苏省人民政府，国务院有关部委、直属机构：根据《国务

院关于国家东中西区域合作示范区建设总体方案的批复》(国函〔2011〕61号)精神，现将《国家东中西区域合作示范区建设总体方案》印发你们，请根据职责分工，抓好贯彻落实，推动国家东中西区域合作示范区又好又快发展。

6月9日

［纲　文］ **环境保护部印发《国家环境保护“十二五”科技发展规划》。**

［目　文］ 《规划》由七个部分组成：一、“十二五”环境科技面临的形势与挑战。二、指导思想和原则。三、发展目标。四、重点领域与主要任务。五、环境科技支撑能力建设。六、投资估算和落实途径。七、实施保障措施。

6月9日

［纲　文］ **民政部公布《优抚医院管理办法》，自2011年8月1日起施行。**

6月9日

［纲　文］ **证监会公布修订后的《证券投资基金销售管理办法》，自2011年10月1日起施行。**

6月9日

［纲　文］ **邮政局印发《快递业务经营许可年度报告规定》，自2011年6月9日起施行。**

6月9日

［纲　文］ **国务院副总理王岐山在北京分别会见国际货币基金组织代理总裁利普斯基、比尔及梅琳达·盖茨基金会联合主席盖茨。**

［目　文］ 王岐山在会见利普斯基时说，国际货币基金组织份额和治理结构改革取得积极进展，提高了发展中国家的代表性和发言权。中方愿与国际货币基金组织加强合作，继续推进国际金融体系和国际经济规则与标准改革，促进全球经济强劲、可持续、平衡增长。

利普斯基表示，国际货币基金组织愿继续深化与中国的合作。

王岐山会见盖茨时说，作为一个发展中国家，中国在致力于自身发展的同时，在南南合作框架内，长期以来向广大发展中国家和最不发达国家提供了力所能及的援助。中方愿与盖茨基金会在医疗、卫生、防疫、农业等领域开展合作，共同为实现联合国千年发展目标而努力。

盖茨表示，愿继续加强与中方的合作，为全球减贫和慈善事业作出贡献。

6月9日

［纲　文］ **全国人大常委会副委员长、全国妇联主席陈至立在北京会见由朝鲜民主女性同盟中央委员会副委员长蔡春姬率领的朝鲜妇女代表团。**

［目　文］ 陈至立说，中朝两国人民的友谊是两国老一辈革命家亲手缔造的，是用鲜血凝成的，巩固和发展中朝友好合作关系是两党两国坚定不移的方针。两国妇女的友好交往是两国关系的重要组成部分。她还向代表团介绍了我国经济发展情况和全国妇联正在

推动的重点工作。

6月9日

［纲　文］　**中共中央政治局委员、全国政协副主席王刚在北京会见以中央委员会副主席陈黄探为团长的越南祖国阵线代表团。**

［目　文］　王刚表示，中国全国政协与越南祖国阵线同为各自国家共产党领导下的统一战线组织，加强两组织的交往，对增进两国人民友谊、促进双边合作具有重要意义。希望双方进一步加强各个层面的交流与合作，为增进两国人民的了解和信任、推动两国关系不断深入发展发挥更加积极的作用。

陈黄探表示，越方重视对华关系，希望将两国老一辈领导人建立的友谊世代传承下去，推动两国友好合作不断迈上新台阶。

6月9日

［纲　文］　**外交部部长杨洁篪在北京与厄立特里亚外长奥斯曼举行会谈。**

［目　文］　杨洁篪说，中方感谢厄方在涉及中国核心利益的问题上始终给予中方坚定支持。中方珍视中厄友谊，愿与厄方共同努力，把双边关系不断推向更高水平。

奥斯曼说，厄立特里亚感谢中方为厄国家建设提供的真诚帮助，赞赏中国在国际事务中发挥的重要作用，愿进一步巩固和发展双方各领域互利合作。

6月9日

［纲　文］　**外交部发言人就越南在南沙海域驱赶中国渔船答记者问。**

［目　文］　有记者问：据报道，越南外交部发言人称中国渔船日前蓄意割断越南在南海作业的油气勘探船电缆，严重侵犯了越南所谓的主权权利和管辖权，请问中方对此有何评论？

发言人说，越方的说法完全不符合事实。众所周知，中国对南沙群岛及其附近海域拥有无可争辩的主权。中国渔船世世代代在南沙群岛万安滩海域作业。6月9日上午，中国渔船在上述海域正常作业时，遭到越南武装舰船的非法驱赶，并导致其中一艘渔船的渔网与在现场非法作业的越南油气勘探船的电缆缠绕在一起，越方船只不顾中国渔民的生命安全，拖曳中国渔船倒行长达一个多小时。在中国渔船主动剪断渔网后，双方才脱离接触。越方船只的做法严重威胁了中国渔民的生命安全。需要指出的是，越南在中国南沙群岛万安滩海域进行非法油气勘探并驱赶中国渔船，严重侵犯了中国的主权和海洋权益。中方要求越方停止一切侵权活动，不再采取危及中国渔民人身和财产安全的行动，不再采取使争议复杂化和扩大化的行动。中方希望越方为维护南海的和平稳定做出应有的努力。

6月9日

［纲　文］　**孟建柱在北京主持召开国家禁毒委员会全体会议。**

［目　文］　国务委员、国家禁毒委员会主任孟建柱强调，各地区、各有关部门要认真贯彻落实胡锦涛总书记等中央领导同志的重要讲话精神，坚持以人为本、科学戒毒，给

戒毒人员更多的人情关怀，使他们珍爱生命、远离毒品，更好地融入社会。

6月9日

［纲　文］ **第四次全国残疾人事业工作会议在北京召开**。

［目　文］ 国务院副总理、国务院残疾人工作委员会主任回良玉出席并讲话。国务院残工委副主任、中国残联名誉主席邓朴方，中央和国家机关有关部门负责人，各省、自治区、直辖市人民政府和残工委负责人等出席会议。会议表彰了全国残疾人工作先进单位和先进个人。

回良玉指出，要坚持把改善残疾人民生、促进残疾人全面发展作为残疾人事业的根本出发点和落脚点，带着深厚的感情做好残疾人工作，大力推进残疾人社会保障体系和服务体系建设，大力弘扬扶残助困的传统美德和“平等·参与·共享”的现代理念，进一步强化扶持政策，创新体制机制，确保实现“十二五”残疾人生活总体达到小康、参与和发展状况显著改善的目标。

6月9日

［纲　文］ **中国人口文化促进会第四次全国会员代表大会在北京召开**。

［目　文］ 国家人口计生委主任李斌出席大会并讲话。全国人口文化促进会200余位代表参加会议。会议总结了人口文化促进会过去5年来的工作，提出了今后5年人口文化发展规划建议。全国政协副主席李金华当选为中国人口文化促进会新一届理事会会长。彭珮云、蒋正华当选名誉会长，崔丽当选常务副会长。

6月9日

［纲　文］ **中国—老挝本币跨境结算在昆明正式启动**。

［目　文］ 两国间的企业、个人和银行可以使用本币和对方国家的货币开展贸易结算等金融结算往来。云南本土金融机构富滇银行同时对老挝基普兑人民币汇率进行挂牌，在全国商业银行中首家推出老挝基普兑人民币现汇交易业务。

6月9日

［纲　文］ **嫦娥二号卫星在完成各项探测任务后飞离月球，奔向距地球150万公里的深空进行探测**。

［目　文］ 2010年10月1日，用长征三号丙火箭发射嫦娥二号绕月探测器。它运行在距月球表面约100千米高的极轨道上，设计寿命半年，分辨率7米。2011年4月1日，嫦娥二号卫星达到半年设计寿命。由于卫星和星上仪器状态不错，燃料还有剩余，因此计划实现三项拓展性试验，其中的两项试验已经完成。

6月9—10日

［纲　文］ **太阳能发电规模化发展研讨会在北京召开**。

［目　文］ 研讨会由国家能源局和亚洲开发银行联合召开。国家能源局介绍了中国可再生能源的政策和发展规划，亚洲开发银行介绍了“亚洲太阳能倡议”和亚洲太阳能论坛。与会专家和企业交流了太阳能发电的技术、政策、投资和市场等内容。

6月10日

［纲　文］　**国家主席胡锦涛在北京分别接受哈萨克斯坦、俄罗斯媒体采访。**

［目　文］　在对哈萨克斯坦、俄罗斯进行国事访问前夕，国家主席胡锦涛分别接受了哈《哈萨克斯坦真理报》《主权报》和哈萨克斯坦通讯社，以及俄《俄罗斯报》、俄通社—塔斯社和国际文传电讯社书面采访，就中哈关系、中俄关系、当前国际形势等回答了提问。

6月10日

［纲　文］　**财政部印发《基本建设贷款中央财政贴息资金管理办法》。**

［目　文］　《办法》共5章20条。主要有总则，贴息政策，贴息资金的申报、审查和下达，贴息资金财务处理及监督管理，附则等内容。自2011年6月10日起施行。今后如无调整，每年办理贴息不再另行通知。《财政部关于印发〈基本建设贷款中央财政贴息资金管理办法〉的通知》（财建〔2007〕416号）同时废止。

6月10日

［纲　文］　**民政部公布《民政部规范性文件制定与审查办法》。**

［目　文］　《办法》共6章24条。主要有总则，起草，合法性审查，审议与公布，解释、清理、修改和废止，附则等内容。自2011年8月1日起施行。

6月10日

［纲　文］　**邮政局发布《关于快递企业兼并重组的指导意见》。**

［目　文］　《意见》由六个部分组成：一、充分认识促进快递企业兼并重组的重要意义；二、促进快递企业兼并重组的指导思想、基本原则和主要目标；三、快递企业兼并重组的重点；四、加强对快递企业兼并重组的指导和规范；五、加强对快递企业兼并重组的服务和协调；六、有关要求。

《意见》指出，各地邮政管理部门、行业协会要按照本意见，切实加强指导和服务，结合本地区、本部门的实际，提出贯彻落实的具体方案。要明确工作目标，突出重点任务，细化工作措施，注重内外协调，加大工作力度，促进快递企业兼并重组工作有序有效进行，推动行业科学发展。要对新问题和新情况加强研究并及时上报国家邮政局。

6月10日

［纲　文］　**中宣部在杭州召开学习型党组织建设工作经验交流会。**

［目　文］　中共中央政治局委员、中宣部部长刘云山出席会议并讲话。中宣部常务副部长雒树刚主持了会议。中央建设学习型党组织工作协调小组成员，各省区市和新疆生产建设兵团党委宣传部部长及建设学习型党组织工作协调小组办公室主任，中央宣传文化系统各单位负责人，解放军总政治部负责人等160多人参加会议。

刘云山指出，要认真总结成功经验，进一步深化思想认识，准确把握学习型党组织建设的目标要求，以更加扎实有力的措施，推进学习型党组织建设向广度和深度发展，努力为加强党的建设、推动科学发展、促进社会和谐提供强有力的思想保证和智力支持。

6月10日

［纲　文］ **全国人大常委会副委员长陈至立在北京会见由中央政治局委员、议会党团领袖塔拉帕率领的莫桑比克解放阵线党代表团。**

［目　文］ 陈至立说，近年来，中莫高层互访频繁，各领域务实合作发展迅速，给两国人民带来了实实在在的利益。中莫两国执政党传统友谊深厚，交流合作始终保持良好势头，为两国关系持续健康发展注入了新的活力。

塔拉帕说，莫桑比克党、政府和议会高度重视发展对华关系，感谢中方长期以来对莫桑比克的帮助和支持，愿与中方一道，继续推动两国各领域合作不断取得新的成果。莫方将继续坚持一个中国原则。

6月10日

［纲　文］ **国务委员兼国防部部长梁光烈在北京会见日本前陆上自卫队东北方面队总监井上广司率领的日本“中国政治经济恳谈会”代表团。**

6月10日

［纲　文］ **国务委员戴秉国在北京出席俄罗斯驻华使馆举行的俄罗斯国庆招待会。**

6月10日

［纲　文］ **中国文联、中国戏剧家协会主办的第二十五届中国戏剧梅花奖在成都揭晓。**

［目　文］ 本届共有42位演员获奖，其中王艳等35名演员荣获第二十五届中国戏剧梅花奖“一度梅”奖，史佳花等5名演员获第二十五届中国戏剧梅花奖“二度梅”殊荣，本届梅花大奖花落苏州滑稽戏剧团的表演艺术家顾芗与重庆川剧院的表演艺术家沈铁梅。

本届中国戏剧梅花奖大赛分别在太原市和成都市举行。在近一个月的时间里，近50名进入终评的演员的表演展示了各地方剧种的艺术和个人风采。

6月10日

［纲　文］ **科学中国人2010年度人物在北京揭晓。**

［目　文］ 刘光鼎、朱清时等知名院士和专家获奖。评选活动由国家科技奖励办、科学中国人杂志社等单位共同主办。

6月10日

［纲　文］ **舟山中远船务工程有限公司建造的5000车位汽车滚装船“中远腾飞”号在上海命名并首航。**

［目　文］ 该轮在上海海通国际汽车码头装载了江淮、奇瑞、三一、龙工等各类国产汽车、工程车共4380辆首航巴西，创下了由中国自主设计、建造和营运的最大吨位汽车船，一次性装运最大数量国产汽车出口新的纪录。

6月10日

［纲　文］ **第23届亚洲电视围棋快棋赛决赛在北京举行，中国棋手孔杰九段执白**

中盘完胜韩国的白洪淅八段，连续第三次夺得亚洲电视围棋快棋赛冠军。

6月10—11日

［纲　文］　**李克强在山西考察。**

［目　文］　中共中央政治局常委、国务院副总理李克强在长治、太原等地的产业园区、工厂车间、建设工地，就加快转变经济发展方式和民生工作进行考察调研，并慰问革命老区干部群众。

李克强在潞安集团考察时说，"十二五"期间，我国发展面临的能源资源矛盾仍十分突出。加快转变经济发展方式、实现可持续发展，必须破解能源资源瓶颈制约，发展循环经济是一条势在必行、行之有效的出路。当前正值迎峰度夏的关键时刻，缓解煤电油气运压力、促进经济平稳运行，既要保障有效供应，也要注重节能增效，提高能源资源使用效率。在太原重型机械集团，勉励企业继续做强中国制造，努力打造世界品牌。在罗克佳华有限公司，看到企业把物联网技术应用于矿山安全、污染源监控、住房公积金管理等领域，李克强说，我们正在跨进物联网时代，要让这一战略性新兴产业和现代服务业尽快成长，运用新技术，把经济社会信息更广泛地联结起来，服务企业，服务大众。山西长治曾经是抗战时期八路军总部长期驻扎的地方。李克强在光荣院，看望慰问八路军老党员老战士代表，询问老同志们的身体和生活。

6月10—15日

［纲　文］　**新世纪中国农村扶贫开发成就展在全国农业展览馆举办。**

［目　文］　国务院副总理、国务院扶贫开发领导小组组长回良玉出席开幕式并致辞。成就展由国务院扶贫开发领导小组主办，国务院扶贫开发领导小组办公室和北京市人民政府承办。以"中国特色的扶贫开发道路"为主题，总结回顾2001—2010年中国农村扶贫开发纲要颁布实施以来我国农村扶贫开发的成就和基本经验，展望"十二五"时期和新10年农村扶贫开发的战略部署。成就展分为序厅、综合馆和地方馆三个部分。序厅热情讴歌中国共产党成立90年来，特别是新中国成立以来，以毛泽东、邓小平、江泽民为核心的三代中央领导集体和以胡锦涛为总书记的党中央，带领全国各族人民摆脱贫困、迈向小康的光辉业绩。综合馆全面介绍《中国农村扶贫开发纲要（2001—2010年）》实施以来，全国扶贫开发工作的辉煌成就、主要经验和重大贡献。地方馆全面展示各省（区、市）和新疆生产建设兵团10年来扶贫开发取得的成就，贫困地区广大干部群众自力更生、艰苦奋斗的精神风貌和感人事迹以及对口支援、定点帮扶的经验和做法。

6月10—15日

［纲　文］　**2011年"文化遗产日"主题活动在中华世纪坛展览馆举行。**

［目　文］　主题活动由文化部主办、中国非物质文化遗产保护中心承办。本年"文化遗产日"确定的主题为"依法保护，重在传承"。围绕主题，本次活动由"依法保护，重在传承——《非物质文化遗产法》宣传展""薪火相传——中国非物质文化遗产传承人师徒同台展演""我们的精神家园——2011中国非物质文化遗产摄影大展"三个部分组成。

全国人大常委会副委员长路甬祥出席开幕式并宣布开幕。

6月11日

［纲　文］　**国务院总理温家宝给日本灾区小学生回信。**

［目　文］　温家宝在信中写道，福岛佳代小朋友：来信、图画及照片都收到了，非常高兴。我已邀请日本灾区的孩子们到中国度假，知你非常喜欢中国，希望你能来。祝你和家人健康、愉快！

18日，日本福岛县郡山市立金透小学六年级的福岛佳代收到温家宝的回信。

2011年5月21—22日，温家宝出席在日本东京举行的第四次中日韩领导人会议期间，在灾区慰问，福岛佳代和她的妹妹在这里与温家宝相遇。为了表达对温家宝的感激和对中国的向往，她给温总理写了一封信，随信还寄去了姐妹俩上学的照片和妹妹为总理画的画。

6月11日

［纲　文］　**李克强在石家庄出席部分省份保障性安居工程工作会议并讲话。**

［目　文］　国务院有关部门负责人、有关省（区、市）政府负责人参加了上述活动。会上，住房城乡建设部负责人以及河北、北京、天津、山西、内蒙古、黑龙江、河南、陕西8个省（区、市）政府负责人发言。

中共中央政治局常委、国务院副总理李克强在会议上指出，各地要认真贯彻落实党中央、国务院的决策部署，注重创新机制，确保任务落实，确保建设质量，确保分配公平，三方面齐头推进，实现2011年保障房建设目标，兑现对人民群众的郑重承诺。

会前，李克强来到石家庄市长安区建华家园，考察了保障房建设、管理和分配情况。小区一期工程6栋保障房前不久已经配租完毕，居民正在陆续入住。李克强走进物业管理中心，与居民和工作人员亲切交谈，了解配租流程。在社区中心广场的展板前，他听取了河北省及石家庄市保障房建设工作介绍。看到已竣工的建筑墙体外挂有标明建设、勘察、设计、施工、监理等单位名称和负责人姓名的铭牌，李克强说，这刻下了荣誉，也刻下了责任，意味着对保障房质量永远负责。

6月11日

［纲　文］　**新闻出版总署在拉萨召开全国新闻出版系统对口援藏工作会议。**

［目　文］　新闻出版总署发布的《关于进一步加强和完善新闻出版系统对口援助工作的意见》表示，到2015年，实现西藏整体新闻出版技术装备条件达到同期国内中等水平，出版传播能力得到明显提升；西藏县县有新华书店和流动售书车，村村有农家书屋，每个社区有社区书屋，每个寺庙有寺庙书屋，西藏各族群众读书看报难问题得到基本解决；加强西藏县级以上新闻出版行政主管部门出版物市场监管能力建设，出版物市场秩序良好。

6月11日

［纲　文］　**中国爱国拥军促进会成立大会在北京举行。**

［目　文］　全国人大常委会副委员长陈昌智为大会发来贺信。全国双拥工作领导小组、民政部、解放军总政治部有关负责人出席会议。各省、自治区、直辖市民政厅（局）、双拥办负责人，专家学者、会员代表及特邀代表700余人参加了大会。

中国爱国拥军促进会于2010年12月经国务院批准成立，是由民政部主管、具有法人资格的全国性非营利社会团体。中国爱国拥军促进会的宗旨是，坚持以中国特色社会主义理论为指导，围绕促进经济社会科学发展、支持国防和军队建设，广泛动员社会力量，开展拥军优属活动，搭建政府与社会、军队与地方、个人与组织合作平台，进行有益于爱国、拥军的相关工作和实践，凝聚民族力量，激发爱国热情，增强拥军意识，为构建社会主义和谐社会服务，为中华民族的伟大复兴服务。

6月11—14日

［纲　文］　**李长春在宁夏回族自治区调研。**

［目　文］　中共中央政治局常委李长春在固原、中卫、吴忠、石嘴山、银川等地的农村、社区、企业和宣传文化单位，就改善贫困地区群众生产生活、转变经济发展方式和推动文化改革发展等进行调研。听取宁夏回族自治区党委和政府工作汇报，他希望宁夏紧紧抓住国家深入实施西部大开发战略等机遇，牢牢把握科学发展这个主题和加快转变经济发展方式这条主线，一手抓保障和改善民生，一手抓特色优势产业发展，大力推进民族团结进步事业，努力探索符合宁夏实际、具有宁夏特色的兴区富民发展新路。

调研期间，李长春在六盘山红军长征纪念馆，缅怀革命先辈的英雄壮举。他指出，要充分发挥爱国主义教育基地的作用，大力宣传我们党带领全国各族人民进行革命、建设、改革开放的丰功伟绩，大力弘扬伟大的长征精神等我们党在各个历史时期形成的宝贵精神财富，并赋予新的时代内涵，使之成为我们战胜前进道路上一切艰难险阻的强大精神力量，进一步坚定广大干部群众在中国共产党领导下走中国特色社会主义道路、实现中华民族伟大复兴的信念和信心。

6月11—17日

［纲　文］　**第三届海峡论坛在福建举行。**

［目　文］　开幕式在厦门举办，全国政协主席贾庆林出席开幕式，并宣布第三届海峡论坛开幕。中国国民党副主席曾永权在开幕式上致辞。

论坛由两岸60多个相关机构及社团共同主办。本届论坛围绕“聚焦基层、共享成果”的主议题，规划了5大板块、13大项活动；包括百个家庭联谊、亲子阅读交流、烹饪大赛、体育竞技、影视展映展播等基层民众喜闻乐见的活动；其中，台湾特色庙会、台湾县市推介、两岸乡镇对接等活动是本届论坛适应台湾基层民众需求的安排。其间，在福建各地举行。台湾各界参会总人数超过1万人，比上届有所增加。

11日，贾庆林在厦门会见了出席第三届海峡论坛的两岸各界人士。

6月11—12日

［纲　文］　**第四届全国残疾人职业技能竞赛在南京举行。**

［目　文］　中共中央政治局委员、国务院副总理回良玉，全国政协副主席邓朴方致信指出，关心残疾人是社会文明进步的重要标志，要通过竞赛活动大力推动和促进残疾人就业。

本届竞赛由人力资源社会保障部、中国残联共同主办，江苏省人民政府承办。竞赛共设置计算机、工艺美术、服装、手工制作、其他类5大类30个竞赛项目。来自全国31个省、自治区、直辖市和新疆生产建设兵团、黑龙江农垦总局的各行各业的788名残疾人选手参加竞赛。

6月11—19日

［纲　文］　**第十四届上海国际电影节在上海举办。**

［目　文］　土耳其影片《伤不起的女人》一举获得金爵奖“最佳影片奖”和“最佳男演员奖”两项大奖。中国导演章明的作品《郎在对门唱山歌》获颁“最佳编剧奖”和“最佳音乐奖”。该片女主演吕星辰摘得了“最佳女演员奖”的桂冠。贾樟柯监制、韩杰导演的《Hello！树先生》捧走了“评委会大奖”和“最佳导演奖”。泰国影片《星期五杀手》捧走了“评委会奖”。

6月12—20日

［纲　文］　**国家主席胡锦涛对哈萨克斯坦、俄罗斯、乌克兰进行国事访问，并出席上海合作组织阿斯塔纳峰会、第十五届圣彼得堡国际经济论坛。**

［目　文］　陪同胡锦涛出访的有：胡锦涛夫人刘永清、中央政策研究室主任王沪宁、国务委员戴秉国，外交部部长杨洁篪、发展改革委主任张平、商务部部长陈德铭等。

12—14日，胡锦涛访问哈萨克斯坦。在阿斯塔纳同哈萨克斯坦总统纳扎尔巴耶夫举行会谈。两国元首就双边关系及共同关心的重大国际和地区问题坦诚深入交换意见，达成重要共识，双方共同宣布发展中哈全面战略伙伴关系并签署《中华人民共和国和哈萨克斯坦共和国关于发展全面战略伙伴关系的联合声明》，共同会见记者。会见了哈萨克斯坦总理马西莫夫。

14—15日，上海合作组织成员国元首理事会在阿斯塔纳举行会议。国家主席胡锦涛、哈萨克斯坦总统纳扎尔巴耶夫、吉尔吉斯斯坦总统奥通巴耶娃、俄罗斯联邦总统梅德韦杰夫、塔吉克斯坦总统拉赫蒙、乌兹别克斯坦总统卡里莫夫与会。胡锦涛在会上发表题为《和平发展，世代友好》的讲话。成员国元首签署《上海合作组织十周年阿斯塔纳宣言》，并共同会见记者。会议发表了《上海合作组织十周年成员国元首理事会会议新闻公报》。

会议期间，胡锦涛分别会见拉赫蒙、奥通巴耶娃、伊朗总统内贾德等。

15—17日，胡锦涛访问俄罗斯。在莫斯科同俄罗斯总统梅德韦杰夫举行会谈。两国元首全面总结中俄关系10年发展成果，就下一个10年两国关系发展规划深入交换意见并签署《中俄关于当前国际形势和重大国际问题的联合声明》，发表《中俄元首关于〈中俄睦邻友好合作条约〉签署10周年的联合声明》，共同会见记者。会见俄罗斯总理普京。

17日，第十五届圣彼得堡国际经济论坛开幕式在俄罗斯圣彼得堡举行，胡锦涛出席论坛开幕式并发表题为《共创互利共赢、共同发展的美好未来》的演讲。会议期间，胡锦涛会见了斯里兰卡总统拉贾帕克萨等。

18—20日，胡锦涛访问乌克兰。在雅尔塔会见乌克兰总统亚努科维奇，在基辅同亚努科维奇举行会谈。两国元首就进一步发展双边关系及共同关心的问题深入交换意见，达成重要共识，共同宣布中乌建立和发展战略伙伴关系并签署《中华人民共和国和乌克兰关于建立和发展战略伙伴关系的联合声明》，共同会见记者。在基辅分别会见乌克兰总理阿扎罗夫、乌克兰议长利特温。

6月12日

［纲　文］　**交通运输部与上海、江苏、安徽、江西、湖北、湖南、重庆、四川、云南省（市）人民政府印发《“十二五”期长江黄金水道建设总体推进方案》。**

6月12日

［纲　文］　**中国残疾人福利基金会二届理事会十二次会议暨三届理事会一次会议在北京召开。**

［目　文］　会议推举全国政协副主席、中国残联名誉主席邓朴方为中国残疾人福利基金会三届理事会会长。中国残联副主席、中国残疾人福利基金会理事长汤小泉代表二届理事会作工作报告。会议审议通过了《中国残疾人福利基金会战略规划（2011—2025年）》。

6月12—16日

［纲　文］　**贾庆林在江西调研。**

［目　文］　全国政协主席贾庆林在景德镇、鹰潭、新余、宜春、萍乡、南昌等地的企业、科技园区、农村乡镇，与干部群众共商科学发展大计。

贾庆林在宜春市西村现代农业示范园，了解发展现代农业、推广农业生产新技术、农民增收等情况；在江铜集团公司、赛维太阳能高科技有限公司、赣西电煤选配煤储运公司、三瑞科技（江西）有限公司、菱光科技有限公司，询问生产经营、科技创新、节能减排等情况；在鹰潭市上清镇西源村，查看垃圾处理工场，并与村民围坐交谈，询问农村基础设施建设、基层社会管理等情况；在江西飞宇竹业集团公司，询问企业员工工资收入、社会保障等情况；前往安源路矿工人运动纪念馆，深切缅怀老一辈革命家的丰功伟绩。

调研期间，贾庆林看望了江西省政协、统战部机关干部以及各民主党派、工商联负责人和无党派人士。他指出，各级政协组织和统战部门要更加积极地履行职责，更加自觉地开展工作，进一步提高统战、政协工作的科学化水平，推动统一战线和人民政协事业实现新的更大发展。各级党委要认真贯彻落实中央文件精神，进一步加强对统一战线和人民政协的领导，多给他们出题目、交任务，多替他们解难题、办实事，多为他们搭台子、铺路子，更好地发挥他们的优势和作用，为实现党的总目标、总任务服务。

6月12—17日

［纲　文］　**贺国强在新疆维吾尔自治区调研。**

［目　文］　中共中央政治局常委、中央纪委书记贺国强在阿克苏、伊犁、阿勒泰、乌鲁木齐等地维吾尔族村民家中了解群众生活情况；在特变电工新疆新能源股份有限公司，对企业在太阳能应用技术研究、产品开发利用等方面取得的成果给予肯定；在新疆庆华集团煤化工循环经济工业园，肯定该企业发展煤化工产业的路子，希望新疆加快发展特色优势产业，着力培育发展战略性新兴产业，尽快把资源优势转化为经济优势，不断增强产业核心竞争力；在霍尔果斯口岸，要求新疆进一步加大对外开放力度，着力打造我国向西开放的重要基地和桥头堡；在喀纳斯自然保护区，指出要坚持开发与保护并重，大力加强生态建设和环境保护，确保新疆山川秀美、绿洲常在；在新疆生产建设兵团机关和农四师62团7连，慰问兵团干部职工，听取兵团的工作汇报。肯定了兵团长期以来在开发、建设、保卫新疆中作出的历史贡献。

考察期间，贺国强听取了新疆维吾尔自治区党委、政府和纪委的工作汇报，对新疆近年来的工作给予肯定。他希望新疆各级党委、政府和各族干部群众认真贯彻落实中央新疆工作座谈会精神，紧紧抓住宝贵机遇，正确把握发展方向，在全面建设小康社会新征程上创造新疆各族人民更加美好幸福的未来。贺国强还专门到自治区纪委监察厅看望了机关干部，要求各级纪检监察机关深入推进党风廉政建设和反腐败斗争，为推动新疆跨越式发展和长治久安提供有力保证。

16日，中央支持新疆经济社会发展政策落实情况监督检查工作汇报会在乌鲁木齐举行。

贺国强出席会议并讲话。中央纪委副书记何勇主持会议。新疆维吾尔自治区、新疆生产建设兵团、中央两个检查组、北京市、江苏省、浙江省、山东省、国家电网公司有关负责人作了发言。贺国强指出，要认真贯彻落实中央精神，进一步加强对中央支持新疆经济社会发展政策落实情况的监督检查，为推进新疆跨越式发展和长治久安提供有力保证。

6月12—18日

［纲　文］　**应全国人大常委会委员长吴邦国的邀请，沙特协商会议主席阿卜杜拉率沙特协商会议代表团对中国进行正式友好访问。**

［目　文］　13日，吴邦国在北京会见阿卜杜拉时说，中国全国人大和沙特协商会议都在各自国家的政治生活中具有重要地位。近年来，双方的交流与合作日益密切，富有成效。希望今后进一步加强领导人、专门委员会、友好小组等多渠道、多层次往来，扩大治国理政等方面的经验交流，密切在各国议会联盟、世界议长大会等多边议会组织中的合作，维护发展中国家利益，为中沙关系发展作出更大贡献。

阿卜杜拉说，沙方期待加强与中方在各领域的务实合作，密切双方议会间的友好往来，推动两国关系不断结出新硕果。

同日，国务院总理温家宝在北京会见阿卜杜拉时说，中国同沙特在应对国际金融危机、维护地区和平稳定、尊重文明多样性等重大问题上有着广泛的共识和共同利益，开展了富有成效的合作与交流，两国战略性友好关系不断深化。

阿卜杜拉表示，在双方的共同努力下，沙中政治、经济、文化等各领域的交流与合作快速发展。中国是沙特的好朋友，在涉及地区和平稳定的重大问题上秉持公正立场。沙方愿与中方一道，把两国关系推向更高水平。

6月12—17日

［纲　文］ **应国务院总理温家宝邀请，巴巴多斯总理斯图尔特对中国进行工作访问。**

［目　文］ 访问期间，全国人大常委会委员长吴邦国在北京会见了斯图尔特。温家宝在北京与斯图尔特举行会谈，两国总理出席了双边有关合作文件的签字仪式。

吴邦国会见斯图尔特时指出，中国一贯主张国家不分大小、贫富、强弱，都是国际社会平等一员，都应相互尊重、平等相待、友好合作、共同发展。中方愿同巴方共同努力，推动中巴关系全面深入发展，为两国人民谋福祉。议会交往是国家关系的重要组成部分，中国全国人大愿与巴巴多斯议会加强交流与合作，不断增进两国人民之间的相互了解与友谊，为推动两国关系深入发展作出更大贡献。

斯图尔特表示，巴巴多斯政府、议会和政党致力于进一步巩固和深化双方业已存在的良好合作关系，加强在国际事务中的协调合作，造福两国人民。

温家宝与斯图尔特会谈时说，中方赞赏巴方坚定奉行一个中国政策，愿加强与巴方的高层往来，增进相互了解和信任；密切在气候变化等重大问题上的沟通协调，维护共同利益；本着相互尊重、平等互利的原则，扩大在经贸、基础设施、农业、旅游、文教等领域的交流与合作，促进两国的经济发展和人民之间的友谊。

斯图尔特表示，巴巴多斯高度重视对华关系，坚定奉行一个中国政策，愿进一步密切同中方的友好交往，深化在新能源、教育、基础设施建设、旅游等领域的合作。

6月13日

［纲　文］ **国务院印发《关于加强地质灾害防治工作的决定》。**

［目　文］ 《决定》由八个部分组成：一、指导思想、基本原则和工作目标。二、全面开展隐患调查和动态巡查。三、加强监测预报预警。四、有效规避灾害风险。五、综合采取防治措施。六、加强应急救援工作。七、健全保障机制。八、加强组织领导和协调。

6月13日

［纲　文］ **中共中央文献研究室在北京举行《陈云画传》出版座谈会。**

［目　文］ 宋平、顾秀莲、徐匡迪出席座谈会。中共中央纪委、中央组织部、中央文献研究室、中央党史研究室、中国社会科学院、国家开发银行和中共浙江省委有关负责人及专家学者在会上发言，高度评价《陈云画传》生动形象地展现了陈云同志的光辉业绩、深邃思想和崇高风范，为广大干部群众深入了解、学习和宣传研究老一辈革命家，提供了

一部形式新颖的重要读物。与会者认为，陈云提出的“执政党的党风问题是有关党的生死存亡的问题”，“党性原则和党的纪律不存在‘松绑’的问题”，选拔干部要“德才并重、以德为主”，“学习是共产党员的责任”等重要思想和论断，他倡导的“不唯上、不唯书、只唯实，交换、比较、反复”的思想工作作风和方法，对于我们今天在全面建设小康社会的新的实践中进一步加强党的建设，具有重要的指导意义。

同日，《陈云画传》由浙江人民美术出版社出版发行。《陈云画传》图文并茂，融史料性、思想性、艺术性于一体，收入的1000余幅图片，是从众多历史图片中精选出来的，其中有不少是第一次公开发表。《陈云画传》约17万字，包括陈云小传、当事者的回忆文章、图片说明、前言、陈云大事年表、陈云夫人于若木及子女撰写的回忆文字等。

6月13日

［纲　文］　**刘云山在浙江调研。**

［目　文］　中宣部部长刘云山考察了社区、企业、学校和宣传文化单位，瞻仰了南湖革命纪念地。他指出，我们党90年的历史是一部带领人民实现民族独立、人民解放和国家富强、人民幸福的奋斗史，是一部战胜各种艰难险阻、开辟民族伟大复兴正确道路的奋斗史，也是一部生动的教科书。做好建党90周年的宣传教育，充分展示党领导人民进行革命、建设和改革的丰功伟绩，大力弘扬党在长期实践中铸就的光荣传统和优良品格，对于激励干部群众更加紧密地团结在以胡锦涛同志为总书记的党中央周围，推动科学发展、促进社会和谐、顺利实现“十二五”奋斗目标，具有重要意义。

6月13日

［纲　文］　**刘延东在河北调研。**

［目　文］　中共中央政治局委员、国务委员刘延东在考察能源、环保、交通等领域企业的科技创新工作时指出，培育和发展战略性新兴产业，对于推进产业结构调整、加快经济发展方式转变，构建国际竞争新优势、掌握发展主动权具有重要意义。增强自主创新能力是培育和发展战略性新兴产业的中心环节。要集中力量突破制约产业发展的关键核心技术，结合产业基础，选准技术路线，整合创新资源，加强重大科技项目研发工作。在考察河北大、中、小学和职教中心、幼儿园等教育教学机构时指出，要突出教育优先发展的战略地位，以更大的决心调整财政支出结构，加大财政教育投入，确保到2012年实现国家财政性教育经费支出占国内生产总值比例达到4%的目标。

6月13日

［纲　文］　**国务院副总理王岐山在北京会见英国前首相布朗。**

［目　文］　王岐山说，双方应充分发挥中英经济财金对话的作用，深化两国务实合作。当前，全球经济复苏存在很多不确定因素，家家有本难念的经，但各国的首要任务仍是确保经济强劲复苏。二十国集团作为全球经济治理的主要平台，要凝聚共识，加强合作，共同促进全球经济强劲、可持续、平衡增长。

布朗表示，中国经济增长为全球经济复苏作出了贡献，英方愿与中方加强各领域合作。

6月13日

［纲　文］　**国务委员兼国防部部长梁光烈在北京与以色列副总理兼国防部部长巴拉克举行会谈。**

［目　文］　梁光烈说，中以两军关系不断向前发展，两军高层交往和各层次人员往来不断增多。中方重视与以色列的友好关系，愿进一步拓展和加强两军务实交流与合作，为两国两军关系深入发展作出积极贡献。

巴拉克说，愿通过此访扩大双方共识，增进友谊，互相借鉴经验。以色列军队将积极致力于发展与中国军队的务实合作，希望与中方共同努力，不断加强和深化两国两军关系。

14日，国务院副总理李克强在北京会见巴拉克时说，中以两国军队建设各有所长，应进一步加深了解，相互学习借鉴有益经验。中方愿同以方共同努力，弘扬传统友谊，深化各领域交流合作，推动中以关系取得更大发展。中东问题长期以来是世界的热点问题。近期部分西亚北非地区国家政局动荡，为推动中东和平进程增添了新的复杂因素。中方一贯主张有关各方按照联合国有关决议，通过和平外交谈判解决争端和分歧。中方将一如既往地坚定支持中东和平进程，愿同各方一道，为促进中东地区的和平与稳定继续发挥建设性作用。

巴拉克表示，以方期待在政治、经济、农业、科技和军事等各领域深化与中方的友好合作，赞赏和感谢中国在中东问题上发挥的积极作用。

6月13日

［纲　文］　**最高人民法院院长、首席大法官王胜俊出席在韩国首尔召开的第十四届亚太地区首席大法官会议开幕式并致辞。**

［目　文］　王胜俊说，新中国成立以来，特别是改革开放30多年来，中国的经济社会发生了巨大变化，民主法制建设取得了伟大成就。中国重视向亚太地区各国借鉴有关完善司法制度和发展法治的有益经验，愿意同亚人地区司法界一道，不断加强彼此间的交流与合作，共同为21世纪亚太地区司法界的美好明天，为构建一个持久和平、共同繁荣与和谐共进的亚太地区而不断努力。

亚太地区首席大法官会议每两年举办一次。本届大会会期5天，主题为“21世纪司法界的现在和未来——亚太地区司法交流与合作”。亚太地区30多个国家和地区的首席大法官和大法官出席了会议。

6月13日

［纲　文］　**人力资源社会保障部部长尹蔚民出席在日内瓦举行的第100届国际劳工大会并作《以体面劳动推动实现包容性增长》的发言。**

［目　文］　尹蔚民在讲话中指出，中国是包容性增长的积极倡导者和实践者。在APEC第五届人力资源开发部长会议上，中国国家主席胡锦涛倡导实现包容性增长，解决

经济发展中出现的社会问题。中国政府坚持把发展经济与改善民生紧密结合起来，克服国际金融危机冲击，保持了就业局势的基本稳定，社会保障制度建设取得突破性进展，劳动关系总体保持和谐稳定。中国政府将按照“十二五”经济社会发展规划，加快转变经济发展方式，更加注重保障和改善民生，促进社会公平正义，在可持续发展中实现经济社会协调发展。实现包容性增长是各国人民的普遍愿望，也是各国政府需要共同研究和着力解决的重大课题。国际劳工组织各成员应该实施就业优先战略，切实加强社会保护，大力提高劳动者素质和能力，积极深化交流合作。为推动南南合作，中国政府决定向国际劳工组织提供100万美元捐款，支持对发展中国家在就业领域的技术合作。

国际劳工组织第100届国际劳工大会于6月1日至18日在日内瓦召开。中国人力资源社会保障部、中华全国总工会、中国企业家联合会三方代表团参加会议。

6月13日

[纲　文]　**中蒙经贸、科技合作委员会第十二次会议在乌兰巴托举行。**

[目　文]　商务部副部长陈健与蒙古国副总理恩赫包勒德共同主持会议。双方就进一步发展两国经贸合作关系深入交换意见，并签署了《中华人民共和国政府和蒙古国政府经济技术合作协定》等文件。

会后，陈健会见了蒙古国国家大呼拉尔主席登贝尔勒，并与蒙古国财政部部长巴雅尔朝格特举行了会谈。

6月13—20日

[纲　文]　**全国食品安全宣传周举行。**

[目　文]　中共中央政治局常委、国务院副总理李克强对此作出批示。他指出：为进一步贯彻实施《食品安全法》，举办以“人人关心食品安全，家家享受健康生活”为主题的食品安全宣传周系列活动，有针对性地普及食品安全法律和知识，十分必要。希望各界积极参与，营造全社会共同关注、支持、维护食品安全的良好氛围，形成重典治乱、依法深入开展专项整治的强大合力，努力提高食品安全水平，保障人民群众身体健康和生命安全，促进经济社会协调发展。

13日，全国人大常委会副委员长路甬祥在北京宣布食品安全宣传周正式启动。宣传周由国务院食品安全委员会办公室、工业和信息化部、公安部、农业部、商务部、卫生部、工商总局、质检总局、食品药品监管局联合主办，以“人人关心食品安全，家家享受健康生活”为主题。食品安全宣传周期间，各地区、各有关部门动员社会各方面力量，搭建各种宣传平台，利用各种宣传手段，形成强大宣传声势，深入宣传食品安全法的各项规定，宣传各级政府对2011年食品安全工作的部署，宣传企业作为食品安全第一责任人的应尽义务，宣传食品安全的科学知识，让食品安全理念和道理深入人心、广泛普及，使人人关心食品安全，全社会共同维护食品安全。

6月13—14日

[纲　文]　**全国稀土工作会议在北京召开。**

［目　文］　工业和信息化部部长苗圩作了《坚决贯彻落实国务院决策部署促进稀土行业持续健康发展》的主题报告。报告指出，加强和改善稀土行业管理，保护好、开发好、利用好宝贵的稀土战略资源，对于保护生态环境和资源、改造提升传统产业、加快培育发展战略性新兴产业，促进稀土行业持续健康发展，具有促进作用。

此次会议是经国务院批准召开的，工业和信息化部、发展改革委、监察部、国土资源部、环境保护部、商务部等稀有金属部际协调机制成员单位和国务院有关部门领导参加会议并发表讲话。国内稀土主产区省、地、县人民政府、工业主管部门、有关重点企业、行业协会和研究院所代表约160人参加了会议。

6月14日

［纲　文］　**财政部、海关总署、税务总局公布修改后的《科技开发用品免征进口税收暂行规定》《科学研究和教学用品免征进口税收规定》，自2011年1月1日起施行。**

6月14日

［纲　文］　**财政部发布《中央专项彩票公益金支持未成年人校外活动保障和能力提升项目资金管理办法》。**

［目　文］　《办法》共5章18条。主要有总则、资金分配、资金使用管理、监督管理、附则等内容。自2011年6月14日起施行。

6月14日

［纲　文］　**国资委公布《中央企业境外国有资产监督管理暂行办法》《中央企业境外国有产权管理暂行办法》，自2011年7月1日起施行。**

6月14日

［纲　文］　**第五届中俄民间友好战略对话在北京举行。**

［目　文］　全国人大常委会副委员长，中俄友好、和平与发展委员会中方主席华建敏出席开幕式并致辞。对话由中国国际友好联络会与俄罗斯“东方视角”国际社会运动联合主办。旨在以庆祝《中俄睦邻友好合作条约》签署10周年为契机，邀请两国有关地方领导、知名专家学者和企业围绕“地区安全与务实合作”主题深入交流看法，从民间层面促进中俄战略协作伙伴关系深入发展。此次活动列入中俄友好、和平与发展委员会中方2011年工作计划。前四届对话每年在中俄轮流举办。

6月14日

［纲　文］　**中组部举办“走进中共中央组织部”开放日活动。**

［目　文］　来自50个国家的54名驻华高级外交官走进中组部，了解中国共产党的组织、干部和人才工作。中共中央政治局委员、中组部部长李源潮和中组部部务会成员会见了参加活动的高级外交官。

6月14日

［纲　文］　**张雅琴先进事迹报告会在北京举行。**

［目　文］　报告会由中宣部和中共江苏省委联合举办。江苏省镇江市委常委、丹阳市委书记李茂川，金桥村党总支副书记陈建芬，金桥村治保主任陈步军，张雅琴的丈夫陆荣华，镇江电视台记者曹惠5位报告团成员讲述了张雅琴生前的事迹。中央国家机关和北京市的干部群众代表、首都高校师生代表、驻京部队官兵代表等共700多人参加了报告会。

张雅琴生前是江苏省丹阳市新桥镇金桥村党总支书记。她在任10年间，始终以坚定正确的理想信念，团结带领党支部一班人为全村过上美好生活奋力拼搏，发展壮大集体经济，带领群众增收致富，把一个普普通通的经济薄弱村，发展成为经济繁荣、社会和谐、百姓安居乐业、充满生机活力的社会主义新农村。张雅琴在平凡的岗位上做出了不平凡的业绩，赢得了当地干部群众的拥护爱戴。由于长期辛勤工作，积劳成疾，张雅琴于2010年9月病逝。

6月14日

［纲　文］　**国务委员刘延东在北京会见文莱公主玛斯娜。**

［目　文］　刘延东说，2011年是中文建交20周年，中方愿与文方共同努力，在平等互利、合作共赢、共同发展的基础上，进一步推进双方在人文、教育、经贸等领域务实合作，造福两国人民，为本地区和平发展作出新贡献。

玛斯娜表示，文方视中国为可靠伙伴，高度重视发展同中国的友好合作关系，愿同中方继续拓展在经贸、能源、人文等领域的务实合作，推动两国关系不断向前发展。

13日，玛斯娜在北京被中国人民对外友好协会授予“人民友好使者”称号。对外友协顾问、中国东盟协会会长顾秀莲向玛斯娜颁发奖章及奖牌。

6月14日

［纲　文］　**中国已成为世界最大水产品贸易国。**

［目　文］　全国工商联水产业商会发布：30多年来，我国水产品对外贸易快速发展，出口额占农产品出口总额的28%。2010年，中国水产品进出口贸易总额203亿美元，其中出口额138亿美元，增长28.1%，已超过美国，成为世界最大的水产品贸易国。

6月14日

［纲　文］　**广东省惠州抽水蓄能电站竣工投产。**

［目　文］　这是目前世界上一次性建成的装机容量最大的抽水蓄能电站，也是由南方电网负责建设的国家“西电东送”重点工程，总装机容量为240万千瓦，8台30万千瓦可逆式发电机组，设计年发电量45.63亿千瓦时，年抽水耗电量60.03亿千瓦时。

6月14—25日

［纲　文］　**纪念西藏和平解放60周年美术作品展在中国军事博物馆举行。**

［目　文］　作品展由中国西藏文化保护与发展协会、中国美术家协会、首都师范大学联合主办。参展作品展现“世界屋脊”的自然风光、人文景观、民风民俗等。

6 月 14—16 日

［纲　文］　**孟建柱在贵州公安机关调研。**

［目　文］　遵义县公安局是国务委员、公安部部长孟建柱参加全国政法系统“发扬传统、坚定信念、执法为民”主题教育实践活动的联系点。孟建柱指出，要把主题教育实践活动与增强新形势下公安工作能力水平和加强公安队伍建设、深入推进“三项重点工作”和“三项建设”、整治影响群众安全感的突出治安问题紧密结合起来，以优异成绩向党的 90 华诞献礼。

在兴义市、遵义县、荔波县等地，孟建柱调研公安机关开展警民联调化解社会矛盾、加强执法规范化建设、推出便民利民措施的情况。他称赞贵州公安机关充分利用信息化手段推进社会管理创新的做法和成绩，要求坚持硬件与软件建设、信息采集与实战应用一起抓，推动公安工作再上新台阶。

6 月 14—17 日

［纲　文］　**十一届全国政协第七期委员学习研讨班在北京举办。**

［目　文］　全国政协副主席王刚出席开班式并讲话。来自 26 个省（区、市）的 216 名全国政协委员参加。委员们围绕坚持和完善中国共产党领导的多党合作和政治协商制度以及人民政协履行职能的基本要求等内容进行学习研讨。

17 日，全国政协主席贾庆林看望了学员并发表讲话指出，要进一步增强责任感和使命感，深入推进学习型政协组织建设，不断完善学习制度、创新学习方法、增强学习实效，切实提高人民政协工作的科学化水平，为实现全面建设小康社会的宏伟目标作出更大贡献。

6 月 15 日

［纲　文］　**吴邦国在北京主持召开十一届全国人大常委会第六十四次委员长会议。**

［目　文］　全国人大常委会副委员长路甬祥、乌云其木格、韩启德、华建敏、陈至立、周铁农、司马义·铁力瓦尔地、蒋树声、严隽琪、桑国卫等出席会议。会议决定十一届全国人大常委会第二十一次会议 6 月 27—30 日在北京举行。委员长会议上，全国人大常委会副委员长兼秘书长李建国就常委会第二十一次会议议程草案、日程安排意见作了汇报。全国人大有关专门委员会、全国人大常委会有关工作委员会和代表资格审查委员会负责人就常委会第二十一次会议的相关议程作了汇报。

6 月 15 日

［纲　文］　**温家宝主持召开国务院常务会议。**

［目　文］　会议主要内容是：一、讨论通过《中国妇女发展纲要（2011—2020 年）》和《中国儿童发展纲要（2011—2020 年）》。二、研究部署进一步促进内蒙古自治区经济社会又好又快发展的政策措施。会议强调，改革开放，特别是实施西部大开发和振兴东北地区等老工业基地战略以来，内蒙古抢抓机遇，开拓进取，经济社会发展取得巨大

成就，站到了新的历史起点上。进一步促进内蒙古经济社会又好又快发展，必须坚持深化改革扩大开放，坚持推进经济结构战略性调整，坚持保障和改善民生，坚持节约资源保护环境，坚持促进民族团结社会稳定，力争到2015年，使内蒙古综合经济实力进一步增强，农牧区生产生活条件明显改善，基本公共服务能力显著提高，生态环境恶化趋势得到有效遏制，草原植被覆盖度达到43%，森林覆盖率达到21.5%，节能减排取得明显成效。到2020年，城乡居民收入超过全国平均水平，主要生态系统步入良性循环，形成生产发展、生活富裕、生态良好的新局面。会议要求加大对内蒙古的产业、财税、金融、投资、土地等方面政策支持力度，有关地区和部门要加强组织领导，明确工作责任，切实抓好落实。三、会议审议并原则通过《电力安全事故应急处置和调查处理条例（草案）》。

6月15日

［纲　文］　**安监总局印发《生产经营单位瞒报谎报事故行为查处办法》**。

［目　文］　《办法》指出，事故发生单位主要负责人瞒报或者谎报事故的，处上一年年收入100%的罚款，并由公安机关依照《安全生产法》处15日以下拘留；属于国家工作人员的，并依照法律、行政法规和纪律处分规定，由监察机关或者任免机关按照干部管理权限给予处理；构成犯罪的，依法追究刑事责任。事故发生单位直接负责的主管人员和其他直接责任人员瞒报或者谎报事故的，处上一年年收入100%的罚款；属于国家工作人员的，并依照法律、行政法规和纪律处分规定，由监察机关或者任免机关按照干部管理权限给予处理；构成犯罪的，依法追究刑事责任。

6月15日

［纲　文］　**国务委员刘延东在北京会见国家自然科学基金资助与管理绩效国际评估专家委员会主席、美国科学理事会原主席杰尔，副主席、全国人大常委会副委员长韩启德和德国科学基金会原主席温奈克**。

［目　文］　刘延东说，由高层次、高水平的世界各国科学家和管理团队组成的评估专家委员会，遵循独立、客观、公正的原则，以严谨负责的科学态度对我国自然科学基金实施25年来资助与管理绩效进行的高质量、高效益、综合性、系统性评估，在我国基金资助管理中尚属首次。这不仅对我国完善自然科学基金资助管理模式、促进自然科学基金事业健康发展具有重要指导意义，对我国其他领域科技管理工作也具有重要参考价值。希望国家自然科学基金委员会以评估促建设、促改革、促发展，推动国家自然科学基金在新的起点上创造更大的成绩。

本次国际评估聘请了来自6个国家的13位资深科学家组成国际评估专家委员会，历时一年多时间完成。

6月15日

［纲　文］　**国务院副总理张德江在北京会见美国思科系统公司董事会主席兼首席执行官钱伯斯**。

［目　文］　张德江对思科系统公司长期与中国信息通信产业界等开展良好合作表示

赞赏。他说，中国已将新一代信息技术产业作为培育发展的战略性新兴产业之一，加快建设宽带、融合、安全、泛在的下一代国家信息基础设施，推动信息化和工业化深度融合，推进经济社会各领域信息化。希望思科系统公司继续发挥自身优势，把握发展机遇，进一步扩大和深化与中国的互利合作，推动中美经贸关系和产业合作的顺利发展。

钱伯斯表示将继续积极在华投资，在研发、制造、人才培训等领域进一步加大合作力度，为中国经济社会可持续发展作出贡献。

6月15日

［纲　文］　**国务委员兼国防部部长梁光烈在北京会见坦桑尼亚人民国防军司令姆瓦姆涅盖**。

［目　文］　梁光烈说，中坦两军之间关系友好，双方在团组互访、人员培训等领域开展了富有成效的合作。中国军队愿与坦军携手，不断拓展合作领域，将两军关系提升到新的高度。

姆瓦姆涅盖说，近年来，坦中两军交往频繁，合作不断深化，相信双方的友好关系将会不断巩固和加强。

6月15日

［纲　文］　**外交部部长杨洁篪应约同巴西外长帕特里奥塔通电话，就双边关系和共同关心的问题交换意见**。

6月15日

［纲　文］　**全国红色旅游工作会议在北京召开**。

［目　文］　中宣部部长刘云山出席会议并讲话。全国红色旅游工作协调小组组长、发展改革委副主任朱之鑫作了工作报告。会议表彰了红色旅游工作先进集体和先进个人，两位代表作了发言。全国红色旅游工作协调小组成员单位负责人参加会议，各省（区、市）和新疆生产建设兵团以及部分红色旅游重点城市的红色旅游工作协调机构负责人在各地分会场参加会议。

6月15日

［纲　文］　**中国海事旗舰——“海巡31”船从广东珠海西部高栏岛海巡码头启航前往新加坡访问**。

［目　文］　“海巡31”是中国海事最大的巡视船，这是中国海事执法船首次主动出访，旨在促进友好交流合作。途经西沙群岛东面、中沙群岛、南沙群岛西面、新加坡海峡口，总航程约1400海里。航行途中将对南海海域开展海区巡航监管，主要巡视通航环境，监控南海习惯航路通航秩序；监督检查石油钻井平台和海上船舶的施工、作业、测量活动；监视海洋环境，巡视海洋污染情况。

19日，“海巡31”驶入新加坡港。24日，结束在新加坡的访问，启程返航。

“海巡31”轮是中国海事系统第一艘适航无限航区的国际航行入级船舶，船长112.8米，宽13.8米，排水量约为3000吨，设计航速22节；在18节航速时，续航力为6000

海里，自持力达40天。

6月15—17日

［纲　文］　**王岐山在内蒙古自治区考察外经贸和金融工作。**

［目　文］　国务院副总理王岐山在神华集团鄂尔多斯煤制油分公司、鄂尔多斯集团、内蒙古北方重工业集团、亿利集团、包钢稀土研究院等企业，了解企业技术研发、生产经营和金融服务等情况。他说，要在确保出口稳定增长的同时，积极扩大进口，促进贸易平衡发展。当前我国对外开放在“请进来”上，要从引进资金向更加注重引进先进技术、管理经验、高端人才和国际品牌转变，促进国内产业转型升级。要加强对企业“走出去”的服务和支持，深化能源资源国际合作，充分利用好“两种资源、两个市场”。要充分考虑我国人多、地少、水少的国情和资源禀赋等特点，高度重视生态环境保护和节水节能降耗，实现可持续发展。

各类金融机构要围绕转方式、调结构的大局，深入基层、市场和企业调查研究，做艰苦细致的工作，提高西部地区金融服务水平。要从当地实际出发，优化金融结构，创新金融产品，提升服务质量，加大对有市场、有效益企业的信贷支持，更好地满足战略性新兴产业和“三农”、小企业的资金需求。要正确认识财政风险与金融风险的关系，对政府主导的公益性基础设施建设融资，要兼顾当前和长远，充分考虑承受能力，量力而行。

6月15日—7月8日

［纲　文］　**西藏和平解放60年成就展在民族文化宫举办。**

［目　文］　成就展由中央统战部、中央外宣办、国家民委、发展改革委、西藏自治区人民政府和新华社联合主办。展览分为“前言”“波澜壮阔的历史进程”“举世瞩目的伟大成就”“大幅改善的人民生活”“西藏的明天更加美好”“结语”六部分，通过500余幅图片、30多件实物、30多张图表以及历史文献、多媒体手段，展示了西藏和平解放的历史进程，展现了西藏60年的变化和西藏人民的新生活。

7月8日，全国政协主席贾庆林，中共中央政治局常委李长春、李克强等分别参观成就展。

6月15—17日

［纲　文］　**中国侨商投资企业协会第二届会员代表大会在北京召开。**

［目　文］　来自全球的侨商近250人参加了本次大会。会议选举产生新一届理事会和监事会。此次会议通过了中国侨商会第一届理事会工作报告、财务收支情况报告和修改协会章程的报告，成立了维权委员会和青年委员会，规划了未来三年的发展目标和主要工作任务。

17日，中共中央政治局常委、国家副主席习近平在北京会见与会全体代表时说，海外侨胞、归侨侨眷和侨商投资企业为我国革命、建设、改革事业作出了不可替代、不可磨灭的历史贡献。特别是改革开放以来，广大海外侨胞纷纷到祖国内地投资兴业，侨商投资企业和广大侨胞积极捐赠兴办公益事业和扶贫济困，惠及了包括教育、医疗卫生、文化体育、社会福利等众多领域；在支持办好北京奥运会、上海世博会、广州亚运会，参与抗击四川汶川特大地震等严重自然灾害和灾后恢复重建等方面，作出了真情奉献。

6月15—21日

［纲　文］　**战地黄花今朝分外香·纪念建党90周年革命纪念地新貌大型专题摄影展在中国人民革命军事博物馆举办。**

［目　文］　摄影展由中国画报协会、中华魂杂志社主办。包括《人民画报》《解放军画报》《民族画报》《上海画报》《江西画报》等20家画报的记者，选择上海、井冈山、遵义、延安等30多处具有代表性的革命纪念地进行采访拍摄，以摄影专题报道的形式，表现这些地区当今面貌。

6月15—17日

［纲　文］　**应国务院总理温家宝的邀请，蒙古国总理巴特包勒德对中国进行正式访问。**

［目　文］　访问期间，温家宝在北京与巴特包勒德举行会谈，两国总理签署了《中华人民共和国和蒙古国关于建立战略伙伴关系的联合声明》并出席了双边有关合作文件的签字仪式。全国人大常委会委员长吴邦国、国家副主席习近平、中联部部长王家瑞在北京分别会见了巴特包勒德。

温家宝与巴特包勒德会谈时表示，中方愿与蒙方加强高层沟通，增进战略互信，密切在区域组织和机制中的协调配合；在涉及主权、领土等核心利益的重大问题上相互坚定支持，携手打击“三股势力”和跨国犯罪活动，维护边境安宁；积极落实中蒙经贸合作中期发展纲要，加强统筹协调，有序推进矿能资源开发和基础设施建设领域的大项目；中方愿为蒙方发展民族工业、提高能源保障能力、保护环境、改善民生提供力所能及的帮助；双方要进一步扩大教育、旅游、青年、媒体交流，巩固两国友好的社会基础。

巴特包勒德表示，蒙方坚定奉行一个中国政策，愿与中方密切高层交往和各级别磋商，采取切实措施，扩大在经贸、矿产资源开发、交通运输、金融、农牧业、能源、环境保护、高科技、人文等领域的交流与合作。

吴邦国会见巴特包勒德时指出，近年来，中国全国人大与蒙古国家大呼拉尔保持密切往来，合作成效显著。希望双方保持合作传统，密切议会领导人、各专门委员会和友好小组之间的合作，加强治国理政、民主法制等方面的经验交流，为国家关系发展增添新内容、注入新活力。

巴特包勒德说，蒙方感谢中国长期以来对蒙经济社会发展提供的宝贵支持，愿与中方保持高层往来，进一步深化在经贸、矿业、教育、科技、基础设施建设以及人文等领域交流，愿与中国全国人大加强定期协商，促进两国关系全面发展。

习近平会见巴特包勒德时指出，国民感情是两国关系的重要基础，发展中蒙战略伙伴关系离不开两国人民的支持。两国政治家要始终从战略和长远角度出发，牢牢把握两国关系发展的正确方向，加强文化、教育、青少年等领域合作，促进人文交流，推动民间友好。

巴特包勒德说，蒙方愿与中方共同努力，加强两国在政治、经贸、矿业、农业、科技、教育、基础设施建设以及人文等领域交流合作，丰富两国战略关系内涵。

6月15—19日

［纲　文］　**2011中国乒乓球公开赛在深圳举行。**

［目　文］　马琳获得男单冠军，文佳获得女单冠军，马龙、王皓获得男双冠军，郭跃、刘诗雯获得女双冠军。

6月15—23日

［纲　文］　**应外交部部长杨洁篪邀请，孟加拉国外交部部长穆妮对中国进行正式访问。**

［目　文］　22日，国家副主席习近平在北京会见穆妮时表示，中方高度赞赏孟方在台湾、涉藏等涉及中方核心利益问题上给予的宝贵支持，将继续支持孟加拉国为维护独立、主权、领土完整和维护国家稳定、促进社会发展所作的努力。中孟同为发展中国家，都致力于加快经济社会发展，提高人民生活水平。当前中孟关系发展正面临重要机遇。巩固和发展中孟友好合作，是中国政府坚定不移的方针。

穆妮表示，孟方高度重视发展对华关系，愿进一步加强两国在各领域的友好合作。在涉台、涉藏等涉及中国核心利益问题上继续坚定支持中方立场。

同日，杨洁篪同穆妮举行会谈时表示，中方高度重视对孟关系，愿继续为孟加拉国经济社会发展提供力所能及的帮助，加强与孟方在国际地区问题上的协调配合，促进双边关系全面深入发展。

穆妮重申孟方坚定奉行一个中国政策，感谢中方在孟经济社会发展中给予的支持与帮助，表示愿同中方共同努力，扩大各领域交流合作，不断提升孟中合作水平。

6月16日

［纲　文］　**财政部印发《关于金融企业国有资产评估监督管理有关问题的通知》。**

［目　文］　《通知》由九个部分组成：一、关于评估范围的确定问题。二、关于评估项目的委托问题。三、关于核准（备案）申请需报送的经济行为批准文件。四、关于评估备案的管理权限问题。五、关于核准（备案）申请的报送期限。六、关于评估项目核准（备案）表的填报问题。七、关于评估结论的使用问题。八、关于评估机构的选聘问题。九、其他问题。

《通知》指出，省级财政部门可以依照《金融企业国有资产评估监督管理暂行办法》（财政部令第47号）和本通知，结合本地区实际情况，制定具体实施细则。

6月16日

［纲　文］　**财政部印发《关于引导企业科学规范选择会计师事务所的指导意见》。**

6月16日

［纲　文］　**人民银行发布《非金融机构支付服务业务系统检测认证管理规定》。**

［目　文］《规定》共5章22条。主要有总则、检测、认证、监督与管理、附则等内容。自2011年6月16日起施行。

6月16日

［纲　文］**《建党以来重要文献选编（1921—1949）》出版座谈会在北京举行。**

［目　文］中共中央政治局常委、国家副主席习近平出席座谈会并讲话。中宣部部长刘云山、中组部部长李源潮出席会议。座谈会上，中央文献研究室主任冷溶、中央档案馆馆长杨冬权、中宣部副部长王晓晖、新闻出版总署署长柳斌杰等发言。

习近平指出，中国共产党成立的时候力量弱小，但有着为共产主义奋斗的崇高理想，肩负着民族复兴的历史使命，在艰苦卓绝的伟大斗争中成为领导中国革命的核心力量。无数革命先烈和全党同志、全国各族人民长期奋斗，历经艰辛和曲折，成功来之不易。这个历史进程本身，成为中国人民必然选择马克思主义、选择中国共产党、选择社会主义的最好教科书。要通过学习这部文献选编，了解党的奋斗历史，坚定中国特色社会主义信念。

《建党以来重要文献选编（1921—1949）》由中共中央文献研究室、中央档案馆编辑出版。文献选编收入了中国共产党成立以后至新中国成立以前的重要文献，比较全面地反映了我们党领导人民进行新民主主义革命、创建中华人民共和国，推进马克思主义中国化、形成和发展毛泽东思想的历史进程及基本经验。

6月16日

［纲　文］**国家副主席习近平应约与美国副总统拜登通电话。**

［目　文］习近平说，自2011年1月国家主席胡锦涛成功访美以来，中美关系总体保持良好发展势头。中方愿与美方一道，落实好两国元首共识，加强对话、交流、合作，妥善处理敏感问题，不断推进中美合作伙伴关系。

拜登赞同习近平对中美关系的评价。他说，没有比美中关系更重要的双边关系。奥巴马总统和我本人坚定致力于发展对华关系，愿继续保持和推进两国之间日益密切的合作，不断增进相互理解，推动两国关系持续向前发展。他并表示期待着尽早访问中国。

6月16日

［纲　文］**李克强在北京市门头沟考察工矿棚户区改造情况。**

［目　文］国务院副总理李克强在门头沟采空棚户区听取棚户区改造情况汇报，查看施工项目总体平面图和定向安置房效果图，询问改造方案和进度安排。他指出，解决工业化进程中的棚户区问题，是世界性难题。这两年，国家不断加大棚户区改造力度，全国已有300多万户居民迁入新居。但棚改任务仍十分艰巨，目前还有1100万户亟须改造。即使是北京这样的现代化大城市，也还存在历史遗留的工矿棚户区问题。2011年要开工建设的1000万套保障房中，有400万套是棚户区改造住房。

李克强在棚户区居民家中，对他们不久后将喜迁新居表示祝愿。他说，住房困难群众就生活在我们周围，不妥善解决群众的居住困难，我们寝食难安。工矿企业老职工曾经为国家作出过贡献，要下决心加快解决工矿棚户区问题。中央2011年安排300多亿元资金用于棚改，带动各方投入，就是为了让棚户区群众步入改善居住条件的快车道，让政策阳光温暖更多住房困难群众。

6月16日

［纲　文］　**天津医科大学举办60周年校庆大会。**

［目　文］　国务委员刘延东、全国人大常委会副委员长李建国致信祝贺。全国政协副主席陈宗兴出席校庆大会。

天津医科大学是新中国成立后新建的第一所高等医学院校。建校60年来，共培养出各类学生4万多人，是国家“211工程”和重点建设高校。学校现有国家级重点学科5个，“211工程”重点建设学科10个，省部级重点实验室9个，目前共有全日制在校生9040人。

6月16日

［纲　文］　**“2010中国大学生年度人物颁奖典礼”在北京交通大学举行。**

［目　文］　国务委员刘延东出席并讲话。教育部部长袁贵仁宣读2010中国大学生年度人物获奖名单。共青团中央书记处第一书记陆昊、国务院副秘书长江小涓等参加颁奖典礼。

刘延东指出，大学生要按照胡锦涛总书记在清华大学百年校庆时提出的“三个紧密结合”的要求，把报效祖国、奉献社会作为奋斗目标，努力成为能负重任的国家栋梁之材。

6月16日

［纲　文］　**国家海洋局组织的西太平洋海洋环境放射性监测第一航次“南锋”号从厦门启航。**

［目　文］　此次西太平洋海洋环境放射性监测航程约5000海里，监测人员在25.2万平方公里公海作业。针对海洋放射性污染的现场监测、预测预警工作，主要工作内容包括海洋放射性监测以及相关的海洋生物、化学及动力场环境等海洋环境要素综合监测。为科学评估放射性物质对我国管辖海域及邻近海域的影响提供基础数据。

7月4日，“南锋”号返回厦门。

6月16日

［纲　文］　**国家文物局在北京召开“文物调查及数据库管理系统建设”项目总结会议。**

［目　文］　国家文物局局长单霁翔出席会议并讲话，国家文物局、中国文物信息咨询中心有关负责人，以及全国各省、自治区、直辖市文物行政部门分管领导参加会议。会议由国家文物局副局长宋新潮主持。

“文物调查及数据库管理系统建设”项目由财政部和国家文物局共同主导，以摸清馆藏文物家底情况、提高馆藏文物管理水平为基本目标，以调查馆藏珍贵文物资源、采集馆藏珍贵文物信息为基本形式，以数字化的影像采集技术、数据存储技术和网络技术为基本手段的文化遗产领域的数字化基础工程。项目于2001年在山西、辽宁、河南、甘肃四省进行项目试点，2006年，试点省份扩展到湖北、湖南、河北、浙江、陕西、四川、广西七省（区），2008年在全国全面展开。经过全国文博工作者10年来的辛勤努力，截至2010年底，文物调查项目已全面完成了全国文物系统博物馆全部馆藏珍贵文物数据的采集工作，共采集文物数据1660275条，其中一级文物数据48006条，累计拍摄文物照片3869025张，录入文本信息3.05亿字，接收数据总量15.16TB，基本廓清全国文物系统馆藏珍贵文物家底。

6月16—19日

［纲　文］　**吴邦国在新疆维吾尔自治区就中央新疆工作座谈会精神贯彻落实情况进行调研。**

［目　文］　全国人大常委会委员长吴邦国在和田、喀什、昌吉、石河子、乌鲁木齐等地的企业、田间地头、兵团农场、街道社区、百姓家庭看望各族干部群众。

吴邦国在和田市的棚户区改造工地、喀什市多来提巴格乡“安居富民”示范点和喀什老城区危旧房改造片区、在石河子兵团农八师保障性住房小区，查看群众住房格局和配套设施，询问扶持政策落实、建房资金筹集、住户个人负担等情况；在喀什市夏马勒巴格镇城乡统筹改革试点区服务中心，了解当地居民“农转非”的条件、流程以及转户后就业、养老、医疗等情况；考察了和田市棚户区改造工地现场；参观了和田县巴格其镇“双语”幼儿园；在和田县拉依喀乡达木提村，询问核桃品种、挂果年份、年均产量、销售渠道、种植收入等方面情况；在兵团农八师143团的节水灌溉棉田、昌吉州呼图壁县大丰镇的现代农业示范园，就膜下滴灌技术与干部群众深入交谈；考察了中国石油天然气股份有限公司乌鲁木齐石化分公司、特变电工股份有限公司、金风科技股份有限公司、新疆天业（集团）有限公司；听取了喀什特殊经济开发区总体规划的汇报。

调研期间，吴邦国听取了新疆维吾尔自治区工作汇报。他说，新疆维吾尔自治区党委、政府团结带领全疆各族人民，认真贯彻中央的方针政策，结合本地实际创造性地开展工作，国民经济快速发展，社会事业全面进步，民族团结得到加强，人民生活进一步改善，特别是中央新疆工作座谈会召开以来，各项工作在较短时间内都有了新进展，取得了新突破，迈上了新台阶。希望新疆各族干部群众倍加珍惜来之不易的大好局面，倍加珍惜民族团结和社会稳定，统一思想、凝聚力量、迎难而上，以高度的政治责任感和历史使命感做好新疆工作，为建设繁荣富裕和谐稳定的社会主义新疆而努力奋斗。

6月16—20日

［纲　文］　**2011年全国传统武术比赛暨全国农民武术比赛在西安举办。**

［目　文］　来自全国各省、市、自治区、行业体协、体育院校的167支代表队2251人参赛；全国农民武术比赛有94支代表队1113人参赛。比赛项目包括太极拳、长拳、剑术、棍术、南拳等。

6月17日

［纲　文］　**温家宝出席北京师范大学首届免费师范生毕业典礼。**

［目　文］　国务院总理温家宝等向 6 所院校的首届免费师范生优秀毕业生代表颁发了证书。华东师范大学、东北师范大学、华中师范大学、陕西师范大学和西南大学设分会场。

温家宝发表讲话说，教师肩负着开启民智、传承文明的神圣使命，承载着千万家庭的梦想和希望。实施师范生免费教育政策，就是向全社会发出重视师范教育的强烈信号，吸引最优秀、最有才华的学生做教师，鼓励更多的优秀人才终身做教育工作者；就是要进一步在全社会形成尊师重教的浓厚氛围，让教师成为最受尊重、最令人羡慕的职业。温家宝勉励同学们志存高远，刻苦自励，执着坚守，把三尺讲坛变为施展才华的广阔舞台，使自己的人生更加精彩。

2010 年教师节，温家宝带领北师大首届免费师范生部分同学一起赴河北省兴隆县六道河中学观摩教学。当时，温家宝和北师大同学约定 2011 年参加他们的毕业典礼。

6 月 17 日

［纲　文］　**全国空管"十二五"工作会议在北京召开。**

［目　文］　国务院副总理、国家空管委主任张德江出席并讲话。国家空管委主任、副主任、委员及各成员单位部门负责人，地区空管协调委负责人，军民航空管系统分区（分局、站）负责人，有关科研院所负责人等 230 人参加了会议。会议通报表扬了空管系统先进单位和个人。

张德江指出，要以科学发展为主题，以加快转变发展方式为主线，以提高空域资源配置利用效率为主要任务，深化体制机制和空域管理改革，加强基础理论、法规标准、人才队伍、基础设施和科技创新等全面建设，妥善解决航空发展最紧迫、社会公众最关注的突出矛盾和问题，不断提升空管服务保障能力和安全水平，为国家经济建设、国防建设和航空事业发展提供有力保障。

6 月 17 日

［纲　文］　**审计署公布"汶川地震灾后恢复重建跟踪审计结果（第 4 号）"。**

［目　文］　结果表明，汶川地震灾后恢复重建进展总体较好。截至 2010 年 10 月底，灾区农村居民住房重建已基本完成，大部分灾区城镇居民住房、学校、医院等优先建设的民生工程完成情况较好，城镇主体功能基本恢复，灾区群众生产生活和学习条件得到了极大改善，经济发展明显加快。项目建设管理较好，资金管理比较规范，使用效果较好，未发现重大违法违纪问题。在跟踪审计和调查的 1404 个项目 1130 亿元规划总投资中，审计发现有 36 个项目、16 个施工单位和 11 个监理单位不同程度地存在管理不合规的问题。审计指出上述问题后，有关单位及时进行了整改。正在整改的事项，审计署将在下一阶段审计中继续跟踪，并适时公告最终结果。此外，3 个受灾省和北京等 20 个对口支援省市审计机关的跟踪审计结果，将由各省市审计机关分别向社会公告。

6 月 17 日

［纲　文］　**新时期党的人才发展新思想新理念研讨会在北京举办。**

［目　文］　研讨会由人民日报社举办。中组部部长李源潮出席并讲话。与会代表回顾了国家人才发展规划颁布一年来的贯彻落实情况，联系人才工作实践，交流宣传贯彻新时期党的人才发展新思想新理念的体会和经验。大家一致认为，思想解放、理念创新是人才强国的先导，解放思想是前提，解放人才是关键，解放科技生产力是核心。落实人才强国战略，必须不断推进思想解放、理念创新，以人才发展的新思想新理念引领人才事业的新发展。

6月17日

［纲　文］　**全国法院庆祝建党90周年文艺会演在北京举行。**

［目　文］　公安部部长孟建柱、最高人民法院院长王胜俊、最高人民检察院检察长曹建明、解放军总政治部主任李继耐等，与近千名观众观看演出。

本次会演以“人民法官为人民”为主题，通过法院干警自创自演的文艺节目，反映人民法院坚持“三个至上”工作指导思想和“为大局服务、为人民司法”工作主题，深入推进三项重点工作的生动实践和丰硕成果，展示法院广大干警自觉践行司法核心价值观、维护公平正义、公正廉洁为民的形象和精神风貌。

6月17日

［纲　文］　**汉字应用水平测试命题评价中心在北京语言大学成立。**

［目　文］　国家语委有关负责人在成立仪式上说，截止到2010年，“汉字应用水平测试”已经在北京、上海、河北等14个省区市开考，针对教师、公务员、媒体从业者及广告从业者，累计有96190人参加考试。

根据《国家通用语言文字法》推广普通话和使用规范汉字的规定，国家语委开发了“普通话水平测试”“汉字应用水平测试”，前者的考查重点是“语音”，后者的考查重点是“汉字”，包括汉字的字音、字形、字义、认读、选用、辨误和书写。

6月17日

［纲　文］　**全国妇联主席陈至立在北京分别会见以纳米比亚全国委员会副主席玛格丽特·蒙萨为团长的纳米比亚妇女代表团和韩国驻华大使李揆亨。**

6月17日

［纲　文］　**西藏林芝地区巴河老虎嘴水电站竣工发电。**

［目　文］　这标志着西藏单机容量最大的水能发电机组正式并网发电，拉开了林芝建设藏东南能源接续基地的序幕。

总投资约12.88亿元的老虎嘴水电站是缓解藏中电网缺电的骨干电源。2007年，老虎嘴水电站经发展改革委批准正式开工建设，2011年4月15日，成功下闸蓄水。老虎嘴水电站最大坝高84米，为西藏第一高混凝土重力坝，有3台容量3.4万千瓦的发电机，总容量为10.2万千瓦，是西藏目前单机容量最大的水电站，建成后每天有250万千瓦时到260万千瓦时的电力输送拉萨。

6月17日

［纲　文］　**2011年中国物联网产业发展高层论坛在北京举行。**

［目　文］　论坛由中国工程院信息与电子工程学部主办，中国航天科工二院和中国电子商会物联网专业委员会联合承办。中国工程院、中国电子商会物联网专业委员会组织专家就如何推进中国物联网产业实践与健康有序发展，带动工业和信息产业进一步深度融合等相关话题展开了探讨。

6月17—21日

［纲　文］　**李长春在山东省调研。**

［目　文］　中共中央政治局常委李长春在威海、烟台、青岛、临沂、枣庄、济南等地的企业、社区和宣传文化单位，就加快转变经济发展方式、推动文化改革发展等进行调研并听取山东省委、省政府工作汇报。他希望山东贯彻落实中共中央总书记胡锦涛在山东考察工作时提出的要求，紧紧围绕主题主线，坚决打好转方式、调结构这场硬仗，推动经济尽快走上内生增长、创新驱动的轨道，在全面建设小康社会征程上继续走在全国前列。

李长春在威海拓展纤维有限公司、威高集团、海信集团、中国重汽集团济南商用车有限公司、浪潮集团等企业，听取生产研发情况介绍；在南车青岛四方机车车辆股份有限公司，希望他们坚持走自主创新之路，推出更多具有自主知识产权的标准、技术、品牌和产品，不断增强国际影响力和市场竞争力；在烟台市群众艺术馆和黄海社区文化活动中心，与市民交谈；在山东省博物馆、烟台市青少年宫等公共文化服务场所，询问免费开放情况；在青岛出版集团公司，希望他们按照改革、改组、改造和加强管理这“三改一加强”的要求，在转企改制的基础上建立现代企业制度和现代产权制度，培育自主经营、自我发展、自我约束的合格文化市场主体，推动跨地区跨行业兼并重组，尽快成长为有实力、有活力、有竞争力的大型文化企业；在青岛华强文化科技产业基地和国际动漫游戏产业园、枣庄市台儿庄运河古城，考察文化产业发展情况；在山东广电中心，勉励他们加强播控平台建设，积极推进“三网融合”，为全国创造新鲜经验。

6月17—18日

［纲　文］　**第八届海峡两岸信息产业和技术标准论坛在台北举办。**

［目　文］　论坛由中国电子工业标准化技术协会、中国通信标准化协会和台湾华聚产业共同标准推动基金会共同主办。本届论坛达成的共识包括：共同推动TD—SCDMA芯片和终端产品进一步繁荣，共同支持台湾企业积极投入到无线宽带通信技术TD—LTE芯片和终端的开发，继续推动台湾TD—LTE试验网建设，成立推动LED照明共同标准、太阳光伏共同标准和平板显示共同标准合作三个专家委员会，完成3D平板显示技术术语共通标准制定等。

6月18日

［纲　文］　**工业和信息化部、统计局、发展改革委、财政部发布《中小企业划型标**

准规定》，自2011年6月18日起执行，原国家经贸委、原国家计委、财政部和国家统计局2003年颁布的《中小企业标准暂行规定》同时废止。

6月18日

［纲　文］　**中央民族大学举办建校60周年大会。**

［目　文］　中共中央政治局委员、国务院副总理回良玉，中共中央政治局委员、国务委员刘延东，乌云其木格、司马义·铁力瓦尔地、白立忱、阿不来提·阿不都热西提和布赫、铁木尔·达瓦买提、司马义·艾买提、热地出席庆祝大会。大会由中央民族大学党委书记鄂义太主持。刘延东为在中央民族大学从教60年的教师代表颁发荣誉证书。中央和国家机关有关部门、北京市和部分省区负责人，部分外国驻华使节、国外大学和国内院校的代表，中央民族大学校友代表及部分师生职工代表共1000多人参加大会。

6月18—19日

［纲　文］　**第八届中国城市森林论坛在大连举办。**

［目　文］　论坛以“城市森林·绿色经济·幸福家园”为主题，由关注森林活动组委会牵头，国家林业局、全国政协人口资源环境委员会、辽宁省人民政府、经济日报社共同主办。共73个城市、450人参加了论坛。

6月18—22日

［纲　文］　**“辛亥革命与民族振兴高峰论坛”暨“孙中山与辛亥革命图片展”在澳门举行。**

［目　文］　活动由中国辛亥革命研究会、中国宋庆龄基金会与澳门辛亥革命与中山文化研究会共同主办。全国人大常委会副委员长、中国辛亥革命研究会会长周铁农，全国政协副主席何厚铧出席开幕式。展览以孙中山一生的革命经历作为主线，特别突出了辛亥革命，并将孙中山在澳门的经历及事迹穿插其中。展览包括历史照片、珍贵文件照片等史料，还包括保存在北京宋庆龄故居中的部分文物照片。

6月19日

［纲　文］　**中国三峡集团在北京发布2010年社会责任报告。**

［目　文］　2010年，三峡工程共进行7次防洪运用，防洪经济效益达266.3亿元，通过三峡枢纽的货运量为8794万吨，是蓄水前最高年货运量的4.9倍。2011年1—5月，三峡水库累计为下游补水200亿立方米。截至2010年底，三峡－葛洲坝电站累计发电8500亿千瓦时，相当于替代燃烧3.27亿吨标煤，折算减排二氧化碳7.22亿吨，经济效益和节能减排作用显著。

6月19日

［纲　文］　**刘延东出席绵阳科技城建设部际协调小组第十次会议并讲话。**

［目　文］　国务委员刘延东指出，要认真贯彻《国务院关于绵阳科技城发展规划（2011—2015年）的批复》精神，围绕科学发展主题和转变经济发展方式主线，坚定不移

地走中国特色军民融合式发展道路，着力提升绵阳科技城的创新能力、创业活力、城市魅力和区域竞争力，为建设创新型国家作出新贡献。

18—20日，刘延东在绵阳、北川、安县、德阳、什邡、彭州、都江堰等地的街道乡村、中小学校、科技园区和文化单位，考察灾后重建情况，看望师生、科技文化工作者和灾区群众。

6月19—21日

［纲 文］ **回良玉在安徽省、浙江省洪涝灾区考察指导防汛抗洪救灾工作。**

［目 文］ 国务院副总理、国家防汛抗旱总指挥部总指挥回良玉在灾情严重的安徽省屯溪、歙县和浙江省诸暨、兰溪，查看钱塘江流域上中下游的防汛抗洪工作。他说，2011年以来，长江中下游地区以及钱塘江流域先是遭遇几十年不遇的旱灾，6月3日之后又发生严重洪涝灾害，旱涝交错并存、汛情发生之急、洪水之大、受灾之重，都是多年少见的。面对严重洪涝灾害，各级领导靠前指挥，有关部门密切配合，广大党员身先士卒，解放军、武警部队官兵冲锋在前，防汛抗洪救灾取得显著成效。

考察期间，回良玉听取了安徽、浙江省的汇报，对下一阶段的防汛抗洪救灾工作提出了明确要求。

6月20日

［纲 文］ **财政部、交通运输部印发《交通运输节能减排专项资金管理暂行办法》。**

［目 文］ 《办法》共5章21条。主要有总则，专项资金支持范围和方式，专项资金的申请、审核与拨付，专项资金的监督管理，附则等内容。自2011年6月20日起执行。

6月20日

［纲 文］ **国家旅游局、公安部、国台办公布修改后的《大陆居民赴台湾地区旅游管理办法》，自2011年6月20日起施行。**

6月20日

［纲 文］ **中宣部、人力资源社会保障部、中国文联在北京举行第三届全国中青年德艺双馨文艺工作者表彰会。**

［目 文］ 中共中央政治局委员、中宣部部长刘云山出席并讲话。全国政协副主席、中国文联主席孙家正出席会议。中央有关部门负责人和来自文艺界的140多名代表参加了会议。大会授予于兰等54名同志“第三届全国中青年德艺双馨文艺工作者”荣誉称号。大会全体代表向全国文艺战线工作者发出了《弘扬德艺双馨精神　推动文化大发展大繁荣》的倡议。刘云山强调广大文艺工作者要始终坚持社会主义先进文化前进方向，在推动伟大事业的历史进程中积极进行文化创新创造，在服务人民群众的艺术实践中倾情奉献自己的聪明才智，努力做崇德尚艺、德艺双馨的社会主义文化建设者。

6月20日

［纲　文］　**全国政协主席贾庆林在北京会见约旦参议长马斯里。**

［目　文］　贾庆林阐述了中国对西亚北非地区局势的立场，表示中方尊重并支持地区国家自主处理内部事务，希望通过对话和协商尽快实现政局稳定，恢复正常社会秩序。作为联合国安理会常任理事国和负责任的大国，中方愿与国际社会共同努力，促进西亚北非地区的和平、稳定与发展。近年来，中国全国政协与约旦参议院一直保持着友好交往，增进了两国人民友谊，巩固了两国关系发展的基础。希望双方继续开展多层次的交流，为促进中约关系发展发挥积极作用。

马斯里完全赞同贾庆林对双边关系的看法。他说，约中两国人民有着深厚友谊。约旦参议院愿与中国全国政协加强交流，深化双边各领域互利合作，推动两国关系取得更大发展。

6月20日

［纲　文］　**国务委员兼国防部部长梁光烈在北京会见葡萄牙陆军参谋长拉马略。**

［目　文］　梁光烈表示，中方重视发展中葡全面战略伙伴关系，愿与葡方一道，在相互尊重、平等互利等原则基础上，把两国关系推向新的更高水平。中葡两军关系近年来发展顺利。两军高层保持接触，在教育训练、航空卫生、军事学术等专业领域进行了一定的交流与合作。相信在双方的共同努力下，中葡两军友好合作关系一定会不断向前发展。

拉马略说，葡方重视也愿意加强同中国军队的关系与合作，希望双方今后能在人员培训、专业交流等领域加强务实合作。

6月20日

［纲　文］　**国家开发银行与中国南方航空集团公司在北京签署《“十二五”开发性金融合作协议》。**

［目　文］　《协议》总额达600亿元。融资资金主要用于飞机抵押融资、流动资金贷款、产业贷款等贷款融资；飞机及相关设备租赁、并购重组、投资银行等其他金融服务；为南航集团提供综合融资工具支持，包括超短期融资券、短期融资券、中期票据等。

6月20日

［纲　文］　**中国著名物理学家、中科院高能物理研究所原副所长、中科院资深院士何泽慧，在北京逝世，享年97岁。**

6月20—21日

［纲　文］　**国务院在北京召开全国城镇居民社会养老保险试点工作部署暨新型农村社会养老保险试点经验交流会议。**

［目　文］　国务院总理温家宝出席会议并讲话。国务院副总理、国务院新型农村和城镇居民社会养老保险试点工作领导小组组长张德江主持会议。国务院新型农村和城镇居民社会养老保险试点工作领导小组成员单位，各省、自治区、直辖市人民政府和新疆生产建设兵团、各计划单列市人民政府及有关部门负责人出席会议，中央有关部门负责人参加

了会议。

温家宝指出，国务院决定在全国范围启动城镇居民社会养老保险制度试点，并加快新农保试点进度，在本届政府任期内基本实现制度全覆盖，这是党和政府的重大惠民政策，是健全我国社会保障体系的重大制度建设。建立城镇居民社会养老保险制度，是全面建设小康社会的重要内容。近年来，我们加大工作力度，加快建立覆盖不同人群的社会保障制度，不断提高保障水平。一是新建立了城镇居民医保、城乡医疗救助、新农合、新农保等重大保障制度；二是解决了关闭破产国有企业退休人员参加医保、老工伤待遇、集体企业退休人员参加养老保险等一批历史遗留问题；三是连续7年增加企业退休人员养老金，在新医改中大幅提高基本医疗保障标准等。建立城镇居民养老保险制度和新农保制度，是开创性的重大社会保障制度建设，标志着我国覆盖城乡居民社会保障体系的主要制度都建立起来了，朝着党的十七大提出的目标前进了一大步，这是全面建设小康社会取得的重大进展。有了这两项新制度，几千年来中国人“老有所养”的愿望，在可预见的未来几年里就能初步实现。

6月20—21日

［纲　文］　**中组部、全国党建研究会在北京召开纪念中国共产党成立90周年党建研讨会。**

［目　文］　中共中央政治局常委、国家副主席习近平出席会议并讲话。中组部部长李源潮、全国党建研究会会长虞云耀分别主持会议。中央和国家机关有关部门，各省区市、副省级城市和新疆生产建设兵团有关负责人，部分国有企业和高校负责人，全国党建研究工作者等共300多人参加会议。中组部常务副部长沈跃跃作会议总结。

入选本次研讨会的论文有230多篇，80多人在大会和专题研讨会上发言。大家认为，90年来党的建设取得的成就令人鼓舞，积累的经验弥足珍贵，是我们继续前进的思想宝库和智慧之源，要深入开掘、系统研究，从中汲取创新的营养和前进的力量。要继承和发扬党的优良传统，坚持党的指导思想和基本理论与时俱进，不断推进党的建设和组织工作取得新发展、开拓新局面。

6月20—22日

［纲　文］　**文化部部长蔡武率中国政府文化代表团对以色列进行友好访问。**

［目　文］　访问期间，蔡武分别会见了以色列总统佩雷斯、总理内塔尼亚胡、副总理兼战略事务部部长摩西·亚阿隆；与以色列文化体育部部长利夫纳特举行了会谈并签署了《中以两国政府文化交流执行计划（2011—2015）》。

6月21日

［纲　文］　**国家主席胡锦涛、国务院总理温家宝就俄罗斯一架图-134客机在卡累利阿共和国首府彼得罗扎沃茨克附近紧急迫降造成重大人员伤亡，分别向俄罗斯总统梅德韦杰夫、总理普京致慰问电。**

6月21日

［纲　文］　**国务院办公厅转发银监会等部门《关于促进融资性担保行业规范发展意见》。**

［目　文］　《意见》由四个部分组成：一、统一思想认识，明确目标定位。二、推动行业建设，实现可持续发展。三、完善扶持政策，优化外部环境。四、健全监管机制，加强科学监管。

6月21日

［纲　文］　**财政部、发展改革委印发《节能技术改造财政奖励资金管理办法》。**

［目　文］　《办法》共7章24条。主要有总则、奖励对象和条件、奖励标准、奖励资金的申报和下达、审核机构管理、监督管理、附则等内容。自2011年6月21日起实施。原《节能技术改造财政奖励资金管理暂行办法》(财建〔2007〕371号)废止。

6月21日

［纲　文］　**中组部致全国老干部老党员慰问信。**

［目　文］　慰问信说，在隆重纪念中国共产党成立90周年之际，谨向你们致以亲切的问候和崇高的敬意！90年波澜壮阔，90载成就辉煌。90年前，在中国人民为改变民族命运的斗争中，中国共产党应运而生。90年来，中国共产党团结带领全党全国各族人民前赴后继、英勇奋斗，取得了新民主主义革命的伟大胜利，建立了人民当家作主的新中国；确立了社会主义制度，实现了中国社会变革和历史进步的巨大飞跃；实行改革开放，开辟了中国特色社会主义道路，为中华民族伟大复兴打开了前所未有的光明前景。广大老干部、老党员是党和国家的宝贵财富。尊重、学习、关心、爱护老同志，是我们义不容辞的政治责任。我们要着眼于党的事业薪火相传，大力宣传老同志的历史功绩，传承老同志的崇高精神，接好老同志优良传统和革命精神的班，以高度的政治责任感和历史使命感做好工作，不断把党和国家的各项事业推向前进。

6月21日

［纲　文］　**新闻出版总署在北京召开庆祝中国共产党成立90周年重点出版物出版座谈会。**

［目　文］　新闻出版总署署长柳斌杰、中宣部副部长蔡名照、中央文献研究室副主任陈晋、中央党史研究室副主任李忠杰等出席会议并讲话。新闻出版总署副署长邬书林主持会议。全国各地的近百家出版单位的负责人出席座谈会。

柳斌杰指出，90年来，我们党始终把新闻出版工作摆在重要位置，并根据不同时期的形势任务要求，积极推动新闻出版事业发展，使其在贯彻实现党的革命和执政目标中发挥了独特作用，作出了重大贡献。今天，新闻出版事业已形成了结构完整、门类齐全，规模不断扩大、实力不断增强、影响力日益广泛的新闻出版体系，初步探索出一条中国特色的新闻出版科学发展之路。

6月21日

［纲　文］ **《江泽民在上海（1985—1989）》出版座谈会在上海举行。**

［目　文］ 该书记述了江泽民担任上海市市长、市委书记期间带领上海广大干部群众推进改革开放和社会主义现代化建设的历程。分为历史情结、为民情怀、城市发展、改革开放、领导全局等部分。

中共中央政治局委员、上海市委书记俞正声出席并讲话。解放军总政治部副主任贾廷安，上海市委副书记、市长韩正出席座谈会。上海人民出版社负责人介绍了该书出版情况，作者代表上海市政协研究室李锐、读者代表王志平、老同志代表叶公琦等发言。

6月21日

［纲　文］ **国家海洋局在北京召开极地工作会议。**

［目　文］ 国务院副总理李克强对我国极地考察工作作出批示指出：极地考察是人类探索地球奥秘的壮举，在我国海洋事业中占有重要地位，对促进可持续发展具有重大意义。经过20多年努力，我国极地考察取得丰硕成果，增强了在国际极地事务中的影响力。“十二五”时期，我国极地考察事业正处于可以大有作为的战略机遇期。希望全体极地考察工作者紧紧围绕现代化建设，继续发扬南极精神，进一步加强能力建设，深入开展极地战略和科学研究，积极参与国际交流合作，有效维护国家权益，为我国极地事业发展、为人类和平利用极地作出新的贡献。

国家海洋局局长刘赐贵主持会议，国家海洋局副局长陈连增作工作报告。国土资源部部长徐绍史作总结讲话。外交部、教育部、科技部、中国科学院负责人在会上发言。会议从考察空间、考察与保障能力、科技创新与科学研究、战略规划与立法管理、科普教育、对外交流、制度与队伍建设、信息化建设、国际极地年行动等方面，总结了新世纪以来我国极地考察工作取得的成绩和积累的经验，认为：过去的10年，是我国极地考察事业实现跨越式发展的10年。会议指出，“十二五”期间，我国极地考察工作者要抓住机遇，坚定信心，强化措施，推动极地考察再创辉煌。进一步确立我国极地事业发展的总体战略，全面提升极地科学考察和研究水平，继续完善极地考察保障体系，不断深化务实合作，努力提高在国际极地事务中的话语权和影响力，加强人才队伍建设，实现我国极地事业的快速健康发展。

本次会议是自1984年我国组织开展极地考察以来召开的首次极地工作会议。我国极地考察工作始于20世纪80年代初，当时已成功派出27次南极考察队，成功完成4次北冰洋科学考察和7个年度的北极黄河站科学考察，形成了以“一船（雪龙号）四站（长城站、中山站、昆仑站、黄河站）一基地（国内考察基地）”为主体的国家极地考察战略格局和基础平台。

6月21日

［纲　文］ **国家副主席、中央军委副主席习近平在北京会见柬埔寨王国副首相兼国防大臣迪班。**

［目　文］　习近平表示，作为柬埔寨的好邻居、好朋友、好伙伴，中国将一如既往地支持柬埔寨为维护民族团结、发展国民经济、改善人民生活所作的努力，继续向柬埔寨提供力所能及的帮助，支持柬埔寨经济社会发展。中柬两军关系是两国全面战略合作伙伴关系的重要组成部分，希望两国军队进一步加强交流，深化合作，为推动两国关系全面发展发挥积极的作用。

迪班说，此次我率柬军高级将领访问中国，就是要推动两军各层次各领域的友好合作不断向前发展，为两国全面战略合作伙伴关系的深入发展作出积极的努力。

22 日，国务委员兼国防部部长梁光烈在北京与迪班举行会谈时对两军关系发展提出四点建议：一是保持高层交往，二是加强人员培训交流，三是推进两军之间的务实合作，四是密切多边安全事务的协调与配合。

迪班说，柬重视发展柬中军事关系，愿不断提升柬中两军关系水平，密切同中方各级别、各领域的交往，加强在重大问题上的协调，增进互信，巩固友谊，推动两国两军关系不断向前发展。

6 月 21 日

［纲　文］　国务院副总理张德江在北京会见天合联盟主席并出席中国东方航空公司加入联盟签字仪式。

［目　文］　张德江表示，中国政府高度重视民航业的改革发展，将继续坚持互利双赢的开放战略，积极推动航空业的交流合作，共同促进全球航空业的持续快速发展。中国政府积极支持中国的航空公司加入国际航空联盟，也欢迎国外航空公司按照政府间协定开辟飞往中国的航线，依法开展相关业务。

会见结束后，张德江出席了中国东方航空公司加入天合联盟签字仪式。

天合联盟是全球最大的航空联盟之一，拥有成员航空公司 14 家，现通航 168 个国家和地区。中国东方航空公司是我国骨干航空公司，机队规模达 360 架，年客运总量 6500 万人次，排名全国第二位、世界第九位。东航加入天合联盟后，联盟成员每天航班量达到 1.4 万班次，航线网络通达全球 921 个目的地，天合联盟每年为全球 4.74 亿名旅客提供运输服务。

6 月 21 日

［纲　文］　国务委员刘延东在北京会见宾夕法尼亚等 9 所美国大学的法学院院长。

［目　文］　刘延东向客人介绍了中美人文交流高层磋商机制、中国第十二个五年规划以及中国法治建设的基本情况，鼓励中美两国在法学教育领域不断拓展交流，继续深化在法律人才培养等方面的合作，为推动中美人文交流和中美关系长期健康稳定发展作出应有的贡献。

6 月 21 日

［纲　文］　中国法学会公布《中国法治建设年度报告（2010）》。

［目　文］　《报告》全文共约 3 万字，包括立法工作、中国特色的法律体系、依法行

、政、审判、检察、公安和司法行政工作、司法体制和工作机制改革、全国人大常委会的法律监督、人权的法治保障、知识产权保护、法制宣传、法学教育和法学研究、国际交流与国际合作等部分。作为国家级的权威报告，系统、全面地反映了2010年我国社会主义法治建设的实践和取得的成就。

6月21日

［纲　文］　**环境基准与风险评估国家重点实验室揭牌仪式在中国环境科学研究院举行。**

［目　文］　环境保护部部长周生贤、科技部副部长陈小娅出席仪式并共同为实验室揭牌。环境基准与风险评估国家重点实验室是环保系统筹建的第一个国家重点实验室，标志着我国环境科研基础能力建设迈上了一个新的台阶。该实验室定位于瞄准“科学确定基准”的国家目标和国际科学前沿，重点开展环境质量特征与分区、环境基准和环境风险评估研究三方面的基础与应用基础研究，为我国环境质量标准制定修订、保护生态环境与人体健康的重大决策及环境风险管理提供科技支撑，成为我国环境保护科学研究与人才培养基地。

6月21日

［纲　文］　**中国在西昌卫星发射中心用“长征三号乙”运载火箭，成功将“中星10号”卫星送入太空。**

［目　文］　“中星10号”接替“中星5B”，为我国及亚太地区用户提供通信和广播电视等业务。

6月21—24日

［纲　文］　**政协十一届全国委员会常务委员会第十四次会议在北京召开。**

［目　文］　全国政协主席贾庆林主持开幕会，全国政协副主席王刚主持闭幕会。全国政协副主席廖晖、白立忱、阿不来提·阿不都热西提、李兆焯、黄孟复、董建华、张梅颖、张榕明、钱运录、孙家正、李金华、郑万通、邓朴方、万钢、林文漪、厉无畏、罗富和、陈宗兴、王志珍、何厚铧和常委会组成人员出席会议。国务院副总理王岐山出席开幕会并就对外经济工作情况作了报告。

本次会议以“加快经济结构战略性调整，促进经济长期平稳较快发展”为主题。设置了七个专题：一是加强和改善宏观调控，巩固和扩大应对国际金融危机冲击成果；二是适应国内消费结构和国际需求结构新变化，大力推动产业结构优化升级；三是统筹城乡区域协调发展，拓展新的发展空间；四是实施科教兴国战略和人才强国战略，推动经济发展更多依靠科技创新驱动；五是建立健全基本公共服务体系，保障和改善民生；六是建设资源节约型、环境友好型社会，提高生态文明水平；七是实施互利共赢的开放战略，进一步提高对外开放水平。常委会组成人员围绕会议议题提出许多有价值、有见地的意见和建议。中央国家机关52个部委办负责人到会听取意见并与委员们进行了交流。

会议通过表决，决定增补王旭东、邓楠、张玉台为政协第十一届全国委员会委员，决定任命邓楠、张玉台为全国政协教科文卫体委员会副主任，王旭东为全国政协社会和法制委员会副主任，尤兰田为全国政协港澳台侨委员会副主任。会议通过了免去李元政协十一届全国委员会人口资源环境委员会副主任职务、撤销其全国政协委员资格的决定。

贾庆林在闭幕会上说，要充分认识加快转变经济发展方式的艰巨性和紧迫性，努力实现“十二五”时期良好开局。2011年是“十二五”开局之年，如何开好局、起好步，真正贯彻以科学发展为主题，以加快转变经济发展方式为主线，关系全局和长远。我们要在“加快”和“为主线”这两个关键词上深刻领会、狠下功夫，要下最大的力气扩大内需、增加消费，降低能源资源消耗，切实提高经济发展的质量和效益，建设好“两型”社会。

6月21—22日

［纲　文］　**全国农村精神文明建设工作经验交流会在内蒙古自治区呼伦贝尔举行。**

［目　文］　中共中央政治局常委李长春对会议作出批示，强调要进一步增强责任感、使命感，认真贯彻落实中办、国办《关于进一步加强新形势下农村精神文明建设工作的意见》，大力加强社会主义核心价值体系建设，大力开展文明户、文明村镇、文明集市等群众性精神文明创建活动，大力繁荣发展农村文化，推动农村精神文明建设迈上新台阶。

中宣部部长刘云山出席会议并讲话。中央文明委有关成员单位领导和相关司局负责人，各省、自治区、直辖市和新疆生产建设兵团及副省级城市文明办主任，部分市、县、乡镇党政主要负责人及村党支部书记等参加会议。

6月21—23日

［纲　文］　**“辛亥革命文物图片香港特展”在香港举办。**

［目　文］　特展由中共湖北省武汉市委、武汉市人民政府、香港《文汇报》等共同主办。60件中山舰出水文物，黄埔军校学生毕业证书、徽章、军刀等珍贵文物展出。

6月22日

［纲　文］　**温家宝主持召开国务院常务会议。**

［目　文］　会议主要内容是：一、决定建立全科医生制度。会议要求，到2012年，使每个城市社区卫生服务机构和农村乡镇卫生院都有合格的全科医生；再经过几年努力，基本形成统一规范的全科医生培养模式和首诊在基层的服务模式，基本实现城乡每万名居民有2—3名合格的全科医生，更好地为群众提供连续协调、方便可及的基本医疗卫生服务。一要建立统一规范的全科医生培养制度。将全科医生培养逐步规范为“5+3”模式，先接受5年的临床医学本科教育，再接受3年的全科医生规范化培养。二要着力解决当前急需与规范化培养周期较长之间的矛盾，近期采取多种措施培养合格的全科医生。三要改革全科医生执业方式。全科医生可根据需要多点注册执业，可以在基层医疗卫生机构全职或兼职工作，也可以开办诊所。四要创新全科医生激励政策和方式。建立以按签约居民数获得服务费为基础的新激励机制，完善到艰苦边远地区工作的津补贴政策。拓宽全科医生

职业发展路径，完善职称晋升办法。会议要求各地区、各有关部门加强组织领导，制定和完善配套政策，认真开展试点，逐步推广，积极稳妥地推进全科医生制度建设。二、会议审议并原则通过的《戒毒条例（草案）》对禁毒法规定的自愿戒毒、社区戒毒、强制隔离戒毒和社区康复等戒毒措施作了具体规定，以规范戒毒工作，帮助吸毒成瘾人员戒除毒瘾，维护社会秩序。

6月22日

［纲　文］ **财政部、教育部发布《中央专项彩票公益金支持示范性综合实践基地项目管理办法》。**

［目　文］ 《办法》共5章22条。主要有总则、资金使用范围与标准、项目申报与资金使用、监督管理、附则等内容。自2011年6月22日起施行。

6月22日

［纲　文］ **财政部、发展改革委、住房城乡建设部印发《中央农村危房改造补助资金管理暂行办法》。**

［目　文］ 《办法》共6章21条。主要有总则、资金申请与资金分配、资金使用管理、绩效考评、监督检查、附则等内容。自2011年6月22日起实施。

6月22日

［纲　文］ **财政部、林业局印发《天然林资源保护工程财政专项资金管理办法》。**

［目　文］ 《办法》共10章35条。主要有总则、预算管理、森林管护费、中央财政森林生态效益补偿基金、森林抚育补助费、社会保险补助费、政策性社会性支出补助费、固定资产管理、监督检查、附则等内容。自2011年7月1日起实施。2006年10月25日印发的《天然林保护工程财政专项资金管理规定》（财农〔2006〕223号）同时废止。

6月22日

［纲　文］ **财政部印发《国家农业综合开发县管理办法》。**

［目　文］ 《办法》共8章29条。主要有总则、开发县资格新增、开发县资格暂停、开发县资格恢复、开发县资格取消、开发县资格适时退出、行政区划变更确认、附则等内容。自2011年8月1日起执行。2006年2月8日印发的《国家农业综合开发县管理办法》（国农办〔2006〕14号）同时废止。

6月22日

［纲　文］ **全国人口和计划生育科技工作会议在北京召开。**

［目　文］ 全国人大常委会副委员长、农工民主党中央主席桑国卫出席会议并致辞。九届全国人大常委会副委员长彭珮云，九届、十届全国人大常委会副委员长蒋正华出席会议，国家人口计生委主任李斌出席会议并讲话。会议的主要任务是，以科学发展观为指导，认真学习贯彻落实胡锦涛总书记在中央政治局第28次集体学习时的重要讲话精神，总结“十一五”人口和计划生育科技工作，部署“十二五”重点任务，全力推进人口和计划生育科技工作创新发展。

李斌介绍，“十二五”期间，人口和计划生育科技工作将在安全避孕节育、出生缺陷预防、不孕不育防治、老年人口生殖健康四个领域，组织重大科技专项研究，并将实现计生服务体系标准规范建设全覆盖、计划生育优质服务全覆盖、国家免费孕前优生项目全覆盖、科技服务信息化工程全覆盖。

据介绍，截至2011年5月底，我国已经累计为108万人提供了免费孕前优生健康检查，人群覆盖率平均达到68%。

6月22日

［纲　文］　**中央国家机关先进基层党组织、优秀共产党员和优秀党务工作者表彰大会在北京举行。**

［目　文］　国务院总理温家宝会见与会代表并讲话。温家宝说，我们党已经走过90年的光辉历程。作为执政党，人民信任我们、选择了我们，我们应该无愧于人民，始终把实现好、维护好、发展好人民的利益作为一切工作的出发点和落脚点。中央国家机关基层党组织要加强自身建设，提高凝聚力，团结带领广大党员干部和公务员，牢固树立以人为本的施政理念，把我们的政府建成服务型政府。

国务委员兼国务院秘书长、中央国家机关工委书记马凯出席表彰大会并讲话。中央国家机关各部门党组（党委）书记、机关党委书记和常务副书记，中央组织部负责人，先进基层党组织代表、优秀共产党员、优秀党务工作者等约500人出席会议。会议表彰了中央国家机关100个先进基层党组织、100名优秀共产党员和80名优秀党务工作者。先进基层党组织代表、优秀共产党员和优秀党务工作者代表在会上发言。

6月22日

［纲　文］　**中央纪委监察部机关召开纪念中国共产党成立90周年暨创先争优表彰大会。**

［目　文］　中央纪委书记贺国强出席，中央纪委副书记何勇出席并讲话。中央纪委副书记张惠新主持会议，中央纪委副书记干以胜宣读《关于表彰委部机关先进基层党组织和优秀共产党员、优秀党务工作者的决定》。中央纪委监察部机关共有12个基层党组织、91名共产党员、28名党务工作者受到表彰。

6月22日

［纲　文］　**全国人大常委会委员长吴邦国在北京会见由国家杜马副主席茹罗娃率领的俄罗斯国家杜马青年议员代表团。**

［目　文］　吴邦国指出，青年是国家的未来，也是中俄友好事业的传承者和生力军，年轻议员的交往成为两国议会交往中的一个亮点。希望大家发挥青年人的特点和优势，为深化中俄友好、推进两国文化、教育、体育、旅游等领域的合作作出积极贡献。

茹罗娃说，相信在双方青年一代的共同努力下，俄中友好一定能世代相传，两国关系必将迈上更高的台阶。

6月22日

［纲　文］　**国务院总理温家宝在北京会见印度尼西亚总统苏希洛特使、经济统筹部部长哈达。**

［目　文］　温家宝表示，中国政府高度重视同印尼的战略伙伴关系，支持印尼实施宏伟的发展规划，愿与印尼在平等互利基础上推进经贸、人文、航天、海洋等各领域的务实合作，造福两国人民。

哈达介绍了印尼《2011—2025年经济发展总体规划》，表示印尼政府欢迎中方更多参与印尼经济建设，实现共同发展。

6月22日

［纲　文］　**国务院副总理回良玉在北京会见以穆罕默德·格尔梅兹局长为团长的土耳其宗教事务局代表团。**

［目　文］　回良玉介绍了中国经济社会发展情况和中华文化的和谐理念。他表示，中国政府一贯奉行宗教信仰自由政策并给予法律上的保障，重视发挥宗教界人士和广大信教群众在促进经济社会发展中的积极作用。他希望中土加强友好合作，两国宗教界也加强来往沟通，为促进世界和谐共同努力。

穆罕默德·格尔梅兹表示，土中两国是战略合作关系，土耳其人民对中国人民怀有深厚的感情。我们期待着加强与中国政府、中国伊斯兰教界和中国穆斯林的友好关系。

6月22日

［纲　文］　**"第八届世界华裔杰出青年华夏行"在北京开幕。**

［目　文］　"华夏行"由国务院侨办和中国海外交流协会举办，以"感知中华、加强联谊、共谋发展"为主题，通过专题演讲、参观考察、互动交流等系列活动安排，使来自世界各地的华裔杰出青年感知博大精深的中华文化，感受中国发展成就和机遇，增进彼此的联系和友谊，共谋合作发展。来自五大洲58个国家、地区的540名华裔青年代表与会。

"华夏行"在北京三天的活动包括中国传统文化、经济发展、外交战略和侨务政策四场专题演讲以及北京市参观、专场文艺晚会等。与会代表围绕"华裔青年与中国的发展"主题，举行"华裔杰青论坛"。北京活动之后，代表们分三条线路赴陕西、山东和河南参访，与各地杰出青年互动交流。

同日，国务委员戴秉国在北京会见了参加"第八届世界华裔杰出青年华夏行"活动的全体代表。

6月22日

［纲　文］　**吴玉良在中央外宣办新闻发布会上通报中国共产党90年来反腐倡廉建设等情况，并回答记者提问。**

［目　文］　中央纪委副书记、新闻发言人吴玉良介绍了中国共产党建党以来反腐倡廉建设的情况，并就公车治理、官员财产申报等问题回答了提问。

6月22日

［纲　文］　**习近平在北京会见港区省级政协委员联谊会访问团全体成员。**

［目　文］　中共中央政治局常委、国家副主席习近平指出，香港回归以来，坚决贯彻“一国两制”、“港人治港”、高度自治方针，全面落实中央提出的集中精力发展经济、切实有效改善民生、循序渐进推进民主、包容共济促进和谐的要求，保持了繁荣稳定的良好局面。香港国际金融、贸易、航运中心地位得到巩固，香港同胞对祖国的认同感和向心力不断提升。实践证明，香港同胞是完全有智慧有能力有办法管理、建设和发展好香港的。

习近平对联谊会访问团成员提出四点希望：一是继续发扬爱国爱港光荣传统，发展壮大爱国爱港力量，坚决维护“一国两制”方针和基本法，全力支持行政长官和特别行政区政府依法施政，为促进香港长期繁荣稳定作出更大贡献；二是继续发挥桥梁纽带作用，充分利用国家“十二五”规划纲要颁布实施给香港带来的新机遇，积极推动香港与内地各地区各领域交流合作，努力实现优势互补、共同发展；三是继续发挥自身优势，认真履行政协委员职责，积极为内地各省区市经济建设和社会发展建言献策；四是继续加强自身建设，提升社团凝聚力、影响力，注重培养爱国爱港人才，特别是年青一代爱国爱港政治人才，使爱国爱港光荣传统薪火相传。

成立于2006年9月的港区省级政协委员联谊会，是由除西藏以外的全国30个省、自治区、直辖市和15个副省级城市政协的港区委员发起成立的爱国爱港重要社团，目前有会员1800多人。

6月22日

［纲　文］　**中国驻蒙特利尔总领事馆在加拿大蒙特利尔会展中心开馆。**

［目　文］　这是中国在多伦多、温哥华和卡尔加里之后，在加拿大设立的第四个总领事馆。外交部副部长宋涛出席开馆仪式并致辞。

6月22—24日

［纲　文］　**“纪念建党90周年党报党刊事业发展成就展”在北京举办。**

［目　文］　成就展由中国报业协会主办。来自全国各地的100多家党报党刊参展。展览分四部分内容：一是党的关怀。主要通过大量实物和镜头展现90年来党对新闻宣传和党报党刊事业的领导和关怀。二是光荣历史。主要展出党报党刊历史上一些重要史实、重大新闻。三是时代风采。主要展出各级党报党刊随着党的事业的发展而发展，报纸产业从单一经营向报刊业产业化、集团化发展取得的成就。四是美好未来。主要展出党的报刊系统新技术、新业态和多元化、数字化的发展进程和光明前景。

6月22—23日

［纲　文］　**农业部部长韩长赋在法国巴黎出席二十国集团（G20）农业部长会议。**

［目　文］　这是在二十国集团框架下首次召开的农业部长会议。本次会议从农业生产率、市场信息和透明度、国际协调、风险管理等方面商讨国际社会如何应对国际粮价剧烈波动，保障世界粮食安全。经过G20成员国农业部长们的积极努力，会议形成并通过

了《关于粮食价格波动与农业的行动计划》。

6月23日

［纲　文］　**财政部发布《关于停止执行〈自主创新产品政府采购预算管理办法〉等三个文件的通知》。**

［目　文］　《通知》说，经研究决定，自2011年7月1日起，停止执行《财政部关于印发〈自主创新产品政府采购预算管理办法〉的通知》（财库〔2007〕29号）、《财政部关于印发〈自主创新产品政府采购评审办法〉的通知》（财库〔2007〕30号）和《财政部关于印发〈自主创新产品政府采购合同管理办法〉的通知》（财库〔2007〕31号）三个文件。

6月23日

［纲　文］　**教育部发布《关于充分发挥行业指导作用推进职业教育改革发展的意见》。**

［目　文］　《意见》说，为贯彻落实全国教育工作会议精神和《国家中长期教育改革和发展规划纲要（2010—2020年）》，加快建立健全政府主导、行业指导、企业参与的办学机制，推动职业教育适应经济发展方式转变和产业结构调整要求，培养大批现代化建设需要的高素质劳动者和技能型人才，现就充分发挥行业指导作用，推进职业教育改革发展提出如下意见：一、进一步提高对职业教育行业指导重要性的认识。二、依靠行业，充分发挥行业对职业教育的指导作用。三、突出重点，在行业的指导下全面推进教育教学改革。四、完善机制，探索和构建职业教育行业指导工作体系。

6月23日

［纲　文］　**卫生部（第83号令）废止《全国城乡孕产期保健质量标准和要求》等7件部门规章，自2011年6月23日起施行。**

6月23日

［纲　文］　**全国人大常委会委员长吴邦国在北京会见菲律宾众议长、自由党联合主席贝尔蒙特。**

［目　文］　吴邦国说，中国奉行“与邻为善、以邻为伴”的周边外交方针，十分重视对菲关系。希望双方从两国友好关系大局出发，通过平等协商与对话，妥善处理两国关系中存在的问题，并在相互尊重、平等互利的基础上，继续加强各领域务实合作，实现共同发展。近年来，中国共产党与包括自由党在内的菲律宾各政党，中国全国人大与菲国会参、众两院的交流也在不断深化，有力地推动了两国关系的发展。中方愿与菲方继续加强议会、政党之间的友好往来，增进两国人民之间的友谊，为国家关系注入新的活力。

贝尔蒙特表示，非方希望与中方携手努力，共同应对两国关系中出现的问题，推动菲中合作进一步发展，更好地造福两国人民。

同日，对外联络部部长王家瑞在北京会见了贝尔蒙特。

6月23日

[纲 文] **刘云山在内蒙古自治区调研。**

[目 文] 中宣部部长刘云山调研时指出，边疆民族地区文化是中华文化的重要组成部分，是我国文化百花园中的奇葩。要着眼服务改革发展稳定、造福各族人民群众，政策上大力支持、投入上切实保障，深入推进文化改革发展，不断开创边疆民族地区文化建设新局面。

刘云山在呼伦贝尔市的鄂温克族自治旗、海拉尔区、根河市考察了一些苏木（乡镇）、嘎查、企业和基层宣传文化单位，同基层各族干部群众进行座谈交流。

6月23日

[纲 文] **刘延东在北京大学考察。**

[目 文] 中共中央政治局委员、国务委员刘延东考察了北京大学马克思主义学院，了解了马克思主义理论学科建设情况；参观了"北京大学与中国共产党的创建"专题展；考察了北大清华生命科学联合中心，肯定该中心在强强联合开展科学研究，特别是促进科教结合方面取得的成绩。她说，作为落实教育规划纲要、实施生命科学研究与人才培养改革的试点，联合中心要锐意进取，追求卓越。着力开展创新人才培养与教学模式、人员聘用与考核机制、科研组织管理与运行体制、资源聚集与支持方式等改革，培养拔尖创新人才，发挥引领示范作用，努力提高我国生命科学的研究水平。

6月23日

[纲 文] **"马克思手稿发布暨马克思主义经典著作学习研讨会"在中央编译局举行。**

[目 文] 会上，中央编译局向与会专家学者展示了我国新增加的两份马克思手稿，其中一份是1876年10月16日马克思写给友人托马斯·奥尔索普的信，同时，在这封信的另一面，是马克思的夫人燕妮写给奥尔索普的信；另一份是1878年6月25日马克思写给英国周刊《自由新闻》主编与发行人科勒特·多布森·科勒特的信。两份手稿目前均保存在中央编译局图书馆。中央编译局局长在讲话中说，中央编译局发表这些珍贵的手稿真迹，是代表从事马克思主义经典著作编译事业的学人们向党的90华诞献上一份珍贵的礼物。

6月23日

[纲 文] **国务院医改专家咨询委员会第一次全体会议在北京举行。**

[目 文] 中共中央政治局常委、国务院深化医改领导小组组长李克强出席并讲话。国务院深化医药卫生体制改革领导小组成员单位和有关部门负责人以及来自海内外的30多位专家参加了会议。国务院医改领导小组副组长、发展改革委主任张平宣读了国务院医改领导小组关于成立国务院医改专家咨询委员会的通知。专家们现场发言或提交书面材料，对医改取得的成绩，尤其是在较短时间内，初步实现基本医保全覆盖，织起世界最大的全民医保网，建立并在基层广泛实施基本药物制度，使城乡居民看病就医的公平性、

可及性、便利性得到改善，给予了积极评价。同时，从制度与管理创新、提高县医院软实力、发展民办医院等方面为医改，特别是拓展公立医院改革顶层设计建言献策。

6月23—24日

［纲　文］ **纪念辛亥革命100周年和中国共产党成立90周年国际研讨会在白俄罗斯明斯克举行。**

［目　文］ 白俄罗斯科学院副院长古萨科夫与中国驻白俄罗斯大使鲁桂成先后致辞，中国前驻俄罗斯大使李凤林作了《中国与当代世界》的报告，中国资深学者余邃作了《当前国际形势和中国对外战略》的报告。近百名白俄罗斯与中国学者与会。

同日，中国驻白俄罗斯使馆与白俄罗斯对外友好协会在白俄罗斯友协隆重举行纪念辛亥革命100周年和中国共产党成立90周年招待会。白俄罗斯各界友好人士及中资机构代表等150余人参加招待会。

6月24日

［纲　文］ **国务院、中央军委公布《军工关键设备设施管理条例》，自2011年10月1日起施行。**

6月24日

［纲　文］ **邮政局印发《邮政业消费者申诉处理办法》。**

［目　文］ 《办法》共7章37条。主要有总则、机构、受理、处理、调查、调解、附则等内容。自2011年7月1日起施行。

6月24日

［纲　文］ **财政部、教育部印发《国家公派出国教师生活待遇管理规定》。**

［目　文］ 《规定》共6章45条。主要有总则、工资及津贴补贴、国外开支与收入、经费的管理与结算、其他、附则等内容。自2011年7月1日起执行。《教育部、财政部关于印发〈国家公派出国教师生活待遇管理规定〉的通知》（教财〔2005〕16号）同时废止。

6月24日

［纲　文］ **交通运输部公布《公路超限检测站管理办法》。**

［目　文］ 《办法》共6章41条。主要有总则、规划建设、运行管理、执法管理、法律责任、附则等内容。自2011年8月1日起施行。

6月24日

［纲　文］ **政协十一届全国委员会常务委员会在北京举行第十次学习讲座。**

［目　文］ 全国政协主席贾庆林主持并讲话。外交部副部长李金章作了题为《当前国际形势和我国外交工作》的报告。

贾庆林强调，人民政协的对外交往工作是我国总体外交的重要组成部分。在新的形势下，人民政协要继续按照我国外交工作总体部署，有计划、有重点、多层次、多渠道地开展同有关国家的友好往来，增进政治互信，深化务实合作。要大力推动人民政协公共外交实践，增进外部世界对我国基本国情、价值观念、发展道路的了解和认识。要发挥政协自身优势，努力开展人文外交，积极开展对外文化交流活动，努力传播中华优秀文化，不断增强中华文化的亲和力、感召力和影响力，为促进我国外交事业发展作出应有的贡献。

6月24日

［纲　文］　**全国人大常委会委员长吴邦国在北京会见约旦参议长马斯里。**

［目　文］　吴邦国说，中方高度重视发展同约旦的友好关系，愿与约方一道，在平等互利、共同发展原则基础上，进一步推动两国各领域、各层次的交流与合作，充分挖掘合作潜力，充实合作内涵，推动两国关系不断向前发展。议会交往是国家关系的重要组成部分。中国全国人大愿加强与约旦国民议会参、众两院的友好往来，加强民主法制、治国理政等方面的交流，增进相互了解和理解，促进务实合作，为推动国家关系发展贡献智慧和力量。

马斯里表示，约旦视中国为重要的合作伙伴，约旦国王、政府、议会积极致力于发展对华友好合作。此访的目的，就是表达约方这一强烈的政治意愿。约旦参议院愿加强与中国全国人大的友好往来，推动两国关系不断迈上新台阶，更好造福两国人民。

6月24日

［纲　文］　**大型文献纪录电影《中国三峡》在北京首映。**

［目　文］　中共中央政治局常委李长春，中共中央政治局常委、国务院副总理李克强出席观看，并会见该片主创人员。

大型文献纪录电影《中国三峡》由国务院三峡工程建设委员会办公室、中央新影集团等单位联合摄制。该片记录了三峡工程的建设历程，展现了三峡工程广大建设者、管理者、移民群众以及有关地区和部门党员干部为工程建设顽强拼搏、奉献的感人事迹，描绘了三峡库区经济社会发展的巨大变化，反映出三峡工程是寄托中华民族伟大复兴百年梦想的世纪工程，彰显了社会主义制度集中力量办大事的优越性。

6月24日

［纲　文］　**中共四大纪念馆在上海市虹口区四川北路绿地公园开工。**

［目　文］　中共中央政治局委员、上海市委书记俞正声出席开工典礼。

中国共产党第四次全国代表大会于1925年1月11日至22日在上海举行，在党的历史上首次提出了无产阶级在民主革命中的领导权和工农联盟问题，是党的光辉历程中的重要一页。中共四大原址在虹口区东宝兴路254弄28支弄8号处，房屋在抗战中被日军炸毁。虹口区于2006年在多伦路215号建立了中共四大史料陈列馆。

2012年9月7日，举行中共四大纪念馆开馆仪式。中共中央政治局委员、上海市委书记俞正声，中共中央党史研究室主任欧阳淞出席开馆仪式并讲话。纪念馆建筑面积3100平方米，分5个展厅。

6月24—28日

［纲　文］　**国务院总理温家宝对匈牙利、英国、德国进行正式访问。**

［目　文］　24—25日，温家宝访问匈牙利。在布达佩斯与匈牙利总理欧尔班举行会谈，双方就全面推进中匈关系发展达成重要共识。两国总理出席了双方投资、基础设施、金融、物流、文化等领域合作文件的签字仪式并共同会见了记者。会见了匈牙利国会主席克韦尔。出席中国—中东欧国家经贸论坛并发表《巩固传统友谊，促进共同发展》的演讲。在匈牙利罗兰大学文学院参加罗兰大学、匈中双语学校、匈牙利武术培训中心联合举办的文化活动，与匈牙利青少年交流。

25—27日，温家宝访问英国。在伦敦与英国首相卡梅伦举行会谈，双方共同出席了双边有关合作文件的签字仪式，并共同会见了记者。分别会见了英国副首相克莱格和经济界人士、英国前首相布莱尔和布朗。在英国皇家学会发表了《未来中国的走向》的演讲。在英国伯明翰视察了MG汽车英国有限公司。在斯特拉特福小镇拜访了莎士比亚故居。

27—28日，温家宝访问德国。在柏林会见了德国总统武尔夫。与德国总理默克尔共同主持首轮中德政府磋商。两国外交、经济、科技、教育、文化、农业、环保、质检、司法等部门的20多位部长在对口会谈的基础上，分别汇报了各自领域合作情况和今后的工作规划。两国总理见证了一系列双边合作文件和重要经济协议的签署，并共同回答了记者的提问。双方发表了《中华人民共和国与德意志联邦共和国首轮中德政府磋商联合新闻公报》。在柏林与默克尔共同出席第六届中德经济技术合作论坛。温家宝发表了题为《做共同发展的好伙伴》的演讲。

6月24—27日

［纲　文］　**“2011年全国职业院校技能大赛”在天津举行。**

［目　文］　大赛由教育部、天津市人民政府、人力资源社会保障部、工业和信息化部、住房城乡建设部、交通运输部、农业部、文化部、卫生部、国务院扶贫办、中华全国总工会、共青团中央、中华职业教育社、中国职业技术教育学会、中国机械工业联合会、中国物流与采购联合会16家单位共同主办。来自全国37个省、市、自治区、计划单列市的近5000名选手参赛。大赛设置了16个专业类别55个竞赛项目，其中在津进行的比赛为13个专业类别46个竞赛项目，大赛主赛场设在海河教育园区，此外，在山东、江苏等地还有3个专业类别9个竞赛项目。大赛期间组织“企业家观摩团”，安排百余家企业代表到赛场观摩比赛，现场招聘优秀获奖选手，并为受聘选手举行“人才录用签约仪式”。

27日，中共中央政治局委员、国务委员刘延东出席“2011年全国职业院校技能大赛”闭幕式时指出，要认真落实教育规划纲要，切实把发展职业教育作为促进经济发展方式转变的重大举措，构建适应需求、有机衔接、多元立交的具有中国特色、世界水准的现代职业教育体系，努力建设一支结构合理、素质较高的技能型人才队伍。

中共中央政治局委员、天津市委书记张高丽，全国政协副主席、中华职业教育社理事长张榕明以及中央有关部门和天津市的负责人出席闭幕式，人力资源社会保障部副部长王晓初宣读了获奖选手名单。

6月24—26日

［纲　文］　**第六届五洲国际心血管病研讨会在北京举行。**

［目　文］　研讨会由首都医科大学附属北京安贞医院、北京心肺血管疾病研究所主办。来自美、英、德、法等10余个国家的1000多名专家学者参加了会议。本届研讨会设有心脏外科、大血管外科、心脏内科、小儿心脏内外科、心脏微创外科、影像超声科及心血管相关综合学科等专场。52名国际著名专家和200余名国内知名专家作专题报告，介绍与交流国内外心血管病防治和科研的新成就、新进展。研讨会还举办公众健康教育论坛和青年医师论坛，传播心血管及相关疾病防治策略和健康知识。

6月25日

［纲　文］　**中央政法委在北京举行全国政法系统先进基层党组织优秀党务工作者和优秀党员干警表彰大会。**

［目　文］　南京军区军事法院党支部、武警部队军事法院党支部被表彰为全国政法系统先进基层党组织，广州军区军事检察院检察长周明华、武警部队政治部保卫部保卫处处长张西军被表彰为全国政法系统优秀党务工作者，65367部队政治部保卫科科长方宝双、济南军区政治部办公室司法办主任王正、武警部队政治部办公室司法办秘书路文泉、武警部队军事检察院法纪经济检察处处长刘振刚被表彰为全国政法系统优秀党员。

6月25日

［纲　文］　**"纪念中国共产党成立90周年——中国近现代著名作曲家作品音乐会"在国家大剧院举行。**

［目　文］　音乐会由教育部主办，北京市教委、国家大剧院和高等教育出版社协办。来自大中小学的学生乐团、合唱团，以及卞祖善、夏小汤、廖昌永、张建一、吴碧霞、张立萍、杨立青、严洁敏等著名指挥家、歌唱家、演奏家联袂演出，演绎了中国近现代20余位著名音乐家的代表作品。刘延东、李岚清、张榕明、陈宗兴，首都部分高校师生，中国近现代著名作曲家的家属观看了音乐会。

6月25日

［纲　文］　**"江山如画——庆祝建党90周年全国首届国土书画艺术大型汇展"在北京人民大会堂举行开幕式。**

［目　文］　汇展由中国国土经济学会主办，中国书法家协会、中国美术家协会协办。党政机关、新闻界、书画界人士共350余人参加。90位著名书画艺术家联合创作了作品《江山如画》并签名。

2011年是中国共产党成立90周年，是国家"十二五"规划的开局之年，也是中国国土经济学会成立30周年，在第21个"全国土地日"到来之际，为了弘扬国土文化，强化人们珍爱国土、有效保护并合理利用国土资源意识，中国国土经济学会邀请90位全国知名书画艺术家，联合举办以"江山如画"为主题的全国首届国土书画艺术汇展活动。汇展于7月2日结束。

6月25日

［纲　文］　**国务委员戴秉国在北京会见越南领导人特使、越南副外长胡春山。**

［目　文］　胡春山转达了越南领导人关于两国关系和近期南海形势的意见。戴秉国阐述了中方在发展双边关系及海上问题的立场和主张。

双方表示，健康稳定发展的中越关系，符合中越两国人民的根本利益和共同愿望，也有利于本地区的和平、稳定与发展。双方强调要坚定不移地按照“长期稳定、面向未来、睦邻友好、全面合作”的方针和“好邻居、好朋友、好同志、好伙伴”的精神推动中越全面战略合作伙伴关系不断向前发展。双方表示要积极落实两国领导人共识，通过谈判与友好协商和平解决两国间的海上争议；采取有效措施，共同维护南海和平稳定；加强舆论正确引导，避免出现损害两国人民友好和互信的言行；要加快推进《指导解决中越海上问题基本原则协议》磋商，争取尽早签署协议；推进落实《南海各方行为宣言》及后续行动进程，力争尽早取得实质性进展。

6月25日

［纲　文］　**“2011年度国家优质投资项目颁奖典礼暨投资风险管控研讨会”在北京举行。**

［目　文］　活动由发展改革委支持、中国投资协会主办。长江三峡集团公司申报的“长江三峡工程”以93.63分雄居榜首，荣获2011年度唯一的国家优质投资项目特别奖；“新建北京至天津城际轨道交通工程”等37项获2011年度国家优质投资项目奖。

国家优质投资项目奖每两年评选一次，此次38个获奖项目创造了多项世界之最。其中三峡工程以其混凝土浇筑超过2900万立方米的施工规模和已建成投产18300MW的装机容量成为世界上最大的水利枢纽工程；杭州湾跨海大桥以其全长36公里创造了世界已建成跨海大桥最长纪录。

6月25日

［纲　文］　**首次中美亚太事务磋商在美国夏威夷檀香山举行。**

［目　文］　外交部副部长崔天凯与美国助理国务卿坎贝尔共同主持。建立中美亚太事务磋商机制是落实国家主席胡锦涛访美成果，以及双方在第三轮中美战略与经济对话中达成共识的举措，旨在加强双方在亚太事务上的机制化沟通和协调，增进互信，拓展合作，推动中美在亚太地区良性互动。这不仅有利于中美关系的健康、稳定发展，也有利于促进亚太地区的和平、稳定和繁荣。

双方同意，以中美亚太事务磋商机制为平台，就本地区形势和各自政策保持密切沟通，加强协调，推进双方在亚太地区的合作，为维护亚太地区和平、稳定与繁荣发挥积极作用。

6月25—26日

［纲　文］　**李源潮在辽宁省丹东市、本溪市调研市县乡党委换届工作。**

［目　文］　中组部部长李源潮调研时指出，要坚持教育在先、警示在先、预防在先，严肃换届纪律，营造风清气正的换届环境，选好干部、配强班子，为实现“十二五”目标任务提供坚强的组织保证和干部保证。

6 月 25—26 日

［纲　文］　**第二届全球智库峰会在北京举办。**

［目　文］　国务院副总理李克强出席开幕式并发表《完善和创新全球经济治理促进各国共同发展》演讲。他强调，国际社会应进一步加强合作，完善和创新全球经济治理，促进世界经济强劲、可持续、平衡增长和各国共同发展。

峰会由中国国际经济交流中心主办。峰会主论坛的议题是“全球经济治理：共同责任”，分段讨论“经济形势与通胀治理”“G20 与国际货币体系改革”问题。峰会的四个分论坛分别聚焦“能源安全与核能”“产业转移与重构”“资本流动与投资环境”“全球经济治理与智库作用”等问题。国务院有关部门负责人、外国前政要、有关国际组织负责人、中外智库代表、中方企业代表等 500 多人出席。

25 日，李克强在北京会见与会的基辛格等部分国际知名人士时说，这次智库峰会会聚了来自各国的多学科、多领域人才，希望大家畅所欲言，把思想碰撞的火花汇成智慧的火炬，为完善全球经济治理贡献力量。

基辛格等表示，愿借助峰会的平台深入探讨解决国际热点焦点问题的路径。

28 日，国家副主席习近平、中组部部长李源潮在北京分别会见了基辛格。

6 月 25 日—7 月 26 日

［纲　文］　**2011 年全国现代戏优秀剧目展演在北京举行。**

［目　文］　展演由文化部主办。共有 27 台剧目，包括话剧《生命档案》、吕剧《百姓书记》等 5 部改编自真人真事、歌颂优秀共产党人的剧目，京剧《江姐》、豫剧《铡刀下的红梅》等 5 部革命历史题材剧目，以及评剧《马本仓当官记》《咱们村的新鲜事》、秦腔《西京故事》等 17 部反映改革开放、反映新时代、反映现实生活的剧目。

25 日，中共中央政治局常委李长春出席展演开幕式，并与观众一起观看由总政话剧团演出的话剧《生命档案》。

6 月 26 日

［纲　文］　**国务院公布《戒毒条例》。**

［目　文］　《条例》共 7 章 46 条。主要有总则、自愿戒毒、社区戒毒、强制隔离戒毒、社区康复、法律责任、附则等内容。自 2011 年 6 月 26 日起施行。1995 年 1 月 12 日国务院发布的《强制戒毒办法》同时废止。

6 月 26 日

［纲　文］　**国务院印发《关于进一步促进内蒙古经济社会又好又快发展的若干意见》。**

［目　文］《意见》由十一个部分组成：一、总体要求。二、全面推进生态建设和环境保护。三、大力加强基础设施建设。四、积极发展现代农牧业。五、积极构建多元化现代产业体系。六、统筹推进城乡区域协调发展。七、着力保障和改善民生。八、不断深化改革扩大开放。九、努力构建和谐稳定边疆。十、加大政策支持力度。十一、全面落实各项任务。

《意见》指出，促进内蒙古经济社会又好又快发展，是实施国家区域发展总体战略的重要举措，是一项长期而艰巨的战略任务。各有关方面要进一步解放思想，提高认识，开拓创新，锐意进取，扎实工作，乘势而上，努力推动内蒙古经济社会发展实现新跨越。

6月26日

［纲　文］**全国纪检监察系统纪念中国共产党成立90周年表彰大会暨反腐倡廉建设理论研讨会在北京召开**。

［目　文］中央纪委书记贺国强出席会议并讲话。中央纪委副书记何勇主持会议。人力资源社会保障部部长尹蔚民宣读《关于表彰全国纪检监察系统先进集体和先进工作者的决定》。中央纪委副书记黄树贤宣读《关于对杨春华等同志予以嘉奖的决定》。100个单位被授予“全国纪检监察系统先进集体”荣誉称号，8名同志被授予“全国纪检监察系统先进工作者标兵”荣誉称号，190名同志被授予“全国纪检监察系统先进工作者”荣誉称号，300名同志受到嘉奖。

贺国强指出，要坚持和运用90年来，特别是改革开放以来反腐倡廉建设积累的宝贵经验，认清形势、明确任务，科学谋划、狠抓落实，以改革创新精神推进反腐倡廉建设，进一步提高反腐倡廉建设科学化水平，为全面建设小康社会、加快推进社会主义现代化提供有力保证。

6月26日

［纲　文］**孟建柱在贵阳、深圳考察禁毒工作**。

［目　文］国家禁毒委员会主任、公安部部长孟建柱在贵阳市云岩区阳光就业生产基地，对民营企业与禁毒部门联合搭建就业平台、吸纳社区戒毒康复人员从事生产并帮助回归社会的做法给予肯定；在深圳市公安局强制隔离戒毒所，查看了戒毒人员宿舍、图书服务站和专科治疗医院。

孟建柱对贵州、广东禁毒工作取得的成效给予充分肯定。他指出，要坚持以人为本，积极探索更加人性化的服务管理措施。要按照禁毒法的相关规定，研究建立科学合理的戒毒工作新机制。要紧紧依靠党委政府，建立完善集生理脱毒、身心康复、融入社会于一体的戒毒康复模式和以安置就业为核心的社区戒毒、社区康复工作体系，帮助戒毒人员巩固戒毒成果，更好地融入社会。

6月26日—7月15日

［纲　文］**中国人民解放军总政治部宣传部与中国书法家协会在中国人民革命军事博物馆举办第五届全军书法作品展览**。

6月26日—7月9日

［纲　文］　**"发扬革命传统、争取更大光荣——中央苏区革命传统主题展览"在中国国家博物馆举办。**

［目　文］　展览由江西省委宣传部、省委组织部、中国国家博物馆、中共赣州市委联合主办。本次展览分为"序厅""马克思主义必须与中国革命实际相结合""用无产阶级思想建党建军""真心实意为群众谋利益""建设真正的廉洁政府""创造第一等工作""把一切献给革命战争"七个部分。通过珍贵历史图片、历史文物和图表、雕塑、油画、场景复制等多种表现形式，反映了1929年1月至1934年10月，以毛泽东为代表的中国共产党人开辟中央革命根据地，成立中华苏维埃共和国临时中央政府，开展艰苦卓绝革命斗争的波澜壮阔的光辉历史。

6月26日—7月31日

［纲　文］　**建党以来农村政策回顾展在北京全国农业展览馆举行。**

［目　文］　回顾展由农业部、中央农村工作领导小组办公室、中央文献研究室、中央档案馆联合举办，中国农业博物馆承办。回顾展分为新民主主义时期、社会主义革命和建设时期、改革开放新时期三部分，主要介绍了党在土地革命、抗日战争、解放战争、国民经济恢复与社会主义改造时期对"三农"问题的政策主张，重点呈现了改革开放以来，特别是党的十六大以来在统筹城乡经济社会发展，坚持走特色农业现代化道路中形成的强农惠农政策体系。整个展览贯穿着我们党始终相信农民、紧紧依靠农民、在经济上维护农民的物质利益、在政治上保障农民的民主权利这条主线，展示了"三农"问题对经济社会发展全局的作用和深刻影响。

27日，国务院副总理回良玉参观了回顾展。

6月26—28日

［纲　文］　**"十一五"电子发展基金成果展在北京展览馆举行。**

［目　文］　成果展由工业和信息化部、财政部主办，电子贸促会等单位承办，旨在总结"十一五"电子发展基金的成效和经验，提升电子信息产业发展水平和竞争力，促进信息化和工业化融合，为加快转变经济发展方式、推动产业结构优化升级作出贡献。

27日，国务院副总理张德江参观成果展。

6月26—28日

［纲　文］　**2011国际生物经济大会在天津召开。**

［目　文］　大会由科技部、天津市人民政府联合教育部、环境保护部等14个国家部委和5个国际与区域性组织共同主办，以"发展生物经济，促进民生改善"为主题。包括生物技术产业化与科技金融、前沿生物技术、农业生物技术、医药生物技术、化学药、中医药、生物医学工程、工业生物技术、生物资源与生物多样性9个学术分会，126位来自国内外的知名专家、学者和企业家针对当前国内外生物科技、医药科技及产业发展的前沿、热点问题进行学术研讨。

26 日，中共中央政治局委员、国务委员刘延东出席大会时指出，生物技术是当前最具潜力和最富活力的科技领域之一，生物技术每前进一步，都将对科技发展乃至人类的生命健康和经济社会发展带来深远影响，中国政府愿与世界各国携起手来，为发展生物科技、推进生物产业作出不懈努力。刘延东在天津期间，还考察了中科院天津工业生物技术研究所。

6 月 27 日

［纲　文］　**新华社讯，解放军总政治部、总后勤部发出通知，提高离休干部生活补贴标准和扩大发放范围。**

［目　文］　通知明确，红军和抗日战争时期参加革命工作的离休干部，在原有生活补贴的基础上，每人每年再增发一个月离休费数额的生活补贴。同时，将解放战争时期参加革命工作的离休干部纳入生活补贴发放范围，每人每年发放一个月的离休费作为生活补贴。按此调整后，红军时期、抗日战争前期、抗日战争后期、解放战争时期参加革命工作的离休干部，可分别享受三个月、两个半月、两个月和一个月离休费数额的生活补贴。

通知要求，2011 年增发的生活补贴，要在 7 月 1 日以前送到每一位离休干部手中。

6 月 27 日

［纲　文］　**国家知识产权局公布《专利实施许可合同备案办法》，自 2011 年 8 月 1 日起施行。2001 年 12 月 17 日国家知识产权局令第十八号发布的《专利实施许可合同备案管理办法》同时废止。**

6 月 27 日

［纲　文］　**对台工作先进集体、先进个人表彰大会在北京举行。**

［目　文］　全国政协主席贾庆林出席会议，会见对台工作先进集体和先进个人代表并颁奖。国务委员戴秉国出席会议并讲话。中共中央台湾工作办公室、国务院台湾事务办公室主任王毅主持会议并宣读表彰决定。中央党政军各有关部门、人民团体和各省、自治区、直辖市、新疆生产建设兵团有关负责同志、对台工作机构负责人 600 余人出席会议。

6 月 27 日

［纲　文］　**中央直属机关先进基层党组织、优秀共产党员、优秀党务工作者表彰大会在北京举行。**

［目　文］　会前，中共中央政治局常委、国家副主席习近平会见与会人员并讲话时说，党的十七大以来，中直机关各级党组织和广大党员干部、党务工作者，认真落实中央各项决策部署，全面推进中直机关各项工作，在服务中心、建设队伍、促进工作任务完成、创新机关党的建设等方面取得了显著成绩，为推进改革开放和现代化建设、推进党的建设新的伟大工程作出了新的贡献。特别是在深入开展创先争优活动中，中直工委领

导有力，中直机关各级党组织工作扎实，使这项活动取得明显成效。实践表明，中直机关的工作是富有成效的，中直各级党组织是坚强有力的，中直广大党员干部是富有战斗力的。

会上，表彰了中直机关67个先进基层党组织、148名优秀共产党员、68名优秀党务工作者，先进基层党组织、优秀共产党员、优秀党务工作者代表分别发了言。中直机关各部门各单位有关负责人和受表彰的先进基层党组织代表、优秀共产党员、优秀党务工作者等700多人参加了会议。

6月27日

［纲　文］　**交通运输部印发《公路水路交通运输节能减排“十二五”规划》。**

［目　文］　《规划》由五个部分组成：一、现状与评价。二、形势与要求。三、思路与目标。四、主要任务与重点工作。五、保障措施。

《规划》指出，各级交通运输主管部门要率先垂范，积极开展节约型机关建设，倡导崇尚节约、合理消费的机关文化，实施政府机构能耗定额和支出标准，强化能源消费和污染物排放的计量与监测管理，完善节能减排规章制度。加大节能与低碳政府采购的实施力度，带头使用节能低碳产品。交通运输系统新增公务车要带头采购和使用节能与新能源汽车，在全国率先打造绿色公务车队；在各类交通公共建筑项目中率先推行合同能源管理等新机制，发挥政府部门节能减排的表率作用。

6月27日

［纲　文］　**银监会印发《信托公司参与股指期货交易业务指引》，自2011年6月27日起施行。**

6月27日

［纲　文］　**全国人大常委会委员长吴邦国、国家副主席习近平在北京分别会见了斯洛文尼亚议长甘塔尔。**

［目　文］　吴邦国会见甘塔尔时说，中国重视同斯洛文尼亚的关系，希望双方发挥政治上高度互信、经济上互利性强、合作愿望强烈的优势，扩大在经贸、旅游、科技、基础设施等各领域的互利合作，不断充实中斯关系的内涵。立法机构交往是双边关系的重要组成部分，是两国开展政治对话、增加相互了解和友谊的重要平台。中国全国人大愿深化与斯洛文尼亚议会业已存在的良好关系，加强高层、各专门委员会和友好小组间的交往，扩大在治国理政、立法监督等方面的经验交流，密切在多边议会组织中的合作，为进一步巩固两国关系的民意基础、推动中斯关系全面深入发展发挥更大的作用。

甘塔尔说，斯中政治关系的稳步发展也促进了两国经贸合作结出丰硕成果。作为欧盟成员，斯方支持欧中开展更紧密合作并愿为此发挥积极作用。斯洛文尼亚议会希望通过加强与中国全国人大的友好往来，为推动两国各领域务实合作多作贡献。

习近平会见甘塔尔时说，当前，中斯两国都面临加紧国内发展，不断改善人民生活的任务，又将迎来中斯建交20周年的纪念日，双方应以此为契机，加深政治互信，扩大务实合作，推动双边关系不断向前发展，为两国人民带来更多实实在在的利益。

甘塔尔说，斯方期待深入了解和学习中国的发展经验，愿加强与中方在科技、交通、人文等领域的互利合作，为斯中关系注入新的内容和活力。

6月27日

［纲　文］　**国务院副总理李克强在北京会见美国惠普公司总裁兼首席执行官李艾科。**

［目　文］　李克强说，中美经贸关系是中美关系的重要基石。中美两国经济具有高度的互补性，美国在华投资企业是中美经贸关系快速发展的见证者和受益者，发展互利共赢的中美经贸关系符合两国和两国人民的利益。中国正在实施“十二五”规划纲要，促进经济发展方式转变，加快培育和发展战略性新兴产业，这将为两国加强合作创造更加广阔的空间。希望惠普等跨国公司进一步深化与中国的互利合作，参与中国西部大开发战略，为推动中美高技术产业合作发展发挥积极作用。

李艾科表示，惠普将继续加大在华投资力度，深化与中国电子信息产业的合作。

6月27日

［纲　文］　**统一战线服务社会管理交流研讨会在北京召开。**

［目　文］　全国政协主席贾庆林就统一战线服务社会管理作出批示指出，统战工作是党的特殊的群众工作，具有联系广泛、智力密集、渠道畅通的优势，在服务社会管理当中大有可为。希望总结经验，把握规律，创新思路，突出特色，为促进政党关系、民族关系、宗教关系、阶层关系、海内外同胞关系和谐，为建设中国特色社会主义社会管理体系作出更大贡献。

中央统战部部长杜青林在会议上强调，统一战线服务社会管理，是贯彻落实中央决策部署的政治责任，是顺应经济社会领域变革的时代要求，是彰显法宝作用的创新实践。要认真学习贯彻贾庆林批示精神，切实增强责任感和使命感，把服务社会管理作为当前和今后一个时期的重要任务，多方位、多角度、多层次地参与和服务社会管理，为建设中国特色社会主义社会管理体系作出贡献。

各省、自治区、直辖市和新疆生产建设兵团党委统战部部长，各副省级城市和省会城市党委统战部部长参加会议。

6月27日

［纲　文］　**全国公安机关纪念中国共产党成立90周年大会在北京举行。**

［目　文］　国务委员、公安部部长孟建柱出席并讲话。会议表彰了公安部直属机关先进基层党组织、优秀党员和优秀党务工作者。

孟建柱指出，全国公安机关和广大公安民警要继承和弘扬党的优良传统，进一步坚定理想信念、坚持执法为民，把公安工作深深扎根于人民群众之中，着力打造群众喜爱、人民满意的优秀警队，坚定不移地做中国特色社会主义事业的建设者、捍卫者。

6 月 27 日

［纲　文］　**国务委员兼国防部部长梁光烈在北京会见希腊国防参谋长亚科斯。**

［目　文］　梁光烈表示，两军高层往来不断，总参谋部工作对话机制运转良好，在人员培训、观摩演习等专业领域的交流与合作稳步推进，为双方增进了解、加深友谊发挥了积极作用。中国军队重视发展同希腊军队的友好关系，愿与希方共同努力，推动中希两军友好合作关系向着多领域、多层次的方向发展。

亚科斯表示将进一步充实和深化两国之间的全面战略伙伴关系，加强两军务实合作。

6 月 27 日

［纲　文］　**国务院发布《关于香港特别行政区政府苏锦樑任职的通知》。**

［目　文］　《通知》说，香港特别行政区政府：依照《中华人民共和国香港特别行政区基本法》的有关规定，根据香港特别行政区行政长官的提名和建议，国务院 2011 年 6 月 27 日决定任命苏锦樑为商务及经济发展局局长。

6 月 27 日

［纲　文］　**中国人民外交学会在北京举办“纪念基辛格首次访华 40 周年座谈会”。**

［目　文］　国务委员戴秉国出席并就中美关系致辞。美国前国务卿基辛格及亲历中美关系发展的中国前政府官员、资深外交官、研究中美关系和国际问题的知名专家学者、外交部等部委和美国驻华使馆等相关机构代表 100 余人与会。

27 日，国务院副总理王岐山在中南海会见基辛格时说，2011 年是基辛格首次访华 40 周年。40 年来，中美关系历经风雨，始终向前发展。两国经济高度互补，谁也离不开谁。双方要增进了解，加强合作，共同建设全面互利经济伙伴关系，避免经济问题政治化。

基辛格表示，愿继续努力推动美中合作，为两国关系健康发展作出贡献。

6 月 27—30 日

［纲　文］　**十一届全国人大常委会第二十一次会议在北京召开。**

［目　文］　全国人大常委会委员长吴邦国主持开、闭幕会议。全国人大常委会副委员长王兆国、路甬祥、乌云其木格、韩启德、华建敏、陈至立、周铁农、李建国、司马义·铁力瓦尔地、蒋树声、陈昌智、严隽琪、桑国卫和常委会组成人员出席会议。

会议主要内容有：一、会议经表决，通过了《全国人民代表大会常务委员会关于修改〈中华人民共和国个人所得税法〉的决定》《中华人民共和国行政强制法》。国家主席胡锦涛分别签署第四十八号、四十九号主席令，公布了有关法律。二、会议表决通过了全国人大常委会关于批准《中华人民共和国和阿尔及利亚民主人民共和国关于民事和商事司法协助的条约》的决定，批准了这一条约。三、会议表决通过了全国人大常委会关于批准 2010 年中央决算的决议，批准了 2010 年中央决算。四、会议表决通过了全国人大常委会代表资格审查委员会关于个别代表的代表资格的报告。根据全国人大常委会发表的公告，十一届全国人大现在实有代表 2977 人。五、会议经过表决，任命雪克来提·扎克尔（维吾尔族）为十一届全国人大民族委员会副主任委员。

6月27日—7月18日

［纲　文］**“光辉历程·时代画卷——庆祝中国共产党成立90周年美术作品展览”在中国美术馆举办。**

［目　文］　展览由文化部主办、中国美术馆承办。中共中央政治局委员、国务委员刘延东出席开幕式并参观展览。近300件作品以中国美术馆藏品为主，兼收国家博物馆、中国人民革命军事博物馆等11家展览馆的珍品。其中有许多观众非常熟悉的作品，如罗工柳的油画《前仆后继》，何孔德、高泉、纪晓秋、陈玉先合作的油画《秋收起义》，人民英雄纪念碑的浮雕，靳尚宜的油画《瞿秋白》，胡一川的油画《前夜》，沈尧伊的连环画《地球的红飘带》，潘鹤的雕塑《艰苦岁月》，沈嘉蔚的油画《红星照耀中国》，王朝闻的雕塑《刘胡兰》等。整个展览分三大部分，用美术作品展现中国共产党的奋斗历史。第一部分是“争取新民主主义革命的伟大胜利”，分“开天辟地”“星火燎原”“中流砥柱”“全国解放”四个篇章；第二部分是“社会主义革命和建设时期”，分“开国奠基”和“探索前进”两个篇章；第三部分是“改革开放和现代化建设新时期”，分“新的起点”和“辉煌成就”两个篇章。

6月27—28日

［纲　文］　**第一届海峡两岸中小企业论坛在台北举行。**

［目　文］　论坛由中国中小企业协会和台湾中小企业协会等单位共同主办。两岸400余人与会。与会的专家学者围绕ECFA以及“十二五”规划为两岸经贸发展提供的契机，以及两岸中小企业如何加强合作等议题交换了意见，达成了共识。

6月28日

［纲　文］　**胡锦涛主持中共中央政治局第三十次集体学习。**

［目　文］　本次学习的主题是：中国共产党保持和发展党的先进性研究。中央党史研究室曲青山教授、中国人民大学马克思主义学院杨凤城教授就这个问题进行讲解，并谈了他们的意见和建议。中共中央政治局各位委员听取了他们的讲解，并就有关问题进行了讨论。

中共中央总书记胡锦涛在主持学习时指出，90年来，我们党在加强和改进自身建设实践中积累的历史经验，对推进党的先进性建设具有长期指导作用，必须十分珍惜并发扬光大。加强党的先进性建设，是加强和改进党的建设的长期任务和永恒课题。我们要充分运用党的建设历史经验，及时总结党的建设新鲜经验，深化对加强和改进新形势下党的建设的规律性认识，继续以改革创新精神全面加强和改进党的建设，不断推进党的先进性建设。各级党委要按照中央部署，全面落实党建工作责任制，确保党的建设各项任务落到基层、落到实处。要把推进党的先进性建设同继续解放思想、坚持改革开放、推动科学发展、促进社会和谐的实践紧密结合起来，同全面建设小康社会的实践紧密结合起来，同加强和改进党的建设的实践紧密结合起来，着力把党的先进性建设成果转化为推进改革发展稳定各项工作的实际成效，不断夺取中国特色社会主义伟大事业和党的建设新的伟大工程新胜利。

6 月 28 日

［纲　文］　**国务委员兼国防部部长梁光烈在北京与斯洛文尼亚国防部部长耶卢希奇举行会谈。**

［目　文］　梁光烈说，中斯两军关系发展顺利。两军建立了国防部工作对话机制，在人员培训等领域的合作不断发展，为增进两军相互了解发挥了积极作用。中方对进一步深化两军相互了解、发展务实交流与合作持积极态度，愿与斯方一道，开创两军关系的新局面。相信耶卢希奇部长此次访华将成为两军关系深入发展新的起点。

耶卢希奇说，中国是最早承认斯洛文尼亚的国家之一。斯洛文尼亚高度重视发展与中国军队关系，愿与中方在防灾减灾、人员交流等领域加强务实合作。

6 月 28 日

［纲　文］　**中国最大的盲文图书馆——中国视障文化资讯服务中心在北京开馆。**

［目　文］　中国视障文化资讯服务中心总建筑面积 2.8 万平方米，共有 4 个书库，计划收藏书 25 万册，有声读物 66 万张。为了让更多的盲人读到书，中国盲文图书馆还为各地的盲人提供免费邮寄借阅图书的服务，盲人可打电话借阅。

6 月 28 日

［纲　文］　**新华社讯，国家林业局、教育部、共青团中央、中国生态文化协会联合作出决定，授予云南省保山市施甸县善洲林场“国家生态文明教育基地”称号。**

［目　文］　决定说，各地林业、教育、共青团系统主管部门要以此为契机，把大力开展向杨善洲同志学习宣传活动与牢固树立人与自然和谐观念、建设生态文明、积极开展青少年主题教育和社会实践活动结合起来。

杨善洲自 1988 年从云南保山地委书记的岗位上退休后，主动放弃进省城安享晚年的机会，抱着“为家乡人办点实事”和绿化荒山的心愿，回到家乡，20 多年扎根深山，带领群众植树造林，使近 5.6 万亩荒山重披绿装。他创办大亮山林场，并将价值超过 3 亿元的大亮山林场经营管理权无偿交给国家。为纪念杨善洲，大亮山林场改名为“善洲林场”。

6 月 28 日

［纲　文］　**中国工商银行中国—东盟人民币跨境清算（结算）中心在南宁挂牌成立。**

［目　文］　中国工商银行中国—东盟人民币跨境清算（结算）中心（南宁），属工行总行机构委托广西分行经营管理，代表中国工商银行与东盟国家和其他地区开展业务合作的专门机构。该中心拥有以中国工商银行先进的电子银行平台为基础研发的中国—东盟人民币跨境清算（结算）系统（简称 CHANCES 系统），是一个包括国际结算、国际贸易融资、外汇资金交易、信息咨询以及其他人民币衍生金融产品在内的金融综合业务应用系统，可为中国与东盟国家以及其他地区贸易往来的客商提供人民币汇兑资金结算服务，对

为客商提供金融服务的境内外银行提供人民币汇兑资金的清算服务，为广大客户提供人民币对东盟国家货币的汇率挂牌和交易服务等。

6月28日

［纲　文］　**中国首家稀贵金属交易所——湖南南方稀贵金属交易所在湖南永兴举行开市仪式。**

［目　文］　南方稀贵金属交易所总投资2.6亿元人民币，占地约189亩，已建成稀贵有色金属交易大楼、金库、基本仓库、质检中心等硬件设施，以及集交易、结算、信息、质检、仓储、物流配送、货物质押融资等服务为一体的软件体系。交易所可提供有色金属、稀贵金属成品及原料的现货交易、现货延期交易等中远期电子交易服务。

6月28—30日

［纲　文］　**应国家主席胡锦涛邀请，苏丹总统巴希尔对中国进行国事访问。**

［目　文］　访问期间，胡锦涛在北京与巴希尔举行会谈。两国元首一致同意，巩固传统友谊，深化务实合作，推动中苏友好合作关系不断向前发展。并共同出席了有关合作文件的签字仪式。全国人大常委会委员长吴邦国和国务院副总理李克强在北京分别会见了巴希尔。

胡锦涛与巴希尔会谈时就进一步发展中苏友好合作关系提出四点建议：一、加强对话，深化政治关系。二、平等互利，拓展经贸合作。三、交流互鉴，弘扬传统友谊。四、携手互助，维护和平稳定。胡锦涛说，中方一贯尊重苏丹人民的意愿和选择，坚定支持北南和平进程，希望北南双方从国家和民族的根本利益出发，坚持和平选择和民族和解不动摇，继续落实《全面和平协议》，本着互谅互让的精神，通过对话协商，妥善解决有关问题，实现睦邻友好、互利合作、共同发展。

巴希尔完全赞同胡锦涛关于进一步发展双边关系的意见，表示苏方愿意同中方一道，继续增进政治互信，加强经贸等领域务实合作，把双边关系提升到新水平。

吴邦国在会见巴希尔时表示，中国全国人大和苏丹国民议会保持着友好往来。希望双方共同努力，丰富合作形式，充实合作内涵，为中苏关系发展注入新的活力。

巴希尔说，苏方对两国各领域合作取得的成果表示满意，愿进一步深化苏中友好合作关系，加强两国政府、议会、政党间的合作，全面提升两国关系水平。苏方坚定奉行一个中国政策，支持中国和平统一大业。

李克强在会见巴希尔时说，中方愿与国际社会共同努力，为推动实现苏丹及地区的长期和平、稳定与发展继续发挥积极的建设性作用。

巴希尔表示，苏方高度赞赏中方在推进苏丹北南和平进程和达尔富尔问题解决方面发挥的积极作用。愿与中方进一步加强在经贸、人文等领域的合作，推动两国关系不断向前发展。

6月28日—7月28日

［纲　文］　**“党的女儿　时代楷模——百名优秀女共产党员风采”展览在中国妇女儿**

童博物馆举行。

［目　文］ 展览由全国妇联主办。全国妇联主席陈至立出席开幕式并致辞。展览分为六个部分，通过历史图片和文物，展示红军长征女战士、抗日女战士、解放战争时期和新中国成立后优秀女共产党员以及中国妇女事业发展的卓越领导人、中国女性先进分子，在中国共产党的领导下，为新民主主义革命、社会主义革命和建设作出的贡献。

6月29日

［纲　文］ **国务院印发《关于进一步加大财政教育投入的意见》。**

［目　文］ 《意见》由五个部分组成：一、充分认识加大财政教育投入的重要性和紧迫性。二、落实法定增长要求，切实提高财政教育支出占公共财政支出比重。三、拓宽经费来源渠道，多方筹集财政性教育经费。四、合理安排使用财政教育经费，切实提高资金使用效益。五、加强组织领导，确保落实到位。

6月29日

［纲　文］ **国务院法制办、住房城乡建设部、国土资源部发布《关于做好有关征地拆迁的规章和规范性文件专项清理工作的通知》。**

6月29日

［纲　文］ **交通运输部印发《交通运输企业安全生产标准化建设实施方案》。**

［目　文］ 《方案》由五个部分组成：一、指导思想和工作目标。二、实施范围。三、管理分工。四、主要内容。五、工作要求。

6月29日

［纲　文］ **人力资源社会保障部公布《社会保险个人权益记录管理办法》。**

［目　文］ 《办法》共7章32条。主要有总则、采集和审核、保管和维护、查询和使用、保密和安全管理、法律责任、附则等内容。自2011年7月1日起施行。

6月29日

［纲　文］ **人力资源社会保障部公布《实施〈中华人民共和国社会保险法〉若干规定》。**

［目　文］ 《规定》共7章30条。主要有关于基本养老保险、关于基本医疗保险、关于工伤保险、关于失业保险、关于基金管理和经办服务、关于法律责任、其他等内容。自2011年7月1日起施行。

6月29日

［纲　文］ **人力资源社会保障部公布《社会保险基金先行支付暂行办法》，自2011年7月1日起施行。**

6月29日

［纲　文］ **国资委在北京召开中央企业先进基层党组织和优秀共产党员、优秀党务工作者表彰大会。**

［目　文］　中共中央政治局委员、国务院副总理张德江出席表彰大会并颁奖。会前，张德江会见与会代表并讲话，向受到表彰的先进集体和先进个人表示热烈祝贺，向全国国有企业的广大共产党员和干部职工表示慰问。

6月29日

［纲　文］　**新华社讯，中组部、中宣部发出通知，要求组织学习《马列主义经典著作选编（党员干部读本）》《马列主义经典著作选编学习导读》。**

［目　文］　《选编》和《导读》由中央组织部、中央宣传部和中央编译局组织编写。《选编》遴选了马克思、恩格斯、列宁具有代表性的著作25篇，还附有6个方面的专题论述摘编。《导读》作为《选编》的学习辅助材料，目的是帮助广大党员干部更好地领会《选编》的基本内容。《导读》按照《选编》所列篇目顺序，逐篇介绍了每部著作的写作背景、写作目的和撰写过程；概述了该篇著作的基本内容和主要观点；阐释了该篇著作的理论价值和现实意义。

6月29日

［纲　文］　**中宣部、新闻出版总署在北京召开电视电话会议，对深化非时政类报刊出版单位体制改革工作进行动员部署。**

［目　文］　中宣部常务副部长雒树刚、新闻出版总署署长柳斌杰出席会议并讲话。中宣部副部长孙志军主持会议。中央和国家有关部委、有关人民团体、有关民主党派中央、有关中央企业分管报刊出版工作的负责人，以及非时政类报刊出版单位体制改革工作联席会议办公室联络员在主会场出席会议。

会议强调，非时政类报刊改革政治性、政策性强，必须坚持社会主义先进文化前进方向，加强统筹规划，突出工作重点，分类分批推进。要科学把握改革的实施范围，着力推动符合条件的非时政类报刊出版单位转企改制，建立健全现代企业制度。加快推进报刊出版资源整合，优化布局结构，着力培育一批大型非时政类报刊出版传媒集团公司。鼓励具有独特优势的非时政类报刊出版单位走内涵式发展道路，形成一批专、精、特、新现代报刊出版企业。加强和改善非时政类报刊出版单位管理，完善市场准入和退出机制，确保非时政类报刊自觉坚持正确舆论导向，始终把社会效益放在首位，努力实现社会效益和经济效益的有机统一。

会议要求，各地、各有关部门和单位要切实加强对非时政类报刊出版单位体制改革的组织领导，确保改革稳妥有序推进。要建立健全领导体制和工作机制，加强沟通协调，形成工作合力。要科学制定改革总体方案，细化工作目标和时间进度，分期分批提出转企改制单位名单，切实抓好组织实施和任务落实。要进一步完善配套政策，强化保障措施，推动改革不断深化。要充分发挥各级党组织的积极作用，做好深入细致的思想政治工作，维护和发展好职工合法权益，使改革获得深厚的群众基础和力量源泉。

6月29日

［纲　文］　**全国政协机关庆祝建党90周年暨全国政协机关先进基层党组织、优秀**

共产党员、优秀党务工作者表彰大会在北京举行。

［目　文］　会前，中共中央政治局常委、全国政协主席贾庆林会见与会人员并讲话。全国政协副主席王刚，全国政协副主席阿不来提·阿不都热西提、李兆焯，全国政协副主席兼秘书长钱运录一同参加会见。

大会表彰了全国政协机关 5 个先进基层党组织、53 名优秀共产党员、7 名优秀党务工作者。先进基层党组织、优秀共产党员、优秀党务工作者代表分别发言。

6 月 29 日

［纲　文］　**贾庆林在北京经济技术开发区调研。**

［目　文］　中共中央政治局常委、全国政协主席贾庆林在北京京东方科技集团股份有限公司，观看了京东方核心技术和产品展示，参观了京东方液晶面板工艺流程、自动化信息化展室及生产线，对京东方在自主创新方面所取得的成绩和北京 8.5 代线的建设速度给予肯定；了解了康宁、住友化学、东进化学、林德气体、冠捷科技等企业建设情况。

贾庆林指出，提高自主创新能力，建设创新型国家，是国家发展战略的核心，是提高综合国力的关键。要实现建设创新型国家的目标，必须坚持走中国特色自主创新道路，从一个行业一个行业抓起，努力使每一个行业、每一个产品都达到先进水平。

总投资 280 亿元的京东方北京 8.5 代线是中国大陆首条自主建设的高世代 TFT—LCD 生产线，是北京市有史以来单体投资额最大的电子工业项目，也是电子信息产业振兴规划宣布后投资规模最大的电子信息产业项目。京东方北京 8.5 代线主要生产 26 英寸至 55 英寸显示器和液晶电视用显示屏，设计产能为每月 9 万片玻璃基板，达产后将实现年产液晶显示屏 1300 万片，年产值近 200 亿元。随着京东方北京 8.5 代线的投产，京东方将可以实现从 1.8 英寸到 55 英寸全系列主流液晶面板的国产化，结束我国大尺寸液晶显示屏完全依赖进口的历史。

6 月 29 日

［纲　文］　**中共中央政治局常委李长春在北京会见由全国主席、政治局委员莫约率领的津巴布韦非洲民族联盟—爱国阵线（津民盟）代表团。**

［目　文］　李长春说，中津两党交往近半个世纪以来，结成了全天候的友谊，为国家关系发展奠定了重要政治基础。2010 年，两党签署了《交流合作谅解备忘录》，为未来 5 年交流合作指明了方向，希望双方认真落实，为两党不断提高执政能力和两国关系全面发展作出更大贡献。

莫约说，中国是非洲的真诚朋友，多年来为非洲经济社会发展作出巨大贡献，津巴布韦从中受惠良多。津巴布韦希望进一步加强党际交流，借鉴中共自身建设、干部培训、治国理政的经验，这将使津巴布韦未来发展长久受益。

6 月 29 日

［纲　文］　**国务院副总理王岐山在北京会见英国前商务大臣彼得·曼德尔森。**

［目　文］　王岐山说，改革开放以来，中国发展快、变化大，已形成中国离不开世界、世界离不开中国的格局。13亿中国人民走向富裕和文明，必将对世界产生积极正面的影响。伴随着经济全球化的深入发展，国际经济规则和标准改革要充分考虑不同国家的现实国情、历史文化和发展阶段，处理好发达国家和新兴经济体的关系，体现包容性。

曼德尔森表示，全球化浪潮不可阻挡，英中两国应抓住机遇，深化各领域合作。

6月29日

［纲　文］　**国务委员刘延东在北京会见由中央政治局委员、伊拉克总统塔拉巴尼的夫人艾哈迈德率领的伊拉克库尔德斯坦爱国联盟（库爱盟）代表团。**

［目　文］　刘延东指出，中伊两国人民的友谊源远流长，自建交以来，双边关系发展顺利。特别是塔拉巴尼总统成功访华，与胡锦涛主席达成的重要共识，为推动两国各领域务实合作奠定了坚实基础。库爱盟是伊重要政治力量。中方愿同伊方一道，进一步推进各层次、各领域务实合作。她还围绕建党90周年系列活动向客人们介绍了中国当前经济社会发展情况。

艾哈迈德代表伊拉克库爱盟祝贺中国共产党即将迎来90岁生日。她表示，伊方愿同中方共同努力，深化合作，推进两国关系迈上新台阶。

6月29日

［纲　文］　**外交部发言人就钓鱼岛问题表明立场。**

［目　文］　有记者问：据报道，一艘台湾渔船29日上午在钓鱼岛附近海域航行，遭到日本海上保安厅船只干扰。中方对此有何评论?

发言人说，钓鱼岛及其附属岛屿自古以来就是中国的固有领土，中国对此拥有无可争辩的主权。日方在钓鱼岛海域采取的任何措施都是非法和无效的。

6月29日

［纲　文］　**八一电影制片厂摄制的现实题材影片《飞天》在北京人民大会堂举行首映式。**

［目　文］　中央、国家机关有关部门，解放军四总部、军委办公厅，中国文联和中国电影家协会领导，我国首批航天员代表，以及驻京部队官兵代表参加了首映式。

电影《飞天》是中宣部、国家广电总局确定的庆祝中国共产党成立90周年献礼影片。影片以我国航天员的成长经历和心路历程为主线，塑造了能吃苦、能战斗、能攻关、能奉献的航天员群体形象，展现了在党中央领导下，我国载人航天事业走过的非凡历程和取得的成就，讴歌了一代代航天人为实现中华民族飞天梦想而团结拼搏、奉献的载人航天精神。《飞天》是我国首部载人航天题材影片。

6月30日

［纲　文］　**胡锦涛签署中华人民共和国主席令（第四十八、四十九号）。**

［目　文］　主席令（第四十八号）说，《全国人民代表大会常务委员会关于修改〈中华人民共和国个人所得税法〉的决定》已由中华人民共和国第十一届全国人民代表大会常务委员会第二十一次会议于2011年6月30日通过，现予公布，自2011年9月1日起施行。

主席令（第四十九号）说，《中华人民共和国行政强制法》已由中华人民共和国第十一届全国人民代表大会常务委员会第二十一次会议于2011年6月30日通过，现予公布，自2012年1月1日起施行。

6月30日

［纲　文］　**审计署发布《审计署"十二五"审计工作发展规划》。**

［目　文］　《规划》由十八个部分组成：一、审计工作的指导思想。二、审计工作的总体目标。三、审计工作的主要任务。四、探索创新审计方式和方法。五、着力加强五项基础建设，夯实审计事业可持续发展的根基。六、财政审计。七、金融审计。八、企业审计。九、资源环境审计。十、涉外审计。十一、经济责任审计。十二、审计法治化建设。十三、审计结果利用和审计宣传。十四、审计队伍建设。十五、大力推进电子审计体系建设，努力提高审计工作的信息化水平。十六、整合审计资源，做好实现科学管理的各项工作。十七、切实履行主管全国审计工作的职责，进一步加强对全国审计业务工作的领导。十八、本规划自2011年6月30日起施行。审计署将加强规划落实情况的监督检查，所属各单位根据本规划要求，研究制定具体落实措施并付诸实施，确保本规划的完成。地方审计机关可参考本规划制定本地区审计工作发展规划。

6月30日

［纲　文］　**发展改革委发布《中华人民共和国国家发展和改革委员会令（第10号）》。**

［目　文］　委员会令说，根据国务院办公厅《关于做好规章清理工作有关问题的通知》（国办发〔2010〕28号）要求，经商国务院相关部门同意，发展改革委决定废止《农业化学物质产品行政保护条例实施细则》等9件规章和《关于中药价格管理的改革意见》等476件规范性文件，宣布《关于发展热电联产的若干规定》等3件规章和《关于严格按计划供应顶重油烧的柴油的通知》等331件规范性文件失效，修改《供用电监督管理办法》等5件规章和《关于依法惩处妨碍物价检查人员执行公务的违法犯罪活动的通知》等3件规范性文件。

6月30日

［纲　文］　**十一届全国人大常委会在北京人民大会堂举行第二十二讲专题讲座。**

［目　文］　全国人大常委会委员长吴邦国主持讲座。全国人大常委会副委员长王兆国、路甬祥、乌云其木格、韩启德、华建敏、陈至立、周铁农、李建国、司马义·铁力瓦尔地、蒋树声、陈昌智、严隽琪、桑国卫等听取讲座。

本次专题讲座的题目是《我国加强和创新社会管理的若干问题》。主讲人中国社会科学院社会学研究所所长、研究员李培林，围绕我国社会管理体制基本特征及取得的成就、改革开放以来的巨大社会变迁对社会管理体制提出的挑战、当前我国社会管理面临的新情况新问题、加强和创新社会管理的主要举措四方面作了讲解。

6月30日

［纲　文］　**国务院总理温家宝致电祝贺非洲联盟第十七届首脑会议召开。**

6月30日

［纲　文］　**李长春在清华大学，与师生们共同庆祝党的生日，共话祖国未来。**

［目　文］　中共中央政治局常委李长春来到学校校史馆参观，考察导航技术工程中心，听取清华大学发展历程和教学科研情况介绍；在中央主楼，与即将奔赴西部、基层、国家重点行业和领域工作的同学们交谈，勉励他们在与实践和群众的结合中锻炼成长、建功立业，并与大家一起合唱《歌唱祖国》；与学校负责人和部分师生代表座谈，听取他们的意见和建议，对清华大学在建设世界一流大学进程中取得的成绩和在大学生思想政治教育工作中创造的经验给予肯定。

李长春指出，要认真学习贯彻胡锦涛总书记在庆祝清华大学建校100周年大会上的重要讲话精神，坚持正确的办学方向，全面提高教育质量，不断加强和改进大学生思想政治教育工作，加快建设世界一流大学步伐，努力培养德智体美全面发展的社会主义建设者和接班人，为夺取全面建设小康社会新胜利、实现中华民族伟大复兴作出新的更大贡献。

6月30日

［纲　文］　**国务院副总理王岐山在北京会见百事公司董事长兼首席执行官卢英德。**

［目　文］　王岐山对百事公司不断扩大对华投资及支持中国新农村建设表示赞赏。他说，中美两国经济相互依存，谁也离不开谁。双方应增进了解，加强合作，实现互利共赢。企业是市场的主体，两国政府要为企业合作创造良好的环境。

卢英德表示，百事公司对在华经营充满信心，愿继续扩大在华投资。

6月30日

［纲　文］　**中共中央政治局委员、全国政协副主席王刚在北京会见由全国执委会委员、政府联邦事务部长希费劳率领的埃塞俄比亚人民革命民主阵线高级干部研修班一行。**

［目　文］　王刚表示，中国共产党和埃塞俄比亚人民革命民主阵线长期相互理解、相互支持，形成了日益密切的伙伴关系。我们愿在党际交往四项原则基础上进一步加强两党的交往与合作，不断创新交流合作模式，为推动中埃全面合作伙伴关系深入发展注入新的动力。

6月30日

［纲　文］　**解放军总参谋部通信部改编为总参谋部信息化部。**

［目　文］　同时，解放军军以上单位也将在原通信部门的基础上，改编成信息化部门。我军通信兵诞生在“八一”南昌起义中，是人民军队最早建立的兵种之一。新中国成立后，总参通信部作为解放军领导全军通信建设的职能部门，曾几次改变隶属关系，1975

年改称总参谋部通信部至今。

6月30日

［纲　文］　**京沪高速铁路通车运营。**

［目　文］　国务院总理温家宝在北京南站出席京沪高速铁路通车运营仪式，并乘坐首发列车G1次考察运营情况。

京沪高速铁路自北京南站至上海虹桥站，途经北京、天津、河北、山东、安徽、江苏、上海7个省市，沿途24个站，最短旅行时间为4小时48分钟。京沪高速铁路全长1318公里，是世界上一次建成线路最长、标准最高的高速铁路。

6月30日

［纲　文］　**武汉城市矿产交易所在武汉揭牌。**

［目　文］　武汉城市矿产交易所是全国第一家专业从事城市矿产交易的交易所，对城市矿产资源回收、环保处理体系建设起到促进作用。按照现代企业制度进行公司化管理，具有信息发布、交易服务、交易鉴证、融资咨询服务四大功能。交易所实行会员制度，会员为交易所的交易主体，具体分为交易会员、经纪会员和信息会员。

6月30日—7月6日

［纲　文］　**永远跟党走——庆祝中国共产党成立90周年图片展在中国国家博物馆举办。**

［目　文］　中共中央政治局常委、国家副主席习近平出席开幕式并参观展览。图片展由中华全国总工会主办，分“走向光明”“创造辉煌”“时代先锋”“桥梁纽带”四个部分，以中国工人阶级和工会组织在党的领导下为民族独立和人民解放、国家富强和人民幸福不懈奋斗取得业绩为主线，着重反映了中国工人阶级和工会组织“永远跟党走”的坚定信念。

6月30日—7月7日

［纲　文］　**“光辉的历程——雕塑名家邀请展”在北京炎黄艺术馆举办。**

［目　文］　邀请展由中国艺术研究院主办，中国艺术研究院中国雕塑院承办。以“红色经典”“革命现实主义”为主题，展示了中国共产党成立90年以及辛亥革命100年来各个时期的艺术作品，全国68位雕塑家的100件展品可谓各个时期代表性雕塑家及其代表作的展示。刘开渠的26件雕塑原作，其中有《毛泽东》胸像、《马克思、恩格斯》浮雕、《人民英雄纪念碑——渡江战役》浮雕创作原稿，堪称稀世珍宝；还有滑田友的《轰炸》等9件原作、王朝闻的《刘胡兰》《民兵》、曾竹韶的《孙中山》、熊秉明的《鲁迅》、程允贤的《周恩来》《邓小平》以及钱绍武的《孙中山》、叶毓山的《歌乐山纪念碑》、吴为山的《聂耳》、王中的《抗战组雕》等。

6月30日—8月30日

［纲　文］　**“我眼中的祖国”纪念建党90周年大学生摄影展在北京中华世纪坛举办。**

［目　文］　摄影展由中国艺术摄影学会主办，以庆祝中国共产党成立90周年为主

题，以当代大学生的眼光观察反映与党史有关的事件，并展现事件发生的地域特点、岁月变迁、历史遗存和今昔变化；透过镜头拍摄大学生眼中祖国的大好河山；反映青年学生参与北京奥运会、新中国成立60周年庆祝活动、上海世博会、广州亚运会等事件的场景，记录大学校园学习生活；展现青年学子为汶川、玉树地震灾区奉献爱心的责任感。全国50多所大学学生的5000多张摄影作品参展。展览分为《追寻》《风采》《圆梦》《青春》《希望》五大板块。

7 月

7月1日

［纲　文］　**庆祝中国共产党成立90周年大会在北京人民大会堂举行。**

［目　文］　中共中央总书记胡锦涛在会上发表讲话。中共中央政治局常委吴邦国、温家宝、贾庆林、李长春、习近平、李克强、贺国强等，在京中央委员、候补中央委员和中央纪委委员，中央党政军群各部门和北京市负责人，全国人大常委会委员，全国政协常委会委员，各民主党派中央、全国工商联和无党派人士代表，老党员、老干部代表，出席纪念中国共产党成立90周年理论研讨会和座谈会的代表，在华工作的外国专家代表，首都各界群众代表等6000多人出席大会。

习近平宣读《中共中央关于表彰全国先进基层党组织和优秀共产党员、优秀党务工作者的决定》。决定指出，为表彰先进、弘扬正气，激励各级党组织和广大共产党员、党务工作者在改革开放和社会主义现代化建设中创先争优、建功立业，中央决定由中央组织部对近年来在工作中取得优异成绩的500个基层党组织、50名共产党员、200名党务工作者予以表彰，分别授予全国先进基层党组织、全国优秀共产党员和全国优秀党务工作者荣誉称号，并追授方永刚等13名同志全国优秀共产党员荣誉称号。

胡锦涛、吴邦国、温家宝、贾庆林、李长春、习近平、李克强、贺国强等为全国先进基层党组织和优秀共产党员、优秀党务工作者代表颁奖。

胡锦涛在讲话中回顾中国共产党90年的光辉历程和取得的伟大成就，总结党和人民创造的宝贵经验，提出新的历史条件下提高党的建设科学化水平的目标任务，阐述了在新的历史起点上把中国特色社会主义伟大事业全面推向前进的大政方针。他强调，全党同志要牢记历史使命，永远保持谦虚、谨慎、不骄、不躁的作风，永远保持艰苦奋斗的作风，勇于变革、勇于创新，永不僵化、永不停滞，不动摇、不懈怠、不折腾，不为任何风险所惧，不被任何干扰所惑，坚定不移沿着中国特色社会主义道路奋勇前进，更加奋发有为地团结带领全国各族人民创造自己的幸福生活和中华民族的美好未来。

吴邦国在主持大会时强调，胡锦涛同志的重要讲话，深入总结了我们党90年的光辉历程和宝贵经验，深刻回答了新形势下加强和改进党的建设的新课题，全面阐述了坚持和发展中国特色社会主义的新要求，对我们适应新形势新任务，全面推进党的建设新的伟大工程，全面推进中国特色社会主义伟大事业，具有重大而深远的指导意义。全党全国各族人民要认真学习、深刻领会，把思想和行动统一到讲话精神上来，把讲话精神贯彻落实到党和国家各项工作中去。

7月1日

［纲　文］　**国务院、中央军委公布《军工关键设备设施管理条例》，自2011年10月1日起施行。**

7月1日

［纲　文］　**国务院印发《关于建立全科医生制度的指导意见》。**

［目　文］　《意见》由八个部分组成：一、充分认识建立全科医生制度的重要性和必要性。二、建立全科医生制度的指导思想、基本原则和总体目标。三、逐步建立统一规范的全科医生培养制度。四、近期多渠道培养合格的全科医生。五、改革全科医生执业方式。六、建立全科医生的激励机制。七、相关保障措施。八、积极稳妥地推进全科医生制度建设。

7月1日

［纲　文］　**中共中央办公厅发出通知，要求各地区各部门各单位认真学习贯彻胡锦涛同志在庆祝中国共产党成立90周年大会上的重要讲话精神。**

7月1日

［纲　文］　**总政治部发出通知，要求全军和武警部队认真学习贯彻胡锦涛总书记在庆祝中国共产党成立90周年大会上发表的重要讲话。**

7月1日

［纲　文］　**财政部发布《民口科技重大专项项目（课题）财务验收办法》。**

［目　文］　《办法》共6章39条。主要有总则、财务验收的组织管理、财务验收的方式和内容、财务验收程序、财务验收结果及相关责任、附则等内容。自2011年7月1日起实施。

7月1日

［纲　文］　**民政部公布《民政信访工作办法》。**

［目　文］　《办法》共6章29条。主要有总则、信访工作机构和人员、信访渠道、信访事项的受理、信访事项的办理和督办、附则等内容。自2011年9月1日起施行。1999年12月23日民政部发布的《民政信访工作办法》同时废止。

7月1日

［纲　文］　**中央纪委监察部召开理论学习中心组学习会议，学习胡锦涛总书记在庆祝中国共产党成立90周年大会上的讲话精神。**

［目　文］　中央纪委副书记何勇主持会议并讲话。中央纪委书记贺国强出席会议并讲话，他强调，各级纪检监察机关要把学习贯彻胡锦涛总书记的重要讲话精神作为一项重要政治任务来抓，切实做到领会精神实质、提高思想认识、紧密联系实际、指导工作实践，不断把党风廉政建设和反腐败斗争推向前进，为全面推进党的建设新的伟大工程、开创中国特色社会主义事业新局面提供有力保证。

7月1日

［纲　文］ **国家邮政局和中国邮政集团公司发行《中国共产党成立九十周年》纪念封一枚。**

［目　文］ 《中国共产党成立九十周年》纪念封正上方是中共中央总书记胡锦涛的亲笔题词。纪念封右上方图案是中国共产党党徽邮票，庄严而神圣，体现了中国共产党成立九十年来团结带领全国各族人民艰苦奋斗、开拓进取的光辉历程。纪念封左下方图案是绚丽多彩的鲜花簇拥着党徽和《唱支山歌给党听》的乐谱，凝重而热烈，表达了全国各族人民对中国共产党的无限热爱和深厚感情。

7月1日

［纲　文］ **国务委员兼国防部部长梁光烈在北京会见罗马尼亚海军参谋长奥雷尔·波帕一行。**

［目　文］ 梁光烈说，中罗两国传统友好。两国和两国人民之间的友谊经受了时间和国际风云变幻的考验，历久弥新。当前，两国全面友好合作伙伴关系进一步加强，政治互信不断加深，务实合作持续扩大。近年来，中罗两军交往密切，高层互访频繁，专业交流与合作不断扩大。中方视罗方为好朋友、好伙伴，愿与罗方共同努力，进一步增进互信，发展友谊，深化包括海军在内的两军合作，推动中罗友好关系全面健康发展。

7月1日

［纲　文］ **香港特区政府和社会各界举行香港回归祖国暨香港特别行政区成立14周年系列庆祝活动。**

7月1日

［纲　文］ **《人民日报》发表社论《永远为人民而奋斗》。**

7月1—2日

［纲　文］ **贾庆林在大连调研。**

［目　文］ 全国政协主席贾庆林本次调研的重点是如何发展装备制造业、提升产业核心竞争力。在大连船舶重工集团，他了解企业生产经营、技术创新、开拓国际市场等方面的情况；在中远船务工程有限公司、大连光洋科技工程有限公司，他同企业负责人、科研人员和工人交谈，鼓励他们坚定信心、抓住机遇，努力创造一流业绩；在大连港东部港区改造项目建设现场，考察项目规划建设情况时指出，装备制造业产业关联度高、服务功能强、技术资金密集，是各行业产业升级、技术进步的重要保障和国家综合实力的集中体现；在中国一重大连加氢反应器制造有限公司，了解企业提高工艺技术和装备信息化水平方面的情况。

贾庆林指出，各级党委要认真贯彻落实中央有关文件精神，更加注重加强对统一战线和人民政协的领导，更加注重发挥统战、政协资源的独特优势和作用，更加注重统筹解决统战、政协工作中的重大问题，为统一战线和人民政协履行职能创造更好的环境和条件。各级政协组织和统战部门要自觉地把思想和行动统一到中央的决策部署上来，多谋促进科学发展的大事，多做维护社会和谐稳定的好事，多办保障和改善民生的实事，为实现全面建设小康社会的宏伟目标作出新的更大贡献。

7月1—2日

［纲　文］　**中组部、中宣部、中央党校、中央文献研究室、中央党史研究室、教育部、中国社会科学院、解放军总政治部在北京召开纪念中国共产党成立90周年理论研讨会。**

［目　文］　中宣部部长刘云山主持会议，中共中央政治局委员、国务委员刘延东，中组部部长李源潮，全国政协副主席、中国社会科学院院长陈奎元出席。研讨会主办单位主要负责人，中央宣传思想工作领导小组成员，入选论文作者，理论界特邀代表，各省区市和新疆生产建设兵团党委宣传部主要负责人，中央直属机关工委、中央国家机关工委和解放军总政治部宣传部负责人，约230人参加会议。16位同志在会上进行了论文交流，6位同志作了大会发言。

2日下午，中共中央政治局常委李长春出席研讨会并讲话。他指出，胡锦涛总书记在庆祝中国共产党成立90周年大会上的重要讲话，全面回顾了我们党90年紧紧依靠人民完成和推进“三件大事”的奋斗历程，高度评价了90年来我们党团结带领全国人民创造的举世瞩目的辉煌成就，系统总结了90年来党领导革命、建设和改革的历史经验，明确提出了新的历史条件下提高党的建设科学化水平的目标任务，深刻阐述了在新的历史起点上把中国特色社会主义伟大事业全面推向前进的大政方针，讲话通篇闪耀着马克思主义真理的光辉，是继续推进中国特色社会主义伟大事业的纲领性文献。我们一定要认真学习、深刻领会，把思想和行动统一到讲话精神上来。

7月1—3日

［纲　文］　**2011年中国成都国际体育舞蹈节在成都举行。**

［目　文］　舞蹈节由国际体育舞蹈联合会、国家体育总局社会体育指导中心等共同主办。这是在中国举办的首个国际体育舞蹈节，主会场设在成都双流体育中心，活动采取节赛合一的形式，分成前夜日、开幕日、比赛日和决赛日4个阶段进行，来自约20个国家和地区的上千名选手参与。

7月2日

［纲　文］　**全国先进基层党组织和优秀共产党员、优秀党务工作者代表纪念建党90周年座谈会在中南海召开。**

［目　文］　会前，中共中央总书记胡锦涛会见全体与会人员，代表党中央，向全国广大基层党组织和共产党员致以亲切问候，向各条战线的先进基层党组织和优秀共产党员、优秀党务工作者致以崇高敬意。

座谈会由中组部部长李源潮主持。习近平、刘云山、何勇、王沪宁等参加会见并出席座谈会。中央党的建设工作领导小组成员，全国先进基层党组织和优秀共产党员、优秀党务工作者代表以及老同志代表参加了座谈会。座谈会上，上海电气液压气动有限公司液压泵厂数控工段工段长李斌，新疆维吾尔自治区伊宁县温亚尔乡布力开村党支部书记买买提江·吾买尔，中国航天科技集团公司高级技术顾问孙家栋，原中顾委秘书长李力安，四川省北川羌族自治县曲山镇党委书记胡覃，浙江省宁波市江东区百丈街道划船社区党委书记俞复玲，清华大学党委书记胡和平，第二军医大学第三附属医院院长吴孟超等发言。

中共中央政治局常委、国家副主席习近平出席座谈会时指出，胡锦涛同志在庆祝中国共产党成立90周年大会上的讲话，科学总结了我们党90年的奋斗业绩，深刻揭示了我们党90年来保持和发展马克思主义政党先进性必须坚持的根本点，提出了新的形势下提高党的建设科学化水平和全面推进中国特色社会主义伟大事业的主要任务，为加强和改进党的建设、加快推进社会主义现代化建设提供了根本指针。各级党组织和广大党员要认真学习、深刻领会这一重要讲话，把思想和行动统一到讲话精神上来，把智慧和力量凝聚到实现党的宏伟目标上来。习近平还对各级党组织教育培养、关心帮助党员和正确引导党员充分发挥先锋模范作用提出明确要求。

7月2日

［纲　文］　**国务院办公厅印发《关于进一步加强乡村医生队伍建设的指导意见》。**

［目　文］　《意见》由八个部分组成：一、总体要求。二、明确乡村医生职责。三、实现村卫生室和乡村医生全覆盖。四、加强乡村医生和村卫生室管理。五、将村卫生室纳入相关制度实施范围。六、完善乡村医生补偿和养老政策。七、健全乡村医生培养培训制度。八、切实做好组织实施工作。

7月2日

［纲　文］　**《中国共产党人英烈肖像作品集》出版座谈会在北京举办。**

［目　文］　《作品集》辑录中国中共文献研究会、中国现代史学会所组织的近百名优秀艺术家精心创作的中国共产党人英烈肖像作品，形象展现中国共产党人固有的一种崇高精神——爱国为民、追求真理、坚定信仰、无私奉献、视死如归。作品共计80余幅，包括李大钊、陈潭秋、何叔衡、王尽美、邓恩铭、李汉俊、蔡和森、赵世炎、邓中夏、张太雷、罗亦农、瞿秋白、王若飞、高君宇、澎湃、缪伯英、杨开慧、恽代英、吉鸿昌、毛泽覃、方志敏、刘志丹、赵一曼、杨靖宇、赵尚志、毛泽民、张思德和毛岸英等。

7月2—13日

［纲　文］　**全国人大常委会副委员长、中国国际交流协会会长周铁农率中国国际交流协会代表团对欧盟、比利时和奥地利进行友好访问。**

7月2—16日

［纲　文］　**中共中央政治局常委、中央纪委书记贺国强应邀对法国、波兰、塞尔维亚、阿联酋、伊朗进行正式友好访问。**

［目　文］　贺国强在法国访问期间，在巴黎分别会见了法国总统萨科齐、法国国民议会议长阿夸耶，与法国前总统德斯坦共同出席法国“汉语年”开幕式。出席了中法工商

界晚宴并发表题为《把握重要机遇　深化互利合作》的主旨演讲。在戛纳会见了戛纳市长伯乐尚，考察了当地一家香水制造企业。

贺国强在波兰访问期间，在尤尔塔总统别墅会见了波兰总统科莫罗夫斯基；在华沙分别会见了波兰众议长谢蒂纳和副总理帕夫拉克，与帕夫拉克共同出席了两国有关合作协议的签字仪式；与波兰最高监察院院长耶杰尔斯基举行会谈；贺国强考察了TCL电视机厂，并看望了中国驻波兰使馆工作人员、中资机构、留学生、华侨华人和中方企业家代表。

贺国强在塞尔维亚访问期间，在贝尔格莱德分别会见了塞尔维亚总统、民主党主席塔迪奇，塞尔维亚总理茨韦特科维奇并与茨韦特科维奇共同出席了中塞有关合作协议的签字仪式，塞尔维亚议长、社会党副主席久基奇－德亚诺维奇和第一副总理、社会党主席达契奇。贺国强看望了中国驻塞尔维亚使馆工作人员、中资机构、留学生和华侨华人代表。观看了塞尔维亚艺术家和孔子学院学生的演出，出席了赠书仪式，并与学院师生进行了交流。

贺国强在阿联酋访问期间，在阿布扎比会见了阿布扎比酋长国王储穆罕默德；在迪拜会见了阿联酋副总统兼总理谢赫穆罕默德并出席了中阿两国有关合作协议的签字仪式。

贺国强在伊朗访问期间，在德黑兰会见了伊朗总统艾哈迈迪－内贾德；与伊朗副总统穆罕默迪扎德举行会谈并共同出席纪念中伊建交40周年招待会；在伊斯法罕会见了伊朗伊斯法罕省省长伊斯法哈尼，双方就两国合作、地方交流等问题交换了意见。

7月3日

［纲　文］　**人民网报道，中央纪委监察部发出通知，就纪检监察系统深入学习贯彻胡锦涛同志在庆祝中国共产党成立90周年大会上讲话作出专门部署。**

［目　文］　通知指出，各级纪检监察机关要周密部署，精心组织广大纪检监察干部集中精力、集中时间，认真开展学习讨论，迅速掀起学习贯彻胡锦涛同志重要讲话精神的热潮。要通过学习，切实增强高举中国特色社会主义伟大旗帜，坚持中国特色社会主义道路的自觉性和坚定性，切实增强在新的历史条件下提高党的建设科学化水平的自觉性和坚定性，切实增强在新的历史起点上把中国特色社会主义伟大事业全面推向前进的自觉性和坚定性。要通过深入系统的学习，引导广大纪检监察干部坚决贯彻执行党的基本理论、基本路线、基本纲领、基本经验，认真落实继续解放思想、坚持改革开放、推动科学发展、促进社会和谐的总体要求；进一步发扬党的优良传统和作风，增强党性、牢记宗旨，提高本领、勤奋工作，严以律己、清正廉洁，树立可亲、可信、可敬的良好形象。

7月3日

［纲　文］　**刘延东在北京出席全国青少年足球联赛精英选拔赛暨中国足球希望之星赴欧洲留学启动仪式。**

［目　文］　体育总局局长刘鹏等国家有关部门负责人、各地足球界人士出席有关活动。

中共中央政治局委员、国务委员刘延东指出，要立足当前，着眼长远，综合施策，完善机制，打牢足球运动根基，推动足球事业可持续健康发展。

日前，中国足球协会与大连万达集团商洽了战略合作意向，由万达集团3年出资5亿元人民币，用于赞助中国青少年足球联赛、推进希望之星足球队赴海外留学等足球项目。

7月3日

［纲　文］　**2011兰州国际马拉松赛在兰州举行。**

［目　文］　本次比赛由中国田径协会、甘肃省体育局、兰州市政府共同主办。比赛设有男女全程、半程马拉松，男女10公里和5公里（男女不限）等项目。来自16个国家和地区及国内9个省（市）和部分高校的共万余名运动员参赛。埃塞俄比亚选手吉尔马·阿瑟法以2小时13分16秒的成绩夺得全程赛男子组冠军，甘肃选手贾超凤以2小时35分24秒的成绩夺得全程赛女子组冠军。

7月3—4日

［纲　文］　**温家宝在辽宁考察。**

［目　文］　国务院总理温家宝在辽宁本溪、沈阳等地的企业、科研院所、农贸市场、保障房建设工地、就业服务中心和居民社区，就经济运行有关问题进行调研，并在沈阳主持召开辽宁、江苏、浙江、广东四省经济形势座谈会。

温家宝指出，2011年以来，我国经济运行总体良好，经济增长由政策刺激向自主增长转变，继续朝着宏观调控预期方向发展。但是，经济发展面临的国内外环境仍十分复杂，不稳定、不确定因素还不少。我们既要正确认识取得的成绩，看到发展的有利条件和积极因素，坚定做好经济工作的信心；又要保持清醒头脑，增强忧患意识，冷静观察，做好应对各种困难和风险的准备，巩固经济发展的好势头，努力实现今年经济社会发展目标。

7月3—4日

［纲　文］　**应外交部部长杨洁篪邀请，日本外务大臣松本刚明对中国进行正式访问。**

［目　文］　4日，国家副主席习近平、国务委员戴秉国在北京分别会见了松本刚明。

同日，杨洁篪在北京同松本刚明举行会谈，就两国关系发展等交换了意见。双方高度评价日本特大地震海啸发生后，两国政府和民众围绕抗震救灾和灾后重建工作开展的积极合作，认为这对改善两国国民感情、推动中日关系发展发挥了积极作用。双方一致认为，不断推进中日战略互惠关系符合两国和两国人民的根本利益，也有利于世界和地区的和平、稳定与发展。当前和今后一个时期，双方要共同努力，全面落实两国领导人达成的各项共识，深化各领域务实合作，通过共同纪念明年中日邦交正常化40周年等活动，推动两国关系向前发展。双方还就地区形势及共同关心的其他问题交换了意见。

杨洁篪重申，钓鱼岛及其附属岛屿是中国的固有领土。关于东海问题，他表示，双方应共同努力，以实际行动为落实双方关于东海问题的原则共识创造良好的气氛和条件。杨洁篪就日美军事同盟涉华问题表明了中方关切，就南海问题阐述了中方立场。

7月3—5日

［纲　文］　**第七届北京国际纯电动车、混合动力车暨清洁能源汽车及零部件展览会在中国国际展览中心举行。**

［目　文］　展览会由中国汽车工程学会电动汽车分会、中国电工技术学会电动车辆专业委员会主办。主要包括展览会开幕式、高层论坛、全体会议、电动汽车产业发展研讨会、电动车辆学术年会、电动汽车电池电机专题研讨、全国20个节能与新能源车示范推广城市政府职能部门和公交公司领导与整车企业互动活动。

7月4日

［纲　文］　**财政部、科技部印发《国家科技成果转化引导基金管理暂行办法》。**

［目　文］　《办法》共7章36条。主要有总则、科技成果转化项目库、设立创业投资子基金、贷款风险补偿、绩效奖励、组织管理和监督、附则等内容。

7月4日

［纲　文］　**中央政法委发布通知，就全国政法系统学习贯彻胡锦涛同志在庆祝中国共产党成立90周年大会上的讲话作出部署。**

7月4日

［纲　文］　**习近平在中南海会见优秀党员专家暑期学习考察团成员。**

［目　文］　中共中央政治局常委、国家副主席习近平指出，胡锦涛同志在庆祝中国共产党成立90周年大会上的重要讲话，站在时代发展和战略全局的高度，全面回顾了我们党90年波澜壮阔的奋斗历程，系统总结了90年来党领导革命、建设、改革的宝贵经验，明确提出了新的历史条件下提高党的建设科学化水平的目标任务，深刻阐述了在新的历史起点上把中国特色社会主义伟大事业全面推向前进的大政方针。讲话高屋建瓴、总揽全局、内涵丰富、思想深刻，有很强的理论性、实践性和指导性，是继续全面推进中国特色社会主义伟大事业和党的建设新的伟大工程的纲领性文献，对我们适应新形势新任务、进一步做好党和国家各项工作具有重大而深远的指导意义。当前，全党一项重要政治任务就是把胡锦涛同志重要讲话学习好、领会好、贯彻好。习近平希望各条战线、各个领域的党员专家认真学习这篇重要讲话，把思想和行动高度统一到讲话精神上来。

中组部部长李源潮、中央政策研究室主任王沪宁、国务委员兼国务院秘书长马凯等参加会见。

在庆祝中国共产党成立90周年之际，党中央、国务院邀请90位荣获全国或省部级优秀共产党员称号、在专业领域作出突出贡献的党员专家代表，到井冈山开展“纪念建党90周年与发扬党的光荣传统”主题学习考察活动。在为期一周的学习考察期间，党员专家瞻仰井冈山革命烈士陵园，参观井冈山革命博物馆、毛泽东和朱德故居，并在井冈山市开展咨询服务和慰问老党员活动。

7 月 4 日

［纲　文］　**国土资源部在北京召开国土资源调查评价成果展新闻发布会。**

［目　文］　国土资源部有关负责人表示，新一轮国土资源大调查查明，3 年来，违法建设占用耕地面积减少 26%。首次完成的全国耕地后备资源状况调查显示，目前主要分布在我国北方的集中连片的耕地后备资源为 734.39 万公顷（1.1 亿亩）。我国基本查清全国集中连片耕地后备资源 734.39 万公顷，可开垦土地 701.66 万公顷，可复垦土地 32.72 万公顷，主要分布在北方和西部的干旱地区。大调查首次完成中东部 160 万平方千米主要农耕区土地质量地球化学状况调查，查明土壤中 54 种有益和有害组分的含量、强度及其分布范围，显示 92% 的土地质量状况良好。

国土资源部有关部门负责人介绍，国土资源部在继续实施国家土地整治重大工程的基础上，正在研究制定《全国土地整治规划（2011—2015 年）》，计划“十二五”期间，建设高标准成规模基本农田 4 亿亩，其中新增耕地 2400 万亩，提高现有 116 个基本农田保护示范区质量，新建一批高标准基本农田示范区，经整治的基本农田平均提高 1 个等级。

7 月 4 日

［纲　文］　**外交部发言人说，中方已就日本渔船赴钓鱼岛海域作业向日方提出严正交涉，要求日方立即将渔船撤离相关海域。**

［目　文］　有记者问：据报道，日本冲绳县渔业协会及右翼团体的渔船 3 日前往钓鱼岛海域作业，中方对此有何评论？

发言人说，钓鱼岛及其附属岛屿自古以来就是中国的固有领土，中国对此拥有无可争辩的主权。日方在钓鱼岛海域采取的任何举措都是非法和无效的，中方已向日方提出严正交涉，要求日方立即将渔船撤离相关海域。

据了解，日本渔船已撤离相关海域。

7 月 4 日

［纲　文］　**中国社会科学院西亚非洲研究所举行成立 50 周年庆祝会。**

［目　文］　中国社会科学院常务副院长王伟光、对外联络部副部长艾平分别在庆祝会上发表讲话。各有关部门的代表和人士共计 180 余人出席。

1961 年 4 月 27 日，毛泽东在杭州接见非洲和阿拉伯国家外宾的时候，发表了关于加强非洲研究的讲话，并明确指示：应该搞个非洲研究所。

7 月 4 日

［纲　文］　**中国联合钢铁网发布中国铁矿石现货价格指数。**

［目　文］　这是目前中国第一个铁矿石指数。该指数的特点是以国内铁矿石现货成交价为计算基准，由进口铁矿石港口现货价格和国产矿现货价格根据各自权重加权平均得出。该指数样本选取分布广泛，其中进口矿价格样本来自京唐港、曹妃甸港等国内铁矿石吞吐量最多、现货贸易矿交易规模较大、南北兼有，且未来铁矿业务发展较快的十大港口。

7月4日

［纲　文］　**以“日本大地震影响和东北亚合作未来”为主题的国际研讨会在北京举行。**

［目　文］　会议由中国现代国际关系研究院主办，来自中国、日本和韩国的学者与会，就日本“3·11”地震对日本及相关地区的影响深入交换了看法，并就地震后中日韩合作前景展开讨论。与会学者认为，中日韩应该把这次危机管理转化成合作的新契机，建立地区重大事务规则的协调和执行机制，建立地区重大事务责任的承担机制，为推进本地区合作打下良好的制度基础。

7月4—11日

［纲　文］　**温家宝在北京主持召开经济形势座谈会，分别听取部分省政府负责人、企业界负责人和经济专家意见和建议。**

［目　文］　国务院副总理李克强、回良玉、张德江、王岐山，国务委员兼国务院秘书长马凯出席企业家和经济专家座谈会。

辽宁、陕西等8个省的负责人，钢铁、电力等行业的企业负责人和宏观经济、金融、农业等领域的专家普遍反映，当前，经济保持平稳较快增长，企业效益继续提高，财政收入大幅增长，经济结构进一步优化，就业和居民收入稳步增加，人民生活进一步改善，宏观调控正在取得积极成效。但国内外环境仍然十分复杂，宏观调控面临的“两难”问题增多。经济运行中存在的主要矛盾是物价上涨压力依然较大，中小企业融资难，一些地方电力供求矛盾加剧，一些企业生产经营出现困难，建议保持宏观经济政策基本稳定，把握好宏观政策的力度，大力支持企业自主创新，推动企业兼并重组和产业结构升级，完善进出口政策，支持企业“走出去”，妥善处理地方政府融资平台公司问题，促进房地产市场健康发展。

温家宝强调，要继续把稳定物价总水平作为宏观调控的首要任务，坚持宏观调控的基本取向不变，同时根据形势变化，提高政策的针对性、灵活性、前瞻性，切实把握好宏观调控的力度、节奏和重点，处理好保持经济平稳较快发展、调整经济结构、管理通胀预期三者关系，既要把物价涨幅降下来，又不使经济增速出现大的波动。要坚持实施稳健的货币政策，保持社会融资总量合理增长。着力优化信贷结构，提高金融服务水平，加大对结构调整，特别是农业、小企业的信贷支持。要健全宏观审慎政策框架，合理运用多种货币政策工具，提高政策的针对性。进一步推进利率市场化、汇率形成机制等改革。加强对跨境资本的有效监控。强化银行表外业务监管。避免货币政策的滞后效应与多种因素叠加，对下一阶段实体经济产生大的影响。要认真实施积极的财政政策，强化增收节支，优化支出结构。加强对地方政府性债务监管，继续规范地方政府融资平台公司，严格控制增量，逐步消化存量，有效化解债务风险。按照分类管理、区别对待的原则，妥善处理债务偿还和在建项目后续融资问题。

温家宝要求统筹做好关系全局的几项重点工作。一是保持物价总水平基本稳定。管住货币总量外，抓好农产品生产，特别是食品供应，促进供求平衡；切实降低过高的流通成本，规范发展住房租赁市场，合理把握政府管理价格的调整时机和力度；加强价格监管，稳定通胀预期。二是坚定不移地把房地产市场调控政策落到实处。继续抑制不合理的住房需求，重点抓好保障性住房和普通商品房建设，落实好1000万套保障性住房开工建设计划，加强金融支持，推动制度建设。三是毫不放松地抓好农业和粮食生产。继续落实“米袋子”省长负责制和“菜篮子”市长负责制。实行扶持生猪产业持续健康发展的政策措施，增加市场供应，促进市场稳定。四是抓好结构调整和节能减排相关工作。五是努力保持对外贸易稳定增长，促进对外贸易基本平衡。

7月4—5日

［纲　文］　**李克强在安徽考察经济社会发展情况。**

［目　文］　中共中央政治局常委、国务院副总理李克强考察时指出，我们要认真学习、深刻领会胡锦涛总书记在庆祝中国共产党成立90周年大会上的讲话，并贯彻落实到各项工作之中。要坚持科学发展，加快转变经济发展方式，在结构调整优化中巩固发展势头，实现“十二五”良好开局。

李克强在安庆桐城市杨安村考察水稻生产，与乡亲们谈增收、话发展。在桐城市和平农贸市场，询问肉禽蛋菜等的价格和销售情况。在华茂集团精品紧密纺车间，了解产品开发、市场营销等情况。在安庆中小企业创业辅导中心，考察中心为中小企业提供信息、技术、融资等方面服务的情况并召开企业座谈会，了解企业生产经营状况，听取大家的想法和建议。李克强说，企业是经济的细胞，各级政府要更加关心企业的成长，千方百计为企业，特别是中小企业办实事解难题，增强经济发展的内生动力。在合肥滨湖新区公租房项目，询问开工建设进度、质量保证机制、住房分配流程等情况。他说，保障性安居工程既是重大民生工程也是重大发展工程。大规模建设保障性住房是健全社会保障体系的重要方面，可以改善中低收入住房困难群众的居住条件。

7月4—9日

［纲　文］　**王刚带领全国政协调研组在内蒙古自治区调研。**

［目　文］　全国政协副主席王刚调研时指出，各级政协组织和广大政协委员要认真学习和深刻领会胡锦涛总书记在庆祝中国共产党成立90周年大会上的重要讲话精神，把思想和行动统一到讲话精神上来，进一步突出工作主题，认真履行职能，为推动经济社会又好又快发展贡献更多智慧和力量。

王刚在鄂尔多斯、包头、呼和浩特、满洲里、呼伦贝尔等地，就加快转变经济发展方式、促进经济社会又好又快发展进行调研。王刚强调，内蒙古具有独特的生态优势、资源优势和区位优势。要坚持以科学发展为主题，以加快转变经济发展方式为主线，紧紧围绕富民强区这一目标任务，加快经济结构战略性调整，统筹城乡区域协调发展，注重节约资源保护环境，进一步深化改革开放，切实保障和改善民生，着力维护社会和谐稳定，不断巩固和发展民族团结、社会和谐、边疆安宁的好局面，努力走出一条民族地区经济社会又好又快发展的新路子。

7月4—10日

［纲　文］　**中宣部、人力资源社会保障部、司法部举办全国集中开展社会保险法宣传周活动。**

［目　文］　全国人大常委会委员长吴邦国作出批示指出，我国社会保障法制建设，事关广大人民群众的切身利益，事关社会主义和谐社会建设。深入开展社会保险法宣传普及活动，对保障法律有效实施、维护群众合法权益，具有十分重要的意义。希望普法活动与法制实践活动结合起来，让用人单位树立法制观念，自觉依法办事，让广大群众知晓法律知识，善于运用法律维护自身合法权益。

4日，宣传周启动仪式在北京举行。全国人大常委会副委员长华建敏出席启动仪式并讲话。中宣部有关负责人主持启动仪式，全国人大财经委、全国人大常委会法工委、人力资源社会保障部、司法部等单位负责人，以及用人单位代表、职工代表和社会保险经办机构代表参加了启动仪式。

7月4—6日

［纲　文］　**国际反贪局联合会第三届研讨会在上海召开。**

［目　文］　研讨会以“国际合作”为主题。来自84个国家和地区的400多名代表参加了本届研讨会。除开幕式和闭幕式以外，举行了3场全体大会和6场分组研讨，18人次主持了各场研讨，105人次作了发言。代表们就引渡和追捕腐败犯罪嫌疑人、追缴和返还涉案款物、交换腐败犯罪信息、注重预防腐败、保护举报人、建立信息情报库、培训反腐败专业人士等多方面问题展开讨论。代表们分享反腐败工作实践中的案例和经验，提出可借鉴的意见和建议。

国际反贪局联合会是由中国于2006年在北京发起成立、以推动《联合国反腐败公约》有效实施为宗旨的国际反腐败组织。

7月5日

［纲　文］　**全国人大常委会劳动合同法执法检查组第一次全体会议在北京举行。**

［目　文］　全国人大常委会委员长吴邦国作出批示指出，再次对劳动合同法的施行情况进行检查，目的是进一步解决劳动密集型中小企业和非公企业落实劳动合同规定等法律实施中存在的问题，保证劳动合同法得到更好实施。维护劳动者合法权益既是贯彻落实科学发展观的重要内容，又是党和国家执政为民的重要体现。全国人大常委会历来重视这一工作，继2008年之后，决定今年再次对劳动合同法的施行情况进行检查，目的是进一步解决法律实施中存在的问题，有效推动劳动密集型中小企业和非公企业落实劳动合同规定，规范劳务派遣用工行为，推进企业建立集体协商和集体合同制度，强化劳动监察工作，保证劳动合同法得到更好实施。

全国人大常委会副委员长华建敏、陈至立出席会议。全国人大财政经济委员会主任委员石秀诗主持会议并就执法检查工作进行总体部署。根据安排，全国人大常委会执法检查组于7月至8月分三个组赴黑龙江、广东、辽宁、浙江、福建、河南等省开展检查工作，并委托天津、山西、内蒙古、上海、江苏、安徽、山东、湖南、云南、甘肃10个省区市人大常委会分别对本行政区域内劳动合同法的实施情况进行检查。人力资源社会保障部、最高人民法院、中华全国总工会、国有资产监督管理委员会等部门负责人分别汇报了贯彻实施劳动合同法的情况。

7月5日

［纲　文］　**人民网报道，中共中央文献研究室编辑的《毛泽东思想年编（一九二一——一九七五）》《邓小平思想年编（一九七五——一九九七）》《毛泽东思想形成与发展大事记》《中国特色社会主义理论体系形成与发展大事记（一九七八—二〇一一）》，由中央文献出版社出版发行。**

［目　文］　《毛泽东思想年编（一九二一——一九七五）》，全面系统地反映了毛泽东同志在新民主主义革命、社会主义革命和社会主义建设、人民军队建设和军事战略、政策和策略、思想政治工作和文化工作、党的建设等方面的重要论述和理论观点，展现了毛泽东同志集中全党智慧、总结人民实践，创立、发展和完善毛泽东思想的历史过程。

《邓小平思想年编（一九七五— 一九九七）》，全面系统地反映了邓小平同志关于中国特色社会主义经济、政治、文化、军事、外交以及祖国统一和党的建设等方面的重要论述和理论观点，展现了邓小平理论的形成发展过程。

《毛泽东思想形成与发展大事记》和《中国特色社会主义理论体系形成与发展大事记（一九七八—二〇一一）》，采用编年体形式，通过翔实的历史文献和当代文献，系统反映了马克思主义中国化两大理论成果形成与发展的过程，记述了以毛泽东、邓小平、江泽民同志为核心的党的三代中央领导集体和以胡锦涛同志为总书记的党中央，坚持解放思想、实事求是、与时俱进，为推进马克思主义中国化作出的杰出贡献。

7月5日

［纲　文］　**全国组织部长学习胡锦涛总书记"七一"重要讲话精神研讨班在全国组织干部学院开班。**

［目　文］　中共中央政治局常委、国家副主席习近平出席开班式并讲话。研讨班由中组部举办，中组部部长李源潮主持开班式。各省区市、新疆生产建设兵团和副省级城市党委组织部部长参加研讨班。

习近平指出，胡锦涛同志"七一"讲话是总结过去、开创未来的马克思主义纲领性文献，对党的建设和组织工作具有十分重要的指导作用。组织工作战线的同志要带头深入学习，在工作中切实贯彻，各级领导干部要努力学得更深一些、更好一些，以自己的模范行动促进和带动组织工作战线学习贯彻的深入。

7日，李源潮出席研讨班结业式时指出，组织系统要带头学习贯彻胡锦涛总书记"七一"讲话精神，以改革创新精神提高组织工作科学化水平，为党领导的中国特色社会主义事业提供坚强组织保证。

7月5日

［纲　文］　**国务院办公厅转发发展改革委、财政部、卫生部《关于清理化解基层医疗卫生机构债务意见》。**

［目　文］　《意见》由五个部分组成：一、工作目标。二、基本原则。三、债务化解范围。四、偿债资金来源。五、工作要求。

《意见》指出，各地不得借新债还旧债，不得向群众摊派，不得挤占挪用其他医改专项资金，不得影响基层医疗卫生机构实施基本药物制度和推进综合改革。要将基层医疗卫生机构债务清理化解和不得举借新债落实情况作为对领导干部任期经济责任审计的重要内容。对虚报冒领、截留挪用、套取补助资金及造成资金损失的，除追回补助资金外，还要按照有关规定追究直接责任人和有关负责人的责任；涉嫌违法犯罪的，移交司法机关处理。

7月5日

［纲　文］　**中国职工技术协会在北京召开六届一次理事会议。**

［目　文］　中华全国总工会主席王兆国发贺信。在京的全国总工会书记处领导和100余名理事出席会议。会议审议通过了《中国职工技术协会章程（修正案）》和《中国职工技术协会五届委员会关于会费收支情况的报告》，并选举产生了中国职工技协第六届理事会理事长、副理事长和秘书长。

7月5日

［纲　文］　**"党在百姓心中"报告会在北京人民大会堂举行。**

［目　文］　报告会由中央宣传部、中央直属机关工委、中央国家机关工委、教育部、解放军总政治部和中共北京市委联合举办。中共中央政治局委员、北京市委书记刘淇，中共中央政治局委员、书记处书记、中宣部部长刘云山出席报告会。中宣部常务副部长雒树刚主持，在京党政军机关干部、高校师生、武警官兵和北京市各界干部群众代表3000余人参加报告会。

报告会上，北京建工集团利比亚项目部党委书记夏书仁讲述了在党和政府的关怀下，2800多名工人和农民工兄弟从战火纷飞的利比亚安全回到祖国的经历；市委讲师团机关干部尉红英讲述了在不同历史时期家乡密云两位英雄母亲为党的事业牺牲奉献的故事；大兴区榆垡镇刘家铺村党支部书记李书国讲述了农村党支部全心全意为村民服务的故事；北京外国语大学的维吾尔族大学生努尔比耶讲述了她在北京昌平内地新疆班幸福成长并加入中国共产党的故事；市卫生局党校职工于晓姝讲述了医护人员心系患者、救死扶伤的故事；中关村第一批"村民"纪世瀛讲述了中关村发展变化的故事；北京协和医学院教授梅品超讲述了三代科研人员在党的政策鼓舞下，立志报国的故事；来自香港的曾昭日讲述了自己在北京从一名普通厨师成为连锁餐饮企业老板，一心向党、奉献社会的故事；北京市电气工程学校袁天天讲述了权福苗老师爱学生、懂学生、帮学生，为一个个孩子铺就成功职业道路的故事；来自房山区霞云岭乡堂上村的李洋讲述了《没有共产党就没有新中国》歌曲在堂上村创作诞生的故事。

7 月 5 日

［纲　文］　**全国人大教科文卫委员会、中国地震局在大连举办全国贯彻实施防震减灾法座谈会。**

［目　文］　全国人大常委会副委员长路甬祥在座谈会上要求进一步贯彻实施好防震减灾法。全国 31 个省、自治区、直辖市人大和地震局的有关领导参加会议，交流各地在开展防震减灾立法、执法和法律实施监督等方面的做法和经验。

7 月 5 日

［纲　文］　**纪念中国儿童少年基金会成立 30 周年爱心单位和个人捐赠仪式在北京举行。**

［目　文］　全国人大常委会副委员长、中国儿童少年基金会理事长陈至立出席捐赠仪式，为爱心单位和个人颁发捐赠证书并讲话。

2011 年是中国儿童少年基金会成立 30 周年。30 年来，中国儿童少年基金会得到社会各界捐赠善款共计 19.2 亿元，实施的各个项目遍及全国各地，受益儿童近 1200 万人。

7 月 5 日

［纲　文］　**2011 年中国经济社会论坛在内蒙古自治区鄂尔多斯举办。**

［目　文］　全国政协副主席、中国经济社会理事会主席王刚出席开幕式并讲话。论坛由中国经济社会理事会和内蒙古自治区政协联合主办，论坛的主题是“世界经济调整与‘十二五’时期中国的发展”。共有 200 多人参加了会议。

7 月 5 日

［纲　文］　**中国—欧盟社会保障合作项目成果展示暨总结会议在北京举行。**

［目　文］　历时 5 年多的中国—欧盟社会保障合作项目是中国政府和欧盟在社会保障领域涉及内容最广、投入最多、历时最长的政府间合作项目。该项目中方直接受益人员达 2 万人次。中欧双方出席人员均表达了将共同应对社会保障领域各种挑战、继续开展全方位合作的愿望。中外代表共 180 人出席了会议。

据悉，项目在中国社会保障法制建设，养老、医疗、工伤、失业保险制度完善，政策评估、社保基金管理与运行、社会保障经办能力、退休人员管理服务等方面开展了一系列活动，共举办各类研讨会、培训班等 329 次，组织考察团 31 个；撰写和发表、出版项目成果、报告等逾千篇。项目还在北京、吉林、山东、湖南、四川和甘肃 6 个省份开展了试点活动。

2004 年 12 月，中国与欧盟领导人正式签署中欧社会保障改革合作项目财政协议，明确欧盟方面将为该项目提供赠款 2000 万欧元，通过向中方提供技术支持，协助中国在社会保障方面进行政策开发和能力建设。项目分两期执行，一期为政策开发，二期为政策实施（能力建设）。

7月5日

［纲　文］　**中共中央政治局常委、国家副主席习近平在北京会见以主席拉斯穆森为团长的欧洲社会党高级代表团。**

［目　文］　习近平指出，中国“十二五”规划和欧洲未来10年新的发展战略的实施，为中欧各自发展和中欧关系发展提供了重要战略机遇，希望双方进一步加强政治互信、互利合作和人文交往，推动中欧关系在更高水平上发展。习近平积极评价中欧党际关系，对欧洲社会党及其成员党多年来积极推动中欧关系发展表示赞赏。习近平强调，为应对共同挑战，中欧政党有必要加强定期交流，就中欧关系中的长期性、战略性、根本性问题进行深入对话，为推动中欧全面战略伙伴关系健康稳定发展发挥更大作用。

拉斯穆森代表欧洲社会党对中国共产党成立90周年并带领中国人民取得巨大发展表示祝贺。他说，通过此访，我们深入了解了胡锦涛总书记“七一”重要讲话和中国的“十二五”规划，对中共的执政任务和中国的未来发展走向有了更为全面的认识。

4日，中宣部部长刘云山在北京会见拉斯穆森一行时指出，在当前全球性挑战增多的新形势下，中国共产党愿通过高层互访、青年政治家交流及研讨会等形式继续与欧洲社会党开展多领域、深层次的交流与合作，为推动中欧全面战略伙伴关系稳定发展作出积极贡献。刘云山介绍了纪念中国共产党成立90周年活动情况，表示将以改革创新精神不断加强中国共产党的自身建设。

拉斯穆森强调，中欧合作关系对世界和平繁荣与发展意义重大。

7月5日

［纲　文］　**中国社会科学院拉丁美洲研究所成立50周年纪念大会暨“拉美现代化进程及其启示”学术研讨会在北京举行。**

［目　文］　全国政协副主席、中国社会科学院院长陈奎元为该所50周年华诞题词：研究拉美更知世界多样，振兴中华岂能亦步亦趋。

第九、十届全国人大常委会副委员长、中国拉丁美洲友好协会会长成思危，中国社会科学院常务副院长王伟光，对外联络部副部长陈凤翔，外交部部长助理张昆生，古巴驻华大使卡洛斯·米格尔·佩雷拉等出席大会并致辞。

在纪念大会之后举行的“拉美现代化进程及其启示”的研讨会中，拉丁美洲研究所和中国拉美学会邀请了部分论文入选专家就“拉美现代化及其意义”“拉美政治与国际关系的发展和演变”“拉美现代化进程中的问题”等议题发表演讲，并与听众进行探讨。

7月5日

［纲　文］　**美国旧金山各界举行系列活动，纪念中美乒乓外交40周年。**

［目　文］　国家体育总局副局长蔡振华率领中国奥委会和中国乒乓球协会代表团出席有关活动。中国驻旧金山总领事馆、旧金山市政府、美国国务院旧金山领团办公室联合举行大型招待会，中国驻旧金山总领事高占生在招待会上宣读了国务委员刘延东为纪念活动发来的贺信。刘延东在贺信中希望包括体育交流在内的人文交流，能够像40年前的乒

乓外交一样，为新时期中美两国建设相互尊重、互利共赢的合作伙伴关系再续辉煌。

本月1日至9日，美国方面分别在密尔沃基、旧金山和洛杉矶举办系列活动，纪念中美乒乓外交40周年。

7月5—31日

［纲　文］　**基础先行——国土资源调查评价成果展在中国国家博物馆举办。**

［目　文］　成果展由国土资源部、发展改革委、财政部联合举办。成果展总结展示了我国国土资源调查评价工作在土地资源、矿产资源、海洋资源、地质调查、地质灾害调查预警与防治、国土基础测绘等方面取得的成果及其在服务经济社会发展中的成效。

本次展览共分为中央篇、地方篇和企业篇三大板块。中央篇主要展示国土资源大调查、全国第二次土地调查、油气资源战略调查、金土工程等国家重大专项取得的成果；地方篇集中展示31个省（区、市）国土资源调查评价重要成果及在应用方面的成效；企业篇展示中央地勘单位、矿山企业及民营企业在地质找矿方面取得的成果。展览包含图片、模型和标本。

其间，国务院副总理李克强、国务委员兼国务院秘书长马凯等参观了成果展。

7月5—12日

［纲　文］　**第四届全国公安系统“卫士之光”书法、美术、摄影作品展在中国国家博物馆举办。**

［目　文］　作品展由公安部、中国书法家协会、中国美术家协会、中国摄影家协会主办，共征集作品近5000件。经评审筛选，展出了获奖作品300多件。

7月5—7日

［纲　文］　**伟大的历史记录——侯波、徐肖冰摄影作品展暨周鹏飞书法作品展在全国政协礼堂举办。**

［目　文］　展品为侯波、徐肖冰的60幅摄影作品及当代青年书法家周鹏飞的毛体书法代表作品近60幅。

侯波及其丈夫徐肖冰，是中国摄影界一对闻名遐迩的影坛伉俪。侯波是毛泽东的摄影师，她用手中的照相机真实记录了新中国成立初期这一段历史，塑造了一代开国领袖人物的形象，其代表作品如《开国大典》《毛主席1959年回韶山》《最高国务会议》《毛主席在飞机上工作》《毛主席与亚非拉朋友在一起》《毛主席在北戴河》等享誉世界，因而也有“红墙摄影师”的美誉；徐肖冰是原中国摄影家协会主席，先后参与了《延安与八路军》《抗美援朝》《开国大典》等多部重要纪录电影的摄影或编导工作，同时在摄影创作上成就斐然，拍摄了毛泽东、朱德、周恩来、刘少奇、邓小平等老一辈领导人以及反映我军民抗战、生活的照片，为党和国家留下了宝贵的历史资料。

7月5—6日

［纲　文］　**中国—西班牙论坛第六次会议在巴塞罗那举行。**

［目　文］　全国人大常委会副委员长、论坛中方主席乌云其木格出席论坛开幕式并

致辞。本次论坛的主题是：同处全球化世界中的中国与西班牙。来自中西双方的约300名代表就经济、文化、法律、两性平等、教育等多个话题进行了交流和讨论。

7月5—10日

［纲　文］　**第七届世界少年田径锦标赛在法国里尔举行。**

［目　文］　本届世界少年田径锦标赛共有近180个国家和地区的1400多名运动员参加。中国代表队共有32人，其中包括25名运动员。

7月5—12日

［纲　文］　**第十五届机器人世界杯赛（RoboCup）在土耳其伊斯坦布尔举行。**

［目　文］　中国科学技术大学“蓝鹰”队获得仿真2D组冠军和服务机器人组亚军，改写了中国服务机器人从未进入世界前五的历史。

7月6日

［纲　文］　**胡锦涛《在庆祝中国共产党成立90周年大会上的讲话》的蒙古、藏、维吾尔、哈萨克、朝鲜、彝、壮7种少数民族文字单行本出版发行。**

7月6日

［纲　文］　**温家宝主持召开国务院常务会议。**

［目　文］　会议主要内容是：一、部署2010年度中央预算执行等审计查出问题的整改工作。会议指出，近年来，审计机关紧紧围绕党和国家工作中心，深入开展对中央宏观经济政策贯彻落实情况的跟踪审计，加强对重大民生项目和资金的审计监督，大力推进经济责任审计，在保障中央政令畅通和加强改善宏观调控、推动反腐倡廉和法治建设、维护国家经济安全、促进社会和谐稳定方面发挥了重要作用。特别是今年上半年审计署组织全国审计机关4万多人，按照“见账、见人、见物，逐笔、逐项审核”的原则，对涉及债务的地方政府7.9万多个相关部门单位、6500多个融资平台公司、37万多个项目、187万多笔债务进行了审计，摸清了省市县三级地方政府性债务的规模、结构、成因及偿债风险状况，做了非常扎实的基础工作。2010年度，中央财政管理有明显改进，预算执行的严肃性和规范性进一步增强，但一些重大民生项目管理和财税、金融、投资等重点领域还存在一些问题，有的中央企业在重大决策、财务核算和内部控制方面还不够规范。多年形成的地方政府性债务规模较大，部分地区和行业偿债能力弱，存在风险隐患。二、会议批准《“十二五”支持西藏经济社会发展建设项目规划方案》。“十二五”西藏全社会固定资产投资较“十一五”时期大幅度增长，规划方案的顺利实施，将加快改善西藏各族群众生产生活条件，有力推动西藏实现跨越式发展。会议要求，按照量力而行、分步实施的原则，区分轻重缓急，有计划地推进西藏各项建设。继续发挥中央投资主导作用，引入市场机制，充分调动社会各方面支持西藏建设的积极性。加强项目规划与其他有关规划的衔接，建立健全工作机制，确保顺利实施，确保工程质量和经济社会效益。

7月6日

［纲　文］　**全国妇联参与社会管理及其创新工作会议在北京举行。**

［目　文］　全国人大常委会副委员长、全国妇联主席陈至立出席会议并讲话。全国妇联副主席、书记处第一书记宋秀岩就妇联组织参与社会管理创新工作作了具体部署。

陈至立指出，在新形势下，党中央作出加强和创新社会管理的重大决策部署，是从巩固党的执政地位、维护国家长治久安、保障人民安居乐业的大局出发作出的战略决策。各级妇联组织一定要认真贯彻落实中央精神，按照中央重大决策部署，努力做到认识深刻、政治敏感、视野开阔、工作创新、大胆探索，在参与社会管理创新中发挥妇联组织的优势和作用。

7月6日

［纲　文］　**国务院总理温家宝同黑山总理伊戈尔·卢克希奇互致贺函，庆祝中黑建交5周年。**

7月6日

［纲　文］　**中国全国人大与日本国会众议院合作委员会第六次会议在东京举行。**

［目　文］　全国人大常委会副委员长兼秘书长、合作委员会中方主席李建国与日本国会众议院运营委员会委员长、合作委员会日方主席川端达夫共同主持会议。

双方与会成员就双边关系、议会交往、经贸合作、环保能源合作、日本灾后重建及防灾救灾合作、人文交流以及国际和地区热点问题等话题进行了交流。双方肯定议会交往在推动中日关系改善和发展方面发挥的作用，一致表示将继续巩固和深化议会定期交流机制，增进两国议员尤其是年轻议员的了解与友谊，为推动两国战略互惠关系的发展作出新的贡献。双方定于明年在中国举行合作委员会第七次会议。

7月6日

［纲　文］　**全国文明办主任培训班在国家行政学院举行。**

［目　文］　中宣部部长刘云山出席并讲话。各省、自治区、直辖市和新疆生产建设兵团以及部分地级市文明办主任，中宣部、中央文明办、国家行政学院负责人，中央文明委成员单位有关部门负责人出席会议。国家行政学院常务副院长魏礼群主持会议。

刘云山指出，宣传思想文化战线要把学习宣传贯彻胡锦涛总书记在庆祝中国共产党成立90周年大会上的重要讲话精神作为当前重大政治任务，加强组织领导、精心安排部署，在广泛宣传上下功夫，在深刻阐释上下功夫，在深入人心上下功夫，切实把广大干部群众的思想和行动统一到讲话精神上来，凝聚起推进党的建设新的伟大工程和中国特色社会主义伟大事业的强大力量。

7月6日

［纲　文］　**全国教育投入和管理工作电视电话会议在北京举行。**

［目　文］　中共中央政治局委员、国务委员刘延东出席并讲话。国家教育体制改革领导小组成员，中央有关部门负责人等在主会场出席会议。各省（区、市）和计划单列

市人民政府、新疆生产建设兵团、部分市县人民政府及有关部门负责人等在分会场出席会议。

刘延东指出，要认真落实党中央、国务院关于加大教育投入促进教育优先发展的部署，拓宽财政性教育经费渠道，确保到2012年实现财政性教育经费支出占国内生产总值比例达到4％的目标，不断开创教育事业改革发展新局面。

7月6日

［纲　文］　**全国红十字会系统廉政工作会议在北京召开。**

［目　文］　全国人大常委会副委员长、中国红十字会会长华建敏出席会议并讲话。中国红十字会党组书记、常务副会长王伟通报了“郭美美事件”的有关情况，要求各地切实加强规范化管理，用实际行动维护红十字会的声誉和形象。会议要求各级红十字会自查自纠，对与企业合作的项目逐一进行自查，排除隐患，杜绝利用公益项目谋取商业利益的行为，维护红十字会的公益形象，发现问题要及时整改。

华建敏指出，清正廉洁是红十字会工作的生命线，要以严肃的态度、严格的要求、严厉的制度、严明的纪律做好红十字会工作，紧紧抓住制度建设这个根本，努力提升红十字会的社会公信力。

7日，北京市公安局通过官方微博“平安北京”表示，该局东城分局北新桥派出所接受报案后，经依法开展工作，现查明，郭美美（女，20岁，湖南省益阳市人）及其母与中国红十字总会无直接关联。在调查中，郭美美称对于中国红十字会此前并不了解，不认识相关人员，也从未担任相关职务，她是2011年3月份在与深圳商人王某交谈中，知道了王某与商业系统红十字会相关单位的合作意向。

“平安北京”称，郭美美认为原来在新浪微博上注册认证的“主持人、演员”身份层次较低，为满足其炫耀心理，于5月自行杜撰了“中国红十字会商业总经理”身份，提交新浪微博网站审核通过并加“V”认证。在审查中，郭美美对自己的不当行为表示后悔和歉意。

7月6日

［纲　文］　**中国文化产业投资基金在北京正式成立。**

［目　文］　该基金由财政部、中银国际控股有限公司、中国国际电视总公司和深圳国际文化产业博览交易会有限公司四家共同发起设立，基金规模200亿元，是中国首只由中央财政注资引导的国家级文化产业投资基金。中国文化产业投资基金吸收国有骨干文化企业、大型国有企业和金融机构认购设立。基金主要以股权投资方式，投资新闻出版发行、广播电影电视、文化艺术、网络文化、文化休闲及其细分文化及相关行业等领域。

7月6日

［纲　文］　**全国稀土出口工作会议在包头召开。**

［目　文］　发展改革委、财政部、工业和信息化部、国土资源部、环境保护部、海关总署等有关部门负责人出席会议并讲话。国内稀土主产区商务主管部门、行业协会（学

会）、稀土出口企业代表共100多人参加会议。

商务部副部长兼国际贸易谈判副代表钟山在会上作了《认真贯彻国务院决策部署，切实做好稀土出口管理工作》的主题报告。报告指出，稀土是不可再生的重要战略资源，完善稀土出口管理工作，对保护资源和环境，推动行业转型升级，促进行业健康发展具有重要意义。

7月6日

［纲　文］　**庄仕华同志先进事迹报告会在北京人民大会堂举行。**

［目　文］　报告会由中宣部、国家民委、卫生部、解放军总政治部和新疆维吾尔自治区党委联合举办。中央民族大学学生和驻京部队官兵约800人听取报告。

庄仕华现任武警新疆总队医院院长，入伍从医38年来，多次立功受奖，被授予“全国民族团结进步模范”“中国武警十大忠诚卫士”等荣誉称号。中共中央总书记胡锦涛多次接见庄仕华，高度评价他的先进事迹，称赞他把党的温暖送到群众中去，是为民造福、为党树碑。

7月7日

［纲　文］　**国务院公布《电力安全事故应急处置和调查处理条例》。**

［目　文］　《条例》共6章37条。主要有总则、事故报告、事故应急处置、事故调查处理、法律责任、附则等内容。自2011年9月1日起施行。

7月7日

［纲　文］　**国务院批准设立浙江舟山群岛新区。**

［目　文］　浙江省省长吕祖善在国新办新闻发布会上宣布，国务院已正式批准设立浙江舟山群岛新区，成为我国继上海浦东新区、天津滨海新区和重庆两江新区后又一个国家级新区，也是国务院批准的我国首个以海洋经济为主体的国家战略层面新区。

国务院批准的舟山群岛新区范围包括舟山市现有行政区域范围，功能定位为浙江海洋经济发展的先导区、海洋综合开发试验区、长三角地区经济发展的重要增长极。舟山群岛新区将努力建成我国大宗商品储运中转加工交易中心、东部地区重要的海上开放门户、我国海洋海岛科学保护开发示范区、我国重要的现代海洋产业基地和我国陆海统筹发展先行区。

7月7日

［纲　文］　**商务部等11部门发布《关于“十二五”期间促进机电产品出口持续健康发展的意见》。**

［目　文］　《意见》由六个部分组成：一、指导思想、原则和目标。二、实施以质取胜和科技兴贸战略，优化出口产品结构。三、实施市场多元化战略，优化出口市场结构。四、规范企业经营行为，优化出口经营主体结构。五、加大政策支持力度，提高企业国际竞争力。六、进一步提高服务水平，营造公平竞争贸易环境。

7月7日

［纲　文］　**证监会公布《基金行业人员离任审计及审查报告内容准则》，自2011年10月1日起施行。**

7月7日

［纲　文］　**贾庆林在北京会见来京参访的台湾台中市市长胡志强一行。**

［目　文］　全国政协主席贾庆林表示，近年来，在双方共同努力下，两岸市县交流合作蓬勃展开，成为两岸大交流的一个新亮点。两岸市县交流合作顺应两岸关系和平发展潮流，符合当地经济文化发展脉络，贴近当地基层民众需求，给当地民众带来实实在在的利益。三年来，两岸交流合作总体态势良好。两岸民众通过密切往来、交流合作，拉近了距离，融洽了感情，加深了了解，扩大了共同利益，为两岸关系和平发展培植了民意基础，增添了活力。希望两岸交流合作越来越扩大，越来越深化，进一步造福两岸同胞。扩大与深化两岸交流合作，需要我们共同维护两岸关系和平稳定的大环境，共同保持两岸关系和平发展的良好势头，不能停滞，更不能倒退。两岸交流合作潜力巨大，前景广阔，大有可为。只要两岸同胞紧抓机遇，凝聚共识，互谅互让，彼此尊重，就一定能够继续开创两岸互利双赢、共同繁荣的美好前景。

胡志强表示，台中与大陆各地的交流合作一直很热络。两岸经济合作框架协议的实施成效显著，台中也从中受益。大陆居民赴台个人游开辟了两岸人民交往的新渠道，欢迎更多的大陆同胞到台中做客。两岸关系和平发展不可阻挡，会越走越顺。

同日，中共中央台办、国务院台办主任王毅在北京会见了胡志强一行。

7月7日

［纲　文］　**国土资源部和国务院台湾事务办公室在海南召开涉台土地投诉调处工作协调会。**

［目　文］　会议认为，当前涉台土地调处工作取得一定成效，涉台土地投诉案件的总体数量递减，投诉调处工作机制初步形成，台商用地合法权益得到保障。会议要求，各地区各部门要继续高度重视涉台土地调处，坚持“属地管理、分级负责”和“谁主管、谁负责”的原则，深入开展涉台土地案件专项治理；继续高度重视保护台商合法权益，进一步加强宣传教育，引导台商守法经营，合理用地。

7月7日

［纲　文］　**深化三项重点工作座谈会在北京召开。**

［目　文］　18个省区市党委政法委就深入推进社会矛盾化解、社会管理创新、公正廉洁执法三项工作情况作汇报。

中共中央政治局委员、中央综治委副主任王乐泉在座谈会上指出，各地各部门要认真学习贯彻胡锦涛总书记在庆祝中国共产党成立90周年大会上的重要讲话精神，按照省部级主要领导干部社会管理及其创新专题研讨班和全国政法工作会议的要求，以更高的认识、更大的力度、更实的措施，着力破解社会管理难题，努力把社会管理提高到新水平。

各级政法综治部门要进一步完善工作机制，深化综合试点，落实项目规划，加强督促指导，确保中央关于加强和创新社会管理的决策部署落实到位。

7月7日

［纲　文］　**外交部发言人举行例行记者会。**

［目　文］　有记者问，据日本媒体报道，日本外相松本刚明日前访华时，曾对当前南海形势表示担忧，请问中方表明了什么样的立场？

发言人说，在日前举行的中日外长会谈中，杨洁篪外长重申了中方在南海问题上的原则立场，强调中国和日本的周边海域以及亚洲周边海域的航道始终是畅通的，航行自由是有保障的。日本长期以来是周边海域包括南海航行自由的主要受益方之一，对有关海域实际情况是清楚的。

7月7日

［纲　文］　**中共上海市委原书记（当时设有第一书记）、上海市原副市长韩哲一，在上海逝世，享年98岁。**

7月7日

［纲　文］　**政协西藏自治区委员会庆祝西藏和平解放60周年座谈会在拉萨召开。**

［目　文］　全国政协副主席、西藏自治区政协主席帕巴拉·格列朗杰主持座谈会。西藏各界爱国人士代表与会，结合自身体会，通过新旧西藏的巨大变化，畅谈西藏和平解放60年来的发展进步。

7月7—8日

［纲　文］　**华建敏率领全国人大常委会劳动合同法执法检查组在哈尔滨进行执法检查。**

［目　文］　检查组对建筑、商业企业进行了检查。全国人大常委会副委员长华建敏指出，事实证明，劳动合同法实施三年来的成效是很明显的，劳动合同签订率明显上升，短期劳动合同比重逐步下降，集体合同覆盖范围逐步扩大，职工工资水平稳步提高，社会保险参保人数显著上升，用人单位违法案件数量和劳动争议案件数量有所下降。要进一步推动劳动合同制度规范化，提高劳动密集型中小企业和非公企业中劳动合同，特别是农民工劳动合同的签订率。

7月7—9日

［纲　文］　**应外交部部长杨洁篪邀请，菲律宾外长德尔罗萨里奥对中国进行正式访问。**

［目　文］　8日，国家副主席习近平在北京会见德尔罗萨里奥时表示，事实证明，中菲两国有着广泛的共同利益、广阔的合作空间，加强友好合作符合两国和两国人民的根本和长远利益。习近平阐述了中国的外交方针政策，强调中国坚持走和平发展道路，表示中菲同属亚洲发展中国家，中国政府重视发展同菲律宾的关系，愿根据平等互利、共同发展的原则，进一步促进中菲各领域务实合作。中方愿继续本着“与邻为善、以邻为伴”的方针，同菲方一道，共同推动中菲关系不断取得新进展。

德尔罗萨里奥表示，菲律宾政府重视对华关系，愿同中方加强高层交往，促进各领域交流合作，推动菲中战略性合作关系不断向前发展。

同日，杨洁篪在北京与德尔罗萨里奥举行会谈，双方就两国关系和重要的地区及国际问题交换了意见。杨洁篪表示，德尔罗萨里奥就任菲律宾外长以来的首次访华将有助于双方在两国关系以及地区和国际事务上加强沟通与协调。

7月7—10日

［纲　文］ **第十九届亚洲田径锦标赛在日本神户举行。**

［目　文］ 来自亚洲田联45个国家和地区的约600名运动员在42个单项比赛中展开角逐。中国队派出41名选手，参加24个项目的比赛。中国队以10金12银5铜、共27块奖牌排名第二。

7月8日

［纲　文］ **教育部印发《切实保证中小学生每天一小时校园体育活动的规定》。**

7月8日

［纲　文］ **中国国际航空公司成都至西藏日喀则完成首航，日喀则拥有了首条正式航线。**

7月8—9日

［纲　文］ **中央水利工作会议在北京举行。**

［目　文］ 胡锦涛、吴邦国、温家宝、贾庆林、李长春、习近平、李克强等党和国家领导人出席会议。发展改革委、财政部、水利部、黑龙江、江苏、山东、湖南、重庆、甘肃等单位有关负责人在会上发言。中央农村工作领导小组成员，各省、自治区、直辖市和计划单列市、新疆生产建设兵团的主要负责人，中央和国家机关及军队有关单位负责人，部分高校负责人等出席了会议。国务院副总理李克强主持会议。

中共中央总书记胡锦涛在会议上指出，加快水利改革发展的主要目标是，力争通过5年到10年努力，从根本上扭转水利建设明显滞后局面。到2020年，基本建成防洪抗旱减灾体系、水资源合理配置和高效利用体系、水资源保护和河湖健康保障体系、有利于水利科学发展的体制机制和制度体系。要坚持民生优先、统筹兼顾、人水和谐、政府主导、改革创新的原则。加快水利改革发展，是事关我国社会主义现代化建设全局和中华民族长远发展重大而紧迫的战略任务，是保障国家粮食安全的迫切需要，是转变经济发展方式和建设资源节约型、环境友好型社会的迫切需要，是保障和改善民生、促进社会和谐稳定的迫切需要，是应对全球气候变化、增强抵御自然灾害综合能力的迫切需要。我们必须充分认识加快水利改革发展的重要性和紧迫性，积极行动起来，更加扎实地做好水利工作，推动水利事业又好又快发展。

国务院总理温家宝在讲话中指出，要认真总结国内外治水的经验教训，立足我国基本国情，顺应自然规律和社会发展规律，适应经济社会发展要求，制定实施新形势下的治水方略。

国务院副总理回良玉在总结讲话中指出，要抓紧建设一批重大水利工程，突出强化小型水利建设，明确政府在水利建设中负主要责任，建立健全体制机制，激发加快水利发展活力。要落实领导责任，提高工作水平，加强监督检查，搞好宣传引导，形成全社会治水兴水的强大合力。

7月8—9日

［纲　文］　**孟建柱在内蒙古自治区调研**。

［目　文］　国务委员、公安部部长孟建柱在满洲里中俄边境线边防执勤岗、公安边防检查站和满洲里口岸，看望国门卫士和出入境工作人员，要求大家在保卫国门安全的同时，努力以文明高效的服务展示中国的良好形象；观看了呼和诺尔“草原110”演练；考察了呼伦贝尔市公安局深入推进“三项建设”情况；在海拉尔分局靠山街派出所与群众座谈。他指出，只要我们把群众当亲人，群众就会把我们当亲人，要从各族群众最关心的事情做起，创新社会管理，延伸服务触角，为群众生产生活创造和谐安宁的社会环境。广大公安民警要牢记根本宗旨，发扬优良传统，永葆忠诚本色，进一步增强政治意识、大局意识、忧患意识和责任意识，扎扎实实地做好各项公安工作，切实维护民族地区长治久安。

7月8—13日

［纲　文］　**贾庆林在吉林省调研**。

［目　文］　全国政协主席贾庆林此次调研重点是：加快转变经济发展方式，推动农业现代化与工业化、城镇化协调发展。

贾庆林在长白山保护开发区、延边、吉林、辽源、长春等地的企业、田间地头、农村乡镇、街道社区，与干部群众共商“十二五”改革发展大计；在吉林市东福米业有限责任公司、吉林金翼蛋品有限公司、长春九台市龙嘉镇袁家村四社玉米高产示范田，了解发展现代农业、农业产业化和粮食增产、农民增收等情况；在吉林丰满水库，查看水利工程建设情况；在吉林敖东药业集团股份有限公司、中石化吉林石化公司碳纤维厂、大陆汽车电子（长春）有限公司、吉林麦达斯铝业有限公司、长春轨道客车股份有限公司的生产线、展厅和仓库，了解工艺流程、产品研发和节能减排等情况；在辽源市东北袜业纺织工业园，和创业的大学生交谈；在长春市高新区长东北核心区规划建设展览馆，了解城市发展规划、长春吉林一体化建设情况；在2010年洪涝灾害受灾最重的永吉县口前镇，了解灾后恢复重建情况。

贾庆林指出，要大力推进农业现代化，加快转变农业发展方式，加强以水利为重点的农业基础设施建设，稳定发展粮食生产，提高农业产业化和规模化经营水平，促进农业可持续发展。要坚持走新型工业化道路，加快改造提升传统产业，积极培育和发展战略性新兴产业，扎实推进节能减排和环境保护，努力构建结构优化、技术先进、清洁安全、附加值高、吸纳就业能力强的现代产业体系。

7月8—10日

［纲　文］ **世界史学会第二十届年会在首都师范大学召开。**

［目　文］ 年会由世界史学会主办、首都师范大学历史学院全球史研究中心协办。来自30多个国家和地区的500位学者参加会议。年会包括两个议题：世界历史上的中国、中心—边缘视角中的世界史。

7月9日

［纲　文］ **国家主席胡锦涛致电南苏丹共和国总统基尔，代表中国政府和人民祝贺南苏丹共和国正式建国，基尔就任南苏丹共和国首任总统。**

［目　文］ 胡锦涛在贺电中说，今年1月，苏丹南方公投顺利举行，南方人民选择独立。苏丹南北双方经过友好协商，就继续落实《全面和平协议》及公投结果达成一致，开启了苏丹南北方关系的新篇章。南苏丹共和国的诞生是苏丹南方人民的共同意愿和自主选择。衷心祝愿年轻的南苏丹共和国在国家建设和发展的道路上不断取得新成就，成为维护和平稳定、促进共同发展的积极力量。中国同南苏丹共和国虽然远隔千山万水，但两国人民有着深厚的传统友谊和加强友好交往的共同愿望。中国同南苏丹共和国正式建立外交关系同样开启了两国关系的新篇章。中国尊重南苏丹共和国人民自主选择的政治制度和发展道路，愿在和平共处五项原则基础上，同南苏丹共和国建立和发展长期健康稳定的友好合作关系，以造福两国和两国人民。

同日，国家主席胡锦涛特使、住房城乡建设部部长姜伟新在朱巴出席南苏丹共和国独立庆典。其间，姜伟新代表中国政府和南苏丹外长阿鲁尔签署了两国建交公报，并与南苏丹议长瓦尼共同为我驻南苏丹共和国大使馆揭牌。

11日，中国向南苏丹捐赠10万枚建国纪念邮票和象征南苏丹10个州的10枚邮戳仪式在中国驻南苏丹大使馆举行。中国驻苏丹大使馆临时代办李志国和苏丹电信和邮政服务部部长马杜特以及中苏官员数十人出席了交接仪式。这是南苏丹共和国建国后发行的首套邮票，共3枚：第一枚印着南苏丹国旗，第二枚印着南苏丹国徽，第三枚印着苏丹人民解放运动前领导人约翰·加朗头像。

7月9日

［纲　文］ **外交部发言人表示，中方敦促美有关议员停止纵容、支持达赖集团的反华分裂活动。**

［目　文］ 有记者问：据报道，7月7日，美国会众议长博纳、众议院民主党领袖佩洛西等国会议员集体会见了达赖。中方对此有何评论？

发言人说，西藏事务纯属中国内政，中方坚决反对任何国家、任何人在西藏问题上干涉中国内政。达赖几十年的言行表明，他不是一个单纯的宗教人士，而是打着宗教幌子、长期从事分裂中国活动的政治流亡者。中方敦促美有关议员停止纵容、支持达赖集团的反华分裂活动。

7月9—10日

［纲　文］　**温家宝在陕西调研。**

［目　文］　国务院总理温家宝在咸阳、西安等地就当前经济运行有关问题调研，并在西安主持召开山西、河南、四川、陕西四省经济形势座谈会。温家宝指出，当前我国经济保持平稳较快发展，经济运行的情况总体是好的。同时，经济发展的国内外环境仍然十分复杂，不稳定、不确定因素还不少。要准确判断经济形势，认真研究和及时解决影响经济发展的突出问题，把稳定物价总水平作为宏观调控的首要任务，坚持宏观调控的取向不变，把握好宏观经济政策的方向、力度和节奏，提高政策的针对性、灵活性、前瞻性，统筹做好关系全局的各项工作，努力实现今年经济社会发展目标。

温家宝在礼泉县西张堡镇白村的种果、养猪、沼气三结合示范基地了解生猪饲养情况。在咸阳市良种猪繁育示范基地考察猪崽繁育问题。在咸阳华润万家超市了解猪肉供应销售情况，并在库房里与生猪养殖、屠宰、检验检疫、猪肉加工、销售企业以及保险公司等方面的人员座谈。在西北二棉集团公司，考察了企业生产情况，观看了企业新产品。在公司会议室里，他与咸阳市10家棉纺、服装企业负责人座谈。温家宝说，纺织业与国际市场关联度高。当前，国际金融危机复苏进程曲折缓慢，大宗商品价格波动异常。只有调整结构，降低成本，提高质量，才能在竞争中取胜。这是一场硬仗。他要求有关部门要从行业入手，分行业研究，分类施策，及时解决。考察了西安凤城精密机械公司、西安煤矿机械有限公司。在陕西贝斯特物流公司，考察了企业仓库区、零担区，询问了不同货物运输量变化情况。在西安泰和居廉租住房小区看望居民。

7月9—10日

［纲　文］　**“2011库布其国际沙漠论坛”在内蒙古自治区鄂尔多斯市库布其沙漠核心区七星湖举行。**

［目　文］　全国政协主席贾庆林致信祝贺。中共中央政治局委员、国务委员刘延东出席开幕式并致辞。论坛由科技部、全国政协人口资源环境委员会、农业部、国家林业局、国家旅游局、全国工商联、内蒙古自治区人民政府共同主办，鄂尔多斯市和亿利资源集团共同承办。来自近30个国家、10多个国际组织的官员、专家以及企业代表共300余人出席。

此次论坛的主题是“沙漠科技新经济”。以库布其沙漠现场观摩考察和论坛交流研讨相结合的方式举行。与会嘉宾参观库布其沙漠生态交流工程和产业基地，围绕“荒漠化防治与技术创新”“荒漠化防治与新兴产业”“荒漠化防治与区域扶贫开发”“荒漠化防治与应对气候变化”“荒漠化防治与沙漠旅游”“荒漠化防治与社会责任”等议题，交流全球荒漠化防治及新兴产业发展的先进技术与经验。

7月9—10日

［纲　文］　**2011年中美中医药肿瘤学术研讨会在北京举行。**

［目　文］　研讨会由国家中医药管理局和美国人类与健康服务部共同主办，中国中

医科学院肿瘤研究所、中国中医科学院广安门医院、美国国立癌症研究所补充与替代医学办公室承办。会议的主要议题包括中美中医药肿瘤研究领域科技合作概况及展望；政府在国际科技合作交流中的重要性；中美中医药肿瘤研究领域国际科技合作样板展示；中美中医药肿瘤新药研发与评审。

中美双方专家认为，当今国际社会对于肿瘤的防治还处于初级阶段，从目前的情况看，单靠中医或西医一支力量攻克癌症是不可能的。只有中西医、中西方加强团结、取长补短、优势互补才是正确的道路。

7 月 10 日

［纲　文］　**第二届中国行政改革论坛在北京举行。**

［目　文］　论坛由中国行政体制改革研究会主办，论坛的主题为“十二五：转变经济发展方式与行政体制改革”。国务委员兼国务院秘书长、国家行政学院院长马凯出席论坛并致辞。他强调，加快转变经济发展方式必须同时推进行政体制改革，做到相互联动、相互促进，这是上层建筑适应经济基础和经济发展的必然要求。

国家行政学院常务副院长、中国行政体制改革研究会会长魏礼群在论坛开幕式上作主旨演讲。中央国家机关有关部门和单位负责人、有关专家学者 150 余人参加了论坛。

7 月 10 日

［纲　文］　**中国女子排球队在俄罗斯叶卡捷琳堡获得俄罗斯总统杯女排赛冠军。**

7 月 10—13 日

［纲　文］　**中共中央政治局委员、国务院副总理张德江率中国友好代表团访问朝鲜，出席《中朝友好合作互助条约》签订 50 周年纪念活动。**

［目　文］　访问期间，张德江在平壤分别会见了朝鲜最高领导人金正日、朝鲜内阁总理崔永林；与朝鲜党中央书记兼最高人民会议议长崔泰福、副总理卢斗哲、对外文委委员长金贞淑等共同出席了由朝中友好协会举行的《中朝友好合作互助条约》签订 50 周年纪念宴会并致辞；与崔永林共同出席了中国驻朝鲜大使刘洪才举行的《中朝友好合作互助条约》签订 50 周年纪念宴会；参谒了平壤锦绣山纪念宫，瞻仰了金日成主席遗容，并前往朝中友谊塔，向中国人民志愿军烈士敬献了花圈。

7 月 11 日

［纲　文］　**胡锦涛在北京会见武警部队第二次党代表大会代表。**

［目　文］　中共中央政治局常委、国务院总理温家宝，中共中央政治局常委、国家副主席、中央军委副主席习近平等参加会见。

中共中央总书记、国家主席、中央军委主席胡锦涛在会见大会代表时指出，高举中国特色社会主义伟大旗帜，以邓小平理论和“三个代表”重要思想为指导，深入贯彻落实科学发展观，全面推进现代化武警力量建设，努力开创武警部队建设科学发展的新局面。这些年来，武警部队坚决贯彻党中央、国务院、中央军委的决策部署，出色完成了执勤处突、反恐维稳、抢险救灾等各项重要任务，经受住了严峻考验，充分展示了威武之师、文明之师的良好形象，赢得了党和人民的高度赞誉。武警部队肩负着维护国家安全和社会稳定、保障人民安居乐业的神圣职责，地位重要，使命光荣。要更加重视从思想上政治上建设部队，始终保持部队坚定正确的政治方向。要下大力抓好军事训练，不断增强有效履行职责使命的能力。要坚持依法治警、从严治警，扎实做好抓基层打基础工作。要努力提高部队党的建设科学化水平，带领广大官兵为夺取全面建设小康社会新胜利作出更大贡献。

经党中央、中央军委批准，武警部队第二次党代表大会7月7日至7月11日在北京召开。

7月11日

［纲　文］　**中共中央总书记胡锦涛、全国人大常委会委员长吴邦国在北京分别会见以最高人民会议常任委员会副委员长杨亨燮为团长的朝鲜友好代表团。**

［目　文］　胡锦涛说，在《中朝友好合作互助条约》签订50周年之际，中朝两国派团互访，共同纪念这一具有重要历史意义的日子，将进一步深化中朝睦邻友好和互利合作。50年来，在条约精神指导下，中朝两国相互尊重，相互支持，密切合作，共同推动两国关系不断向前发展。中国党和政府高度重视发展中朝友好合作关系，我们愿同朝方一道，继续本着继承传统、面向未来、睦邻友好、加强合作的精神，密切高层交往、深化战略沟通、扩大互利合作、加强治党治国经验交流，推动中朝友好合作关系持续深入向前发展。

杨亨燮祝贺中国共产党成立90周年。他说，朝中传统友谊是两国老一辈领导人亲手缔造和培育的，是双方共同的宝贵财富。在两国最高领导人亲切关心和双方共同努力下，朝中关系进入了新的发展阶段，双方各领域交流与合作不断深化。

吴邦国会见杨亨燮时说，巩固和发展中朝睦邻友好合作关系是中国党和政府坚定不移的战略方针，也是中国人民的真诚愿望。中方将继续秉承条约精神，与朝方一道，认真落实两国最高领导人达成的合作共识，密切高层交往，加强战略沟通与协调，不断拓展务实合作的深度和广度，把中朝关系不断推向前进。

杨亨燮表示，朝鲜党和政府始终高度重视发展与中国的友好合作关系，愿同中方一道，加强与包括中国全国人大在内的各方面的友好往来，全面深化各领域务实合作，共同推动朝中关系继续向前发展。

同日，中国人民对外友好协会与中朝友好协会在北京举办《中朝友好合作互助条约》签订50周年纪念招待会。全国人大常委会副委员长蒋树声，中国人民对外友好协会会长陈昊苏和杨亨燮等出席招待会。

10日，国务委员戴秉国和杨亨燮出席朝鲜驻华大使池在龙在使馆举行的《中朝友好合作互助条约》签订50周年纪念宴会。

7月11日

［纲　文］　**国务院办公厅印发《关于加强气象灾害监测预警及信息发布工作的意见》。**

［目　文］　《意见》由六个部分组成：一、总体要求和工作目标。二、提高监测预报能力。三、加强预警信息发布。四、强化预警信息传播。五、有效发挥预警信息作用。六、加强组织领导和支持保障。

《意见》指出，各有关部门要加强同宣传部门和新闻媒体的联系沟通，及时准确提供信息，做好气象灾害监测预警工作宣传报道，引导社会公众正确理解和使用气象灾害预警信息，防止歪曲报道、恶意炒作，营造全社会共同关心、重视和支持预警信息发布、传播和应用工作的良好氛围。

7月11日

［纲　文］　**国务院新闻办公室发表《西藏和平解放60年》。**

［目　文］　《60年》由前言、西藏和平解放的实现、和平解放60年的发展历程、举世瞩目的伟大成就、结束语组成。

结束语说，60年在人类历史的长河中只是短暂的瞬间。但是，在中国共产党和中国政府的领导下，西藏各族人民创造了短短60年跨越上千年的人间奇迹。和平解放60年的历史证明，西藏作为中国不可分割的组成部分，历来与祖国同命运、共发展。

7月11日

［纲　文］　**财政部、国务院扶贫办印发《中央专项彩票公益金支持贫困革命老区整村推进项目资金管理办法》。**

［目　文］　《办法》共7章36条。主要有总则，项目资金的来源和使用范围，项目申报、审核和资金下达，项目资金管理，项目实施管理，项目验收评价及后续管理，附则等内容。自2011年8月1日起执行。2008年11月4日印发的《中央专项彩票公益金支持扶贫事业项目管理办法》（财农〔2008〕340号）同时废止。

7月11日

［纲　文］　**国家副主席、中央军委副主席习近平在北京会见美军参联会主席马伦。**

［目　文］　习近平指出，两军关系是两国关系的重要组成部分。一个健康稳定的两军关系，对建设中美合作伙伴关系具有重要意义。近期两军关系稳步发展、持续改善，这符合两国元首关于发展两军关系的重要共识，也有利于中美两军加强合作、共同应对国际地区安全形势的新挑战。希望两国防务部门和军队继续加强交往，增进了解，扩大共识，深化互信，积极落实双方达成的一系列重要共识，努力排除影响两军关系发展的障碍，共同建设相互尊重、合作互惠的军事关系。

马伦说，美中是世界上两个重要的国家，美中关系在当今世界的重要性与日俱增，美方高度重视两国关系，愿在相互尊重、相互信任的基础上不断推动两国关系发展。

同日，国务委员兼国防部部长梁光烈在北京会见马伦时说，双方应坚持和确立有利于两军关系发展的相关政策；要加强战略互信，诚心实意地把对方当成合作伙伴；要真正重视加强防务安全领域的务实合作。希望美方与中方相向而行，以合作增互信，以互信促合作，在相互尊重、平等互利的基础上，妥善处理双方存在的矛盾和分歧，不断提升两军关系发展水平。

马伦说，美方希望此访能够促进两军在相互尊重、相互信任的基础上保持良好关系，以造福子孙后代。

7月11日

［纲　文］　**国务院副总理李克强在北京会见联合国副秘书长兼艾滋病规划署执行主任西迪贝**。

［目　文］　李克强说，中国高度重视艾滋病防治，不断增加政府专项资金，完善工作机制，取得了积极成效。但目前艾滋病流行形势依然严峻，防治任务十分艰巨。做好艾滋病防控，要继续坚持“政府组织领导、部门各负其责、全社会共同参与”的工作机制，不仅政府要加大投入，加强工作，而且要鼓励支持社会团体、社区组织、感染者组织等社会组织在监测、防治、普及知识、人文关怀等方面发挥更大作用。借鉴国际先进理念，创新工作模式，促进防治服务全面可及。加强科技研发，力争在药品方面有新的突破。更好地保障感染者和病人及其家属的合法权益。做到减少新发感染、减少相关死亡、消除歧视。

西迪贝高度评价中国政府防控艾滋病的积极成效，表示愿进一步加强与中方的合作。

7月11日

［纲　文］　**中共中央政治局委员、全国政协副主席王刚在北京会见以政治局委员、外事和国外党员事务书记西阿维夫为团长的阿尔及利亚民族解放阵线党代表团**。

［目　文］　王刚说，中阿建交50多年来，两国传统友谊经受住了国际风云变幻的考验，始终健康稳定发展，不断焕发出新的活力。中国共产党和阿尔及利亚民族解放阵线党一直保持着良好合作，为两国关系的发展奠定了坚实的政治基础。我们愿在党际交往四项原则基础上，进一步加强两党务实合作，增进相互了解和友谊，交流治国理政经验，为深化中阿战略合作关系作出新贡献。

7月11日

［纲　文］　**中共中央政治局委员、中央政法委副书记王乐泉在北京会见由国民议会副议长孔迪率领的巴基斯坦跨党派青年议员考察团**。

［目　文］　王乐泉表示，2011年是中巴建交60周年，也是“中巴友好年”，我们愿与巴方一道努力，深化全天候友谊，加强全方位合作，推动中巴战略合作伙伴关系不断深入发展。

孔迪表示，巴基斯坦国民议会和各政党愿以巴中建交60周年为契机，进一步促进两国各领域的务实合作，特别是两国青年之间的深入交流，推动巴中全天候友谊向更高水平发展。

7月11日

［纲 文］ **中国打击侵犯知识产权和制售假冒伪劣商品专项行动成果展启动仪式在北京举行。**

［目 文］ 国务院总理温家宝为成果展撰写了导语。温家宝在导语中指出，随着知识产权的兴起和经济全球化的深入，知识产权在世界各国经济发展战略中的地位和作用日趋重要。加强知识产权保护，已成为各国发展科技、提高核心竞争力的必然选择。中国政府高度重视知识产权保护，近年来制定了国家知识产权战略，建立了与国际通行规则相协调、符合中国国情的知识产权法律体系，形成了行政与司法相结合的知识产权保护模式。“十二五”是我国深化改革开放、加快转变经济发展方式的关键时期。我们必须坚持以科技进步和创新作为重要支撑，对保护知识产权工作提出更高的要求，坚决遏制部分领域和地区存在的侵权盗版、制售假冒产品现象。为适应这一形势和任务，国务院决定从2010年10月到2011年6月，在全国集中开展打击侵犯知识产权和制售假冒伪劣商品专项行动，针对侵权假冒的重点内容、重点地区、重点领域和重点产品，采取有力措施，开展集中整治，查办大案要案，曝光违法违规企业，震慑违法犯罪分子，维护公平竞争的市场秩序。为展现中国政府保护知识产权的一贯立场和坚定决心，国务院批准举办这次专项行动成果展览。希望通过典型案例展示和正面宣传引导，进一步唤起全社会的知识产权保护意识，动员广大企业和公众支持并参与知识产权保护，从而形成崇尚创新、诚信守法的社会氛围，为建设创新型国家、推动科学发展作出贡献。

国务院副总理、全国打击侵犯知识产权和制售假冒伪劣商品专项行动领导小组组长王岐山出席启动仪式，点击开通成果展网站。展览设中文、英文两个版本，展览内容分发至中国网络电视台的各大海外镜像站点，覆盖北美、欧洲、东南亚、中东、非洲等的190个国家和地区。展览将持续3个月，其间设立“省（区、市）部活动日”，邀请专项行动领导小组成员单位、各省（区、市）政府负责人以及企业、专家代表等与网民在线互动。

专项行动成果展是中央政府部门首次网上办展，由全国打击侵犯知识产权和制售假冒伪劣商品专项行动领导小组26个成员单位联合主办，中国网络电视台承办。展览运用互联网平台及数字化表现手段，以文字、图片、音频、视频、动画等表现形式，展示专项行动的成果，力求扩大展览效果，方便公众观展。展览共分为“部署专项行动”“保护知识产权”“打击制假售假”“推动软件正版化”“展望”5个部分，介绍了专项行动查处的典型案例，反映了专项行动的动员部署、政策措施和工作过程，展现了对建立保护知识产权长效机制的探索和实践。

7月11日

［纲 文］ **水利部在北京召开贯彻落实中央水利工作会议精神动员会。**

［目 文］ 会议传达学习中共中央总书记胡锦涛、国务院总理温家宝和国务院副总理回良玉在中央水利工作会议上的讲话精神，全面贯彻中央关于水利工作的战略部署。

水利部部长陈雷表示，到2020年，要力争全国年用水总量控制在6700亿立方米以内，农田灌溉水有效利用系数提高到0.55以上。力争通过5年到10年努力，从根本上扭转水利建设明显滞后的局面。到2020年，基本建成水利保障和支撑经济社会发展需要的四大体系。

7月11日

［纲　文］　**教育部与浙江、贵州、陕西、山西、湖北、黑龙江、吉林、内蒙古、宁夏、新疆等省、自治区人民政府和新疆生产建设兵团在北京签署义务教育均衡发展备忘录。**

［目　文］　备忘录在坚持基本要求的前提下，体现一省一特色。教育部通过国家组织实施的义务教育学校标准化建设、农村义务教育阶段学校教师特设岗位计划、中小学教师国家级培训计划等项目，在义务教育经费保障机制、中小学校舍安全工程、农村义务教育薄弱学校改造、教师的配置与培训、教育信息化等方面，加大对各省支持力度。支持各省做好国家教育体制改革试点项目工作，对各省通过省级人民政府认定的实现义务教育基本均衡发展县（市、区）进行审核认定并授牌。各省（区、市）将切实担负起促进义务教育均衡发展的责任，明确分年度哪些县（市、区）实现县域义务教育基本均衡发展，制定出义务教育均衡发展的时间表、路线图；增加义务教育投入，提高城乡学校公用经费和生均教育经费标准。

7月11日

［纲　文］　**工业和信息化部在网站上对全国2011年18个工业行业淘汰落后产能企业名单、淘汰落后生产线（设备）及产能进行了公告。**

［目　文］　2011年，18个工业行业淘汰落后产能共涉及2255家企业。其中淘汰落后产能炼铁3122万吨、涉及96家企业，炼钢2794万吨、涉及58家企业，焦炭1975万吨、涉及87家企业，铁合金211万吨、涉及171家企业，电石152.9万吨、涉及48家企业，电解铝61.9万吨、涉及22家企业，铜冶炼42.5万吨、涉及24家企业，铅冶炼66.1万吨、涉及38家企业，锌冶炼33.8万吨、涉及32家企业，水泥15327万吨、涉及782家企业，平板玻璃2940.7万重量箱、涉及45家企业，造纸819.6万吨、涉及599家企业，酒精48.7万吨、涉及31家企业，味精8.38万吨、涉及4家企业，柠檬酸3.55万吨、涉及3家企业，制革487.9万张、涉及58家企业，印染19.9亿米、涉及144家企业。

7月11日

［纲　文］　**首次金砖国家卫生部长会议在北京举行。**

［目　文］　国务院副总理李克强发来贺词。卫生部部长陈竺、巴西卫生部部长亚历山大·帕迪利亚、俄罗斯卫生与社会发展部部长塔季亚娜·戈利科娃、印度卫生和家庭福利部部长阿扎德和南非卫生部部长阿伦·莫措阿莱迪率团出席。世界卫生组织总干事陈冯富珍和联合国艾滋病规划署执行主任西迪贝作为观察员出席了会议。会议围绕如何加强公共卫生合作等问题进行了讨论，并发表了《首次金砖国家卫生部长会议北京宣言》。

7 月 11 日

［纲　文］　**外交部发言人说，中方决定向利比亚人民提供 5000 万元人民币人道主义援助物资。**

［目　文］　有记者问：目前利比亚战事持续，人道主义状况不断恶化。请问中方是否考虑向利比亚提供人道主义援助?

发言人说，为缓解利比亚人民面临的人道主义灾难，中方决定向利比亚人民提供价值 5000 万元人民币的人道主义援助物资。

7 月 11 日

［纲　文］　**2011 中国航海日庆祝大会在浙江舟山举行。**

［目　文］　活动以“兴海护海，舟行天下”为主题。全国政协副主席孙家正出席大会并宣布大会开幕，中国航海日活动组委会副主任、工业和信息化部副部长苏波出席大会，为获奖代表颁发“安全贡献奖”，并向承办此次活动的舟山市人民政府颁发纪念牌。

本届大会是我国从 2005 年设立中国航海日以来举办的第七个航海日纪念活动，是郑和下西洋 606 周年纪念日，同时还是世界海事日在我国的实施日。

7 月 12 日

［纲　文］　**胡锦涛在北京人民大会堂会见第十六次全军院校会议代表。**

［目　文］　中共中央总书记、国家主席、中央军委主席胡锦涛代表党中央、中央军委，向与会同志和全军院校师生员工致以诚挚的问候。中共中央政治局常委、国家副主席、中央军委副主席习近平一同会见。

胡锦涛指出，军队院校是培养军事人才的主渠道，在军队现代化建设中具有重要地位和作用。希望同志们紧紧围绕国防和军队建设的需要，全面贯彻党的教育方针，积极推动军队院校教育科学发展。要坚持把思想政治建设摆在首位，确保办学育人的正确方向。要扎实推进军队院校调整改革，深入探索现代军事教育的特点规律，努力培养造就大批高素质新型军事人才，为有效履行新世纪新阶段我军历史使命提供有力的人才和智力支持。

11—14 日，第十六次全军院校会议在北京召开。会议的主要任务是，以胡锦涛关于军队院校教育和军事人才培养的一系列论述为指导，围绕贯彻胡锦涛以推动国防和军队建设科学发展为主题，以加快转变战斗力生成模式为主线的战略思想，总结交流院校建设和人才培养的实践经验，部署军队院校和训练机构调整改革任务，讨论研究《军队院校教育改革和发展规划纲要（2011—2020）草案》。

7 月 12 日

［纲　文］　**胡锦涛在北京人民大会堂参加两岸万名青年大交流主题联欢活动。**

［目　文］　中共中央总书记胡锦涛看望两岸青年朋友，与大家共同领略中华传统文化魅力，共同展望两岸关系和平发展前景。

胡锦涛对大家说，你们这次交流活动的主题是“两岸同心，我们同行”，这很有意义。

古人讲，“读万卷书，行万里路。”台湾青年朋友到大陆各地走一走、看一看，一定会得到不少收获，一定能更加真切地感受到，大陆和台湾是两岸人民的共同家园，两岸同胞的确是血脉相连的一家人。近年来，两岸关系保持和平发展的良好态势。正是由于两岸关系的改善和发展，两岸青年朋友才有机会像今天这样自由往来。胡锦涛特别强调，青年昭示着未来，推动两岸关系未来发展归根到底要靠青年。希望两岸青年一代接过发展两岸关系的接力棒，更加踊跃地投身到两岸交流合作中来，携手开创中华民族伟大复兴的美好未来。

两岸万名青年大交流活动由中共中央台办、共青团中央等17家单位联合举办，共有22个分团，7月上旬起在大陆各地陆续展开。这次主题联欢是两岸万名青年大交流活动的组成部分。

7月12日

［纲　文］　**国家主席胡锦涛、国务院总理温家宝就俄罗斯一艘客轮在伏尔加河发生沉船事故，分别向俄罗斯总统梅德韦杰夫、俄罗斯总理普京致电慰问。**

7月12日

［纲　文］　**温家宝主持召开国务院常务会议。**

［目　文］　会议主要内容是：一、研究确定促进生猪生产持续健康发展的政策措施。会议指出，近一个时期，猪肉价格涨幅较大，影响了群众生活，带动了物价上涨。为保护生产者和消费者利益，促进生猪生产持续健康发展，必须按照统筹兼顾、综合施策、长短结合、标本兼治的原则，进一步完善扶持生猪生产的政策措施。既要保护生猪饲养积极性，促进生产，又要避免猪肉价格过快上涨，过多增加消费者生活支出；既要加强中短期市场调控，保障市场供应和价格基本稳定，又要着眼长远，保持政策的连续性、稳定性，落实长期的扶持和保障措施，尽量减缓周期性波动，防止大起大落。会议确定政策措施：（一）加大生猪生产扶持力度。（二）加强生猪公共防疫体系建设。（三）强化信贷和保险支持。（四）妥善安排低收入群体和家庭经济困难学生生活。（五）加强生猪等“菜篮子”商品生产、流通、消费领域的统计、监测和分析，及时掌握生产状况和市场变化。二、分析当前房地产市场形势，研究部署继续加强调控工作。会议指出，2011年以来，各地区、各有关部门认真贯彻落实国务院关于房地产市场调控的各项政策措施，着力推进保障性安居工程建设，取得初步成效。多数城市房价涨幅明显趋缓，投机投资性购房需求得到有效抑制，部分房价过高城市出现稳中有降态势。截至6月底，全国保障性住房新开工超过500万套，超过全年目标任务的50%。在建保障性住房预计年内建成400万套以上。当前存在的主要问题是：部分城市房价上涨压力仍然较大，有的城市调控力度有所放松。保障性安居工程建设进展不平衡，有的地方开工率较低，社会资金投入保障性住房建设的措施不完善，工程质量、分配管理等方面还有待加强。会议认为，当前房地产市场调控正处于关键时期，必须坚持调控方向不动摇、调控力度不放松，坚定不移地抓好各项政策措施的落实，不断巩固和加强调控效果。

7月12日

[纲　文]　**国务院总理温家宝在北京会见世界卫生组织总干事陈冯富珍。**

[目　文]　温家宝赞扬陈冯富珍上任4年多来，提升了世卫组织的管理水平和领导能力，成功应对了甲型H1N1流感等一系列突发公共卫生危机，为实现联合国在卫生领域的千年发展目标做了大量富有成效的工作。中国政府将支持陈冯富珍竞选连任世界卫生组织总干事。中国政府将进一步深化医药卫生体制改革，确保完成各项目标任务，重点发展生物医药等战略新兴产业，并加强与世界卫生组织的合作。

陈冯富珍高度评价中国在医疗卫生领域取得的巨大成就，感谢中国政府对世界卫生组织和她本人工作的大力支持，表示愿为促进世卫组织改革、推动全球医药卫生事业发展继续发挥积极作用。

7月12日

[纲　文]　**国家林业局负责人发布，2010年全国林业产值突破2万亿元大关，达到2.28万亿元。这是我国林业产业继2006年首次突破1万亿大关之后，实现的又一次历史性突破。**

7月13日

[纲　文]　**习近平在北京会见香港侨界社团联会访京团全体成员。**

[目　文]　中共中央政治局常委、国家副主席习近平说，香港回归祖国14年来，在中央正确领导和全国各地大力支持下，香港特别行政区政府坚持依法施政，战胜1997年亚洲金融危机、2003年“非典”疫情和国际金融危机的冲击，使香港经济繁荣发展，成为国内外公认的充满发展活力的地区经济体。广大香港同胞对“一国两制”、“港人治港”、高度自治方针更加认同，对管理好建设好发展好香港更加充满信心。

香港侨界社团联会访京团团长余国春在会见中简要介绍了该社团成立7年来所做的主要工作，并表示将为香港繁荣稳定和民族团结、祖国发展作出新的更大努力。

7月13日

[纲　文]　**中共中央政治局常委、国务院副总理李克强在北京会见由韩国国会副议长洪在馨率领的超党派国会议员代表团。**

[目　文]　李克强说，推动双边友好、深化互利合作，符合两国根本利益。当前中韩高层交往频繁，政治互信不断加深，经贸合作迅猛发展，人文交流日趋活跃。希望双方以明年中韩建交20周年为契机，进一步扩大和深化政治、经济、人文等领域的交流合作，加强在地区和国际事务中的沟通协调，不断将中韩关系推向新的发展阶段。中国共产党高度重视中韩政党交往，愿与韩各友好政党拓展交流形式，丰富交流内涵，强化治国理政经验交流与互鉴，更好地造福两国人民。

洪在馨表示愿通过党际交流，促进韩中关系健康稳定向前发展。

7月13日

［纲　文］　**国务委员兼国防部部长梁光烈在北京与瑞士国防、民防和体育部部长毛雷尔举行会谈。**

［目　文］　梁光烈指出，中国和瑞士建交以来，两国关系始终保持健康稳定的发展势头。作为两国关系的重要组成部分，中瑞两军关系也在健康稳步地向前推进。近年来，两军高层保持频繁接触，国防部年度工作对话机制运转顺利，双方在国防动员、民防等专业领域的交流与合作也不断加强。中方对两军关系的现状感到满意，愿与瑞方共同努力，不断为中瑞两军关系的发展注入新的活力。

毛雷尔说，两国防务部门和军队之间近年来保持着密切的合作与交往，这不仅有利于双方各自的军队建设，也有利于世界的和平与稳定。瑞方对发展瑞中两国防务部门和军队友好合作关系持积极态度。

7月13日

［纲　文］　**中国全国人大与美国参议院会议机制第六次会议在华盛顿举行。**

［目　文］　全国人大常委会副委员长、中美议会（参院）会议机制中方主席路甬祥和美方主席默里参议员共同主持会议。

中方强调，台湾问题是中美关系中最重要、最敏感的核心问题。希望美国国会恪守中美三个联合公报，特别是“八一七公报”原则，慎重、妥善处理台湾问题，不支持、不推动售台武器，以实际行动支持两岸关系和平发展。希望美国国会理解并尊重中方在涉藏问题上的原则立场，不以任何方式支持和纵容“藏独”势力的反华分裂活动。

美方表示理解中方的有关关切，重申将继续坚持一个中国政策。

双方一致认为，中美立法机构之间的交往是两国关系的重要组成部分。机制建立7年来，经过双方共同努力，其影响逐步扩大。双方通过各种形式的交流，增加了了解，扩大了共识，加强了互信，促进了各领域的务实合作，为两国关系发展发挥了不可或缺的作用。有必要巩固并加强这一机制，为推动中美关系健康稳定发展作出新的贡献。双方商定，机制第七次会议于2012年在中国举行。

7月13日

［纲　文］　**中国人民解放军空军向“春蕾计划”第九次捐款。**

［目　文］　捐赠仪式上，全国人大常委会副委员长、全国妇联主席、中国儿童少年基金会理事长陈至立接受捐赠并为空军颁发捐赠证书。

空军此次捐款1000万元，主要用于在西部民族地区、革命老区和云南盈江地震灾区实施“蓝天春蕾计划”和“消除婴幼儿贫血行动”，帮助2万名学龄前儿童改善营养，为1800名贫困学生提供生活补助，资助450名春蕾女童开展实用技术培训，捐建4所蓝天春蕾学校，资助蓝天春蕾学校教师培训等项目，这些捐款全部是空军官兵的个人捐款。空军官兵已经持续17年捐助中国儿童少年基金会实施的“春蕾计划”，累计捐款4285万元，为西藏、新疆等少数民族地区援建14所蓝天春蕾学校，开办150个蓝天春蕾女童班，资助14800多名蓝天春蕾生完成相应学业、794名蓝天春蕾女童考上了大学。“蓝天春蕾计划”的实施为民族教育事业的发展，为促进民族团结、保持边疆社会稳定、维护祖国和平统一发挥了积极作用。

7月13日

［纲　文］ **第八期非洲国家政府官员新闻研修班开幕式在北京举行。**

［目　文］ 国务院新闻办公室主任王晨出席并致辞表示，希望通过举办研修班等多种方式，加强中国与非洲各国的新闻交流与合作，使中非媒体更好地发挥作用，增进中非人民的相互了解和友谊。

本期研修班共有来自17个非洲国家的42位官员参加。通过两周的讲座、研讨及在北京、河南等地的参观考察，研修班成员将全面、深入地了解中国在政治、经济、文化和社会等各领域的发展变化，加深对中国的理解。

14日，中共中央政治局委员、中宣部部长刘云山在人民大会堂会见了第八期非洲国家政府官员新闻研修班全体成员。

7月13日

［纲　文］ **广电总局电影局发布，2011年上半年全国票房收入近57亿元。**

［目　文］ 全国城市电影票房收入569837万元，其中国产影片票房收入293200万元，进口影片票房收入276637万元，同比分别增长了15.1%、27.7%、1.6%。

2011年上半年院线公司票房收入前10名国产片为《建党伟业》（30469万元）、《新少林寺》（21616万元）、《将爱情进行到底》（19630万元）、《武林外传》（18959万元）、《最强喜事2011》（16687万元）、《关云长》（15870万元）、《喜羊羊与灰太狼之兔年顶呱呱》（14204万元）、《倩女幽魂》（14028万元）、《单身男女》（9616万元）、《战国》（7671万元）。

7月13日

［纲　文］ **中央纪委原副书记李正亭，在北京逝世，享年93岁。**

7月14日

［纲　文］ **国家主席胡锦涛任免驻外大使。**

［目　文］ 胡锦涛根据全国人民代表大会常务委员会的决定任免下列驻外大使：一、免去邱国洪的中华人民共和国驻尼泊尔联邦民主共和国特命全权大使职务；任命杨厚兰为中华人民共和国驻尼泊尔联邦民主共和国特命全权大使。二、免去张伯伦的中华人民共和国驻安哥拉共和国特命全权大使职务；任命高克祥为中华人民共和国驻安哥拉共和国特命全权大使。三、免去韩志强的中华人民共和国驻斐济群岛共和国特命全权大使职务；任命黄勇为中华人民共和国驻斐济群岛共和国特命全权大使。四、免去胡小笛的中华人民共和国常驻联合国维也纳办事处和其他国际组织代表、特命全权大使职务；任命成竞业为中华人民共和国常驻联合国维也纳办事处和其他国际组织代表、特命全权大使。

7月14日

［纲　文］　**国家副主席、中央军委副主席习近平在北京会见韩国国防部长官金宽镇。**

［目　文］　习近平说，在新的历史时期，中韩双方应继续努力，不断拓展和充实中韩战略合作伙伴关系内涵，增进相互理解和战略互信，本着互利双赢、共同发展的精神，着眼于两国人民的根本利益，着眼于地区的和平与稳定，深化务实交流合作，妥善处理敏感问题，实现双边关系的健康、稳定发展，推动两国两军关系再上新台阶。半岛的和平与稳定对地区安全的影响重大，希望有关各方以和平稳定大局为重，克服困难，保持对话接触，通过协商解决各自关切，引导形势逐步朝好的方向发展。

金宽镇说，实践证明，良好的韩中关系符合双方的共同利益。韩方感谢中方在朝鲜半岛问题上发挥的建设性作用，愿意与中方加强在各个领域的交流，促进两国共同发展，努力维护地区和平与稳定。

15日，国务委员兼国防部部长梁光烈与金宽镇进行会谈时说，近年来，中韩两国在各领域关系迅速发展，两军关系也得到了稳步发展。交往数量越来越多，形式日益多样化，领域不断拓展，友好关系不断深化。中方对进一步深化两军交流与合作持积极态度，愿与韩方相互尊重，加强沟通与协调，推动两国两军关系健康发展。梁光烈阐述了中国在朝鲜半岛核问题以及台湾问题上的立场。双方就建立高级国防战略对话和开展教育训练交流达成了共识。

金宽镇说，韩方坚定奉行一个中国政策，愿与中方一道，挖掘合作潜力，为建立与两国战略合作伙伴关系相适应的两军关系、构建和平合作的东北亚而不断努力。

7月14日

［纲　文］　**中共中央政治局委员、中组部部长李源潮在北京会见以印度共产党（马克思主义）中央政治局委员、印度联邦院议员西塔拉姆·亚秋里为团长的印共（马）代表团。**

［目　文］　李源潮高度评价印共（马）长期为促进中印友好合作作出的贡献。他指出，中印两国作为发展中大国，拥有广泛的共同利益，积极深化各领域睦邻友好合作，对两国以及亚太地区和世界的和平、稳定与繁荣有深远影响。中国共产党愿继续与印共（马）保持各层次交往，加强治党理政经验交流和理论探讨，巩固和深化两党友好关系。李源潮还介绍了中国共产党成立90周年纪念活动和党的组织制度及干部工作有关情况。

亚秋里代表印共（马）中央委员会祝贺中国共产党成立90周年。他表示，印共（马）高度重视与中国共产党的传统友谊，愿继续加强两党交流合作，共同推动中印关系稳定健康发展。

同日，国务委员戴秉国在北京会见亚秋里。

7月14日

［纲　文］　**商务部公布《关于下达2011年第二批一般贸易稀土出口配额的通知》。**

［目　文］　《通知》说，一、2011年第二批稀土出口配额下达给符合2011年稀土出

口配额申领条件的企业。配额安排主要依据各企业2008—2010年出口实绩。为体现向生产企业倾斜的原则，配额安排适当参考生产企业2009年度出口供货量。二、请各有关地方商务主管部门通知本地企业，同时密切跟踪企业出口情况，相关问题及时报商务部（外贸司）。三、鉴于江西金世纪新材料股份有限公司已被江西稀有金属钨业控股集团有限公司并购控股（持股比例为73.53%），根据该公司要求，自下半年起，其2011年稀土出口资质变更为江西稀有金属钨业控股集团有限公司另一控股公司江西稀有稀土金属钨业集团有限公司（持股比例70%），并将2011年第二批稀土出口配额下达至江西稀有稀土金属钨业集团有限公司。四、鉴于内蒙古自治区正在开展稀土行业整合，包头华信冶炼有限公司即将被关停。根据内蒙古商务厅及该公司要求，自下半年起，其出口业绩及出口配额并入与其有股权关系的内蒙古包钢稀土（集团）高科技股份有限公司。

7月14日

［**纲　文**］　**朱枫烈士骨灰安放仪式在宁波镇海区举行**。

［**目　文**］　安放仪式由国家安全部政治部、浙江省委宣传部、宁波市委主办。国家安全部、浙江省委有关部门负责人参加。国家安全部政治部将朱枫故居命名为“国家安全教育基地”，并举行“朱枫烈士铜像揭幕”、朱枫故居“国家安全教育基地命名及揭牌仪式”等纪念活动。

朱枫是中共隐蔽战线杰出的无名英雄，1905年生于宁波镇海，1945年加入中国共产党。在党的领导下，先后参加抗日救亡运动，经营“新知书店”，“皖南事变”后营救被捕同志，到香港从事地下情报工作等。1949年11月，朱枫接受党的指示，经华东局派往台湾执行秘密任务，完成了多项重大工作任务。1950年春，不幸被捕，面对敌人的严刑拷打和威逼利诱，她始终坚贞不屈，同年6月10日壮烈牺牲。1983年6月，被追任为革命烈士。由于多种原因，朱枫烈士骨灰长期流落台湾。2010年12月，在国家有关部门的支持协助下，在台湾有关方面的配合下，朱枫烈士骨灰被迎回祖国大陆，寄放于北京八宝山革命公墓。2011年7月12日，国家安全部包租商务专机，将朱枫烈士骨灰送至宁波市，接受广大干部群众祭奠纪念。

7月14日

［**纲　文**］　**第二十五届中国—欧盟经贸混委会在北京举行**。

［**目　文**］　商务部部长陈德铭与欧盟委员会贸易委员德古特共同主持会议。双方就中欧经贸关系的有关问题进行了交流，就中欧发展合作、完善1985年中欧经贸协定谈判、促进双向投资与高技术贸易、加快《中欧地理标志合作协定》谈判、尽早启动中欧投资协定谈判、促进农产品贸易、服务贸易、克制使用贸易救济措施、加强标准与合格评定领域合作、推动世贸组织多哈回合谈判等交换了意见，达成了共识。

7月14日

［**纲　文**］　**中国自主研制的无人驾驶汽车上路，平均时速87公里**。

［**目　文**］　由国防科技大学贺汉根教授技术团队自主研制的红旗HQ3无人驾驶汽

车，首次完成了从长沙到武汉286公里的高速全程无人驾驶试验，实测全程自主驾驶平均时速87公里，创造了中国自主研制的无人车在复杂交通状况下自主驾驶的新纪录。

7月14—17日

［纲　文］　**李长春在甘肃调研。**

［目　文］　中共中央政治局常委李长春在天水、酒泉、嘉峪关、兰州等地的企业、农村、科研院所和宣传文化单位，就学习贯彻中共中央总书记胡锦涛“七一”讲话精神、加快转变经济发展方式、推动文化改革发展等进行调研。

李长春指出，深入学习贯彻胡锦涛总书记重要讲话精神，必须联系实际、注重实效。要把学习贯彻讲话精神与开展爱党爱国爱社会主义教育结合起来，进一步唱响共产党好、社会主义好、改革开放好、伟大祖国好、各族人民好的时代主旋律；与开展社会主义核心价值体系教育结合起来，进一步增强广大干部群众坚持高举中国特色社会主义伟大旗帜、坚持中国特色社会主义道路、坚持中国特色社会主义理论体系、坚持中国特色社会主义制度不动摇的自觉性和坚定性；与推动科学发展、加快转变经济发展方式结合起来，为实现“十二五”时期发展良好开局提供强大支撑；与开展民族团结进步教育结合起来，引导各族群众牢固树立“三个离不开”的思想，进一步促进各民族共同团结奋斗共同繁荣发展和社会和谐稳定。

7月14—15日

［纲　文］　**十一届全国人大财经委员会在北京举行全体会议，听取国务院有关部门关于2011年上半年经济运行情况的汇报并进行了分析讨论。**

［目　文］　全国人大常委会副委员长华建敏出席会议并讲话。委员们指出，控制通货膨胀仍然是当前经济工作的首要任务，必须坚持宏观调控方向不动摇，保持宏观经济政策基本稳定，进一步提高调控的前瞻性、针对性和有效性，把握好力度和节奏。要坚持实施稳健的货币政策，继续加强流动性管理，保持社会融资总量合理增长。着力优化信贷结构，大力发展中小金融机构，加大对结构调整，特别是农业、小企业的信贷支持。财政政策应发挥更加积极的作用，目前财政收入增幅仍然较高，可考虑减免部分商品和行业增值税、消费税，清理各种不合理收费，切实减轻企业负担。要加强对地方政府性债务监管，规范地方政府融资平台，严格控制增量，逐步消化存量，有效化解债务风险。

委员们认为，上半年经济增速适度回落，是宏观调控政策的预期结果，符合调控方向，有利于未来物价总水平的回落，有利于调整经济结构和转变发展方式。要充分利用这一机遇以及由此形成的市场“倒逼”压力，支持、引导和鼓励企业加快技术改造和自主创新以实现转型升级。从上半年情况看，固定资产投资继续快速增长而消费增幅有所回落，重工业增速继续高于轻工业，高耗能产业增长依然较快，完成节能减排目标任务更加艰巨，居民收入增长速度明显低于财政收入和企业利润增幅，加之受持续负利率等因素影响，国民收入分配格局并没有朝着“两个同步”“两个提高”的方向转变。对此，应及时采取有力措施，尽快扭转这种局面，推动经济结构朝着“十二五”规划所确定的方向调整。

7月15日

［纲　文］　**国家主席胡锦涛在中南海会见美国芝加哥市佩顿中学师生。**

［目　文］　胡锦涛同带队的美国芝加哥市公立教育局局长摩扎尼和佩顿中学校长赫米斯等交谈时说，中美两国教育机构加强交流与合作，对推动两国教育事业发展，对增进两国青年学生了解和友谊，都具有特殊的意义。摩扎尼代表大家感谢胡主席邀请佩顿中学师生来华访问，表示将继续为推动美中青年学生交流作出积极努力。赫米斯告诉胡主席，他们来中国后到一些中学进行了交流，要同北京、江苏的两所中学结成姐妹学校关系。胡锦涛希望姐妹学校之间今后保持密切联系，加强交流合作。

胡锦涛和佩顿中学师生们交谈时说，我在访问你们学校时曾送给同学们三句话，知识是开启未来的钥匙，语言是沟通和交流的桥梁，青年是国家的未来、世界的希望。现在我还要加上一句话，青年是中美关系发展的希望所在。我相信，在两国人民包括两国青年的精心培育下，中美友好这棵大树一定能够根深叶茂、硕果累累。

2011年1月21日，正在美国进行国事访问的胡锦涛在设有孔子学院的芝加哥市佩顿中学，同该校师生交流，并邀请师生代表暑假期间到中国访问。7月11日，佩顿中学20多名师生开始了中国之行。

7月15日

［纲　文］　**中共中央党校举行2011年春季学期毕业典礼。**

［目　文］　中共中央政治局常委、中央党校校长习近平出席毕业典礼，并为学员颁发毕业证书。中央党校本期毕业学员共840人。毕业典礼结束后，习近平参观了由中央档案馆和中央党校联合举办的“纪念中国共产党成立90周年档案资料展”。

7月15日

［纲　文］　**卫生部、国家中医药管理局、总后卫生部在北京召开纪念毛泽东同志“救死扶伤，实行革命的人道主义”题词发表70周年座谈会。**

［目　文］　卫生部部长陈竺出席座谈会时指出，新时期新形势和新任务，赋予了“救死扶伤，实行革命的人道主义”精神新的时代特征。我们推进医改的目的，就是要切实缓解人民群众看病难、看病贵问题，促进实现人人享有基本医疗卫生服务的目标，这需要广大医疗卫生工作者继承和发扬毛泽东同志题词的重要精神。

卫生部、国家中医药管理局、总后卫生部机关有关司局和直属单位负责人，北京、上海卫生部门和中国医科大学的有关代表，基层医疗卫生工作者代表等出席座谈会。

7月15日

［纲　文］　**第六届中华慈善奖表彰大会在北京举行。**

［目　文］　国务院副总理回良玉、全国人大常委会副委员长华建敏、全国政协副主席张梅颖出席会议并颁奖。会议对40名个人和志愿者团体、37家企业和23个慈善项目进行了表彰。

中华慈善奖由民政部举办，旨在表彰在慈善事业中作出突出贡献的个人、团体、企业和优秀慈善项目，大力弘扬慈心为民、善举济世的慈善精神和人道主义精神，促进社会主义精神文明建设，发挥慈善事业改善民生、促进社会和谐的积极作用。

7月15日

［纲　文］ **《中国载人航天科普丛书》在北京首发。**

［目　文］ 《丛书》首发式上，中国载人航天工程办公室副主任、航天英雄杨利伟代表中国人民解放军航天员大队全体航天员宣读《中国航天员致青少年读者的一封信》，希望青少年朋友坚定信仰、实现梦想，从现在开始，培养勇于承担社会和历史重任的意识，树立远大的理想抱负和对美好未来的信仰，努力学习科学文化知识。

《丛书》共分7卷，包括总体卷《梦圆天路——纵览中国载人航天工程》、航天员卷《飞天英雄——追踪航天员飞天足迹》、空间应用卷《探秘太空——浅析空间资源开发与利用》、载人飞船卷《巡天神舟——揭秘载人航天器》、运载火箭卷《通天神箭——解读载人运载火箭》、发射场卷《戈壁天港——走进载人航天发射场》和测控通信与着陆场卷《碧空天链——探究测控通信与搜索救援》。

《丛书》由中国载人航天工程首任总设计师王永志院士、中国载人航天工程办公室主任王文宝、中国航天科技集团公司副总经理袁家军共同担纲总主编，各卷主编由中国载人航天工程各系统总指挥、总设计师担任，中国载人航天工程的组织者和实施者等一线航天专家百余人直接参与丛书编写工作。

7月15日

［纲　文］ **世贸组织上诉机构发布中国起诉欧盟对华碳钢紧固件反倾销措施案的裁决报告。**

［目　文］ 报告认定欧盟《反倾销基本条例》第9（5）条关于单独税率的法律规定违反世贸规则；同时，上诉机构推翻专家组的部分裁决，支持中方的立场，裁定欧盟针对中国螺丝、螺母、螺栓等碳钢紧固件实施的反倾销措施，在国内产业认定、正常价值和出口价格的公平比较等方面也违反了世贸组织规则。

16日，商务部条约法律司负责人就此表示，中方欢迎上诉机构的裁决。欧盟是世界上对中国产品发起反倾销调查最多的世贸组织成员之一，其《反倾销基本条例》第9（5）条关于单独税率的法律规定长期使中国企业遭受不公平待遇。此案中方胜诉具有重大意义，将有助于改善中国企业在包括欧盟在内的国际市场的竞争环境，也将增强世贸成员对世贸规则和多边贸易体制的信心。这不仅是中国产业的胜利，也是世贸组织规则的胜利。中方希望欧方尽快取消与世贸组织规则不符的立法和歧视性反倾销措施，公平对待中国出口企业，切实维护自由贸易和公平竞争。

据了解，中国是世界上最大的螺丝、螺母和螺栓等碳钢紧固件生产国，欧盟是这些产品的主要市场。2009年1月，欧盟决定对中国碳钢紧固件产品征收26.5%至85%的反倾销税。2009年7月31日，中国将欧盟有关立法及反倾销措施诉诸世贸组织争端解决机制。此案成为中国在世贸组织起诉欧盟的第一案。

7月15日

［纲　文］　**首届中美省州长论坛在美国犹他州盐湖城共同举行。国家主席胡锦涛致信祝贺。**

［目　文］　胡锦涛指出，中美建交32年来，两国地方间交流一直是中美关系发展的重要推动力量，中美两国已经建立36对友好省州和165对友好城市关系，双方在贸易、投资、能源、环境、人文等领域的交流合作日益扩大，前景广阔，不仅促进了两国地方发展与繁荣，也有力推动了两国总体关系的发展。中美省州长论坛的成功举办和持续发展，将在两国地方间架起新的合作桥梁，成为深化两国人民了解友谊新的交流平台，并为共同建设相互尊重、互利共赢的中美合作伙伴关系作出积极贡献。

论坛由中国人民对外友好协会和美国全国州长协会共同举办。美国总统奥巴马也为论坛发来贺信。双方就贸易、投资、能源、环境、教育合作、青年交流等议题进行了交流。论坛期间，青海省与犹他州正式签署了建立友好省州关系协议，两国地方政府和企业间还就贸易、能源、环保、科技、医药等领域合作签署了20多项合作协议、商业合同和合作意向，涉及金额约30亿美元。中美省州长之间还进行了20多场对口会见。中国人民对外友好协会和美国全国州长协会就论坛发展签署了谅解备忘录，一致同意推进论坛机制化、长期化发展。

7月15日

［纲　文］　**中国驻俄罗斯大使馆举行招待会暨纪念邮封首发式，庆祝《中俄睦邻友好合作条约》签署10周年。**

［目　文］　中国驻俄罗斯大使李辉，俄罗斯副总理茹科夫、国家杜马副主席梅利尼科夫和俄社会各界人士，以及中资机构、留学生、华侨华人等600余人出席。

7月15日

［纲　文］　**中纪委副书记何勇在北京会见第四届发展中国家预防腐败研讨班全体代表和有关国家驻华使节。**

［目　文］　何勇指出，中国高度重视反腐败国际交流与合作，始终主张在尊重主权、平等互利、尊重差异、注重实效的原则下，与世界各国、各地区和有关国际组织加强合作，互相借鉴，取长补短，共同防治腐败。中国愿意继续加强与发展中国家防治腐败机构和有关国际组织的友好关系，加深了解、深化合作。

15—22日，来自亚洲、非洲、拉丁美洲、欧洲25个国家的代表和1个国际组织专家全程参加研讨并实地考察了河南、陕西等地的政务公开、政府采购等预防腐败工作。通过研讨和考察，各国代表对中国改革开放以来经济社会发展所取得的成就表示赞叹，对中国反腐倡廉和预防腐败的做法和经验表示赞赏，对中国举办发展中国家预防腐败研讨班、提供交流平台表示感谢。

7月15日

［纲　文］　**中俄友好、和平与发展委员会，中国人民对外友好协会，中国俄罗斯友好协会在北京举办《中俄睦邻友好合作条约》签署10周年庆祝酒会暨中俄合作成就图片展。**

7月15日

［纲　文］　**团中央、全国少工委主办的纪念建党90周年新创作儿童歌曲发布会暨“红领巾心向党——寻访光荣足迹”少先队员暑期活动启动仪式在北京举行。**

［目　文］　中共中央政治局委员、全国人大常委会副委员长王兆国出席活动。全国少工委组织动员各地少先队组织和少先队员在暑期，结合夏令营、假日小队、红领巾小社团活动，或在辅导员、家长的带领下，就近就便，寻访、考察党的历史上有代表性的纪念地和体现标志性新成就的地点，走访身边的优秀党员、先进基层党组织，和身边的小伙伴交流自己的收获和体会。

7月15日

［纲　文］　**纪念中国儿童少年基金会成立30周年大会在北京举行。**

［目　文］　中共中央政治局委员、全国人大常委会副委员长王兆国在会前会见出席纪念大会的“中国儿童慈善奖”获得者及长期关心支持儿童慈善事业发展的中国儿童少年基金会功勋理事、理事等。中共中央政治局委员、国务委员刘延东，全国人大常委会副委员长、中国儿童少年基金会理事长陈至立等参加会见。

全国妇联党组书记、书记处第一书记宋秀岩主持会议。大会对30年来为中国儿童慈善事业作出突出贡献的爱心单位和个人进行了表彰，授予中国人民解放军空军、日照钢铁集团公司等129个单位和翟美卿等121名个人“中国儿童慈善奖”。

中国儿童少年基金会是经中共中央书记处会议决定，于1981年7月正式成立，是我国第一家公益基金会。30年来，精心打造了“春蕾计划”“安康计划”等儿童公益品牌，2011年新推出了“消除婴幼儿贫血行动”，这些公益项目共募集社会资金19.2亿元，项目惠及全国1200万贫困儿童。2008年被民政部评为5A级基金会。

7月15日

［纲　文］　**中国选手关天朗和隋响在美国圣地亚哥举行的世界青少年高尔夫球锦标赛上，分别获得11至12岁男子和女子组冠军。**

7月16日

［纲　文］　**国务院办公厅发布《关于调整国务院振兴东北地区等老工业基地领导小组组成人员的通知》。**

7月16日

［纲　文］　**中宣部、中央文明办在内蒙古自治区鄂尔多斯举行“道德的传承——全国道德模范与身边好人现场交流活动”。**

［目　文］　全国道德模范和“中国好人榜”好人代表与群众面对面交流。活动现场以播放道德模范和身边好人事迹短片、现场访谈、与观众和网友互动等形式，再现了道德模范和身边好人的感人事迹。活动还通过诗朗诵、歌舞等形式诠释了他们的高尚品质。他们或助人为乐、诚实守信，或见义勇为、敬业奉献、孝老爱亲，用平凡诠释生命的真谛。

2008 年以来，鄂尔多斯市共有 6 人被评为全国、全区道德模范，4 人荣登“中国好人榜”。

7 月 16 日

［纲　文］　**“汉语桥”世界大学生中文比赛十周年庆典暨第十届比赛开幕式在长沙举行。**

［目　文］　中共中央政治局委员、国务委员刘延东出席并启动开幕。开幕式前，刘延东会见了“汉语桥”比赛选手代表时说，“汉语桥”世界大学生中文比赛举办 10 年来，吸引了 70 多个国家的 10 多万名大学生踊跃参赛。各国青年朋友相聚在“汉语桥”，提高了汉语水平，体验了中华文化，结下了深厚友谊。“汉语桥”已成为各国青年展示汉语水平的重要舞台和中外语言文化交流的特色品牌，成为充满魅力的“文化之桥、友谊之桥、心灵之桥”。

湖南省委书记周强和国务院有关部门负责人陪同出席和会见，“汉语桥”比赛选手、湖南高校中外学生代表等共约 1000 人出席开幕式。

7 月 16 日

［纲　文］　**首届中国儿童戏剧节在中国儿童剧场开幕。**

［目　文］　戏剧节由中国儿童艺术剧院主办。大型神话舞台连续剧《西游记》（第一部）拉开了首届中国儿童戏剧节的序幕。为期 42 天的戏剧节期间，8 个国家和地区的 39 部儿童剧在北京、浙江、江苏、山东、陕西、天津、内蒙古等省区市进行 211 场演出。

7 月 16 日

［纲　文］　**2011 年全国自行车绿道公开赛在广东惠州举行。**

［目　文］　公开赛由中国自行车运动协会和广东省体育局联合举办。本次比赛全长 41 公里，赛道是惠州绿道的一段。比赛分设专业组（男子 41 公里绿道公路个人赛）和普通组（男子 41 公里绿道山地个人赛）两个组别，共有来自解放军、广东、河南、山东、山西、河北、吉林、宁夏、云南、中国香港等 14 支队伍的 80 多名专业运动员以及 200 多名业余运动员报名参赛。最终，香港选手杨英瀚、陈逸伟、黄金宝分获专业组前三名；广州选手简志航、香港选手谢永文、东莞选手宁周军分获业余组前三名。

7 月 16—17 日

［纲　文］　**2011 生态文明贵阳会议召开。**

［目　文］　全国政协主席贾庆林对会议作出批示。联合国秘书长潘基文发来贺信，对会议给予赞赏。会议由全国政协人口资源环境委员会、科学技术部、环境保护部、住房城乡建设部、北京大学和贵州省人民政府共同主办。

会议的主题是“通向生态文明的绿色变革——机遇与挑战”，举办科学和技术论坛、企业家论坛、跨国公司论坛、教育论坛等11个专题论坛。会议期间，举办全国生态文明建设成果展、中国·贵阳节能环保产品和技术展，杭州、贵阳等46个城市和中节能等140多家企业集中展示生态文明建设的最新成果。同期，发展改革委和环境保护部分别举办全国低碳发展现场交流会、第一届全国生态文明建设试点经验交流会。会议发表了《2011贵阳共识》。

7月16—20日

［纲　文］　**第十三次全国检察工作会议在宁夏回族自治区银川市召开。**

［目　文］　中共中央政治局委员、中央政法委副书记王乐泉，国务委员、中央政法委副书记孟建柱分别作出批示。最高人民检察院检察长曹建明出席会议并讲话。会议的主要任务是学习中共中央总书记胡锦涛“七一”讲话精神，总结第十二次全国检察工作会议以来的工作，分析面临的形势，确定“十二五”时期检察工作的总体思路、奋斗目标和重大举措。

会议要求，检察机关要加大查办和预防职务犯罪的力度，把反腐败斗争进行到底，为顺利实施“十二五”规划纲要营造廉洁高效的政务环境；检察机关全面强化对诉讼活动的法律监督，加大监督力度，提高监督水平，促进解决执法不严、司法不公的突出问题。

7月16—31日

［纲　文］　**第十四届世界游泳锦标赛在上海举行。**

［目　文］　181个国家和地区的5000多名运动员、教练员和官员参加。中国队165人参与，其中运动员117人，参加全部项目的比赛，共获得15金、13银、8铜，居奖牌榜第二名，创造了1994年世锦赛以来的最佳成绩。美国队以17金6银9铜，居奖牌榜第一名，俄罗斯队以8金6银4铜位居第三名，排名第四位至第十位的国家依次是巴西、意大利、英国、澳大利亚、法国、荷兰和希腊。

7月16—21日

［纲　文］　**第十一届全国中学生运动会在包头举行。**

［目　文］　运动会由教育部、国家体育总局、共青团中央主办。来自全国各省、自治区、直辖市、新疆生产建设兵团和香港、澳门特别行政区的34个代表团共211支运动队、2800余名运动员，进行了田径、游泳、篮球、排球、足球、乒乓球、武术、健美操和毽球9个大项、131个小项的角逐。

7月17日

［纲　文］　**外交部副部长崔天凯在北京紧急召见美国驻华使馆临时代办王晓岷，就美方安排奥巴马总统会见达赖喇嘛提出严正交涉。**

［目　文］　中国驻美大使张业遂也在华盛顿向美方提出严正交涉。中方指出，美方不顾中方坚决反对和严正交涉，执意安排奥巴马在白宫会见达赖喇嘛，严重干涉中国内

政，伤害中国人民感情，损害中方核心利益，损害中美关系。中方表示强烈愤慨和坚决反对。西藏是中国领土不可分割的一部分，西藏事务纯属中国内政。中国政府和人民维护国家核心利益和民族尊严的决心坚定不移。维护中美关系持续稳定发展，需要中美双方共同努力。我们要求美方认真对待中方严正立场，恪守承认西藏是中国一部分、反对“西藏独立”的承诺，采取措施消除恶劣影响，以实际行动取信于中国政府和人民。

同日，外交部发言人就美国总统奥巴马会见达赖喇嘛一事发表谈话指出，美国东部时间7月16日，美方无视中方坚决反对，安排奥巴马总统在白宫会见达赖喇嘛。此举严重干涉中国内政，伤害中国人民感情，损害中美关系。达赖喇嘛长期打着宗教旗号从事反华分裂活动，其本质是政治流亡者。中方坚决反对任何国家的领导人以任何方式会见达赖喇嘛，坚决反对任何国家、任何人利用达赖喇嘛干涉中国内政。美方允许达赖喇嘛窜访美国并安排最高领导人会见，严重违背国际关系基本准则，违背美国政府一再作出的郑重承诺，损害了中美关系，中方对此表示强烈愤慨和坚决反对。维护中美关系持续稳定发展，需要中美双方共同努力。我们要求美方认真对待中方严正立场，立即采取措施消除恶劣影响，停止干涉中国内政，停止纵容和支持“藏独”反华分裂势力。

7月17日

［纲　文］　**甘肃队的黄静和国家集训队的刘婷分获2011年嘉峪关国际铁人三项洲际杯赛暨全国铁人三项冠军杯系列赛男、女冠军。**

7月17—22日

［纲　文］　**中央代表团出席西藏和平解放60周年庆祝活动。**

［目　文］　中央代表团团长是：中共中央政治局常委、国家副主席、中央军委副主席习近平。中央代表团副团长是：中共中央政治局委员、国务院副总理回良玉，全国人大常委会副委员长兼秘书长李建国，全国政协副主席、中央统战部部长杜青林，全国政协副主席帕巴拉·格列朗杰，十届全国人大常委会副委员长热地，中央军委委员、总参谋长陈炳德。代表团由59人组成，成员中有中央和国家机关有关部门负责人、对口支援西藏的有关省市负责人等。

19日，西藏和平解放60周年庆祝大会在布达拉宫广场举行，西藏各族各界干部群众2万多人参加。回良玉在会上宣读了中共中央、全国人大常委会、国务院、全国政协、中央军委关于庆祝西藏和平解放60周年的贺电。习近平向西藏自治区赠送了中共中央总书记胡锦涛亲笔题写的“祝贺西藏和平解放六十周年”贺匾。西藏自治区党委书记张庆黎和自治区党委副书记、自治区人大常委会主任向巴平措接受了贺匾。

习近平在大会上发表讲话指出，西藏和平解放是西藏历史上具有划时代意义的转折点，也是中国人民解放事业和祖国统一事业的一件大事。它不仅粉碎了外部势力妄想把西藏从中国分裂出去的图谋，捍卫了国家主权和领土完整，维护了祖国统一和民族团结，而且开辟了百万农奴翻身解放的道路，开启了西藏走向繁荣进步的光明前程。

大会举行了群众游行。游行分为《祝福祖国》《七彩西藏》《共创和谐》三个单元，22

个不同特色、不同表演形式的群众游行方阵和15辆游行彩车，在音乐中依次行进。

20日，中组部、统战部、发展改革委、西藏自治区在拉萨召开对口支援西藏工作座谈会，总结工作成绩，交流经验做法，部署下一步任务，推进援藏工作科学化、制度化、规范化。习近平率中央代表团全体成员出席会议并作讲话。全国政协副主席、中央统战部部长杜青林主持会议并作了总结讲话。中央和国家机关有关部委，西藏自治区、四川省、青海省以及承担援藏任务的省市和大型国有企业有关负责人在会上发了言。西藏自治区党政、自治区有关部门和各地市、各对口支援省市和大型国有企业负责人130人参加会议。

同日，国家开发银行西藏自治区分行开业揭牌仪式在西藏人民会堂举行。回良玉为国家开发银行西藏自治区分行开业揭牌。李建国、杜青林、热地和代表团部分成员出席开业揭牌仪式。

中央代表团在西藏期间，习近平听取西藏自治区党委、政府工作汇报时强调，西藏各族干部要深入学习贯彻胡锦涛同志“七一”重要讲话和中央第五次西藏工作座谈会精神，以举办西藏和平解放60周年庆祝活动为契机，扎实做好“十二五”时期改革发展稳定各项工作，把建设社会主义新西藏的伟大事业不断推向前进；习近平在西藏人民会堂会见了西藏自治区领导班子成员、离退休老同志、援藏干部和各族各界群众代表；在宗教界著名爱国人士帕巴拉·格列朗杰和藏族领导干部热地家中看望，向他们表示问候。

习近平率中央代表团全体成员出席拉萨至贡嘎机场高速公路通车典礼并为公路通车剪彩；出席西藏和平解放60年成就展开幕式并参观展览；观看西藏自治区庆祝西藏和平解放60周年文艺晚会《再唱山歌给党听》。

习近平率中央代表团部分成员在西藏大学新校区看望西藏大学各族师生员工并会见了西藏自治区教育系统先进模范代表；慰问了解放军驻拉萨部队团职以上干部和武警西藏总队及拉萨部队团职以上干部以及自治区、拉萨市政法系统处级以上干警；在大昭寺看望慰问西藏宗教界爱国人士；在林芝地区看望当地各族干部群众；在日喀则地区看望当地各族干部群众，参观扎什伦布寺，看望慰问宗教界人士。

中央代表团那曲、昌都、拉萨、阿里分团，分别向那曲、昌都、拉萨、阿里赠送了由中共中央总书记胡锦涛亲笔题写的“祝贺西藏和平解放60周年”贺匾。

7月17—21日

［纲　文］　**应国务院总理温家宝邀请，伊拉克总理马利基对中国进行正式访问。**

［目　文］　访问期间，国家主席胡锦涛在北京会见了马利基。温家宝在北京与马利基举行会谈，两国总理出席了双边有关合作文件的签字仪式。

胡锦涛会见马利基时说，伊拉克新政府成立后，中伊关系步入新的发展阶段，两国各领域合作逐步展开。中方愿同伊方共同努力，稳步推进两国政治、经济、人文等领域的交流与合作，加强在国际和地区事务中的沟通与协调，努力开创中伊友好合作新局面。中伊务实合作潜力很大，发展前景广阔。双方要本着积极务实、互利共赢的精神，加强以双边贸易为中心的经贸合作，深化以油气合作为龙头的能源合作，扩大以基础设施建设为主的大项目合作，推动两国务实合作向广度和深度发展。中方一如既往支持伊拉克新政府为维护独立、主权和领土完整，促进国家重建和长治久安所做的努力。

马利基表示，伊拉克政府致力于促进经济发展、国家统一和民族团结，希望学习借鉴中国发展经验。伊方愿意把中国作为重要合作伙伴，进一步加强两国在政治、经贸、能源、基础设施、科技、人文等领域务实合作，以及在国际和地区事务中的协调与配合，欢迎中国企业到伊拉克投资兴业。伊方重申恪守一个中国政策。

温家宝与马利基会谈时表示，中伊两国和两国人民有着悠久的交往历史，双方的传统友谊经受住了时间考验。中国一贯尊重伊拉克人民的意愿和选择，支持伊方为维护国家独立、主权和领土完整、实现稳定和发展所作的努力，愿意加强两国高层交往，增进相互了解和信任，密切在重大地区和国际问题上的磋商与配合，推动中伊关系取得新发展。中国政府鼓励本国企业同伊方建立长期稳定的油气供需关系，扩大在勘探、开发、炼化、设备贸易等方面的互利合作。中方将继续为伊拉克经济重建提供力所能及的援助，认真落实减债协议，积极参与伊拉克基础设施建设，并为伊方增强自我发展能力培训各类人才。

马利基表示，伊方将采取进一步措施保护中国在伊人员安全和中国企业的权益。希望有更多的中国公司来伊拉克投资，扩大双方在油气、电力、交通运输、住房、电信、农业等领域的合作，实现互利共赢。伊拉克政府坚定奉行一个中国政策，把中国视为重要的战略伙伴，愿与中方共同努力，推动两国关系在各个领域取得新的发展。

7 月 18 日

［纲　文］　**全国政协主席贾庆林在北京会见澳大利亚新南威尔士州州长奥法雷。**

［目　文］　贾庆林说，新南威尔士州资源丰富，经济发达，科技先进，特别是在金融、电力、天然气、农业和矿业等领域具有很强优势，在中澳经贸合作中占有十分重要的地位。希望双方充分发挥各自优势，将合作潜力转化为实实在在的合作成果，更好地造福两国人民。中方愿与澳方一道，在现有良好基础上，将双边各领域友好交流与务实合作不断推向前进。

贾庆林还简要介绍了中国经济社会发展情况。

奥法雷说，近年来澳中两国关系发展势头良好，各领域合作不断扩大。中国经济的快速发展为双边经贸合作提供了广阔的发展空间。新南威尔士州政府将利用自身优势，不断加强与中方各领域的互利合作，为推动双边关系深入全面发展作出贡献。

7 月 18 日

［纲　文］　**中国社会科学院学部委员大会在北京召开。**

［目　文］　会议宣布了中国社会科学院首次学部委员增选和荣誉学部委员增补结果，并为朱玲等 10 名新增选学部委员和李惠国等 38 名新增补荣誉学部委员颁发证书。全国政协副主席、中国社会科学院院长陈奎元出席会议。

中国社会科学院学部委员增选工作于 2010 年 11 月 1 日启动，经提名、评审，共产生

14名候选人，进行公示、院外学术评鉴、学部委员大会审议和投票选举后，正式产生10名新增选学部委员。此次增选工作是中国社会科学院组建学部以来的首次制度化增选。荣誉学部委员增补工作于同期进行，共选出38名荣誉学部委员。

学部委员、荣誉学部委员是中国社会科学院的最高学术称号。两者的主要区别在于，前者是该院在职学者，后者为该院离退休学者。

7月18日

[纲　文]　**解放军驻港部队、香港特区政府教育局等联合举办的第七届“香港青少年军事夏令营”在驻港部队新围军营正式开营。**

[目　文]　本届夏令营17日开始，7月31日结业，共招收215名香港青少年参加，其中包括了65名女学生。参照中国人民解放军的编制，夏令营下设4个排（3个男生排，1个女生排）。其中，150名男学生分为12个班，每班设正副班长各1名，配男督导员1名。65名女学生分为5个班，每班设正副班长各1名，配女督导员1名。女生班班长由驻军选派的女士官担任，她们将与女督导员一起，负责女学员的训练、生活和管理。

7月18日

[纲　文]　**新疆和田市发生严重暴力恐怖案件。**

[目　文]　12时许，18名暴徒冲入纳尔巴格派出所，手持斧头、砍刀、匕首、汽油燃烧瓶和爆炸装置等，疯狂进行打、砸、烧、杀，杀害一名联防队员和两名办事群众，杀伤两名无辜群众，劫持6名人质，在派出所楼顶悬挂极端宗教旗帜，纵火焚烧派出所。

公安、武警经过多次法律宣传和警告无效，果断采取措施，击毙行凶和负隅顽抗的暴徒14人，抓获4人，成功解救6名人质，缴获大量斧头、砍刀、匕首、燃烧瓶、爆炸装置等作案工具。事件处置过程中，1名武警战士牺牲，1名特警、1名联防队员受伤。

案件发生后，新疆维吾尔自治区主要领导迅速到达公安厅指挥中心，和田地区启动突发事件应急预案，立即组织公安、武警等力量赶赴现场进行处置。13时30分许，事态得到有效控制，事发地秩序得以恢复。

22日，武警新疆总队第五支队为“7·18”暴力恐怖袭击事件中牺牲的吴艳杰烈士举行追悼会，当地数百名各族干部群众和吴艳杰生前战友参加了追悼会。

7月18日

[纲　文]　**丁俊晖、梁文博组成的中国队在2011年斯诺克世界杯决赛中以4∶2击败北爱尔兰队，以全胜战绩为中国队历史上首次夺得世界杯冠军。**

7月18—19日

[纲　文]　**华建敏率领全国人大常委会劳动合同法执法检查组在广东省进行执法检查。**

[目　文]　全国人大常委会副委员长华建敏率领检查组听取了广东省和东莞市贯彻实施劳动合同法的情况汇报，并在东莞市进行执法检查。在东莞三星电机有限公司，就劳务派遣用工问题召开座谈会，听取用工单位、劳务派遣企业和劳务派遣工代表对规范劳务

派遣用工的意见和建议。

华建敏指出，劳动合同法为规范劳动关系提供了重要的法律基础和法律保障。认真贯彻执行劳动合同法，对于保障劳动者基本权益、促进企业的长远发展和推动经济发展方式的转变，对于实施依法治国、构建和谐社会、调整利益分配格局、保证国家经济社会发展和社会长治久安，都具有十分重要的意义。要进一步在全社会加大劳动合同法的普法力度，让更多的企业和劳动者科学认识、准确理解这部法律。企业要加强社会责任建设，切实保护职工合法权益，做和谐劳动关系的积极推动者。要处理好时效与公平的关系，在公平的前提下大力提高效率。

7月18—25日

［纲　文］　**省部级领导干部“住房保障与房地产市场调控”专题研讨班在国家行政学院举办。**

［目　文］　研讨班由中央组织部、住房城乡建设部、国家行政学院共同举办。本次研讨班设置了专题讲授、学员论坛、案例教学、经验交流、分组讨论等多个教学环节。国家行政学院联合中央电视台财经频道《中国政策论坛》节目现场录制了“学院论坛”，中央电视台《经济半小时》节目进行了跟踪采访。《人民日报》、新华社《瞭望》周刊、《光明日报》等中央媒体进行了跟班采访。49名学员来自各省区市、副省级市人大、政府、政协、新疆生产建设兵团。

20日，中共中央政治局常委、国务院副总理李克强同研讨班学员进行座谈。浙江省、四川省、安徽省及厦门市政府负责人介绍了地方住房保障工作进展，并提出了建议。

李克强指出，大规模实施保障性安居工程，是推动科学发展、加快转变经济发展方式的重大实践，也是当前经济社会发展和宏观调控的重要工作。要充分调动各方面力量，把保障房建设这项重大民生和发展工程办实办好。城镇部分中低收入居民住房困难，是我国发展中不平衡、不协调、不可持续矛盾的突出表现之一，也是世界上许多国家都曾遇到的普遍性难题。要借鉴国际经验做法，从我国实际出发，遵循社会主义市场经济规律，逐步形成以市场供给为主、政府保障和市场机制相结合的住房供给体系。

7月18—19日

［纲　文］　**中国和平统一促进会第十次海外统促会会长会议在哈尔滨市召开。**

［目　文］　来自71个国家和地区的131个海外统促会组织负责人及相关人士共200余人与会。全国人大常委会副委员长、民革中央主席、中国和平统一促进会副会长周铁农出席并作《孙中山与辛亥革命》报告。会议主要内容是：听取纪念辛亥革命100周年及两岸形势的报告，交流反“独”促统工作经验，明确当前和今后一段时间反“独”促统工作的主题思路和任务。

7月18—29日

［纲　文］　**梁光烈在吉林省长春市、通化市、延吉市，辽宁省大连市，山东省烟台市、威海市、青岛市调研民兵工作。**

［目　文］ 中央军委委员、国务委员兼国防部部长梁光烈指出，要坚持以邓小平理论和“三个代表”重要思想为指导，深入贯彻落实科学发展观，开拓进取，扎实工作，不断推进民兵工作创新发展。胡主席关于国防和军队建设主题主线重大战略思想，深刻阐明了世界新军事变革和我国经济社会发展新形势对国防和军队建设的时代要求，具有很强的战略性针对性指导性。各级要充分认清科学发展的时代意义和深刻内涵，牢牢把握加快转变战斗力生成模式的基本要求，采取有力措施，坚决把胡主席主题主线重大战略思想贯彻落实到民兵工作中去，在新的起点上推动民兵建设又好又快发展。民兵组织落实是民兵工作的基本要求。要把抓民兵组织落实与民兵编组结合起来，积极推行户籍地与工作地、生活地相结合择优选编的办法，加大依托行业系统和企业单位成建制组建民兵的力度；要在坚持普遍民兵制度基础上，根据任务需要和各地保障条件，科学论证民兵规模结构，合理确定队伍布局；要积极改进传统管理方式，综合运用行政、经济和法律手段，对民兵实施有效管理；要不断完善政策法规，提高民兵工作规范化科学化水平；要提高应急训练质量，改善应急装备器材，强化应急相关保障，确保民兵在应急中能够发挥更大作用。

7月18—21日

［纲　文］ 应外交部部长杨洁篪邀请，意大利外长弗拉蒂尼来华进行正式访问。

［目　文］ 19日，国务院副总理李克强在中南海紫光阁会见弗拉蒂尼时说，双方始终相互尊重彼此的核心关切，务实合作扎实深入，环保、科技合作尤其突出。在当前新形势下，中方愿同意方加强政治对话，推进各领域务实合作，就重大国际问题加强协调，促进世界和平与发展。欧洲主权债务危机说明，国际金融危机深层次影响仍未消除，世界经济复苏的不确定因素还很多。中欧互为重要经贸合作伙伴，中方希望并相信欧盟有能力实现经济稳定增长。中国正在实施“十二五”规划，为深化中意、中欧合作带来新机遇，中方愿与意方共同努力，进一步深化中意、中欧经济合作。

弗拉蒂尼介绍了对欧洲主权债务危机的看法，表示意方高度重视对华关系，愿进一步加强双方的政治对话和务实合作，对开展高技术合作持开放态度。意方将致力于促进欧中关系取得进一步发展。

同日，杨洁篪在北京与弗拉蒂尼举行会谈时说，中方愿与意方开展各层次交流，深化相互理解，巩固政治互信，在重大国际问题上密切沟通协调。落实好中意关于加强经济合作的三年行动计划，推动经贸、科技、环保等领域的务实合作，共同应对国际金融危机的深层次影响，实现共同发展。

弗拉蒂尼说，中意关系建立在相互理解和信任的基础上，意方愿与中方加强沟通，开展全面合作，扩大人员往来，使中意关系继续走在中欧关系前列。

7月18—21日

［纲　文］ 应外交部部长杨洁篪邀请，加拿大外交部部长贝尔德对中国进行正式访问。

［目　文］ 18日，国务院副总理李克强在北京会见贝尔德时说，中加同为亚太地区

乃至世界上有重要影响的国家，两国合作是全方位的，不仅有利于双方，而且符合时代潮流。中方始终从战略高度看待中加关系，愿与加方共同努力，按照《中加联合声明》的精神，把握好中加关系发展方向，通过不断推进双边关系造福两国人民。李克强介绍了当前中国经济社会发展情况。他指出，中国正在实施“十二五”规划，以科学发展为主题，致力于加快转变经济发展方式，保持经济长期平稳较快发展和促进社会和谐。这不仅是中国自身发展的需要，也将为包括加拿大在内的其他国家提供新的机遇。希望中加双方充分发挥互补优势，深入挖掘潜力，扩大经贸、能源资源、科技、环保、卫生等广泛领域务实合作，加强人文交流，增进两国人民的相互了解与友谊，将中加关系推向更高水平。

贝尔德说，这是我担任外长后首次出访，加拿大致力于发展对华关系，对过去两年双边关系所取得的进展感到满意，加方愿与中方密切合作，在相互信任、互利共赢的基础上推动加中关系不断发展。

同日，杨洁篪在外交部与贝尔德举行会谈时说，中加建交以来，两国关系取得长足发展。特别是胡锦涛主席2010年访加、哈珀总理2009年访华期间，两国领导人重申致力于发展中加战略伙伴关系，双边关系进入了新的发展阶段。双方积极落实两国领导人共识和《中加联合声明》，高层和各级别交往频繁，政治互信加强，贸易、投资、能源资源、卫生、环境、教育、文化等各领域合作成果丰硕。

贝尔德说，加方愿与中方密切合作，在相互信任、互利共赢基础上将加中关系推向新的高度。贝尔德重申加拿大政府将继续坚持一个中国政策。

7月19日

［纲　文］ **温家宝主持召开国家应对气候变化及节能减排工作领导小组会议。**

［目　文］ 国务院副总理、国家应对气候变化及节能减排工作领导小组副组长李克强，国务委员、国家应对气候变化及节能减排工作领导小组副组长戴秉国，以及有关部门负责人出席会议。审议并原则同意“十二五”节能减排综合性工作方案，以及节能目标分解方案、主要污染物排放总量控制计划，研究部署相关工作。

会议指出,“十一五”期间，经过全国上下共同努力，基本实现了节能减排约束性指标。我国以能源消费年均6.6%的增速支撑了国民经济年均11.2%的增速。节能减排工作有力促进了产业结构调整和技术进步，提高了全社会节能环保意识，遏制了能源消耗强度和主要污染物排放量大幅上升的势头，成为贯彻落实科学发展观的一大亮点，并为应对全球气候变化作出了重要贡献。

会议强调，“十二五”期间是我国转变经济发展方式、加快经济结构战略性调整的关键时期。要继续把节能减排作为调结构、扩内需、促发展的重要抓手，作为减缓和适应全球气候变化、促进可持续发展的重要举措，进一步加大工作力度，务求取得预期成效。要积极开展应对气候变化国际合作。坚持以《联合国气候变化框架公约》和《京都议定书》为基础，坚持“共同但有区别的责任”原则和公平原则，按照“巴厘路线图”授权，在哥本哈根协议和坎昆协议基础上，建设性推动应对气候变化国际谈判进程，使德班会议在加强公约和议定书全面、有效和持续实施方面，取得进一步的积极成果。

7月19日

［纲　文］　**国务院公布修改后的《中华人民共和国个人所得税法实施条例》，自2011年9月1日起实施。**

7月19日

［纲　文］　**审计署公布2011年上半年我国审计情况统计结果。**

［目　文］　上半年，全国审计机关共完成对10205人的经济责任审计。审计后，8名被审计领导干部和60名其他人员的问题被移送司法、纪检监察机关处理。2011年上半年，全国审计机关共审计（调查）48540个单位。通过审计，为国家增收节支189.8亿元，其中已上交财政118.8亿元，已减少财政拨款或补贴26.1亿元，已归还原渠道资金44.9亿元；帮助被审计单位和有关单位挽回或避免损失73.8亿元，核减固定资产投资项目投资或结算额235.6亿元。向司法、纪检监察机关移送事项268件，涉及人员278人。

上半年，各级审计机关共出具审计报告46194份，报送专项审计调查报告2671份，向社会发布审计结果公告1398篇；提交审计专题报告、综合性报告和信息简报共59820篇，其中被党政领导和有关部门批示、采用34813篇次，占58.2%。向被审计单位或有关单位提出审计建议78314条，其中已被采纳54068条，占69%。被审计单位根据审计建议制定整改措施2993项，建立健全规章制度1277项。

7月19日

［纲　文］　**最高人民法院召开人民法院惩治国家工作人员职务犯罪有关情况新闻发布会。**

［目　文］　2008—2010年，全国法院共审结国家工作人员职务犯罪案件79560件，生效判决人数80883人；2010年与2008年相比，职务犯罪案件数量上升7.2%。2010年全国法院共审结国家工作人员职务犯罪案件27751件，生效判决人数28708人，其中判处5年有期徒刑以上刑罚5906人。

最高法还公布了杭州市原副市长许迈永受贿、贪污、滥用职权案和苏州市原副市长姜人杰被依法核准死刑后，已于本日上午被执行死刑。

7月19日

［纲　文］　**国务院医改办公室、卫生部、财政部在北京召开进一步加强乡村医生队伍建设和清理化解基层医疗卫生机构债务电视电话会议。**

［目　文］　专题部署落实国务院办公厅《关于进一步加强乡村医生队伍的指导意见》和《转发国家发展改革委财政部卫生部关于清理化解基层医疗卫生机构债务意见的通知》。

国务院医改办公室全体成员在主会场参加了会议。

卫生部部长、国务院医改领导小组副组长陈竺在讲话中指出，要把村卫生室纳入基本药物制度实施范围，纳入新农合门诊统筹支付范围，建立科学合理的绩效考核机制，让每个乡村医生工作得有尊严、有希望、有保障。

7月19日

［纲　文］ **《中国人民解放军军史》出版座谈会在北京举行。**

［目　文］ 中央和国家机关有关部门、四总部、驻京各大单位和军委办公厅有关领导等出席座谈会。

经中央军委主席胡锦涛和中央军委批准，《中国人民解放军军史》第一卷至第六卷已正式出版。《军史》共270余万字，全面记述了人民解放军从1927年8月1日南昌起义，到1978年12月党的十一届三中全会召开这一历史时期的发展情况，时间跨度为51年。

7月19日

［纲　文］ **孟建柱在公安部消防局调研消防工作。**

［目　文］ 国务委员、公安部部长孟建柱在中国消防博物馆，考察了城市消防规划、火灾应急疏散、地震应急避险等体验项目；在消防局指挥中心，了解了消防指挥系统建设和运行情况。

孟建柱指出，近日，十一届全国人大常委会第二十一次会议听取了国务院关于消防工作情况的报告，并提出了许多很好的意见建议，对进一步加强和改进消防工作具有很大的推动作用。我们要以此为动力，更好地回应人民群众对消防工作的新期待。

7月19日

［纲　文］ **国务院副总理王岐山在北京会见英国罗斯柴尔德投资信托公司主席雅各布·罗斯柴尔德勋爵。双方就中英经济合作、世界经济金融形势等问题交换了看法。**

7月19日

［纲　文］ **中共中央政治局委员、中宣部部长刘云山在北京会见由党主席阿尔韦托·安纳亚率领的墨西哥劳动党代表团。**

［目　文］ 刘云山表示，中国共产党愿在党际关系四项原则基础上，加强同包括劳动党在内的墨各主要政党的交流与合作，不断充实两国战略伙伴关系的内涵，推动中墨关系持续、健康发展。刘云山还介绍了中国共产党建党90年来的主要成就和当前面临的主要任务。

安纳亚祝贺中国共产党建党90周年并表示，墨西哥劳动党对中国共产党领导中国人民取得的辉煌成就深表钦佩，愿进一步加强与中国共产党的友好交往，为推动两国经贸、文化等各领域的互利合作作出积极贡献。

7月19日

［纲　文］ **中国科技出版传媒集团有限公司暨中国科技出版传媒股份有限公司成立大会在北京举行。**

［目　文］ 中共中央政治局委员、国务委员刘延东出席大会时指出，深化文化体制改革，组建大型出版传媒集团，促进文化事业全面繁荣和文化产业快速发展，是党中央、

国务院作出的重要部署。中国科技出版传媒集团有限公司、中国科技出版传媒股份有限公司的成立，是推进中央各部门出版社体制改革的又一重大成果，对于推动我国从出版大国向出版强国迈进、推进创新型国家建设必将发挥积极作用。

中国科技出版传媒集团以中国科学出版集团为主体，吸收人民邮电出版社、电子工业出版社参股作为共同发起人组建而成。与中国出版集团、中国教育出版传媒集团公司同属中央国有大型文化企业。

7 月 20 日

［纲　文］　**温家宝主持召开国务院常务会议。**

［目　文］　会议主要内容有：一、研究部署近期加强土地管理的重点工作。会议指出，近年来，各地区、各有关部门认真贯彻党中央、国务院决策部署，落实土地调控政策，土地管理工作取得积极成效。但当前建设用地供需矛盾突出，严格保护耕地、保障必要的建设用地难度加大，用地粗放浪费现象依然存在，违法违规用地、侵害群众权益问题易发多发。必须认真落实科学发展观，切实转变经济发展方式，坚持最严格的耕地保护制度和节约用地制度，坚持深化改革和体制机制创新，坚持严格执法督察，进一步加强和改进土地管理工作，促进经济社会全面协调可持续发展。二、会议研究确定了加强和改进流浪未成年人救助保护工作的政策措施。会议指出，做好流浪未成年人救助保护工作，直接关系未成年人健康成长与社会和谐稳定。必须贯彻预防为主、标本兼治的方针，健全机制、落实责任，加快建设流浪未成年人救助保护体系。三、会议决定对《烈士褒扬条例》和《军人抚恤优待条例》作出修改。修改后的《烈士褒扬条例》完善了烈士评定条件，设立了统一标准的烈士褒扬金制度，规范了烈士遗属定期抚恤金标准，明确了对烈士遗属的优待，加强了烈士纪念设施的保护和管理。《军人抚恤优待条例》相应修改。

7 月 20 日

［纲　文］　**财政部、水利部印发《农村水电增效扩容改造财政补助资金管理暂行办法》。**

［目　文］　《办法》共 6 章 24 条。主要有总则、支持条件及补助标准、资金申报和使用管理、项目管理和考核验收、监督检查、附则等内容。自 2011 年 7 月 20 日起实施。

7 月 20 日

［纲　文］　**质检总局公布《认证机构管理办法》。**

［目　文］　《办法》共 6 章 62 条。主要有总则、设立与审批、行为规范、监督检查、法律责任、附则等内容。自 2011 年 9 月 1 日起施行。

7 月 20 日

［纲　文］　**国务院副总理王岐山在北京会见日本关西广域联合会长、兵库县知事井户敏三率领的日本关西地区知事代表团。**

［目　文］　王岐山说，两国地方政府间的交流与合作，为加深两国人民理解和友

谊，推动中日战略互惠关系健康发展发挥了积极作用。中日旅游业合作潜力巨大。两国政府要为中日旅游业交流与合作创造良好的环境，努力把旅游业培育成国民经济的支柱产业。

井户敏三等感谢中国政府对日本灾后重建给予的帮助，并表示愿继续深化双方旅游业等各领域的交流与合作。

7月20日

［纲　文］**“2011京港澳学生交流营”在北京语言大学举行开营式。**

［目　文］全国人大常委会副委员长、全国妇联主席陈至立宣布交流营开营，并向营长授营旗。全国政协副主席王志珍出席并致辞。300多名来自香港、澳门和北京的青年学生参加。本届交流营为期7天，营员们一同登长城、游览圆明园、参观博物馆、走访北京航天指挥控制中心，在天安门广场观看升国旗仪式，走进中国人民抗日战争纪念馆，接受爱国主义教育；在内蒙古，参观草原风电场、内蒙古大学，开展多种文化交流活动。

“我的祖国——京港澳学生交流营”是由教育部、国务院港澳办、中央人民政府驻港联络办、中央人民政府驻澳联络办联合主办，北京语言大学与香港新一代文化协会和澳门中华学生联合总会联合承办的三地学生交流活动。至2010年，交流营活动已举办了15届。

7月20—22日

［纲　文］**应国家主席胡锦涛邀请，喀麦隆总统比亚对中国进行国事访问。**

［目　文］20日，胡锦涛在北京与比亚举行会谈。两国元首一致同意，以两国建交40周年为新的起点，推动中喀友好合作关系向更高水平发展。并共同出席了有关合作文件的签字仪式。

胡锦涛表示，在新的历史起点上，中方愿同喀方继续共同努力，从以下三个方面进一步建设好、发展好中喀友好合作关系，更好地为两国人民谋福祉。一、巩固政治关系，做相互信赖的好朋友。两国领导人、立法机构、政府部门和执政党可根据形势发展，开展多种形式的对话、交流与合作，进一步增进互信，扩大共识，在气候变化、粮食安全、扶贫减贫等全球性问题上保持密切磋商与协调，维护各自和发展中国家的正当权益。二、深化经贸合作，做互利共赢的好伙伴。双方要健全和完善双边经贸合作机制，充分发挥两国经贸混委会的作用，加强统筹规划和指导协调。集中精力，按期保质建设好已开工项目，抓紧做好尚未开工项目前期准备工作，争取尽早启动这些项目。双方要深挖合作潜力，扩大合作规模，积极探讨和开展多种形式的合作，加强能源、资源、基础设施建设、农业等领域的合作。三、密切人文交流，做心心相印的好兄弟。双方要进一步弘扬传统友谊，拓展文化、教育、人力资源培训、卫生、旅游等领域的交流合作。

比亚完全赞同胡锦涛关于进一步发展两国关系的重要意见，表示喀方愿意同中方一道，加强政治、经济、卫生、教育、科技、文化、体育等领域务实合作，不断推进两国友好合作关系，造福两国人民。

21日，全国人大常委会委员长吴邦国在北京会见比亚时说，双方在涉及各自核心利益和重大关切问题上相互理解、相互支持，在重大地区和国际问题上保持密切沟通与协调，政治互信不断加深。务实合作从传统的贸易合作扩大到工程承包和产业合作，为两国关系发展奠定了物质基础。中国全国人大愿进一步密切与喀麦隆国民议会在各层次、各领域的交流与合作，为促进两国关系和务实合作深入发展多作贡献。

比亚表示，喀政府、议会、政党积极致力于发展对华关系，愿与中方共同努力，使喀中传统友好不断结出新的硕果。

同日，国务院总理温家宝在北京会见比亚时说，中国将喀麦隆等非洲国家视为重要的战略伙伴，愿在资金、技术、人才培养等方面继续提供帮助，扩大贸易和投资合作，落实中非合作论坛各项共识，密切在联合国等重要国际组织中的协调配合，推动中喀、中非关系达到更高水平。

比亚表示，中国是喀麦隆的老朋友和可靠的战略伙伴，喀方愿以两国建交40周年为契机，进一步加强高层交往，深化各领域友好合作，推动两国关系迈上新的台阶。

7月20—21日

［纲　文］　**全军群众工作座谈会在北京召开。**

7月20—23日

［纲　文］　**国务委员、公安部部长孟建柱在宁夏回族自治区调研。**

［目　文］　国务委员、公安部部长孟建柱在固原市泾源县公安局六盘山派出所、银川市公安局金凤分局上海西路派出所指出，要真正把人民放在心中最高位置，通过建立网上公安局、网上警务室和QQ群、微博等方式，不断拓宽服务群众渠道，着力提升新形势下群众工作的能力和水平，把党和政府的温暖送到各族群众的心坎上；在石嘴山市公安局刑侦支队、银川市公安局刑侦局，他要求在深入推进公安信息化建设的同时，更加注重实战应用，完善区域警务合作和多部门、多警种联动机制，切实提高公安机关核心战斗力，不断增强各族群众安全感；看望了银川市公安局巡特警支队和公安消防支队特勤一中队队员；会见了宁夏公安英模代表，勉励他们用心和智慧为党和人民再立新功。

7月20日—8月5日

［纲　文］　**第二届中国新疆国际民族舞蹈节在乌鲁木齐举办。**

［目　文］　舞蹈节由文化部、国务院新闻办、新疆维吾尔自治区政府主办，本着时尚、现代、开放、包容的原则，力求体现中国风格、新疆特色、国际水准、大众参与，成为“艺术的盛会、大众的节日”。24个国内外舞蹈表演团体奉献了《天鹅湖》《大红灯笼高高挂》《天山芙蓉》等74场演出。舞蹈节还举办多项优秀艺术精品展览，开展“网络秀舞大赛”“摄影大赛”等文化活动。

7月21日

［纲　文］　**中共中央在中南海召开党外人士座谈会。**

［目　文］　中共中央总书记胡锦涛主持座谈会并讲话。座谈会就当前经济形势和下

半年经济工作听取各民主党派中央、全国工商联领导人和无党派人士的意见和建议。中共中央政治局常委温家宝、贾庆林、李克强出席座谈会。温家宝通报了上半年经济工作有关情况，介绍了中共中央、国务院关于做好下半年经济工作的考虑。

民革中央主席周铁农、民盟中央主席蒋树声、民建中央主席陈昌智、民进中央主席严隽琪、农工党中央主席桑国卫、致公党中央主席万钢、九三学社中央主席韩启德、台盟中央主席林文漪、全国工商联主席黄孟复、无党派人士陈章良先后发言。他们表示赞同中共中央、国务院对当前我国经济形势的分析和对下半年经济工作的考虑，并就加快转变经济发展方式、稳定物价总水平、加强房地产市场宏观调控、服务和支持小型微型企业发展、加快促进区域协调发展、加快养老服务业发展等提出了意见和建议。

胡锦涛表示，大家在发言中充分肯定了今年上半年以来经济工作取得的成绩，并围绕做好全年经济工作提出了有针对性的意见和建议，对我们做好下半年经济工作很有帮助，我们将认真研究。今年以来，国内外局势复杂多变，可以预见和难以预见的新情况新问题不断出现。面对困难和挑战，我们坚持以科学发展为主题，以加快转变经济发展方式为主线，继续加强和改善宏观调控，经济社会发展保持良好态势。各民主党派中央、全国工商联领导同志和无党派人士分赴各地，深入基层一线，认真开展考察调研，形成了一批具有较高价值的调研成果，为促进我国经济社会发展作出了积极贡献。胡锦涛代表中共中央、国务院，向同志们表示衷心的感谢。在充分肯定上半年经济发展取得成就的同时，我们要坚定信心、扎实工作，深入认识经济运行中的突出矛盾和问题，切实处理好速度、结构、价格关系，继续推动经济发展朝着宏观调控预期方向发展，努力实现“十二五”时期经济社会发展良好开局。

7月21日

［纲　文］　**国家主席胡锦涛应约同南非总统祖马通电话。**

［目　文］　两国元首就双边关系及共同关心的问题交换意见，对双边关系发展感到满意，表示愿意共同努力，进一步深化和发展中南全面战略伙伴关系。

祖马通报了非盟就和平解决利比亚问题所作的努力，表示非盟提出了关于政治解决利比亚问题的方案和路线图，同利比亚冲突双方及有关各方保持接触。非盟将继续同中方及有关各方保持沟通和协调，力争通过和平方式解决利比亚问题。

胡锦涛指出，当前，利比亚局势已成为国际社会关注的焦点，引发的人道主义危机令人忧虑。中方呼吁有关各方立即停火，尽快就和平解决利比亚危机进行谈判，以政治手段和和平方式解决纷争，通过对话协商恢复正常秩序。中方认为，利比亚的主权、独立、领土完整应该得到尊重，利比亚未来应该由利比亚人民决定，国际社会应该尊重利比亚人民的自主选择。中方希望利比亚冲突双方以国家和人民根本利益为重，从维护地区和平稳定大局出发，认真考虑非盟及有关方面调解方案，采取更为灵活、务实的态度，国际社会也应该为此发挥更积极的建设性作用。南非和非盟为推动利比亚问题政治解决发挥了重要作用，显示了非洲各国坚持“以非洲方式解决非洲问题”的决心。中方对此表示高度赞赏，愿同南非和非盟就利比亚问题继续保持密切沟通和协调。

7月21日

［纲　文］　**全国人大常委会委员长吴邦国在北京会见韩国国会副议长郑义和。**

［目　文］　吴邦国表示，中方高度重视对韩关系，始终将发展中韩关系放在中国周边外交的重要位置。建交19年来，中韩在政治、经贸、人文等各领域的友好交流与合作呈现快速发展的好势头。作为两国关系的重要组成部分，中国全国人大与韩国国会的关系也不断迈上新台阶，特别是2006年启动的议会定期交流机制，已成为双方深化战略互信、加强友好往来、促进务实合作的重要平台。希望双方进一步完善和加强机制建设，丰富交流内涵，拓展合作的深度和广度，为中韩战略合作伙伴关系增添新的活力。

郑义和说，韩方对韩中关系的发展表示满意，愿以明年共同庆祝建交20周年为契机，把两国关系推向新的高度。韩国国会愿加强与中国全国人大的交往，充分利用定期交流机制这一平台，为推动韩中关系发展发挥积极作用。

同日，中韩议会定期交流机制第六次会议在京举行，全国人大常委会副委员长陈至立与韩国国会副议长郑义和出席了会议。双方与会代表就中韩关系、议会交往、民主法制建设、经贸合作、能源安全、节能环保和人文交流以及共同关心的国际和地区问题交换了意见。

7月21日

［纲　文］　**张德江在北京主持召开国务院安全生产委员会全体会议。**

［目　文］　会议主要任务是总结工作，查找问题，特别是针对近期事故多发的态势，研究防范措施，进一步部署下半年安全生产工作。国务院安委会成员参加了会议。

国务院副总理、国务院安全生产委员会主任张德江指出，各地区、各部门、各单位要深入贯彻落实科学发展观，全面贯彻党中央、国务院关于安全生产工作的重要决策部署，按照年初国务院安委会制定的工作目标、任务要求，坚持以人为本，警钟长鸣，从零开始，常抓不懈，继续深入开展“安全生产年”活动，加强责任落实，加强安全监管，切实把企业安全生产主体责任落到实处，进一步强化综合预防措施，进一步减少事故总量，进一步有效遏制重特大事故发生，切实保障人民群众生命财产安全。

7月21日

［纲　文］　**财政部、教育部发布《关于从土地出让收益中计提教育资金有关事项的通知》。**

［目　文］　《通知》由五个部分组成：一、统一计提教育资金口径，增设科目单独核算。二、教育资金按季计提，年终进行统一清算。三、实行专款专用，重点支持农村基础教育发展。四、统筹安排财政性教育经费，建立教育资金预决算管理制度。五、抓紧制定具体实施办法，加强教育资金监督管理。

《通知》指出，各级财政、教育部门要加强教育资金监督管理，依法接受审计监督，及时足额计提教育资金，确保教育资金按照规定用途使用，切实加大教育投入，着力提高教育资金使用效益。对于不按照本通知规定计提、使用和管理教育资金的，要严格按照《财政违法行为处罚处分条例》（国务院令第427号）有关规定进行处理。

7月21日

［纲　文］　**中国气象局公布《防雷减灾管理办法》。**

［目　文］　《办法》共8章39条。主要有总则，监测与预警，防雷工程，防雷检测，雷电灾害调查、鉴定，防雷产品，罚则，附则等内容。自2011年9月1日起施行。2005年2月1日中国气象局公布的《防雷减灾管理办法》同时废止。

7月21日

［纲　文］　**商务部决定继续对原产于俄日的三氯乙烯实施反倾销措施。**

［目　文］　根据《中华人民共和国反倾销条例》第五十条和国务院关税税则委员会的决定，商务部发布2011年第三十九号公告，决定自2011年7月22日起，继续对原产于俄罗斯、日本的进口三氯乙烯实施反倾销措施，实施期限为5年。

2005年7月22日，商务部发布年度第三十七号公告，决定对原产于俄罗斯、日本的进口三氯乙烯实施最终反倾销措施，实施期限为5年。2010年7月21日，应国内三氯乙烯产业申请，商务部公告决定对原产于俄罗斯、日本的进口三氯乙烯所适用的反倾销措施进行到期复审调查。经调查，商务部认为，如果终止原反倾销措施，原产于俄罗斯、日本的进口三氯乙烯对中国的倾销可能继续发生，对中国国内三氯乙烯产业造成的损害可能再度发生。

7月21日

［纲　文］　**新华社讯，《李鹏论三峡工程》由中央文献出版社、中国三峡出版社出版发行。**

［目　文］　该书收入了李鹏1984年至2010年间有关三峡工程的报告、讲话、谈话、文章、函电、批示、答记者问等68篇，24万多字，其中部分文稿是首次公开发表。书中所收文稿，集中反映了李鹏担任党和国家领导人期间，在党中央的正确领导和科学决策下，领导并组织实施三峡工程建设的历程，体现了李鹏对三峡工程建设及库区经济社会发展的深入思考和水利建设方面的重要思想，记录了党和政府在三峡工程建设中科学论证、民主决策和领导工程建设如期完成的全过程。

7月21日

［纲　文］　**王兆国在北京会见参加北戴河休养活动的劳模代表。**

［目　文］　中华全国总工会主席王兆国指出，党中央、国务院一贯高度重视劳模和劳模工作，组织劳模疗休养，体现了对劳模的深切关怀。各级党委和政府要继续关心劳模的工作、学习、生活和身心健康，帮助他们解决实际困难和问题，为劳模成长创造更好的条件。各级工会要怀着深厚的感情，进一步做好劳模的服务和管理工作，为劳模提供实实在在的帮助和支持，做劳模的贴心人。

7 月 21 日

［纲　文］　**中共中央政治局委员、中央政法委副书记王乐泉在人民大会堂会见由劳工党、社会党、民主工党和共产党党员组成的巴西执政联盟干部考察团。**

［目　文］　王乐泉说，中国共产党重视与巴西执政联盟各党的友好关系，愿在党际关系四项原则基础上进一步加强交往，深入交流治国理政经验，共同推动中巴战略伙伴关系不断向前发展。他还简要介绍了中国共产党建党 90 年来取得的主要成就和面临的主要任务。

考察团成员祝贺中国共产党建党 90 周年并表示，巴西执政联盟各党对中国共产党领导中国人民取得的辉煌成就深表钦佩，愿进一步加强与中国共产党的友好交往，为推动两国各领域的互利合作作出积极贡献。

7 月 21 日

［纲　文］　**中国核学会、中国同位素与辐射行业协会在北京举行王传祯获得劳伦斯奖庆祝大会。**

［目　文］　2011 年 6 月 11 日，在加拿大蒙特利尔市举行的第十六届国际辐射加工大会（IMRP）上，原中国核工业第二研究设计院比尼辐照技术研究所所长、北京三强核力辐射工程技术有限公司董事长王传祯教授被国际辐射联合会授予 IMRP 劳伦斯奖。王传祯是获得该项大奖的第一位中国科学家。

7 月 21 日

［纲　文］　**《人民日报》报道，第三届中国科技馆杯“我与科协”征文评选在北京揭晓并颁奖。**

［目　文］　2002 篇参评作品中，共有 144 篇作品分获一、二、三等奖和鼓励奖，另评出组织奖 21 名。本届征文组委会共收到我国内地 29 个省区市 1800 多位作者的 2002 篇稿件，最终从 150 篇候选作品中评出一等奖 12 篇、二等奖 22 篇、三等奖 38 篇、鼓励奖 72 篇。

7 月 21 日

［纲　文］　**窗口单位和服务行业创先争优座谈会在北京召开。**

［目　文］　中组部部长李源潮出席并讲话。中央创先争优活动领导小组成员、中央和国家机关有关部委负责人、部分中央企业和中管金融机构负责人参加会议。座谈会上，公安部等 11 个部门和单位介绍了在创先争优活动中开展为民服务的做法和经验。

李源潮指出，服务人民群众是创先争优活动的重要内容和目标，窗口单位和服务行业联系民生最紧密、服务群众最直接，深入推进创先争优活动要突出为民服务这个重点。要坚持围绕中心、服务大局，把以人为本、执政为民理念渗透到窗口单位和服务行业各项业务工作中。要树立民生为重、服务为先导向，寓管理于服务之中，争创群众满意窗口、优质服务品牌、优秀服务标兵。

7月21日

［纲　文］ **中国首座快堆并网发电。**

［目　文］ 10时，北京西南郊的中国实验快堆主控室，我国首座快堆发出强大电流，开始输往华北电网，从而实现了我国首座快堆成功并网发电的目标。

中国实验快堆是我国快中子增殖反应堆（快堆）发展的第一步，安全性已达到第四代核能系统要求。在20多年的研发过程中，我国全面掌握了快堆技术，取得了自主创新成果和专利，实现了实验快堆的自主研究、自主设计、自主建造、自主运行和自主管理，形成了完整的研发能力，并培养了一批技术人才队伍。

7月21日

［纲　文］ **《中国双拥》杂志创刊出版。**

［目　文］ 《中国双拥》杂志由民政部主管，中国爱国拥军促进会主办。该杂志为月刊，正16开，彩色印刷，面向社会公开发行，设有高端访谈、政策解读、军人风采、典型风范、军属、亲历、战史、军休等栏目。

7月21日

［纲　文］ **"两弹一星"元勋，中国科学院、中国工程院院士，国际宇航科学院院士，光学科学家、教育家王大珩，在北京逝世，享年96岁。**

7月21—23日

［纲　文］ **外交部部长杨洁篪出席在印尼巴厘岛举行的中国—东盟（10+1）外长会、东盟与中日韩（10+3）外长会、东亚峰会外长磋商和东盟地区论坛外长会。**

［目　文］ 21日，中国—东盟（10+1）外长会议举行，杨洁篪出席会议并发表讲话。东盟成员国外长一致认为，中国—东盟建立对话关系20年来，双方在政治、经贸、人文、社会等诸多领域开展的互利共赢合作取得了积极成果，获得各国人民的广泛支持，支持通过举行中国—东盟纪念峰会及其他庆祝活动为双方合作注入新的活力。东盟成员国外长赞赏东盟国家与中国高官会就落实《南海各方行动宣言》指针达成共识，认为这显示双方有能力和意愿解决和管控最棘手的问题，具有里程碑意义。

同日，东盟10+3外长会议举行，杨洁篪出席会议并发表讲话。会议以"全球一体化中的东盟共同体"为主题。根据议程，东盟各国和中国、日本、韩国的外长在本次会议中回顾并展望东盟10+3合作的发展，并就加强政治与安全合作、增进政策协调、维持本地区经济发展、加强在二十国集团与联合国等国际组织中的合作、加强灾害管理和应对等议题进行讨论。针对经济领域，外长们对清迈倡议多边化协议的实施、东盟10+3宏观经济研究办公室的运行、促进东盟10+3各国间贸易自由的努力、东亚论坛复兴等进行回顾。

22日，杨洁篪出席东亚峰会外长磋商并发表讲话。各方回顾了东亚峰会合作，并就未来发展方向充分交换了意见。积极评价东亚峰会在五大重点合作领域取得的积极成果，认为随着峰会的扩员，有必要在坚持东盟主导原则的基础上，继续巩固和扩大合作成果，充分发挥峰会"领导人引领"的战略论坛作用。希望认真规划、筹备第六届东亚峰会，确保会议取得成功。外长们还就国际和地区问题交换了意见。

23日，杨洁篪出席东盟地区论坛外长会发言时指出，南海存在一些岛礁主权和部分海域划界争议，这是事实。争议应由直接当事国通过友好协商和平解决。有关当事国之间的对话与磋商渠道是畅通的。南海局势总体是和平、稳定的，这也是事实。妥善处理争议，努力缩小分歧，不断增进互信，积极扩大合作，维护和平稳定大局，符合本地区各国的共同利益，也是各国应共同努力的方向。中国与东盟国家日前通过的落实《南海各方行为宣言》行动指针就是各方共同努力的积极成果。

7月22日

［**纲　文**］　**中共中央政治局召开会议。**

［**目　文**］　中共中央总书记胡锦涛主持会议。会议决定2011年10月在北京召开中国共产党第十七届中央委员会第六次全体会议，主要议程是：中共中央政治局向中央委员会报告工作，研究深化文化体制改革、推动社会主义文化大发展大繁荣问题。会议还研究了当前经济形势和经济工作。

会议指出，当前，我国经济发展形势总体是好的，同时发展中不平衡、不协调、不可持续矛盾仍然突出，国际环境和国内经济运行又出现了一些新情况、新问题、新矛盾。我们既要正确认识取得的成绩，坚定做好经济工作的信心，又要保持清醒头脑，增强忧患意识，冷静观察，未雨绸缪，做好应对各种困难和潜在风险的准备，巩固经济社会发展好势头。下半年要重点抓好以下工作：要坚持把稳定物价总水平作为宏观调控的首要任务，强化政府责任，加强市场保障，降低流通成本，整治市场价格秩序，对困难群众采取有力有效的救助措施。要全力夺取全年农业丰收，切实抓好秋粮生产，促进生猪等畜牧水产业稳定发展，加强农田水利基础设施建设，认真抓好防汛减灾工作。要坚持不懈搞好房地产市场调控和保障性住房建设，坚持调控决心不动摇、方向不改变、力度不放松，坚决遏制住房价格过快上涨，确保落实保障性住房建设计划，确保建设质量，确保分配公平。要着力促进内需平稳较快增长，完善促进消费政策，改善消费环境，促进民间投资持续较快发展，优化投资结构，有效发挥财政金融政策作用，优化信贷结构，加强金融监管。要下大力气加快推进结构调整，积极培育和发展战略性新兴产业，促进传统产业结构升级，支持服务业发展，改善小企业发展环境，促进区域协调发展。要毫不放松地抓好节能减排，明确各级政府目标责任，建立健全有效的激励约束机制，强化企业主体作用，深入推进全社会节能减排。要不断提高对外开放水平，保持外贸政策基本稳定，促进出口稳定增长，积极扩大进口，有效利用外资，推进企业“走出去”。要深化医药卫生、资源环境、财税金融、农村、文化体制等重点领域改革。要大力保障和改善民生，促进就业和创业，健全社会保障制度，加快发展教育、文化、卫生等各项社会事业，创新社会管理和服务，维护社会和谐稳定。

会议强调，各地区各部门要切实把思想和行动统一到中央对形势的分析判断和对工作的总体部署上来，狠抓政策落实，搞好协调配合，不断开拓创新，务求工作实效。

7月22日

［纲　文］　**人力资源社会保障部发布《留学人员回国工作“十二五”规划》**。

［目　文］　《规划》由五个部分组成：一、规划背景。二、指导思想、基本原则和发展目标。三、重点引进领域。四、重点举措。五、组织实施。

《规划》指出，各级人力资源社会保障部门要根据本规划精神，结合实际情况，因地制宜，突出重点，抓紧制定本地区、本部门“十二五”留学人员回国工作的具体规划，加强规划实施的跟踪监控和督促检查，不断总结经验，及时研究解决实施中出现的新情况、新问题，适时进行动态调整，确保规划的顺利实施。

7月22日

［纲　文］　**中国气象局公布《防雷装置设计审核和竣工验收规定》**。

［目　文］　《规定》共6章37条。主要有总则、防雷装置设计审核、防雷装置竣工验收、监督管理、罚则、附则等内容。自2011年9月1日起施行。2005年4月1日中国气象局公布的《防雷装置设计审核和竣工验收规定》同时废止。

7月22日

［纲　文］　**住房城乡建设部印发《建筑施工企业负责人及项目负责人施工现场带班暂行办法》，自2011年7月22日起施行**。

7月22日

［纲　文］　**全国人大常委会委员长吴邦国在人民大会堂会见乌兹别克斯坦最高会议参议院主席萨比罗夫**。

［目　文］　吴邦国说，中方愿同乌方一道，本着相互尊重、平等相待、互利双赢原则，加强友好交往，完善合作机制，切实落实两国元首达成的重要共识，深化经贸、产业、人文等领域互利合作，加强在上海合作组织和联合国等多边组织中的沟通与配合，将中乌友好合作伙伴关系提升到新的水平。当前，中乌关系的快速发展对两国立法机构交往提出了新的要求。中乌经济互补性强，务实合作潜力巨大。两国立法机构应充分发挥各自优势，为中乌各领域务实合作，特别是具有战略意义的大项目合作提供更有力的法律保障。为此，希望双方一是充分发挥立法、审批和监督职能，为双边合作的开展奠定坚实的法律基础；二是利用代表和议员来自不同行业和领域的广泛代表性，积极为中乌务实合作出谋划策、牵线搭桥，不断开拓新的合作领域；三是发挥代表和议员来自不同地方的区域代表优势，积极推动两国地方合作。

萨比罗夫说，中国全国人大在中国政治生活中具有重要地位，为中国特色社会主义法律体系的建立和完善发挥了重要作用。乌兹别克斯坦最高会议愿加强与中国全国人大的友好合作和交流，学习中方在治国理政、民主法制等方面的成功经验，推动双边关系不断向前发展。

同日，全国人大常委会副委员长陈至立在北京会见了萨比罗夫。

21 日，国务院副总理李克强在人民大会堂会见萨比罗夫时提出四点建议：一是促进双边贸易增长，二是深化能源资源合作，三是扩大投资和金融合作，四是推进非资源和高科技领域合作。

萨比罗夫表示乌方愿同中方共同努力，致力于两国关系持续健康稳定发展，并继续加强与中方在上海合作组织框架内的合作。

7 月 22 日

［纲　文］ **“学习郭明义，争做当代雷锋”为主题的郭明义精神进机关、进企业、进社区、进部队、进校园“五进”活动在抚顺雷锋小学启动。**

［目　文］ 活动由中宣部宣教局、辽宁省委宣传部组织。郭明义参加了抚顺雷锋小学举行的“学习郭明义，争做小雷锋”暑假社会实践活动启动仪式，并与师生进行了座谈。郭明义和抚顺近 300 名机关干部、在校学生等一起观看了电影《郭明义》。

郭明义是鞍钢矿业公司齐大山铁矿采场公路管理员。他几十年如一日，助人为乐、无私奉献，先后资助了 180 多名贫困学生，坚持常年献血，积极倡导发起“爱心团队”，被誉为“当代雷锋”，电影《郭明义》再现了他的先进事迹。

随后“五进”活动在湖北、广东、四川、浙江、北京等省市分别举行。

7 月 22 日

［纲　文］ **全国教育人才工作会议在北京召开。**

［目　文］ 教育部部长袁贵仁出席并讲话。清华大学、福建省教育厅、广西壮族自治区教育厅、上海交通大学就高校教师队伍建设、中小学教师队伍建设、中职教师队伍建设和青年教师队伍建设的经验做法作了交流发言。

7 月 22 日

［纲　文］ **京珠高速公路，信阳明港段 938 公里至 939 公里处，一辆大客车发生燃烧，车体非金属部分全部化为灰烬。**

［目　文］ 一辆 35 座中型宇通客车在行驶中突然着火。该辆客车当时共载有乘客 47 人，除紧急救出的 6 名伤者外，其余 41 人在火灾中死亡。

8 月 9 日，经国务院批准，针对该事故，由国家安监总局、公安部、交通运输部等多部门联合组成事故调查组并从即日起展开调查。

2012 年 6 月 27 日，国务院“7·22”事故调查组发布调查报告，认定该事故是一起责任事故。司法机关对 10 名责任人批捕。调查组还建议对 32 名责任人给予党纪、政纪处分。

7 月 22 日

［纲　文］ **新华社讯，中共中央纪委对江西省政协原副主席、省委统战部原部长宋晨光严重违纪违法问题进行立案检查。**

［目　文］ 经查，宋晨光利用职务上的便利为他人谋取利益，收受巨额钱物；生活腐化。

宋晨光的上述行为严重违纪，其中有的问题已涉嫌犯罪。依据《中国共产党纪律处分条例》《中华人民共和国公务员法》的有关规定，经中央纪委审议并报中共中央批准，决定给予宋晨光开除党籍、开除公职处分；收缴其违纪所得；将其涉嫌犯罪问题移送司法机关依法处理。

2012年4月27日，山东省泰安市中级人民法院对江西省政协原副主席宋晨光作出一审判决，认定宋晨光犯受贿罪，判处死刑，缓期二年执行，剥夺政治权利终身，没收个人全部财产。

7月23日

［纲　文］ **中央军委晋升上将军衔仪式在北京八一大楼举行。**

［目　文］ 中央军委副主席习近平宣读了中央军委主席胡锦涛签署的晋升上将军衔命令。胡锦涛向晋升上将军衔的军官颁发命令状。解放军四总部、驻京各大单位和军委办公厅的领导等出席晋衔仪式。

本次晋升上将军衔的高级军官是：副总参谋长孙建国、侯树森，总政治部副主任贾廷安，海军政治委员刘晓江，沈阳军区司令员张又侠，兰州军区政治委员李长才。

自1955年我国首次实行军衔制和1988年恢复军衔制以来，已有191位高级军官、警官获上将军衔、警衔。

7月23日

［纲　文］ **发展改革委印发《关于鼓励和引导民营企业发展战略性新兴产业的实施意见》。**

［目　文］ 《意见》由十个部分组成：一、清理规范现有针对民营企业和民间资本的准入条件。二、战略性新兴产业扶持资金等公共资源对民营企业同等对待。三、保障民营企业参与战略性新兴产业相关政策制定。四、支持民营企业提升创新能力。五、扶持科技成果产业化和市场示范应用。六、鼓励发展新型业态。七、引导民间资本设立创业投资和产业投资基金。八、支持民营企业充分利用新型金融工具融资。九、鼓励开展国际合作。十、加强服务和引导。

7月23日

［纲　文］ **庆祝中国共产党成立90周年暨建军84周年音乐会《人民军队忠于党》在北京中国剧院举行。**

［目　文］ 音乐会由解放军总政治部主办，围绕人民军队忠于党这一主题，选取不同历史时期的经典声乐作品，融独唱、重唱、合唱、器乐演奏等形式为一体，通过“烽火年代”“激情岁月”“精兵之路”“跨越发展”“新的使命”五个章节，讴歌了人民军队在党的领导下的成就，生动展示了广大官兵围绕国防和军队发展的主题主线，大力培育践行当代革命军人核心价值观，忠实履行新世纪新阶段我军历史使命的精神风貌。

7月23日

［纲　文］ **陈毅元帅诞辰110周年纪念活动在溧阳举行。**

［目　文］ 中国人民对外友好协会与江苏溧阳市委市政府在新四军江南指挥部纪念馆，举行纪念陈毅元帅诞辰110周年暨陈毅与张茜铜像、陈毅元帅诗词将军法书碑廊落成仪式。

溧阳是陈毅元帅战斗过的地方。“陈毅元帅诗词将军法书碑廊”占地面积3000平方米，展示了我国110位将军抄录陈毅元帅诗词和为纪念陈毅元帅诞辰题书的作品。落成仪式上，陈毅亲属向溧阳市捐赠陈毅夫妇革命文物。所有书法作品均捐赠新四军江南指挥部纪念馆珍藏。

陈毅（1901年8月26日—1972年1月6日），中华人民共和国十大元帅之一。曾任国务院副总理、中共中央军委副主席、中华人民共和国外交部部长，上海市人民政府首任市长。

7月23日

［纲　文］ **中国海监定期维权巡航执法5周年总结表彰大会暨“中国海监50”船入列仪式在上海举行。**

［目　文］ 会议总结了中国海监海洋维权执法工作5年历程。国家海洋局局长刘赐贵向“中国海监50”船船长授旗。国家海洋局副局长、中国海监总队总队长张宏声主持表彰大会及“中国海监50”船入列仪式。外交部、发展改革委、财政部、总参等有关部委领导，中国海监各海区、各省（区、市）总队主要负责人以及受表彰的30多名“海监维权执法标兵”代表出席了表彰大会。

7月23日

［纲　文］ **20时50分，杭深线永嘉至温州南间，北京南至福州D301次列车与杭州至福州南D3115次列车发生追尾事故。**

［目　文］ D301次列车第1至4位脱线，D3115次列车第15、16位脱线。事故造成40人死亡、172人受伤，中断行车32小时35分，直接经济损失19371.65万元。

24日，中共中央总书记胡锦涛、国务院总理温家宝作出指示，要求各有关部门和地方务必把救人放在第一位，全力以赴组织好救援工作，同时查明原因，做好善后处理。

同日，受胡锦涛、温家宝委派，国务院副总理张德江率有关部门负责人在温州，指导事故救援、善后处理和事故调查工作，并宣布成立国务院事故调查组。

28日，温家宝在浙江温州，查看“7·23”甬温线特别重大铁路交通事故现场，悼念遇难者，看望受伤人员，慰问遇难者亲属，在事故现场会见了中外记者。

12月25日，国务院“7·23”甬温线特别重大铁路交通事故调查组发布《“7·23”甬温线特别重大铁路交通事故调查报告》，认定该事故是一起因列控中心设备存在严重设计缺陷、上道使用审查把关不严、雷击导致设备故障后应急处置不力等因素造成的责任事故。

《报告》提出对事故有关责任人员和责任单位的处理建议。

7月23日

［纲　文］ **国务院总理温家宝就挪威发生爆炸和枪击事件向挪威首相斯托尔滕贝格致慰问电。**

7月23日

［纲　文］ **厦门特大走私案首要犯罪嫌疑人赖昌星被加拿大有关部门遣送回中国。**

［目　文］ 中加双方在北京首都国际机场办理了有关交接手续。随后，我公安机关依法向赖昌星宣布了逮捕令，并向其交代了包括聘请律师为自己辩护在内的法定权利。

1996年至1999年，赖昌星及其他走私犯罪分子在厦门关区大肆走私进口成品油、植物油、汽车、香烟等货物，涉案金额巨大，严重破坏了正常的经济秩序，给国家造成巨大经济损失。1999年4月，根据党中央和国务院的部署，有关部门组成专案组对厦门特大走私案进行调查。同年8月，赖昌星畏罪自香港潜逃至加拿大，并向加拿大移民部提出了难民资格申请，企图长期滞留加拿大，以逃避法律制裁。加拿大有关部门经甄别，驳回了赖昌星的难民资格申请。随后加拿大移民部启动了对赖昌星的遣返程序，并最终于当地时间2011年7月22日依法将其递解出境。

2012年5月18日，赖昌星走私犯罪集团首要分子赖昌星走私普通货物、行贿犯罪一案在厦门市中级人民法院依法公开宣判。法院认定，赖昌星犯走私普通货物罪，判处无期徒刑，剥夺政治权利终身，并处没收个人全部财产；犯行贿罪，判处有期徒刑15年，并处没收个人财产人民币2000万元，两罪并罚，决定执行无期徒刑，剥夺政治权利终身，并处没收个人全部财产；赖昌星的违法犯罪所得依法予以追缴。

7月23—24日

［纲　文］ **2011年全国公路轮滑锦标赛在哈尔滨举行。**

［目　文］ 来自全国各地约40支队伍的近400名运动员参加。设有男、女200米个人计时赛、500米计时赛、10000米积分赛和20000米淘汰赛等8个项目。

7月23—24日

［纲　文］ **刘延东在深圳市考察并专题研究世界大运会筹办工作。**

［目　文］ 中共中央政治局委员、国务委员刘延东考察了大运会场馆及其配套服务设施试运行情况，听取了组委会关于筹办工作的汇报。她说，经过广东省、深圳市和有关中央部门及地方等各方面的共同努力，大运会在场馆建设、赛事组织、城市运行、参赛准备等方面取得可喜成绩，体现了年轻城市举办青年盛会的时代特色，传递了中国政府和人民尊重多样文明、促进和谐包容、共享和平友谊的价值观，生动展现了中国特色社会主义制度集中力量办大事的优越性。

7月23—25日

［纲　文］ **王兆国在大连市考察。**

［目　文］ 中华全国总工会主席王兆国在考察时指出，要始终坚持人民是真正的英

雄，劳动创造世界的观点，始终坚持改革推动社会进步，创新引领时代发展的理念，依靠主力军、建设主力军、发展主力军，进一步提高职工队伍整体素质，激发广大职工的劳动热情和创造活力，为全面建设小康社会再立新功。科技的进步、生产力的发展、社会财富的创造，最终都要通过劳动者来实现。站在庆祝中国共产党成立90周年、“十二五”规划开局的新起点上，要大力倡导勤奋劳动、诚实劳动、创新劳动，进一步唱响劳动光荣、工人伟大的主旋律；要大力弘扬工人阶级伟大品格和劳模精神，进一步激励广大职工立足本职、争创一流，艰苦奋斗、甘于奉献；要大力推进全国职工素质建设工程，进一步提高职工队伍的综合素质和创新能力，团结动员广大职工为提高企业技术装备水平和自主创新能力贡献智慧和力量，为促进经济建设和社会发展作出新贡献。

7月24日

［纲　文］　**新华社讯，经中央军委主席胡锦涛批准，解放军总政治部发布通知，从2011年8月1日起，全军正式启用新式勋章、奖章、纪念章及奖励证书。**

［目　文］　总政治部根据《纪律条令》有关规定，设计制作了一、二级英雄模范勋章和国防服役、卫国戍边、献身国防、和平使命、执行作战和重大任务等纪念章，重新设计制作了一、二、三等功奖章和奖励证书，近日陆续下发部队。

通知强调，各级党委和政治机关要高度重视，认真学习有关政策规定，掌握证章颁发范围、程序和管理办法，加强组织领导，切实做好颁发、使用和管理工作。要结合纪念建军84周年开展专题教育，采取多种形式进行宣讲，使官兵普遍了解证章的种类样式，理解内涵意义，熟知标准条件。要结合创先争优活动，引导和激励广大官兵自觉践行当代革命军人核心价值观，立足岗位，建功立业，为推动国防和军队建设科学发展，加快转变战斗力生成模式，有效履行新世纪新阶段我军历史使命作出新的更大贡献。

通知对新式勋章、奖章、纪念章的颁发对象、颁发时机、佩戴办法以及证章管理等提出了具体要求。

7月24日

［纲　文］　**新华社讯，中共中央办公厅印发《关于加强市（地、州、盟）党政正职管理的若干规定》，并发出通知，要求各地结合实际认真贯彻执行。**

［目　文］《规定》指出，市（包括地、州、盟，以下统称市）在党和国家工作全局中处于承上启下的重要位置，市党政正职是党治国理政的重要骨干力量，在推进改革发展稳定中担负重要责任、发挥关键作用，必须加强重点管理。《规定》着重从选好配强市党政正职、健全选拔任用机制、强化教育培训、健全和改进考核机制、加强管理和监督5个方面，提出了加强市党政正职管理的19条具体措施。要健全和改进考核机制，积极引导市党政正职牢固树立科学发展观和正确政绩观。要加强对市党政正职德的考核，把德的考评结果作为使用市党政正职的首要依据。要全面客观准确地考核评价领导科学发展的工作实绩，重点考核领导科学发展、保障和改善民生、维护社会稳定、驾驭复杂局面、执行

民主集中制、抓班子带队伍、坚持原则、履行廉政职责等情况。要注重了解群众公认度，把群众的评价作为考核评价市党政正职的重要标准之一。要支持和鼓励市党政正职踏实干事，为他们营造良好的工作环境。

《规定》要求，省级党委要切实履行好市党政正职选拔配备和日常管理监督的职责，实行市党政正职重点管理情况年度报告制度。要加强宏观指导和督促检查，确保市党政正职重点管理措施落到实处。

7月24日

［纲　文］　**国务院总理温家宝在人民大会堂会见由前众议院议长河野洋平率领的日本国际贸易促进协会2011年度访华团。**

［目　文］　温家宝说，两个月前我在日本出席中日韩领导人会议期间，赴地震海啸灾区慰问日本民众，并同菅直人首相就改善中日关系、加强在日本灾后重建方面合作等重大议题深入交换意见，达成一系列共识。当前，两国经贸合作、文化交流和人员往来明显增强，共同利益不断扩大。双方要倍加珍惜这一来之不易的局面，抓住中国转变发展方式和日本灾后重建的机遇，充分发挥各自优势，积极开辟新的合作领域，造福两国人民，促进地区和平与发展。

河野洋平表示，当日本处于灾后极为困难的时候，中国领导人和中国人民给予了有力的支持，使日本全国深受感动和鼓舞。日本把中国经济快速增长视作重要机遇，希望同中方扩大贸易和投资合作，照顾彼此关切，实现互利共赢。

7月24日

［纲　文］　**发展改革委发布《关于完善太阳能光伏发电上网电价政策的通知》。**

［目　文］　《通知》说，一、制定全国统一的太阳能光伏发电标杆上网电价。（一）2011年7月1日以前核准建设、2011年12月31日建成投产、我委尚未核定价格的太阳能光伏发电项目，上网电价统一核定为每千瓦时1.15元（含税，下同）。（二）2011年7月1日及以后核准的太阳能光伏发电项目，以及2011年7月1日之前核准但截至2011年12月31日仍未建成投产的太阳能光伏发电项目，除西藏仍执行每千瓦时1.15元的上网电价外，其余省（区、市）上网电价均按每千瓦时1元执行。今后，我委将根据投资成本变化、技术进步情况等因素适时调整。二、通过特许权招标确定业主的太阳能光伏发电项目，其上网电价按中标价格执行，中标价格不得高于太阳能光伏发电标杆电价。三、对享受中央财政资金补贴的太阳能光伏发电项目，其上网电量按当地脱硫燃煤机组标杆上网电价执行。四、太阳能光伏发电项目上网电价高于当地脱硫燃煤机组标杆上网电价的部分，仍按《可再生能源发电价格和费用分摊管理试行办法》（发改价格〔2006〕7号）有关规定，通过全国征收的可再生能源电价附加解决。

7月24日

［纲　文］　**第八届威凯杯全国冠军赛暨象棋一级棋士赛在北京中国棋院落幕，江苏选手朱晓虎和浙江选手唐思楠分别获得男、女组冠军。**

7月24日

［纲 文］ **银监会网站报道，银监会正式批准筹建西藏银行，注册地为拉萨市。**

［目 文］ 筹建机构的股权设置、设立方式、总体定位、治理体制等相关工作已经完成。

筹建的西藏银行是西藏自治区首家地方法人银行机构，也是自治区成立的第一家股份制商业银行。西藏银行以新发起的方式设立，初定募集股本15亿元人民币，由西藏自治区政府、国内知名银行业金融机构及区内外优质企业等15家单位共同出资组建。

7月24日

［纲 文］ **新华社讯，中共中央纪委对内蒙古自治区政府原副主席刘卓志严重违纪违法问题进行立案检查。**

［目 文］ 经查，刘卓志利用职务上的便利为他人谋取利益，收受巨额贿赂和礼金。刘卓志的上述行为严重违纪，其中有的问题已涉嫌犯罪。依据《中国共产党纪律处分条例》《行政机关公务员处分条例》的有关规定，经中央纪委监察部审议并报中共中央、国务院批准，决定给予刘卓志开除党籍、开除公职处分；收缴其违纪所得；将其涉嫌犯罪问题移送司法机关依法处理。

2012年7月2日，北京市第一中级人民法院做出一审判决，认定刘卓志收受总计817万余元人民币，构成受贿罪，判处无期徒刑。

7月25日

［纲 文］ **新华社讯，中宣部、公安部、教育部、民政部、文化部、卫生部、国家广电总局、国家安监总局8个部门发布《全民消防安全宣传教育纲要（2011—2015）》。**

［目 文］ 《纲要》规定，学校应落实相关学科课程中消防安全教育内容，针对不同年龄段学生分类开展消防安全教育；每学年组织师生开展疏散逃生演练、消防知识竞赛、消防趣味运动会等活动；有条件的学校应组织学生在校期间至少参观一次消防科普教育场馆。

《纲要》要求，各级人民政府应将消防宣传经费列入本级财政预算，为建设消防科普教育基地等固定宣传设施、配备消防宣传车、制作消防宣传品和开展消防安全培训、消防志愿活动等提供经费保障，确保《纲要》顺利实施。

7月25日

［纲 文］ **国家林业局公布《大熊猫国内借展管理规定》，自2011年9月1日起施行。**

7月25日

［纲 文］ **刘云山在贵州调研。**

［目 文］ 中宣部部长刘云山在遵义、贵阳等地调研，瞻仰了遵义红军山烈士陵园和遵义会议会址，考察了两地的农村、企业、社区和宣传文化单位。

刘云山指出，当前转变发展方式、提升发展质量，增进民生幸福、促进社会和谐，文化都是十分重要的内容和衡量指标。各地推进文化建设要立足本地实际、突出自身特色，使文化资源优势更好地转化为文化发展优势。要按照公益性、基本性、均等性、便利性的要求，深入实施重点文化惠民工程，加快构建覆盖城乡的公共文化服务体系，更好保障人民群众的基本文化权益，要加快培育一批特色鲜明的文化产业集群，大力发展文化旅游及相关产业，要把文化的传承与发展结合起来，使文化资源成为可以永续利用的宝贵财富。

7月25日

［纲　文］　**国家宗教局发言人就梵蒂冈指责中国天主教会发表谈话。**

［目　文］　发言人说，6月29日、7月14日中国天主教乐山教区、汕头教区分别祝圣了雷世银、黄炳章两位主教。新祝圣的主教信仰虔诚、德才兼备，深受神长教友的拥护和爱戴。中国天主教会祝圣主教完全是为了开展正常的教务管理和牧灵福传工作需要。梵蒂冈以两位主教未经梵蒂冈批准为由，以所谓“绝罚”相威胁，极其无理和粗暴，严重伤害了中国天主教会，令广大神长教友痛心，我们对此予以严重关注。20世纪50年代，中国天主教会就曾遭受梵蒂冈所谓的“绝罚”威胁，这对中国天主教广大神长教友是个很大的历史创伤，从此中国天主教会坚定地走上了自选自圣主教的道路。历史证明，中国天主教不会因为梵蒂冈的威胁而停滞不前，广大神长教友将会更坚定地走独立自主自办和自选自圣主教的道路，我们也将一如既往地给予支持和鼓励。中国政府改善中梵关系的原则和立场是一贯的、明确的，希望通过建设性对话与梵蒂冈探讨改善关系的途径和办法，如梵方也有改善关系的诚意，就应撤销所谓“绝罚”，切实回到对话的正确轨道上来。

7月25日

［纲　文］　**国务委员戴秉国在深圳同美国国务卿希拉里·克林顿举行非正式会晤。**

［目　文］　双方就中美关系及共同关心的问题交换了意见。双方同意继续坚定不移地致力于建设相互尊重、互利共赢的中美合作伙伴关系，共同努力拓展两国各领域合作，尊重彼此重大利益和关切，妥善处理分歧，增进战略互信。戴秉国重申了中方在台湾和涉藏问题上的严正立场。双方一致表示，要共同维护和促进亚太地区来之不易的和平稳定发展局面，并就朝鲜半岛局势等问题交换了意见。双方认为，这次会晤是富有成果的，并决定继续保持密切的、形式灵活多样的接触沟通，就中美关系及共同关心的问题随时交换看法。

7月25日

［纲　文］　**中国篮协在北京举办“姚明退役仪式暨表彰典礼”。**

［目　文］　国家体育总局授予姚明“体育运动荣誉奖章”，中国奥委会授予姚明“中国奥林匹克金质奖章”，中国篮协授予姚明“中国篮球杰出贡献奖”。姚明接过一件他效力国家队时身穿的13号球衣，球衣上写着“中国男篮终身荣誉队员”。

姚明1980年出生，18岁作为国家队队员连续参加了2000年至2008年三届奥运会，22岁作为美国职业篮球联赛历史上首位外籍状元加盟火箭队，8次入选美国职业篮球联赛全明星首发阵容。2011年7月20日，姚明宣布结束运动生涯，正式退役。

同日，中共中央政治局委员、国务委员刘延东在北京会见姚明时指出，姚明是新时期中国运动员的杰出代表之一。作为中国国家队的一员，姚明以崇高的使命感、荣誉感和绝不轻言放弃的拼搏精神，带领中国男篮顽强奋战，取得了一个又一个胜利，诠释了一名运动员的爱国情怀，展示了中国运动员的精神风貌。他在国际篮球舞台和美国职业篮球联赛的成功，不仅赢得了国际篮球界的高度赞誉和尊重，更赢得了海内外众多球迷和民众的欢迎、喜爱，他以良好的形象和高超的球技，为增进世界对中国的了解和友谊作出了积极贡献。姚明积极参与社会公益和慈善事业，体现出关爱他人、关注自然、回报社会的人文情怀。他的精湛技艺、良好修养和人格魅力，以及身上所体现出的强烈的爱国意识、职业意识、拼搏精神和社会责任感等优秀品质，为青少年的健康成长作出了表率，激励和鼓舞着广大运动员和青少年为实现理想而坚定信念、奋勇攀登。

7月25日—8月1日

［纲　文］　**纪念辛亥革命100周年全国书画作品展在中国美术馆举办。**

［目　文］　全国人大常委会副委员长、民革中央主席周铁农出席开展仪式。展览由民革中央、中国文联、中央文史馆、中国美协、中国美术馆等联合举办。展览分为中国画作品展和书法作品展两部分，共展出作品约450幅。

7月25日—8月4日

［纲　文］　**全国政协副主席、中国人权发展基金会理事长黄孟复率中国人权发展基金会代表团对法国、西班牙和葡萄牙访问。**

［目　文］　访问欧洲三国期间，黄孟复向外方介绍了改革开放以来中国人权事业取得的历史性进展和《国家人权行动计划（2009—2010）》的执行落实情况，阐述了“十二五”时期中国在人权领域的发展目标和主要政策措施。指出中国是一个拥有13亿人口、正处于改革进程中的发展中国家，将在维护社会稳定、促进经济发展的基础上全面推进人权事业不断发展进步。

访问期间，代表团与法国新人权协会、巴黎中国学院，西班牙参议院对外关系委员会、外交部亚太司、人权办公室，葡萄牙议会外交委员会、公民和性别平等委员会等机构进行了会谈，就人权领域的重要议题进行了深入探讨。代表团还访问了西班牙国际金融分析中心、葡萄牙古本江基金会等智库和基金会，就当前国际经济形势、民间组织作用等问题进行了交流研讨。

7月26日

［纲　文］　**国务院公布《烈士褒扬条例》。**

［目　文］　《条例》共6章41条。主要有总则、烈士的评定、烈士褒扬金和烈士遗属的抚恤优待、烈士纪念设施的保护和管理、法律责任、附则等内容。自2011年8月1日起施行。1980年6月4日国务院发布的《革命烈士褒扬条例》同时废止。

7月26日

［纲　文］　**财政部公布《中央国有资本经营预算企业离休干部医药费补助资金管理办法》，自2011年7月26日起实施。**

7月26日

［纲　文］　**质检总局公布《出口食品生产企业备案管理规定》。**

［目　文］　《规定》共4章30条。主要有总则、备案内容与程序、备案管理、附则等内容。自2011年10月1日起施行。原国家质量监督检验检疫总局2002年4月19日公布的《出口食品生产企业卫生注册登记管理规定》同时废止。

7月26日

［纲　文］　**《中国共产党历史大事记（1921年7月—2011年6月）》在全国发行。**

［目　文］　《大事记》由中共中央党史研究室编写，人民出版社出版。本书记录了90年来中国共产党团结带领全国各族人民战胜各种艰难险阻，谱写中华民族自强不息壮丽凯歌的光辉历程，充分展示了中国共产党在革命、建设、改革中，为国家、为民族建立的丰功伟绩，激励全国人民在以胡锦涛为总书记的党中央领导下，坚定不移沿着中国特色社会主义道路奋勇前进，为夺取全面建设小康社会新胜利和实现中华民族伟大复兴而不懈奋斗。

7月26日

［纲　文］　**国家防汛抗旱总指挥部在国家防总指挥中心召开全体会议。**

［目　文］　国家防总各成员单位有关负责人参加会议。会议进一步安排部署防汛抗旱减灾工作。中共中央政治局委员、国家防汛抗旱总指挥部总指挥回良玉在会上强调，当前正是防汛“七下八上”的关键时期和台风活跃期，各地区各有关部门要深入贯彻落实中央水利工作会议精神，坚持依法防控、科学防控、群防群控，防汛抗旱并举，切实强化监测预报预警，科学调度水利工程，全面加强江河、水库、塘坝等安全防范和巡查，高度重视山洪地质灾害防御，及时转移妥善安置受灾害威胁群众，最大程度减轻灾害损失。

7月26日

［纲　文］　**西藏航空有限公司成立暨首航仪式在拉萨贡嘎机场举行。**

［目　文］　10时26分，西藏航空有限公司首架航班——空客A319客机从拉萨贡嘎机场起飞，12时3分降落在海拔世界第三的西藏阿里昆莎机场，这标志着西藏航空首航成功。

7月26日

［纲　文］　**中国画学会成立大会在北京举行。**

［目　文］　中国画学会旨在团结中国画画家推动中国画创作及理论研究，探索中国画的发展规律，推动中国画体系建设，积极开展艺术交流，提升中国画在世界文艺格局中的地位。

7月27日

［纲　文］　**温家宝主持召开国务院常务会议。**

［目　文］　会议对“7·23”甬温线特别重大铁路交通事故遇难者表示深切哀悼，对受伤人员和伤亡人员家属表示亲切慰问，决定采取坚决措施，以交通、煤矿、建筑施工、危险化学品等行业领域为重点，全面加强安全生产。

会议指出，近一段时间，一些地方接连发生煤矿、非煤矿山、道路交通事故和建筑物、桥梁垮塌事件，给人民群众生命财产造成严重损失。这些问题充分暴露出一些地方、部门和单位安全生产意识淡薄，安全责任不落实、防范监管不到位，制度和管理还存在不少漏洞，教训极其深刻。

会议强调，安全生产事关人民群众生命财产安全，事关改革发展稳定大局，事关党和政府形象和声誉。搞建设、谋发展都必须牢固树立科学、安全、可持续的理念，把安全放在第一位。要坚持走科学发展的道路，坚持以人为本，处理好速度质量效益的关系，把生命高于一切的理念落实到生产、经营、管理的全过程，坚决守住安全生产这条红线。各地区、各有关部门和单位将开展安全排查整治的结果及时向国务院安全生产委员会报告。各地区、各部门要统一思想，提高认识，紧紧依靠广大人民群众，动员全社会力量，坚决打赢安全生产这场攻坚战，努力实现科学发展、安全发展。

7月27日

［纲　文］　新华社讯，中共中央、国务院转发《中央宣传部、司法部关于在公民中开展法制宣传教育的第六个五年规划》。

［目　文］　《规划》由五个部分组成：一、指导思想、主要目标和工作原则。二、主要任务。三、对象和要求。四、工作步骤和安排。五、组织领导和保障。

7月27日

［纲　文］　国务院公布修改后的《中华人民共和国个人所得税法实施条例》，自2011年9月1日起实施。

7月27日

［纲　文］　国务院办公厅印发《关于促进生猪生产平稳健康持续发展防止市场供应和价格大幅波动的通知》。

［目　文］　《通知》由八个部分组成：一、继续大力扶持生猪生产。二、切实加强生猪疫病公共防控体系建设。三、进一步强化信贷和保险对生猪生产的支持。四、加强生猪市场调控和监管。五、完善生猪生产和市场统计监测制度。六、妥善安排低收入群体和家庭经济困难学生生活。七、正确引导市场预期。八、强化地方政府责任。

《通知》要求，国务院相关部门要依据职责，加强对地方政府落实情况的监督检查，并及时上报国务院。对抓落实工作完成好的地方，要给予通报表扬，对政策落实不力、弄虚作假的地方要通报批评。同时，还要一并抓好牛羊肉、禽蛋奶和水产品等其他“菜篮子”产品的生产与市场供应工作。

7月27日

［纲　文］　银监会公布《商业银行贷款损失准备管理办法》。

［目　文］《办法》共5章27条。主要有总则、监管标准、管理要求、监管措施、附则等内容。自2012年1月1日起施行。

7月27日

［纲　文］**税务总局发布《境外注册中资控股居民企业所得税管理办法（试行）》。**

［目　文］《办法》共7章32条。主要有总则、居民身份认定管理、税务登记管理、账簿凭证管理、申报征收管理、特定事项管理、附则等内容。自2011年9月1日起施行。此前根据《通知》规定已经被认定为非境内注册居民企业的，适用本办法相关规定处理。

7月27日

［纲　文］**中国在西昌卫星发射中心用“长征三号甲”运载火箭，成功将第九颗北斗导航卫星送入太空预定转移轨道。**

［目　文］这是北斗导航系统组网的第四颗倾斜地球同步轨道卫星。此次发射的卫星和火箭分别由中国航天科技集团公司所属中国空间技术研究院和中国运载火箭技术研究院研制。这是长征系列运载火箭的第141次飞行。

7月27日

［纲　文］**国防部新闻发言人在北京宣布，中国目前正利用一艘废旧的航空母舰平台进行改造，用于科研试验和训练。**

［目　文］发言人说，中国有关部门正在综合考虑各方面因素，认真研究航空母舰的发展问题。目前改造的这艘航母出海试验的具体时间，要根据整个改造工程进度来确定。航母的人才建设，是整个航母建设的一项重要工作，主要依靠我们自己的力量培训舰载机飞行员的工作正在进行当中。中国坚持走和平发展道路，坚定奉行独立自主的和平外交政策和防御性的国防政策。我们有着漫长的海岸线和广阔的管辖海域，保卫国家海上方向安全，维护临海主权和海洋权益，是中国武装力量的神圣职责。航母作为一种武器平台，既可以用于进攻也可以用于防御，还能够用于维护世界和平、实施灾难救援等。中国研究航母发展问题，是为了增强维护国家安全与世界和平的能力。中国防御性的国防政策不会因为发展航母而改变，近海防御的海军战略也没有发生转变。航母的建造和使用将是一个长期的过程。研究建造航母充分体现了我国国防科技水平，无疑将对我军的现代化建设起到重要的牵引和带动作用。

发言人指出，披露航母相关信息的时机与当前南海局势无关。

7月27日

［纲　文］**中国和新加坡双边合作联委会第八次会议在新加坡举行。**

［目　文］国务院副总理王岐山和新加坡副总理张志贤共同主持会议并共同出席了《关于修改中华人民共和国政府和新加坡共和国政府自由贸易协定的议定书》和《中国银监会与新加坡金管局关于危机管理合作的补充协议》等政府文件的签字仪式。

同日，天津生态城中新联合协调理事会第四次会议在新加坡举行。国务院副总理、理事会中方主席王岐山和新加坡副总理、理事会新方主席张志贤共同主持会议。会议审议并通过了《中新天津生态城工作报告》。

会议期间，王岐山会见了新加坡总理李显龙。

7月27日

［纲　文］　**首次中韩国防战略对话在首尔举行。**

［目　文］　中国人民解放军副总参谋长马晓天与韩国国防部次官李庸杰出席。双方就国防战略对话机制、地区安全形势、两国对外军事交流情况、双方防务领域交流与合作以及其他共同关心的问题交换了意见。就继续加强两国防务部门交流与合作，共同致力于维护朝鲜半岛及地区的和平与稳定达成共识。

7月27日

［纲　文］　**中国俄罗斯友好协会第五届理事会第一次常务理事会在哈尔滨举行。**

［目　文］　中国人民对外友好协会会长、中俄友协会长陈昊苏等40多位与会者就今后5年的工作进行了讨论，提出一系列合作设想。陈昊苏向哈尔滨市伏尔加庄园授予中俄文化交流基地证书。

7月27—30日

［纲　文］　**中共中央台办、国务院台办主任王毅访问美国。**

［目　文］　王毅在华盛顿会见了美国国务卿希拉里·克林顿，并与常务副国务卿伯恩斯就台湾问题交换了意见；分别与助理国务卿坎贝尔以及白宫国安会亚洲事务高级主任拉塞尔等美政府高级官员就共同关心的问题进行了探讨。双方都认为，此次沟通是及时、必要和有益的，有利于增进中美双方在台湾问题上的相互了解。

王毅主要向美方阐述了中方对当前台海局势的看法以及所实行的对台政策，希望美方继续切实履行在涉台问题上作出的有关承诺，支持两岸关系和平发展，为维护台海局势稳定发挥积极作用。王毅还重申了中方反对美国对台军售的一贯立场。

美方官员一致赞赏两岸关系近年来取得的重大和积极进展，表示美方将在台湾问题上继续坚定奉行一个中国政策。美方希望台海局势继续保持稳定，乐见两岸关系也能在稳定中进一步发展，这符合美中两国的共同利益。

7月28日

［纲　文］　**国家主席胡锦涛特使、农业部部长韩长赋在利马出席秘鲁当选总统乌马拉就职典礼。**

7月28日

［纲　文］　**陈至立在解放军总参某部通信团长途电话站，看望通信团女官兵。**

［目　文］　全国妇联主席陈至立代表全国妇联和全国广大妇女姐妹向全军女官兵致以“八一”建军节节日的祝贺和崇高的敬意。她对解放军、武警部队重视支持妇女儿童事业表示感谢并指出，长期以来，全军部队十分重视和支持妇女儿童事业，积极参与全国妇联开展的“双学双比”“巾帼建功”“五好文明家庭”创建活动以及“母亲水窖”“春蕾计

划”等公益活动，以实际行动表达对贫困地区妇女儿童的关爱之情，为全社会树立了榜样。

陈至立一行参观了通信团女官兵的宿舍、图书室、微机房、健身房等工作生活环境，为她们送上慰问品，并与部队领导和女官兵合影留念。

7月28日

［纲　文］ **“蛟龙”号完成第三次下潜试验，再创中国载人深潜新纪录。**

［目　文］ 中国首台自主设计、自主集成的载人潜水器“蛟龙”号，在东太平洋国际海域试验区，顺利完成5000米级海试第三次下潜试验返回母船。最大下潜深度达到5188米。

26日，在第二次下潜试验中成功突破5000米水深大关，最大下潜深度达到5057米。完成本次海试主要任务。这个下潜深度意味着“蛟龙”号可以到达全球超过70%的海底。

21日，“蛟龙”号载人潜水器5000米级海试完成了第一次下潜试验任务，最大下潜深度达到4027米。

7月28日

［纲　文］ **唐山大地震35周年纪念日，市民在唐山地震遗址纪念公园哀悼。**

［目　文］ 1976年7月28日，北京时间3时42分53.8秒，唐山大地震。23秒钟内，这座年产值约占全国百分之一，拥有百万人口的华北著名的工业城市，在一瞬间被夷为平地。24万人罹难，16万人重伤，其中7000多户家庭绝户。

7月28日

［纲　文］ **澳门特区政府行政长官崔世安和世界卫生组织总干事陈冯富珍签署传统医药合作计划。**

［目　文］ 合作计划为期4年，于2011年9月2日开始，2015年12月31日结束。计划分三部分，包括举办区域间培训班、制定传统医药临床研究技术文件，以及举办本地培训班。在区域间培训班方面，由世卫专家顾问向45位来自不同国家和地区的学员及观察员提供培训；在制定传统医药临床研究技术文件方面，澳门特区政府将联合世卫组织专家，制定传统医药临床研究技术文件，以供世卫组织各成员国参考；至于本地培训班方面，由世卫组织专家顾问为100名澳门特区中医药的专业人士及政府卫生官员提供培训。

合作计划总预算约2400万澳门元，全数由澳门特区政府资助。世卫组织每年向澳门特区政府提交一份技术报告。

7月28日—8月2日

［纲　文］ **“两弹一星功勋奖章”获得者巨幅肖像油画展在中国人民革命军事博物馆举行。**

［目　文］ 油画展由中华文化发展促进会主办，主题为“请历史记住他们”。展出的油画作品为当代油画家汪诚一、郑毓敏、胡申得、施绍辰共同创作，包括23幅单体人物肖像画和1幅巨幅群体肖像画，其中巨幅群体肖像画高2.4米、宽14.4米。

29日，中共中央政治局委员、中宣部部长刘云山等参观了油画展。

7月28日—8月3日

［纲 文］ **第二届“北京杯”国际中学生足球赛在北京举行。**

［目 文］ 本届足球赛由中国中学生足球协会和人大附中主办。来自国内外的12支代表队参赛。中国中学生希望队以2∶0的成绩战胜人大附中代表队，蝉联第二届“北京杯”比赛的冠军。

7月29日

［纲 文］ **国家主席胡锦涛与塞拉利昂总统科罗马互致贺电，庆祝两国建交40周年。**

［目 文］ 胡锦涛在贺电中说，中塞建交40年来，在双方的共同努力下，两国关系一直健康稳定发展。双方在政治上相互信任、相互支持，在国家建设事业中开展互利合作，在国际事务中保持密切沟通和协调。特别是进入新世纪后，在中非合作论坛的推动下，中塞各领域合作进一步拓展，两国友好合作关系展现出更广阔的发展前景。中方珍视中塞传统友谊，愿同塞方一道，进一步加强友好交往，深化各领域务实合作，推动两国友好关系不断迈上新台阶。

科罗马在贺电中表示，几十年来，塞中双方始终相互尊重，友谊历久弥坚，双边关系的发展取得令人满意的成果。塞政府将在未来岁月里继续坚定致力于深化两国间业已存在的友好合作关系。

同日，外交部部长杨洁篪就中塞建交40周年与塞拉利昂外长达乌达互致贺电。

7月29日

［纲 文］ **新华社讯，中共中央、国务院、中央军委发布《关于加强新形势下国防教育工作的意见》。**

［目 文］ 《意见》明确，新形势下国防教育工作的总体要求是，高举中国特色社会主义伟大旗帜，以邓小平理论和“三个代表”重要思想为指导，深入贯彻落实科学发展观，着眼维护国家主权、安全和发展利益，坚持以国防教育法为依据，以弘扬爱国主义为核心，以领导干部、青少年学生和民兵、预备役人员为重点，贴近时代要求，丰富教育内容，创新方法手段，完善制度机制，推进全民普及，不断增强国防教育的主动性、针对性、实效性，为建设和巩固国防奠定坚实思想基础，为全面建设小康社会提供强大精神动力。

7月29日

［纲 文］ **贺国强在中央纪委监察部北戴河培训中心看望正在这里培训休养的全国纪检监察系统先进工作者。**

［目 文］ 中央纪委书记贺国强说，全国纪检监察系统先进工作者是纪检监察干部的杰出代表。在大家身上，集中体现和充分展示了纪检监察干部对党和国家无限忠诚、对腐败分子和消极腐败现象坚决斗争、对广大干部和群众关心爱护、对自己和亲属严格要求

的品格情操。各级纪检监察机关要以深入学习贯彻胡锦涛总书记“七一”重要讲话精神为契机，学习先进典型的模范事迹和崇高精神，努力建设一支忠诚可靠、服务人民、秉公执纪的纪检监察干部队伍，树立纪检监察干部可亲、可信、可敬的良好形象，为深入推进反腐倡廉建设提供坚强的组织保证。

7 月 29 日

［纲　文］ **中国气象局公布《防雷工程专业资质管理办法》。**

［目　文］ 《办法》共 7 章 31 条。主要有总则、资质申请条件、资质申请与受理、资质审查与评审、监督管理、罚则、附则等内容。自 2011 年 9 月 1 日起施行。2005 年 4 月 1 日中国气象局公布的《防雷工程专业资质管理办法》同时废止。

7 月 29 日

［纲　文］ **国务院、中央军事委员会公布修改后的《军人抚恤优待条例》，自 2011 年 8 月 1 日起施行。**

7 月 29 日

［纲　文］ **中国科学院发布《中国科学发展报告 2011》。**

［目　文］ 《报告》首次完成了中国各地区的国内生产总值（GDP）质量内涵与排序。全国各省区市的 GDP 质量排序中居于前 10 名的依次是：北京、上海、浙江、天津、江苏、广东、福建、山东、辽宁、海南。居于后 10 名的依次是：江西、湖南、山西、广西、云南、新疆、青海、贵州、甘肃、宁夏。由于数据标准原因，中国 GDP 质量指数排序中暂未列入香港、澳门特别行政区和台湾省；因统计数据不够完整，西藏自治区虽列入统计，但未予排名。

7 月 29 日

［纲　文］ **中国人民对外友好协会、中国非洲人民友好协会以及塞拉利昂驻华使馆在北京举办庆祝中华人民共和国与塞拉利昂共和国建交 40 周年招待会。**

7 月 29 日

［纲　文］ **中国首家金融执行庭在河南省郑州市中级人民法院揭牌成立。**

［目　文］ 河南省高级人民法院与郑州市中级人民法院联合召开新闻发布会，为保证金融机构稳定发展，实现金融强省的战略目标，决定设立郑州市中级人民法院金融执行庭，这是河南法院设立的全国首家金融执行庭。

7 月 29—30 日

［纲　文］ **第二届中国·阿拉伯国家经贸论坛理论研讨会在银川举办。**

［目　文］ 研讨会由中阿经贸论坛组委会、中国中东学会主办。来自全国各地的 300 多位专家、学者及相关人士围绕中阿经贸论坛可持续发展、中阿经贸关系、西亚北非变局对中阿经贸关系的影响及我国的对策、中国—阿拉伯国家自由贸易区建设理论与实践、中阿经贸论坛与宁夏经济等议题进行交流和讨论。

7月29—30日

［纲　文］　**第三届海峡两岸司法实务研讨会在厦门举办。**

［目　文］　研讨会由中国法官协会、中国法学会审判理论研究会、福建省法官协会、厦门大学、海峡两岸法学交流协会（台湾地区）共同主办。来自海峡两岸约120名司法界、法学界的嘉宾、学者就两岸投资保障暨知识产权审判热点问题、两岸司法交流合作难点问题展开探讨。

7月30日

［纲　文］　**应国家主席胡锦涛邀请，俄罗斯第二批中小学生来华夏令营代表团抵达北京。**

［目　文］　代表团由450名学生和60名工作人员组成。在中国12天期间，夏令营代表团参观游览北京、上海、大连三地的历史文化景观，与三地的中国学生开展联欢、联谊活动，了解和学习中国的传统文化。

2009年6月，胡锦涛在访俄期间向俄罗斯总统梅德韦杰夫提出，邀请1000名俄罗斯中小学生来华参加夏令营活动。首批俄罗斯中小学生已于2010年7月31日至8月9日来华，活动取得了成功。

2008年和2009年，中国四川、甘肃等地震灾区的1500名中小学生曾接受梅德韦杰夫邀请，分两批赴俄罗斯进行疗养。

7月30日

［纲　文］　**国务院印发《中国妇女发展纲要（2011—2020年）》和《中国儿童发展纲要（2011—2020年）》。**

7月30日

［纲　文］　**海关总署公布《中华人民共和国海关〈中华人民共和国政府和哥斯达黎加共和国政府自由贸易协定〉项下进出口货物原产地管理办法》，自2011年8月1日起施行。**

7月30日

［纲　文］　**新华社讯，《张万年传》由解放军出版社出版发行。**

［目　文］　《张万年传》记述了张万年从少年时代到在中央军委领导岗位上退下来之前的革命、战斗、工作等经历。全书分上、下两册，约80万字。

张万年（1928年8月1日—2015年1月14日），山东黄县（今龙口市）人，1944年8月入伍，1945年8月加入中国共产党，解放军南京军事学院基本系毕业，大专文化，1988年被授予中将军衔，1993年5月晋升为上将军衔。曾担任中共中央政治局委员、中央书记处书记，中共中央军事委员会副主席，中华人民共和国中央军事委员会副主席，人民解放军选举委员会主任。

7月31日

［纲　文］　**国防部在人民大会堂举行招待会，庆祝中国人民解放军建军84周年。**

7月31—8月1日

［纲　文］　**第二届中国新津“新筑杯”国际名校赛艇挑战赛在四川新津县举办。**

［目　文］　本届挑战赛由中国赛艇协会、四川省体育局、成都市人民政府主办，成都市体育局、新津县人民政府承办。参加比赛的有美国哈佛大学、美国耶鲁大学、英国牛津大学、英国剑桥大学、英国伦敦大学、荷兰阿姆斯特丹大学、新西兰奥塔哥大学、意大利帕维亚大学8支国际名校赛艇队和清华大学、上海交通大学、西安交通大学、第四军医大学4支国内名校赛艇队。

清华大学赛艇队蝉联冠军，新西兰奥塔哥大学赛艇队和意大利帕维亚大学分获亚军和季军。

8 月

8 月 1 日

［纲　文］　**税务总局印发《“十二五”时期纳税服务工作发展规划》。**

［目　文］　《规划》由十三个部分组成：一、纳税服务工作面临的新形势。二、“十二五”时期纳税服务工作的指导思想、基本原则和主要目标。三、创新理论体系建设，指导纳税服务实践。四、完善制度体系建设，规范纳税服务工作。五、加快平台体系建设，拓宽纳税服务渠道。六、加强税法宣传，提高税法透明度。七、规范纳税咨询，推进专业化咨询服务。八、优化办税服务，提高纳税服务效率。九、强化权益保护，构建和谐征纳关系。十、完善信用管理，引导纳税遵从。十一、开展社会协作，拓展纳税服务资源。十二、推进保障体系建设，增强服务执行能力。十三、加强考评体系建设，促进服务效能提高。

8 月 1 日

［纲　文］　**证监会公布《上市公司重大资产重组管理办法》。**

［目　文］　《办法》共 8 章 58 条。主要有总则、重大资产重组的原则和标准、重大资产重组的程序、重大资产重组的信息管理、发行股份购买资产的特别规定、重大资产重组后申请发行新股或者公司债券、监督管理和法律责任、附则等内容。自 2011 年 9 月 1 日起施行。

8 月 1 日

［纲　文］　**证监会公布《上市公司非公开发行股票实施细则》。**

［目　文］　《细则》共 5 章 33 条。主要有总则、发行对象与认购条件、董事会与股东大会决议、核准与发行、附则等内容。自 2011 年 9 月 1 日起施行。

8 月 1 日

［纲　文］　**商务部办公厅发布《关于贯彻落实规范商业预付卡管理意见的通知》。**

［目　文］　《通知》由五个部分组成：一、加强组织领导，建立工作机制。二、制定实施方案和措施。三、督促商业企业严格规范发卡行为。四、加强行业自律和社会监督。五、强化监督检查，确保落实到位。

《通知》指出，在 2011 年 8 月底前，启动对重点发卡企业的监督检查工作，确保购卡实名登记制、非现金购买制、限额发行制等规定落实到位。对未落实相关制度的商业企业，要主动约谈企业负责人，督促其尽快完善制度，使违规滥发单用途预付卡的行为在 2011 年中秋、国庆前得到初步遏制。

8月1日

［纲　文］　**西藏首个特有鱼类国家级保护区——巴松错特有鱼类国家级水产种植资源保护区正式揭牌。**

［目　文］　巴松错特有鱼类国家级水产种植资源保护区总面积1万公顷，其中核心区面积3750公顷、实验区面积6250公顷，是异齿裂腹鱼、拉萨裸裂尻鱼、尖裸鲤等6种特有鱼类的重要生长繁育区域。

8月1日

［纲　文］　**中国人民解放军驻澳门部队举行升旗仪式和"八一"招待酒会，庆祝中国人民解放军建军84周年。**

8月1日

［纲　文］　**中华人民共和国国防部网正式上线运行。**

8月1日

［纲　文］　**人民网·中国共产党新闻网推出的网络纪念平台"领袖人物3D虚拟纪念馆"正式开通上线。**

［目　文］　"领袖人物3D虚拟纪念馆"是中国共产党新闻网推出的一款采用3D虚拟现实技术，在互联网上展现领袖风采，并可进行模拟祭奠的网上领袖人物纪念平台，是在图文版党史人物纪念馆基础上的全新升级改版，共包含毛泽东、周恩来、刘少奇、朱德、邓小平、陈云6位领导人。

8月1日

［纲　文］　**银监会公布《银团贷款业务指引》。**

［目　文］　《指引》共8章51条。主要有总则、银团成员、银团贷款的发起和筹组、银团贷款合同、银团贷款管理、银团贷款收费、银团贷款转让交易、附则等内容。自2011年8月1日起实施。2007年8月11日印发的《银团贷款业务指引》（银监发〔2007〕68号）同时废止。

8月1日

［纲　文］　**新华社讯，环境保护部发布2011年上半年重点流域水环境质量状况。**

［目　文］　统计显示，2011年上半年，重点流域水环境质量总体为轻度污染。据统计，重点流域主要污染指标为氨氮、高锰酸盐指数和五日生化需氧量。Ⅰ—Ⅲ类水质断面占48.8%，劣Ⅴ类水质断面占15.9%。与上年同期相比，Ⅰ—Ⅲ类水质断面比例提高0.2个百分点，劣Ⅴ类水质断面比例降低3.5个百分点。全国地表水有13项指标出现超标现象（不计化学需氧量）。其中，总磷、氨氮、五日生化需氧量和高锰酸盐指数超标较为严重，超标断面占断面总数的20%以上。七大水系水质总体为轻度污染，主要污染指标为高锰酸盐指数、氨氮和五日生化需氧量。Ⅰ—Ⅲ类水质断面占53.9%，劣Ⅴ类占17.6%。与上年同期相比，Ⅰ—Ⅲ类水质断面比例提高1.9个百分点，劣Ⅴ类水质断面比例降低4.4个百分点。七大水系中，长江、珠江Ⅰ—Ⅲ类水质断面比例在75%—90%，水质良好；

海河劣Ⅴ类水质断面比例超过40%，为重度污染；其余河流为中度或轻度污染。在重点湖泊中，太湖和巢湖为轻度富营养状态，滇池为中度富营养状态。洞庭湖、鄱阳湖为Ⅳ类水质，洪泽湖、白洋淀为Ⅴ类水质。

2011年上半年，监测的10个主要水库中，千岛湖为Ⅰ类水质，丹江口水库、密云水库、门楼水库、石门水库、大伙房水库为Ⅱ类水质，董铺水库、崂山水库、于桥水库为Ⅲ类水质，松花湖为Ⅳ类水质。

8月1日

［纲　文］　**中国物流与采购联合会发布，7月份中国制造业采购经理指数（PMI）为50.7%，环比回落0.2个百分点。**

8月2日

［纲　文］　**国家主席胡锦涛与土耳其共和国总统居尔互致贺电，热烈庆祝两国建交40周年。**

［目　文］　胡锦涛在贺电中表示，建交40年来，中土关系稳步发展。两国高层交往频繁，政治互信不断增强，务实合作持续深化，人文交流富有成果，在国际和地区事务中保持密切沟通和协调。中方珍视同土的传统友谊，重视发展中土关系，愿同土方共同努力，以建交40周年为契机，保持各层次人员交往，深化互利合作，拓展文化交流，共同维护发展中国家利益，谱写中土友好新篇章。

居尔在贺电中说，中国具有重要的国际影响和经济实力，是土耳其非常重视的合作伙伴，土方愿从长期、战略高度推进双边关系向前发展。2010年，双方将两国关系升格为战略合作关系，这符合两国人民的利益。土中两国合作潜力巨大，土方愿在两国战略合作关系的框架下充分挖掘、利用这一潜力，带动双边关系取得更大发展。

同日，国务院总理温家宝与土耳其总理埃尔多安、外交部部长杨洁篪与土耳其外长达武特奥卢也就两国建交40周年互致了贺电。

8月2日

［纲　文］　**国务院办公厅印发《关于促进物流业健康发展政策措施的意见》。**

［目　文］　《意见》由九个部分组成：一、切实减轻物流企业税收负担。二、加大对物流业的土地政策支持力度。三、促进物流车辆便利通行。四、加快物流管理体制改革。五、鼓励整合物流设施资源。六、推进物流技术创新和应用。七、加大对物流业的投入。八、优先发展农产品物流业。九、加强组织协调。

《意见》指出，各地区、各有关部门要充分认识物流业的重要性，加快政府职能转变和管理创新，积极推动物流业又好又快发展。

8月2日

［纲　文］　**公安部在北京举行侦破“2·21”“6·8”特大拐卖儿童团伙案座谈会。**

［目　文］　经过近6个月的缜密侦查和艰苦的工作，在公安部统一指挥下，广西、

广东、河北、福建、云南等14省区公安机关联手作战、同步收网，于7月15日、7月20日相继破获了两起特大拐卖儿童犯罪团伙案，彻底摧毁了两个危害极大的拐卖儿童犯罪团伙，抓获犯罪嫌疑人409名，成功解救被拐儿童103名。

国务委员、公安部部长孟建柱出席并讲话。参战民警代表、打拐志愿者、被拐儿童家长在会上发言。孟建柱指出，儿童是维系一个家庭的重要纽带，关系到一个家庭的和睦幸福。各级公安机关要把群众当作亲人，切身体会父母对孩子无法割舍的亲情，进一步加大打拐力度，用打击犯罪的雷霆行动和呵护孩子的拳拳爱心，做到拐卖儿童案件一天不破就一天不放弃侦查，被拐儿童一天未找到就一天不停止查找，以更坚定的决心、更过硬的措施，坚决不让一个人贩子漏网。

8月2日

［纲　文］　**中国大洋协会在印度洋获得多金属硫化物资源矿区。**

［目　文］　中国大洋矿产资源研究开发协会发布：日前，国际海底管理局已核准中国大洋矿产资源研究开发协会提出的多金属硫化物矿区申请，使大洋协会在国际海底区域获得了1万平方公里具有专属勘探权的多金属硫化物资源矿区，并在未来开发该资源时享有优先开发权。

同日，外交部发言人就此问题表示，中国大洋协会于2010年5月向国际海底管理局提出国际海底区域多金属硫化物勘探区申请。国际海底管理局理事会于2011年7月核准了上述申请，中国大洋协会在位于西南印度洋的国际海底区域内，获得1万平方公里勘探矿区。根据有关规定，中国大洋协会将与国际海底管理局签署勘探合同，在合同有效期内，中国大洋协会在上述矿区对多金属硫化物资源享有专属勘探权，并在未来开发该项资源时享有优先开采权。根据《联合国海洋法公约》，国际海底区域及其资源是人类的共同继承财产。中方开展国际海底资源勘探活动，有助于了解和利用国际海底资源，提高对深海的科学认知水平和有效保护海底环境，服务于全人类的共同利益。

8月2日

［纲　文］　**新华社讯，中央军委制定下发《关于深入学习贯彻胡总书记在庆祝中国共产党成立90周年大会上重要讲话的意见》。**

8月2日

［纲　文］　**青岛港第十五次刷新世界矿石卸船纪录。**

［目　文］　在“佳诚”轮作业中，青岛港码头工人用13小时10分钟完成了93068吨矿石的接卸，单船卸率首次突破7000吨，达到每小时7067吨，单机卸率达到每小时2356吨，第十五次刷新世界矿石卸船纪录。

据悉，2003年6月3日，青岛港第一次刷新矿石接卸世界纪录，8年来，青岛港码头工人一直不断超越自我，以几乎每年两次刷新纪录的高效率，将单船平均每小时卸率由5698吨提高到7067吨。

8月2—9日

［纲　文］　**外交部部长杨洁篪对阿尔巴尼亚、波兰、苏丹、南苏丹进行正式访问。**

［目　文］　杨洁篪在阿尔巴尼亚访问期间，在地拉那分别会见了阿尔巴尼亚总统托皮、阿尔巴尼亚总理贝里沙、阿尔巴尼亚议长托帕利；与阿尔巴尼亚副总理兼外长哈吉纳斯托举行会谈，中阿双方签署了两国在旅游、人员培训领域的合作文件。

杨洁篪在波兰访问期间，在华沙会见了波兰总理图斯克；与波兰外长西科尔斯基举行会谈。

杨洁篪在苏丹访问期间，在喀土穆会见了苏丹总统巴希尔；与苏丹外长卡尔提举行会谈。

杨洁篪在南苏丹访问期间，在朱巴会晤了南苏丹总统基尔；与南苏丹外长阿鲁尔举行会谈。

8月3日

［纲　文］　**国资委公布2010年度中央企业负责人经营业绩考核结果。**

［目　文］　2010年纳入国资委考核范围的中央企业121户，按照《中央企业负责人经营业绩考核暂行办法》，经严格审核，最后确定的业绩考核结果为：A级企业47户，占全部中央企业的38.84%。A级企业主要分布在：军工9户，交通运输7户，电力和商贸各6户，建筑4户，石油石化3户，汽车、建材和冶金各2户，煤炭、通信、机械、房地产、投资和旅游各1户。华侨城集团、保利集团、东方航空、中国航油、中国黄金、中国南车、中国水电集团和中材集团8户企业首次进入A级。B级和C级企业分别为51户和21户，分别占全部中央企业的42.15%和17.36%。有2户企业被评为D级。2010年中央企业业绩考核安全降级企业1户，安全扣分企业12户。

为引导中央企业进一步做强主业，控制风险，提升发展质量，增强价值创造和可持续发展能力，国资委决定从2010年开始，在中央企业全面推行经济增加值考核，标志着中央企业负责人经营业绩考核工作进入了以价值管理为主的新阶段。2010年，中央企业完成经济增加值3887.1亿元，比2009年增长1.4倍。其中，96户中央企业经济增加值为正，比上年增加13户。经济增加值改善较大的主要是石油石化、电力、交通运输、冶金、机械行业，均比上年增加100亿元以上。

8月3日

［纲　文］　**证监会公布《证券投资基金管理公司公平交易制度指导意见》。**

［目　文］　《意见》共6章28条。主要有总则，投资决策的内部控制，交易执行的内部控制，行为监控和分析评估，报告、信息披露和外部监督，附则等内容。自2011年8月3日起施行。2008年3月20日公布的《证券投资基金管理公司公平交易制度指导意见》（证监会公告〔2008〕9号）同时废止。

8月3日

［纲　文］　**发展改革委、科技部、外交部、财政部发布《清洁发展机制项目运行管**

理办法》。

［目　文］《办法》共5章39条。主要有总则、管理体制、申请和实施程序、法律责任、附则等内容。自2011年8月3日起施行。2005年10月12日起实施的《清洁发展机制项目运行管理办法》即行废止。

8月3日

［纲　文］　**新华社讯，中央财政下拨45.68亿元，支持进城务工农民工子女接受义务教育**。

［目　文］　对进城务工农民工随迁子女接受义务教育问题解决较好的省份给予适当奖励。资金主要用于接收农民工子女的城市义务教育阶段学校补充公用经费和改善办学条件等支出，不得用于偿还债务或挪作他用。

财政部、教育部对地方财政和教育部门提出要求：一要切实以流入地为主、公办学校为主，解决好进城务工农民工随迁子女接受义务教育问题。二要在安排中央财政奖励资金时，按照"重点倾斜、集中投入"的原则，向接收农民工子女较多、条件薄弱的城市公办学校倾斜，集中资金解决最突出、最急需的问题。三要创新资金管理，进一步提高资金使用效益。四要加强对资金使用的监督检查，严肃处理违法违规行为。

8月3日

［纲　文］　**外交部发言人就日本新版《防卫白皮书》答记者问**。

［目　文］　有记者问，据报道，日本政府2日公布了2011年版《防卫白皮书》，再次出现涉华消极内容。中方对此有何评论？

发言人说，日本新版《防卫白皮书》对中国国防建设说三道四，发表了不负责任的评论，中方对此表示强烈不满。我愿重申，中国坚持走和平发展道路，坚持与邻为善、以邻为伴的周边外交方针，坚持通过对话协商解决双边关系中的问题，奉行防御性国防政策，致力于推动建设和谐亚洲、和谐世界。中国的发展给包括日本在内的世界各国带来重要机遇，过去没有、今后也不会对任何国家构成威胁。中国加强国防和军队现代化建设，完全是为了维护本国主权、安全和领土完整，不针对任何国家。希望日方以史为鉴，并认真反省自身的防务政策，多做有利于增进与邻国互信、有利于维护地区和平稳定的事情，而不是相反。

4日，国防部新闻发言人就此表示，日本政府新发表的2011年版《防卫白皮书》涉华内容，肆意渲染"中国威胁论"，是别有用心的。中方对此表示坚决反对。中国始终不渝走和平发展道路，奉行与邻为善、以邻为伴的周边外交方针，奉行防御性国防政策。中国加强国防和军队现代化建设，完全是为了维护国家主权和领土完整，确保经济社会发展的顺利进行。我们希望日方从维护中日关系大局出发，多做有利于增进与邻国互信，有利于维护地区和平稳定的事情。

8月3日

［纲　文］　**食药监局发布2011年第2期国家药品质量公告**。

[目　文]　公布了对氟哌啶醇制剂等17个国家基本药物品种以及苦参素注射液等4个其他制剂品种的质量抽验结果。结果显示，抽验的21个品种2661批次产品中，有2652批次产品符合标准规定，9批次产品不符合标准规定，被抽验产品总体质量良好。

从国家基本药物品种抽验结果来看，本次共抽验氟哌啶醇制剂、盐酸多巴酚丁胺注射液、注射用苯唑西林钠、妇科千金制剂、去乙酰毛花苷制剂、鼻炎康片、地塞米松制剂、连翘败毒制剂、川芎茶调制剂、保和丸、右旋糖酐40制剂、盐酸肾上腺素注射液、胰岛素制剂、麻疹减毒活疫苗、醋酸甲羟孕酮制剂、开塞露、益母草制剂17个国家基本药物品种2075批次，其中2066批次产品符合标准规定，9批次产品不符合标准规定。从其他制剂品种抽验结果来看，本次共抽验苦参素注射液、细辛脑注射液、盐酸川芎嗪注射液、林可霉素注射液4个制剂品种586批次，经检验，全部符合标准规定。

食药监局已要求各省（区、市）食品药品监督管理部门对本次抽验结果为不符合标准规定的药品及相关单位依法进行查处。

8月3日

[纲　文]　**原中顾委委员、昆明军区政治委员谢振华，在北京逝世，享年95岁。**

8月3—8日

[纲　文]　**中央军委委员、总参谋长陈炳德对俄罗斯、乌克兰、以色列进行正式友好访问。**

[目　文]　陈炳德在俄罗斯访问期间，在莫斯科会见了俄国防部部长谢尔久科夫；与俄国防部第一副部长兼武装力量总参谋长马卡罗夫举行正式会谈。双方就国际和地区安全形势、国防政策、军队建设与改革等共同关心的问题交换了意见，达成了广泛共识。

陈炳德在乌克兰访问期间，在基辅分别会见了乌总理阿扎罗夫、乌武装力量总参谋长佩德琴科上将、乌国防部部长叶热利，双方就发展两国防务部门和两军之间的务实友好合作关系交换了意见并达成广泛共识。

陈炳德在以色列访问期间，在耶路撒冷会见了以色列总统佩雷斯；在特拉维夫，陈炳德会见了以色列副总理兼国防部部长巴拉克，与以色列国防军总参谋长甘茨举行了会谈。

8月4日

[纲　文]　**农业部发布，中国西部地区实施退牧还草工程成效显著。**

[目　文]　为遏制西部地区天然草原加速退化的趋势，促进草原生态修复，从2003年开始，国家在内蒙古、新疆、青海、甘肃、四川、西藏、宁夏、云南8省区和新疆生产建设兵团启动了退牧还草工程，8年来工程进展总体顺利。截至2010年，中央累计投入基本建设投资136亿元，安排草原围栏建设任务7.78亿亩，同时对项目区实施围栏封育的牧民给予饲料粮补贴。工程惠及174个县（旗、团场）、90多万农牧户、450多万名农牧民，取得了显著的生态、经济和社会成效，被广大牧民群众赞誉为德政工程、民心工程。

8月4日

［纲　文］　**新闻出版总署发布，中国政府严厉打击侵权盗版，坚持推进软件正版化，大大促进了软件产业的发展。**

［目　文］　据国家版权局统计，我国软件登记数量从2000年的500多件，迅速提高到2006年的23000多件，2010年突破了80000件。我国软件产业的产值也由2001年的750亿元跃升到2010年的13000亿元，增长了十几倍。

8月4日

［纲　文］　**国家反恐怖工作协调小组在乌鲁木齐召开全国反恐怖工作会议。**

［目　文］　公安部部长、国家反恐怖工作协调小组组长孟建柱出席并讲话。国务院副秘书长、国家反恐怖工作协调小组副组长汪永清主持会议。国家反恐怖工作协调小组成员单位、各省区市反恐怖工作协调小组、公安部有关业务局、新疆维吾尔自治区各地市州公安机关负责人参加会议。

孟建柱指出，要认真贯彻落实胡锦涛总书记等中央领导同志重要指示精神，清醒认识当前反恐形势的严峻性、复杂性和长期性，切实增强忧患意识、责任意识，切实履行维护稳定的第一责任，以更坚定的决心、更有力的措施，坚决打击防范暴力恐怖犯罪活动，维护社会大局稳定，保障群众生命财产安全。

8月4日

［纲　文］　**中国完成科学基金资助与管理绩效国际评估。**

［目　文］　在国家自然科学基金委员会（NSFC）成立25周年之际，中国迄今为止规模最大的综合性科技绩效评估——科学基金资助与管理绩效国际评估顺利完成。来自6个国家的13位资深科学家组成了此次国际评估的专家委员会。美国科学理事会原主席杰尔教授担任专家委员会主席，全国人大常委会副委员长韩启德院士和德国科学基金会原主席温奈克教授担任副主席。对中国自然科学基金实施的资助与管理绩效进行高质量、高效益、综合性、系统性评估，在中国基金资助管理中尚属首次。

本次评估恪守独立性原则，采取“国内准备、国际评估”的组织模式。国家科技评估中心作为独立评估机构负责整个评估活动的设计和开展，在基金委的配合下独立准备评估所需证据材料。国际评估专家委员会以国内准备的证据材料为基础，结合调研和国际比较，独立得出评估结论。基金委作为被评估方，按照评估要求提供真实充分的相关信息，对评估过程和评估结论不加干预。本次评估通过各种方式全方位收集证据材料。共发放调研问卷7.8万余份，回收2万多份；组织系列座谈会和面访55场，座谈面访294人；开展了大规模的文献计量分析。评估由基金委和财政部联合委托进行，2010年初启动，历时约一年半。

8月5日

［纲　文］　**国务院总理温家宝致电祝贺英拉·西那瓦当选泰国总理。**

8月5日

［纲　文］　**安监总局公布《危险化学品生产企业安全生产许可证实施办法》。**

［目　文］　《办法》共7章57条。主要有总则、申请安全生产许可证的条件、安全生产许可证的申请、安全生产许可证的颁发、监督管理、法律责任、附则等内容。自2011年12月1日起施行。原国家安全生产监督管理局（国家煤矿安全监察局）2004年5月17日公布的《危险化学品生产企业安全生产许可证实施办法》同时废止。

8月5日

［纲　文］　**安监总局公布《危险化学品重大危险源监督管理暂行规定》。**

［目　文］　《规定》共6章36条。主要有总则、辨识与评估、安全管理、监督检查、法律责任、附则等内容。自2011年12月1日起施行。

8月5日

［纲　文］　**《人民日报》报道，中央财政下拨116亿元重大水利工程建设资金。**

［目　文］　专项用于湖南、浙江、四川、贵州、广西、新疆（含新疆生产建设兵团）等29个省（区、市）重大水利工程项目建设，加强水利基础设施建设，提高农业防灾减灾能力。财政部有关负责人表示，加快水利改革发展，是事关我国社会主义现代化建设全局和中华民族长远发展重大而紧迫的战略任务。公共财政将积极发挥对水利发展的保障作用，大幅增加水利建设投资。

另悉，财政部下拨2011年中央预算内基建支出预算资金71.5亿元，专项用于吉林、安徽、云南、宁夏等32个省（区、市）农村医疗卫生服务体系项目建设，支持农村医疗卫生基础设施建设，大力改善农村医疗卫生条件，提高服务质量。

8月5日

［纲　文］　**全国妇联主席陈至立在北京会见联合国亚洲及太平洋经济社会委员会执行秘书诺琳·海泽，双方就加强在妇女发展领域的交流与合作交换意见，达成共识。**

8月5日

［纲　文］　**"葛洲坝水利枢纽运行30周年纪念大会暨水电开发与经济社会可持续发展论坛"在湖北宜昌举行。**

［目　文］　活动由中国三峡集团、中国水力发电工程学会在湖北宜昌共同举办，回顾葛洲坝水利枢纽建设历程和运行管理成就，探讨水电开发与经济社会可持续发展的前景与未来。

葛洲坝工程是我国在长江干流上自主设计、施工、制造、安装、运行管理的第一座大型水利枢纽工程，也是世界上最大的低水头大流量、径流式水电站。30年来，工程经受了多次考验，枢纽运行良好，充分发挥了发电、航运、反调节等巨大综合效益。截至6月30日，该工程累计发电量4174亿千瓦时，连续安全生产记录达3017天；船闸累计运行38.6万闸次，通航船舶208.17万艘次，累计客运量达到7368万人次，货运量达6.29亿吨。

8月5日

［纲　文］ **第十二届世界华人学生作文大赛颁奖典礼在北京举行。**

［目　文］ 本届以“快乐作文，快乐成长”为主题，由中华全国归国华侨联合会、中华全国台湾同胞联谊会、《人民日报》(海外版)、中国国际广播电台、快乐作文杂志社共同主办。经过评选，共有8515名同学分别获得特等奖和一、二、三等奖，6280名教师获得辅导奖，100个单位获得组织奖。中国侨联主席林军等嘉宾出席颁奖典礼，为获奖学生、教师和组织单位颁奖。来自世界各地的150多名华人学生和教师代表与会。

8月5—12日

［纲　文］ **“文心意匠青瓷新韵——中国艺术研究院中国画院青花瓷展”在中国妇女儿童博物馆举办。**

［目　文］ “青花瓷展”由中国艺术研究院主办。中国艺术研究院中国画院画家郭怡孮、田黎明、满维起、刘万鸣等28位艺术家参加了此次展览活动。

8月5—14日

［纲　文］ **第六届中国(长春)民间艺术博览会在长春举办。**

［目　文］ 博览会由中国文联、中国民协和吉林省政府、长春市人民政府主办。博览会除了民间艺术品展销展示、“山花奖”评选、中国乡俗民艺摄影展、国际名家书画作品邀请展、民间艺术大师研讨会、项目合作洽谈等十余项主体活动之外，还开展了陶瓷、面部彩绘、泥人、剪纸、民间手工现场创作表演，艺术品投资鉴赏、地书表演、车技表演等20余项辅助活动。

8月6日

［纲　文］ **“海峡两岸交流基地”授牌仪式在海南省保亭黎族苗族自治县举行。**

［目　文］ 目前，全国共批准设立了8家海峡两岸交流基地，保亭是唯一一个以少数民族交流为特色的基地。

位于海南岛南部山区的保亭黎族苗族自治县，是琼岛少数民族黎族、苗族的主要聚居地之一。经两岸少数民族专家学者考证，台湾的阿美、泰雅、布农、排湾等少数民族和海南的黎族同胞有着共同的祖先，同属古越人的后裔。2000年以来，琼台少数民族之间互访、省亲、交流活动多达20余次。其中，台湾少数民族同胞每年都到海南参加黎族、苗族特色节日“三月三”和“嬉水节”活动。

8月6日

［纲　文］ **第二十四届意大利超级杯赛在北京国家体育场举行，AC米兰队以2∶1战胜国际米兰队，捧起超级杯。**

8月7日

［纲　文］ **岭澳核电站二期投入商业运行。**

［目　文］　岭澳核电站二期2号机组完成验收开机运转，这标志着岭澳核电站二期全面投入商业运行。大亚湾核电基地由此跃居成为我国目前最大的核电基地，其节能减排效益相当于种植近30万公顷的森林。此前1号机组已于2010年9月15日投入商业运行。大亚湾基地核电运行机组至此达到6台，年发电量超过450亿千瓦时，位居国内首位。这相当于香港特别行政区全年用电量，可满足1875万个家庭一年的基本用电需求。

岭澳二期是中国首个“自主设计、自主制造、自主建设、自主运营”的百万千瓦级核电站，是我国“十五”期间唯一开工建设的核电自主化项目。岭澳二期共拥有2台百万千瓦级压水堆核电机组，采用自主核电技术品牌CPR1000建设，建设过程克服汶川大地震、强台风等自然灾害的影响，由国内200多家设计机构、设备制造厂、供应商、建设单位协力完成，土建和设备安装质量达到国际先进水平，为我国核电安全高效发展积累经验。

8月7日

［纲　文］　**青海省海南州生态畜牧业国家可持续发展实验区建设启动大会在贵德县举行。**

［目　文］　该试验区是目前国内唯一一家生态畜牧业可持续发展实验区。海南藏族自治州是联合国教科文组织确定的“全球无公害超净区”内最为重要的畜产品生产基地之一。2009年10月，经过科技部评审，青海海南州生态畜牧业可持续发展实验区被列为国家级可持续发展实验区，成为全国唯一的生态畜牧业可持续发展实验区。该实验区位于三江源生态环境保护区及周边地区，包括海南州3县12个乡镇和2个国营农牧企业，总面积14880平方公里，覆盖人口11.84万人。

未来10年，实验区将通过改良草场、人工种草、草畜平衡、合理分配种群结构等耦合化生产以及建立青藏高原生态研究中心、生态畜牧业标准化工程、标准化体系建设等方式努力实现一年开好局、五年见成效、十年大跨越的建设目标。

国家可持续发展实验区是科技部联合发展改革委等17个部委共同推进的一项地方性可持续发展综合示范试点工程。

8月7—19日

［纲　文］　**“爱乐传习复兴之光·纪念辛亥百年两岸四地青年音乐家音乐会”大型巡演在澳门等地举行。**

［目　文］　巡演集结了内地、香港、澳门和台湾四地的青年艺术家，在澳门、台北、上海、南京、武汉、北京6所城市，为两岸四地的青少年音乐爱好者演出。

8月8日

［纲　文］　**国家主席胡锦涛在人民大会堂接受阿尔巴尼亚、韩国、哥伦比亚、阿根廷、白俄罗斯5国新任驻华大使递交的国书。**

8月8日

［纲　文］　**财政部、科技部公布《中欧中小企业节能减排科研合作资金管理暂行**

办法》。

［目 文］《办法》共6章23条。主要有总则、支持内容和方式、项目资金的申请、项目的审批与执行、监督检查、附则等内容。自2011年8月8日起施行。

8月8日

［纲 文］ **舟曲特大山洪泥石流灾害一周年纪念活动在甘肃省舟曲县城关镇北关村的追思园举行**。

［目 文］ 民政部及国家有关部委、总参谋部、武警总部的负责人和5000余名群众出席纪念活动。

2010年8月7日22时左右，甘南藏族自治州舟曲县城东北部山区突降特大暴雨，降雨量达97毫米，持续40多分钟，引发三眼峪、罗家峪等四条沟系特大山洪地质灾害，泥石流长约5千米，平均宽度300米，平均厚度5米，总体积750万立方米，流经区域被夷为平地。

截至2010年9月7日，舟曲“8·7”特大泥石流灾害中遇难1557人，失踪284人，累计门诊治疗2315人。

8月8日

［纲 文］ **国家体育总局推出第九套广播体操，向全社会发布**。

8月8—14日

［纲 文］ **2011年羽毛球世界锦标赛在英国伦敦举行**。

［目 文］ 中国队连续第二次包揽全部金牌，也是继1987年北京、2010年巴黎羽毛球世锦赛后，第三次包揽全部金牌。男单冠军：林丹。女单冠军：王仪涵。男双冠军：蔡赟、付海峰。女双冠军：王晓理、于洋。混双冠军：张楠、赵芸蕾。

韩国获得了1银1铜，中华台北、英国、马来西亚各获得一枚银牌。

8月9日

［纲 文］ **温家宝主持召开国务院常务会议**。

［目 文］ 分析当前国际金融形势及其影响，研究制定应对措施。会议认为，2011年以来，我国经济社会发展继续保持良好态势，宏观调控的积极效应逐步显现，经济保持平稳较快增长，价格调控总体有效，结构调整积极推进。要保持宏观经济政策的连续性、稳定性，提高政策的针对性、灵活性、前瞻性，切实把握好宏观调控的力度、节奏和重点，处理好保持经济平稳较快发展、调整经济结构、管理通胀预期三者的关系，努力把物价涨幅降下来，继续保持经济平稳较快增长。继续采取综合措施，维护我国经济和金融安全。

会议强调，中方支持有关各方为金融稳定和经济增长所做的努力，支持二十国集团财长和央行行长关于稳定金融市场的声明，要求有关各国切实采取负责任的财政、货币政策，减少财政赤字，妥善处理债务问题，保持市场投资安全和稳定运行，维护全球投资者信心。国际社会要加强宏观经济政策沟通协调，推动实现世界经济强劲、可持续、平衡增长。

8月9日

［纲　文］　**民用航空局公布《民用运输机场突发事件应急救援管理规则》。**

［目　文］　《规则》共9章72条。主要有总则、突发事件分类和应急救援响应等级、应急救援组织机构及其职责、突发事件应急救援预案、应急救援的设施设备及人员、应急救援的处置和基本要求、应急救援的日常管理和演练、法律责任、附则等内容。自2011年9月9日起施行。2000年4月3日发布的《民用运输机场应急救援规则》（民航总局令第90号）同时废止。

8月9日

［纲　文］　**邮政局在北京召开实施《邮政业"十二五"发展规划》工作电视电话会议。**

［目　文］　各直属单位负责人、中国邮政集团公司负责人、总部在京的主要快递企业负责人在主会场，各省（区、市）邮政管理局全体干部、快递协会负责人，总部在天津、上海、广东的主要快递企业负责人在各分会场参加了会议。会议公布了邮政业"十二五"规划，提出我国邮政业收入将在"十一五"末的基础上翻一番，达到2580亿元。其中，快递业务收入计划达1430亿元，比"十一五"末增长1.5倍。

8月9日

［纲　文］　**国务院副总理王岐山与美国财政部部长盖特纳通话，就当前世界经济形势、国际金融市场动态交换了看法。**

8月9日

［纲　文］　**中宣部、中央外宣办、广电总局、新闻出版总署、中国记协在北京召开新闻战线开展"走基层、转作风、改文风"活动动员会议。**

［目　文］　中宣部常务副部长雒树刚主持会议，广电总局、新闻出版总署负责人和《人民日报》、新华社、中央电视台的编辑、记者、主持人代表在会上发言。

中宣部部长刘云山出席会议并讲话，指出新闻战线要深入贯彻落实胡锦涛总书记"七一"重要讲话精神，着眼于把握新闻舆论正确导向，着眼于提升新闻队伍能力素养，扎实开展"走基层、转作风、改文风"活动，有针对性解决突出问题，推动新闻宣传工作迈上新的台阶，为促进经济社会又好又快发展、全面建设小康社会作出应有贡献。

9月9日，中共中央政治局常委李长春对全国新闻战线开展"走基层、转作风、改文风"活动作出批示，充分肯定活动取得的积极进展和实际成效，要求新闻战线把这项活动作为长期任务，不断深化、持之以恒、务求实效。

全国新闻战线"走基层、转作风、改文风"活动自8月9日开展以来，广大新闻工作者广泛响应、积极参与，迅速形成较大声势和规模。《人民日报》已建立150个基层联系点，派出80多名编辑记者，采写报道百余篇；新华社已建立380个基层联系点，派出

150多路编辑记者，播发各类稿件数百篇。大量来自基层一线的鲜活报道，给新闻媒体带来清新之风，受到社会各界的欢迎和好评。

9月13日，新闻战线“走基层、转作风、改文风”活动座谈会在北京举行，刘云山出席会议并讲话。《人民日报》、新华社和北京、河北、上海等省市党委宣传部负责人,《光明日报》、中央电视台、《吉林日报》编辑记者代表在会上发言。

刘云山指出，“走基层、转作风、改文风”活动是一项长期任务，要立足当前、着眼长远，坚持边实践边总结，形成长效工作机制。各级宣传思想文化部门和新闻单位要把这项活动摆上重要日程，进一步健全基层联系点、蹲点调研等制度，创造良好条件、提供有力保障，充分调动新闻工作者的积极性主动性。要加强动态指导，及时听取群众意见，总结推广典型经验，不断完善措施办法，把“走基层、转作风、改文风”活动引向深入。

8月9—15日

［纲　文］　**应国家主席胡锦涛邀请，莫桑比克总统格布扎对中国进行国事访问。**

［目　文］　访问期间，胡锦涛在北京同格布扎举行会谈，两国元首就双边关系和共同关心的问题深入交换意见，达成广泛共识，并共同出席了双边合作文件签字仪式。全国人大常委会委员长吴邦国、国务院总理温家宝在北京分别会见格布扎。格布扎出席在深圳举行的第26届世界大学生夏季运动会开幕式。

胡锦涛同格布扎会谈时说，中莫友谊经过近半个世纪的风雨洗礼，不断焕发出勃勃生机。进入新世纪，双方高层互访频繁，政治、经贸、文化、教育、卫生等领域的合作不断拓展，成果丰硕。中方对两国关系的全面发展感到满意。中方高度重视发展中莫关系，愿从以下四个方面深化两国友好合作：一、密切友好交往，增进政治互信。二、推进务实合作，拓宽合作领域。三、扩大人文交流，夯实民意基础。四、加强多边合作，维护共同利益。

格布扎完全赞同胡锦涛关于进一步发展两国关系的意见，表示莫方愿把中方作为实现自身发展的重要合作伙伴，加强政治互信和双边往来，大力拓展经贸、农业、渔业、科技、环保、基础设施建设、卫生、教育培训、人力资源开发等领域务实合作，夯实两国合作基础，拓宽合作渠道，增进两国人民友谊，把两国友好合作关系不断推向前进。

吴邦国在会见格布扎时指出，中莫同属发展中国家，在现代化建设进程中面临相同或相似的任务。中国全国人大愿加强与莫议会的交流合作，就发展经济、保障和改善民生、依法治国等方面开展经验交流，增进人民友谊，为国家关系的发展注入新的活力。

格布扎说，莫面临发展经济、消除贫困的紧迫任务，希望加强与中国的战略性合作，促进莫经济社会发展。

温家宝在会见格布扎时表示，中方愿与莫方加强规划协调，在平等、互利基础上扩大在交通、电信、能源、矿产等领域的投资、融资合作，促进双边经贸关系多元化和可持续发展。

格布扎表示，莫桑比克正在实施新的国家发展规划和减贫计划，希望学习借鉴中国的经验，扩大双方的经济、技术合作和人文交流，推动两国关系迈上新台阶。

8 月 9—21 日

［纲 文］ **班禅额尔德尼·确吉杰布在甘肃兰州和甘南藏族自治州参观学习并举行佛事活动**。

8 月 10 日

［纲 文］ **温家宝主持召开国务院常务会议**。

［目 文］ 决定开展高速铁路及其在建项目安全大检查，适当降低新建高速铁路运营初期的速度，对拟建铁路项目重新组织安全评估。

会议指出，目前，“7·23”甬温线特别重大铁路交通事故的调查和善后处理工作正在深入展开，铁路系统正在集中排查隐患，加强安全措施。彻底查明事故的原因，深刻反思和总结教训，全面加强铁路安全生产，对实现铁路尤其是新建高速铁路安全运营，对我国铁路事业的健康发展，至关重要。因此，这次调查不仅要查清直接原因，还要追根溯源，查清设计、制造、管理等方面的源头性问题。会议决定充实、加强国务院事故调查组，调整人员结构，完善调查制度，以提高调查工作的权威性和公信力。为切实做好铁路建设、运营、管理等方面的安全工作，会议决定进一步采取以下三项措施：一、开展高速铁路及其在建项目安全大检查。成立由国家安全监管总局牵头、有关部门和各方面专家参加的有充分权威的国务院检查组，重点检查安全生产制度和责任制落实情况，设备质量和运营安全保障情况，在建项目设计、质量和安全情况，职工教育培训和关键岗位人员合格上岗情况。对发现的问题，要系统梳理，深入分析，有针对性地提出整改意见。检查情况要向国务院报告。二、适当降低新建高速铁路运营初期的速度。新建高速铁路运营初期，要根据不同线路实际情况，科学评估，适当降低运营速度，以利于增加安全冗余，改进技术和管理，积累安全管理经验。三、对已经批准但尚未开工的铁路建设项目，重新组织系统的安全评估。暂停审批新的铁路建设项目，并对已受理的项目进行深入论证，合理确定项目的技术标准、建设方案。

会议指出，中国将坚定不移地继续发展高速铁路，但必须坚持科学规划、统筹协调，坚持百年大计、质量第一，切实把每一项工程都建成优质工程。会议要求铁路干部职工牢固树立科学发展观，牢固树立安全第一的观念，振作精神，增强信心，团结一致，扎实工作，通过各方面共同努力，真正把中国的高速铁路办成让全国人民放心的铁路。

8 月 10 日

［纲 文］ **质检总局公布《进出口化妆品检验检疫监督管理办法》**。

［目 文］ 《办法》共 7 章 50 条。主要有总则、进口化妆品检验检疫、出口化妆品检验检疫、非贸易性化妆品检验检疫、监督管理、法律责任、附则等内容。自 2012 年 2 月 1 日起施行。原国家出入境检验检疫局 2000 年 4 月 1 日施行的《进出口化妆品监督检验管理办法》（局令 21 号）同时废止。

8 月 10 日

［纲　文］　**国务院副总理王岐山在北京会见美国国会参议院银行委首席成员、亚拉巴马州共和党联邦参议员谢尔比。**

［目　文］　王岐山说，中美经济相互依存，谁也离不开谁。双方应在增进了解的基础上建立互信、加强合作，共同建设全面互利经济伙伴关系。

谢尔比表示，中美经济关系取得了前所未有的进展，双方加强合作至关重要，愿为促进中美关系健康发展作出贡献。

8 月 10 日

［纲　文］　**日本进一步放宽中国个人游签证条件。**

［目　文］　日本外务省宣布，从 9 月起，进一步放宽中国个人游签证发放条件，废除“具有一定程度职业地位和经济能力”的要求，并将最长停留时间从目前的 15 天延长至 30 天。该措施从 9 月 1 日起暂时实施一年。

中国个人游签证自 2009 年开始发放，此次是继 2010 年以来第二次放宽条件。曾急剧增加的中国访日游客因东日本大地震而骤减。日本观光厅此前提出到 2013 年实现外国游客增至 1500 万的目标，因此期望通过放宽签证发放条件尽快恢复游客人数。

8 月 10—12 日

［纲　文］　**“2011 年国际刑侦、禁毒、反恐、经侦技术装备展览会暨技术交流会”在北京展览馆举办。**

［目　文］　交流会经公安部、科技部批准，由公安部装备财务局、刑事侦查局、禁毒局、反恐怖局、经济犯罪侦查局主办，公安部科技信息化局支持，公安部物证鉴定中心和中国刑事科学技术协会共同承办。239 家警用装备企业参展，以刑事科学技术、侦查、禁毒、反恐、经侦等领域尖端的警用技术装备为主。

8 月 10 日

［纲　文］　**商务部发布《关于原产于欧盟、美国和日本的进口相纸产品反倾销调查初步裁定的公告》。**

［目　文］　《公告》说，一、对原产于欧盟、美国和日本的进口相纸产品反倾销调查初步裁定：在本案调查期内，被调查产品存在倾销，中国国内相纸产业受到实质损害，且倾销与实质损害之间存在因果关系。二、根据《中华人民共和国反倾销条例》第二十八条和二十九条的规定，商务部决定采用保证金形式实施临时反倾销措施。自 2011 年 8 月 10 日起，进口经营者在进口被调查产品时，应依据本初裁决定所确定的各公司的倾销幅度向中华人民共和国海关提供相应的保证金。三、对各公司征收的保证金比率如下：欧盟公司方面，柯达有限公司（英国）为 26.8%，富士胶片制造（欧洲）有限公司 17.6%，其他欧盟公司 26.8%；美国公司方面，富士胶片制造（美国）有限公司 18.2%，其他美国公司 28.8%；日本涉案公司为 28.8%。四、各利害关系方在本公告发布之日起 20 天内，可向商务部提出书面评论并附相关证据，商务部将依法予以考虑。

8月11—15日

［纲　文］　**胡锦涛在深圳、广州等地考察并接见驻广州部队师以上领导干部。**

［目　文］　中共中央总书记胡锦涛出席深圳第26届世界大学生夏季运动会开幕式前后，在深圳、广州等地考察。

胡锦涛在广州汽车集团乘用车有限公司观看汽车总装流程，询问企业自主创新进展时说，现在汽车市场竞争十分激烈，要在竞争中站稳脚跟，最根本的还是要有自己的技术和品牌；在广州佳都集团有限公司与企业员工讨论智能化系统的应用前景时指出，信息技术已经渗透到经济社会各个领域，软件服务产业大有可为；在广州番禺节能科技园，他希望园区进一步搞好服务，推动更多的创新型企业，特别是中小企业走上发展的“快车道”；在广州TIT国际服装创意园，他希望园区内的企业充分发挥智力优势，努力打造具有国际竞争力的中国服装品牌，推动我国从服装制造大国向服装制造强国迈进；在广州市白云区的金沙洲保障性住房小区，听取广州市保障性住房建设情况介绍，他强调，保障性住房建设是一项重大民生工程，对这件民生大事，各级党委和政府都要切实负起责任，千方百计确保土地供应、确保资金到位、确保工程质量、确保分配公平，努力使广大人民群众满意；在广州市北京街盐运西社区，希望盐运西社区按照中央提出的加强和创新社会管理的要求，进一步提高社区管理和服务水平，真正做到和谐社区大家共建、社区和谐大家共享；在东濠涌实地考察河涌综合整治情况，他对当地负责人说，营造良好的城市生态环境，是广大群众的热切期盼，也是城市建设的重要任务。

胡锦涛听取深圳市文化建设情况汇报，要求认真总结成功做法，进一步做好文化改革发展这篇大文章，使深圳物质文明建设和精神文明建设取得“双丰收”；在深圳华强文化科技集团股份有限公司，他希望企业坚持以市场需求为导向，以创新创意为动力，进一步打造具有更高知名度和更强竞争力的自主品牌，争当文化产业发展的领头羊，向广大群众提供更多更好的文化产品，为推动社会主义文化大发展大繁荣作出积极贡献。

考察结束时，胡锦涛听取了广东省委和省政府的工作汇报，希望广东干部群众坚持以邓小平理论和“三个代表”重要思想为指导，深入贯彻落实科学发展观，紧紧抓住国家支持东部地区率先发展、支持珠江三角洲地区改革发展、支持经济特区创新发展的宝贵机遇，立足新起点，把握新趋势，建立新机制，增创新优势，进一步加快转变经济发展方式，进一步深化改革开放，进一步推进以改善民生为重点的社会建设，进一步提高党的建设科学化水平，切实当好推动科学发展、促进社会和谐的排头兵，朝着率先全面建成小康社会的目标奋勇前进。

8月11日

［纲　文］　**国务院总理温家宝在北京分别会见斯里兰卡总统拉贾帕克萨和玻利维亚总统莫拉莱斯。**

［目　文］　温家宝在会见拉贾帕克萨时表示，近年来，中斯友谊与合作不断深化，给两国人民带来了实实在在的利益，也促进了地区和平与发展。中方愿更多帮助和参与斯里兰卡经济建设，促进两国基础设施的互联互通，扩大贸易投资合作，加强文化交流与人员往来，为双边关系发展注入新的活力。

拉贾帕克萨表示，斯中两国有着深厚的传统友谊。斯方感谢中方长期以来给予的宝贵支持，愿与中方进一步加强各领域合作，推动两国全面合作伙伴关系不断向前发展。

温家宝在会见莫拉莱斯时表示，中玻有着传统友谊和政治互信，两国经济互补性较强，加强互利合作是双方的共同愿望。中方愿与玻方密切合作，优化双边贸易结构，扩大在矿产资源开发、基础设施建设、科技等领域的合作，促进两国经济建设，特别是增强玻方自我发展能力。

莫拉莱斯表示，中国是玻利维亚的好朋友和重要合作伙伴。玻利维亚愿与中方加强交流，学习、借鉴中国的发展经验，扩大经济技术合作，造福两国人民。

8月11日

［纲　文］　**财政部公布《资产评估机构审批和监督管理办法》。**

［目　文］　《办法》共7章61条。主要有总则、资产评估机构的设立、资产评估机构分支机构的设立、资产评估机构及分支机构的变更和终止、监督管理、法律责任、附则等内容。自2011年10月1日起施行。财政部2005年5月11日发布的《资产评估机构审批管理办法》（财政部令第22号）同时废止。

8月11日

［纲　文］　**以“青年参与”为主题的中欧青年论坛在深圳举行。**

［目　文］　来自欧盟27个成员国的100名青年代表和100多名中国大学生代表参加了此次论坛。

据悉，2011“中欧青年交流年”是国务院总理温家宝与欧盟委员会主席巴罗佐在第十二次中欧领导人会晤中提出的倡议，由全国青联与欧盟委员会合作实施。

8月11日

［纲　文］　**新华社讯，中央财政追加下达2011年农村义务教育学校公用经费补助资金79.3亿元。**

［目　文］　加上年初预算安排的392.4亿元，2011年中央财政已累计安排农村义务教育学校公用经费补助资金471.7亿元。

财政部表示，为贯彻落实《国家中长期教育改革和发展规划纲要（2010—2020年）》精神，针对农村义务教育经费保障机制改革实施过程中出现的新情况和新问题，2011年，中央财政进一步调整完善保障机制有关政策，加大投入力度，提高保障水平。

8月11—12日

［纲　文］　**国务院在内蒙古自治区呼伦贝尔召开全国牧区工作会议。**

［目　文］　国务院副总理回良玉出席并讲话。全国牧区省（区）人民政府和新疆生

产建设兵团、中央有关部门、有关企业负责人出席会议。内蒙古、四川、西藏、青海、新疆5省（区）作了大会交流发言，发展改革委、财政部、国家民委、农业部负责人在会上讲话。与会代表实地考察了呼伦贝尔市牧区、牧业发展情况。会议学习《国务院关于促进牧区又好又快发展的若干意见》（国发〔2011〕17号）文件精神，总结改革开放以来，特别是1987年全国牧区工作会议以来牧区发展取得的成绩，分析面临的形势，交流经验和做法，部署新时期牧区工作。

8 月 11—16 日

［纲　文］　**贾庆林在陕西调研。**

［目　文］　全国政协主席贾庆林在榆林、宝鸡、西安等地的企业、农业基地、科研院所和文化设施，就发挥统一战线和人民政协优势和作用，促进经济平稳较快发展，推动文化大发展大繁荣进行调研，同广大干部群众共商改革发展大计。加快转变经济发展方式是“十二五”时期我国经济社会发展的主线，也是贾庆林此次调研的重点。

贾庆林在榆林现代农业科技示范区，了解发展现代农业、推广农业先进技术和农民增收情况；在华电榆横煤电有限责任公司、陕西延长石油榆林煤化有限公司、秦川机床工具集团等企业，同企业负责人和职工询问生产经营、技术创新、节能环保等情况；在兵马俑博物馆、西安关中民俗艺术博物院、大明宫遗址公园，查看文化遗产保护状况，了解文化产业发展情况；在2011西安世界园艺博览会，他指出，要认真做好经济建设和文化建设这两篇大文章，努力把文化的资源优势转化为文化的现实竞争力和软实力，形成文化发展与经济发展互促共进的良好局面。

调研期间，贾庆林看望了陕西省政协、统战部机关干部及各民主党派、工商联负责人和无党派人士。他指出，陕西的统一战线资源十分丰富，要继承发扬优良传统，积极引导统一战线成员和政协委员坚定不移地走中国特色社会主义政治发展道路，矢志不渝地推动科学发展、促进社会和谐，卓有成效地加强自身建设、提高工作科学化水平。

8 月 12 日

［纲　文］　**新华社讯，国务院总理温家宝与东盟轮值主席国印度尼西亚总统苏西洛就中国与东盟建立对话关系20周年互致贺电。**

8 月 12 日

［纲　文］　**国务院第六次全国人口普查领导小组在北京召开总结表彰会议。**

［目　文］　国务院第六次全国人口普查领导小组副组长、国家统计局局长马建堂出席表彰会并讲话。国务院第六次全国人口普查领导小组办公室和国家统计局决定授予北京市东城区东华门街道人口普查办公室等202个单位第六次全国人口普查先进集体荣誉，授予崔京民等797人第六次全国人口普查先进个人荣誉。浙江、云南、山东、北京、广东等地先进集体和先进个人代表分别作了发言。各省（区、市）第六次全国人口普查领导小组副组长、统计局局长，人口普查办公室主任，基层先进集体代表和先进个人代表参加了表彰会。

同日，国务院副总理、国务院第六次全国人口普查领导小组组长李克强在中南海会见了人口普查先进集体和先进个人代表。他说，这次人口普查的高质量成果凝结着广大普查人员的辛勤奉献，衷心感谢全体普查工作者，特别是基层一线的普查人员。他强调，要科学系统深入地开发应用普查成果，进一步提高统计工作水平，为科学发展和加快转变经济发展方式服好务。

8月12日

［纲　文］　**国务院办公厅发布《关于开展国务院高速铁路安全大检查的通知》。**

［目　文］　《通知》说，为深刻汲取“7·23”甬温线特别重大铁路交通事故教训，进一步加强铁路安全生产工作，着力促进高速铁路安全发展，国务院决定开展高速铁路安全大检查。《通知》由六个部分组成：一、检查目的。二、检查的重点内容。三、检查的范围、对象和时间安排。四、检查组组成。五、检查方式。六、有关要求。

《通知》要求，各检查组要采取明察与暗访、抽查与普查、查阅资料与现场检测等方式，深入基层站段、车间、班组，对技术装备、设计施工、安全管理等方面存在的薄弱环节和隐患进行认真排查。要与各相关铁路局等单位代表进行座谈，了解高速铁路建设、运营、管理的成效和存在的问题，听取有关意见和建议。检查结束时，要向各相关铁路局等单位负责同志反馈意见，对进一步做好铁路安全工作提出整改、完善和提高的指导意见。

8月12日

［纲　文］　**第十次中国—东盟（10+1）经贸部长会议在印尼万鸦老举行。**

［目　文］　商务部部长陈德铭和东盟十国的经贸部长参加会议。会议积极评价中国东盟建立对话关系20年来的经贸合作成果，特别是实施《中国—东盟全面经济合作框架协议》所取得的成效，探讨了进一步加强合作的具体措施。

与会部长发表联合新闻声明。声明指出，2010年，中国—东盟的双边贸易强劲反弹，改变了2009年下滑的局面。部长们对中国—东盟自贸区框架下的卫生和植物卫生措施/技术贸易壁垒（SPS/TBT）等章节的案文的完成表示欢迎，就“一般例外”产品处理问题达成共识，一致同意将中国东盟贸易谈判委员会改名为中国—东盟自贸区联合委员会。部长们希望在2011年11月举行的第十四次中国—东盟领导人会议期间签署《关于实施中国—东盟自贸区〈服务贸易协议〉第二批具体承诺的议定书》，欢迎中国提出的2011年12月在中国贵州举办“后中国—东盟自贸区时代研讨班”的建议，期待第八届中国—东盟博览会于2011年10月在中国南宁举行。部长们欢迎《泛北部湾经济合作可行性研究报告》，并将其提交今年的中国—东盟领导人会议讨论。

8月12日

［纲　文］　**最高人民法院公布《最高人民法院关于适用〈中华人民共和国婚姻法〉若干问题的解释（三）》，自2011年8月13日起施行。**

8月12日

［纲　文］　**“十一五”重大新药创制专项支持项目——盐酸埃克替尼研发成果发布会在北京举行。**

［目　文］　全国人大常委会副委员长、国家“重大新药创制”科技重大专项技术总师桑国卫，卫生部部长陈竺出席并致辞。会议由中国药促会主办，中国新药杂志社和浙江贝达药业有限公司共同承办。

中国第一个自主研制和第一个拥有自主知识产权的小分子靶向抗肿瘤药——盐酸埃克替尼（商品名：凯美纳）获得国家食品药品监管局的新药证书，并上市销售。盐酸埃克替尼主要用于非小细胞肺癌的二、三期治疗，安全性好，价格明显低于进口药物。

8月12日

［纲　文］　**中组部部长李源潮在北京会见美国科学院院士谢晓亮。**

［目　文］　李源潮指出，中国的发展正在为各类人才施展才华创造越来越多的机会，希望更多海外留学人才回国创新创业，攀登科技高峰，培养优秀人才，为祖国发展进步贡献智慧和力量。

谢晓亮是国际知名化学家、生物物理学家，现任美国哈佛大学化学及化学生物学教授，1984年从北京大学毕业后赴美留学。他是单分子生物物理化学和相干拉曼散射显微成像的开拓者之一，在这些新兴交叉学科和领域作出了创造性贡献，2011年5月当选美国科学院院士。谢晓亮教授心系祖国，推进北京大学与国际科研机构在生命科学与化学等相关领域的合作交流，帮助培养年轻人才。

8月12日

［纲　文］　**中国在西昌卫星发射中心用“长征三号乙”运载火箭，将巴基斯坦通信卫星1R（Paksat-1R）成功送入预定轨道。**

［目　文］　这是我国首次向亚洲用户以“在轨交付”方式出口卫星，也是我国2011年首次为国际用户提供商业卫星出口服务。

火箭升空约26分钟后，西安卫星测控中心传来的数据表明，星箭分离正常，卫星准确进入近地点204公里、远地点41985公里、轨道倾角24.8度的地球同步转移轨道，发射任务获得成功。

本次发射任务是根据中国长城工业总公司与巴基斯坦空间与外大气层研究委员会于2008年签署的巴基斯坦通信卫星1R在轨交付合同实施的。根据合同约定，中国长城工业总公司向巴基斯坦在轨交付一颗大功率通信卫星，提供相关培训，并协助建设位于巴基斯坦境内的两个地面测控站。

8月12日

［纲　文］　**《人民日报》报道，八路军文化园在山西武乡县建成。**

［目　文］　文化园总投资2.08亿元，占地231亩，主要由八路村、八路军文艺社、抗战胜利纪念坛、和平林等六大板块组成，反映八路军与根据地群众的战斗生活。它是中国首个八路军文化主题公园。

武乡是太行山区著名的抗日根据地之一，境内有八路军总司令部、八路军总政治部、中共中央北方局、129师司令部、抗日军政大学、新华日报社、鲁迅艺术学校、百团大战关家垴主战场、朱总司令手植红星杨等革命遗址40多处。

8月19—21日，全国首届八路军文化旅游节在武乡县举行，以弘扬太行山精神，传承八路军文化为主题。

8月12日

［纲　文］　《人民日报》发表评论员文章《促进牧区又好又快发展》。

8月12—23日

［纲　文］　第26届世界大学生夏季运动会在深圳举行。

［目　文］　国家主席胡锦涛出席开幕式并宣布大运会开幕。中共中央政治局委员、国务委员刘延东出席闭幕式并宣布大运会闭幕。“从这里开始”为本届运动会的主题口号。参赛国家及地区152个，参赛运动员7865人，设306项（24个大项）比赛项目。中国队获得75块金牌、39块银牌、31块铜牌，列奖牌榜第一位。

12日中午，胡锦涛在深圳举行宴会并致辞，代表中国政府和人民，热烈欢迎前来出席深圳大运会开幕式和相关活动的贵宾。胡锦涛夫人刘永清，国际大学生体育联合会主席基里安，来自20个国家和地区的贵宾出席宴会。

胡锦涛在深圳期间，分别会见了来华访问并出席第26届世界大学生运动会开幕式的玻利维亚总统莫拉莱斯、斐济总统奈拉蒂考、埃塞俄比亚总理梅莱斯、罗马尼亚总理博克、联合国教科文组织总干事博科娃。

刘延东在深圳分别会见了出席第26届世界大学生运动会闭幕式的俄罗斯第一副总理舒瓦洛夫、老挝副总理阿桑、亚美尼亚副总理格沃尔基扬。

8月12—16日

［纲　文］　贺国强在山西调研。

［目　文］　中共中央政治局常委、中央纪委书记贺国强在晋中市昔阳县大寨村，得知改革开放以来，大寨村大力发展生态农业、旅游、农副产品加工等产业，经济快速发展，村民人均收入超过万元时，对村党总支书记郭凤莲说，大寨之所以能够取得今天的成就，最根本的是坚持把自力更生、艰苦奋斗的光荣传统和解放思想、改革创新的时代精神紧密结合起来的结果。在80岁的劳动模范宋立英家的小院里，询问老人的身体状况和生活情况，征求她对党和政府工作的意见和要求；在长治市武乡县，瞻仰了八路军总部王家峪旧址和八路军太行纪念馆；看望慰问了八路军老战士代表；在晋城煤业集团漾泉蓝焰煤层气有限责任公司，肯定了企业在抓好煤矿瓦斯治理的同时开发利用煤层气的发展思路；在太原重型机械集团有限公司，希望企业进一步加强自主创新、加快“走出去”步伐，使我国重型机械设备制造水平跻身世界前列；在太原罗克佳华工业有限公司，希望企业进一步加强物联网技术研究和应用，带动高科技产业发展，占领世界科技发展制高点；在太原市万柏林区阎家沟社区，了解旧村改造、治安防范和基层组织建设、党风廉政建设等情况。

考察期间，贺国强听取了山西省委、省政府和省纪委的工作汇报。他希望全省广大干部群众弘扬光荣传统，抓住宝贵机遇，发挥自身优势，以推进国家资源型经济转型发展综合配套改革试验区建设为龙头，切实推动经济社会又好又快发展，在全面建设小康社会的新征程上谱写山西转型跨越发展的新篇章。

15日，贺国强出席在太原召开的部分省（区、市）巡视工作座谈会并讲话。14个省（区、市）的15位有关负责人发言后，贺国强指出，建立和完善巡视制度，是党中央从加强党内监督、提高党的执政能力、保持和发展党的先进性的战略高度作出的一项重大决策。党的十七大以来，在中央的正确领导下，在各级党委的大力支持下，各级巡视机构积极探索实践，扎实开展工作，巡视工作领导体制和工作机制逐步健全、制度体系框架基本形成、方式方法不断改进、监督成效更加明显，为推动党的路线方针政策和中央重大决策部署的贯彻落实、维护改革发展稳定大局，为加强领导班子和干部队伍建设、促进党风廉政建设和反腐败斗争发挥了重要作用。

8月12—16日

［纲 文］ **首届加拿大蒙特利尔中国电影节举办。**

［目 文］ 本届电影节期间放映《梅兰芳》《孔子》《梦回金沙城》《风声》《十月围城》《杜拉拉升职记》和《走路上学》等中国近年拍摄的电影。

8月12日—9月4日

［纲 文］ **英国爱丁堡国际艺术节举办。**

［目 文］ 由中国国家芭蕾舞团艺术家带来的芭蕾舞剧《牡丹亭》，改编自中国明代大剧作家汤显祖的经典剧目，上海京剧院的《哈姆雷特》，则用中国国粹演绎了与汤显祖同时代的英国大文豪莎士比亚的著名悲剧，两剧在爱丁堡的演出彰显东西方文化艺术交流魅力。世界各地2500多名艺术家在爱丁堡国际艺术节贡献了150多场演出。

爱丁堡国际艺术节创立于1947年，是蜚声世界的大型综合艺术节之一。作为英国苏格兰地区首府，爱丁堡还承办着边缘艺术节、军乐节、国际图书节、国际电影节、国际爵士乐节和多元文化节等多个独立的文化节。

8月13日

［纲 文］ **2011年北京个性化教育国际会议在北京举行。**

［目 文］ 全国人大常委会副委员长陈至立出席开幕式并致辞。她指出，要坚持全面发展与个性发展的统一，培养和促进学生实现德智体美全面发展。

会议由中国教育学会、中国民办教育协会主办，会议由中国民办教育协会会长陶西平主持。来自美国、加拿大、澳大利亚、津巴布韦、日本、意大利等国以及国际教育组织和香港地区的专家，全国各地幼儿园、中小学学校教师、校长，政府及有关教育机构代表800多人参加会议。

8月13日

［纲 文］ **中国新闻摄影学会在济南举行2010年度中国新闻摄影年赛颁奖典礼。**

［目 文］ 来自全国新闻界的15名金奖获得者和4名年度杰出摄影记者与图片编

辑在现场领奖。本次获奖的新闻摄影作品，涵盖了玉树地震、世博会、上海大火等2010年度中国政治、经济、文化等国内重大新闻事件。

中国新闻奖摄影作品初评暨中国新闻摄影年赛是由中华全国新闻工作者协会批准、中国新闻摄影学会主办的一项全国性的新闻摄影大赛，每年评选一次，是目前国内最具权威性和影响力的新闻摄影大赛。

8月13日

［纲　文］ **第二届“中国陶瓷文化历史名城”颁证大会在北京举行。**

［目　文］ 大会由中国轻工业联合会和中国陶瓷工业协会联合主办。全国人大常委会副委员长周铁农，十届全国人大常委会副委员长、中国轻工业联合会名誉会长顾秀莲等出席。江西景德镇、江苏宜兴等9座城市被评为“中国陶瓷文化历史名城”，93位陶瓷艺术家获“中国陶瓷艺术大师”称号。

8月13—14日

［纲　文］ **世界大学校长论坛在深圳举办。**

［目　文］ 论坛由教育部主办，以“21世纪大学的新使命与人才培养”为主题。国务委员刘延东出席开幕式并致辞。教育部部长袁贵仁主持开幕式。开幕式上宣布设立深圳大运留学基金，并为首批获得基金的学生代表颁发了证书。来自66个国家与地区的162所高等院校的与会者相互交流，并站在经济全球化和教育国际化的战略高度，根据自己国家和地区的经验，对高等教育国际化人才培养、发展具有本土特色的高等教育、创新高等教育机制等问题，表达了真知灼见，在许多领域达成了共识。

8月13—14日

［纲　文］ **中国武术访演团在美国华盛顿地区演出。**

［目　文］ 访演团由全国和世界武术冠军及运动员组成。表演以“和平、友谊、健康”为主题，包括竞技武术、传统武术、武术艺术等内容。

18日，访演团在联合国总部举行武术专场演出。

8月14日

［纲　文］ **教育部直属高校工作咨询委员会第21次会议在广东东莞举行。**

［目　文］ 中共中央政治局委员、国务委员刘延东，教育部部长袁贵仁出席并讲话。教育部直属高校的139名咨询委员、49所地方高校和10所特邀院校的主要领导参加了会议。本次会议的主题是学习贯彻中共中央总书记胡锦涛在纪念中国共产党成立90周年大会和庆祝清华大学建校100周年大会上的讲话精神，分析新时期新阶段高等教育面临的新形势新任务，共同谋划推进高等教育改革发展的新思路新举措。

8月14日

［纲　文］ **中国国家男子足球队主教练聘任签约仪式暨媒体见面会在北京举行。**

［目　文］ 西班牙籍足球教练员卡马乔与中国足协签约三年，正式成为中国男足国

家队主教练。

8月15日

［纲　文］　**吴邦国在北京主持召开十一届全国人大常委会第六十七次委员长会议。**

［目　文］　全国人大常委会副委员长王兆国、路甬祥、乌云其木格、韩启德、华建敏、陈至立、周铁农、司马义·铁力瓦尔地、蒋树声、陈昌智、严隽琪、桑国卫等出席会议。会议决定十一届全国人大常委会第二十二次会议8月24日至26日在北京举行。

委员长会议建议，十一届全国人大常委会第二十二次会议审议全国人大常委会委员长会议关于提请审议刑事诉讼法修正案草案的议案；审议全国人大常委会委员长会议关于提请审议香港特别行政区基本法第十三条第一款和第十九条的解释草案的议案。

委员长会议建议的常委会第二十二次会议议程还有：审议国务院关于提请审议批准《东南亚友好合作条约第三修改议定书》的议案；审议国务院关于今年以来国民经济和社会发展计划执行情况的报告、关于今年以来预算执行情况的报告；审议全国人大常委会执法检查组关于检查老年人权益保障法实施情况的报告；审议全国人大常委会代表资格审查委员会关于个别代表的代表资格的报告；审议有关任免案等。

委员长会议上，全国人大常委会副委员长兼秘书长李建国就常委会第二十二次会议议程草案、日程安排意见作了汇报。全国人大常委会有关副秘书长，全国人大有关专门委员会、全国人大常委会有关工作委员会和代表资格审查委员会负责人就常委会第二十二次会议的相关议程作了汇报。

8月15日

［纲　文］　**国务院办公厅印发《关于加强和改进流浪未成年人救助保护工作的意见》。**

［目　文］　《意见》由四个部分组成：一、充分认识流浪未成年人救助保护工作的重要意义。二、流浪未成年人救助保护工作的总体要求和基本原则。三、加强和改进流浪未成年人救助保护工作的政策措施。四、健全工作机制，形成救助保护工作合力。

《意见》指出，进一步完善政府主导、民政牵头、部门负责、社会参与的流浪未成年人救助保护工作机制。建立民政部牵头的部际联席会议制度，研究解决突出问题和困难，制定和完善相关政策措施，指导和督促地方做好工作。

8月15日

［纲　文］　**中组部、人力资源社会保障部、总政治部发布修改后的《人事争议处理规定》。自2011年8月15日起施行。**

8月15日

［纲　文］　**全国人大常委会委员长吴邦国在北京会见埃塞俄比亚总理梅莱斯。**

［目　文］　吴邦国说，近年来，两国政治互信不断增强，合作内涵不断丰富，合作成果显著，堪称中国与非洲国家友好关系的典范。中方对埃在国家建设中取得的显著成就

感到由衷高兴。中方愿同埃方携手努力，增进传统友谊，抓住两国经济发展带来的新的合作机遇，结合各自国家发展战略，不断探讨新的合作方式，拓宽合作领域，推动中埃全面合作伙伴关系不断迈上新台阶。中国全国人大和埃塞俄比亚联邦议会一直保持着密切交往和合作，双方应继续加强友好交往，促进务实合作，推动政党、地方和人员之间的往来，为国家关系不断增添新的内容、注入新的活力。

梅莱斯表示，埃中在基础设施建设、农业、矿业、航空等领域的合作前景广阔，埃塞俄比亚政府欢迎更多中国企业赴埃投资兴业，支持两国议会为推动双边关系发展发挥更大作用。

同日，国务院总理温家宝同梅莱斯举行会谈时宣布：为帮助埃塞俄比亚等非洲国家应对当前严重旱灾，中国政府决定在提供9000万元人民币紧急粮食援助基础上，再增加3.532亿元人民币紧急粮食援助。温家宝表示，埃塞俄比亚是中国在非洲的真诚朋友和重要伙伴。中国支持埃塞俄比亚实施"增长与转型五年计划"，愿扩大在电力、交通等基础设施建设领域的合作，加大工业投资和技术转让力度，帮助埃塞俄比亚发展高效农业，实现经济社会可持续发展。

梅莱斯说，中国及时向埃塞俄比亚等受灾国提供紧急粮食援助，充分体现了非中牢固的伙伴关系和真诚友谊，埃方对此表示感谢。中国长期给予埃塞俄比亚宝贵经济援助和支持，有力增强了埃塞俄比亚的自我发展能力。埃塞俄比亚愿进一步加强两国在贸易、投资和技术领域的互利合作，推动埃中关系取得更大进展。

两国总理共同见证了双边有关合作协议的签字仪式。

8月15日

［纲　文］　**国务院总理温家宝在北京同罗马尼亚总理博克举行会谈。**

［目　文］　温家宝表示，中国政府对两国在基础设施建设方面开展融资、承包和技术合作持积极态度；鼓励加强企业、信息、人员交流，带动双方产业发展和商品贸易；中罗可以在矿产资源开发利用、农林牧渔业生产加工等领域实现优势互补。欢迎更多的罗马尼亚学生和青少年来中国学习、交流。

博克希望罗中传统友谊和良好的政治关系能够促进双方的经济合作，欢迎中方企业对罗方的大型基础设施项目进行投资。罗方愿进一步加强同中方在经贸、旅游、文化等领域的交流合作，密切在国际地区事务中的沟通配合，开辟两国关系新的发展阶段。

8月15日

［纲　文］　**中共中央对外联络部部长王家瑞在北京会见越共中央原政治局委员胡德越。**

［目　文］　王家瑞对胡德越率团来华就人才建设事业同中方进行交流表示欢迎。他表示，中越作为共产党领导的社会主义国家，加强双方在各领域交流与合作对加强两党执政能力建设和促进各自社会主义建设事业都具有重要意义。中方高度重视中越关系，愿与越方共同努力，在16字方针和"四好"精神指引下，推动中越全面战略合作伙伴关系向前发展。

8月15日

［纲　文］　**中国各地举行各种活动，纪念抗日战争胜利66周年。**

［目　文］　南京各界人士百余人和日本友人在侵华日军南京大屠杀遇难同胞纪念馆举行和平集会，纪念中国人民抗日战争胜利66周年，祭奠30万南京大屠杀遇难同胞。

齐齐哈尔市的"江桥抗战纪念馆"和"江桥抗战纪念雕塑"已累计接待社会各界人士和海外华人10多万人。

沈阳"九一八"战争研究会主办的纪念抗战胜利66周年暨民族英雄李兆麟文化发展论坛在辽宁省灯塔市召开，数十名老战士、史学界人士参加了会议。

8月15日

［纲　文］　**中国首部华侨华人蓝皮书——《华侨华人研究报告（2011）》首发式在北京举行。**

［目　文］　蓝皮书由国务院侨办直属院校华侨大学主编。有总报告和政策篇、海外篇、大陆篇、共赢篇五个部分。所载文献，从历史、政策、国际移民潮流和规律、主要侨胞居住地之现状、国内侨务概貌以及经济科技、华文媒体和华文教育等角度，剖析新侨情，解读新问题，探索新路径。

8月15日

［纲　文］　**"中铝十年·母亲健康快车捐赠暨发车仪式"在北京举行。**

［目　文］　全国人大常委会副委员长、全国妇联主席陈至立出席并为实施"母亲健康快车"项目的贵州、甘肃、新疆、新疆生产建设兵团的妇联代表颁发了汽车金钥匙，向中铝公司颁发捐赠证书。

中国铝业公司成立10周年主题活动命名为"关爱母亲·回馈社会"。中铝公司500万元慈善捐款用于向贵州、甘肃、新疆捐赠33辆"健康快车"及配套医疗设备，依托当地妇联等有关组织定期开展义诊、培训、咨询等活动，降低当地妇科病发病率、孕产妇死亡率、婴幼儿死亡率和新生儿患病风险，提高妇女儿童卫生健康水平。

8月15—16日

［纲　文］　**国务院高速铁路及其在建项目安全大检查动员部署会议在北京召开。**

［目　文］　中共中央政治局委员、国务院副总理张德江作动员讲话。国务委员兼国务院秘书长马凯主持会议并作总结。

张德江要求，检查工作要认真贯彻国务院常务会议精神，全面落实国务院办公厅通知的各项要求，全面系统排查和彻底整治高速铁路安全隐患。要坚持科学严谨、实事求是的原则，认真排查高速铁路运营、建设、管理中的薄弱环节和安全隐患，及时反馈，督促整改。对检查发现的隐患和问题，能立即整改的要立即整改；不能立即整改的，要落实安全责任，制定保障措施，明确整改时限；对存在严重威胁安全的重大隐患，要责令立即停止运营或生产建设。

张德江强调，各检查组分别明确一位专家担任副组长，共有175位专家参加检查，要注重充分发挥专家的优势和作用，做到“既看病，又开方”，提高对安全隐患排查的科学性和整改的针对性。要严格遵守各项检查纪律，严格执行党风廉政建设和保密等相关规定，以保证检查工作的高效客观公正。要做好宣传报道工作，及时准确发布检查工作信息。

8月15—16日

［纲　文］　**全国构建和谐劳动关系先进表彰暨经验交流会在北京举行。**

［目　文］　中共中央政治局常委、国家副主席习近平出席会议并讲话。会议由全国总工会、人力资源社会保障部、全国工商联、中国企业联合会、中央宣传部联合召开。会议表彰了全国模范劳动关系和谐企业和工业园区，交流了构建和谐劳动关系的工作经验，对当前和今后一个时期构建和谐劳动关系工作进行了全面部署。会议期间，习近平等中央领导同志会见了受表彰的全国模范劳动关系和谐企业和工业园区代表并合影留念。中共中央政治局委员、中华全国总工会主席王兆国主持会议。中共中央政治局委员、中宣部部长刘云山，全国政协副主席、全国工商联主席黄孟复，中国企业联合会会长王忠禹出席会议。各省、自治区、直辖市和副省级城市、新疆生产建设兵团有关负责人，中央和国家机关有关部门、中央国有企业负责人，会议经验交流单位代表、受表彰单位代表参加了会议。

习近平指出，构建和谐劳动关系，是建设社会主义和谐社会的重要基础，是增强党的执政基础、巩固党的执政地位的必然要求，是坚持中国特色社会主义道路、贯彻中国特色社会主义理论体系、完善中国特色社会主义制度的重要组成部分，其经济、政治、社会意义十分重大而深远。各级党委和政府要进一步提高认识、强化责任，把构建和谐劳动关系作为一项重要而紧迫的政治任务抓实抓好。

8月16日

［纲　文］　**国家主席胡锦涛在人民大会堂接受斯里兰卡、科摩罗、苏里南、澳大利亚、美国五国新任驻华大使递交的国书。**

8月16日

［纲　文］　**国家主席胡锦涛与伊朗总统艾哈迈迪－内贾德互致贺电，热烈庆祝两国建交40周年。**

［目　文］　胡锦涛在贺电中表示，建交40年来，两国关系健康稳定发展。双方各级别交往频繁，经贸、能源、人文、多边等领域的交流合作成果显著。中伊友好给两国人民带来了实实在在的好处。中伊都是发展中国家，双方合作潜力很大。继续巩固和发展中伊关系，符合两国人民根本利益和共同意愿，也有利于世界和地区的和平与发展。中方高度重视中伊关系，我们愿同伊方一道，以建交40周年为契机，加强友好交往，推进务实合作，深化人民友谊，推动中伊友好合作关系持续深入向前发展。

艾哈迈迪－内贾德在贺电中表示，伊中都是世界上重要的文明古国，两国友好关系可以追溯至公元前1世纪。在历史变迁中，伊中关系始终保持上升势头，在政治、经济、贸易和文化等各领域取得长足发展。在双方领导人的共同指引下，两国关系将取得更加全面和深入的发展，迎来光辉灿烂的未来。

同日，外交部部长杨洁篪也与伊朗外长萨利希互致了贺电。

8月16日

［纲　文］　**李长春在中国盲文图书馆调研**。

［目　文］　中共中央政治局常委李长春对图书馆投入使用表示祝贺，向广大残疾人朋友致以亲切问候并指出，要坚持以人为本、服务至上，坚持公益性、综合性、示范性、便利性、权威性，为盲人群众提供优质周到的服务，让知识的阳光照亮广大盲人群众的心灵，让越来越多的残疾人共享改革发展的丰硕成果。

中国盲文图书馆是全国唯一一家为广大盲人群众提供公益性借阅服务的专业盲文图书馆。图书馆老馆原址在北京宛平古城文物保护区内，场地狭小、设施陈旧。2010年2月，李长春在中国盲文出版社调研时，要求有关部门尽快抓好图书馆异地迁建工作，为广大盲人群众办好事办实事。在有关部门大力支持下，总面积2.8万平方米的新馆在2011年6月正式建成投入使用。开馆一个多月来，受到广大盲人群众的热烈欢迎，日本、美国等同行也到馆参观，对中国政府高度重视和关爱残疾人的行动给予高度评价。

8月16日

［纲　文］　**商务部发布，2011年1—7月我国实际使用外资同比增18.57%**。

［目　文］　数据显示，前7个月，我国实际使用外资金额691.87亿美元，同比增长18.57%。7月份当月，全国实际使用外资金额82.97亿美元，同比增长19.83%

8月16日

［纲　文］　**中共中央政治局委员、全国政协副主席王刚在北京会见以党主席团成员、黑森州主席兼州议会党团主席君贝尔为团长的德国社会民主党青年政治家代表团**。

［目　文］　王刚表示，中国共产党高度重视发展与德国社会民主党的友好关系，愿在党际交往四项原则的基础上，加强交流、互学互鉴，不断提高两党合作水平，为推动中德战略伙伴关系发展注入新的动力。

8月16日

［纲　文］　**国务委员、公安部部长孟建柱在北京会见菲律宾司法部部长德利马**。

［目　文］　孟建柱对2011年初菲方在中国警方打击跨国跨境电信诈骗犯罪中给予的大力支持和帮助表示感谢。他指出，多年来，中菲两国执法部门相互理解，主动协调，密切配合，在执法安全领域取得了丰富的合作成果。希望双方进一步加强在打击跨国犯罪、遣返犯罪嫌疑人、案件协查和执法能力建设以及保护在菲中国公民和机构安全等领域的合作，进一步提升两国执法安全合作水平。

德利马表示，菲律宾政府十分重视与中国的友好合作，愿加强多边、双边及业务部门合作，深入推动两国在禁毒、反恐和打击经济犯罪等领域的协调与配合，维护各自国家安全和社会稳定。

8月16日

［纲　文］　**中国老龄办发布《2010年度中国老龄事业发展统计公报》。**

［目　文］　2010年，中国60岁及以上老年人口已达1.7765亿人，占总人口的比重达13.26%，与2000年第五次全国人口普查相比，上升了近3个百分点。

公报称，2010年城镇基本养老保险参保人数达到2.57亿人，比2009年增加2157万人，全国参保人数达4.3263亿人。全国参加新型农村社会养老保险人数10277万人，参合总人口达8.36亿人，参合率达96%。各类老年福利机构数和收养老人数实现同步增长。截至2010年底，中国共有各类老年福利机构39904个，比上年增加233个；床位314.9万张，比上年增长9.0%。

8月16日

［纲　文］　**2011年第16期《求是》杂志发表贺国强的文章《总结历史经验，坚持改革创新，进一步提高反腐倡廉建设科学化水平》。**

8月16—18日

［纲　文］　**李克强在香港出席国家"十二五"规划与两地经贸金融合作发展论坛和香港大学百周年校庆典礼活动，并视察香港特别行政区。**

［目　文］　17日，中共中央政治局常委、国务院副总理李克强出席由香港特别行政区政府、商务部、发展改革委、中国人民银行联合举办的国家"十二五"规划与两地经贸金融合作发展论坛并发表了题为《协力求发展合作促繁荣》的主题演讲。

同日，李克强出席了财政部200亿元人民币国债在香港发行仪式、商务部组织的两地经贸合作项目签约仪式。签约项目涉及支持香港国际金融、贸易和航运中心发展，加强两地物流、科技、新兴产业合作和贸易投资等领域。

18日，李克强出席了香港大学百周年校庆典礼，代表中央政府对香港大学百年校庆表示热烈祝贺；为科技部支持设立的香港大学新发传染性疾病国家重点实验室伙伴实验室深圳分室、粤港干细胞及再生医学研究中心揭牌，并向港大赠送了《中华再造善本》；参观了港大百年展，并在港大陆佑堂与数十名学生代表交谈；会见了前来参加港大百年庆典的世界知名大学校长、杰出学者代表；会见了国学大师饶宗颐。

在香港期间，李克强出席了香港特别行政区政府举行的欢迎晚宴并致辞，代表中央政府和国家主席胡锦涛、国务院总理温家宝，向广大香港市民致以诚挚问候和良好祝愿。他指出，中央政府将继续坚定不移地贯彻"一国两制"、"港人治港"、高度自治的方针，严格按照基本法办事，一如既往地支持行政长官和特区政府依法施政，保持香港长期繁荣稳定。会见了香港特别行政区行政长官，听取了近期香港形势和特区政府工作情况的汇报。会见全国政协副主席董建华。会见了香港特别行政区行政、立法、司法机构负责人。接见了中央驻港机构和主要中资机构负责人。看望香港市民，参观香港房屋委员会展览中心，了解香港公共房屋规划与建设情况，并与香港工商及专业界团体代表举行座谈，听取他们对两地经济合作的建议。出席了香港特区新政府总部落成典礼，并看望特区政务和公务人员。

8 月 16—18 日

［纲　文］　**陈至立率全国人大常委会劳动合同法执法检查组在辽宁进行执法检查。**

［目　文］　全国人大常委会副委员长陈至立率检查组分别听取了辽宁省、沈阳市、鞍山市、大连市政府及有关部门贯彻实施劳动合同法执法情况的汇报；在鞍钢等企业考察，并与企业家、用人单位和基层职工代表座谈，倾听各方意见。陈至立肯定了辽宁省贯彻实施劳动合同法取得的成效。她指出，劳动合同法颁布实施三年多来，得到进一步贯彻实施，劳动合同制度得到进一步落实和推进。但也应当看到，劳动合同法实施过程中仍存在一些亟待解决的问题，如劳动关系协调机制尚不健全，一些地方和单位有法不依、执法不严，侵犯职工合法权益的现象时有发生，等等。我们必须进一步加大工作力度，把劳动合同法的贯彻实施推向深入。重点是加大劳动合同制度推进力度，依法规范劳务派遣用工，扎实推动建立集体协商和集体合同制度。

8 月 16—22 日

［纲　文］　**“人民美术出版社成立 60 周年系列展”在中国美术馆举办。**

［目　文］　中共中央政治局常委李长春、中宣部部长刘云山，中共中央政治局委员刘延东，全国人大常委会副委员长、民进中央主席严隽琪致贺信。“系列展”由中国出版集团公司、中国美术出版总社、人民美术出版社共同主办。系列展包括人民美术出版社 60 年出版成就展，沈鹏书法作品展，人民美术出版社连环画、年画、宣传画、领袖像作品展，中国当代名家作品邀请展，人民美术出版社编辑书画摄影展五个展览。

人民美术出版社作为新中国第一家国家级美术专业出版机构，成立 60 年来，出版了逾万种美术类图书，印行逾 50 亿册（张）；出版了《中国美术全集》（古代部分 60 卷）、《中国现代美术全集》、《中国近现代名家画集》、《中国当代名家画集》等国家重点文化工程。60 年来，人民美术出版社的图书多次荣获国家图书奖、国家精神文明建设“五个一工程”优秀图书奖等国内奖项，多次在莱比锡国际书籍艺术博览会获金奖、银奖和铜奖。

8 月 16—21 日

［纲　文］　**第二届“常德·柳叶湖”杯世界围棋名人争霸战在湖南常德举行。**

［目　文］　本届比赛由人民日报社、中国围棋协会、湖南省常德市人民政府共同主办。

韩国的朴永训九段获得冠军，中国的江维杰五段获得亚军，日本的井山裕太九段名列第三。

8 月 17 日

［纲　文］　**温家宝主持召开国务院常务会议。**

［目　文］　会议讨论通过《中国老龄事业发展“十二五”规划》，研究部署进一步做

好社会保险基金管理工作。

会议指出，“十一五”时期是我国老龄事业快速发展的5年。养老保障体系逐步完善，基本养老保险和基本医疗保险制度建设取得重大进展，老年社会福利和社会救助制度逐步建立。老龄服务体系从城市向农村逐步延伸，养老服务机构和老年活动设施建设明显加快，全社会敬老爱老助老氛围日渐浓厚。“十二五”时期，我国将出现第一个老年人口增长高峰，60岁以上老年人将由1.78亿人增加到2.21亿人，老年人口比重将由13.3%增加到16%，人口老龄化进程将加快，社会养老保障和养老服务需求将大量增加。要立足当前、着眼长远，统筹兼顾、突出重点，制定并实施好《中国老龄事业发展“十二五”规划》，促进老龄事业更好发展，努力实现老有所养、老有所医、老有所教、老有所学、老有所为、老有所乐的工作目标。

会议要求进一步加强社会保险基金管理。一要提高基金预算管理水平。今年将新型农村社会养老保险和城镇居民基本医疗保险基金纳入预算编报范围，明年将新型农村合作医疗和城镇居民社会养老保险基金纳入编报范围。完善预算编报方法，加强预算执行管理。二要完善基金财务会计制度，将社会保险法规范的所有险种纳入管理范围。三要加快信息化建设，推进基金的科学化、精细化管理。推进信息公开，提高透明度。四要进一步提高统筹层次，适当提高保障水平，将基金结余保持在合理规模内。坚持安全第一的审慎原则，在完善法规、严格监管的前提下，适当拓宽基本养老保险基金投资渠道，实现保值增值。

8月17日

［纲　文］　**财政部、发展改革委印发《新兴产业创投计划参股创业投资基金管理暂行办法》。**

［目　文］　《办法》共9章38条。主要有总则、投资领域和方向、管理要求、申请条件、激励机制、受托管理机构、申报审批程序、中央财政出资资金的权益、监督管理等内容。自2011年8月17日起施行。

8月17日

［纲　文］　**海洋局发布《海洋倾废记录仪管理规定》，自2011年8月17日起施行。**

8月17日

［纲　文］　**中宣部部长刘云山在北京会见由总编辑顺友率领的越南《人民报》代表团。**

［目　文］　刘云山说，《人民日报》和《人民报》作为中越两党的党中央机关报，近20年来一直保持着密切交往，为中越关系健康稳定发展发挥了积极作用。希望《人民日报》和《人民报》进一步加强交流，以多种方式深化合作，为巩固中越传统友谊、维护两党两国和两国人民友好合作关系的大局，继续做出应有的努力。

顺友表示，越中两国人民有着悠久的传统友谊。越南《人民报》对中国共产党领导中国人民取得的辉煌成就深表钦佩，愿进一步加强与《人民日报》的友好交往，深化各领域的合作，特别是密切青年记者互访，不断传承越中友好事业。

8 月 17 日

［纲　文］ **中华全国总工会第十五届执行委员会主席团第十次全体会议在北京召开。**

［目　文］ 会议传达了全国构建和谐劳动关系先进表彰暨经验交流会议精神，总结了 2011 年以来的主要工作，研究部署了下半年的工作任务。会上审议通过了《中华全国总工会关于参与加强和创新社会管理、做好新形势下职工群众工作的意见》。

8 月 17 日

［纲　文］ **中国人权发展基金会在北京召开新闻发布会并宣布，国务院新闻办公室和中国社会科学院将向日本方面赠送孙中山先生和梅屋庄吉夫妇青铜塑像。**

［目　文］ 本次捐赠活动由中国人权发展基金会与中国社会科学院近代史研究所具体实施。整个塑像将按与真人 1：1 的比例铸造，以青铜为材质，辅以玄武岩的底座，以表现孙中山和梅屋庄吉厚重的人格魅力和超越时空的珍贵友谊。铸成的塑像整体约有 2 米高，3 米宽，重逾 2 吨，于 2011 年 9 月中旬运往梅屋庄吉夫妇的故乡日本长崎县。

梅屋庄吉 1868 年出生于日本长崎市西滨町的一个富裕家庭。从 1895 年与孙中山先生结识，到 1925 年孙中山逝世，梅屋庄吉与孙中山有着长达 30 年的深厚友谊。梅屋庄吉十分钦佩孙中山的远见卓识，坚决支持孙中山推翻帝制、建立共和的革命理想和事业，曾倾其所有，为孙中山领导的革命事业提供了大量经济和军事援助。

8 月 17 日

［纲　文］ **全军新增家属随军人员公寓住房保障工作会议在北京召开。**

8 月 17—22 日

［纲　文］ **应国家副主席习近平邀请，美国副总统拜登对中国进行正式访问。**

［目　文］ 访问期间，国家主席胡锦涛、全国人大常委会委员长吴邦国、国务院总理温家宝在北京分别会见了拜登。习近平在北京与拜登举行了会谈，并共同出席中美企业家座谈会。习近平同拜登在四川都江堰，参观地震灾后重建项目和都江堰水利枢纽。拜登访问了四川大学并发表演讲。

胡锦涛同拜登就中美关系和共同关心的问题进行了坦诚的交谈。胡锦涛表示，我们愿同美方一道，加强各级别对话和磋商，扩大两国人民友好交往，努力培育两国战略互信，不断充实中美合作伙伴关系的战略内涵。中方坚定致力于深化中美在国际和地区事务中的协调与合作。我们愿充分利用双边渠道和多边机制，加强同美方在地区安全、区域合作、全球性问题上的沟通和协调，推动通过对话谈判和平解决地区热点问题，共同应对传统安全领域和非传统安全领域挑战。中美双方应妥善处理两国间重大敏感问题，坚定维护两国关系发展大局，共同推动相互尊重、互利共赢的中美合作伙伴关系健康稳定深入发展。

拜登说，美方坚定地认为，美方完全致力于建设强有力、持续、积极的美中关系，希望在相互尊重基础上，进一步深化两国各领域合作，把美中关系提升到新的高度。美方理解中方在核心利益问题上的关切。希望双方增加相互接触，增进相互了解和信任，妥善处理重大敏感问题，促进两国人民友好交往，加强经济合作，以及在地区和全球事务中的对话与磋商，共同应对国际社会面临的挑战。

吴邦国会见拜登时说，中国全国人大愿与美参众两院进一步加强友好往来，充分发挥定期交流机制的作用，密切各层次各领域的合作，共同增进中美战略互信、促进务实合作、深化人民友好，努力成为两国关系健康发展的建设性力量。

拜登表示，作为世界上两个重要的经济体，在世界经济面临严峻挑战的形势下，美中合作对两国和世界经济增长至关重要。

温家宝会见拜登时指出，希望美方采取切实措施，放松对中国出口高科技产品的限制，为中国企业扩大对美投资提供公平竞争的环境，保护投资者的合法利益。中国愿在平等互利基础上，同美方在贸易、金融、投资和基础设施领域开展大规模合作，推动中美经济乃至世界经济实现强劲、可持续、平衡增长。

拜登表示，美中各自发展对双方都是至关重要的，美方欢迎中方扩大对美投资，帮助美方增加就业。希望双方共同努力，为促进两国企业、人员往来和商品贸易提供更加便利的条件。美方将确保在美投资和美元债务安全。

习近平同拜登就双边关系以及共同关心的国际和地区问题交换意见，强调新形势下中美拥有更加广泛的共同利益，承担更加重要的共同责任，进一步加强合作是两国人民和世界人民共同期待，双方要共同努力，不断推动中美合作伙伴关系向前发展。

8月17—23日

［纲　文］　**2011上海书展暨“书香中国”上海周举办。**

［目　文］　本届书展由新闻出版总署和上海市人民政府共同主办，以“我爱读书，我爱生活——传承经典，谱写辉煌”为主题。本届书展参展面积为2.2万平方米，参展图书品种超过15万种、出版社近500家。主办方举办庆祝建党90周年主题展、阅读论坛、文化讲座、版权交易、上海国际童书嘉年华等400多场活动。近300位海内外文化名人出席书展，与读者交流。

8月18日

［纲　文］　**中华全国总工会主席王兆国在北京会见由主席甘杜尔率领的苏丹工人工会总联合会代表团。**

［目　文］　王兆国指出，中国工会将继续加强与国际劳工组织、各国际工会组织和世界各国工会的多边和双边关系，积极主动开展工会对外交往与合作，推动国际工会运动健康发展。中国工会愿意与苏丹工联在国际工运领域进一步加强合作，协调立场，相互支持，共同推动建立公正合理、民主和谐的国际工运新秩序，切实维护发展中国家工人的权益，为维护世界和平、促进共同繁荣、建设和谐世界而不懈奋斗。

8月18日

［纲　文］　**国务委员刘延东在北京会见美国乔治敦大学校长约翰·德吉奥亚一行。**

［目　文］　刘延东向客人介绍了中国教育改革发展及中美人文交流的有关情况，希望乔治敦大学继续深化与中国在教育等领域的合作，做中美友好关系的促进者、人文交流的先行者以及和谐世界的建设者。

8月18日

［纲　文］　**全国窗口单位和服务行业为民服务创先争优视频会在北京召开。**

［目　文］　中组部部长李源潮出席并讲话。中组部常务副部长沈跃跃主持会议。中央创先争优活动领导小组成员，中央和国家机关、部分中央企业和中管金融机构负责人在主会场参加会议。湖北、湖南、卫生部、中国工商银行、福建石狮市公安局凤里派出所、山东临沂市公路局介绍了开展为民服务创先争优的经验和做法。

8月18日

［纲　文］　**张德江在中国航天科工集团公司调研。**

［目　文］　国务院副总理张德江了解航天科工武器装备建设、科技创新和军民融合发展情况，参观了抗震救灾应急救援装备和航天安保科技系统。张德江指出，国防科技工业是国家重要战略性产业，是国防现代化的重要物质技术基础，是经济社会发展和科技进步的重要推进力量。“十二五”时期，国防科技工业面临繁重的发展任务，必须增强忧患意识、危机意识和责任意识，坚持走军民融合式发展路子，强化基础，自主创新，着力提升军工核心竞争力，加快发展现代化武器装备，加快形成信息化为主导的机械化、信息化复合式发展能力，加快建立和完善军民结合、寓军于民的武器装备科研生产体系，为国防现代化提供可靠保障，为经济社会发展提供有力支撑。军工企业要坚持国家利益至上，发扬自力更生、勇于攀登的精神，以推进科技进步和创新为核心，着力深化改革，加强企业管理，加快转变发展方式，促进企业科学发展。

8月18日

［纲　文］　**新华社讯，中宣部、教育部、科技部、卫生部和解放军总政治部印发《关于开展向吴孟超同志学习活动的决定》。**

［目　文］　《决定》说，中国科学院院士、第二军医大学东方肝胆外科医院院长吴孟超，从医68年来，始终视党和人民的利益高于一切，把献身医学科学作为人生理想，创立了我国肝胆外科的学科体系，先后取得30多项重大医学成果，先后获得国家和军队科技进步奖21项，荣获2005年度“国家最高科学技术奖”。他胸怀宽广，甘为人梯，共培养出250多名肝胆外科优秀人才，为我国肝脏疾病的诊断准确率、手术成功率和术后存活率达到世界领先水平作出重大贡献，被中央军委授予“模范医学专家”荣誉称号。

《决定》指出，吴孟超同志是我国医学科学工作者的杰出代表，是爱党爱国爱民的光辉典范，是践行当代革命军人核心价值观的楷模。大力宣传和学习吴孟超同志的先进事迹，对于教育引导全党全军和全国各族人民高举中国特色社会主义伟大旗帜，以邓小平理论和“三个代表”重要思想为指导，深入贯彻落实科学发展观，更加紧密地团结在以胡锦涛同志为总书记的党中央周围，自觉践行社会主义核心价值体系和当代革命军人核心价值观，深入实施“十二五”规划战略部署，为建设创新型国家、全面建设小康社会作出更大贡献，具有十分重要的意义。

8月18日

［纲　文］　**中国驻泰国大使馆在曼谷举行纪念辛亥革命100周年招待会**。

8月18—21日

［纲　文］　**王岐山在贵州、甘肃考察**。

［目　文］　18—19日，国务院副总理王岐山听取了贵州省保护知识产权和打击侵权假冒专项行动工作汇报。他说，在全国打击侵权假冒专项行动中，各地区、各部门按照国务院的统一部署，组织有力，打击有效，成果显著。同时，也昭示了侵权假冒形势严峻，不能寄希望“毕其功于一役”，打击侵权假冒是一项长期、复杂、艰巨的任务。要树立全局观念，进一步增强保护知识产权的自觉性，营造良好的创新环境。在考察贵阳市政务服务中心时，他指出，各级党政机关要带头使用正版软件，按计划完成软件正版化，并逐步向事业单位、国有企业延伸。考察了中国（贵州）国际酒类博览会暨2011中国贵阳投资贸易洽谈会展馆、贵州茅台酒厂（集团）公司。他指出，各类展会要落实保护知识产权和打击假冒伪劣的责任，保护企业利益。企业要强化维权意识，保护好自己的专利、品牌和信誉。

20—21日，王岐山考察了兰州市城关区中企小额贷款股份有限公司、中国农业银行兰州金穗支行、兰州银行鑫成支行。

考察期间，王岐山主持召开农村和小企业金融服务座谈会。他强调，对“三农”和小企业的金融支持只能加强，不能削弱。要深入贯彻落实科学发展观，加快体制机制改革和组织制度创新，转变金融发展方式，从大处着眼，小处着手，全面提升“三农”和小企业金融服务能力。面对当前极为复杂、不确定的国际经济形势，关键要把自己的事情办好。金融系统要按照中央的要求和部署，正确处理保持经济平稳较快发展、调整经济结构、管理通胀预期三者的关系，实施好稳健的货币政策，坚持有保有压，优化信贷结构，确保“三农”和小企业的合理资金需求。

8月18—19日

［纲　文］　**第六届泛北部湾经济合作论坛在广西南宁举行**。

［目　文］　全国人大常委会副委员长华建敏、全国政协副主席陈宗兴出席开幕式并致辞。论坛由发展改革委、广西壮族自治区政府、交通运输部、商务部等13个单位联合主办，以“中国—东盟自贸区建设与泛北部湾经济合作”为主题。安排“泛北智库峰会—区域联通与跨境合作”“泛北部湾金融合作峰会—跨境贸易和投资”“泛北部湾旅游合作峰会”三个峰会专题进行研讨。中国和泛北部湾国家政府部门的官员、著名研究机构的专家学者、国内外知名企业代表、金融机构代表、国际组织代表以及泛北部湾相关国

家驻华机构官员等 200 多名中外嘉宾出席。论坛发布了《泛北部湾经济合作可行性研究报告》。

8 月 18—20 日

［纲　文］　**中国（贵州）国际酒类博览会暨 2011 中国·贵阳投资贸易洽谈会在贵阳举办。**

［目　文］　博览会由商务部和贵州省政府举办，以“展示全球佳酿，承接产业转移，促进开放开发”为主题。是在中国举办的首个国际性酒类博览会，也是贵州举办的第一个世界性展会和最大规模的经贸招商活动。其间举行合作项目签约仪式、陈年茅台酒拍卖会、国际红酒品鉴会、特色商品展览展示、高端论坛等系列活动，共设有酒类展示区、酿酒工业技术成果展示区、中华酿酒文化展示区等 8 个展区，总面积 7.2 万平方米，国内外 1854 家企业、1.2 万名来宾和客商参会。

8 月 19 日

［纲　文］　**国务院在北京召开全国加强和改进流浪未成年人救助保护工作电视电话会议。**

［目　文］　国务院副总理回良玉出席并讲话。国务委员、公安部部长孟建柱主持会议。中央和国家机关有关部门负责人出席会议。民政部、公安部、教育部、财政部、人力资源社会保障部、卫生部负责人作了发言，江苏省和新疆维吾尔自治区政府负责人介绍了做法和经验。

回良玉在会上指出，要站在以人为本，全面贯彻落实科学发展观的高度，充分认识做好流浪未成年人救助保护工作的重要性和紧迫性，坚持未成年人权益保护优先、救助保护和教育矫治并重、源头预防和综合治理兼顾、政府主导和社会参与结合的原则，明确职责任务，突出工作重点，加强协调配合，推动流浪未成年人救助保护工作各项政策全面落实。各地区、各有关部门要加强组织领导，把加强和改进流浪未成年人救助保护工作列入重要议事日程。县级以上地方政府都要建立政府主管领导牵头的工作协调机制，制定工作方案和具体措施，狠抓贯彻落实。要强化协作配合，特别是加强流入地和流出地的协作，使流浪未成年人顺利返乡，妥善安置，防止重复流浪。要做好宣传引导，大力弘扬中华民族恤孤慈幼的传统美德，在全社会营造关心关爱流浪未成年人的良好氛围。

孟建柱在讲话中指出，各地区、各有关部门要切实增强做好流浪未成年人救助保护工作的政治责任感，牢固树立以人为本、未成年人权益保护优先理念，把握工作规律和特点，创新工作方式和方法，按照“属地管理、分级负责”原则，认真履行职责，严格落实责任，确保任务到位、组织到位、责任到位、措施到位。要坚持标本兼治、综合治理，确保流浪未成年人救助保护工作取得实效。

8 月 19 日

［纲　文］　**中国网络视听节目服务协会在北京成立。**

［目　文］　成立大会审议通过了《中国网络视听节目服务协会章程》，选举产生了协会执行机构和负责人。中国新闻网等78家机构当选为协会第一届理事会理事单位，其中中国网络电视台等28家机构当选为常务理事单位。

8月19—22日

［纲　文］　**习近平在四川调研。**

［目　文］　中共中央政治局常委、国家副主席习近平在绵阳市、德阳市、成都市的农村、企业、社区和科研机构，调研四川经济社会发展、灾后恢复重建和党的建设情况。

习近平在北川县擂鼓镇吉娜羌寨这个震后新建的羌族村寨，了解群众生产生活情况；在北川县新县城禹龙社区和居民家中了解灾后重建、社区建设和居民安置情况；在东方汽轮机有限公司，对他们表现出的坚韧不拔、克难攻坚的大无畏精神给予高度评价；在西南航空港经济开发区创业中心，听取开发区规划建设情况介绍；在汉能新能源产业园区，查看硅基薄膜太阳能电池项目生产线，了解企业生产经营；在考察统筹城乡发展示范点双流县三星镇南新村时，肯定成都市统筹城乡发展中的探索和取得的成绩；在成都市青羊区康庄社区指出，群众工作是社会管理的基础性、经常性、根本性工作，做好群众工作，关键是各级领导干部要到一线去，深入基层、深入群众，问政于民、问需于民、问计于民，帮助群众解决实际问题；在成都市高新供电局，了解企业党建和创先争优活动情况。

考察期间，习近平主持召开四川省委、省政府工作汇报会时指出，2011年是省市县乡四级党委换届之年。做好换届工作，最重要的是坚持正确用人导向，按照德才兼备、以德为先用人标准选人用人。

8月19—22日

［纲　文］　**王乐泉在贵州考察。**

［目　文］　中共中央政治局委员、中央综治委副主任王乐泉在考察时指出，各级政法部门要坚决消除“能力不足的危险”和“脱离群众的危险”，切实在提升执法为民能力上取得新突破。要加强对包括协警、城管聘用人员等在内的全体执法管理人员的教育、培训和管理，进一步端正执法管理思想，转变执法管理作风，规范执法管理行为，切实做到严格公正理性文明规范执法，绝不允许因执法管理问题引发社会不稳定。在经济体制深刻变革、社会结构深刻变动、利益格局深刻调整、思想观念深刻变化的时代，进一步加强对全社会的法制宣传教育，提高全民法律意识和法律素养，引导形成理性平和的社会心态，是一项十分重要而紧迫的任务。一方面，要坚持不懈地抓好群众的思想工作，把事关群众切身利益的道理讲清楚，把群众有疑问的政策讲明白，引导群众正确处理个人利益与国家和集体利益、眼前利益与长远利益的关系，以实际行动支持改革发展和现代化建设事业。另一方面，要结合实施“六五”普法规划，深入开展“法律进机关、进农村、进社区、进学校、进企业、进单位”活动，重点强化遵纪守法教育，形成崇尚法律、遵守法律、维护法律权威的良好社会氛围，不断筑牢群众法律底线，引导群众理性合法表达诉求，从源头上防止和减少恶性群体性事件和个人极端事件。

考察期间，王乐泉查看了贵州的严重旱情，要求高度重视解决受灾群众生产生活的实际困难；瞻仰了遵义市红军山烈士陵园，向红军烈士敬献花篮，并参观了遵义会议会址。

8 月 19—22 日

［纲　文］　**2011 年中国潍坊滨海国际风筝冲浪公开赛举行。**

［目　文］　公开赛由国家体育总局、国际风筝联合会、潍坊滨海经济技术开发区管委会联合主办。来自世界各地 30 多个国家和地区及国内 20 多个省市的风筝冲浪运动员参赛。泰国选手那若皮赤特·普德拉获得竞速比赛第一名，捷克选手帕乌拉·诺娃托娜获得女子花样比赛第一名。

8 月 19—21 日

［纲　文］　**“首届国际精准肝脏外科研讨会暨 2011 中国国际肝胆外科论坛”在北京举行。**

［目　文］　论坛由解放军总医院主办。会议期间，与会专家分别围绕肝脏外科的历史、现状与未来，就肝脏重大疾病的外科治疗、精准肝切除的术前评估、精准肝切除的手术规划、肝脏切除技术的优化、腹腔镜肝切除与机器人手术、活体肝脏移植与精准肝脏外科六个方面的内容，采用主题演讲、专题讨论、手术录像演示等方式，系统阐述和展示精准肝脏外科理论与技术。

8 月 20 日

［纲　文］　**庆祝中国共产党成立 90 周年互联网宣传报道表彰仪式在人民大会堂举行。**

［目　文］　表彰仪式由中央对外宣传办公室、国家互联网信息办公室举办。表彰在庆祝中国共产党成立 90 周年宣传报道工作中涌现出来的先进单位和优秀作品。中央外宣办、国家互联网信息办主任王晨出席并讲话。中央外宣办、国家互联网信息办副主任钱小芊宣读了表彰决定。人民网、新华网等 22 家网站获得“优秀网站奖”，“永远和人民在一起”等 15 个专题获“优秀专题奖”，“‘七一’总动员”等 10 个网络互动活动获“优秀互动奖”，“永远和人民在一起”等 10 个专题页面获“优秀页面奖”，“‘新西行漫记’大型媒体活动”等 10 个宣传作品获“优秀创意奖”，“历史不会忘记”等 5 个专题获“优秀外宣奖”，北京市互联网宣传管理办公室等 10 家单位获“优秀组织奖”，“党史上的今天”等 3 个专栏和中央党校党史部、中央党史研究室宣教局获“特别贡献奖”。

2011 年以来，中央新闻网站、地方新闻网站和不少商业网站充分发挥网络新媒体优势，策划组织了庆祝中国共产党成立 90 周年的网上宣传活动，“党史上的今天”“红旗飘飘”“伟大历程”等主题，及时地报道了“七一”庆祝大会盛况和中共中央总书记胡锦涛的讲话。据不完全统计，截至 7 月中旬，主要网站共发布稿件约 490 万篇，图片 210 万张，音视频报道 12 万余条，专题总访问量超过 40 亿人次，成为庆祝建党 90 周年宣传活动的一大亮点。

8月20日

［纲　文］　**新华社讯，西藏自治区政府决定，从2011年秋季学期开始实行高中阶段免费教育政策。**

8月20日—9月4日

［纲　文］　**第三届青岛国际帆船周举办。**

［目　文］　本届帆船周由国家体育总局、国家海洋局、北京奥运城市发展促进会与青岛市人民政府共同主办。来自世界20余个国家和地区的1100余名运动员、教练员参赛。

8月20—21日

［纲　文］　**李源潮在黑龙江调研。**

［目　文］　中共中央政治局委员、中组部部长李源潮在大庆油田第一采油厂第三油矿中十六联合站调研。这个站党支部以“弘扬铁人精神，永做油田精品”为主题开展创先争优，用“三老四严”“四个一样”优良传统历练队伍，提升管理水平，荣获“中央企业先进基层党组织”等多项荣誉。在1205钻井队，参观钻井队的光荣历史，他说，1205钻井队是铁人王进喜带出来的队伍，是中国工人阶级创先争优精神的发源地之一，要弘扬铁人精神，创先争优站排头、争第一，做中国工人阶级永不褪色的一面红旗。

李源潮在哈尔滨召开了基层党建和创先争优座谈会。他说，“三老四严”争一流等大庆精神和大庆作风，是中国共产党人在社会主义建设中追求先进和优秀的生动体现，对各行各业党组织和党员创先争优都具有很强的现实意义。共产党员，特别是领导干部，说话办事都应当老老实实、襟怀坦白，对党负责，对人民负责。要做老实人，踏实干事、不事张扬，甘于奉献、不怕吃亏；讲老实话，重承诺、守信用，报喜不忘报忧，讲成绩不掺水分；办老实事，不急于求成，不投机取巧，不搞劳民伤财的形象工程、政绩工程。

8月20—21日

［纲　文］　**欧美同学会·中国留学人员联谊会第三届海外高层次人才座谈会在北京召开。**

［目　文］　全国人大常委会副委员长、欧美同学会·中国留学人员联谊会会长韩启德出席会议并讲话。来自美国、英国、法国、德国、俄罗斯、日本等11个国家的52名海外留学人才代表出席会议。与会代表围绕“‘十二五’时期中国发展的机遇和挑战”等议题进行座谈，并就“文化发展与民族复兴”“经济结构战略性调整与国家未来发展”“保障和改善民生与社会和谐发展”“中国企业海外发展与对外经济合作”四个分议题建言献策。

8月20—21日

［纲　文］　**第三届中国西藏文化论坛在拉萨举办。**

［目　文］　论坛由中国西藏文化保护与发展协会主办，主题为“西藏非物质文化遗产的传承与发展”。全国政协副主席、协会会长帕巴拉·格列朗杰，十届全国人大常委会副委员长热地以及西藏自治区党委政府主要领导出席了开幕式。

西藏已基本形成了国家、自治区、市、县四级非物质文化遗产名录体系。藏医药、藏纸、唐卡、拉萨囊玛等76个项目入选国家级非物质文化遗产名录。格萨尔说唱艺人次仁占堆、藏族唐卡画师丹巴绕旦等53人入选国家级非物质文化遗产项目代表性传承人，222项代表作入选自治区级非物质文化遗产名录。

8月21日

［纲　文］　**北京市破获特大虚开税票案，涉案金额高达28亿元。**

［目　文］　北京市公安局通报，北京警方近日出动1700余名警力，在230余名税务稽查人员和16家商业银行的配合下，成功破获一起特大虚开增值税专用发票案。该案涉案金额高达28亿元，涉案税额达4.76亿元。

北京警方目前已经冻结扣押涉案款共计8291万余元。除虚开税票的嫌疑人49人外，受票的106家企业中的148人也同时被拘留。北京市公安局经侦总队相关负责人说，这是北京迄今为止抓获涉案人员最多、涉案金额最大的虚开增值税发票案件。这也是首次对受票公司开展集中打击。

8月21日

［纲　文］　**大庆钻探刷新中国石油水平钻井纪录。**

［目　文］　大庆钻探钻井一公司70007钻井队承钻的垣平1井顺利完钻，该井完钻斜深4300米，水平段长达2660米。该井的顺利完钻，刷新了中国石油陆上水平钻井水平段2606米的最长纪录，标志着大庆油田水平井技术又获突破。

8月21—22日

［纲　文］　**第七届北京—东京论坛在北京举行。**

［目　文］　论坛由中国日报社与日本言论NPO共同主办。主题为“亚洲的未来与经济重塑中的中日合作”，下设政治、经济、地方、媒体、安全保障5个分论坛。中日双方就共同关切的问题进行了交流，达成了共识。来自中日两国政商界、学术界、传媒界300余人参加。

8月22日

［纲　文］　**新华社讯，胡锦涛为全国干部培训科学发展主题案例教材作序。**

［目　文］　中共中央总书记胡锦涛在序言中指出，要坚持用邓小平理论、“三个代表”重要思想和科学发展观教育和武装干部，加快建设马克思主义学习型政党，培养造就善于推动科学发展、促进社会和谐的高素质干部队伍。干部教育培训是建设高素质干部队伍的基础性工作，必须紧扣科学发展这个主题和加快转变经济发展方式这条主线，联系实际创新路，加强培训求实效。他要求各级领导干部不断加深对推动科学发展重要性和必要性的认识，自觉转变不适应不符合科学发展的思想观念，切实增强把握发展规律、创新发展理念、转变发展方式、破解发展难题、提高发展质量的能力，切实把科学发展观贯彻落实到经济社会发展各个方面，努力实现经济社会又好又快发展，为全面建成小康社会、加

快推进社会主义现代化贡献力量。

科学发展主题案例教材由全国干部培训教材编审指导委员会组织编写，中央纪委、中央组织部、中央宣传部等36个部门和单位参与编写。教材以案例集撰为主要形式，包括《自主创新》《城乡规划与管理》《社会主义新农村建设》《生态文明建设与可持续发展》《金融发展与风险防范》《民生保障与公共服务》《社会服务与管理》《基层民主建设》《突发事件应急管理》《公共事件中媒体运用和舆论应对》10种，已被列入第三批全国干部学习培训教材，由人民出版社、党建读物出版社出版。

8月22日

［纲　文］　**公安部在北京召开全国公安机关开展“打四黑除四害”专项行动电视电话会议。**

［目　文］　公安部部署全国公安机关集中开展“打四黑除四害”专项行动，严厉打击整治制售假劣食品药品的“黑作坊”、制售假劣生产生活资料的“黑工厂”、收赃销赃的“黑市场”和涉黄涉赌涉毒的“黑窝点”。

按照部署，各级公安机关要配合农业、质检、工商、食药监、安监等有关部门严格落实辖区责任和排查措施，公安派出所要立足自身实际，立足社区，对辖区内“四黑四害”线索进行全面排查，县区要对区域内“四黑四害”重大违法犯罪线索深入摸排。主动提请有关部门及时提供涉及“四黑四害”的相关线索，必要时会同有关部门一起开展调查。公安部将集中挂牌督办一批大要案件。各级公安机关要把破大案、打团伙、追逃犯、端窝点、捣网络、除源头作为主攻方向，把那些非法经营的组织者、经营者、获利者挖出来，斩断“四黑四害”违法犯罪活动的利益链条。要把“打四黑除四害”同深化打黑除恶斗争结合起来，集中侦破一批“四黑四害”大要案件，坚决打掉一批“黑作坊”“黑工厂”“黑市场”“黑窝点”，严厉惩处一批坑害群众、作恶多端的违法犯罪分子，深挖细查、坚决铲除长期盘踞一方的黑恶势力，发现为“四黑四害”充当“保护伞”的，积极会同有关部门坚决依法查处。

8月22日

［纲　文］　**共青团中央、全国青联、全国学联、全国少工委在人民大会堂举行第七届中国青少年科技创新奖颁奖大会。**

［目　文］　中共中央政治局委员、全国人大常委会副委员长王兆国出席大会并讲话，中共中央政治局委员、国务委员刘延东出席大会。团中央书记处第一书记陆昊主持大会。清华大学胡嘉仲等95名内地同学，香港中文大学陈超等3名港澳地区同学和日本东京工业大学邓伟等2名海外留学生荣获第七届中国青少年科技创新奖。

王兆国在讲话中指出，设立并颁发中国青少年科技创新奖，饱含着小平同志等老一辈无产阶级革命家对青少年一代的无限关爱。全体获奖同学和广大青少年一定要按照胡锦涛总书记的要求，把文化知识学习和思想品德修养紧密结合起来，把创新思维和社会实践紧密结合起来，把全面发展和个性发展紧密结合起来，努力成长为中国特色社会主义事业的优秀建设者和可靠接班人。

邓小平生前一直十分关心青少年的健康成长，注重青少年创新精神和创新能力的培养。2004年邓小平诞辰100周年之际，邓小平亲属遵照他的遗愿，将他生前的全部稿费捐献出来，经党中央批准，由共青团中央、全国青联、全国学联、全国少工委共同设立了中国青少年科技创新奖励基金。基金设中国青少年科技创新奖，主要奖励在校大、中、小学生，是中国青少年的崇高荣誉。

8月22日

［纲　文］ **第七届中华人口奖颁奖仪式在北京举行。**

［目　文］ 全国政协副主席李金华，九届全国人大常委会副委员长彭珮云、何鲁丽，十届全国政协副主席王忠禹等出席大会，并为获奖者颁发了奖章和荣誉证书。国家人口计生委主任李斌讲话。经组委会初选、复选、终审表决和公示，陈慕华、何鲁丽荣获第七届中华人口奖“特别荣誉奖”；湖北省安陆市雷公镇王畈村计生协秘书长兼计生专干王桂珍，新疆维吾尔自治区和田地区墨玉县政协副主席、人口计生委主任古丽巴哈尔·亚森，四川省资阳市安岳县来凤乡计划生育服务站站长刘艺，河北省清河县计划生育服务站站长孙彦荣，原河南省人口计生委主任、省计生协会第一副会长孟宪臣，广东省副省长雷于蓝荣获“工作奖”；吉林大学党委常务副书记、副校长王胜今，中国社会科学院人口与劳动经济研究所所长蔡昉，首都医科大学附属北京妇产医院主任医师吴明辉，中国科学院动物研究所党委书记、副所长段恩奎荣获“科学技术奖”；联合国人口基金驻华代表希瑞·泰丽雅荣获“国际合作荣誉奖”；联亚集团董事长刘亭、有博传媒集团董事长单大伟荣获“特别贡献奖”。

中华人口奖设立于1993年，每三年一届。由中共中央宣传部、国家人口和计划生育委员会、科学技术部、人力资源社会保障部、中国计划生育协会、中国人口福利基金会联合主办，中共中央组织部、教育部、卫生部、公安部、国家统计局、全国妇女联合会、人民日报社、中央电视台、北京大学协办，中国人口福利基金会设奖。其宗旨是通过大力表彰在我国人口和计划生育事业、统筹解决人口问题、促进人的全面发展及相关领域内作出重大贡献的社会各界人士和国际友人，引导全社会增强人口意识，树立科学发展观，坚持中国特色统筹解决人口问题道路，为促进人口长期均衡发展作出新的贡献。

8月22日

［纲　文］ **发展改革委、农业部、财政部印发《关于完善退牧还草政策的意见》。**

［目　文］ 《意见》提出，“十二五”时期，国家安排退牧还草围栏建设任务5亿亩，配套实施退化草原补播改良任务1.5亿亩，并将从合理布局草原围栏、加强配套工程建设、调整补助奖励方式等方面入手，推进退牧还草工程有效开展。

8月22日

［纲　文］ **农业部公布《农作物种子生产经营许可管理办法》。**

［目　文］ 《办法》共5章38条。主要有总则、生产许可、经营许可、监督管理、

附则等内容。自2011年9月25日起施行。农业部2001年2月26日发布、2004年7月1日修订的《农作物种子生产经营许可证管理办法》（农业部令第48号）同时废止。农业部在本办法施行前发布的有关种子生产、经营许可的规定与本办法不一致的，适用本办法。本办法施行之日前已取得农作物种子生产许可证，且有效期在本办法施行之日至2012年4月1日届满的企业，其种子生产许可证的有效期自动延展至2012年4月1日；已取得农作物种子经营许可证，且有效期在本办法施行之日至2012年9月25日届满的企业，其种子经营许可证的有效期自动延展至2012年9月25日。

8月22日

［纲　文］　**中国第一汽车集团有限公司首批正式批量生产的20辆新能源轿车下线，并投放长春市场。**

［目　文］　此次下线的新能源汽车，是中国一汽于2009年开始自主研发的奔腾插电式混合动力轿车和奔腾纯电动轿车。其中，插电式混合动力轿车是一汽最新开发的新一代节能环保车型，整车兼具纯电动和混合动力功能。而纯电动轿车则开发了具有自主知识产权的整车VCU驱动控制软件，具备整车故障识别与处理策略。中国一汽新能源汽车分公司目前的生产能力为单班年产1万辆。“十二五”期间，中国一汽将在新能源汽车产品开发等方面投资近百亿元，打造纯电动乘用车平台、混合动力乘用车平台等8个新能源汽车产品平台，以实现新能源汽车的商品化、规模化发展。

8月22日

［纲　文］　**2011年全国留学人员回国服务工作会议在北京召开。**

［目　文］　人力资源社会保障部部长、中央人才工作协调小组副组长尹蔚民出席并讲话。会议由人力资源社会保障部副部长、海外高层次人才引进工作小组副组长王晓初主持，中组部人才工作局、全国留学人员回国服务工作部际联席会议成员单位、各省区市、新疆生产建设兵团、副省级市人力资源社会保障厅局、留学人员和专家服务中心、省部共建国家级留学人员创业园，以及部分留学人员回国服务机构的有关负责人参加会议。本次会议上成立了中国留学人员回国服务联盟，这是由首批92家国内从事留学人员回国服务工作的组织发起成立，专门为留学回国人员和留学回国工作提供服务的一个开放式的非法人行业联盟组织与合作交流平台。

尹蔚民在会上指出，留学人员回国服务工作要以高层次创新创业人才为重点，以提高留学人员回国工作的服务能力为基础，加强制度建设，完善政策体系，创新体制机制，加大投入力度，大力吸引海外高层次留学人才，充分发挥他们在经济社会发展和人才队伍建设中的独特作用，促进留学人员回国工作、回国创业和为国服务的整体推进，为全面建设小康社会提供坚实的人才保障。

8月22日

［纲　文］　**中组部和全国干部培训教材编审指导委员会在北京召开座谈会。**

［目　文］　中组部常务副部长沈跃跃主持会议。全国干部培训教材编审指导委员会

成员，科学发展主题案例教材牵头编写单位和各省区市党委组织部负责人参加会议。发展改革委、农业部、中央党校、国家行政学院、广东省委组织部负责人在会上发言。

中组部部长李源潮出席会议时指出，要认真学习贯彻胡锦涛总书记所作《序言》精神，紧紧围绕科学发展中心任务，加强和改进干部学习培训，教育引导干部把学习作为一种精神追求，不断提高推动科学发展、促进社会和谐的能力。

8月22—26日

［纲　文］　**应外交部部长杨洁篪邀请，老挝副总理兼外交部部长通伦访问中国。**

［目　文］　23日，杨洁篪在北京同通伦举行了会谈，双方就推进中老关系深入交换意见。两国外长共同签署了中老边界管理制度协定、中老边境口岸及其管理制度协定、两国外交部合作议定书和向老挝提供价值80万元人民币集束弹药受害者援助的备忘录。

24日，全国政协主席贾庆林在北京会见通伦时表示，中方高度重视发展同老挝的关系，赞赏老挝党和政府长期坚定奉行一个中国政策，愿同老方一道，保持高层交往势头，开拓各领域务实合作，举办好建交50周年庆祝活动，大力弘扬中老传统友谊，不断充实和丰富中老全面战略合作伙伴关系内涵，使两国永做好邻居、好朋友、好同志、好伙伴。中国全国政协与老挝建国阵线长期以来保持密切友好往来，希望进一步加强交流，为推进中老关系发展作出贡献。

通伦表示，老方愿同中方一道，以建交50周年为契机，加强友好交往，增进务实合作，推动老中全面战略合作伙伴关系不断迈上新台阶。

8月23日

［纲　文］　**胡锦涛主持中共中央政治局第三十一次集体学习。**

［目　文］　本次学习的主题是：完善我国土地管理制度问题研究。国务院发展研究中心农村经济研究部刘守英研究员、北京大学城市与环境学院林坚副教授就这个问题进行讲解，并谈了他们的意见和建议。中共中央政治局各位委员听取了他们的讲解，并就有关问题进行了讨论。

中共中央总书记胡锦涛在主持学习时指出，要落实节约优先战略，进一步完善符合我国国情的最严格的土地管理制度，坚持各类建设少占地、不占或少占耕地，以较少的土地资源消耗支撑更大规模的经济增长；坚持经济效益、社会效益、生态效益协调统一，不断提高土地利用效率；坚持统一规划、合理布局，促进区域、城乡、产业用地结构优化；坚持当前与长远相结合，提高土地对经济社会发展的保障能力，努力建设资源节约型、环境友好型社会。

8月23日

［纲　文］　**商务部、国资委在北京召开“加强对外投资合作和援外工作管理座谈会”。**

［目　文］　会议通报近期“走出去”及援外工作情况和存在的问题，就进一步改进

和提高工作质量和水平进行了研究和部署。商务部部长陈德铭、国资委主任王勇分别代表商务部和国资委签署了《协作备忘录》。双方商定在“十二五”期间建立更为紧密长效的协作机制，进一步推进并规范中央企业对外投资合作，减少“走出去”的盲目性，避免短期行为和过度竞争等。

8月23日

［纲　文］　**国家海洋局公布西太平洋海洋环境放射性监测结果。**

［目　文］　为掌握日本福岛核泄漏对西太平洋及我国海洋环境的影响，6月16日至7月4日，国家海洋局对日本福岛以东的西太平洋海域开展了海洋环境放射性监测，结果显示，日本福岛以东及东南方向的西太平洋海域已受到福岛核泄漏的显著影响。

监测海域海水中均检出了铯-137和锶-90，94%的监测站位样品中检出了正常情况下无法检出的铯-134。71%的监测站位样品中铯-137含量超过我国海域本底范围，其中铯-137和锶-90最高含量分别为我国海域本底范围的300倍和10倍。监测海域海水样品中未检出碘-131。从海洋生物看，监测海域鱿鱼（巴特柔鱼）放射性检测结果显示，锶-90的放射性比活度为我国沿海生物样品放射性本底平均值的29倍。此外，样品中还检出了我国沿海生物样品中正常情况下难以检出的银-110m和铯-134。

鉴于日本福岛以东及东南方向的西太平洋海域已受到福岛核泄漏的显著影响，建议国务院有关部门加强对来自该海域海产品的放射性检测，确保我国公众的健康安全。

8月23日

［纲　文］　**中国—东盟建立对话关系20年纪念招待会在北京举行。**

［目　文］　国务委员戴秉国出席并致辞。中国东盟协会负责人、中方各部委有关负责人、专家学者、东盟各国驻华使节、东盟常驻代表委员会访华团及工商界代表等约500人出席招待会。

戴秉国在致辞中高度评价20年来中国与东盟国家关系的发展，并就未来中国与东盟双边合作寄予了期望。他表示，中国愿同东盟加强政治互信，拓展各领域互利合作，落实第二份五年行动计划，推进互联互通建设，深化安全合作，并促进社会人文交流，共同推动东亚合作健康发展。

由东盟10国驻华大使组成的东盟北京委员会轮值主席、柬埔寨驻华大使凯·西索达女士在致辞中表示，东盟将与中国一道，继续致力于推动和进一步发展东盟与中国的对话关系，实现双方国家和人民的共同发展。

8月23日

［纲　文］　**国家文物局在福州为首批5个生态（社区）博物馆示范点授牌。**

［目　文］　此次首批获得国家认可的5个生态（社区）博物馆分别为：浙江省安吉生态博物馆、安徽省屯溪老街社区博物馆、福建省福州三坊七巷社区博物馆、广西龙胜龙脊壮族生态博物馆、贵州黎平堂安侗族生态博物馆。

生态（社区）博物馆的理念起源于20世纪70年代，它的产生和出现使得传统博物馆的理论、方法和技术发生了巨大的变化，博物馆从以往的“建筑物—收藏品—展示”转变为“地域—遗产—居民”的另一种模式。中国从1985年开始引入生态博物馆的理念，1995年开始在贵州启动生态博物馆建设项目。

8月23日

［纲　文］　**粤港合作联席会议第十四次会议在香港举行。**

［目　文］　会议明确下一步双方将重点推进服务业、先进制造业和民生领域等7个方面合作。粤港双方签署了《粤港知识产权合作协议（2011—2012）》《关于穗港合作推进南沙新区发展意向书》《关于建立粤港两地跨境电信网络严重故障应急通报机制的安排》《粤港应对气候变化合作协议》《岭南通·八达通联名卡发行合作框架协议》共5份合作协议。

8月23—28日

［纲　文］　**“光荣的使命——全国新闻出版行业书画展”在中国革命军事博物馆举行。**

［目　文］　这是新闻出版总署首次举办全行业大型书画展。展览共分三个部分：一是历届党和国家领导人对新闻出版工作的题词。二是特邀的专业美术书法大家的作品。三是业内书画爱好者的作品。219幅参展作品充分展示了新闻出版行业干部职工的文化素养和艺术水平。

8月23—24日

［纲　文］　**应外交部部长杨洁篪邀请，巴基斯坦外交部部长希娜对中国进行正式访问。**

［目　文］　24日，国务院总理温家宝在北京会见希娜时表示，中巴已经建立了务实合作机制，确立了能源、基础设施建设、农业等重点合作领域。双方要加强配合，扎实推进各项工作，增强巴方经济可持续发展的基础，为两国扩大互利互惠的贸易、投资和技术合作开辟更加广阔的前景。

希娜表示，巴中在政治、经济、安全领域和国际、地区事务中有着广泛的共同利益和坚实的合作基础，巴方将与中方一道，推动两国战略合作伙伴关系不断向前发展。

同日，杨洁篪在北京同希娜会谈时表示，中方赞赏巴方长期以来在台湾、涉藏、涉疆等事关中国核心利益问题上坚定支持中方，将一如既往支持巴基斯坦为维护国家稳定、实现经济发展所做努力。2011年是中巴建交60周年和“中巴友好年”，两国关系面临新的发展机遇。中方愿以此为契机，同巴方携手努力，推动中巴战略合作伙伴关系不断迈向更高水平。

希娜表示，巴方感谢中方在巴基斯坦经济社会建设中和遇到困难的时候提供的宝贵支持，希望继续同中方共同努力，推进能源、基础设施、农业、金融等领域互利合作，推动巴中战略合作伙伴关系进一步发展。

8月23—25日

［纲　文］　**2011中国互联网大会在北京举行。**

［目　文］　大会由工业和信息化部、国家互联网信息办公室指导，中国互联网协会主办，主题为“网络中国——责任与活力”。设置了“互联网与服务”“互联网与先进文化”“互联网与民生”三大板块，举办移动互联网、电子商务、云计算、创业、IPv6、网络媒体等10余个分论坛。

8月23—28日

［纲　文］　**第二十八届世界柔道锦标赛在法国巴黎举行。**

［目　文］　来自近140个国家和地区的900余名选手参赛。中国选手佟文、秦茜获得女子78公斤以上级金、银牌。

8月23—26日

［纲　文］　**“新华影廊：中泰一家亲”图片展在泰国曼谷举办。**

［目　文］　活动旨在庆祝中泰建交36周年、泰国诗琳通公主访华30周年和新华社成立80周年。诗琳通公主出席图片展并剪彩。中国驻泰国大使管木，泰中经济文化协会会长、泰国前副总理披尼，新华社亚太总分社社长俱孟军等出席开幕式。图片展由新华社曼谷分社主办，泰国泰华农民银行、泰中经济文化协会等单位协办。

8月24日

［纲　文］　**温家宝主持召开国务院常务会议。**

［目　文］　会议主要内容有：一、讨论通过《全国地下水污染防治规划（2011—2020年）》。会议指出，目前我国地下水开采总量已占总供水量的18%，北方地区65%的生活用水、50%的工业用水和33%的农业灌溉用水来自地下水。全国657个城市中，有400多个以地下水为饮用水源。随着我国城市化、工业化进程加快，部分地区地下水超采严重，水位持续下降；一些地区城市污水、生活垃圾和工业废弃物污液以及化肥农药等渗漏渗透，造成地下水环境质量恶化、污染问题日益突出，给人民群众生产生活造成严重影响。二、会议审议并原则通过《太湖流域管理条例（草案）》。会议指出，太湖流域人口密集、经济发达，为将太湖流域水资源保护和水污染防治工作进一步纳入法制轨道，有必要制定太湖流域管理条例。条例草案对建立饮用水安全保障制度，规范流域水资源配置和保护，加强水域岸线保护，强化水污染防治措施和地方人民政府责任，作了明确规定，对各类违法行为规定了严格的法律责任。三、会议决定对1997年公布施行的《公安机关督察条例》作出修改。修改后的条例强化了公安机关督察长的配置；明确了公安督察机构的执法勤务性质、督察范围；规范了督察工作程序；规定了督察措施期限及权利救济程序。条例规定：对于群众投诉正在发生的公安机关及其人民警察违法违纪行为，督察机构必须及时出警，给予现场处置；对于公安机关及其人民警察依法履行职责、行使职权的行为，督察机构必须予以维护。

8月24日

［纲　文］　**财政部印发《关于加快推进财政部门依法行政依法理财的意见》。**

[目　文]　《意见》由六个部分组成：一、加快推进依法行政依法理财的重要性紧迫性、总体思路和目标。二、进一步健全财政法律制度体系。三、进一步提高财政法律制度建设质量。四、进一步增强财政法律制度执行效力。五、进一步提高财政法律制度执行的监督效能。六、进一步提高财政部门依法行政依法理财的能力。

8月24日

[纲　文]　**国务院副总理李克强在北京会见亚美尼亚副总理格沃尔基扬。**

[目　文]　李克强指出，中亚务实合作快速发展。中方希望与亚方密切协作，切实落实好已商定项目；创新模式，优势互补，实现互利共赢；加强协调，规划好合作优先领域；扩大人文交流与合作，巩固两国友好的社会基础。中方愿与亚方共同努力，以明年中亚建交20周年为契机，推动两国关系达到崭新水平。

格沃尔基扬表示亚美尼亚政府高度重视发展对华关系，希望深化双边贸易、投资、农业、人文、地方交往等各领域合作，促进亚中关系取得更大发展。

8月24日

[纲　文]　**中共中央政治局委员、中华全国总工会主席王兆国在北京会见日本国际劳动财团理事长高木刚一行。**

[目　文]　王兆国说，中国工会十分重视与日本工会以及日本国际劳动财团的友好关系，愿意继续加强与日本国际劳动财团的交往与合作，为中日两国工会、两国人民的友好事业作出更大的贡献。

高木刚对中国工会在今年3月东日本大地震后给予日方的支持和帮助表示感谢，希望日本国际劳动财团与中国工会继续相互学习，相互借鉴，双方友好合作关系能进一步得到发展。

8月24日

[纲　文]　**全国政协副主席王刚在北京会见日本长崎县知事中村法道一行。**

[目　文]　王刚表示，发展长期稳定、睦邻友好的中日关系符合两国和两国人民根本利益。中方高度重视中日关系，愿与日本包括地方政府在内的各方面一道，进一步深化中日友好，不断加强交流合作，推动中日战略互惠关系持续深入发展，促进亚洲和世界和平、稳定与繁荣。

中村法道表示，将进一步加强与中国的交流，推动日中关系不断向前发展。

8月24日

[纲　文]　**外交部部长杨洁篪应约与巴西外长帕特里奥塔通电话，双方重点就当前利比亚局势交换了意见。**

[目　文]　杨洁篪表示，近日利比亚局势发生了重大变化，中方认为，目前应尽快实现利和平及稳定，由利人民自主决定前途，尽早开启包容性政治进程。中方支持联合国在利战后安排中发挥主导作用，金砖国家应就此加强协调，发挥积极影响。应继续对利开展人道救援。中方愿同巴方一道，继续共同推动利尽快实现稳定，早日走上和解与重建的

道路。杨洁篪强调，当前形势下，应切实保障各国在利人员和外交机构的安全，中巴两国应共同呼吁利及联合国等有关方面提供协助。

帕特里奥塔表示，赞同中方意见，巴重视中方作用，愿与中方保持密切沟通。

8月24—26日

［纲 文］ **十一届全国人大常委会第二十二次会议在北京召开。**

［目 文］ 全国人大常委会委员长吴邦国主持开、闭幕会。全国人大常委会副委员长王兆国、路甬祥、乌云其木格、韩启德、华建敏、陈至立、周铁农、李建国、司马义·铁力瓦尔地、蒋树声、陈昌智、严隽琪、桑国卫等和常委会组成人员出席会议。

会议主要内容是：一、会议经表决，通过了全国人大常委会关于《中华人民共和国香港特别行政区基本法》第十三条第一款和第十九条的解释，通过了全国人大常委会关于批准《东南亚友好合作条约第三修改议定书》的决定，批准了这一议定书。二、会议表决通过了全国人大常委会代表资格审查委员会关于个别代表的代表资格的报告。根据全国人大常委会发表的公告，十一届全国人大现在实有代表2975人。三、会议表决通过了有关任免案。

吴邦国在闭幕会上发表讲话。他说，本次会议的一项重要内容，是审议通过了关于香港特别行政区基本法第十三条第一款和第十九条的解释。这是香港基本法实施以来第一次由香港特别行政区终审法院在审理有关案件的过程中就基本法有关中央人民政府管理的事务和中央与特别行政区关系的条款，提请全国人大常委会进行解释。要强调的是，香港特别行政区是直辖于中央人民政府的地方行政区域，基本法在赋予香港特别行政区高度自治权的同时，明确香港特别行政区的外交、国防等事务由中央人民政府负责管理，并专门规定香港特别行政区法院对国防、外交等国家行为无管辖权。这是体现国家主权所必不可少的，也是保持香港长期繁荣稳定所必不可少的。本次全国人大常委会对基本法有关条款作出的解释，充分体现了“一国两制”方针，既维护了国家主权，又保证了香港特别行政区享有包括独立的司法权和终审权在内的高度自治权，对于推动基本法全面正确实施具有重要意义。我们相信，只要坚定贯彻“一国两制”方针，严格按照基本法办事，就一定能够把香港管理、建设得更加美好。

8月24日—9月26日

［纲 文］ **2011年国家艺术院团优秀剧目展演活动在北京举行。**

［目 文］ 展演活动由文化部主办，文化部9个直属文艺院团带来的36台剧目共65场演出。本次展演既有优秀的保留剧目，京剧《杨门女将》、芭蕾舞剧《大红灯笼高高挂》，歌舞《四季情韵》等，也有一批近年推出的新创剧目，包括话剧《四世同堂》《问苍茫》，及儿童剧《绝对小孩》、歌剧《红河谷》等；话剧《深度灼伤》、芭蕾舞剧《卡门》《阿莱城的姑娘》、歌剧《汤豪塞》等一批国家艺术院团新排演的国外经典参加展演。

24日，中共中央政治局常委李长春在北京保利剧院，和首都观众一起观看2011年国家艺术院团优秀剧目展演活动开幕演出——大型歌剧《红河谷》。

8月24—28日

［纲　文］　**2011世界海上人命救助大会在上海举行。**

［目　文］　国务院副总理张德江出席大会并致辞。400多名来自世界各国救生组织和相关行业及机构的代表与会，交流海上人命救助经验，共议海上人命救助课题。

23日，国际海上人命救助联盟亚太中心在沪正式成立。

8月24—28日

［纲　文］　**“读者杯”2011中国机器人大赛暨RoboCup公开赛在兰州举行。**

［目　文］　公开赛由甘肃省兰州市人民政府、中国自动化学会机器人竞赛工作委员会、RoboCup中国委员会、科技部高技术研究发展中心联合主办。

来自全国162所高校和各地中小学、少年宫的近千支队伍将在RoboCup足球机器人比赛、FIRA足球机器人比赛、服务机器人和舞蹈机器人比赛等12个大类89个项目中展开激烈角逐。

8月24日

［纲　文］　**国家水下文化遗产保护福建基地揭牌仪式在福建省博物院隆重举行。**

［目　文］　中国文化遗产研究院与福建省文物局、福建博物院共同签订《国家水下文化遗产保护福建基地合作协议》。继宁波、青岛、武汉之后，福建是全国首个省级水下文化遗产保护基地。

近年来，福建通过开展“沿海水下文物普查”项目，以及对东山县冬古湾明末清初沉船等沉船遗址的抢救性水下考古发掘和调查，发现了一批年代序列完整、历史内涵丰富的水下文化遗存，为设立水下文化遗产保护区提供了翔实的材料和依据。

8月24日

［纲　文］　**中国奥委会携手国际奥委会、伦敦奥组委共同授权的“伦敦2012年奥运会特许产品中国首发”新闻发布会在国家体育总局举行。**

［目　文］　这是奥林匹克历史上奥运会举办国的奥运特许产品首次在其他国家发售。即日起，首批伦敦奥运会特许产品，包括徽章、钥匙扣、文具等在内的8大类近300款常规产品及伦敦奥运会邮票、纪念币全集正式在中国上市。

8月24日

［纲　文］　**外交部发言人就我渔政船赴钓鱼岛海域巡航表示，中国渔政船赴有关海域是正常巡航护渔，中方已向日方表明有关立场。**

［目　文］　有记者问：据报道，8月24日，中方两艘渔政船进入钓鱼岛附近12海里海域，日方已向中方提出交涉。请问中方对此有何评论？

发言人说，钓鱼岛及其附属岛屿自古以来就是中国的固有领土，中国对此拥有无可争辩的主权。中国渔政船赴有关海域系巡航护渔，维护正常渔业生产秩序。中方已向日方表明有关立场。

8月24—27日

［纲　文］　**第二十届北京国际广播电影电视设备展览会在北京举行。**

［目　文］　展览会由国家广播电影电视总局主办，主题为“创新媒体、精彩生活”。展示了3D影视、高清电视、三网融合、全媒体、云计算、下一代广电网（NGB）、移动多媒体广播电视（CMMB）和数字电影等最新技术、先进设备和解决方案。展出面积超过5万平方米，参展的中外厂商达469家，其中国际厂商190家，超过40%。

26日，中宣部部长刘云山参观北京国际广播电影电视设备展览会。

8月24—25日

［纲　文］　**全国深化创新厂务公开民主管理工作会议在青岛召开。**

［目　文］　中央纪委副书记何勇出席会议并讲话。会议由中纪委、中组部、国资委、监察部、全国总工会、全国工商联举办。与会人员观摩了青岛港（集团）有限公司民主恳谈会等厂务公开民主管理工作。全国厂务公开协调小组成员、各省（区、市）厂务公开协调领导机构的负责人等近200人参加会议。

何勇指出，要以促进企业科学发展为目标，以实现好维护好发展好职工群众根本利益为出发点和落脚点，以改革创新为动力，坚持围绕中心、服务大局，着力推进理论创新、制度创新、工作创新，不断提高厂务公开民主管理科学化水平。

8月24—28日

［纲　文］　**第十六届世界应用语言学大会在北京外国语大学举行。**

［目　文］　大会由国际应用语言学学会主办，中国英语教学研究会、北京外国语大学、中国外语教育研究中心和外语教学与研究出版社共同承办。大会的主题是“多样中的和谐：语言、文化、社会”，来自63个国家的1500余位专家、教师和研究者以主旨发言、特邀专题研讨、专题研讨、工作坊、分组发言和论文宣读等形式展开研讨。

8月25日

［纲　文］　**国家主席胡锦涛在北京人民大会堂会见途经北京的法国总统萨科齐。**

［目　文］　两国元首就双边关系、世界经济金融形势、二十国集团事务等共同关心的问题交换了意见。

胡锦涛说，2011年以来，中法关系继续呈现持续快速发展良好势头。两国高层交往频繁，经贸合作增长强劲，人文交流更趋活跃，双方在重大国际和地区问题上保持密切沟通和协调。中方高度重视中法关系，愿同法方共同努力，继续推进两国经贸、核能、科技、文化、教育等领域交流合作，使中法友好更加深入人心。中方愿同法方加强多边机制和全球层面的战略协调，为应对国际经济金融风险、维护国际金融稳定、促进世界经济复苏而共同努力。

萨科齐说，当前法中关系发展良好，战略对话进展顺利，战略互信不断增强，各领域合作取得积极成果，法方对双边关系发展感到满意，愿意同中方加强在政治、经贸、核能等各领域对话与合作，推动双边关系迈上新的台阶。

8月25日

［纲　文］　**贾庆林在全国政协礼堂会见饶颖奇率领的台湾民意代表交流参访团。**

［目　文］　全国政协主席贾庆林指出，要维护两岸关系和平发展大局，珍惜来之不易的发展成果。两岸关系之所以能在这几年取得那么大的进展，关键在于两岸双方在反对“台独”、坚持“九二共识”的共同政治基础上建立了互信。有了这样的前提，两岸才能搁置争议，求同存异，通过平等协商，循序渐进地务实解决两岸交流合作中面临的问题。推翻这一前提，必将损害两岸协商谈判的基础，恶化两岸交流合作的气氛，导致两岸关系再生波折甚至重新走向动荡不安，使两岸关系和平发展的成果得而复失。2011年是辛亥革命100周年，全国政协将隆重举办纪念活动。孙中山先生毕生致力于振兴中华的伟大事业，两岸同胞都应继承中山先生的遗志，立足振兴中华这个大局，携手开创两岸关系和平发展新局面，共同迎接全民族繁荣昌盛的光明前景。

饶颖奇说，经过双方共同努力，两岸的交流取得了丰富的成果。我们这次参访团在以往的基础上，各党派的代表性更广泛，更加关注民生，着眼未来。希望这个交流平台更有生命力，一年比一年办得更好，也希望通过加强交流沟通，为两岸关系和平发展添砖加瓦，创造更崭新的格局。

8月25日

［纲　文］　**证监会公布《基金管理公司特定客户资产管理业务试点办法》。**

［目　文］　《办法》共5章51条。主要有总则、业务规范、监督管理、法律责任、附则等内容。自2011年10月1日起施行。《基金管理公司特定客户资产管理业务试点办法》（证监会令第51号）、《关于实施〈基金管理公司特定客户资产管理业务试点办法〉有关问题的通知》（证监基金字〔2007〕326号）、《关于基金管理公司开展特定多个客户资产管理业务有关问题的规定》（证监会公告〔2009〕10号）同时废止。

8月25日

［纲　文］　**国务院军转办、全军转业办在北京召开自主择业安置方式实施十周年座谈会。**

［目　文］　会议指出，10年来，全国共接收自主择业军转干部11.6万余人，占符合自主择业条件军转干部总数的42%。各级军转部门要进一步健全完善政策制度，推动管理服务工作深入发展，加强教育培训，协助就业创业。

8月25日

［纲　文］　**由《李先念传》编写组和湖北鄂豫边区革命史编辑部编写和编辑的《李先念年谱（1909—1992）》《建国以来李先念文稿》出版发行。**

［目　文］　《李先念年谱（1909—1992）》共6卷，近300万字，记述了李先念一生的经历、思想和业绩，反映了他始终保持的革命精神与崇高的品格风范。

《建国以来李先念文稿》共4卷，收入了自1949年7月至1992年4月李先念的文章、电报、书信、批语、题词等，共计800多篇。这部书反映了李先念在社会主义革命和建设时期以及探索中国特色社会主义道路过程中的思想和实践。

《李先念传》已于2009年6月出版发行。

8月25日

［纲　文］ **商务部公布《商务部实施外国投资者并购境内企业安全审查制度的规定》，自2011年9月1日起实施。**

8月25日

［纲　文］ **国家文物局发布《国有文物保护单位经营性活动管理规定（试行）》，自2011年8月25日起实施。**

8月25日

［纲　文］ **军地英模代表学习国防科大自主创新团队先进事迹座谈会在北京举行。**

［目　文］ 座谈会由中宣部、教育部、科技部、总政治部、总装备部联合举办。7名军地英模联系工作实际，畅谈心得体会。大家表示，要以国防科大自主创新团队为榜样，忠诚使命，自强不息，顽强拼搏，为实施科技强军战略、建设创新型国家作出更大贡献。

8月25日

［纲　文］ **第二十八届中国电视剧“飞天奖”颁奖典礼在国家体育馆举行。**

［目　文］ “飞天奖”评委会从收到的161部，5655集参评剧目中，最终评选出38部长篇电视剧分别获得一、二、三等奖。黄志忠、陈宝国获优秀男演员奖；海清、蒋雯丽获优秀女演员奖。

8月25—29日

［纲　文］ **李长春在吉林调研。**

［目　文］ 中共中央政治局常委李长春就加快转变经济发展方式、振兴东北地区等老工业基地和推动文化改革发展等进行调研。

李长春在华微电子股份有限公司、中石油吉林石化公司碳纤维厂、希达电子技术有限公司、鸿达高技术集团有限公司、天景食品有限公司等企业了解生产研发情况；在中国一汽新能源汽车分公司，观看自主品牌新能源汽车展示，希望一汽牢固树立推动中国汽车自立于世界汽车工业之林的远大抱负，矢志不渝地走自主创新之路，尽快在发展自主品牌新能源汽车方面取得突破，努力做到国内领先、国际知名。

李长春在白山市松江河镇站前社区、吉林市孤店子镇大荒地村的文化活动室，听取基层文化工作者意见建议；在吉视传媒股份有限公司，勉励企业探索新的增值服务和盈利模式，不断提升实力和竞争力；在吉林歌舞剧院集团有限责任公司，与演职人员交谈，希望企业挖掘吉林丰富的特色文化资源，打造更多具有东北民族风情和吉林地域特色的原创歌舞精品；在吉林动画学院，勉励学院在加强人才培养、推动产业化等方面取得新进展，努力成为在全国具有较强影响力和竞争力的动漫研发生产基地。

调研期间，李长春听取了吉林省委、省政府工作汇报，他希望吉林紧紧抓住国家进一步实施东北地区等老工业基地振兴战略、推动长吉图经济区建设等宝贵机遇，牢牢把握主题主线，加快提高自主创新能力，加快推进城乡经济社会一体化步伐，加快发展县域经济，加快建设新型农村集体经济组织，努力探索一条符合吉林实际、具有吉林特色的改革发展新路。

8月25—26日

［纲　文］　**全国检察机关侦查监督工作座谈会在西宁举行。**

［目　文］　会议学习中共中央总书记胡锦涛“七一”讲话精神和中央领导同志的指示精神，贯彻落实第十三次全国检察工作会议精神，总结过去全国检察机关侦查监督工作，安排部署下一步工作。座谈会上，与会者以典型案例分析总结了侦查监督工作中的经验和教训。

8月25—26日

［纲　文］　**“中国人权理论与实践的发展和创新”理论研讨会在北京举行。**

［目　文］　论坛由中国人权研究会主办。来自全国各地的70余位人权专家学者分成三组，对“中国人权理论与实践的发展和创新”这一主题展开讨论，并就目前中国在人权领域需要研究和探讨的问题交换了意见。

8月25—26日

［纲　文］　**“第一届全国高能加速器（重大科技基础设施）战略研讨会”在北京举行。**

［目　文］　会议由中国科学院主办，高能物理研究所承办，国家同步辐射实验室、上海应用物理研究所和近代物理研究所协办。发展改革委、教育部、科学技术部、财政部、自然科学基金委员会以及中国科学院有关领导出席，相关部委领导介绍我国“十二五”重大科技基础设施规划及利用设施开展的科学研究等。会议旨在总结、交流、展示各设施的研究成果。北京正负电子对撞机、合肥同步辐射装置、上海光源和兰州重离子研究装置是国家投资建设和运行的重大科技基础设施，自投入运行以来，在广泛的研究领域取得了丰硕的成果。

8月26日

［纲　文］　**国务院印发《关于香港特别行政区政府张云正、袁铭辉职务任免的通知》。**

［目　文］　《通知》说，香港特别行政区政府：依照《中华人民共和国香港特别行政区基本法》的有关规定，根据香港特别行政区行政长官的提名和建议，国务院决定任命张云正为海关关长，免去袁铭辉的海关关长职务。

8月26日

［纲　文］　**十一届全国人大常委会在人民大会堂举行第二十三讲专题讲座。**

［目　文］　全国人大常委会委员长吴邦国主持讲座。全国人大常委会副委员长王兆

国、路甬祥、乌云其木格、韩启德、华建敏、陈至立、周铁农、李建国、司马义·铁力瓦尔地、蒋树声、陈昌智、严隽琪、桑国卫等听取讲座。

本次专题讲座的题目是：中国对外贸易面临的形势、问题及对策。主讲人商务部国际贸易经济合作研究院院长霍建国，从对当前世界经济贸易形势的判断分析、中国对外贸易取得的成就及存在的问题、新形势下促进中国对外贸易发展的对策三方面作了讲解。

8月26日

［纲　文］　**全国政协在政协礼堂召开“深化文化体制改革，繁荣发展文化事业和文化产业”专题协商会。**

［目　文］　全国政协主席贾庆林出席并讲话。中共中央政治局委员、国务委员刘延东到会听取意见并讲话。全国政协副主席王刚、万钢分别主持会议。全国政协副主席杜青林、陈奎元、阿不来提·阿不都热西提、张梅颖、张榕明、钱运录、孙家正、郑万通、罗富和出席会议。22名全国政协常委、委员和民主党派中央、全国工商联、政协专门委员会的代表作了发言，文化部、广电总局和新闻出版总署负责人作了交流发言。部分在京的全国政协常委、委员共100多人出席会议。

贾庆林指出，要认真学习贯彻中央关于加强社会主义文化建设的决策部署，坚持社会主义文化的前进方向，建设和践行社会主义核心价值体系，不断解放文化生产力，增强我国文化软实力和国际竞争力。

刘延东听取了委员们的发言。她说，全国政协围绕文化建设进行专题调研和协商，有助于群策群力，凝聚共识，为中共中央、国务院制定政策提供决策参考，共同促进文化体制改革和社会主义文化大发展大繁荣。

8月26日

［纲　文］　**第43届南丁格尔奖章颁奖大会在人民大会堂举行。**

［目　文］　中共中央总书记、中国红十字会名誉会长胡锦涛出席大会，为8名中国获奖者颁发奖章。中共中央政治局常委、国务院副总理李克强等出席颁奖大会。国务院副总理回良玉，全国人大常委会副委员长、中国红十字会会长华建敏出席大会并讲话。获奖者代表张利岩、青年护士代表薄海欣分别在会上发言。

2011年，共有19个国家的39名护理工作者获得本届南丁格尔奖章。中国获奖的8名护理工作者分别是：北京协和医院护理部主任、中华护理学会副理事长吴欣娟，天津市肿瘤医院护理质控中心主任陈荣秀，上海市皮肤病医院护理部副主任孙玉凤，福建医科大学护理学院院长、福建护理学会副理事长姜小鹰，青海省人民医院副院长赵生秀，解放军第四医院医务处副主任护师索玉梅，南京军区南京总医院妇产科护士长陈声容，武警总医院副院长、护理部主任张利岩。

颁奖大会前，胡锦涛会见了红十字国际委员会主席雅各布·克伦贝格尔，欢迎他来华访问并参加南丁格尔奖章颁奖大会。胡锦涛说，红十字国际委员会长期致力于人道主义事业，做了卓有成效的工作，最近又在非洲开展了紧急救援行动，中国政府对此给予高度评价。这些年来，在中国政府和社会各界共同努力下，中国的人道主义事业有了长足发展。中国政府将一如既往地推动人道主义事业，也将一如既往地支持中国红十字会与红十字国际委员会加强合作，为促进人类文明进步、促进世界和平与发展作出积极的贡献。

南丁格尔奖章是红十字国际委员会设立的护理界国际最高荣誉奖。我国自1983年首次参加第29届南丁格尔奖章评选以来，先后有62名优秀护理工作者获此殊荣。

8月26日

［纲　文］ **财政部、税务总局发布《关于地方政府债券利息所得免征所得税问题的通知》。**

［目　文］ 《通知》说：一、对企业和个人取得的2009年、2010年和2011年发行的地方政府债券利息所得，免征企业所得税和个人所得税；二、地方政府债券是指经国务院批准，以省、自治区、直辖市和计划单列市政府为发行和偿还主体的债券。

8月26日

［纲　文］ **保监会公布《保险公司保险业务转让管理暂行办法》，自2011年10月1日起施行。**

8月26日

［纲　文］ **交通运输部发布《出租汽车服务质量信誉考核办法（试行）》，自2011年8月26日起实施。**

8月26日

［纲　文］ **《中国外交2010》画册首发式暨蓝厅音乐会在北京举行。**

［目　文］ 外交部部长杨洁篪、外国驻华使节和国际组织驻华代表、中央有关单位和有关部委负责人、专家学者及媒体代表等共200多人出席。

《中国外交2010》画册由外交部编辑，配中英法三种文字。分六个部分，分别为："高层交往、传承友谊""世博天地、文明荟萃""多边交往、促进和谐""深化合作、共谋发展""以人为本、外交为民""交流互鉴、增进理解"。画册展示了中国开展对外交往、促进与各国务实合作的重大活动，再现了在上海世博会、广州亚运会上中外友好交流的生动场景，彰显了中国建设性参与国际多边合作的政策理念，记录了中国政府全力维护海外侨胞合法权益的重大行动。

首发式后，中国国家交响乐团现场表演了一场中西合璧的音乐会。

8月26日

［纲　文］ **国务院副总理王岐山在北京会见法国经济、财政与工业部部长巴鲁安。**

［目　文］ 双方就二十国集团领导人戛纳峰会、全球经济金融形势及欧洲主权债务问题等深入交换了意见。

王岐山说，当前，国际经济金融形势极为复杂和不确定，举办二十国集团领导人戛纳峰会面临诸多挑战。法国作为峰会主席国做了大量工作，中方对此予以积极评价。确保全球经济金融市场稳定，是成功举办戛纳峰会的重要前提。中法作为二十国集团重要成员，要加强各层面的密切沟通与协调，推动戛纳峰会取得成功。国际社会应继续发扬团结合作的精神，进一步加强宏观经济政策协调，为促进全球经济复苏，实现经济强劲、可持续、平衡增长做出积极努力。

巴鲁安表示，法方高度重视法中关系，愿与中方加强在二十国集团等多边框架下的合作，共同应对全球性挑战，推动法中关系健康稳定发展。

8月26日

［纲　文］　**国务院副总理回良玉在北京会见联合国粮农组织总干事迪乌夫。**

［目　文］　回良玉表示，中国在努力实现自身发展的同时，也力所能及积极帮助其他国家。近期非洲之角遭遇严重的旱灾，中国政府追加了紧急粮食援助。希望双方加强合作，共同应对世界农业发展和粮食安全的挑战。

迪乌夫表示，粮农组织高度重视对华合作，感谢中国政府的大力支持，愿意为扩大中国农业国际合作、提升非中合作关系继续作出贡献。

8月26日

［纲　文］　**国务委员兼国防部部长梁光烈在北京会见以朝鲜人民武力部后方总局长全昌福为团长的朝鲜人民军后勤代表团。**

［目　文］　梁光烈说，中方愿与朝方一道加强沟通与协调，扩大交流与合作。为推动两国两军关系进一步发展，也为维护地区乃至世界的和平、稳定与繁荣贡献出自己的力量。

全昌福说，不论国际风云如何变化，都将与中方共同努力，推动两国两军关系的不断发展。

8月26日

［纲　文］　**大亚湾核电基地建设经验总结大会暨岭澳核电站二期2号机组投产仪式在深圳举行。**

［目　文］　全国人大常委会委员长吴邦国作出批示，对岭澳核电站二期2号机组投入商业运行表示祝贺，要求广大核电建设运营工作者更加注重核电安全。

岭澳核电站二期位于广东深圳大亚湾核电基地，拥有两台百万千瓦级压水堆核电机组，2005年12月15日开工，1号、2号机组分别于2010年9月15日和2011年8月7日投入商业运行，由中广核工程有限公司总承包建设，设备国产化比例达到64%。随着岭澳核电站二期的建成，大亚湾核电基地已拥有六台百万千瓦级核电机组，总装机容量610.8万千瓦，年上网电量超过450亿千瓦时，成为我国装机规模最大、发电能力最强的核电基地，完整实现了核电技术“高起点起步，引进、消化、吸收、再创新”的全过程。

8月26日

［纲　文］　**外交部发言人表示，中方坚决反对美国防部发表《涉华军事与安全发展报告》，认为这种行为无益于增进中美战略互信。**

［目　文］　有记者问：美国国防部发表2011年度《涉华军事与安全发展报告》，对中国的军事发展等作出评价。你有何评论？

发言人说，美国国防部年复一年发表这样的报告，对中国正当、正常的国防建设指指点点，其中不乏夸大中国军事实力、散布“中国军事威胁论”的内容。这不是一种负责任的行为，无益于增进中美战略互信，我们坚决反对。中国坚定不移地走和平发展道路，奉行防御性国防政策，致力于维护和促进亚太地区乃至世界的和平、稳定与繁荣。中国发展有限的军事力量完全是为了维护国家独立、主权和领土完整，不对任何国家构成威胁，任何国家都不必对此感到疑虑。

8月26—28日

［纲　文］　**温家宝在河北调研。**

［目　文］　国务院总理温家宝在河北省张家口市万全县、张北县、康保县、沽源县就农业生产、生态建设、农村扶贫等进行调研。

温家宝在万全县宣平堡乡霍家房村，询问土豆产量、价格和销路。在张北镇马连滩村，询问了大棚建设的成本、蔬菜的销路和市场价格。在张北县馒头营乡高效节水农业示范基地，村民告诉总理，示范区采取集约管理土地，信息化控制用水，定额管理、节奖超罚，大家节水意识增强了。温家宝听后说，节水是农业和生态可持续发展的根本大事，要持续不断抓下去。在康保县张纪镇黑牛沟退耕还林还草工程区，他说，近些年坝上生态环境改善，对促进农牧业可持续发展，促进旅游业和其他产业发展发挥了重要作用。要在国家支持下，协调各方面力量，继续推进生态环境建设。在康保县丹清河乡了解莜麦产量、价格情况。在塞北现代牧场有限公司和蒙牛塞北乳业有限公司，了解牧场建设、奶源供应，以及奶制品生产过程。在位于沽源县城以西15公里处的军民村草场，了解牧草生产、销售情况。

温家宝在张北县主持召开了农业、农村工作座谈会。温家宝指出，必须毫不松懈地抓好当前农业生产，认真做好技术指导，加强田间管理，千方百计夺取秋粮丰收。要认真落实促进生猪生产和牧区发展的政策措施。强化科技服务，狠抓疫病防控，切实促进生猪和牛羊肉生产，保障市场供给。牧区要认真落实和完善草原生态保护补助奖励机制，保持畜牧业持续稳定健康发展。要改善农产品流通，加快形成流通成本低、运行效率高、安全便利的农产品营销网络。要加大扶贫开发力度，调整农业结构，发展特色农业，大力发展二、三产业，特别是农产品加工业，全面提高农业效益，多渠道增加农民收入。

28日，温家宝在张北县第三中学为广大农村教师作了题为《一定要把农村教育办得更好》的报告。

8月26—27日

［纲　文］　**朝鲜劳动党总书记、国防委员会委员长金正日在结束对俄罗斯的访问后途经并顺访中国东北地区。**

［目　文］　受中共中央总书记、国家主席胡锦涛委托，国务委员戴秉国陪同金正日

在黑龙江、齐齐哈尔、吉林通化等地参观访问。

8月26—30日

［纲　文］　**应全国人大常委会委员长吴邦国的邀请，塞尔维亚人民议会议长德亚诺维奇率塞尔维亚议会代表团访华。**

［目　文］　访问期间，吴邦国，国家副主席习近平，中央纪委书记贺国强在北京分别会见了德亚诺维奇。德亚诺维奇还在重庆和上海访问。

吴邦国会见德亚诺维奇说，中方高度重视发展同塞尔维亚的关系，愿同塞方一道，不断丰富中塞战略伙伴关系的内涵，推动两国关系迈上更高台阶。议会交往是中塞战略伙伴关系的重要内容。中国全国人大重视发展同塞尔维亚议会的友好交往，愿进一步密切多层次、多渠道的交流与合作，加强治国理政和民主法制建设等方面的经验交流，为两国关系注入新的活力。

德亚诺维奇说，积极发展对华关系是塞尔维亚各党派的一致主张，也是塞方顺应人民意愿作出的战略选择。塞尔维亚议会愿通过自身努力，推动塞中关系达到更高水平，更好地造福两国人民。

习近平会见德亚诺维奇说，中方尊重塞尔维亚的领土和主权完整以及根据本国国情选择的发展道路，赞赏塞方坚定奉行一个中国政策。中方重视发展中塞战略伙伴关系，愿同塞方一道，加强政府、议会和政党交流，进一步巩固政治互信；扩大双边贸易和相互投资规模，实现互利共赢；深化人文交流，发扬中塞传统友谊，为两国和两国人民带来更多实实在在的利益。

德亚诺维奇说，加强对华友好关系是塞尔维亚外交政策四大支柱之一，两国战略伙伴关系的发展将有力地促进塞尔维亚经济、社会和文化等方面取得更大进步。她重申，塞方将一如既往地坚定奉行一个中国政策。

贺国强会见德亚诺维奇时说，中方重视中塞关系，愿与塞方共同努力，不断开创两国战略伙伴关系的新局面。中国共产党高度重视发展与塞尔维亚政党的关系，愿在党际交往四项原则基础上，进一步加强与塞各主要政党之间的友好交往，共同推动中塞关系不断向前发展。

德亚诺维奇说，塞方愿通过加强与中方在各领域的友好交往与务实合作，为塞中传统友谊注入新的活力。

8月27日

［纲　文］　**全国人大常委会在北京召开农村土地承包法执法检查组第一次全体会议。**

［目　文］　正式启动农村土地承包法执法检查。全国人大常委会委员长吴邦国作出批示。吴邦国指出，农村土地承包法执法检查是今年全国人大常委会监督工作的一个重点。要通过这次检查，全面贯彻农村土地承包法和农村土地承包经营纠纷调解仲裁法，切

实保障农民土地承包经营权，保持土地承包关系稳定并长久不变，加强农村土地承包经营权流转管理和服务，落实最严格的耕地保护制度，及时有效解决农村土地承包经营纠纷，不断解放和发展农村社会生产力，推动农村经济社会全面发展。

全国人大常委会副委员长乌云其木格、蒋树声出席会议。全国人大农业与农村委员会主任委员王云龙主持会议并介绍了执法检查的总体安排。发展改革委、财政部、农业部、国土资源部、水利部、国家林业局和最高人民法院负责人分别介绍了本系统贯彻实施农村土地承包法的情况。

根据安排，执法检查组组成6个小组，于2011年8—10月分赴河北、吉林、安徽、山东、湖南、甘肃等地开展检查。同时，委托其余各省（区、市）人大常委会分别对本行政区域内农村土地承包法和农村土地承包经营纠纷调解仲裁法的实施情况进行检查。

8月27日

［纲　文］　**中国国际文化传播中心第六次全国代表大会在北京召开。**

［目　文］　会议学习中共中央总书记胡锦涛的“七一”讲话，研究推动中华文化走向世界，提高中华文化国际影响力的问题，制定了未来5年发展规划。会议对在过去5年中为中心发展作出贡献的先进单位及个人进行了表彰。全国人大常委会副委员长司马义·铁力瓦尔地当选新一任中国国际文化传播中心主席。

8月27日

［纲　文］　**河北省第十一届人民代表大会常务委员会第二十五次会议决定，接受陈全国辞去河北省人民政府省长职务的请求；任命张庆伟为河北省人民政府副省长、代省长。**

8月27—28日

［纲　文］　**亚洲国际法学会第三届年会在北京举行。**

［目　文］　国务委员戴秉国出席并致辞，最高人民检察院检察长、中国国际法学会名誉会长曹建明出席了开幕式。会议讨论的议题涉及海洋法、气候变化、国际刑法等众多热点国际法问题，300余名中外国际法学者参加了会议，其中包括国际法院院长和多位国际法院法官，以及欧洲、拉美和美国国际法学会的代表和知名国际法学家。

亚洲国际法学会于2007年在新加坡成立，是亚洲首个区域性国际法学术团体，国际法院中国籍法官薛捍勤为现任会长。

8月27日—9月4日

［纲　文］　**第十三届世界田径锦标赛在韩国大邱举行。**

［目　文］　共有202个国家和地区的1945名运动员参赛，一共产生了金牌、银牌、铜牌各47枚，共141枚奖牌。中国队有58名运动员参加本届田径世锦赛，其中男子24人、女子34人参加23个项目的比赛，以1金2银1铜进入金牌榜前10位，取得近18年来的世锦赛最佳成绩。

8月28日

［纲　文］　**银监会公布《商业银行理财产品销售管理办法》。**

［目　文］　《办法》共11章80条。主要有总则、基本原则、宣传销售文本管理、理财产品风险评级、客户风险承受能力评估、理财产品销售管理、销售人员管理、销售内控制度、监督管理、法律责任、附则等内容。自2012年1月1日起施行。

8月28日

［纲　文］　**新疆人才工作暨干部人才援疆工作座谈会在乌鲁木齐召开。**

［目　文］　会议就深入贯彻落实全国人才工作会议、中央新疆工作座谈会和第一、二次全国对口支援新疆工作会议精神，大力推进新疆人才工作和干部人才援疆工作进行专题研究部署。中共中央政治局委员、中央人才工作协调小组组长李源潮出席会议并讲话指出，要深入贯彻落实中央新疆工作座谈会精神，采取更加灵活的措施，实施更加优惠的政策，大力培养开发适应新疆发展需要的人才，吸引疆外人才，特别是高层次人才到新疆创新创业，努力建立新疆跨越式发展和长治久安的人才保障。

8月28日

［纲　文］　**中宣部部长刘云山在北京会见来华考察的丹麦政府官员研修访华团。**

［目　文］　刘云山指出，中国未来发展既面临难得历史机遇，也面临诸多困难和问题，我们将继续实施互利共赢开放战略，与国际社会共同应对全球性挑战，共同分享发展机遇。中丹近年来各领域的合作取得丰硕成果，中方愿与丹方一道进一步挖掘合作潜力、丰富合作内容，推动两国关系深入发展。

代表团团长、丹麦科技创新部常任国务秘书裴昊多等表示，丹麦政府高级官员首次联合访华，旨在全面、深入了解中国。丹中发展阶段不同，但面临许多相似挑战，丹方愿深化同中方在各领域务实合作，共同造福两国人民。

8月28日

［纲　文］　**第九届全国科技外事工作会议在北京召开。**

［目　文］　中共中央政治局委员、国务委员刘延东出席会议开幕式并发表讲话。全国政协副主席、科技部部长万钢在会上作了工作报告。全国科技外事工作系统代表共300多人出席会议。本次会议旨在贯彻落实《国家中长期科学和技术发展规划纲要》，总结“十一五”国际科技合作成果和经验，分析新时期国际科技合作形势和发展战略，进一步明确新时期科技外事工作的指导思想和总体要求，全面部署“十二五”国际科技合作新任务。

8月28日

［纲　文］　**“中国智慧城市（镇）评价指标体系”在北京发布。**

［目　文］　它将为中国智慧城市建设提供参考依据和评价体系。该体系包含城市幸福指数、城市管理指数和社会责任指数3项一级指标，医疗卫生等23项二级指标，86项

三级指标和362项四级细分指标。它是由中国智慧工程研究会提出的，是我国目前第一套有关智慧城市建设的指标体系。

8月28日

［纲　文］　**青海省国土资源厅发布，经过几年地质勘探，青海省国土资源部门和地质勘查单位在玉树藏族自治州曲麻莱县的大场地区发现金矿田，远景资源量达300吨。**

［目　文］　该矿田到2015年预计总量将达300吨，达到超大型规模，有望成为亚洲最大的金矿之一。除大场外，五龙沟金矿田、沟里地区金矿田、瓦勒根金矿等6个金矿累计探明金资源量430吨，远景可达700吨。

8月28日—9月1日

［纲　文］　**王兆国在甘肃考察调研。**

［目　文］　中华全国总工会主席王兆国在兰州、武威、张掖、嘉峪关、酒泉、瓜洲和敦煌等地的企业和科研院所、社区和困难职工帮扶中心，了解甘肃经济社会发展情况和广大职工的生产生活情况。

王兆国指出，要引导广大职工深刻认识我们党90年来紧紧依靠人民完成的“三件大事”、取得的“三大成就”，进一步坚定理想信念，在党的领导下为推进中国特色社会主义事业作出新贡献。要把构建和谐劳动关系作为当前一项紧迫而重要的政治任务抓好抓实，着力研究解决当前影响劳动关系和谐与职工权益实现的一些突出问题，带着深厚的感情做群众工作，把做好职工群众工作贯穿于工会参与加强和创新社会管理之中。要大力弘扬工人阶级伟大品格和劳模精神，提高劳动者素质，加强自主创新，推动科技进步，把团结动员广大职工发挥主力军作用与推动加快转变经济发展方式结合起来，为实现“十二五”规划目标任务贡献智慧和力量。

8月29日

［纲　文］　**国务院总理温家宝致电巴特拉伊，祝贺他就任尼泊尔联邦民主共和国总理。**

8月29日

［纲　文］　**国家副主席习近平在人民大会堂会见来华访问的第66届联合国大会当选主席纳赛尔。**

［目　文］　习近平表示，当前国际形势发生复杂、深刻变化。气候变化、粮食安全、核安全、重大自然灾害等全球性问题日益突出，全球金融市场出现新的动荡。近期西亚北非地区局势令人担忧，中东地区和平与稳定面临严峻的考验。中方坚定支持联合国在国际事务中有更大的作为，在利比亚等问题上发挥主导作用，为维护世界和地区的和平与安全作出更大的贡献。今年是中华人民共和国恢复在联合国合法席位40周年。40年来，中国坚定维护《联合国宪章》的宗旨和原则，全面参与联合国各领域工作。同联合国的交往与合作已成为中国外交重要组成部分。今后，中国将一如既往地积极参与联合国事务，

继续积极支持联合国和联大主席的工作。

纳赛尔表示，当今世界正面临诸多挑战，联合国作用进一步凸显。作为联大主席，将努力推动第66届联大优先处理粮食安全、消除贫困、武装冲突以及气候变化等问题。纳赛尔高度赞赏中国对联合国工作的支持，表示近40年来，中国对联合国各领域工作的巨大贡献有目共睹。希望中国继续坚定支持多边主义、支持联合国在国际事务中发挥更大作用，联合国将进一步加强同中方的合作。

8月29日

［纲　文］　**环境保护部新闻发言人通报，“十一五”主要污染物总量减排任务全面完成。**

［目　文］　通报说，环境保护部会同发展改革委、统计局、监察部联合完成了2010年度及“十一五”各省、自治区、直辖市和五大电力集团公司主要污染物总量减排情况的考核工作。结果表明，国家确定的“十一五”主要污染物总量减排任务全面完成，但也发现个别企业问题严重，决定实行挂牌督办和进行处罚。2010年，全国化学需氧量排放总量1238.1万吨，比2009年下降3.09%；二氧化硫排放总量2185.1万吨，比2009年下降1.32%。与2005年相比，化学需氧量和二氧化硫排放总量分别下降12.45%和14.29%，均超额完成10%的减排任务。31个省、自治区、直辖市和新疆生产建设兵团以及国家电网公司和华能、大唐、华电、国电、中电投五大电力集团公司都较好地完成了“十一五”的总量控制任务。

8月29日

［纲　文］　**教育部对2011年上半年查处的部分教育乱收费典型案件进行通报。**

［目　文］　本次通报涉及甘肃、安徽、江西、湖北、四川、河南6省的12所中小学，相关责任人13人受到党纪政纪处分，3人被免去校长职务。

通报主要涉及四个方面的教育乱收费：一是虚报冒领寄宿生生活补助款（甘肃省陇南市武都区三河初级中学和外纳初级中学）；二是统一为供书商代购教辅材料（安徽省滁州市凤阳县府城小学，江西省九江县一小、九江县二小，湖北省监利县中小学校）；三是以举办实验班等名义自立项目乱收费（江西南昌县武阳中学、四川省达州市宣汉县东乡镇二完小、河南省信阳市商城县余集镇仪学小学）；四是学校违规收取其他代收费（江西省丰城市同田乡同田中学、同田小学）。

为推进教育行风建设，切实解决群众反映强烈的教育乱收费问题，教育部建立了查处案件通报制度，对教育乱收费行为发现一起，查处一起，曝光一起，通报结果。此次通报，是继公布教育乱收费全国举报电话和举报信箱之后推进教育行风建设的又一新举措。教育部治理办负责人表示，定期对治理工作查处情况进行通报将成为常态。这再次表明了教育部对教育乱收费的“零容忍”，对整治乱收费的坚定态度和决心。

8月29日

［纲　文］　**中国消费者协会主编的首部《出国留学消费指导手册》在北京派发。**

［目　文］《手册》包括如何选择留学机构、留学消费的基本步骤和消费误区、出国留学的常见问题等，涉及各个常见留学目的国不同特点、不同年龄阶段留学的不同要求。其中列举了几种留学服务市场常见的陷阱，包括偷换概念、材料造假、违规收费等。

截至2010年底，中国以留学生身份出国、在外的留学人员有127.32万人。

8月29日

［纲　文］**国务院副总理王岐山在中南海会见英国前首相布莱尔，双方就世界经济金融形势、欧洲主权债务危机及中东北非局势等问题交换了看法。**

8月29日

［纲　文］**全国人大常委会副委员长陈至立在北京会见韩国民主党最高委员、前总理署理张裳率领的中韩知名人士论坛韩方代表团。**

8月29日

［纲　文］**中越国防部第五次防务安全磋商在北京举行。**

［目　文］会议由中国人民解放军副总参谋长马晓天与越南国防部副部长阮志咏共同主持。双方就国际和地区安全、两国两军关系等问题交换了意见。双方对两国防务安全磋商机制给予积极评价，表示将充分利用好磋商平台，进一步增进友好互信，不断提升合作水平。双方认为，继承和发扬中越传统友谊，继续按照两国领导人共识，加强战略沟通，妥善处理敏感问题，符合中越两国人民的根本利益和共同愿望，也有利于本地区的和平、稳定与发展。在新的历史时期，两军将加强交流与合作，为促进两国关系健康稳定发展作出应有的贡献。

同日，国务委员兼国防部部长梁光烈会见阮志咏时说，中方愿与越方共同努力，加强沟通和协调，警惕外部势力挑拨中越关系，坚定维护两国共同的战略利益，坚定维护中越友好大局，坚定维护南海和平稳定。当前，双方应共同努力，反对将南海问题复杂化和国际化，坚持通过协商和谈判解决争议，积极推进中越共同开发，以合作增互信，以互信促稳定。

阮志咏说，越方高度重视发展越中全面战略合作伙伴关系，愿与中方共同努力，加强两国两军在各个领域的交流与合作，共同维护本地区的和平稳定。两国之间在南海问题上的一些分歧应该本着相互信任，通过友好协商努力解决，不允许外部势力借此破坏两国关系。

8月29日

［纲　文］**北京奥运火炬手协会宣告成立。**

［目　文］“以团结和协作精神凝聚火炬手的力量为社会服务”成为该协会的宗旨。

8月29日

［纲　文］**“国际发展合作能力建设研讨会”在北京召开。**

［目　文］研讨会由商务部和世界银行联合举办。来自发展中国家、南南合作伙伴国、部分发达国家和国际组织的政策制定者、官员、学者就“分享能力建设和知识共享国

际发展合作的经验”等3个议题进行了讨论和交流。

8月29日

［纲　文］　**雪顿节在拉萨开幕。**

［目　文］　为期一周的雪顿节活动共有六大类28项，主要包括以哲蚌寺展佛、藏戏展演、非遗展示为主的传统节庆活动等。

雪顿节是西藏最隆重的传统节日之一，起源于公元11世纪中叶的哲蚌寺宗教活动，故称“哲蚌雪顿”。从每年藏历6月30日开始。

8月29—30日

［纲　文］　**中国共产党与蒙古人民党首次理论研讨会在内蒙古自治区呼和浩特举行。**

［目　文］　中共中央政治局委员、中组部部长李源潮和蒙古人民党总书记乌·呼尔勒苏赫出席研讨会开幕式并分别作主旨报告。来自中联部、中组部、中央政研室、国务院发展研究中心、内蒙古自治区委的负责人和专家学者与蒙古国官员和学者围绕“执政党建设的实践和经验”的会议主题，介绍了两党各自的执政实践和经验，就新形势下加强执政党建设、促进国家经济社会发展进行了交流。中蒙双方一致认为研讨会卓有成效，表示要把理论交流和研讨进一步推向深入，不断充实两国战略伙伴关系内涵，促进共同发展与繁荣。

29日，李源潮会见了呼尔勒苏赫。

8月29—30日

［纲　文］　**贾庆林在内蒙古自治区鄂尔多斯调研。**

［目　文］　全国政协主席贾庆林此次调研的重点是：深入推进防沙治沙工作，切实提高生态文明水平。在库布其沙漠腹地生态工程现场、亿利资源生态精品园、沙漠植物馆、沙漠博物馆等，了解库布其沙漠治理、治沙技术研发等情况；在库布其清洁能源基地、沙生植物园，同企业负责人、一线治沙员工交谈，询问沙产业发展情况；在沙漠牧民新村的牧民家中询问生产生活情况；在亿利东方学校，看望正在上课的孩子们，勉励他们勤奋学习、早日成才，为建设家乡、建设祖国贡献力量。

贾庆林指出，党中央、国务院高度重视发展民营经济，制定出台了一系列扶持政策，推动民营经济，特别是中小企业获得长足发展。要坚持公有制为主体、多种所有制经济共同发展的基本经济制度，着力突破制约中小企业发展的瓶颈问题，营造有利于中小企业健康发展的环境，努力形成国有经济富有实力、民营经济充满活力，大企业顶天立地、小企业铺天盖地的良好局面。要加大对中小企业的扶持力度，认真落实党中央、国务院制定的各项政策，着力缓解民营企业融资难问题，推动中小企业实现集群式发展，为中小企业健康发展创造良好条件。

8月29—30日

［纲　文］　**首届中非民间论坛在肯尼亚内罗毕举行。**

［目　文］　全国政协副主席王志珍出席并致辞。论坛由中国民间组织国际交流促进会和肯尼亚非政府组织协调委员会共同倡议主办，主题是“发展伙伴关系，共促中非友

好”。就中非气候变化与粮食安全、中非非政府组织的公信力与透明度等议题进行了探讨。来自中国和近20个非洲国家的上百个非政府组织的逾200名代表与会。会议通过了《内罗毕宣言》。

8月30日

［纲 文］ **国务院总理温家宝致电野田佳彦，祝贺他当选日本首相。**

8月30日

［纲 文］ **中共中央政治局常委、国家副主席习近平在北京会见古巴共产党中央第一书记劳尔·卡斯特罗特使、古共中央书记处书记、国际关系部部长巴拉格尔。**

［目 文］ 习近平首先转达了中共中央总书记胡锦涛对菲德尔同志和劳尔第一书记的亲切问候，并代表中共中央对古共六大成功召开再次表示祝贺，对劳尔派特使访华通报古共六大和明年党的代表会议筹备情况表示感谢。习近平表示，中古建交50多年来，双边关系经受住国际风云变幻的考验，不断获得新发展。特别是近年来，在两党两国最高领导人的亲自关心和推动下，双方高层互访频繁，经贸、文化、教育、卫生、科技等领域的交流合作成效显著，在国际事务中相互协调配合。中国党和政府将继续坚持对古长期友好方针，与古方一道努力，共同推动两党两国友好合作关系不断向前发展。

巴拉格尔说，加强两党的交流合作，分享彼此经验，有利于促进双边战略关系。古巴愿与中方共同努力，不断巩固和促进两党两国友好合作关系的发展。

29日，中共中央政治局委员、中宣部部长刘云山在人民大会堂会见巴拉格尔时表示，中古建交50多年来，两党两国在建设社会主义、维护世界和平、促进共同发展中，始终相互理解、相互支持，结下了深厚友谊。中方将一如既往地坚持中古长期友好方针，在党际关系四项原则基础上开展多种形式的交流与合作，共同开创中古友好关系的新局面。

巴拉格尔说，古共高度重视发展两党关系，愿继续加强双方在各领域、各层次的交流，不断丰富合作内涵，进一步推动两党两国关系向前发展。

8月30日

［纲 文］ **贺国强在北京观摩开展廉政风险防控工作情况，出席全国加强廉政风险防控规范权力运行现场会并讲话。**

［目 文］ 中共中央政治局常委、中央纪委书记贺国强在参观北京市及东城区廉政风险防范展览、北京市住建委行政审批大厅时指出，加强廉政风险防控作为推进权力公开透明运行、健全权力运行制约和监督机制的一项重要实践和探索，是由北京市原崇文区较早提出和实施的，后来得到中央纪委监察部、国家预防腐败局和北京市的高度重视和大力推广，全国许多地区、部门和单位陆续开展了这项工作，呈现出内容不断深化、领域不断拓展、覆盖面逐步扩大、成效逐步显现的良好发展态势，为从源头上防治腐败积累了经验、提供了借鉴。

贺国强在全国加强廉政风险防控规范权力运行现场会上，听取北京市、上海市、河北省、浙江省、海关总署、湖北省鄂州市、安徽省芜湖市7个单位的发言。贺国强指出，加强廉政风险防控、规范权力运行，是完善制约和监督机制、促进社会主义民主政治建设的必然要求，是完善惩治和预防腐败体系、从源头上防治腐败的重大举措，是加强领导班子和干部队伍作风建设、推动经济社会又好又快发展的重要保证。我们要进一步提高对加强廉政风险防控、规范权力运行重要意义的认识，切实增强推进这项工作的责任感和紧迫感。

8月30日

［纲　文］　**国务院在北京召开全民科学素质行动实施工作电视电话会议。**

［目　文］　中共中央政治局委员、国务委员刘延东出席并讲话。中国科协常务副主席、书记处第一书记陈希汇报了全民科学素质行动实施工作有关情况。教育部、山西省等有关方面代表作了发言。会议表彰了“十一五”时期全民科学素质行动实施工作先进集体和先进个人。

8月30日

［纲　文］　**浙江省第十一届人民代表大会常务委员会第二十七次会议决定，接受吕祖善辞去浙江省人民政府省长职务的请求；任命夏宝龙为浙江省人民政府副省长、代省长。**

8月30日

［纲　文］　**海南省第四届人民代表大会常务委员会第二十四次会议决定，接受罗保铭辞去海南省人民政府省长职务的请求；任命蒋定之为海南省人民政府代理省长。**

8月30日

［纲　文］　**第五届中华图书特殊贡献奖颁奖仪式在国家大剧院举行。**

［目　文］　国务委员刘延东出席并为5位获奖者颁奖。刘延东感谢5位中华图书特殊贡献奖获得者多年来在积极介绍中国和翻译、出版中国作品方面作出的杰出贡献并指出，改革开放30多年来，中国已形成了以优秀民族文化为主导、同时积极吸收外来有益文明成果的文化发展格局。文化因交流而丰富，因交融而多彩。推动文化交流不但是各国人民的热切愿望，也是推动人类文明进步与世界和平发展的重要动力。中国期待进一步向世界展示中华文化，加强与世界各国的文化交流，扩大不同文化背景下人们的心灵沟通。

获得本届中华图书特殊贡献奖的分别是：荷兰莱顿大学教授施舟人，美国著名未来学家约翰·奈斯比特，印度尼赫鲁大学中文副教授狄伯杰，日本中央大学文学系教授饭塚容，英国剑桥大学出版社全球首席执行官及印刷管理总裁潘世勋。

中华图书特殊贡献奖是新闻出版总署设立的政府奖项，旨在表彰在介绍中国、翻译和出版中国图书、促进中外文化交流等方面作出重大贡献的外国翻译家、作家和出版家。

8月30日

［纲　文］　**国家统计局公布2011年全国早稻产量数据。**

［目　文］　根据国家统计局对早稻主产区的实割实测推算和非主产区统计，全国早稻播种面积5751千公顷，比上年减少45千公顷，下降0.8%。全国早稻单产为每公顷5697公斤，比上年增加290公斤/公顷，提高5.4%。全国早稻总产量为3276万吨，比上年增产143万吨，增长4.5%。

8月30日

［纲　文］　**全球可持续性亚洲区域专家会在北京举行。**

［目　文］　本次会议由中国气象局主办，联合国秘书长全球可持续性高级别小组秘书处和韩国全球绿色增长研究所协办。17个国家70多位专家交流了亚洲各国在落实千年计划、实现可持续发展进程中的经验和教训，提出对可持续增长的关切与需求。与会官员和专家围绕脱贫与就业、绿色发展与技术创新、市场与资金及减灾与风险管理四个主题展开对话和讨论，以亚洲的经验为全球尤其是发展中国家的可持续发展提供借鉴和参考。这将有助于推动世界以更加积极的姿态、更加精诚的合作促进全人类的共同发展和进步。

8月30日

［纲　文］　**中蒙青年友好联欢活动在内蒙古自治区呼和浩特举行。**

［目　文］　中组部部长李源潮和蒙古人民党总书记呼尔勒苏赫出席并分别致辞。中组部、中联部、团中央、内蒙古自治区委有关负责人，蒙古国社会各界青年代表200余人与中国青年观看了中蒙青年友好联欢文艺晚会。

中蒙青年友好联欢活动由中国共青团中央和中华全国青年联合会共同举办。在为期一周的访华行程中，中蒙青年代表在北京、内蒙古等地进行交流和参观访问活动。

8月30日

［纲　文］　**中国军控与裁军协会在北京举行成立10周年纪念大会。**

［目　文］　国务委员戴秉国、外交部部长杨洁篪到会祝贺，外交部、中联部和相关军事单位负责人180余人出席。中国军控与裁军协会会长马振岗在会上作了工作报告。

中国军控与裁军协会于2001年8月21日在北京成立，是我国专门从事军备控制、裁军及防扩散研究和对外交流的民间组织。协会集智库和非政府组织两方面特色于一身，具有联合国经社理事会认定的特别咨商地位，是我国军控领域最权威的民间机构。协会的会员包括国内从事国际政治和安全研究的专家学者、前资深外交官、军队退役高级将领等。协会目前有个人会员200余人、团体会员32个。

8月30日

［纲　文］　**中宣部在北京召开《从怎么看到怎么办》编写出版工作座谈会。**

［目　文］　中宣部部长刘云山出席会议并讲话。全国政协副主席、中国社会科学院院长陈奎元出席会议。来自有关部门、社科研究单位以及高校和基层的8位代表在座谈会上发言。中央和国家机关有关部门、中央宣传文化单位、各省区市党委宣传部、在京有关出版社负责同志，理论界部分专家学者，基层干部、群众和高校师生代表，共140多人参加会议。

刘云山指出，推进理论大众化，必须坚持马克思主义立场观点方法，坚持人民至上的价值追求，紧紧围绕事关党和国家发展、干部群众普遍关注的重要问题，辩证全面地分析“怎么看”，科学求实地阐明“怎么办”，切实做到理论与实践相结合、认识世界与改造世界相统一，充分发挥科学理论武装头脑、指导实践、推动工作的作用。

8月30日

［纲　文］　**孟建柱在北京与侦破全球最大中文淫秽色情网站联盟“阳光娱乐联盟”案件专案组民警座谈。**

［目　文］　国务委员、公安部部长孟建柱听取专案组民警代表的发言。孟建柱指出，各级公安机关要深入研究当前网络犯罪活动出现的新情况、新特点，认真总结成功经验，把科技手段应用和工作机制创新、执法理念提升有机统一起来，进一步加强部门配合协作和区域警务合作，进一步健全国际执法合作机制，不断提高防范打击网络违法犯罪的能力和水平，坚决维护网络安全，切实保障公民合法权益。尽管中美两国司法体制、文化价值观念等方面存在差异，但在打击犯罪方面却有着共识。多年来，中国公安机关一直致力于打击网络色情犯罪。这次在网站服务器和主犯都在境外的情况下，公安部充分利用法律武器和国际警务合作平台，与美国联邦调查局紧密合作，成功破获“阳光娱乐联盟”一案，打了一场漂亮仗。

近日，公安部统一组织指挥北京、安徽、福建等省市公安机关，联手美国警方，摧毁在全球拥有1000多万名会员的最大中文淫秽色情网站联盟“阳光娱乐联盟”。这是中美两国执法机关在打击网络犯罪领域的第一次成功的联合执法行动，也是我国公安机关开展国际执法合作、跨国打击犯罪的又一成功典范。美国联邦调查局向公安部发来感谢信，称赞中国警方在打击国际犯罪领域与美方的通力合作，并对中国警方锲而不舍的精神和专业水平给予高度评价。

8月30日

［纲　文］　**2011北京国际出版论坛在北京举行。**

［目　文］　论坛由新闻出版总署、国务院新闻办公室和中国民主促进会中央委员会主办，中国图书进出口（集团）总公司承办。论坛的主题是“数字时代的国际出版业走向”。全国人大常委会副委员长、民进中央主席严隽琪出席论坛并致辞。来自国内外的出版界权威人士围绕论坛主题进行了主题演讲，并就数字技术革命、数字时代的创新业态与盈利模式等问题进行了讨论。

8月30日

［纲　文］　**《人民日报》报道，发展改革委发布通知，要求各级政府价格主管部门在2011年秋季新学期开学之际组织开展教育收费检查。**

［目　文］　教育收费专项检查的重点是2010年秋季开学以来发生的收费行为，范围是各级各类学校、幼儿园（所）、地方政府及行政主管部门涉及教育的收费行为。

此次专项检查的重点是：农村义务教育“两免一补”收费政策落实情况；中职教育

对家庭经济困难学生和涉农专业学生免收学费政策落实情况；免除符合当地政府规定接收条件、在公办学校就读的进城务工人员随迁子女学杂费、借读费政策落实情况；义务教育阶段继续收取与录取学生挂钩的捐资助学费用的；举办与招生入学挂钩的乱收费行为；未达到民办学校要求的改制学校，以民办学校名义乱收费的行为；公办高中招收择校生“三限”政策落实情况；幼儿园（所）收费政策执行情况；高等学校招生乱收费的行为；高等学校以研究生培养机制改革为名，向安排财政拨款研究生收取学费的行为；未经批准，擅自缩减研究生计划内招生数，以招收委托培养、自筹经费研究生名义多收费的行为；继续收取各类证卡工本费（初次办理）、押金、保证金的行为；高等学校未经法定程序审批，以中外合作办学、示范性软件学院等名义乱收费的行为；冒用学历教育名义在录取体制外违规招生并收费的行为；成人教育及自学考试超标准及自立项目乱收费的行为；民办高校（包括独立学院）学历教育未按照所在地省级价格主管部门批准的项目和标准违规收费的行为；各级各类学校通过家长委员会、家长学校或班委会等形式强制服务、强行收费的行为等。

8月30日

［纲　文］　**中国人大网全文公布《中华人民共和国刑事诉讼法修正案（草案）》，并向社会征集意见，征集意见截止日期为2011年9月30日。**

［目　文］　我国现行刑事诉讼法是1979年制定，1996年八届全国人大四次会议修正的。随着经济社会的快速发展、民主法制建设的不断推进和人民群众司法需求的日益增长，刑事诉讼制度在某些方面出现了一些不相适应的问题，有必要进一步予以完善。8月26日闭幕的十一届全国人大常委会第二十二次会议初审了刑诉法修正案草案。这次修正案草案有99条，拟将刑诉法从原来的225条增加到285条，修改的面较大，修改的条文比较多，主要涉及完善证据制度、强制措施、辩护制度、侦查措施、审判程序、执行规定、特别程序七个方面。

8月30日

［纲　文］　**商务部、发展改革委、外交部发布《对外投资国别产业指引（2011年）》。**

［目　文］　《指引》由三部委组织专家在梳理有关国家经济发展规划、官方文件及统计数据的基础上编写而成，目前涉及115个国家，重点介绍了这些国家的主要产业发展目标、优先发展产业领域、对外资行业准入规定等内容，并收录了我国签订的对外双边投资保护协定及避免双重征税协定的有关信息。

8月30日

［纲　文］　**全国农业财政工作会议在广西南宁召开。**

［目　文］　会议回顾总结了“十一五”时期财政支农工作，研究分析了当前财政支农工作面临的新形势和新任务，对做好“十二五”时期财政支农工作做出具体部署。各省（自治区、直辖市、计划单列市）财政厅（局）、中央农口部门和新疆生产建设兵团财务司（局）有关负责人等出席了会议。

8月30日

［纲　文］ **人民网主办的第一届“中国人游日本DV·摄影大赛”颁奖典礼在北京举行。**

［目　文］ 来自中日两国政商界、学术界、传媒界等50多位嘉宾出席了颁奖典礼。本次大赛的主题为：透过中国游客的镜头，以旅行摄像、摄影的方式介绍日本。大赛从2010年12月份启动以来，历时半年，面向全球华人展开以日本旅游目的地、旅游文化、风土人情等为题材的摄影、视频作品征集，旨在推动中日友好交流及观光事业的发展。

8月30日—9月3日

［纲　文］ **应国家主席胡锦涛邀请，菲律宾总统阿基诺对中国进行国事访问。**

［目　文］ 访问期间，胡锦涛在北京同阿基诺举行会谈。两国元首一致表示，深化中菲传统友谊，促进两国务实合作，把中菲战略性合作关系提高到新水平。两国元首出席了有关双边合作文件的签字仪式。全国人大常委会委员长吴邦国和国务院总理温家宝分别会见阿基诺。国务院副总理王岐山在北京与阿基诺共同出席中国—菲律宾经贸论坛并致辞。阿基诺还访问了上海和福建。双方发表了《中华人民共和国与菲律宾共和国联合声明》。

胡锦涛同阿基诺举行会谈时说，菲律宾政府坚持奉行一个中国政策，在台湾等问题上给予中方宝贵支持，我们对此表示赞赏。中方高度重视对菲关系，不断巩固和发展中菲战略性合作关系是中国政府的既定政策。中国在南海问题上的立场和主张是一贯的、明确的。中方一贯主张南海争议应当由当事国双方通过协商谈判和平加以解决。在争议解决前，有关国家可搁置争议，积极探讨在相关海域的共同开发，这符合有关国家的共同利益。中方愿同包括菲律宾在内的东盟国家一道，积极落实《南海各方行为宣言》，共同把南海建设成为和平之海、友谊之海、合作之海。

阿基诺说，菲方高度重视发展对华关系，把菲中关系视为最重要的双边关系之一，愿意进一步发展双边关系，加深两国人民几个世纪以来结下的深厚友谊。菲方重申致力于维护地区和平稳定，致力于落实《南海各方行为宣言》。南海问题不是菲中关系的全部，不应影响双边关系的发展，不应影响两国各领域友好合作，希望这一问题早日得到解决，造福两国人民。

吴邦国会见阿基诺时说，中国全国人大愿与菲方一道，积极落实两国领导人达成的共识，增进政治互信，妥善处理分歧，深化务实合作，把两国关系不断推向新的高度。

阿基诺表示，菲中之间虽然存在分歧，但并非两国关系的本质所在，菲方愿与中方一道，致力于通过协商逐步解决双方之间的分歧，推动两国关系不断发展。

温家宝会见阿基诺时表示，中国政府愿本着平等相待、互利共赢原则，同菲方一道推动两国经贸合作取得更大进展。中国将同菲律宾等各方加强沟通配合，开好今年的东亚领导人系列会议，推动东亚合作健康向前发展。

阿基诺表示，菲方感谢中方在菲经济建设方面提供的帮助，欢迎中方扩大对菲投资，菲方将为此提供便利条件。

8月31日

［纲　文］　**温家宝主持召开国务院常务会议。**

［目　文］　会议主要内容是：一、决定扩大中小学教师职称制度改革试点。会议决定，在近两年山东省潍坊市、吉林省松原市、陕西省宝鸡市进行试点的基础上，再用一年左右时间，在全国部分地市开展深化中小学教师职称制度改革试点。改革的指导思想和主要任务是：遵循教育发展规律和教师成长规律，建立与事业单位岗位聘用制度相衔接、符合中小学教师职业特点的职称制度，形成以能力和业绩为导向、以社会和业内认可为核心、覆盖各类中小学教师的评价机制。由人力资源社会保障部、教育部联合成立改革领导小组，统一领导改革试点工作。会议强调，深化中小学教师职称制度改革，是提高中小学教师职业地位，鼓励更多高学历、高素质人才从事中小学教育的重要举措。试点工作政策性强，涉及面广，各地区、各有关部门要加强组织领导，周密部署，认真制定试点方案，确保改革顺利推进。二、增加财政投入支持发展学前教育。为加快解决学前教育资源短缺、投入不足、城乡区域发展不平衡等问题，切实缓解入园难、入园贵的矛盾，会议决定，按照地方为主、中央奖补的原则，进一步增加学前教育财政投入。“十二五”期间，中央财政将安排500亿元，重点支持中西部地区和东部困难地区发展农村学前教育。三、听取对中央企业监督检查情况的汇报。从检查情况看，中央企业努力开拓市场，推进结构调整，深化体制机制改革，加强自主创新，积极履行社会责任，企业经济效益继续提升，活力进一步增强，科研水平不断提高，并在贯彻落实国家宏观调控政策、保障市场供应、承担国家重大工程项目建设、参与社会公益事业等方面发挥了重要作用。

8月31日

［纲　文］　**国务院印发《“十二五”节能减排综合性工作方案》。**

［目　文］　《方案》由十二个部分组成：一、节能减排总体要求和主要目标。二、强化节能减排目标责任。三、调整优化产业结构。四、实施节能减排重点工程。五、加强节能减排管理。六、大力发展循环经济。七、加快节能减排技术开发和推广应用。八、完善节能减排经济政策。九、强化节能减排监督检查。十、推广节能减排市场化机制。十一、加强节能减排基础工作和能力建设。十二、动员全社会参与节能减排。

8月31日

［纲　文］　**国务院公布修订后的《公安机关督察条例》，自2011年10月1日起施行。**

8月31日

［纲　文］　**财政部、税务总局印发《关于房屋土地权属由夫妻一方所有变更为夫妻双方共有契税政策的通知》。**

［目　文］　《通知》说，现就房屋、土地权属由夫妻一方所有变更为夫妻双方共有的

契税政策通知如下：婚姻关系存续期间，房屋、土地权属原归夫妻一方所有，变更为夫妻双方共有的，免征契税。自 2011 年 8 月 31 日起施行。

8 月 31 日

［纲　文］　**国土资源部、财政部、农业部组成全国加快推进农村集体土地确权登记发证工作领导小组**。

［目　文］　按照计划，全国加快推进农村集体土地确权登记发证工作将分三阶段推进，2011 年 8 月至 12 月为部署落实阶段；2012 年 1 月至 12 月为全面推进阶段；2013 年 1 月至 6 月进行阶段性验收总结。国土资源部副部长王世元表示，严禁通过土地登记将违法用地合法化。

8 月 31 日

［纲　文］　**国防科技大学自主创新团队先进事迹首场报告会在北京人民大会堂举行**。

［目　文］　报告会前，中共中央政治局常委李长春会见报告团全体成员，代表中共中央总书记胡锦涛向他们表示慰问。他指出，要深入学习宣传国防科大自主创新团队的先进事迹，大力弘扬创新精神、培育创新文化、营造创新环境，大力推动科技创新以及理论创新、文化创新和体制机制创新，在全社会形成创新激情竞相迸发、创新成果不断涌现的良好局面，使创新成为促进经济社会发展的强大动力。

报告会由中宣部、教育部、科技部、解放军总政治部、解放军总装备部和湖南省委主办。报告会上，报告团成员讲述了国防科大自主创新团队为攀登世界科技高峰顽强拼搏的亲身经历和感受。各主办单位有关负责人，驻京部队大单位、武警部队的领导和官兵代表 700 多人现场聆听了报告。

近年来，国防科技大学老中青几代科研人员以强军兴国为己任，把人生理想和价值追求自觉融入国家振兴和国防建设的伟大事业之中，紧紧围绕国家发展和军队建设战略需求，瞄准世界科技前沿，抢占科技发展制高点，形成了一支团结协作、竭诚奉献、勇攀高峰的创新团队，创造了以“天河一号”超级计算机系统为代表的一批创新成果，为推进科技强军、维护国家安全、建设创新型国家作出了贡献。有关事迹经新闻媒体报道后，在全社会引起强烈反响。

8 月 31 日

［纲　文］　**体育总局、教育部发布《中等体育运动学校管理办法》**。

［目　文］　《办法》共 9 章 40 条。主要有总则，设置与审批，招生、学籍与毕业就业，德育与教学工作，运动训练、竞赛与科研工作，教师、教练员，保障条件，安全管理与监督，附则等内容。自 2011 年 10 月 1 日起施行。原国家体委、国家教委 1991 年 7 月 8 日发布的《体育运动学校办校暂行规定》（体群字〔1991〕131 号）同时废止。

8 月 31 日

［纲　文］　**爱党爱国爱民的杰出院士吴孟超从医 68 周年暨 90 华诞座谈会在上海第**

二军医大学举行。

［目　文］　全国人大常委会副委员长路甬祥、韩启德、桑国卫，全国政协副主席、科技部部长万钢，中央军委委员、总后勤部部长廖锡龙等发来贺信贺词。座谈会由上海市人民政府、福建省人民政府、中国科学院、第二军医大学主办。

座谈会上，福建医科大学副校长黄爱民说，吴老是福建人民的骄傲，也是福建人民学习的榜样。要像吴老那样鞠躬尽瘁、无私奉献，培养出更多优秀的医学人才。吴孟超院士的学生代表、一等功臣郭亚军教授说，作为吴老的学生，一定认真学习并坚决传承老师的好思想、好品质、好技术、好作风，在本职岗位上勤勉踏实、开拓创新，不断攀登新的医学科技高峰。

吴孟超表示，要在有生之年多做一些力所能及的事情，争取早日建成国家肝癌科学中心，为我国肝胆外科学科的发展和最终解决肝癌问题而努力工作。

吴孟超是我国肝胆外科的主要创始人和开拓者，1922年生于福建，1943年考入同济大学医学院。从医68年来，他先后取得30多项重大医学成果，主刀完成包括我国第一台中肝叶切除术在内的1.4万多台肝脏手术，先后获得国家和军队科技进步奖21项，荣获2005年度“国家最高科学技术奖”，被中央军委授予“模范医学专家”荣誉称号，被国际肝胆胰协会授予“杰出贡献奖”。2011年5月，国际有关机构将17606号小行星命名为“吴孟超星”；7月，吴孟超院士被授予“全国优秀共产党员”荣誉称号。

8月31日

［纲　文］　**新闻出版总署发布，全国打击侵权假冒专项行动涉案金额达到2.83亿元。**

［目　文］　2010年10月至2011年6月，全国集中开展了打击侵犯知识产权和制售假冒伪劣商品专项行动。截至2011年6月，各地立案查处的3381起案件中，已依法作出行政处罚2696起，移送司法机关追究刑事责任179起，涉案金额2.83亿元，捣毁窝点1548个，罚没物品313.3万件。

8月31日

［纲　文］　**北京援建规模最大项目拉萨市文体中心开工。**

［目　文］　北京援建重点工程拉萨市群众文化体育中心举行奠基仪式。这个项目是北京援建项目中单体规模最大、投资最多的项目，建成后将成为拉萨市的标志性建筑。拉萨市群众文化体育中心位于柳梧新区，占地387亩，由“一场两馆”即体育场、体育馆和牦牛博物馆构成。其中，体育场可容纳2万人。

2014年11月，拉萨市文体中心竣工，占地387亩，建筑面积达69000平方米，总投资约7.59亿元人民币。是西藏目前规模最大、功能最集中的群众文体中心。

8月31日—9月4日

［纲　文］　**第十八届北京国际图书博览会在中国国际展览中心举办。**

［目　文］　博览会由新闻出版总署（国家版权局）、国务院新闻办、教育部、科技

部、文化部、北京市人民政府、中国出版协会和中国作家协会联合主办，中国图书进出口（集团）总公司承办。本届博览会展出面积达5万多平方米，来自60个国家和地区的出版机构将展览展示20多万种精品图书。

创办于1986年的北京国际图书博览会，已跻身全球四大书展之列，成为中国文化走向世界的一个平台。

31日，中共中央政治局常委李长春，中共中央政治局委员、北京市委书记刘淇，中共中央政治局委员、中宣部部长刘云山，中共中央政治局委员、国务委员刘延东等参观了第十八届北京国际图书博览会。

8月31日—9月3日

［纲　文］　**回良玉在辽宁、吉林、黑龙江考察指导粮食和农业生产工作。**

［目　文］　国务院副总理回良玉指出，各地区、各有关部门要认真贯彻党中央、国务院关于加强粮食和农业生产的决策部署，在夏粮和早稻已获丰收、秋粮作物长势喜人的良好基础上，要毫不松懈地继续抓好秋粮生产，进一步落实支持粮食和农业生产的各项政策，抓好秋收作物田间管理，有针对性地做好技术指导，严密防范可能发生的各种灾害风险，千方百计夺取秋粮丰收，确保实现全年粮食和农业发展目标，努力保持农业农村发展好形势，为促进经济平稳较快发展、保持物价稳定、保障人民生活提供有力支持。

回良玉在辽宁省沈阳市苏家屯区沙河街道万亩玉米高产创建示范区、红菱街道万亩水稻高产创建示范区，查看作物长势，询问种植品种、密度和主推技术；在吉林省长春市所辖的九台市龙嘉镇和吉林市永吉县万昌镇，向开展玉米和水稻高产创建示范的农业科技人员了解新技术集成配套情况、收割前还要注意防范哪些风险；在黑龙江省农垦牡丹江管理局所辖的兴凯湖、八五六、八五七和八五〇农场，查看水稻玉米大豆高产创建示范田、农机装备和农机服务合作社、农场小城镇建设，他希望黑龙江农垦进一步发挥在发展粮食生产和保障国家粮食安全中的骨干作用、在应用先进适用技术和建设现代农业中的引领作用、在促进地方农业生产和经济发展中的带动作用。

9 月

9月1日

［纲 文］ **新华社讯，国务院印发《关于贯彻实施〈中华人民共和国行政强制法〉的通知》。**

［目 文］ 《通知》指出，行政强制法是继行政处罚法、行政复议法、行政许可法等之后又一部规范政府共同行为的重要法律，对保障和监督行政机关严格依法履行职责，提高行政管理效率，维护公共利益和社会秩序，保护公民、法人和其他组织的合法权益具有重要意义。地方各级人民政府、国务院各部门要从深入贯彻落实科学发展观，加快建设社会主义法治国家和法治政府，构建社会主义和谐社会的高度，充分认识行政强制法施行的重要意义，采取有效措施，作出具体部署，狠抓贯彻落实，扎实做好行政强制法的贯彻实施工作。

《通知》强调，各地区、各部门要把贯彻实施行政强制法，规范行政强制行为作为当前和今后一个时期全面推进依法行政、加快建设法治政府的一个重要抓手，把严格执行行政强制法与贯彻实施《全面推进依法行政实施纲要》《国务院关于加强市县政府依法行政的决定》《国务院关于加强法治政府建设的意见》结合起来，统筹考虑，统一安排。要以贯彻实施行政强制法为契机，进一步加强和改进政府立法，规范行政执法，加强执法监督，切实提高行政机关及其工作人员依法行政的能力和水平，扎扎实实地推进法治政府建设。

9月1日

［纲 文］ **财政部、海关总署、税务总局发布通知，部分进口物资免征进口税。**

［目 文］ 通知指出，为支持我国海洋石油（天然气）的勘探开发，经国务院批准，自2011年1月1日至2015年12月31日，在我国海洋进行石油（天然气）开采作业的项目，进口国内不能生产或性能不能满足要求，并直接用于开采作业的设备、仪器、零附件、专用工具，在规定的免税进口额度内，免征进口关税和进口环节增值税。

自2011年1月1日至2015年12月31日，在我国领土内的沙漠、戈壁荒漠进行石油（天然气）开采作业的自营项目，进口国内不能生产或性能不能满足要求，并直接用于勘探、开发作业的设备、仪器、零附件、专用工具，在规定的免税进口额度内，免征进口关税；在经国家批准的陆上石油（天然气）中标区块内进行石油（天然气）开采作业的中外合作项目，进口国内不能生产或性能不能满足要求，并直接用于勘探、开发作业的《免税物资清单》所列范围内的设备、仪器、零附件、专用工具，在规定的免税进口额度内，免征进口关税和进口环节增值税。

9 月 1 日

［纲 文］ **安监总局公布修改后的《〈生产安全事故报告和调查处理条例〉罚款处罚暂行规定》，自 2011 年 11 月 1 日起施行。**

9 月 1 日

［纲 文］ **国务院医改办公室宣布，我国基本药物制度初步建立。**

［目 文］ 建立国家基本药物制度是党中央、国务院保障群众基本用药，提高全民健康水平的一项重大决策，也是深化医药卫生体制近期五项重点改革之一。自 2009 年 8 月启动实施国家基本药物制度以来，我国已取得了积极进展和成效。一是基本药物制度基层全覆盖提前实现。经过整整两年时间的努力，截至 7 月底，全国 31 个省（区、市）和新疆生产建设兵团均实现了在所有政府办基层医疗卫生机构配备使用基本药物，并实行零差率销售。其中，安徽、黑龙江、上海、四川、重庆、云南、甘肃、青海、宁夏 9 个省市区还同步在村卫生室实施国家基本药物制度。二是基本药物省级集中采购全面推行。《国务院办公厅关于印发建立和规范政府办基层医疗卫生机构基本药物采购机制指导意见的通知》出台后，由政府主导的省级非营利性药品集中招标平台在 31 个省（区、市）广泛建立，以省为单位、主要招生产企业、量价挂钩、招采合一、双信封制、集中支付、全程监管的基本药物招标采购机制逐步建立和推广。三是群众基层就医负担切实减轻。实施国家基本药物制度后，基层群众切实得到实惠，主要体现为“一降一升”。“一降”主要是指基本药物实行“零差率”销售和省级集中采购后，基本药物在基层的销售价格较制度实施前明显下降。有关统计数据显示，今年 6 月底，基本药物在基层的销售价格较制度实施前平均下降约 25%。“一升”主要是指医保报销比例明显上升。基本药物使用和报销政策逐步落实到位，基本药物全部纳入基本医疗保障药物报销目录，报销比例明显高于非基本药物。新农合和城镇居民医保政策范围内住院费用报销比例，已经达到 60% 以上，部分统筹地区提高到 70%。超过 90% 的统筹地区开展了门诊统筹。

9 月 1 日

［纲 文］ **人民出版社创建 90 周年纪念大会在北京人民大会堂举行。**

［目 文］ 会前，中共中央政治局常委李长春会见部分与会代表，代表党中央向人民出版社创建 90 周年表示祝贺，向人民出版社全体职工和广大出版工作者致以诚挚慰问。

中宣部部长刘云山出席并讲话。中共中央政治局委员刘延东，全国政协副主席、中国社会科学院院长陈奎元，新闻出版总署署长柳斌杰以及有关部门领导、专家、学者及出版界、新闻界代表等数百人参加了大会。

人民出版社始建于 1921 年 9 月 1 日，重建于 1950 年 12 月 1 日，是中华人民共和国诞生后重要的党和国家政治书籍出版社，也是我国著名的哲学社会科学综合性出版社。90 年前，刚刚诞生的中国共产党为适应革命发展需要，加强马克思主义的传播，由中央局三人成员之一、负责宣传工作的李达负责，于 1921 年 9 月 1 日在上海创办了人民出版社，开始有组织、有计划地翻译和介绍马克思主义经典著作。这是我们党创办的第一家出版机构。

9 月 1 日

［纲　文］　**贺国强在中央纪委信访室接待来访群众。**

［目　文］　中共中央政治局常委、中央纪委书记贺国强接待了两名来访群众。他倾听来访群众的陈述，询问有关情况，解答他们提出的问题，指示有关工作人员对群众反映的合理诉求要加强跟踪督办，推动问题得到及时妥善解决。

贺国强与中央纪委信访室有关人员进行座谈。他指出，各级纪检监察机关要进一步畅通和拓宽人民群众参与反腐倡廉建设的渠道，依法保障群众信访举报的权利。要围绕查办案件工作，提高案件线索发现能力，充分发挥信访举报工作的案件线索主渠道作用。各级纪检监察机关要认真履行组织协调和监督检查职责，督促各级领导干部和相关职能部门切实负起责任，解决好人民群众反映的突出问题。要加大交办、督办和直接查办工作力度，严肃查处征地拆迁、住房保障、食品药品安全、环境保护、安全生产等方面损害群众利益的信访突出问题，严肃查处发生在群众身边的腐败问题，切实维护好群众合法权益。要加大问责力度，对因官僚主义、形式主义、违法行政、侵害群众合法权益引发信访问题，或对群众反映的信访问题推诿扯皮、敷衍塞责、不认真解决并造成严重后果的，要依据有关规定严肃追究责任，确保中央关于信访工作各项政策措施落实到位。

9 月 1 日

［纲　文］　**中央党校举行 2011 年秋季学期开学典礼。**

［目　文］　中共中央政治局常委、中央党校校长习近平出席并讲话。中组部部长李源潮、中央纪委副书记何勇等出席开学典礼。中央党校常务副校长李景田主持开学典礼。中央有关部门负责人、中央党校负责人以及 2011 年秋季学期全体在校学员、党校教职员工，共 2200 多人参加开学典礼。

9 月 1 日

［纲　文］　**国务院副总理王岐山在北京会见联合国世界旅游组织秘书长里法伊。**

［目　文］　王岐山接受了由世界旅游组织与世界旅游业理事会联合发起的“全球领导人支持旅游”倡议活动公开信。

王岐山说，中国政府高度重视旅游业的发展，明确把旅游业培育成国民经济的战略性支柱产业。旅游业自身也要科学发展，转变发展方式，从注重量的增长向注重结构、质量、效益的提升转变。要充分发挥市场配置资源的基础性作用，从体制机制、组织制度、服务管理等各环节入手，保障旅游安全，全面加强旅游业“软”“硬”环境建设，推动旅游业又好又快发展。

里法伊赞扬中国旅游业发展对世界的贡献，表示愿继续加强与中国旅游业的交流与合作。

9 月 1 日

［纲　文］　**国务院副总理张德江在北京会见德国博世集团董事长弗朗茨·菲润巴赫。**

［目　文］　张德江表示，2011 年是中国实施“十二五”发展规划的开局之年，改造提升制造业是一项重要任务，欢迎博世集团在装备制造业和汽车产业方面进一步加强与中方的交流与合作，实现互利共赢。

弗朗茨·菲润巴赫表示，博世集团公司愿继续深化与中方的务实合作，促进共同发展。

9 月 1 日

［纲　文］　**中国飞航技术研究院（中国航天科工集团公司第三研究院）建院 50 周年。**

［目　文］　日前，全国人大常委会委员长吴邦国考察中国飞航事业诞生地——中国航天科工集团第三研究院并作出批示，祝贺中国飞航事业创建 50 周年，希望中国航天科工集团公司努力打造国际一流航天防务公司，勉励该院以庆祝建院 50 周年为新起点，为我国飞航事业和国家战略性新兴产业发展再立新功。

1961 年 9 月 1 日，中国飞航技术研究院前身——国防部五院三分院在北京正式成立。

50 年来，该院秉承“国家利益高于一切”的核心价值观，肩负“科技强军、航天报国”的企业使命。自主研制成功被西方称为“蚕式导弹”的 C201、C601 及“中国飞鱼”C801、C802 导弹和 C701、C704、C705 系列武器装备，创造出新中国多个第一：第一型岸舰导弹、第一型空舰导弹、第一型超音速飞航导弹、第一型固体多用途反舰导弹、第一型潜射反舰导弹、第一型中程反舰导弹、第一型巡航导弹、世界第一支在珠峰成功点燃的奥运火炬。该院有 8 型导弹武器装备参加新中国 35 周年、50 周年、60 周年国庆阅兵式，首次亮相 60 周年阅兵式的某型巡航导弹，实现了解放军远程精确打击能力的跨越发展。

9 月 1 日

［纲　文］　**中国物流与采购联合会发布 8 月份中国制造业采购经理指数（PMI）为 50.9%，环比回升 0.2 个百分点。该指数历经 4 个月持续回落之后，止跌回升，显示出经济发展态势回稳。**

9 月 1—5 日

［纲　文］　**首届中国—亚欧博览会在乌鲁木齐举行。**

［目　文］　国务院副总理李克强出席开幕式并致辞。博览会由新疆维吾尔自治区人民政府、新疆生产建设兵团和商务部、外交部、发展改革委等 27 个国家部委、中央单位共同主办。北京、上海、浙江、江苏、广东等 22 个省市人民政府作为国内协办单位，上海合作组织秘书处、联合国开发计划署等国际组织、有关国家贸工部门和贸易投资促进机构作为国际协办单位。本届博览会设置了 6 个展区，总展位 2000 多个，涵盖工业、农业、科技、金融等多个领域。30 多个国家和地区参加。举办了海外华商与新疆发展论坛、文艺晚会、合作共赢与可持续发展论坛、农业合作发展论坛、金融合作论坛、科技交流合作

论坛、新闻部长论坛、上合组织区域经济合作论坛、上合组织商务夜魅力兵团主题活动、中国—亚欧旅游合作与发展论坛、贸易投资洽谈、中外文化展示周等。

其间，李克强在乌鲁木齐分别会见了参加中国—亚欧博览会的巴基斯坦总统扎尔达里、哈萨克斯坦副总理伊谢克舍夫、吉尔吉斯斯坦总统奥通巴耶娃、阿塞拜疆副总理沙里福夫和香港特别行政区行政长官、澳门特别行政区行政长官。

9 月 1—4 日

［纲　文］　**2011 中国旅游产业博览会在天津举行**。

［目　文］　博览会由国家旅游局和天津市人民政府共同主办、联合国世界旅游组织特别支持。秉承“旅游产业的盛会、合作共赢的舞台”主题，来自 45 个国家和地区的 500 余家企业参展，展位达 2400 多个。

9 月 2 日

［纲　文］　**胡锦涛在北京观看话剧《郭明义》**。

［目　文］　演出前，中共中央总书记胡锦涛、中共中央政治局常委李长春等与剧组主创人员交谈。胡锦涛指出，郭明义同志长期以来自觉学习、实践雷锋精神，坚持爱岗敬业、助人为乐。他不愧是新时期的道德楷模，我们都应向他学习。希望辽宁人民艺术剧院的同志们牢记文艺为人民服务、为社会主义服务的神圣职责，努力创作更多优秀文艺作品，为繁荣发展社会主义先进文化作出更大贡献。

话剧《郭明义》是辽宁人民艺术剧院根据鞍钢集团矿业公司齐大山铁矿采场公路管理员郭明义的先进事迹创作的。自 2011 年 4 月上演以来，已在辽宁、天津等地演出 60 多场，观众超过 12 万人。

9 月 2 日

［纲　文］　**国家主席胡锦涛任免驻外大使**。

［目　文］　胡锦涛根据全国人民代表大会常务委员会的决定任免下列驻外大使：一、免去孙国祥的中华人民共和国驻越南社会主义共和国特命全权大使职务；任命孔铉佑为中华人民共和国驻越南社会主义共和国特命全权大使。二、免去李华新的中华人民共和国驻阿拉伯叙利亚共和国特命全权大使职务；任命张迅为中华人民共和国驻阿拉伯叙利亚共和国特命全权大使。三、免去魏敬华的中华人民共和国驻塞尔维亚共和国特命全权大使职务；任命张万学为中华人民共和国驻塞尔维亚共和国特命全权大使。四、免去赵军的中华人民共和国驻以色列国特命全权大使职务；任命高燕平（女）为中华人民共和国驻以色列国特命全权大使。五、免去耿文兵的中华人民共和国驻贝宁共和国特命全权大使职务；任命陶卫光为中华人民共和国驻贝宁共和国特命全权大使。六、免去董春风的中华人民共和国驻马其顿共和国特命全权大使职务；任命崔志伟为中华人民共和国驻马其顿共和国特命全权大使。七、免去罗林泉的中华人民共和国驻希腊共和国特命全权大使职务；任命杜起文为中华人民共和国驻希腊共和国特命全权大使。八、免去刘碧伟的中华人民共和国驻

爱尔兰特命全权大使职务；任命罗林泉为中华人民共和国驻爱尔兰特命全权大使。

9月2日

［纲　文］　**温家宝在国土资源部考察。**

［目　文］　国务院总理温家宝在国土资源部信息中心，听取了国土资源信息化建设进展情况汇报；观看了国土资源全国遥感监测“一张图”核心数据库和国土资源综合信息监管平台演示；在12336违法线索处理中心，了解了国土资源违法线索举报、接收、调查处理工作；观看了国土资源调查评价主要成果展。

温家宝听取了国土资源部部长徐绍史关于近年来国土资源管理工作情况的汇报，并与部分老同志和专家代表等进行座谈。温家宝说，“十二五”时期国土资源工作面临新的形势。我国工业化、城镇化和农业现代化快速发展，经济总量不断扩大，资源环境约束更加突出；世界科技创新正在为改善资源利用创造新的空间，但我们自主创新的能力还不强，面临着更大压力；我国资源利用效率低和环境污染严重的问题尚未根本扭转。面对新形势、新要求，我们要增强责任感、使命感和忧患意识，努力破解市场经济、新技术革命、经济全球化条件下的国土资源管理难题，以资源可持续利用促进经济社会可持续发展。

9月2日

［纲　文］　**国务院总理温家宝应约与欧盟委员会主席巴罗佐通电话，双方就世界和欧洲经济金融形势以及中欧关系交换看法。**

［目　文］　温家宝说，中国有信心、有能力保持经济平稳较快发展，为促进世界经济复苏和强劲、可持续、平衡增长作出应有贡献。欧盟经济稳定关系到世界经济稳定，欧盟经济复苏有利于世界经济复苏。欧盟陆续出台了一系列缓解债务压力、推进结构改革、改进经济治理、促进经济增长的措施，这对于稳定市场、防止形势恶化发挥了重要作用。不断推进中欧全面战略伙伴关系符合双方的共同利益，顺应和平、发展、合作的时代潮流。中方愿与欧方一道，增进政治互信和战略互信，把携手应对当前困难和实施各自的发展战略结合起来，坚持平等相待、互利共赢的正确道路，增强携手应对挑战的积极势头。双方要密切沟通配合，开好第十四次中欧领导人会晤，以更多的合作成果向世界传递信心和力量。

巴罗佐表示，欧方正在采取措施，努力维护欧洲经济的稳定，有能力解决面临的困难。欧方感谢中方对欧元和欧元区经济的支持，高度重视与中方的对话与合作，认为这符合欧方的利益，对欧方至关重要，愿加强双方在贸易、投资、创新、能源、网络安全、人文等领域的合作，欢迎中方扩大对欧投资。希望双方共同努力，使第十四次欧中领导人会晤取得成功，进一步增强欧中关系的战略性，为欧中关系未来发展指明方向。

9月2日

［纲　文］　**中共中央政治局常委、国家副主席习近平在北京会见由蒙古人民党总书记乌·呼尔勒苏赫率领的蒙古人民党高级代表团。**

［目　文］　习近平说，两国总理2011年6月宣布将两国关系提升至战略伙伴关系水平，意义重大、影响深远。中国党和政府高度重视中蒙关系，愿根据两国关系的新定位，同蒙方一道，扎实推进两国各领域的交流与合作，更多更好地造福两国人民。中蒙经济互补性强，尤其表现在矿业合作方面。中蒙合作正面临新的广阔前景，我们要抓住历史机遇，发挥互补优势，根据矿产资源开发——基础设施建设——金融合作“三位一体、统筹推进”的思路，大力加强相关领域务实合作。习近平还简要介绍了中国共产党建党90周年和中国经济总体运行情况。

呼尔勒苏赫说，蒙古人民党将坚定不移地推进蒙中战略伙伴关系，深化两国在政治、经济、人文、青年等各领域的交流和互利合作，加强两国在国际事务中的协调合作，为蒙中友好竭尽全力。

9月2日

［纲　文］　**国务院副总理李克强在北京会见世界银行行长佐利克，就中国与世行开展重大项目合作以及国际经济形势交换意见。**

［目　文］　李克强说，30多年来，中国与世行合作不断深入，由贷款援助为主拓展到知识合作、国际发展合作等领域，取得丰硕成果。2010年，双方商定就一些发展战略问题包括国际合作等进行联合研究，在中国“十二五”开局之时，开展层次高、前瞻性强的合作，适逢其时，很有意义。你这次专程来参加中期成果研讨会，也说明合作项目的重要性。希望进一步丰富和完善现有研究，尽早拿出高质量、有价值的最终成果，把中国与世行合作提升到新的水平。当前，国际金融市场震荡，全球经济发展面临严峻形势，有许多重大问题和挑战需要国际社会携手应对。中国愿与世行一道，完善合作机制，更加有效地利用世行资金和智力资源，加强发展问题研究，为推动世界经济强劲、可持续、平衡增长和国际金融体系改革而积极努力。

佐利克表示，世行愿进一步拓展与中方的合作与研究，促进全球减贫与发展事业。

9月2日

［纲　文］　**公安部、全国总工会、共青团中央在北京人民大会堂召开第三届全国先进保安服务公司、先进保安员表彰大会。**

［目　文］　会议宣读了全国总工会关于授予第三届全国优秀保安服务公司“五一劳动奖状”和全国优秀保安员“五一劳动奖章”的决定，公安部、全国总工会、共青团中央关于表彰第三届全国保安先进集体和先进个人的决定。

9月2日

［纲　文］　**体育总局、教育部公布《少年儿童体育学校管理办法》。**

［目　文］　《办法》共9章37条。主要有总则，设置与审批，招生与学籍，思想品德与文化教育，体育训练与竞赛，教师、教练员，保障条件，安全管理与监督，附则等内容。自2011年10月1日起施行。国家体育总局、教育部1999年2月4日发布的《少年儿童体育学校管理办法》（体群字〔1999〕17号）同时废止。

9 月 2 日

［纲　文］　**体育总局、教育部印发《中等体育运动学校设置标准》，自 2011 年 10 月 1 日起施行。国家体育总局、教育部 2001 年 11 月 1 日制定的《中等体育运动学校设置标准（试行）》（体群字〔2001〕167 号）同时废止。**

9 月 2 日

［纲　文］　**民革中央开通辛亥革命网上博物馆。**

［目　文］　全国人大常委会副委员长、民革中央主席周铁农出席网站开通仪式，并率先在网页上为辛亥革命志士“献花”，缅怀孙中山等革命先辈。

辛亥革命网上博物馆主要分为孙中山与辛亥革命、武昌首义、辛亥革命在各地、辛亥人物、革命遗址参观等 10 个子栏目，收录辛亥革命历史纪念地、名人故居、烈士墓等信息资料近百个，汇总了 705 位有记载的辛亥革命志士资料，收集文字资料共计 340 余万字。

9 月 2 日

［纲　文］　**国务委员、公安部部长孟建柱在北京会见朝鲜人民保安部参谋长金哲雄。**

［目　文］　孟建柱说，中方愿同朝鲜同志一道，落实好两国领导人达成的重要共识，继续把中朝关系巩固好、发展好，为维护地区和平稳定、促进共同发展作出积极贡献。中朝执法安全合作是两国关系的重要组成部分，希望双方进一步落实两部达成的共识，密切沟通联系，加强在打击跨国跨境犯罪、案件协查和遣返犯罪嫌疑人等方面的合作，推动双方友好合作朝着务实、互利、共赢的方向发展。

金哲雄表示，朝方十分重视朝中执法安全合作，希望进一步增进双方传统友谊，深化务实合作。

9 月 2 日

［纲　文］　**第四届“蓝厅论坛”在外交部举行。**

［目　文］　论坛由中国联合国协会和外交部新闻司公共外交办公室联合主办，以“中华人民共和国恢复在联合国合法席位 40 周年”为主题。外交部部长助理吴海龙、驻华外交使节、工商界人士、知名专家学者以及媒体代表等约 200 人出席。

9 月 2 日

［纲　文］　**2011 中国（宁波）智慧城市技术与应用产品博览会在宁波举行。**

［目　文］　全国人大常委会副委员长陈至立出席开幕式。本届智博会由工业和信息化部、国家广电总局、中国科学院、中国工程院、中国电信、中国移动、中国联通以及宁波市政府等单位共同主办，以“荟萃智慧应用，建设智慧城市”为主题。通过展览展示和主题论坛等多种活动，集中展示智慧城市建设领域的新技术、新产品、新成果，共同探讨智慧城市建设领域的新理念、新模式、新经验，构建起智慧城市建设展示、交流、合作的大平台。有 310 家企业参与。

9月2日

［纲　文］ **“香港各界纪念辛亥革命100周年大会”在香港会议展览中心举行。**

［目　文］ 全国政协副主席陈奎元、董建华，香港特区署理行政长官唐英年，中央政府驻港联络办主任彭清华等出席大会。来自中央统战部、国务院台办、国务院侨办、国务院港澳办、全国政协港澳台侨委员会、全国台联和外交部驻港公署、解放军驻港部队等部门及党派团体负责人和代表，香港各界纪念辛亥革命100周年筹委会和各发起机构负责人、各界代表人士，居港辛亥革命先辈后裔，以及台湾和澳门的知名人士400余人出席了大会。大会发表了《香港各界纪念辛亥百年倡议书》。

9月2—4日

［纲　文］ **首届辽宁营口航空运动旅游节暨全国热气球冠军赛在辽宁营口举行。**

［目　文］ 本次活动由营口市人民政府和国家体育总局航空无线电模型运动管理中心共同举办。来自全国各地的60名热气球选手乘驾30个热气球展开竞技。所赛项目包括：指定目标、游荡华尔兹、猎狗追兔、飞向主会场、蜻蜓点水、竞速飞行、肘形距离、最短距离、最长距离等。

9月4日

［纲　文］ **温家宝在北京看望著名科学家、国家最高科技奖获得者叶笃正、师昌绪、王忠诚。**

［目　文］ 95岁的叶笃正是中国著名气象学家，不仅开创了青藏高原气象学，创立了东亚大气环流和季节突变理论，还倡导全球变化研究，在气象理论研究和对外国际交流中作出了贡献。在北京医院的病房里，温家宝说：“我昨天还在仔细看您的著作，您在学术研究中把气候、地球、物理和人文都联系起来了。”叶笃正就全球气候变化谈了自己的见解。温家宝说，我们一方面要把自己的事情办好，转变经济发展方式，把碳排放降下来，另一方面要积极参加气候变化的国际咨询和科研机构。叶笃正非常关心我国的教育事业和人才培养，关心全民族科技素质的提高，写了许多科普读物。叶笃正向温家宝建议：应该把南开老校长张伯苓的教育思想和西南联大的教育思想好好总结一下。温家宝点头表示赞同地说，教育事业的改革和发展，要吸收和借鉴老一辈教育家的优秀教育思想和做法。

91岁的师昌绪是我国著名材料学家、高温合金研制的开拓者之一。他关心我国高科技事业的发展，曾就碳纤维、纳米技术、发动机材料、镁合金等科技发展提出很好的建议。最近又提出将飞机发动机列入国家科技重大专项的建议，中央高度重视。温家宝和师昌绪从20世纪80年代就十分熟悉，师昌绪告诉总理说自己现在还天天上班，看到师先生身体健康，温家宝高兴地说：“您不仅关心材料科学的发展，还就更好地发展我国科技事业提出了许多建议。最近您关于把航空发动机列入国家科技重大专项的建议，我认为这意见很中肯和有意义。”从加强材料科学研究到改革科研体制，温家宝对师老的建议一一回应，表示将认真研究。临别时，师老又向总理提出：应该进一步加强媒体宣传科技的内容，提高我国青少年的科学素养。温总理说："您说得对，全社会都要努力营造发展科技事业的良好氛围。"

86岁的北京天坛医院名誉院长、北京市神经外科研究所所长王忠诚是我国神经外科的开拓者，20世纪70年代以来在国内脑血管病的综合治疗方面不断取得新成果，其中脑干病变和脊髓内肿瘤的临床与基础研究成果达到国际先进水平。在王忠诚家中，他说，医生要终生学习，同样的病在不同的病人身上表现不一样。医生的学风、医德都很重要。做医生首先要端正态度，全心全意地为患者服务。温家宝对此表示赞同。王忠诚接着对温家宝说，现在我国神经外科医生数量少，难以满足病人的需要，建议国家加强对神经外科医生培养的力度。温家宝表示，您的要求，我记住了。

9月4日

［纲　文］　**中宣部、国家广电总局在宁夏回族自治区银川市召开全国直播卫星公共服务试点工作现场经验交流会。**

［目　文］　中宣部部长刘云山出席会议并讲话。中宣部副部长、广电总局局长蔡赴朝主持会议。广电总局负责人通报了直播卫星公共服务工作情况，宁夏、内蒙古、河北等地介绍了试点经验。中央和国家机关有关部门负责人，各省区市和新疆生产建设兵团党委宣传部、广电局、有线电视网络公司负责人出席会议。

开展直播卫星公共服务，主要是通过卫星直接为有线电视网络未通达的农村家庭免费提供中央和地方40多套高质量的广播电视节目。从2011年4月开始，已在宁夏、内蒙古、河北部分乡村和牧区进行了试点。

9月4日

［纲　文］　**全国政协"蜀道文化线路保护与申遗"调研活动在西安启动。**

［目　文］　全国政协副主席张梅颖在启动仪式上表示，做好蜀道文化线路保护与申遗工作，对于弘扬中华优秀传统文化、加强生态文明建设和推动区域经济社会协调发展具有重大战略意义。

此次"蜀道文化线路保护与申遗"专题调研组由全国政协委员、蜀道研究相关领域专家学者和新闻工作者60多人组成，调研活动为期9天。自即日起，专题组将赴陕西、四川两省蜀道沿线西安、宝鸡、汉中、广元、绵阳、德阳、成都7市进行实地考察，并举行相关研讨会和座谈会，听取委员、专家学者对蜀道文化线路保护与申遗的意见和建议。

"蜀道之难，难于上青天"，诗仙李白的名句让蜀道闻名遐迩。广义的古蜀道包括全国各地通往古代蜀地的道路以及蜀地范围内的道路。从狭义上说，蜀道是指翻秦岭过巴山、连接今陕西西安和四川成都的道路。

9月4日

［纲　文］　**"为中国共产党九十华诞放歌"诗词联赋征文大赛揭晓。**

［目　文］　由中国新闻文化促进会、重庆市委宣传部、人民日报社文艺部、中华辞

赋社联合举办的“为中国共产党九十华诞放歌”征文大赛，自4月1日起，6月30日截止，共计收到应征稿件16279篇，其中诗词11707篇，楹联3970篇，赋602篇。本次大赛由知名专家、学者组成评审委员会，经评审，评出一等奖4名，二等奖12名，三等奖24名，优秀奖200名。

9月4日

［纲　文］ **澳门地区纪念辛亥革命100周年大会在澳门旅游塔会展娱乐中心举行。**

［目　文］ 全国政协副主席陈奎元、何厚铧，澳门特区行政长官崔世安，中央政府驻澳联络办主任白志健等出席大会。中央统战部、国务院台办、国务院侨办、国务院港澳办、全国政协港澳台侨委员会、全国侨联等部门负责人，中央驻澳机构负责人，澳门地区纪念辛亥革命100周年筹委会和各发起机构负责人等800余人出席了大会。

9月4日

［纲　文］ **首届中日韩名记者圆桌对话会在长春举行。**

［目　文］ 对话会由人民日报社和吉林省人民政府共同主办，吉林省人民政府外事办公室、吉林省对外友协承办。此次会议共分三个议题：一是东北亚区域经济合作的动力、互信和机制；二是图们江流域开发为区域合作带来的机遇与挑战；三是中日韩共同面对防灾、抗灾与灾后重建。近百位来自中日韩三国的媒体代表、埃塞俄比亚驻华大使塞尤姆等十几个国家的驻华使节和驻京记者参加了对话会。

7日，中宣部部长刘云山在北京会见出席首届中日韩名记者圆桌对话会的媒体代表时表示，三国主流媒体共同搭建沟通交流平台、营造良好舆论氛围，有利于深化中日韩友好合作，促进东北亚经济发展。希望三国媒体进一步密切交流，在新闻产品、人员交流、传播技术、业务培训等各方面创新合作形式，拓展合作领域，更好地加深中日韩三国人民友谊，推动东北亚区域合作不断深入发展。

9月4—6日

［纲　文］ **亚洲政党专题会议在南宁举行。**

［目　文］ 中共中央政治局常委、国家副主席习近平向会议致贺信。习近平在贺信中指出，今天的亚洲经济更加繁荣、社会更加进步、人民信心更加坚定、发展前景更加广阔。如何紧跟世界发展新趋势，着力转变经济发展方式，促进全面协调可持续发展；如何更好地兼顾速度和质量、效率和公平，把发展经济与改善民生紧密结合起来，让发展成果惠及全体人民，依然是摆在亚洲各国政党、政府和人民面前的重大课题。

会议由中国共产党主办，中共中央对外联络部承办。以“发展与社会共享：让发展成果惠及民众”为主题。下设“亚洲政党发展理念探索”和“推动发展成果全民共享——政党的作用”两个分议题。来自26个国家52个政党和有关国际政党组织的137名代表参加了会议。

会议发表了《亚洲政党专题会议南宁倡议》。

9月4—13日

［纲　文］　**“日出东方——马克思主义在中国暨人民出版事业90周年纪念展”在中国国家博物馆举办。**

［目　文］　纪念展由新闻出版总署、中共中央党史研究室、中共中央文献研究室、中央编译局等单位指导，人民出版社和中国国家博物馆共同主办。展览分为两大部分，展示马克思主义在中国传播历程中的重要文献以及马克思主义中国化、时代化、大众化的重要理论成果。数千件展品中有不少珍贵的历史文献，如《共产党宣言》就专题收集了不同时期的十多种版本。最早的是1920年陈望道的首译本。为配合此次展览，主办方还特邀中国当代90位极具影响力的书画艺术家，创作以本次展览内容为主题的艺术作品参展。

9月5日

［纲　文］　**新华社讯，中央军委印发《关于进一步加强军队审计工作的意见》。**

［目　文］　《意见》共七个部分，包括认清审计工作的重要意义、全面发挥审计监督职能、大力推进审计工作改革创新、健全完善审计工作运行机制、积极推动审计结果运用、注重抓好审计力量建设、切实加强党委对审计工作的领导等内容。

《意见》指出，军队审计工作是军队的一项重要监督制度，是确保党对军队绝对领导的重要经济监督手段，是维护军事经济安全、规范军事经济秩序、提高军事资源效益、促进军队反腐倡廉建设的重要途径，是具有重要政治意义、军事意义和经济意义的特殊保障。

9月5日

［纲　文］　**李长春在北京观看庆祝2011年教师节录制的大型主题晚会《美丽心灵——献给老师的歌》，并为2011年度“全国教书育人楷模”颁奖。**

［目　文］　中共中央政治局常委李长春向获奖教师表示热烈祝贺，他勉励广大教师以先进楷模为榜样，忠诚党的教育事业，恪守教师职业道德和学术道德，以学识魅力和人格魅力感染学生、教育学生，在敬业奉献中使人类灵魂工程师的光荣称号绽放出时代风采。

由教育部和中央电视台联合举办的这台晚会，通过歌舞、诗朗诵、主题故事、人物访谈等多种形式，生动反映了《国家中长期教育改革和发展规划纲要（2010—2020年）》实施一年来取得的成绩，讴歌了当代人民教师春风化雨、教书育人的崇高师德，充分展现了全社会尊师重教的良好风尚，为全国1700多万教育工作者送上了节日礼物。中共中央政治局委员、国务委员刘延东，全国政协副主席、中国社会科学院院长陈奎元一同观看。晚会于10日晚在中央电视台播出。

9月5日

［纲　文］　**国家副主席习近平在人民大会堂会见世界银行行长佐利克。**

［目　文］　习近平指出，未来5年将是中国全面建设小康社会的关键时期，是深化

改革开放、加快转变经济发展方式的攻坚阶段。中国将按照科学发展观的要求，坚定不移地深化改革，扩大开放，切实转变经济发展方式，推动经济社会平衡、协调和可持续发展。当前，中国政府将继续加强和改善宏观调控，实施积极的财政政策和稳健的货币政策，着力稳定物价总水平，加快推进结构调整和节能减排，大力保障和改善民生，促进经济平稳较快发展和社会和谐稳定，努力实现“十二五”时期经济社会发展良好开局。近期国际金融市场出现动荡、全球经济增长面临严峻挑战。国际社会应加强宏观经济政策协调，共同提振市场信心，并通过二十国集团等机制改善全球经济治理，推动世界经济复苏和强劲、可持续、平衡增长。

佐利克表示，世界银行将一如既往地支持中国的经济社会发展，并愿与中方一道，共同促进全球减贫与发展事业。

9月5日

［纲　文］　**孟建柱在北京出席全国公安机关装备财务工作会议并讲话。**

［目　文］　国务委员、公安部部长孟建柱指出，要坚持服务中心工作、服务基层一线、服务实战需求，紧紧围绕“保障有力、管理规范、基础扎实、服务到位、廉洁高效”的总目标，以深化公安经费保障体制机制改革为主线，以服务公安实战为牵引，以科技手段为支撑，全面提升公安装备财务工作科学化管理水平，为提升公安机关依法履行职责能力提供强有力的物质保障。装备财务工作是公安工作的重要组成部分，是公安工作正常开展的物质基础。进一步加强公安装备财务工作，是确保公正执法、圆满完成各项安保任务、实现科学管理、努力打造廉洁公安机关的必然要求。各级公安机关要进一步加强公安装备财务工作，着力提升科学管理水平，真正把人民给的每一分钱都用在“刀刃”上，让有限的资金发挥出最大的效益。

9月5日

［纲　文］　**中国浦东、井冈山、延安干部学院举行秋季开学典礼。**

［目　文］　中共中央政治局委员、中组部部长李源潮出席并讲话。上海、江西、陕西三省市党委有关负责人，中国浦东、井冈山、延安干部学院的学员和教职员工参加开学典礼。

9月5日

［纲　文］　**中央军委委员、中国人民解放军总参谋长陈炳德上将在北京与新西兰国防军司令琼斯举行会谈。**

［目　文］　陈炳德说，当前中新关系处于历史最好时期。在此背景下，中新两军关系保持了积极的发展势头。中方重视发展中新两军关系，愿与新方共同努力，加强对话和交流，推进两军务实性合作，将两军关系提升到更高水平。

琼斯说，希望两军加强在维和、反海盗、人道主义救援、减灾等方面的合作。两军之间还应当加强人员交流，建立更加紧密的关系，共同致力于维护亚太地区的和平与稳定。

9月5日

［纲　文］**刘云山在宁夏回族自治区调研。**

［目　文］中共中央政治局委员、中宣部部长刘云山在中卫、吴忠、银川等地，考察了一些企业、村镇、社区和宣传文化单位。他指出，当前我国文化发展正面临难得历史机遇，胡锦涛总书记“七一”重要讲话从全局高度对文化建设作出深刻阐述，为在伟大实践中进行文化创造指明了方向；我国文化改革发展取得丰硕成果和宝贵经验，为实现文化跨越发展奠定了坚实基础；党的十七届六中全会将研究部署深化文化体制改革、推动社会主义文化大发展大繁荣，必将推动兴起文化建设的新高潮。要顺应时代发展和社会进步的新趋势，进一步树立机遇意识、改革意识、发展意识，更加自觉地承担起推动文化繁荣发展的历史责任。民族地区文化发展有自身的特点，丰厚的文化资源，独特的文化优势，完全可以使文化成为经济社会发展的先导力量、带动力量。

9月5日

［纲　文］**中央文明办、财政部、教育部在淄博举行中央专项彩票公益金支持乡村学校少年宫项目全国启动仪式。**

［目　文］经国务院批准，“十二五”期间，中央财政将安排中央专项彩票公益金24.5亿元，在全国建设8000所乡村学校少年宫。根据项目规划，8000所乡村学校少年宫分5年建设，综合考虑各地乡镇数量和农村人口数量，按年度平均分配项目指标，2011年首批建设的1600所于年底前建成并投入运转。

乡村学校少年宫经验起源于山东省淄博市，后被中央文明办发现、总结并向全国推广。目前，山东已建成乡村学校少年宫2100余所，开办各类培训班和主题教育实践活动20多万期（次），成为学生满意、家长认可、社会肯定的未成年人思想道德建设特色品牌。

9月5日

［纲　文］**国务院新闻办公室主任王晨在北京会见巴基斯坦新闻广播部部长阿旺，双方就加强中巴新闻管理部门和媒体之间的交流合作，以及巩固和深化两国全天候友谊，进行了交谈。**

9月5日

［纲　文］**《人民日报》报道，中国5家企业联合收购全球最大铌矿企业15%股权。**

［目　文］由中国中信集团有限公司、鞍山钢铁集团有限公司、中国宝武钢铁集团有限公司、首钢集团和太原钢铁（集团）有限公司共同出资成立的一家中国联合体合资公司，已经完成以19.5亿美元的价格对巴西矿冶公司（CBMM）15%股权的收购。根据官方统计数据，巴西拥有全球最大的铌矿储量，而巴西矿冶公司拥有世界上最大最优质的铌矿的开采权。本次投资对联合体成员及巴西矿冶公司都具有非常重要的战略价值。

铌主要用作钢铁生产的合金元素，能够同时提高钢的强度和韧性，从而改善最终产品的效能并使其更加环保。从2002年到2009年，由于对高品质钢材的需求不断提高，全球铌需求量以每年10%左右的速度增长。

9月5日

［纲　文］　**商务部、工业和信息化部在北京召开国家船舶出口基地授牌大会。**

［目　文］　认定广州市、上海市（崇明县）、大连市、南通市、泰州市、青岛市、舟山市、武汉市、威海市、厦门市、福州市、重庆市（涪陵区）12个地区为国家船舶出口基地。

会议就《船舶工业“十二五”进出口发展规划（征求意见稿）》和《国家船舶出口基地管理办法（征求意见稿）》等文件进行了讨论。出口基地所在地政府、有关省市商务主管部门、工业和信息化主管部门负责人，有关金融、保险机构和商协会代表等近100人参加了会议。

9月5—7日

［纲　文］　**吴邦国在福建调研。**

［目　文］　全国人大常委会委员长吴邦国在平潭综合实验区和莆田、泉州、厦门等地的建设工地、工厂企业、社区住户，就加快平潭综合实验区开放开发、转变经济发展方式、保障和改善民生等，与广大干部群众共话机遇，同谋发展。

吴邦国在澳前海峡高速客滚码头，登上即将投入运行的双体飞翼船“海峡”号考察，询问港口设计客流量和车流量是多少，港口条件和船舶安全性能情况。在平潭综合实验区管委会，听取实验区规划和建设进展情况介绍，并在金井湾组团工地实地查看。在厦门钨业股份有限公司，来到依托该公司组建的国家钨材料工程技术研究中心，同工程技术人员探讨钨产业发展的前沿技术问题。在安踏体育用品有限公司，考察了公司新产品展示中心和运动科学实验室，并听取了晋江市民营企业发展情况介绍。他称赞晋江走出了一条依托民营经济发展县域经济的好路子。在厦门市湖里区高林居住区，与居民们交谈。他指出，保障和改善民生是转变经济发展方式的重要抓手，也是转变经济发展方式的最终目的。各级财政要向公共服务领域倾斜，加大对低收入群体的帮扶力度，认真解决人民群众关心的就业、社保、医疗、教育等方面的突出问题。

9月5—6日、8日

［纲　文］　**李长春在北京调研。**

［目　文］　中共中央政治局常委李长春在中关村国家自主创新示范区展示中心，观看园区科技创新成果展示。在联想集团公司、神州数码控股有限公司、汉王科技公司等企业展台，勉励他们加大研发投入，尽快突破一批填补国内空白的核心技术，抢占行业发展制高点。在仁创科技集团有限公司展台，对企业通过自主研发积极发展沙产业的实践表示赞许。京东方科技集团公司自主建设了8.5代TFT—LCD生产线，改写了我国大尺寸液晶屏完全依赖进口的历史。他赞扬企业取得的创新成果，希望他们始终瞄准世界科技发展前沿，努力做到生产一代、研制一代、预研一代、储备一代，不断增强核心竞争力，早日

跻身世界一流企业行列。

李长春在西城区金融街街道市民学校，与参加国学、器乐、歌舞培训的群众交谈；在北京出版创意产业园区，了解出版策划营销和数字出版推广情况；在北京水晶石数字科技股份有限公司，观看了数字版《清明上河图》演示，勉励公司大力推动文化与科技结合，通过数字化形式创新业态、开发市场，把中华民族灿烂的历史文化传播到世界各地；在中国木偶艺术剧院观看了木偶剧演出，鼓励剧院在体制创新的基础上大力推动文化创新，进一步提升实力和竞争力，努力成为儿童剧领域的世界著名文化企业；在国家体育馆，观看杂技和京剧排练，与演职人员交谈；在北京电影学院，考察动画、摄影、数字电影教学科研情况；在北京网络媒体协会，他强调，要大兴网络文明之风，广泛开展文明网站创建活动，加强行业自律和社会监督，积极营造健康向上的网络文化环境。

9月5—17日

［纲　文］　**中共中央政治局委员、天津市委书记张高丽率中共代表团对爱尔兰、阿曼、土耳其和沙特进行友好访问。**

9月5—9日

［纲　文］　**国务委员戴秉国访问越南并主持中越双边合作指导委员会第五次会议。**

［目　文］　6日，中国—越南双边合作指导委员会第五次会议在河内举行。中方主席、国务委员戴秉国和越方主席、越南政府副总理阮善仁共同主持会议。中方外交部、中联部、国防部、发展改革委、公安部、安全部、财政部、商务部等部委及广东、广西、云南、海南等省区负责人，以及越方党、政有关部门和军队、地方负责人出席了会议。

双方回顾了一年来各领域务实合作取得的进展，提出了对下一阶段推进合作的规划和设想，同意进一步加强党际交往、执法、经贸、农业、科教文卫、地方等各领域合作，推动中越全面战略合作伙伴关系取得更大、更好发展。双方表示，要加强在地区事务中的沟通与协调，推动中国同东盟关系取得新的进展，促进地区和平、稳定与繁荣。关于南海问题，双方强调要从中越友好大局出发，加强深入沟通，有效管控分歧，妥善处理敏感问题，共同维护南海稳定。双方发表了《中越双边合作指导委员会第五次会议联合新闻稿》。

访问期间，戴秉国在河内分别会见了越共中央总书记阮富仲、越南总理阮晋勇。

9月5—8日

［纲　文］　**2011全国日报体育新闻学会年会在北京举行。**

［目　文］　年会由全国日报体育新闻学会主办，搜狐网承办。来自全国各地的30余家省市级日报体育部负责人与会，共同分享体育新闻报道经验，探讨2012伦敦奥运会报道计划。

9月6日

［纲　文］　**胡锦涛在北京会见参加全军非战争军事行动总结研讨暨成果展示活动的代表。**

［目　文］　中共中央总书记胡锦涛向他们表示问候，对近年来全军和武警部队出色完成非战争军事行动任务给予充分肯定。

同日，经中央军委批准，全军非战争军事行动总结研讨暨成果展示活动在北京举行，活动主要任务是：系统总结近年来全军和武警部队遂行非战争军事行动任务的经验，展示实践成果，探索特点规律，研究进一步加强非战争军事行动能力建设和完成好各项任务的措施。

9 月 6 日

［纲　文］　**中央文史研究馆成立 60 周年座谈会在北京人民大会堂举行。**

［目　文］　国务院总理温家宝出席并讲话。国务委员兼国务院秘书长马凯，全国政协副主席、统战部部长杜青林，中央国家机关有关部门负责人，中央文史研究馆馆员、国务院参事，以及各省（区、市）文史研究馆代表约 200 人出席座谈会。中央文史研究馆馆长袁行霈介绍了文史研究馆 60 年发展情况。中央文史研究馆馆员和国务院参事代表戴逸、汤一介、冯骥才、刘梦溪等发言，就文化发展、文史工作等提出意见和建议。

温家宝指出，国家发展和民族振兴，不仅需要强大的经济力量，更需要强大的文化和道德的力量。没有先进文化的发展，没有全民族素质的提高，就不可能实现真正的现代化。文化是一个民族的灵魂。文化对一个国家发展进程的影响，比经济和政治的影响更深刻、更久远。如果说，经济发展改变的是一个国家的面貌，那么文化繁荣则可以化育一个民族的风骨。中华民族拥有五千年文明史，在漫长的历史长河中，无论兴衰成败，历史文化的根脉始终生生不息、绵延不绝。深厚的历史文化底蕴，成为我们民族赖以生存和繁衍发展的精神沃土；丰富的历史文化遗产，成为我们民族取之不尽的宝贵精神财富。中国的优秀文化传统，对今天中国人的价值观念、生活方式和中国的发展道路都具有深刻的影响。

座谈会前，温家宝与中央文史研究馆馆员合影，并参观了纪念中央文史研究馆成立 60 周年特展——由海峡两岸书画家创作的 66 米国画长卷《新富春山居图》。

同日晚，纪念中央文史研究馆成立 60 周年招待酒会在北京举行。马凯出席并致辞，杜青林等出席。

9 月 6 日

［纲　文］　**国务院总理温家宝应约与日本首相野田佳彦通电话。**

［目　文］　温家宝祝贺野田佳彦就任日本首相并表示，中日是一衣带水的邻邦，在广泛领域拥有共同利益，保持两国关系长期稳定、健康发展有利于增进两国人民的福祉，促进亚洲乃至世界的和平与繁荣。中国政府愿同日本新内阁一道，坚持中日四个政治文件的原则，保持高层交往；积极扩大各领域交流与合作，密切在地区和国际事务中的协调配合；以迎接中日邦交正常化 40 周年为契机，推动两国战略互惠关系取得新进展。

野田佳彦感谢中国政府和人民对日本救灾和灾后重建工作的帮助和支持，表示日本新内阁视日中关系为最重要的双边关系之一，愿同中方一道，密切高层交往，加强在灾后重建、旅游、海洋等领域的合作和青少年之间的交流，充分利用两国邦交正常化40周年，增进两国人民之间的相互了解和友谊，推动日中战略互惠关系不断向前发展。

9月6日

［纲　文］　**国务院副总理李克强在北京会见以张富士夫为团长、米仓弘昌为最高顾问的2011年度日中经济协会访华团。**

［目　文］　李克强指出，中日经济互补性强，希望双方抓住世界产业结构调整的契机，充分发挥各自优势，增强在能源、环保、循环经济、高科技、灾后重建等领域的合作，推动中日经贸合作稳定增长和转型升级。李克强回答了日方提出的关于中日关系、双边合作、宏观经济形势等方面的问题。

米仓弘昌、张富士夫表示，愿为推动日中关系发展和深化两国经贸合作等继续积极努力。

2011年度日中经济协会访华团是应中国贸促会邀请来华访问的，代表团成员主要是日本经济界知名人士，共180余人。

9月6日

［纲　文］　**贺国强在中国纪检监察学院调研。**

［目　文］　中共中央政治局常委、中央纪委书记贺国强考察学院建设情况，看望学院和参建单位干部职工。在学院图书馆、报告厅、教学楼及二期工程建设现场，听取介绍，询问有关情况。

贺国强指出，反腐倡廉，教育是基础。加强领导干部反腐倡廉教育培训，是深入推进党风廉政建设和反腐败斗争的一项重要任务，也是干部教育培训工作的一项重要内容。要认真贯彻落实《关于加强领导干部反腐倡廉教育的意见》，着力提高领导干部反腐倡廉教育的科学化、制度化、规范化水平，不断夯实领导干部廉洁从政的思想道德基础。中国纪检监察学院要突出办学特色，强化教学管理，加强学科建设，加强队伍建设，搞好后续工程建设，切实提高办学质量和水平，努力把学院建设成为纪检监察专业人才的培养基地、纪检监察学科的建设基地、党政领导干部的廉政教育基地，反腐倡廉建设理论与实践研究中心、反腐败国际交流与合作中心。

9月6日

［纲　文］　**国务院新闻办公室发表《中国的和平发展》白皮书。**

［目　文］　白皮书由五个部分组成：一、中国和平发展道路的开辟。二、中国和平发展的总体目标。三、中国和平发展的对外方针政策。四、中国和平发展是历史的必然选择。五、中国和平发展的世界意义。

9月6日

［纲　文］　**人力资源社会保障部公布《在中国境内就业的外国人参加社会保险暂行办法》，自2011年10月15日起施行。**

9月6日

［纲　文］　**张德江在哈尔滨主持召开部分省市技术改造工作座谈会。**

［目　文］　国务院副总理张德江指出，“十二五”时期，技术改造工作要深入贯彻落实科学发展观，以促进工业转型升级、提升产业竞争力为主攻方向，以改革开放和体制机制创新为强大动力，以企业为主体、市场为导向，坚持质量、效益、速度相统一，加大投入，完善政策，创新管理，加快改造提升传统产业、培育发展新兴产业，切实提高企业市场竞争力和国际竞争力，全面提升工业发展质量和效益。技术改造是我国在工业发展中形成的一项重要制度，是推动我国工业持续快速健康发展的一条行之有效的宝贵经验。改革开放30多年来，工业战线坚持紧紧抓住技术改造不放松，改革创新，奋力拼搏，有力地推动了我国产业结构调整步伐，加速了我国工业化现代化进程，提高了我国工业的整体素质和水平。

在黑龙江调研期间，张德江在机械装备、汽车、船舶等企业，了解了企业技术改造工作和生产经营情况。出席“第一届中国国际新材料产业博览会”开幕式并参观展览。

9月6日

［纲　文］　**国务委员、公安部部长孟建柱在北京与吉尔吉斯共和国国家安全委员会主席杜舍巴耶夫举行会谈。**

［目　文］　孟建柱说，近年来，两国公安、安全部门在打击“三股势力”和禁毒、边防管理、执法培训、警用技术装备交流等领域合作成果显著。希望双方继续深化务实合作，共同提高防范打击恐怖活动的能力和水平，切实维护两国和本地区的安全与稳定。

杜舍巴耶夫表示，吉国家安全委员会高度重视发展与中国公安部的执法合作关系，愿与中方进一步加强沟通协调，继续扩大和深化执法安全各领域务实合作。

会谈后，孟建柱和杜舍巴耶夫签署了《中华人民共和国公安部和吉尔吉斯共和国国家安全委员会关于建立边防三级联系制度的议定书》。

9月6日

［纲　文］　**中央加快转变经济发展方式监督检查工作领导小组在北京召开检查组动员培训会议。**

［目　文］　中共中央书记处书记、中央加快转变经济发展方式监督检查工作领导小组组长何勇出席会议并讲话。何勇强调，各检查组要明确检查任务、把握工作重点、采取有效措施，努力提高检查工作的质量和效率。一要总体掌握中央关于加快转变经济发展方式决策部署贯彻落实情况，重点检查“十二五”规划纲要的指导思想贯彻情况、主要目标落实情况、政策导向实施情况等，对各有关地区加快转变经济发展方式已有的成效作出分析判断。二要重点检查中央关于加快水利改革发展决定贯彻落实和保障性安居工程建设政策落实情况，既认真检查有关地方政府及其部门履行职责、落实政策的情况，从整体上把握两项重点工作的进程，又注意随机选取一些具有代表性的工程项目进行实地检查，从个案中了解实情、详情。三要特别关注工程建设质量和资金使用效益，确保

工程质量过硬，坚决杜绝“豆腐渣”工程；确保财尽其用、用当其时、用当其所，坚决防止违规使用和严重浪费建设资金问题。四要认真督促整改发现的问题，确保每个问题都整改到位、不留任何隐患；对失职渎职、贪污受贿、私分挪用等违纪违法案件线索，要交由纪检监察机关或司法机关调查处理，切实做到发现一起查处一起，绝不姑息。五要把检查与调研结合起来，把调查研究贯穿于检查工作全过程，通过个案分析，把突出问题梳理清楚，为制定和完善政策措施、加强和改进工作提供参考依据；注意发现和总结各有关地方在加快转变经济发展方式及其监督检查工作中的有效做法和成功经验，研究提出开展监督检查的新思路、新办法、新举措，努力提高监督检查工作科学化水平。

本次会后，10个检查组赴20个省（区、市）开展为期半个月的检查。

9月6日

［纲　文］　**中国教科文卫体工会庆祝教师节暨全国教育系统职业道德建设标兵表彰大会在北京召开。**

［目　文］　中华全国总会副主席王玉普、教育部副部长刘利民等为标兵代表颁奖并讲话。100名教育工作者获得“全国教育系统职业道德建设标兵”。

9月6日

［纲　文］　**商务部与韩国知识经济部在长春签署《共建中韩产业园谅解备忘录》。**

［目　文］　“中韩产业园”启动区位于重庆两江新区龙盛片区，重点发展电子产业，积极培育文化创意、数字娱乐等新兴产业，择机发展新能源等其他产业，打造以引进韩国优势制造产业和文化创意产业为主的高端产业基地，按照韩国的社会文化习俗及建筑风格建设相关的配套生活居住设施，营造韩国化的生活环境，打造韩国投资者在中国中西部地区的文化家园和第二故乡，成为功能现代、产业高端、总部集聚、生态宜居的中韩产业平台。

9月6日

［纲　文］　**中国航空工业集团公司发布，国产AC313直升机创造海拔8000米升限新纪录。**

［目　文］　由中航工业自主研制的13吨级大型民用直升机AC313，在青海共和机场飞到海拔8000米高度，创造了国内直升机升限新纪录。AC313型直升机由中航工业旗下的昌飞公司、六〇二所、发动机公司、系统公司等单位共同研制，于2010年3月18日在江西景德镇吕蒙机场首飞成功，是我国第一个完全按照最新适航条例规定的要求和程序进行研制的大型民用运输型直升机，填补了我国大型民用直升机的空白。

9月6日

［纲　文］　**三亚—台北的直飞航班首次开通。**

［目　文］　从中国台湾台北桃园机场起飞的CI525次航班降落在海南三亚凤凰国际机场，标志着三亚—台北航线开通。

9 月 6—7 日

[纲　文]　**首届亚太经合组织林业部长级会议在北京举行。**

[目　文]　国家主席胡锦涛出席开幕式并发表题为《加强区域合作　实现绿色增长》的致辞。胡锦涛强调，亚太经济发展和区域合作正面临新的机遇。亚太经合组织各成员应该深化合作、携手共进，让森林永远造福人类，为亚太和世界人民创造更加美好的明天。

会议由国家林业局举办。合办单位为 APEC 经济体的林业部门。协办单位为外交部、北京市人民政府和 APEC 秘书处。本次会议是中国政府于 2010 年在日本横滨举行的亚太经合组织第十八次领导人非正式会议上倡议的。会议主题是“加强区域合作，促进绿色增长，实现亚太林业可持续发展”。来自亚太经合组织 21 个成员的代表团，亚太经合组织秘书处，联合国粮农组织、联合国森林论坛、国际竹藤组织等国际组织的代表，中国有关部门负责人出席会议。会议通过了《北京林业宣言》，举行了亚太森林恢复与可持续管理组织揭牌仪式和新闻发布会。与会代表考察了八达岭林场，并在林场种植了首届亚太经合组织林业部长级会议纪念林。

7 日，国务院副总理回良玉出席闭幕式并代表中国政府致辞。他指出，中国政府将进一步采取措施，大力发展现代林业，构建稳固的林业生态体系、发达的林业产业体系和繁荣的林业生态文化体系，为经济社会可持续发展提供有力支撑。

9 月 6—10 日

[纲　文]　**“纪念辛亥革命一百周年于右任书法展”在全国政协礼堂举行。**

[目　文]　全国人大常委会副委员长陈至立，全国政协副主席孙家正、郑万通出席开幕式。本次书法展由中国侨联、全国政协书画室、中国书法家协会、于右任书法艺术研究院联合举办，旨在以书法为媒，传播于右任爱国思想，促进海峡两岸文化交流，促进中华传统文化的传播和发展。

在辛亥革命时期，于右任是著名的报刊活动家、教育家、诗人，他追随孙中山先生，一生爱国，风范长存。此次展出的百幅于右任真迹，是从中国侨联副主席、于右任书法艺术研究院（银川）院长朱奕龙私人收藏的 400 多幅于右任墨宝中筛选出的珍品。中国文史出版社专门为展览结集出版了《于右任先生墨宝——纪念辛亥革命一百周年》。

9 月 6—11 日

[纲　文]　**第七届海峡旅游博览会在厦门举行。**

[目　文]　旅博会由国家旅游局、福建省人民政府主办，福建省旅游局、厦门市人民政府承办，以“海峡旅游　合作共赢”为主题。会展展馆面积达 8000 平方米，共设 408 个展位，接待境内外客商和游客 5.3 万多人次。本届旅博会主要活动有旅游精品会展（旅游资源展示、旅游产品展销等）、旅游项目投资、参展单位旅游推介会、海峡旅游“1+1”（旅行商对接及产品采购）洽谈会等活动。同时还配套举办海峡旅游营销与品牌推广研讨会、海峡旅游服务中心奠基仪式、大嶝小镇·台湾免税公园开业仪式以及 2011 海峡

客家旅游欢乐节暨福建土楼文化节等。

9月6—11日

［纲　文］　**第七届中国吉林·东北亚投资贸易博览会在长春举行。**

［目　文］　博览会由商务部、发展改革委、吉林省人民政府联合主办。本届博览会由商品贸易、投资合作、会议论坛和文化交流四大板块组成，包括第五届东北亚经贸合作高层论坛、第十六届东北亚地区地方政府首脑会议等11项会议论坛，欧盟—中国（吉林2011）投资贸易洽谈会等36项投资合作活动。有220个重大对外合作项目通过投资合作、对接洽谈活动等集中发布推介。

9月7日

［纲　文］　**温家宝主持召开国务院常务会议。**

［目　文］　会议主要内容是：一、听取蓬莱19—3油田溢油事故处理情况。2011年6月4日以来，位于渤海中南部海域的蓬莱19—3油田连续发生溢油事故。截至9月6日，溢油累计造成5500多平方公里海水污染，给渤海海洋生态和渔业生产造成严重影响。目前，溢油风险点仍未彻底查清，溢油隐患仍未彻底排除，溢油造成的损失仍在调查评估中。有关部门要切实负起责任，抓紧做好事故调查处理工作。二、听取渤海环境保护汇报，会议分析了渤海环境保护形势。渤海是半封闭内海，由于周围重化工业高度集聚，一些河流携带大量污染物入海，加上围海填海过度，造成近岸海域水质退化，滨海湿地消失，渤海湾和辽东湾等污染严重。近年来，国家专门制定并实施了《渤海环境保护总体规划》，取得一定进展，但形势仍十分严峻。会议确定了今后一个时期的工作目标：确保渤海生态安全，入海污染物排放总量下降，力争渤海近岸海域水质总体改善，力争实现人海和谐。三、会议讨论了进一步加强环境保护工作的意见，强调必须把污染治理和生态保护摆在更加重要的位置，切实解决损害公众健康、影响科学发展的突出环境问题。为加强环境保护，落实节能减排各项任务，当前要做好以下重点工作：（一）严格执行环境影响评价制度。（二）切实加强重金属污染防治。（三）严格化学品环境管理。（四）加强农村环境保护。（五）加快建设环境监测预警体系，完善环境事件应急机制，提高应急管理能力，切实防范环境风险。（六）完善环境法律政策体系。

9月7日

［纲　文］　**国务院公布《太湖流域管理条例》。**

［目　文］　《条例》共9章70条。主要有总则，饮用水安全，水资源保护，水污染防治，防汛抗旱与水域、岸线保护，保障措施，监测与监督，法律责任，附则等内容。自2011年11月1日起施行。

9月7日

［纲　文］　**新华社讯，中央军委下发《关于加强和改进新形势下军队党史军史工作的意见》。**

［目　文］《意见》指出，我军历来高度重视党史军史工作，注重从我党我军光辉历史中汲取前进的智慧和力量。当前，我军建设所处的历史条件、社会环境和肩负的使命任务发生了深刻变化，对新形势下军队党史军史工作提出了更高要求。军队党史军史工作，是党和军队事业的重要组成部分，是军队建设一项具有全局意义的基础性、长远性工作。加强和改进新形势下军队党史军史工作，必须以马克思列宁主义、毛泽东思想、邓小平理论和“三个代表”重要思想为指导，深入贯彻落实科学发展观，围绕党、国家工作大局，围绕国防和军队发展的主题和主线，进一步加强统筹协调，健全制度机制，创新方法手段，不断提高党史军史工作科学化水平，为推动军队建设科学发展、有效履行新世纪新阶段我军历史使命提供有力支持。

9月7日

［纲　文］**发展改革委发布通知，要求各地价格主管部门加强中秋、国庆期间市场价格监管，规范市场价格秩序，保持物价基本稳定，维护人民群众利益。**

9月7日

［纲　文］**住房城乡建设部发布废止《城市燃气安全管理规定》《城市燃气管理办法》，自2011年9月7日起施行。**

9月7日

［纲　文］**住房城乡建设部发布修改后的《建设部关于纳入国务院决定的十五项行政许可的条件的规定》，自2011年9月7日起施行。**

9月7日

［纲　文］**国家统计局发布《2010年年度国内生产总值（GDP）初步核实的公告》。**

［目　文］《公告》说，2010年国内生产总值现价总量为401202亿元，比初步核算数增加3219亿元，按不变价格计算的增长速度为10.4%，比初步核算数提高0.1个百分点。其中，第一产业增加值为40534亿元，比初步核算数增加37亿元，增长速度为4.3%，与初步核算速度相同。第二产业增加值为187581亿元，比初步核算数增加1100亿元，增长速度为12.4%，比初步核算数提高0.2个百分点。第三产业增加值为173087亿元，比初步核算数增加2082亿元，增长速度为9.6%，比初步核算数提高0.1个百分点。按初步核实数计算的三次产业结构，第一产业占10.1%，第二产业占46.8%，第三产业占43.1%。

9月7日

［纲　文］**纪念康克清同志诞辰100周年座谈会在北京人民大会堂举行。**

［目　文］全国政协主席贾庆林、全国总工会主席王兆国、中组部部长李源潮、全国政协副主席杜青林、全国政协副主席兼秘书长钱运录等出席。全国人大常委会副委员长、全国妇联主席陈至立主持会议。

李源潮在座谈会上说，康克清同志的一生，是革命的一生，光辉的一生，她的光辉业绩和高尚品德永远值得我们怀念和学习。我们要学习康克清同志信念坚定、始终忠诚党和人民的崇高品质；学习她奋发有为、勇于开拓工作新局面的奋斗精神；学习她求真务实、扎实推进各项工作的优良作风；学习她严于律己、心系普通群众的革命情怀。

中央党史研究室、全国妇联、宋庆龄基金会、中共江西省委负责人在会上发言。全国政协办公厅、各民主党派中央和全国工商联，中央党史研究室，全国妇联，宋庆龄基金会，中共江西省委等方面负责人和康克清亲属、生前友好和身边工作人员等参加座谈会。

康克清（1911年9月7日—1992年4月22日）是中国共产党优秀党员，久经考验的无产阶级革命家，中国妇女解放运动的卓越领导人。康克清是中共第十一届、十二届中央委员会委员，全国政协第五、六、七届副主席。她在60多年的革命生涯中，兢兢业业、孜孜追求、奋进不息，把自己的一切毫无保留地奉献给她终生为之奋斗的中国革命、建设和改革事业，奉献给她深深挚爱的中国妇女与少年儿童事业。

9月7日

［纲　文］　**庆祝第27个教师节暨2011·中国教师发展论坛在山东潍坊召开。**

［目　文］　全国人大常委会副委员长、民进中央主席严隽琪，全国政协副主席、民进中央常务副主席罗富和出席论坛。本次论坛由民进中央和北京师范大学联合举办，主题为"推进教育家办学，促进教师队伍专业化发展"。

9月7日

［纲　文］　**国务院参事室、中央文史研究馆中华诗词研究院成立暨诗词研究与创作座谈会在北京举行。**

［目　文］　国务委员兼国务院秘书长马凯出席并讲话。座谈会由中央文史研究馆馆长、中华诗词研究院院长袁行霈主持，国务院参事室主任陈进玉发表致辞。中央和国家机关有关部门负责人，部分国务院参事、参事室特约研究员，中央文史研究馆馆员，各省（区、市）文史研究馆负责人以及诗词界代表参加了座谈会。

马凯指出，中华诗词是中华文化瑰宝中的明珠，也是人类文明的共同财富。几千年来，中华民族一代又一代创作出了大量脍炙人口的光辉诗篇，在记载历史、传承文化，启迪思想、陶冶情操，交流情感、享受艺术，丰富人的精神世界、提升中华民族凝聚力、推动社会文明进步等方面发挥了重要的作用。办好中华诗词研究院，推动中华诗词的传承、繁荣和发展，将会对弘扬中华优秀传统文化、提高国民综合素质发挥积极作用。

9月7日

［纲　文］　**中共中央政治局委员、中组部部长李源潮在北京会见由党中央执行书记蒙泰安率领的摩尔多瓦共产党人党干部考察团。**

［目　文］　李源潮指出，中国共产党愿在党际交往四项原则基础上进一步加强两党交流合作，丰富两党关系内涵，为两国关系的全面发展作出更大贡献。李源潮还应询介绍了中国共产党发展历史、执政经验以及党的组织、干部制度等情况。

蒙泰安表示，摩共高度重视两党的传统友谊，愿意学习中国共产党的成功经验，不断深化和拓宽双方在各领域的合作，为发展两党、两国关系不懈努力。

9 月 7 日

［纲　文］　**王乐泉在北京主持召开量刑规范化改革试行工作专题督查汇报会。**

［目　文］　六个督查组就所到省份开展量刑规范化改革试行工作的情况作了汇报。与会人员进行了讨论。

中共中央政治局委员、中央政法委副书记王乐泉指出，要按照中央关于深化司法体制机制改革的部署，进一步深化对量刑规范化改革的认识，研究完善相关制度措施，加强政法机关之间的协作，确保量刑规范化改革取得实实在在的效果。量刑规范化改革在全国全面试行以来，各级政法机关高度重视，密切配合，积极稳妥地开展试行工作，并取得很好的法律效果和社会效果。通过改革，量刑过程更加公开和透明，量刑结果更加公正和准确，有力促进了调查取证、审查起诉、律师辩护以及法庭审判工作，社会各界和人民群众给予了充分肯定和积极评价。

9 月 7 日

［纲　文］　**“急救为人人”2011 世界急救日主题宣传活动在北京举行。**

［目　文］　全国人大常委会副委员长、中国红十字会会长华建敏出席活动并宣布“全国心肺复苏演练活动开始”。现场 4000 名师生和红十字志愿者同时开始进行心肺复苏演练。为促进和推动急救知识和技能在全世界的普及，2000 年，红十字会与红新月会国际联合会将每年 9 月的第二个星期六定为“世界急救日”。

9 月 7—9 日

［纲　文］　**应外交部部长杨洁篪邀请，哈萨克斯坦外交部部长卡济哈诺夫对中国进行正式访问。**

［目　文］　8 日，国家副主席习近平在北京会见卡济哈诺夫时表示，双方在涉及彼此核心利益的重大问题上相互给予坚定支持，在地区和国际事务中密切协调配合，为促进地区及世界的和平、稳定与发展作出重要贡献。发展长期稳定、充满活力、内涵丰富的中哈全面战略伙伴关系符合两国和两国人民的根本利益。中方十分珍视中哈传统友谊，将发展对哈关系视为中国外交的优先方向之一。中方愿与哈方共同努力，以明年两国建交 20 周年为契机，进一步巩固和深化政治互信，加大相互支持力度，全面深化能源和非资源等各领域务实合作，加强在上海合作组织、联合国等地区和国际组织中的协作，推动中哈全面战略伙伴关系持续深入发展，造福两国人民。

卡济哈诺夫表示，哈方将继续坚定奉行一个中国政策，支持中方在台湾、涉藏、涉疆等问题上的原则立场。哈方愿与中方一道，加强战略互信，深化互利合作，扩大经贸、能源、金融、交通和高科技等重点领域合作，不断提升哈中全面战略伙伴关系水平。

同日，杨洁篪与卡济哈诺夫会谈时表示，中方愿同哈方一道，认真落实两国元首达成的重要共识，保持高层交往的良好势头，继续加强相互支持和协作，深化各领域务实合作，在双边和上海合作组织框架内推动中哈全面战略伙伴关系不断向前发展。

卡济哈诺夫表示，哈方坚定支持中方在台湾、涉藏、打击“三股势力”等问题上的原则立场，愿同中方开展全方位合作，进一步深化两国在经贸、能源、科技、人文、安全等领域合作，全力配合中方办好上海合作组织“睦邻友好年”，将哈中关系推向更高水平。

9 月 7—11 日

［纲　文］ **第十五届中国国际投资贸易洽谈会在厦门举办。**

［目　文］ 全国人大常委会委员长吴邦国出席并为本届投洽会开馆。洽谈会由商务部主办，联合国贸发会议、联合国工发组织、经济合作与发展组织、世界银行国际金融公司、世界投资促进机构协会等协办，以“引进来”和“走出去”为主题。它是中国目前唯一以促进双向投资为目的的国际投资促进活动，经过 15 年的发展，已成为全球规模最大的国际投资会。

本届投洽会同期举办 5 个专业展，分别是第七届海峡旅游博览会、第三届中国国际地产投资交易会、2011 中国创业连锁展、2011 中国国际节能环保暨新能源展和 2011 中国品牌茶叶展。举办各类论坛、研讨会共 64 场，包括 2011 国际投资论坛、世界商会领袖圆桌会议暨 2011 海峡两岸交通与物流投资洽谈会、第八届中国（厦门）国际友城市长论坛、第二届世界华商地产论坛、闽商百强论坛、中欧投资贸易恳谈会、第六届亚太投资基金峰会、资本财富论坛、中国—非洲投资高级别研讨会等活动。

7 日，吴邦国在厦门分别会见了出席第十五届中国国际投资贸易洽谈会的斯里兰卡总理贾亚拉特纳和萨摩亚副总理福诺托。

9 月 8 日

［纲　文］ **国务院办公厅印发《关于调整国家能源委员会组成人员的通知》。**

［目　文］ 《通知》说，根据工作需要和人员变动情况，国务院对国家能源委员会组成人员作了相应调整。现将调整后的名单通知如下。主任：温家宝。副主任：李克强。委员：尤权、朱之鑫、杨洁篪、张平、万钢、苗圩、耿惠昌、谢旭人、徐绍史、周生贤、李盛霖、陈雷、陈德铭、周小川、王勇、肖捷、骆琳、刘明康、吴新雄、章沁生等。国家能源委员会办公室主任由发展改革委主任兼任，副主任由能源局局长兼任，办公室具体工作由能源局承担。

9 月 8 日

［纲　文］ **财政部、水利部印发《特大防汛抗旱补助费管理办法》。**

［目　文］ 《办法》共 5 章 16 条。主要有总则、补助费使用范围、补助费申报分配、监督管理、附则等内容。自 2011 年 12 月 1 日起实施。财政部、水利部印发的《特大防汛抗旱补助费使用管理办法》（财农字〔1999〕238 号）及《特大防汛抗旱补助费分配暂行规定》（财农〔2001〕30 号）同时废止。

9 月 8 日

［纲　文］ **中国人权研究会、社会科学文献出版社在北京召开新闻发布会，发布中国人权事业发展的第一本蓝皮书《中国人权事业发展报告 NO.1（2011）》。**

［目　文］ 全书分为总报告、专题报告、专题调研报告和附录四个部分。总报告从

总体上总结中国共产党和中国政府追求人权实现的基本历程，概括改革开放以来中国人权事业在理论上、法律上和实践上实现的突破，分析人权研究工作的队伍、机构和特点，以及存在的问题。

9月8日

［纲　文］　**国务院副总理李克强在北京会见瑞典瓦伦堡财团代表团。**

［目　文］　李克强说，民间交流是国与国交往的重要组成部分，也是两国人民加深了解和友谊的有效方式。瓦伦堡财团在瑞典政治、经济界具有重要影响，长期以来积极参与中国经济建设，也促进了中瑞人民友好。中国将继续积极稳妥地推进各领域对外开放，欢迎包括瑞典企业在内的各国企业，在高端制造业、高技术产业、现代服务业、节能环保等方面深化同中方企业的合作，实现互利双赢。

瓦伦堡基金会主席彼得·瓦伦堡表示，财团将继续扩大在华投资，愿为瑞中两国在经济领域的交流与合作而努力。

9月8日

［纲　文］　**第四次中英经济财金对话在英国伦敦举行。**

［目　文］　国务院副总理王岐山和英国财政大臣奥斯本共同主持了对话。中国财政部、外交部、发展改革委、商务部、人民银行、银监会、证监会、保监会、国家能源局等部门负责人，以及英国财政部，外交部，商业、创新和技能部，贸易投资总署，英格兰银行，金融服务局，能源和气候变化部等部门负责人出席了对话会。双方围绕“为中英经济关系持续稳定发展注入新的动力”这一主题，就宏观经济形势和政策，金融监管、发展与合作，中英贸易和投资关系，国际经济政策协调等议题进行了坦诚、深入沟通，取得积极成果。

通过本次对话，双方达成以下重要共识：一、当前各国应当继续加强宏观经济政策协调，推进国际货币金融体系改革，推动世界贸易组织多哈回合谈判，坚决反对贸易保护主义，限制使用贸易救济措施。二、作为二十国集团重要成员，中英两国将与其他成员一道，团结一致，共同推动二十国集团戛纳峰会取得积极成果。三、中英双方将深化贸易与投资合作，打造基础设施、高端制造、新能源、节能环保等新的合作亮点，努力实现2015年双边贸易额达到1000亿美元的目标。四、英方重申支持欧盟尽早承认中国完全市场经济地位，并发挥建设性作用。五、双方将继续加强金融合作，启动资本市场审计监管合作谈判，促进两国资本市场健康发展。六、英方支持人民币适时纳入特别提款权，欢迎中方的金融机构在英国开展业务，继续向包括主权财富基金在内的投资者开放市场，有效保护投资者权益。七、双方将继续在多边框架下加强国际金融监管改革合作。

王岐山出席了《中华人民共和国政府和大不列颠及北爱尔兰联合王国政府关于加强基础设施合作谅解备忘录》和《中国国家能源局与英国能源和气候变化部关于加强能源领域合作的谅解备忘录》签字仪式，并与奥斯本共同会见了记者。

9月8日

［纲　文］　**中华国际科学交流基金会专家委员会在北京成立。**

［目　文］　全国政协副主席黄孟复出席成立大会并讲话。科基会第一届专家委员会由115名委员组成，其中院士41名，中青年专家74名。中国工程院院士邬贺铨被聘任为首任专家委员会主任。

中华国际科学交流基金会专家委员会旨在为专家院士和企业搭建科技咨询、科技服务平台，加快科技成果转化。其主要任务是开展高端战略咨询，为国家重大决策提供参考依据；进行科技咨询，为企业提高自主创新能力服务。

9月8日

［纲　文］　**台盟中央、全国台联在北京举行“2011年在京台胞中秋茶话会”。**

［目　文］　全国台联会长梁国扬代表台盟中央、全国台联向台湾乡亲致以节日的祝福。在京定居台胞、台商、台湾学生与北京各界人士300余人与会。

9月8日

［纲　文］　**中储棉总公司启动棉花临时收储。**

［目　文］　2011年度临时收储价为：标准级皮棉到库价格每吨19800元。

9月8日

［纲　文］　**2011全球华语广播网年度会议暨第二届全球华语广播颁奖盛典在武汉举行。**

［目　文］　活动由中央人民广播电台主办，海内外近30家华语广播机构代表参加。会议结合近年来广播发展的新机遇、新形势，举行主题演讲和座谈，并举办第二届全球华语广播奖颁奖盛典，评选并嘉奖过去两年中全球华语广播界的优秀作品和作出突出贡献的个人。本届盛典颁发包括“魅力主持奖”“文化交流奖”“公益贡献奖”“主题广播大奖”在内的4个类别共20个大奖。其中，美国鹰龙传媒公司洛城电台和香港电台普通话台成为本次评选的最大赢家，均获得2项大奖。上届魅力主持大奖获得者台湾星辰之音广播的周德仁，凭借饱满深情而富有乐感的声音演绎自创作品《大河与群山的交响——长江行》，再次斩获魅力主持大奖。

9月8日

［纲　文］　**李源潮与中央党校第二期县委书记任职培训班学员座谈。**

［目　文］　中组部常务副部长沈跃跃主持会议。中央党校常务副校长李景田等参加。座谈会上，学员们表示要领会中央决策部署，把握县域经济社会发展面临的新形势新任务，以强烈的责任感和使命感履职尽责、干事创业，不辜负组织重托和人民期望。

中组部部长李源潮指出，县委书记是党的执政骨干、当地科学发展的带头人、服务百姓的人民公仆。如果每个县委书记都能为党执好政、为民服好务，中国特色社会主义就有了坚不可摧的实践基础。县委书记要牢记科学发展、创先争优，抓好发展第一要务，让所有的群众都能从发展中受益。要以富民增收、安居乐业、保障民生、扶贫解困为己任，为人民办事，让人民满意。

9月8—9日

［纲　文］　**第七次全军军事科学研究工作会议在北京召开。**

［目　文］　会议的主要任务是总结“十一五”期间全军军事科学研究工作，交流军事科研管理经验，部署“十二五”期间全军军事科学研究任务。

9月8—10日

［纲　文］　**孟建柱在甘肃公安机关调研。**

［目　文］　国务委员、公安部部长孟建柱在天水、嘉峪关、兰州考察了三地公安机关刑侦、技侦、网侦和指挥中心建设情况。他指出，要充分借助信息化技术手段，整合各警种资源，提高合成作战能力。要牢固树立科技强警的战略思想，坚持情报信息主导警务，坚持“硬件”建设与“软件”建设相结合，在科技应用上下功夫，推动公安信息化建设成果更快更好地转化为现实战斗力。要完善区域警务合作机制，加强地区间的密切合作，切实维护西北地区社会和谐稳定。甘肃公安机关要更好地适应甘肃经济社会跨越式发展的势头，更加注重科技应用，着力提升公安机关核心战斗力；更加注重机制创新，着力提升公安机关实战效能；更加注重理念提升，着力拓展公安机关发展思路；更加注重队伍建设，着力提升公安民警能力素养，再接再厉、奋发进取，努力推动甘肃公安工作在新的起点上实现跨越式发展。

9月8—10日

［纲　文］　**应外交部部长杨洁篪邀请，阿根廷外交、国际贸易和宗教事务部部长齐默尔曼对中国进行正式访问。**

［目　文］　9日，国家副主席习近平在北京会见齐默尔曼时说，双方都致力于推动建设更加公平合理的国际政治经济新秩序，在重大国际问题上保持密切协调与配合。中国政府高度重视同阿根廷的关系，愿与阿方共同努力，落实好两国领导人达成的共识，进一步加深战略互信，扩大务实合作，密切多边协作，不断发展和充实中阿战略伙伴关系，造福两国人民。

齐默尔曼说，中国的发展对阿根廷乃至整个拉美地区都是机遇，阿方希望进一步扩大与中方在经贸、科技等领域的互利合作，实现共同发展。在当前国际政治经济形势复杂变化背景下，阿方愿同中方加强协调合作，推动两国关系深入发展。

同日，杨洁篪在北京同齐默尔曼举行会谈时表示，2012年是中阿建交40周年，中方愿以此为契机，同阿方一道，继续深化互信与合作，不断丰富和充实中阿战略伙伴关系内涵，将两国关系提升至更高水平。

齐默尔曼表示，阿方重申将坚定奉行一个中国政策，愿不断提升两国关系水平，拓展在经贸、投资、科技、学术、社会等领域的合作，以造福两国人民。

9月8—11日

［纲　文］　**第二届海峡两岸文化创意产业展在台北举办。**

［目　文］　本届产业展由中华文化联谊会和台湾商业总会共同主办，旨在进一步推动大陆文化企业和产品走进宝岛，搭建两岸文化产业交流合作、投资交易的平台，共吸引了来自上海、广东、浙江、江苏、陕西、福建等地共53家文创企业参与，涵盖文创园区、工艺美术、动漫网游、影视传媒等诸多领域。

9月8—9日

［纲　文］　**联合国可持续发展大会高级别研讨会在北京举行。**

［目　文］　外交部部长杨洁篪，发展改革委主任张平，联合国副秘书长、2012年联合国可持续发展大会秘书长沙祖康，七十七国集团主席国阿根廷常驻联合国代表阿奎罗和欧盟驻华代表团团长艾德和出席开幕式并致辞。

研讨会由中国政府与联合国共同主办。本次会议是为筹备2012联合国可持续发展大会举办的，围绕2012年大会的两大主题，即“可持续发展和消除贫困背景下的绿色经济”与“促进可持续发展机制框架”展开讨论。33个国家、13个国际组织和机构代表以及中外知名专家学者共200余人参会。

9月9日

［纲　文］　**胡锦涛考察北京市第八十中学。**

［目　文］　中共中央总书记胡锦涛看望师生员工，考察学校工作，代表党中央向全国广大教师和教育工作者致以节日的祝贺和诚挚的问候。

胡锦涛参观了校史陈列，了解这所学校的发展历程和教学成果，希望他们认真总结办学经验，进一步提高教育质量，努力促进学生全面发展、成长成才；在学校的通用技术教室里，勉励同学们勤动脑、勤动手，使自己的素质更加全面，为将来成为国家建设合格人才打好基础；看望在该校学习的西藏学生时说，中央安排西藏中学生到内地上学，是关心西藏人才培养的一项重要措施，希望你们珍惜难得机遇，勤奋刻苦学习，相互帮助、共同提高，将来为建设西藏、建设祖国贡献力量；在国际部语言一班教室观摩外籍学生汉语课，希望外籍学生不断提高汉语水平，结识更多中国朋友，进一步加深各国青少年之间的了解和友谊。

在教学楼一层大厅，胡锦涛接见学校教师代表时说，长期以来，各位老师献身教育事业，勤勉工作，默默奉献，为促进学生德智体美全面发展付出了大量心血。我们感谢大家，向你们表示崇高的敬意！中学阶段是学生健康成长的重要阶段，中学教育是整个国民教育体系中承上启下的关键环节。办好教育关键在教师。希望广大教师以对国家、对人民高度负责的精神，加强师德修养，钻研教学业务，不断开拓创新，扎实做好教书育人工作，努力培养社会主义建设者和接班人。

9月9日

［纲　文］　**财政部印发《会计改革与发展“十二五”规划纲要》。**

［目　文］　《纲要》由十五个部分组成：一、“十一五”时期会计改革与发展的基本情况。

二、“十二五”时期会计改革与发展面临的形势。三、“十二五”时期会计改革与发展的指导思想与总体目标。四、加强会计法律法规建设，不断提高会计管理工作法制化和规范化水平。五、完善企业会计标准体系，持续提升企业会计标准体系的执行力和实施效果。六、大力推进政府及非营利组织会计改革，不断提高财政科学化精细化管理水平。七、完善内部控制规范体系，稳步推进内部控制规范体系有效实施。八、全面推进会计信息化建设，为会计科学化精细化管理提供助力。九、推动注册会计师行业做强做大，服务经济发展大局。十、全面实施会计行业人才规划，不断提高会计人员素质。十一、进一步加强农村会计工作，服务社会主义新农村建设。十二、加强会计理论研究，为会计改革与发展提供理论支持。十三、深化会计对外交流与合作，全面提升中国会计国际影响力。十四、按照中央有关部署，扩大对港澳台会计合作的广度与深度。十五、健全管理体制，加强组织领导。

9月9日

［纲　文］　**最高法公布《最高人民法院关于适用〈中华人民共和国企业破产法〉若干问题的规定（一）》，自2011年9月26日起施行。**

9月9日

［纲　文］　**全国老龄办在北京举行全国“敬老月”标识、公益广告创意设计发布会暨颁奖仪式。**

［目　文］　全国“敬老月”活动标识，以重阳节的“9·9”为设计元素，把圆点化作夕阳，寓意老年人如夕阳红。圆点与中间两弧线构成手舞足蹈、快乐无比的老人，“99”二字的线条绕成心形，表示中国社会关爱老年人，明显体现出“敬老月”活动“关爱老人构建和谐”的主题。

9月10日

［纲　文］　**新华社讯，胡锦涛、温家宝就西南地区抗旱救灾作出指示。**

［目　文］　6月份以来，我国西南部分地区降水异常偏少，发生历史罕见的干旱。中共中央总书记胡锦涛、国务院总理温家宝就此作出指示，强调要高度重视西南部分地区发生的严重旱情，密切关注灾害发展和对群众生产、生活的影响；要加大抗旱工作力度，切实把抗旱作为保民生、促发展的重要任务来抓，各有关部门要进一步加强对抗旱工作的指导和支持；要坚持把确保群众饮水安全放在首位，统筹抗旱水源和用水需求，科学调度水利工程，把旱灾影响和损失减少到最低限度。

受胡锦涛、温家宝委派，国务院副总理、国家防汛抗旱总指挥部总指挥回良玉在旱情最重的贵州省，考察指导抗旱救灾工作。他在黔西南布依族苗族自治州兴仁县、兴义市和安顺市平坝县等地的村寨农户、田间地头、水库塘坝、临时供水站、抗旱打井点，查看农作物受灾和水库干涸状况，了解人畜饮水保障和抗旱措施落实情况，慰问奋战在抗旱救灾一线的干部群众、解放军、武警、消防官兵和公安民警，与当地干部、科技人员和各族群众共商抗旱大计。

11 日，回良玉在贵阳主持召开西南地区抗旱工作座谈会，传达贯彻胡锦涛、温家宝关于抗旱工作的指示精神，分析研判西南地区的旱情灾情形势，进一步研究部署抗旱减灾工作。

贵州、云南、四川、广西、重庆等省（区、市）负责人在会上发言，国家防汛抗旱总指挥部、国家减灾委有关成员单位负责人和有关省区市防汛抗旱指挥部负责人及有关专家出席座谈会。

截至目前，贵州全省 88 个县（市、区）均不同程度受灾，其中 31 个县特旱，39 个县重旱。这是贵州自 1951 年有气象观测记录以来，同期旱灾影响面、受灾程度、灾害损失最大的一年。从全国来看，今年我国旱情总体偏轻，但受旱区域集中，西南部分地区旱情突出，重复受灾，且受旱地区多是贫困地区、山区、少数民族地区，干旱时段正是主汛期和秋季农作物生长关键季节，灾害损失重，救灾难度大。

9 月 10 日

［纲　文］　**教育部发布《关于公布 2011 年度全国教书育人楷模的通知》**。

［目　文］　《通知》说，在第 27 个教师节来临之际，教育部会同有关中央新闻媒体组织开展了 2011 年度“全国教书育人楷模”推选活动。经推选，北京市第五幼儿园石利颖、贵州省盘县响水中学左相平、浙江省宁波市达敏学校刘佳芬、江苏省南通师范学校第二附属小学李吉林、辽宁省建平县职业教育中心张金波、中南大学金展鹏、上海音乐学院周小燕、新疆维吾尔自治区察布查尔锡伯自治县第一中学贺红岩、广西壮族自治区都安瑶族自治县高级中学莫振高、湖北省武汉市汉阳区钟家村小学桂贤娣 10 位教师荣获 2011 年度“全国教书育人楷模”荣誉称号。

9 月 10 日

［纲　文］　**叶挺将军纪念园落成**。

［目　文］　纪念“北伐先锋、抗日名将”叶挺将军诞辰 115 周年纪念日，全国各界群众及海外各界友人 600 多人在叶挺出生地广东省惠州市惠阳区秋长街道周田村新落成的叶挺将军纪念园，缅怀革命先烈。同日，占地 300 亩的叶挺将军纪念园建成开园，坐落在叶挺将军纪念园内的叶挺纪念馆同时开馆。

9 月 10 日

［纲　文］　**《人民日报》发表评论员文章《展现民族特色凝聚时代精神——祝贺第九届全国少数民族传统体育运动会开幕》**。

9 月 10—18 日

［纲　文］　**第九届全国少数民族传统体育运动会在贵阳举行**。

［目　文］　国务院副总理回良玉、全国政协副主席阿不来提·阿不都热西提等出席运动会开幕式。国务委员戴秉国等出席闭幕式。来自 55 个少数民族的 6700 多名选手同场竞技。独竹漂、花炮、民族式摔跤等 16 个竞赛项目共产生 129 个一等奖，185 个表演项目共产生 74 个一等奖。

本届民族运动会期间，还召开了全国民族体育先进集体和个人表彰大会暨民族体育科学论文颁奖大会、民族体育科学论文研讨会，举行了民族大联欢活动和56个“民族体育之花”展演和公益活动。

9月10—11日

［纲　文］　**第二届北京国际徒步大会在北京门头沟区举行。**

［目　文］　徒步大会由北京市体育局、北京市门头沟区人民政府、北京市体育总会、北京市民间组织国际交流协会联合主办。大会吸引了近40个国家和地区的徒步爱好者近15000人。

9月11—17日

［纲　文］　**第十四届全国推广普通话宣传周举办。**

［目　文］　推普周由教育部、中宣部、人力资源社会保障部、文化部、广电总局、国家公务员局、国家语言委员会、人民解放军总政治部、团中央举办，以“提升国家通用语言文字应用能力，弘扬中华优秀文化传统”为主题。全国各地组织了一系列活动，包括：“热爱祖国语言文字”教育和万人签名；学生语言文字知识和基本功竞赛；下乡、入户、进社区开展语言文字政策法规和规范知识宣传、咨询以及“推普大篷车”活动；经典，特别是红色经典诵读和书写；“推普之星”“推普形象大使”评选等。

9月12日

［纲　文］　**国家主席胡锦涛与拉脱维亚共和国总统贝尔津什互致贺电，热烈庆祝两国建交20周年。**

［目　文］　胡锦涛在贺电中说，建交20年来，中拉两国坚持相互尊重、平等相待，积极开展友好交往。双方政治互信不断增强，互利合作持续发展，两国人民之间的友谊日益深厚。中方愿同拉方携手努力，本着真诚友好、互利互惠、共同发展的精神，加强各领域务实合作，推动中拉双边关系取得新进展。

贝尔津什在贺电中表示，20年来，拉中两国政治对话不断深化，经贸、教育、文化等各领域合作日益拓展，我相信随着两国交流合作增多，两国关系的发展潜力将得到更充分发挥。

同日，外交部部长杨洁篪就中拉建交20周年与拉脱维亚外长克里斯托夫斯基斯互致贺电。

9月12日

［纲　文］　**温家宝与北京市第一社会福利院老人共度中秋。**

［目　文］　国务院总理温家宝看望了在这里生活的老人们，并向全国的老人们致以节日的问候。

温家宝听取了福利院有关情况介绍。他说，“十二五”期间，我国将出现第一个老年人口增长高峰，人口老龄化进程将加快。前不久，国务院常务会议通过了《中国老龄事业发展“十二五”规划》。我们要努力实现老有所养、老有所医、老有所教、老有所学、老有所为、老有所乐的工作目标。

9月12日

［纲　文］　**环境保护部、发展改革委、财政部、住房城乡建设部、水利部印发《长江中下游流域水污染防治规划（2011—2015年）》。**

［目　文］　《规划》由四个部分组成：一、流域水污染防治现状。二、指导思想、基本原则及规划目标。三、规划任务。四、规划项目与投资估算。

9月12日

［纲　文］　**中国科学家屠呦呦“因为发现青蒿素——一种用于治疗疟疾的药物”获得拉斯克临床医学奖。**

［目　文］　自1969年开始，屠呦呦参与了一项为期5年的研究项目，旨在寻找一种对氯喹具有耐药性的疟原虫的治疗方法。从2000种传统中药开始，她的研究小组研制了数百种草本提取物，进而在被疟疾感染的小鼠身上测试疗效，并最终锁定一种由青蒿制成的提取物。他们随后改进了这种提取物，并纯化得到一种名为青蒿素的药物。从那时起，这种药物拯救了全球，特别是发展中国家的数百万人的生命。这是迄今为止，中国生物医学界获得的世界级最高大奖。

拉斯克奖由著名美国广告人阿尔伯特·拉斯克及其夫人设立，自1946年起每年颁奖一次，包括基础医学研究奖、临床医学研究奖和公共服务奖。1994年之后增设特殊贡献奖。

屠呦呦1951年考入北京大学医学院，1955年毕业于北京医学院（现北京大学医学部）药学系。历任中国中医研究院中药研究所化学研究室副主任、副研究员。1971年首先从黄花蒿中发现抗疟有效提取物，1972年又分离出新型结构的抗疟有效成分青蒿素，1979年获国家发明奖二等奖。

24日，2011年度“拉斯克奖”颁奖典礼在纽约举行。拉斯克基金会将临床医学研究奖授予屠呦呦，以表彰其在治疗疟疾的青蒿素研究中的贡献。这是拉斯克奖设立65年来首次颁予中国科学家。

9月12日—10月30日

［纲　文］　**“中国文化系列活动”在美国华盛顿举行。**

［目　文］　活动由文化部和美国肯尼迪表演艺术中心合作举办，中国对外文化集团公司承办。以“中国：一个国家的艺术”为主题，旨在通过表演艺术及展览等多种形式向美国公众展示当代中国形象，推广中国文化，进一步推进中美两国之间的人文交流。包括中央芭蕾舞团、国家话剧院、北京人民艺术剧院、北方昆曲剧院、内蒙古青年合唱团、唐山市皮影剧团、四川歌舞演艺有限责任公司天姿国乐团、深圳百合少年合唱团、北京当代芭蕾舞团等国内高水平的表演艺术团组将为美国观众奉献芭蕾精品三合一晚会（《红色娘子军》《天鹅湖》《黄河》），话剧《天下第一楼》《两只狗的生活意见》，昆曲《西厢记》，现代舞剧《霾》以及合唱、民乐和皮影等演出。

9月12—13日

［纲　文］ **第三届中国—加勒比经贸合作论坛在特立尼达和多巴哥首都西班牙港举办。**

［目　文］ 国务院副总理王岐山出席论坛开幕式并致辞。论坛由中国政府与特立尼达和多巴哥政府共同主办，以“合作发展共赢”为主题。活动包括开幕式、部长级会议、企业家大会、中加经贸合作成果图片展以及中加农渔业合作、旅游合作、金融与基础设施合作等议题研讨会。来自中国和加勒比各国的政府官员及企业界代表约700人参加了论坛活动。

论坛期间，王岐山分别会见了特立尼达和多巴哥总理比塞萨尔、圭亚那总统贾格德奥、安提瓜和巴布达总理斯潘塞、牙买加总理戈尔丁、格林纳达总理托马斯和苏里南副总统阿梅拉利。

9月12—15日

［纲　文］ **“返璞归真——邓林七十回顾画展”在北京荣宝斋美术馆举行。**

［目　文］ 画展由荣宝斋、中国国家画院、中国美术家协会、中央美术学院、北京画院主办。此次展览展出了她从习画之初迄今50多年间创作的70多幅大写意作品。

邓林1941年9月生于河北省涉县，1959年师从汪慎生先生学习花鸟画，后进入中央美术学院中国画系，师从李苦禅、郭味蕖、田世光诸先生。

9月12—14日

［纲　文］ **应外交部部长杨洁篪邀请，法国国务部长兼外交和欧洲事务部部长朱佩对中国进行正式访问。**

［目　文］ 国务院总理温家宝、国务委员戴秉国在北京分别会见了朱佩。国务委员刘延东与朱佩出席了在北京语言大学举行的中国“法语年”开幕式并致辞。杨洁篪在北京同朱佩举行了会谈，双方就双边关系及其他共同关心的问题交换意见。

温家宝在会见朱佩时说，当前世界政治、经济、安全形势面临严峻复杂的局面，维护和平、促进发展的任务十分艰巨。国际社会要坚持团结、合作、共赢的正确方向，继续同舟共济，携手应对挑战。中方愿与法方一道，在双边、中欧以及全球事务中密切沟通协作，取得更多成果，推动两国全面战略伙伴关系迈上新台阶。

朱佩表示，法国高度重视法中全面战略伙伴关系，感谢中方对欧元区经济的信心和支持，愿同中方共同努力，促进法中、欧中关系持续发展。法方希望进一步加强双方的协调合作，推动二十国集团戛纳峰会取得成功，发出共同支持世界经济复苏、增长的积极信号。

杨洁篪同朱佩会谈时表示，中方愿同法方共同努力，继续落实好两国领导人达成的有关共识。保持高层互访势头，深化经贸、人文、核能、航空、旅游等领域交流与合作；加强多边领域协调，为中法关系发展提供持久动力；共同推动二十国集团戛纳峰会取得积极务实成果，增强国际社会对世界经济复苏和发展的信心。

朱佩表示，法方愿同中方一道，密切高层交往，加强人文交流，重点拓展核能等领域务实合作，推动两国全面战略伙伴关系进一步发展。

9月12—19日

［纲　文］ **2011年摔跤世界锦标赛在土耳其伊斯坦布尔举行。**

［目　文］ 来自104个国家和地区的900多名摔跤选手参加本次世锦赛男子古典式、自由式和女子自由式比赛的角逐。中国队派出14名男队员与7名女队员，参加男子古典式、自由式和女子自由式各7个级别的角逐，力拼伦敦奥运会参赛名额。

中国队获得1金3铜的成绩，中国藏族女选手西洛卓玛在女子自由式67公斤级比赛中勇夺金牌，这是西藏诞生的首个竞技体育世界冠军。

9月13日

［纲　文］ **国家主席胡锦涛在北京会见来华出席夏季达沃斯论坛的贝宁总统亚伊。**

［目　文］ 胡锦涛表示，中方高度重视中贝关系，愿同贝方一道努力，深化真诚互信的政治关系，在彼此关切的重大问题上继续相互坚定支持；循序渐进推进两国经贸合作，中方愿根据贝方资源禀赋、投资环境特点，积极拓展两国在农业、基础设施建设等领域的合作，共同实施好有关合作项目，提高经贸合作水平；中方愿同贝方开展形式多样的人文交流，扩大两国文化、教育、卫生和人力资源培训等领域的合作；加强在国际和地区事务中的协调配合，维护发展中国家的共同利益。中方支持贝宁及西非地区有关国家积极应对几内亚湾安全问题。

亚伊说，贝方高度重视贝中关系，愿同中方一道，加强高层交往和政治互信，深化经贸、农业、人文、基础设施等领域合作与交流，在国际和地区事务中相互配合，把两国关系推上新的高度。贝方重申坚定地坚持一个中国原则。

9月13日

［纲　文］ **国务院办公厅转发全国政务公开领导小组《关于开展依托电子政务平台加强县级政府政务公开和政务服务试点工作的意见》。**

［目　文］ 《意见》由四个部分组成：一、开展试点工作的重要性和必要性。二、指导思想、基本原则和目标任务。三、实施步骤。四、有关要求。

9月13日

［纲　文］ **质检总局公布《进出口食品安全管理办法》。**

［目　文］ 《办法》共6章64条。主要有总则、食品进口、食品出口、风险预警及相关措施、法律责任、附则等内容。自2012年3月1日起施行。

9月13日

［纲　文］ **财政部、交通运输部印发《内河航道应急抢通补助资金管理办法》，自2011年9月13日起执行。**

9月13日

［纲　文］ **中共中央政治局常委、国务院副总理李克强在北京会见蒙古民主党主席、政府第一副总理阿勒坦呼亚格。**

［目　文］ 李克强说，中蒙有着广泛的共同利益，两国和两国人民睦邻友好符合双方的根本利益。2011年6月，两国战略伙伴关系的建立是中蒙关系发展的重要里程碑，标志着两国关系进入了新的发展阶段。为进一步充实两国关系内涵，李克强提出四点建议：一是保持高层交往，加强政治沟通，增进战略互信；二是抓住历史机遇，发挥互补优势，加强各领域务实合作；三是加强两国立法机构、政党、工青妇组织的交流以及在环保、人文等领域的合作；四是加强多边协调，维护共同利益。中方高度重视中蒙政党交往，愿与包括民主党在内的蒙各友好政党加强党际高层交往，拓展交流形式，丰富交流内涵，深化治国理政经验交流，服务于各自国家建设，造福两国人民。

阿勒坦呼亚格说，近年来蒙中两国高层互访密切，政治互信加深，为两国拓展和深化各领域交流与合作奠定了良好基础。蒙民主党希望借鉴中国的改革开放经验，加大国内建设力度，加快推进蒙中互利合作项目，为蒙中战略伙伴关系全面发展发挥积极作用。

9月13日

［纲　文］ **全国人大常委会副委员长、中华全国总工会主席王兆国在北京会见由主席汉森率领的美国变革谋胜利工会联合会代表团。**

［目　文］ 王兆国表示，中国共产党、全国人大支持中国工会与美国工会开展友好交往，希望进一步加强对话，平等交流，求同存异，共同推动发展相互尊重、友好合作的工会关系。他还介绍了全国人大积极健全完善中国特色劳动法律体系，从立法上保障劳动者权益，以及中国工会在加强组织建设、开展工资集体协商、推动构建和谐劳动关系、维护职工合法权益等方面所作的努力。

9月13日

［纲　文］ **空军与清华大学签订《中国人民解放军空军与清华大学联合培养飞行学员协议》，从2011年起联合培养飞行学员。**

9月13日

［纲　文］ **银监会公布，截至2011年6月末，全国已组建新型农村金融机构615家，其中369家设在中西部省份。**

9月13日—10月20日

［纲　文］ **"中国国家博物馆馆藏辛亥革命名家墨迹展"在中国国家博物馆举行。**

［目　文］ 本次展览由全国政协教科文卫体委员会和中国国家博物馆共同主办。展览从国家博物馆馆藏文物中精选了120件（套）辛亥革命名家的珍贵墨迹，包括书法和书札两部分。其中既有孙中山、黄兴等革命领袖的墨宝，也有革命军中马前卒的手迹；既有勉励同志的题字，也有同志、亲人、友人之间的往来书信，更有凝聚作者思想的书籍手稿。这些珍贵墨迹大多鲜为人知。如，孙中山赠彭泽民的"博爱"横幅，孙中山赠杨寿彭的"天下为公"横幅，孙

中山赠马湘的“共和”立轴，蔡元培赠印若的“得句旋题新竹上　寄书多向远山中”对联，章太炎为建立督察院事给蔡元培的信，蔡锷致其妻潘惠英家书，马叙伦的《读书札记》，许崇智为在博罗被敌围困求援事给孙中山的电文稿，宋教仁等18人签名关于孙竹丹的公启草稿等。

9月14日，中共中央政治局常委、全国政协主席贾庆林参观了该展。

9月13—15日

［纲　文］　**中国伊斯兰教第九次全国代表会议在北京召开**。

［目　文］　全国各民族穆斯林代表共350余人出席会议。会议总结了中国伊斯兰教第八次全国代表会议以来的工作，提出了今后5年的工作任务和目标，审议通过了《中国伊斯兰教协会第八届委员会工作报告》《中国伊斯兰教第九次全国代表会议决议》，修改通过了《中国伊斯兰教协会章程》。会议选举产生了以陈广元为会长的中国伊斯兰教协会新一届领导机构，阿布力提甫·阿布都热依木等18人当选为中国伊斯兰教协会副会长。会议还选举了新一届委员会、常委会。

16日，全国政协主席贾庆林在人民大会堂会见中国伊斯兰教协会新一届领导班子成员时说，中国伊斯兰教协会是党和政府联系各族穆斯林群众的重要桥梁和纽带。长期以来，中国伊协积极协助党和政府贯彻落实宗教工作方针政策，依法管理宗教事务，为维护社会稳定、民族团结和祖国统一作出了积极贡献。

9月13—18日

［纲　文］　**“感知中国”奥地利行活动在维也纳举行**。

［目　文］　活动由国务院新闻办公室，中国驻奥地利使馆，奥地利总理府新闻局，奥地利交通、创新与科技部和维也纳市政府共同主办。内容包括开幕式，中国高水准文艺团体的演出，两国经济界、媒体界人士举办的经济论坛和媒体研讨会，就新能源合作、中欧相互认知等话题展开探讨，堪称两国间多层次、多维度的对话交流活动。

9月14日

［纲　文］　**国家主席胡锦涛与立陶宛共和国总统格里包斯凯特互致贺电，热烈庆祝两国建交20周年**。

［目　文］　胡锦涛在贺电中说，中立建交20年来，双边关系健康、顺利发展。双方领导人交往密切，相互了解和信任日益加深。两国经贸合作不断扩大，立陶宛连续多年是中国在波罗的海地区最大贸易伙伴。双方在文化、教育、体育等领域合作成果丰富，在联合国等国际组织中也保持良好的沟通与协调。中方愿同立方一道，在相互尊重、平等互利的基础上，继续推动中立友好合作关系健康、深入向前发展。

格里包斯凯特在贺电中说，过去20年中，立中关系取得了令人瞩目的成就，双方积极开展经贸、文化及体育等领域交流，取得了实实在在的成果。立方愿同中方深化互利互惠合作，造福两国人民。

同日，国务院总理温家宝与立陶宛共和国总理库比柳斯互致贺电，热烈庆祝两国建交

20周年。外交部部长杨洁篪也就中立建交20周年与立陶宛外长阿祖巴利斯互致贺电。

9月14日

［纲　文］　**财政部、民政部公布《中央财政流浪乞讨人员救助补助资金管理办法》。**

［目　文］《办法》共5章19条。主要有总则、资金申请与分配、资金使用管理与考核、监督管理、附则等内容。自2011年9月14日起实施，由财政部、民政部负责解释。

9月14日

［纲　文］　**财政部印发《中央财政现代农业生产发展资金绩效评价办法》。**

［目　文］《办法》共5章17条。主要有总则、绩效评价的组织实施、绩效评价的依据和内容、绩效评价方法与结果运用、附则等内容。自2011年10月1日起施行。财政部2009年2月4日发布的《中央财政现代农业生产发展资金绩效考评试行办法》（财农〔2009〕4号）同时废止。

9月14日

［纲　文］　**中央政法委在成都召开全国部分省（区、市）县级党委政法委建设座谈会。**

［目　文］　中央政法委副书记王乐泉出席并讲话。四川、重庆、广西、贵州、云南、西藏6省（区、市）党委政法委书记，四川眉山市、贵州遵义市、重庆渝中区、广西凭祥市、云南瑞丽市党委书记和部分县级党委政法委书记在会上发言。

王乐泉指出，党委政法委加强对政法工作的领导、协调，统筹做好维护群众合法权益、维护社会和谐稳定的工作，是中国特色社会主义政治制度的重要组成部分，也是推动政法工作发展的组织保障。当前，基层政法工作面临复杂形势和严峻挑战，必须进一步统一思想，切实加强县级党委政法委建设，不断提高领导和管理政法工作的能力。

9月14日

［纲　文］　**第一期全国新任乡镇党委书记示范培训班开班式在北京举办。**

［目　文］　中组部常务副部长沈跃跃主持开班式。中组部部长李源潮出席并讲话，勉励大家以文建明等优秀乡镇党委书记为榜样，对党负责、为民服务、创先争优，不断提高政治素质和履职能力，当好农村科学发展、和谐稳定的带头人。

为提高换届后新任乡镇党委书记的履职能力，根据《关于加强乡镇党委书记队伍建设的意见》，中组部分4期，对各省区市部分新任乡镇党委书记进行培训，为全国大规模开展换届后乡镇领导干部培训提供示范。来自27个省区市的108名乡镇党委书记参加了这期培训。

9月14日

［纲　文］　**李源潮在北京市调研医药卫生系统窗口单位创先争优。**

［目　文］　中组部部长李源潮在北京协和医院，了解开展为民服务创先争优的情况；在北京大学人民医院，通过视频远程会诊系统慰问云南、新疆基层医疗机构的医护人

员，鼓励医院充分运用现代信息技术开展名医远程会诊和指导，让优质医疗资源服务于基层百姓。

李源潮在卫生部召开座谈会，卫生部、首都儿科研究所等 6 家医疗单位介绍了开展为民服务创先争优的做法和初步成效。李源潮说，医药卫生工作直接关系千家万户的健康和幸福，各基层窗口单位要认真听取群众意见，切实解决群众感到不方便、不放心、不满意的具体问题，改善群众看病就医的感受，做实为民服务创先争优。要进一步改进医德医风，弘扬救死扶伤、病人至上、热情服务、文明行医的良好风尚，促进医务人员精诚专注医治、精益求精服务，构建和谐医患关系。

9 月 14—27 日

［纲　文］　**全国人大常委会委员长吴邦国应邀对俄罗斯、白俄罗斯、乌兹别克斯坦和哈萨克斯坦进行正式友好访问。**

［目　文］　14—17 日，吴邦国访问俄罗斯，在莫斯科分别会见了俄罗斯总统梅德韦杰夫、总理普京；与俄国家杜马主席格雷兹洛夫举行会谈，并共同出席中国全国人大与俄国家杜马合作委员会第五次会议；与俄联邦委员会代主席托尔申举行会谈，并共同主持召开中国全国人大与俄联邦委员会合作委员会第五次会议。

17—20 日，吴邦国访问白俄罗斯，在明斯克会晤了白俄罗斯总统卢卡申科。会见了白俄罗斯总理米亚斯尼科维奇并共同出席中白两国政府经济技术合作、建设工业园区等 9 项经贸合作文件的签字仪式和明斯克北京饭店奠基仪式。与白国民会议代表院主席安德烈琴科、共和国院主席鲁比诺夫举行会谈。双方就两国关系、议会交往、务实合作等广泛交换意见，达成共识。吴邦国与安德烈琴科和鲁比诺夫共同签署了中国全国人大与白俄罗斯国民会议合作备忘录。吴邦国出席了明斯克国立语言大学孔子学院揭牌仪式。

20—23 日，吴邦国访问乌兹别克斯坦，在塔什干会见了乌总统卡里莫夫，双方就中乌关系、务实合作和共同关心的其他问题交换意见，达成共识；与乌最高会议参议院主席萨比罗夫举行会谈并共同签署了中国全国人大和乌兹别克斯坦最高会议参议院合作备忘录，并见证了中乌两国政府经济技术合作协定等 5 个双边经贸协议的签字仪式；与乌最高会议立法院主席塔什穆哈梅多娃举行会谈；吴邦国在乌最高会议立法院发表题为《弘扬睦邻友好　实现共同发展》的主旨演讲；视察了中石油中乌天然气管道项目部。

23—27 日，吴邦国访问哈萨克斯坦，在阿斯塔纳会见哈萨克斯坦总统纳扎尔巴耶夫，双方就双边关系、务实合作、国际和地区热点问题进行了交谈，达成共识；与哈下院议长穆罕默德扎诺夫举行会谈；会见哈上院议长马米；与哈政府第一副总理舒克耶夫共同出席了中哈 5 个经贸协议的签字仪式；在阿斯塔纳北京大厦与中哈企业家座谈交流。

9 月 14—15 日

［纲　文］　**温家宝在大连考察。**

［目　文］　国务院总理温家宝考察了社区、超市、就业与社会保障服务中心，并召开基层群众座谈会，就物价、就业、农副产品供应等进行调研。

温家宝在大连市海军广场，看望广场上的市民；走访了大连港两户退休职工，了解他们的生活和工作情况；在大商新玛特超市海王府店，了解水果、蔬菜、肉类、粮油等产品的价格和销售情况；在大连市沙河口区就业与社会保障服务中心，与部分用工企业负责人座谈；看望慰问了在多次重大救援行动中立功的大连市公安局消防支队官兵。

15日，温家宝主持召开会议，就安全生产和环境保护问题作了讲话。他强调，要从全局和战略的高度，充分认识做好安全生产和环境保护工作的极端重要性，牢固树立以人为本、安全第一、环境友好的发展理念。要以解决煤矿安全、交通安全、危险化学品安全问题为重点，切实采取有力措施，进一步完善制度，依法管理，严格执法，加强教育，促进安全生产形势进一步好转。饮用水、大气、土壤污染和垃圾处理问题，直接影响人民群众的生活，影响人们的健康甚至生命安全。必须以对人民高度负责的精神，把这些问题解决好。要充分利用市场、行政和法律手段，在经济社会发展综合决策、区域流域综合治理、污染源控制治理三个方面下功夫，通过全防全控、联防联控和群防群控，改善环境质量。要把循环经济的理念贯穿到生产、流通、消费的各个环节。

9月14—16日

［纲　文］　**第五届夏季达沃斯论坛在大连举行。**

［目　文］　国务院总理温家宝出席开幕式并发表了题为《实现更长时期、更高水平、更好质量的发展》的致辞。本届论坛以“关注增长质量，掌控经济格局”为主题，安排了90多场讨论会，与会者围绕低碳增长、变革性创新、移动经济、城市发展等议题展开讨论。来自90多个国家的1600多名政界、商界、学术界和新闻界代表与会。

论坛期间，温家宝在大连分别会见了出席2011年大连夏季达沃斯论坛年会的世界经济论坛主席施瓦布、贝宁总统亚伊、几内亚总统孔戴、吉尔吉斯斯坦总理阿坦巴耶夫和新加坡荣誉国务资政吴作栋等；温家宝出席了企业家座谈会，并回答了世界经济论坛主席施瓦布和企业家的提问。

世界经济论坛由施瓦布于1971年创立，总部设在瑞士日内瓦，每年初在瑞士达沃斯召开年会。夏季达沃斯是世界经济论坛在达沃斯以外举行的全球性会议。

9月14—16日

［纲　文］　**中国—欧洲民间友好合作对话会在北京、天津举行。**

［目　文］　14日，对话会开幕式在北京举行，国务院副总理李克强出席并发表致辞。对话会由中国人民对外友好协会主办，中国人民政治协商会议天津市委员会、中国国际经济交流中心等单位协办，以“跨越时空的合作”为主题，来自中国和21个国家的400多名与会代表就经济合作和人文交流议题进行了讨论。

16日，对话会闭幕式在天津举行，中国人民对外友好协会会长陈昊苏宣读了《天津共识》，会议予以通过。

9月14—16日

［纲　文］　**2011海峡两岸企业家紫金山峰会在南京举行。**

［目　文］　全国政协副主席、全国工商联主席黄孟复出席会议，中国国民党荣誉主席连战，中共中央台办、国务院台办主任王毅，海峡两岸关系协会会长陈云林等出席开幕式。本次峰会由中华全国工商业联合会、国务院台湾事务办公室、江苏省人民政府主办，南京市人民政府、江苏省人民政府台湾事务办公室承办。以“携手创新经济，合力转型升级——ECFA时代两岸经贸合作新布局”为主题。除了开幕式暨主题论坛外，还有4个专场活动：两岸科技服务合作对接会、两岸新兴产业培育对接会、宁台金融合作专场推进会、宁台现代生态农业对接会。

9月15日

［纲　文］　**新华社讯，解放军总参谋部、总政治部、总后勤部印发《从大学毕业生士兵中选拔军官暂行办法》。**

［目　文］　《办法》明确，大学毕业生士兵，是指军队从普通高等学校（含研究生培养单位）全日制毕业生中征集的士兵；所称选拔军官包括大学毕业生士兵提干、报考军队院校和保送入学。全军和武警部队计划安排近4000名大学毕业生士兵提干，此外还计划安排400名优秀士兵保送入学。

9月15日

［纲　文］　**全国纠风工作座谈会在宁夏银川召开。**

［目　文］　中共中央书记处书记、中央纪委副书记何勇出席会议并讲话。何勇要求，要按照胡锦涛同志关于提高党的建设科学化水平的要求，进一步提高纠风工作科学化水平。要坚持以科学发展观为指导，用科学发展观所体现的马克思主义的立场、观点、方法来谋划、部署和推进纠风工作。要继续坚持纠正、评议、建设等一系列行之有效的方式方法，深化纠风专项治理，规范民主评议政风行风工作，推动部门和行业作风建设。要针对群众反映强烈的教育医疗、涉农利益、征地拆迁、食品药品安全、环境保护、安全生产、涉法涉诉以及社保基金、住房公积金和扶贫救灾专项资金监管等方面的问题，推动有关部门建立健全相关法规制度，切实加大从源头上防治不正之风工作力度。要把各地区各部门履行纠风工作职责情况，纳入党风廉政建设责任制考核、惩治和预防腐败体系建设考核、政府绩效管理考核，逐步建立科学的纠风工作评价机制。

9月15日

［纲　文］　**教育部网站发布通知，不能因城市拆迁、学校撤并等原因导致随迁子女失学。**

［目　文］　通知要求确保符合条件的随迁子女有学上；确保所有符合输入地政府规定条件的随迁子女平等接受义务教育；确保随迁子女不因家庭经济困难失学。符合入学条件的随迁子女，一律免收学杂费，不得加收借读费。

2011年，全国1167万名进城务工人员随迁子女在城市接受义务教育，比2010年增长12.7%，随迁子女在公办学校就读的比例略有上升，达79.2%。

9月15日

［纲　文］　**首次全国非公有制企业党建强、发展强“双强百佳党组织”评选结果发布仪式在北京人民大会堂举行。**

［目　文］　中组部部长李源潮会见与会代表，勉励大家深入开展创先争优活动，以改革创新精神加强非公企业党建工作，推动企业发展、促进社会和谐、服务职工群众，为国家富强、人民幸福多作贡献。

全国党建研究会会长虞云耀，中组部和新华社有关负责人，有关党建专家，“双强百佳党组织”负责人和企业负责人参加发布仪式。本次非公企业“双强百佳党组织”评选活动，经中央组织部和全国党建研究会同意，由全国党建研究会非公有制经济组织党建研究专委会等5家单位联合主办。评选标准是：企业党建工作富有成效、发展业绩突出、劳动关系和谐顺畅、企业形象健康良好，在非公有制企业党组织中起标杆示范作用。经各省区市推荐、评审小组筛选、公众投票、向社会公示，31个省区市的100家非公有制企业获此荣誉。

9月15日

［纲　文］　**全国老干部工作先进集体和先进工作者表彰大会在北京召开。**

［目　文］　中共中央政治局常委、国家副主席习近平出席会议并讲话。中共中央政治局委员、中央组织部部长李源潮主持大会。中共中央政治局委员、国务院副总理张德江出席。

中央组织部、人力资源社会保障部决定，授予北京市公安局政治部老干部管理处等105个单位“全国老干部工作先进集体”荣誉称号，宋文豹等20名同志“全国优秀老干部工作者”荣誉称号，史建等285名同志“全国先进老干部工作者”荣誉称号。被授予“全国优秀老干部工作者”荣誉称号的同志享受省部级先进工作者和劳动模范待遇。3位受表彰代表发了言。中央和国家机关有关部门负责人，全国老干部工作先进集体和先进工作者代表，各省区市、中央和国家机关部委、部分国有重要骨干企业老干部工作部门主要负责同志，共约600人参加会议。表彰大会前，习近平等会见了受表彰的代表。

习近平强调，广大老干部在中国革命、建设、改革各个历史时期都作出了巨大的历史性贡献，是建立新中国、建设中国特色社会主义事业的功臣。尊重老干部就是尊重党的光荣历史，爱护老干部就是爱护党的宝贵财富，学习老干部就是学习党的优良传统和作风，重视发挥老干部作用就是重视党的重要政治资源。

9月15日

［纲　文］　**国务院副总理李克强在北京会见英国前首相布朗。**

［目　文］　李克强说，在当前国际形势发生深刻变化，不稳定、不确定因素增多的情况下，中英密切协调与合作不仅符合两国利益，也有利于世界的和平、稳定与发展。双方应坚持从战略高度和长远角度把握两国关系，加强政治互信，创造良好氛围，推动中英全面战略伙伴关系向前发展。中英两国经贸合作很有潜力，双方应继续发挥各自优势，挖

掘大项目，打造新亮点，共同反对贸易和投资保护主义，不断提高合作实效。

布朗表示愿为促进各国宏观政策沟通交流和英中、欧中合作继续作出努力。

9月15日

［纲　文］ **刘延东在中关村国家自主创新示范区考察。**

［目　文］ 中共中央政治局委员、国务委员刘延东考察了中关村创新平台、展示中心及部分高新技术企业。她指出，中关村建设国家自主创新示范区以来，取得了丰硕创新成果和显著发展成就，已经成为全国科技创新和高新技术产业发展的典型。她希望中关村示范区再接再厉，解放思想，开拓创新，不断取得新的发展成绩。建设中关村国家自主创新示范区，核心是自主创新，关键是示范引领。要瞄准世界科技前沿和国家重大战略需求，发挥中关村科教资源丰富的优势，加强高等院校、科研机构和企业的合作，大力推进协同创新，努力突破一批关键核心技术，推出一批国际领先的创新成果，抢占未来发展先机和国际竞争制高点。

9月15日

［纲　文］ **国务委员兼国防部部长梁光烈在北京会见孟加拉国陆军参谋长穆宾。**

［目　文］ 梁光烈表示，中孟两国是亲密友好近邻。建交以来，两国关系始终健康、顺利发展。双方政治上相互尊重、相互支持，经济上互利合作、共同发展，其他领域的交流合作成果显著、日趋活跃。巩固和发展中孟友好合作是中国政府的既定方针。

穆宾表示，孟加拉国政府和军队高度重视发展与中国的关系，将继续坚定奉行一个中国政策，愿与中方共同努力，加强合作，推动两国两军关系深入发展。

9月15日

［纲　文］ **“中国—东盟国家工会领导人研讨会”在南宁召开。**

［目　文］ 研讨会由全国总工会主办，以“就业与工会对策”为主题。来自柬埔寨、印尼、马来西亚、老挝、菲律宾、新加坡、泰国、越南的工会组织负责人和来自中华全国总工会的代表、广西各级工会组织的代表百余人参加研讨会。与会嘉宾围绕如何加强对劳动者的就业保障、提高劳动者的就业能力等话题进行了研讨。

20日，中华全国总工会主席王兆国在北京会见来出席“中国—东盟国家工会领导人研讨会”的东盟国家工会领导人时说，近年来，不论在双边交往还是在国际多边活动中，中国工会与东盟各国工会之间一直相互协调，互相支持，建立起了牢固的友好交往与合作关系。中国工会愿同东盟各国工会一道继续努力，推动亚洲地区工会运动进一步朝着和谐、健康的方向发展。他还向客人介绍了中国的就业情况，表示就业是民生之本，要以多种形式促进就业，特别是要重视发挥中小企业吸纳劳动力的重要作用。

9月15日

［纲　文］ **中国工商银行印度孟买分行正式挂牌成立，这是目前印度金融市场上唯一来自中国大陆的银行。**

9月15—18日

［纲　文］ **首届中国天津国际直升机博览会在天津滨海新区的空港经济区举行。**

［目　文］　博览会由天津市人民政府、中国航空工业集团公司、中国人民解放军总参谋部陆航部主办。有19个国家和地区的211家直升机相关企业参展。包括开幕式、飞行表演、主题论坛、技术交流、新品发布、项目签约、商务洽谈、招商推介等活动。

9月15—16日

［纲　文］　**中国法学会审判理论研究会司法改革专业委员会2011年年会暨能动司法方式专题研讨会在宁夏石嘴山召开。**

［目　文］　来自最高人民法院、中国法学会审判理论研究会、司法改革专业委员会及部分知名高校的专家学者共70余人参加会议。与会代表围绕能动司法方式与坚持党的群众路线、能动司法方式与化解涉诉矛盾纠纷、能动司法方式与参与社会管理创新、能动司法与确保公正廉洁司法等进行了专题研讨。

9月15日—10月31日

［纲　文］　**“东方的觉醒——纪念辛亥革命100周年馆藏珍贵历史文献展”在国家图书馆总馆举行。**

［目　文］　文献展由国家图书馆主办，展览内容从1840年鸦片战争开始，至20世纪20年代孙中山先生第二次护法运动截止，时空跨度达80余年。展览分“探索之路”“革命风潮”“武昌起义”“创立民国”“保卫共和”五大单元，共计展出300余种文献，包括名人信札、手稿、奏章、电报、老照片、图书、报刊、舆图、拓片等。

9月15—18日

［纲　文］　**中国妇女文化周在意大利总理府多功能厅举行。**

［目　文］　文化周由全国妇联主办。以“后金融危机时代的妇女发展”为主题的中意妇女论坛在意总理府多功能厅举行，80多名与会两国妇女代表就“保障和促进妇女权利”“妇女与经济：活力、创新与跨越”和“女性高层人才成长”等专题进行了研讨。

9月15—16日

［纲　文］　**第三届中美司法与人权研讨会在美国纽约召开。**

［目　文］　中美双方20多位专家学者就政务公开、法律执行程序及过程中的信息披露、律师作用及法官职责等议题展开对话，深入探讨了两国在司法与人权领域的许多问题和立场。双方认为，中美非政府组织通过开展积极、务实和建设性的对话，对促进两国司法与人权事业的发展十分有益，能够达到增进了解、扩大共识、求同存异、取长补短的目的。中美就司法和人权开展民间对话十分重要，这一对话渠道应当继续保持畅通。

9月15—25日

［纲　文］　**第26届亚洲男子篮球锦标赛在武汉举行。**

［目　文］　来自亚洲5个分赛区的16支队伍分成4组，依次进行小组赛、复赛、半决赛和决赛，最后诞生冠军队伍直冲2012年伦敦奥运会。中国男篮在决赛中以70：69击败约旦队获得冠军，同时拿到伦敦奥运会的入场券。

9月15—23日

［纲　文］　**2011女子排球亚锦赛在台北举行。**

［目　文］　14支亚洲劲旅报名参赛，中国女排在决赛中以3∶1战胜日本女排夺得冠军。

9月16日

［纲　文］　**国家主席胡锦涛在北京会见来华出席夏季达沃斯论坛的几内亚总统孔戴。**

［目　文］　胡锦涛表示，中方愿同几方共同努力，把两国关系提高到新的水平。政治上，两国高层领导人、政府部门、立法机构要加强交往，推动合作。经济上，双方要共同落实好达成的共识和成果，深挖合作潜力，拓宽合作领域。人文上，双方要为两国人民扩大友好交往创造更多有利条件，进一步增进两国人民的相互了解和友谊。在国际和地区事务中，双方要加强团结协作，推动国际社会更多关注和支持非洲，共同促进世界的和平与发展。

孔戴说，几方高兴地看到，在双方共同努力下，两国关系保持良好发展势头。几方愿同中方一道，进一步加强政治交往和各领域合作，加深人民之间友谊，推动两国友好合作关系不断向前发展。

9月16日

［纲　文］　**国家副主席、中央军委副主席习近平在北京会见越南人民军总政治局主任吴春历。**

［目　文］　习近平表示，中越关系的发展历程充分证明，坚持友好协商，加强团结，坚持着眼大局，立足长远，坚持平等互利，合作共赢，确保中越关系健康地向前发展，是中越两个民族和平发展、长治久安的必由之路。中国愿意与包括越南在内的国际社会一道，共同为建设和谐世界作出新的积极贡献。习近平对越南先后成功召开越共第十一次代表大会和第十三届国会第一次会议并选举产生越南党和国家新一届领导集体致以衷心祝贺，并祝愿越南经济社会不断发展，人民生活不断改善，社会保持长期稳定。

吴春历说，在新的历史时期，越方高度重视并致力于发展两国全面战略合作伙伴关系，愿意与中方一道，增进相互理解和信任，加强双方各领域的交流与合作，坚定维护越中友好大局，为促进地区的和平、稳定与发展共同努力。

9月16日

［纲　文］　**第五届国家重点基础研究发展计划（973计划）专家顾问组成立。**

［目　文］　专家顾问组由47位科学家组成，周光召任荣誉组长，徐冠华任组长，陈佳洱、林泉、朱道本任副组长。

973计划于1997年首次实施，是面向国家重大战略需求的基础研究发展计划，其专项经费由最初的3亿元增加到2011年的35亿元，重点支持领域从最初的6个增加到目前的9个。973计划实行政府决策与专家咨询相结合的管理制度，设立专家顾问组对计划进行学术咨询和战略把关。10多年来，共有89名知名科学家作为专家顾问组成员，为973计划的实施和发展作出了重大贡献。

9月16日

［纲　文］　**2011“中国城市榜”颁奖典礼在北京举行。**

［目　文］　活动由国务院新闻办公室、文化部和国家旅游局指导，中国国际广播电台国际在线主办。北京、成都、西安、南京、拉萨、大理、广州、桂林、平遥、青岛10座城市获得“最中国文化名城”称号。此次评选通过专家提名、网友投票的方式，自2011年4月启动以来，活动共收到约576万张投票。

9月16日

［纲　文］　**中央社会管理综合治理委员会第一次全体会议在北京召开。**

［目　文］　国务院副总理、中央综治委副主任回良玉宣读了中共中央办公厅、国务院办公厅关于中央社会治安综合治理委员会更名为中央社会管理综合治理委员会的通知。中央综治委副主任王乐泉、刘云山、马凯、孟建柱、钱运录出席会议并讲话。中央综治委成员结合各自职责任务分别作了发言。会议讨论并原则通过了中央综治委工作制度。

9月16日

［纲　文］　**中央政法委在北京召开全国进一步深化打黑除恶专项斗争电视电话会议。**

［目　文］　中央政法委副书记、中央综治委副主任孟建柱出席会议并讲话。全国打黑除恶专项斗争协调小组成员、全国打黑除恶专项斗争协调小组办公室成员在主会场参加会议。各省（区、市）、地（州、市）、县（市、区）党委政法委及政法部门负责人，打黑除恶专项斗争领导小组成员及领导小组办公室成员在分会场参加会议。

2006年2月中央作出在全国开展打黑除恶专项斗争的重大决策以来，各地区、各部门按照中央的统一部署，精心组织、周密部署，掀起了一场声势浩大的打黑风暴，全国公安机关共打掉涉黑组织2131个，铲除恶势力2.4万多个，破获各类刑事案件17万多起，扣押涉黑资产100多亿元；检察机关公诉涉黑案件1779起，人民法院宣判涉黑案件1462起；司法行政机关跨省异地关押黑社会性质组织头目及骨干518名；专项斗争严肃查处了一批为黑恶势力充当“保护伞”的腐败分子，沉重打击了黑恶势力犯罪的嚣张气焰，有力维护和促进了社会和谐稳定。

孟建柱指出，黑恶势力犯罪既是一个重要治安问题，也是一个复杂的社会问题。各地区、各部门一定要认真学习贯彻中央精神，以对党和人民高度负责的精神，切实增强忧患意识和责任意识，清醒认识黑恶势力犯罪的严重危害性，准确把握黑恶势力犯罪活动出现的新动向，着力推动打黑除恶专项斗争向纵深发展。

9月16日

［纲　文］　**首届青年京剧演员北京擂台邀请赛在北京国家体育馆举行颁奖晚会。**

［目　文］　擂台赛由北京京剧院发起主办，旨在为青年京剧演员搭建展示平台，弘扬京剧，加强北京与全国京剧院团的交流。来自北京京剧院、上海京剧院、天津市青年京剧团、山东省京剧院、云南省京剧院、台湾戏曲学院京剧团等10个院团的37名优秀青年京剧演员，上演了26台经典剧目。擂台赛以“全本剧”方式进行，按照老生、青衣、花旦、老旦、花脸、武生、武旦和小生8个行当进行比赛。

9月16—19日

［纲　文］　**2011中国（天津）演艺产业博览会在天津举办。**

［目　文］　博览会由文化部、天津市人民政府主办，文化部文化市场司和文化产业司、天津市文化广播影视局、中国演艺设备技术协会等单位承办。以“展示演艺创作成果，推动文化科技创新，促进交流与合作，繁荣发展演艺产业”为宗旨，来自北京、上海、福建、山西、河北、内蒙古、湖南等10余个省市组团，国内外300多家文化企业参展，集中展示我国演艺产业的新成果。上海的大剧院艺术中心、京昆艺术中心、文广演艺集团、国际艺术节中心、演艺协会等携新的演艺项目与北方市场对接。山西省、市、县院团携带50余个富有地方特色的精品剧目前来洽谈。其间举办两个论坛，一是中国演艺装备技术创新研讨会，围绕演艺装备业发展、舞台科技创新、演艺科技与文化经济联动等主题进行交流，另一是全国演出市场发展趋势与管理创新座谈会，就网络演出发展的新情况、新特点进行研讨。

9月16—26日

［纲　文］　**“纪念辛亥革命一百周年何香凝艺术精品展”在北京中国美术馆举办。**

［目　文］　精品展由国务院侨务办公室和文化部主办。此次展览由作品、图片、文献三部分组成，展出何香凝先生的36幅精品画作、30幅珍贵历史图片及若干文献资料，从侧面反映辛亥革命前后的历史进程。

何香凝是近代中国最早走出国门学习美术的女性，也是一位杰出政治家和社会活动家。她早年参加同盟会，投身辛亥革命，与廖仲恺一起协助孙中山制定了新三民主义革命纲领，改组国民党，积极促成国共两党合作。在艺术领域，她将纯熟的绘画技巧与革命的气质、刚毅的情怀相融合，形成凌厉、刚健的画风，一生喜作狮、虎、山水，常作松、竹、梅、菊，是享誉海内外的著名画家。

23日，全国政协主席贾庆林等参观了该展。

9月16—19日

［纲　文］　**贺国强在广西壮族自治区调研。**

［目　文］　中共中央政治局常委、中央纪委书记贺国强就实施“十二五”规划、加快转变经济发展方式在柳州、桂林、南宁等地调研。

贺国强在柳工集团有限公司考察时说，老国有企业为新中国的建设和发展作出过重大历史贡献，我们要继承和发扬工人阶级的优良传统，进一步加快国有企业改革发展步伐，努力把国有企业做大做强。要抓紧解决企业的一些历史欠账，进一步提高企业职工，特别是离退休职工的生活水平，让他们共享改革发展的成果；在上汽通用五菱汽车股份有限公司，嘱咐企业负责人进一步加快技术改造和新产品研发，努力开拓国际国内市场，为推动我国汽车制造业发展作出新贡献；在燕京啤酒（桂林漓泉）股份有限公司，对企业坚持诚信经营、注重产品质量的做法给予肯定；在柳州市柳南区宏都社区，了解社区管理和服务情况，并临时召集社区干部开起了座谈会，询问他们的工作感受、实际困难和意见建议；在阳朔县白沙镇冬瓜桥村的金橘园里，查看橘树长势，询问橘子产量、销路和收益等情况；在南宁市“惠民安居·梧桐苑”廉租住房小区居民家中询问居民的工作和生活情况。

贺国强在南宁市考察了机关绩效综合管理信息平台和创先争优活动教育基地。他说，当前，正值地方党委集中换届，要起草好党代会报告，选好配强领导班子，严肃换届人事工作纪律，营造良好工作和社会环境，确保换届工作顺利进行。要立足当前、着眼长远，认真落实《建立健全惩治和预防腐败体系2008—2012年工作规划》，既全力抓好2011年党风廉政建设和反腐败斗争各项任务的落实，又及早谋划2012年的工作，为顺利实施“十二五”规划、促进经济社会又好又快发展提供有力保证。

9月17日

［纲　文］　**国务院印发《中国老龄事业发展“十二五”规划》**。

［目　文］　《规划》由四个部分组成：一、背景。二、指导思想、发展目标和基本原则。三、主要任务。四、保障措施。

《规划》指出，各级政府要高度重视老龄问题，加强老龄工作。把发展老龄事业纳入重要议事日程，列入经济社会发展总体规划，及时解决老龄工作中的矛盾和问题。健全党政主导、老龄委协调、部门尽责、社会参与、全民关怀的大老龄工作格局。

9月17日

［纲　文］　**国务院办公厅转发统计局《关于加强和完善服务业统计工作的意见》**。

［目　文］　《意见》由七个部分组成：一、充分认识加强和完善服务业统计工作的重要性。二、指导思想、主要原则和目标。三、明确服务业统计范围和统计对象。四、规范服务业统计基本内容。五、完善服务业统计方法。六、加强服务业统计数据质量控制与评估。七、做好服务业统计的组织实施工作。

《意见》要求，各地区、各有关部门要按照“规范制度方法、明确职责分工、分散收集数据、集中统一核算”的原则，采用条块结合的方式组织实施服务业统计调查工作。

9月17日

［纲　文］　**财政部、发展改革委、工业和信息化部发出通知，节能汽车推广补贴新政策下月起实施**。

［目　文］　经国务院批准，决定对现行节能汽车推广补贴政策进行调整，自2011年10月1日起实施新的节能汽车推广补贴政策，现行节能汽车推广补贴政策执行到2011年9月30日。

新政策对推广车辆产品综合燃料消耗量标准提出了新要求，并规定了具体限值；推广补贴标准不变，即对消费者购买节能汽车继续给予一次性 3000 元定额补助，由生产企业在销售时兑付给购买者。其他有关事项按《“节能产品惠民工程”节能汽车（1.6 升及以下乘用车）推广实施细则》执行。有关核查工作暂按《“节能产品惠民工程”节能汽车（1.6 升及以下乘用车）推广专项核查办法》执行。

9 月 17 日

［纲 文］ **中国民航大学举行建校 60 周年庆祝大会。**

［目 文］ 国务院副总理张德江出席并讲话。国务院办公厅、国务院研究室、教育部、工业和信息化部、财政部、民航局、有关航空制造企业和民航企业、有关高校相关负责人，中国民航大学历任老领导、校友代表等参加大会。

张德江肯定了中国民航大学成立 60 年来在教书育人、科学研究以及对外交流合作等方面取得的显著成绩。张德江指出，民用航空是国民经济重要的基础性、战略性产业，是国家综合交通运输体系的有机组成部分。“十二五”时期，是我国航空运输业发展的重要时期，必须坚持质量、效益、安全相统一，开拓创新，奋力拼搏，促进我国民航事业科学发展，为经济社会发展和现代化建设作出更大贡献。

9 月 17 日

［纲 文］ **刘延东在山东大学考察。**

［目 文］ 中共中央政治局委员、国务委员刘延东向全校师生员工和海内外校友祝贺建校 110 周年。希望山东大学秉承“为天下储人才、为国家图富强”的宗旨，面向未来，改革创新，积极探索中国特色社会主义的现代大学制度，在建设世界知名的高水平研究型大学进程中迈出坚实步伐。

9 月 17 日

［纲 文］ **中石化发现中国埋藏最深的海相大气田。**

［目 文］ 中国石化勘探南方分公司宣布：由中国石化勘探南方分公司发现的、气藏最大埋深 6950 米的大型海相天然气田——元坝气田，第一期探明天然气地质储量 1592.53 亿立方米，已于 9 月 16 日正式通过国土资源部矿产资源储量评审委员会专家组审定，这是迄今为止国内埋藏最深的海相大气田。

元坝气田位于红军战斗过的革命老区四川省广元、南充和巴中市境内，是中国石化继发现国内最大海相整装气田——普光气田之后，在四川盆地发现的又一个大型海相气田。元坝气田探明含气面积 155.33 平方千米，气藏埋深 6240—6950 米，平均埋深 6673 米。元坝气田的发现井 1 井在 2007 年 11 月试产时，每日获得天然气 50.3 万立方米。目前，已有 7 口井 9 层试获日产天然气超百万立方米。中国石化计划到 2015 年末建成 34 亿立方米的年生产能力。

9 月 17—20 日

［纲 文］ **李长春在四川考察。**

［目　文］　中共中央政治局常委李长春先在广元、雅安、成都等地的企业、农村、社区、学校和基层文化单位，就加快转变经济发展方式、巩固灾后恢复重建成果、推动文化大发展大繁荣等进行调研；听取四川省委、省政府的工作汇报，对四川灾后恢复重建和经济社会发展取得的成就给予肯定。

李长春在青川县竹园镇三郎村，查看受灾群众安置点；考察青川县职业高级中学；在剑阁县抗震救灾和恢复重建陈列室，听取有关情况介绍；查看四川实施藏区牧民定居行动计划暨帐篷新生活行动改善了数万户藏区牧民的生产生活条件情况；在雅安市上里古镇当年红军长征时经过和驻防的地方，查看红军长征遗迹，了解古建筑维护和红色旅游开发情况；在成都国腾电子集团、高原汽车工业有限公司，了解企业生产研发情况，希望企业坚定不移走自主创新道路，努力把企业建设成为研发投入的主体、产学研合作的主体、科技成果转化的主体，掌握一批核心技术，抢占产业发展制高点。

李长春在成都市龙华社区，了解基层文化活动情况；在成都国际非物质文化遗产博览园，询问非物质文化遗产保护和利用情况；在四川广播电视中心，参观了数字演播室和卫星转播车，听取康巴卫视播出和覆盖情况汇报；在四川歌舞演艺公司观看节目排练，与演职人员交谈，希望他们把改革改组改造和加强管理结合起来，在面向群众、面向市场中出精品、出人才、出效益。

9 月 17—28 日

［纲　文］　**国务院副总理回良玉对牙买加、玻利维亚、秘鲁、新西兰进行正式访问。**

［目　文］　回良玉在牙买加访问期间，在金斯顿会见了牙买加总督艾伦；同牙买加总理戈尔丁举行会谈并共同出席了两国经济技术合作协定和农业合作谅解备忘录等文件的签字仪式。

回良玉在玻利维亚访问期间，在圣克鲁斯会见了玻利维亚总统莫拉莱斯，共同出席了两国经济技术合作、农业、金融和电信等领域的合作文件签字仪式并共同会见了记者；同玻利维亚副总统兼多民族玻利维亚国国民议会主席加西亚进行会谈。

回良玉在秘鲁访问期间，在利马会见了秘鲁代总统埃斯皮诺萨；同秘鲁部长会议主席莱内尔举行会谈并共同出席了两国经济技术、金融合作等协议的签字仪式。

回良玉在新西兰访问期间，在惠灵顿会见了新西兰总理约翰·基；与新西兰副总理兼财政部部长英格利希举行会谈并共同出席了两国水资源、广电、植物检疫、灾后重建和能源合作等文件的签字仪式。

9 月 17—23 日

［纲　文］　**中国科协举办 2011 年全国科普日。**

［目　文］　本年全国科普日活动以“节约能源资源、保护生态环境、保障安全健康、促进创新创造”为主题，旨在推动《全民科学素质行动计划纲要》和 2011 年中央一号文件精神的贯彻落实。围绕这一主题，各省、自治区、直辖市组织开展 4000 多项主题

科普活动。

18日，中共中央政治局常委、国家副主席习近平和王兆国、刘淇、刘云山、刘延东、何勇、韩启德等领导，在北京奥林匹克公园和朝阳区茉藜园社区，同首都群众一起参加全国科普日北京主场活动。北京主场活动的主题是“坚持科学发展，节约保护水资源”。

9月17—18日

［纲　文］　**第六届世界华文传媒论坛在重庆举行。**

［目　文］　论坛是由国务院侨务办公室、重庆市人民政府和中国新闻社主办。海内外600余位华文媒体负责人、传媒专家及部分地方政府官员与会，就“国际话语体系中的海外华文媒体”主题展开对话。论坛发表了《重庆宣言》。

9月17—20日

［纲　文］　**“萨马兰奇与中国”文化展在北京太庙举行。**

［目　文］　文化展由中国艺术节基金会、文化部艺术服务中心和萨马兰奇家族主办。旨在弘扬与传播奥林匹克精神，促进中国对外文化交流事业的合作与发展，纪念“中国人民的好朋友”——胡安·安东尼奥·萨马兰奇长期关心和支持中国体育和艺术事业作出的贡献。展示萨马兰奇家族提供的萨马兰奇生前珍藏的奥林匹克收藏品、纪念品以及中国民间收藏的与萨马兰奇有关的奥运纪念品300余件，还有中国艺术家以萨马兰奇为主题创作的绘画、雕塑作品。记录了这位“现代奥林匹克的伟大复兴者”、国际奥委会终身名誉主席与中国人民结下的深厚情谊。

18日，萨马兰奇之子小萨马兰奇在北京太庙举行的“萨马兰奇与中国”文化展上获赠中国艺术家黄剑的铸铜奥运雕像《明皇贵妃马球图》。

9月18—21日

［纲　文］　**应中共中央总书记、国家主席胡锦涛邀请，老挝人民革命党中央委员会总书记、老挝人民民主共和国主席朱马利对中国进行正式友好访问。**

［目　文］　19日，胡锦涛在人民大会堂与朱马利举行会谈并共同出席了有关双边合作文件的签字仪式。双方一致表示，以中老建交50周年为契机，把中老全面战略合作伙伴关系推上更高水平。双方就国际和地区形势交换了意见，达成共识。

胡锦涛说，中国党和政府愿根据长期稳定、睦邻友好、彼此信赖、全面合作的方针，同老挝党和政府一道努力，推动中老全面战略合作伙伴关系向宽领域、深层次、高水平发展：一、深化战略沟通。中方愿同老方就双边关系和其他共同关心的问题保持密切协调，对两国关系作出进一步的规划部署，更加系统、扎实推进双方合作。二、深化务实合作。中方愿在经贸、矿产、水电、农业、基础设施建设等重点领域深化两国互利合作。加强双方立法机构、政协、工青妇组织、地方交流和旅游、文化、教育等领域合作。三、加强两党交流。双方要继续办好两党理论研讨会，扩大党政干部培训合作，相互学习借鉴治党治国经验。四、加强在国际和地区事务中的协调和合作。

朱马利表示，希望老中双方保持高层互访，加强两国在国防、公安领域的合作，加强双方在地区和国际领域的合作与协调，加强双方在治国理政、干部培训方面的交流，扩大双方经贸、文化、教育、司法、旅游等各领域的合作，推动老中关系持续向前发展。

20日，国务院总理温家宝在中南海紫光阁会见朱马利时表示，中方愿同老方一道，结合各自国家发展战略，加强双边经济合作规划与协调；积极推进基础设施大项目建设，深化农业、能源、矿产等重点领域合作；利用中国—东盟自贸区的优惠政策，扩大贸易和投资规模；支持两国比邻省区开展合作，发展地方经济。中国政府愿为老挝消除贫困、改善民生继续提供帮助。

朱马利表示，不管国际风云如何变幻，我们在国际事务中将坚定不移地与中国站在一起。老方愿继续推动东盟与中国的互利合作。

同日，中共中央政治局常委、国家副主席习近平在人民大会堂会见朱马利时说，中方愿同老方一道，保持高层交往，加强战略互信，深化经贸、矿产、水电、农业、基础设施等各领域务实合作，加强两党交流，密切在地区和国际事务中的协作，不断巩固和深化中老全面战略合作伙伴关系。

朱马利表示，老中双方要继续推动各领域合作，促进各自经济、社会发展不断取得新进展。

9月18—19日

［纲　文］　**中国法学会立法学研究会首次年会暨民主立法和科学立法研讨会在上海举行。**

［目　文］　研讨会由中国法学会主办、上海市法学会承办。来自全国约百名立法学界的专家学者和立法实务部门的工作者，围绕“民主立法和科学立法、法制统一和法律体系完善”的主题展开研讨。大家认为，中国立法学研究会的成立，旨在促进中国法学理论工作者和立法工作者的结合，通过组织和推动相关研究工作，为更好地坚持立法的科学化、民主化，为不断完善中国特色社会主义法律体系，向中央决策层提出法学界、法律界的意见和建议。与会者还分别就立法后评估、生态文明立法、地区立法协作机制等立法领域的热点话题展开讨论。

9月18—19日

［纲　文］　**“首届海峡两岸暨香港澳门司法高层论坛”在南京举行。**

［目　文］　论坛由最高人民法院主办。以“现代司法制度下调解之应用”及“深化两岸四地司法合作与交流”为主题。会议以主题演讲、主题研讨及专题研讨的形式进行，论坛共收到海峡两岸和香港、澳门方面代表提交的论文50余篇。中共中央台湾工作办公室，国务院港澳事务办公室，各省高、中级人民法院的代表，台湾中华法学会和台湾法曹协会的司法界高层代表，香港特别行政区法院终审法院首席法官、终审法院法官、高等法院首席法官、高等法院法官及区域法官，以及内地著名的专家学者等近80人参加了本次论坛。

9月18—20日

［纲 文］ **全国农村老龄问题高峰论坛在重庆举行。**

［目 文］ 论坛由中国老年学学会和重庆市人民政府举办，以“社会公平与社会共享”为主题。来自全国23个省区市的400余名政府工作人员、专家学者和一线工作者参加。论坛设一个主论坛和三个分论坛，涉及“城市化与农村老龄问题”“城乡两元结构下的农村老龄问题”“农村老龄需求和公共服务”“农村养老保障的问题和对策”等10余个议题。

9月19日

［纲 文］ **温家宝主持召开国务院常务会议。**

［目 文］ 会议主要内容是：一、研究部署进一步做好保障性安居工程建设和管理工作。会议指出，近年来，我国保障性安居工程建设取得明显成效，为解决中低收入家庭住房困难、遏制房价过快上涨、完善住房体制和促进房地产业健康发展，发挥了重要作用。做好这项工作涉及城市规划、制度建设、资金支持、工程质量、分配机制和运营管理等多方面问题，必须坚持满足基本、保证质量、公平分配、健全制度的原则，合理确定住房保障范围、方式和标准，完善相关支持政策，抓紧形成规范的保障性安居工程投资、建设、运营和管理机制。会议要求，继续大力推进保障性安居工程，特别是公租房建设，加快实现住有所居的目标。公租房面向城镇中等偏下收入住房困难家庭、新就业无房职工和在城镇稳定就业的外来务工人员，以小户型为主，单套建筑面积以40平方米为主，租金标准由市县政府结合当地实际，按略低于市场租金的原则合理确定。各地要根据实际情况继续安排廉租房、经济适用房和限价商品房建设，加快实施棚户区改造，加大农村危房改造力度。逐步实现廉租房与公租房统筹建设、并轨运行。二、讨论并原则通过《中华人民共和国精神卫生法（草案）》和《中华人民共和国居民身份证法修正案（草案）》。会议决定，精神卫生法草案和居民身份证法修正案草案经进一步修改后，由国务院提请全国人大常委会审议。

9月19日

［纲 文］ **证监会公布《创业板专家咨询委员会工作规则（试行）》，自2011年10月1日起施行。**

9月19日

［纲 文］ **贾庆林在政协礼堂接见电影《辛亥革命》摄制组主创人员。**

［目 文］ 全国政协主席贾庆林指出，2011年是辛亥革命100周年，100年前爆发的辛亥革命，推翻了清王朝的统治，结束了在中国延续了几千年的封建专制制度，为中国的进步打开了闸门。电影《辛亥革命》全景式反映了辛亥革命波澜壮阔的伟大历程，塑造了以孙中山、黄兴为代表的革命党人和革命先驱们救国救亡、英勇不屈的动人形象。运用影视艺术浓缩跨越百年的激荡风云，再现彪炳史册的千秋人物，对深切缅怀孙中山先生等

革命先辈的崇高风范和革命精神，激励海内外中华儿女为中华民族的伟大复兴不懈奋斗，具有重要的现实意义。

电影《辛亥革命》是纪念辛亥革命100周年活动的影片，由长春电影集团公司、上海电影集团公司等联合摄制出品，9月23日在全国公映。

9月19日

［纲　文］　**第八届茅盾文学奖颁奖典礼在国家大剧院举行。**

［目　文］　中共中央政治局常委李长春发来贺信指出，文学事业是中国特色社会主义文化建设的重要组成部分，是各种艺术创作和发展的重要基础，担负着满足人民精神文化需求，推动文化大发展大繁荣的光荣使命。近年来，广大作家和文学工作者在党的领导下，积极投身社会主义现代化建设的奔腾洪流，深刻反映中华民族的历史巨变，为人民放歌，为时代立传，创作出了一批思想性、艺术性、可读性俱佳的优秀作品，我国文学事业呈现出团结繁荣的良好局面。李长春希望广大作家珍惜大好形势，把握历史机遇，牢记历史使命和社会责任，树立远大的文学理想和艺术追求，争做德艺双馨文学家，为人民提供更好更多的精神食粮。

中宣部部长刘云山在颁奖典礼前会见了历届茅盾文学奖获奖作家。中国作协主席铁凝在颁奖典礼上致辞。出席中国作协七届主席团第十二次扩大会议的全体人员，在京的中国作协名誉副主席、名誉委员和全委会委员，本届茅盾文学奖评委、纪监组成员，获奖作品责任编辑，茅盾先生家乡代表，李嘉诚基金会代表等400余人参加颁奖典礼。

获得本届文学奖的有：张炜《你在高原》、刘醒龙《天行者》、莫言《蛙》、毕飞宇《推拿》、刘震云《一句顶一万句》。

9月19日

［纲　文］　**国务院副总理李克强在北京会见英国英中贸易协会主席白乐威爵士。**

［目　文］　李克强指出，中英处于不同发展阶段，贸易和相互投资互补性强，合作具有巨大潜力。中国正在实施“十二五”规划，将加快转变经济发展方式，积极扩大国内需求，进一步提高开放水平，支持中国企业“走出去”参与国际合作，特别是中国要大力发展服务业，中英两国加强合作有广阔空间。双方应积极为企业合作创造条件，不断提升合作规模和实效。

白乐威表示，英中贸易协会将继续加强在华业务，努力为推动英中经贸关系平稳发展作出贡献。

9月19日

［纲　文］　**王岐山在北京会见美国伊利诺伊州州长奎因。**

［目　文］　王岐山表示，当前中美关系发展势头良好，高层交往频繁，经贸、投资、科技、旅游、人文等各领域合作越来越密切。中方高度重视两国地方间的交流与合作。中美关系深入发展为两国地方合作提供了广阔空间。两国政府要用实实在在的行动帮助解决地方合作中遇到的问题，为双方企业具体而务实的合作营造良好的环境，共同推动

两国增加就业和经济增长。

奎因表示，伊利诺伊州致力于成为美对华最友好的州，愿与中方继续加强环保、旅游、建筑、新能源，特别是电动汽车等领域的合作。

9月19日

［纲　文］　**国务委员刘延东在北京分别会见瑞典卡罗琳斯卡医学院院长汉利克松、美国俄勒冈州州长基察伯。**

［目　文］　刘延东肯定了卡罗琳斯卡医学院对促进中国医学教育和科研发展所发挥的积极作用、在促进中瑞两国人民相互了解及交流方面所作出的贡献，对卡罗琳斯卡医学院加强与中国高校和科研机构的交流与合作表示欢迎和支持，并希望该院进一步扩大与中国高校和科研机构的交往，为中瑞高等教育合作、人文交流以及为世界医学事业的发展作出新的贡献。

刘延东对俄勒冈州与中国开展合作表示肯定，对俄州议会通过立法形式在公立中小学中开设汉语课程，推动中美人文交流表示赞赏。刘延东强调，加强中美两国人文交流和地方合作，有助于夯实两国关系的社会基础，密切两国的经济联系，拉近两国民众的心理距离，希望俄勒冈州抓住更多对华合作的机遇，为促进中美人文交流和中美地方合作发挥更大作用。

9月19日

［纲　文］　**中国宋庆龄基金会青少年足球发展基金设立仪式在北京举行。**

［目　文］　该基金旨在支持中国青少年足球的发展。中国宋庆龄基金会青少年足球发展基金首批430万元资金，主要用于支持新疆和延边宋庆龄足球学校的发展、举办全国性青少年足球比赛、开展两岸及港澳青少年足球赛等。

9月19日

［纲　文］　**全国有色金属工业第二次科技大会在北京召开。**

［目　文］　国务院副总理张德江发来贺信，肯定了有色金属行业科技工作取得的成绩，对行业健康发展提出了殷切的期望和要求。全国人大常委会副委员长陈至立，十届全国人大常委会副委员长顾秀莲，十届全国政协副主席、中国有色金属工业协会名誉会长徐匡迪出席大会并讲话。

大会的主要任务是：以党的十七届五中全会精神为指导，按照国家“十二五”规划、国家中长期科技发展规划和国家中长期人才发展规划的要求，总结有色行业科技工作取得的成绩和经验，表彰在有色金属科技进步中作出突出贡献的单位和个人，分析新形势下面临的机遇与挑战，谋划“十二五”行业科技工作的发展思路和重点工作，开创全行业科技进步、自主创新的新局面。

9月19日

［纲　文］　**教育部在北京召开全国职业教育实习管理工作视频会议。**

［目　文］　会议指出，促进职业教育实习管理规范化、制度化，确保学生实习岗位

与所学专业基本对口，保障实习学生权益，组织好实习学生的岗前培训和安全教育、实习中的劳动保护和安全等工作，为实习学生投保相对应的学生实习责任保险等险种，切实保障实习学生合理报酬。

9 月 19 日

［纲　文］　**国土资源部、农业部、监察部、审计署、国家统计局启动各省（区、市）人民政府耕地保护责任目标履行情况核查工作。**

［目　文］　此次核查内容包括各省耕地保有量及变化情况、基本农田保护面积及变化情况、耕地占补平衡与基本农田占用补划落实情况、耕地保护责任落实和制度建设情况、耕地等级与耕地质量建设情况，重点是耕地保护责任目标纳入政府年度考核评价体系、土地违法违规政府领导干部问责办法、耕地保护政府领导干部离任审计、耕地保护补偿机制建立与落实情况。

9 月 19 日

［纲　文］　**工业和信息化部在北京举行国家食品工业企业诚信信息公共服务平台开通仪式。**

［目　文］　该平台设立 8 个专栏，集中宣传国家食品安全政策、法规，链接省市食品诚信网络，反映地方动态。平台是诚信体系建设的组成部分，开通使用后汇集食品工业诚信管理资源，提供食品安全诚信服务，发布守信奖励及失信惩戒（包括“黑名单”）信息。工业和信息化部建立了 15 个部门（单位）参加的部门联席会议制度，发布实施两项诚信管理行业标准，组织编写了乳制品、肉类食品、葡萄酒、调味品、饮料和罐头 6 个行业的标准实施指南。

9 月 19 日

［纲　文］　**“葛兰素史克科学创新日”在北京大学生命科学学院举行。**

［目　文］　活动由葛兰素史克中国研发中心与北京大学生命科学学院共同举办。中国中医研究院研究员屠呦呦与哈尔滨医科大学第一附属医院张亭栋教授获得 2011 年的“生命科学杰出成就奖”，浙江大学的段树民教授获得神经科学卓越奖，15 名研究生和博士后获得明日之星奖。

9 月 19 日

［纲　文］　**“航空发动机整机结构分析工程研究中心”“航空发动机结构完整性工程研究中心”“上海超级计算机中心中航工业商发分中心”在上海揭牌成立。**

［目　文］　这标志着中国大型客机发动机“中国心”的预研和关键技术攻关工作获得实质性推进。按计划，国产大飞机发动机“CJ—1000A”（中文名“长江”）于 2016 年完成验证机，2020 年正式交付。

9 月 19 日—12 月 29 日

［纲　文］　**中国海军“和平方舟”号医院船出访古巴、牙买加、特立尼达和多巴哥、哥斯达黎加并开展医疗服务任务。**

［目　文］　其间，医院船采取全程收诊、医疗分队定点服务和医疗巡诊等形式，综合开展了健康体检、门诊诊治、医学交流与合作等内容丰富、形式多样的人道主义医疗服务。医院船为四国军政官员、民众和中国驻外使馆、中资机构以及华人华侨开展体检606人，门诊诊治10840人次，辅助检查6353人次，成功实施手术118例，住院治疗96人。

9月19—21日

［纲　文］　**“纪念辛亥首义100周年书画作品展”在全国政协礼堂举办。**

［目　文］　作品展由全国政协书画室、中国美术家协会、中国书法家协会、武汉市政协办公厅、武汉市文联举办。共展出203件书画作品，书法作品均以辛亥革命志士当年创作的诗词楹联为创作题材，美术作品以辛亥革命爆发前后的历史事件和历史人物为创作题材，再现了辛亥革命爆发前后的历史画卷。

9月20日

［纲　文］　**贾庆林在北京会见全国少数民族参观团。**

［目　文］　全国政协主席贾庆林指出，民族团结进步事业是关系国家长治久安和人民幸福安康的一项重要事业。希望大家继续做贯彻党的民族政策的模范，做推动科学发展的模范，做增进民族团结的模范，为巩固和发展平等团结互助和谐的社会主义民族关系贡献力量。

9月20日

［纲　文］　**全国政协主席贾庆林、国家副主席习近平在北京分别会见斯洛文尼亚国民委员会主席卡夫契奇。**

［目　文］　贾庆林会见卡夫契奇时说，经贸合作是中斯重点合作领域，潜力巨大。斯方在医药化工、汽车零配件制造等领域具备技术优势，在港口扩建、铁路改造等基建领域需求较大，而中国有广阔的市场，有经验丰富、技术水平高超并希望扩大国际合作的基建企业，双方在这些领域的合作大有可为。中方相信，通过共同努力，两国经贸合作将会取得更大发展。中国全国政协高度重视发展同斯洛文尼亚国民委员会的友好关系，愿进一步加强同斯国民委员会多层次、多形式的交往与合作，广泛交流参政议政经验，共同为推动中斯友好合作关系全面发展作出新的贡献。

卡夫契奇说，中国是斯洛文尼亚重要合作伙伴，斯方希望发挥在欧洲的地理位置优势，期待扩大同中方在交通、能源、金融等领域的合作，不断推动两国关系发展，尤其希望中国企业参与斯水电、铁路等建设。

习近平会见卡夫契奇时说，中方赞赏斯方为促进中欧关系发展所做的积极努力。欧盟是世界上最大的发达国家集团，中方相信欧盟一定能够利用自身优势，克服主权债务问题等暂时困难，实现经济复苏。中国实施“十二五”规划和欧盟执行“欧洲2020”战略将为中欧、中斯双方扩大合作提供新的契机。希望双方充分发挥互补优势，深入挖掘潜力，增加相互投资，将中欧、中斯经贸等领域务实合作推向更高水平。中国政府不久前发布

《中国的和平发展》白皮书，再次向世界郑重宣告，和平发展是中国实现现代化和富民强国、为世界文明进步作出更大贡献的战略抉择。这是中国基本国情决定的，也是中国对国际发展大势的判断。中国将坚定不移地走和平发展道路，同世界各国一道，推动建设持久和平、共同繁荣的和谐世界。

卡夫契奇说，斯方愿与中方一道，以明年两国庆祝建交20周年为契机，进一步深化两国在各领域的务实合作，共同推动斯中关系健康稳定发展。

9月20日

［纲　文］　**全国道德模范座谈会暨第八届中国公民道德论坛在北京举行。**

［目　文］　中共中央政治局常委李长春出席并讲话。他指出，公民道德建设要深入贯彻落实科学发展观，大力推动学习实践社会主义核心价值体系，不断巩固全体人民团结奋斗共同思想基础，全面提高公民道德素质和社会文明程度，为夺取全面建设小康社会新胜利、开创中国特色社会主义事业新局面、实现中华民族伟大复兴，提供有力思想道德保障和强大精神力量。

座谈会由中宣部、中央文明办、解放军总政治部、全国总工会、共青团中央、全国妇联举办。中宣部部长刘云山主持会议。全国总工会、共青团中央、全国妇联、教育部、国家工商总局和中共江苏省委的负责人作了发言；青岛港前湾集装箱码头有限责任公司高级固机经理许振超、云南省德钦县云岭乡邮政所邮递员尼玛拉木、鞍钢集团矿业公司齐大山铁矿采场公路管理员郭明义分别代表第一、二、三届全国道德模范发言。

9月20日

［纲　文］　**贺国强在北京出席部分中央部门和企业、金融机构巡视工作座谈会。**

［目　文］　中央纪委副书记何勇主持会议。部分中央部门和企业、金融机构有关负责人作了发言。

中共中央政治局常委、中央巡视工作领导小组组长贺国强指出，胡锦涛总书记在"七一"重要讲话中，对坚持党要管党、从严治党，加强党内监督、严肃党的纪律、深入推进党风廉政建设和反腐败斗争提出了一系列新要求。我们要深入学习贯彻讲话精神，进一步厘清思路、完善措施，推动中央部门和企业、金融机构内部巡视工作不断取得新成效。一是要明确职责任务，突出工作重点。二是要紧贴中心任务，服务工作大局。三是要健全组织机构，加强工作力量。四是要积极探索创新，提高工作水平。五是要加强协调配合，形成工作合力。要积极争取党委（党组）的领导和支持，协调处理好巡视工作与其他监督工作的关系，建立系统内部工作联动机制，切实增强监督合力。被巡视单位领导班子及其成员要自觉接受巡视监督。

9月20日

［纲　文］　**环境保护部印发《国家环境保护"十二五"环境与健康工作规划》。**

［目　文］　《规划》由五个部分组成：一、环境与健康工作发展现状与面临的问题。二、指导思想和基本原则。三、规划目标。四、重点领域和主要任务。五、保障措施。

9月20日

［纲　文］　**第三届全国道德模范评选表彰颁奖典礼——《德耀中华》在北京举行。**

［目　文］　中共中央政治局常委李长春出席颁奖典礼，并为全国道德模范颁奖。他强调，要充分发挥道德模范的榜样引领作用，广泛开展学习和宣传道德模范活动，使他们的先进事迹广为传颂，让他们的崇高精神深入人心，转化为全社会道德建设的共同行动，努力形成知荣辱、讲道德、促和谐的文明风尚。

颁奖典礼由中宣部、中央文明办、解放军总政治部、全国总工会、共青团中央、全国妇联共同主办。典礼分为诚实守信、见义勇为、助人为乐、敬业奉献、孝老爱亲5个板块，每个板块分别采用播放短片、现场访谈、情景再现、歌舞表演和朗诵等形式，描绘了震撼人心的道德“群英谱”，生动展示了道德模范的感人事迹和崇高精神。王兆国、刘云山等出席并颁奖。

第三届全国道德模范评选表彰活动于2011年3月启动，历时半年，经过宣传发动、群众推荐、组织审核、公示投票、综合评定等程序，共评出54名全国道德模范和260名提名奖获得者，其中90%以上是普通工人、农民、社区居民、教师、医生、学生和军人。评选表彰活动广泛吸引人民群众参与，提名推荐候选人3.68万人，全国有1.13亿人次参与投票。评选表彰活动集中展示了新时期公民道德建设的丰硕成果，极大激发了人民群众投身道德建设的热情。

同日，中宣部、中央文明办、解放军总政治部、全国总工会、共青团中央、全国妇联发布《关于表彰第三届全国道德模范的决定》。

9月20日

［纲　文］　**“2009—2010年度全国质量工作先进表彰大会”在北京人民大会堂举行。**

［目　文］　全国人大常委会副委员长蒋树声出席，全国政协副主席白立忱出席并讲话。全国质量工作先进单位代表和先进个人、质检总局各司局和各直属挂靠单位相关负责人、各地质检两局相关负责人等600多人参加了大会。会上宣读了《关于表彰2009至2010年度全国质量工作先进单位和先进个人的决定》，决定授予海尔集团公司等91家单位全国质量工作先进单位（标兵）称号，授予杨双进等99名同志全国质量工作先进个人（标兵）称号。

9月20日

［纲　文］　**第三届中韩媒体高层对话在青岛举行。**

［目　文］　对话由国务院新闻办公室和韩国文化体育观光部共同主办。以“加强媒体之间友好互动，推动两国关系向前发展”为主题。中韩两国主流媒体代表围绕“媒体在引领各领域推进中韩关系发展所应发挥的重要作用”和“扩大中韩两国媒体交流合作的有效途径”两个议题进行了对话，提出了一系列建议。中国的《人民日报》、新华社、中央电视台、《环球时报》，韩国的《中央日报》《东亚日报》、韩联合新闻通讯社、KBS电视台等20多家媒体代表出席。

9月20日

［纲　文］　**国务委员戴秉国在北京会见日本日中协会会长野田毅。**

［目　文］　戴秉国高度评价日中协会长期以来为推动中日友好事业所作贡献并表示，中国政府高度重视中日关系，奉行对日友好政策，愿与日本新内阁和社会各界人士一道，在中日四个政治文件的基础上，加强对话、交流与合作，推动中日战略互惠关系健康稳定向前发展。

9月20日

［纲　文］　**中国研发成功年产400万吨级CTA/PTA干燥机组。**

［目　文］　目前世界大规格、年产400万吨的CTA/PTA蒸汽回转干燥机组在南京出厂装船，即将交付使用。该大型干燥机组从研发、设计到制造，全部由中国化工天华化工机械及自动化研究设计院自主完成，填补了该领域国内大型装置关键设备的空白，达到世界先进水平，使石化行业的干燥设备采购成本降低50%。

9月20日

［纲　文］　**商务部新闻发言人表示，中方对欧盟至今不承认中国完全市场经济地位表示失望。**

［目　文］　发言人表示，经过30年的改革开放，中国已经完成由计划经济向市场经济的转轨，但欧盟至今不承认中国完全市场经济地位，中方对此非常失望。我们认为市场经济地位的问题不是技术问题，而是政治决断。欧盟不予承认，这既与中国市场经济建设的现状不符，也不符合中国和欧盟经贸关系发展的长远利益。欧债危机爆发以来，我们一直非常关注，并且力所能及地伸出了援助之手。但是，承认中国市场经济地位和支持欧洲应对债务危机是两个不同性质的问题，两者之间并没有什么必然联系。中国人在帮助别人的时候，往往都是不设定前提的，我们只是希望在以诚待人的同时能够得到对方的尊重。

9月20—21日

［纲　文］　**贾庆林在宁夏回族自治区调研。**

［目　文］　全国政协主席贾庆林在宁夏回族自治区银川市的工厂企业、产业基地、移民新村，就加快转变经济发展方式、促进民族团结与社会和谐稳定进行调研。

贾庆林指出，要抓住国家深入实施西部大开发战略的重大机遇，着力加快经济结构战略性调整，着力保障和改善民生，着力加强民族团结，促进经济长期平稳较快发展和社会和谐稳定。宁夏是中国回族最大的聚居地，是信仰伊斯兰教民众比较集中的地方，做好民族和宗教工作具有十分重要的意义。要全面贯彻执行党的民族政策，坚定不移坚持民族区域自治制度，持之以恒开展民族团结宣传教育和创建活动，巩固和发展平等团结互助和谐的社会主义民族关系。要坚持党的宗教工作基本方针，把宗教界人士和广大信教民众更加紧密地团结在党和政府周围，更好地发挥他们在促进经济社会发展中的积极作用。

9月20—30日

［纲　文］　**外交部部长杨洁篪率团出席第六十六届联合国大会一般性辩论。**

［目　文］　26日，杨洁篪在纽约联合国总部出席第六十六届联合国大会一般性辩论并发言。杨洁篪说，世界正迈入新世纪第二个十年，国际形势继续深刻复杂变化，在总体和平的大背景下，各种不稳定、不确定因素增多，发展问题更加严重。世界经济复苏脆弱，国际金融市场动荡，可持续发展任务艰巨，世界经济面临“增长关”；西亚北非部分国家政局持续动荡，恐怖主义滋长蔓延，全球性挑战不断上升，国际形势面临“稳定关”；南北发展不平衡依然突出，完成联合国千年发展目标任务急迫，各方亟待加强合作，帮助最不发达国家迈过“温饱关”。杨洁篪提出了四点建议：一要努力培育世界经济复苏的良好势头。二要努力营造合作发展的政治基础。三要努力争取稳定发展的安全环境。四要努力促进南北平衡发展。

会议期间，杨洁篪出席了联合国利比亚问题高级别会议，并提出了有关利比亚过渡和重建的四点主张；会见联合国秘书长潘基文；分别与欧洲理事会主席范龙佩、欧盟外交和安全政策高级代表阿什顿、刚果（金）总统卡比拉、塞拉利昂外长达乌达、埃及外长阿姆鲁、利比亚“国家过渡委员会”主席贾利勒、塞浦路斯外长马尔库利斯、巴基斯坦外长希娜和希腊外长兰布里尼季斯举行了会见和交流；分别会见了厄立特里亚总统伊萨亚斯、瓦努阿图总理基尔曼、韩国外交通商部长官金星焕和缅甸外长吴温纳貌伦；向美国美中关系全国委员会和美中贸委会成员发表了关于中美关系的讲话，阐述了对中美关系的看法，重点就美售台武器问题表明中国政府的严正立场；出席“全球反恐论坛”成立仪式、阿富汗问题国际会议、安理会预防外交高级别会议，并会见英国外交大臣黑格、葡萄牙外长波塔斯和日本外相玄叶光一郎；出席金砖国家外长会晤，并分别会见了俄罗斯外长拉夫罗夫和尼日利亚外长阿希鲁；参加了联合国秘书长潘基文同安理会五个常任理事国外长的工作早餐会；分别会见了里约集团“三驾马车”代表及马来西亚外长阿尼法、印尼外长马蒂、美国国务卿希拉里·克林顿、阿拉伯国家联盟秘书长阿拉比和德国外交部部长韦斯特韦勒等。

9月21日

［纲　文］　**温家宝主持召开国务院常务会议。**

［目　文］　会议主要内容有：一、讨论通过《安全生产“十二五”规划》。会议肯定了“十一五”时期安全生产工作取得的积极进展和明显成效，重点分析了“十二五”时期面临的严峻形势和挑战。会议强调，编制和实施《安全生产“十二五”规划》，必须牢固树立科学、安全和可持续发展的理念，把安全生产作为政府工作的重中之重，坚持安全第一、预防为主、综合治理的方针，全面落实企业主体责任、部门监管责任和属地管理责任，切实保障人民群众生命财产安全，促进社会和谐稳定。力争到2015年，企业安全保障能力和政府监管能力明显提升，各行业领域安全生产状况全面改善，全国安全生产保持持续稳定好转态势，为实现根本好转奠定坚实基础。二、会议强调，国庆长假将至，各

地区、各部门要加强安全生产工作，尤其要强化交通运输企业安全生产监督检查，加强人员密集场所安全监管，保障出行和旅游安全，确保人民群众度过一个祥和、平安的节日。三、部署建立完整、先进的废旧商品回收体系。会议对建立废旧商品回收体系作出了部署，指出，我国废旧商品回收体系很不完善，不仅影响废物利用，而且极易造成环境污染，建立完整、先进的回收、运输、处理、利用废旧商品回收体系已刻不容缓。会议决定成立由商务部牵头、有关部门参与的部际协调机制，指导废旧商品回收体系建设工作。四、会议在总结原油、天然气资源税改革试点经验的基础上，决定对《中华人民共和国资源税暂行条例》作出修改，在现有资源税从量定额计征基础上增加从价定率的计征办法，调整原油、天然气等品目资源税税率。会议决定对《中华人民共和国对外合作开采海洋石油资源条例》和《中华人民共和国对外合作开采陆上石油资源条例》作出相应修改。

9月21日

［纲　文］　**国务院副总理李克强在北京会见美国能源部部长朱棣文。**

［目　文］　李克强指出，中美能源合作势头良好。“十二五”时期，中国将着力构建安全、稳定、经济、清洁的现代能源产业体系，美国也提出了未来能源安全蓝图。双方应把握机遇，规划好下一步合作的方向和重点，建立长期合作机制，深入推进在清洁能源、可再生能源、先进能源技术等领域的合作，取得更多实质性成果。

朱棣文表示，美中能源合作符合双方利益，愿与中方共同促进两国在能源领域政府和企业间多层次合作。

同日，国务委员刘延东在北京会见朱棣文时，希望双方在中美科技合作协定和科技联委会框架下，大力推进科技创新、清洁能源、农业、环境、卫生等领域的务实合作，全面提升科技合作水平，为建设相互尊重、互利共赢的中美合作伙伴关系作出积极的贡献。

9月21日

［纲　文］　**第四届中巴两党理论研讨会在北京举行。**

［目　文］　研讨会由中国共产党和巴西劳工党主办。以“国际体系的变革”“卢拉政府执政八年回顾及罗塞夫新政府面临的挑战”为主题。中联部部长王家瑞和劳工党主席鲁伊·法尔康出席开幕式并分别致辞。中巴两党专家学者围绕会议主题进行了交流。

同日，中宣部部长刘云山在北京会见出席研讨会的巴西劳工党主席法尔康时指出，党际交流取得新成果，中国共产党和巴西劳工党连续举办四届研讨会，就一系列理论和实践问题进行了探讨。中共愿在党际关系四项原则的基础上，进一步加强与巴西劳工党的友好交流，拓展领域、丰富内涵，共同促进中巴战略伙伴关系在新时期健康稳定发展。

法尔康表示，巴西劳工党愿加强与中国的友好合作关系，不断深化治党治国经验交流。

9月21日

［纲　文］　**商务部在镇江发布2010年国家级开发区投资环境评价结果。**

［目　文］　总指数位于前十名的国家级开发区依次是天津、苏州、广州、昆山、青

岛、烟台、北京、上海漕河泾、大连、杭州。天津开发区连续第14次排名第一。

9月21日

［纲 文］ **外交部副部长张志军在北京紧急召见美国驻华大使骆家辉，就美宣布对台军售计划提出强烈抗议。**

［目 文］ 张志军就美方宣布总价值58.52亿美元的对台军售计划，即为台"改装"其现有F-16A/B战斗机，售台军用飞机零配件并提供有关训练项目，向美方提出强烈抗议。

张志军指出，台湾问题事关中国主权和领土完整，涉及中方核心利益，事关13亿中国人民民族感情，始终是中美关系中最重要、最敏感的核心问题。美方行径严重违反中美三个联合公报，特别是"八一七"公报原则，严重干涉中国内政，严重危害中国国家安全，损害中国和平统一大业和中美关系，与当前两岸关系和平发展的势头背道而驰，与中美共建合作伙伴关系的精神背道而驰。中方表示强烈愤慨和坚决反对。一段时间以来，在双方共同努力下，中美关系总体保持稳定发展势头，取得符合两国长远利益的新进展。美方本应珍惜这一来之不易的局面，致力于同中方一道，不断巩固和推进这一积极势头，而不是再次采取损害中方核心利益和两国合作的行动。必须指出，美方这一错误行径将不可避免地给中美两国关系，给两国在军事、安全等领域的交流合作造成损害。中方强烈敦促美方充分认清美售台武器问题的高度敏感性和严重危害性，认真对待中方严正立场，恪守承诺，立即撤销错误决定，停止对台军售和美台军事联系，与中方一道维护中美关系大局和台海和平稳定。

9月21日，美国政府通知国会，决定为台湾升级145架F-16A/B型战斗机，为F-16A/B型战斗机提供飞行训练及后勤支持，出售F-16A/B、IDF、F-5E/F型战斗机和C-130H型运输机配件，总额达58.52亿美元。

22日，国务院台湾事务办公室发言人就美国政府宣布向台湾出售武器装备指出，美方的这一做法严重违反中美三个联合公报原则，危害台海地区和平稳定，违背其支持两岸关系和平发展的承诺，损害两岸同胞的根本利益，我们表示强烈不满和坚决反对。

同日，国防部新闻发言人就美国政府宣布对台军售计划表明中方严正立场。他指出，中国军队对美方这种严重干涉中国内政、损害中国主权和国家安全利益的行径，表示极大愤慨，给予强烈谴责！中国军队对美方这种严重干涉中国内政、损害中国主权和国家安全利益的行径，表示极大愤慨，予以强烈谴责！中国国防部外事办公室副主任关友飞海军少将奉命召见美国驻华使馆代理国防武官，向美方提出严正抗议。台湾问题事关中国主权和领土完整，涉及中国核心利益。中国军队在维护国家主权、领土完整问题上的立场是坚定的、明确的。美国在售台武器问题上的错误做法将不可避免地使中美两军关系受到影响。我们强烈敦促美方立即采取有效措施消除已造成的恶劣影响，尊重中方的核心利益，以实际行动恪守在台湾问题上向中方作出的严肃承诺，停止售台武器和美台军事联系，以免给中美两国两军关系造成进一步损害。

9月21日

［纲　文］　**中华回医药文化博物馆在宁夏医科大学建成开馆。**

［目　文］　该馆是世界首家专门介绍回医药文化的博物馆，总面积1500平方米，陈列了大量回族医药实物标本和珍贵文物，如《古兰经》古籍、诊疗方法以及最新回药科研成果等，展示了回族医药发展的历史和回医文化的内涵。

9月21—22日

［纲　文］　**中宣部在北京召开全国宣传部长座谈会。**

［目　文］　中宣部部长刘云山出席会议并讲话。各省、自治区、直辖市和新疆生产建设兵团党委宣传部部长，中央宣传文化系统各单位负责人出席会议。会议总结了2011年以来的宣传思想文化工作，对下一阶段工作进行了安排部署。会议认为，2011年以来宣传思想文化战线认真贯彻中央决策部署，兴起学习宣传胡锦涛总书记“七一”讲话精神的热潮，广泛开展纪念中国共产党成立90周年宣传教育；深入宣传“十二五”规划纲要，广泛开展形势政策教育，推动科学发展、促进社会和谐；扎实推进学习型党组织建设和理论大众化工作，大力推动文化体制改革，加强对文化产品创作生产引导；组织开展“走基层、转作风、改文风”活动，各项工作导向正确、富有成效，有力服务了党和国家工作大局。

9月21—24日

［纲　文］　**第十四届北京航展在国家会议中心举行。**

［目　文］　航展是由中国民航局、中国航空工业集团公司及中国商用飞机有限公司、中国航空器材集团公司、香港华进有限公司等共同主办。中国航空工业集团公司、波音公司、欧洲宇航、空客、庞巴迪、美国霍尼韦尔、欧洲直升机公司、阿古斯塔维斯特兰直升机公司、俄罗斯直升机公司、欧洲航材公司、AMECO、埃斯特兰等近200家国内外知名航空企业参展参会。本次航展上，国产大飞机C919所配套的长江CJ1000A发动机模型首次亮相。

9月21—23日

［纲　文］　**陈至立在江西考察。**

［目　文］　全国妇联主席陈至立在赣州市、瑞金和兴国等地考察了妇女工作。她指出，各级妇联一要积极参与社会管理与创新工作。要充分发挥妇联组织和妇女在社区和农村的工作优势，培养和推动更多妇女走向社区工作领导岗位；凝聚妇女参与和谐社会建设的热情和力量。要进一步加强“妇女之家”建设，注重充实工作内涵，把“妇女之家”建设成宣传政策的窗口、传播科学文化知识的课堂和倡导家庭和谐、文明新风的阵地。二要进一步抓好妇女创业就业工作。扩大妇女小额财政贴息贷款的覆盖面和受益面，并以创业项目带动广大妇女知识技术水平和经营管理能力的提高，造就更多致富能手带头人。三要加强妇女健康保健工作。扩大“两癌”检查的覆盖面，做好患病妇女的救治工作，把这项惠及广大妇女的民心工作抓好抓实，坚持不懈抓下去。四要进一步履行好代表和维护妇女

权益的职能，使维权网络更完善，维权工作更有针对性。

9月21—27日

［纲　文］　**国务委员孟建柱出席第二届安全事务高级代表国际会议，并访问乌克兰、土库曼斯坦、巴基斯坦。**

［目　文］　21—22日，第二届安全事务高级代表国际会议在俄罗斯叶卡捷琳堡举行。50多个国家的安全事务高级代表参加了本次会议。与会各方就加强共同打击各种形式的极端主义，应对由民族仇恨、宗教冲突和种族主义引发的危机开展国际合作深入交换了意见，就深化执法安全部门之间的对话与交流达成广泛共识。

孟建柱在会上指出，中方反对一切形式的恐怖主义，反对基于政治目的在反恐问题上搞双重标准，反对将恐怖主义问题与特定宗教和民族相联系。他指出，反恐要遵守《联合国宪章》和国际法基本准则，标本兼治，建立公正合理的国际新秩序，推动社会公正与公平。恐怖主义是国际公害，各种极端思潮，特别是极端民族主义和宗教极端主义仍是恐怖主义泛滥的根源。中国是恐怖主义的受害者，面临主要来自境内外“东突”恐怖势力和国际恐怖组织、恐怖分子进行的各种恐怖活动威胁。

与会期间，孟建柱分别会见了俄罗斯联邦安全会议秘书帕特鲁舍夫、阿富汗国家安全会议副顾问阿卜达里、伊朗最高国家安全委员会秘书贾利利、美国国家情报总监克拉珀、乌克兰安全与国防委员会秘书博加特廖娃，并分别与巴西总统府战略事务部部长弗朗哥、南非安全部对外情报总局局长夏艾克、印度联合情报委员会主席安瑞德拉尔等各国安全事务代表进行了接触和交流。

孟建柱在乌克兰访问期间，在基辅分别与乌国家安全与国防委员会秘书博加特廖娃、内务部部长莫希廖夫和边防总局局长利特文举行了会谈和会见。中乌签署了《中华人民共和国公安部和乌克兰国家边防总局合作协议》等合作文件。

孟建柱在土库曼斯坦访问期间，在阿什哈巴德分别会见了土库曼斯坦总统别尔德穆哈梅多夫、土国家安全会议秘书兼国家安全部部长别尔季耶夫和内务部部长穆利科夫。

孟建柱在巴基斯坦访问期间，在伊斯兰堡分别会见了巴基斯坦总统扎尔达里、巴基斯坦总理吉拉尼、巴基斯坦内政部部长马利克和三军情报局局长帕沙。

9月21—25日

［纲　文］　**2011中国（宁夏）国际投资贸易洽谈会暨第二届中国—阿拉伯国家经贸论坛在宁夏银川举行。**

［目　文］　全国政协主席贾庆林出席开幕式并在中阿经贸论坛高峰会议上发表了题为《携手促发展合作谋共赢》的演讲。

洽谈会由商务部、中国贸促会和宁夏回族自治区人民政府主办，以“传承友谊，深化合作，共同发展”为主题，旨在推动中国和阿拉伯国家深化全面合作共同发展的战略合作关系。来自巴林、古巴、埃及、埃塞俄比亚、加纳、印度尼西亚、科威特、毛里塔尼亚、突尼斯、土耳其、阿拉伯联合酋长国等76个国家（地区）和各省、自治区、直辖市以及香港、澳门和台湾地区的7000多名官员、代表和客商参会。会议期间，共举办了34项论坛类活动，涉及经贸、金融、能源、文化、旅游、农业、教育、科技、出版、人才、广播电视、清真产业等10多个领域，进一步丰富和完善了大会的内涵，充分体现了“国家级、国际性”的特点。马来西亚、巴林等国家举办了经贸座谈会，河北、天津等省市召开了项目推介会。

20日，贾庆林在银川会见了毛里塔尼亚经济事务与发展部部长塔赫等来华出席“2011中国（宁夏）国际投资贸易洽谈会暨第二届中国—阿拉伯国家经贸论坛”的阿拉伯国家部长级官员。

23日，贾庆林在北京会见出席第二届中阿经贸论坛并访华的毛里塔尼亚总统阿齐兹时说，中方愿与毛方共同努力，深化传统友谊，巩固政治互信，扎实推进各领域务实合作，推动两国友好关系不断向前发展，造福两国和两国人民。中国人民政治协商会议和毛里塔尼亚议会在各自国内政治生活中发挥着重要作用，彼此保持友好往来。希望双方继续加强交流，互相学习借鉴，为两国增进了解、加深互信、推动合作作出贡献。

阿齐兹说，毛方感谢中方长期以来为毛里塔尼亚经济社会发展提供的无私帮助。愿学习借鉴中国发展经验，不断深化双边各领域互利合作，丰富两国关系内涵，不断造福两国人民。

9月21—24日

［纲　文］ **第七届泛珠三角区域合作与发展论坛暨经贸洽谈会在南昌举行。**

［目　文］ 全国人大常委会副委员长陈至立，全国政协副主席李兆焯，福建省、江西省、湖南省、广东省、广西壮族自治区、海南省、四川省、贵州省、云南省、香港特别行政区、澳门特别行政区等相关领导出席开幕式。

本届论坛暨洽谈会由福建省、江西省、湖南省、广东省、广西壮族自治区、海南省、四川省、贵州省、云南省政府和香港、澳门特别行政区政府共同主办，江西省人民政府承办。发展改革委、财政部、海关总署、水利部等国家部委作为指导单位。中央政府驻香港、澳门特别行政区联络办公室代表，长三角、环渤海、大京九等区域合作组织代表，国内外500强企业代表参会。

在“合作发展、共创未来”的合作主题框架下，突出“加快转变发展方式、推动绿色发展”，并首次提出加强社会管理的议题。大会以生态环保合作为纽带，以建设“两型”社会为目标，探索生态补偿机制，探讨生态园林城市建设经验，以提高区域生态文明水平。包括高层论坛和行政首长联席会议、经贸洽谈会、战略性新兴产业项目推介会、泛珠三角区域产业转移合作与园区对接磋商会等主题活动。

9月21—22日

［纲　文］ **第二届金砖国家国际竞争大会在北京举行。**

［目　文］ 国务院副总理王岐山出席大会开幕式并在致辞中表示，金砖国家作为世界经济的一支重要力量，要认真落实《三亚宣言》及行动计划，充分运用金砖国家国际竞

争大会这一平台，密切沟通，进一步加强与世界各国和国际组织在竞争执法领域的合作。

本届大会由中国工商行政管理总局承办。来自中国、俄罗斯、巴西、印度、南非五个金砖国家，以及美国、英国、瑞典、新加坡、日本等 40 多个其他国家、地区和国际组织的近 300 名嘉宾出席本次大会。

“金砖五国”的代表就“金砖国家竞争法律与政策的最新发展及实施”进行主题发言。各国政要、官员和专家学者围绕“经济全球化背景下制止市场支配地位滥用的经验”“知识产权保护与反垄断政策实施”“竞争政策与产业政策的关系”等 9 个分议题进行交流。

9 月 21—23 日

［纲　文］　**第十三届中国科协年会在天津举行。**

［目　文］　年会由中国科协和天津市人民政府联合主办。以“科技创新与战略性新兴产业发展”为主题，围绕主题开展专题论坛、学术交流、科普活动。包括“低碳经济与环境保护”“工程技术与产业发展”“医疗健康与食品安全”“区域经济与城乡发展”“信息技术与科技传播”五大板块，共设学术交流分会场 22 个，共有 81 个学术交流单元。包括两院院士在内的国内外著名专家学者，以及科研、生产、教学第一线的科技工作者等 2400 余人与会。中共中央政治局委员、国务委员刘延东出席年会开幕式并讲话，全国人大常委会副委员长、中国科协主席韩启德致开幕词。中共中央政治局委员、中共天津市委书记张高丽等出席大会开幕式。

9 月 21—23 日

［纲　文］　**第十四届世界群众体育大会在北京奥林匹克公园国家会议中心举行。**

［目　文］　大会在国际奥委会协同世界卫生组织、国际单项体育联合会总会的支持下，由中国奥委会和北京市人民政府主办，北京奥运城市发展促进会承办。来自奥林匹克大家庭、联合国机构、各国政府机构和国际组织的代表、专家学者及主要国际媒体等共约 800 人与会。会议围绕“计划与政策——群众体育的实践和理论基础”“发展与促进——各利益相关方的作用”“群众体育——健康与社会效益”及“未来发展方向”等专题展开讨论。大会发表了《第十四届世界群众体育大会宣言》。

9 月 22 日

［纲　文］　**中共中央政治局常委、中央纪委书记贺国强在北京会见由老挝人民革命党中央政治局委员、中央纪委主任本通·吉玛尼率领的老挝人民革命党中央纪委代表团。**

［目　文］　贺国强向老挝客人通报了当前国内经济社会发展形势。他说，2011 年是中国共产党成立 90 周年。90 年来，特别是改革开放以来，中国党和政府高度重视反腐倡廉工作，坚持把党风廉政建设和反腐败斗争纳入党和国家工作大局，坚持标本兼治、综合治理、惩防并举、注重预防的方针，制定了惩治和预防腐败体系这一反腐败国家战略，形成了在社会主义市场经济条件下比较完整的反腐倡廉理论体系，走出了一条中国特色社会主义反腐倡廉道路。中国纪检监察机关愿与老挝同行深化交流合作，相互学习借鉴治党理

国经验，促进中老全面战略合作伙伴关系迈上新台阶。

本通·吉玛尼对中国共产党领导下中国经济社会发展取得的成就表示高度赞赏，对中国党和政府在反腐倡廉建设中的坚定立场、坚决措施和取得的明显成效感到由衷钦佩。他希望进一步加强与中国纪检监察机关的交流与合作。

本通·吉玛尼一行是应中共中央纪委邀请来华访问的。

9月22日

［纲　文］　**李克强在北京主持召开“十二五”服务业发展规划编制工作座谈会。**

［目　文］　发展改革委负责人汇报了服务业发展规划编制情况，专家代表和有关部门负责人发了言。

国务院副总理李克强指出，经济结构战略性调整是加快转变经济发展方式的主攻方向，发展服务业是调结构的重要突破口。要按照“十二五”规划主题主线的要求，开创服务业发展新局面，促进结构调整取得更大进展。服务经济是现代经济的重要标志，服务业是现代产业的主体。社会生产的林林总总，人民生活的方方面面，都与服务业息息相关。在三大需求中，消费需求是最大的潜力所在，居民消费的扩大，主要靠服务来实现。在三次产业中，服务业是最大的潜力所在，增加服务业供给，能够拉动经济增长、平衡供求关系、稳定市场价格。尤其应当看到，服务业是就业最大的容纳器和社会重要的稳定器，现代服务业具有技术密集、知识密集的特点。在我们这样一个人口大国，加快发展服务业，不仅有利于加强社会建设与管理创新、提高人民生活水平和质量，而且有利于发挥人力资源丰富的优势，促进创新型国家建设，推动经济由大变强。

据悉，“十一五”时期，我国服务业增加值年均增长11.9%，服务业增加值和就业比重分别提高2.5和3.5个百分点，取得了很大成绩，但仍没有达到“十一五”规划纲要确定的服务业增加值和就业比重分别提高3和4个百分点的预期性指标。目前，我国服务业增加值占国内生产总值的比重为43%，不仅低于高收入国家70%左右的水平，也低于与我国发展阶段大体相当国家50%左右的水平。为推动“十二五”服务业大发展，国务院有关部门正在组织编制“十二五”服务业发展规划。这一规划是“十二五”若干国家级重点专项规划之一。

9月22日

［纲　文］　**张德江在广东调研中小企业。**

［目　文］　国务院副总理张德江在广州市部分中小企业进行调研，了解企业生产经营和政策落实情况，听取意见和建议。张德江指出，中小企业是扩大就业的主渠道、科技创新的生力军，在经济社会发展中发挥着关系全局、举足轻重、不可替代的作用。党中央、国务院历来高度重视中小企业发展，特别是近年来，国家制定出台了一系列鼓励支持中小企业发展的法律法规和政策措施，中小企业进一步得到了快速发展，地位和作用进一步得到了显著增强。为进一步做好中小企业工作，必须从战略和全局的角度出发，高度重视中小企业发展，密切关注中小企业生产经营情况，及时研究并采取更加有效的措施，全

面推动中小企业发展。

9月22日

［纲 文］ **“古老文明青春辉映——中印青年传统文化交流大舞台”在北京人民大会堂举行。**

［目 文］ 国务院总理温家宝出席并在致辞中说，中印青年交流从传统文化入手，很有意义。中华文明和印度文明在数千年历史长河中交相辉映，彼此促进，深刻影响着人类文明的进程。中国的太极拳、书法、茶艺和印度的瑜伽、音乐、舞蹈是两国传统文化的瑰宝，都蕴含自然、和谐、包容之美。希望两国青年朋友们在交流切磋传统文化技艺的同时，能够领悟和传承其精神内涵，成为相互尊重、相互学习、共同进步的好朋友、好伙伴。

本次中印青年交流活动由中华全国青年联合会主办，是“中印交流年”项目。500名印度青年在中国进行为期10天的参观访问。

9月22—23日

［纲 文］ **习近平在天津调研。**

［目 文］ 中共中央政治局常委、国家副主席习近平在武清区、宝坻区、东丽区和静海县，围绕统筹城乡发展、加强和创新社会管理以及党建工作，深入农村、企业、社区、科研基地进行调研。

习近平在东丽区华明示范镇考察了通过“以宅基地换房”推进农村城镇化建设的情况；在静海县子牙循环经济产业园区，得知园区通过回收拆解处理工业固体废弃物变废为宝，取得巨大经济、社会和环保效益，他指出，发展循环经济是实现科学发展的重要举措，要通过更新观念、完善政策、加强立法等措施来大力推动；在武清区的天津市现代农业科技创新基地，了解智能大棚里蔬菜、果树等生长情况；在宝坻区周良庄镇综合服务中心，听取该镇通过建立村级综合服务站和乡镇服务中心、实行“一站式、一条龙”服务等加强和创新社会管理的做法，与村民群众交流；在武清区梅厂镇灰锅口村，与村民们了解农民的收入、医疗、水果的价格和市场的销售情况。

调研期间，习近平主持召开天津党政干部座谈会，希望天津各级党组织牢牢把握国家推进滨海新区开发开放的重大历史机遇，再接再厉、乘势前进，带领党员、群众奋力开创天津科学发展新局面。

9月22—27日

［纲 文］ **国务委员戴秉国赴法国举行磋商，并赴英国举行中英战略对话。**

［目 文］ 23日，戴秉国在巴黎同法国总统外事顾问雷维特举行磋商，就当前国际形势、欧洲形势和中法关系交换意见。双方表示，实践证明，双方的战略对话为加强战略沟通、增强战略互信、推进互利合作发挥了应有的作用，双方将继续加强这一机制，推动两国关系向前发展。

戴秉国在法国期间，在巴黎分别会见了法国总统萨科齐、法国总统府秘书长兼二十国集团事务协调人穆斯卡；在法国东南部城市阿讷西会见了法国国民议会议长阿夸耶。

26日，戴秉国在伦敦同英国外交大臣黑格举行中英战略对话，就当前国际形势、中英关系等交换看法，并就共同关心的其他国际和地区问题交换了看法。

戴秉国在英国期间，在伦敦会见了英国首相卡梅伦；同英国学者举行座谈，就世界局势和中国发展等问题交换了意见。

9月22日—10月15日

［纲　文］　**"人间正道是沧桑——庆祝中国共产党成立90周年摄影展"在北京玉渊潭公园举行。**

［目　文］　摄影展由中国文学艺术界联合会、中国文学艺术基金会和中国摄影家协会主办。22日在北京玉渊潭公园少年英雄纪念广场开幕并举行同名画册首发仪式。

影展和画册以红色革命纪念地上海、井冈山、遵义、延安、西柏坡为空间线索，以新中国成立前后、改革开放前后和新世纪作为三个时间节点，通过不同年代的影像对比，呈现出几十年来，尤其是改革开放以来中国的变化。

9月22—25日

［纲　文］　**第八届中国国际中小企业博览会暨中泰中小企业博览会在广州举行。**

［目　文］　博览会由工业和信息化部、发展改革委、财政部、商务部、工商总局、质检总局、银监会、广东省人民政府和泰王国工业部共同主办。包括中国在内的34个国家和地区3040家企业参展，展位总数5073个，展出面积10万平方米；前来参观、洽谈的专业客商超过8万人，中小企业对接洽谈活动超过1万人次，观众超过23万人次。在中小企业股权融资论坛暨项目对接会上，50家国内创业投资基金及各类金融机构为参会中小企业带来了超过1000亿元的直接融资机会。

9月22—24日

［纲　文］　**海峡两岸电子废弃物回收利用技术与设备展览会在北京展览馆举行。**

［目　文］　展览会由中国再生资源回收利用协会、台湾绿色生产力基金会等联合举办，来自祖国大陆和台湾地区的75家相关企业参展。

9月22—25日

［纲　文］　**2011世界女子九球锦标赛在沈阳举行。**

［目　文］　来自世界20多个国家和地区的百余名九球选手参赛。中国选手毕竹清在决赛中战胜同胞陈思明，首夺世锦赛冠军。

9月23日

［纲　文］　**国家主席胡锦涛在北京会见来华出席第二届中国·阿拉伯国家经贸论坛并访华的毛里塔尼亚总统阿齐兹。**

［目　文］　胡锦涛表示，中方愿同毛方共同努力，进一步提升两国务实合作水平：一是加强友好交往。深化真诚友好、平等互信的政治关系。二是要拓展经贸合作。在搞好

两国渔业、矿业、基础设施建设等传统领域合作的同时，稳步推进通信、能源、科技等新兴领域的合作，共同实施好两国重点合作项目。三是增进人民友谊。积极拓展文教、卫生、防疫、新闻等领域的合作，促进不同文明对话和交流。四是密切多边合作。中方愿同毛方就联合国改革、气候变化、扶贫减灾、粮食安全等全球性问题保持沟通和协调。

阿齐兹完全赞同胡锦涛关于进一步发展两国关系的重要意见。他表示，多年来，毛中关系不断发展，两国始终相互支持、相互帮助，维护了共同利益。毛方感谢中方为毛里塔尼亚经济社会发展提供的宝贵支持和无私援助。毛方高度重视毛中关系，视中国为可靠的朋友和重要的合作伙伴，将继续坚定支持中国的统一大业，愿同中方一道，进一步加强高层交往，深化经贸、基础设施建设、农业、渔业、矿业等领域的互利合作，加强在国际和地区事务中的沟通协调，推动两国关系迈上新的台阶。

会见结束后，两国元首出席了有关双边合作文件的签字仪式。

9月23日

［纲　文］　**政协第十一届全国委员会第四十一次主席会议在北京召开。**

［目　文］　全国政协主席贾庆林主持会议。全国政协副主席王刚、廖晖、白立忱、阿不来提·阿不都热西提、李兆焯、张梅颖、郑万通、邓朴方、林文漪、厉无畏、罗富和、王志珍出席会议。会议决定，10月召开全国政协十一届常委会第十五次会议，建议这次常委会议的主要议题是学习贯彻中共十七届六中全会精神，围绕深化文化体制改革、推动社会主义文化大发展大繁荣进行讨论。

会议审议通过了政协第十一届全国委员会常务委员会第十五次会议议程（草案）和日程，通过了政协第十一届全国委员会委员增补名单（草案）、政协第十一届全国委员会专门委员会副主任增补名单（草案）。会议决定，将上述草案提交政协第十五次常委会议审议。全国政协副主席杜青林、全国政协副主席兼秘书长钱运录分别对有关议题作了说明。

9月23日

［纲　文］　**纪念人民检察制度创立80周年座谈会在北京人民大会堂召开。**

［目　文］　中共中央政治局委员、中央政法委副书记王乐泉，最高人民法院院长王胜俊出席会议。最高人民检察院检察长曹建明出席会议并讲话。中国人民大学教授高铭暄、北京市人民检察院原检察长何访拔、河南省人民检察院检察员蒋汉生、四川省北川县人民检察院检察长李成作了发言。

曹建明强调，各级检察机关要深入学习贯彻胡锦涛总书记“七一”重要讲话，切实把思想和行动统一到中央对检察工作的指示精神上来，围绕经济社会发展大局，忠实履行宪法法律赋予的职责，强化法律监督、强化自身监督、强化队伍建设，努力推动检察工作全面发展进步，不断完善中国特色社会主义检察制度，为全面建设小康社会、加快建设社会主义法治国家作出积极贡献。

9月23日

［纲　文］　**贺国强在北京出席反腐倡廉专项治理工作汇报会并讲话。**

［目　文］　中央纪委副书记何勇主持会议。会议听取有关方面关于开展工程建设领域突出问题、“小金库”问题、公务用车问题和庆典、研讨会、论坛过多过滥问题专项治理工作情况汇报。

中共中央政治局常委、中央纪委书记贺国强指出，今年以来，各地区各部门各单位认真贯彻中央要求，扎实开展专项治理，取得积极进展和成效。在工程建设领域突出问题专项治理方面，着力抓好重点领域、重点环节、重点案件和长效机制建设，全国共受理工程建设领域违纪违法问题举报3.8万件，立案1.96万件，给予党纪政纪处分12874人，移送司法机关6810人；在“小金库”专项治理方面，着力巩固成效、防止反弹，抓好全面复查和重点检查，建立健全长效机制，全国累计查出“小金库”58225个，涉及资金266.54亿元，给予行政处罚1942人，组织处理3242人，党纪政纪处分1862人，移交司法机关处理623人；在公务用车问题专项治理方面，已基本完成动员部署、登记自查和审查核实阶段工作任务，进入全面纠正处理阶段，截至目前，全国党政机关共发现违规车辆17.26万辆；在庆典、研讨会、论坛过多过滥问题专项治理方面，着力加强宣传教育，搞好自查自纠，严肃工作纪律，据23个省（区、市）统计，共取消2010个活动，节约经费约8.4亿元。开展四项专项治理下一步任务仍很艰巨，要总结经验、把握规律，加大力度、标本兼治，切实巩固和扩大工作成果。

9月23日

［纲　文］　**证监会公布《证券投资基金销售结算资金管理暂行规定》。**

［目　文］　《规定》共6章30条。主要有总则、账户开立人与销售账户、监督机构及监督协议、销售账户运作规范、监督管理、附则等内容。自2011年10月1日起施行。

9月23日

［纲　文］　**中组部部长李源潮在北京会见第十一期日本青年领导访华团。**

［目　文］　李源潮说，中日青年领导骨干的交流，对推动中日两国走长久和平合作、互利共赢之路非常重要，希望进一步推动双方青年领导干部交流互访，把友好合作的种子播撒在广大青年心中，为促进中日战略互惠关系发展、增进两国人民友好感情作出新贡献。

访华团团长、中日友好21世纪委员会日方首席委员西室泰三表示，愿推动两国青年干部的互访交流，更好地发挥青年在日中世代友好中的积极作用。

9月23日

［纲　文］　**第六届全国民营企业“关爱员工、实现双赢”经验交流暨表彰会在北京举行。**

［目　文］　会前，中共中央政治局委员、全国总工会主席王兆国会见与会代表。王兆国首先肯定了“关爱员工、实现双赢”活动已成为民营企业构建和谐劳动关系的重要载

体，在促进企业发展、维护职工权益等方面发挥了积极作用。

大会由全国工商联、中华全国总工会联合举办。统战部副部长、全国工商联党组书记全哲洙主持会议。全总副主席陈豪宣读《关于表彰“全国关爱员工优秀民营企业家”“全国热爱企业优秀员工”“全国双爱双评活动先进企业”的决定》。重庆市隆鑫控股有限公司投资人涂建华等5人代表受表彰的先进集体和个人介绍了开展“关爱员工、实现双赢”活动的经验和体会。全国政协副主席、全国工商联主席黄孟复出席大会并指出，我国正处在全面建设小康社会的关键时期，随着改革开放的不断深化，加快转变经济发展方式、加强和创新社会管理进入攻坚阶段，关爱员工、构建和谐劳动关系越来越显得意义重大而深远。

9月23日

［纲 文］ **纪念鲁迅诞辰130周年座谈会在北京人民大会堂举行。**

［目 文］ 座谈会由中国作家协会、中国现代文学馆和北京鲁迅博物馆联合主办，中国作协副主席李冰主持会议。中宣部部长刘云山出席会议并讲话。中国作协主席铁凝，鲁迅先生亲属和来自全国各地的作家、学者、社会各界代表130余人出席座谈会。北京鲁迅博物馆馆长杨阳、中国人民大学文学院院长孙郁、绍兴鲁迅中学校长许吉安、复旦大学学生代表梅圣莹、同济大学鲁迅研究中心主任张闳、鲁迅先生的亲属代表周令飞在座谈会上发言。

刘云山在讲话中指出，鲁迅是享誉中外、深受景仰的一代文化大师，是中国现代文化史上一座巍然屹立的丰碑。他以实现民族自立自强为己任，用一篇篇振聋发聩的檄文，激励中国人民在精神上站立起来；他向往社会的光明，以一颗矢志报国的赤子之心，毫不留情地批判旧世界，满怀热情地呼唤新世界、建设新文化；他追求崇高的理想，始终坚定地站在正义的立场上，是中国共产党最忠诚的同志和亲密的战友。鲁迅的人生道路，集中体现了中国先进知识分子为国家和民族勇于担当、勇于奉献的品格，他的作品、思想和精神，穿越历史长河、影响历久弥新。

9月23日

［纲 文］ **第四届中国生态文化高峰论坛在辽宁鞍山举行。**

［目 文］ 论坛由中国生态文化协会主办，鞍山市人民政府承办。以“弘扬生态文化 促进绿色发展”为主题，从生态建设、绿色增长、包容发展等角度，探讨了以生态文化促进绿色发展的理论实践问题，总结交流了各地在弘扬生态文化、建设现代林业、发展绿色经济、倡导绿色生活等方面的经验，研讨了新形势下推进生态文明建设进程的对策措施，并就生态文化体系建设的理论问题进行了专题研讨。70多家单位被授予“全国生态文化示范基地”“全国生态文化村”“全国生态文化示范企业”称号。全国政协副主席陈宗兴参加论坛并为获得称号的单位授牌。

9月23日

［纲 文］ **中国加拿大战略工作组第三次会议在渥太华举行。**

［目 文］ 外交部副部长崔天凯、商务部副部长王超、发展改革委副主任张晓强，

与加拿大外交部副部长罗森伯格、国际贸易部副部长雷维斯科、自然资源部副部长杜邦共同出席会议。双方就双边关系以及贸易与投资、能源资源、人文交流及共同关心的国际和地区问题交换了意见。双方积极评价近年来，特别是2010年2月中加战略工作组第二次会议以来中加关系良好发展势头，一致同意继续致力于深化两国各领域互利合作，推动中加战略伙伴关系不断取得新成果。

9月23—24日

［纲　文］　**2011欧亚经济论坛在西安举行。**

［目　文］　中共中央政治局常委李长春出席开幕式并发表了题为《共同开创欧亚合作新时代》的主旨演讲。论坛由商务部、教育部、文化部、国家能源局、国家文物局、中国贸促会、国家开发银行、中国进出口银行、上海合作组织秘书处、欧亚经济共同体、联合国开发计划署和陕西省人民政府共同主办。以“创新欧亚合作、共享转型机遇”为主题，旨在探讨进一步创新区域合作、加快经济转型的措施和途径。来自吉尔吉斯斯坦等46个国家的政要、国际组织代表、企业家和专家学者等近900人与会。论坛期间举行36项活动，包括1次全体大会，金融、能源、文化、教育、遗产保护与旅游5个平行分会以及2011欧亚生态安全会议、上海合作组织国家驻华使节西安行系列主题活动等。

23日，李长春在西安会见了来华出席欧亚经济论坛的柬埔寨副首相兼经济和财政大臣吉春、摩尔多瓦副总理莫尔多瓦努、亚美尼亚国民会议副议长巴拉萨尼扬、吉尔吉斯斯坦议会副议长马梅罗娃、塔吉克斯坦议会下院第一副议长米拉利耶夫等外国政要和前政要。

9月24日

［纲　文］　**国土资源部印发《高标准基本农田建设规范（试行）》。**

［目　文］　《规范》明确了高标准基本农田建设的目标、任务、原则、建设内容与技术要求、建设程序等内容。明确指出，高标准基本农田即一定时期内，通过土地整治建设形成的集中连片、设施配套、高产稳产、生态良好、抗灾能力强，与现代农业生产和经营方式相适应的基本农田，包括经过整治的原有基本农田和经整治后划入的基本农田。高标准基本农田建设则是以建设高标准基本农田为目标，依据土地利用总体规划和土地整治规划，在农村土地整治重点区域及重大工程、基本农田保护区、基本农田整备区等开展的土地整治活动。

9月24日

［纲　文］　**北京外国语大学举行建校70周年庆祝大会。**

［目　文］　庆祝大会上宣读了国务院总理温家宝，中共中央政治局委员刘延东给北外发来的贺信。播放了马来西亚总理纳吉布、国际奥委会主席罗格等外国领导人和知名人士的视频祝福。全国人大常委会副委员长陈至立、全国政协副主席郑万通等领导以及200多位外国驻华使节出席大会。北京外国语大学授予44名德高望重的老教授和外籍专家

“七十周年校庆荣誉奖”，以表彰他们对北外发展作出的杰出贡献，陈至立为受到荣誉表彰的教授和专家颁奖。

北京外国语大学的前身是1941年创办的抗大三分校俄文大队，是中国共产党创办的第一所高等外语教育机构，是目前我国开设语种最多的外国语大学，已开设49种外国语。70年来，北京外国语大学先后为国家培养了8万余名外交、经贸、新闻、法律和金融等涉外人才。其中，出任中华人民共和国特命全权大使的有400余人。

9月24日

［纲　文］　**东北亚和平与发展论坛在大连召开。**

［目　文］　论坛由中国人民争取和平与裁军协会与辽宁省人民政府等主办。全国人大常委会副委员长、中国人民争取和平与裁军协会会长韩启德出席论坛并致辞，蒙古国前总理巴雅尔等出席论坛。来自中国、东北亚国家及欧美的专家学者进行了交流，共同探讨东北亚地区的和平与发展合作之计。

9月24—25日

［纲　文］　**国家社会福利制度发展战略首次研讨会在北京举行。**

［目　文］　全国人大常委会副委员长华建敏出席开幕式并讲话指出，在我国刚刚步入中等收入国家行列的现阶段，应当不失时机地大力发展社会福利事业。

研讨会由中国社会保障30人论坛和中国人民大学中国社会保障研究中心主办。项目核心组成员70余人围绕社会福利制度发展总体设计以及老年人福利制度、儿童福利制度、残疾人福利制度及慈善事业发展战略等专题进行了研讨。

9月24—28日

［纲　文］　**2011中国国际航空体育节暨国际航空运动器材装备展在山东莱芜市雪野旅游区举办。**

［目　文］　体育节由国家体育总局等单位主办、中国航空运动协会等承办。航空体育节设有特技飞机、轻型飞机、轻型直升机、动力悬挂滑翔机、热气球、动力伞、飞机跳伞、航空模型和模拟飞行等项目的表演、比赛及航空运动器材装备展览。有26个国家和地区的500多名飞行员、运动员，其中外国飞行员、运动员约150名，大小航空器和器材300架（具）。

9月25日

［纲　文］　**新华社讯，文化部、人力资源社会保障部、中华全国总工会发布《关于进一步加强农民工文化工作的意见》。**

［目　文］　《意见》要求进一步加强政府在农民工文化工作中的主导作用，明确常住地政府的主体责任。要以城市社区为主要平台和载体，促进农民工融入城市。要进一步提高城市社区面向农民工的公共文化服务能力，充分考虑辖区内农民工的规模、特点和文化需求，规划建设和优化配置社区文化设施和服务，构建以社区文化设施为依托的

农民工文化服务平台。城市社区要有针对性地举办各种文化活动，激发农民工的兴趣和参与热情，改变农民工文化交往的封闭性，促进农民工逐步融入城市社区生活。要在保障农民工享受城市基本公共文化服务的同时，研究分析农民工的文化需求特点和文化消费规律，尤其是新生代农民工文化需求的新特点、新要求，积极探索适合农民工的文化活动形式。

9月25日

［纲　文］　**中国数字出版企业超星公司在北京大学百周年纪念讲堂宣布，该公司建成全球最大中文学术视频库。**

［目　文］　学术视频库目前已有视频8万余集，内容为北大、清华、斯坦福等院校5410位教师的6580门课程，包括杨振宁、叶嘉莹、何兹全、李培根、丁伟志等学术权威的专题讲座，部分视频点击率已突破70万人次。超星公司透露，已考虑开发学习终端，浓缩学术视频资源以及超星数字图书馆的海量内容，建立一所“掌上大学”。

9月25日

［纲　文］　**2011年全国群众登山健身大会暨“中国体彩杯”福建·福州第五届海峡两岸十万人登山活动在福州市鼓山风景区举行。**

［目　文］　本次活动由国家体育总局登山运动管理中心、福建省体育局、福州市人民政府主办，福州市体育局、福州市园林局、晋安区人民政府承办。活动设一个主会场和七个分会场（县市），同时举行登山活动。

9月25日

［纲　文］　**沈阳军区政治部原主任马瑛（正兵团职），在沈阳逝世，享年92岁。**

9月25—26日

［纲　文］　**全国发展休闲农业与乡村旅游工作会议在山西晋城召开。**

［目　文］　会议主要内容是：总结交流休闲农业与乡村旅游发展经验，部署今后一个时期的工作。全国人大常委会副委员长周铁农出席会议时指出，“三农”问题的核心是农业问题，农业问题的根本是利益问题。发展休闲农业与乡村旅游，必须坚持以农民为本，使农民成为发展成果的最大受益者，让农民在发展过程中提高自己，成为有文化、懂经营、会管理的新型农民。各地在实践过程中，要坚决避免农民利益受侵犯、农业生产受影响、农业土地变性质、农村风貌遭破坏，把当地农民发展休闲农业和休闲旅游的积极性保护好、引导好。

9月25—27日

［纲　文］　**第六届中美航空论坛在华盛顿举行。**

［目　文］　论坛由中国民用航空局和美国贸易发展署联合举办。就国际合作、空中交通管理、航空公司运营以及航空培训等议题进行了交流。

9月26日

［纲　文］　**中共中央政治局召开会议。**

［目　文］　中共中央总书记胡锦涛主持会议。讨论十七届五中全会以来中央政治局的工作，研究深化文化体制改革、推动社会主义文化大发展大繁荣等问题。

会议决定，中国共产党第十七届中央委员会第六次全体会议于10月15日至18日在北京召开。中共中央政治局听取了《中共中央关于深化文化体制改革推动社会主义文化大发展大繁荣若干重大问题的决定》稿在党内外一定范围征求意见的情况报告，决定根据这次会议讨论的意见进行修改后，将文件稿提请十七届六中全会审议。

9月26日

［纲　文］　**国务院印发《关于对"十一五"节能减排工作成绩突出的省级人民政府给予表扬的通报》。**

［目　文］　《通报》说，"十一五"时期，各地区、各部门认真贯彻落实党中央、国务院的决策部署，把节能减排工作作为调整经济结构、转变经济发展方式、推动科学发展的重要抓手和突破口，积极采取有效措施，节能减排工作取得了显著成效。经过各方面的共同努力，全国单位国内生产总值能耗下降19.1%，二氧化硫、化学需氧量排放总量分别下降14.29%和12.45%，基本实现了"十一五"规划纲要确定的节能减排目标，为保持经济平稳较快发展提供了有力支撑，为实现"十二五"节能减排目标奠定了坚实基础，为应对全球气候变化作出了重要贡献。省级人民政府是本地区开展节能减排工作的责任主体。为表扬先进，进一步推进节能减排工作，国务院决定，对"十一五"期间在节能工作中成绩突出的北京、天津、山西、内蒙古、吉林、江苏、山东、湖北8省（区、市）人民政府，在减排工作中成绩突出的山东、江苏、广东、河南、浙江、辽宁、上海、陕西8省（市）人民政府，予以通报表扬。

9月26日

［纲　文］　**财政部印发《外国政府贷款项目监督检查办法》。**

［目　文］　《办法》共7章33条。主要有总则，机构职责，检查范围、对象和内容，日常检查，重点检查，检查处理，附则等内容。自2012年1月1日起施行。

9月26日

［纲　文］　**发展改革委、工业和信息化部、环境保护部、国家安全监管总局、国土资源部发布《关于加强PX等敏感产品安全环保工作的紧急通知》。**

［目　文］　《通知》说，2011年8月的大连福佳·大化石油化工有限公司PX（对二甲苯）项目防波堤发生溃坝，引起了部分大连市民对PX项目的关注。目前，我国列入《危险化学品名录》的品种有3823个，列入《剧毒化学品目录》的品种有335个，PX只是其中危险性相对较低的一种。但值得注意的是，近几年，一些企业忽视危险化学品安全生产管理，相继发生生产安全和环境污染事故，在社会上造成了不良影响，稍有不慎，就会引发群体性事件。通知要求各地开展安全环保大检查，各PX等敏感产品生产企业和建设项目业主单位要立即开展安全环保自查。有关企业要对存在问题及时整改，整改不达标的，必须立即停产。地方各级政府有关职能部门要清醒认识近期重特大事故多发的严峻形势，本着对党和人民高度负

责的精神，进一步增强安全环保意识和责任感、紧迫感，切实加强安全环保监管。

9月26日

［纲　文］ **最高人民检察院在北京召开全国检察机关加强和改进代表联络工作电视电话会议。**

［目　文］ 最高人民检察院检察长曹建明出席会议，常务副检察长胡泽君出席并讲话。

高检院副检察长朱孝清主持会议。会议主要内容是：学习贯彻了第十三次全国检察工作会议精神，围绕检察工作大局，总结交流了近年来检察机关代表联络工作经验，提出了新形势下进一步加强和改进代表联络工作的措施和要求。辽宁、吉林、上海、宁夏、新疆检察院检察长通过视频系统分别作了经验发言。

胡泽君指出，全国检察机关要将联系和服务人大代表摆在工作的突出位置。加强同人大代表的联系，听取人大代表的建议、批评和意见，是检察机关自觉接受人民监督的重要内容和做好检察工作的重要保证。

9月26日

［纲　文］ **京津沪渝四直辖市妇联社会管理创新理论与实践研讨会在天津召开。**

［目　文］ 全国妇联主席陈至立，全国妇联副主席甄砚出席会议并讲话。京津沪渝四地妇联主席分别作了社会管理创新专题发言。全国妇联权益部相关负责人，京津沪渝四地妇联主席和分管主席等50余人参加了研讨会。

近年来，京津沪渝四直辖市妇联勇于实践、大胆探索，在参与社会管理方面起步早、推进快、效果实，积累了宝贵经验。陈至立对此给予高度评价。她要求各级妇联要进一步深刻认识加强和创新社会管理的重要性和紧迫性，紧紧围绕全面建设小康社会总目标，积极探索妇联参与加强和创新社会管理的有效途径。

9月26日

［纲　文］ **中印战略经济对话首次会议在北京举行。**

［目　文］ 中国代表团团长、发展改革委主任张平和印度代表团团长、印度计划委员会副主席阿鲁瓦利亚分别作主旨发言。中印双方就当前世界经济形势和中印两国宏观经济形势、两国中长期经济社会发展规划，以及进一步开展双方的务实合作等议题进行了交流，并决定明年在印度举行中印战略经济对话第二次会议。两国代表团举行闭门会议。与会的中国代表团其他成员包括外交部、财政部、住房城乡建设部、铁道部、水利部、商务部、中国人民银行、国家能源局的代表。

同日，国务院总理温家宝在北京会见与会的阿鲁瓦利亚一行时说，中印作为友好邻邦和最大的发展中国家，共同面临众多机遇和挑战，保持双边关系长期健康稳定发展对于两国、亚洲乃至世界意义重大。双方要本着相互尊重、睦邻友好的精神，加强各层次、各领域沟通协商，扩大合作，照顾彼此关切，坚定不移地走互利共赢、共同发展的道路。

阿鲁瓦利亚表示，印方愿与中方一道，充分利用战略经济对话平台，相互交流借鉴，推动务实合作，为实现各自国家经济社会可持续发展，促进世界的和平、稳定与发展贡献力量。

9月26日

［纲　文］　**中国残疾人艺术团在比利时布鲁塞尔艺术中心表演大型歌舞《我的梦》。**

［目　文］　为庆祝中比两国建交40周年，中国驻比利时王国大使馆和中国驻欧盟使团联合主办了此次活动。比利时王国阿斯特里德公主夫妇、中国驻欧盟使团团长宋哲、中国驻比利时王国大使廖力强，以及比利时参众两院议长、社会各界和华侨华人等400余位嘉宾共同观看了演出。

9月26—30日

［纲　文］　**应中共中央政治局常委、国务院总理温家宝邀请，朝鲜劳动党中央政治局常委、内阁总理崔永林对中国进行正式友好访问。**

［目　文］　访问期间，中共中央总书记、国家主席胡锦涛，中共中央政治局常委、全国政协主席贾庆林在北京分别会见崔永林。温家宝在北京与崔永林举行了会谈。

胡锦涛会见崔永林时说，中国党和政府高度珍视中朝友谊，本着“继承传统、面向未来、睦邻友好、加强合作”的精神，推动中朝友好合作关系不断向前发展，是我们坚定不移的方针。在谈到朝鲜半岛形势时，胡锦涛说，通过对话谈判和平解决半岛有关问题，实现半岛无核化，维护半岛和平稳定，符合各方共同利益，也是国际社会的普遍愿望。中方支持朝方为缓和半岛局势、改善外部环境作出的积极努力，相信朝方能够把握当前有利时机，推动半岛形势进一步向好的方向发展。

崔永林说，朝方愿同中方携手努力，推动朝中友好合作迈向更高水平。实现半岛无核化、维护半岛和平稳定是朝方的一贯立场，朝方主张无条件重启六方会谈。

温家宝与崔永林会谈时表示，中方愿加强同朝方在治国理政、经济建设等方面的交流，支持朝鲜探索符合本国国情的发展道路，并继续提供力所能及的帮助。双方要按照“政府引导、企业为主、市场运作、互利共赢”原则，进一步深化在贸易、投资、基础设施建设、资源开发利用、农业等领域的务实合作，造福两国人民。关于朝鲜半岛局势，温家宝表示，中方希望有关各方保持接触对话，改善关系，早日重启六方会谈，这有利于半岛的和平稳定和东北亚的长治久安。

崔永林表示，朝方愿与中方密切协调配合，深化经贸、基础设施建设等领域的务实合作。欢迎中国企业赴朝投资兴业，朝方将为此提供便利。朝方感谢中方长期以来提供的帮助和支持。朝方坚持通过对话协商实现半岛无核化，主张无条件重启六方会谈，愿与中方保持沟通协作。

贾庆林会见崔永林时表示，中国全国政协与朝鲜祖国战线一直保持着密切交流与合作关系。希望双方进一步加强交往，增进了解，促进合作，为中朝关系发展作出积极贡献。

崔永林表示，朝方愿与中方一道，积极落实两国领导人达成的重要共识，进一步拓展双方各领域的交流合作，为促进双方各自国内的社会经济发展，并为维护地区和平稳定作出积极努力。

9月26—30日

［纲　文］　**2011年中国国际信息通信展览会在中国国际展览中心举办。**

［目　文］　展览会由工业和信息化部、中国国际贸易促进委员会主办。以“新一代信息技术”为主题，国内外500多家电信运营商、手机终端厂商、技术联盟等在会上展示了技术成果。物联网、TD与移动互联成为展会亮点。

28日，中共中央政治局委员、国务院副总理张德江参观了该展。

9月26—28日

［纲　文］　**第六届中部投资贸易博览会在太原举办。**

［目　文］　国务院副总理王岐山出席开幕式及高峰论坛并发表演讲。博览会由商务部、税务总局、工商总局、广电总局、国家旅游局、中国贸促会、全国工商联、中国工业经济联合会以及山西、安徽、江西、河南、湖北、湖南六省人民政府联合主办，以科学发展观为指导，以“转型跨越、中部崛起”为主题，以项目推介、招商引资、展览展示、战略研讨等活动为主要内容。抓住国家加快建设中部地区“三个基地（粮食生产基地、能源原材料基地、现代装备制造及高技术产业基地）、一个枢纽（综合交通运输枢纽）”、建设资源型经济转型综合配套改革试验区和世界经济复苏、国际资本重组、国内外产业转移加快等历史机遇，坚持把改革开放作为转变经济发展方式的强大动力，发挥中部地区自身优势，在开放中促发展，在发展中谋转型，进一步提高中部地区发展的全面性、协调性和可持续性，实现经济社会又好又快发展。博览会包括开幕式、高峰论坛2011、跨国公司恳谈会等活动。除举办巡馆、欢迎晚宴、“喝彩中部”文艺晚会、高峰论坛等7场重大活动外，还举办了19场专题活动。来自45个国家和地区的1.6万名嘉宾、2342个代表团参加。

9月27日

［纲　文］　**国务院在北京召开全国节能减排工作电视电话会议。**

［目　文］　国务院总理温家宝出席并讲话。国务院副总理李克强主持会议。国务院副总理张德江、王岐山出席会议。国务委员兼国务院秘书长马凯在会上宣读了《国务院关于对“十一五”节能减排工作成绩突出的省级人民政府给予表扬的通报》。会议主要任务是：全面动员和部署“十二五”节能减排工作。各省、自治区、直辖市人民政府及新疆生产建设兵团，国务院各有关部门，中央和地方有关企业主要负责人参加会议。中共中央、全国人大、全国政协有关部门和解放军总后勤部的负责人参加会议。发展改革委、环境保护部负责人和河北省、上海市、贵州省政府负责人在会上发言。

温家宝指出，“十一五”时期，我国节能减排取得显著成效，我们以能源消费年均6.6%的增速支撑了国民经济年均11.2%的增长。节能减排工作有力促进了产业结构调整和技术进步，为应对全球气候变化作出了重要贡献。当前，节能减排形势还相当严峻。必须充分认识节能减排的极端重要性和紧迫性，增强忧患意识、危机意识和责任意识，以科学发展观为指导，坚持节能减排思想不动摇，工作不松懈，力度不减弱，步伐不放缓，全面落实

“十二五”节能减排综合性工作方案，务求取得预期成效。

温家宝提出五点要求：一、着力调整优化产业结构，促进节能减排。要坚持走中国特色新型工业化道路。二、坚持以科技创新和技术进步推动节能减排。三、完善节能减排长效机制。深化资源性产品价格改革，完善价格形成机制。四、加强节能减排能力建设。五、推进重点领域节能减排。

9月27日

［纲　文］　**习近平在北京人民大会堂会见李林森先进事迹报告团全体成员。**

［目　文］　中共中央政治局常委、国家副主席习近平指出，李林森同志是新时期基层组织部部长的优秀代表，是组工干部“讲党性、重品行、作表率”的楷模，是创先争优活动中涌现出来的典范。各级党员干部，特别是组织系统的干部都要向李林森同志学习，以李林森同志为榜样，争做让党放心、让人民满意的好党员、好干部。

李林森生前任四川达州万源市委常委、组织部部长。他坚持党的干部路线和用人导向，大力推荐使用扎根基层、埋头苦干的干部；注重改革创新，主持推进的“四评村官”等多项工作得到地方党委和上级组织部门的充分肯定；严格要求自己和家人，从不用手中的权力徇私情、谋私利；始终以事业为重，即使身患癌症，仍然以常人难以想象的毅力拼命工作，2011年7月31日去世，年仅42岁。李林森的模范行为和崇高品德赢得了广大干部群众的衷心赞誉。日前，中央组织部追授李林森“全国优秀组织工作干部”称号，并要求在全国组织系统广泛开展向李林森同志学习活动。

会见活动后，中央组织部、中央宣传部、中央创先争优活动领导小组和四川省委共同举办了李林森先进事迹视频报告会，全国县以上各级组织部门的干部聆听了报告。

28日，李林森同志先进事迹座谈会在中组部机关举行。会议由中组部机关党委副书记曹远峰主持，来自中组部机关各级各部门的代表围绕学习李林森的先进事迹展开讨论，交流学习心得体会。

9月27日

［纲　文］　**国家林业局在广东梅州召开第四次全国油茶产业发展现场会。**

［目　文］　国家林业局局长贾治邦出席并讲话。国家林业局副局长赵树丛主持会议并宣读了《中国林业产业联合会关于表彰林业产业突出贡献奖的决定》和《国家林业局关于认定全国油茶产业重点企业和全国油茶科技示范基地的决定》。会议表彰了22名在推动油茶产业发展中作出突出贡献的科技工作者，并为第一批获得国家林业局认定、命名的43个全国油茶重点企业和19个全国油茶科技示范基地授牌。

9月27日

［纲　文］　**中华海外联谊会三届二次理事大会在北京举行。**

［目　文］　会前，全国政协主席贾庆林在人民大会堂会见了出席大会的全体理事并表示，中华海外联谊会是团结联系港澳台同胞、海外侨胞的桥梁和纽带，是致力于促进祖国统一、振兴中华的重要团体。自成立以来，中华海外联谊会始终高举爱国主义伟大旗

帜，牢牢把握“统一祖国、振兴中华”的根本宗旨，依托港澳、面向海外，开展了大量卓有成效的工作。

全国政协副主席、中共中央统战部部长杜青林在会上作工作报告。7位来自香港、澳门、台湾、海外和内地的理事作了大会发言，从不同方面介绍各自开展港澳台海外联谊工作、发挥理事作用的经验体会。为帮助广大海联会理事，特别是港澳台海外理事更了解“十二五”规划有关政策，更好地为实现“十二五”规划提出的宏伟目标贡献力量，大会安排了“十二五”规划与中国新兴产业、“十二五”规划与中国资本市场两场讲座。

9月27日

［纲　文］　**世界媒体峰会主席团会议在北京召开。**

［目　文］　世界媒体峰会执行主席、新华社社长李从军主持会议并致辞。美联社、英国广播公司、纽约时报公司、俄塔社、共同社、新闻集团、汤森路透、半岛电视台、谷歌和时代华纳特纳广播集团的负责人和代表作为世界媒体峰会共同主席出席会议。与会各方围绕世界媒体知识产权保护、新媒体时代的传媒合作、记者安全、重大自然灾害中媒体的作用等议题进行互动交流，并讨论举办下届峰会全体会议事宜。

世界媒体峰会由新华社联合新闻集团、美联社、汤森路透、俄塔社、共同社、英国广播公司、时代华纳特纳集团、谷歌等世界著名媒体共同发起，是全面涵盖通讯社、报纸、广播、电视、网络等多种媒体形态的全球媒体盛会。首届峰会于2009年在北京举行，来自全球70多个国家和地区的170多家媒体负责人出席了会议，会议发表了《世界媒体峰会共同宣言》。

28日，中宣部部长刘云山在北京会见出席世界媒体峰会主席团会议的主要成员时说，中方支持峰会主席团在现有平台上进一步建立完善机制，推动世界主流媒体深入开展交流合作。中国政府对媒体发展给予高度重视，积极支持中国媒体同外国媒体在新闻产品、人力资源、信息技术、业务发展等多方面开展深度交流与合作，同时将一如既往地保障外国新闻机构和记者合法权益，为外国媒体在华从事采访报道业务提供便利。他希望外国媒体记者多到中国走一走，看一看，更加准确、全面、客观地报道中国。

9月27日

［纲　文］　**王岐山在北京主持召开质量工作座谈会。**

［目　文］　部分企业代表、省市和质检总局负责人作了发言。党中央、国务院有关部门和人民团体负责人参加了座谈会。

国务院副总理王岐山指出，质量是基础，安全是底线，抓好质量工作是永恒的主题。要按照科学发展观的要求，坚持以人为本，走质量强国之路，努力提高质量管理水平，守住不发生系统性、区域性、行业性质量安全风险的底线。质量无处不在。没有质量就没有效益，也就谈不上科学发展。必须牢固树立质量第一的思想，认真落实企业主体责任、监管责任和领导责任，标本兼治，常抓不懈。企业作为市场的主体，要强化质量和诚信意识，建立全员、全过程、全方位质量管理体系，加快技术研发和品牌培育，全面提高员工素质。涉及质量监管的部门都要尽职尽责，守住各自的关口。

9月27日

［纲　文］　**中国首条自主建设的全球主流最高世代线——京东方第8.5代TFT—LCD生产线，在北京经济技术开发区量产。**

［目　文］　由此，中国实现从1.8英寸到55英寸全系列液晶面板的国产化，电子信息产业的全球地位和市场话语权有效提升。TFT—LCD（薄膜晶体管液晶显示器件）已替代CRT（彩色显像管），成为平板显示产业发展的主要方向，是新一代电视、计算机和手机等下游整机的核心部件。长期以来，在液晶显示产业领域，韩国、日本、中国台湾三足鼎立，几乎垄断了核心技术和大部分出货量。

9月27日

［纲　文］　**刘宇一从艺50年画展开幕暨北京师范大学宇一艺术研究院成立仪式在全国政协礼堂举行。**

［目　文］　本次活动由全国政协书画室、中华海外联谊会、北京师范大学、香港中华文化总会共同主办。全国政协、中共中央统战部、文化部、教育部、北京师范大学等单位相关领导及部分全国政协委员、著名艺术家、文艺界知名人士300余人出席。画展展出了刘宇一从艺50周年的创作精品，既有体现中华民族的大爱与大智的全面鸿篇巨构、桂林山水油画，也有人物肖像油画、油画小品等多种风格的创作。

9月27日

［纲　文］　**“语音及语言信息处理国家工程实验室”在合肥揭牌。**

［目　文］　“实验室”由发展改革委批复成立。这是我国智能语音领域唯一的国家级研究平台，也是合肥首个国家工程实验室。此“实验室”由中国科学技术大学和安徽科大讯飞公司共建，依托中国科技大学，建设语音合成、语音识别、自然语言处理等11个核心技术研究室；依托科大讯飞公司，建设技术研发平台、设计开发平台、测试验证平台等，进一步整合源头核心技术研究资源。它的设立有助于进一步提升我国在语音及语言技术领域的自主创新能力和核心竞争力。

9月27—30日

［纲　文］　**应国家副主席习近平邀请，南非副总统莫特兰蒂携经贸团访华。**

［目　文］　访华期间，国家主席胡锦涛、国务院总理温家宝在北京分别会见了莫特兰蒂。习近平在北京同莫特兰蒂举行会谈并共同出席了两国有关合作文件的签字仪式，内容涉及矿产资源、金融等领域合作。

胡锦涛会见莫特兰蒂时说，2010年8月，祖马总统成功访华，我们共同签署《北京宣言》，宣布中南建立全面战略伙伴关系，标志着中南关系进入了新的发展阶段。中南双方要进一步加强战略沟通，深化政治互信，密切多层次交流合作，使两国关系沿着既定方向持续快速向前推进。双方要结合各自发展规划和战略，深挖合作潜力，扩大合作规模，进一步加强重点领域和重点项目上的合作，使中南务实合作向更高层次、更宽领域发展，实现《北京宣言》确定的目标和任务。

莫特兰蒂说，南方愿同中方共同努力，进一步落实《北京宣言》，密切高层交往，拓展各领域务实合作，扩大双边贸易，增加相互投资，促进人文交流和人员往来，加强在国际和地区事务中的磋商与合作，推动两国全面战略伙伴关系迈上新台阶。

温家宝会见莫特兰蒂时表示，中方欢迎更多南非优势产品进入中国市场，鼓励本国企业和金融机构参与南非交通、能源、通信等基础设施建设，支持双方拓展在新能源和可再生能源、制造业、绿色经济、农业等领域的合作。中方愿加强同南非在教育、文化、卫生等方面的交流。

莫特兰蒂表示，南方高度重视对华关系，愿进一步密切高层互访和各层次人员往来，增进相互了解和友谊，扩大经贸、投资、航空、旅游等领域的务实合作，加强在国际地区事务中的协调配合，共同推动南中、非中关系继续向前发展。

习近平同莫特兰蒂会谈时表示，21世纪头10年，中南关系实现跨越式发展，成为中国同非洲乃至发展中国家间极具活力的双边关系之一。近年来，在中非合作论坛的引领下，中非合作成果显著，给双方带来了实实在在的好处，得到广泛好评。中方愿同南方进一步加强合作，结合非洲发展新伙伴计划确定的重点领域，全面落实中非合作论坛第四届部长级会议成果，为非洲实现持久和平和共同繁荣作出更大贡献。

莫特兰蒂说，南方愿与中方共同努力，进一步扩大在经贸、投资、航空、矿产资源以及国际多边等领域的合作，加强在中非合作论坛框架下的交流配合，不断丰富南中全面战略伙伴关系的内涵，更好地造福两国人民，为非洲地区的和平与繁荣作出贡献。

9月27—28日

［纲　文］　**第四届日内瓦高层中国论坛在瑞士日内瓦举行。**

［目　文］　论坛主题为“中国企业走出去和可持续发展”，来自世界贸易组织、联合国环境署、联合国贸发会议、瑞士联邦政府和中国商务部等中外有关官员、专家学者及企业代表约200人出席。与会代表就当前国际经济形势下中国企业海外投资的机遇与挑战进行了讨论，交流中国企业在欧洲投资的实践经验，为中国企业“走出去”以及“走出去”的中国企业如何在海外可持续发展献计献策。

9月27—28日

［纲　文］　**第二届中阿、中非中小企业合作论坛在山东潍坊举行。**

［目　文］　论坛由中联部和山东省政府联合主办，中国经济联络中心和潍坊市政府承办。来自阿拉伯和非洲地区17个国家的23个政党或组织领导人率本国企业家，相关国家驻华大使或外交官，以及山东省的中小企业代表等近300人参加。与会代表围绕“中小企业在经济社会发展中的作用”和“加强中小企业合作、谋求互利共赢发展”两个议题展开讨论。

9月27—29日

［纲　文］　**“监测国家发展：问题与挑战”国际论坛在北京召开。**

［目　文］　论坛由国家统计局、世界银行、联合国统计司共同发起。论坛重点研究统计如何更好地监测经济增长及其结构变化和监测社会发展情况，探讨测算绿色经济和绿色增长的可能性，制订统计在服务国家发展中的行动计划。

28日，国务院副总理李克强在北京会见参加“监测国家发展：问题与挑战”国际论坛的国际组织和28个国家计划和统计机构负责人并座谈。联合国、世界银行、莫桑比克、卡塔尔、印度的计划和统计机构负责人就加强国际合作、提升统计服务国家发展的能力发表了看法。

李克强说，当前，国际经济环境中不稳定不确定因素明显增多。全球金融市场动荡起伏，主权债务危机不断发酵，新兴经济体通胀压力加大，世界经济形势严峻复杂和瞬间多变，使各方对未来增长看法分歧增多，应对措施差异较大。在这种情况下，加强统计监测，提供真实、完整、及时的信息，可以为准确判断形势和走势、科学制定政策提供依据，这也有利于增进各方共识，推动各国同舟共济和政策协调，促进世界经济稳定复苏。面对各种风险挑战，中国政府将继续把稳定物价总水平作为宏观调控的首要任务，加快转变经济发展方式，加大结构调整力度，着力提高发展的质量、协调性和综合竞争力，促进经济长期平稳较快发展。中国把中国的事情办好，就是对世界的贡献。

9月28日

［纲　文］　**国务院印发《关于支持河南省加快建设中原经济区的指导意见》。**

［目　文］　《意见》由十个部分组成：一、总体要求。二、着力提高粮食生产能力，积极推进农业现代化。三、加快新型工业化进程，构建现代产业体系。四、积极推进城镇化，促进城乡一体化发展。五、加强基础设施建设，提高发展保障水平。六、加强资源节约和环境保护，大力推进生态文明建设。七、全面提升公共服务水平，切实保障和改善民生。八、弘扬中原大文化，增强文化软实力。九、推进体制机制创新，扩大对内对外开放。十、保障措施。

9月28日

［纲　文］　**国务院办公厅印发《关于保障性安居工程建设和管理的指导意见》。**

［目　文］　《意见》由六个部分组成：一、总体要求和基本原则。二、大力推进以公共租赁住房为重点的保障性安居工程建设。三、落实各项支持政策。四、提高规划建设和工程质量水平。五、建立健全分配和运营监管机制。六、加强组织领导，进一步落实地方政府责任。

9月28日

［纲　文］　**财政部印发《金融企业非上市国有产权交易规则》。**

［目　文］　《规则》共8章47条。主要有总则、受理转让申请、发布转让信息、登记意向受让方、组织交易签约、结算交易资金、出具交易凭证、附则等内容。自2012年1月1日起施行。

9 月 28 日

［纲　文］　**公安部公布《公安机关强制隔离戒毒所管理办法》。**

［目　文］　《办法》共 9 章 73 条。主要有总则、设置、入所、管理、医疗、教育、康复、出所、附则等内容。自 2011 年 9 月 28 日起施行。公安部 2000 年 4 月 17 日发布施行的《强制戒毒所管理办法》同时废止。

9 月 28 日

［纲　文］　**贺国强在北京出席全国惩治和预防腐败体系建设工作会议并讲话。**

［目　文］　中央纪委副书记何勇主持会议。中共中央政治局常委、中央纪委书记贺国强指出，要深入贯彻中央精神，认真总结经验，狠抓工作落实，坚持超前谋划，积极创新提高，以不断完善惩治和预防腐败体系、深入推进党风廉政建设和反腐败斗争的新成效，为推动党和国家事业发展作出应有贡献。《建立健全惩治和预防腐败体系 2008—2012 年工作规划》，是推进惩治和预防腐败体系建设的基本遵循和重要抓手。当前正处于贯彻落实《工作规划》的关键时期，各地区各部门各单位要加大工作力度、加快工作进度，确保《工作规划》提出的各项目标任务圆满完成。党风廉政建设和反腐败斗争是一项伴随着改革开放和社会主义现代化建设全过程的长期任务，惩治和预防腐败体系建设也是一个动态开放、与时俱进的系统工程。要坚持立足当前、着眼长远，超前谋划、统筹安排，认真做好下一个五年工作规划的调研起草工作。

9 月 28 日

［纲　文］　**中国宋庆龄基金会第六届理事会第一次会议在北京召开。**

［目　文］　全国政协主席贾庆林为大会发来贺信。贾庆林首先代表中共中央向中国宋庆龄基金会第六届理事会第一次会议的召开表示热烈祝贺，向来自海内外的各位理事和朋友们致以诚挚的问候。他说，今年是辛亥革命 100 周年，也是宋庆龄先生逝世 30 周年。100 年前，孙中山先生领导的辛亥革命，推翻了清王朝的封建反动政府，结束了统治中国几千年的君主专制制度，为中国的进步潮流打开了闸门。宋庆龄先生作为孙中山先生民主革命思想和事业最坚决的捍卫者和继承者，把毕生精力都奉献给了中国人民的革命和建设事业，为世界和平和人类进步作出了杰出贡献，是海内外具有重要影响和享有崇高声誉的政治家、社会活动家，深受中国人民和世界人民的尊敬和爱戴。宋庆龄基金会成立以来，在中央的亲切关怀下，在广大理事积极参与和海内外友好人士热情支持下，紧紧围绕党和国家工作大局，始终秉持建会宗旨，做了大量富有成效的工作，在海内外产生了积极影响。

会议总结回顾了过去一届理事会的工作，审议并通过了基金会工作报告、未来五年的发展规划纲要与基金管理和收支工作报告，修订了《中国宋庆龄基金会章程》，推举产生了新一届理事会领导成员。胡启立再次当选中国宋庆龄基金会主席。

9 月 28 日

［纲　文］　**全国加强和创新社会管理工作电视电话会议在北京举行。**

［目　文］　中共中央政治局委员、中央综治委副主任王乐泉，中央综治委副主任刘云山、李建国、孟建柱、钱运录出席会议。北京、浙江、四川、上海、江苏、湖南和广东深圳等地主要负责人从不同方面介绍了社会管理工作的情况。

会议肯定了社会管理工作取得的历史性成就。要求各省（市、区）要认识新形势下社会管理面临的新挑战，积极面对各种社会问题，不断完善社会管理体系，牢牢把握社会管理工作的根本出发点和落脚点，以以人为本、服务为先的理念，解决好影响社会和谐稳定的突出问题，加大从源头上预防和减少社会矛盾的力度，切实维护广大人民群众的利益，以实际行动取信于民。

9月28日

［纲　文］　**中国教育国际交流协会成立30周年座谈会在北京举行。**

［目　文］　中共中央政治局委员、国务委员刘延东出席并讲话。中国教育国际交流协会名誉会长罗豪才、中央和国家有关部门负责人出席会议。

刘延东指出，30年来，我国民间教育国际交流立足国内，面向世界，交流规模不断扩大，内容日益丰富，国内外影响力不断提升，已成为中国教育连接世界教育的重要渠道，增进中外了解、互信和友谊的重要途径和展现当代中国良好形象的重要舞台，为提高我国教育现代化水平、增强国家软实力、提升中华文化影响力作出了重要贡献。

9月28日

［纲　文］　**发展改革委发布，2012年上调小麦最低收购价。**

［目　文］　为保护农民种粮积极性，国家继续在小麦主产区实行最低收购价政策，并适当提高2012年最低收购价水平。经报请国务院批准，2012年生产的白小麦（三等）、红小麦和混合麦最低收购价均提高到每50公斤102元，比2011年分别提高7元、9元和9元。

9月28日

［纲　文］　**国家住宅产业化基地技术创新联盟成立仪式暨国家住宅产业化基地成果汇报会在北京举行。**

［目　文］　该联盟是在住房城乡建设部正式批准的21个国家住宅产业化基地范围内，按照“自愿、平等、合作”的原则共同发起成立的，是以住宅产业化集成技术的研发、推广、合作为主要任务的技术创新组织。

9月28日

［纲　文］　**国务院副总理王岐山在中南海分别会见美国通用电气公司董事长兼首席执行官杰夫·伊梅尔特和彭博有限合伙公司董事长高逸雅。**

［目　文］　双方就世界经济形势、中美经济关系和中国投资环境等共同关心的问题交换了意见。

9月28日

［纲　文］　**国务委员刘延东在北京会见美国英特尔公司总裁兼首席执行官保罗·欧**

德宁。

［目　文］　刘延东积极评价英特尔公司扩大对中国投资的发展战略并对英特尔公司坚守企业公民职责、热心支持中国教育事业发展的公益行为表示赞赏。刘延东向客人简要介绍了“十二五”规划、中国教育事业发展以及中美人文交流高层磋商机制的有关情况，并指出，近两年来，中美人文交流成果丰硕，双方在教育、科技、文化、体育、妇女和青年方面达成了广泛的合作共识，希望英特尔公司充分发挥自身优势，深化与教育部等相关部门的合作，为中国教育改革发展和中美人文交流的发展作出新的贡献。

9月28日

［纲　文］　**国务院新闻办公室组织召开国家人权行动计划联席会议，研究部署制订《国家人权行动计划（2012—2015年）》的有关工作。**

［目　文］　国务院新闻办公室主任王晨就制订国家人权行动计划的意义，以及指导思想等讲话，并提出制订新一期国家人权行动计划的具体要求。全国人大、全国政协、最高人民法院、最高人民检察院等中央和国家机关、人民团体、非政府组织等56个联席会议机制成员单位的负责人以及相关人员120多人参加了会议。

9月28日

［纲　文］　**国资委在北京召开中央企业科技人才工作会议。**

［目　文］　会议主要内容是：学习贯彻中共中央总书记胡锦涛在庆祝中国共产党成立90周年大会上的讲话和全国人才工作会议精神，对中央企业加强科技人才队伍建设进行动员部署，为中央企业实现“做强做优、世界一流”战略目标提供坚强人才保证。

中组部部长李源潮、国务院国资委主任王勇出席会议并讲话。中央和国家机关有关部门负责人、中央企业主要负责人参加会议。

9月28日

［纲　文］　**中华人民共和国闸口海关在广东珠海挂牌成立。**

［目　文］　闸口海关前身为拱北海关驻闸口办事处（行李物品监管处），主要对经拱北口岸进出境旅客的行李物品、邮递物品、快件和粤澳直通小车及供澳鲜活产品等实施监管。2011年1—8月，拱北海关在拱北口岸验放进出境旅客达到6256万人次，旅客数量跃居全国各口岸第一。

9月28日

［纲　文］　**台盟中央、全国台联在北京举行庆祝中华人民共和国成立62周年招待会。**

［目　文］　全国政协副主席、台盟中央主席林文漪，全国台联名誉会长张克辉出席招待会。来自台湾、港澳和海外的嘉宾及部分在京台胞约300人与会。

9月28日

［纲　文］　**台盟中央、全国台联、北京市台盟、北京市台联在北京台湾会馆联合举办“台湾同胞纪念辛亥革命100周年座谈会”。**

9 月 28 日

［纲　文］ **“尔道即真理”——中国教会圣经事工展在美国华盛顿开幕。**

［目　文］ 本次展览由中国基督教三自爱国运动委员会和中国基督教协会（中国基督教全国两会）主办，美国基督教组织和机构协办。来自美国各地以及英国、加拿大、澳大利亚、日本、新加坡等国家和地区的约 300 位嘉宾参加了开幕式。

本次圣经事工展还在芝加哥、达拉斯、夏洛特等市连续举办，持续到 11 月。

9 月 28 日

［纲　文］ **第十届中韩经济部长会议在韩国首尔举行。**

［目　文］ 发展改革委主任张平和韩国企划财政部长官朴宰完共同主持会议。发展改革委综合司、地区司、环资司、价格司、外事司负责人和韩国企划财政部有关官员参加会议。

张平和朴宰完分别就中、韩经济形势，当前世界经济对中、韩经济的影响，以及宏观规划对经济发展的指导作用发表了意见。双方还就房地产市场调控政策和措施、物价调控政策和手段、区域协调发展及区域政策、节能环保等经济政策及双边合作专题进行交流。双方一致表示，要加强合作，应对贸易保护主义，并应采取措施扩大内需以保持宏观经济的稳定运行。

9 月 28 日

［纲　文］ **广州恒大队在西安以 4 ：1 战胜陕西队，提前四轮夺得中超冠军。**

9 月 28 日—10 月 5 日

［纲　文］ **“中国武警美术书法摄影作品展”在中国人民革命军事博物馆举办。**

［目　文］ 作品展由中国人民武装警察部队政治部主办。110 件美术作品、120 件书法作品、130 幅摄影作品参展。

9 月 28—29 日

［纲　文］ **中法国防部第十轮战略对话在法国巴黎举行。**

［目　文］ 中国人民解放军副总参谋长马晓天空军上将与法国三军副参谋长孔贝海军中将共同主持本轮对话。中法双方就两国国防政策和军队建设、地区安全形势、国际热点问题等进行了交流，并就进一步发展两军关系深入交换了看法。双方一致认为，中法国防部对话机制有利于深化战略互信，拓展合作领域，对两国建设“互信互利、成熟稳定、面向全球”的新型全面战略伙伴关系具有积极意义。双方决定，中法国防部第十一轮战略对话将于 2012 年在北京举行。

9 月 29 日

［纲　文］ **21 时 25 分 45 秒，中国自主研制的“天宫一号”目标飞行器在酒泉卫星发射中心发射升空后准确进入预定轨道。**

［目　文］ 胡锦涛、吴邦国、贾庆林、李长春、习近平、李克强等在北京航天飞行控制中心观看发射实况，温家宝、贺国强在酒泉卫星发射中心现场观看发射。

中共中央总书记胡锦涛等对“天宫一号”目标飞行器发射成功表示热烈祝贺，向为此作出贡献的广大科技工作者、干部职工和解放军指战员表示亲切慰问，勉励大家再接再厉、顽强拼搏，圆满完成我国首次空间交会对接任务。

本次发射的“天宫一号”目标飞行器，全长10.4米，最大直径3.35米，由实验舱和资源舱构成。实验舱可满足3名航天员在舱内工作和生活需要，其前端安装有被动式对接机构，可与飞船实现对接。

30日，国务院总理温家宝在酒泉卫星发射中心会见“天宫一号”飞行任务指挥部成员和参研参试单位代表。他代表党中央、国务院、中央军委，向参加工程研制、建设和试验的全体同志表示热烈祝贺和崇高敬意。

同日16时09分，在北京航天飞行控制中心控制下，“天宫一号”成功实施第二次轨道控制，近地点高度由200公里抬升至约362公里，顺利进入在轨测试轨道。进入该轨道后，地面人员测试“天宫一号”平台上交会对接机构等各分系统的基本功能和稳定性，利用搭载的有效载荷开展一系列空间科学试验活动。

9月29日

［纲　文］　**中国政府网报道，10月1日起，国家再次提高部分优抚对象等人员抚恤补助标准。**

［目　文］　民政部、财政部发出通知，从10月1日起，残疾军人（含伤残人民警察、伤残国家机关工作人员、伤残民兵民工）残疾抚恤金标准，烈属（含因公牺牲军人遗属、病故军人遗属）定期抚恤金标准，在乡退伍红军老战士、在乡西路军红军老战士、红军失散人员生活补助标准，在现行基础上分别提高15%—20%，在乡老复员军人定期定量补助标准在现行基础上每人每年提高720元，以上提标经费由中央财政承担。中央财政为此次提标新增投入经费8.7亿元，全年共安排抚恤补助经费230亿元，惠及596万优抚对象。

9月29日

［纲　文］　**交通运输部、铁道部印发《关于加快铁水联运发展的指导意见》。**

［目　文］　《意见》由四个部分组成：一、充分认识加快铁水联运发展的重要意义。二、指导思想、主要原则和发展目标。三、主要工作和任务。四、保障措施。

9月29日

［纲　文］　**人力资源社会保障部、财政部印发《关于国家高技能人才振兴计划实施方案》。**

［目　文］　《方案》提出，我国将重点实施技师培训、高技能人才培训基地建设和技能大师工作室建设3个工作项目。其中，到2020年底，国家将支持建设约1000个技能大师工作室，基本形成覆盖重点行业、特色行业的技能传承与推广网络。从2011年到2020年，全国新培养350万名技师、100万名高级技师，使技师和高级技师总量达到1000万人。其中，国家重点支持50万名（每年5万名）经济社会发展急需、紧缺行业（领域）

高级技师培训。

9月29日

［纲 文］ **教育部发布《关于推进高等职业教育改革创新引领职业教育科学发展的若干意见》。**

［目 文］ 《意见》由八个部分组成：一、服务经济转型，明确高等职业教育发展方向。二、加强政府统筹，建立教育与行业对接协作机制。三、创新体制机制，探索充满活力的多元办学模式。四、改革培养模式，增强学生可持续发展能力。五、改革评聘办法，加强"双师型"教师队伍建设。六、改革招考制度，探索多样化选拔机制。七、增强服务能力，满足社会多样化发展需要。八、完善保障机制，促进高等职业教育持续健康发展。

9月29日

［纲 文］ **全国政协办公厅、中共中央统战部、国务院侨办、国务院港澳办和国务院台办在北京人民大会堂宴会厅联合举行国庆招待会。**

［目 文］ 中共中央政治局常委、全国政协主席贾庆林，中共中央政治局常委、国家副主席、中央军委副主席习近平，中共中央政治局常委、国务院副总理李克强，中央党政军群有关部门负责人，各民主党派中央、全国工商联和无党派人士代表，来京参加国庆活动的港澳同胞、台湾同胞、海外侨胞，归侨、侨眷代表，科技、教育、文化、体育界知名人士等共约3500人出席国庆招待会。共同庆祝中华人民共和国成立62周年。招待会由国务委员戴秉国主持。

贾庆林在招待会上致辞。他说，2011年是中国共产党成立90周年，中国共产党团结带领全国各族人民经过28年的浴血奋战，推翻了帝国主义、封建主义和官僚资本主义在中国的统治，建立了中华人民共和国，开启了中华民族发展进步的历史新纪元。新中国成立62年来，在中国共产党的领导下，中国人民顽强奋斗、艰苦创业，夺取了国家建设和发展的辉煌成就，在中华大地上创造了震古烁今的人间奇迹。回顾62年的光辉历程，我们不会忘记广大港澳同胞、台湾同胞和海外侨胞始终与全国各族人民风雨同舟、甘苦与共，为维护祖国和人民利益、加快推进国家现代化建设、促进祖国和平统一大业，作出了重要贡献。

贾庆林指出，香港、澳门回归祖国以来，"一国两制"实践日益丰富，显示出强大的生命力。在中央政府和祖国内地的大力支持下，香港、澳门特别行政区行政长官和特区政府带领社会各界人士团结奋进，锐意进取，在发展经济、改善民生、推进民主、促进和谐等方面做了大量工作，取得了显著成就。推动两岸关系和平发展，实现祖国完全统一，是海内外中华儿女的共同心愿。近年来，两岸双方在反对"台独"、坚持"九二共识"的共同政治基础上不断增进政治互信，实现全面直接双向"三通"，签署并实施经济合作框架协议，两岸各界加强交流往来，两岸关系取得一系列突破性进展。我们将牢牢把握两岸关系和平发展主题，努力维护得来不易的良好局面，不断巩固改善发展两岸关系的政治基础，坚决反对和遏制任何"台独"分裂行径，推动两岸关系沿着正确的方向不断前进，努力使两岸关系和平发展的成果惠及更多的两岸同胞尤其是台湾基层民众。广大海外侨胞是中华民族大家庭的重要成员，是实现中华民族伟大复兴的重要力量。长期以来，广大海外侨胞心怀故土、情系桑梓，为祖国的繁荣富强和人民的幸福安康发挥了独特作用。

9月29日

［纲　文］　**2011年度中国政府“友谊奖”颁奖大会在北京人民大会堂举行。**

［目　文］　国务院副总理张德江出席会议并讲话。国家外国专家局局长张建国宣读了授予50名外国专家“友谊奖”的决定。本年度获得“友谊奖”的50名外国专家来自21个国家，从事的行业领域主要涉及工业农业、能源环保、教育科技、医疗卫生、文化体育等。

“友谊奖”是中国政府为在经济建设和社会发展中作出突出贡献的外国专家设立的。自1991年以来，共有来自62个国家的1199名外国专家获得了中国政府“友谊奖”。

30日，国务院总理温家宝在人民大会堂会见了荣获2011年度中国政府“友谊奖”的50名外国专家以及他们的亲属。

温家宝说，2011年以来，我国改革开放和现代化建设取得新的成绩。在严峻复杂的国际经济形势下，中国经济保持平稳发展，对世界经济的复苏和稳定有着重要意义。中国的发展进步，既是中国人民团结奋斗的结果，也包含着在华外国专家的辛勤奉献。外国专家是中国经济社会发展进步的参与者和见证者，是中国人民甘苦与共、并肩奋斗的朋友。我们真诚欢迎来自世界各国的专家到中国工作、创业和发展。有关部门要继续做好外国专家服务工作，以事业凝聚人才，以实践造就人才，以机制激励人才，以法制保障人才，努力为各国优秀人才在中国施展才华创造良好条件。

9月29日

［纲　文］　**“女大学生创业扶持行动暨女大学生创业季”在北京启动。**

［目　文］　活动由全国妇联、教育部、人力资源社会保障部、中国女企业家协会共同主办，以“创业女生、励志圆梦”为主题。全国人大常委会副委员长、全国妇联主席陈至立出席启动仪式，并为5所高校创业代表颁发女大学生创业扶持资金。

女大学生创业季活动2011年在北京大学、中国人民大学、中国传媒大学、北京信息科技大学、对外经贸大学、首都师范大学、北京服装学院、北京联合大学和中华女子学院等高等学府率先开展。

9月29日

［纲　文］　**纪念辛亥革命100周年座谈会在北京举行。**

［目　文］　座谈会由中国辛亥革命研究会、中华中山文化交流协会和台湾新同盟会联合主办。全国人大常委会副委员长、中国辛亥革命研究会会长周铁农出席会议并讲话。座谈会由民革中央副主席齐续春主持。来自民革中央、全国政协、中共中央统战部、国台办等有关部门的负责同志，以及两岸专家学者、辛亥革命后裔120余人参加了会议。

座谈会旨在通过研讨、论述辛亥革命所具有的历史地位、所包罗的思想和所蕴含的现实意义，进一步缅怀孙中山先生等革命先烈先贤致力于振兴中华的光辉业绩，进一步继承与弘扬孙中山先生爱国、革命和不断进步的精神，激励两岸同胞和全球华人共同为推动祖国和平统一、振兴中华而努力奋斗。

9月29日

［纲　文］　**全国棉花工作电视电话会议在北京召开。**

［目　文］　会议由发展改革委、财政部、农业部、工业和信息化部、工商总局、质检总局、供销总社和农业发展银行八部门联合举行。会议总结了2010年度棉花工作，分析了2011年度棉花形势，部署了2012年度的棉花工作。

会议指出，当前国际、国内经济形势复杂多变，影响棉花市场稳定运行的不确定因素较多，做好新年度棉花工作的任务很重。要切实落实临时收储政策，维护收购加工秩序，加强棉花市场调控，稳定棉花市场和价格，确保在丰收之年棉农的利益和种棉积极性得到有效保护。为稳定棉花生产，国家将根据2011年执行情况进一步总结完善棉花临时收储政策，2012年春播前继续提早公布下年度临时收储价格。会议要求，各部门、各地政府，特别是棉花主产区地方政府，要加强对棉花工作的组织领导，切实负起责任，完善工作机制，密切协同配合，加强监督检查，确保各项政策落到实处。

9月29日

［纲　文］　**“西藏和平解放60年成就展”网上展览在中国网络电视台上线展出。**

［目　文］　“成就展”由中央外宣办和西藏自治区人民政府牵头，中央统战部、中央外宣办、发展改革委、国家民委、西藏自治区人民政府、新华社共同举办。向世界展示西藏和平解放60年来在政治、经济、文化和社会方面取得的建设成就。

“成就展”分为“序厅”“波澜壮阔的历史进程”“举世瞩目的伟大成就”“大幅改善的人民生活”“西藏的明天更加美好”“结束语”等部分。同时推出中、英双语两个版本，并通过互联网分发至中国网络电视台各大海外镜像站点，覆盖北美、欧洲、东南亚、中东、非洲等190个国家和地区。

9月29日

［纲　文］　**李源潮在农业部调研为民服务创先争优。**

［目　文］　中组部部长李源潮在农业部召开座谈会，听取农业部党组和基层单位的介绍。他说，农业部门为民服务创先争优，要把服务“三农”作为出发点和落脚点，围绕“三农”工作中心任务，努力破解影响“三农”发展的难题，促进粮食生产持续丰收、农民收入持续增加、农村发展势头持续向好。要着力解决事关群众切身利益的突出问题，让农民得到实惠，让城乡居民吃上放心的农副产品。机关干部下基层，向群众学习、向实践学习，是落实胡锦涛总书记“拜人民为师”要求的具体举措，应成为机关创先争优的一个重点。要广泛深入地开展机关干部下基层活动，使之长效化、机制化，推动机关干部转变作风，了解基层群众的需求，解决基层群众关心的问题，增进与基层群众的感情，保证创先争优取得人民满意的实效。

9月29日

［纲 文］ **外交部发言人表示，中方愿与澳大利亚一道，在相互尊重、平等互利的基础上，推动中澳全面合作关系迈上新台阶。**

［目 文］ 有记者问：澳大利亚总理吉拉德日前称，中国的发展和成功符合地区所有国家利益。中国目前是澳最大的贸易伙伴和出口市场，但澳中关系仍存在不稳定因素。中方对此有何评论？

发言人说，中澳都是亚太地区的重要国家，在维护地区稳定、促进共同发展方面拥有广泛的共同利益，这是双边关系发展的重要基础。当前，中澳关系保持良好发展势头，各领域交流与合作富有成果，给两国人民带来了实实在在的好处，也有利于亚太地区乃至世界的和平、稳定与发展。

9月29—30日

［纲 文］ **第四届中英互联网圆桌会议在北京举行。**

［目 文］ 会议由国家互联网信息办公室与英国文化、媒体和体育部联合主办。国务院新闻办公室、国家互联网信息办公室主任王晨，英国文化、媒体和体育部部长艾德·韦泽出席会议并作主旨演讲。中英两国政府部门、知名互联网企业和研究机构的100多名代表围绕网络安全、移动互联网、数字媒体创新、数字知识产权保护等议题进行对话交流。

29日，中宣部部长刘云山在北京会见与会的艾德·韦泽时说，中国政府十分重视互联网发展，中国目前已成为世界上网民人数最多的国家，互联网已成为国家信息化建设、经济社会发展、人们生产生活的重要平台。中国将继续坚持“积极利用、科学发展、依法管理、确保安全”的方针，着力营造丰富多彩、健康和谐的网络文化环境，促进互联网信息安全有序流动。中国愿在平等互利的基础上，加强与国际社会的合作，与世界各国一道共同促进互联网发展。

艾德·韦泽说，中国互联网发展迅速，成就令世界瞩目，已处在世界互联网发展前沿。他在介绍英国互联网发展情况后表示，英国十分关注中国互联网的发展，愿在互联网领域加强与中国的交流合作。

9月30日

［纲 文］ **国家主席胡锦涛与文莱达鲁萨兰国苏丹哈桑纳尔互致贺电，热烈庆祝两国建交20周年。**

［目 文］ 胡锦涛在贺电中说，中国和文莱是亲密友好邻邦，两国人民传统友谊源远流长。建交20年来，中文关系取得长足发展。两国政治互信不断增强，各领域务实合作广泛深入，在中国与东盟、东亚合作等地区和国际事务中保持密切协调与配合。中文关系堪称平等相待、互利合作、和谐共处的典范。今年是两国共同商定的“中文友好年”。双方成功举办了丰富多彩的庆祝活动，谱写了中文友好合作的新篇章。中方愿同文方一

道，进一步巩固传统友谊，深化互利合作，推动两国关系取得更大发展，为本地区的和平稳定与发展繁荣作出更大贡献。

苏丹哈桑纳尔在贺电中说，文莱达鲁萨兰国与中华人民共和国有着悠久的交往史，两国之间的密切关系不断充实。文中保持良好关系既体现出双方伙伴关系的不断发展，也是两国人民诚挚友谊的写照。文中两国之间开展的广泛合作为双方带来许多共同利益。我期待与阁下一道，为进一步促进两国乃至本地区的繁荣和进步而努力。

同日，外交部部长杨洁篪同文莱外交和贸易部部长穆罕默德亲王也互致了贺电。

9月30日

［纲　文］　**国务院在北京人民大会堂举行国庆招待会，庆祝中华人民共和国成立62周年。**

［目　文］　胡锦涛、吴邦国、温家宝、贾庆林、李长春、习近平、李克强、贺国强等党和国家领导人与1000多名中外人士出席。招待会由国务委员兼国务院秘书长马凯主持。

国务院总理温家宝发表讲话指出，2011年是中国共产党诞生90周年，也是实施"十二五"规划的开局之年。面对严峻复杂的国际经济形势，我们实施积极的财政政策和稳健的货币政策，着力稳物价、调结构、促改革、惠民生，国民经济继续保持平稳较快发展，物价较快上涨势头得到控制，城镇就业进一步扩大，人民生活水平有了新的提高。我们要大力推动科学发展，提高发展的全面性、协调性、可持续性，使发展的成果造福当代、惠及子孙。大力保障和改善民生，解决好人民群众最关心、最直接、最现实的利益问题，让人民群众生活得幸福、安全，更有尊严。我们要坚持"一国两制"的方针，与广大港澳同胞一道，共同维护香港、澳门的长期繁荣稳定；坚持新形势下发展两岸关系的各项方针政策，与广大台湾同胞一道，共同谱写中华民族伟大复兴新篇章；继续高举和平、发展、合作的旗帜，与世界各国人民一道，建设一个持久和平、共同繁荣的和谐世界。

9月30日

［纲　文］　**国务院印发《关于支持喀什霍尔果斯经济开发区建设的若干意见》。**

［目　文］　《意见》由七个部分组成：一、战略定位。二、总体要求。三、基本原则。四、区域范围。五、产业布局。六、扶持政策。七、组织领导。

《意见》指出，发展改革委要会同有关部门，指导喀什、霍尔果斯经济开发区发展和建设，协调落实有关重大发展政策。商务部负责中哈霍尔果斯国际边境合作中心建设的指导协调工作。国务院各有关部门要抓紧研究出台各项政策措施的具体实施细则，并切实加强指导和服务。

9月30日

［纲　文］　**国务院公布修改后的《中华人民共和国资源税暂行条例》《中华人民共和国对外合作开采陆上石油资源条例》《中华人民共和国对外合作开采海洋石油资源条例》，自2011年11月1日起施行。**

9月30日

［纲　文］ **国务院印发《关于香港特别行政区政府林瑞麟等3人职务任免的通知》。**

［目　文］《通知》说，香港特别行政区政府，依照《中华人民共和国香港特别行政区基本法》的有关规定，根据香港特别行政区行政长官的提名和建议，国务院决定：任命林瑞麟为政务司司长，任命谭志源为政制及内地事务局局长；免去唐英年的政务司司长职务，免去林瑞麟的政制及内地事务局局长职务。

9月30日

［纲　文］ **国家电力监管委员会公布《电力争议纠纷调解规定》，自2012年1月1日起施行。**

9月30日

［纲　文］ **国家工商行政管理总局公布《个体工商户登记管理办法》。**

［目　文］《办法》共8章43条。主要有总则，登记事项，登记申请，受理、审查和决定，监督管理，登记管理信息公示、公开，法律责任，附则等内容。自2011年11月1日起施行。1987年9月5日国家工商行政管理局发布、1998年12月3日国家工商行政管理局令第86号修订的《城乡个体工商户管理暂行条例实施细则》，2004年7月23日国家工商行政管理总局令第13号发布的《个体工商户登记程序规定》，同时废止。

9月30日

［纲　文］ **中国气象局公布《气象规范性文件管理办法》。**

［目　文］《办法》共4章31条。主要有总则、制定与审查、备案与清理、附则等内容。自2011年9月30日起施行。

9月30日

［纲　文］ **庆祝中华人民共和国成立62周年音乐会“祖国颂”在北京人民大会堂举行。**

［目　文］ 中共中央政治局常委李长春等与首都各界群众欢聚一堂，共同欣赏了这台音乐会。《我的祖国》《迎风飘扬的旗》《爱我中华》等歌曲，唱出了中华儿女对共和国华诞的衷心祝福。《天路》《相望》《草原上升起不落的太阳》《在那遥远的地方》等富有浓郁民族风情的乐曲，唱出了各民族共同团结奋进的浓厚氛围。《谁在长空吹玉笛》《我和你》等近年来新创作的优秀歌曲唱出了全国人民齐心协力，在党的领导下共建和谐社会、共创美好未来的满腔热情。

9月30日

［纲　文］ **纪念中国国际交流协会成立30周年座谈会在北京举行。**

［目　文］ 全国人大常委会委员长吴邦国致信祝贺。吴邦国指出，30年来，中国国际交流协会以增进中国人民同世界各国人民之间的相互了解与友好合作、维护世界和平与促进共同发展为宗旨，以让世界了解中国、让中国了解世界为目的，开展了形式多样、内容丰富、成效显著的对外民间交流活动，为配合党的对外工作、服务国家总体外交，为促

进我国经济社会发展作出了积极贡献。民间外交作为国家总体外交的有机组成部分，在增进人民友谊、夯实国家关系社会基础方面发挥着不可替代的作用。希望中国国际交流协会的同志们，继续围绕党和国家总体外交大局，坚持以增进人民友谊为首要任务，立足于人民、着眼于人民，广交朋友、深交朋友，不断创新工作思路、改进工作方法，更好地发挥民间外交的独特作用，为促进人文交流添砖加瓦，为推动务实合作牵线搭桥，为巩固人民友谊贡献力量。

座谈会以“国际交流，沟通世界”为主题。中联部副部长李进军宣读了吴邦国的贺信。

全国人大常委会副委员长、中国国际交流协会会长周铁农出席并致辞。全国人大常委会副委员长、中国国际交流协会副会长陈昌智，全国政协副主席、中国国际交流协会副会长陈宗兴，全国政协副主席、中国国际交流协会副会长王志珍，国务委员戴秉国，中联部部长王家瑞等出席座谈会。

中国国际交流协会成立于1981年9月，由中国各团体、政党以及各界知名人士、社会活动家和学者发起组成。交流协会成立以来，已经先后同世界上近100个国家和地区的200多个民间团体、政党组织、学术机构和国际组织建立了联系，开展不同形式的交流与合作。

9月30日

［纲　文］　**外交部发言人表示，中俄关系不断迈上新台阶。**

［目　文］　发言人说，2011年6月，国家主席胡锦涛对俄罗斯成功进行了历史性的国事访问。双方商定，将致力于发展平等信任、相互支持、共同繁荣、世代友好的全面战略协作伙伴关系。近年来，中俄双方高层互访频繁，在涉及主权、安全、发展等核心利益问题上相互坚定支持，政治和战略互信不断深化；双方务实合作不断扩大，在能源、科技、军技、地方等重点领域实施了一批大型合作项目，有力地促进了两国的共同发展振兴；双方人文和民间交流蓬勃发展，世代友好的和平理念日益深入人心，两国关系的社会和民意基础更加坚实；双方携手应对国际形势新变化，在国际舞台上开展了密切协调配合，维护了两国共同利益，为促进世界多极化和国际关系民主化作出重要贡献。

9月30日

［纲　文］　**中国正式确认参加2015年米兰世博会。**

［目　文］　中国贸促会会长万季飞在北京代表中国政府向意大利驻华大使严农祺正式递交了中国参加2015年意大利米兰世博会的确认文件。

2015年米兰世博会主题为“滋养地球，为生命加油”，于2015年5月1日至10月31日在意大利米兰举办，为期184天。

9月30日

［纲　文］　**上海市审计局公布《中国2010年上海世博会跟踪审计结果公告》。**

［目　文］　《公告》说，上海世博会运营收支结余为10.5亿元人民币。审计未发现重大违法违规问题。

10 月

10月1日

［纲 文］ **首都各界代表向人民英雄纪念碑敬献花篮仪式在天安门广场举行。**

［目 文］ 党和国家领导人胡锦涛、吴邦国、温家宝、贾庆林、李长春、习近平、李克强、贺国强等在天安门广场，与首都各界代表3600多人一起，向人民英雄纪念碑敬献花篮，深切缅怀为创立、捍卫、建设新中国而英勇牺牲的革命先烈和近代以来为中华民族独立、解放而顽强奋斗的所有先驱，充分表达全党全国各族人民继承先辈遗志、坚定不移沿着中国特色社会主义道路奋勇前进的豪迈情怀。敬献花篮仪式由中共中央政治局委员、北京市委书记刘淇主持。

10月1日

［纲 文］ **温家宝考察北京航空航天大学社区周末蔬菜直销市场。**

［目 文］ 国务院总理温家宝了解周末蔬菜直销市场情况，就如何进一步做好蔬菜直销市场工作和商务部、北京市负责人商量。他指出，要进一步采取政策措施，加大扶持力度。对农民要从种植技术、生产设施、运菜车辆购置、交通便利等方面给予扶持和帮助，对各种蔬菜市场要减免租金、摊位费和其他管理费用，同时要在城市周边多建立些蔬菜基地，加强农产品区域合作，完善蔬菜流通网络，真正建好城市“菜篮子”。

10月1日

［纲 文］ **国务院办公厅印发《安全生产“十二五”规划》。**

［目 文］ 《规划》由五个部分组成：一、现状与形势。二、指导思想、基本原则和规划目标。三、主要任务。四、重点工程。五、规划实施与评估。

10月1日

［纲 文］ **外交部发言人表示，对中缅两国密松电站合资项目实施过程中的有关事宜，应由双方通过友好协商妥善处理。**

［目 文］ 有记者问：据报道，9月30日，缅甸联邦议会宣布吴登盛总统在其任期内搁置中缅两国密松电站合作项目。中方对此有何评论？

发言人说，中国政府一贯支持中国企业本着相互尊重、平等互利原则同其他国家企业开展合作，并要求中国企业严格按照所在国法律法规履行责任和义务，敦促有关国家政府保障中国企业的合法和正当权益。密松电站是中缅两国的合资项目，经过了双方的科学论证和严格审查。对项目实施过程中的有关事宜，应由双方通过友好协商妥善处理。

10月1—2日

［纲　文］　**中国京剧流派班学员汇报演出在北京梅兰芳大剧院举行。**

［目　文］　中宣部部长刘云山致信祝贺指出，流派是京剧艺术丰富而博大的体现，是前人艺术智慧与辛勤创造的结晶，是民族艺术的宝贵财富。只有京剧的流派传人不断壮大、才俊辈出，才能让京剧艺术薪火旺盛、繁荣发展。参加演出的流派班学员从“60后”到“80后”，是支撑未来京剧舞台的生力军。到新中国成立100周年时，今天流派班的年轻学员们不但要精彩展示京剧的美好神韵，更要承担起延续和弘扬京剧的光荣使命。从事京剧艺术需要付出很多的辛劳和汗水，练功学戏强度大，艺术素养要求高。他希望流派班学员秉执献身艺术、弘扬国粹的崇高理想，担负起民族艺术传承人的重任，让京剧艺术永葆生机、发扬光大。

演出会聚了中国戏曲学院首届京剧流派班一班、二班共63位学员，集中上演了各主要流派的经典唱段，充分展现了流派班一年多来的教学和研习成果。这是新一代京剧流派接班人的首次大规模集体亮相。

10月2日

［纲　文］　**中国航天专家刘纪原在南非开普敦获国际宇航大奖。**

［目　文］　国际宇航科学院将冯·卡门奖授予刘纪原，以表彰其在航天研究中所作出的贡献，这是中国专家首次获此殊荣。此外，另一位中国航天专家王礼恒被乌克兰南方设计局授予杨格尔100周年勋章。

冯·卡门奖创立于1982年，是国际宇航科学院最高奖项，每年颁发一次，以表彰在航天科学领域取得杰出成就的个人。杨格尔100周年勋章是乌克兰为纪念航天火箭技术杰出科学家和设计师、南方设计局创始人和第一任总设计师米哈伊尔·库兹米奇·杨格尔诞辰100周年而设立的，用以表彰在航天火箭发展、空间探索合作等方面作出突出贡献的专家。

10月3日

［纲　文］　**国家防总召开防台风异地视频会商会议。**

［目　文］　会议分析研判第19号强热带风暴“尼格”的移动路径、登陆地点和可能带来的强风、暴雨等影响，安排部署各项防御工作，并宣布启动国家防汛防台风Ⅳ级应急响应，紧急派出三个工作组分赴海南、广东、广西协助指导地方做好防御工作。

3日10时，“尼格”中心位于三亚市东偏南方向约450公里的南海海面上，中心附近最大风力11级，预计以15公里/时左右的速度继续向西偏北方向移动，逐渐向海南东南部沿海靠近。

国家防总要求，有关地区和部门要高度重视台风防御工作，坚决克服麻痹思想和侥幸心理，提前安排部署和落实各项防范措施，全力避免人员伤亡，最大限度地减轻灾害损失。

4日12时30分，“尼格”在海南省万宁市东澳镇登陆，登陆时中心最大风力10级。没有人员伤亡和重大险情灾情的报告。

10月3—4日

［纲　文］　**温家宝在浙江考察。**

［目　文］　国务院总理温家宝在绍兴和温州的农村、社区、企业和市场，就经济运行情况进行调研。在绍兴市越城区斗门镇荷湖村和府山街道越都社区村民和社区居民家中，了解生产生活、市场供应和社会保障等情况；考察绍兴中国轻纺城、绍兴县创意产业基地、绍兴县汇金小额贷款公司、温州百先得服饰有限公司，并在企业主持召开三次座谈会，向企业负责人询问中小企业生产经营、小额贷款公司和民间信贷的情况，听取大家的意见和建议。

4日，温家宝在温州主持召开会议，听取浙江省、温州市关于小企业发展情况汇报。温家宝说，2011年以来，面对国际环境新变化和国内经济运行新情况，我们实施积极的财政政策和稳健的货币政策，更加注重稳定物价总水平，初步遏制了物价过快上涨的势头，经济保持平稳较快发展。我们加强房地产市场调控，加大保障性住房建设力度；全面审计地方政府性债务，清理规范地方政府融资平台公司，金融体系效益提高，稳健运行；农业基础设施建设加快，全年粮食有望实现“八连增”；对外贸易较快增长，趋于平衡；城镇就业进一步扩大，人民生活水平稳步提高。通过努力，我国经济增长正在由政策刺激向自主增长有序转变，继续朝着宏观调控的预期方向发展。同时也要看到，世界经济不确定性、不稳定性上升，凸显经济复苏的长期性、艰巨性和复杂性。我国经济运行也面临一些新情况新问题。我们必须充分估计形势的复杂性和严峻性，保持清醒头脑，冷静观察、科学判断，及时、果断做出正确的政策选择。根据国内外形势新变化，进一步加强和改善宏观调控，既要保持政策连续性、稳定性，又要增强政策的前瞻性、针对性和灵活性，牢牢把握经济工作的主动权，巩固经济发展的好势头。

10月4日

［纲　文］　**联合国安理会就叙利亚问题决议草案进行表决，决议草案未获得通过。**

［目　文］　联合国安理会就法国、英国等提交的叙利亚问题决议草案进行表决。中国、俄罗斯反对，印度、南非、巴西、黎巴嫩弃权，法国、英国、德国、葡萄牙、美国等赞成，决议草案未获得通过。

中国常驻联合国代表李保东在解释性发言中表示，中国一直以积极和建设性姿态参与相关决议草案的磋商。目前安理会有两个决议草案，一个是主张尊重叙利亚国家主权和通过政治对话解决叙利亚危机的，对这个草案中方是支持的。但对今天审议的这个草案，同不少安理会成员一样，中国认为在当前形势下，制裁或威胁使用制裁无助于叙利亚问题的解决，反而可能导致局势进一步复杂化。但令人遗憾和失望的是，这一重大合理关切未能得到提案国应有的重视。当前这项决议草案一味对叙利亚施压甚至威胁使用制裁，不利于叙利亚局势走向缓和。因此，中国对这一决议草案投了反对票。叙利亚是中东地区的重要国家。叙利亚保持和平与稳定，符合叙利亚人民和国际社会的共同利益。中国愿同国际社会一道，继续为妥善解决叙利亚问题发挥积极和建设性作用，也将继续支持有关地区国家和组织的斡旋努力。

这是2008年7月，中、俄两国否决有关制裁津巴布韦决议草案以来，再次联合在安理会使用否决权。

5日，外交部发言人发表谈话指出，中方一直高度关注叙利亚局势发展，呼吁叙利亚各方停止一切暴力，推动叙利亚政府落实改革承诺，尽快开启由叙利亚主导的包容性政治进程，积极支持地区国家和组织的斡旋努力。有关国家提交的安理会涉叙利亚决议草案一味对叙利亚施压并威胁使用制裁，不利于叙利亚局势走向缓和。我们希望安理会的有关行动应有助于缓解叙利亚紧张局势，有助于推动政治对话化解分歧，有助于维护中东地区的和平与稳定。

10月4—9日

［纲　文］　**第四十一届世界技能大赛在英国伦敦举行。**

［目　文］　来自世界技能组织50多个成员派出的近千名选手将参加46个项目的竞赛。中国首次派出由6名青年技能选手组成的代表队参加数控车、数控铣、焊接、CAD（计算机辅助）机械设计、美发、网站设计6个项目的比赛。来自中国石油工程建设公司的裴先峰在焊接项目比赛中获得银牌，另外5名中国选手参加其他5个项目比赛也都获得优胜奖。中国队参赛选手总平均分仅次于韩国队，名列第二。

世界技能组织成立于1950年，作为非政府国际组织，旨在通过各会员之间的合作，促进职业技能水平的提高。世界技能组织每年举办一次世界技能组织大会，每两年举办一次世界技能竞赛。2010年10月，人力资源社会保障部代表中国政府正式加入世界技能组织。

12月20日，中共中央政治局委员、中组部部长李源潮，中共中央政治局委员、广东省委书记汪洋，在广州会见参加第四十一届世界技能大赛获奖归来的中国选手和技术指导专家。

10月5日

［纲　文］　**国务院发布《国家食品安全事故应急预案》。**

［目　文］　《预案》由七个部分组成：一、总则。二、组织机构及职责。三、应急保障。四、监测预警、报告与评估。五、应急响应。六、后期处置。七、附则。自2011年10月5日起施行。

10月5—13日

［纲　文］　**2011年全国乒乓球锦标赛在江苏张家港举行。**

［目　文］　北京队夺得男团冠军，山东队夺得女团冠军。男子单打冠军：马龙。女子单打冠军：刘诗雯。男子双打冠军：王皓、马琳。女子双打冠军：郭焱、郭跃。混双冠军：张超、曹臻。

10 月 6 日

［纲　文］　**保监会公布《保险公司次级定期债务管理办法》。**

［目　文］　《办法》共 7 章 47 条。主要有总则、申请、募集、管理和偿还、信息披露、监督管理、附则等内容。自 2011 年 10 月 6 日起施行。中国保监会 2004 年 9 月 29 日发布的《保险公司次级定期债务管理暂行办法》(保监会令〔2004〕10 号)同时废止。

10 月 6—8 日

［纲　文］　**纪念辛亥革命百年图片展览在比利时布鲁塞尔举办。**

［目　文］　图片展由比利时华人青年联合会主办，展出 43 幅历史照片。中国驻比利时王国大使廖力强，以及旅比海峡两岸华侨华人代表参加了开幕式。

10 月 6—7 日

［纲　文］　**第十一届世界华商大会在新加坡举行。**

［目　文］　中国全国政协副主席兼中华全国工商业联合会主席黄孟复、新加坡总理李显龙出席并致辞。大会由新加坡中华总商会主办，以“新格局、新华商、新动力”为主题，来自 32 个国家和地区的 4000 多名华商代表与会。大会设有成功企业家、社会文化、世界经济、创新企业家和青年企业家等 5 个分组论坛。

10 月 7 日

［纲　文］　**全国人大常委会副委员长、全国妇联主席陈至立在韩国首尔出席 2011 亚非妇女大会。**

［目　文］　陈至立在开幕式上作题为“让教育点亮妇女人生”的主旨演讲中介绍了新中国成立以来，特别是改革开放 30 多年来中国教育事业取得的进步与发展，指出目前中国已建成世界上最大规模的教育体系，保障了包括妇女在内的亿万人民受教育的权利。教育改变了中国妇女的命运，中国妇女在各行业发挥了“半边天”作用。

大会以“通过教育赋权亚非妇女”为主题，由韩国淑明女子大学举办。来自亚非 12 个国家和地区以及联合国机构的代表出席会议。

10 月 7 日

［纲　文］　**中国在西昌卫星发射中心用“长征三号乙”运载火箭，将法国泰雷兹阿莱尼亚宇航公司制造的 W3C 通信卫星成功送入预定轨道。**

［目　文］　W3C 卫星是法国泰雷兹阿莱尼亚宇航公司为欧洲通信卫星公司研制的大功率广播通信卫星，质量 5.4 吨，装载 Ku、Ka 波段转发器，设计寿命 15 年，可提供电视广播、宽带、视频、数据传输、互联网等服务。

这是中国首次为欧洲卫星运营商提供发射服务。用于此次发射的“长征三号乙”运载火箭由中国航天科技集团公司所属中国运载火箭技术研究院研制。这是长征系列运载火箭的第148次飞行。

10月8日

［纲　文］ **温家宝主持召开国务院常务会议。**

［目　文］ 会议主要内容是：一、部署加强鲜活农产品流通体系建设。会议强调，鲜活农产品流通体系建设具有重要的公益性，要在充分发挥市场机制作用的同时，加大政策扶持力度。要增加财政投入，通过投资入股、产权回购回租、公建配套等方式，改造和新建一批公益性批发市场、农贸市场和菜市场；在主产区、集散地和主销区升级改造一批带动力强、辐射面广的大型批发市场和加工配送中心；引导社会资金投资农产品流通领域。对鲜活农产品市场要减免租金、摊位费、管理费等费用。落实和完善“绿色通道”，依法查处违规收费行为。进一步强化“菜篮子”市长负责制，切实提高大中城市鲜活农产品自给率。二、会议讨论并原则通过《中华人民共和国出境入境管理法（草案）》和《关于加强反恐怖工作有关问题的决定（草案）》，决定将两个草案提请全国人大常委会审议。

10月8日

［纲　文］ **证监会公布《关于实施〈基金管理公司特定客户资产管理业务试点办法〉有关问题的规定》，自2011年10月8日起施行。**

10月8日

［纲　文］ **《宫崎滔天家藏——来自日本的中国革命文献》首发式在北京宋庆龄故居举行。**

［目　文］ 《宫崎滔天家藏》由中国宋庆龄基金会研究中心主编，人民美术出版社出版，8开线装，全繁体字。书中收入了宫崎滔天家族珍藏的全部39枚笔谈资料，其中包括孙中山与宫崎滔天笔谈21枚，康有为弟子何树龄与宫崎滔天笔谈18枚，孙中山致宫崎滔天书信20件，宫崎滔天家族珍藏的历史照片若干幅以及其他相关书信等。

10月8日

［纲　文］ **辛亥革命百周年纪念活动嘉宾团拜谒孙中山纪念堂。**

［目　文］ 此次辛亥革命100周年纪念活动嘉宾团成员由100多名与辛亥革命有深厚渊源的海内外人士组成，包括孙中山、黄兴等辛亥革命先辈后裔、参与或支持辛亥革命的国际友人后代，港澳同胞、台湾同胞和海外侨胞代表等。嘉宾团在国内的参观访问活动为期8天。在北京出席纪念辛亥革命100周年大会、全国政协招待会，并赴武汉、南京、广州、中山等地参观访问。

10月8—15日

［纲　文］ **“天堂草原——内蒙古北京文化艺术周”举行。**

［目　文］　全国人大常委会副委员长乌云其木格、全国政协副主席孙家正出席开幕式并为活动周剪彩。文化艺术周期间，相继推出内蒙古名家名曲演唱会、民族舞蹈精品晚会、民族歌舞集《呼伦贝尔大雪原》、民族舞剧《草原记忆》、内蒙古美术作品展、内蒙古摄影作品展 6 项活动。

10 月 8—22 日

［纲　文］　**“百年风云·壮志丹青——纪念辛亥革命 100 周年美术作品展”在中国美术馆举办。**

［目　文］　作品展由文化部主办，近 300 件作品表现了海内外美术界纪念辛亥革命的创作风貌。展览包括油画、书法、版画、雕塑、水彩画等各种类型的作品，分为“壮志”“追怀”“心声”三大部分。

10 月 8—23 日

［纲　文］　**“大道之行——纪念辛亥革命一百周年影像展”在北京中华世纪坛世界艺术馆举办。**

［目　文］　影像展由中华世纪坛世界艺术馆策划。展览分为“辛亥风云”“帝国倾覆”“共和开启”三个章节，120 张历史照片展示了辛亥革命及其前后几十年间中国的社会、经济、政治、文化变迁。

10 月 9 日

［纲　文］　**纪念辛亥革命 100 周年大会在北京人民大会堂举行。**

［目　文］　中共中央总书记胡锦涛出席大会并发表讲话。全国政协主席贾庆林主持大会。江泽民、吴邦国、温家宝、李长春、习近平、李克强、贺国强，中央党政军群各部门和北京市负责人，各民主党派中央、全国工商联负责人和无党派人士代表，在京全国人大常委会委员及部分人大代表、全国政协常委及部分委员，民族、宗教界和社会团体代表，部分外国驻华使节，应邀参加纪念活动的辛亥革命先辈后裔，香港特别行政区、澳门特别行政区和台湾有关人士及海外来宾，以及首都各界群众代表等 3000 多人出席大会。

胡锦涛指出，100 年前，以孙中山先生为代表的革命党人发动了震惊世界的辛亥革命，开启了中国前所未有的社会变革。今天，我们隆重纪念辛亥革命 100 周年，深切缅怀孙中山先生等辛亥革命先驱的历史功勋，就是要学习和弘扬他们为振兴中华而矢志不渝的崇高精神，激励海内外中华儿女为实现中华民族伟大复兴而共同奋斗。1840 年鸦片战争以后，中国逐步成为半殖民地半封建社会，西方列强野蛮入侵，封建统治腐朽无能，国家战乱不已，人民饥寒交迫，中国人民和中华民族遭受了世所罕见的深重苦难。辛亥革命的爆发，是当时中国人民争取民族独立、振兴中华深切愿望的集中反映，也是当时中国人民为救亡图存而前赴后继顽强斗争的集中体现。孙中山先生是伟大的民族英雄、伟大的爱国主义者、中国民主革命的伟大先驱。在他的领导和影响下，大批革命党人和无数爱国志士集聚在振兴中华旗帜之下，有力推动了革命大势的形成。回首中华民族百年奋斗历史，我们无比自豪。展望中华民族伟大复兴光明前景，我们信心百倍。我们呼吁，全体中华儿女携起手来，坚定实现中华民族伟大复兴的理想，努力作出无愧于孙中山先生和辛亥革命先驱、无愧于我们伟大民族的贡献，在时代进步洪流中奋力实现中华民族伟大复兴。

贾庆林在主持大会时指出，胡锦涛同志的重要讲话，高度评价了辛亥革命的伟大意义，全面回顾了辛亥革命100年来中国人民百折不挠、顽强拼搏的奋斗历程，深刻阐述了新形势下实现中华民族伟大复兴的历史使命，进一步提出了发展两岸关系、促进国家完全统一的殷切希望。我们要深入学习领会胡锦涛同志重要讲话精神，继承和发扬辛亥革命精神，进一步凝聚全体中华儿女的智慧和力量，为实现中华民族伟大复兴而努力奋斗。

全国人大常委会副委员长、民革中央主席周铁农代表各民主党派、全国工商联，中国侨联主席林军代表各人民团体在大会上发言，表示要学习、继承辛亥革命先贤为振兴中华不懈奋斗的革命精神，更加紧密地团结在中国共产党周围，积极促进海内外同胞的大团结，为实现中华民族伟大复兴贡献智慧和力量。

大会开始前，胡锦涛、吴邦国、温家宝、贾庆林、李长春、习近平、李克强、贺国强等会见了应邀参加大会的辛亥革命先辈后裔及有关方面代表并合影。

同日，纪念辛亥革命100周年招待会在全国政协礼堂举行。贾庆林出席，全国政协副主席、辛亥革命100周年纪念活动筹备办公室主任王刚出席并致辞。招待会由全国政协副主席兼秘书长钱运录主持。刘延东、戴秉国、杜青林、董建华、张梅颖、万钢、林文漪、厉无畏、何厚铧出席。应邀来北京参加辛亥革命100周年纪念活动的海外来宾及有关人士参加招待会。

10月9日

［纲　文］ **发展改革委、财政部、住房城乡建设部、国家能源局发布《关于发展天然气分布式能源的指导意见》。**

［目　文］ 《意见》由三个部分组成：一、发展天然气分布式能源的重要意义。二、指导思想和目标。三、主要政策措施。

10月9日

［纲　文］ **国家体育总局公布《社会体育指导员管理办法》。**

［目　文］ 《办法》共9章43条。主要有总则、组织管理、培训教育、申请审批、注册办理、工作保障、服务规范、奖励处罚、附则等内容。自2011年11月9日起施行。原国家体委1993年12月4日发布的《社会体育指导员技术等级制度》同时废止。

10月9日

［纲　文］ **国务委员戴秉国在北京会见日本福岛市中学生代表团。**

［目　文］ 戴秉国说，中日互为重要近邻，两国必须走和平、友好、合作之路，两国人民要同舟共济，世代友好，永做好邻居、好伙伴。希望日本中学生通过此次访问，加深对中国的了解，并把中国人民对日本人民的友好情谊带回去，做中日友好的使者和

桥梁。

访华团团长、福岛市市长濑户孝则表示，衷心感谢中方对日本抗震救灾所提供的大力支持，期待日本年青一代积极致力于日中友好合作。

10 月 9—17 日

［纲　文］ **“回望中国——纪念辛亥革命 100 周年综合美术作品展”在中国美术馆举办。**

［目　文］ 展览由中国美术家协会、全国政协书画室、文化部恭王府管理中心主办。作品展以辛亥革命为主题，精选出 100 余件作品。展览呈现出三个突出特点：一是以多种艺术表现形式——包括抽象作品，表现了一般认为只有具象写实手法才能够表达的历史性主题创作。二是综合材料绘画在主题性大型美展中得到形式风格和艺术表现力的全面展现。三是第一次将重大历史题材美术创作与相关旧址遗迹等文物的保护研究工作结合在一起。

10 月 9—10 日

［纲　文］ **全国林下经济现场会在广西北海和南宁召开。**

［目　文］ 国务院总理温家宝作出批示指出，发展林下经济，既可促进农民增收，又可巩固集体林权制度改革。国务院副总理回良玉也作出批示。会议主要任务是：全面部署加快发展林下经济，深入推进集体林权制度改革。

中国有 46 亿亩林业用地，其中集体林地 27 亿多亩。在林下种植药材、蘑菇等作物，养殖林蛙、蜜蜂及野生动物，相当于我国扩大了几十亿亩的土地利用面积，实现了生态受保护、农民得实惠的双赢。

10 月 9—15 日

［纲　文］ **应国务委员兼国防部部长梁光烈邀请，纳米比亚国防部部长纳莫洛率军事代表团访华。**

［目　文］ 10 日，梁光烈在北京同纳莫洛举行会谈时说，中纳两军长期友好，保持良好合作。中方珍视两军传统友谊，希望两军保持高层及各层次的互访，加深相互了解。中方愿与纳方共同努力，进一步增加友好交往，扩大交流领域，深化合作内涵，将两军友好合作关系推向新的阶段。

纳莫洛说，纳米比亚感谢中方长期以来对纳民族解放和建设发展提供的宝贵支持，希望两军在维和、人员培训等领域开展更多的务实合作。

10 月 9—11 日

［纲　文］ **“第二届中日大学展暨中日大学论坛”在东京举行。**

［目　文］ 论坛由日本科学技术振兴机构中国综合研究中心、中国留学服务中心、日本学生支援机构共同举办。有 53 所中国大学和 50 所日本大学参加，分留学促进、产学促进和大学交流三个主题进行展览和交流。

10月10日

［纲 文］ **国务院印发《关于全国地下水污染防治规划（2011—2020年）的批复》。**

［目 文］ 《批复》说，环境保护部《关于上报〈全国地下水污染防治规划（2011—2020年）〉修改稿的请示》（环发〔2011〕104号）收悉。现批复如下：一、原则同意《全国地下水污染防治规划（2011—2020年）》，请你们认真组织实施。二、《规划》实施要深入贯彻落实科学发展观，坚持保护优先、预防为主、防治结合、落实责任、强化监管的原则，加大对地下水污染状况调查力度，健全法规标准，完善政策措施，依法推进综合防治，切实保障地下水饮用水水源环境安全，逐步建成以防为主的地下水污染防治体系，保障地下水资源可持续利用，推动经济社会可持续发展。三、通过实施《规划》，到2015年，基本掌握地下水污染状况，初步控制地下水污染源，初步遏制地下水水质恶化趋势，全面建立地下水环境监管体系；到2020年，对典型地下水污染源实现全面监控，重要地下水饮用水水源水质安全得到基本保障，重点地区地下水水质明显改善，地下水环境监管能力全面提高，地下水污染防治体系基本建成。四、各省（区、市）人民政府是《规划》实施的责任主体，要切实加强组织领导，将《规划》确定的目标和任务纳入本地区经济社会发展规划，并制订年度实施计划。五、有关部门要根据各自的职能分工，建立联动机制，加强对《规划》实施的指导、支持和监督，统筹规划完善地下水监测网络，建立信息共享平台，统一发布相关环境信息。

10月10日

［纲 文］ **国务院批复广西壮族自治区人民政府，同意南宁市城市总体规划。**

［目 文］ 批复说，你区《关于审批南宁市城市总体规划（2008—2020年）的请示》（桂政报〔2009〕7号）收悉。现批复如下：一、原则同意修订后的《南宁市城市总体规划（2011—2020年）》。二、南宁市是广西壮族自治区首府，北部湾经济区中心城市，我国西南地区连接出海通道的综合交通枢纽。三、重视城乡统筹发展。在《总体规划》确定的6559平方公里城市规划区范围内，实行城乡统一规划管理。四、合理控制城市规模。到2020年，中心城区城市人口控制在300万人以内，城市建设用地控制在300平方公里以内。五、完善城市基础设施体系。要加快公路、铁路、港口和机场等交通基础设施建设，改善城市与周边地区交通运输条件。六、建设资源节约型和环境友好型城市。城市发展要走节约资源、保护环境的集约化道路，坚持经济建设、城乡建设与环境建设同步规划，大力发展循环经济，强化工业、交通和建筑节能，切实做好节能减排工作。七、创造良好的人居环境。要坚持以人为本，创建宜居环境。八、重视历史文化和风貌特色保护。九、严格实施《总体规划》。城市建设要实现经济社会协调发展，物质文明和精神文明共同进步。城市管理要健全民主法制，坚持依法治市，构建和谐社会。

10月10日

［纲 文］ **交通运输部印发《公路水运工程监理工程师登记管理办法》。**

［目　文］《办法》共5章21条。主要有基本要求、从业登记、业绩登记、监督管理、附则等内容。自2012年3月1日起施行。原交通部办公厅《关于完善公路水运工程监理工程师岗位登记制度并开展岗位登记工作的通知》(厅质监字〔2005〕131号)中的附件《公路水运工程监理工程师岗位登记制度(试行)》同时废止。

10月10日

［纲　文］**环境保护部、商务部、科技部发布《关于同意贵阳经济技术开发区等4个园区建设国家生态工业示范园区的通知》。**

［目　文］《通知》说，按照《国家生态工业示范园区管理办法(试行)》规定的程序，贵阳经济技术开发区、武汉经济技术开发区、杭州经济技术开发区、南京高新技术产业开发区建设规划和技术报告已先后通过预审、专家论证，经国家生态工业示范园区建设协调领导小组办公室审查，现批复如下：一、同意贵阳经济技术开发区、武汉经济技术开发区、杭州经济技术开发区、南京高新技术产业开发区开展国家生态工业示范园区建设。二、请你们按照科学发展观的要求，结合地区和行业发展及自身实际情况，依据园区建设规划和《综合类生态工业园区标准》要求，认真抓好规划的实施工作。各园区要加强组织领导，严格落实责任，将规划中的重点项目逐一分解落实到具体承办单位和人员，落实实施规划工作需要的相关资源、建设资金和各项建设条件，组织好建设工作。三、在建设过程中，应及时向国家生态工业示范园区建设协调领导小组办公室报送园区建设进展情况和重大问题。

10月10日

［纲　文］**全国人大常委会委员长吴邦国在北京会见加拿大参议长金塞拉。**

［目　文］两位领导人积极评价中国全国人大和加拿大参议院的关系，肯定中加议会协会成立以来为增进相互了解，提升关系水平所发挥的作用，一致表示，愿进一步加强议会多层次多渠道的友好往来，加强交流，不断丰富中加议会合作内涵，从议会层面推动务实合作，加强在多边议会组织中的协调配合，为国家关系发展作出更大贡献。

吴邦国指出，中加经济互补性强，务实合作基础良好，互为重要经贸合作伙伴。希望双方充分发挥互补优势，深入挖掘合作潜力，扩大双边贸易和投资规模，大力拓展航运、科技、农业、环保等领域合作，培育新的增长点。吴邦国强调，中方高度重视中加关系，愿与加方一道，坚持从战略高度和长远角度看待和发展两国关系，遵循相互尊重、平等相待、互利共赢的原则，照顾彼此利益与关切，不断夯实中加关系的政治基础、物质基础和民意基础，更好地造福两国和两国人民。

金塞拉说，加拿大高度重视发展与中国的友好关系，对加强双方经贸合作和人文交流具有强烈愿望，愿积极推动两国航运、教育、农业等各领域互利合作。

同日，中共中央对外联络部部长王家瑞在北京会见了金塞拉。

12日，全国人大常委会副委员长路甬祥在北京会见了金塞拉。

10月10日

［纲　文］　**国家副主席习近平在北京分别会见缅甸总统特使、外交部部长吴温纳貌伦，由总书记曼塔谢率领的南非非国大全国执委研修班一行。**

［目　文］　习近平会见吴温纳貌伦时表示，中方一贯重视中缅睦邻友好合作关系，愿继续本着相互尊重、平等互利的原则积极推进两国务实合作。对合作过程中出现的问题，希望双方通过友好协商，寻求妥善解决的办法，确保中缅各领域交流合作关系健康稳定向前发展。

吴温纳貌伦表示吴登盛总统和缅甸政府十分珍视缅中友好关系，高度重视中方有关关切，愿同中方密切配合，加强互利合作，不断充实缅中全面战略合作伙伴关系内涵。

习近平会见曼塔谢时说，两党都诞生于本民族遭受外来压迫与欺凌的危难之时，都领导各自国家人民为争取民族独立和民主、自由进行了长期不懈的斗争，执政后又都面临相似的任务和挑战。2008年底两党签署《交流合作谅解备忘录》后，在各领域的交流与合作发展到一个新阶段，两党关系已成为两国关系的政治基础和重要组成部分。举办研修班是中南两党最高领导人共同确定的项目，是两党分享执政经验，共同应对挑战，不断提高领导水平，实现长期执政的重要举措。

曼塔谢说，中国在国际舞台上的地位不断提高，南中两国的合作也不断发展，这不仅对南中两国而且对整个非洲大陆也非常重要。我们愿同中方一道，推动两国全面战略伙伴关系进一步发展。

同日，外交部部长杨洁篪在北京同吴温纳貌伦举行会谈，就中缅密松电站项目问题进行了沟通，同意本着友好协商的精神妥善处理有关事宜。双方就中缅关系和共同关心的问题交换了意见，一致认为应继续加强中缅互利合作，积极推进中缅全面战略合作伙伴关系，实现共同发展，造福两国人民。

10月10日

［纲　文］　**中俄总理定期会晤委员会第十五次会议在北京举行。**

［目　文］　国务院副总理、中俄总理定期会晤委员会中方主席王岐山与俄罗斯政府副总理、中俄总理定期会晤委员会俄方主席茹科夫共同主持会议。

王岐山说，中俄原油管道正式投产运营，煤炭、天然气、电力等能源合作进展顺利。航空、航天等高科技领域大项目合作扎实推进。民航飞越额度大幅增加，货物运输稳定增长。人民币和卢布实现挂牌交易，本币结算从边境贸易扩大到一般贸易。双方在重大国际和地区经济事务上保持密切协调配合。总的来看，中俄经济合作势头强劲。中俄两国经济互补性强，利益交汇点多，合作前景广阔。双方应当发挥各自优势，不断拓展合作的广度和深度。我们完全有能力、有信心保持中俄经济合作的良好势头，优化贸易结构，打造能源资源、高科技、基础设施、金融、旅游等合作亮点，实现双边贸易额2015年达到1000亿美元、2020年达到2000亿美元的目标。

茹科夫表示，俄方感谢中方一贯支持俄罗斯加入世界贸易组织。自上次会议以来，中俄贸易稳步、快速发展，令人欣慰。双方投资合作不断加强，《中国东北地区与俄罗斯远东及东西伯利亚地区合作规划纲要》付诸实施。双方不断挖掘在科技创新、能源、核能、空间技术、环保等领域新的合作亮点。

同日，王岐山和茹科夫出席在北京举行的第六届中俄经济工商界高峰论坛开幕式并致辞。中俄经济工商界高峰论坛由商务部和俄罗斯经济发展部共同主办，论坛主题是合作创新与经济现代化。两国政府、地方、企业和金融机构500多人与会。

开幕式前，王岐山与茹科夫共同出席了论坛签字仪式。中俄企业在本届论坛期间共签署了16个经贸合作项目，总金额超过70亿美元。内容涉及贸易、技术转让、合作研发生产、投资、矿产开发等。

11日，国务委员、中俄人文合作委员会中方主席刘延东和俄罗斯副总理、中俄人文合作委员会俄方主席茹科夫在北京共同主持中俄人文合作委员会第十二次会议。会议总结了两国人文领域合作的成果和经验，对下一阶段工作提出规划和建议。

10月10日

［纲　文］　**国务委员刘延东在北京会见耐克公司总裁兼首席执行官马克·帕克。**

［目　文］　刘延东肯定耐克公司30多年来为促进中国体育事业发展所作贡献并表示，体育对于提高国民素质、促进社会和谐和经济发展具有独特作用，发展体育产业有利于增强体育运动活力、满足群众多样化多层次需求；体育交流与合作是中美人文交流和务实合作的组成部分。

10月10日

［纲　文］　**八一体育工作大队建队60周年庆祝大会在北京举行。**

［目　文］　中央军委委员、总政治部主任李继耐出席并讲话。四总部、军事科学院、国防大学和军委办公厅，以及国家体育总局等领导出席大会。

八一体工大队建队60年来，先后获得世界、亚洲、全国重要比赛冠军2500多个，破超世界纪录、亚洲纪录280多次，在北京奥运会上创造了5金2银3铜的历史最好成绩，先后向国家队输送了1700多名运动员、教练员，八一男篮被中央军委授予“团结拼搏的体坛劲旅”荣誉称号。

10月10日

［纲　文］　**洛阳中信重工重型锻造工部18500吨油压机成功锻造438吨特大型钢锭，标志着中国大型自由锻件的锻造能力达到世界先进水平。**

10月10—11日

［纲　文］　**李克强在湖南考察。**

［目　文］　国务院副总理李克强在湘西自治州和长沙市的山乡村寨、企业车间、建设工地和科研单位，就经济运行和实施“十二五”规划进行调研。

李克强在湘西州古双云村村民家中，询问口粮、收入、低保等方面情况，查看他们的住房，听取乡亲们对危旧房改造的想法。在村卫生室，了解基本药物配备、药品价格和村卫生室建设。在长沙青苹果数据处理中心数据处理大厅，与技术人员互动交流，了解行业态势和应用前景。在国家杂交稻研究中心，看望袁隆平院士和科研人员。询问超级稻研发进展和产量品质情况。袁隆平说，中心研发的超级杂交稻亩产已经突破900公斤，正在向新的目标进军。李克强说，你们的突破性工作事关人人，不仅有助于解决中国人的吃饭问题，而且体现了中国人的聪明才智，是对人类发展的贡献。在长沙市岳麓区诚兴园小区，考察保障性住房质量和分配管理情况，看望廉租房住户。

11日，李克强在长沙市主持召开加强保障性安居工程质量和分配管理工作座谈会。国务院有关部门负责人，江西、湖北、湖南、广东、广西、重庆等省（区、市）政府负责人参加了座谈会。住房城乡建设部、部分省（区、市）汇报了2011年保障房建设、质量检查以及加强分配、运营管理等方面的进展情况。会议认为，2011年保障性安居工程建设顺利推进，目前已开工建设980多万套，房屋建设质量总体较好，对改善困难群众住房条件、保持经济平稳运行、促进房地产市场健康发展等都发挥了作用。

李克强指出，要把确保质量和公平分配作为保障性安居工程的生命线，建设质量优良、分配阳光的工程，使之经得起历史和人民的检验。推进保障性安居工程，要确保任务完成、质量可靠、分配公平，这些要求在年初就已作了部署。在当前大规模开工建设的情况下，尤其要重视确保住房建设质量和分配公平。

10月10—11日

［纲　文］ **全国司法行政戒毒工作座谈会在合肥召开。**

［目　文］ 安徽、北京、上海、江苏、山东、河南、湖北、湖南、广东、新疆10个省（区、市）司法厅（局）作了大会交流发言。会议指出，全国各级司法行政机关深入贯彻实施《禁毒法》和《戒毒条例》，积极履行戒毒工作职能，大力推进强制隔离戒毒和戒毒康复工作，取得了明显成效。

10月10—20日

［纲　文］ **第十二届亚洲艺术节暨第三届中国重庆文化艺术节在重庆举行。**

［目　文］ 艺术节由文化部、中共重庆市委、重庆市政府主办，文化部外联局、中共重庆市委宣传部、重庆市文化广播电视局、重庆市文学艺术界联合会、中国艺术研究院、中国国家话剧院、中国对外文化集团公司联合承办。以“交流·交融·共享·和谐”为主题。艺术节期间，举办5大板块16项主体活动，包括开闭幕式，中国—东盟（10+1）文化部长会晤、首届亚洲文化论坛（10+3）主题会议、首届亚洲戏剧人联盟高峰论坛等会议论坛，东盟文化周、港澳台展演周、亚洲少儿绘画邀请展、京津沪渝书画艺术大展等专项艺术活动，第十二届中国戏剧节等“节中节”活动，以及大型舞剧《千手观音》、杂技芭蕾《天鹅湖》等66台111场舞台演出。

10月11日

［纲　文］ **商务部、公安部、农业部、工商总局、质检总局、食品药品监管局发布**

《关于深入开展打击私屠滥宰强化肉品卫生安全专项治理行动的通知》。

［目　文］《通知》由四个部分组成：一、总体要求。二、主要任务。三、工作安排。四、工作要求。

《通知》要求，各地商务主管部门要做好信息报送工作，从2011年11月起，每月10日前汇总当地上月工作进展情况报商务部，重大情况和问题及时上报。2012年5月底前，汇总上报专项治理行动总结报告。

10月11日

［纲　文］　**交通运输部公布《邮政行业统计管理办法》。**

［目　文］《办法》共6章43条。主要有总则、统计机构与统计人员、统计调查管理、统计资料管理和公布、监督检查、附则等内容。自2012年1月1日起施行。

10月11日

［纲　文］　**官田中央兵工厂军工教育基地建成。**

［目　文］　官田中央兵工厂军工教育基地在江西赣州兴国县兴莲乡官田村竣工，在人民军工摇篮——官田中央兵工厂的旧址上落成的教育基地，也成为人民军工80年发展历程的见证。

官田中央兵工厂创办于1931年，是我党我军独立创办的第一家大型综合性兵工总厂，是苏区时期规模最大、设备最全、技术最先进、人员最充实、机构最完整、实力最雄厚的兵工厂，被誉为“人民兵工的始祖”和“人民军工发祥地”。

10月11日

［纲　文］　**叶志平同志先进事迹报告会在北京人民大会堂举行。**

［目　文］　报告会开始前，中共中央政治局常委李长春会见了叶志平家属和报告团成员，代表中共中央总书记胡锦涛向他们表示亲切问候并指出，要大力宣传叶志平同志的先进事迹和崇高精神，在全社会形成爱岗敬业、尊师重教的良好氛围，引导全国广大教育工作者以叶志平同志为榜样，切实履行党和人民赋予的教书育人神圣职责，当好人类灵魂的工程师，办好人民满意的教育。

报告会由中宣部、教育部和四川省委联合举办。报告会上，叶志平的妻子王关莉和报告团其他四位成员结合自己的亲身经历，讲述了叶志平视教育如同生命的事迹。中央和国家机关干部代表，首都高校师生代表，北京市部分中小学校长、优秀教师代表等700多人参加报告会。

叶志平生前是四川省绵阳市安县桑枣中学校长，36年在农村教育第一线辛勤耕耘、默默奉献，爱校如家、爱生如子，用高尚的人格魅力引导学生，用最好的教学成果回报家乡父老，在平凡的岗位上创造了不平凡的业绩。他始终把学生安全放在首位，长期注重维护校舍安全，定期进行防灾逃生演练，在汶川特大地震中，全校2000多名师生在1分36秒内安全转移，创造了“零伤亡”的奇迹，被誉为“史上最牛校长”。2011年6月，叶志平因积劳成疾去世，终年57岁。

10月11日

［纲　文］　**中央社会管理综合治理委员会专题会议在北京召开。**

［目　文］　中央综治委副主任王乐泉、回良玉、马凯、孟建柱出席会议并讲话。会议主要内容是：研究部署推进实有人口服务管理和社会治安综合治理工作。公安部、中央综治办分别就推进实有人口服务管理、社会治安综合治理两个专项工作的进展情况和下步工作意见作了汇报，与会者进行了讨论。

10月11日

［纲　文］　**全国政协副主席王刚在北京会见沙特外交副大臣阿卜杜勒阿齐兹。**

［目　文］　王刚说，1990年建交以来，中沙关系发展顺利。特别是2006年阿卜杜拉国王陛下登基后首次出访即选择了中国，胡锦涛主席于2006年和2009年两次成功访问沙特，推动中沙关系取得长足发展，两国政治互信不断增强，各领域合作成果显著。此次亲王殿下亲自率团来华主持国际翻译奖颁奖仪式，表明沙方对发展两国关系的高度重视。

阿卜杜勒阿齐兹表示，沙特高度重视巩固和发展与中国关系，愿在新形势下不断深化两国友好合作。

10月11日

［纲　文］　**中俄能源谈判代表工作会晤在北京举行。**

［目　文］　中俄能源谈判中方代表、国务院副总理王岐山与中俄能源谈判俄方代表、俄罗斯副总理谢钦共同主持中俄能源谈判代表工作会晤。

同日，王岐山与谢钦共同前往中核集团原子能科学研究院，参观了中国实验快中子反应堆，视察了核岛专用厂房和主控室，并听取了研究院负责人有关情况介绍。

10月11日

［纲　文］　**国务委员、公安部部长孟建柱在北京会见南非警察部部长姆特特瓦。**

［目　文］　孟建柱说，执法部门的友好合作关系是两国全面战略伙伴关系的重要组成部分。近年来，两国执法部门人员交往不断，联系渠道畅通，合作基础完备，合作成效明显。希望双方进一步密切沟通联系，增进理解互信，加强业务交流，促进务实合作。同时，希望南非警方继续采取有效措施，切实保护在南非中国公民和机构的安全与合法权益。

姆特特瓦表示，南非政府十分重视与中国的友好合作，希望双方共同努力，不断巩固和发展两国在打击犯罪和维护社会治安领域的务实合作，为推动两国全面战略伙伴关系发展作出贡献。

10月11日

［纲　文］　**第二次中美亚太事务磋商在北京举行。**

［目　文］　外交部副部长崔天凯与美国助理国务卿坎贝尔共同主持。双方就中美在亚太的互动与合作、地区合作机制发展以及地区热点问题等交换了意见。双方认为，在当前世界政治经济形势复杂性和不确定性日益突出的形势下，亚太形势保持总体稳定，经济

继续较快增长。中美作为在亚太具有重要影响的国家，两国在维护亚太稳定、促进经济发展、应对安全挑战、促进区域合作等方面有共同利益和责任，有必要进一步加强协调、沟通和合作，为亚太和平、稳定与繁荣共同作出努力。中方重申了在南海问题上的立场。

10月11日

［纲 文］ **东丰·中国农民画馆开馆**。

［目 文］ 吉林省辽源市东丰县，民间绘画传统历史悠久。全县农民画创作队伍已达5000余人，仅2010年，就实现销售收入300万元。1988年，东丰县成为文化部首批命名的“中国现代民间绘画画乡”。2009年，东丰农民画入选吉林省“省级非物质文化遗产”名录。

10月11—15日

［纲 文］ **应中共中央总书记、国家主席胡锦涛邀请，越南共产党中央总书记阮富仲对中国进行正式访问**。

［目 文］ 访问期间，胡锦涛在北京与阮富仲举行会谈，双方一致表示，要增进政治信任，促进互利合作，妥善处理分歧，推动中越全面战略合作伙伴关系稳定健康发展。双方就中越海上问题坦诚交换了意见，积极评价两国签署《关于指导解决中华人民共和国和越南社会主义共和国海上问题基本原则协议》，认为该协议对妥善处理和解决海上问题具有重要指导意义。胡锦涛和阮富仲共同出席了有关双边合作文件的签字仪式。中共中央政治局常委、国家副主席习近平参加会谈并出席有关活动；全国人大常委会委员长吴邦国、国务院总理温家宝、全国政协主席贾庆林在北京分别会见阮富仲；国务院副总理李克强在北京陪同越共中央总书记阮富仲参观了中关村国家自主创新示范区展示中心；阮富仲还对广东进行了访问；双方发表了《中越联合声明》。

胡锦涛与阮仲富会谈时说，2011年是中越关系正常化20周年，这是中越两党两国增进互信、友好合作的20年。按照长期稳定、面向未来、睦邻友好、全面合作方针和好邻居、好朋友、好同志、好伙伴精神，双方建立和发展全面战略合作伙伴关系。中越两党两国关系稳定健康发展，符合两国和两国人民根本利益，对两国社会主义现代化建设顺利推进，对亚洲乃至世界和平与发展都具有重要意义。中国党和政府始终从战略高度和长远角度看待中越关系。我们愿同越方一道按照“十六字”方针和“四好”精神，把中越全面战略合作伙伴关系维护好、发展好。双方领导人应就中越海上问题保持沟通、对话和协商，从政治和战略高度及时指导海上问题的妥善处理。在海上争议最终解决前，不应采取使争议复杂化、扩大化的行动，以冷静和建设性的态度处理出现的问题，不使有关问题影响中越两党两国关系和南海和平稳定。双方应积极研究和商谈共同开发，尽快迈出实质性步伐。

阮富仲说，越方将坚定不移地本着“十六字”方针和“四好”精神，密切高层互访，增进政治互信，深化各领域互利合作，丰富人文交流，加强在国际和地区问题上的协调配合，把越中全面战略合作伙伴关系提升到新水平。海上问题是越中关系的一部分，但处理不好会影响越中关系良好发展大局。越方愿同中方领导人就妥善处理海上问题保持直接沟通，及时提供指导，与中方一道认真落实好两国签署的海上问题基本原则协议，坚持友好协商和谈判，妥善处理和解决，不让有关问题影响两党两国关系、两国人民感情和海上和平稳定。

10月11—16日

［纲　文］　**应全国人大常委会委员长吴邦国的邀请，孟加拉国议长哈米德对中国进行正式友好访问。**

［目　文］　访问期间，吴邦国在北京会见哈米德时说，双方政治上相互尊重、相互信赖，经济上互利合作、共同发展，各领域交流合作日益活跃、成果显著。不断巩固和发展中孟友好合作，是中方既定的方针。中方愿同孟方共同努力，进一步增进政治互信，深化务实合作，丰富人文交流，加强多边合作，把中孟全面合作伙伴关系提高到新水平。

哈米德说，孟加拉国国民议会愿加强与中国全国人大的友好交往，推动两国各领域务实合作，增进人民友谊，为孟中友好世代相传而不懈努力。哈米德重申，孟方将一如既往坚定奉行一个中国政策。

10月11—12日

［纲　文］　**应国务院总理温家宝邀请，俄罗斯联邦政府总理普京对中国进行正式访问。**

［目　文］　访问期间，国家主席胡锦涛、全国人大常委会委员长吴邦国在北京分别会见了普京；温家宝在北京与普京举行小范围会谈，并共同主持中俄总理第十六次定期会晤，就双边关系和地区、国际形势交换看法，听取中俄总理定期会晤委员会、中俄能源谈判、中俄人文合作委员会三个合作机制的工作汇报，并对下一阶段双方的合作进行了部署和指导。两国总理签署了《中俄总理第十六次定期会晤联合公报》，见证了双边合作文件的签署，并共同会见了记者。

胡锦涛会见普京时说，在双方共同努力下，中俄经贸合作克服了国际金融危机的不利影响，重新走上了快速增长的轨道。中俄经贸合作互补性强，合作潜力巨大。双方要进一步挖掘潜力，扩大合作规模，增加相互投资，加强大型项目合作，深化能源合作，促进地方合作，不断提高两国经贸合作质量和水平，为实现到2015年双边年贸易额达到1000亿美元的目标而共同努力。

普京说，两国经贸合作近年来取得重要进展，贸易规模显著扩大。俄方愿同中方进一步加强能源、科技、航空、航天等领域的战略合作，深化地方合作，努力实现双方确定的贸易发展目标。

吴邦国会见普京时，在积极评价中俄议会合作委员会后说，合作委员会的高效运转不仅极大地提升了两国立法机构的合作水平，也为中俄全面战略协作伙伴关系增添了新内容、注入了新活力。他表示，中国全国人大愿与俄罗斯联邦委员会、国家杜马共同努力，不断巩固和完善定期交流机制，积极开展各层次各领域友好交往与务实合作，为国家关系发展作出新的更大贡献。

普京表示，发展对华关系是俄罗斯外交政策的优先方向，俄罗斯各政党和社会各界对此有着高度共识，这一政策任何时候都不会改变。俄方重视并支持两国立法机构开展更加密切的交流与合作。

温家宝与普京会晤时表示，一年多来，中俄总理会晤机制各分委会发挥统筹协调作用，积极落实第十五次总理会晤达成的各项共识，工作富有成效。在此基础上，双方要根据两国关系未来10年发展战略规划，采取更多切实有效的措施，创新合作方式，拓展合作领域，协商解决重大问题，努力开创互利共赢新局面。

普京说，愿与中方加强战略沟通协调，充分发挥双边各机制的作用和两国各自优势，积极、务实地推进经贸、能源、科技、农业、环保、人文等领域的交流合作，扩大合作规模，提高合作水平，实现互利共赢、共同发展，推动俄中战略协作伙伴关系迈上新台阶。

10月11—14日

［纲　文］　**应外交部部长杨洁篪邀请，摩尔多瓦副总理兼外交和欧洲一体化部长莱安克对中国进行正式访问。**

［目　文］　12日，杨洁篪在北京与莱安克举行会谈时表示，中国政府一贯高度重视发展对摩关系，视摩尔多瓦为中东欧和独联体地区的重要合作伙伴。中方感谢摩方在台湾、涉藏、涉疆、人权等问题上给予中方的坚定支持，理解并尊重摩尔多瓦人民走符合本国国情的发展道路，支持摩方在国际和地区事务中发挥积极作用。双方还就共同关心的国际和地区问题交换了意见。

莱安克表示，摩方高度重视发展对华关系，始终将其作为外交优先方向。摩方将坚定奉行一个中国政策，愿与中方不断深化双边务实合作，加强在国际和地区事务中的沟通协调，推动摩中关系取得更多新成果。

13日，国务院副总理李克强在北京会见莱安克时指出，中摩经济互补性强，合作潜力巨大，前景广阔。中方希望与摩方密切协作，认真落实已商定项目；加强协商，进一步拓宽合作领域；优势互补，精心培育合作新增长点；创造条件，促进双方人员往来。中方愿同摩方共同努力，以明年中摩建交20周年为契机，共同推动两国关系迈上新台阶。

莱安克表示希望进一步深化双方在各领域的交流与合作，促进摩中关系取得更大发展。

10月11—12日

［纲　文］　**全军军人子女教育工作座谈会在北京召开。**

［目　文］　会议主要内容是贯彻落实《军人子女教育优待办法》《军队幼儿园和子女学校“十二五”期间工作规划》，总结交流经验，研究部署工作，在新的起点上推动军人子女教育工作科学发展。

10月11—19日

［纲　文］　**第八届全国残疾人运动会在浙江举行。**

［目　文］　中共中央政治局委员、国务院残疾人工作委员会主任回良玉，全国政协副主席、中国残联名誉主席邓朴方出席开幕式。

运动会由中国残联和国家体育总局主办，浙江省人民政府承办，主题口号为“生命阳光，情满浙江”。分别在杭州、嘉兴、绍兴三个赛区举行不同项目的比赛。赛会共设田径、游泳等 18 个大项，其中飞镖、象棋、盲人乒乓球是本届赛会新增的群体比赛项目。来自全国 31 个省、自治区、直辖市，新疆生产建设兵团和香港、澳门特别行政区等 35 个代表团超过 5000 人参赛。本届运动会是历届全国残疾人运动会中规模最大、人数最多的一次。

10 月 12 日

［纲　文］　**温家宝主持召开国务院常务会议。**

［目　文］　会议研究确定支持小型和微型企业发展的金融、财税政策措施。会议指出，小型和微型企业在促进经济增长、增加就业、科技创新与社会和谐稳定等方面具有不可替代的作用。当前，一些小型微型企业经营困难，融资难和税费负担偏重等问题突出，必须引起高度重视。要加强金融服务和财税扶持，主要加大对符合国家产业和环保政策、能够吸纳就业的科技、服务和加工业等实体经济的支持力度，引导和帮助小型微型企业稳健经营、增强盈利能力和发展后劲。一、会议研究确定了金融支持小型微型企业发展的政策措施：（一）加大对小型微型企业的信贷支持。（二）清理纠正金融服务不合理收费，切实降低企业融资的实际成本。（三）拓宽小型微型企业融资渠道。（四）细化对小型微型企业金融服务的差异化监管政策。（五）促进小金融机构改革与发展。（六）在规范管理、防范风险的基础上促进民间借贷健康发展。二、会议研究确定了财税支持小型微型企业发展的政策措施：（一）加大对小型微型企业税收扶持力度。（二）支持金融机构加强对小型微型企业的金融服务。（三）扩大中小企业专项资金规模，更多运用间接方式扶持小型微型企业。进一步清理取消和减免部分涉企收费。

10 月 12 日

［纲　文］　**证监会公布《关于实施〈证券投资基金销售管理办法〉的规定》，自 2011 年 10 月 12 日起施行。**

10 月 12 日

［纲　文］　**应全国青联邀请，由日本各界青年组成的日本青年友好使者代表团对中国进行为期一周的友好交流访问。**

［目　文］　代表团以日本外务大臣政务官、众议院议员中野让为总团长，来自日本公务员、经济、教育、文化艺术、新闻媒体、民间组织等青年代表 500 人组成。在华期间，代表团分赴北京、郑州、成都、武汉、上海、长沙、深圳、长春、大连等地参观访问，并与中国各界青年开展丰富多彩的交流活动。

10 月 12 日

［纲　文］　**中国自主研发的世界最大吨位好望角型散货船交付。**

［目　文］　上海外高桥造船有限公司为一艘20.6万吨级好望角型散货船举行命名交付仪式，这是由中国自主研发建造的新一代绿色环保型散货船。这艘船被命名“兰梅”号，是为美国福茂航运集团量身定制的新船型，不仅是目前世界上建造的最大吨位好望角型散货船，也是我国迄今为止出口美国最大吨位船舶。该船船长299.92米，型宽50米，型深25米，设计吃水16.1米，航速为15节。20.6万吨好望角型散货船作为原17万吨级传统型好望角型散货船的升级产品，自2009年10月15日正式推向市场后，就一炮打响。截至2011年9月底，该船型订单已达23艘，成为上海外高桥造船有限公司又一拳头产品。

10月12—15日

［纲　文］　**应外交部部长杨洁篪邀请，乍得共和国外交和非洲一体化部部长法基对中国进行正式访问**。

［目　文］　13日，国务院副总理李克强在北京会见法基时说，双方政治互信不断加深，各层次友好交往日趋活跃，在能源、基础设施等领域的务实合作成果丰硕，人文交流日益扩大。中国政府愿与乍方继续共同努力，进一步挖掘合作潜力，扩大合作规模，拓宽合作领域，保持两国关系良好的发展势头，让两国人民更多、更好地从中受益。

法基表示愿与中方深化务实合作，致力于发展长期的战略合作伙伴关系，并高度评价中国在中非合作论坛框架内为非洲国家经济社会发展、实现千年发展目标作出的积极贡献。

同日，杨洁篪在外交部与法基举行会谈时说，双方政治互信不断加强，在涉及各自核心利益和重大关切问题上相互理解、相互支持，在国际和地区问题上经常性交换意见，协调立场。两国经贸合作成果丰硕，人文领域的交流与往来也日益增多。中方重视发展中乍关系，愿与乍方共同努力，进一步巩固政治互信，拓展经贸合作，扩大人文交流，推动两国友好合作关系不断迈上新台阶。

法基说，乍方高度重视发展对华关系，愿与中方进一步加强政治互信，密切高层互访，扩大能源等领域的互利合作，不断巩固和增进两国人民的友谊，致力于建立和发展长期战略合作伙伴关系。

10月13日

［纲　文］　**新华社讯，胡锦涛签署命令，授予四川省甘孜军分区独立营“献身使命模范营”荣誉称号**。

［目　文］　四川省甘孜军分区独立营自1989年组建以来，出色完成了汶川和玉树抗震救灾等50余次重大任务，荣立一等功、三等功各1次。2010年12月5日，四川省道孚县孜龙山发生山地灌丛草地火灾，这个营62名官兵第一时间投入扑火战斗，在火灾现场突起狂风、死灰复燃的情况下，他们奋不顾身地冲向长满灌丛和枯草的沟谷抢救被困群众，有15名官兵英勇牺牲，3名官兵受伤。为奖励先进，中央军委决定，授予四川省甘孜军分区独立营“献身使命模范营”荣誉称号。

27日，中央军委授予四川省甘孜军分区独立营“献身使命模范营”荣誉称号命名大会在成都举行。

10月13日

［纲　文］　**新华社讯，胡锦涛签署通令，给4个单位、5名个人记功。**

［目　文］　给在单位建设取得突出成绩和完成任务中作出突出贡献的陆航学院某飞行训练团、北京军区某给水工程团、济南军区某集团军特种大队记一等功，兰州军区某步兵旅记二等功。

给在科学研究中作出突出贡献的总参某研究所副所长孔志印、某研究所高级工程师黄永勤、某研究所副所长尹浩、军事科学院战争理论和战略研究部研究员陈舟记一等功，工程兵学院教授厉新光记二等功。

10月13日

［纲　文］　**国家互联网信息办在北京召开“积极运用微博客服务社会经验交流会”。**

［目　文］　中宣部副部长、国家互联网信息办主任王晨出席并讲话。交流会由国家互联网信息办副主任钱小芊主持。全国五一劳动奖章获得者、鞍钢集团矿业公司齐大山铁矿采场公路管理员郭明义，成都市政府新闻办，广州市公安局，中国南方航空股份有限公司和北京市120急救中心代表分别发言。公安部打击拐卖妇女儿童犯罪办公室主任陈士渠等介绍了运用微博客服务社会的做法和体会。

会议指出，在微博客快速发展的同时，要切实加强管理，解决好微博客发展过程中存在的一些问题。对少数人借用微博客编造和散布谣言，传播淫秽色情信息，故意侵犯他人权益，进行非法网络公关等违背法律法规和社会公德、污染网络环境、危害网络信息安全和公共利益的行为，必须依法依规予以查处，决不给各种谣言和违法信息提供传播渠道。要大力倡导以遵纪守法为荣、以违法乱纪为耻的荣辱观，支持鼓励网民文明上网、守法自律，共同创建健康有序发展的网络环境。

10月13日

［纲　文］　**新华社讯，国家海洋局、教育部、科学技术部、农业部、中国科学院印发《全国海洋人才发展中长期规划纲要（2010—2020年）》。**

［目　文］　《纲要》提出，海洋人才发展要遵循“需求牵引、创新机制、以用为本、统筹开发、突出重点”的基本原则，力争用10年左右的时间使海洋人才总量稳步增长、素质大幅提升、结构趋于合理、发展环境逐步优化、效能明显提高，使海洋新兴领域专业技术人才队伍不断扩大，形成一支规模适度、结构优化、布局合理、素质优良的海洋人才队伍，不断提高海洋人才对海洋事业发展的贡献，使我国海洋人才发展总体水平达到主要海洋国家的中等发展水平。

10月13日

［纲　文］　**人民银行公布《外商直接投资人民币结算业务管理办法》，自2011年10月13日起实施。**

10月13日

［纲　文］　**国务委员兼国防部部长梁光烈在北京与黑山国防部部长武契尼奇举行会谈。**

［目　文］　梁光烈表示，中方愿与黑方一道，继续扩大各级别友好交往，深化各领域互利合作，推动中黑关系迈上新台阶。近年来，中黑两军关系取得良好进展。双方在团组互访、人员培训等领域合作取得了一些积极成果。中国军队重视发展与黑山军队的友好合作关系，愿与黑方共同发掘两军合作新的潜力，扩大两军交流与合作。

武契尼奇说，黑山始终坚定奉行一个中国政策。黑中两国防务部门关系是两国关系的重要内容和新的亮点。黑山国防部重视发展与中国防务部门的合作，感谢中方对黑山军队建设给予的宝贵支持。

10月13日

［纲　文］　**教育部在北京举行国家人权教育与培训基地授牌仪式。**

［目　文］　中国人权研究会会长罗豪才等出席，向南开大学人权研究中心、中国政法大学人权研究院和广州大学人权研究与教育中心三所首批国家人权教育与培训基地授牌。

10月13日

［纲　文］　**外交部副部长宋涛在北京召见泰国驻华临时代办王逸生和老挝驻华大使宋迪·本库、缅甸驻华大使吴丁乌，就载有中国船员的货船在湄公河遇袭、导致多名中国船员身亡一事提出紧急交涉。**

［目　文］　宋涛表示，10月5日，载有13名中国船员的两艘货船在湄公河水域遭遇劫持和袭击，目前已确认有12名中国船员遇难，另1人下落不明。中国政府对事件发生深感震惊，对多名中国公民罹难深感悲痛，对犯罪分子暴行表示强烈谴责。中国政府珍视每一位中国公民的生命安全，要彻查此次事件真相，将凶手绳之以法。中方要求三国在以下方面给予积极协助：一要加大调查力度，尽快查明事件真相并及时向中方通报，依法缉拿并严惩肇事凶犯。二要为滞留在泰国清盛港的中国船舶船员回国提供协助和保护，确保船员船舶安全，并对中方公安巡逻艇前往接护提供便利和协助。三要采取切实有效措施，加强对在湄公河相关水域航行的中国船舶船员的保护，杜绝类似恶性事件再次发生。中方将与有关各方共同研究加强湄公河航道安全的办法，希望各方积极支持配合，共同维护这一重要国际航道的安全。

三国使节对中国船员遇袭身亡表示深切哀悼，表示高度重视中方交涉并立即报告本国政府，愿全力配合中方，积极开展调查，并全力协助妥善处理善后事宜。

15日，由外交部、公安部、交通运输部组成的中国政府联合工作组抵达泰国清莱府。当晚，中国公安部刑侦专家与泰方一同连夜开始对遇难者进行尸检。

16日，中国政府联合工作组在泰国清莱府与泰国警察副总监班西里·巴帕瓦就中国船员在湄公河流域遇难事件举行会谈。双方就调查工作的具体问题交换了意见。

23日，国务委员、公安部部长孟建柱在云南西双版纳召开会议，专题研究处理“10·5”我国货船遇袭事件有关事宜，部署澜沧江—湄公河航道安全工作。他强调，各有关地区和部门要坚决贯彻落实中央领导同志重要指示精神，会同有关国家，加快案件调查处理工作，妥善处理善后事宜，尽快建立中老缅泰四国维护澜沧江—湄公河国际航运安全执法合作机制，切实维护澜沧江—湄公河航运安全。

28日，公安部副部长张新枫和泰国警察总监飘潘在曼谷举行联合新闻发布会，宣布中国船员在湄公河遇害一案取得重要进展，杀害中国船员的9名嫌疑人已经到案。

10月13—14日

［纲　文］　**温家宝在广州调研。**

［目　文］　国务院总理温家宝在出席第110届广交会开幕式期间，就经济形势，尤其是当前外贸企业情况进行调研。他考察了国光电器股份有限公司和广州大阳摩托车有限公司，了解企业经营、研发和产品出口等情况。

温家宝主持召开外贸企业负责人座谈会。纺织、轻工、家电、电子商务、新能源等行业企业，及台资企业协会、外资企业协会的负责人参加。9位企业和协会负责人在会上的发言，大家普遍反映，近年来劳动力、原材料价格上升和人民币升值，造成外贸企业利润下降，生产经营困难，希望政府采取措施帮助企业度过眼前的困难。

温家宝指出，当前和今后一段时期，对外贸易应当紧紧围绕“稳增长、调结构、促平衡”这三个支柱开展工作。稳增长，就是要努力克服外部环境变化的不利影响，及时妥善解决外贸企业面临的实际困难，保持进出口稳定增长。我们必须立足扩大内需，实现经济持续发展，但外贸企业多年苦心经营的国际市场份额不能轻易放弃。调结构，就是要优化进出口产品结构、市场结构和地区结构，提高对外贸易的质量和效益，增强对外贸易的可持续发展能力。促平衡，就是既重视出口，也重视进口，促进国际收支基本平衡。强调“促平衡”，不是要压出口，而是主要靠扩大进口，不是限制利用外资，而是主要靠扩大对外投资来实现。当前需要重点抓好五项工作：第一，保持出口政策的基本稳定。第二，积极扩大进口。第三，加快转变外贸发展方式。第四，提高利用外资的质量和水平。第五，积极稳妥实施“走出去”战略。完善信贷、外汇、财税、人员出入境等政策措施，鼓励国内企业在境外建设加工基地、营销网络和研发中心。

10月14日

［纲　文］　**中国人民解放军军事医学科学院举行建院60周年庆祝大会，胡锦涛作出批示。**

［目　文］　中共中央总书记胡锦涛祝贺军事医学科学院建院60周年。胡锦涛指出，60年来，全院科技工作者和广大官兵艰苦奋斗，竭诚奉献，为我国军事医学和卫生事业作出了重要贡献。希望同志们牢记使命，开拓创新，为我国军事医学和卫生事业发展再立新功。

中共中央政治局常委、国家副主席、中央军委副主席习近平也作出批示，向军事医学科学院建院60周年表示祝贺。国家有关部委、中国科学院和解放军四总部、军委办公厅以及北京市领导出席大会。

军事医学科学院是全军最高军事医学研究机构，也是全军疾病预防控制中心。建院60年来，先后承担完成2700多项国家和军队战略性、基础性、前沿性重大课题，研制出药品、疫苗120多种，防护技术100多种，获准专利授权640多项，获得2000多项高水平科技成果。先后产生了20位两院院士，为国家和军队培养了4400多名高级医学研究人才。近年来，在抗击“非典”、阻击禽流感、防控甲流和参与重大灾害救援、反恐维稳以及国家重大活动安保等任务中，发挥了重要作用。

10月14日

［纲　文］　**第110届中国进出口商品交易会（广交会）开幕式暨中国加入世界贸易组织10周年论坛在广州举行。**

［目　文］　中共中央总书记胡锦涛致信指出，55年来，广交会始终致力于服务国家经济建设，积极推动我国企业、产品和品牌走向世界，现已发展成为我国对外开放，特别是对外贸易的重要平台，为促进我国同世界各国经贸合作发挥了重要作用。“十二五”时期，我们国家将继续坚定不移地实施互利共赢的开放战略，不断拓展对外开放的广度和深度。希望广交会主动适应国内外经济形势发展变化，进一步创新办会理念、完善服务措施，把这一商品交易会办得更有特色、更有影响、更有成效，为加强我国同世界各国互利合作、全面提高我国对外开放水平作出新的更大贡献。

开幕式由商务部部长陈德铭主持。国务院总理温家宝出席并发表讲话。开幕式前，温家宝参观了广交会产品展区，会见了部分出席开幕式的来宾代表。

广交会是中国历史最悠久、规模最大、商品种类最全、到会客商最多、成交效果最好的综合性国际贸易展会，一年分两届举行，成交总额占中国一般贸易出口总额的四分之一。从第101届开始，广交会由中国出口商品交易会更名为中国进出口商品交易会，由单一出口平台变为进出口双向交易平台。本届广交会于10月14日至11月4日在琶洲展馆分三期举办，共有2.4万家企业参展。

10月14日

［纲　文］　**吴邦国在北京主持召开十一届全国人大常委会第七十次委员长会议。**

［目　文］　全国人大常委会副委员长王兆国、路甬祥、乌云其木格、韩启德、华建敏、陈至立、周铁农、司马义·铁力瓦尔地、蒋树声、陈昌智、严隽琪、桑国卫出席会议。会议决定十一届全国人大常委会第二十三次会议于10月24日至29日在北京举行。

10月14日

［纲　文］　**国务院副总理李克强在北京会见美国前国务卿赖斯。**

［目　文］　李克强说，当前中美关系总体保持稳定发展，两国在双边、多边和全球层面的合作与协调富有成效。同时，中方要求美方从两国关系大局出发，尊重中方核心利

益和重大关切，妥善处理敏感问题，与中方共同努力，推动中美关系健康稳定向前发展。中美经贸关系具有互利共赢的本质特征。中方对美国会参议院审议通过有关人民币汇率议案表示严重关切。把经贸问题政治化解决不了美自身经济和就业问题，只会损害中美经贸关系，并将阻碍世界经济复苏和可持续增长。希望美国有关方面和各界抵制保护主义，为中美经贸关系健康发展创造有利环境。

赖斯表示愿为推动中美关系发展和经贸合作深化继续努力。

10月14日

［纲　文］　**加快转变经济发展方式监督检查工作汇报会在北京召开。**

［目　文］　中共中央政治局常委、中央纪委书记贺国强出席并讲话。中共中央书记处书记、中央加快转变经济发展方式监督检查工作领导小组组长何勇主持会议。会议听取了10个检查组和有关中央部门开展监督检查工作情况汇报。

贺国强指出，加快转变经济发展方式，是中央科学分析国际国内形势深刻变化、从我国经济社会发展全局出发作出的重大战略决策；开展加快转变经济发展方式监督检查，是严明政治纪律、保证中央重大决策部署贯彻落实、确保中央政令畅通的重要举措。开展加快转变经济发展方式监督检查，既是一项紧迫的工作，也是一项长期的任务，要正确把握形势、坚定工作信心；要突出工作重点、抓住关键环节；要创新方式方法、增强工作实效；要抓好督促整改、严格执行纪律；要认真总结经验、健全长效机制，扎实推进监督检查工作。

10月14日

［纲　文］　**中央社会管理综合治理委员会第二次专题会议在北京召开。**

［目　文］　中央综治委副主任王乐泉、刘云山、马凯、孟建柱出席会议并讲话。共青团中央、教育部主要负责人分别就预防青少年违法犯罪、校园及周边治安综合治理两个专项工作的进展情况和下步工作意见作了汇报，与会人员进行了讨论。

10月14日

［纲　文］　**新闻出版总署办公厅印发《关于严防虚假新闻报道的若干规定》，自2011年10月14日起实施。**

10月14日

［纲　文］　**汶川地震灾后恢复重建总结表彰大会在北京召开。**

［目　文］　国务院副总理回良玉出席大会并讲话。大会由发展改革委、人力资源社会保障部、解放军总政治部共同主办。人力资源社会保障部主要负责人宣读了《关于表彰汶川地震灾后恢复重建先进集体和先进个人的决定》。四川省委、广东省政府负责人和先进集体、先进个人代表在会上发言。中央有关部门、社会团体、中央企业负责人，解放军、武警部队有关负责人，灾区省和重灾市（州）、县（市、区）政府主要负责人，对口支援省市政府有关负责人等700余人出席了大会。

10月14日

［纲　文］ **日本松山芭蕾舞团新编芭蕾舞剧《白毛女》在天桥剧场演出。**

［目　文］ 国务委员刘延东等观看并会见芭蕾舞团总代表清水哲太郎和团长森下洋子夫妇。

松山芭蕾舞团创立于1948年，是日本最著名的芭蕾舞团之一。该团于1955年将歌剧《白毛女》改编为芭蕾舞剧并在日本首演。1958年至今，松山芭蕾舞团先后13次访华演出，受到毛泽东、周恩来、江泽民、李长春等党和国家领导人的接见。2010年5月，国务院总理温家宝访日期间，授予松山芭蕾舞团"中日友好贡献奖"，并欢迎该团于2011年再次访华演出。

10月14日

［纲　文］ **欧洲空中客车公司在法国图卢兹的总部交付中心向中国南方航空股份有限公司交付中国首架A380飞机。**

［目　文］ 中国南方航空公司成为中国首家、全球第七家运营空客A380飞机的航空公司。南航A380飞机全长72.73米，翼展79.15米，飞行距离可达1.5万公里。

10月14—30日

［纲　文］ **第十二届中国戏剧节在重庆举行。**

［目　文］ 戏剧节由中国文联、中国戏剧家协会和重庆市人民政府共同主办，涵盖了昆曲、京剧、川剧等15个戏曲剧种以及话剧、舞剧、音乐剧。其中以革命历史题材、现实题材剧目为主；西藏首次有剧目参加。滑稽戏《顾家姆妈》、秦腔《西京故事》、话剧《生命档案》等19台剧目荣获优秀剧目奖；顾芗、孟冰、曹其敬等30名主创人员荣获优秀表演、编剧、导演等单项奖。

10月15日

［纲　文］ **国务院批复重庆市人民政府，同意重庆市城乡总体规划。**

［目　文］ 批复说，你市《关于审批〈重庆市城乡总体规划（2007—2020年）〉修改方案的请示》（渝府文〔2010〕55号）收悉。现批复如下：一、原则同意修订后的《重庆市城乡总体规划（2007—2020年）》。二、重庆市是我国重要的中心城市之一，国家历史文化名城，长江上游地区经济中心，国家重要的现代制造业基地，西南地区综合交通枢纽。三、重视城乡统筹发展。在《总体规划》确定的5473平方公里的城市规划区范围内，实行城乡统一规划管理。老城区要逐步疏解功能和人口，两江新区要坚持高起点规划和建设，合理确定发展重点和时序，逐步建设成为我国内陆重要的先进制造业和现代服务业基地、长江上游地区的金融中心和创新中心、内陆地区对外开放的重要门户、科学发展的示范窗口。四、合理控制城市规模。到2020年，中心城区城市人口控制在700万人以内，城市建设用地控制在561平方公里以内。五、完善城市基础设施体系。要加快公路、铁路、机场和港口等交通基础设施建设，改善城市与周边地区交通运输条件，把重庆市建设成为长

江上游地区综合交通枢纽和国际贸易大通道。六、建设资源节约型和环境友好型城市。城市发展要走节约资源、保护环境的集约化道路，坚持经济建设、城乡建设与环境建设同步规划，大力发展循环经济，强化工业、交通和建筑节能，切实做好节能减排工作。七、创造良好的人居环境。要坚持以人为本，创建宜居环境。八、重视历史文化和风貌特色保护。要统筹协调发展与保护的关系，按照整体保护的原则，切实保护好城市传统风貌和格局。九、严格实施《总体规划》。城市建设要实现经济社会协调发展，物质文明和精神文明共同进步。城市管理要健全民主法制，坚持依法治市，构建和谐社会。

10月15日

［纲　文］　**《2011年中国医药卫生体制改革报告》在北京举行研讨会和首发式。**

［目　文］　全国人大常委会副委员长桑国卫出席并讲话。《报告》共六章，涉及中国医药卫生改革政策、基本医疗保障制度改革、国家基本药物制度、基层医疗卫生服务体系、基本公共卫生服务和中国公立医院改革的探索等内容，涵盖了医疗、预防、保健、药品、医保等专业领域，对医药卫生体制的历史沿革、当前存在的突出问题和深层次原因、国内外医改对比进行了系统研究，既体现了医疗卫生行业的专业特点，又避免了行业框架的局限性。

10月15—18日

［纲　文］　**中国共产党第十七届中央委员会第六次全体会议在北京举行。**

［目　文］　全会由中央政治局主持。中央委员会总书记胡锦涛出席并讲话。中央委员202人，候补中央委员163人出席会议。中央纪律检查委员会常务委员会委员和有关方面负责人列席了会议。党的十七大代表中部分基层文化工作者和从事文化研究的专家学者也列席了会议。

会议主要内容是：一、听取和讨论胡锦涛受中央政治局委托作的工作报告，审议通过《中共中央关于深化文化体制改革、推动社会主义文化大发展大繁荣若干重大问题的决定》。二、全会审议通过《关于召开党的第十八次全国代表大会的决议》，决定党的十八大于2012年下半年在北京召开。三、全会通过了《中国共产党第十七届中央委员会第六次全体会议公报》。

全会充分肯定党的十七届五中全会以来中央政治局的工作，号召全党要紧密团结在以胡锦涛同志为总书记的党中央周围，满怀信心带领全国各族人民在坚持和发展中国特色社会主义的伟大实践中进行文化创造，为把我国建设成为社会主义文化强国而努力奋斗。

全会强调，坚持中国特色社会主义文化发展道路，深化文化体制改革，推动社会主义文化大发展大繁荣，必须全面贯彻党的十七大精神，高举中国特色社会主义伟大旗帜，以马克思列宁主义、毛泽东思想、邓小平理论和"三个代表"重要思想为指导，深入贯彻落实科学发展观，坚持社会主义先进文化前进方向，以科学发展为主题，以建设社会主义核心价值体系为根本任务，以满足人民精神文化需求为出发点和落脚点，以改革创新为动力，发展面向现代化、面向世界、面向未来的，民族的科学的大众的社会主义文化，培养高度的文化自觉和文化自信，提高全民族文明素质，增强国家文化软实力，弘扬中华文化，努力建设社会主义文化强国。

全会要求，党的各级组织和全体共产党员要团结带领全国各族人民继续解放思想、坚持改革开放、推动科学发展、促进社会和谐，以优异成绩迎接中国共产党第十八次全国代表大会召开。

10月15—23日

［纲　文］　**第十四届亚洲跳伞锦标赛暨国际跳伞公开赛在安徽阜阳举办。**

［目　文］　比赛由国家体育总局航管中心、亚大跳伞联合会主办，安徽省体育局及阜阳市人民政府承办。来自23个国家和地区的近200名选手参赛。设男、女个人定点，男、女个人特技，男、女集体定点，四人造型，踩伞造型等5个大项11个小项。中国队派出由30人组成的代表队参加所有项目的比赛，其中有3名是曾经获得世界冠军的选手，有11名是曾经获得过亚洲冠军的选手。

10月16日

［纲　文］　**新华社讯，胡锦涛、温家宝签署命令，为参加玉树救灾武警部队记功。**

［目　文］　国务院总理温家宝、中央军事委员会主席胡锦涛签署命令，给在执行抢险救灾任务中作出突出贡献的武警青海省总队玉树藏族自治州支队、武警8653部队，武警医学院附属医院院长侯世科记一等功。

10月16日

［纲　文］　**国务院办公厅印发《国家自然灾害救助应急预案》。**

［目　文］　《预案》由八个部分组成：一、总则。二、组织指挥体系。三、应急准备。四、信息管理。五、预警响应。六、应急响应。七、灾后救助与恢复重建。八、附则。自2011年10月16日起生效。

10月16日

［纲　文］　**中国乒乓球队首获第一个团体冠军50周年纪念暨中国乒坛辉煌五十载颁奖盛典在广东中山举行。**

［目　文］　活动由国家体育总局乒羽运动中心、中国乒乓球协会举办。50年前，中国乒乓球队在北京举行的第二十六届世界乒乓球锦标赛上夺得男团冠军。之后50年间，中国乒乓球队在奥运会、世界乒乓球锦标赛、乒乓球世界杯这世界三大赛上夺得数以百计的冠军。本次颁奖盛典所表彰的运动员，正是在这三大赛事首次为中国队争得殊荣的优秀代表。每一名获奖的冠军均获赠一只金球拍，上面刻有“50”字样。

10月16日

［纲　文］　**华东师范大学举行建校60周年活动。**

［目　文］　全国人大常委会委员长吴邦国，中共中央政治局委员刘延东，中央政治局委员、上海市委书记俞正声，上海市委副书记、上海市市长韩正等为华东师范大学建校60周年发来贺信。

海内外嘉宾、校友和师生代表约3000人参加庆祝建校60周年活动。

华东师大成立于1951年10月16日，以大夏大学（1924年建校）、光华大学（1925年建校）为基础，同时调进复旦大学、同济大学、浙江大学和圣约翰大学等高校的部分系科，在大夏大学原址上创办的。作为新中国第一所社会主义师范大学，它一诞生即受到中共中央的高度重视，1959年学校被确定为全国16所重点院校之一。2006年学校主体搬迁到闵行校区，形成了“一校两区、联动发展”的办学格局。2006年，教育部和上海市重点共建华东师大，学校进入国家“985工程”高校行列。

10月16日

［纲　文］ **2011北京国际马拉松赛在北京举行。**

［目　文］ 本次比赛共设有全程、半程、9公里和4.2公里迷你马拉松共4个项目，来自世界各地的3万余名选手参赛，其中有8500名选手参加了全程比赛。

10月16—25日

［纲　文］ **第七届全国城市运动会在江西南昌举行。**

［目　文］ 中共中央政治局委员、国务委员刘延东出席开幕式，并宣布本届城运会开幕。

本届城运会共设25个大项、300个小项。田径、游泳、射击、举重等18个大项的比赛在江西的南昌、赣州、景德镇、瑞金等13个市、县展开，自行车比赛在江苏的苏州和宿迁进行。

全国57个代表团中，有46个代表团获得了金牌，54个代表团获得了奖牌。在比赛中，共有3人3次超3项世界青年纪录，4人6次超6项亚洲青年纪录，1队1次创1项全国纪录，8人1队11次创11项全国青年纪录。组委会给石家庄等54个代表团颁发了“七城会”体育道德风尚奖，并给香港、澳门特别行政区代表团颁发七城会参赛纪念奖。

10月17日

［纲　文］ **国务院印发《关于加强环境保护重点工作的意见》。**

［目　文］ 《意见》由三个部分组成：一、全面提高环境保护监督管理水平。二、着力解决影响科学发展和损害群众健康的突出环境问题。三、改革创新环境保护体制机制。

《意见》要求，各地区、各部门要加强协调配合，明确责任、分工和进度要求，认真落实本意见。环境保护部要会同有关部门加强对本意见落实情况的监督检查，重大情况向国务院报告。

10月17日

［纲　文］ **财政部、税务总局发布《关于金融机构与小型微型企业签订借款合同免征印花税的通知》。**

［目　文］ 《通知》说，经国务院批准，为鼓励金融机构对小型、微型企业提供金融支持，促进小型、微型企业发展，自2011年11月1日起至2014年10月31日止，对金

融机构与小型、微型企业签订的借款合同免征印花税。上述小型、微型企业的认定，按照《工业和信息化部国家统计局国家发展和改革委员会财政部关于印发中小企业划型标准规定的通知》(工信部联企业〔2011〕300号)的有关规定执行。

10月17日

［纲　文］　**科技部、财政部在北京召开“推进‘十二五’国家科技计划和经费管理改革视频会议”**。

［目　文］　全国政协副主席、科技部部长万钢出席并讲话。国务院有关部委、直属机构科技管理和财务管理部门负责人以及在京科研院所、高等院校和企业代表共180余人在科技部主会场参加了会议。各地方科技厅(委、局)、财政厅(局)相关负责同志，所在地区科研院所、高等院校和企业代表在全国37个分会场参加了会议。本次会议主要任务是：贯彻落实《国家中长期科学和技术发展规划纲要(2006—2020年)》，保障“十二五”国家科技计划进行。

10月17日

［纲　文］　**减贫与发展高层论坛在北京举行**。

［目　文］　论坛由国务院扶贫办和联合国驻华系统联合举办。国务院副总理、扶贫开发领导小组组长回良玉与联合国副秘书长、联合国开发计划署署长海伦·克拉克出席论坛并致辞。来自30多个国家的200余名政府官员、发展问题专家、学者以及国际组织代表与会，共同探讨如何在中国以及世界范围内实现可持续减贫。

10月17日

［纲　文］　**中国扶贫基金会在北京举办“邀您一起，消除贫困”中国扶贫基金会2011捐赠人大会**。

［目　文］　2011年国际消除贫困日系列活动的主题是：展现透明公益，提升服务水平。

这是中国扶贫基金会第一次专门为捐赠人举办的会议，大会向捐赠人报告资金使用情况和项目执行情况，展现了全程透明的公益项目管理：2010年，中国扶贫基金会募集资金和物资5.5亿元，发放小额信贷5.7亿元，投入扶贫项目款物近8亿元，惠及257万贫困和受灾人口，行政福利支出占全年总支出的3.8%。

同日，由新华通讯社和联合国开发计划署(UNDP)共同举办的“关注贫困”全球摄影大赛获奖照片揭晓，并在北京举行颁奖典礼。自2011年5月27日启动至9月1日征稿截止，举办方共收到来自世界100多个国家和地区的3.2万多张摄影作品，包括美联社、路透社、法新社、肯尼亚《民族报》等262家海外媒体和数千名摄影爱好者参与大赛，角逐“消除贫困贡献者奖”、创意作品组、纪实类职业单幅作品组、纪实类职业组照作品组等7个奖项。

10月17日

［纲　文］　**中国和孟加拉国第九轮外交磋商在北京举行**。

［目　文］　外交部部长助理刘振民主持会谈。孟加拉国外交秘书卡耶斯出席会议。

双方高度评价两国关系，表示愿加强各领域务实合作，推动中孟更加紧密的全面合作伙伴关系不断取得新成果。双方并就共同关心的国际和地区问题交换了意见。

同日，外交部副部长张志军在北京会见了卡耶斯。

10 月 17 日

［纲　文］ **中国知识产权国际合作论坛在美国旧金山举行。**

［目　文］ 两国相关政府部门和企业代表共 80 余人出席论坛，探讨两国在知识产权保护领域的合作途径。论坛之后举行了中美知识产权政府业界圆桌会议，中国政府部门和企业代表与美国近 30 家商业机构和跨国企业人士，围绕双方关注的具体问题进行了交流和探讨。

10 月 17 日

［纲　文］ **中国常驻联合国副代表王民在第六十六届联大体育促进和平与发展议题下发言时表示，中国支持让体育促进和平与发展。**

［目　文］ 王民表示，体育对促进社会发展、维护世界和平具有积极作用。中方重视联大审议体育促进和平与发展议题，并将全力支持联合国在体育发展领域的各项工作。国际社会应将体育融入全球发展合作议程。体育不仅是衡量社会发展水平的标志，也是加强各国民众沟通的桥梁。在全球性问题层出不穷，各国发展休戚相关的今天，加强文明之间的交流、对话与理解已成为各方共识，联大全会审议体育促进和平与发展议题具有更为紧迫的现实意义。

10 月 17—27 日

［纲　文］ **中华全国台湾同胞联谊会和中国常驻联合国代表团在联合国总部举办"中国国粹油画精品展"，展出了中国油画家刘令华的 20 余幅作品。**

10 月 18 日

［纲　文］ **财政部印发《小企业会计准则》。**

［目　文］ 《准则》共 10 章 90 条。主要有总则、资产、负债、所有者权益、收入、费用、利润及利润分配、外币业务、财务报表、附则等内容。自 2013 年 1 月 1 日起施行。财政部 2004 年发布的《小企业会计制度》（财会〔2004〕2 号）同时废止。

10 月 18 日

［纲　文］ **国务院副总理王岐山与美国财政部部长盖特纳通话，就当前中美经济关系和国际经济金融形势交换了意见。**

10 月 18 日

［纲　文］ **国务委员刘延东在北京会见古巴国务委员会科技顾问迪亚斯。**

［目　文］ 刘延东介绍了中国"十二五"规划和科技创新政策，希望两国通过加强高科技领域的合作，推动两国经济社会发展，为两国友好合作关系全面深入发展作出积极贡献。

10月18日

［纲 文］ **中宣部在北京召开全国宣传部长会议。**

［目 文］ 会议对学习贯彻中共中央十七届六中全会精神作出具体安排。各省、自治区、直辖市和新疆生产建设兵团党委宣传部部长，中央宣传文化系统各单位主要负责人出席会议。

中共中央政治局委员、中宣部部长刘云山出席并讲话指出，以党的十七届六中全会召开为标志，我国文化改革发展进入一个新的阶段。宣传思想文化战线要按照中央统一部署，把学习宣传贯彻全会精神作为重大而紧迫的政治任务，以高度的文化自觉，以强烈的责任意识，全力以赴做好工作，推动兴起学习宣传贯彻全会精神的热潮。

10月18日

［纲 文］ **北京、天津、河北、山西、内蒙古五省区市党委宣传部在北京签署《华北五省区市文化发展战略合作框架协议》。**

［目 文］ 中宣部部长刘云山就《华北五省区市文化发展战略合作框架协议》的签署活动作出批示，给予了肯定和高度评价。北京、天津、河北、山西、内蒙古五省区市党委宣传部部长出席签署仪式并分别致辞。

华北五省区市建立文化发展联席会议机制，在整合区域文化资源、提升区域文化发展的影响力和辐射力等方面展开广泛而深远的交流合作。

10月18日

［纲 文］ **民盟中央和中国陶行知研究会在北京举行座谈会，纪念人民教育家、中国民主同盟早期领导人陶行知诞辰120周年。**

［目 文］ 全国人大常委会副委员长、民盟中央主席蒋树声出席会议。陶行知的亲属代表、陶行知学术思想研究专家等发言。会上颁发了首届陶行知教育奖。

陶行知（1891年10月18日—1946年7月25日），安徽省歙县人，中国人民教育家、思想家，伟大的民主主义战士，爱国者，中国人民救国会和中国民主同盟的主要领导人之一。

10月18日

［纲 文］ **外交部副部长张志军在北京会见阿富汗副外长卢丁。**

［目 文］ 同日，外交部部长助理刘振民同卢丁举行会谈。中方表示，坚定支持阿富汗独立、主权和领土完整，愿继续向阿富汗和平重建提供力所能及的帮助。阿方表示愿同中方一道，推动两国各领域交流合作取得新进展。双方并就阿富汗形势、国际社会援阿合作等交换了意见。

10月18日

［纲 文］ **中国人民对外友好协会与文莱驻华大使馆在北京联合举行招待会，庆祝中国文莱建交20周年。**

10月18日

［纲　文］ **中华职业教育社十届三次理事会在北京举行。**

［目　文］ 全国政协副主席、中华职业教育社理事长张榕明出席会议并讲话。中华职业教育社总干事陈广庆代表常务理事会作工作报告。中华职业教育社常务理事、理事以及中华职业教育社省级、副省级市地方组织负责人参加了会议。

10月18日

［纲　文］ **2011年中美医药产业峰会在北京举行。**

［目　文］ 峰会由中国国际商会、中国药促会、美国商会和美国药品研究与制药商协会共同主办，以“知识产权保护与医药产业的创新发展”为主题。中国药促会和美国药品研究与制药商协会共同签署了《关于加强知识产权保护、促进医药产业创新发展、提高社会公众健康水平的联合宣言》。

10月18日

［纲　文］ **2011年全球百家华文书店中国图书联展（日本站）启动仪式在东京中国文化中心举行。**

［目　文］ 本次活动由中国国际图书贸易集团公司主办，日本中国书籍恳话会和人民中国杂志社协办。新闻出版总署、中国驻日本大使馆、日中友好协会和贸易促进委员会等有关单位代表出席了该仪式。与会的各界代表召开了“华文书店社长座谈会”，中日双方的出版发行界代表就如何提高中国出版物水平、发展数字出版事业以及拓宽中日文化交流渠道等问题交换了意见。

10月18—22日

［纲　文］ **第十二届中国西部国际博览会在成都举行。**

［目　文］ 中共中央政治局委员、全国人大常委会副委员长王兆国等出席开幕式。西博会由发展改革委等15个国家部委、西部12省区市及新疆生产建设兵团等主办，以“引领国际合作，拓展市场空间”为主题。其间举行了第四届中国西部国际合作论坛、第六届中国—欧盟投资贸易洽谈会、中法工业合作研讨会等13项重大活动、15项专项活动以及72项投资促进推介活动，展览总面积18万平方米，主展场成都世纪城国际会展中心设西部合作馆、国际合作馆、高新技术馆、电子信息馆、装备制造馆、农业产业馆六大展馆和室外展区，来自52个国家和地区、31个省（区、市）和新疆生产建设兵团的4564家企业参展。

20日，王兆国在成都分别会见前来出席第十二届中国西部国际博览会开幕式的马尔代夫副总统瓦希德、密克罗尼西亚联邦副总统阿利克和坦桑尼亚桑给巴尔副总统伊迪。

10月18日—11月18日

［纲　文］ **第十三届中国上海国际艺术节举办。**

［目　文］ 艺术节由文化部主办，上海市人民政府承办，以“艺术的交流，心灵的相约”为主题，体现出艺术节“艺术交流的盛会，人民大众的节日”的办节宗旨和“国际

性、经典性、创新性、群众性”的办节定位。共由 2799 场演绎，吸引了来自亚、欧、美、非 4 大洲 21 个国家，5000 多支国内外专业和业余团队献演了 16452 个精彩节目，观众近 423 万人。除了“天天演”活动外，品牌项目“外国艺术家进社区、校园、企业”活动共计进行 95 场，29 支外国团队 650 多名演员参与演出，现场观众近 20 万人；创新项目“城市欢歌，牵手你我”2011 农民工欢乐节吸引了 100 多万农民工参与，有 50 多万人次通过网络观看了农民工欢乐节启动仪式的直播；国内首创的“柏林爱乐乐团广场直播音乐会”吸引了 3000 多名观众到场观看。

10 月 18—21 日

［纲　文］　**第十二届国际岩石力学大会在北京举行。**

［目　文］　大会由国际岩石力学学会主办，中国岩石力学与工程学会和新加坡岩石力学与工程地质学会联合承办，以“岩石工程与环境和谐”为主题。来自全球 50 多个国家和地区的逾千名代表参加这次大会，同时纪念国际岩石力学学会成立 50 周年。大会对国际岩石力学的未来发展规划了蓝图。

10 月 19 日

［纲　文］　**新华社讯，中共中央在中南海召开党外人士座谈会。**

［目　文］　中共中央总书记胡锦涛主持并讲话。中共中央政治局常委贾庆林、李长春、习近平出席座谈会。听取各民主党派中央、全国工商联领导人和无党派人士对中共中央关于深化文化体制改革、推动社会主义文化大发展大繁荣若干重大问题的决定的意见和建议。李长春介绍了中共中央对起草中共十七届六中全会文件的考虑和文件稿形成过程。

民革中央主席周铁农、民盟中央主席蒋树声、民建中央主席陈昌智、民进中央主席严隽琪、农工党中央主席桑国卫、致公党中央主席万钢、九三学社中央主席韩启德、台盟中央主席林文漪、全国工商联主席黄孟复、无党派人士代表陈竺先后发言。他们认为，中共中央认真总结我国文化改革发展的丰富实践和宝贵经验，研究部署深化文化体制改革、推动社会主义文化大发展大繁荣，对夺取全面建设小康社会新胜利、开创中国特色社会主义事业新局面、实现中华民族伟大复兴具有重大而深远的意义。他们赞同文件稿对我国文化发展形势的分析，赞同文件稿提出的推进文化改革发展的指导思想、重要方针、目标任务，表示要团结带领广大成员和所联系群众，充分发挥自身优势，为推进文化改革发展作出贡献。他们还就提高全民科学文化素质、加强职业道德建设、建设覆盖城乡的公共文化服务体系、加强文化遗产保护和利用、完善文化行政管理体制、推进文化体制机制改革和创新、完善文化法律、扩大两岸文化交流、推动中国文化走向世界等问题提出意见建议。

胡锦涛表示，大家各抒己见，提出了许多有价值、有见地的意见和建议，对修改好决定稿很有帮助，文件起草组要认真研究、积极吸纳。多年来，各民主党派、工商联和无党派人士始终关心文化建设，就加强公民思想道德建设、加强公共文化服务体系建设、加强社区文化建设、加强农村文化建设、保护非物质文化遗产、实施文化“走出去”战略、加强两岸文化交流等问题深入调查研究，积极践行社会主义核心价值体系，推动继承和发展中华优秀文化传统，为促进文化建设发挥了积极作用。2011年是中国共产党成立90周年。90年来，我们取得了举世瞩目的伟大成就，这些成就是我们党、各民主党派、全国各族人民共同奋斗的成果。社会主义中国、中华民族新的更大的发展成就，同样要靠我们党、各民主党派、全国各族人民共同奋斗来创造。中国共产党领导的多党合作和政治协商制度，是中国特色社会主义制度的重要组成部分。我们要紧紧围绕全面建设小康社会、加快推进社会主义现代化的宏伟目标，坚持好、完善好、发展好中国共产党领导的多党合作和政治协商制度，加强团结合作，永远风雨同舟，把我国多党合作事业不断推向前进。

10月19日

［纲　文］　**温家宝主持召开国务院常务会议。**

［目　文］　会议主要内容是：一、部署制定社会信用体系建设规划。会议对制定社会信用体系建设规划作了重点部署，指出良好的社会信用是经济社会健康发展的前提，是每个企业、事业单位和社会成员立足于社会的必要条件。诚信缺失、不讲信用，不仅危害经济社会发展，破坏市场和社会秩序，而且损害社会公正，损害群众利益，妨碍民族和社会文明进步。当前社会诚信缺失问题依然相当突出，商业欺诈、制假售假、虚报冒领、学术不端等现象屡禁不止，人民群众十分不满。各级人民政府要高度重视社会诚信和信用体系建设，通过完善制度、加强教育，努力营造诚实、自律、守信、互信的社会信用环境，使诚实守信者得到保护、作假失信者受到惩戒，为社会主义经济、政治、文化、社会的改革和发展提供良好的道德保障。二、会议讨论通过了《找矿突破战略行动纲要（2011—2020年）》。《纲要》明确了今后一个时期我国地质矿产勘查工作的目标任务：通过实施找矿战略，实现新的重大突破，形成一批重要矿产资源战略接续区，建立重要矿产资源储备体系，为经济平稳较快发展提供有力的资源保障和产业支撑。

10月19日

［纲　文］　**全国政协主席贾庆林在北京看望柬埔寨太皇西哈努克。**

［目　文］　贾庆林转达了国家主席胡锦涛和中国其他领导人对西哈努克90岁寿辰的生日祝福和问候，并向西哈努克赠送了中国著名画家的寿桃绘画。

贾庆林说，太皇陛下是中国人民家喻户晓和十分敬重的老朋友、好朋友，同中国几代领导人建立了深厚友谊，是中柬友好关系的生动体现，也是两国人民共同的宝贵财富。多年来，陛下始终致力于巩固和发展中柬友谊，坚定支持中方正义立场，在中国遭受自然灾害时多次慷慨解囊，体现了对中国人民的真挚情谊。巩固和发展中柬传统友谊是中国政府坚定不移的政策。相信在以西哈莫尼国王和太皇陛下为代表的柬王室的关心下，在两国政府和人民的共同努力下，太皇陛下与中国老一辈领导人共同开创的中柬友好关系必将不断焕发出新的活力。

西哈努克表示，贾庆林主席亲自莅临转达胡锦涛主席和中国其他领导人的祝福和问候，是中华人民共和国给予的最高荣誉。柬埔寨人民永远不会忘记，在柬埔寨面临困难时，中国人民总是无私地伸出援手，帮助我们渡过难关。他祝福柬中两国人民的友谊万古长青，祝中华人民共和国繁荣昌盛。

10月19日

［纲　文］　**李长春在北京主持召开中央宣传思想文化工作部门负责人会议。**

［目　文］　中共中央政治局委员刘云山、刘延东，全国政协副主席陈奎元出席会议。中央宣传思想文化工作部门主要负责人参加了会议。会议主要内容是：学习中共中央十七届六中全会精神，并就学习宣传贯彻中共中央十七届六中全会精神作出部署。

会议认为，中共中央十七届六中全会是在全面建设小康社会关键时期和深化改革开放、加快转变经济发展方式的攻坚时期召开的一次十分重要的会议。中共中央总书记胡锦涛发表的讲话，深刻阐述新形势下推进文化改革发展的重大意义，明确提出贯彻落实全会决定的具体要求，全面部署当前党和国家的各项工作，讲话政治性、思想性、针对性、指导性都很强，为全面贯彻落实全会精神指明了方向。全会通过的《决定》以邓小平理论和“三个代表”思想为指导，深入贯彻落实科学发展观，全面总结中国共产党领导文化建设的成就和经验，深刻分析文化改革发展面临的形势和任务，在集中全党智慧的基础上，阐述了中国特色社会主义文化发展道路，确立了建设社会主义文化强国的战略目标，提出了新形势下推进文化改革发展的指导思想、重要方针、目标任务、政策举措，充分体现了我们党对文化建设的高度自觉，充分反映了社会主义文化建设的客观要求，充分反映了全党全国各族人民的共同愿望，是当前和今后一个时期指导我国文化改革发展的纲领性文件。

中共中央政治局常委李长春指出，学习宣传党的十七届六中全会精神，要突出坚持中国特色社会主义文化发展道路、努力建设社会主义文化强国这一主线，突出建设社会主义核心价值体系这一根本任务，突出以科学发展为主题、以建设社会主义核心价值体系为根本任务、以满足人民精神文化需求为出发点和落脚点、以改革创新为动力这一基本要求，引导广大干部群众进一步增强深化文化体制改革、推动社会主义文化大发展大繁荣的责任感和紧迫感，进一步增强坚持中国特色社会主义文化发展道路的自觉性和坚定性，进一步增强建设社会主义文化强国的信心和决心，切实把全会决定提出的各项要求转化为推进文化改革发展的实际行动。

10月19日

［纲　文］　**中央纪委监察部召开理论学习中心组学习会议，传达学习中共中央十七届六中全会精神。**

［目　文］　中共中央政治局常委、中央纪委书记贺国强出席会议并讲话。中央纪委副书记何勇主持会议。

贺国强指出，各级纪检监察机关和广大纪检监察干部要把学习贯彻党的十七届六中全会精神作为当前和今后一个时期的一项重要政治任务来抓，领会精神实质，统一思想认识，指导工作实践，以党风廉政建设和反腐败斗争新成效迎接党的十八大召开。全会审议通过的《中共中央关于深化文化体制改革推动社会主义文化大发展大繁荣若干重大问题的决定》，全面总结党领导文化建设的成就和经验，深刻分析文化建设面临的形势和任务，阐述了中国特色社会主义文化发展道路，确立了建设社会主义文化强国的战略目标，提出了新形势下推进文化改革发展的指导思想、重要方针、目标任务、政策举措，是当前和今后一个时期指导我国文化改革发展的纲领性文件。

10月19日

［纲　文］　**中央政法委在北京召开全体会议，研究部署学习贯彻中共中央十七届六中全会精神。**

［目　文］　中共中央政治局委员、中央政法委副书记王乐泉，国务委员、中央政法委副书记孟建柱，最高人民法院院长王胜俊出席会议并讲话。最高人民法院、最高人民检察院、公安部、司法部、国家安全部等中央政法各单位主要负责人谈了学习全会精神的体会，汇报了本单位本系统学习贯彻全会精神的安排。

10月19日

［纲　文］　**财政部、教育部、总参谋部印发《应征入伍服义务兵役高等学校在校生学费补偿国家助学贷款代偿及退役复学后学费资助暂行办法》。**

［目　文］《办法》共6章20条。主要有总则，补偿、代偿和资助的标准、年限及方式，申请与审核，预算下达，补偿、代偿和资助的实施，管理与监督，附则等内容。自2011年10月19日起实施。

10月19日

［纲　文］　**财政部、税务总局发布《关于部分国家储备商品有关税收政策的通知》。**

10月19日

［纲　文］　**海关总署公布修改后的《中华人民共和国海关〈中华人民共和国政府和新加坡共和国政府自由贸易协定〉项下进出口货物原产地管理办法》，自2011年10月24日起施行。**

10月19日

［纲　文］　**中国金融工会成立60周年纪念活动在全国政协礼堂举行。**

［目　文］　中华全国总工会主席王兆国出席并会见参加纪念活动的代表，他对中国金融工会成立60年表示祝贺，肯定60年来中国金融工会所取得的辉煌业绩，希望各级金融工会组织和工会干部进一步增强政治意识、责任意识、忧患意识，弘扬光荣传统，不断开拓创新，奋力开创新形势下金融工会工作新局面。

中国金融工会是中华全国总工会领导下的全国性产业工会组织，涵盖银行业、证券业、保险业等领域，现有会员240多万人。

10月19日

［纲　文］　**中美省州长对话在北京举行。**

［目　文］　对话由中国人民对外友好协会和美国全国州长协会共同举办。对话会由中国人民对外友好协会会长李小林，美国全国州长协会主席、华盛顿州州长克里斯·格雷

瓜尔共同主持。浙江、湖南、北京、辽宁、安徽、江西、山东、云南8省市负责人和美国华盛顿州、佐治亚州、关岛、夏威夷州、北卡罗来纳州、北马里亚纳群岛地方负责人率团出席。中美省州长围绕促进地方经济发展、促进就业等共同关心的问题进行发言交流。

同日，国务院副总理王岐山在北京会见美国华盛顿州州长格雷瓜尔率领的来华出席中美省州长对话的美国州长代表团时指出，中美各省州要认真落实两国元首达成的重要共识，加强经贸、投资、科技、旅游、人文、教育等各领域合作，为双方机构、企业合作营造良好氛围和提供优质服务，切实推动两国经济增长和扩大就业。要清醒地认识到中美经济问题被“政治化”必将严重扭曲两国经济关系，极大地损害两国人民的根本利益。中美作为最大的发展中国家和最大的发达国家，两国经济相互依存，谁也离不开谁。双方应当坚持同舟共济，妥处分歧，加强合作，携手应对各种挑战，对全球经济复苏作出积极贡献。

格雷瓜尔等表示，美中省州长论坛增进了相互了解，扩大了商业合作机会，促进了双方经济增长，对两国都是有益的。美国各州热切欢迎来自中国的贸易、投资和旅游。

10月19日

［纲　文］　**全国妇联主席陈至立在北京会见以党的中央领导委员会妇女儿童权益保护委员会主席薇尔燕蒂为团长的印度尼西亚民主斗争党干部考察团。**

10月19日

［纲　文］　**人民网俄文版10周年庆典暨打造一流俄语外宣平台研讨会在北京举行。**

［目　文］　《人民日报》有关负责人与来自塔吉克斯坦、吉尔吉斯斯坦、乌克兰、阿塞拜疆、土库曼斯坦、俄罗斯、白俄罗斯等国驻华使节及各界人士60多人出席庆典。与会者就人民网俄文版下一步发展及如何进一步提高中国媒体的国际竞争力提出建议。

10月19日

［纲　文］　**外交部发言人就美国“国会与行政部门中国委员会”发表2011年涉华年度报告答记者问。**

［目　文］　有记者问：近日，美国“国会与行政部门中国委员会”发表2011年涉华年度报告，请问中方对此有何评论？

发言人说，中国在促进人权、加强民主法制建设等方面取得的巨大成就是有目共睹的。这个所谓的委员会一贯戴着有色眼镜看中国，歪曲事实，干涉中国内政，中方对此表示坚决反对。中方敦促该委员会停止发表此类报告，停止干扰和破坏中美关系的错误言行。

10月19日

［纲　文］　**李源潮在北京与中央和国家机关基层党建实践与创新专题研讨班学员座谈。**

［目　文］　中组部常务副部长沈跃跃主持座谈会。学员们畅谈学习收获和思考，对做好新形势下机关党建工作提出意见和建议。中组部部长李源潮指出，中央和国家机关党

组织要深入贯彻胡锦涛总书记“七一”讲话精神，认真学习领会党的十七届六中全会精神，坚持改革创新，带头创先争优，为完成机关中心任务、提高干部队伍素质提供动力和保证。

本次研讨班由中组部举办，45名中央和国家机关部委的机关党委常务副书记参加。学员们在四川考察了地震灾区重建和特殊党费使用情况，学习了地方机关党建工作经验，交流了近年来创新机关党建工作的做法和体会。

10月19日

［纲　文］　**北京音乐厅举行纪念李德伦逝世10周年专场音乐会。**

［目　文］　以纪念新中国交响乐事业奠基人之一、著名指挥家、原中央乐团指挥、中国国家交响乐团艺术顾问李德伦。这也是中央乐团—中国国家交响乐团建团55周年系列音乐会的专场之一。音乐会上，三位活跃在交响乐界的当今著名指挥家徐东晓、谭利华和李心草轮流执棒，指挥演奏李德伦生前指挥过的和最喜爱的古典交响乐经典作品。

10月19—20日

［纲　文］　**全国侨务工作会议在北京召开。**

［目　文］　全国政协主席贾庆林，中共中央政治局常委习近平、李克强会见与会代表并与大家合影留念。

国务委员戴秉国，全国政协副主席万钢，各省、自治区、直辖市人民政府及新疆生产建设兵团分管侨务工作的负责人和侨办负责人，中央和国家机关有关部门负责人和部分驻外使领馆代表出席了会议。

戴秉国指出，各地区、各有关部门要深刻把握世情、国情和侨情的新变化，进一步把握机遇、与时俱进、勇于创新，推动侨务工作在更广领域、更高层面、更深层次发挥重要作用。要进一步发挥侨务资源优势，服务国内经济社会发展；加强与海外侨胞的联系引导，传播中华优秀文化，促进中国与世界各国的友好交往，支持海外侨胞为维护和促进祖国统一作贡献。要坚持开展为侨服务，维护侨胞和归侨侨眷的合法权益。各级政府要加强对侨务工作的组织领导，完善统筹协调机制，深入开展调查研究，着力强化能力建设，以务实创新精神推动侨务工作科学发展。

10月19—21日

［纲　文］　**两岸两会领导人第七次会谈在天津举行。**

［目　文］　海峡两岸关系协会会长陈云林与台湾海峡交流基金会董事长江丙坤签署了《海峡两岸核电安全合作协议》，并公布了《海协会与海基会关于推进两岸投保协议协商的共同意见》《海协会与海基会关于加强两岸产业合作的共同意见》。

20日，中共中央台办、国务院台办主任王毅在天津会见江丙坤一行时表示，两会恢复商谈是两岸关系实现历史性转折的重要标志，两会签署的各项协议也已成为两岸关系和平发展的重要成果。我们真诚希望两岸各界都能珍惜当前两岸关系来之不易的良好局面。

21日，中共中央政治局委员、天津市委书记张高丽在天津会见江丙坤一行时说，天津高度重视与台湾的交流合作，在双方共同努力下，取得了重要成果。我们要建立完善长效合作机制，不断改善投资环境，扩大文化教育交流，切实保障台商权益，认真解决台资企业困难，推动津台合作向深度和广度发展。

江丙坤表示，台湾与天津有着良好的合作基础，许多台商在天津创造了良好的业绩，希望津台两地扩大交流合作。

10月19—22日

［纲　文］　**第二十届中国金鸡百花电影节在合肥举办。**

［目　文］　中宣部部长刘云山向电影节发来贺信。电影节由中国文学艺术界联合会和中国电影家协会联合主办。陈力凭《爱在廊桥》获得了最佳导演奖，程晓玲凭借剧本《岁岁清明》获得最佳编剧奖，娜仁花和孙淳凭借在电影《额吉》和《秋喜》中的表现，获得了最佳女演员和最佳男演员的殊荣。最佳故事片奖最终授予了讲述航天事业的《飞天》。

10月19—22日

［纲　文］　**外交部部长杨洁篪对丹麦、巴哈马进行正式访问。**

［目　文］　杨洁篪在丹麦访问期间，在哥本哈根会见了丹麦首相托宁－施密特；与丹麦外交大臣瑟芬达尔举行了会谈。双方一致同意继续深化两国全面战略伙伴关系，推进两国间互利合作。

杨洁篪在巴哈马访问期间，在拿骚分别会见了巴哈马总督福克斯和总理英格拉哈姆。

10月20日

［纲　文］　**纪念人民军工创建80周年大会在北京举行，胡锦涛致贺信。**

［目　文］　中共中央总书记胡锦涛的贺信指出，80年来，在我们党的领导下，人民军工从无到有、由弱变强，逐步发展成为完整配套的国防科技工业体系，走出了一条中国特色军民融合式发展路子，为实现民族独立和人民解放建立了不朽功绩，为提升综合国力和国防实力发挥了重大作用。人民军工和国防科技工业战线同志们的辉煌业绩将永远彪炳史册。建设先进的国防科技工业，关系国家安全和发展战略全局。希望同志们牢牢把握科学发展这个主题和转变经济发展方式这条主线，大力弘扬“两弹一星”精神和载人航天精神，牢记光荣使命，坚持自主创新，完善体制机制，加强团结协作，不断提高武器装备研制生产的质量效益，为推动国防和军队现代化建设提供有力保障，为全面建设小康社会、实现中华民族伟大复兴作出新的更大贡献。

党和国家领导人吴邦国、温家宝、贾庆林、李长春、习近平、李克强、贺国强等对人民军工创建80周年分别作出批示。

国务院副总理张德江出席大会并讲话。纪念大会由工业和信息化部、国家国防科技工业局组织召开。工业和信息化部部长苗圩主持会议，工业和信息化部副部长兼国家国防科技工业局局长陈求发、解放军总装备部副部长李安东、“两弹一星”元勋孙家栋等在会上发言。中央国家机关有关部门、地方国防科技工业管理部门、军工集团公司、民口配套单位和解放军的代表参加了纪念大会。

1931年10月，中央革命军事委员会在江西省兴国县官田村建立“中央军委兵工厂”，揭开了人民军工发展史的第一页。经过80年的奋斗，人民军工由土法制造枪炮弹药发展到自主研发尖端武器装备，由单一兵器工业发展成为覆盖核、航天、航空、船舶、兵器、军工电子等行业、领域的现代化国防科技工业体系。

10月20日

［纲　文］　**中央巡视工作领导小组第十八次会议在北京召开。**

［目　文］　中共中央政治局常委、中央巡视工作领导小组组长贺国强出席会议并讲话。

中共中央政治局委员、中央巡视工作领导小组副组长李源潮，中共中央书记处书记、中央巡视工作领导小组副组长何勇出席会议。会议听取关于省（区、市），重点是对县巡视工作和中央单位内部巡视工作情况汇报，研究安排下一步工作。

贺国强指出，各级巡视机构和广大巡视干部要把学习贯彻党的十七届六中全会精神作为当前和今后一个时期的首要政治任务，紧密联系实际，扎实推进工作，不断开创巡视工作新局面，为迎接党的十八大、做好党和国家各项工作作出积极贡献。地方巡视工作是党的巡视工作的重要组成部分，开展对县巡视工作是地方巡视工作的一项重点。近年来，各省（区、市）党委按照中央要求，认真开展对县巡视工作，取得了积极进展和成效。据统计，截至今年上半年，已完成对全国60%县的巡视。各级巡视机构和巡视组要切实加强内部管理、严肃工作纪律。要严把进人关，把优秀干部选配到巡视队伍中来；要加强教育培训，提高巡视干部队伍的思想政治素质和业务本领；要强化纪律要求，从工作程序、工作作风、廉洁自律和财务纪律等方面作出严格规定并认真贯彻落实；要建立退出机制，对不适合从事巡视工作的干部要坚决调离，对犯错误的干部要严肃处理。巡视干部要自觉以良好的作风和过硬的本领做好工作，维护巡视工作的权威性。

10月20日

［纲　文］　**交通运输部印发《道路运输业“十二五”发展规划纲要》。**

［目　文］　《纲要》由五个部分组成：一、“十一五”道路运输业发展回顾。二、“十二五”面临的形势和要求。三、“十二五”发展的思路和目标。四、重点任务。五、保障措施。

10月20日

［纲　文］　**国家副主席习近平在人民大会堂会见塞舌尔总统米歇尔。**

［目　文］　习近平表示，中国在打击索马里海盗和解救被劫中国船员的行动中，得到了塞方的鼎力支持和协助，中方对此表示衷心感谢。中塞两国文化、教育、卫生、体育、旅游等领域的合作成果丰硕，两国人民的往来密切，双方的友谊与日俱增。近年来，双边务实合作全面展开，进一步夯实了中塞关系的基础。中塞友好关系的发展不仅符合两

国和两国人民的根本利益，也树立了大小国家之间平等相待、团结合作的典范。中方愿同塞方共同努力，推动两国友好合作关系不断向前发展。

米歇尔表示，塞舌尔敬佩中国发展成就，认为中国的成功是整个发展中国家的成功，愿与中国发展更强有力的关系，愿为中国与非洲国家关系发展发挥桥梁作用。

10月20日

［纲　文］　**中央政法委发出通知，对全国政法系统学习贯彻党的十七届六中全会精神，开展“忠诚、为民、公正、廉洁”的政法核心价值观教育，做社会主义文化大发展大繁荣的建设者、保障者进行了部署。**

［目　文］　通知指出，政法机关是中国特色社会主义事业的建设者、捍卫者，也是推动社会主义文化大发展大繁荣的建设者、保障者。各级政法机关要找准文化建设与政法工作的结合点、着力点，为推动社会主义文化大发展大繁荣提供有力司法保障。要积极推动社会主义法治文化建设，发挥好执法、司法活动对文化建设的规范、引导、促进和保障作用。要深入开展社会主义法治理念教育，切实做到严格、公正、文明、廉洁执法，进一步提高执法、司法公信力。要积极参与文化市场综合执法，加强对文化领域各种矛盾的排查化解，严厉打击侵犯知识产权等违法犯罪活动，依法保护文化工作者的合法权益，深入开展“扫黄打非”专项行动，坚决扫除黄赌毒等社会丑恶现象，努力维护规范、健康、有序的文化市场秩序。

10月20日

［纲　文］　**中华全国新闻工作者协会主办的第二十一届中国新闻奖评选结果揭晓。**

［目　文］　来自全国报社、通讯社、电台、电视台和新闻网站的287件作品荣获中国新闻奖，其中特别奖2件，一等奖41件（含9个新闻名专栏），二等奖89件，三等奖155件。《人民日报》评论《决定现代化命运的重大抉择——论加快经济发展方式转变》荣获特别奖，消息《179小时，王家岭见证生命奇迹》和新闻名专栏《人民观察》荣获一等奖。

本届新闻奖评委会由中央新闻主管部门、相关协会负责人，新闻单位编辑记者代表，各地记协主席或主席委托的副主席和新闻教研机构专家学者等88位代表组成。

10月20日

［纲　文］　**全国公安特警“大练兵”成果汇报演练和全国公安特警队建设座谈会在武汉举行。**

［目　文］　公安特警大练兵实战演练区共由装备实战演示区、野外训练场演示区及反恐处突模拟案例演示区三部分组成；座谈会上播放了全国公安特警队六年建设成果汇报专题片，湖北省公安厅、辽宁省公安厅、新疆维吾尔自治区公安厅负责人就公安特警队建设作了交流发言。

国务委员、公安部部长孟建柱观摩全国公安特警大练兵成果汇报演练并出席全国公安特警队建设座谈会时指出，要坚持以党的十七大和十七届六中全会精神为指导，紧紧围绕胡锦涛总书记“建设一支特别能战斗的特警队伍”的总要求，以政治建警为根本，以能力建设为重点，以科学管理为保障，总结经验、把握规律，全面推进公安特警队伍正规化建设，努力打造成忠诚可靠、英勇善战、服务民众的公安尖兵，更好地完成党和人民交给的任务。

10月20日

［纲　文］　**王岐山在北京会见由澳门金融管理局行政委员会主席丁连星率领的澳门金融界代表团。**

［目　文］　国务院副总理王岐山说，内地与澳门经济联系紧密，内地经济平稳较快发展为澳门发展创造了良好的机遇。当前全球经济形势依然严峻，澳门金融界要加强与内地的交流合作，发挥优势，突出特色，推动澳门经济适度多元发展，促进澳门繁荣、稳定。祖国永远是澳门发展的坚强后盾。相信在“一国两制”方针指引下，澳门的未来会更加美好。

丁连星表示，澳门金融界将进一步加强与内地的合作，努力保持澳门经济金融稳定。

10月20日

［纲　文］　**国务院副总理王岐山与法国经济、财政和工业部部长巴鲁安通话，就当前世界经济金融形势和二十国集团领导人戛纳峰会筹备等问题交换了意见。**

10月20日

［纲　文］　**中宣部部长刘云山在北京会见朝鲜中央通讯社社长金炳浩。**

［目　文］　刘云山说，中朝两国国家通讯社之间的友好合作是两国关系的重要组成部分，希望新华社与朝中社继续坚持友好合作，以多角度的新闻报道在两国人民间架起沟通的桥梁，为推动中朝友好关系迈上新台阶贡献力量。刘云山应询介绍了中共十七届六中全会情况。

金炳浩说，朝鲜党和政府高度重视发展两国关系，双方在各领域保持了相互支持、紧密合作。朝中社愿进一步加强同新华社的友好关系，为加深相互了解，推动朝中友谊作出积极贡献。

10月20日

［纲　文］　**国务委员兼国防部部长梁光烈在北京与布隆迪国防部部长加西尤布文盖举行会谈。**

［目　文］　梁光烈说，在国际和地区事务中，两国有着广泛的共识，进行了密切的配合。中布两军长期以来保持着友好交往。中国军队重视与布隆迪军队的关系，愿在已有良好的基础上加强双方在各领域的交流与合作，进一步巩固和发展两军关系，为两国关系和中非合作作出贡献。

加西尤布文盖表示，布隆迪重视中方在应对全球挑战和促进地区发展方面的重要作用，愿与中方携手合作，推动两国关系与非中互利合作不断向前发展。

10月20日

［纲　文］ **中俄第六轮战略安全磋商在北京举行。**

［目　文］ 国务委员戴秉国同俄罗斯联邦安全会议秘书帕特鲁舍夫共同主持。双方就双边关系和共同关心的国际和地区问题交换了意见。

双方指出，2011年是《中俄睦邻友好合作条约》签署10周年，国家主席胡锦涛成功访问俄罗斯，两国元首全面总结了中俄关系10年来的发展经验和成果，确定了下一个10年中俄关系发展方向，制定了各具体领域合作规划。双方要全面落实两国元首达成的共识，持之以恒地增进政治互信，与时俱进地发展好中俄全面战略协作伙伴关系，维护两国的主权、安全和发展利益，促进世界的和平与稳定。

同日，国家副主席习近平在北京会见帕特鲁舍夫时表示，2011年是中俄关系大发展的一年。在《中俄睦邻友好合作条约》签署10周年的背景下，两国元首宣布致力于发展中俄全面战略协作伙伴关系，为两国关系注入了新的动力。双方在政治、经济、能源、科技、军技、地方、人文和国际等各方面的合作持续稳定向前推进。中方始终不渝把发展中俄关系作为外交的优先方向，愿与俄方共同努力，推动中俄全面战略协作伙伴关系继续迈上新台阶。

帕特鲁舍夫表示，两国应加强战略沟通，深化互信，增进在联合国、上合组织、金砖国家组织等多边机制中的协调合作，共同应对挑战。

19日，国务委员、公安部部长孟建柱在北京会见帕特鲁舍夫时指出，中俄执法安全合作是两国战略协作伙伴关系的重要组成部分。两国执法安全部门沟通联系密切，合作全面深入，并取得了丰硕成果。希望双方进一步完善在打击“三股势力”等领域的合作机制，在打击非法移民的同时，为两国人员往来创造更为便利的条件，继续加强大型活动安保合作，推动执法专业培训交流，共同维护两国和本地区的安全与稳定。

帕特鲁舍夫表示，俄方高度重视与中方的执法合作关系，愿在上海合作组织等多边合作机制内进一步加强与中方的沟通和协作，把俄中战略协作伙伴关系不断推向前进。

10月20日

［纲　文］ **科技部会同中科院、自然科学基金会等部门，在北京召开第一届国家干细胞研究指导协调委员会成立大会。**

［目　文］ 全国政协副主席、科技部部长万钢，以及来自教育部、科技部、卫生部、中科院、自然科学基金会等部门的代表和第一届国家干细胞研究指导协调委员会成员等70余人出席了会议。大会向第一届国家干细胞研究指导协调委员会成员颁发了聘书。教育部、卫生部、中科院、自然科学基金委的代表分别就本部门工作作了发言。第一届国家干细胞研究指导协调委员会专家组召集人裴钢院士作了国内外干细胞研究发展的进展及我国干细胞研究发展情况的报告，大会审议了干细胞研究国家重大科学研究计划“十二五”专项规划。

10月20日

［纲　文］　**青海省玉树藏族自治州举行庆祝建州60周年大会。**

［目　文］　全国人大常委会、国务院为玉树藏族自治州成立60周年致贺电。贺电说，60年来，玉树藏族自治州经济发展、民族团结、社会稳定，人民生活不断改善，各项事业取得了可喜的成就。2010年4月14日地震后，玉树藏族自治州各族人民以坚强的意志和不屈不挠的精神，谱写了感天动地、可歌可泣的英雄篇章，取得了抗震救灾和灾后重建的伟大成就。希望玉树各族干部群众在以胡锦涛同志为总书记的党中央领导下，高举中国特色社会主义伟大旗帜，以邓小平理论和“三个代表”重要思想为指导，深入贯彻落实科学发展观，继续解放思想，坚持改革开放，推动科学发展，促进社会和谐；始终坚持共同团结奋斗、共同繁荣发展，不断巩固平等、团结、互助、和谐的社会主义民族关系；传承和发扬伟大的抗震救灾精神，加快建设富裕、文明的美好家园，夺取灾后重建的最后胜利，为推进民族团结进步事业，为全面建设小康社会、构建社会主义和谐社会，作出新的更大贡献。

玉树藏族自治州成立于1951年12月25日。60年来，玉树州经济、社会、文化等各项事业取得了长足发展。2010年，玉树州实现地区生产总值31.85亿元，这是解放初期的6.8倍，是1978年的4.6倍。

10月20日

［纲　文］　**西藏佛学院正式开院。**

［目　文］　全国政协副主席帕巴拉·格列朗杰出席典礼。中国佛教协会副会长第十一世班禅额尔德尼·确吉杰布向西藏佛学院落成暨开院典礼致贺信。首批150名学员、学院教职员工、西藏七地市佛协代表和各教派活佛僧人代表以及中央统战部、西藏自治区、国家宗教事务局等部门领导共计600余人参加学院落成暨开院庆典。

位于西藏拉萨曲水县聂当乡境内的西藏佛学院建设工程于2008年10月18日动工，于2011年9月通过验收。其占地面积268亩，项目主体总投资8830万元，购置设备费用1527万元，总建筑面积3.08万平方米。

10月20日

［纲　文］　**外交部发言人表示，中方已就中国渔船在南沙遭菲律宾军舰袭扰一事向菲方表明立场，要求菲方尽快无条件归还中方小艇，妥善处理有关问题。**

［目　文］　发言人表示，10月18日，1艘菲律宾军舰进入中国南沙礼乐滩附近海域，在试图接近1艘正常作业的中国渔船时，其螺旋桨缠绕住中国渔船所拖曳的25艘无人小艇的缆绳，致使中国渔船失去对小艇的控制。目前，中国渔民及渔船安全。中国对南沙群岛及其附近海域拥有无可争辩的主权。中国渔民在世代作业的传统渔场捕鱼作业完全正当。菲方的行为损害了中国渔民的合法权益。

10月20日

［纲　文］　**中国目前最大的“中国散裂中子源”在广东东莞奠基。**

［目　文］　中共中央政治局委员、国务委员刘延东，中共中央政治局委员、广东省委书记汪洋出席开工奠基仪式。

2018年8月23日，中国散裂中子源通过国家验收，投入正式运行，并对国内外各领域用户开放。中国散裂中子源工程的建成，为我国在物理学、化学、生命科学、材料科学、纳米科学、医药、国防科研和新型核能开发等学科前沿领域的研究提供了一个先进、功能强大的科研平台，并对中国以及东南亚地区产生了长期、巨大的科学影响及社会、经济效益。

10月20—22日

［纲　文］　**政协十一届全国委员会常务委员会第十五次会议在北京召开。**

［目　文］　全国政协主席贾庆林、全国政协副主席王刚分别主持开、闭幕会。会议的主要议题是学习贯彻中共十七届六中全会精神，围绕深化文化体制改革、推动社会主义文化大发展大繁荣进行讨论。中共中央政治局常委李长春出席开幕会，并作了关于中共十七届六中全会会议情况和会议精神的报告。

各民主党派中央、全国工商联负责人及部分常委在会上作大会发言，他们一致认为，中共十七届六中全会是在全面建设小康社会关键时期召开的一次重要会议。会议通过的《中共中央关于深化文化体制改革、推动社会主义文化大发展大繁荣若干重大问题的决定》，突出了时代发展的要求，充分反映了全国各族人民的愿望，提出了新形势下推进文化改革发展的指导思想、重要方针、目标任务、政策举措，是指导我国文化改革发展、开创中国特色社会主义文化建设新局面、建设社会主义文化强国的纲领性文件，为中国特色社会主义文化大发展大繁荣指明了前进的方向。参加人民政协的各党派团体、各族各界人士一定要认真学习，深刻领会，坚决贯彻落实。

会议通过表决方式，决定增补闵维方为政协第十一届全国委员会委员、全国政协文史和学习委员会副主任。会议审议了全国政协常委和委员赴陕西、浙江、四川、贵州等地视察考察情况的报告；审议了全国政协代表团访问阿尔及利亚、瑞士、冰岛、意大利、美国、加拿大等外事出访报告。

10月20—23日

［纲　文］　**王兆国在四川考察。**

［目　文］　中华全国总工会主席王兆国在多个市州和工业企业考察调研，看望慰问劳模、困难职工，了解企业生产研发情况和职工文化建设情况。

王兆国说，加强社会主义文化建设，必须始终坚持正确方向，体现社会主义制度性质，反映社会主流价值；坚持以人为本，体现为人民服务，充分发挥人民的创造主体作用；坚持与时俱进，把握时代发展进步的脉搏，反映时代精神和要求。工人阶级是推动社会主义文化建设的主力军。要大力弘扬工人阶级伟大品格和劳模精神，使之成为时代精神、民族精神的主流，内化为职工群众立足本职创先争优的不竭动力；要以社会主义核心价值体系为指引，积极推动建设和传播先进企业文化职工文化，进一步坚定广大职工坚持走中国特色社会主义道路的共同理想信念，为建设社会主义文化强国作出应有贡献。

10月21日

［纲　文］　**国务院总理温家宝应约与欧洲理事会主席范龙佩紧急通电话。**

［目　文］　范龙佩说，当前欧洲处于应对债务危机的关键时刻，我与巴罗佐主席近日将参加欧盟国家领导人一系列会议，因此需要推迟来华出席原定于下周举行的第十四次中欧领导人会晤，对为此给中方带来的不便表示歉意。欧方高度重视欧中合作，感谢中方长期以来的支持，愿与中方加强沟通协调，共同应对挑战，推动欧中关系不断取得新的进展。

温家宝对欧方提出希望推迟举行第十四次中欧领导人会晤表示理解，并指出，欧债问题既有国际金融危机的大背景，与全球经济整体复苏形势不稳定密切相关，也是欧盟及欧元区内部问题长期积累的结果。解决问题除了紧急救助措施之外，关键在于进行财政、金融等方面的机制性、根本的改革。这需要非凡的政治勇气和决断，也需要各方面的共识。当务之急是采取果断措施，防止债务危机进一步蔓延，避免欧元动荡、市场萎缩和经济严重衰退。我注意到欧洲领导人有强烈的政治意愿，希望欧方将政治意愿转化为切实有效的行动，维护欧元和欧洲金融局势的稳定，提振欧洲市场信心，这符合各方的利益。面对国际金融危机和债务危机带来的困难，更需要国际社会携手应对。中方支持欧盟为应对危机所做的努力，愿与欧方加强协调与合作，共同促进世界经济持续复苏。

双方同意就举行第十四次中欧领导人会晤时间保持沟通。

10月21日

［纲　文］　**国务院在北京召开第三次全国老龄工作会议。**

［目　文］　国务院副总理、全国老龄工作委员会主任回良玉出席并讲话。各省、自治区、直辖市及中央有关部门负责人，各地老龄办负责人出席了会议。发展改革委、人力资源社会保障部、北京市、河北省、黑龙江省、江苏省、云南省、甘肃省负责人在会上作交流发言。

会议分析当前我国老龄工作和老龄事业发展面临的新形势，部署今后一个时期的老龄工作，表彰了全国老龄工作先进集体和先进个人。会前，回良玉会见了全国老龄工作先进集体和先进个人代表。

10月21日

［纲　文］　**中宣部出版局、新闻出版总署出版管理司联合在北京举行出版界学习贯彻十七届六中全会精神座谈会。**

［目　文］　新闻出版总署署长、国家版权局局长柳斌杰出席会议并讲话。中国期刊协会、中国音像协会、中国书刊发行业协会、中国编辑学会有关负责人，以及40多家出版单位的主要负责人参加了会议。与会的出版工作者表示，要认真学习、深刻领会、全面贯彻全会精神，以高度的文化自觉、文化自信和文化自强，加大改革力度，加快发展速

度，为建设文化强国作出新贡献。

10月21日

［纲　文］　**中共中央政治局常委李长春在北京会见以总书记帕甘为团长的南苏丹共和国苏丹人民解放运动代表团。**

［目　文］　李长春说，中国共产党和苏丹人民解放运动同为执政党，都肩负着加强自身建设、提高执政能力、促进国民经济和社会发展、不断提高人民生活水平的历史重任。两党在新形势下进一步巩固和发展党际关系意义非凡，大有可为。中国共产党愿在党际关系四项原则基础上，进一步深化两党的友好合作关系。

帕甘说，南苏丹百废待兴，南中合作潜力巨大。南苏丹迫切希望学习借鉴中国共产党的治国理政经验，加强双方在经贸、资源开发、文化、教育等广泛领域的务实合作。

10月21日

［纲　文］　**国务院副总理王岐山在北京与比利时王储菲利普举行会谈。**

［目　文］　王岐山对菲利普王储率团来华出席中比建交40周年庆祝活动表示欢迎并表示，中比建交40年来，双边关系发展势头良好，经贸、投资、科技、文化、教育等各领域务实合作成果丰硕。2011年，双边贸易额有望超过250亿美元。中比两国经济互补性强，合作潜力巨大。双方应发挥各自优势，扩大双向投资，深化金融、化工等传统领域合作，加强在环保、物流和绿色经济等新兴领域的合作，推动中比经贸关系再上新台阶。

菲利普表示，此次450人组成的经贸代表团访华，将与中方签署约40个商业合同，相信此访将进一步推动双方投资与经贸合作。比方也非常欢迎中国企业到比利时投资。中国“十二五”规划制定了新的产业发展方向，这为双方在生物制药、绿色能源等领域合作拓展了空间。同时，双方在文化、教育、科研等方面有广泛合作机遇。

24日，国家副主席习近平在北京会见菲利普时说，中比关系能够稳定发展的基础是相互尊重，平等相待，照顾彼此核心利益。希望双方继续把握好两国关系发展大局，共同推动中比友好与务实合作。习近平还向客人介绍了中国坚持走和平发展道路和实施“十二五”规划的有关情况。

菲利普说，我完全同意您对两国关系的看法和进一步推动比中各领域务实合作的建议。比方愿与中方共同努力，保持高层交往，扩大科技、教育、文化交流，加深两国人民的了解与友谊。

10月21日

［纲　文］　**国务委员兼国防部部长梁光烈在北京会见由波兰陆军司令格沃温卡率领的波军友好参观团。**

10月21日

［纲　文］　**中国残联、国务院扶贫办、财政部、中国人民银行共同发布《关于进一步完善康复扶贫贷款和贴息资金管理有关政策的通知》。**

［目　文］《通知》对康复扶贫贷款政策调整后，项目贷款的贴息利率由3%提高到5%，到户贷款的贴息利率由5%提高到7%，使很多地区农村残疾人实现农村小额贷款零利率。

10月21日

［纲　文］ **上海白龙港污泥处理工程正式投入运行。**

［目　文］ 该工程是目前亚洲地区规模最大的污泥处理工程，总投资约8亿元人民币，历时3年多建成。投入运行后，预计每年可减少约13万吨二氧化碳的排放。

10月21—22日

［纲　文］ **温家宝在南宁考察。**

［目　文］ 国务院总理温家宝在南宁市的人才市场、农贸市场和居民小区，了解就业、物价和社会保障等情况，并主持召开座谈会，听取当地意见和建议。

温家宝指出，在宏观调控中，要把保障和改善民生作为一项特别重要的任务摆在突出位置，这不仅关系到经济社会的发展，而且关系到群众利益和社会和谐稳定。在当前物价较高的情况下，要更加重视解决好困难群众的生活问题，健全城乡居民社会保障体系，对低收入群众要做到应保尽保。目前房地产市场调控和保障性住房建设处于关键时期，各级政府要切实采取措施，进一步巩固调控成果。一方面要抓好保障性住房建设，另一方面也要增加普通商品房的用地供给，促进普通商品房市场健康发展。就业是民生第一大事。政府、企业和其他用人单位都要为就业，首先是为青年人就业创造条件，这是我们应尽的社会责任。在当前经济增速放缓、外需下降的情况下，更应该坚持把就业作为经济社会发展的优先目标，千方百计扩大就业。要保证经济适度增长，增加就业机会，大力支持劳动密集型产业、服务业、小微型企业和民营企业发展。

10月21—26日

［纲　文］ **第八届中国—东盟博览会、第八届中国—东盟商务与投资峰会在广西南宁举行。**

［目　文］ 国务院总理温家宝出席博览会开幕式并宣布博览会开幕。本届博览会由中国和东盟10国政府经贸主管部门及东盟秘书处共同主办，广西壮族自治区人民政府承办，作为中国—东盟建立对话关系20周年系列纪念活动的重要内容，集中展现中国—东盟不断扩大交流合作的丰硕成果，主题是“环保合作”，举办了中国—东盟环保合作论坛，围绕环保、质检、金融、科技、药品安全、森林、大众体育、文化产业、出版、人口与发展等领域，举行10多个高层论坛和国际会议。

温家宝出席投资峰会开幕式并发表了《深化合作 共同繁荣》的讲话。本届投资峰会由商务部、中国国际贸易促进委员会和广西壮族自治区人民政府主办，东盟秘书处、中国—东盟商务理事会协办，以“深化区域合作，实现共同繁荣”为主题。由开幕式、马来西亚领导人与中国企业CEO圆桌对话会、商务早餐会、中国—东盟商品交易中心启动仪式、中国—东盟商会领袖论坛、中国—东盟电信高峰论坛以及国际商务书画展七大板块组成。

会议期间，温家宝在南宁分别会见与会的柬埔寨首相洪森、老挝副总理宋沙瓦、越南副总理阮春福、泰国副总理吉迪拉和缅甸副总统吴丁昂敏乌、马来西亚总理纳吉布和东盟秘书长素林。

10月21—26日

［纲　文］　**公安部在武汉举办全国公安机关首届警务实战教官技能比武。**

［目　文］　国务委员、公安部部长孟建柱出席开幕式时指出，各级公安机关要积极探索新形势下公安警务实战训练工作的规律特点，总结推广成功经验和有益做法，大力培养造就高素质的实战教官队伍，全面推动公安教育训练事业上新台阶。

来自全国各省级公安机关和铁路、交通、民航、森林、海关公安系统的37个代表队、370名参赛队员进行了全能枪手射击、战术攻防对抗、教学训练法、枪支使用操作、实战基础知识、高墙越障6个项目的角逐。

10月22日

［纲　文］　**国务院批复辽宁省、河北省人民政府和国土资源部、海洋局，同意辽宁省和河北省间海域行政区域界线的请示。**

［目　文］　批复说，国土资源部《关于报请批准辽宁省和河北省间海域行政区域界线的请示》（国土资发〔2011〕126号）收悉。现批复如下：一、同意辽宁省和河北省间的海域行政区域界线。二、辽宁省和河北省人民政府要按照《行政区域界线管理条例》和海洋管理法律法规的规定，落实管理责任，依法加强海域行政区域界线管理，健全维护涉界海域社会稳定的协调机制，及时妥善处理涉海界线纠纷，合理开发利用海洋资源，保护和改善海洋生态环境，共同促进界线附近海域社会稳定和海洋经济可持续发展。三、国家海洋局要加强对两省人民政府海域行政界线管理工作的指导和协调，做好相关督促检查工作。

10月22日

［纲　文］　**国务院办公厅通知广西壮族自治区人民政府和国土资源部、海洋局，同意广西壮族自治区县际间海域行政区域界线的请示。**

［目　文］　通知说，国土资源部《关于报请批准广西壮族自治区县际间海域行政区域界线的请示》（国土资发〔2011〕127号）收悉。经国务院同意，现通知如下：一、同意广西壮族自治区北海市铁山港区和合浦县间等6条县际间海域行政区域界线。二、广西壮族自治区人民政府要按照《行政区域界线管理条例》和海洋管理法律法规的规定，落实管理责任，依法加强海域行政区域界线管理，健全维护涉界海域社会稳定的协调机制，及时妥善处理涉海界线纠纷，合理开发利用海洋资源，保护和改善海洋生态环境，促进界线附近海域社会稳定和海洋经济可持续发展。三、国家海洋局要加强对广西壮族自治区人民政府海域行政界线管理工作的指导和协调，做好相关督促检查工作。

10月22日

［纲　文］ **《人民日报》报道，中央纪委监察部印发《关于认真学习贯彻党的十七届六中全会精神的通知》。**

［目　文］ 《通知》要求，各级纪检监察机关要充分认识党的十七届六中全会的重大意义，紧密结合纪检监察工作实际学习贯彻全会精神，以党风廉政建设和反腐败工作新成效为党和国家事业发展提供有力保证。

10月22日

［纲　文］ **国务院总理温家宝在北京会见出席第五届中日友好21世纪委员会第三次会议的双方委员。**

［目　文］ 温家宝说，当前中日关系总体形势良好，各领域务实合作得到加深。明年是中日邦交正常化40周年，双方要充分利用这一契机，在政治、经济、人文、青年等领域加强交流与合作，增进理解和互信，扩大共同利益，使中日友好深入人心。

温家宝听取了双方委员们的发言，对一年来委员会的工作给予积极评价，希望他们用国际视野看待中日关系，坦诚交流，凝聚共识，开好本次会议，多向两国政府建言献策，更好地在各自领域发挥积极作用，为中日战略互惠关系发展注入新的活力。

23—25日，第五届中日友好21世纪委员会第三次会议在北京、长沙举行。中方首席委员、前国务委员唐家璇和日方首席委员、东京证券交易所会长西室泰三分别率团与会并作主旨发言。双方委员立足当前，面向未来，紧扣“全球视野——回顾邦交正常化40周年、展望中长期中日关系”这一主题，进行讨论，达成许多共识。

中日友好21世纪委员会是两国政府的咨询机构，成立于1984年，由两国各界知名人士组成。

24日，外交部部长杨洁篪在北京会见出席第五届中日友好21世纪委员会第三次会议的双方委员。

10月22日

［纲　文］ **刘延东在福建考察。**

［目　文］ 中共中央政治局委员、国务委员刘延东在考察文化、科研企业事业单位和大中小学后指出，要深入贯彻落实党的十七届六中全会精神，自觉把文化繁荣发展作为坚持发展是硬道理、发展是党执政兴国第一要务的重要内容，作为深入贯彻落实科学发展观的一个基本要求，进一步推动文化建设与经济建设、政治建设、社会建设以及生态文明建设协调发展，不断提高文化建设科学化水平，为把我国建设成为社会主义文化强国打下坚实基础。

10月22日

［纲　文］ **国务院副总理王岐山在北京会见法国总统特使、国务部长兼外长朱佩。**

［目　文］ 双方就二十国集团领导人戛纳峰会、世界经济形势及中法经济关系等问题交换了看法。

10月22日

［纲　文］　**第四届中美民间和平论坛在美国华盛顿美利坚大学举行。**

［目　文］　论坛由中国人民争取和平与裁军协会和美国公谊委员会主办，由中国和平发展基金会和美利坚大学协办，主题是“亚太地区的和平、发展与合作”。来自中美两国民间和平团体、大学和智库的近百名专家、学者与和平活动人士参加会议。中国全国人大常委会副委员长、中国人民争取和平与裁军协会副会长严隽琪出席论坛开幕式并致辞，介绍了中国发展现状，并就中国和平外交政策、中国对中美关系的立场等进行了阐述。

10月22日

［纲　文］　**2011年全国群众登山健身大会在吉林延边国贸农业科技文化园举行。**

［目　文］　大会由国家体育总局登山运动管理中心主办，延边州登山协会、延吉市文化新闻出版和体育局承办。来自东北三省以及韩国的1000多名登山爱好者和延边登山协会的500多名会员代表参加了登山越野赛等活动。

10月22—23日

［纲　文］　**中组部和中央维稳办在云南普洱召开做好新形势下群众工作经验交流会。**

［目　文］　中组部部长李源潮，国务委员、中央维护稳定工作领导小组副组长孟建柱出席会议并讲话。中央和国家机关有关部门负责人，各省区市和新疆生产建设兵团党委组织部、维稳办负责人和基层党组织代表参加会议。

会议要求，深入贯彻中共中央总书记胡锦涛“七一”讲话精神和党的十七届六中全会精神，认真落实中央关于做好新形势下群众工作的重要指示，切实加强基层党组织建设和基层干部队伍建设，加强和改进新形势下群众工作，积极推广干部直接联系群众制度，为维护社会和谐稳定夯实组织基础和群众基础。

10月22—23日

［纲　文］　**教育部、科技部主办的“第四届全国大学生创新年会”在同济大学举行。**

［目　文］　来自全国120所“国家大学生创新性实验计划”实施高校的大学生创新性实验成果集中展出。本次年会共收到候选大学生论文336篇、大学生创新参展项目318个。经过三轮遴选，119个项目入选参展；89篇入选论文分成5组进行交流，5篇论文作大会交流。

10月23日

［纲　文］　**《人民日报》报道，高检院印发《“十二五”时期全国检察教育培训规划》。**

［目　文］　《规划》要求高检院每年举办20期左右专项业务培训班，对执法办案一线业务骨干进行重点培训。另外，检察教育培训将加大直训西部检察业务骨干力度，增强西部地区教育培训“自我造血”功能。突出基层检察人员在教育培训中的主体地位，从基层工作和基层检察队伍的实际出发，提高培训实效。《规划》要求，合理确定教育培训时

间，使基层检察人员每年参加各类学习培训的时间累计不少于100学时或12天。

10月23日

［纲　文］　**全国政协文史和学习委员会在北京举行《孙中山遗墨》首发式。**

［目　文］　《孙中山遗墨》由全国政协文史和学习委员会主持编辑，华宝斋富翰文化有限公司出版发行。收录了孙中山先生亲自撰写的30多篇著作，包括《建国大纲》《孙逸仙自传》《三民主义》《孙文学说》等珍贵手稿及题词遗墨。文稿内容涵盖孙中山先生的政治思考、建国方略、学术思想，是一部具有较高研究价值和文献价值的资料汇编。

10月23日

［纲　文］　**2011国际基因组学大会在吉林长春召开。**

［目　文］　大会由中国科学院、吉林省人民政府主办，中国遗传学会、中国科学院基因组科学与信息重点实验室、中国科学院长春分院、吉林大学生命科学学院等单位合办。来自海内外的200多名专家、学者围绕着“基因组学时代的机遇与挑战”主题，就“基因组科学”“基因组技术”和“基因组转化与应用”等方面进行了交流，并深入研究探讨了当前及今后一段时间全球基因组学的发展。

10月23日

［纲　文］　**2011中国动漫节、影视周在东京开幕。**

［目　文］　文化部部长蔡武与日本首相野田佳彦出席开幕式并致辞。动漫节、影视周期间，中日双方将在东京、札幌等地举行中日动漫名家论坛、中国动漫展、日本·中国电影周、中国电视周等多场活动。

10月23日—11月4日

［纲　文］　**全国政协主席贾庆林应邀对希腊、荷兰、德国进行正式友好访问。**

［目　文］　23—27日，贾庆林访问希腊，在雅典分别会见了希腊总统帕普利亚斯、希腊新民主党第一副主席阿弗拉莫普洛斯；与希腊议长佩察尔尼科斯举行会谈，接受了希腊议会授予的“伯里克利斯”最高荣誉勋章；和希腊副总理潘加洛斯出席了两国有关经济技术合作文件的签字仪式；视察了中远集团竞标取得特许经营权的比雷埃夫斯港2号集装箱码头，听取了中远有关负责人情况介绍，并与中外员工交流；在克里特岛会见了希腊克里特省省长阿尔纳乌塔基斯，出席经克里特撤离中方在利比亚人员行动优秀人员颁奖仪式并致辞，向18位希腊友好人士颁发了“中希友好贡献奖”。

27—30日，贾庆林访问荷兰，在海牙分别会见了荷兰首相吕特，荷兰副首相兼经济、农业与创新大臣费尔哈亨并共同出席中荷航空、电信、金融等领域合作文件的签字仪式，会见了荷兰议会一院议长德赫拉夫和二院副议长范贝克；出席了中荷企业家午餐会并发表《把握机遇　深化合作　共享繁荣》的讲话；在壳牌集团研发中心参观考察，听取了集团负责人有关情况介绍，了解了集团最新科技研发成果、当今世界油气勘探开发动向以及集团与中国能源合作概况等；参观了荷兰国际集团、安祖花卉公司和鹿特丹港，并听取了鹿特丹港务局情况介绍。

30日—11月4日，贾庆林访问德国，在柏林分别会见了德国总统武尔夫、勃兰登堡州州长普拉策克、不来梅市市长伯恩森；与德国联邦参议院议长泽霍费尔举行会谈；参观了联邦参议院并应邀出席了参议员全体会议开幕式；出席中德企业合作论坛，并发表了题为《携手共创中德经贸合作的美好未来》的演讲；在柏林中国文化中心参观视察，看望致力于中德友好合作和文化交流的中心工作人员和在中心学习培训的中外学生；在慕尼黑会见德国巴伐利亚州议会议长施塔姆；参观考察了德国著名制造业企业西门子集团和宝马集团公司总部，询问集团生产运营、科技研发、未来发展战略以及与中国合作等方面的情况；在斯图加特会见了德国戴姆勒集团公司董事长兼首席执行官蔡澈。

10月23—25日

［纲　文］　**李克强应邀访问朝鲜、韩国。**

［目　文］　23—25日，中共中央政治局常委、国务院副总理李克强对朝鲜进行正式友好访问，在平壤分别会见了朝鲜劳动党总书记金正日、朝鲜劳动党中央政治局常委、最高人民会议常任委员会委员长金永南；与朝鲜劳动党中央政治局常委、内阁总理崔永林举行会谈；李克强参谒平壤友谊塔，凭吊中国人民志愿军烈士并敬献了花圈；参观金日成综合大学、朝中友好宅庵合作农场。

李克强会见金正日时表示，2011年以来，朝方采取一系列积极举措，同有关各方保持对话接触，多次重申支持无条件重启六方会谈，实现半岛无核化。中方支持朝方同有关各方保持和加强接触对话，争取取得积极成果，为早日重启六方会谈创造条件，推动半岛形势进一步缓和。中方愿继续为北南双方改善关系，维护半岛和平稳定发挥建设性作用。

金正日说，在当前深刻复杂变化的国际形势下，朝鲜将同中国进一步加强友好交往和务实合作，使两国关系结出更加丰硕的成果。朝鲜主张尽快重启六方会谈，各方应根据同时行动原则，全面落实“9·19”共同声明。

26—27日，国务院副总理李克强对韩国进行正式访问，在首尔分别会见了韩国总统李明博，韩国国会议长朴熺太、韩国国会副议长郑义和以及韩国大国家党、民主党、民主劳动党议员，韩中友好协会等韩国友好团体负责人；同韩国总理金滉植举行了小范围和大范围会谈并出席了中韩货币互换、电子商务、劳务合作、检疫合作等方面合作项目的签字仪式；出席韩国四大经济团体举行的经济界午餐会并发表致辞；参观了LG瑞草研发中心，他希望LG集团为推动两国经贸合作发挥更大作用。

李克强会见李明博时表示，双方应保持高层互访势头；在世界经济新的复杂形势下，同舟共济，加强合作，推动两国经贸合作再上新台阶，推动中韩自贸区建设，将两国双边货币互换规模由1800亿元扩大至3600亿元人民币，以进一步推动双边贸易投资和维护地区金融、经济稳定；扩大人文交流，共同办好明年两国建交20周年庆祝活动。维护半岛和平稳定符合地区各国共同利益。2011年下半年以来，在有关各方共同努力下，半岛局势得到缓和。中方希望各方作出进一步努力，保持和巩固对话缓和势头，争取早日重启六方会谈，以切实维护半岛和平稳定，实现半岛无核化目标。中方真诚支持南北通过对话改善关系，实现和解合作和共同发展。

李明博表示，韩方赞赏中方在半岛事务中发挥的重要建设性作用。韩方愿与各方共同努力，维护半岛和平稳定，推动半岛无核化进程。韩方希望以务实态度开展与朝鲜的对话，改善南北关系。

10月23—29日

［纲　文］　**应全国人大常委会委员长吴邦国的邀请，委内瑞拉全国代表大会主席索托率委内瑞拉全国代表大会代表团访华。**

［目　文］　26日，吴邦国在北京会见索托时说，双方务实合作取得可喜进展，经贸、金融、投资合作亮点纷呈，构筑了中委关系的紧密物质纽带。在国际和地区事务中保持良好沟通与协调。中方对两国关系表示满意。立法机构的友好交往是中委关系的重要组成部分。中国全国人大愿深化与委内瑞拉全国代表大会业已存在的友好合作关系，扩大各层次的交流与合作，加强民主法制建设和治国理政方面的经验交流，密切在多边议会组织中的磋商与配合，不断丰富中委关系的内涵。

索托表示，委内瑞拉人民对中国人民怀有友好感情，一直关注并十分钦佩中国的发展成就，愿学习借鉴中国的经验，委内瑞拉全国代表大会希望进一步加强与中国全国人大的友好关系，为国家关系发展作出积极贡献。

27日，对外联络部部长王家瑞在北京会见索托时说，希望进一步加强中国共产党与统一社会主义党在高层交往、治国理政经验交流、推动务实合作等领域更加紧密的友好合作。

索托表示，委方关注并赞赏中国在政治、经济和社会等各领域取得的杰出成就。将继续致力于推动委中国家关系向前发展，继续致力于加强统一社会主义党与中国共产党之间业已存在的良好党际关系。

10月23—28日

［纲　文］　**应国务院副总理王岐山邀请，安哥拉国务部部长费乌若访问中国。**

［目　文］　25日，王岐山在北京与费乌若举行会谈时说，2010年，两国正式建立战略伙伴关系，为中安关系发展注入了新的动力。两国在能源、融资、工程承包等重点领域的合作取得显著成效。中方愿与安方继续努力，积极推进双边合作机制建设，加紧落实两国融资合作协议和中非合作论坛框架下合作项目，在金融、农业、基础设施建设、人力资源开发等领域不断培育新的合作亮点，推动中安战略伙伴关系和两国务实合作再上新台阶。

费乌若说，安方高度赞赏中国经济增长对全球经济复苏发挥的积极作用，愿与中方进一步推进能源、资源、金融、农业、文化等各领域互利合作。

26日，国家副主席习近平在北京会见费乌若时说，双方在涉及各自国家的重大和核心利益问题上相互理解和支持。近年来，两国高层交往频繁，政治互信不断加深。2010

年11月，两国建立战略伙伴关系，把中安关系提升到新的高度。中方愿同安方一道，进一步加强治国理政经验交流，深化各领域务实合作，密切在多边事务中的沟通协调，不断丰富两国战略伙伴关系的内涵。

费乌若说，安方对两国在政治、经贸等各领域的合作成果表示满意，愿与中方加快落实双方达成的合作协议，进一步扩大合作领域，推动两国战略伙伴关系继续深入发展。

10月23—25日

［纲　文］　**“国际道教论坛”在湖南衡阳市南岳衡山举行。**

［目　文］　全国政协主席贾庆林为论坛发来贺信。中共中央政治局委员、国务院副总理回良玉对办好论坛提出明确要求。全国政协副主席、中共中央统战部部长杜青林出席开幕式并致辞。

论坛由中国道教协会、中华宗教文化交流协会主办，以“尊道贵德、和谐共生”为主题。

来自20多个国家和地区的500多名高道大德和专家学者，举行论坛大会发言、四场电视论坛和四场分论坛等活动。会议发表了《国际道教论坛南岳宣言》。

10月23—28日

［纲　文］　**首届世界浙商大会在浙江杭州举行。**

［目　文］　中共中央政治局常委、国家副主席习近平，中共中央政治局委员、国务院副总理张德江向大会发来贺信。大会以“创业创新闯天下、合心合力强浙江”为主题，由浙商代表对话交流为主，并与专家、政府官员交集互动。内容分为“浙商精神筚路蓝缕”“浙商荣誉报效桑梓”“浙商力量山重水复”“浙商使命再造福祉”四大板块。2000余位浙商先驱、浙商元老、浙商新生代，以及省外浙商、海外浙商精英参会。大会发表了《首届世界浙商大会宣言》。

10月24日

［纲　文］　**新华社讯，经国务院、中央军委批准，《军队保障社会化“十二五”规划》印发。**

［目　文］　《规划》指出，到“十二五”末，基本完成后勤保障社会化，其他保障社会化取得实质性成果。成建制整体推进驻大中城市军以上机关、院校、科研院所等类型单位改革，全面落实饮食保障、商业服务、营房保障以及通勤班车保障等社会化改革任务。稳步推进其他保障社会化。进行公务用车社会化试点。加快推进军队通信网络互联互通和资源共享。继续做好缩减驻大中城市非作战部队幼儿园、子女学校规模工作。积极推进物资储备方式改革，进一步扩大经费储备、合同储备和依托企业代储范围。

国务院办公厅、中央军委办公厅下发通知，要求军地各级部门要高度重视，采取有力措施，明确工作责任，确保军队保障社会化有序高效向前推进。

10月24日

［纲　文］　**新华社讯，中央创先争优活动领导小组印发《关于在创先争优活动中进一步推动各级党政机关和干部深入基层为民服务的指导意见》。**

［目　文］　《意见》指出，要明确目标任务。各级党政机关和干部要坚持工作重心下移，经常深入实际、深入基层、深入群众，做到知民情、解民忧、暖民心，始终保持党同人民群众的血肉联系。要下基层“接地气”，转变干部作风；察民情办实事，真心为民服务；抓基层打基础，加强基层组织。

《意见》要求，要坚持有效做法。要着眼于党政机关和干部更好地服务大局、服务基层、服务群众，继续坚持广泛走访群众、深入基层调研、实行驻村蹲点、开展结对帮扶等行之有效的深入基层为民服务的方式方法，适应新形势新任务要求，不断加以丰富完善，确保取得实际效果。

10月24日

［纲　文］　**水利部印发《全国中小河流治理项目资金使用管理实施细则》。**

［目　文］　《细则》共8章40条。主要有总则、管理职责、资金使用管理、支出管理、资产管理、财务报告管理、监督管理、附则等内容。自2011年10月24日起施行。

10月24日

［纲　文］　**海关总署公布《中华人民共和国海关管道运输进口能源监管办法》，自2011年12月1日起施行。**

10月24日

［纲　文］　**银监会发布《关于支持商业银行进一步改进小型微型企业金融服务的补充通知》。**

［目　文］　《通知》要求商业银行努力实现小型微型企业贷款增速不低于全部贷款平均增速，增量高于上年同期水平。

《通知》明确了商业银行发行小型微型企业专项金融债的条件。除需满足金融债发行相关法律法规及审慎性监管要求外，对于小型微型企业贷款达到第一条目标的商业银行，可申请发行专项金融债。除银团贷款外，商业银行不得对小型微型企业贷款收取承诺费、资金管理费，严格限制对小型微型企业收取财务顾问费、咨询费等费用。

10月24日

［纲　文］　**中央人才工作协调小组第三十三次会议在北京召开。**

［目　文］　中共中央政治局委员、中组部部长李源潮出席并讲话。会议审议了关于加强社会工作专业人才队伍建设和加强职务发明人合法权益保护、促进知识产权运用实施等方面的文件。中央人才工作协调小组成员和国家知识产权局负责人参加会议。

10月24日

［纲　文］　**全国人大常委会委员长吴邦国在北京分别会见博茨瓦纳国民议会议长纳莎和南非国民议会副议长姆费凯托。**

［目　文］　吴邦国会见纳莎时说，中博国情和政治体制不同，但这不影响双方开展交流与合作。当前两国都面临发展经济、改善民生、维护稳定的共同任务，这为深化合作开辟了广阔空间。希望以您的访问为契机，加强中国全国人大与博茨瓦纳国民议会的友好往来与务实合作，为中博关系全面深入发展发挥更加积极的作用。

纳莎说，中国是包括博茨瓦纳在内的广大非洲国家的好朋友、好兄弟。博方期待学习中方在推动经济社会发展等方面的成功经验。博茨瓦纳国民议会愿加强与中国全国人大的友好交往，为国家关系发展注入新的活力。

吴邦国会见姆费凯托时说，2010 年 8 月，中南建立全面战略伙伴关系，为两国各领域交往与合作奠定了更坚实的政治基础，双边关系进入新的发展阶段。在这一背景下，中南两国立法机构的交流与合作也取得长足发展。希望双方以启动议会定期交流机制为契机，加强各层次友好往来，增进相互了解，加强在立法、监督、治国理政等方面的经验交流，推动务实合作，不断丰富两国关系的内涵。

姆费凯托说，南中立法机构定期交流机制的启动，对加强两国立法机构交往很有意义。南非国民议会愿同中国全国人大一道，充分发挥定期交流机制的作用，为两国立法机构乃至国家关系的发展作出积极贡献。

10 月 24 日

［纲　文］　国务委员刘延东在北京会见欧盟委员会教育、文化、语言多样性及青年事务委员瓦西利乌。

［目　文］　刘延东说，在中欧关系良好发展势头的带动下，中欧人文交流日趋活跃。继续加强中欧人文交流，有利于进一步夯实中欧关系的社会基础和民意基础。中方愿与欧方积极推动中欧高级别人文交流机制的建设和发展，为中欧全面战略伙伴关系发展作出积极贡献。

瓦西利乌认为，通过高级别人文交流机制加强欧中教育、文化以及民众之间的交流，将有助于促进欧中进一步合作，并对欧中人文交流前景充满信心。

10 月 24 日

［纲　文］　国务院副总理王岐山在北京会见美国密苏里州州长杰里迈亚·尼克松。

［目　文］　王岐山首先对中国上海至美国圣路易斯货运航线正式开通表示祝贺并说，近年来，中美地方间交流合作快速发展，给两国人民带来了实实在在的利益。希望密苏里州与中国地方省市进一步加强经贸、投资、旅游、人文、教育等各领域合作。两国政府要努力为双方机构、企业合作创造良好环境，切实推动两国经济增长和扩大就业。

尼克松表示，密苏里州愿与中方在更多领域开展互利互惠的合作，欢迎更多的中国企业前来投资兴业。

10 月 24 日

［纲　文］　国务委员兼国防部部长梁光烈在北京与加蓬国防部部长翁宗加举行会谈。

［目　文］　梁光烈说，加蓬是非洲有重要影响的国家，是中国在非洲值得信赖的好

伙伴。建交37年来，双边关系始终发展顺利。双方高层领导人往来不断，各领域合作不断深入。长期以来，中加两军之间保持着良好的交往与合作。中国军队十分珍视与加蓬军队的传统友谊，愿与加方共同努力，加强友好交往，扩大合作领域，不断将两军关系提升到新的水平。

翁宗加说，加蓬与中国长期友好，两军关系不断发展。加方感谢中国军队在人员培训、人道主义救援等领域所提供的帮助，希望与中方继续保持友好交往，不断深化两军关系。

10月24日

［纲　文］　**全国人大常委会副委员长陈至立在北京会见由国民议会议长玛格丽特·纳莎率领的博茨瓦纳国民议会代表团。**

10月24日

［纲　文］　**中国人民对外友好协会与比利时驻华大使馆在北京举行招待会，庆祝中国比利时建交40周年。**

10月24日

［纲　文］　**国务委员兼国防部部长梁光烈、国务委员戴秉国在北京分别会见欧盟外交与安全政策高级代表阿什顿。**

［目　文］　梁光烈说，中欧关系的蓬勃发展为双方在防务安全领域开展务实合作打下了坚实基础。中方与欧盟各成员国均建立了双边军事关系。中方和欧盟在防务安全领域也有着良好的互动，特别是在索马里和亚丁湾海域的护航行动成为中欧在军事领域开展务实性合作的新领域。中欧军事交流与合作有着广阔的前景，相信在双方的共同努力下，中欧防务领域友好合作关系一定会不断向前发展。

阿什顿说，欧盟希望与中国继续加强在打击索马里海盗等防务安全领域的合作。相信此次访华能深化欧盟与中国的友好合作。戴秉国和阿什顿双方就中欧关系、欧洲形势、二十国集团领导人戛纳峰会、西亚北非局势等问题交换了意见。

25日，外交部部长杨洁篪在北京会见欧盟外交与安全政策高级代表兼欧盟委员会副主席阿什顿。

杨洁篪表示，中欧有着相同或相似的发展目标和战略，双方应抓住中国“十二五”规划和“欧洲2020战略”带来的契机，进一步扩大和深化务实合作。中方重视发展中欧关系，支持欧盟应对主权债务危机的努力。希望欧方采取切实有效行动，维护欧元和欧洲金融局势稳定，提振市场信心。

阿什顿表示，欧盟目前正讨论如何应对欧债危机，明确下一步行动方向。欧盟愿与中方密切配合，在应对全球挑战、促进共同发展方面发挥积极作用。

10月24日

［纲　文］　**中国新闻文化促进会第五次会员代表大会在北京召开。**

［目　文］　新闻出版总署署长柳斌杰出席大会并讲话，新闻出版总署副署长李东东

当选中国新闻文化促进会会长。会议通过了中国新闻文化促进会第四届理事会工作报告、《中国新闻文化促进会章程》修改草案以及《中国新闻文化促进会会费标准及管理办法》。

10月24日

［纲 文］ **台盟中央、全国台联在北京举办纪念台湾光复66周年座谈会。**

［目 文］ 台盟中央、全国台联有关人士与部分在京台胞40余人参加了座谈会。台盟中央副主席吴国祯表示，两岸关系历经风云坎坷，站在了新的历史起点上，我们要牢牢把握两岸关系和平发展的主题，深化两岸经济合作，扩大两岸各界往来，坚决反对“台独”分裂活动，共同为两岸关系和平发展和中华民族的伟大复兴而努力。

1945年8月15日，日本宣布无条件投降。同年10月25日，日本在台50年殖民统治终结，宝岛重归中国版图，这一天因此成为台湾光复纪念日。

10月24日

［纲 文］ **“2011年中国在美上市企业发展论坛”在纽约举行。**

［目 文］ 论坛由中国国际投资促进会、纽约证券分析师协会联合主办。与会者探讨了中国企业进入美国资本市场的困难与对策、中国企业管理及内部监管如何与国际接轨、美国现在的市场环境与未来市场展望等问题。

10月24日

［纲 文］ **“香港文汇报辛亥革命百年纪念金”在香港举行首发仪式。**

［目 文］ 该纪念金包含单枚纪念金章、十枚套装纪念金章及纪念金条套装三款产品。该系列纪念产品选取了辛亥革命以来多个历史场景及人物为题材，并以千足金铸造而成。由香港《文汇报》发行，深圳金地珠宝首饰有限公司铸造，并经由香港《文汇报》及中国建设银行在全国范围内销售。该纪念金由中国国家博物馆、台北故宫博物院永久收藏。

首发式上，主办方展示了全国人大常委会副委员长、民革中央主席周铁农的“掠影百年辛亥，金藏华夏复兴”题词，中国国民党荣誉主席连战、吴伯雄的分别为“碧血丹心”和“经济合作手携手，文化交流心连心”题词。

10月24—29日

［纲 文］ **十一届全国人大常委会第二十三次会议在北京举行。**

［目 文］ 全国人大常委会委员长吴邦国主持开、闭幕会。全国人大常委会副委员长王兆国、路甬祥、乌云其木格、韩启德、华建敏、陈至立、周铁农、李建国、司马义·铁力瓦尔地、蒋树声、陈昌智、桑国卫等和常委会组成人员出席会议。

会议主要内容有：一、会议经表决，通过了全国人大常委会关于修改兵役法的决定、关于修改居民身份证法的决定。国家主席胡锦涛分别签署第五十号、五十一号主席令，公布了上述法律。二、会议表决通过了关于加强反恐怖工作有关问题的决定。三、会议分别表决通过了全国人大内务司法委员会、财政经济委员会、农业与农村委员会关于十一届全国人大四次会议主席团交付审议的代表提出的议案审议结果的报告。四、会议表决通过了全国人大常委会代表资格审查委员会关于个别代表的代表资格的报告。根据全国人大常委会发表的公告，十一届全国人大代表现在实有2978人。五、会议经表决，任命黄尔梅为最高人民法院副院长。

吴邦国在闭幕会上说，修改后的兵役法，适应我国军队现代化建设和经济社会发展的需要，重点增加了吸引高素质青年入伍的规定，完善了军人基本待遇和抚恤优待政策，充实了士兵和军官退役安置、促进就业等内容，对于保证兵役工作顺利开展，维护军人及其家属的合法权益，全面推进人民军队革命化现代化正规化建设，都具有重要意义；为了进一步提高居民身份证的防伪性能，便于公民依法进行社会活动，加强社会管理的基础性制度建设，常委会对居民身份证法作了部分修改，主要是明确了一代证停止使用期限，增加了登记指纹信息的内容，强化了对公民信息的安全保护，完善了依法查验居民身份证的规定；会议通过的关于加强反恐怖工作有关问题的决定，适应我国反恐怖斗争的现实需要，借鉴我国参加的国际公约及相关国际文件的规定，从法律上界定了恐怖活动及其组织和人员，明确了反恐怖工作领导机构和组织力量，完善了涉恐资产冻结机制等，有利于进一步加强反恐怖工作，保障国家安全和人民生命财产安全。

10月24—25日

［**纲　文**］　**温家宝在天津滨海新区调研。**

［**目　文**］　国务院总理温家宝考察了中航直升机有限责任公司、凯莱英生命科学技术（天津）有限公司、天津芯硕精密机械有限公司、华大基因科技有限公司等企业，听取了企业负责人的意见和建议。他说，国际金融危机还没有结束，我们要把更大的力量放在发展实体经济，特别是扶持战略性新兴产业上来，这有利于减少国际金融危机对我们的影响。这不仅是应对当前国际金融危机的举措，而且是使我国具有长远竞争力的关键所在。在南开中学看望师生，并和大家交流。

温家宝主持会议，听取了天津滨海新区开发开放情况汇报。温家宝说，把滨海新区建成科研单位、科技人才的向往之地，这才算成功。他对天津滨海新区的发展提出了新的要求：第一，着力培育产业国际竞争力，发展高端制造业与高端服务业。第二，着力建设科技创新高地，在一些关键领域实现迎头赶上、跨越发展。第三，着力提升开放型经济水平，在迎接全球新一轮科技革命和产业振兴的浪潮中勇居潮头。第四，着力增强可持续发展能力，在节能减排、生态保护、环境治理、低碳发展等方面走在全国前列。第五，着力深化体制改革，创造有价值的改革经验。

25日，温家宝与天津、内蒙古、江苏、山东四省（区、市）负责人分析研究经济形势座谈时说，要把握好宏观经济政策的力度、节奏和重点，适时适度进行预调微调，保持货币信贷总量的合理增长，优化融资结构，提高金融服务水平。要完善财税政策，大力推进结构性减税。财政支出要把保障和改善民生作为重点，把钱花在刀刃上。信贷政策要与产业政策更好地结合，切实做到有保有压，保证国家重点在建、续建项目的资金需要，重点支持实体经济尤其是符合产业政策的中小企业，支持民生工程尤其是保障性安居工程。继续严格控制产能过剩和高耗能、高污染项目投资。

10月24—26日

［纲　文］　**第二届亚欧交通部长会议在成都召开。**

［目　文］　国务院副总理张德江出席开幕式并指出，扩大亚欧交通运输合作符合亚欧各国和人民的根本利益，应充分利用亚欧交通部长会议这一重要平台，加强合作交流，探索发展模式，完善合作机制，取得务实成果，共同建设亚欧绿色安全高效交通运输体系，共同促进亚欧交通运输事业更加繁荣发展。

会议由交通运输部和四川省政府共同主办，以“亚欧连接——绿色、安全、高效”为主题。36个亚欧会议成员国、5个国际组织和46个亚欧企业的代表参加会议。与会代表通过主旨发言、专题演讲和对话互动等方式，交流了各国在建立绿色、安全、高效交通运输体系方面的经验和做法，并就交通运输业发展所面临的挑战和机遇进行了分析，共同探讨了应对解决方案。会议通过了《第二届亚欧交通部长会议联合宣言（成都宣言）》《便利亚欧间货物运输和人员往来行动计划》。

会议期间，张德江会见了与会亚欧国家交通部长和国际组织代表，出席了有关协议的签字仪式；查看了都映高速公路灾后恢复重建和映汶高速公路、成自泸赤高速公路建设情况，调研四川交通运输基础建设工作。

10月24—26日

［纲　文］　**首届中国（北流）国际陶瓷博览会在广西北流举行。**

［目　文］　陶博会由中国陶瓷工业协会等主办，是集展览、商贸、交流与合作为一体的国际性陶瓷盛会。博览会设5个展区，1220个展位，参展陶瓷商品涵盖日用陶瓷、建筑陶瓷、卫浴陶瓷、工业陶瓷、电子陶瓷、高新科技陶瓷、艺术瓷等各种陶瓷产品以及陶瓷机械、原材料、包装辅料等。

10月24—25日

［纲　文］　**2011中欧社会管理论坛在北京举行。**

［目　文］　论坛由国家行政学院举办，以“新形势下的社会管理：挑战和机遇”为主题。下设“政府社会管理职能”“社会管理基本问题”“社会发展和社会政策”“社会管理方式创新”“城市化过程中的社会管理”五个分论题。

10月25日

［纲　文］　**国家主席胡锦涛与比利时国王阿尔贝二世互致贺电，庆祝两国建交40周年。**

［目　文］　胡锦涛在贺电中说，建交40年来，在双方的共同努力下，中比关系取得长足发展。特别是近年来，双方高层交往密切，经贸合作不断深化，科技、文化、教育等领域合作成果丰富。双方在国际和中欧事务中也保持良好的沟通协调。保持中比关系长期稳定发展符合两国和两国人民的根本利益。中方重视中比关系，愿以建交40周年为契机，加强两国各层次人员往来，深化各领域务实合作，推动中比友好关系不断迈上新

台阶。

阿尔贝二世在贺电中表示，建交40年来，比中关系不断发展。双方在政治、经济、科技和文化等领域交流合作日益活跃。比方愿与中方共同努力，推动两国互信互利关系不断深化，取得更加丰富的合作成果。

10月25日

［纲　文］　**中共中央印发《中共中央关于深化文化体制改革推动社会主义文化大发展大繁荣若干重大问题的决定》。**

［目　文］　《决定》由九个部分组成：一、充分认识推进文化改革发展的重要性和紧迫性，更加自觉、更加主动地推动社会主义文化大发展大繁荣。二、坚持中国特色社会主义文化发展道路，努力建设社会主义文化强国。三、推进社会主义核心价值体系建设，巩固全党全国各族人民团结奋斗的共同思想道德基础。四、全面贯彻“二为”方向和“双百”方针，为人民提供更好更多的精神食粮。五、大力发展公益性文化事业，保障人民基本文化权益。六、加快发展文化产业，推动文化产业成为国民经济支柱性产业。七、进一步深化改革开放，加快构建有利于文化繁荣发展的体制机制。八、建设宏大文化人才队伍，为社会主义文化大发展大繁荣提供有力人才支撑。九、加强和改进党对文化工作的领导，提高推进文化改革发展科学化水平。

《决定》指出，中华民族伟大复兴必然伴随着中华文化繁荣兴盛。全党要紧密团结在以胡锦涛同志为总书记的党中央周围，满怀信心带领全国各族人民在坚持和发展中国特色社会主义的伟大实践中进行文化创造，为把我国建设成为社会主义文化强国而努力奋斗！

10月25日

［纲　文］　**新华社讯，中央军委批转总参谋部、总政治部、总后勤部、总装备部《关于进一步加强军队资产管理的意见》。**

［目　文］　《意见》指出，加强军队资产管理要深入贯彻落实科学发展观，坚持规划计划主导、钱物并重和矩阵式管理的原则，全面推行资产配置标准化、核算动态化、处置规范化、统筹资产调配与预算安排的“三化一统筹”管理模式，进一步完善资产管理体制机制、运行方式和法规制度，逐步形成体现时代特征、符合使命要求、适应军民融合的军队资产管理体系，为我军遂行多样化军事任务提供适时、适地、适量的精确化保障。

《意见》要求，各级各部门要统一思想认识，加强组织领导，广泛宣传教育，严格依法管理，加强信息化手段建设，深化拓展资产管理改革，有力有序有效推进资产管理各项工作深入发展，进一步向资产管理要效益要保障力。

10月25日

［纲　文］　**商务部、财政部和中国人民银行发布《关于“十二五”时期做好扩大消费工作的意见》。**

［目　文］　《意见》指出，扩大消费是“十二五”期间商务工作的重要任务，重点是构建统一开放、竞争有序、高效安全、利产惠民的现代商贸流通体系。要进一步完善农村

流通网络，发展社区便民服务，促进网络购物、电视购物等无店铺销售形式规范发展，大力促进便利消费。要发展现代流通方式，促进产销直接对接，降低流通成本，大力促进实惠消费。要完善市场监管体系，大力促进安全消费。

10 月 25 日

［纲　文］　**中宣部在北京召开学习贯彻党的十七届六中全会精神中央宣讲团动员会。**

［目　文］　中共中央政治局常委李长春出席会议并讲话。中宣部部长刘云山主持会议。中共中央政治局委员、国务委员刘延东，全国政协副主席、中国社科院院长陈奎元出席会议。中央宣传思想工作领导小组成员、中央宣讲团成员参加会议，中宣部举办的省区市党委宣传部、讲师团学习贯彻党的十七届六中全会精神研讨班与会人员列席会议。为深入推进党的十七届六中全会精神的学习宣传贯彻，中共中央决定由中宣部会同中央有关部门组成中央宣讲团。中央宣讲团成员在学习领会党的十七届六中全会精神基础上，研讨、集体备课，并赴各地开展宣讲活动。

李长春要求宣讲团成员认真备课、加强研讨，努力吃透全会精神，坚持全面讲解、突出重点，既从整体上完整把握、系统宣讲全会精神，又抓住重点问题进行集中宣传阐释。要紧密联系当前国际国内形势发展变化和我国文化改革发展生动实践开展宣讲，倡导清新朴实的话风文风，切实增强宣讲的针对性实效性。要把握政策、注意导向，科学严谨地宣讲全会精神，确保宣讲的准确性科学性。他要求各地高度重视、认真做好宣讲活动的组织工作，努力扩大宣讲活动的覆盖面和影响力，精心组织好宣传报道，切实抓好面向基层的宣讲活动，使全会精神真正深入基层、深入人心。

10 月 25 日

［纲　文］　**证监会公布《关于上市公司建立内幕信息知情人登记管理制度的规定》，自 2011 年 11 月 25 日起施行。**

10 月 25 日

［纲　文］　**财政部、教育部、民政部、总参谋部、总政治部发布《关于实施退役士兵教育资助政策的意见》。**

［目　文］　《意见》由三个部分组成：一、充分认识实施退役士兵教育资助政策的重大意义。二、基本原则和主要内容。三、有关管理工作要求。

《意见》要求，各高等学校要认真做好退役士兵学生的信息汇总、身份核实等基础性工作，在规定时间内做好有关申报工作。生活费及各种奖助学金要及时发放到退役士兵学生手中，免学费资金要按规定用途使用。同时，要针对退役士兵学生的特点，改进和创新教育教学管理方式，保证退役士兵学生较好地融入大学生活，接受高质量的教育。

10 月 25 日

［纲　文］　**新华社讯，广电总局发布《关于进一步加强电视上星综合频道节目管理的意见》。**

［目　文］　《意见》说，从2012年1月1日起，34个电视上星综合频道要提高新闻类节目播出量，同时对部分类型节目播出实施调控，以防止过度娱乐化和低俗倾向，满足广大观众多样化多层次高品位的收视需求。

10月25日

［纲　文］　**最高人民检察院在北京召开全国检察机关进一步深化打黑除恶专项斗争电视电话会议。**

［目　文］　会议指出，各级检察机关要认真学习贯彻中央的决策部署，把握黑恶势力犯罪活动的新动向，推动打黑除恶专项斗争向纵深发展。

最高检察院常务副检察长胡泽君要求，坚持黑恶必除、除恶务尽，始终保持对黑恶势力犯罪的高压态势。要围绕本地经济社会发展大局，严厉打击垄断经营、强揽工程、破坏市场经济秩序的黑恶势力犯罪，涉足民生领域、强占各类市场的黑恶势力犯罪，非法放贷、暴力讨债、“地下出警”等新型黑恶势力犯罪，插手选举、欺压百姓的农村黑恶势力犯罪。

10月25日

［纲　文］　**中央综治委第三次专题会议在北京召开。**

［目　文］　中央综治委副主任王乐泉、回良玉、李建国、马凯、孟建柱出席会议并讲话。会议听取加强非公有制经济组织和社会组织服务管理、制定和完善社会管理法律政策的汇报，研究部署相关工作。中央综治办、全国人大常委会法工委分别就两个专项工作的进展情况和下步安排作了汇报，与会人员进行了讨论。

10月25日

［纲　文］　**孟建柱在北京会见香港保安局局长李少光率领的香港纪律部队文化交流团主要成员。**

［目　文］　国务委员、公安部部长孟建柱说，长期以来，香港纪律部队、内地公安机关都致力于队伍文化建设，并相互交流、相互学习。当前，按照中央的部署，内地公安机关正大力推进公安先进文化建设。希望双方在深化业务合作的同时，进一步加强文化交流，增强队伍战斗力，提升队伍士气，树立队伍良好形象。

李少光介绍了香港纪律部队有关情况，并表示将进一步加强香港纪律部队与内地公安机关的交流与合作，切实维护和促进香港经济社会的繁荣发展。

10月25日

［纲　文］　**中央纪委监察部在北京举行全国纪检监察系统先进工作者事迹报告会。**

［目　文］　会前，中共中央政治局常委、中央纪委书记贺国强会见了报告团成员。他指出，各级纪检监察机关和广大纪检监察干部要大力宣传先进事迹，认真学习先进典型，树立良好作风，练就过硬本领，更好地担负起党和人民赋予的神圣职责，以推进党风廉政建设和反腐败斗争新成效为党和国家事业发展作出应有贡献。长期以来，广大纪检监察干部坚决贯彻执行中央决策部署，忠实履行职责，扎实开展工作，为推进党风廉政建设

和反腐败斗争作出了重要贡献。实践证明，我们的纪检监察干部队伍是一支完全值得党和人民信赖的队伍。

报告会上，获中央纪委表彰的全国纪检监察系统先进工作者河南省周口市委常委、纪委书记杨正超，江苏省泰州市纪委常委、监察局副局长许年喜，吉林省通化市纪委副书记陈丽华，云南省西双版纳州纪委常委、案件检查一室主任郭光庆作了事迹报告。

10 月 25 日

［纲　文］　**中共中央政治局委员、国务委员刘延东在北京会见由厄瓜多尔主权祖国联盟运动全国执行书记加洛·莫拉率领的考察团。**

［目　文］　刘延东指出，中厄关系发展顺利。建交 30 多年来，特别是近年来，高层互访频繁，政治互信加深，两国在国际事务中保持良好沟通和配合。厄瓜多尔主权祖国联盟运动是厄瓜多尔重要政治力量。中方愿同厄方一道努力，进一步推进两党、两国在各领域的务实合作向前发展。

10 月 25 日

［纲　文］　**外交部在北京人民大会堂举行纪念中华人民共和国恢复在联合国合法席位 40 周年招待会。**

［目　文］　国务委员戴秉国出席并讲话，外交部部长杨洁篪致欢迎词，联合国副秘书长、日内瓦办事处总干事托卡耶夫代表联合国秘书长潘基文致辞。国务院各有关部委负责人及在联合国工作过的老同志、各国驻华使节、联合国系统各驻华机构的代表等共约 400 人出席了招待会。

招待会前，戴秉国会见了托卡耶夫一行，双方就联合国作用、中国同联合国合作等问题交换了看法。

10 月 25 日

［纲　文］　**国家开发银行与发展和改革委员会在北京签署《支持物流业发展战略合作协议》。**

［目　文］　根据协议，双方将以国家物流业发展规划和政策为指引，以鼓励发展的重点领域、地区、企业和项目为支持对象，将发展改革委政策引导优势与国开行融资支持优势结合，按市场化方式进行操作，促进物流业加快发展。

10 月 25 日

［纲　文］　**2011 中国地理信息产业大会暨中国地理信息产业协会成立大会在北京举行。**

［目　文］　全国政协副主席罗富和，全国政协教科文卫体委员会主任、中科院院士徐冠华，国土资源部副部长、国家测绘地理信息局局长徐德明，税务总局副局长宋兰，总参测绘局副局长孙刚出席会议并共同为中国地理信息产业协会揭牌。

大会的主题是“新型服务业态产业创新发展”。大会的主要任务是贯彻落实国务院总理温家宝关于“积极发展地理信息新型服务业态”的指示和国务院副总理李克强视察中国测绘创新基地时的讲话精神，回顾近年来地理信息产业取得的成就，分析面临的形势和任务，交流科技创新、体制创新、管理创新等方面的成果与经验，探讨促进产业跨越式发展的对策，确定协会今后一段时期的工作思路。

10月25日

［纲　文］　**国家级太仓港经济技术开发区举行揭牌仪式**。

［目　文］　太仓港经济技术开发区已形成新能源、新材料、重大装备、石油化工、电子信息、现代物流等优势产业，成为太仓对外开放、产业带动、辐射的经济高地。

10月25日

［纲　文］　**国际自然医学会授予江苏如皋市“世界长寿乡”授牌仪式在北京举行**。

［目　文］　如皋市成为世界上第六个长寿乡。据统计，如皋市目前141万总人口中，百岁以上老人达265人，居全国县（市）之首。至今，经国际自然医学会认定的世界长寿乡有中国广西巴马、新疆和田以及巴基斯坦罕萨、外高加索地区、厄瓜多尔的比尔卡班巴5个地区，均分布在高寒地带和偏远山区，如皋是世界罕见的地处沿海经济发达地区的长寿之乡。

10月26日

［纲　文］　**国家主席胡锦涛任免驻外大使**。

［目　文］　胡锦涛根据全国人民代表大会常务委员会的决定任免下列驻外大使：一、免去常毅的中华人民共和国驻伊拉克共和国特命全权大使职务；任命倪坚为中华人民共和国驻伊拉克共和国特命全权大使。二、免去杨秀萍（女）的中华人民共和国驻马尔代夫共和国特命全权大使职务；任命余洪耀为中华人民共和国驻马尔代夫共和国特命全权大使。三、免去李成文的中华人民共和国驻苏丹共和国特命全权大使职务；任命罗小光为中华人民共和国驻苏丹共和国特命全权大使。四、免去孙和平的中华人民共和国驻乌干达共和国特命全权大使职务；任命赵亚力为中华人民共和国驻乌干达共和国特命全权大使。五、免去高正月的中华人民共和国驻哥伦比亚共和国特命全权大使职务；任命汪晓源为中华人民共和国驻哥伦比亚共和国特命全权大使。六、任命李志国为中华人民共和国驻南苏丹共和国特命全权大使。

10月26日

［纲　文］　**温家宝主持召开国务院常务会议**。

［目　文］　会议主要内容是：一、决定启动实施农村义务教育学生营养改善计划。为贯彻落实《国家中长期教育改革和发展规划纲要（2010—2020年）》，提高农村学生，尤其是贫困地区和家庭经济困难学生健康水平，会议决定，从2011年秋季学期起，启动实施农村义务教育学生营养改善计划。二、会议讨论通过了《疫苗供应体系建设规划》并要求：到2015年，初步建成满足我国经济社会发展需要的疫苗供应体系，实现常态必保，应急能力大幅提升；到2020年，疫苗供应体系进一步健全完善，具备与发达国家同步应

对突发和重大疫情的实力。为此，要建立完善疫情监测网络，加强重大和新发传染病疫苗研发，提高疫苗生产产能和质量，合理扩大疫苗免疫规划品种和覆盖人群，提高人兽共患病防控能力，健全储备体系，增强应急保障能力。三、决定开展深化增值税制度改革试点。会议决定，从2012年1月1日起，在部分地区和行业开展深化增值税制度改革试点，逐步将目前征收营业税的行业改为征收增值税。四、会议审议并原则通过《饲料和饲料添加剂管理条例（修订草案）》。

10月26日

［纲　文］　**证监会公布修改后的《证券公司融资融券业务试点管理办法》，自2011年10月26日起施行。**

10月26日

［纲　文］　**证监会公布《转融通业务监督管理试行办法》。**

［目　文］　《办法》共7章54条。主要有总则、证券金融公司、业务规则、资金和证券的来源、权益处理、监督管理、附则等内容。自2011年10月26日起施行。

10月26日

［纲　文］　**财政部、工业和信息化部、税务总局、工商总局、银监会发布《关于贯彻实施〈小企业会计准则〉的指导意见》。**

［目　文］　《意见》由五个部分组成：一、提高认识，深刻领会发布实施《小企业会计准则》的重要意义。二、把握机遇，全面提升小企业内部管理水平。三、精心部署，切实做好《小企业会计准则》实施配套工作。四、加强宣传，营造《小企业会计准则》实施的良好氛围。五、密切协作，共同服务于小企业的健康可持续发展。

10月26日

［纲　文］　**全军学习贯彻党的十七届六中全会精神会议在北京召开。**

［目　文］　中央军委委员、总政治部主任李继耐主持会议。全军和武警部队大单位领导，以及军委办公厅领导出席会议。各大单位宣传部和总政直属文化单位领导，以及驻京部队文化单位名人名家代表等参加会议。全军和武警部队大单位有关领导分别作了发言。

李继耐在讲话中指出，各级党委和领导要切实把加强军事文化建设，摆在党委工作和部队建设的重要位置，精心筹划部署，科学组织实施，全面抓好会议精神贯彻落实。军队文化工作者要带头学习贯彻全会精神和军委决策部署，大力弘扬我党我军文化工作优良传统，积极为发展先进军事文化、加强社会主义文化建设贡献力量。

10月26日

［纲　文］　**民政部在北京召开中国福利彩票发行和福利彩票公益金使用情况新闻通报会。**

［目　文］　截至10月23日，中国福利彩票年发行量已突破1000亿元，达1001.42亿元，同比增长33.04%，筹集公益金近300亿元。从1987年7月27日试点发行，到

2011年10月23日，全国福利彩票总销量超过6000亿元，支付彩票中奖者的奖金近3000亿元，筹集福利彩票公益金2000多亿元，资助各类福利公益项目24万多个，受益人群超过2亿人。

在中国福利彩票年销量突破1000亿元之际，国务院副总理回良玉就福利彩票工作提出要求。回良玉指出，中国福利彩票发行24年来，遵循“扶老、助残、救孤、济困”宗旨，坚守社会责任，坚持安全运行，秉承公正诚信，不断规范管理，为推动社会福利和社会公益事业的发展作出了重要贡献。各级民政部门和福利彩票机构在年销量突破1000亿元的历史起点上，进一步完善福彩运行机制，强化科学管理，自觉接受社会监督，使发行使用在阳光下运行，促进福利彩票持续发展。

10月26日

［纲　文］　**国务院副总理张德江在北京会见欧洲宇航防务集团首席执行官路易·加卢瓦。**

［目　文］　张德江对欧洲宇航防务集团多年来不断扩大与中国航空产业界的合作表示赞赏。他说，中国民用航空业保持平稳较快发展，前景广阔，民用航空运输市场需求不断增加，潜力很大，双方应在巩固和深化传统合作的基础上，进一步提升技术合作层次，提高整体合作水平，努力在航空产品研发、生产等各个领域实现互利共赢。

加卢瓦积极评价中国经济发展所取得的成就。他表示，欧洲宇航防务集团将进一步加强与中国航空工业企业的交流，扩大合作领域。

10月26日

［纲　文］　**国务委员刘延东在北京会见汇丰集团行政总裁兼香港上海汇丰银行主席欧智华先生率领的香港上海汇丰银行亚太区董事会成员一行。**

［目　文］　刘延东对香港上海汇丰银行为推动香港经济发展，促进香港与内地合作以及支持内地改革开放事业作出的努力表示赞赏，重申中央政府将继续坚持“一国两制”方针，支持特区政府依法施政，支持香港巩固和提升国际金融、贸易、航运中心地位。她希望该行继续立足香港，积极参与内地经济建设，把握国家实施“十二五”规划的有利机遇，妥善应对国际经济面临的不稳定因素，在两地金融经贸合作中发挥更加积极的作用。

10月26日

［纲　文］　**国务院副总理回良玉在沙特阿拉伯王国驻华使馆，代表中国政府吊唁沙特王储兼副首相、国防和航空大臣、军队总监苏尔坦并敬献花圈。**

10月26日

［纲　文］　**外交部部长杨洁篪在北京会见联合国副秘书长、日内瓦办事处总干事托卡耶夫一行。**

10月26日

［纲　文］　**中乌政府间合作委员会第一次会议在北京举行。**

［目　文］　国务委员、中乌政府间合作委员会中方主席孟建柱与乌兹别克斯坦第一

副总理、委员会乌方主席阿齐莫夫共同主持召开。会议结束后，孟建柱和阿齐莫夫出席了双边有关合作文件签字仪式。

同日，国家副主席习近平在北京会见阿齐莫夫时说，双方在涉及彼此核心利益的重大问题上相互支持，在国际和地区事务中密切配合，为地区乃至世界的和平、稳定与发展作出重要贡献。中乌两国互为好朋友、好伙伴，发展长期稳定的中乌友好合作伙伴关系符合两国和两国人民的共同利益。成立中乌政府间合作委员会是两国元首为促进双边关系发展作出的重大决定和重要举措。希望双方充分发挥委员会规划、指导和协调作用，推动两国各领域互利合作全面深入发展。

阿齐莫夫表示，成立乌中政府间合作委员会对推动双边合作向更宽领域、更深层次、更高水平发展具有重要意义。乌方愿与中方共同努力，充分发挥乌中政府间合作委员会的作用，全面扩大和深化两国各领域合作，促进乌中友好合作伙伴关系不断向前发展。

10 月 26 日

［纲　文］　**全国政协人口资源环境委员会和外事委员会在北京召开第四届中国人口资源环境发展态势分析会。**

［目　文］　本次会议主题是“新形势，新机遇，新挑战——探索中国可持续发展之路”。全国政协副主席白立忱出席开幕式并致辞，联合国副秘书长沙祖康发来书面致辞。

与会的全国政协委员、有关部委负责人及研究机构专家学者围绕“联合国可持续发展大会与中国”和“中国可持续发展与落实‘十二五’规划”进行了讨论分析，就中国可持续发展取得的进展、存在的差距、应该如何应对现实挑战等问题提出了多方面、多视角的意见和建议，以期为我国参加 2012 年 6 月在巴西里约热内卢举行的“联合国可持续发展大会”提供参考。

中国人口资源环境发展态势分析会是政协专门委员会履行职能的一种重要形式，也是政协委员、部委、专家学者发表见解、进行工作商谈、群策群力的一个平台。从 2008 年至今已连续举办四届，取得了一批有针对性、服务大局的成果。

10 月 27 日

［纲　文］　**国家主席胡锦涛应约同法国总统萨科齐通电话。**

［目　文］　萨科齐向胡锦涛通报了刚刚结束的欧盟首脑会议有关情况和欧盟应对主权债务危机的举措，表示欧盟承诺将朝着积极的方向迈进。

胡锦涛表示，近日召开的欧盟首脑会议出台了一些新的应对措施和思路，显示了欧洲团结协作、解决债务问题的意愿。希望这些措施有助于欧洲稳定金融市场，克服当前困难，促进经济恢复和发展。

两国元首就即将举行的二十国集团领导人戛纳峰会交换了意见。胡锦涛强调，二十国集团已成为全球经济治理的重要平台。中方希望二十国集团继续发扬同舟共济、合作共赢的精神，通过戛纳峰会向国际社会传递“保增长、促稳定”的强力信号，继续推进世界经济强劲、可持续、平衡增长，最重要的是确保强劲增长。中方愿意同各成员国一道，推动本次峰会开成一个团结、成功、共赢的会议。

萨科齐表示，希望各方在二十国集团领导人戛纳峰会上共同采取措施，确保世界经济增长。

10月27日

［纲　文］　**国务院新闻办公室发布《中国特色社会主义法律体系》。**

［目　文］　《体系》由前言、中国特色社会主义法律体系的形成、中国特色社会主义法律体系的构成、中国特色社会主义法律体系的特征、中国特色社会主义法律体系的完善、结束语等部分组成。

10月27日

［纲　文］　**税务总局公布《卷烟消费税计税价格信息采集和核定管理办法》，自2012年1月1日起施行。**

10月27日

［纲　文］　**国务院副总理王岐山在北京会见美国黑石集团共同创始人、全球主席兼首席执行官苏世民。**

［目　文］　双方就当前世界经济形势、二十国集团领导人戛纳峰会以及中美经济关系等问题交换了看法。

10月27日

［纲　文］　**中宣部部长刘云山在北京会见肯尼亚新闻与通信部部长波吉西奥。**

［目　文］　刘云山说，中方将与肯方共同努力，创新合作方式，拓展合作渠道，推动中肯友好合作关系迈上新台阶。新闻媒体在促进各国人民沟通理解、加强友好合作方面有着重要作用，中国愿同包括肯尼亚在内的广大非洲国家一道，积极探索符合实际的包括新闻产品、人才培训、技术保障在内的媒体交流合作模式，使新闻媒体更好地造福各国人民。

波吉西奥对中国媒体业近年来取得的进步和在国际传媒领域发挥的重要作用表示赞赏，希望在现有基础上，进一步扩大肯中新闻媒体领域的交流与合作。

10月27日

［纲　文］　**国务委员刘延东在北京分别会见瑞士洛桑酒店管理学院董事长托里亚尼一行和以日中友好协会会长、自民党前干事长加藤纮一为团长的日中友好协会代表团。**

10月27日

［纲　文］　**中央国家机关太极拳协会成立大会在全国政协礼堂举行。**

10月27—29日

［纲　文］　**全国人大常委会副委员长、全国妇联主席陈至立率团出席在华盛顿举行的国际妇女论坛。**

［目　文］　论坛主题为“21世纪的平衡与权力”。28日晚，陈至立在国际妇女论坛举行的颁奖典礼上，获进入2011国际名人堂荣誉。据悉，30年来，该论坛先后在全球评

选出 71 位杰出女性进入名人堂。

会议期间，陈至立分别会见了美国前国务卿基辛格和奥尔布赖特、美国国务卿希拉里·克林顿，就中美妇女交流合作交换了意见；与美国知名女企业家座谈。

10 月 27—28 日

［纲　文］　**中日韩救灾减灾合作研讨会在北京举行。**

［目　文］　研讨会由中国国际问题研究所主办。会议围绕“中日韩各国的救灾减灾体系”“三国救灾减灾合作机制的现状与前景”“核能安全与三国合作”“媒体在三国救灾减灾合作中的地位和作用”等议题进行探讨。与会者一致认为，加强三国防灾救灾能力建设、强化灾难发生时的援助体系和务实合作很有必要。

10 月 27—29 日

［纲　文］　**“2011 中欧美学术论坛”在意大利威尼斯举行。**

［目　文］　论坛由意大利阿斯平研究所、中共中央党校和美国阿斯平研究所联合主办。中共中央党校常务副校长李景田在全体会议上发表了以《加强对话，增进互信，扩大交流》为题的主旨演讲。本次学术论坛的主题是“G20 机制是否有效”。与会专家学者围绕“国际经济治理：货币、贸易和商品”“全球安全：跨大西洋与跨太平洋联系”“中东与北非新地缘政治：挑战与机遇”三大议题展开讨论交流并达成多项共识。

10 月 27—29 日

［纲　文］　**2011 中国·贵州紫云格凸国际攀岩交流大会在贵州紫云苗族布依族自治县国家级风景名胜区格凸河景区举行。**

［目　文］　活动由著名品牌 PETZL（攀索）、国家体育总局登山运动管理中心、中国登山协会、贵州省体育局、安顺市人民政府主办。来自法国、美国、英国、意大利、西班牙、澳大利亚、日本、韩国等 35 个国家的 300 多名攀岩选手，以及国内 200 多名攀岩爱好者参加，是目前国内影响最大、国际化水平最高的全球性攀岩活动。

10 月 27—31 日

［纲　文］　**2011 中国·石家庄第六届国际动漫博览交易会在石家庄举行。**

［目　文］　动博会由中共河北省委宣传部、中华文化促进会、中共石家庄市委、石家庄市人民政府、中国动画学会、河北省文化厅、河北省新闻出版局、河北省广播电影电视局、河北省工业和信息化厅共同主办，以“文化融入生活，动漫传递快乐”为主题。来自 9 个国家和地区的 340 个企业参加本届动博会，签约项目 13 项，签约总额超过 55 亿元。

10 月 28 日

［纲　文］　**环境保护部印发《全国地下水污染防治规划（2011—2020 年）》。**

［目　文］　《规划》由五个部分组成：一、地下水环境污染状况。二、指导思想、原则和目标。三、主要任务。四、规划项目和投资估算。五、保障措施。

10月28日

［纲　文］　**财政部、税务总局公布修改后的《中华人民共和国增值税暂行条例实施细则》《中华人民共和国营业税暂行条例实施细则》《中华人民共和国资源税暂行条例实施细则》，自2011年11月1日起施行。**

10月28日

［纲　文］　**中央宣讲团党的十七届六中全会精神首场报告会在北京人民大会堂举行。**

［目　文］　报告会由中宣部、中央直属机关工委、中央国家机关工委、教育部、解放军总政治部、北京市委联合举办。中央宣讲团成员、中央宣传部常务副部长雒树刚作了报告。中央宣讲团成员，学习贯彻党的十七届六中全会精神研讨班与会人员，在京党政机关干部，中央企业负责人和高校师生约3000人参加报告会。

为推动兴起学习宣传贯彻党的十七届六中全会精神的热潮，根据中共中央要求，中宣部会同中央有关部门组成了学习贯彻党的十七届六中全会精神中央宣讲团。参加这次宣讲活动的中央宣讲团成员有中央宣传部常务副部长雒树刚，中宣部副部长、中央外宣办主任王晨，中宣部副部长、文化部部长蔡武，中宣部副部长、国家广电总局局长蔡赴朝，人民日报社社长张研农，工业和信息化部部长苗圩，商务部部长陈德铭，新闻出版总署署长柳斌杰，新华社社长李从军，黑龙江省委书记吉炳轩，中央宣传部副部长王晓晖，科技部党组副书记、副部长王志刚，文化部副部长杨志今，国家广电总局副局长李伟，新闻出版总署副署长蒋建国等16位。中央宣讲团在京举行首场宣讲报告会后，于10月29日起赴全国各地宣讲。

10月28日

［纲　文］　**中直机关“为民服务创先争优”活动推进会在中国妇女儿童博物馆召开。**

［目　文］　全国妇联、新华社、毛主席纪念堂管理局、中央电视台等单位代表在会议上发言，交流了他们深入开展“为民服务创先争优”活动的经验。

10月28日

［纲　文］　**国务委员刘延东在北京会见美国斯坦福大学校长约翰·亨尼西。**

［目　文］　刘延东积极评价斯坦福大学与中国高等院校日益加强的合作与交流，对亨尼西校长致力于推动中美友好关系表示肯定。刘延东向客人简要介绍了“十二五”规划、中国教育改革发展以及中美人文交流高层磋商机制的有关情况。她指出，两国高校加强多领域交流合作对于促进人文交流、夯实中美合作伙伴关系的民意与社会基础有独特作用。她希望斯坦福大学充分发挥优势，为深化中美人文交流作出新的贡献。

10月28日

［纲　文］　**国务委员戴秉国在北京会见美国常务副国务卿伯恩斯。**

［目　文］　戴秉国说，双方要切实落实两国元首有关建设合作伙伴关系的重要共识，坚持相互尊重、平等相待、同舟共济、互利共赢的精神，做好下阶段中美高层交往工

作，扩大在双边和广泛国际地区问题上的合作，妥善处理分歧，维护中美关系健康稳定发展。戴秉国重申了中方在台湾等问题上的原则立场。

伯恩斯说，奥巴马总统和美国政府高度重视美中关系，致力于与中方共同推进相互尊重、互利共赢的美中合作伙伴关系。美方期待与中方合作，推动二十国集团戛纳峰会、亚太经合组织领导人夏威夷非正式会议和巴厘岛东亚峰会取得积极成果。

10月28日

［纲　文］　**普通话审音委员会在北京成立。**

［目　文］　委员会由语言学、教育学、普通话研究以及播音主持、科技名词、地名、民族语言等领域的专家组成。委员会主任由北京大学王洪君教授担任，许嘉璐、曹先擢、江蓝生、王理嘉等知名学者应邀担任顾问。委员有陈先云、方明、侯精一、黄笑山、黄行、黄易青、李国英、李如龙、李瑞英、刘丹青、刘青、瞿弦和、商伟凡、石锋、姚喜双。

新中国成立以来，我国先后进行过两次普通话审音工作。1956年成立普通话审音委员会，历经8年编成了《普通话异读词审音表初稿》及“续编”“三编”，1963年合并为《普通话异读词审音总表初稿》，奠定了普通话语音规范的基础。1982年，中国文字改革委员会开展了第二次普通话审音工作，以《总表初稿》为基础，形成了《普通话异读词审音表》。此表1985年由国家语委、国家教委、广播电视部联合发布，是普通话语音的现行国家标准，是普通话推广普及的基础依据。“普通话语音规范网（普通话审音网）”同时开通。

10月28日

［纲　文］　**首届两岸及香港《经济日报》财经高峰论坛在北京人民大会堂举行。**

［目　文］　中共中央政治局常委李长春发来贺信，他希望与会的两岸及香港有识之士深入开展交流，积极建言献策，为进一步深化两岸三地经贸合作、推动共同发展繁荣作出贡献。

国务院副总理王岐山出席论坛并致辞。论坛由《经济日报》、台湾《经济日报》和《香港经济日报》共同主办，经济日报社承办。180余位来自大陆、台湾、香港的知名学者、企业家、媒体人士参加论坛，围绕新形势下“两岸及香港经贸合作的机遇与挑战”这一主题，以金融业、旅游贸易服务业等产业合作进行了研讨。

从2011年起，两岸及香港《经济日报》财经高峰论坛每年举办一次，由三家《经济日报》轮流承办。三家《经济日报》将在此基础上探索长效合作机制，创新信息交流渠道，进一步推动两岸及香港财经界的交流与合作。

27日，中宣部部长刘云山在人民大会堂会见台湾《经济日报》和《香港经济日报》负责人时指出，中华文化是中华民族生生不息、团结奋进的不竭动力，大陆、台湾、香港今天的繁荣发展都离不开中华文化的滋养。在大陆与台湾、内地与香港、香港与台湾多层次的交流合作中，文化交流、媒体合作十分重要。希望两岸三地新闻界着眼推进中华民族伟大复兴，进一步加强交流合作，发挥各自优势，共同应对世界传媒业的竞争，为两岸及香港各个领域的交流合作提供及时有效的新闻资讯服务。刘云山还应询介绍了中共十七届六中全会精神。

台湾经济日报社社长杨仁烽、香港经济日报社副社长石镜泉等台湾、香港媒体人士表示，愿采取更多方式加强与大陆新闻媒体的合作，共同为推进两岸及香港经贸合作营造良好舆论氛围。

10月28—30日

［纲　文］　**中华全国新闻工作者协会第八届理事会第一次会议在北京举行。**

［目　文］　中共中央政治局常委李长春代表党中央在开幕式上讲话，向大会表示热烈祝贺，向全国新闻工作者致以亲切问候。中共中央政治局常委、国家副主席习近平，中共中央政治局常委、国务院副总理李克强等出席会议。

中央新闻单位，各省、自治区、直辖市记协及全国性专业记协等团体会员和有关部门推举出的490多名理事和特邀理事出席会议。与会代表学习中共中央十七届六中全会关于文化改革发展的有关精神和李长春在大会开幕式上的讲话，大家表示这是一次统一思想、凝聚力量、团结鼓劲的大会，要以这次会议为契机，进一步转变观念，抓住机遇，乘势而上，以更加昂扬的精神状态、更加扎实的工作举措，不断巩固和推动文化繁荣发展的良好势头，在新的历史起点上努力开创文化建设新局面，以优异成绩迎接党的十八大胜利召开。

田聪明当选新一届中国记协主席，邵华泽被推举为名誉主席。大会审议通过了中国记协第七届理事会常务理事会工作报告，总结了过去5年工作的成绩和经验，明确了今后5年的工作和任务；会议讨论并通过了《中华全国新闻工作者协会章程（修订草案）》；会议选举产生了中国记协第八届理事会常务理事会，选举产生了主席、副主席，推举了名誉主席，任命了书记处书记。

30日，李长春接见了中国记协第七、第八届领导机构成员，对中国记协第八届理事会第一次会议圆满成功表示祝贺。中共中央政治局委员、中宣部部长刘云山参加接见并发表讲话。

10月28—31日

［纲　文］　**第四届海峡两岸（厦门）文化产业博览交易会在厦门国际会议中心举行。**

［目　文］　文博会秉承"一脉相承·创意未来"的主题，总展览面积超过4万平方米，比上届增长了25%。主展馆内设重点文化产业园区与重大项目展区、海峡西岸城市主题展区、台湾展区、香港展区等13个专题展区。海峡文化产权交易区和海峡两岸演艺产业交易区是首次设立。

10月28—30日

［纲　文］　**第十四届中国国际煤炭采矿技术交流及设备展览会在北京举行。**

［目　文］　展览会由中国煤炭工业协会主办、中国中煤能源集团公司协办。来自20

个国家和地区的400多家采矿设备制造商和科研机构参加，汇集了国内外大型采矿、运输、洗选等设备，展示了当今世界煤炭开采和加工的最新技术。

10月29日

［纲　文］　**胡锦涛签署中华人民共和国主席令（第五十至五十一号）。**

［目　文］　主席令（五十号）说，《全国人民代表大会常务委员会关于修改〈中华人民共和国兵役法〉的决定》已由中华人民共和国第十一届全国人民代表大会常务委员会第二十三次会议于2011年10月29日通过，现予公布，自公布之日起施行。

主席令（五十一号）说，《全国人民代表大会常务委员会关于修改〈中华人民共和国居民身份证法〉的决定》已由中华人民共和国第十一届全国人民代表大会常务委员会第二十三次会议于2011年10月29日通过，现予公布，自2012年1月1日起施行。

10月29日

［纲　文］　**国务院、中央军委公布《退役士兵安置条例》。**

［目　文］　《条例》共6章53条。主要有总则、移交和接收、安置、保险关系的接续、法律责任、附则等内容。自2011年11月1日起施行。1987年12月12日国务院发布的《退伍义务兵安置条例》，1999年12月13日国务院、中央军委下发的《中国人民解放军士官退出现役安置暂行办法》同时废止。本条例施行以前入伍、施行以后退出现役的士兵，执行本条例，本人自愿的，也可以按照入伍时国家有关退役士兵安置的规定执行。

10月29日

［纲　文］　**温家宝主持召开国务院常务会议。**

［目　文］　会议分析当前经济形势，部署近期经济工作。会议认为，2011年以来，各地区、各部门按照中央决策部署，贯彻科学发展观，加快转变发展方式，推动经济增长由政策刺激向自主增长有序转变，国民经济保持平稳较快发展。内外需增长动力更趋协调，物价过快上涨势头得到初步遏制，农业生产形势良好，结构调整积极推进，金融体系健康稳定，重点领域改革取得新进展，人民生活进一步改善，经济社会发展总体保持良好态势。当前，国内外环境十分复杂，出现不少新情况、新问题，我们必须始终保持清醒头脑，冷静观察，科学判断，未雨绸缪，做出正确的政策选择。

会议指出，做好今冬明春的各项工作，对于全面完成今年经济工作任务，为明年发展打下好的基础具有重要意义。今后几个月要重点做好以下工作：一、切实把握好宏观调控的方向、力度和节奏。二、继续采取有力措施稳定物价总水平。加强重要商品，特别是生活必需品的产运销衔接，保障市场供应。三、抓好秋收和秋冬季农业生产。落实最低收购价和收储政策，组织好粮棉收购。四、坚定不移地搞好房地产调控。各地政府要切实负起责任，继续严格执行政策，进一步巩固调控成果。五、积极支持企业，特别是吸纳就业和科技创新的小型、微型企业发展。六、促进对外贸易稳定发展。保持外贸政策的连续性和稳定性，发挥好信用保险、出口退税、出口信贷等政策的作用，努力促进对外贸易平稳增长和基本平衡。七、狠抓节能减排不放松。认真落实节能减排综合性工作方案，努力完成年度目标任务。八、努力办好涉及民生的事情。把扩大就业放在更加重要的位置，重点加强对离校未就业高校毕业生的就业服务和就业援助。保证农民工工资足额发放，维护和谐稳定的劳动关系。九、大力提高安全生产水平。严格质量监督检查和市场监管，保障食品、药品安全。

10月25日和28日，国务院总理温家宝在天津、北京召开座谈会，分析经济形势，听取地方政府负责人和专家学者的意见建议。

10月29日

［纲　文］　**十一届全国人大常委会在北京人民大会堂举行第二十四讲专题讲座。**

［目　文］　全国人大常委会委员长吴邦国主持讲座，全国人大常委会副委员长王兆国、路甬祥、乌云其木格、韩启德、华建敏、周铁农、李建国、司马义·铁力瓦尔地、蒋树声、陈昌智、桑国卫等听取讲座。本次讲座的题目是《资本市场与中国经济社会发展》。主讲人中国证监会研究中心主任祁斌从全球资本市场的演进历程与启示，中国资本市场的发展历程、情况及问题，推动我国资本市场健康发展的宏观背景与战略措施三方面作了深入讲解。

10月29日

［纲　文］　**国务院任免国家工作人员。**

［目　文］　任命尚福林为中国银行业监督管理委员会主席；免去刘明康的中国银行业监督管理委员会主席职务。任命郭树清为中国证券监督管理委员会主席；免去尚福林的中国证券监督管理委员会主席职务。免去吴定富的中国保险监督管理委员会主席职务。

10月29日

［纲　文］　**国务院总理温家宝打电话给泰国总理英拉，就泰国遭受罕见洪涝灾害代表中国政府和人民向泰国政府和人民表示慰问。**

10月29日

［纲　文］　**“2011中央国家机关、驻京部队老干部金秋联谊会”在北京举行。**

［目　文］　联谊会由中国老龄事业发展基金会主办，中直机关和中央国家机关130多个部委离退休干部部门的领导、年近百岁的老红军王定国及社会知名人士300余人出席会议。

10月29日

［纲　文］　**刘云山在北京调研。**

［目　文］　中宣部部长刘云山在北京市宣传文化单位和文化企业、文化产业园区调研。他指出，党的十七届六中全会的成功召开，是对全党全社会文化自觉文化自信的有力提升，是对各级党委政府加强文化建设、推动文化改革发展的巨大促进，是对广大干部群众投身文化建设、参与文化创造的深入动员。以这次全会为标志，我国文化建设进入一个新的阶段，站在一个新的历史起点上，迎来一个繁荣发展的黄金期。全会提出要发挥首都

全国文化中心示范作用，这是在新的历史阶段推动社会主义文化大发展大繁荣的重要举措，是立足我国经济社会发展全局对首都文化建设作出的战略定位。

10月29日—11月2日

［纲　文］　**贺国强在贵州调研**。

［目　文］　中共中央政治局常委、中央纪委书记贺国强在贵州黔西南、安顺、贵阳等地调研时指出，要加大扶贫攻坚力度，在国家政策支持和有关省市对口支援下，充分发扬自力更生、艰苦奋斗的精神，着力推进武陵山区、石漠化区等连片贫困地区的扶贫开发，尽快改变贫困地区面貌，大力改善贫困群众的生活。要坚持开发和保护并举、发展经济和保护生态共赢，加强生态建设和环境保护，深入推进石漠化治理，搞好节能减排，大力发展绿色经济、循环经济、低碳经济，确保贵州青山常在、绿水长流。

贺国强在黔西南州烟叶复烤厂，勉励企业负责人搞好经营管理，不断把企业做大做强，为促进民族地区经济发展作出新贡献；在贵州皓天光电科技有限公司，对企业填补国内相关技术和产品空白的成绩给予肯定；在国家文化产业示范基地安顺兴伟奇石馆，希望贵州抓住国家推进文化改革发展的机遇，充分发挥红色文化、民族文化资源丰富独特以及自然环境和气候条件良好的优势，大力发展文化产业和旅游业，着力培育新的经济增长点；在贵阳市群众工作中心，与工作人员和上访群众交谈；在省纪委监察厅看望了机关干部，指出要以学习贯彻党的十七届六中全会精神为契机，总结实践经验，把握工作规律，扎实推进廉政文化建设，为深入开展党风廉政建设和反腐败斗争提供思想保证、精神动力、舆论支持和文化支撑。

考察期间，贺国强听取了贵州省委、省政府和省纪委的工作汇报。他希望贵州各级党委、政府和广大干部群众认真贯彻落实胡锦涛总书记关于做好贵州工作的重要指示，深入贯彻落实科学发展观，大力弘扬伟大的长征精神，解放思想、开拓创新、团结奋斗、真抓实干，在全面建设小康社会的新征程上谱写贵州更加美好的明天。

10月29—31日

［纲　文］　**回良玉在四川考察**。

［目　文］　国务院副总理回良玉在遭受“5·12”特大地震重创的汶川、北川、安县、广汉、涪城等县市区，了解灾区群众生产生活情况，与干部群众共商灾区振兴发展大计。他指出，经过三年恢复重建，灾区生产条件大变样、基础设施大提升、产业结构大调整、社会事业大跨越，实现了“家家有房住、户户有就业、人人有保障、设施有提高、经济有发展、生态有改善”的重建目标，呈现出勃勃生机与活力。他勉励干部群众再接再厉，艰苦奋斗，用勤劳双手建设美好新家园。

10月29日—11月1日

［纲　文］　**第九届中国国际农产品交易会在成都举行**。

［目　文］　国务院副总理回良玉出席开幕式并宣布交易会开幕。本届农交会以“转变发展方式，推进现代农业”为主题，展出面积6万余平方米，分为8个板块。来自全

国31个省区市和新疆生产建设兵团、台湾33个展团，以及美国、瑞士等15个国家的2000多家企业参展。来自境内外20多个国家地区的1万多家采购商参加交易和洽谈，参观展会的观众近30万人。贸易成交额达602亿元，创历史新高，比上届农交会增加40多亿元。

10月30日—11月4日

［纲　文］　国家主席胡锦涛应邀对奥地利进行国事访问并出席在法国戛纳举行的二十国集团领导人第六次峰会。

［目　文］　陪同胡锦涛出访的有：胡锦涛夫人刘永清、国务院副总理王岐山、中央政策研究室主任王沪宁、国务委员戴秉国、外交部部长杨洁篪、发展改革委主任张平、商务部部长陈德铭、外交部副部长傅莹、胡锦涛主席办公室主任陈世炬等。

10月30日—11月2日，胡锦涛访问奥地利，在维也纳同奥地利总统菲舍尔举行会谈。两国元首就双边关系及共同关心的问题深入交换意见，达成重要共识并出席两国有关合作文件签字仪式、会见记者；分别会见奥地利总理法伊曼、奥地利国民议会议长普拉默。在萨尔茨堡参观了具有500多年历史的乌尔班家庭农庄，考察奥地利农业发展情况；参观了奶牛养殖棚、自动挤奶设备等处，了解农场生产经营情况；参观了莫扎特故居。

胡锦涛同菲舍尔会谈时指出，两国领导人交往频繁，双方贸易、投资、科技、人文等领域交流合作持续扩大、成果丰硕。中国已成为奥地利在欧洲之外的最大贸易伙伴。双方在联合国等多边组织和国际事务中也保持着良好沟通和协调。中奥建交40年来的历程说明，只要本着相互尊重、平等相待的宗旨，相互理解、相互支持，切实照顾彼此核心利益和重要关切，尊重对方选择的社会制度和发展道路，两国关系就能长期健康稳定发展。

菲舍尔完全赞同胡锦涛关于发展两国关系的重要意见，表示奥方愿意同中方保持频繁密切的接触和交流，拓展两国经贸合作，特别是扩大双向投资，发挥各自地缘优势，共同开发中东欧及亚洲市场。奥方积极支持欧盟承认中国完全市场经济地位。希望加强两国文化、科技、旅游合作，保持和扩大双方在联合国及多边领域合作。

3—4日，胡锦涛出席二十国集团领导人第六次峰会并在会上发表题为《合力推动增长　合作谋求共赢》的讲话。胡锦涛指出，当前，世界经济形势值得我们高度关注，世界经济复苏的不稳定性不确定性突出，风险挑战增多。作为国际经济合作的主要论坛，二十国集团应该继续发扬同舟共济、合作共赢的精神，在这个关键时刻抓住主要矛盾，共同提振市场信心，积极化解风险挑战，努力促进世界经济增长和金融稳定。

本次峰会主要讨论世界经济形势，推动世界经济强劲、可持续、平衡增长，全球经济治理，发展和金融监管等问题。峰会通过《增长与就业行动计划》。

峰会期间，胡锦涛出席了金砖国家领导人会晤，同与会的巴西总统罗塞夫、俄罗斯总统梅德韦杰夫、印度总理辛格、南非总统祖马等就金砖国家合作和二十国集团领导人戛纳峰会相关问题交换了意见；分别会见了法国总统萨科齐、美国总统奥巴马、国际货币基金组织总裁拉加德、俄罗斯总统梅德韦杰夫、巴西总统罗塞夫；同英国首相卡梅伦、德国总理默克尔、日本首相野田佳彦、土耳其总理埃尔多安和世界贸易组织总干事拉米等多位外国领导人和国际组织负责人交谈，就发展双边关系和加强二十国集团框架内交流合作交换了意见；接受了法国《费加罗报》书面采访，就中法、中欧关系，二十国集团领导人戛纳峰会，当前世界经济金融形势等回答了提问。

10月30日

［纲　文］　**第二届金砖国家农业部部长会议在成都召开。**

［目　文］　国务院副总理回良玉出席开幕式并代表中国政府致辞。中国、巴西、俄罗斯、印度、南非五国农业部代表团团长会议围绕“密切合作，共同为世界粮食安全作贡献”的主题，对金砖国家农业合作以及共同促进世界粮食安全保障、农业适应气候变化、加强农业科技创新合作、开展信息交流与贸易促进以及合作机制建设等问题展开了讨论，签署了《第二届金砖国家农业部长会议共同宣言》。会议批准了《金砖国家农业合作工作组工作规程》，审议通过了《金砖国家农业合作五年行动计划（2012—2016年）》，决定建立金砖国家规范的农业合作机制。

会前，回良玉会见了金砖国家农业部部长。他肯定了各成员国在落实金砖国家领导人会晤以及首届农业部长会议各项共识方面取得的积极进展，并希望各国农业部部长在本次会议中，就加深合作、共同应对全球粮食安全等重要议题畅所欲言，达成共识，取得成果。

10月30日

［纲　文］　**首届中国古体诗词创作学术论坛在北京举行。**

［目　文］　论坛由中国作家出版集团、中华诗词学会、国务院参事室、中央文史研究馆中华诗词研究院联合主办。国务委员兼国务院秘书长马凯出席论坛。百余位诗坛专家学者围绕新形势下诗词创作进行交流讨论。

10月30日

［纲　文］　**中共河南省第九届委员会第一次全体会议选举卢展工为省委书记，郭庚茂、邓凯为省委副书记。**

10月30日—11月1日

［纲　文］　**第二届世界华文教育大会在西安召开。**

［目　文］　大会由国务院侨务办公室和中国海外交流协会主办、西安市人民政府承办。

来自37个国家和地区的近600名代表出席。与会代表通过主题报告、分组讨论、大会交流等形式，就新时期的海外华文教育现状、特点、困难及如何抓住机遇，促进华文教育大发展等议题展开广泛而深入的讨论。

10月31日

［纲　文］　**国务院办公厅印发《关于建立完整的先进的废旧商品回收体系的意见》。**

［目　文］《意见》由四个部分组成：一、指导思想、基本原则和主要目标。二、重点任务。三、保障措施。四、组织协调。

10月31日

［纲　文］**卫生部、工业和信息化部印发《关于做好传染病治疗药品和急救药品类基本药物供应保障工作的意见》**。

［目　文］《意见》由七个部分组成：一、汇总供应短缺药品信息。二、建立短缺药品信息平台。三、调整优化医疗机构药品库存。四、加快研究建立常态化短缺药品储备。五、探索短缺药品定点生产和省际联合采购。六、加强生产供应监测和协调。七、加大组织实施力度。

10月31日

［纲　文］**海洋局印发《海洋督察工作规范》，自2011年12月1日起施行**。

10月31日

［纲　文］**国务院副总理李克强在北京会见法国苏伊士环能集团董事长兼首席执行官梅斯特拉莱**。

［目　文］李克强指出，国际社会应密切沟通协调，加强合作意愿和良性互动。贸易自由化和投资便利化是应对危机、促进共同发展的一剂良药，各方应以此为共识和长期坚持的方向，消除贸易和投资壁垒，协力推动全球经济摆脱困境，走向平稳健康复苏。企业是市场竞争与合作的主体。中国将继续鼓励外商来华投资，欢迎外资更多投向资源合作、提高能效等领域，形成新的合作亮点和经济增长点。其他国家，特别是发达国家也应为中方企业对外投资提供开放、公平、便利的环境，合力拓展业务，共创双赢局面。

梅斯特拉莱表示，作为来华开展业务已30多年的世界前50强企业，苏伊士集团愿进一步扩大同中方企业的合作。

10月31日

［纲　文］**刘延东考察北京师范大学附属中学**。

［目　文］中共中央政治局委员、国务委员刘延东指出，要以纪念杰出校友钱学森诞辰100周年为契机，认真落实中长期教育改革发展规划纲要，全面贯彻党的教育方针，弘扬优良办学传统，深入实施素质教育，努力实现内涵发展、特色发展，为社会主义现代化建设培育更多德智体美全面发展的创新人才。希望北京师大附中的同学们大力学习和弘扬钱学森忠诚于祖国和人民的伟大爱国精神、敢为天下先的创新精神、尊重规律的科学精神和勤奋刻苦的务实精神，全面发展，增长本领，成为优秀建设者和接班人。

10月31日

［纲　文］**中老缅泰湄公河流域执法安全合作会议在北京举行**。

［目　文］国务委员、公安部部长孟建柱主持会议。老挝副总理兼国防部部长当斋、缅甸内政部部长哥哥、泰国副总理哥威率团出席会议。会议针对湄公河流域严峻的安

全形势，研究建立中老缅泰四国在本流域的执法安全合作机制，并进一步协调各方立场，彻底查清“10·5”案件案情。会议认为，近期，湄公河流域的安全形势趋于严峻，过往商船遭遇非法武装人员抢劫、敲诈、枪击等事件时有发生，已严重威胁沿岸国家人民群众的生命财产安全，影响本地区的和平稳定。四国执法部门应肩负起责任，加强合作，建立机制，共同维护好湄公河流域的安全稳定。与会各方在平等互利、相互尊重主权的基础上，就各方加强配合、尽快查清“10·5”案件案情，建立湄公河流域执法安全合作机制，加强情报信息交流、开展联合巡逻执法、联合整治治安突出问题、联合打击跨国犯罪和共同应对突发事件等进行了广泛深入的磋商、讨论。

会议通过了《湄公河流域执法安全合作会议纪要》，发表了《关于湄公河流域执法安全合作的联合声明》。

30 日，孟建柱在北京分别会见哥威、当斋、哥哥。

孟建柱会见哥威时指出，10 月 5 日，载有 13 名中国船员的两艘货船在湄公河遭遇劫持和袭击，造成中国船员全部遇害。中国政府对事件的发生深感震惊，对多名中国公民罹难深感悲痛，对犯罪分子暴行表示强烈谴责。经过中泰双方的共同努力，目前案件基本告破，相信泰方能够依法处理。

孟建柱会见当斋时指出，10 月 5 日，载有 13 名中国船员的两艘货船在湄公河遭遇劫持和袭击，造成中国船员全部遇害。事件发生后，老方协助滞留的中国船舶、船员经老挝回国，中方对此表示感谢。保障湄公河航道船舶和人员生命财产安全，是各方的共同意愿。

孟建柱会见哥哥时说，10 月 5 日，载有 13 名中国船员的两艘货船在湄公河遭遇劫持和袭击，造成中国船员全部遇害。目前，案件调查工作取得重要进展，希望缅方继续配合，查清事件真相，严惩肇事凶犯。

同日，国务委员兼国防部部长、国家边海防委员会主任梁光烈在北京同当斋举行会谈，双方就两国两军关系和湄公河流域安全合作等问题交换了意见。

10 月 31 日

［纲　文］　**中国人民解放军总参谋长陈炳德在北京与尼泊尔军队参谋长查特拉·曼·辛格·古隆举行会谈。**

［目　文］　陈炳德表示，中方高度赞赏尼方一直以来在涉藏问题上的坚定立场和真诚合作。希望双方继续坚持中尼友好大局，坚持相互帮助，共同应对困难和挑战，维护中尼两国共同利益。中方将始终本着“与邻为善、以邻为伴”的方针，与尼方共同努力，永远做好邻居、好朋友、好伙伴。

古隆说，尼泊尔政府一贯奉行一个中国政策，决不允许任何势力利用尼领土从事反华活动。愿与中方共同努力，不断巩固和发展尼中友好合作关系。

10 月 31 日

［纲　文］　**“奥地利—中国经济论坛”在维也纳举行。**

［目　文］　商务部部长陈德铭、奥地利经济部部长米特勒纳、奥地利商会主席莱特尔和中国国际贸易促进委员会会长万季飞分别致辞，对两国经济贸易关系的发展现状表示满意，并一致认为，两国在经贸领域，尤其在节能、环保领域加强并扩大合作的潜力巨大，前景广阔。来自中奥两国经济企业界的250多人出席论坛。

11 月

11 月 1 日

［纲　文］ **新华社讯，中共中央印发《关于党的十八大代表选举工作的通知》。**

［目　文］《通知》对党的十八大代表选举工作作出全面部署。中央组织部召开专门会议，安排部署党的十八大代表选举有关工作。

中共中央确定，党的十八大代表名额共 2270 名，由全国 40 个选举单位选举产生。党的十八大代表应是共产党员中的优秀分子，在坚持先进性的同时应具有广泛的代表性。要有经济、科技、国防、政法、教育、宣传、文化、卫生、体育和社会管理等各方面的代表。代表中，既要有各级党员领导干部，又要有生产和工作第一线的党员。适当增加生产和工作第一线代表名额，注意推荐工人党员、农民党员和专业技术人员党员中的先进模范人物作为代表人选；女党员代表所占比例应有所提高，少数民族党员代表应占一定比例。

中共中央要求，严格履行党章，认真贯彻执行民主集中制。代表的产生，采取自下而上、上下结合、反复酝酿、逐级遴选的办法进行。要广泛发动基层党组织和党员积极参与代表候选人的推荐提名，根据多数党组织或多数党员的意见，逐级遴选择优，确定代表候选人推荐人选。实行差额考察，充分听取基层党组织、党代表、党员和群众的意见，对所有代表人选都要征求纪检机关的意见。对金融机构、企业等方面的代表人选，还应有针对性地听取行政执法、行业监管等有关部门的意见。党的十八大代表实行差额选举。各选举单位召开党代表大会或党代表会议选举产生出席党的十八大代表，差额选举的比例应多于 15%。各级党组织要加强对代表选举工作的全程监督，严肃组织纪律，营造风清气正的环境，确保党的十八大代表选举工作圆满完成。选举工作从现在开始，到 2012 年 6 月底前结束。

11 月 1 日

［纲　文］ **中国自行研制的“神舟八号”飞船在酒泉卫星发射中心发射成功。**

［目　文］ 5 时 58 分 07 秒，中国“长征二号 F”运载火箭在酒泉卫星发射中心点火发射，将“神舟八号”飞船成功送入预定轨道。

“神舟八号”飞船为改进型载人飞船，它全长 9 米，最大直径 2.8 米，起飞质量 8082 公斤，具备自动和手动交会对接功能。

此次“神舟八号”飞船发射，是中国“长征”系列运载火箭第 149 次航天飞行。

3 日 1 时 36 分，“神舟八号”飞船和“天宫一号”目标飞行器，在距离地面高度为

343公里的轨道上成功实施了交会对接。中国在突破和掌握空间交会对接技术上迈出了重要一步。

正在法国戛纳出席二十国集团领导人第六次峰会的中共中央总书记胡锦涛闻讯后，第一时间发来贺电祝贺。

党和国家领导人吴邦国、温家宝、李长春、习近平、李克强、贺国强等在北京航天飞行控制中心观看交会对接实况。

同日，为纪念“神舟八号”与“天宫一号”的成功对接和太空邮局的开通，中国邮政发行《神舟八号飞船与天宫一号目标飞行器交会对接纪念》和《中国邮政太空邮局开通》纪念封各一枚。

17日19时32分，“神舟八号”飞船返回舱在内蒙古自治区中部预定区域安全着陆。中共中央政治局委员、国务院副总理张德江，中共中央政治局委员、国务委员刘延东等在北京航天飞行控制中心观看飞船回收实况。张德江宣读了中共中央、国务院、中央军委的贺电。

18日19时22分，在北京航天飞行控制中心的控制下，“天宫一号”成功实施第二次升轨控制，轨道高度由337公里抬升至382公里，顺利进入长期管理轨道。

19日，“神舟八号”飞船返回舱运抵北京航天城。经初步检查，返回舱外观良好，烧蚀情况正常。

11月1日

［纲　文］　**环境保护部印发《“十二五”全国环境保护法规和环境经济政策建设规划》。**

［目　文］　《规划》由四个部分组成：一、“十一五”环境保护法规和环境经济政策建设基本情况。二、指导思想、原则和目标。三、重点领域和主要任务。四、保障措施。

11月1日

［纲　文］　**国务院总理温家宝在北京会见以穆泰康为团长的美中贸易全国委员会董事会代表团。**

［目　文］　温家宝说，当前世界经济复苏步伐缓慢而艰难，中美两国要把自己的事情办好，承担应尽的责任和义务，在相互尊重的基础上加强互信、互利、互助，这符合双方的利益，对世界有利。中美经济互补性强的特点将长期存在，两国经贸关系中合作大于竞争，机遇多于挑战。中国政府坚定实施扩大内需的政策，致力于保护知识产权，鼓励中国企业积极对美投资，倡议同美方在更大规模、更高水平上开展经济、金融、科技、基础设施建设合作，愿意通过平等协商寻求解决两国贸易不平衡问题的有效方式。

穆泰康等美方人士表示，当前美中加强经贸合作比以往更为重要，有利于世界经济持续复苏和金融形势保持稳定。美中贸易全国委员会将继续为推动双边经贸关系发展作出积极贡献。

11月1日

［纲　文］　**部分省（区、市）纪委书记座谈会在贵阳召开。**

［目　文］　中共中央政治局常委、中央纪委书记贺国强出席座谈会并讲话。北京市、黑龙江省、上海市、广东省、重庆市、四川省、贵州省、云南省、西藏自治区、青海省纪委书记和贵州省贵阳市、沿河土家族自治县纪委书记参加座谈会并发言。

贺国强指出，各级纪检监察机关要在全力抓好今年各项工作任务落实的同时，深入贯彻落实中央精神，坚持以科学发展观为统领，坚持反腐倡廉战略方针，坚持把抓好长期性、基础性工作与解决群众反映强烈的突出问题相结合，紧扣形势任务、突出工作重点、着力巩固提高、推进改革创新、强化统筹协调，认真研究和谋划好明年的纪检监察工作，以实际行动迎接党的十八大胜利召开。

11月1日

［纲　文］　**国家图书馆全国政协机关分馆在北京正式揭牌。**

［目　文］　国图全国政协机关分馆以全国政协机关图书馆为平台，接受全国政协机关领导和管理，在业务、技术与服务等方面接受国图指导。国图通过该分馆，更好地为全国政协履行政治协商、民主监督、参政议政职能提供文献保障。

同日，“国家图书馆立法决策服务平台——全国政协机关平台”开通。至此，国家图书馆部委分馆已达13家。

11月1日

［纲　文］　**全国红十字青少年工作会议在天津召开。**

［目　文］　全国人大常委会副委员长、中国红十字会会长华建敏出席会议并讲话。会议总结了2005年全国红十字青少年工作会议以来各级红十字会青少年工作的开展情况，表彰中国红十字会暑期社会实践项目获资助学校，调整全国学校红十字工作委员会，并进一步明确和部署下一步红十字青少年的工作。会议讨论了《中国红十字青少年工作2011—2015年发展规划》。

11月1日

［纲　文］　**海协会与台湾海基会在杭州举行两岸经济合作委员会第二次例会。**

［目　文］　两岸经济合作委员会召集人海协会常务副会长郑立中与台湾海基会副董事长高孔廉分别在会上致辞。经合会大陆首席代表、海协会特邀顾问蒋耀平与台方首席代表梁国新共同主持商谈。会议就第一次例会以来6个工作小组的运作，ECFA（两岸经济合作框架协议）后续单项协议的商谈进展、货物和服务贸易早期收获计划的实施，两岸产业合作，海关合作，两岸经贸社团互设办事机构，未来一段时期的工作安排等交换了意见。

11月1日

［纲　文］　**中国人民大学教育学院成立。**

［目　文］　教育学院现有教师及科研人员23人，其中教授10人，副教授6人，主

要研究方向包括教育发展战略、高等教育管理、教育法律与政策、教育经济与社会。

11 月 1 日

［纲　文］　**中国第五个海港整车进口口岸——广西钦州保税港区整车进口口岸通过国家验收，正式对外开放。**

11 月 1 日

［纲　文］　**新疆维吾尔自治区伊犁哈萨克自治州巩留县、伊宁县交界和新源县、尼勒克县交界处，发生里氏 6.0 级、4.1 级地震。**

［目　文］　地震造成倒塌房屋 824 间，损坏房屋 18292 间，受灾人数达 28344 人，直接经济损失达 6691.9 万元。灾区交通、电力、通信正常，无人员伤亡报告。

同日，国家减灾委、民政部针对新疆伊犁发生的 6.0 级地震紧急启动国家四级救灾应急响应，派出工作组赶赴灾区，查看灾情，协助开展救灾工作。

11 月 1—2 日

［纲　文］　**中国审判理论研究会第一次会员代表大会暨 2011 年理论研讨会在南京举行。**

［目　文］　中国审判理论研究会第一次会员代表大会审议通过了《中国审判理论研究会章程》，选举最高人民法院常务副院长沈德咏为会长，选举产生副会长、常务理事、理事、秘书长。中国审判理论研究会的正式成立，是人民法院理论建设史上的一个里程碑，也标志着审判理论研究即将迈入大发展大繁荣的历史时期。

中国审判理论研究会原为中国法学会审判理论研究会，于 2007 年 11 月成立，报中国法学会批准、民政部正式注册，成为全国性一级法学社团法人。

11 月 1—5 日

［纲　文］　**2011 中国国际工业博览会在上海举行。**

［目　文］　博览会由发展改革委、商务部、工业和信息化部、科技部、教育部、中国科学院、中国工程院、中国国际贸易促进委员会和上海市人民政府共同主办，中国机械工业联合会协办，上海东浩国际服务贸易（集团）有限公司承办，以“创新转型与战略性新兴产业”为主题。共设置了数控机床与金属加工展、工业自动化展、新能源与电力电工展、新能源汽车展、环保技术与设备展、信息与通信技术应用展、航空航天技术展、科技创新展 8 个专业展，展览面积达到 15 万平方米，展位 6500 个，1869 家国内外企业参展。

11 月 1—2 日

［纲　文］　**中美执法合作联合联络小组（JLG）第九次会议在美国华盛顿举行。**

［目　文］　中国驻美国大使张业遂、美国国务院助理国务卿布朗菲尔德出席开幕式并致辞。会议讨论了中美两国在打击网络犯罪、反腐败、刑事司法协助、知识产权刑事执法、追逃、遣返非法移民、打击偷渡等领域的执法合作问题。

JLG 成立于 1998 年，是双方就执法合作进行协调和沟通的主要机制和平台。JLG 下设打击网络犯罪、反腐败、刑事司法协助、知识产权刑事执法、追逃、遣返非法移民、打击偷渡7个工作组和禁毒分小组。JLG通常每年轮流在中美两国召开一次会议，讨论执法合作中的事项。自成立以来，JLG在协调和促进两国执法方面发挥了作用。

11月2日

［纲 文］ **国家主席胡锦涛与秘鲁共和国总统乌马拉互致贺电，庆祝中秘建交40周年。**

［目 文］ 胡锦涛在贺电中说，秘鲁是最早同新中国建交的拉美国家之一。建交40年来，在双方共同努力下，两国政治互信不断加深，务实合作成果丰硕，人文交流蓬勃发展，在国际和地区事务中密切协调与配合。中国和秘鲁同属发展中国家，都处于重要的发展阶段。中方高度重视发展同秘鲁的关系，愿和秘方一道，继续深化传统友谊，扩大互利合作，推动两国战略伙伴关系不断取得新进展，造福两国和两国人民。

乌马拉在贺电中表示，1971年11月2日秘中建交以来，两国关系沿着合作和相互尊重的道路不断向前发展，双边和多边领域合作成果丰硕。2008年，两国将双边关系提升为战略伙伴关系。秘中自贸协定的签署和生效成为两国关系发展的里程碑，将有力推动双边经贸往来。秘方愿作出努力，为双边关系发展注入更大活力，造福两国人民。

同日，外交部部长杨洁篪也就中秘建交40周年同秘鲁外交部部长龙卡略洛互致贺电。中国人民对外友好协会与中国—拉丁美洲和加勒比友好协会在北京举办招待会，庆祝中国、秘鲁建交40周年。

11月2日

［纲 文］ **温家宝主持召开国务院常务会议。**

［目 文］ 会议主要内容有：一、会议讨论通过的《全国抗旱规划》提出了今后一个时期的工作目标：到2015年，以提高严重受旱县和主要受旱县综合抗旱能力为重点，显著改善因旱人畜饮水困难情况；到2020年，严重受旱县、主要受旱县干旱期间的饮水安全和商品粮基地、基本口粮田的基本用水需求得到较高程度保障，全国综合抗旱能力明显提高，节水型社会建设取得明显成效。抗旱的根本出路在节水。要提高全民节水意识，加快转变经济发展方式。因地制宜推广节水灌溉技术和设备，大力推进农业节水，努力减少水资源消耗，加大防治水污染工作力度。深化水资源管理体制改革，充分运用价格等经济杠杆，引导节约用水，严格控制高耗水项目，鼓励发展低耗水的高新技术产业。加强城乡生活用水管理，加快更新改造供水管网，研制推广节水型用水器具、计量仪表。充分利用雨洪资源，扩大利用再生水。会议要求各级政府和有关部门加强组织领导，完善投入机制，认真落实各项政策措施。二、会议讨论并原则通过《中华人民共和国军人保险法（草案）》，决定草案由国务院、中央军委提请全国人大常委会审议。

11月2日

［纲 文］ **国务院批复四川省人民政府，同意将会理县列为国家历史文化名城。**

［目 文］ 批复说，你省《关于申报会理县为国家历史文化名城的请示》（川府

〔2009〕9号）收悉。现批复如下：一、同意将四川省会理县列为国家历史文化名城。会理县历史悠久，文化底蕴丰厚，历史遗存丰富，近代城市建设特色突出。二、你省及会理县人民政府要根据本批复精神，按照《历史文化名城名镇名村保护条例》的要求，正确处理城市建设与历史文化遗产保护的关系，保护好会理县的传统格局、历史风貌和历史建筑。要编制好历史文化名城保护规划，并纳入城市总体规划，明确保护的原则和重点，划定历史文化街区、文物保护单位、历史建筑的保护范围及建设控制地带，制定严格的保护措施。要在历史文化名城保护规划的指导下，编制好重要保护地段的详细规划。在规划和建设中，要注重体现近代文化特色和地方传统风貌，不得进行任何与历史文化名城环境和风貌不相协调的建设活动。三、你省和住房城乡建设部、国家文物局要加强对会理县国家历史文化名城规划、保护工作的指导、监督和检查。

11月2日

［**纲　文**］　**国务院在北京召开全国冬春农田水利基本建设电视电话会议。**

［**目　文**］　中共中央政治局委员、国务院副总理回良玉出席并讲话。会议主要任务是：安排部署今冬明春农田水利基本建设和农业农村工作。中央有关部门负责人在主会场出席会议。各省、自治区、直辖市和计划单列市人民政府、新疆生产建设兵团负责人，市县政府负责人在分会场出席会议。河南省、四川省、山西省和水利部、发展改革委、财政部负责人在会上发言。

会议指出，2011年以来，面对极端天气频繁、成本上升加速、外部环境多变的严重困扰，在党中央、国务院的正确领导下，各地区、各部门及时采取强有力的应对举措，特别是认真贯彻中央一号文件和中央水利工作会议精神，加快推进农田水利等重点薄弱环节建设，着力强化抗灾减灾措施，最大限度地减少了灾害损失，粮食产量实现“八连增”、农民增收实现“八连快”，为推动经济平稳较快发展、抑制物价过快上涨、促进社会和谐作出了重要贡献。但也必须清醒地看到，农田水利基础脆弱、抗御自然灾害能力不强仍然是制约农业稳定发展的突出因素。同时，加强农田水利建设还面临着不少新情况新问题。由于农业比较效益不高，农村青壮年劳动力大量转移就业，组织动员农民投工投劳难度加大；农田水利工程施工、监理等力量不足问题凸显，出现质量隐患的风险加大；工程建后管理和维护机制不健全，过快老化损坏问题突出。

11月2日

［**纲　文**］　**中央财政再次下拨农村义务教育阶段学校特岗教师2011—2012学年工资性补助经费9.5亿元。**

［**目　文**］　截至目前，2011年中央财政已拨付2011—2012学年工资性补助经费34.7亿元，有力保障了全国约16.9万名特岗教师的工资性补助经费支出。财政部、教育部要求各地要及时足额发放工资性补助经费，确保农村义务教育阶段学校教师特设岗位计划政策落实到位。

11月2日

［纲　文］　**国土资源部发布《2011年中央下达保障性安居工程任务用地落实情况公告》。**

［目　文］　《公告》显示，截至2011年10月14日，全国31个省（区、市，含兵团，西藏除外）2011年落实中央下达保障性安居工程建设任务用地42614公顷，用地落实率超过100%。其中，虽然黑龙江、内蒙古、浙江、安徽、江西、湖北、湖南、海南、云南未能达到100%，但也均超过了90%。而青海的保障性安居工程用地落实率为156%，排名第一。

11月2日

［纲　文］　**卫生部公布第一个食品营养标签国家标准《预包装食品营养标签通则》，2013年1月1日起正式施行。**

11月2日

［纲　文］　**李长春在中央党校作学习贯彻党的十七届六中全会精神的报告。**

［目　文］　中央党校常务副校长李景田主持报告会。中共中央政治局委员刘云山、刘延东、李源潮，国务委员兼国务院秘书长、国家行政学院院长马凯，全国政协副主席、中国社科院院长陈奎元出席报告会。中央宣传部、中央党校、国家行政学院负责人及有关部门负责人，中央党校全体学员，国家行政学院省部级领导干部文化体制与文化建设专题研讨班学员，共670多人参加了报告会。

中共中央政治局常委李长春指出，在新的历史起点上深化文化体制改革、推动社会主义文化大发展大繁荣，关系实现全面建设小康社会奋斗目标，关系坚持和发展中国特色社会主义，关系实现中华民族伟大复兴。我们必须抓住和用好我国发展的重要战略机遇期，在坚持以经济建设为中心的同时，自觉把文化繁荣发展作为坚持发展是硬道理、发展是党执政兴国第一要务的重要内容，作为深入贯彻落实科学发展观的一个基本要求，进一步增强责任感和紧迫感，解放思想，转变观念，抓住机遇，乘势而上，在全面建设小康社会进程中、在科学发展道路上奋力开创社会主义文化建设新局面。

11月2日

［纲　文］　**习近平在北京会见以梁亮胜为团长的香港广东客属社团联合总会访京团全体成员。**

［目　文］　中共中央政治局常委、国家副主席习近平对香港广东客属社团联合总会的成立表示祝贺，对总会的工作给予积极评价。他希望香港广东客属社团联合总会要精诚团结，不断增强领导力；要找准定位，不断增强凝聚力；要发挥优势，不断增强影响力；要胸怀祖国，不断增强向心力。在积极引导会员拥护“一国两制”方针和基本法的同时，积极参与香港各项社会事务，全力支持特区政府依法施政，努力化解社会矛盾，在促进社会和谐稳定中不断增强自身影响力；在促进香港与内地交流合作、参与国家现代化建设、推动两岸关系和平发展中作出新的更大的贡献。

访京团成员介绍了香港广东客属社团联合总会开展社团活动等有关情况，以及他们致力于服务香港社会繁荣稳定的设想。

11月2日

［纲　文］　**全国政协副主席、中国经济社会理事会主席王刚在北京会见希腊经济社会理事会主席波利佐戈普洛斯。**

［目　文］　王刚说，近年来，双方政治互信不断加深，友好合作成果丰硕，在国际金融危机等重大困难时刻同舟共济，中希关系堪称不同文明、不同社会制度、不同发展水平国家相互理解、和谐共处的典范。中国经社理事会与希腊经社理事会自建立联系以来，双方友好合作关系不断发展。中方愿进一步加强彼此的联系与交往，充分发挥各自优势，不断挖掘合作潜力，积极开展多领域、多层次、多形式交流与合作，共同为推动中希全面战略伙伴关系深入发展作出贡献。

11月2日

［纲　文］　**中央宣讲团在湖南、湖北、河南、山东、海南、新疆生产建设兵团举行党的十七届六中全会精神报告会。**

11月2—7日

［纲　文］　**省部级领导干部文化体制改革和文化建设专题研讨班在国家行政学院举办。**

［目　文］　研讨班由中宣部、中组部、国家行政学院联合举办。该班是中共中央十七届六中全会之后第一个高层次的研讨班，主题重要，授课层次高，内容权威丰富，形式新颖，学员通过学习研讨交流，提高了对深化文化体制改革和加强文化建设重要性、紧迫性的认识，明确了工作的方向和重点。

3日，中宣部部长刘云山在研讨班上指出，党的十七届六中全会承前启后、继往开来，深刻阐明了中国特色社会主义文化发展道路，确立了建设社会主义文化强国的宏伟目标，体现了我们党的远见卓识和责任担当。要把握难得历史机遇，凝聚各方智慧力量，以高度的文化自觉和文化自信贯彻落实全会的战略部署，在新的起点上开创文化改革发展新局面。

7日，中共中央政治局委员刘延东在研讨班结业式上指出，要从战略和全局的高度提高认识，统一思想，以高度的文化自觉和文化自信贯彻落实十七届六中全会精神，提升文化建设的科学化水平，切实担当起建设社会主义文化强国的历史重任。

11月2—18日

［纲　文］　**第六届中国京剧艺术节在武汉举行。**

［目　文］　艺术节由文化部和湖北省人民政府主办。《建安轶事》等7个剧目获一等奖，《知音》等8个剧目获二等奖，《唐廷枢》等12个剧目获参演剧目奖，《刘兰芝》改编者获荣誉改编奖，《哪吒》主演获特别荣誉奖。本届京剧艺术节共演出27台参评剧目、8台祝贺剧目，全国各地和海外26个院团共6000余名艺术家、演职人员参加演出。同时开

展了20余场群众文化活动，参与群众超过10万人次。

11月3日

［纲　文］ **国家主席胡锦涛致电阿坦巴耶夫，祝贺他当选吉尔吉斯共和国总统。**

11月3日

［纲　文］ **《解放军报》报道，民政部、财政部和解放军总政治部、总后勤部印发《2011—2015年军队离退休干部移交政府安置管理工作规划》。**

［目　文］ 《规划》对“十二五”期间军队离退休干部移交政府安置管理工作进行总体部署，明确了目标任务和措施要求，为军地各级做好安置管理工作提供了重要遵循和基本依据。

《规划》要求，军地各级要把妥善安置军队离退休干部作为一项政治任务，切实加强组织领导，搞好科学筹划，密切协调配合，坚持督导检查，严格按时间节点扎实有序推进各项工作落实，确保《规划》目标任务顺利完成。

11月3日

［纲　文］ **新华社讯，中组部印发《关于加强对干部德的考核意见》。**

［目　文］ 《意见》明确，要以对党忠诚、服务人民、廉洁自律为重点，加强对干部政治品质和道德品行的考核。考核政治品质，主要考核干部在政治方向、政治立场、政治态度、政治纪律、党性原则等方面的表现。考核道德品行，主要考核干部的社会公德、职业道德、个人品德、家庭美德。

11月3日

［纲　文］ **证监会公布《期货营业部管理规定（试行）》。**

［目　文］ 《规定》共6章39条。主要有总则、经营条件、内部控制、合规管理、监督管理、附则等内容。自2012年5月1日起施行。

11月3日

［纲　文］ **中共中央党校举行2011年秋季学期第一批进修班毕业典礼。**

［目　文］ 中共中央政治局常委、中央党校校长习近平出席毕业典礼，并为学员颁发毕业证书。中央组织部部长李源潮、中央纪律检查委员会副书记何勇，中央有关部门负责人、中央党校负责人和中央党校各直属单位主要负责人等出席了毕业典礼。中央党校本期毕业学员共222人。

11月3日

［纲　文］ **中央宣讲团在陕西、甘肃、青海、西藏举行党的十七届六中全会精神报告会。**

11月3日

［纲　文］ **“雪龙”号从天津起航，执行中国第28次南极科考任务。**

［目　文］ 2012年4月8日，“雪龙”号完成学考察任务，抵达上海港。本次南极考

察队在长城站、中山站、昆仑站共执行了31项科学考察项目，以及16项工程建设和后勤保障任务。在南极内陆最高点冰穹A上的昆仑站，完成了120米的冰芯钻探，以及中国自主研发的首台南极巡天望远镜的安装与调试。在风高浪急的南极半岛海域，首次进行了中国“南北极环境综合考察专项”。在冰川、天文、大洋等领域的科学考察取得了突破性成果。

11月3日

［纲　文］　**海关初步统计，截至11月2日，2011年中国对外贸易进出口总值累计突破3万亿美元，再创历史新高。**

11月3日

［纲　文］　**第十七次全国地方立法研讨会在厦门召开。**

［目　文］　全国人大常委会副委员长兼秘书长李建国出席会议并就深化对中国特色社会主义法律体系的认识和完善中国特色社会主义法律体系发表讲话。全国人大法律委员会主任委员胡康生，各省、自治区、直辖市人大常委会负责人等出席会议，全国人大常委会法制工作委员会主任李适时主持会议。中共福建省委书记、福建省人大常委会主任孙春兰在会上介绍了福建省经济社会发展情况。

11月3日

［纲　文］　**南京军区原副司令员郭涛，在南京逝世，享年85岁。**

11月3—19日

［纲　文］　**“人民科学家钱学森”事迹展览在中国国家博物馆举办。**

［目　文］　中共中央政治局委员刘云山、刘延东出席开幕式并为展览揭幕。展览为纪念钱学森诞辰100周年，由中宣部、教育部、科技部、解放军总政治部、解放军总装备部、中国科协主办，上海交通大学承办。

此次展览分为“中国航天事业奠基人”“科学技术前沿的开拓者”“人民科学家风范”“战略科学家的成功之道”四部分，共展出400多件珍贵的文献史料。通过一幅幅照片，一件件弥足珍贵的实物，反映了以毛泽东、邓小平、江泽民为核心的党的三代中央领导集体和以胡锦涛为总书记的党中央对钱学森的关怀，系统回顾了我国火箭、导弹和航天事业创建与发展的不平凡历程，全面展现了钱学森同志对中国航天事业和现代科学技术的卓越贡献，是一部爱党、爱国、爱社会主义教育的生动教材。

钱学森（1911年12月11日—2009年10月31日）是享誉海内外的杰出科学家和中国航天事业的奠基人。他具有坚定的共产主义理想信念、崇高的民族气节、勇攀科技高峰的创新精神和德馨品高的大家风范，是爱国知识分子的杰出典范，被誉为“人民科学家”。

14日，中共中央政治局常委、国家副主席习近平，中共中央政治局常委、国务院副总理李克强等分别参观“人民科学家钱学森”事迹展览。

11月4日

［纲　文］　**第二十一届中国新闻奖、全国优秀新闻工作者颁奖报告会在北京举行。**

［目　文］　中共中央政治局常委李长春接见获奖代表，向获奖者表示祝贺，向广大新闻工作者表示节日问候，向老一辈新闻工作者表示崇高敬意。

中宣部部长刘云山出席报告会并讲话指出，近年来，新闻战线坚持高举旗帜、围绕大局、服务人民、改革创新，以对党和人民高度负责的精神，大力宣传党和国家的重大决策部署，热情反映现代化建设的火热实践，生动展现当代中国的发展进步，以卓有成效的工作和强有力的舆论支持，为推动科学发展、促进社会和谐作出了积极贡献。

中国记协主席田聪明在会上致辞。人民日报社杨健、中央人民广播电台王亮、解放日报社邱曙东、中央电视台何盈、浙江日报报业集团俞佳友、西藏电视台扎西玉措6位获奖代表发言，交流经验。中央有关部门、中央主要新闻单位负责人和来自全国各地的500余名编辑记者代表、部分高校新闻院系师生参加了报告会。

11月4日

［纲　文］　**纪念中央革命根据地创建暨中华苏维埃共和国成立80周年座谈会在北京举行。**

［目　文］　座谈会由中共中央党史研究室和江西省委、福建省委、广东省委举办。中共中央政治局常委习近平出席会议并讲话。座谈会由中组部部长李源潮主持。中共中央政治局委员刘云山、全国人大常委会副委员长李建国、国务委员梁光烈、全国政协副主席陈奎元、中央军委委员李继耐等出席座谈会。中共中央党史研究室主任欧阳淞，军事科学院战争理论和战略研究部部长赵丕等在会上发言。

习近平指出，纪念中央革命根据地创建暨中华苏维埃共和国成立80周年，回顾我们党领导人民为实现新民主主义革命任务而艰苦创业的伟大历程，缅怀革命先烈的不朽业绩，就是要结合今天正在进行的社会主义现代化建设实际，大力弘扬党的光荣传统和优良作风，承前启后、继往开来，把老一辈无产阶级革命家开创的、一代一代共产党人和全国各族人民接续奋斗的伟大事业不断推向前进。

7日，纪念中央革命根据地创建暨中华苏维埃共和国成立80周年大会在江西瑞金举行。大会由中共江西省委、省人民政府主办，中共赣州市委、市人民政府承办，中共瑞金市委、市人民政府协办。中央有关部门及老红军代表等出席了纪念大会。大会开始前，与会人员在瑞金叶坪革命旧址群红军烈士纪念塔前向红军烈士敬献了花篮。与会人员缅怀老一辈无产阶级革命家和革命先烈的丰功伟绩与崇高风范，回顾总结中国共产党在中央苏区时期的光辉历程及执政经验。

80年前，老一辈无产阶级革命家在赣南、闽西创建了中央革命根据地。1931年11月7日至20日，中华苏维埃第一次全国代表大会在江西瑞金召开，庄严宣告成立中华苏维埃共和国，选举产生了以毛泽东同志为主席的中华苏维埃共和国临时中央政府。

11月4日

［纲　文］　**农业部农村经济研究中心发布《2011年中国农村政策执行报告》。**

［目　文］　《报告》以“在转变调整中促进农村经济持续发展”为主题，共分为农村

经济形势与宏观经济环境、主要农产品生产与供求形势、农村主要政策措施执行情况、农村经济运行态势与政策建议四个部分。

《报告》显示，2011年以来，农业农村经济在复杂多变的宏观经济环境中，经受住了异常复杂的市场形势和较为严重的自然灾害影响，总体保持了稳定发展的良好态势。主要农产品生产稳定增长，粮食、棉花等大宗农产品面积、产量实现双增长，市场供求基本平衡。农民收入持续较快增长。农业农村经济发展的好形势为促增长、控通胀、保民生作出了重要贡献。

11月4日

［纲　文］　**《中国少年报》创刊60周年座谈会在北京举行。**

［目　文］　中共中央政治局常委李长春发来贺信。李长春在贺信中肯定了60年来《中国少年报》为促进一代又一代少年儿童勤奋学习、快乐生活、健康成长、全面发展发挥的重要作用。他希望《中国少年报》以党的十七届六中全会精神为指导，大力开展社会主义核心价值体系宣传教育，坚持贴近少年儿童、服务少年儿童，不断改革创新，把指导性、知识性和趣味性有机结合起来，进一步增强吸引力、感染力和影响力，努力把报纸办成帮助广大少年儿童树立远大理想、开阔知识视野、培养高尚品德、快乐健康成长的良师益友，为造就更多党和国家事业需要的好少年作出新的更大贡献。

中共中央政治局委员、全国人大常委会副委员长王兆国出席座谈会并讲话。他指出，《中国少年报》要把创刊60周年作为新的起点，进一步办出特色、办出水平，增强吸引力、扩大影响力，为把广大少年儿童培养成为党和人民需要的合格建设者和可靠接班人作出新的更大贡献。

团中央书记处第一书记陆昊和中央有关部门负责人，《中国少年报》编辑记者、老同志代表、通讯员代表等参加座谈会。

《中国少年报》是中国少年先锋队队报，创刊于1951年11月5日，坚持"陪伴儿童成长，服务儿童成才"办报宗旨，创造了"小虎子""小灵通""知心姐姐"等栏目形象。

11月4日

［纲　文］　**国家林业局发布，中国圈养大熊猫数量已达328只。**

11月4日

［纲　文］　**广东省十一届人大常委会第二十九次会议决定，接受黄华华辞去广东省人民政府省长职务的请求，朱小丹代理广东省人民政府省长职务。**

11月4—5日

［纲　文］　**2011中国国际人才交流大会暨深圳论坛在深圳举行。**

［目　文］　国务院副总理张德江出席开幕式并讲话。大会由国家外国专家局和深圳市人民政府联合主办，以"人才创造价值"为主题。大会吸引了70多个国家和地区的2000多名海外代表参会，国内参会代表6000多人，提供中高端职位1万多个，共有3000多家人才中介、机构组织展示自我、推介项目、寻求合作。

11 月 5 日

［纲　文］　**“中国城市科学发展论坛暨 2011 城市评价报告发布会”在北京举行。**

［目　文］　全国政协副主席、中国战略文化促进会会长郑万通发布了《2011 中国城市发展综合评价报告》。《报告》显示，厦门、宁波、苏州等 20 个城市被评为“2011 中国城市科学发展典范城市”。

本次论坛以“城市与人”为主题，是由中国国际经济交流中心提供支持，由中国城市发展研究院、中国房地产研究会、中国战略文化促进会联合主办。论坛上，部分城市代表介绍了所在城市转变经济发展方式中取得的经验和成就。中央国家机关有关部委的相关领导、专家学者等在论坛上作了主题演讲，从不同角度探讨了城市在转变经济发展方式、实现科学发展上所面临的问题和对策。

11 月 5—9 日

［纲　文］　**第十八届中国杨凌农业高新科技成果博览会在陕西杨凌举行。**

［目　文］　本届农高会由科技部、商务部、教育部、财政部、农业部等 19 个部委和陕西省政府联合主办，以“创新·合作与农业现代化”为主题。展会期间，举办了 2011 中国杨凌现代农业高端论坛、杨凌国际农业科技论坛等国际农业高新技术交流活动，并发布最新的农业高新技术成果信息。

11 月 5—15 日

［纲　文］　**“昆仑之墟　大美和田”摄影展在国家图书馆举行。**

［目　文］　摄影展由北京市援疆和田指挥部、中国维吾尔历史文化研究会、和田地委、行署及新疆生产建设兵团农十四师联合主办。以“感恩伟大祖国　建设美好家园”为主题。摄影展展示了三位和田本土摄影师的 180 张摄影作品，所有照片全部拍自 20 世纪 90 年代至 2011 年。其中，既有展现昆仑山下和田绿洲自然风光的图片，也有展现古丝绸之路上大漠佛国历史魅力的人文风情图片，更有对叼羊、摔跤等维吾尔族民间娱乐活动和各族人民日常生活的纪实拍摄等。

11 月 5—6 日

［纲　文］　**中国木版年画国际论坛在天津举行。**

［目　文］　论坛由中国民间文艺家协会、天津大学冯骥才文学艺术研究院主办。国内外知名的专家学者与会，从非物质文化遗产研究、民俗研究、民艺研究等多元视角展开探讨与交流。发布了《中国木版年画申报世界非物质文化遗产的宣言》。

11 月 5—15 日

［纲　文］　**中共中央政治局委员、中宣部部长刘云山率中共代表团出席第二届中欧政党高层论坛第二次会议，并对埃塞俄比亚、坦桑尼亚、津巴布韦进行友好访问。**

［目　文］　7—9 日，第二届中欧政党高层论坛第二次会议在比利时布鲁塞尔举行。会议以“中国‘十二五’规划与‘欧洲 2020 战略’：中欧合作的新思路、新举措”为主题。

刘云山出席开幕式并发表了题为《推动互利共赢共同发展　实现中欧合作的新飞跃》的主旨讲话。中共代表团成员和来自欧洲地区性政党、欧洲国家主要政党的代表约120人出席会议。

会议期间，刘云山会见了欧洲议会副议长劳切克。

刘云山访问埃塞俄比亚期间，在斯亚贝巴会见了埃塞俄比亚政府总理梅莱斯；与埃塞俄比亚人民革命民主阵线（埃革阵）总部负责人雷德旺举行了工作会谈。

刘云山访问坦桑尼亚期间，在达累斯萨拉姆会见坦桑尼亚总统基奎特；与坦桑尼亚革命党副主席姆塞夸举行了会谈。

刘云山访问津巴布韦期间，在哈拉雷会见了津巴布韦代总统恩科莫；与津巴布韦非洲民族联盟—爱国阵线全国主席莫约举行会谈；会见了津民盟政治局委员、行政书记穆塔萨，总政委、新闻部部长沙姆，就加强党际交流和新闻媒体等领域的合作交换了意见。

11月6日

［纲　文］　**王乐泉在湖北省考察。**

［目　文］　中共中央政治局委员、中央综治委副主任王乐泉在考察时指出，各级政法综治部门要深入贯彻党的十七届六中全会精神，认真落实党中央、国务院关于加强和创新社会管理的重大战略部署，有效破解农村进城务工人员和农村留守人员的服务管理难题，让广大进城务工人员和农村留守人员各得其所、安居乐业。社会管理说到底是对人的服务管理，重点、难点是对农村进城务工人员和农村留守人员的服务管理，必须尽快通过合理的制度设计和政策安排，有效破解“流动”与“留守”的两难问题。要切实贯彻落实科学发展观，为农村富余劳动力就地就近转移就业创造条件，逐步使大多数流动人口稳定下来。要切实解决流动人口在就业、社会保障、子女入学等方面的实际困难，逐步实现基本公共服务由户籍人口向常住人口全覆盖。要加快建立政府、社会和家庭“三结合”的关爱服务网络，切实保障留守人口的合法权益，及时为他们排忧解难，使留守老人老有所依、留守妇女难有所帮、留守儿童幼有所靠。

11月6日

［纲　文］　**中国伊斯兰教协会在北京举行古尔邦节招待会。**

［目　文］　中共中央政治局委员、国务院副总理回良玉，全国人大常委会副委员长司马义·铁力瓦尔地，全国政协副主席、中共中央统战部部长杜青林，全国政协副主席阿不来提·阿不都热西提等到会祝贺。在北京的伊斯兰教界人士和各族各界穆斯林代表、阿拉伯伊斯兰国家驻华使节、各国穆斯林专家等与会。

11月6日

［纲　文］　**诗集《7+2登山日记》在北京首发。**

［目　文］　作者骆英是唯一完成世界七大峰登顶和南极、北极探险（“7+2”项目）的中国诗人。诗集记录了诗人游走在生死边缘的极端人生体验，填补了世界诗歌极限写作

的空白。《7+2登山日记》由北京大学出版社出版。

骆英自1976年开始诗歌写作，已出版诗集《不要再爱我》《拒绝忧郁》《落英集》等。作品被译为英、法、德、日、韩、蒙古、土耳其等语种。

11月6—8日

［纲　文］　**国务院总理温家宝在俄罗斯圣彼得堡出席上海合作组织成员国总理第十次会议。**

［目　文］　7日，温家宝出席上合组织成员国总理第十次会议并发表讲话。他在讲话中表示，上海合作组织成立10年来，朝着维护地区安全、促进共同发展的既定目标稳步迈进，在成员国之间营造了团结和睦的政治环境，形成了打击“三股势力”的强大合力，密切了经济合作关系，培育了世代友好的信念。这些实实在在的成果，为我们今天携手应对国际金融危机等各种挑战、维护共同利益奠定了基础。中方作为上合组织轮值主席国，愿与各方一道，积极制定和实施本组织政治、经济、人文等各领域未来十年规划。与成员国一道团结合作，不懈进取，努力实现上合组织既定的目标和任务，为促进本地区与世界的和平与发展作出新的更大贡献。

与会的上合组织成员国和观察员国领导人积极评价上合组织成立以来取得的丰硕成果，一致认为上合组织的国际影响力不断扩大，发展潜力巨大。面对当前深刻复杂变化的国际格局和地区形势，上合组织成员国应加强团结协作，积极推进本组织建设，深化政治、经济、安全合作，把上合组织建设成为促进本地区交流合作的平台，更好地维护共同利益，为促进本地区的和平、稳定与发展，建立公正、合理的国际政治、经济新秩序发挥更加积极的作用。

成员国领导人签署了本次总理会议的联合公报，会议发表了《上海合作组织成员国政府首脑（总理）关于世界和上海合作组织地区经济形势的联合声明》等成果文件。

会议期间，温家宝在圣彼得堡会见了与会的俄罗斯总理普京，双方在真诚友好的气氛中就中俄关系、世界政治经济形势以及共同关心的重大问题进行了交谈，达成广泛共识；会见了巴基斯坦总理吉拉尼、哈萨克斯坦总理马西莫夫、塔吉克斯坦总理阿基洛夫。

同日，上海合作组织成员国政府首脑（总理）理事会例行会议在圣彼得堡举行。哈萨克斯坦共和国总理马西莫夫，中国国务院总理温家宝，吉尔吉斯共和国代总理、第一副总理巴巴诺夫，俄罗斯联邦政府总理普京，塔吉克斯坦共和国总理阿基洛夫，乌兹别克斯坦共和国第一副总理阿济莫夫参加会议。会议发表了《上海合作组织成员国政府首脑（总理）理事会会议联合公报》。

11月6—7日

［纲　文］　**中国民办教育发展大会在昆明举行。**

［目　文］　大会由中国民办教育协会主办，云南省教育厅、云南省民办教育协会承办，以“提高质量，办出特色，推动民办教育优质发展”为主题。会议期间，召开中国民办教育发展大会，云南省教育厅和浙江温州市政府在大会上介绍当地发展民办教育的经

验；召开中国民办教育协会换届大会，选举新一届协会理事会成员；召开民办学前教育、中小学教育、高等教育和培训教育四个论坛。

11月6—8日

［纲　文］　**2011中国国际矿业大会在天津举行。**

［目　文］　中共中央政治局常委、国务院副总理李克强致信大会并表示祝贺。李克强在致信中说，矿产资源的勘探开发和利用，是经济社会发展的重要保障。当前，世界经济格局正在发生深刻变化，对矿业发展提出了新的更高要求，确保能源资源安全已成为各国共同面临的问题。希望国际矿业界坚持更加开放、务实的理念，加强协商与合作，共同维护公平、稳定、有序的国际矿业市场秩序，更好地兼顾矿业生产者和消费者的利益，更有效地保障矿产品供应和价格平稳，推动世界经济平稳健康复苏。中国现代化建设事业需要可持续的矿业支撑。我们将坚持立足国内，依靠技术进步和体制机制创新，加大地质找矿和资源综合利用工作力度，提高矿产品保障能力和利用效率，促进经济长期平稳较快发展。同时，积极参与国际矿业互利互惠合作，更好地利用两个市场、两种资源，为全球矿业的发展与繁荣继续发挥建设性作用。

大会由国土资源部与天津市人民政府共同举办，主题是“加强国际合作，加快找矿突破”。举办了主题论坛、国外矿业部长论坛、企业发展高层论坛三大主论坛，以及涵盖了全球矿业可持续发展、全球矿产勘查形势与分析、矿业与资本市场、矿山环境与矿山公园、矿产资源综合利用等领域的20多场专题论坛。来自50多个国家矿业界、金融界和政府部门等方面的近5000名代表参加会议。

会议期间，中共中央政治局委员、天津市委书记张高丽会见了出席大会的各国矿业部长。

7日，李克强在北京会见了来华参加2011中国国际矿业大会的澳大利亚、加拿大、南非等18个国家的资源和能源部长时说，各国资源禀赋不同，加强合作是必由之路。特别是目前国际大宗商品市场供求和价格大幅波动，更需要有关各方协同应对，推动形成长期、稳定、可预期的大宗商品供求关系和合理的价格机制，抑制投机炒作，保障合理需求。

澳大利亚、加拿大、南非等国资源和能源部长先后发言，表示愿深化与中国在资源能源领域的合作。

11月6—7日

［纲　文］　**2011中国（长沙）科技成果转化交易会在长沙召开。**

［目　文］　交易会由科技部、教育部、中国科学院、湖南省人民政府共同主办。以“产学研金一体化、科技创业在长沙”为主题，主要内容包括：发布科技成果、技术需求、融资需求、关键技术攻关项目，组织重大科技、投融资项目对接洽谈和签约等。

11月6—30日

［纲　文］　**首届中国歌剧节在福州举办。**

［目　文］　歌剧节由文化部与福建省人民政府共同主办。获奖名单包括：优秀剧目奖5名，福建省歌舞剧院《土楼》、中国歌剧舞剧院《红河谷》、天津歌舞剧院《原野》、北京润禾弘萱文化传媒有限公司《原野》和北京大学歌剧研究院《青春之歌》；剧目奖4名，甘肃省歌剧院《花儿与少年》、辽宁歌剧院《远方的胡杨》、华侨大学厦门工学院郑小瑛歌剧艺术中心《紫藤花》和四川艺术职业学院《娥加美》；优秀演出奖2名，湖北省歌剧舞剧院《洪湖赤卫队》和中央歌剧院《汤豪塞》；演出奖3名，山西省晋城职业技术学院《小二黑结婚》、中央音乐学院歌剧中心《叶甫盖尼·涅金》和郑小瑛歌剧艺术中心《茶花女》。本届歌剧节期间共有14台剧目参加展演、评比，3000余名歌剧艺术工作者会聚榕城，5万人次观看。

11月6—9日

［纲　文］　**第十四届京台科技论坛暨2011年北京台湾名品博览会在北京举办。**

［目　文］　本届京台科技论坛和台湾名品博览会由国务院台办、北京市政府联合台北世贸中心、台湾工业总会等近20家台湾机构共同主办，以“合作创新，共赢未来”为主题。京台两地行业组织、知名企业、著名学者围绕云计算、物联网、智能电视、汽车电子、新能源、生物医药、金融合作、食品安全、双向投资贸易、农业合作等10多项议题进行研讨，举办女企业家专场交流。台湾200家知名企业将展出近万项商品，包括高新科技、节能环保、文化创意、食品等类产品。

7日，全国政协主席贾庆林在北京会见了出席“第十四届京台科技论坛暨2011年北京台湾名品博览会”的台湾工商界代表。

11月7日

［纲　文］　**新华社讯，中央军委批转总后勤部《关于深化军队职工管理制度改革的意见》。**

［目　文］　《意见》指出，职工队伍在军队应对多种安全威胁、完成多样化军事任务中承担着大量服务保障工作，是军队建设发展的重要力量。随着军队现代化建设步伐加快和国家事业单位人事管理制度改革不断深化，加快落实职工待遇，稳步深化职工管理制度改革，对于加快全面建设现代后勤步伐、优化军事人力资源结构、保障部队战斗力生成和提高具有重要意义。要坚持统筹兼顾、分类管理、以人为本和积极稳妥的原则，逐步建立与国家人事劳动和社会保障政策制度相衔接，与军队现代化建设要求相适应的新型职工管理制度。

《意见》明确，要按照国家和军队有关政策规定和分类管理、用管一致的原则，严格执行国家统一标准和属地政策相结合的职工工资政策规定，调整职工工资经费保障方式，促进职工工资、社会保险、住房补贴和住房公积金等待遇落实到位，确保职工队伍稳定，奠定好改革基础。

11月7日

［纲　文］　**中央社会管理综合治理委员会第四次专题会议在北京召开。**

［目　文］　会议主要议题是：研究部署加强和改进对特殊人群的服务管理、对关系国计民生重要设施的安全保护工作。中央综治委副主任回良玉、李建国、孟建柱、钱运录出席会议并讲话。司法部、中央综治办负责人分别就这两个专项工作的进展情况和下一步工作意见作了汇报，与会人员进行了讨论。

11月7日

［纲　文］　**财政部、发展改革委、国务院扶贫办印发《财政专项扶贫资金管理办法》。**

［目　文］　《办法》共5章31条。主要有总则、资金预算与分配、资金使用与拨付、资金管理与监督、附则等内容。自2012年1月1日起执行。2000年5月30日印发的《财政部、国务院扶贫开发领导小组、国家发展计划委员会关于印发〈财政扶贫资金管理办法〉(试行)和〈财政扶贫项目管理费管理办法〉(试行)的通知》(财农字〔2000〕18号)同时废止。

11月7日

［纲　文］　**新华社建社80周年纪念大会在北京人民大会堂举行。**

［目　文］　中共中央政治局常委李长春出席纪念大会并讲话。他希望新华社以学习宣传贯彻党的十七届六中全会精神为强大动力，按照高举旗帜、围绕大局、服务人民、改革创新的总要求，牢牢把握正确政治方向和舆论导向，解放思想、实事求是、与时俱进、开拓创新，在增强舆论引导能力和国际传播能力上有新提升，在新闻舆论阵地建设上有新成效，在构建现代传播体系上有新进展，在推动体制机制创新、加快事业科学发展上有新突破，努力建设有广泛影响力的国际一流媒体，为夺取全面建设小康社会新胜利、开创中国特色社会主义事业新局面、实现中华民族伟大复兴作出新的更大贡献。

全国人大常委会副委员长华建敏，国务委员兼国务院秘书长马凯，全国政协副主席、中国社会科学院院长陈奎元，中央和国家机关有关部门负责人、中央主要新闻单位负责人、联合国驻华机构代表、部分外国驻华使节和境外新闻机构驻京代表等出席纪念大会。新华社社长李从军在大会上致辞，新华社离退休、青年职工代表在大会上发言。

11月7日

［纲　文］　**国家旅游局发布《关于赴台旅游跨区域组团事项的通知》。**

［目　文］　《通知》指出，各赴台游组团社可以组织具有直系亲属关系的大陆居民跨区域赴台团队旅游，并按照公安部门的有关规定为其办理通行证、签注等手续。同时，可以承接由单一机构组织并委托的跨区域赴台旅游团组。接受委托承接单一机构组织并委托的跨区域赴台旅游团的赴台游组团社，必须具备实力强、信誉好、业绩优等基本条件，3年内未发生重大责任安全事故、质量事件和3年内未受到停业整顿或停止赴台游业务及以上的处罚或处理。

11月7日

［纲　文］ **《中国共产党第十七届中央委员会第六次全体会议文件汇编》的蒙古、藏、维吾尔、哈萨克、朝鲜五种少数民族文字单行本出版发行。**

11月7日

［纲　文］ **新华社讯，经中央军委批准，原解放军炮兵指挥学院与原解放军炮兵学院南京分院合并，组建成立中国人民解放军南京炮兵学院。**

［目　文］ 校址定在南京市江宁区汤山镇，级别为副军级。学院举行了成立大会。南京炮兵学院具有“四个结合”“五个优势”的鲜明特征，即中级培训和初级培训相结合、军官培训和士兵培训相结合、反坦克导弹专业培训和炮兵专业培训相结合、内训和外训相结合；具有育人传统融合的文化优势、办学条件突出的区位优势、师资力量融汇的人才优势、任职特色鲜明的学科优势、兵种领域领军的科研优势。

南京炮兵学院选址在原国民党陆军炮兵学校旧址。1931年，国民党在此开办了民国时期第一所兵种学校，也是当时全国唯一的炮兵学校，史称“汤山炮校”，地位仅次于陆军大学和黄埔军校。

11月7日

［纲　文］ **第二次做好新疆少数民族群众到内地务工经商服务管理工作专题会议在武汉召开。**

［目　文］ 中共中央政治局委员、中央新疆工作协调小组副组长王乐泉出席会议并讲话。湖北、广东、浙江、北京、山东、辽宁、湖南、甘肃、新疆和湖北武汉市、浙江义乌市在会上介绍经验。各省、自治区、直辖市、新疆生产建设兵团党委政法委有关负责人，中央和国家机关有关负责人参加会议。

王乐泉指出，各地各部门要从全局和战略的高度，进一步创新理念思路、体制机制、方法手段，不断提升服务管理水平，为新疆到内地务工经商少数民族群众创造良好的工作生活条件。各地要从全局和战略的高度充分认识做好新疆少数民族群众到内地务工经商服务管理工作的重要意义，增强主动服务意识，不断提高服务管理的整体水平。各有关部门既要各司其职、各负其责，又要相互支持、密切配合，确保服务管理工作有人抓、管到位。各地各部门要建立与新疆信息共享、常态合作、定期互访等对接工作机制。中央有关工作部门要加强对服务管理工作的指导、协调和督促检查。

11月7日

［纲　文］ **2010—2011年度中国建设工程鲁班奖（国家优质工程）在北京颁奖。**

［目　文］ 上海世博会中国馆、杭州湾跨海大桥、黄河小浪底水利枢纽工程、汶川县第一中学等200项优质工程获得本届鲁班奖。

鲁班奖创立于1987年，旨在促进我国建筑工程质量的全面提高，现已成为我国建筑行业工程质量的最高荣誉奖。24年来，共有31个省、区、市和17个产业部门的1614项工程获此殊荣。

11月7—10日

［纲　文］　**贺国强在北京部分高校调研。**

［目　文］　中共中央政治局常委、中央纪委书记贺国强在中国人民大学，参观了推进马克思主义中国化及参与马克思主义理论研究和建设工程展示、图书馆新馆、新闻学院和法学院。他希望中国人民大学充分发挥在人文社会科学领域的特色和优势，大力加强马克思主义基本理论，特别是中国特色社会主义理论体系的教学和研究，积极推进文化传承创新，加快社会主义核心价值体系建设，为推动社会主义文化大发展大繁荣作出贡献。在清华大学，参观了校史馆、有机光电子重点实验室、公共管理学院国情研究中心和廉政研究中心。他希望清华大学坚持走内涵式发展道路，全面提高办学质量，在建设世界一流大学进程中发挥表率作用。在北京师范大学，参观了教师教育成果展、基础教育教材及著名专家成果展、认知神经科学与学习国家重点实验室。他希望北京师范大学强化办学特色，推进教育创新，当好我国教师教育的排头兵和教育改革的先行者。在北京化工大学，参观了学校“十一五”成就展、“危险化学品生产系统故障预防及监控”安监局基础实验室、国家碳纤维工程技术研究中心。他希望北京化工大学坚持产学研结合，加快科技成果转化和产业化步伐，在服务国家和行业发展中发挥更大作用。在北京大学，参观了校史馆及“北京大学与中国共产党的创建”专题展览和北京大学党风廉政建设展览，考察了分子动态与稳态结构国家重点实验室。他说，北京大学是中国新文化运动的中心、五四运动发祥地、传播马克思主义和创建中国共产党的最早基地，希望北京大学坚持正确办学方向，弘扬光荣传统，推进改革创新，加快推进创建世界一流大学步伐，为党和国家事业发展作出更大贡献。

考察期间，贺国强指出，要高度重视解决贫困家庭学生上大学和大学生就业问题。他希望各级党委、政府和高校思想上重视、政策上倾斜、经费上支持、学习上帮助，争取更多的贫困家庭学生能够考上大学并顺利完成学业。

11月7—8日

［纲　文］　**交通运输部在广州召开全国水运工作座谈会。**

［目　文］　交通运输部部长李盛霖出席会议并讲话，各省、自治区、直辖市交通运输主管部门和港航管理部门，部分港航企业，有关行业协会、科研院所参加会议。会议期间，交通运输部启动了“十二五”期水运结构调整示范项目建设工作，主要包括低碳运输、内河船型标准化、铁水联运、现代物流、现代航运服务业、节能减排、水运信息化等方面。与会代表就水运调整工作进行了研讨。

11月7—8日

［纲　文］　**全军干部保健工作会议在北京召开。**

［目　文］　会议全面总结了“十一五”以来全军保健工作，对“十二五”时期的任务作了部署，并对49个先进集体和248名先进个人进行了表彰。

11月8日

［纲　文］　**中组部等18个部门和组织发布《关于加强社会工作专业人才队伍建设的意见》。**

［目　文］　《意见》由六个部分组成：一、加强社会工作专业人才队伍建设是构建社会主义和谐社会的一项重大而紧迫的战略任务。二、加强社会工作专业人才队伍建设的指导思想、工作原则和目标任务。三、大力加强社会工作专业教育培训。四、积极推动社会工作专业岗位开发和专业人才使用。五、切实推进社会工作专业人才评价和激励工作。六、加强党对社会工作专业人才队伍建设的领导。

11月8日

［纲　文］　**国资委发布《关于进一步深化中央企业全面预算管理工作的通知》。**

［目　文］　《通知》由八个部分组成：一、切实加强组织领导，完善全面预算管理组织体系。二、树立全面预算管理理念，坚持战略引领与价值导向。三、改进预算编制方法，提高全面预算管理科学化水平。四、积极推动对标管理，突出做强做优。五、加强关键指标预算控制，努力提升企业运行质量。六、强化预算刚性约束，做好预算执行监控与分析工作。七、加强预算执行结果考核，实现预算闭环管理。八、大力推进信息化建设，保障全面预算管理顺利实施。

11月8日

［纲　文］　**交通运输部印发《关于促进沿海港口健康持续发展的意见》。**

［目　文］　《意见》由八个部分组成：一、积极促进港口协调发展。二、有序推进专业化运输系统码头建设。三、稳步实施新港区开发。四、继续推进港口结构调整与资源整合。五、大力加强港口集疏运体系建设。六、着力推动港口转型升级。七、切实加强港口规划管理。八、切实加强港口岸线使用管理。

11月8日

［纲　文］　**商务部发布《关于“十二五”期间石油流通行业发展的指导意见》。**

［目　文］　《意见》由三个部分组成：一、指导思想、基本原则和发展目标。二、主要任务。三、保障措施。

11月8日

［纲　文］　**《中国电机工业发展史——百年回顾与展望》首发式在北京人民大会堂举行。**

［目　文］　江泽民倡导编写该书并作序和题写书名。国务院副总理张德江和路甬祥、曾培炎等出席并讲话。座谈会由发展改革委、工业和信息化部主办，有关部门、行业协会的负责人和专家学者、企业代表共60余人参加会议。

《中国电机工业发展史》全面展现了我国电机工业诞生以来的百年发展历史，折射出我国工业发展乃至我国从积贫积弱到屹立于世界民族之林的过程。该书由曾培炎担任编写组顾问，机械工业出版社出版。

11月8日

［纲　文］　**国家副主席习近平在北京会见英国政府亚洲关系小组主席、英国怡和集团董事鲍威尔勋爵一行。**

［目　文］　习近平指出，2011年是“十二五”规划开局之年，中国政府将在未来5年内进一步深化改革开放、加快经济发展方式转变，积极扩大内外需求，提高利用外资质量和效益，并支持中国企业“走出去”，全面参与国际合作。明年将迎来中英建交40周年，又恰逢伦敦举办奥运会，两国关系面临新的机遇。希望双方继续坚持从战略高度和长远角度把握双边关系，本着相互尊重、互利共赢的精神，加强沟通，增进互信，深化各领域合作，密切在国际事务中的沟通和协调，妥善处理双方分歧，推动两国关系稳步发展。

鲍威尔勋爵表示，英中加强合作符合两国利益，英国政府重视两国关系，愿扩大两国在各领域的合作，相信中国将不断取得新的发展成就。

11月8日

［纲　文］　**国务委员刘延东在中南海会见澳门中国企业协会会长、南光（集团）有限公司董事长许开程先生率领的澳门中国企业协会访问团一行。**

［目　文］　刘延东对澳门中国企业协会成立20周年表示祝贺，对澳门中资企业长期以来为“一国两制”方针在澳门的成功实践、为澳门保持繁荣稳定所作的贡献表示赞赏。她表示澳门中资企业前景光明，希望澳门中资企业充分把握我国经济发展持续向好和“十二五”规划实施的良好契机，不断提升实力，维护中资企业良好社会形象，积极参与澳门经济适度多元化转型，继续支持澳门特区政府依法施政，为澳门的繁荣稳定作出更大贡献。

11月8日

［纲　文］　**水利部、财政部在北京召开第三批全国小型农田水利重点县建设启动视频会议。**

［目　文］　会议主要任务是：贯彻落实中央一号文件、中央水利工作会议和全国冬春农田水利基本建设电视电话会议精神，总结第一、二批重点县建设管理经验，分析当前重点县建设形势，部署第三批重点县建设任务。

广西富川县、江西龙南县有关负责人分别代表第一、第二批重点县发言，宁夏海原县有关负责人代表第三批重点县作了表态发言。财政部、水利部有关司局和直属单位负责人，山东、湖北两省政府及财政、水利部门负责人在主会场参加会议。有关省（区、市）政府及财政、水利部门，水利部各流域机构，三批重点县的代表共7000多人在分会场参加会议。

11月8日

［纲　文］　**国家知识产权局和世界知识产权组织在北京举行第十三届中国专利奖颁奖大会。**

［目　文］　大会表彰运用知识产权制度，为技术创新和经济社会发展作出贡献的发明人、设计人和专利权人。全国人大常委会副委员长路甬祥出席大会，并为获奖代表颁奖。本届中国专利奖共评选出中国专利金奖项目15项，中国外观设计金奖项目5项，中国专利优秀奖项目177项，中国外观设计优秀奖项目35项。这些项目从上百万件的有效专利中脱颖而出，不仅权利归属明确，技术水平高，而且资源耗能降低，综合效益良好，是当前一段时期内我国加快自主创新，加速知识产权产业化的优秀实例。

11月8日

［纲　文］　**中国消防博物馆开馆揭牌。**

［目　文］　国务委员、公安部部长孟建柱为中国消防博物馆正式开馆揭牌。孟建柱指出，要认真贯彻落实胡锦涛总书记“忠诚可靠、服务人民、竭诚奉献”的总要求，紧紧依靠群众，大力推进消防公益事业，不断提升全社会防控火灾的能力和水平，切实保护人民群众生命财产安全。

11月8日

［纲　文］　**何梁何利基金2011年度颁奖大会在北京举行。**

［目　文］　中共中央政治局委员、国务委员刘延东致信祝贺。全国人大常委会副委员长桑国卫、全国政协副主席万钢等出席颁奖大会并为获奖者颁奖。本年度何梁何利基金授予国防科技大学杨学军“科学与技术成就奖”、35位科技工作者“科学与技术进步奖”、15位科技工作者“科学与技术创新奖”。

由香港爱国金融家何善衡、梁銶琚、何添、利国伟于1994年3月创立的何梁何利基金，旨在奖励中华人民共和国杰出科学家，促进祖国科学技术进步与创新。17年来，共有952位优秀科技工作者获奖。其中，29位成就卓著、领先世界先进水平的杰出科学家荣获基金科技大奖——“科学与技术成就奖”。

11月8日

［纲　文］　**第四届东盟与中日韩（10+3）媒体合作研讨会在济南举行。**

［目　文］　研讨会由人民日报社主办，大众报业集团承办。来自东盟、日韩的26家媒体负责人，《人民日报》等国内14家主流媒体负责人参加研讨会。各国媒体代表围绕“增强亚洲声音，共创美好未来”这一主题，就“深化媒体合作，增强亚洲声音”“共聚今日山东，见证区域合作”和“新媒体新传播，共创新共发展”三个议题展开研讨，达成许多共识。

11月8日

［纲　文］　**山东省济南市第二生活垃圾综合处理厂竣工。**

［目　文］　日处理垃圾2000吨，年处理生活垃圾66.67万吨，年发电量约2.7亿千瓦时，是目前全国一次性建设规模最大的垃圾焚烧发电项目。

该项目由香港光大国际有限公司的全资子公司——光大环保能源（济南）有限公司同济南市政府合作，以BOT方式投资、建设和运营的山东省、济南市重点项目。这一项目由4台日处理500吨生活垃圾焚烧炉和2台18兆瓦的汽轮发电机组组成，占地面积约为120亩。项目自2010年3月13日正式开工建设，2011年9月22日完成“72+24小时”试运行。

11月8—10日

［纲　文］　**国际金融论坛2011全球年会在北京召开。**

［目　文］　大会主题为：全球金融新框架：变革与影响。来自全球金融机构、相关国际组织和联合国的专家、学者就重建全球金融新框架、制定新的规则等进行探讨和交流。

9日，国务院副总理王岐山在中南海会见国际货币基金组织总裁拉加德、联合国贸易和发展会议秘书长素帕猜、国际金融协会总裁达拉拉等出席国际金融论坛2011全球年会的境外代表。双方就当前世界经济形势、欧洲主权债务危机、反对贸易保护主义等问题交换了看法。

11月8—18日

［纲　文］　**第二届全国智力运动会在武汉体育学院体育馆举行。**

［目　文］　运动会由国家体育总局主办，国家体育总局棋牌运动管理中心和湖北省体育局承办，武汉体育学院协办，以“才耀荆楚·智泽华夏”为主题。进行围棋、象棋、国际象棋、桥牌、五子棋、国际跳棋6个大项54个小项的比赛。全国共有50个单位报名参赛，其中43个单位组成了代表团。参赛运动员共2048人，教练领队373人，各代表团团部332人，参赛总规模达到了2753人，竞赛项目和参赛规模都超过了首届比赛。

11月9日

［纲　文］　**温家宝主持召开国务院常务会议。**

［目　文］　会议主要内容有：一、研究部署进一步做好打击侵犯知识产权和制售假冒伪劣商品工作。会议指出，2010年10月至2011年6月，国务院部署在全国范围开展了打击侵犯知识产权和制售假冒伪劣商品专项行动，集中整治侵权和假冒伪劣突出问题，依法惩处犯罪分子，曝光处理违法违规企业，维护公平竞争的市场秩序，取得显著成效。会议强调，当前部分地区和领域仍存在侵权和假冒伪劣问题，一些地方对打击侵权和假冒伪劣工作重视不够、查处不力，甚至有案不办。打击侵权和假冒伪劣任务仍很艰巨。要着眼完善法律法规、落实监管责任、强化监管手段、提高执法能力、鼓励公众参与，抓紧建立标本兼治的长效机制。一要继续加强行政执法。二要强化刑事司法打击。三要落实监管责任。四要强化违规失信惩戒。五要充分发挥社会监督作用。六要修订完善打击侵权和假冒伪劣的法律、法规和规章。七要加强国际交流合作。二、讨论通过《“十二五”控制温室气体排放工作方案》。三、讨论通过《关于进一步做好打击侵犯知识产权和制售假冒伪劣商品工作的意见》，决定设立全国打击侵犯知识产权和制售假冒伪劣商品工作领导小组，办公室设在商务部。

11月9日

［纲　文］　**交通运输部公布《水路运输易流态化固体散装货物安全管理规定》，自2011年11月9日起施行。**

11月9日

［纲　文］　**发展改革委公布《药品出厂价格调查办法（试行）》，自2011年12月1日起施行。**

11月9日

［纲　文］　**第三次全国人权研究机构工作经验交流会在成都召开。**

［目　文］　十届全国政协副主席、中国人权研究会会长罗豪才出席开幕式并讲话。交流会由中国人权研究会主办、四川大学人权法律研究中心承办，以“人权理论研究与教育培训”为主题。来自中国社会科学院、中央党校、北京大学、南开大学等单位的43家人权研究机构的近60位代表围绕会议主题，回顾和总结人权研究机构过去一年中在人权理论研究和教育培训工作中取得的成就与经验，就如何推动我国人权理论研究、倡导、教育事业的发展、繁荣和创新，如何促进我国人权事业的发展进行了深入的交流与探讨。

11月9日

［纲　文］　**全国政协副主席王刚在北京会见印度古吉拉特邦首席部长纳伦德拉·莫迪。**

11月9日

［纲　文］　**国务委员刘延东在北京会见美国国务院全球妇女事务无任所大使梅兰妮·弗维尔一行。**

［目　文］　刘延东说，妇女交流是中美两国人文交流的重要组成部分，在两国人文交流机制下设立“中美妇女领导者交流与对话”为进一步加强中美两国妇女的相互了解和友谊，促进中美各界妇女，特别是女性领导者的交流与合作开辟了新的途径。

11月9日

［纲　文］　**全国人大常委会副委员长路甬祥在北京会见美国前参议员罗伯特·贝内特、拜伦·多根和诺姆·科尔曼一行。双方就中美两国关系、议会交往、中美贸易不平衡问题等进行了交流。**

11月9日

［纲　文］　**国务委员、公安部部长孟建柱在北京会见朝鲜内务军司令兼人民保安部第一副部长李泰哲。**

［目　文］　孟建柱指出，中朝执法安全合作是两国关系的重要组成部分，希望双方始终着眼中朝传统友好大局，深入推进务实执法合作，为维护地区和平稳定、促进共同发展作出积极贡献。

李泰哲表示，朝方十分重视朝中执法安全合作，希望和中国同志一道，为进一步加强朝鲜人民保安部与中国公安部之间的友好关系作出努力。

11月9日

［纲　文］　**李源潮在北京与县委组织部部长任职培训班学员座谈。**

［目　文］　中组部常务副部长沈跃跃主持座谈会。中组部部长李源潮指出，组织部部长担负着重要的选人用人职责，要像李林森那样公道正派、清正廉洁，让党放心、让干部信任、让人民满意。

全国县（市、区）党委换届已经基本结束，有800多人新走上县委组织部部长岗位，中组部将分3期，对他们直接进行任职培训。参加这期培训的有来自22个省区市的310多名县委组织部部长。

11月9日

［纲　文］　**全军政工网新版上线仪式在北京举行。**

［目　文］　创建于2005年10月的全军政工网，通过这次改版升级，体系结构进一步优化，视觉效果进一步美化，内容功能进一步拓展，吸引力、感染力进一步增强，频道由47个增加到61个，新增网络广播电视、手机报等功能，在打造全媒体网络平台上取得突破。

11月9日

［纲　文］　**2011年《中国纪录片发展报告》在中国传媒大学发布。**

［目　文］　这是中国首部对纪录片行业进行年度性总结的纪录片蓝皮书。数据显示，2010年，全国省级以上电视台纪录片总产量约为5094小时，中央电视台产量为3027小时，约占六成。电视仍是纪录片最主要的播出渠道，但收视率相比其他电视节目较为落后。在电影院线方面，2010年国内院线共放映7部纪录电影，总票房2629.5万元，仅占同期中国电影票房的0.25%，甚至不如一部热门电影的周末票房。

蓝皮书认为，国内目前缺少系统规范的市场规则和行业机制：电视台制播一体，没有营销压力；纪录片制作公司长期以来只能赚取制作费差价，没有版权分红，因此，对营销缺少主动性。在媒介融合的趋势下，创作者看到互联网传播纪录片的巨大潜力，民间制作力量可能得到空前发展；同时，视频网站也拓宽了播放渠道。

11月9日

［纲　文］　**第七届藏传佛教高级学衔授予暨首批经师聘任仪式在中国藏语系高级佛学院举行。**

［目　文］　11位优秀考僧和28位经师候选人顺利通过全部考试科目，分别获得藏传佛教“拓然巴”高级学衔和中国藏语系高级佛学院经师资格。

同日，中国全国政协副主席、中央统战部部长杜青林会见高级学衔获得者和聘任经师代表时，勉励他们要做爱国、守法、持戒、利民的优秀僧才，要自觉维护祖国统一和民族团结，为西藏和四省藏区实现跨越式发展和社会的长治久安作出积极贡献。

10日，中国佛教协会副会长班禅额尔德尼·确吉杰布接受了“拓然巴”高级学衔获得者和聘任经师的朝拜。

“拓然巴”高级学衔制度创立于2004年，象征着藏传佛教最高学识和荣誉。它由藏传佛教界人士发起，继承藏传佛教寺院学经考试模式，结合现代教育方法，旨在培养藏传佛教界高级僧才。截至目前，已有77名学僧获得这一殊荣。

11月9日

［纲　文］ **“中华文化与软实力”座谈会在北京举行。**

［目　文］ 座谈会由中国经济社会理事会主办，中国文史出版社协办。全国政协副主席郑万通出席会议并讲话。部分全国政协委员、经社理事会理事，国内经济社会领域的知名专家学者，有关部门负责人，科研单位、高等院校、企业界的管理者和研究人员共百余人出席座谈会。会议学习中共十七届六中全会精神，探讨建设中国特色社会主义文化与增强国家软实力的问题。

11月9日

［纲　文］ **中国在太原卫星发射中心用长征四号乙运载火箭，成功将“遥感卫星十二号”送入太空。**

［目　文］ “遥感卫星十二号”由中国航天科技集团公司空间技术研究院负责研制生产。卫星主要用于科学试验、国土资源普查、农作物估产及防灾减灾等领域。

11月9—15日

［纲　文］ **第五届中国专利周举办。**

［目　文］ 专利周由国家知识产权局主办，30个中央部门机构和31个省区市人民政府、新疆生产建设兵团作为支持单位，以“实施专利战略、推动创新发展”为主题。

专利周主会场设于北京全国农业展览馆，其他各省区市设立分会场。在专利周期间，国家知识产权局正式发布《2012年全国专利事业发展战略推进计划》，与世界知识产权组织联合举办第十三届中国专利奖颁奖典礼和世界知识产权组织国家知识产权战略区域研讨会，并开展专利电子申请全国推广活动。在北京举办首届中国专利年会、“校园发明与创新”高峰论坛等活动。通过开展全国性、公益性、专业性、特色性的系列活动，进一步向公众普及专利知识，引导企业通过制定和运用专利战略转变经营理念和发展模式，实现可持续发展。

11月9—10日

［纲　文］ **2011年区域教育发展论坛在杭州开办。**

［目　文］ 论坛由中国教育政策研究院、杭州市人民政府主办，杭州市教育局、杭州市上城区人民政府承办，以区域教育综合改革与质量提升为主题。全国政协副主席、中国教育政策研究院理事长罗富和出席开幕式。来自全国20个省、区、市的百位教育局局长参加本次论坛，分享与交流各区域教育改革经验与模式。

11月9—11日

［纲　文］ **妇女与可持续发展国际论坛在北京举行。**

［目　文］ 中共中央政治局常委、国家副主席习近平出席论坛开幕式并致辞。他指

出，妇女是推动人类文明进步的伟大力量。没有妇女事业的进步，就没有全社会的进步。没有全球妇女的积极参与，就不可能真正实现人类社会的可持续发展。中国愿同世界各国一道，共同推动全球妇女更大规模、更深层次参与环境保护与可持续发展，为共同建设持久和平、共同繁荣的和谐世界而不懈奋斗。

论坛由全国妇联主办，北京市政府协办，以“妇女与可持续发展”为主题。亚洲、非洲、欧洲、美洲和大洋洲45个国家的政府部长级官员、政要夫人、议员以及联合国高官、国家和国际级非政府组织负责人、专家学者、工商界人士以及香港、澳门特别行政区政府官员和妇女组织代表约300人与会。各国代表分享了各国各地区妇女在可持续发展中的作用、经验和做法，分析了绿色经济与发展过程给妇女带来的机遇与挑战，就妇女与可持续发展提出建议。会议通过了《妇女与可持续发展北京宣言》，作为论坛成果文件提交2012年在巴西召开的联合国可持续发展大会。

会议期间，全国人大常委会副委员长、全国妇联主席陈至立在北京分别会见了与会的马其顿总统夫人玛娅·伊万诺娃、杰奎琳·苏珊·姆巴巴齐、以国际妇女论坛主席迪迪·科拉迪尼为团长的国际妇女论坛代表团。

11月9—13日

［纲　文］　**第六届中国北京国际文化创意产业博览会在北京举办。**

［目　文］　博览会由文化部、广播电影电视总局、新闻出版总署和北京市人民政府共同主办，主展场设在中国国际展览中心，同时在全市设立13个分会场，活动遍及全市40多个会展场所。总体活动包括综合活动、展览展示、论坛峰会、推介交易、创意活动和分会场活动六大系列。全国32个省区市派出代表团全面参会，来自26个国家和地区的50多个境外代表团组专程赴会，交流、探讨文化创意产业的国际合作。本届文博会期间，共签署文化创意内容产业的产品交易、艺术品交易、文化创意集聚区建设和入驻、银企合作等协议总金额786.85亿元人民币，比上届增长65%。其中，文化创意产业投资类项目117个，协议总金额510亿元人民币；艺术品交易212亿元人民币；原创文化内容产品成交64.85亿元人民币。

11月10—14日

［纲　文］　**国家主席胡锦涛应邀出席在美国夏威夷举行的亚太经合组织（APEC）第十九次领导人非正式会议。**

［目　文］　陪同胡锦涛出访的有：胡锦涛夫人刘永清、中央政策研究室主任王沪宁、国务委员戴秉国、外交部部长杨洁篪、发展改革委主任张平、财政部部长谢旭人、商务部部长陈德铭、胡锦涛主席办公室主任陈世炬等。

12—13日，亚太经合组织第十九次领导人非正式会议在夏威夷州首府檀香山举行，会议以“紧密联系的区域经济”为主题，主要讨论亚太地区经济增长、区域经济一体化、绿色增长、能源安全、规制合作等议题。与会领导人围绕议题交换意见。会议发表了领导人宣言。

胡锦涛在会上发表题为《转变发展方式 实现经济增长》的讲话。他指出，中国将坚定不移参与区域和国际经济合作，推动全球贸易和投资自由化便利化进程，为实现亚太地区和世界的持久和平、共同繁荣作出新的更大的贡献。我们要坚定信心和决心，拿出勇气和智慧，切实落实去年横滨会议通过的《亚太经合组织领导人增长战略》，加快转变经济发展方式，提高经济增长质量，努力推动经济平衡、包容、可持续、创新、安全增长，实现亚太地区经济长期平稳较快发展和社会和谐稳定。为此，应该重点作出以下努力。今年是中国加入世界贸易组织10周年，也是中国加入亚太经合组织20周年。20年来，中国开放水平不断提高，开放程度日益加深，对外贸易和双向投资规模迅速增长，开放型经济全面发展，同世界其他国家和地区联系日益密切，实现了中国和世界共赢，成为全球最开放的市场之一。中国参与世界和区域贸易进程的实践证明，只有把对外开放同国内改革发展相结合，参与和推动全球贸易和投资自由化便利化进程，才能实现将自身经济发展融入世界经济发展的互利共赢。

会议期间，胡锦涛分别会见了秘鲁总统乌马拉、中国国民党荣誉主席连战、美国总统奥巴马、越南国家主席张晋创、日本首相野田佳彦、加拿大总理哈珀、美国工商界代表等；出席亚太经合组织工商领导人峰会并发表《携手并进 共创未来》主旨演讲；出席了领导人与亚太经合组织工商咨询理事会代表对话会。与会领导人同代表们就区域经济一体化、中小企业发展、粮食安全等问题交换看法。

11月10日

［纲 文］ **国务院总理温家宝、国家副主席习近平在北京会见国际货币基金组织总裁拉加德。**

［目 文］ 温家宝会见拉加德时说，中方支持欧盟、欧洲央行和国际货币基金组织为应对危机采取的措施，愿与各方共同努力，探讨有效的合作方式，维护国际金融稳定，增强推动世界经济实现强劲、可持续、平衡增长的信心和动力。中方将继续以开放的态度参与和推进国际货币基金组织各项改革，使其在危机救助、监督和协调各国宏观经济政策、维护全球稳定方面发挥更加积极的作用。

拉加德表示，国际货币基金组织赞赏中国政府推进改革、发展经济、改善民生的一系列政策举措。中国的发展为世界应对危机作出了重要贡献。国际格局正在发生变化，国际货币基金组织将加强同中国的合作。

习近平会见拉加德时表示，中方愿与基金组织一道，为推动基金组织改革、改善全球经济治理、促进全球经济复苏作出贡献。

拉加德表示，基金组织将与各国合作落实二十国集团戛纳峰会公报关于基金组织改革和国际货币体系改革的内容，携手应对当前危机。

11月10日

［纲 文］ **李克强在国务院发展研究中心调研。**

［目　文］　中共中央政治局常委、国务院副总理李克强在中心的国研信息网和研究成果展示厅，了解有关经济数据库建设和最新研究进展情况。

李克强与研究中心的专家进行座谈。大家结合各自研究领域，就涉及发展和改革的问题提出了看法和建议。李克强说，“十二五”时期，保持经济平稳较快发展，必须做好转变经济发展方式这篇大文章，而转方式的主攻方向是调结构，其中一个重要方面就是要构建扩大内需的长效机制，在扩大开放的条件下扩大内需。他强调，扩内需的最雄厚潜力在城镇化，今后几年还有几千万农村人口将进入城镇，会对消费和投资形成强大的带动作用，从而有力地拉动经济增长。积极稳妥地推进城镇化是个长期过程，如何更好地统筹城乡，加快现代农业发展步伐，促进大中小城市和小城镇协调发展，还需要不断探索。

11月10日

［纲　文］　**中共中央政治局常委、中央纪委书记贺国强在北京会见以党的副主席兼执行书记阿里·阿赫梅多夫为团长的阿塞拜疆新阿塞拜疆党干部考察团。**

［目　文］　贺国强表示，愿与阿方一道努力，以明年两国建交20周年为契机，继续本着开放、友好、坦诚、互利的原则和精神，推动两国关系全面巩固和深化。中阿两党自1999年建立关系以来，一直保持着密切交往与沟通，为国家关系的发展作出了积极贡献。中国共产党愿与新阿塞拜疆党一道，进一步发掘党际交往的潜力，更好地为两国人民造福，为两国关系发展服务。贺国强还应询向客人介绍了中国共产党成立90周年、十七届六中全会、筹备召开十八大以及实施“十二五”规划等情况。

阿赫梅多夫说，新阿塞拜疆党和阿塞拜疆政府高度重视对华关系，愿与中方共同努力，将双方合作提升到新水平。

11月10日

［纲　文］　**国资委发布《关于做好2011年度中央企业财务决算管理及报表编制工作的通知》。**

［目　文］　《通知》由十一个部分组成：一、高度重视决算管理，充分发挥决算作用。二、规范财务会计核算，夯实决算编制基础。三、紧密结合企业运行特点，突出决算重点工作。四、加强基层企业管理，全面实施全级次编报。五、加快财务信息化建设，提高决算编制水平。六、加强境外资产监管，做好境外决算编制工作。七、认真填报监管信息，规范编制决算报告。八、强化审计管理，提高审计质量。九、改进决算审核方法，加大问题整改力度。十、强化数据分析利用，深入开展绩效评价。十一、落实上报要求，及时报送财务决算报告。

11月10日

［纲　文］　**第八届国家信息化专家论坛在北京举行。**

［目　文］　中共中央政治局委员、国务院副总理张德江出席论坛并讲话。论坛由国家信息化专家咨询委员会主办，以“全面提高信息化水平，加快迈向信息社会”为主题，

研讨交流国际和国内经济和信息化形势，信息技术和产业的创新趋势，信息化管理体制和机制，网络信息安全，工业化、城镇化与信息化融合发展，以及最新信息技术和产业热点问题。

11月10日

［纲　文］ **国务院副总理回良玉在北京会见白俄罗斯副总理托济克。**

［目　文］ 回良玉说，中白建交近20年来，双边关系始终健康稳定发展，各领域合作不断扩大并取得丰硕成果。近年来，中白务实合作不断呈现新亮点，希望双方稳步推进现有合作项目，积极创新合作模式，将务实合作提升到更高水平，造福两国人民。

托济克说，白方高度重视白中关系，对双边务实合作的深入发展寄予厚望，愿与中方共同努力，深入挖掘贸易投资合作潜力，力争取得更多成果。

11月10日

［纲　文］ **总装备部在北京举行钱学森科学精神研讨会。**

［目　文］ 来自科技教育界、国防科技和武器装备战线的百余名代表，座谈研讨钱学森科学精神，深切缅怀他的崇高品质和大师风范。中央军委委员、总装备部部长常万全追忆了钱学森为我国科技事业发展作出的历史性贡献，从“爱国、创新、求实、包容、人本”五个方面，总结了钱学森科学精神的丰富内涵。他指出，钱学森科学精神博大精深，集中体现了中华文化的深厚底蕴、追求真理的崇高品格、与时俱进的鲜明特征。当前一定要全面贯彻落实科学发展观，认真学习弘扬钱学森科学精神，为国家强盛、民族复兴、人民幸福作出新的更大贡献。

11月10日

［纲　文］ **“百花芬芳——中国文联金奖作品文艺晚会”在北京举行。**

［目　文］ 晚会由中国文联主办，所属11个文艺家协会联合承办，演出节目均为近年来全国文艺家协会评选推出的舞台表演艺术金奖作品，包括器乐、歌舞、曲艺、杂技等。京剧表演艺术家尚长荣、川剧名家沈铁梅、相声名家姜昆等老中青艺术家联袂登台。

多年来，中国文联及下属各文艺家协会设立和举办戏剧“梅花奖”、音乐“金钟奖”、舞蹈“荷花奖”等具有全国影响力的评奖、赛事活动，并举办各类公益性讲座、培训和研修，旨在培养新人，推动全国文艺创作的繁荣发展。

11月10日

［纲　文］ **中共江苏省第十二届委员会第一次全体会议选举罗志军为省委书记，李学勇、石泰峰为省委副书记。**

11月10日

［纲　文］ **中非合作圆桌会议第二次大会在海南万宁举行。**

［目　文］ 大会由外交部、中国前外交官联谊会与海南省政府联合举办，以“友谊、合作、发展、共赢”为主题。商务部、外交部、非洲国家驻华使节、海南省委省政府领导以及部分非洲国家前政要等400余人参加会议。会议期间，中国企业之间、中国和

非洲企业之间、中国企业和非洲国家驻华使馆之间进行对接交流或业务洽谈。会议发表了《万宁宣言》。

11月10—14日

［纲　文］　**李长春在广东调研。**

［目　文］　中共中央政治局常委李长春在深圳、东莞、佛山、广州等地的企业、社区、科技园区和宣传文化单位，就贯彻落实党的十七届六中全会精神、推进文化改革发展、加快转变经济发展方式等进行调研，听取广东省委、省政府工作汇报，对广东经济社会发展取得的成就给予肯定。

李长春在广东志成冠军集团、东莞光阵显示器制品有限公司等企业，了解产品结构调整情况，勉励企业加大研发投入，打造自主品牌，不断提高核心竞争力；在深圳光启高等理工研究院，与研发团队成员交谈，希望他们坚持产学研相结合，努力打造科工贸一体化的创新企业；在深圳福田交通枢纽公交加电站、广州番禺节能科技园和海珠湖，考察新能源汽车推广应用、节能环保和水环境治理情况；在深圳福永街道文化艺术中心，观看万福民工街舞团表演，与打工文学作家交流，勉励街道积极开展面向农民工的公益性文化服务，不断丰富他们的精神文化生活；在东莞白马社区文化广场，了解基层图书馆服务情况，希望他们以城市图书馆为龙头，以社区阅览室为依托，推进连锁服务、互借互通，为促进公共文化服务均等化创造经验；在广东星海演艺集团、广州粤剧院有限公司，观看交响乐和粤剧排练，希望他们弘扬民族传统音乐，借鉴国外优秀音乐成果，积极探索，推陈出新，创作更多人民群众喜爱的音乐作品，再创广东音乐辉煌；在深圳东部华侨城、天朗时代科技公司、华强文化科技集团公司，了解文化科技创新和产业发展情况；在中国移动南方基地、佛山南海39度空间艺术创意社区，勉励他们发展网络新技术新业态，加快推进三网融合，打造可管可控、绿色安全的播控平台，用先进技术传播先进文化；在广州太古仓，考察商业文化项目规划建设情况。

11月10—11日

［纲　文］　**第三届"中国西藏发展论坛"在希腊雅典举行。**

［目　文］　论坛由国务院新闻办公室、中国驻希腊大使馆和希中商会共同举办，与会者就西藏经济社会发展、文化传承、环境保护、教育、旅游业发展以及外国在西藏投资等议题展开探讨。论坛发表了《雅典公报》。

11月11日

［纲　文］　**国务院印发《关于清理整顿各类交易场所切实防范金融风险的决定》。**

［目　文］　《决定》由四个部分组成：一、高度重视各类交易场所违法交易活动蕴藏的风险。二、建立分工明确、密切协作的工作机制。三、健全管理制度、严格管理程序。四、稳妥推进清理整顿工作。

11月11日

［纲　文］　**詹红荔同志先进事迹报告会在北京人民大会堂举行。**

［目　文］　报告会由中宣部、中央政法委、最高人民法院和福建省委共同主办。中央政法机关和北京市、福建省政法系统的干警代表参加了报告会。

詹红荔是福建省南平市延平区法院少年审判庭的庭长。她始终坚持“一个共产党员，不论分内分外，如果需要，都义无反顾；一个人民法官，不论庭内庭外，如果需要，都责无旁贷”的承诺，怀着对构建和谐社会的追求，把全心全意为人民服务的宗旨贯穿到少年审判工作的始终，教育、感化、挽救了一大批失足少年。她审理的近500起案件涉及1140多名少年犯，无一重审、无一错案、无一投诉、无一上访，受到当事人和群众的高度信赖，被誉为“爱民为民、情铸和谐”的好法官。詹红荔获得“福建省五一劳动奖章”“福建省道德模范”“福建省优秀共产党员”“全国优秀法官”“全国模范法官”“全国政法系统优秀党员干警”“全国道德模范提名奖”等荣誉，并荣立个人一等功。

11月11日

［纲　文］　**全国退役士兵安置工作领导小组、民政部、总参谋部在北京召开全国退役士兵安置改革工作会议。**

［目　文］　国务院副总理、全国退役士兵安置工作领导小组组长回良玉出席会议并讲话。全国退役士兵安置工作领导小组副组长、总参谋长陈炳德主持会议。全国退役士兵安置工作领导小组成员，各省、自治区、直辖市及新疆生产建设兵团有关负责人和民政部门及安置办负责人，军队各大单位和武警部队有关负责人参加了会议。会议对退役士兵安置改革的主要内容和组织实施工作作了说明。

11月11日

［纲　文］　**第四届全国教育科学研究优秀成果奖颁奖暨中国教育科学研究院成立大会在北京举行。**

［目　文］　中共中央政治局委员、国务委员刘延东出席并讲话。教育部部长袁贵仁主持会议。有关部委负责人、第四届全国教育科学研究优秀成果奖获奖代表和全国教育科研院所、部分高校、地方代表出席了大会。大会宣布了颁发第四届全国教育科学研究优秀成果奖的决定，共有300项成果获奖，其中《中华人民共和国教育史》《学有所教——为制定国家中长期教育改革和发展规划纲要提供的六十条建议》等19项成果获一等奖，《教育均衡论——中国基础教育均衡发展实证分析》等90项成果获二等奖，《中国博士质量报告》等180项成果获三等奖。

刘延东指出，要深入学习贯彻党的十七届六中全会精神，进一步发挥教育科研服务决策、创新理论、指导实践的作用，努力建设中国特色社会主义教育理论体系，为推动教育事业科学发展、办好人民满意的教育、建设教育强国作贡献。

11月11日

［纲　文］　**商务部发布《中国对外贸易形势报告（2011年秋季）》。**

［目　文］《报告》显示：2011年以来，中国对外贸易着力于“稳增长、调结构、促平衡”，转变外贸发展方式取得新进展。贸易顺差延续2008年以来逐年递减的态势，今年前三季度缩小到1071亿美元，同比下降10.6%，与国内生产总值之比也从2008年的6.5%降至2.2%，处在国际公认的合理区间。

《报告》预计，今年四季度对外贸易增速将继续回落，2011年进出口增幅将呈现前高后低走势，全年进出口总额约3.5万亿美元，增长20%左右，贸易顺差1500亿美元左右。

11月11日

［纲　文］**中国生态文明研究与促进会在北京成立。**

［目　文］中共中央政治局常委贾庆林、习近平、李克强等为大会发来贺信，作出批示。

全国政协副主席、中国生态文明研究与促进会会长陈宗兴出席成立大会并讲话。中国生态文明研究与促进会常务副会长祝光耀主持会议。全国人大环资委、全国政协人资环委和中央有关部门、部分省市负责人及国内外代表500多人出席成立大会。

中国生态文明研究与促进会是经国务院批准的全国性社会团体，是我国第一个以生态文明命名的专业性、公益性、非营利性社会组织，其宗旨是聚集全国高端人才，协助党和政府深入推进生态文明建设，为各级党政领导决策提供咨询服务。

11月11日

［纲　文］**江苏丹阳建成千吨级碳纤维生产线。**

［目　文］该生产线具有完全自主知识产权。碳纤维作为高端新材料，是我国“十二五”重点发展的战略性新兴产业之一，广泛应用于航空航天、轨道交通等领域。全球碳纤维需求量年均增长率达12.9%，到2010年已近4万吨。

11月11日

［纲　文］**《人民日报》发表评论员文章《把握文化改革发展的历史机遇——八论认真学习贯彻党的十七届六中全会精神》。**

11月11—12日

［纲　文］**全国煤矿瓦斯防治现场会在合肥召开。**

［目　文］国务院副总理、国务院安全生产委员会主任张德江出席并讲话。现场会由发展改革委、安监总局、科技部、能源局、煤矿安监局联合召开。会议指出，“十一五”时期，国家成立了12个部门和单位组成的煤矿瓦斯防治部际协调领导小组，出台了一系列政策措施，持续加大安全投入，推进科技创新，强化监管监察，煤矿瓦斯防治工作取得重大进展和显著成就，煤矿瓦斯事故大幅度减少，瓦斯抽采量、利用量和环境效益大幅度提高。与2005年相比，2010年煤矿瓦斯事故起数、死亡人数分别下降65%、71.3%，煤层气（煤矿瓦斯）抽采量、利用量分别增长近3倍、5倍。5年累计利用瓦斯95亿立方米，相当于减排二氧化碳14250万吨。但我国煤矿瓦斯防治形势依然严峻，尤其近期连续发生几起重大瓦斯事故，给人民群众生命财产造成严重损失。

会议要求，“十二五”时期，煤矿瓦斯防治工作必须深入贯彻落实科学发展观，牢固树立以人为本、安全发展的理念，以确保职工生命安全为根本，以瓦斯抽采达标和落实综合防治措施为重点，进一步加大瓦斯防治工作力度，多措并举、综合治理，有效防范和坚决遏制煤矿重特大事故，促进煤矿安全生产形势持续稳定好转。

11月11—13日

［纲　文］　**第十二届中国（天津）信息技术博览会在天津举办。**

［目　文］　博览会由工业和信息化部、中国工程院、天津市人民政府主办，围绕“智慧城市”的理念，以“云集滨海、物联世界、智慧天津”为主题。展示智慧城市、云计算、物联网、三网融合等信息技术前沿领域的成果。

11月11—15日

［纲　文］　**中国2011第二十七届亚洲国际集邮展览在无锡举办。**

［目　文］　展览由国家邮政局、江苏省人民政府、中国邮政集团公司和中华全国集邮联合会主办。53个国家和地区参展，共展出邮集展品1278框。

11月11—14日

［纲　文］　**第六届海峡两岸台北旅展在台北举办。**

［目　文］　展览由海峡两岸旅游交流协会与台湾观光协会共同主办，以“中华文化游”为主题。大陆展区共设展位245个，参展面积达3816平方米。大陆31个省（区、市）、新疆生产建设兵团及相关旅游企业分别组团参展。台湾展区共设展位128个，包括各大旅行社、航空公司、饭店等相关旅游企业。

11月11—15日

［纲　文］　**第二届世界低碳与生态经济暨技术博览会在南昌举办。**

［目　文］　大会由发展改革委、科技部、工业和信息化部、财政部、环境保护部、商务部、住房城乡建设部、国资委和江西省人民政府联合主办。以“扩大低碳合作、发展生态经济、共建绿色家园”为主题。会议期间举办低碳与生态经济高峰论坛、战略性新兴产业合作推进会、低碳与生态技术及产品博览会、智能交通体系建设推进会、生态产业发展推进会、低碳市民体验等活动。

11月11—20日

［纲　文］　**“著名现代陶艺家周国桢教授80华诞暨从艺60周年系列学术活动”在北京举办。**

［目　文］　活动由中国艺术研究院、中国美术馆、中国美术家协会、景德镇陶瓷学院等单位共同主办。该活动内容主要包括：一、在中国美术馆举办“周国桢现代陶艺回顾展”。展览展出周国桢教授各个时期的代表作约100件，其中不乏精品、珍品、孤品、绝品。二、在中国艺术研究院举办“周国桢与现代陶艺学术研讨会”。研讨会围绕“周国桢现象”展开，即“周国桢陶瓷艺术创作研究”“周国桢陶瓷艺术教学研究”“中国现代陶艺与世界现代陶艺之研究”“陶艺与中国文化之研究”。三、由文化艺术出版社为周国桢教授

出版大型综合性画册。画册收集了周国桢教授各个时期的学术文章十余篇。四、周国桢教授与青少年学子就陶艺进行互动交流。

周国桢1931年生于湖南，1951年考入中央美院雕塑系，从1976年开始在景德镇陶瓷学院任教，当代很多陶艺艺术家都曾经师从于他。

11月12日

［纲　文］ **国家主席胡锦涛与卢旺达共和国总统卡加梅互致贺电，热烈庆祝两国建交40周年。**

［目　文］ 胡锦涛在贺电中说，中卢建交40年来，两国关系经受住了时间和国际风云变幻的考验，始终健康稳定发展。总统阁下执政以来高度重视发展对华关系，积极推动中卢友好合作，两国关系呈现出快速发展的良好势头，我对此表示高度赞赏。中方珍视中卢传统友谊，愿与卢方共同努力，以中卢建交40周年为契机，进一步加强双方政治互信，深化各领域合作，密切人文交流，推动两国友好合作关系不断迈上新台阶，造福两国人民。

卡加梅在贺电中说，在卢中关系迎来重要里程碑的时刻，我们高兴地看到，两国人民在相互信任、目标一致的基础上构建起坚实的友谊与合作桥梁。卢方感谢中方长期以来向卢旺达和整个非洲提供的有益帮助。在两国关系即将进入新的10年之际，卢方期待同中方携手努力，进一步加强两国政治对话和社会经济联系，密切合作关系，提升合作水平。

同日，外交部部长杨洁篪与卢旺达外交与合作部部长穆希基瓦博也就两国建交40周年互致贺电。

11月12日

［纲　文］ **全国政协在北京中山公园中山堂举行仪式，纪念中国民主革命的伟大先行者孙中山先生诞辰145周年。**

［目　文］ 全国政协副主席李金华代表全国政协，全国政协副主席、民革中央常务副主席厉无畏代表民革中央，中共中央统战部副部长尤兰田代表中共中央统战部，北京市副市长程红代表北京市人民政府，分别向孙中山先生塑像敬献了花篮。

11月12日

［纲　文］ **六集大型人文纪录片《长白山》在中央电视台纪录频道播出。**

［目　文］ 该片由吉林电视台历时一年半拍摄完成，展示了长白山自然风光、生态资源、历史文化风貌。

11月12—28日

［纲　文］ **“天山南北——中国美术作品展”在北京中国美术馆举办。**

［目　文］ 作品展由中国文学艺术界联合会、中共新疆维吾尔自治区党委宣传部、中国美术家协会、中国美术馆、中央民族大学、北京市黄胄基金会共同主办。本次展览展

出的300余幅美术作品，涵盖了中国画、油画、版画、水彩画、漆画等画种，囊括了20世纪以来各时期以新疆为主题的优秀美术作品，以及近百位来自全国的老中青美术工作者专门为此次展览准备的写生与新作。

11月12—13日

［纲　文］　**李源潮在河北调研创先争优。**

［目　文］　中组部部长李源潮在平山县梁家沟村村民家中，了解他们勤劳致富的情况；在石家庄市职工服务中心，赞扬他们开展“夺旗评星”活动，拓展为困难职工服务的内容，不断提高服务质量的做法；在石家庄高速公路兆通服务区，李源潮充分肯定他们“能吃苦、讲付出、创新服务”的经验。

李源潮在石家庄召开了创先争优调研座谈会。他说，党的十七届六中全会要求全党同志开拓进取、扎实工作，以优异成绩迎接党的十八大召开，这为创先争优进一步指明了方向。要坚持围绕中心工作创先争优，组织动员基层党组织和广大党员带头落实本地党代会精神，为实现科学发展的新目标、新任务努力奋斗。

11月13日

［纲　文］　**国务院印发《关于进一步做好打击侵犯知识产权和制售假冒伪劣商品工作的意见》。**

［目　文］　《意见》由四个部分组成：一、依法严厉打击侵权和假冒伪劣行为。二、建立健全打击侵权和假冒伪劣的约束激励机制。三、动员社会力量参与打击侵权和假冒伪劣工作。四、完善打击侵权和假冒伪劣工作的保障措施。

11月13日

［纲　文］　**新华社讯，中共中央办公厅、国务院办公厅转发《教育部关于深入推进高等学校哲学社会科学繁荣发展的意见》。**

［目　文］　《意见》提出，深入推进高等学校哲学社会科学繁荣发展的目标是：到2020年，基本建成高等学校哲学社会科学创新体系，为国家哲学社会科学创新体系建设提供有力支撑，为全面建设小康社会、加快推进社会主义现代化、实现中华民族伟大复兴作出新贡献。

《意见》要求，各地党委教育工作部门、教育行政部门和高等学校要把繁荣发展哲学社会科学作为一项战略任务摆在重要位置，纳入重要议事日程，纳入科学发展考核评价体系，加强统筹规划、政策引导和监督管理，围绕国家哲学社会科学研究规划加强衔接协调，着力解决影响和制约哲学社会科学发展的突出问题，为哲学社会科学繁荣发展提供坚强保证和良好条件。

11月13日

［纲　文］　**中巴联合研制的“枭龙”战斗机亮相第十二届迪拜国际航展。**

［目　文］　经过中航工业和巴基斯坦空军的协调，此次双方联合派出3架“枭龙”

参展，其中1架进行飞行表演，这是“枭龙”首次在国外飞行表演。

“枭龙”飞机是中国航空工业集团公司和巴基斯坦空军本着“共同投资、共担风险、共享利益”的原则，合作研制、合作生产的一型先进多用途轻型战斗机。2003年8月25日，“枭龙”01架原型机首飞成功。2007年3月，首批飞机交付巴基斯坦空军。目前，巴方已具备了飞机的总装、试飞和零部件生产的能力。

11月14日

［纲　文］　**国务院在北京召开深入推进行政审批制度改革工作电视电话会议。**

［目　文］　国务院总理温家宝出席会议并讲话。他指出，行政审批制度改革是行政管理体制改革的重要内容，是民主政治建设的重要内容，是政府职能转变的关键环节，一定要坚定不移地继续推进，进一步破除制约经济社会发展的体制机制障碍。10年来，各部门和各级政府认真贯彻落实中央的部署和要求，加快转变政府职能，全面推进依法行政，加强政府管理创新，大力加强廉政建设，不断深化行政审批制度改革，取得明显成效。国务院分五批，共取消和调整行政审批事项2183项，占原有总数的60.6%，各地区取消和调整的行政审批事项占原有总数的一半以上。市场在资源配置中的基础性作用和各级政府及其工作人员依法行政的意识明显增强，法治国家建设迈出重要步伐。要加强对行政审批制度改革工作的组织领导，建立健全有利于推进改革的领导体制和工作机制，把改革工作纳入各级政府履行职责和廉政建设责任制。

国务院副总理李克强主持会议。国务院副总理回良玉、张德江、王岐山，国务委员刘延东、马凯、孟建柱出席会议。中共中央政治局常委、中央纪委书记贺国强，中央纪委副书记何勇应邀出席会议。监察部、商务部、农业部和四川省、广东省人民政府负责人在会上发言。国务院各有关部门、单位主要负责人在主会场参加会议。各省、自治区、直辖市和计划单列市人民政府、新疆生产建设兵团主要负责人，各市（地）县（市）人民政府和有关单位主要负责人，在当地分会场参加会议。

11月14日

［纲　文］　**新华社讯，中共中央办公厅转发《中央组织部关于加强和改进基层干部教育培训工作的意见》。**

［目　文］　《意见》由五个部分组成：一、充分认识加强和改进基层干部教育培训工作的重要性紧迫性。二、明确基层干部教育培训工作的指导思想、基本原则和主要任务。三、增强基层干部教育培训的针对性实效性。四、推动优质教育培训资源向基层延伸倾斜。五、加强对基层干部教育培训工作的组织领导。

11月14日

［纲　文］　**交通运输部公布《交通运输突发事件应急管理规定》。**

［目　文］　《规定》共7章47条。主要有总则、应急准备、监测与预警、应急处置、终止与善后、监督检查、附则等内容。自2012年1月1日起实施。

11月14日

［纲　文］　交通运输部公布《中华人民共和国海上船舶污染事故调查处理规定》。

［目　文］　《规定》共7章42条。主要有总则、事故报告、事故调查、鉴定机构的认定、事故处理、法律责任、附则等内容。自2012年2月1日起施行。

11月14日

［纲　文］　中华全国台湾同胞联谊会成立30周年纪念大会在北京人民大会堂举行。

［目　文］　全国政协副主席、中央统战部部长杜青林出席并致辞。全国政协副主席、台盟中央主席林文漪，全国政协副主席、民革中央常务副主席厉无畏，全国政协原副主席、全国台联名誉会长张克辉，中央国家机关、全国人大有关部门和各民主党派中央、全国工商联、各人民团体的负责人，以及台湾岛内、港澳地区和海外的台胞嘉宾600余人与会。

中华全国台湾同胞联谊会1981年12月27日在北京成立，是由定居大陆台胞组成的爱国人民团体。

同日，全国政协主席贾庆林在北京会见与会的海内外台胞时说，30年来，全国台联始终高举爱国主义旗帜，紧紧围绕党和国家工作大局，紧密依靠广大定居大陆台胞，认真贯彻中央对台工作大政方针，充分发挥亲情乡情的优势和人民团体的特点，面向台湾、港澳和海外的台湾同胞，广泛做好联络、服务、团结的工作，积极促进两岸交流交往，密切两岸同胞的感情联系，有效发挥了党和政府联系广大台湾同胞的桥梁和纽带作用，为推动两岸关系发展作出了重大贡献，也成为深受广大台湾同胞信任和欢迎的“台胞之家”。

11月14日

［纲　文］　国务院副总理张德江在中南海紫光阁会见德国汉堡市市长舍尔茨一行。

［目　文］　张德江指出，中国政府高度重视发展同德国的关系，目前中德关系发展良好。在当前国际形势下，应进一步加强中德务实合作，密切双方在重大问题上的沟通与协调，推进中德战略伙伴关系不断取得新发展。

舍尔茨表示，汉堡愿同中方进一步加强在环保、新能源、新材料等领域的交流与合作，促进相互投资。

11月14日

［纲　文］　纪念廖汉生同志诞辰100周年座谈会在北京人民大会堂举行。

［目　文］　全国人大常委会委员长吴邦国、全国人大常委会副委员长兼秘书长李建国出席座谈会。中央军委委员李继耐主持座谈会。有关方面负责人和廖汉生亲属、生前友好、生前工作单位代表等参加座谈会。

中共中央政治局委员、全国人大常委会副委员长王兆国在讲话中说，廖汉生同志的一生，是革命的一生，战斗的一生，全心全意为人民服务的一生，赤胆忠心为共产主义事业奋斗的一生。他的光辉业绩将永远载入中华民族史册，他的高尚品格和革命精神，永远值得我们学习和怀念。我们要学习他坚定的共产主义理想信念和坚强的党性原则，永远对党对人民赤胆忠心；学习他始终坚持求真务实、真抓实干的优良作风；学习他心系人民，始终保持同人民群众血肉联系；学习他廉洁奉公、严于律己、不搞特权、不谋私利的高尚品德。

廖汉生（1911 年 11 月 14 日—2006 年 10 月 5 日）是中国共产党的优秀党员，久经考验的忠诚的共产主义战士，无产阶级革命家，我军杰出的政治工作领导者，中共第十一届、十二届中央委员会委员，第六、七届全国人大常委会副委员长。

11 月 14 日

［纲　文］　**中共内蒙古自治区第九届委员会第一次全体会议选举胡春华为自治区党委书记，巴特尔（蒙古族）、李佳为自治区党委副书记。**

11 月 14 日

［纲　文］　**国家重大人才工程推进协调会在北京召开。**

［目　文］　中组部、中宣部、教育部、科技部、财政部、人力资源社会保障部、农业部、卫生部和国务院国资委负责人参加会议。

中组部部长李源潮出席会议时指出，重大人才工程是落实国家人才发展规划、实施人才强国战略的重要抓手。现在我国人才发展的大环境很好，要抓住机遇、有序展开，全面推进各项人才工程。要适应经济社会发展对人才的需求变化，及时调适人才工程的目标任务，确保培养出事业发展、国家发展需要的优秀人才。要不断创新和完善政策措施，对一些难点问题先行先试，推动形成优秀人才脱颖而出的体制机制。要探索建立人才工程经费保障机制，加强对财政投入经费的管理，确保经费使用合理、高效、廉洁。

11 月 15 日

［纲　文］　**国务院扶贫开发领导小组在地处武陵山区腹地的湖南省湘西土家族苗族自治州吉首召开武陵山片区区域发展与扶贫攻坚试点启动会。**

［目　文］　国务院扶贫办、发展改革委和湖北、湖南、重庆、贵州省（市）人民政府负责人在会上发言。

国务院副总理、国务院扶贫开发领导小组组长回良玉出席并指出，将连片特困地区作为今后 10 年扶贫攻坚主战场，是中央根据全面建设小康社会总体目标和扶贫开发新形势作出的重大决策。要认真贯彻《中国农村扶贫开发纲要（2011—2020 年）》，按照区域发展带动扶贫开发、扶贫开发促进区域发展的基本思路，加大投入力度，整合各类资源，着力解决瓶颈制约和突出矛盾，加快连片特困地区发展和脱贫致富步伐。要切实抓好武陵山片区区域发展与扶贫攻坚试点，先行先试，积累经验，为全国扶贫攻坚发挥示范引领作用。

11 月 15 日

［纲　文］　**全国打击侵犯知识产权和制售假冒伪劣商品工作领导小组第一次全体会议在北京召开。**

［目　文］　国务院副总理、全国打击侵犯知识产权和制售假冒伪劣商品工作领导小

组组长王岐山在会上指出，各地区、各有关部门要认真贯彻国务院常务会议和《国务院关于进一步做好打击侵犯知识产权和制售假冒伪劣商品工作的意见》精神，立即行动起来，做好打击侵权假冒伪劣工作，切实维护人民群众的切身利益。

会议讨论通过了领导小组工作规则、贯彻落实《国务院关于进一步做好打击侵犯知识产权和制售假冒伪劣商品工作的意见》任务分工以及打击侵权假冒伪劣近期重点工作安排。

11月15日

［纲　文］　**科学技术部、中国气象局和中国科学院在北京发布《第二次气候变化国家评估报告》。**

［目　文］　《报告》指出，在近60年间，我国陆地表面温度上升导致大部分冰川面积缩小一成。1951—2009年，中国陆地表面平均温度上升了1.38℃，从百年尺度来看，中国的升温趋势与全球基本一致。而温度上升则导致中国大部分冰川面积自20世纪50年代以来缩小了10%以上。未来30年，中国沿海海平面将继续上升。全海域2030年比2009年上升80—130毫米，同时存在显著的区域差异，其中天津、上海、广东沿海海平面的涨幅最大。如果不考虑任何适应措施，全球温度升高2.5℃左右会导致中国粮食作物产量降低，单产最高下降幅度约20%，如果考虑适应措施（如CO_2肥效，适应技术等），则可以部分抵消升温的危害。

11月15日

［纲　文］　**教育部办公厅发布《关于做好2012年高等学校自主选拔录取试点工作的通知》。**

［目　文］　《通知》指出，自主选拔录取计划纳入试点高校年度招生计划，自主选拔录取人数一般不超过本校年度本科招生计划总数的5%。试点高校在确定拟参加本校考核的申请考生时，应兼顾生源质量与区域分布的合理性，向在学科专业方面表现突出的申请考生、向扎实推进素质教育的地区或中学、向农村地区中学或申请考生适当倾斜，并合理控制参加本校考核的学生数量。试点高校按自主选拔录取计划数的适当比例（原则上控制在120%，最高不超过200%）择优提出候选考生，试点高校对入选考生高考成绩的录取要求，不应低于考生所在省（区、市）试点高校同批次同科类录取控制分数线。中学、高校、省级招办须分别在考生所在中学、高校以及生源所在省级招办信息发布平台上进行不少于10个工作日的公示。

11月15日

［纲　文］　**第十二届全国职工职业道德建设标兵单位、标兵个人颁奖仪式在北京举行。**

［目　文］　仪式由全国总工会、中宣部、中央文明办、工业和信息化部、商务部、国资委联合举行。中华全国总工会主席王兆国会见标兵单位代表和标兵个人，高度评价职工职业道德建设标兵身上体现出的工人阶级伟大品格和模范精神，充分肯定广大职工和先进模范作出的突出贡献。

北京市疾病预防控制中心等20个单位获第十二届全国职工职业道德建设标兵单位称号，郭明义等20名同志获第十二届全国职工职业道德建设标兵称号。中华全国总工会同时授予第十二届全国职工职业道德建设标兵全国五一劳动奖状、奖章。

11月15日

［纲　文］　**全国政协部分提案单位座谈会暨党派提案工作座谈会在武汉召开。**

［目　文］　会议的主题是，学习中共十七届五中、六中全会精神，贯彻落实全国政协第六次提案工作座谈会精神和新修订的《提案工作条例》，通报全国政协十一届四次会议以来提案工作的情况，围绕进一步加强和改进政协提案办理和党派提案工作进行交流和研讨。

11月15日

［纲　文］　**第二届全国教育改革创新奖颁奖典礼在北京举行。**

［目　文］　典礼由《中国教育报》、中国教育新闻网联合举办，以“教育奠基中国　创新引领未来”为主题。共有1500多个创新实践项目报名参评，评出第二届全国教育改革创新特别奖20名、优秀奖30名、管理贡献奖10名、管理优秀奖10名、杰出校长奖20名、优秀校长奖30名、先锋教师奖10名、优秀教师奖20名。

11月15日

［纲　文］　**中共广西壮族自治区第十届委员会第一次全体会议选举郭声琨为自治区党委书记，马飚（壮族）、危朝安为自治区党委副书记。**

11月15日

［纲　文］　**中共西藏自治区第八届委员会第一次全体会议选举陈全国为自治区党委书记，向巴平措（藏族）、白玛赤林（藏族）、郝鹏、吴英杰为自治区党委副书记。**

11月15—17日

［纲　文］　**国合会2011年年会在北京召开。**

［目　文］　国务院副总理、中国环境与发展国际合作委员会主席李克强出席年会开幕式并讲话，为即将结束任期的中外委员代表颁发了纪念奖牌。国合会中外委员、有关国家和国际组织驻华使节代表、国内外专家学者200余人参加会议。

15日，国务院总理温家宝在北京会见参加2011年中国环境与发展国际合作委员会年会的外方委员和代表时说，绿色发展的本质是节能、降耗、可持续，通过加强环境保护、生态治理和减少污染，提高人们生活的环境质量。中国政府把环境保护作为转方式调结构惠民生的重要抓手，将加大力度推进经济发展的绿色转型。在高速发展的过程中，环境污染日益成为我们的突出问题。减少污染，既要加强治理，加快推进经济结构调整，又要切实加强环境法制建设，还要努力改进监测手段，提高监测水平。我们要重视完善环境监测标准，逐步与国际接轨，使监测结果与人民群众对青山绿水蓝天白云的切实感受更加接近。

11月15—18日

［纲　文］　**中央军委委员、总政治部主任李继耐率领中国人民解放军高级军事代表团对朝鲜进行正式友好访问。**

［目　文］　访问期间，李继耐会见了朝鲜劳动党总书记、国防委员会委员长、朝鲜人民军最高司令官金正日；会晤了朝鲜人民武力部部长金永春次帅和朝鲜人民军总政治局第一副局长金正阁，就国际和地区安全形势、双边关系及其他共同关心的问题交换了意见。

11月15—16日

［纲　文］　**2011儿童早期发展国际研讨会在北京举行。**

［目　文］　全国人大常委会副委员长、全国妇联主席陈至立出席会议并作主旨演讲。研讨会由中国发展研究基金会主办，其主题为“优先儿童发展，保证社会公平”。来自全国妇联、教育部、卫生部、国务院发展研究中心、国务院扶贫办等部委领导，多国政府、国际组织和非政府组织代表，以及国内外儿童营养、学前教育专家和学者等200余人参加了研讨会。会议发布了《贫困地区儿童早期发展项目中期评估报告》，报告对该机构在青海省乐都县开展的营养干预和学前教育试点的效果进行了考察，并对西部贫困农村地区儿童和城镇儿童在儿童早期发展方面的差异进行了比较。

11月15—16日

［纲　文］　**首届中国海外投资年会在香港举办。**

［目　文］　国务院副总理李克强作出批示指出，加快实施“走出去”战略是“十二五”规划提出的重大任务，是开创对外开放新局面的要求，内地与香港企业携手联合走出去，更可优势互补，大有可为，希望广大企业界人士紧抓机遇，奋发进取，多方式、多渠道走向世界市场，在国际竞争中磨砺、成长、壮大，在相互合作中实现互利双赢。

年会由香港中国商会主办，以“全球资源重组与中国海外投资战略”为主题。举办了“中国内地与香港企业联合海外投资”“中国企业的跨国公司之路”“中国企业海外投资如何破解金融难题”“青年——未来投资创新的引领者”等多个专题的讨论，并举行首届中国海外投资经典案例和中国最佳海外投资人评选活动。

11月15—16日

［纲　文］　**中美工商领袖和前高官第二轮对话在美国华盛顿举行。**

［目　文］　对话由中国国际经济交流中心和美国全国商会联合举办。中国国际经济交流中心理事长、国务院前副总理曾培炎和美国全国商会会长兼首席执行官托马斯·多诺霍分别在开幕式上致辞。中美双方各15位代表参加了对话会，就全球经济现状、中美经济结构调整、两国投资环境等议题交换意见。美国商务部部长布赖森、财政部部长盖特纳等参与了对话会有关活动。

11 月 15—16 日

［纲　文］ **第三届中美对话论坛在北京举行。**

［目　文］ 论坛由外交学会、香港中美交流基金会和美国进步中心共同举办。中美双方数十位专家学者参加研讨。

全国政协主席贾庆林、中共中央政治局委员、中组部部长李源潮分别于 16 日、18 日在北京会见了出席本次论坛的美国进步中心主席波德斯塔，并祝贺第三届中美对话论坛取得圆满成功。

11 月 16 日

［纲　文］ **温家宝主持召开国务院常务会议。**

［目　文］ 会议主要内容有：一、决定建立青海三江源国家生态保护综合试验区。会议指出，三江源地区是长江、黄河、澜沧江发源地和我国淡水资源重要补给地，是青藏高原生态安全屏障的重要组成部分，在全国生态文明建设中具有特殊重要地位。三江源生态保护与建设总体规划自 2005 年实施以来，取得明显成效。为从根本上遏制三江源地区生态功能退化趋势，探索建立有利于生态建设和环境保护的体制机制，会议批准实施《青海三江源国家生态保护综合试验区总体方案》。试验区包括玉树、果洛、黄南、海南 4 个藏族自治州 21 个县和格尔木市唐古拉山镇。二、讨论并原则通过《中华人民共和国预算法修正案（草案）》。会议认为，《预算法》自 1995 年施行以来，对规范预算管理、推进依法理财、加强国家宏观调控、促进经济社会发展，发挥了重要作用。随着社会主义市场经济体制和公共财政体制的建立和完善，现行《预算法》已不能完全适应形势发展要求，有必要修改完善。会议决定将草案提请全国人大常委会审议。

11 月 16 日

［纲　文］ **中央军委给陆军航空兵学院某飞行训练团记一等功庆功大会在北京举行。**

［目　文］ 会上宣读了中央军委主席胡锦涛签署的通令，并颁发了立功奖状。

陆军航空兵学院某飞行训练团主要担负为全军和武警部队培养直升机飞行员的任务，先后培养各类飞行员 3000 余名，其中外籍学员 150 名；四次荣立集体二等功、一次集体三等功，九次被评为军事训练一级单位。2010 年团党委被评为全军“先进师旅团党委”。这个团曾四次转换隶属关系，先后列装改换过雅格 -11、雅格 -18、初教 - 6 、直 -11 四种训练机型，连续安全飞行 56 周年，是解放军部队连续安全飞行时间最长的团队。

11 月 16 日

［纲　文］ **财政部、税务总局发布《营业税改征增值税试点方案》，2012 年 1 月 1 日开始试点，并根据情况及时完善方案，择机扩大试点范围。**

11 月 16 日

［纲　文］ **中央政法委在北京召开信访工作专题会议。**

［目　文］　会议主要内容是：督促检查从政策层面预防化解信访突出问题、研究部署深入推进领导干部接待群众来访工作。国务委员兼国务院秘书长马凯出席会议并讲话。会上，国务院办公厅、人力资源社会保障部、民政部、国资委、财政部负责人分别汇报了完善和落实有关政策的进展情况及下一步工作安排，国家信访局负责人汇报了深入推进领导干部接待群众来访工作的意见，与会人员进行了讨论。

11月16日

［纲　文］　**国家副主席习近平在北京会见津巴布韦总统穆加贝。**

［目　文］　习近平指出，今年以来，中津关系继续保持良好发展势头。双方高层往来频繁，双边关系政治基础更加巩固。在经贸、农业、矿业、基础设施建设等领域合作积极推进。在国际事务中继续保持密切协调配合。中津传统友谊是两国人民的宝贵财富，双方应共同把它维护好、发展好。中方愿与津方携手努力，进一步增进友好往来，拓展务实合作，开创中津关系更加美好的未来。

穆加贝说，津方衷心感谢中方长期以来对津巴布韦经济社会发展提供的真诚帮助和支持。津巴布韦视中国为可以信赖的真诚朋友，高度重视发展与中国的关系，愿同中方进一步加强在农业、矿业、基础设施建设等多领域务实合作，推动津中关系向更高水平发展。

同日，中共中央对外联络部部长王家瑞在北京会见穆加贝。

11月16日

［纲　文］　**国务委员兼国防部部长梁光烈在北京与苏丹国防部部长侯赛因举行会谈。**

［目　文］　梁光烈说，作为两国关系的重要组成部分，中苏两军关系多年来也保持了良好的发展势头，在高层互访、人员培训和装备技术等领域的合作富有成果。中国军队对发展两军关系持积极态度，愿与苏方一道继续推进两军友好合作关系。

侯赛因赞赏了两军之间的友好关系，希望此次访问能进一步提升两军关系。

11月16日

［纲　文］　**中央党校举行2011年秋季学期第二批入学学员开学典礼。**

［目　文］　中共中央政治局常委、中央党校校长习近平出席典礼并讲话。中组部部长李源潮、中央纪委副书记何勇等出席开学典礼。中央有关部门负责人、中央党校负责人，以及中央党校新入学学员、在校全体学员、教职员工等共1500多人参加开学典礼。

11月16日

［纲　文］　**国务院台湾事务办公室举行例行记者会。**

［目　文］　在回答有关“和平协议”提问时，发言人表示，结束两岸敌对状态，达成和平协议，符合中华民族的整体利益，是两岸同胞的共同愿望。当前首先应确认“九二共识”作为发展两岸关系的重要政治基础，我们将在“九二共识”的基础上继续推动两岸的协商，推动两岸关系的和平发展。目前，两岸在两会协商中仍秉持“先经后政，先易后难”原则，新近结束的第七次两会领导人会谈并未涉及和平协议议题。至于何时启动和平

协议的研究、讨论、协商等一系列工作，应由两岸多加交流以为此创造条件。

在回答有关对台农产品采购的问题时，发言人说，2011年以来，大陆供销总社及下属企业、福建超大集团、上海水产集团、大陆农产品流通经纪人协会等已多次与台湾中南部县市农会、农产品贸易企业及基层农户等开展对接洽谈，已应台湾有关方面要求向嘉义、高雄、台南等农业县市采购1000多吨水果。

11月16—21日

［纲　文］　**第十三届中国国际高新技术成果交易会在深圳举行。**

［目　文］　高交会由商务部、科学技术部、工业和信息化部、发展改革委、教育部、人力资源社会保障部、农业部、国家知识产权局、中国科学院、中国工程院和深圳市人民政府共同主办，以“促进国际创新合作、加快发展方式转变”为主题。设9个展馆，包括“高新技术成果交易”“高新技术专业产品展”“中国高新技术论坛”“super—SUPER专题活动”“人才与智力交流会”“不落幕的交易会”六大板块。

11月16—24日

［纲　文］　**纪念人民检察制度创立80周年全国检察机关书画摄影展览在中国国家博物馆举办。**

［目　文］　展览由高检院政治部、中国文联国内联络部、中国检察官文联主办，中国书法家协会、中国美术家协会、中国摄影家协会协办。展览共在全国检察系统征集作品4000余件，从中精选出参展作品400多件。这些作品多角度、全方位地反映了人民检察制度创立80年来不断发展壮大的历史，展现了人民检察事业与时俱进、昂扬向上的时代精神和人民检察官执法为民、献身使命的情操。

11月16—23日

［纲　文］　**王兆国在安徽考察。**

［目　文］　中共中央政治局委员、中华全国总工会主席王兆国在黄山、池州、安庆、六安、合肥等地，考察安徽省经济社会发展情况，了解职工队伍和劳动关系现状。

王兆国指出，发展是解决中国一切问题的关键，而推动发展最根本的要靠劳动去创造。只有靠广大劳动者的勤奋劳动、诚实劳动、创新劳动，才能创造出更多更好的物质财富和精神财富。要大力弘扬工人阶级伟大品格和劳模精神，着力提高职工队伍素质，使通过诚实劳动创造美好生活成为人们，特别是青年一代的共同追求。各级工会要扎根基层、夯实基础，推动各项重点工作的深化和落实，更加积极主动、深入细致地做好职工群众工作，面对面地与职工交流，心贴心地做思想工作，实打实地维权服务，反映诉求、释疑解惑、疏导情绪、提振信心，促进劳动关系和谐与职工队伍稳定。要坚持走中国特色社会主义工会发展道路，并在理论和实践上不断丰富和完善，使这条道路越走越宽广。

11月17日

［纲　文］　**国务院办公厅印发《全国结核病防治规划（2011—2015年）》。**

［目　文］《规划》由五个部分组成：一、防治现状。二、指导原则和防治目标。三、防治措施。四、保障措施。五、监督与评估。

《规划》要求，地方各级人民政府要根据本规划要求，将工作目标和任务层层分解到具体部门，落实各项工作责任。卫生部门要会同发展改革、财政等部门每年对本地区防治工作情况进行检查，发现问题及时解决，确保圆满完成规划确定的各项目标和任务。卫生部、发展改革委、财政部要不定期地对各地区的规划执行情况进行检查和通报，并于2015年组织开展评估，结果报国务院。

11月17日

［纲　文］　**全国高等学校哲学社会科学工作会议在北京召开。**

［目　文］　中共中央政治局常委李长春作出批示指出，希望全国高校深入贯彻落实党的十七届六中全会精神，大力开展社会主义核心价值体系宣传教育，认真实施马克思主义理论研究和建设工程，充分发挥高校哲学社会科学在教书育人方面的重要作用，帮助大学生树立正确的世界观、人生观、价值观，不断坚定中国特色社会主义理想信念，不断提高思想道德水平和科学文化素质。高校哲学社会科学要坚持以重大现实问题为主攻方向，立足中国特色社会主义伟大实践进行新的理论创造，深刻阐释中国特色社会主义道路是中国共产党领导中国人民立足中国国情、借鉴人类文明优秀成果走出的创新之路，是人类文明史上的伟大创举，是中国对世界的历史性贡献。要大力推进哲学社会科学创新体系建设，建立具有鲜明时代特征的学科理论体系和体现中国特色社会主义伟大创新实践的学术话语体系，着力推出更多代表国家水准、具有世界影响、经得起实践和历史检验的优秀成果，努力建设具有中国特色、中国风格、中国气派的哲学社会科学，在全面建设小康社会、加快推进社会主义现代化的历史进程中作出新的更大贡献。

中共中央政治局委员、国务委员刘延东出席会议并讲话。教育部部长袁贵仁主持会议。中央国家机关有关部门负责同志，各省（区、市）党委教育工作部门、教育厅（教委）、新疆生产建设兵团教育局、中央部委直属高校、部分地方高校主要负责同志，共计240余人出席会议。

11月17日

［纲　文］　**中共中央政治局常委、国家副主席习近平在北京会见了以朝鲜金日成社会主义青年同盟中央委员会第一书记李勇哲为团长的朝鲜青年友好代表团。**

［目　文］　习近平指出，青年是国家的未来，也是两国友好关系的传承者和建设者。推动青年交流、传承中朝友谊是两国青年组织肩负的重大历史使命。希望两国青年组织加强交流、深化合作、相互学习，为进一步发展中朝传统友谊作出新贡献。

李勇哲表示，在两国最高领导人关怀下，朝中友好合作进入了新的发展时期。青年是两国友谊的接班人，两国青年组织将进一步加强合作交流，继续培育朝中友谊之花。

11月17日

［纲　文］　**阿不来提·阿不都热西提在北京会见海外侨胞列席全国政协全体会议人**

员考察团一行。

［目　文］　全国政协副主席阿不来提·阿不都热西提向考察团成员介绍了辛亥革命100周年纪念活动和中共十七届六中全会有关情况。他说，中共十七届六中全会突出强调了提高国家文化“软实力”的极端重要性，并着力推动中华文化走向世界。希望广大海外侨胞发挥在民间交流方面的独特优势和便利条件，促进中国与世界的文化交流，帮助中国文化走向世界。自2001年起，全国政协办公厅已连续11年、累计邀请侨居在44个国家的285位侨胞列席全国政协全体会议。今后，全国政协还将在推进与列席人员的网络联系、畅通信息沟通反馈渠道等方面不断改进工作，提供更好的服务。

海外侨胞列席全国政协全体会议人员考察团一行28人，是应全国政协办公厅的邀请回国考察的。

11月17日

［纲　文］　**公安部视频调度指挥全国29个省区市共170个城市公安机关开展的打击制售假药犯罪专案集群战役成功收网。**

［目　文］　据统计，各地公安机关共出动1.6万余名警力，破获案件1280余起，抓获犯罪嫌疑人1770余名，打掉制售假药犯罪团伙350个，捣毁制假售假窝点1400余个，缴获假药3亿余片（粒、支），商标标识、药盒、防伪标等包材4.2亿余件（套），按照正品价值计算超过20亿元。

11月17日

［纲　文］　**2012中国儿童环保教育计划启动仪式在北京举行。**

［目　文］　中国儿童环保教育计划由联合国环境规划署和罗红环保基金共同主办，以“我心目中的绿色家园”为主题。本届活动由教师环保培训、校园环保课堂、环保绘画大赛、获奖画作巡展及环保主题活动等组成。

11月17—21日

［纲　文］　**国务院总理温家宝在印尼巴厘岛出席第十四次中国—东盟领导人会议暨中国—东盟建立对话关系20周年纪念峰会等会议，并对文莱进行正式访问。**

［目　文］　18日，温家宝出席第十四次中国与东盟领导人会议并发表讲话指出，1991年，中国同东盟建立对话关系，体现了双方顺应时代潮流，探索区域合作的战略远见和勇气，开启了中国与东盟关系的历史进程，具有里程碑意义。20年来，双方恪守相互尊重、互不干涉内政的原则，不断增进政治互信；在合作中倡导互利、互助、互鉴，促进共同发展；在困难面前同舟共济，努力把挑战转化为机遇；共同致力于和平共处和睦邻友好，积极营造安全、和谐的地区环境。

会议发表了《纪念对话关系20周年、第14次中国—东盟领导人会议联合声明——进一步推进面向和平与繁荣的战略伙伴关系》。温家宝与东盟国家领导人共同出席了中国—东盟中心揭牌仪式。

同日，温家宝出席第十四次东盟与中日韩领导人会议并发表讲话表示，当前，国际金融危机深层次影响仍在发酵。各种复杂因素交织，使世界经济前景变得不确定、不稳定。东亚国家相互帮助，加强合作，共谋发展，成功应对国际金融危机，保持了经济较快增长和金融稳定，地区经济融合进一步加深。

19日，温家宝出席中日韩领导人会晤，与韩国总统李明博、日本首相野田佳彦就中日韩自贸区建设、投资协定谈判、推动东北亚信息服务网络建设、扩大人文交流等进行磋商。

同日，温家宝出席在印尼巴厘岛举行的第六届东亚峰会发表讲话指出，面对当前国际金融危机带来的严峻挑战，东亚各国最为关心的议题和最为迫切的任务是保持东亚经济持续较快增长，改善民生，为世界经济实现强劲、可持续、平衡发展提供动力。我们要继续同舟共济，加强合作，东亚峰会应在这方面发挥战略指导作用。中国在南海问题上的立场是一贯的、明确的。南海争议应由直接有关的主权国家通过友好协商和谈判予以解决。2002年，中国与东盟国家签署了《南海各方行为宣言》，确定推动务实合作，并为最终达成“南海行为准则”而努力。这是东盟国家与中国的共同意愿。

会议通过了《东亚峰会互惠关系原则宣言》和《东亚峰会关于东盟互联互通的宣言》两个成果文件。与会领导人普遍认为，东亚峰会应继续在金融、能源、教育、公共卫生、灾害管理等重点领域加强合作。

会议期间，温家宝同印尼总统苏西洛举行会谈，双方就推动东亚合作和双边关系发展达成重要共识；分别会见了泰国总理英拉、印度总理辛格、美国总统奥巴马、澳大利亚总理吉拉德、新加坡总理李显龙等。

20—21日，温家宝在文莱访问期间，在文莱王宫同文莱苏丹哈桑纳尔举行会谈并共同出席了双边有关合作文件的签字仪式；参观了文莱大学，并与该校师生交流。

11月17—21日

［纲　文］　**贾庆林在广西壮族自治区调研。**

［目　文］　全国政协主席贾庆林在南宁、玉林、梧州等地的企业、港口码头、文化园区、水利设施和城镇社区，就促进经济平稳较快发展和社会和谐稳定进行调研。在玉林嚼绿行标准化蔬菜生产基地，了解农业产业化、农产品加工出口、农民增收等情况；在玉柴集团、银丰中药港、梧州进口再生资源加工园区，就生产经营、市场开拓等问题与大家交流；在长洲水利枢纽，了解西江流域黄金水道建设和西江经济带发展情况；在地质灾害治理工程“三冲”改造现场和枣冲安置小区，询问地质灾害综合整治、搬迁安置的情况；在神冠控股（集团）有限公司、中恒集团，了解民营企业的转型升级和体制机制创新情况；在梧州港赤水圩作业区码头，与干部职工探讨港口发展大计。

调研期间，贾庆林指出，各级党委要认真贯彻落实中央有关文件精神，在推进统一战线和人民政协工作方面出更多实招，在解决他们实际困难方面办更多好事，在促进统战、政协干部成长进步方面想更多办法，切实为他们履行职能、发挥作用创造有利条件。各级政协组织和统战部门要充分发挥优势和作用，更加积极地服务党和国家工作大局，更加努力地推动制度化、规范化、程序化建设，不断提高统一战线和人民政协工作的科学化水平。

11 月 17—19 日

［纲 文］ **首届中美文化艺术论坛在北京举行。**

［目 文］ 论坛由中国人民对外友好协会、美国亚洲协会及阿斯彭学会联合主办，旨在加强中美两国在文化领域的交流和理解。美国电影导演乔尔·科恩、奥斯卡影后梅丽尔·斯特里普、大提琴家马友友、中国导演陆川等中美文化名人开展了 6 场专题讨论，话题涉及食品文化、艺术和市场、摄影等主题。

17 日，国务委员刘延东在国家大剧院会见了出席中美文化艺术论坛的美国文艺界代表团维沙卡·德赛一行时说，中美文化艺术交流是中美人文交流的重要组成部分。这一论坛的建立，为增进中美两国人民友谊，深化两国关系搭建了机制化、建设性的文化交流平台。希望中美两国文艺界人士发挥自身影响力，积极参与和推动中美人文交流，为中美两国人民的友谊和中美关系的发展贡献智慧和力量。

11 月 18 日

［纲 文］ **中央和国家机关事务工作先进集体先进工作者表彰大会在北京举行。**

［目 文］ 会前，中共中央政治局常委、国务院副总理李克强会见与会代表时说，机关事务工作，要注重为建设节约型机关打好基础。党和政府的一切工作是为了人民，宝贵的资金、物资都要用在刀刃上。公共机构厉行节约是社会期待，也有很大潜力，社会各方面对机关事务管理，特别是公用经费和政府采购亦高度关注。机关事务工作者要从对人民负责的高度出发，节约和合理使用公用经费，增加工作透明度，接受群众监督。充分认识节约能源资源的重要性和紧迫性，开动脑筋，精打细算，以改革的办法大力推进节能、节水、节物，在建设节约型机关、践行社会责任方面求得实效、做出表率。

国务委员兼国务院秘书长马凯参加会见并出席表彰大会。中直机关的 10 个先进集体、4 名先进工作者、6 名劳动模范，国务院各部门的 15 个后勤工作先进集体、15 名后勤工作先进工作者受到表彰。先进集体代表、先进工作者和劳动模范代表作了发言。中央和国家机关有关部门负责人参加了会议。

11 月 18 日

［纲 文］ **李克强在北京主持召开国务院防治艾滋病工作委员会全体会议。**

［目 文］ 会议听取了卫生部关于当前我国艾滋病防治工作情况及下一阶段工作的汇报，审议通过了《中国遏制与防治艾滋病行动计划（2011—2015 年）》。会议认为，经过多年努力，我国艾滋病防控取得显著成效，疫情上升势头减缓，病死率下降，社会歧视减少，感染者和患者生活质量逐步改善。但当前艾滋病传播形势仍然严峻，防治工作仍然艰巨。

中共中央政治局常委、国务院防治艾滋病工作委员会主任李克强指出，要坚持依法、科学、全面、有序防治艾滋病，更多关心关爱艾滋病人，采取更加主动有力的措施，继续打好这场攻坚战和持久战。各地区和有关部门要把艾滋病防治与深化医改结合起来，纳入改革规划，加大经费投入，加强基层艾滋病防治能力建设，对在防治一线的工作人员给予岗位特殊支持，发挥好公立医院防治艾滋病的优势，提高治疗的可及性和水平，努力实现到2015年艾滋病新发感染数比2010年明显减少、艾滋病病死率明显下降，确保遏制与防治艾滋病行动计划顺利实施。

同日，李克强在北京市疾病预防控制中心，看望慰问艾滋病防治医务人员、民间组织志愿者和感染者，就艾滋病防控工作进行调研；观看了北京市艾滋病防治工作图片展，他对现场的医务人员说，艾滋病防控作为一项经常性工作，要常抓不懈。你们坚守在防控艾滋病等传染病第一线，把自己的责任心转化为对艾滋病人的爱心，把自己的行动转化为对社会的奉献，充分体现了高尚的医德医风。

11月18日

［纲　文］　**中央统战部、国家民委在南宁召开贯彻落实中央民族工作会议精神经验交流会。**

［目　文］　全国政协主席贾庆林、中共中央政治局委员回良玉出席会议并讲话。全国政协副主席、中央统战部部长杜青林主持会议并作总结讲话。中央和国家机关30多个部门，全国各省区市和新疆生产建设兵团、30个民族自治州和部分自治县的200多名有关负责人参加了会议。有关地方和部门的14位负责人作了大会交流发言。

贾庆林指出，“十二五”时期，是在新的历史起点上全面推进民族工作、加快民族地区发展的关键阶段。要加快少数民族和民族地区发展，加强基础设施建设，着力发展特色产业，建设生态安全屏障，加大改革开放力度，为全面建成小康社会奠定坚实基础。要切实保障和改善民生，大力推动民族地区扶贫开发进程，加快推进民族地区社会事业建设，切实保障少数民族基本文化权益，确保民族地区各族群众共享改革发展成果。

11月18日

［纲　文］　**中国首个国家对外文化贸易基地——国家对外文化贸易基地在上海揭牌。**

［目　文］　基地内设有全国首家文化产权交易所，3000平方米的“境内关外”保税展览场所，以及近80家文化企业和机构，注册资本近9亿元人民币。上海文交所各类文化产权挂牌项目目前已超过1万宗，完成交易300余宗，交易金额超过152亿元人民币。目前，基地已与一批国内、港澳地区以及国际文化企业和机构建立了优势互补合作关系。

首个国家级对外文化贸易基地的业务围绕文化产品进出口贸易、文化品牌企业集聚、文化贸易金融政策试验、文化产品展览展示推介、文化贸易经营人才培训等展开，提供保税仓储、进出口代理、保税展示交易及拍卖等服务。

11月18日

［纲　文］　**国家林业局和国家旅游局在海南海口召开首次全国森林旅游工作会议。**

［目　文］　国家林业局局长贾治邦等出席。全国31个省、市、自治区林业厅（局）、旅游局（委）负责人及国务院相关部门领导约400人出席了会议。会上宣读了全国森林旅游示范区试点单位决定，海南省、浙江温州市、黑龙江伊春市、重庆武隆县、福建省浦城县富岭镇双同村、江西省靖安县宝峰镇毗炉村、湖南省张家界国家级森林公园、内蒙古阿尔山国家级森林公园、江苏省姜堰溱湖国家湿地公园、湖北神农架国家级保护区等被授予。

11月18日

［纲　文］　**中国大洋矿产资源研究开发协会与国际海底管理局在北京签订国际海底多金属硫化物矿区勘探合同。**

［目　文］　这标志着中国正式获得了第二块具有专属勘探权和商业开采优先权的国际海底合同矿区。按照勘探合同要求，未来15年，中国大洋协会将履行开展有关环境监测、环境基线调查与研究、培训发展中国家的科技人员等义务，并在勘探合同签订后10年内完成勘探区面积75%的区域放弃，保留2500平方公里留作享有优先开采权的矿区。

11月18日

［纲　文］　**农业部宣布启动全国冬季病虫防控行动，以推进专业化统防统治为重点，控制苗期病虫发生危害，降低越冬基数，确保2012年夏粮丰收。**

11月18日

［纲　文］　**2011年中部六省非物质文化遗产论坛在太原举行。**

［目　文］　论坛由文化部非物质文化遗产司、山西省委宣传部、山西省文化厅主办，以“依法保护传承、科学利用发展”为主题。中部六省（山西、安徽、江西、河南、湖北、湖南）非物质文化遗产保护联动机制首创并运行成为此次论坛最大特点。联动机制着眼于在更大范围内调动社会力量，保护传承非物质文化遗产的积极性，着力于构建非物质文化遗产传承体系，推进文化生态保护区建设，强化人才培养、资金投入、机构建设，促进“非遗”保护与经济社会协调发展。

11月18日

［纲　文］　**中国人民解放军首个女子导弹发射连在誉满三军的“常规导弹第一旅”组建。**

11月18—28日

［纲　文］　**“群芳争妍演绎华彩——中国艺术研究院中国当代刺绣艺术精品展”在中国妇女儿童博物馆举办。**

［目　文］　精品展由中国艺术研究院主办，中国工艺美术馆承办。展览涵盖了中国工艺美术馆以及全国各地的艺术家们数年来不断探索和创新的艺术结晶，汇集了20多个绣种，百余位刺绣艺术家的优秀作品。这些作品文化内涵精深，形式多样，在针法研究、题材内容、创作设计等方面都有新的突破。

11月19日

［纲　文］　**王岐山在湖北宜昌主持召开地方金融工作座谈会。**

［目　文］　会议听取部分省市金融管理部门负责人的发言，湖北省、国务院有关部门负责人参加了座谈会。

国务院副总理王岐山说，当前全球经济形势十分严峻，不确定之中可以确定的是，国际金融危机引发的世界经济衰退将长期化。对于我们这样一个对外依存度很高的国家来说，关键要认清形势，把自己的事情办好。金融系统要紧紧围绕转变经济发展方式、调整经济结构这条主线，充分发挥市场配置资源的基础性作用，执行好稳健的货币政策，提高政策的前瞻性、针对性、灵活性，按照“有保有压”的要求，优化信贷结构，加大对“三农”、小微企业等薄弱环节的支持，不断提高金融服务水平。

11月19日

［纲　文］　**中国首台自主设计建造、最大钻井作业深度达9000米的CP-300自升式钻井平台，在辽宁盘锦辽滨经济开发区的辽河油田海工基地正式交付使用。**

［目　文］　通过对CP-300钻井平台的技术攻关，我国突破了国外对自升式钻井平台核心技术的封锁。CP-300自升式钻井平台可在300英尺水深以内各种海域环境条件下钻井作业，平台一次就位可钻15口井。

11月19日

［纲　文］　**2011中国经济发展论坛在北京举行。**

［目　文］　论坛由新华网、参考消息报社、中国城市发展研究会等联合主办，以“全球变局下的中国经济”为主题。探讨了在全球经济低迷、欧洲主权债务危机蔓延的国际大环境下中国经济所面临的机遇和挑战。与会专家学者认为，长期看，中国经济增长速度可能放缓，在未来一段时间内，中国需要在控制物价上涨和保持经济增长之间寻求平衡，并致力于解决地方融资平台风险、房地产软着陆、中小企业融资困难等问题。

11月19日

［纲　文］　**2011中国足球协会杯决赛在合肥举行，天津泰达队以2∶1战胜山东鲁能队，夺得本届足协杯的冠军。**

11月19日—2012年5月11日

［纲　文］　**第八届中国（重庆）国际园林博览会在重庆园博园举办。**

［目　文］　园博会由住房城乡建设部与重庆市政府共同主办，以“园林，让城市更加美好”为主题。以传统、经典、古典风格为主，通过在重要区域布置塔、阁、台、院、廊、亭等建筑，达到整体风格统一，并体现中华传统园林、山地园林、节约型园林、引领园林科技发展、群众广泛参与五大特色。园内有127个展园，设具有巴渝特色的传统建筑的主展馆、打造“园中隐院，院融景园”空间格局的巴渝园等40多个景观建筑，建有龙景湖、云顶等26个景区景点，修建12.8公里环湖路和25.2公里景区步游道。

11月20日

［纲　文］　**“新生代农民工就业培训与社会融合政策研讨会”在北京举行。**

［目　文］　研讨会由中国教育政策研究院主办，近50位来自全国人大、民进中央、高校和科研机构、企业、教育培训机构等单位的领导和专家学者参加。与会学者从问题、影响因素、群体心理、政策制度设计等多方面展开讨论，就新生代农民工就业培训和社会融合的问题发表了相关意见和建议。

11月20日

［纲　文］　**李源潮在中国浦东干部学院与党外干部培训班学员座谈。**

［目　文］　本期党外干部培训班由中组部、统战部联合举办。统战部部长杜青林等出席座谈会。参加培训的党外干部发言表示，中国共产党的领导和中国特色社会主义道路是历史和人民的选择，中国共产党领导的多党合作和政治协商制度是从中国土壤中产生的，是中国发展的独特优势和强大软实力。党外干部要把这种认识转化为内在的坚定信念和外在的自觉行动，弘扬老一辈党外代表人士留下的优良传统，始终与中国共产党同心同德、同心同向、同心同行。

中组部部长李源潮指出，培养和选拔党外干部是坚持和完善中国特色社会主义政治制度的重要内容，要以德才兼备、以德为先为主要标准，努力建设一支政治坚定、素质优良、结构合理、代表性强，同中国共产党亲密合作的党外干部队伍，共同担负起建设中国特色社会主义、实现中华民族伟大复兴的历史重任。

11月20日

［纲　文］　**2011年慕尼黑安全政策会议核心组北京会议在北京举行。**

［目　文］　会议由慕尼黑安全政策会议和中国人民外交学会联合组织，以“中国与跨大西洋国家：应对全球安全挑战”为主题。欧美方和中方各20人与会，成员包括政府高级官员、军方人士、议员、智库及经济界代表。

慕尼黑安全政策会议诞生于1962年，最初研讨的重点仅限于跨大西洋关系和欧洲安全。随着全球化进程的发展，它逐渐成为全球具有广泛影响的、独立的安全政策论坛。自2009年起，慕尼黑安全政策会议增设核心小组会议，旨在就重大国际问题及全球形势进行小范围深入交流，第一届慕尼黑安全政策会议核心组会议于2009年在美国华盛顿召开，2010年移师俄罗斯首都莫斯科，2011年是该会议首次在亚洲国家召开。

21日，国务委员戴秉国在北京会见与会的外方人员时介绍了对当前国际形势变化的看法和中国和平发展道路，并就亚太问题发表了意见。

11月21日

［纲　文］　**胡锦涛在北京会见军事科学院第七次党代会代表并听取军科院工作情况汇报。**

［目　文］　中共中央总书记、国家主席、中央军委主席胡锦涛会见出席军事科学院第七次党代会的全体代表，观看科研实验中心建设情况汇报片，听取军事科学院的工作汇报。他指出，军事科学院是中央军委直接领导下的军事科学研究机关，是全军军事科学研究中心，地位重要，使命光荣。这些年来，军事科学院党委和全院官兵坚决贯彻党中央、中央军委的决策指示，深入推进军事理论创新发展，积极协调全军军事科研工作，努力为军委决策服务，为部队建设科学发展服务，取得了一批有分量的科研成果，自身建设也取得了新的成绩，为推动国防和军队建设作出了重要贡献。要紧跟世界军事发展趋势，紧贴我军建设和军事斗争准备的实际，加强全局性、战略性、前瞻性问题研究，不断推出经得起实践和历史检验的理论创新成果。军事科学院肩负着协调全军军事科学研究工作的任务，要强化军事需求牵引，加强顶层设计，优化资源配置，提高军事科研规划计划的系统性、针对性、前瞻性和执行力。要坚持把人才建设作为军事科研工作的基础工程来抓，加强高素质科研人才队伍建设，培养造就高层次科研领军人才、拔尖创新人才、各类专门人才和科研管理人才，努力形成英才会聚、人才辈出的人才发展格局。要高度重视科研作风建设，营造科学严谨、求真务实、开拓创新的学术氛围，努力开创军事科研繁荣发展的新局面。

11月21日

［纲　文］　新华社讯，中宣部、教育部、总政治部、团中央发布通知，转发空军工程大学党委坚持用我党我军优良传统教育青年学员、大力培育当代革命军人核心价值观的经验。

［目　文］　通知指出，空军工程大学是一所综合性高等军事院校。近年来，该校认真贯彻落实中共中央总书记胡锦涛关于“年轻干部要接好优良传统的班，确保我军优良传统一代一代传下去”的指示，在青年学员中深入开展“学好优良传统、当好合格传人”教育，大力培育当代革命军人核心价值观，取得明显成效，为部队培养输送了大批高素质新型军事人才。他们的做法经验，集中体现了以胡锦涛为总书记的党中央关于高度重视青年和青年工作的重要指示精神，充分反映了建设社会主义核心价值体系和培育践行当代革命军人核心价值观的特点规律，不仅对军事院校，而且对地方高等学校也有借鉴意义。

通知要求，各地、各部门、各单位要结合实际，认真学习借鉴空军工程大学的经验，牢固树立育人为本、德育为先的办学思想，深入学习贯彻胡锦涛总书记在庆祝中国共产党成立90周年大会上的讲话精神，坚持用中国特色社会主义理论体系和党的优良传统培养教育青年，努力为推进中国特色社会主义伟大事业，实现中华民族伟大复兴，培养造就更多的合格建设者和可靠接班人。

11月21日

［纲　文］　国家档案局公布《各级各类档案馆收集档案范围的规定》，自2011年11月21日起施行。

11月21日

［纲　文］　**教育部办公厅印发《关于做好2011年特岗教师在职攻读教育硕士工作的通知》。**

［目　文］　《通知》决定，从2011年起，开展服务期满留任特岗教师在职攻读教育硕士专业学位工作。报名条件是：具有全日制普通高等学校本科学历；参加中央特岗计划和参照中央特岗计划实施的地方特岗计划，服务期满且继续留在当地学校任教；近3年年度考核合格且至少有一次考核优秀。具体招考办法为符合条件的特岗教师自愿报名、省级教育行政部门进行资格审查并公示、培养学校组织复试择优录取。

11月21日

［纲　文］　**国家副主席习近平在北京会见加拿大前总理克雷蒂安。**

［目　文］　习近平说，在当前国际地区形势继续发生深刻复杂变化的背景下，进一步发展中加关系不仅有利于两国应对共同挑战，实现各自发展，也有利于促进世界的繁荣稳定。双方应按照两国领导人共识和《中加联合声明》精神，在相互尊重、平等互利等原则基础上，抓住机遇，乘势而上，进一步增进互信，密切高层和各级别往来，扩大经贸、人文等广泛领域的交流合作，加强在重大国际和地区问题上的协调，推动中加战略伙伴关系取得更大更好的发展。

克雷蒂安说，我对多年来亲身参与并推动加中关系发展感到骄傲，对当前加中关系的良好局面感到高兴。加中经济互补性强，希望双方进一步加强经贸等广泛领域的务实合作，增进两国人民之间的友谊，推动两国关系不断向前发展。我愿为此继续作出努力。

11月21日

［纲　文］　**海外华文传媒合作组织2011年年会暨第七届香港文汇报国际合作研讨会在郑州举行。**

［目　文］　全国政协主席贾庆林致贺信指出，近年来，海外华文传媒合作组织充分发挥自身优势，努力推动国际华文传媒的交流与合作，大力传播中华优秀文化，积极服务海外华侨华人，不断增进国际社会对中国基本国情、发展道路、内外政策的了解和认识，为促进海外华侨华人的团结与进步、营造客观友善的国际舆论环境，发挥了积极作用。当今世界，和平、发展、合作的时代潮流更加强劲，为华文传媒发挥作用、加快发展提供了广阔空间。希望海外华文传媒合作组织充分利用这一有效平台，进一步深化世界华文传媒之间的务实合作，加强海外华文传媒与所在国主流媒体的联系交流，更加积极地服务海外侨胞，更加自觉地弘扬中华文化，为推动中华文化走向世界、增进中国与世界的了解和友谊作出更大贡献。

海外华文传媒合作组织年会有30多家海外华文媒体的代表和中央国家机关有关部门负责人参加。

海外华文传媒合作组织于2009年由香港《文汇报》倡导成立，成员包括美国、加拿大、南非、法国、英国、荷兰、希腊、罗马尼亚、澳大利亚、新西兰、俄罗斯、日本、韩国、马来西亚、印度尼西亚、菲律宾、泰国和中国台湾地区的华文媒体。

11月21日

［纲　文］　**第二十二届中美商贸联委会在成都举行。**

［目　文］　国务院副总理王岐山与美国商务部部长布赖森、贸易代表柯克共同主持，美国农业部部长维尔萨克与会。中美双方一致认为，中美商贸联委会对扩大双边经贸合作、维护中美经贸关系健康发展、推进两国全面互利的经济伙伴关系发挥了重要作用。双方充分肯定联委会下各行业合作工作组在开展务实合作、加强沟通和磋商、妥善处理彼此经贸关注方面所取得的积极成果。双方同意扩大双边高技术与战略贸易合作，深化中美在知识产权领域的合作，就商签《中美农业合作战略规划》保持沟通，鼓励两国企业围绕战略性新兴产业不断创新合作模式，就改进快递相关的政府服务和监管等议题进行交流，共同推动两国企业在新能源领域扩大合作，搭建中美服务贸易企业交流平台以共同推动双边服务贸易发展，在药品数据保护领域开展合作，继续加强在药品检测技术领域的合作，积极推进智能电网标准、电动汽车和充电设备、改装汽车零部件等领域的交流与合作等。双方签署了《中美知识产权合作项目框架协议》《关于支持中美能源合作项目的谅解备忘录》等5项经贸合作文件。美国商务部向中国贸促会颁发了“商业促进和平奖”。

20日，王岐山在成都为参会的美方代表团举行了欢迎晚宴。

11月21日

［纲　文］　**刘延东在国家京剧院调研。**

［目　文］　中共中央政治局委员、国务委员刘延东观看剧目排练，听取剧院和艺术家对振兴京剧的意见建议。著名表演艺术家李世济、杜近芳、刘秀荣、刘长瑜、高牧坤、杨春霞、耿其昌、李祖铭、于魁智、李胜素等出席座谈会。

刘延东指出，广大京剧艺术工作者要弘扬传统，勇于创新，求真务实，继往开来，以繁荣发展京剧艺术为己任，坚持“二为”方向和“双百”方针，把握正确艺术导向，弘扬社会主义核心价值体系，发挥聪明才智，努力把京剧传承、剧目排演、人才培养、传播普及、对外交流提高到一个新的水平。要大力推进继承创新，努力创作具有国家水准、民族风格、中国气派、时代特色的思想性艺术性观赏性相统一的艺术精品、传世之作。要大力加强人才培养，努力造就德艺双馨的优秀专业人才和复合型的经营管理人才。要大力推进体制机制创新，加快建立面向人民、面向社会、面向世界的科学管理模式，不断增强京剧艺术传承传播的生命力。要大力弘扬中华文化，扩大对外交流，不断增强中华文化的国际影响力和竞争力。要大力推广普及京剧艺术，推动“高雅艺术进校园”“下基层”等公益活动广泛深入开展。

11月21日

［纲　文］　**国家工商总局与北京市人民政府签署《关于推进首都广告业发展的战略合作协议》。**

［目　文］　《协议》确定国家级广告产业示范区落户北京朝阳区等北京市广告业发展

的四个目标。《协议》明确，北京市政府统筹文化产业发展专项资金，每年安排不少于1亿元用于支持广告产业结构调整、扶植广告企业创新发展、广告高端人才培养及公益广告发展等。

11月21日

［纲　文］　**第十一届中国网络媒体论坛在武汉举办。**

［目　文］　论坛由国家互联网信息办公室指导，中华全国新闻工作者协会和人民网、新华网、中国网、国际在线、中国日报网、中国网络电视台、中国青年网、中国经济网等中央和地方新闻网站共同主办，以“推动网络媒体新跨越　促进网络文化大繁荣”为主题。中央和国家机关、重点新闻网站、地方网站及主要商业网站负责人、专家学者等300余人出席大会，围绕“弘扬核心价值　增强文化引导能力”“借力技术手段　提升影响力传播力”“引领微博时代　改善网络舆论生态”“关注移动互联　扩展无线发展空间”四个分论坛议题分别进行探讨。大会通过了《武汉宣言》。

11月21日

［纲　文］　**李源潮在上海市调研创先争优活动。**

［目　文］　中组部部长李源潮在上海市质检局组织机构代码管理中心，了解他们实行岗位亮诺、全员践诺，创新服务惠民生、提高客户满意度的情况；在南京东路派出所，与干警亲切交谈，询问创先争优什么办法最有效，肯定他们“双进双评”和“开门评警”等争创做法；对黄浦区五里桥社区（街道）党工委在创先争优活动中全面推行“组团式服务、民主化管理、群众性评议”，形成了全覆盖、人对人、面对面、心连心的群众工作新格局给予肯定。

11月22日

［纲　文］　**解放军战略规划部成立大会在北京举行。**

［目　文］　中央军委委员、总参谋长陈炳德出席大会时指出，要坚决贯彻胡主席和军委决策意图，始终保持战略规划工作的正确方向；要科学把握职能定位，推动战略规划工作在高起点上有序展开；要大力发扬改革创新精神，确保战略规划部工作和建设开好头、起好步，努力谱写战略规划工作的新篇章。

解放军战略规划部是主管军队建设发展规划的职能部门，隶属总参谋部，其主要职能是：研究重大战略问题，组织拟制军队建设发展规划计划和改革方案，提出军队战略资源总体配置和宏观调控建议，协调解决跨总部跨领域有关问题，检查评估军队建设规划计划落实情况等。

11月22日

［纲　文］　**国务院、中央军委授予西藏公安消防总队拉萨支队布达拉宫消防大队“布达拉宫模范消防大队”荣誉称号命名大会在拉萨举行。**

［目　文］　命名大会上，解放军总政治部副主任吴昌德宣读了国务院、中央军委的

授称命令，并为布达拉宫消防大队颁发奖旗。会议号召全体公安民警、武警官兵和全军指战员开展向布达拉宫消防大队学习活动。

布达拉宫消防大队原为1984年成立的布达拉宫消防班，2005年正式组建为大队。27年来，大队官兵在确保世界文化遗产布达拉宫、大昭寺、罗布林卡消防安全的同时，累计帮扶和救助群众50余万人次，开展义务劳动3000余次，在防火灭火、维稳处突和抢险救援方面作出了突出贡献，先后获省部级以上表彰17次，荣立集体一等功、二等功各一次，三等功三次。

11月22日

［纲　文］　**张德江在江苏南通主持召开部分地区中小企业工作座谈会。**

［目　文］　江苏省委书记罗志军、省长李学勇，工业和信息化部部长苗圩，统战部副部长、全国工商联党组书记、第一副主席全哲洙，国务院有关部门、部分省人民政府负责人以及部分中小企业负责人出席座谈会。

国务院副总理张德江指出，要深入贯彻落实科学发展观，全面贯彻落实党中央、国务院关于促进中小企业发展的一系列政策措施，不断完善政策法规体系，大力构建公共服务体系，积极改善企业发展环境，鼓励、支持、引导中小企业提高自身素质和水平，在促进发展中解决困难和问题，在解决困难和问题中促进发展，扎实推进中小企业再上新水平、再上新台阶。大力发展中小企业，是我国一项长期的战略任务。要加强组织领导，健全工作机制，加强分类指导，加强督促检查，帮助中小企业解决困难、开拓市场、健康发展。企业生存发展，归根结底取决于企业自身素质。中小企业要切实提高自身素质和发展水平，按照加快转变发展方式、走科学发展道路的要求，坚持自主创新，改善企业管理，增强市场竞争能力，提高发展水平。要加大技术创新，加快技术升级，优化生产流程，提高生产效率，加强品牌建设，提高产品质量。

11月22日

［纲　文］　**国务院新闻办公室发布《中国应对气候变化的政策与行动（2011）》白皮书。**

［目　文］　白皮书由前言、减缓气候变化、适应气候变化、基础能力建设、全社会参与、参与国际谈判、加强国际合作、"十二五"时期的目标任务和政策行动、中国参与气候变化国际谈判的基本立场、结束语等部分组成。

11月22日

［纲　文］　**中共河北省第八届委员会第一次全体会议选举张庆黎为河北省委书记，张庆伟、赵勇为省委副书记。**

11月22日

［纲　文］　**中共中央政治局委员、全国政协副主席王刚在北京会见由埃塞俄比亚政府前副总理、人民革命民主阵线全国执委会委员阿迪苏·莱格塞率领的埃革阵第二期高级干部研修班一行。**

11月22日

［纲　文］　**质检总局举行例行新闻发布会。**

［目　文］　新闻发言人表示，巴基斯坦、印度、阿富汗、尼日利亚等国目前仍处于脊髓灰质炎流行阶段，我国新疆维吾尔自治区2011年8月末以来发现野毒株感染脊灰病例。为此，质检总局一是要求各出入境检验检疫机构高度重视防控工作，加强疫情信息监测与报告，密切关注疫情动态变化，多渠道、多途径收集信息。二是要求各出入境检验检疫机构要严密加强口岸检疫查验，对来自上述国家和地区的出入境人员，要重点加强口头主动申报、体温检测、医学巡查等措施。三是加强联防联控。与当地医疗卫生、交通、海关、边检等部门密切沟通合作，明确防控的重点地区、重点航线和重点人群，检疫可疑病例的移交、诊治流程，确定检测实验室、移交病例的指定医院和密切接触者的隔离留验场所。四是加强宣传教育和卫生处理工作。在旅检口岸运用多种形式告知出入境人员有关疫情信息和防病知识，防止出入境人员感染疫情。对直接来自上述国家和地区的受染或有受染嫌疑的交通工具、货物、集装箱、行李、邮包和患者排泄物实施消毒和无害化处理。

11月22日

［纲　文］　**王岐山在北京会见香港金融管理局总裁陈德霖率领的香港银行公会代表团。**

［目　文］　国务院副总理王岐山说，面对当前十分严峻的全球经济形势，关键要把自己的事情办好。内地和香港要按照“十二五”规划要求，发挥好各自优势，进一步加强经贸、金融和旅游合作，不断巩固和提升香港的国际金融、贸易、航运中心地位。我对香港的未来发展前景充满信心。

陈德霖表示，香港金融界将积极发展离岸人民币业务，继续深化与内地的金融合作。

11月22日

［纲　文］　**国家出版基金项目“中国无障碍电影”捐赠活动在北京举行。**

［目　文］　活动以“共享阳光　感知世界”为主题，新闻出版总署向视听残障人士代表赠送了近万套无障碍电影DVD音像制品，并以此为起点，启动面向全国的捐赠活动。

无障碍电影，就是在保留原版电影对白的同时，通过配上手语画面、增补剧情旁白、提供字幕等方式，使视听残障人士能够通过“盲道”和“手语”之便利进行欣赏的电影。

11月22日

［纲　文］　**2011年度“中国快递论坛”在北京举办。**

［目　文］　论坛由中国快递协会、《快递》杂志、国家邮政局发展研究中心主办，以“快递服务的改革创新与转型升级”为主题。

国家邮政局局长马军胜出席并致辞表示，2007年以来，我国快递业务量年均增长率达27.23%，目前已有超过6800家企业取得了快递业务经营许可证，营业网点达6.4万处，从业人员超过70万人，市场规模位居世界第三。但是，我国快递行业的服务能力和水平仍不能满足社会需求，与国际龙头企业也存在很大差距。为此，国家邮政局将通过推进快递网络建设、推进快递服务改善升级、扶持快递企业做大做强、规范市场秩序等措施，重点解决好积压延误、丢失损毁、申诉赔偿等社会关心的重点问题，推动快递业大发展、上水平。

11月22日

［纲　文］　**外交部开通中国领事服务网**。

［目　文］　该网整合了外交部、驻外使领馆和地方外办各类领事信息资源，以国别信息为核心，力争为公众提供全面、准确、及时的一站式服务资讯信息，使其成为公众和领事工作的桥梁，成为公众可以倚重的官方网站。

11月22—25日

［纲　文］　**应国家主席胡锦涛邀请，土库曼斯坦总统别尔德穆哈梅多夫对中国进行国事访问**。

［目　文］　访问期间，胡锦涛在北京同别尔德穆哈梅多夫举行会谈。两国元首总结过去，规划未来，就推动中土友好合作关系持续健康深入发展达成广泛共识。共同签署了《中华人民共和国和土库曼斯坦关于全面深化中土友好合作关系的联合声明》和《中华人民共和国和土库曼斯坦关于土库曼斯坦向中华人民共和国增供天然气的协议》，并出席了两国有关双边合作文件的签字仪式。全国人大常委会委员长吴邦国、国务院总理温家宝分别在北京会见了别尔德穆哈梅多夫。北京大学授予土库曼斯坦总统别尔德穆哈梅多夫名誉教授称号。别尔德穆哈梅多夫在公安部进行了考察。

胡锦涛同别尔德穆哈梅多夫会谈时就发展中土友好合作关系提出5点建议。第一，进一步提升友好互信水平。中方愿同土方加强高层交往，扩大政府、立法机构、政党之间的交流，不断增进政治互信。双方要充分发挥中土合作委员会的指导协调作用，在彼此关切的重大问题上加强对话磋商，继续相互坚定支持。第二，进一步推进两国务实合作。双方要深化能源合作，建立长期稳定的能源战略伙伴关系，加强交通、通信、化工、纺织、农业、医疗卫生、高科技等非资源领域合作，共同营造良好的合作环境。第三，进一步扩大人文领域合作。双方要以两国建交20周年为契机，共同办好文化日、艺术节等庆祝活动，广泛开展两国新闻媒体、青少年组织、地方和民间团体的友好交流。第四，进一步开展安全执法合作，严厉打击“三股势力”和跨国有组织犯罪，维护各自国家和地区的安全稳定。第五，进一步密切国际和地区事务的协调配合，为维护世界和平、促进共同发展而共同努力。

别尔德穆哈梅多夫完全同意胡锦涛关于进一步发展两国关系的意见，表示土方愿同中方一道，加强高层往来和政治对话，拓展能源、贸易、投资、化工、运输、通信、纺织、农业、医疗、高科技等领域合作。土方高度评价中方尊重土库曼斯坦中立国地位，坚定支持中国和平统一和领土完整，坚定奉行一个中国政策，反对任何形式的“台湾独立”。土库曼斯坦视中国为维护中亚地区和平、稳定与安全的重要合作伙伴，愿同中方加强在打击“三股势力”、跨国有组织犯罪等方面的合作，加强在联合国等多边组织的磋商与协调，维护发展中国家利益。土方愿同中方共同努力，把两国友好合作关系推向更高水平。

11月22—25日

［纲　文］　**中国文学艺术界联合会第九次全国代表大会、中国作家协会第八次全国代表大会在北京举行。**

［目　文］　中共中央总书记胡锦涛出席开幕式并讲话。党和国家领导人吴邦国、温家宝、贾庆林、李长春、习近平、李克强、贺国强等出席开幕式。

胡锦涛指出，广大文艺工作者要认清时代和人民赋予的神圣使命，坚持为人民服务、为社会主义服务，坚持百花齐放、百家争鸣，坚持贴近实际、贴近生活、贴近群众，高擎民族精神火炬，吹响时代前进号角，创作生产更多无愧于历史、无愧于时代、无愧于人民的优秀作品，奋力开创文艺发展新局面，为推动社会主义文化大发展大繁荣、建设社会主义文化强国贡献智慧和力量。文艺是民族精神的火炬，文艺事业是中国特色社会主义事业的重要组成部分，是社会主义文化建设的重要内容，文艺工作在党和国家工作全局中具有十分重要的地位。在改革开放和社会主义现代化建设进程中，我国文艺事业生机勃勃、硕果累累。广大文艺工作者坚持与时代同进步、与人民共命运，为人民奉献了大量思想内涵丰富、艺术品质上乘的精神食粮，进一步巩固了大团结大繁荣大发展的生动局面。我国社会主义文艺以昂扬的精神、奔放的激情吸引和感染着亿万人民，对满足人民精神需求、丰富人民精神世界、增强人民精神力量、促进人的全面发展发挥着不可替代的作用。我国广大文艺工作者对祖国和人民有真情挚爱，对国家和民族有担当奉献，对艺术和事业有坚守追求，是一支党和人民完全可以信赖的队伍。

会议期间，中国文联党组书记、九次文代会大会主席团常务主席赵实代表中国文联八届全委会，作了题为《高举先进文化旗帜，团结动员广大文艺工作者，为建设社会主义文化强国而努力奋斗》的工作报告；中国作协党组书记、书记处书记李冰代表中国作协七届全委会，作了题为《高举伟大旗帜　走中国特色社会主义文学发展道路》的工作报告。

24日，中国文学艺术界联合会第九届全国委员会第一次会议选出新一届领导机构，孙家正连任中国文联主席；中国作家协会第八届全国委员会第一次会议选出新一届领导机构，铁凝连任中国作家协会主席。

25日，中国文联第九届全国委员会、中国作协第八届全国委员会全体会议在北京举行。中共中央政治局常委李长春出席会议并发表《坚持中国特色社会主义文化发展道路　为建设社会主义文化强国而努力奋斗》的讲话。他指出，要深入学习贯彻党的十七届六中全会精神和胡锦涛总书记在这次文联作协代表大会开幕式上的重要讲话精神，认清时代和人民赋予的神圣使命，解放思想，转变观念，抓住机遇，乘势而上，在坚持和发展中国特色社会主义的伟大实践中进行文化创造，在坚持中国特色社会主义文化发展道路、建设社会主义文化强国的进程中建功立业，更加自觉、更加主动地推动社会主义文化大发展大繁荣，为全面建设小康社会、实现中华民族伟大复兴作出新的更大贡献。

11 月 22—24 日

［纲　文］　**博鳌亚洲论坛国际资本会议在法国巴黎举行。**

［目　文］　论坛副理事长、中国首席代表曾培炎就推进国际货币体系结构性改革发表主旨演讲。来自欧洲、亚洲和新兴经济体的 400 余名代表围绕“合作、创新与发展”主题，就全球经济形势及欧洲主权债务危机、国际货币体系改革、银行业监管、跨国并购等进行了讨论。

中方代表指出，现行国际货币体系的弊端主要表现在，以单一主权货币为中心的全球储备货币结构与全球化条件下世界经济多元发展格局不适应，美元作为主权货币的国内政策功能与其作为国际储备货币所应承担的国际责任和义务不适应，现行金融监管体系与跨国金融交易日益频繁、金融创新层出不穷的形势不适应。改革国际货币体系符合全球各个国家和经济体的共同利益，任务十分紧迫。

11 月 22—24 日

［纲　文］　**2011 年中国妇女研究会年会暨“新时期中国妇女发展与性别平等”研讨会在北京召开。**

［目　文］　全国人大常委会副委员长、中国妇女研究会会长陈至立出席并讲话。研究会理事、团体会员及专家学者 200 人出席了会议。专家学者回顾了党领导下的中国妇女运动的历史经验，研讨了新形势下该如何推动中国妇女发展与性别平等。

陈至立指出，要认真总结中国妇女运动的历史，探索中国特色社会主义妇女理论，编纂好《20 世纪中国妇女运动史》和《中国特色社会主义妇女理论初探》。抓住《中国妇女发展纲要（2011—2020 年）》颁布和第三期中国妇女社会地位调查数据发布的机遇，开展重大理论和现实问题研究，为妇女运动的发展提供有力的理论支持。

11 月 23 日

［纲　文］　**胡锦涛《在中国文联第九次全国代表大会、中国作协第八次全国代表大会上的讲话》单行本由人民出版社出版，在全国新华书店发行。**

11 月 23 日、30 日

［纲　文］　**温家宝分别主持召开国务院常务会议。**

［目　文］　会议审议并原则通过《中华人民共和国招标投标法实施条例（草案）》《中华人民共和国车船税法实施条例（草案）》《中华人民共和国船舶吨税暂行条例（草案）》《放射性废物安全管理条例（草案）》。会议决定，以上四个条例草案经进一步修改后，由国务院公布施行。

11 月 23 日

［纲　文］　**国务院印发《国家人口发展“十二五”规划》。**

［目　文］　《规划》由四个部分组成：一、“十二五”时期人口发展形势。二、总体思路、基本原则和主要目标。三、主要任务。四、主要保障措施。

《规划》指出，地方各级人民政府、各有关部门要共同做好人口发展规划的实施工作，制定本地区、本部门的具体实施方案和年度计划。加强对规划实施情况的动态监测与跟踪分析，及时发现和解决规划执行过程中存在的问题，定期组织对规划实施情况的检查，开展规划执行情况期中和期末评估，确保规划各项任务落到实处。

11月23日

［纲　文］ **发展改革委办公厅发布《关于促进股权投资企业规范发展的通知》。**

［目　文］ 《通知》由五个部分组成：一、规范股权投资企业的设立、资本募集与投资领域。二、健全股权投资企业的风险控制机制。三、明确股权投资管理机构的基本职责。四、建立股权投资企业信息披露制度。五、加强对股权投资企业的备案管理和行业自律。本《通知》自2011年11月23日起实施。

11月23日

［纲　文］ **国家工商总局公布《公司债权转股权登记管理办法》，自2012年1月1日起施行。**

11月23日

［纲　文］ **国务院总理温家宝在北京会见日本外务大臣玄叶光一郎。**

［目　文］ 温家宝说，中日作为有影响的大国，应该携手为东亚振兴作出更大贡献，这符合两国和整个地区人民的共同利益。双方要加强高层沟通，增进政治互信和战略互信；在经贸领域进一步发挥各自优势，开拓新的合作领域，实现互利共赢；扩大人文交流，促进民间友好。中方愿与日方共同努力，推动两国关系取得新进展，迎接中日邦交正常化40周年。

玄叶光一郎表示，日本政府高度重视并致力于深化日中战略互惠关系，愿以明年两国邦交正常化40周年为契机，改善两国国民感情，扩大互利合作，加强在国际、地区事务中的沟通、协调，推动两国关系迈上新台阶。

同日，国务委员戴秉国、外交部部长杨洁篪在北京分别与玄叶光一郎举行会见、会谈。

11月23日

［纲　文］ **习近平在北京与中央党校学员座谈。**

［目　文］ 参加座谈会的有来自进修部和培训部不同班次的60多位学员代表，大家围绕如何做好明年党的建设和组织工作提出了意见和建议。

中共中央政治局常委、中央党校校长习近平指出，党的十七届六中全会提出推进社会主义核心价值体系建设、建设宏大文化人才队伍、加强和改进党对文化工作的领导等，这对党的建设提出了新的任务和要求。各级党组织要把贯彻落实六中全会精神作为一项重要政治任务，结合选干部、配班子、建队伍、聚人才、抓基层、打基础等工作，把全会提出的各项任务贯彻落实好。2011年以来，随着地方各级领导班子换届，一大批干部走上新的领导岗位，在注重提高领导科学发展能力的同时，加强领导班子的思想政治建设很有必要。要通过对新任领导干部的集中培训、健全党内生活、严格日常管理和监督等多种途径，推动新任领导班子成员加强党性修养，增强政治意识、大局意识、责任意识、创业意识，提高坚持和贯彻民主集中制的自觉性，加强团结协作，树立讲党性、重品行、作表率的良好形象。

11月23日

［纲　文］　**贯彻落实《2010—2020年党外代表人士教育培训改革和发展纲要》经验交流会在北京召开。**

［目　文］　统战部和中央社会主义学院有关负责人，各省区市、副省级城市和新疆生产建设兵团统战部和社院有关负责人，共160多人参加会议。中央社会主义学院党组书记、第一副院长叶小文就全国社会主义学院系统贯彻落实《纲要》的情况作专题工作报告。北京、河北、黑龙江、上海、江苏、浙江、湖南、广东、广西、重庆等省区市统战部和社会主义学院有关负责人交流了贯彻落实《纲要》的经验。

同日，全国政协主席贾庆林在北京会见与会代表时说，教育培训是提高党外代表人士能力素质、推进统一战线和多党合作事业科学发展的基础性工作。2010年，中共中央颁发了《2010—2020年党外代表人士教育培训改革和发展纲要》，这是中国共产党历史上第一个关于党外代表人士教育培训的文件。一年多来，在各级党委、政府的重视支持下，在统战部门和社会主义学院的积极推动下，教育培训工作取得明显成效。各级党委要切实加强对党外代表人士教育培训和社会主义学院工作的指导，把党外代表人士教育培训纳入当地干部教育培训工作总体规划，不断加大投入力度，帮助解决实际困难，切实改善工作条件，推动党外代表人士教育培训工作不断开创新局面。

11月23日

［纲　文］　**《中国共产党党员领导干部廉洁从政若干准则》贯彻执行情况专项督导检查工作动员部署会在北京召开。**

［目　文］　中央纪委副书记吴玉良主持会议。中央纪委副书记何勇出席会议并讲话。何勇指出，《廉政准则》是规范党员领导干部从政行为的基础性法规。根据十七届中央纪委第六次全会的部署和中央领导同志有关重要指示精神，今年7月以来，中央纪委在全国开展了《廉政准则》贯彻执行情况专项检查，目前自查自纠阶段工作已完成，正处于督查整改阶段。开展这次督导检查，就是要推动前一阶段发现的问题得到认真解决，推动《廉政准则》得到贯彻落实。各督导检查组要认真学习政策，讲求方式方法，加强协作配合，严格纪律要求，以高度负责的态度、扎实优良的作风，切实做好督导检查工作，确保取得实效。

11月23日

［纲　文］　**“把爱心奉献给孩子们——中国儿童慈善30年感动人物颁奖晚会”在北京举行。**

［目　文］　活动由全国妇联、中国儿童少年基金会共同主办。全国妇联主席、中国

儿童少年基金会理事长陈至立出席并为感动人物颁奖。中国关心下一代工作委员会主任顾秀莲等出席。晚会分为“30 年回眸”“春蕾绽放”“大爱无疆”“传递希望”四个篇章。每个篇章通过专题片、现场访谈、歌舞表演等多种形式展示。

此次揭晓的“中国儿童慈善 30 年感动人物”是 1981 年至 2011 年间，在中国儿童慈善事业，特别是中国儿童少年基金会组织实施的公益项目中作出突出贡献的社会各界爱心个人和群体。

11 月 23 日

［纲　文］　**刘延东在北京会见以胡定旭为团长的香港总商会代表团。**

［目　文］　国务委员刘延东对香港总商会及其成员多年来为推动香港经济发展、促进香港与内地的交流与合作作出的贡献表示赞赏。她希望香港总商会抓住中央政府首次将保持香港澳门长期繁荣稳定纳入国家“十二五”规划的有利时机，推进香港经济社会的繁荣发展，密切与内地的经济合作，为“一国两制”事业和香港的长期繁荣稳定作出积极贡献。

11 月 23 日

［纲　文］　**“APEC 农业技术转移大会暨第四届中国农业新技术新成果交易对接大会”在北京召开。**

［目　文］　大会由中国农业科学院、北京市科学技术委员会共同主办，以“加强农业技术转移，确保 APEC 粮食安全”为主题。来自 APEC 各成员体的农业官员、专家、企业近 500 人参加。参会代表围绕气候变化及粮食安全中的技术转移、APEC 经济体农业技术转移合作、技术转移中的知识产权问题、私营企业在技术转移中的作用四个专题进行交流研讨，分享各 APEC 成员体在农业技术转移方面的政策投资环境、成功经验、优秀模式，探讨在 APEC 成员体间建立高效农业技术转移平台和机制的模式，提高 APEC 区域农业技术转移效率，促进区域粮食安全和食品安全。

11 月 23 日

［纲　文］　**中共湖南省第十届委员会第一次全体会议选举周强为省委书记，徐守盛、梅克保为省委副书记。**

11 月 23 日

［纲　文］　**对外联络部部长王家瑞在北京分别会见美国副国务卿温迪·舍曼、以党主席门·恩赫赛汗为团长的蒙古民族民主党干部考察团。**

11 月 23 日

［纲　文］　**大型多媒体交响音诗《孙中山——献给伟大的辛亥革命 100 周年》在北京中山公园中山音乐堂公演。**

11 月 23 日

［纲　文］　**2011 年两岸可再生能源产业合作及交流会议在台湾举办。**

［目　文］　会议由发展改革委能源研究所和台湾工业技术研究院共同举办。会议探讨在海上风电领域，光伏建筑一体化技术等领域的发展前景和合作空间。两岸企业签署了

风电设备投资及技术转让、抗台风叶片研发、光伏电站建设等多项合作协议。

11月23—27日

［纲　文］ **全国大学生村官培训班在北京房山区韩村河村举办。**

［目　文］ 中组部部长李源潮出席开班式并讲话。他指出，选聘高校毕业生到村任职是党中央作出的一项重大决策，大学生村官要自觉把人生选择融入党和人民的事业中去，到农村去拜人民为师，在艰苦环境中磨炼意志、砥砺品格、增长才干，培养对农民朋友的深厚感情，努力成为国家与社会各行各业的骨干。

培训班由中组部、农业部联合举办。来自全国31个省区市和新疆生产建设兵团的96名大学生村官参加培训。中央有关负责人和专家学者对新农村建设、农村基层组织建设和社会管理、发展现代农业等进行专题辅导，帮助大学生村官了解“三农”情况，掌握农村工作方法，提高科学发展、服务群众的能力，为各地做好大学生村官培训工作作出示范。

11月24日

［纲　文］ **国土资源部公布《全国油气资源动态评价（2010）》。**

［目　文］ 《评价》显示，石油地质资源量881亿吨，可采资源量233亿吨，比“新一轮全国油气资源评价”（2003—2007年）分别增加116亿吨和21亿吨，探明程度34%，储量产量稳定增长，资源保障能力增强。全国天然气地质资源量52万亿方，可采资源量32万亿方，比“新一轮”分别增长49%和45%，探明程度18%，储量产量快速增长，资源基础雄厚。我国渤海湾盆地滩海、海域中深层勘查取得重大突破，盆地地质资源量由225亿吨增加到277亿吨。鄂尔多斯盆地低渗、特低渗储层开发技术的进步拓展了资源领域，地质资源量由74亿吨增加到129亿吨。北部湾盆地石油地质资源量净增7.6亿吨，增长了一倍。

11月24日

［纲　文］ **国务院在北京召开部署实施全国农村义务教育学生营养改善计划电视电话会议。**

［目　文］ 中共中央政治局委员、国务委员刘延东出席并讲话。国家教育体制改革领导小组成员，中央有关部门负责人等在主会场参加会议。各省（区、市）和计划单列市人民政府、新疆生产建设兵团、国家试点市（地）县（市）人民政府有关负责人等在分会场参加会议。

刘延东指出，要深入贯彻落实国务院常务会议精神和《国务院办公厅关于实施农村义务教育学生营养改善计划的意见》，着力保障农村中小学生尤其是贫困地区和家庭经济困难学生营养水平，为促进青少年学生健康成长奠定坚实基础。农村义务教育学生营养改善计划涉及面广、政策性强、情况复杂，是一项系统工程。各地区、部门和学校要以对人民、对社会高度负责的态度，加强组织领导，抓好动员部署和资金落实，强化规范管理和监督检查，切实把农村义务教育学生营养改善计划建成重要“民生工程”“放心工程”和

"阳光工程"。

11月24日

［纲　文］　**国家副主席习近平在北京会见赞比亚前总统卡翁达。**

［目　文］　习近平说，近年来，双方务实友好合作全面发展，成果丰硕，给两国人民带来实实在在的好处。由中赞两国老一辈领导人共同缔造的中赞"全天候"友谊，在中非关系中具有重要地位和广泛影响，坦赞铁路是中非友好的历史丰碑。中方十分珍视中赞传统友谊，始终高度重视发展中赞关系，愿与赞比亚新政府一道，大力深化两国传统友谊和务实合作，不断增进两国人民福祉。

卡翁达说，当我们回顾历史时，我们仍清楚地记得中国政府和人民对赞比亚人民争取民族独立斗争给予的大力支持，记得包括赞比亚在内的非洲国家为中国恢复在联合国合法席位进行的不懈努力。

同日，国务委员戴秉国在北京会见卡翁达。

11月24日

［纲　文］　**中共中央决定，任命胡占凡为中央电视台台长，免去焦利中央电视台台长职务。**

11月24日

［纲　文］　**中共中央政治局委员、中宣部部长刘云山在北京会见由副总编辑崔甲成率领的朝鲜劳动新闻代表团。**

［目　文］　刘云山指出，党报间的友好交往是中朝两党友好关系的重要组成部分。《人民日报》和《劳动新闻》作为中朝两党党中央机关报，长期以来一直保持着交流与合作。希望两党党报继续深化新闻信息产品、人员交流等各领域的合作，为增进两国人民的友谊、推动中朝友好合作关系不断向前发展作出积极贡献。

崔甲成说，两党党报间近年来交流活跃、合作密切，朝鲜《劳动新闻》愿为加深两国人民的相互了解、推动朝中友谊作出积极贡献。

11月24日

［纲　文］　**中共中央对外联络部部长王家瑞在北京会见尼泊尔副总理兼外交部部长、尼泊尔联合共产党（毛主义）副主席什雷斯塔。**

11月24日

［纲　文］　**外交部部长杨洁篪在外交部与南苏丹总统特使、人道主义事务和灾害管理部部长卢瓦勒举行会谈。**

［目　文］　杨洁篪表示，中国同南苏丹建交后，双边关系起步良好，各层次交流日益密切，各领域合作逐步展开。中方重视发展同南苏丹的友好关系，愿继续增进彼此了解和互信，推动双方能源、农业、矿业、基础设施等领域合作，加强在教、科、文、卫等方面的交流。中南友好基础坚实，相信在双方共同努力下，中南友好合作关系必将进一步得到深化。

卢瓦勒表示，南苏丹政府高度重视中国的地位和作用，希望进一步发展同中国的友好务实合作，推动双边关系全面深入发展。

卢瓦勒向中方通报了南北苏丹近期局势。杨洁篪表示，南北苏丹都是中国的友好国家。中方一贯坚定支持苏丹和平进程，希望双方积极配合非盟和联合国的斡旋努力，通过谈判妥善解决彼此分歧。

11月24日

［纲 文］ **广州军区政治部文工团杂技分团创作的杂技剧《天鹅湖》在北京演出。**

11月24日

［纲 文］ **“辛亥百年与两岸关系”征文活动颁奖仪式在北京举行。**

［目 文］ 活动由国务院台办支持，《人民日报》(海外版)、台湾《旺报》、人民网和中国台湾网联合举办。本次征文平面媒体与新媒体联动，海内外读者反响热烈，600多篇来稿的作者来自20多个国家和地区，年龄最大的92岁，最小的是高中生。评委会票选出23篇得奖作品，其中大陆9篇、台湾8篇、香港1篇、海外5篇。台湾新同盟会会长许历农的《愿海峡两岸彼此接纳》、大陆年轻作者王剑的《走过百年再读辛亥》分获一等奖。

11月24日

［纲 文］ **中国工程院在北京举办纪念钱学森同志诞辰100周年座谈会。**

［目 文］ 宋健、徐匡迪、周济及多位中国工程院院士回忆了钱学森的杰出贡献，和与其接触、交往，跟随其工作的经历。

11月24日

［纲 文］ **中国人民解放军驻澳门部队完成进驻澳门以来的第十二次轮换。**

11月24日

［纲 文］ **金砖国家中东局势副外长级磋商在莫斯科举行。**

［目 文］ 外交部副部长翟隽及俄罗斯、印度、巴西、南非的代表率团与会。会议发表了联合公报，呼吁各方尊重中东地区国家主权独立和领土完整，以和平方式开展广泛对话，积极寻求解决危机。金砖国家反对外部势力干涉地区国家内政，主张联合国安理会应发挥积极作用。金砖国家将为地区稳定、和平与发展作出积极贡献。联合公报还阐述了金砖国家在叙利亚、利比亚、也门、中东和平进程、伊朗等问题上的共同立场。

11月25日

［纲 文］ **财政部印发《关于实施中央预算单位公务卡强制结算目录的通知》。**

［目 文］ 《通知》由三个部分组成：一、充分认识实施公务卡强制结算目录的必要性。二、严格执行公务卡强制结算目录。三、有关工作要求。

《通知》要求，各部门应尽快制定本部门实施公务卡强制结算目录的管理办法，并于2011年12月31日前报财政部备案。各部门要加强对所属预算单位的指导，要求各单位制定相应的实施细则，重点明确不能使用公务卡结算情况下的财务审批程序和报销手续。各部门各单位应从严控制不使用公务卡结算的支出事项，必要时报销申请人应提供不能使用公务卡结算的证明材料。本《通知》自2012年1月1日起实施。

11月25日

［纲　文］　**广电总局发布《〈广播电视广告播出管理办法〉的补充规定》，自2012年1月1日起施行。**

11月25日

［纲　文］　**国务院总理温家宝在北京会见尼泊尔副总理兼外长纳拉扬·卡吉·什雷斯塔。**

［目　文］　双方就中尼关系和共同关心的问题交换了意见。

同日，外交部部长杨洁篪在北京同纳拉扬·卡吉·什雷斯塔举行会谈。双方积极评价两国关系发展势头，一致表示愿共同努力，进一步增进传统友谊，深化互利合作，推动中尼关系不断向前发展。

11月25日

［纲　文］　**李克强在河北廊坊考察保障性安居工程。**

［目　文］　中共中央政治局常委、国务院副总理李克强指出，质量就是生命，公开才能公平。2011年全国1000万套保障房开工建设目标实现后，要扎实抓好在建项目建设，一丝不苟确保工程质量，阳光操作实现公平分配，真正把好事办好、实事办实，将惠民生、促发展的政策落到千城万镇、千家万户。

李克强在荣盛混凝土有限公司检测室，询问水泥等建材的检验标准和检测情况；在儒苑保障房小区施工现场，了解如何保证工程质量；在廊坊市保障房中心，了解他们的住房面积、租金、合同办理等情况，查看了保障房申请、审核、分配、退出流程，观看了摇号分配的模拟演示，对保障房中心派审核人员专门核查申报人实际资产情况等做法给予肯定；在金泰小区低保户居民家中，了解入住前后的生活变化。

李克强听取了廊坊市保障房总体规划、政策保障、开工进度等情况介绍。得知当地通过建设保障房，改善了困难群众居住条件，初步抑制了房价过快上涨，有力拉动了经济发展时，李克强说，保障性安居工程不仅是重大民生工程，而且是重大发展工程。要进一步搞好项目储备，落实资金、土地等项目配套措施，持续推进保障房建设。

11月25日

［纲　文］　**国务院副总理王岐山在北京会见英国前首相布莱尔，双方就当前世界经济形势、欧洲主权债务危机及中东局势等问题交换了看法。**

11月25日

［纲　文］　**"集善嘉年华·北京2011——支持农村残疾人扶贫基地"大型公益活动在北京举行。**

［目　文］　中共中央政治局常委、全国政协主席贾庆林，全国人大常委会副委员

长、农工党中央主席桑国卫出席。中国残联主席张海迪代表活动主办单位，感谢社会各界对残疾人扶贫工作的关怀和关注，感谢社会各界为农村贫困残疾人带来美好生活的希望。

活动由中国残疾人联合会和中国残疾人福利基金会共同主办。曾经得到集善嘉年华帮助的聋儿尹春旭、河北残疾女大学生梁士超、贵州残疾人罗盛林夫妇等残疾人的故事打动了在场的每一个人。杨丽萍等艺术家表演了节目，呼吁社会各界用更多的爱心帮助农村贫困残疾人脱贫致富。本次活动收到捐款承诺1822万元，将用于支持农村残疾人扶贫基地建设。

11月25日

［纲　文］　**中国银行神户分行开业。**

［目　文］　中国银行神户分行开办发放贷款、吸收存款、办理汇款、兑换等业务。目前业务重点是办理面向个人的住房按揭贷款等，同时还提供各项人民币业务服务，包括存款、兑换、结算和贷款等。

11月26日

［纲　文］　**国务院印发《关于坚持科学发展安全发展　促进安全生产形势持续稳定好转的意见》。**

［目　文］　《意见》由十个部分组成：一、充分认识坚持科学发展安全发展的重大意义。二、指导思想和基本原则。三、进一步加强安全生产法制建设。四、全面落实安全生产责任。五、着力强化安全生产基础。六、深化重点行业领域安全专项整治。七、大力加强安全保障能力建设。八、建设更加高效的应急救援体系。九、积极推进安全文化建设。十、切实加强组织领导和监督。

11月26日

［纲　文］　**国务院办公厅印发《国家综合防灾减灾规划（2011—2015年）》。**

［目　文］　《规划》由五个部分组成：一、现状与形势。二、指导思想、基本原则与规划目标。三、主要任务。四、重大项目。五、保障措施。

11月26日

［纲　文］　**工业和信息化部、财政部、中国企业联合会在北京召开全国企业技术创新大会。**

［目　文］　国务院副总理张德江出席会议并讲话。他指出，要深入贯彻落实科学发展观，发挥企业技术创新的主体作用，加大技术创新投入，加强技术创新能力建设，加快技术创新人才培养，更加自觉、更加主动、更加积极地推进企业技术创新活动，为加快工业转型升级、实现工业科学发展作出新的更大贡献。

中国企业联合会会长王忠禹、工业和信息化部部长苗圩、国务院有关部门的负责人、地方工业和信息化主管部门负责人、国家技术创新示范企业的负责人等参加了大会。大会为工业和信息化部、财政部首批认定的55家2011年国家技术创新示范企业授牌。

11月26日

［纲　文］　**中宣部和新闻出版总署在北京举行第三届优秀通俗理论读物推荐发布会。**

［目　文］　2011年共有120多家出版社选送了260多种通俗理论读物，经过专家评审、网络投票，评选出了其中的15种。

这15种图书是：《七个"怎么看"——理论热点面对面·2010》《划清"四个重大界限"学习读本》《军营理论热点怎么看·2010》《党的十七届五中全会〈建议〉学习辅导百问》《马克思主义中国化的历史进程和基本经验简明读本》《与大学生村干部谈心》《农村基层干部反腐倡廉知识读本》《通俗哲学简编》《科学发展观在湖南的认识与实践之二》《提问2010：中国百姓关注的十大民生问题》《精神家园丛书·民族精神》《上海高校六个"为什么"学习宣传系列丛书》《给领导干部提个醒》《马克思的故事》《道德力》。

11月26日

［纲　文］　**第六届中日节能环保综合论坛在北京举行。**

［目　文］　国务院副总理李克强出席论坛开幕式并致辞。中方主办单位为发展改革委、商务部，日方主办单位为经济产业省、日中经济协会。论坛有主论坛，由两国政府有关领导发表演讲；分论坛，由两国代表围绕领跑者制度、绿色建筑、污水和污泥处理、循环经济、新能源汽车、能源（煤炭和火力发电）、中日长期贸易七个议题进行研讨。

同日，李克强会见与会的日本经济产业大臣枝野幸男一行时说，中日经贸合作是双边关系中的重要组成部分，两国经济互补性强，进一步拓展合作具有坚实的基础和巨大的潜力。双方应从世界经济发展转型的趋势和两国经济的实际出发，加强在绿色低碳、循环经济、能源资源、高技术等领域的交流合作，不断丰富合作内涵，打造合作新增长点，促进两国经济发展、人民受惠。

枝野幸男表示，日方愿同中方一道，为推动两国关系发展、促进双边深化各领域合作而做出积极努力。

11月26日

［纲　文］　**世界首个新能源交易市场——桐乡国际新能源市场在浙江桐乡正式开业。**

［目　文］　市场定位于新能源产品综合展示及贸易合作平台，采用B2B贸易模式，集太阳能、风能、生物质能和海洋能等多种新能源产品的推广和贸易平台。

11月26日

［纲　文］　**云南省人大常委会原主任、中共云南省委原副书记尹俊，在昆明逝世，享年79岁。**

11月26—27日

［纲　文］　**全国加强和创新社会管理工作座谈会（德阳片会）在四川德阳召开。**

［目　文］　中共中央政治局委员、中央社会管理综合治理委员会副主任刘云山在会上指出，要从贯彻落实科学发展观、实现全面建成小康社会奋斗目标的高度，充分认识加强和创新社会管理的重大意义，坚持以人为本、注重服务为先，发挥主观能动性、提高工

作创造性，抓紧解决影响社会和谐稳定的突出问题，打牢社会和谐稳定的工作基础，让人民群众看到明显变化，得到更多实惠。

国务委员、公安部部长孟建柱主持会议并讲话。四川等8个省区市和德阳等8个试点地区作了经验交流。与会代表实地考察了德阳市推进社会管理创新的情况。

会议认为，加强和创新社会管理，是以胡锦涛同志为总书记的党中央从党和国家事业全局出发，着眼于促进经济社会又好又快发展作出的一项重大战略部署。各地各部门认真贯彻中央要求，把社会管理摆在突出位置，组织领导更为有力，重点难点取得突破，基层基础得到加强，综合管理水平不断提高，推动社会管理工作取得重要进展，有力维护了改革发展稳定的大局。实践证明，中央关于加强和创新社会管理的决策部署是完全正确的，各地各部门和综合试点地区的工作是扎实有效的。

11月26—30日

［纲　文］　**孟建柱在四川考察。**

［目　文］　国务委员、公安部部长孟建柱在成都、德阳、阿坝等地考察，看望慰问在维稳一线的解放军指战员、武警官兵、公安民警和治安积极分子，了解各族群众生产生活情况。

孟建柱在德阳市罗江县金山镇家和社区，了解社区议事代表的遴选程序和议事规则。在都江堰市公安局蒲阳路派出所，了解社区警务工作。在阿坝藏族羌族自治州阿坝县公安局，希望大家继续发扬优良作风，努力做依法打击违法犯罪的战斗队、服务人民的群众工作队、党的路线方针政策的宣传队，用实际行动传递党和政府对各族同胞亲切的关怀。在阿坝县，与宗教界人士、群众代表座谈，并考察格尔登寺建设管理等情况。在红原县色地乡和松潘县川主寺镇牧场村的牧民定居点，了解建房成本、牲畜数量、收入来源等情况。他说，各族群众团结进步、共同富裕，是我们最大的心愿。各级党委政府要紧紧抓住藏区跨越式发展的重大机遇，扎实推进各项民生工程，加快藏区脱贫致富奔小康的进程，让群众的日子越过越红火。

11月26—27日

［纲　文］　**2011年国际形势研讨会在北京举行。**

［目　文］　研讨会由中国国际问题研究所和中国国际问题研究基金会主办，以“国际战略环境的新变化与中国战略机遇期的新阶段”为主题。外交部部长杨洁篪出席开幕式并作形势报告，中央外办副主任裘援平出席会议并发表讲话。来自全国各地的国际问题专家、政府有关部门代表、研究机构和媒体代表等170余人参加。研讨会围绕2011年国际格局演变、世界经济形势发展及中国如何应对等诸多议题展开。

11月27日

［纲　文］　**第五次全国妇女儿童工作会议在北京召开。**

［目　文］　国务院总理温家宝出席会议并讲话。他说，我国妇女儿童占全国人口的

2/3，是推动国家发展和社会进步的重要力量。妇女给家庭带来了光明，她们应该得到尊重。妇女能顶半边天，没有妇女的积极作用，就不可能有伟大的社会变革。女性的社会地位决定了社会进步的程度。儿童是一个民族、一个国家发展的未来和希望。妇女儿童事业是关系国家和民族前途的大事。各级政府要把妇女儿童工作纳入经济社会发展总体规划和公共政策体系，加强领导，加大投入。社会各界各方面都要积极参与妇女儿童事业，群策群力，推动形成尊重妇女、保护儿童的良好风尚。

中共中央政治局委员、国务院妇儿工委主任刘延东主持会议并作了工作报告。全国人大常委会副委员长、全国妇联主席陈至立，国务院妇儿工委委员，各省（区、市）和计划单列市、新疆生产建设兵团负责人，以及受表彰的先进集体和先进个人代表等出席了会议。

会议期间，温家宝等领导会见了与会代表，并向全国实施妇女儿童发展纲要先进集体和先进个人代表颁奖。

11月27日

［纲　文］　**第四届全国就业与社会保障先进民营企业表彰大会在北京召开。**

［目　文］　中共中央政治局委员、国务院副总理张德江出席大会并讲话，全国政协副主席、全国工商联主席黄孟复出席大会。全国总工会副主席王玉普宣读了《关于表彰全国就业与社会保障先进民营企业的决定》。人力资源社会保障部副部长信长星宣读了《关于表扬2011年全国民营企业招聘周组织工作突出城市和吸纳就业突出企业的通报》。大会授予100家民营企业“全国就业与社会保障先进民营企业”荣誉称号，通报表扬了在“2011全国民营企业招聘周”活动期间组织工作突出的53个城市（区）和吸纳就业突出的76家民营企业。

11月27日

［纲　文］　**桑国卫等在南京集体拜谒邓演达烈士墓、瞻仰邓演达烈士殉难地。**

［目　文］　农工党中央主席桑国卫，农工党中央常务副主席陈宗兴参加拜谒活动。桑国卫在纪念仪式上指出，邓演达毕生追求的理想，在中国共产党的领导下已经实现。邓演达创建的农工党，正在国家政治生活中发挥着重要的作用。

邓演达是中国农工民主党创始人、民主革命政治家、军事家。他贯彻和落实孙中山的中国民主革命主张，策划推翻蒋介石反动统治集团的活动。1931年11月29日被秘密杀害于南京沙子岗。

11月27日

［纲　文］　**长安标致雪铁龙汽车有限公司（CAPSA）成立暨奠基仪式在深圳举行。**

［目　文］　长安标致雪铁龙由中国长安汽车集团股份有限公司和法国标致雪铁龙集团共同合资成立，注册资金40亿元，双方各占股本50%。新合资公司初期投资额84亿元。长安标致雪铁龙也是国内首个在成立之初就提出打造“合资自主”品牌的汽车企业，并将新能源汽车合作及自主品牌研发纳入公司发展规划，致力于生产更加节能环保、更具有科技含量的产品。

11月27日

［纲　文］ **联合国教科文组织在印度尼西亚巴厘岛举行的保护非物质文化遗产政府间委员会第六届会议决定把中国皮影戏列入“人类非物质文化遗产代表作名录”。**

11月28日

［纲　文］ **教育部发布《高等学校章程制定暂行办法》。**

［目　文］ 《办法》共5章33条。主要有总则、章程内容、章程制定程序、章程核准与监督、附则等内容。自2012年1月1日起施行。

11月28日

［纲　文］ **国家副主席、中央军委副主席习近平在北京会见缅甸国防军总司令敏昂兰。**

［目　文］ 习近平说，两国各领域务实合作卓有成效，在国际和地区事务中相互支持。作为缅甸的好邻居、好朋友、好伙伴，中国将一如既往地支持缅甸为维护民族团结、发展国民经济、改善人民生活所做的努力，中方希望缅方能妥善处理相关问题，保持良好发展势头。中方愿与缅方共同努力，推动全面战略合作伙伴关系不断向前发展。作为两国全面战略合作伙伴关系的重要组成部分，中缅两军关系近年来发展良好。希望两国军队今后继续加强交流，深化合作，为推动两国关系全面发展发挥积极作用。

敏昂兰说，在新的历史时期，两国两军关系发展面临新的契机，希望继续保持密切友好往来，深化两国两军各领域的合作，加强沟通和协作，维护好两国和本地区的和平与稳定，不断把两国两军关系提升到新的水平。敏昂兰重申缅方将坚定奉行一个中国政策，在台湾、涉藏、涉疆等问题上支持中方立场。

11月28日

［纲　文］ **外交部部长杨洁篪同巴基斯坦外长希娜通话。**

［目　文］ 希娜向中方通报了北约驻阿部队越境空袭巴基斯坦军事检查站事件情况。

杨洁篪表示，中方对上述事件深感震惊，并表示强烈关切。世界各国和国际组织都应切实尊重巴基斯坦的独立、主权和领土完整。这一严重事件应得到彻底调查，予以认真妥善处理。中方将一如既往地坚定支持巴捍卫国家独立、主权和领土完整的努力。

同日，外交部发言人在例行记者会上表示，中方对北约战机越境袭击巴基斯坦军事检查站一事深感震惊，并表示强烈关切，对巴方遇难人员表示沉痛哀悼。巴基斯坦的独立、主权和领土完整应得到切实尊重，有关事件应得到彻底调查，予以认真妥善处理。

11月28日

［纲　文］ **中国外商投资企业协会第五次会员代表大会在北京召开。**

［目　文］ 国务院副总理王岐山会见与会代表并讲话。国务院有关部门、各地方外商投资企业协会负责人以及外资协会的企业会员代表约600人出席会议。大会通过了《第

四届理事会工作报告》《财务报告》及修改后的《中国外商投资企业协会章程》，并通过了《中国外商投资企业协会会费收取和使用办法》和《成立中国外商投资企业协会服务业委员会和中国外商投资企业协会直销行业委员会的决议》。

11月28日

［纲　文］　**中国非洲人民友好协会第五届理事会成立大会在北京举行。**

［目　文］　大会通过了理事会常务理事会组成名单，一致推举全国政协副主席阿不来提·阿不都热西提为新一届中非友协会长。全国友协会长李小林向常务理事会成员和顾问颁发聘书。

11月28—30日

［纲　文］　**第七次中越两党理论研讨会在江苏常州举办。**

［目　文］　中共中央政治局委员、中宣部部长刘云山和越共中央政治局委员、中央宣教部部长丁世兄出席开幕式并分别作了题为《秉持人民至上的价值追求　切实做好新形势下的群众工作》和《越南共产党群众工作的实践和若干经验》的主旨报告。

中越双方代表围绕“新形势下做好群众工作的经验”主题，就两党在新形势下做群众工作的一系列理论和实践问题，进行了讨论。大家一致认为，加强治党理政经验的交流学习已经成为中越两党的共识，这对于推动各自国家社会主义事业发展、深化中越两党两国关系具有重要意义，也必将为创新社会主义理论、丰富社会主义实践作出新的贡献。

28日，刘云山在常州会见了丁世兄。

12月1日，中共中央政治局常委李长春在北京会见丁世兄时对第七次中越两党理论研讨会取得成果表示祝贺，对在两党两国领导人亲自推动下中越关系保持良好发展势头感到高兴。他说，中越两国社会制度相同、理想信念相通、发展道路相近、战略利益一致，开展全面合作有着广阔空间。面对深刻复杂变化的国际形势，中越加强团结、互利合作、共同发展，有利于巩固两党执政地位，有利于促进两国共同发展，有利于振兴社会主义事业。

丁世兄说，会议选题重大、交流深入，取得圆满成功，为推动越中全面战略合作伙伴关系发展、促进两国社会主义事业作出了贡献。

11月28日—12月6日

［纲　文］　**国务委员刘延东对纳米比亚、博茨瓦纳、喀麦隆进行正式访问。**

［目　文］　刘延东在纳米比亚访问期间，在温得和克分别会见了纳米比亚总统波汉巴、纳米比亚总理安古拉；与纳米比亚副总理豪西库举行会谈，并共同出席《中华人民共和国和纳米比亚政府经济技术合作协定》等合作文件的签字仪式；访问了纳米比亚大学，见证了《中国地质大学与纳米比亚大学联合创办孔子学院意向书》等合作文件，并宣布中国政府决定于2012—2015年期间在联合国教科文组织设立信托基金，重点支持非洲国家教育发展项目。

刘延东在博茨瓦纳访问期间，在哈博罗内与博副总统梅拉费举行会谈，并共同出席了《中华人民共和国和博茨瓦纳共和国政府经济技术合作协定》等合作文件签字仪式；在博文化部部长卡提等陪同下出席了“隔洋相看——非洲画家笔下的中国”画展开幕式；刘延东考察博茨瓦纳大学孔子学院时表示，中国政府将积极发挥孔子学院人文交流的独特作用，为各国民众学习汉语、了解中国提供平台。

刘延东在喀麦隆访问期间，在雅温得会见喀麦隆总统比亚，比亚向刘延东授予喀麦隆国家一级荣誉勋章；与喀麦隆总理菲勒蒙举行会谈，并共同出席了一系列合作文件签字仪式，观看了“2011中国文化聚焦”中喀艺术家联合演出；刘延东在考察雅温得第二大学孔子学院时表示，期待孔子学院培养出更多的中非友好使者，为传承中非友谊、推动双方各领域友好交流合作作出更大贡献。

11月28日—12月7日

［纲　文］　**第二届中国·张家口（国际）摄影大展在石家庄人民广场举办。**

［目　文］　摄影展由中国摄影家协会、张家口市委、市政府联合主办。摄影展分“文明之源”“文明之脉”“文明之风”“文明之续”四个部分，展现了张家口的历史文明、民族风情和时代气息。

11月29日

［纲　文］　**国务院总理温家宝致电祝贺联合国“声援巴勒斯坦人民国际日”纪念大会召开。**

11月29日

［纲　文］　**国家副主席习近平在北京会见国际劳工组织总干事索马维亚。**

［目　文］　习近平指出，中国一贯高度重视保护广大劳动者的合法权益，积极推进人力资源和社会保障制度改革，使广大劳动者实现就业，获得基本社会保障。坚持发展为了人民、发展依靠人民、发展成果由人民共享，使广大劳动者公平分享改革发展成果。中国将积极参与国际劳工事务，进一步加强与国际劳工组织、各成员国以及工会和企业协会的合作，促进社会公平正义。

索马维亚说，中国是国际劳工组织的创始会员国和国际劳工组织理事会常任理事国，国际劳工组织高度重视同中国发展关系，希望中国在国际劳工组织乃至全球治理中发挥更大作用。

中华全国总工会主席王兆国在北京会见由总干事索马维亚率领的国际劳工组织代表团。

11月29日

［纲　文］　**李克强在北京主持召开国务院深化医药卫生体制改革领导小组第十次全体会议。**

［目　文］　国务院医改办负责人、卫生部负责人在会上作了汇报，国务院深化医药卫生体制改革领导小组成员和有关部门负责人参加了会议。会议审议了《〈医药卫生体制

改革近期重点实施方案（2009—2011年）〉实施中期评估报告》《“十二五”期间深化医药卫生体制改革规划（2012—2015）》《关于县级公立医院改革试点的意见》等文件。

中共中央政治局常委、国务院深化医药卫生体制改革领导小组组长李克强指出，要充分肯定两年多来医改取得的成效，巩固和发展改革的阶段性成果，正视困难与挑战，创新体制机制，制定好医改“十二五”规划，把医改持续推向深入。“十二五”时期，我国经济社会发展呈现新的阶段性特征，工业化、城镇化进程加快，人口老龄化趋势凸显。医改是保障和改善民生的迫切需要，无论是促进基本公共卫生服务均等化，推动解决部分群众因病致贫、因病返贫问题，还是更好地满足居民日益增长的健康需求，实现到2015年人均预期寿命再提高1岁的目标，都需要提高医疗卫生服务水平。而随着医改的不断深入，改革难点问题将集中显现，体制性矛盾将集中暴露，工作难度加大。统筹谋划好“十二五”医改规划，对于巩固医改成果以及确保实现2020年的医改目标至关重要。县级医院在我国医疗卫生服务体系中居于重要地位，要统筹推进管理体制、运行机制、补偿机制、人事分配、药品供应、监管体制等综合改革，建立健全管理制度，提升服务能力，保障县域居民基本医疗卫生服务，努力实现居民日常就医不出县。

11月29日

［纲　文］　**财政部、发展改革委、能源局印发《可再生能源发展基金征收使用管理暂行办法》。**

［目　文］　《办法》共5章23条。主要有总则、资金筹集、资金使用、监督检查、附则等内容。自2012年1月1日起施行。

11月29日

［纲　文］　**财政部、水利部印发《中央财政补助中西部地区、贫困地区公益性水利工程维修养护经费使用管理暂行办法》，自2011年12月1日起施行。**

11月29日

［纲　文］　**首届“中欧论坛”在比利时布鲁塞尔举行。**

［目　文］　国务院总理温家宝致信祝贺。贺信说，值此首届布鲁塞尔“中欧论坛”召开之际，我谨表示热烈祝贺，并向出席论坛活动的中外嘉宾和长期以来关心支持中欧关系发展的各界人士致以诚挚问候。当前，国际形势继续发生深刻复杂变化，世界面临诸多严峻挑战，和平、发展、合作是人心所向，大势所趋。作为国际舞台上两支重要的战略力量，中欧要坚持走同舟共济、互利共赢的道路，全面扩大和深化合作，实现共同发展。中欧关系要取得更好更大发展，离不开双方人民的相互理解和支持。希望“中欧论坛”围绕重大问题进行讨论，并提出建设性的意见和建议，办出特色，办出成效，成为中欧增进了解、加强互信、推动合作的重要平台，为双方全面战略伙伴关系健康、稳定、深入发展注入新的活力。

论坛由欧盟智库“欧洲之友”和中国驻欧盟使团联合主办，与会代表就发展中欧全面战略伙伴关系过程中的机遇与挑战展开讨论。论坛主要涉及地缘政治伙伴关系、经贸关系、人文交流与相互认知三个议题。与会代表还围绕中国的“十二五”规划和“欧盟2020战略”进行讨论，尤其是中国发展绿色经济给中欧合作带来的机遇。

11 月 29 日

［纲　文］ **中国国际广播电台创建 70 周年联欢晚会在北京举行。**

［目　文］ 中宣部、中央外宣办、国家广播电影电视总局等部门的代表，多国驻华使节，海内外合作媒体友好人士以及中国国际广播电台员工代表共 900 余人参加庆典。

11 月 29 日

［纲　文］ **中国计划生育协会第七届全国理事会第二次全体会议在北京召开。**

［目　文］ 会议为第二批全国人口计生基层群众自治示范村（居）授牌，并举行了中国计生协生育关怀基金启动仪式。

中共中央政治局委员、中国计划生育协会会长王刚出席会议时指出，要大力倡导科学人口观、新型婚育观和幸福家庭观，进一步创新工作思路，突出工作重点，强化工作实效，不断提高计生协工作科学化水平，更加有效地动员组织广大群众落实计划生育基本国策，为“十二五”时期我国经济社会发展创造更加有利的人口环境作出新的贡献。

11 月 29—30 日

［纲　文］ **中央扶贫开发工作会议在北京召开。**

［目　文］ 中共中央总书记胡锦涛、国务院总理温家宝出席会议并讲话，国务院副总理李克强主持会议。国务院副总理、国务院扶贫开发领导小组组长回良玉作了总结讲话。吴邦国、贾庆林、李长春、习近平、贺国强，中央农村工作领导小组成员，国务院扶贫开发领导小组成员，各省、自治区、直辖市和计划单列市、新疆生产建设兵团的主要负责人，参与定点扶贫的中央和国家机关有关部门、中央管理的金融机构和国有骨干企业及军队有关部门负责人等出席会议。会议对 2001—2010 年为扶贫开发作出突出贡献的先进集体和先进个人进行了表彰。贵州、新疆、四川、重庆、湖北、广东以及中央统战部、发展改革委、教育部、财政部、国资委等地方和部门负责人作大会发言。

胡锦涛指出，扶贫开发是一项长期而重大的任务，是一项崇高而伟大的事业。全党全社会要深刻认识扶贫开发工作的重要性和紧迫性，增强做好扶贫开发工作的自觉性和坚定性，以更大的决心、更强的力度、更有效的举措，扎扎实实做好扶贫开发各项工作，确保到 2020 年全国实现全面建设小康社会目标。这次中央扶贫开发工作会议，是在“十二五”时期顺利开局、全面建设小康社会进入关键时期召开的一次重要会议。会议的主要任务是：总结我国扶贫开发工作取得的成就和经验，分析当前和今后一个时期扶贫开发形势和任务，全面部署《中国农村扶贫开发纲要（2011—2020 年）》贯彻落实工作，动员全党全社会力量，坚决打好新一轮扶贫开发攻坚战。消除贫困、改善民生、实现共同富裕，是社会主义的本质要求，是改革开放和社会主义现代化建设的重大任务，是全党全国各族人民始终不渝的奋斗目标。

温家宝在讲话中指出，在长期实践中，特别是近 10 年来，我们不断完善国家扶贫战略和政策体系，成功走出了一条以经济发展为带动力量、以增强扶贫对象自我发展能力为根本途径，政府主导、社会帮扶与农民主体作用相结合，普惠性政策与特惠性政策相配套，扶贫开发与社会保障相衔接的中国特色扶贫开发道路。我们坚持统筹城乡经济社会发展，实行工业反哺农业、城市支持农村和多予少取放活方针，全面取消农业税，实行多种农业补贴，加强农村基础设施建设，不断增加对贫困地区的财政转移支付和专项扶贫资金。中央和地方财政安排的扶贫资金，从2001年的127.5亿元，增加到2010年的349.3亿元，10年累计达到2043.8亿元。10年来，592个国家扶贫工作重点县农民人均纯收入年均增长幅度超过全国平均水平。

11月30日

［纲　文］　**交通运输部公布修改后的《公路建设市场管理办法》，自2011年11月30日起施行。**

11月30日

［纲　文］　**人力资源社会保障部公布《企业劳动争议协商调解规定》。**

［目　文］　《规定》共4章37条。主要有总则、协商、调解、附则等内容。自2012年1月1日起施行。

11月30日

［纲　文］　**中央创先争优活动领导小组印发《关于对基层党组织和党员开展创先争优活动情况进行群众评议的指导意见》。**

［目　文］　《意见》指出，对开展创先争优活动情况进行群众评议，原则上以党支部为单位进行，参加评议的人员主要是本地本单位的群众代表。一般可采取会议的方式进行。对窗口单位和服务行业基层党组织和党员参加“为民服务　创先争优”活动情况的群众评议，由行业主管部门党组织组织实施，平时已开展即时评议的，可汇总日常评议情况；也可采取不同方式进行集中评议，通过报纸、广播、电视、网络等，认真听取服务对象意见。上级党组织可派人参加下级党组织的群众评议。评议的方法要简便易行，评议的结果要以适当方式向党员、群众和服务对象反馈，也可在一定范围公之于众。

11月30日

［纲　文］　**民主党派、工商联和无党派人士为全面建设小康社会作贡献表彰大会在北京召开。**

［目　文］　会前，全国政协主席贾庆林在人民大会堂会见出席表彰大会的全体代表时说，开展为全面建设小康社会作贡献评选表彰活动，是推动统一战线更好服务科学发展的重要举措。长期以来，特别是2006年表彰大会以来，在党和政府重视支持下，各民主党派、工商联和无党派人士围绕全面建设小康社会，充分发挥优势，切实履行职能，作出了重要贡献。实践证明，各民主党派、工商联和无党派人士在全面建设小康社会中具有不可替代的作用，是推进中国特色社会主义事业的重要力量；各民主党派、工商联和无党派

人士始终与中国共产党同心同德、同心同向、同心同行，是中国共产党领导的多党合作和政治协商制度特点优势的根本体现。

大会由统战部、人力资源社会保障部、各民主党派中央、全国工商联联合举办。全国政协副主席、中共中央统战部部长杜青林出席并讲话。全国人大常委会副委员长、民革中央主席周铁农主持会议。韩启德、蒋树声、陈昌智、桑国卫、张梅颖、张榕明、林文漪、厉无畏、罗富和、陈宗兴、王志珍及各民主党派中央、全国工商联负责人和无党派人士，统战部、人力资源社会保障部等有关部门负责人出席大会。

人力资源社会保障部部长尹蔚民宣读统战部、人力资源社会保障部、各民主党派中央、全国工商联联合表彰的决定。有50个单位荣获先进集体称号，150人荣获先进个人称号，同时还表彰了50项建言献策优秀成果、50项社会服务优秀成果。受表彰的先进个人、先进集体、建言献策优秀成果、社会服务优秀成果代表先后在会上发言。出席大会的全体代表提出了《各民主党派、工商联和无党派人士为全面建设小康社会作贡献倡议书》。

11月30日

［纲　文］　**《钱学森文集（1938—1956海外学术文献）》（中、英文版）出版座谈会在中国科学院力学研究所举行。**

［目　文］　该文集编录了钱学森在美国学习和工作期间公开发表的论文共51篇。在应用语言学创始人李佩的策划和主持下，依托中科院力学所科技翻译工作者协会，一批既具备力学专业知识又长于英语翻译的专家历时3年，反复推敲，经过6审6校，首次将这些论文翻译成中文。

中科院院士工作局局长周德进，力学所所长樊菁、郑哲敏院士、李家春院士，该书中文版主编李佩教授，钱学森之子钱永刚，参与文集翻译工作的专家们以及上海交通大学出版社社长韩建民、总编张天蔚等出席座谈会。座谈会由力学所副所长乔均录主持。与会嘉宾围绕本文集的学术价值、出版背景、译稿过程等展开深入座谈，纪念钱学森诞辰100周年。与会者认为，这51篇论文，篇篇都是精品，创新思想、前瞻意识在本文集的每篇论文里都闪着划时代的光芒。正是这些论文，奠定了钱学森在国际、国内学术界的巅峰地位。在现当代，这些论文仍然具有重要的启示意义和研究价值。

11月30日

［纲　文］　**2010年全民健身好新闻颁奖典礼在国家体育总局举行。**

［目　文］　典礼由中国体育新闻工作者协会、中华全国体育总会宣传部、群体部主办。

本次评选设文字、摄影、广播、电视四大类，《人民日报》记者许立群的《全民健身杂谈系列报道》（4篇）、新华社湖北分社摄影记者陈敏的《飞跃》、上海广播电视台广播新闻中心记者海波的《体育场馆应还场地于老百姓》、中央电视台记者张婕等的《健身小姐更健康更美丽》、《中国体育报》记者马艺华的《不能面临困境而暴走》等16篇作品分别获得文字、图片、广播、电视一等奖。7个单位获得优秀组织奖。另有35篇作品分获各奖项二等奖，82篇作品分获各奖项三等奖。

11月30日

［纲　文］　**“大爱暖中华”2011年世界艾滋病日主题晚会在北京大学百年纪念讲堂举行。**

［目　文］　晚会由全国工商联、国务院防治艾滋病工作委员会办公室共同举办。全国政协副主席、全国工商联主席黄孟复，国务院防治艾滋病工作委员会办公室主任、卫生部副部长尹力等出席，为红丝带温暖奖的获奖者颁奖，与红丝带健康包公益行动先进集体代表合影。晚会邀请了部分文艺界、企业界、书画界名人和艾滋病防治志愿者、外来务工者代表到场，旨在呼吁社会各界加入艾滋病防治慈善公益事业中来。

11月30日

［纲　文］　**2011赛季361°中国乒乓球俱乐部超级联赛总结暨表彰会在北京召开。**

［目　文］　山东选手张继科、李晓霞分别蝉联最佳男、女运动员奖。组委会对2011赛季成绩优异、表现突出的俱乐部及个人分别进行了表彰，颁发了优秀电视转播奖、优秀赛场经理奖、优秀组织奖、优胜名次奖等奖项。

11月30日

［纲　文］　**《人民日报》发表评论员文章《坚持锐意创新 推进文化创造——四论学习贯彻胡锦涛同志全国文代会作代会上重要讲话》。**

11月30日—12月3日

［纲　文］　**全军加快全面建设现代后勤步伐工作会议在北京召开。**

［目　文］　会议的主要任务是，学习贯彻中央军委主席胡锦涛关于新形势下国防和军队建设论述，特别是主题主线重大战略思想，总结整体推进全面建设现代后勤试点的经验成果，研究部署当前和今后一个时期加快全面建设现代后勤步伐的工作任务。

12 月

12月1日

［纲　文］　**新华社讯，中共中央、国务院印发《中国农村扶贫开发纲要（2011—2020年）》。**

［目　文］　《纲要》由序言、总体要求、目标任务、对象范围、专项扶贫、行业扶贫、社会扶贫、国际合作、政策保障等部分组成。

《纲要》指出，坚持中央统筹、省负总责、县抓落实的管理体制，建立片为重点、工作到村、扶贫到户的工作机制，实行党政一把手负总责的扶贫开发工作责任制。各级党委和政府要进一步提高认识，强化扶贫开发领导小组综合协调职能，加强领导，统一部署，加大省县统筹、资源整合力度，扎实推进各项工作。

12月1日

［纲　文］　**国务院印发《“十二五”控制温室气体排放工作方案》。**

［目　文］　《方案》由九个部分组成：一、总体要求和主要目标。二、综合运用多种控制措施。三、开展低碳发展试验试点。四、加快建立温室气体排放统计核算体系。五、探索建立碳排放交易市场。六、大力推动全社会低碳行动。七、广泛开展国际合作。八、强化科技与人才支撑。九、保障工作落实。

12月1日

［纲　文］　**温家宝在中国疾病预防控制中心考察艾滋病防治工作。**

［目　文］　2011年世界艾滋病日的主题是：实现“零”战略目标——零新发感染、零歧视和零死亡。中国艾滋病日的主题是“行动起来，向‘零’艾滋迈进”。

国务院总理温家宝在病毒与免疫研究实验室实验操作台前，与科研人员了解全球艾滋病病毒研究和疫苗研发趋势，询问我国疫苗研发进展；参观了全国艾滋病防治展览，与专程来我国参加世界艾滋病日活动的联合国副秘书长、联合国艾滋病规划署执行主任西迪贝交谈，对规划署长期以来给予我国艾滋病防治工作的支持表示感谢，并邀请西迪贝一同参加座谈。

在中国疾控中心一层会议室，温家宝与艾滋病感染者、医务工作者、科研人员、志愿者及有关国际组织代表座谈，并听取外地来京上访艾滋病感染者的意见。7位代表和西迪贝分别发言。

温家宝说，我们把防治艾滋病工作公开化，在全社会广泛宣传教育，努力消除对艾滋病患者的歧视。我在这里郑重表一个态：凡是因为医疗输血和献血而感染艾滋病的，他们都是不幸的，是无辜的。他们的诉求理应得到政府的理解，而且有关部门和地方要认真予以研究。你们是我们社会群体中最困难的部分，在物质和精神上，都应该得到政府的关心、社会的关爱。我想回答你们最关心的几个问题：第一，治疗问题。国务院已经决定，2012 年先在高流行地区通过医疗救助，帮助解决艾滋病病人机会性感染治疗费用个人负担过重的问题，有关部门正在抓紧研究制定具体办法。第二，艾滋病儿童孤儿的救助问题。有关部门要抓紧研究加大救助力度的具体办法，努力为受艾滋病影响的儿童提供基本的生活保障、均等的教育机会和便利的医疗条件。第三，生活困难问题。国家正在加大资金投入力度，支持各地将符合条件的艾滋病患者家庭全部纳入城乡低保，提高补助水平，并对困难家庭给予临时救助。第四，对因艾滋病导致住房困难的人员，要根据实际情况，通过提供廉租房、给予救助等方式帮助解决。

12 月 1 日

［纲　文］　**国家主席胡锦涛特使、全国人大常委会副委员长司马义·铁力瓦尔地在比什凯克出席吉尔吉斯共和国新任总统阿尔马兹别克·阿坦巴耶夫就职仪式。**

12 月 1 日

［纲　文］　**“第十五届宋庆龄樟树奖”在北京举行颁奖典礼。**

［目　文］　活动由中国福利会主办。全国人大常委会副委员长、全国妇联主席陈至立，中国福利会主席胡启立等领导出席并为获奖者颁奖。教育部、民政部、卫生部、解放军总政治部、全国妇联、中国宋庆龄基金会等相关部委领导，历届获奖者代表、获奖者单位代表、少年儿童代表及新闻媒体代表共 100 余人出席典礼。

“宋庆龄樟树奖”于 1985 年 6 月由中国福利会创设，每两年评选颁发一次。至今，已有 115 名为妇女儿童事业发展作出贡献的人士获此殊荣。

12 月 1 日

［纲　文］　**国家广电总局与上海市人民政府部市合作协议签署暨中国（上海）网络视听产业基地开工仪式在上海举行。**

［目　文］　这是全国首家国家级网络视听产业基地。根据部市合作协议内容，广电总局与上海市将从全面推进中国（上海）网络视听产业基地建设、打造网络视听国际交流沟通平台、构建网络视听内容公共服务平台以及推动网络视听产业人才培养和标准化体系建设四方面入手，充分发挥基地积聚效应，积极培育处于产业核心位置的网络视听运营商，用 5—10 年时间，力争形成 5 家市值 50 亿元以上的境内外上市企业，年生产总值达 50 亿元；形成以大型节目生产企业为龙头，以中小制作公司为基础的内容产业集群，产生 3—5 家市值 30 亿元以上的内容生产企业，努力把基地打造成为年产值超百亿元、国际一流的网络视听产业基地。

12 月 1 日

［纲　文］　**高洪波文学创作 40 周年座谈会在北京举行。**

［目　文］　中国作协主席铁凝等各界人士出席。高洪波是著名儿童文学作家、诗人、散文家，现任中国作协副主席、《诗刊》主编、中国作协儿童文学委员会主任。他1971年开始发表作品，先后出版过《大象法官》《鹅鹅鹅》等14部儿童诗集，《波斯猫》等30余部散文随笔集，《乌石的秘密》《渔灯》等11部幼儿童话，以及8卷本《高洪波文集》。高洪波的儿童文学作品善于以孩子的眼光寻找有趣的视角，在轻松、活泼、幽默的氛围中传达出对孩子们深沉的爱。

12 月 1 日

［纲　文］　**《人民日报》发表评论员文章《坚持德艺双馨 弘扬文明风尚——五论学习贯彻胡锦涛同志全国文代会作代会上重要讲话》《践行“同心”思想 续写崭新篇章——祝贺各民主党派工商联无党派人士为全面建设小康社会作贡献表彰大会召开》。**

12 月 1—2 日

［纲　文］　**李克强在天津考察。**

［目　文］　中共中央政治局常委、国务院副总理李克强指出，要坚持不懈地创新体制机制和推动科技进步，以改革促发展，在开放中扩内需，靠创新增动力，应对各种风险挑战，促进经济平稳较快发展和转型。

李克强在中国科学院天津工业生物技术研究所，调研科技研发和自主创新进展情况。在卡特彼勒亚实公司，查看高效柴油发电机装配线，了解主要生产环节的质量控制流程。他说，技术是企业的核心竞争力，质量是企业的生命。我们要从制造业大国发展成为制造业强国，必须坚持扩大对外开放，学习借鉴一切国际先进技术和管理经验，不仅提高我们的产业技术水平，而且做到产品质量过硬。把管理创新与技术创新结合起来，增强每一位员工的责任心，共同推升企业和产业在国际和国内市场的竞争力。在力神电池公司，对他们加强研发、不断开拓市场的做法表示肯定。在朗庭园公租房建设工地，听取了项目规划和建设的介绍，实地考察了房屋竣工验收的各项检测。他对在场的建筑工人、质检人员说，住房对群众是大事，要把好检测验收这“最后一关”，把质量可靠的住房交付群众使用。

12 月 1—2 日

［纲　文］　**亚太多边机制中的中俄合作研讨会在莫斯科举行。**

［目　文］　研讨会由中国国际问题研究基金会与俄罗斯世界问题研究基金会共同主办。来自中俄十几家研究机构的近百名学者就金砖国家、上海合作组织、亚太经合组织、东亚峰会等多边机制中的中俄合作与协调问题进行了探讨。

12 月 1—4 日

［纲　文］　**“食尚精品，台湾直送”——第二届海峡两岸台湾优良农产品洽商大会在北京举行。**

［目　文］　50多家台湾厂商、12类380余项台湾优质农产品参展。参展产品均得到台湾优良农产品发展协会的认证。

12月2日

［纲　文］　**国家主席胡锦涛致电委内瑞拉总统查韦斯和智利总统皮涅拉，祝贺拉美和加勒比国家共同体成立。**

12月2日

［纲　文］　**中央统战部、全国工商联发布《深入开展向非公有制经济先进典型学习活动的通知》。**

［目　文］　《通知》要求，各级党委统战部、工商联切实加强对开展学习先进典型活动的组织领导，把开展向非公有制经济先进典型学习活动与深入贯彻落实党的十七届六中全会精神结合起来，与贯彻落实《中共中央、国务院关于加强和改进新形势下工商联工作的意见》结合起来，积极配合党委政府加强对非公有制经济发展的指导、管理和服务，积极提供创业辅导、信息咨询、金融支持、法律帮助，进一步完善中小企业社会服务体系建设，积极支持企业，特别是吸纳就业和科技创新能力强的小型微型企业发展，切实帮助企业解决实际困难。

12月2日

［纲　文］　**教育部印发《关于切实加强和改进高等学校学风建设的实施意见》。**

［目　文］　《意见》由十三个部分组成：一、充分认识高校学风建设的重要性和紧迫性。二、坚持标本兼治综合治理的原则。三、构建学风建设工作体系。四、强化高校的主体责任。五、建立学术规范教育制度。六、加强教师的科研诚信教育。七、切实改进评价考核导向。八、发挥专家咨询委员会和学术委员会的作用。九、加强科学研究的过程管理。十、强化全方位监督和约束。十一、规范学术不端行为调查程序。十二、严肃处理学术不端行为。十三、建立定期检查制度。

12月2日

［纲　文］　**国家广电总局发布《有线广播电视运营服务管理暂行规定》。**

［目　文］　《规定》共5章48条。主要有总则、服务要求、监督管理、法律责任、附则等内容。自2012年3月1日起施行。

12月2日

［纲　文］　**水利部公布《生产建设项目水土保持监测资质管理办法》《水文站网管理办法》，自2012年2月1日起施行。**

12月2日

［纲　文］　**国家统计局公布，初步统计，2011年全国粮食总产量达到57121万吨。**

［目　文］　比2010年增产2473万吨，增长4.5%，不仅再创历史纪录，而且达到了2020年粮食产能规划水平。这也是我国粮食产量连续第八年增长。

12月2日

［纲　文］　**全国非公有制经济先进典型事迹报告会在北京召开。**

［目　文］　全国政协主席贾庆林出席会议并讲话。报告会由中央统战部、全国工商联共同主办。中宣部部长刘云山，全国政协副主席、全国工商联主席黄孟复等出席会议。全国政协副主席、中央统战部部长杜青林主持会议。会议指出，非公有制经济是我国社会主义市场经济的重要组成部分，非公有制经济人士是我国社会主义现代化建设不可或缺的重要力量。各地要积极学习非公有制企业的典型经验，积极开展自主创新，大力发展好非公有制经济。

12月2日

［纲　文］　**第八届“中国青年女科学家奖”颁奖典礼在北京举行。**

［目　文］　颁奖典礼由全国妇女联合会、中国科学技术协会、中国联合国教科文组织全国委员会等共同主办。全国人大常委会副委员长、全国妇联主席陈至立出席并为获奖者颁奖。来自全国6所高校、4家科研院所的10位青年女科学家从133位候选人中脱颖而出，获得该奖项。

本届获奖的10位青年女科学家是：中国科学院大连化学物理研究所研究员陈萍，中国科学院上海药物研究所课题组组长、研究员柳红，新疆大学教授刘浪，南京大学物理学院和固体微结构物理国家重点实验室教授彭茹雯，兰州大学西部环境与气候变化研究院教授赵艳，清华大学生命科学学院教授吴嘉炜，军事医学科学院微生物流行病研究所副所长陈薇，华中农业大学动物科技学院动物医学院教授、教育部重点实验室主任赵书红，海军装备研究院研究室副主任、高级工程师崔东华，北京大学环境科学与工程学院教授胡敏。

12月2日

［纲　文］　**中国科学技术信息研究所在北京发布，中国国际科技论文发表量全球第二。**

［目　文］　2011年中国科技论文统计结果显示，2010年我国机构作者为第一作者的国际论文共12.15万篇，其中23968篇论文的被引用次数高于学科均线，比例为19.7%，分别较2009年、2008年上升了4.2和8.2个百分点。

统计结果表明，我国国际论文数量和被引用次数世界排位均有提升。2001—2011年（截至2011年11月1日），我国科技人员共发表国际论文83.63万篇，排世界第二位，比2010年统计时上升2位；论文共被引用519.14万次，排在世界第七位，比2010年统计时提升了1位。我国平均每篇论文被引用6.21次，比上年度统计时的5.87次提高了5.8%；世界平均值为10.71次，比上年提高了1.3%。我国平均每篇论文被引用次数虽与世界平均值还有不小的差距，但提升速度相对较快。从学科上看，我国有12个学科论文被引用次数排在世界前10位以内，其中化学、材料科学、工程技术、数学4个领域论文的被引用次数排名世界第二位。中国各学科论文在2001—2011年的高被引论文（被引用次数处于世界前1%）数量增加到5856篇，排世界第六位，比2010年统计时上升1位。

12月2日

［纲　文］　**首届中国百诗百联大赛新闻发布会在长沙举行。**

［目　文］　大赛由文化部、中国文联、湖南省政府主办，湖南省文化厅、湖南省文联等单位承办。自2010年8月18日正式启动以来，收到来自全国各地、港澳台同胞以及海外华人华侨的参赛作品共12万多件，参赛选手年龄最大的92岁，最小的10岁，有专业诗词楹联工作者，也有工人、农民、解放军战士、学生。经过初评、复评、终评，评选出诗词、楹联各100首（副）优秀作品，其中一等奖各1名，二等奖各2名，三等奖各3名。

12月2日

［纲　文］　**第五届“蓝厅论坛”在外交部举行。**

［目　文］　论坛以“新形势下的中欧关系”为主题，驻华外交使节、工商界人士、知名专家学者以及媒体代表等200多人出席。外交部副部长傅莹在论坛上发表了题为《中欧伙伴关系迎难而进》的主旨演讲。

12月2日

［纲　文］　**第十二次中日战略对话在北京举行。**

［目　文］　外交部副部长张志军同日本外务省事务次官佐佐江贤一郎率团出席。双方围绕中日关系发展方向和两国政治战略交换了意见，同意通过加强对话磋商妥善处理两国间存在的敏感问题。双方一致认为，要全面落实两国领导人重要共识，加强对话、交流与合作，不断增进互信，确保中日战略互惠关系健康稳定发展。

12月2日

［纲　文］　**中国和哈萨克斯坦霍尔果斯国际边境合作中心启动仪式暨中哈铁路对接仪式在中哈边境霍尔果斯口岸举行。**

［目　文］　国务院副总理张德江与哈萨克斯坦副总理伊谢克舍夫出席仪式并致辞，对两项工程竣工表示祝贺。张德江和伊谢克舍夫共同为中哈霍尔果斯国际边境合作中心启动剪彩，并下达中哈铁路对接的指令。仪式结束后，双方举行了会谈。

张德江说，中哈建交以来，两国关系快速、健康、稳定发展，政治互信不断加深，各领域合作成果丰硕，在彼此关切的重大问题上相互支持。特别是2011年6月，胡锦涛主席对哈进行国事访问，两国领导人共同将两国关系提升至全面战略伙伴关系的新高度。张德江祝贺哈萨克斯坦即将迎来独立20周年，并表示哈方在纳扎尔巴耶夫领导下，各项建设事业取得令人瞩目的成就，中方对此感到由衷高兴。2012年是两国建交20周年，双方应以此为新起点，共同落实两国领导人达成的各项共识，推动中哈全面战略伙伴关系不断深入发展。

伊谢克舍夫表示，哈方高度重视哈中关系，两国在多领域和大项目合作上不断取得丰硕成果，体现了哈中全面战略伙伴关系的高水平。哈愿以今天两个项目启动为契机，进一步推进对华合作，续写两国友好关系新篇章。

12月2日

［纲　文］　**中国在西昌卫星发射中心用“长征三号甲”运载火箭，成功将第十颗北**

斗导航卫星送入太空预定转移轨道。

［目　文］　这是北斗导航系统组网的第五颗倾斜地球同步轨道卫星。本次北斗导航卫星的成功发射，标志着我国北斗区域卫星导航系统建设又迈出了重要一步。

12月2日

［纲　文］　**民主党派知名人士，中国共产党的亲密朋友，中国国民党革命委员会中央顾问，著名爱国将领张治中将军长女，对外经济贸易大学教授张素我，在北京逝世，享年96岁。**

12月2—3日

［纲　文］　**首届金砖国家友好城市暨地方政府合作论坛在海南三亚举行。**

［目　文］　全国人大常委会副委员长路甬祥、全国政协副主席白立忱、全国政协前副主席徐匡迪、中国人民对外友好协会会长李小林、中国国际友好城市联合会会长陈昊苏等出席论坛开幕式和论坛机制启动仪式。论坛围绕“展望未来、共享繁荣、发展友城，推动合作”的主题，探讨金砖国家友好城市和地方政府如何应对发展过程中所面临的问题与挑战，就粮食安全、金融危机、城市发展与低碳环保、能源战略、文化交融等议题交流经验、分享成果。

12月3日

［纲　文］　**中国人民对外广播事业暨中国国际广播电台创建70周年纪念大会在北京举行。**

［目　文］　中共中央政治局常委李长春致贺信。他说，70年来，中国人民对外广播事业已经成为中国感知世界、世界了解中国的重要窗口。党的十七届六中全会强调，要加强国际传播能力建设，打造国际一流媒体，这对我国对外广播事业发展提出了新的更高要求。他希望全国对外广播系统和中国国际广播电台深入学习贯彻六中全会精神，紧紧围绕党和国家工作大局，改革创新、开拓进取，适应国际传播的特点和要求，着力在增强对外新闻宣传的针对性、时效性和吸引力、感染力上下功夫，在提高新闻信息的原创率、首发率、落地率上下功夫，在扩大国际传播的覆盖面和影响力上下功夫，加快建设国际一流媒体，努力为改革开放和社会主义现代化建设营造更加有利的国际舆论环境，不断提升国家文化软实力，在全面建设小康社会、实现中华民族伟大复兴的征程中作出新的更大贡献。

中宣部部长刘云山出席大会并讲话。全国人大常委会副委员长陈至立、国务委员戴秉国、全国政协副主席阿不来提·阿不都热西提等出席大会。中央有关部门和中央主要新闻单位负责人，对外广播工作者代表，外国驻华使节代表以及外国听众代表等共700多人参加了大会。

1941年12月3日，延安新华广播电台开始用日语广播，标志着中国人民对外广播事业的创立。目前，中国国际广播电台使用61种语言全天候向世界传播，是全球使用语种最多的国际传播机构，拥有广播、电视、报刊、网络和手机五种媒体传播手段。2011年，每天累计播出节目3000多小时，全年收到境外听众来信预计超过300万封。

12月3日

［纲　文］ **第四届中国绿色发展高层论坛在广西钦州举行。**

［目　文］ 论坛由联合国环境规划署、联合国粮农组织、联合国开发计划署指导，中国生态文明研究与促进会、中国环境科学学会、中国林业经济学会、中国治理荒漠化基金会等联合主办，广西钦州市政府承办。论坛发布了《2011中国城市绿色发展报告》，全面分析总结当前中国城市绿色发展的状况，对全国656个城市进行逐一评分，结果显示其中335个城市的评分低于全国平均值，全国城市绿色发展任务依然艰巨；通过了《中国绿色发展高层论坛钦州宣言》，倡导低碳、节约、科学、高效、环保、和谐和可持续的“绿色增长”。本届论坛的成果，提交给2012年6月联合国“里约+20（即可持续发展地球峰会）”会议。

12月3日

［纲　文］ **宫崎滔天孙女宫崎蕗苳与孙中山题字纪念邮票在东京面世。**

［目　文］ 邮票为纪念辛亥革命100周年，永久记录宫崎滔天与孙中山、黄兴等革命领导人的友谊，日本侨报社和日本湖南人会联合策划的，面值50日元，由日本邮政发行。

邮票画面为宫崎蕗苳在孙中山题字“推心置腹”前的留影。摄影者、日本湖南人会会长段跃中介绍，和“推心置腹”相对的是湖南人黄兴的手迹“儒侠者流”，是黄兴写给宫崎滔天夫人的。宫崎蕗苳家的客厅里悬挂孙中山和黄兴的珍贵手迹，表达了宫崎蕗苳全家对中国革命领导人的怀念与崇敬。

12月3—4日

［纲　文］ **李源潮在山东沂蒙革命老区调研创先争优活动。**

［目　文］ 中组部部长李源潮指出，人民群众是我们党的根基和力量，创先争优要突出为民服务的内容，教育引导干部、党员增强宗旨意识，改进工作作风，主动到基层去、到群众中去，加强调查研究，为群众解决实际困难，增进与人民群众的深厚感情。

李源潮在临沂市沂南县马牧池党性教育基地，了解当年沂蒙山区人民全力支持党和人民子弟兵的感人事迹；在沂南县绿源（山东）电动车有限公司，与一线党员职工交谈，称赞他们创先争优搞得好；在曲阜市北元疃村，与村民们交谈。

李源潮在临沂召开的创先争优座谈会上指出，创先争优的实质就是把正在干的事情干得更好。要把服务人民群众作为创先争优的重要内容，建立干部直接联系和服务群众制度，经常听取群众的意见和建议，按照群众意愿改进工作，提高服务群众的质量。要以创先争优为动力，破解基层党建工作难题，增强基层党组织和党员创先争优的内生动力，以科学发展、造福人民的优异成绩迎接党的十八大召开。

12月4日

［纲　文］ **新华社讯，经中央军委批准，总政治部发布《关于军队出席党的十八大**

代表选举工作的通知》。

［目　文］《通知》对代表的条件、构成、产生程序、名额分配及选举工作的组织领导提出了明确要求。解放军和武警部队出席党的十八大代表，由全军和武警部队 19 个选举单位选举产生。

《通知》提出，党的十八大代表在坚持先进性的同时应具有广泛的代表性。军队出席党的十八大代表中，既要有各级党员领导干部，又要有基层和工作一线党员；适当增加作战部队营以下分队党员代表名额，注意推荐英雄模范人物作为代表人选；应有一定数量的女党员、少数民族党员和专业技术人员党员。

12 月 4 日

［纲　文］ **“12·4”全国法制宣传日座谈会在北京举行。**

［目　文］ 座谈会由中宣部、全国人大内务司法委员会、全国人大常委会法制工作委员会、司法部共同举办，以深入学习中国特色社会主义法律体系、大力弘扬社会主义法治精神为主题。

全国人大常委会副委员长陈昌智出席时指出，要进一步深入学习宣传宪法，牢固树立中国共产党的领导、人民当家作主和依法治国有机统一的观念，树立国家一切权力属于人民的观念，树立权利与义务相统一的观念。要深入宣传中国特色社会主义法律体系，增强全社会法律意识和法治观念。要围绕实现“十二五”时期经济社会发展的目标任务，围绕加强和创新社会管理，围绕改善和保障民生，大力宣传法律法规知识，为经济社会发展营造良好的法治环境。要通过抓领导干部、公务员、青少年、企事业经营管理人员、农民等重点对象，带动和促进全民法制宣传教育的深入开展。

同日，100 多位来自中学、小学的未成年人代表、青少年研究机构代表和新闻媒体记者走进最高人民法院，参加公众开放日活动。这是最高人民法院第一次面向未成年人开放。

最高人民法院新闻发言人表示，希望通过开放日活动，进一步唤起社会对未成年人法律保护的关注，齐心协力关注未成年人成长。

12 月 4 日

［纲　文］ **教育部在清华大学召开“对口支援西部高校工作 10 周年总结大会”。**

［目　文］ 有关省、自治区、直辖市教育行政部门负责人，各支援高校、受援高校负责人，教育部有关司局负责人共 200 余人参加了会议。39 个典型经验集体和 164 名突出贡献个人受到表彰。

12 月 5 日

［纲　文］ **国家主席胡锦涛在北京人民大会堂接受古巴、阿塞拜疆、吉布提、格鲁吉亚、利比里亚和安哥拉 6 国新任驻华大使递交的国书。**

12 月 5 日

［纲　文］ **中共中央在中南海召开党外人士座谈会，就当前经济形势和明年经济工

作听取各民主党派中央、全国工商联领导人和无党派人士意见和建议。

［目　文］ 中共中央总书记胡锦涛主持座谈会并讲话。中共中央政治局常委温家宝、贾庆林、习近平、李克强出席座谈会。温家宝通报了经济工作有关情况，介绍了中共中央、国务院关于做好明年经济工作的考虑。

民革中央主席周铁农、民盟中央主席蒋树声、民建中央主席陈昌智、民进中央主席严隽琪、农工党中央主席桑国卫、致公党中央主席万钢、九三学社中央主席韩启德、台盟中央主席林文漪、全国工商联主席黄孟复、无党派人士胡四一发言。他们赞同中共中央、国务院对当前我国经济形势的分析和对明年经济工作的考虑，并就加快转变经济发展方式、促进产业结构转型升级、统筹城乡区域协调发展、夯实农业发展基础、鼓励支持中小微型企业发展、深化财税体制改革、加强房地产市场宏观调控、完善基本住房制度、推进基本公共服务体系建设等提出意见和建议。

胡锦涛表示，2011年是"十二五"时期开局之年。面对严峻复杂的形势，我们坚持以科学发展为主题，以加快转变经济发展方式为主线，实施"十二五"规划，国民经济继续朝着宏观调控的预期方向发展，呈现增长较快、物价趋稳、效益较好、民生改善的良好态势。各民主党派、工商联和无党派人士自觉服从服务于党和国家中心工作，紧紧围绕推动"十二五"规划实施，深入实际进行考察调研，提出许多有价值的意见和建议，在推动科学发展、保持经济平稳较快发展、保障和改善民生、维护社会和谐稳定等方面作出了积极贡献，发挥了统一战线凝聚人心、汇聚力量的重要作用。在充分肯定成绩的同时，我们也要清醒认识到，当前世界经济风险明显增多，我国经济发展中不平衡、不协调、不可持续问题仍很突出。我们必须保持清醒头脑，既努力抓住机遇、珍惜机遇、用好机遇，又增强危机意识、忧患意识，更加注重统筹国内国际两个大局，更加主动地加快转变经济发展方式，不断开拓科学发展、社会和谐新局面。2012年是实施"十二五"规划承上启下的重要一年，做好经济工作具有十分重要的意义，关键是要把稳增长、调结构、保民生、促稳定更好结合起来。希望各民主党派、工商联和无党派人士充分发挥智力密集优势，充分发挥专业特长优势，充分发挥联系广泛优势，积极建言献策，深入了解和及时反映社情民意，深入开展社会服务，为推动"十二五"规划深入实施贡献智慧和力量。

12月5日

［纲　文］ **国务院公布《中华人民共和国车船税法实施条例》《中华人民共和国船舶吨税暂行条例》，自2012年1月1日起施行。**

12月5日

［纲　文］ **财政部、商务部、海关总署、税务总局公布《海南离岛旅客免税购物商店管理暂行办法》，自2011年12月5日起施行。**

12月5日

［纲　文］ **环境保护部、商务部、科技部印发《关于加强国家生态工业示范园区建**

设的指导意见》。

［目　文］《意见》由五个部分组成：一、充分认识国家生态工业示范园区建设的重要意义。二、国家生态工业示范园区建设的总体要求。三、国家生态工业示范园区建设的重点任务。四、建立和完善促进园区生态化发展的制度和政策体系。五、强化配套保障措施。

12 月 5 日

［纲　文］ **气象局、发展改革委印发《气象发展规划（2011—2015 年）》。**

［目　文］《规划》由七个部分组成：一、"十一五"时期的主要成就。二、"十二五"时期面临的形势。三、指导思想和发展目标。四、强化公共服务，提高经济社会发展气象保障水平。五、加强业务体系能力建设，提升气象现代化水平。六、积极推进重点工程建设。七、保障措施。

12 月 5 日

［纲　文］ **工商总局发布《关于认真学习贯彻党的十七届六中全会精神　积极促进社会主义文化大发展大繁荣的意见》。**

［目　文］《意见》提出，积极支持发展公益性文化事业，促进公共文化服务体系的建立和完善。工商部门积极支持构建公共文化服务体系，鼓励各类文化企业参与公共文化服务；支持加快城乡文化一体化发展，鼓励文化单位面向农村提供流动服务、网点服务；支持建设优秀传统文化传承体系，在包括商标审查和评审等各项工作中，大力推广和规范使用国家通用语言文字，科学保护各民族语言文字。

《意见》明确，支持深化文化体制改革，促进健全现代文化市场体系。工商部门支持创新文化产品生产经营机制，支持加快推进文化体制改革；积极服务经营性文化单位改革，积极稳妥做好文化市场主体登记注册等工作；支持健全现代文化市场体系。

12 月 5 日

［纲　文］ **全国人大常委会委员长吴邦国在北京会见柬埔寨国会主席韩桑林。**

［目　文］ 吴邦国说，2010 年，两国建立了全面战略合作伙伴关系，中柬友好迈上新的台阶。中柬是好邻居、好朋友、好兄弟、好伙伴，中方愿与柬方共同努力，保持高层互访势头，加强政府、议会、政党等各方面的友好往来；深化经贸合作，在落实好双方已达成合作项目的同时，拓展在农业、水利等领域的合作，力争提前实现两国确定的 2015 年双边贸易额增长目标；加强安全领域合作，共同打击跨境犯罪、恐怖活动；密切在多边事务中的磋商与协调，不断丰富和充实两国全面战略合作伙伴关系的内涵，造福两国人民。中国全国人大愿与柬埔寨国会、参议院保持密切交往，加强专门委员会、友好小组等多层次交流互访，就治国理政、发展经济、减灾脱贫等开展经验交流，增进人民友谊，为国家关系注入新的内容。

韩桑林表示柬中团结、友谊与合作的不断巩固与拓展，给两国人民带来了实实在在的利益。柬政府、议会和人民十分珍视与中国的传统友谊，非常钦佩中国经济社会发展取得的巨大成就，愿与中方一道，推动柬中关系不断向前发展。

6日，国家副主席习近平在北京会见韩桑林时说，中方重视发展对柬关系，珍视中柬传统友谊，愿同柬方共同努力，深化务实合作，促进共同繁荣，推动中柬全面战略合作伙伴关系长期健康发展。在前不久召开的东亚领导人系列会议上，中柬两国密切沟通和配合，为会议的成功举行发挥了积极作用。中方愿继续加强同柬方在联合国、东亚合作、东盟地区论坛等国际和地区事务中的磋商和协调，为地区乃至世界的和平、稳定、繁荣作出积极贡献。

韩桑林说，柬方期待学习中方在发展经济、改善民生等方面的成功经验，加强柬中双方在投资、旅游、反恐、打击跨国犯罪等领域的互利合作。柬埔寨国会将继续发挥积极作用，为柬中友谊的万古长青作出新的贡献。

12月5日

［纲　文］　**李长春在北京欢乐谷华侨城大剧院，观看由华侨城集团原创的大型舞蹈诗剧《金面王朝》。**

［目　文］　中共中央政治局常委李长春称赞这部诗剧情节生动、气势磅礴、引人入胜，是深化文化体制改革、促进文艺演出与旅游市场有机结合的成功探索，展现了演艺与旅游结合的潜力、文化与科技结合的魅力，勉励演职人员精益求精、不断创新，创作演出更多观众喜闻乐见的精品力作，为繁荣文化市场、满足人民群众精神文化需求作出贡献。

12月5日

［纲　文］　**国务院副总理李克强在北京会见苏格兰首席部长萨蒙德。**

［目　文］　李克强说，中国同苏格兰的关系近年来也取得积极进展，经贸合作、文化交流与民间交往持续加强，给双方人民带来了实实在在的利益。中方视英国为重要战略伙伴。希望双方共同努力，把合作潜力变成互惠双赢的成果。当前，世界经济趋于低迷，欧洲主权债务危机仍在演化，形势严峻复杂。欧盟是世界第一大发达国家经济体，中方相信欧方有智慧、有能力解决债务问题，团结协作落实救助措施，遵循经济发展规律来解决问题，支持欧方为应对危机采取的举措，以促进金融稳定和经济逐步恢复。

萨蒙德表示十分高兴两只中国大熊猫已抵达爱丁堡，强调苏格兰重视对华关系，愿为促进双方关系健康发展多作贡献。

12月5日

［纲　文］　**国务院副总理、国务院残疾人工作委员会主任回良玉在北京会见联合国社会发展委员会残疾人事务特别报告员查克林。**

［目　文］　回良玉说，中国政府一贯重视保障残疾人权益，多年来采取了一系列重要举措，使残疾人生活状况得到了实质性改善。可以说，残疾人事业是中国经济社会发展的一个突出亮点。我们将继续加快建立残疾人社会保障和服务体系，为残疾人平等参与社会生活创造更加有利的环境。

查克林表示，中国残疾人事业取得的成就给他留下了深刻的印象，希望继续加强联合国与中国在残疾人领域的合作，并希望世界各国能够分享中国残疾人工作的经验。

12月5日

［纲　文］ **中共中央政治局委员、全国政协副主席王刚在北京会见以执行主席奥普雷亚为团长的执政联盟成员罗马尼亚全国进步联盟代表团。**

［目　文］ 王刚表示，中国共产党重视发展与包括全国进步联盟在内的罗马尼亚各政党的友好关系，愿在党际交往四项原则基础上，不断加强两国政党间的交流合作，推动中罗全面友好合作伙伴关系深入发展。

奥普雷亚表示，罗全国进步联盟将发展两党、两国关系作为该党优先战略选择，愿通过两党交往，推动罗中传统友谊和务实合作不断深化。

12月5日

［纲　文］ **中组部部长李源潮在北京会见美国外交学会会长哈斯。**

［目　文］ 李源潮表示，今年是中美恢复交往40周年。40年来，中美关系不断向前发展。特别是近年来，两国高层和各级别保持密切交往，各领域的交流与合作不断拓展。良好的中美关系不仅有利于两国人民的幸福，也有利于世界的和平、稳定、繁荣。我们愿与美方共同努力，从战略高度和长远角度把握中美关系发展方向，维护中美关系发展大局，促进彼此间的政治互信和各领域合作，推动中美关系不断向前发展。

哈斯表示，他本人和美国外交学会将继续致力于开展同中方的交流与合作，推动美中关系健康稳定发展。

12月5日

［纲　文］ **2011中华志愿服务事业发展论坛在北京人民大会堂举行。**

［目　文］ 全国人大常委会副委员长、中华志愿者协会会长周铁农出席并致辞。中华志愿者协会副会长黄晴宜作了《中国志愿服务事业回顾与展望》的报告。与会者围绕"提高社会管理科学化水平""公众参与志愿服务策略"等问题进行了研讨。中华志愿者协会宣布了首批10个"志愿服务实习训练基地"并授牌。

12月5日

［纲　文］ **世界医师交响乐团慈善音乐会在北京举行。**

［目　文］ 音乐会由中华国际医学交流基金会、中国国际文化交流中心主办，中国国际文化艺术公司承办。音乐会所得将赠予中华国际医学交流基金会，用于医学公益事业。来自全球40个国家和地区的近百位医师首次在中国进行慈善义演。

12月5日

［纲　文］ **香港发展局与广东省水利厅在深圳签署2012—2014年东江水供水协议。**

［目　文］ 该供水协议保证香港直至2014年会有稳定而具弹性、切合实际需要的东江水供应，即使在百年一遇的旱情下仍不受影响，而新安排的日供水量将更具弹性，配合本地集水量的季节性波动，有助香港更有效地管理水塘的存水量，以减少满溢及节省抽水成本。

12月5日

［纲　文］　**青海省牧区首条高速路共和至茶卡高速公路建成通车。**

［目　文］　共和至茶卡高速公路是国家高速公路网规划中首都放射线北京至拉萨高速公路（G6）在青海境内的重要组成路段，也是青海省高速公路网的路段之一。公路全长163.8公里，总投资20亿元，设计行车速度每小时80公里；全线采用低路堤、缓边坡的人性化设计理念，使行车更加安全便捷。共和至茶卡高速公路的建成，形成了一条连接青海东部地区与海南、海西的快速通道，将西宁与柴达木循环经济区这两大重点经济区连接起来，这将完善青海全省路网结构、改善区域交通条件和投资环境、带动柴达木地区资源综合开发、循环利用和旅游资源的开发。

12月5—7日

［纲　文］　**贺国强在天津调研。**

［目　文］　中共中央政治局常委、中央纪委书记贺国强就加快转变经济发展方式、推动经济社会又好又快发展以及加强党风廉政建设和反腐败工作等问题进行调研。

贺国强在天津市规划展览馆，了解天津城市发展总体规划情况；在中国科学院天津工业生物技术研究所、国家超级计算天津中心，与科研人员交谈，了解技术研发和产品应用等情况；在中国航天科技集团公司天津基地、中国航天科工集团天津光电信息产业园，感谢科研人员为国防科技事业作出的突出贡献；在海河意式风情区、天津港国际邮轮母港、东疆湾沙滩景区，他要求天津充分发掘自然、历史、文化资源，大力发展旅游等现代服务业，不断增强天津这座历史文化名城的吸引力和影响力；考察了中新天津生态城国家动漫产业综合示范园区；在天津职业技能公共实训中心，了解学员培训、就业等方面情况；在天津市行政许可服务中心和天津土地交易中心，对天津市深化行政管理体制改革、推动服务型政府建设和勤政廉政建设的经验予以肯定。

考察期间，贺国强听取了天津市委、市政府和市纪委的工作汇报，对天津近年来的工作给予肯定。他希望天津各级党委、政府带领广大干部群众，进一步解放思想、开拓进取、扎实工作，奋力谱写天津加快科学发展、全面建设小康社会的新篇章；他要求各级纪检监察机关认清形势任务、围绕工作大局、认真履行职责，以深入推进党风廉政建设和反腐败斗争新成效迎接党的十八大胜利召开。

12月5—6日

［纲　文］　**全国领导干部接待群众来访工作经验交流现场会在宁波召开。**

［目　文］　国务委员兼国务院秘书长马凯主持会议并讲话。各省、自治区、直辖市和部分市、县及中央有关部门负责人参加会议。会上，浙江、广东等6个省市和四川成都市、北京延庆县等7个基层单位进行了大会经验介绍，天津、上海、江苏等7个省市作了大会发言。会议期间，与会代表分组实地考察了宁波市近年来开展领导干部接访工作的探索实践。

12月5—7日

［纲　文］ **中国气象局和中国航天科技集团公司在北京召开中国风云卫星发展研讨会。**

［目　文］ 通过征集用户需求，了解卫星及载荷预期发展目标，初步形成了我国第三代气象卫星的发展框架与思路。

我国风云系列气象卫星历经40年发展，共成功发射11颗气象卫星，现有6颗卫星在轨稳定运行，实现了业务化、系列化的发展目标。在第一、第二代风云系列气象卫星取得良好经济、社会效益的基础上，进一步发展第三代风云气象卫星，对于卫星观测业务的可持续发展、满足日益增长的应用需求、提升我国国际影响力等方面都具有重要意义。

12月6日

［纲　文］ **胡锦涛在北京分别会见海军第十一次党代表大会代表和全军装备工作会议代表。**

［目　文］ 中共中央总书记、国家主席、中央军委主席胡锦涛在海军机关文化活动中心，会见了出席海军第十一次党代会的全体代表，听取了海军的工作汇报，他指出，要高举中国特色社会主义伟大旗帜，以邓小平理论和“三个代表”重要思想为指导，深入贯彻落实科学发展观，认真学习贯彻党的十七届六中全会精神，紧紧围绕国防和军队建设主题主线，大力弘扬我军优良传统，加快推进海军转型建设，拓展深化军事斗争准备，扎实推进海军现代化，为捍卫国家安全、维护世界和平，作出新的更大贡献。

在京西宾馆会见大厅，胡锦涛会见出席全军装备工作会议的代表，对全军武器装备建设近年来取得的成就表示祝贺。

全军装备工作会议5日在京召开，主要任务是：认真总结“十一五”时期全军装备工作，全面部署“十二五”时期装备建设发展和部队装备工作任务，统一思想、明确要求，在新的起点上推进武器装备建设科学发展。

12月6日

［纲　文］ **国家副主席习近平在北京会见美国财政部前部长保尔森。**

［目　文］ 习近平说，中方愿与美方共同努力，不断加强对话、互信、合作，尊重彼此核心利益和重大关切，妥善处理敏感问题，有效管控分歧，推动中美关系健康稳定发展。在当前复杂严峻的世界经济形势下，加强互补互利的中美经贸合作对两国和世界都至关重要。中美应同舟共济，深化合作，加强宏观协调，充分发挥贸易、投资、地方合作等方面潜力。希望美方尽早放宽对华高技术产品出口限制，为中国企业赴美投资提供便利和支持，抵制保护主义和把经贸问题政治化倾向，为中美经贸合作创造有利环境。习近平积极评价保尔森长期以来为促进中美合作所做努力，希其继续为此发挥建设性作用。

保尔森说，目前形势下，美中只有加强合作，才能克服面临的困难，实现共同繁荣的目标。各国在应对困难时，应首先从自身寻找原因，不应动辄指责其他国家。美中合作应遵循相互尊重的原则，寻求共赢。我们应该增加积极议程，增加相互投资，相互开放市场，挖掘贸易潜力，不断注入新动力，把合作的蛋糕做得更大。

9日，国务院副总理李克强在北京会见保尔森时指出，当前，在世界经济复杂变化的情况下，中国将实施好“十二五”规划，在坚持和扩大开放的进程中，立足扩大内需，特别是消费需求，为经济增长提供更强动力，与世界各国加强合作、分享机遇、实现共赢。中美经济互补性强，经贸合作是两国关系的重要基础和推动力量，双方应平等协商，妥善处理问题和分歧。希望美方采取实际行动消除各种不合理限制，与中方一道，共同推动双边经贸合作持续深化，促进两国经济发展。

保尔森表示，当今世界面临不少难题，需要美中加强合作，愿继续为促进两国关系发展作出努力。

12月6日

[纲　文]　**国务院副总理王岐山在北京会见美国洛杉矶市市长维拉雷戈萨。**

[目　文]　王岐山说，近年来，中美地方间交流合作快速发展，体现了中美关系互利共赢的本质，给两国人民带来了实实在在的利益。中美两国要加强各层面的交流，增进了解和互信。希望洛杉矶市与中国地方省市进一步加强经贸、投资、科技、旅游、人文、教育等各领域合作。两国市长协会要发挥积极作用，为双方企业合作创造良好的条件，推动两国经济增长和扩大就业。

维拉雷戈萨表示，洛杉矶市愿与中方在各领域加强合作，欢迎中国企业前来投资兴业。

同日，王岐山在北京会见美国前总统国家安全事务助理斯考克罗夫特。双方就当前世界经济形势及中美经贸合作等问题交换了看法。

12月6日

[纲　文]　**教育部、卫生部在北京召开全国医学教育改革工作会议。**

[目　文]　中共中央政治局委员、国务委员刘延东作出批示，希望教育部、卫生部和相关部门以及各医学院校，深入学习胡锦涛总书记在清华大学百年校庆上的重要讲话，认真贯彻落实教育规划纲要和医药卫生体制改革意见，紧紧围绕社会服务和群众卫生健康需求，大力推进医学教育综合改革，探索具有中国特色医学教育发展之路，办人民满意的医学教育。刘延东指出，要坚持以人为本，遵循医学教育规律，走以提高质量为核心的内涵式发展道路，不断完善人才培养模式，改进教育教学方法，加强科学研究和学科建设，深化管理体制机制改革，大力提高医学学生职业道德和临床实践能力，培养出更多优秀医学人才，为推动医学教育和医药卫生事业科学发展，维护和提升人民群众的健康水平提供有力保障。

国务院医改办、发展改革委、财政部、人力资源社会保障部、中组部、总后卫生部、教育部、卫生部等部委相关司局负责人，各省（区、市）、新疆生产建设兵团教育厅（教委）、卫生厅（局）主要负责人，有关医学院负责人参加会议。

全国人大常委会副委员长韩启德出席并讲话。他就“医学教育应该培养什么样的人才”“如何实现医学教育的改革和发展”两个根本问题，结合医学教育的办学规律和医学教育国际发展趋势，对医学教育人才培养及改革发展提出明确要求。要求大力加强医学人文建设，加强医师职业精神培养；重视实践环节，强化实践能力培养；强化医学内部及外部的学科交叉整合，培养具有“大医学”概念的新型复合型医学人才。同时就推进医学教育改革提出明确要求。

教育部部长袁贵仁、卫生部部长陈竺就医学教育贯彻落实教育规划纲要和医药卫生体制改革意见分别作主题报告，对推进医学教育综合改革、加强全科医生培养、全面提高医学教育质量等问题进行全面部署。

12 月 6 日

［纲　文］　**纪念中国华侨历史学会成立 30 周年座谈会在北京举行。**

［目　文］　中国侨联主席、中国华侨历史学会会长林军出席并讲话。来自全国各地的侨史专家学者、地方侨史学会代表以及学会顾问等共 100 余人参加了会议。专家学者和地方学会代表分别作了题为《发扬侨史学会的三种精神，续写华侨华人历史新篇章》《侨情与侨资的重大变化发展论纲》《承前启后，彰显特色，推动广东侨史研究迈上新台阶》《国际移民研究热点与华侨华人研究展望》《汇聚力量，开拓创新，实现学会工作可持续发展》的发言。

中国华侨历史学会成立于 1981 年，是由华侨华人研究工作者和热心此项工作人士自愿组成的非营利性、全国性学术团体，由中华全国归国华侨联合会主管，目前共有个人会员近 500 名。30 年来，中国华侨历史学会在推动华侨华人历史和现实研究，促进华侨华人理论探索和学术交流等方面发挥了重要作用。

12 月 6 日

［纲　文］　**中国残疾人联合会与世界卫生组织、世界银行在北京举办《世界残疾报告》《社区康复指南》中国发布会。**

［目　文］　《世界残疾报告》和《社区康复指南》是为了配合联合国《残疾人权利公约》在各国实施，由世界卫生组织会同世界银行以及国际劳工组织、联合国教科文组织共同发布的。报告指出，全球人口残疾率估数已由 20 世纪 70 年代以来的 10% 升高至如今的 15%。

12 月 6 日

［纲　文］　**文化部改革办发布《关于做好全国国有文艺院团体制改革相关工作的通知》。**

［目　文］　《通知》说，一、请各省（区、市）文化厅（局）认真做好数据统计工作，填报《全国国有文艺院团体制改革进展情况统计表》（截止到 2011 年 11 月底），并于 12 月 13 日前报送至文化部改革办。二、请各省（区、市）文化厅（局）尽快完善本省（区、市）国有文艺院团体制改革总体方案，已经省级文化体制改革工作领导小组批准的方案，

于12月31日前报文化部备案。三、请各省（区、市）文化厅（局）要加快推进各项院团改革工作，需划转的院团，经同级编制和财政部门同意、省级文化体制改革工作领导小组批准后，尽快报文化部备案。四、请各省（区、市）文化厅（局）按照要求尽快确定至少2名专职工作人员负责文化体制改革工作，并于12月13日前将名单及联系方式报送至文化部改革办。五、各省（区、市）文化厅（局）要指导和督促本地区各院团及时登录“国有文艺院团体制改革工作信息管理系统”，每月按时、准确填报改革信息，确保12月底前完成填报工作。

12月6日

［纲　文］　**中国首家进口出版物专用保税库在北京正式启用。**

［目　文］　首批1800册图书当日入库。这批图书包括生化原理、物理原理、国际财务报告准则、金融会计等7个类别，主要以大学教材教辅类图书以及科技、财经类图书为主。

据悉，为支持北京文化产业发展，充分发挥首都文化中心的示范作用，北京海关从落实国家税收政策、优化审批作业、支持对外交流等方面制定6项措施，切实提高文化企业通关效率，支持新兴文化产业发展。2011年，已有价值24.7亿美元的国内外文化精品从北京海关顺利出入境。

12月6日

［纲　文］　**全球首个国际性物流信息共享合作机制——东北亚物流信息服务网络即NEAL-NET服务接口开通仪式在杭州举行。**

［目　文］　中国、日本、韩国正式实现了宁波—舟山港、东京—横滨港、釜山港三个试点港口的集装箱状态信息和集装箱船舶动态信息共享。中远物流是此次参与试点的企业之一。之前，为能掌控船舶动态，中远物流需要与宁波—舟山港、东京—横滨港、釜山港分别建立电子数据交换接口。

NEAL-NET服务接口开通后，中远物流只需对现有的接口进行单次改造，就实现了与上述三个港口的对接，直接获取船舶、集装箱等在港状态的信息。使用该平台的各个船代、货代企业及客户的业务系统也可以直接和港口建立共享连接。

12月6日

［纲　文］　**“火星—500”试验中国志愿者王跃回国。**

［目　文］　完成人类首次模拟火星载人航天飞行试验——“火星-500”试验的王跃从俄罗斯乘机抵达北京首都国际机场，这也是他在历经520天密闭试验后第一次回到祖国。王跃说，经过近两年的试验，终于回到祖国，心情非常激动。感谢大家长期以来的关心帮助，是团队的支持给了自己战胜困难的力量。

中国载人航天工程办公室负责人、航天员代表费俊龙和王跃所在单位中国航天员中心的科技人员欢迎王跃凯旋。费俊龙表示，王跃在心理和生理等各方面获得的体验和数据，为航天员培训和训练提供了宝贵资料。

“火星-500”试验是俄罗斯组织、多国参与的国际大型试验。包括王跃在内的6名志愿者2010年6月3日进舱，并于2011年11月4日出舱。出舱后，王跃在完成健康检查、后续试验任务后，赴德国进行了试验数据采集工作。

12月6—10日

［纲 文］ **白求恩生平暨白求恩精神书画作品展在中国人民革命军事博物馆举办。**

［目 文］ 作品展是为纪念毛泽东发表《纪念白求恩》72周年，由中国人民解放军总后勤部卫生部、中国宋庆龄基金会、加拿大驻华使馆共同举办。展出了49幅白求恩生前照片，152幅党和国家领导人为白求恩精神的题词和书画作品。

12月7日

［纲 文］ **温家宝主持召开国务院常务会议。**

［目 文］ 会议讨论通过《国家药品安全规划（2011—2015年）》。会议指出，目前，我国已形成较为完备的药品生产供应体系，基本建立覆盖药品研制、生产、流通和使用全过程的安全监管体系，药品安全状况明显改善，药品安全保障能力明显提高。但是，医药企业诚信体系不健全、监管力量和技术支撑体系薄弱等问题还比较突出，药品安全仍处于风险高发期。必须坚持安全第一、科学监管的原则，落实药品安全责任，提高监管效能，确保药品质量，全面提高药品安全保障能力，降低药品安全风险。到2015年，药品生产100%符合新修订的《药品生产质量管理规范》要求，药品安全水平大幅提高，人民群众用药安全满意度显著提升。

会议要求按照地方政府负总责、监管部门各负其责、企业是第一责任人的要求，落实药品安全责任，加强部门协作和联合执法。加强宣传教育，提高公众安全用药、合理用药意识。加强人才、科技和投入支撑，促进医药产业结构调整，提高自主创新能力。

12月7日

［纲 文］ **国务院新闻办公室发表《中国的对外贸易》白皮书。**

［目 文］ 白皮书全文约1.3万字，分为前言、中国对外贸易的历史性进步、中国外贸体制的改革与完善、中国外贸发展对世界的贡献、促进对外贸易基本平衡增长、构建全方位互利合作经贸关系、实现对外贸易的可持续发展以及结束语等部分。

白皮书指出，截至2010年，中国加入世界贸易组织的所有承诺全部履行完毕。中国认真履行承诺的实际行动得到世界贸易组织大多数成员的肯定。2001年12月11日，历经16年谈判，中国成为世界贸易组织第143个成员。根据加入世界贸易组织的承诺，中国扩大了在工业、农业、服务业等领域的对外开放，加快推进贸易自由化和贸易投资便利化。中国深化外贸体制改革，完善外贸法律法规体系，减少贸易壁垒和行政干预，理顺政府在外贸管理中的职责，促进政府行为更加公开、公正和透明，推动开放型经济进入一个新的发展阶段。

12月7日

［纲　文］ **商务部、银监会、保监会公布《对外承包工程项目投标（议标）管理办法》。**

［目　文］ 《办法》共5章23条。主要有总则、对外承包工程项目核准、监督管理、法律责任、附则等内容。自2012年1月15日起施行。《对外贸易经济合作部、中国人民银行关于下发〈对外承包工程项目投标（议标）许可暂行办法〉的通知》（〔1999〕外经贸合发第699号）、《对外贸易经济合作部、中国人民银行、财政部关于印发〈对外承包工程项目投标（议标）许可暂行办法〉补充规定的通知》（外经贸合发〔2001〕285号）和《商务部、中国人民银行、财政部关于〈对外承包工程项目投标（议标）许可暂行办法〉补充规定的通知》（商合发〔2005〕20号）同时废止。

12月7日

［纲　文］ **财政部、中国残联发布《中央专项彩票公益金支持残疾人事业项目资金管理办法》。**

［目　文］ 《办法》共6章19条。主要有总则、项目资金使用范围、项目组织实施、预算编制和执行管理、监督检查、附则等内容。自2011年12月7日起施行。《财政部关于印发〈残疾人事业专项彩票公益金使用管理办法〉的通知》（财社〔2007〕79号）同时废止。

12月7日

［纲　文］ **文化部发布《关于加强演出市场有关问题管理的通知》。**

［目　文］ 《通知》由三个部分组成：一、规范音乐节等节庆类营业性演出活动的申报与运作。二、严格演出票务经营单位的市场准入与监管。三、明确演出场所经营单位的义务与责任。

12月7日

［纲　文］ **国家副主席习近平在北京会见乌克兰国家安全与国防会议秘书博加特廖娃。**

［目　文］ 习近平说，双方应坚持从战略高度和长远角度出发，相互视为重要的合作伙伴，在国际事务中加强沟通协作，推动各领域合作不断取得新的成果，丰富中乌关系的战略内涵，造福两国人民。目前两国政治、经贸、科技、文化、航天、农业、教育、卫生等领域合作良好，地方交往与合作活跃，双边关系的利益纽带不断巩固。当今世界正处于大发展、大变革、大调整时期，中乌两国都面临发展经济、改善民生的重要任务，应进一步深化安全领域的合作，努力为各自国家发展营造更加有利的外部环境，并为促进地区和世界的和平、稳定和繁荣作出更大贡献。

博加特廖娃表示，乌克兰愿借鉴中国发展的成功经验，愿与中方全面深化包括安全事务在内的各领域合作，维护共同利益，促进共同发展。

6日，国务委员孟建柱在北京会见博加特廖娃，并与她共同主持了两国安全合作问题会谈。

12月7日

［纲　文］　**国务院副总理王岐山在北京会见美国桥水投资公司创始人兼总裁戴利奥，双方就当前世界经济形势、欧洲主权债务危机等问题交换了看法。**

12月7日

［纲　文］　**中共中央政治局委员、中宣部部长刘云山在北京会见由全国书记洛朗率领的法国共产党代表团。**

［目　文］　刘云山说，中国共产党一贯坚持"独立自主、完全平等、互相尊重、互不干涉内部事务"的党际关系原则，发展同法共的友好合作关系。中方将继续坚持中法友好的方针，从战略高度和长远角度看待两国两党关系，加大两党之间的交流合作力度，为深化两国人民友谊、促进两国关系长期稳定健康发展而共同努力。刘云山还介绍了坚持科学发展、注重改善民生、深化改革开放、加强党的自身建设等情况。

洛朗积极评价中国共产党领导中国人民在社会主义建设中取得的举世瞩目的成就，表示法共愿进一步推动两党间的对话与交流，促进法中、欧中关系全面发展。

12月7日

［纲　文］　**全国政协副主席、科技部部长万钢在北京会见比尔·盖茨率领的比尔及梅琳达·盖茨基金会一行。**

［目　文］　万钢指出，科技部与盖茨基金会的合作具有战略意义，双方将通过共同支持中国及相关国家的研发机构和高技术企业，推动农业、医疗健康领域的科技进步与成果转化，开发质量好、价格低的作物品种、生物药物及疫苗等，并在中国、南亚和非洲等发展中国家和地区推广应用。双方在这些领域的合作将为解决全球粮食安全、环境及卫生等全球性问题，促进人类发展和共同进步作出重要贡献。他表示支持双方在目前基础上，继续拓宽合作领域，积极探索在其他方面的交流。

12月7日

［纲　文］　**中国红十字会第九届理事会第三次会议在北京举行。**

［目　文］　全国人大常委会副委员长、中国红十字会会长华建敏出席会议并讲话。中国红十字会常务副会长赵白鸽受常务理事会委托，向大会作2011年工作报告，并部署了2012年的工作。中国红十字会秘书长王汝鹏受中国红十字会执委会委托，向理事会作了《中国红十字会总会2011年财务收支情况的报告》。会议宣读了《关于更换和增补理事候选人情况的报告》。

12月7日

［纲　文］　**第二轮中德外长级战略对话在德国柏林举行。**

［目　文］　外交部部长杨洁篪与德国外长韦斯特韦勒与会。杨洁篪表示，中德两国保持发展，在国际事务中的影响不断上升，双方应把握国际形势及两国未来发展呈现的难得机遇，继续推动两国战略伙伴关系长期稳定发展。两国建交近40年的历史经验表明，

两国领导人直接、密切的联系对两国关系起着重要的引领作用，在涉及国家统一、主权和领土完整的重大问题上应互相理解和支持，相互尊重、相互信任是两国关系发展的基础，共同利益是促进两国合作的重要动力。明年两国将迎来建交 40 周年，双方应进一步加强高层互访，拓展经贸合作，深化人文交流，在相互尊重的基础上加强对话与交流，推进中德关系全面发展。中方重视欧盟在国际事务中的地位和作用，支持欧洲一体化建设，希望德国继续为推进中欧关系发挥积极作用。

韦斯特韦勒表示，德高度重视对华关系，双方在政治、经济和文化等各领域开展了广泛而深入的对话与合作，愿以明年两国建交 40 周年为契机，进一步挖掘合作潜力，提升两国关系水平。德坚持一个中国政策，将继续为欧中关系发展发挥积极作用。感谢中方坚定支持欧盟克服债务问题的努力，维护欧元对世界经济有利，各国应同舟共济，共同应对危机。

会议期间，杨洁篪在柏林分别会见了德国总统武尔夫、德国总理默克尔。

12 月 7 日

［纲　文］　**第四届中美政党高层对话在美国华盛顿举行。**

［目　文］　对外联络部部长王家瑞与民主党代表、前国务卿奥尔布赖特和共和党代表、前参议员韦伯分别致开幕词。中美政党代表围绕“中美两国的未来及政党的作用”和“中美在亚太地区的共同利益和务实合作”两个议题进行了对话。双方一致认为对话取得成功，表示将继续沟通，适时举行第五届中美政党高层对话。

6 日，王家瑞在奥斯汀会见了美国得克萨斯州众议院议长斯特劳斯和两党议员代表。

12 月 7 日

［纲　文］　**第十二次中美国防部防务磋商在北京举行。**

［目　文］　中国人民解放军副总参谋长马晓天和美国国防部副部长米歇尔·弗卢努瓦共同主持。双方就中美两国两军关系、美售台武器、共同安全挑战以及相关的国际和地区问题交换了意见。

12 月 7 日

［纲　文］　**中美“特大型港口计划”合作洋山港试点项目在上海举行启动仪式。**

［目　文］　洋山港试点项目是由中国海关总署、国家质检总局与美国能源部负责实施的一项务实合作项目，旨在通过在港口安装辐射检测系统，阻止核和其他放射性物质非法贩运，保障国际贸易供应链安全。

12 月 7 日

［纲　文］　**“中巴友好光明行”活动在巴基斯坦伊斯兰堡医科学院正式启动。**

［目　文］　来自北京同仁医院的眼科专家分别在伊斯兰堡和巴中部城市木尔坦工作 10 天左右，为当地白内障患者免费实施复明手术。“中巴友好光明行”是 2011 年中巴友好年的一个组成部分，中方在 2011 年和 2012 年分两批为 1000 名巴白内障患者实施复明手术。

9 日，巴基斯坦总理吉拉尼在巴基斯坦医科学院看望“中巴友好光明行”活动的中方医疗组。

12月8日

［纲　文］　**国家主席胡锦涛同冰岛总统格里姆松互致贺电，庆祝两国建交40周年。**

［目　文］　胡锦涛在贺电中说，中冰自1971年建交以来，双边关系在相互尊重、平等互利的基础上稳步发展。特别是近年来，两国各层次交往不断，经贸、渔业、文教、旅游、地热开发等领域合作取得积极成果，在国际和地区事务中也保持着良好的沟通与协调。中方重视发展与冰岛的关系，愿与冰方共同努力，以建交40周年为新起点，加强两国高层交往和各级别对话，增进相互了解与信任，深化各领域务实合作，密切人文交流，推动两国友好合作关系迈上新台阶。

格里姆松在贺电中表示，冰中建交40年来，双边合作持续、健康发展。两国平等相待、友好合作，成为国与国关系的典范。冰方期待两国合作关系取得进一步发展。

同日，外交部部长杨洁篪同冰岛外长斯卡费丁松也互致了贺电。

12月8日

［纲　文］　**国务院办公厅转发国土资源部等部门《找矿突破战略行动纲要（2011—2020年）》。**

［目　文］　《纲要》由三个部分组成：一、总体思路。二、主要任务。三、组织实施与保障措施。《纲要》指出，充分发挥全行业科技人员的作用，引进一批国外一流专家人才，广泛开展国际合作。通过实施重点项目，打造地质找矿科技创新支撑平台，锻炼地质勘查队伍。建立和完善人才激励机制，充分调动科技人员的积极性。

12月8日

［纲　文］　**住房城乡建设部发布《建设工程企业资质申报弄虚作假行为处理办法》，自2011年12月8日起施行，原《对工程勘察、设计、施工、监理和招标代理企业资质申报中弄虚作假行为的处理办法》（建市〔2002〕40号）同时废止。**

12月8日

［纲　文］　**新华社讯，全国食品安全办主任会议在北京召开。**

［目　文］　中共中央政治局常委、国务院食品安全委员会主任李克强，中共中央政治局委员、国务院食品安全委员会副主任回良玉对会议作出批示。李克强指出，民以食为天，食以安为先。食品安全问题事关人民群众切身利益、身体健康和生命安全，食品安全监管须臾不可放松，其工作责任重于泰山。要进一步提高认识，勠力同心、攻坚克难，以更有力的措施，深化食品安全治理整顿，及时排查风险隐患，有效解决突出问题，严厉打击和惩处违法犯罪活动。完善监管体制机制，强化监管执法，构建食品安全长效机制，切实提高食品安全水平，让人民群众更加放心消费，促进经济发展和社会和谐。回良玉指出，食品安全事关重大，加强食品安全工作不容放松。务必要以“如履薄冰”“心无旁骛”的精神，求真务实、真抓实干，深化食品安全治理行动，坚决防止重大食品安全事件发

生，切实加强日常监管执法，不断提高食品安全保障水平。

会议指出，2011年，各地区、各有关部门深入开展了严厉打击食品非法添加、滥用食品添加剂和乳制品、食用油、肉类、酒类、保健食品综合治理等一系列专项行动，重典治乱、严惩重处成为全年食品安全工作的特点。会议介绍，严打食品非法添加行动共查处案件1.8万多起，取缔、关闭违法违规企业5000多家，公安机关破获刑事案件1200多起，抓获犯罪嫌疑人2000多名。打击“地沟油”犯罪破案会战取得重大战果，摧毁了涉及多地的制售链条和网络。“瘦肉精”专项治理行动中，破获案件120余起，抓获犯罪嫌疑人989人，基本摧毁了全国“瘦肉精”研发生产源头和主要销售网络。2011年2月出台的《刑法修正案（八）》，为加大对食品安全犯罪行为的惩处力度提供了有力的法律依据。2011年1—10月份，各级人民法院共审结食品安全类案件173件，生效判决255人，其中以死缓和无期徒刑判处了多起严重犯罪案件，极大震慑了食品安全领域的不法分子。检察机关立案查办食品安全失职、渎职等职务犯罪57人。同时，针对监管工作中违法违纪问题，有关方面加大了责任追究力度，“瘦肉精”案件中已有74名国家工作人员受到党纪、政纪处分，各地区分别严厉追究了一批食品安全案件中的责任人员。各级监管部门进一步加强了日常监管工作，促进了食品生产经营秩序的规范。在乳品质量安全监管中，以更严格的准入门槛对全国乳品企业进行了清理整顿，约四成企业被淘汰，促进了乳品企业整体素质的提高。

会议明确，2012年要继续狠抓治理整顿作为食品安全的突出工作，针对问题多发场所、单位和大宗食品品种，深入开展风险大排查、隐患大治理、问题大整改，坚决遏制危害人民群众身体健康的违法违规问题。

12月8日

［纲　文］　纪念钱学森同志诞辰100周年座谈会在北京人民大会堂举行。

［目　文］　全国政协主席贾庆林出席座谈会并讲话，中共中央政治局常委、国务院副总理李克强，王刚、李源潮、韩启德、万钢和宋健、钱正英，以及中央军委委员李继耐等出席座谈会。中共中央政治局委员、国务委员刘延东主持座谈会。

贾庆林指出，纪念钱学森同志诞辰100周年，就是要深切缅怀他为我国科学事业和国防现代化建设建立的卓越功勋，追思和学习他为国家富强和民族振兴不懈奋斗的崇高品德和革命精神，进一步激励海内外中华儿女同心同德、开拓进取，为推进中国特色社会主义伟大事业、实现中华民族伟大复兴而共同奋斗。

钱学森是杰出科学家和中国航天事业的奠基人，他是中国科学院、中国工程院资深院士，也是中国人民政治协商会议第六届、七届、八届全国委员会副主席。

10日，大型人物传记电影《仰望星空》首映式在北京举行。《仰望星空》由教育部主办、中国教育电视台承办，中央新闻纪录电影制片厂、中国教育电视台、杭州市委宣传部联合摄制。《仰望星空》以钱学森经历的百年中国历史为主线，反映一代仁人志士为中华民族的富强和人民的幸福安宁，所做出的艰苦卓绝的努力以及他们无私奉献的爱国情怀。

影片汇集了许多历史影像，使用大量镜头和文物，尤其是钱学森的夫人蒋英及其儿子钱永刚对钱学森生活情景的回忆均为首次披露。

12 月 8 日

［纲　文］ **中国人民对外友好协会、国家体育总局在北京人民大会堂举行中美“乒乓外交”40 周年纪念活动**。

［目　文］ 国家副主席习近平、美国前总统卡特出席并致辞。习近平与卡特在中美“乒乓外交”40 周年纪念球拍上题词留念，并观看了中美两国乒乓球老运动员的友谊比赛。

12 月 8 日

［纲　文］ **国务委员兼国防部部长梁光烈在北京与保加利亚国防部部长安格洛夫举行会谈**。

［目　文］ 梁光烈指出，中保两军关系在新时期取得新的发展。两军高层往来密切，在人员培训、后勤等领域的务实合作取得令人满意的成果。下一步，双方应共同努力，巩固现有合作成果，拓展新的合作领域，不断为两军关系未来的发展注入新的动力。

安格洛夫说，保方愿加强同中方在各领域的务实合作，推动两军关系取得新的发展。

12 月 8 日

［纲　文］ **国务委员、公安部部长孟建柱在北京与澳大利亚内政兼司法部部长奥康纳会谈**。

［目　文］ 孟建柱说，中国公安部与澳大利亚各执法部门建立了良好的合作关系，合作成效显著。中方愿与澳方在追逃追赃、禁毒、打击偷渡和执法培训等领域进一步加强务实合作，推动两国执法合作水平迈上新台阶。

奥康纳高度评价澳中执法合作关系，并表示澳各执法部门将深化与中国公安部的务实合作，继续推动两国全面合作关系不断取得新的积极成果。

孟建柱与奥康纳分别代表两国政府续签了《中华人民共和国政府和澳大利亚政府关于打击犯罪的合作谅解备忘录》。

12 月 8 日

［纲　文］ **中央对外宣传办公室、国务院新闻办公室主任王晨在北京会见南非总统府部长科林斯·查巴尼，双方就国家信息政策、党务和政府新闻发布机制等交换了看法**。

12 月 8 日

［纲　文］ **纪念中国和塔吉克斯坦建交 20 周年学术研讨会在北京举行**。

［目　文］ 中塔双方代表高度评价双边关系取得的成就，一致认为建立在平等和互相尊重基础上的中塔友好合作有着美好的前景。

12 月 8 日

［纲　文］ **“危机后国际金融体系重构：亚洲的角色”国际学术研讨会在中国社会科学院举行**。

［目　文］ 研讨会由中国社会科学院金融研究所与韩国资本市场研究院共同举办。

来自中国、日本、韩国等国以及世界银行、亚洲开发银行等国际组织的官员、专家学者与会。会议就国际货币体系改革、亚洲金融市场发展、人民币国际化与亚洲货币合作等议题进行了探讨。

12月8日

［纲　文］　**中国红十字会在北京举办“红十字在行动”报告会。**

［目　文］　中共中央政治局委员、国务院副总理回良玉，全国人大常委会副委员长、中国红十字会会长华建敏，全国政协副主席、中国红十字会名誉副会长张榕明、李金华，中国红十字会特别顾问彭珮云出席报告会。中国红十字会第九届理事会第三次会议代表，中央和国家机关以及军队有关部门、单位负责同志，红十字志愿者和受益人代表，以及社会各界爱心人士约400人参加了报告会。

报告会分“危难亲情”“生命天使”“德善中华”“大爱无疆”四个篇章，运用短片、访谈等形式，讲述了红十字会工作者、志愿者、捐赠人、受益人四个群体代表的亲身经历，展现了中国红十字会在人道工作领域的贡献和红十字人的博爱情怀。

12月8日

［纲　文］　**全国中小学德育工作经验交流会在北京召开。**

［目　文］　中共中央政治局委员、国务委员刘延东在致会议的信中指出，要认真贯彻党的十七届六中全会精神，将社会主义核心价值体系作为中小学德育工作的重中之重，自觉融入中小学教育之中。加强和改进中小学德育工作，对于促进教育事业科学发展，确保中国特色社会主义事业兴旺发达、后继有人，具有重要而深远的意义。要坚持育人为本，德育为先，引导学生树立远大志向和社会主义荣辱观，培育学生的爱国情感和创新意识，培养学生正确的人生观、价值观以及良好的品德和行为习惯，加强素质教育，坚持思想道德建设与身心健康发展相统一，促进学生全面发展。要注重开发德育资源，在课堂教学、社会实践、校园文化、班主任工作、学校管理等各个方面和各个环节体现育人要求。要适应时代发展的新要求和学生学习生活的新特点，不断丰富教育内容，创新方式方法，激发学生学习进步的自觉性和积极性，努力形成长期稳定、充满活力的中小学思想道德的工作格局和生动局面。各级党委政府要切实加强领导，加强队伍建设，完善保障机制，加强科研评估，努力把中小学德育工作提高到一个新水平，为中国特色社会主义事业和中华民族伟大复兴培养德智体美全面发展的合格建设者和可靠接班人。

教育部部长袁贵仁出席会议并讲话。北京、广东、辽宁、湖南、重庆、江苏、四川、浙江等地教育部门和部分学校代表作交流发言。教育部向137个全国中小学德育工作优秀案例单位代表颁发奖牌，命名141家全国县级示范性青少年校外活动场所和22家全国中小学社会实践基地。

12月8日

［纲　文］　**农业部在北京召开全国农民教育培训工作会议。**

［目　文］　会议部署了“十二五”全国农民教育培训工作。农业部决定从2011年

12 月开始，利用冬春农闲季节，连续 5 年在全国开展冬春农业科技大培训行动，在全国农村举办“学科技、用科技、促双增”活动。

12 月 8—11 日

［纲　文］　**国际残奥委会 2011 年全会在北京召开。**

［目　文］　全会由国际残奥委会主办，北京市政府承办，北京奥运城市发展促进会负责具体组织和实施，这是 2008 年残奥会后北京承办的国际残奥委会最高级别的会议。全会的主要内容包括，探讨如何进一步促进残疾人体育事业发展和推动媒体对残奥运动的关注，并听取未来几届残疾人奥运会筹备工作的汇报。会议期间，国际残奥委会揭晓残奥体育奖、残奥媒体奖以及残奥科技奖。来自国际残奥委会、国家和地区残奥委会、国际残疾人体育组织等的代表 300 余人参加会议。

12 月 8—9 日

［纲　文］　**2011 中国—东盟传统医药高峰论坛在广西南宁举行。**

［目　文］　论坛由国家中医药管理局、国家民族事务委员会、广西壮族自治区政府主办，以“传统医药创新发展”为主题。来自世界卫生组织、东盟各国和俄罗斯等国家卫生及传统医药官员、专家学者、企业代表等，围绕中国—东盟传统医药交流合作机制、传统医药教育与科技合作等热点开展了专题研讨。主要包括开幕式、专题报告、政府论坛、5 个分论坛、传统医药展等活动。

12 月 9 日

［纲　文］　**中共中央政治局在北京召开会议。**

［目　文］　中共中央总书记胡锦涛主持会议。分析研究 2012 年经济工作。会议认为，2011 年以来，面对复杂多变的国际政治经济环境和国内经济运行的新情况新变化，党中央、国务院审时度势、科学决策，各地区各部门按照中央部署，以科学发展为主题，以加快转变经济发展方式为主线，正确处理保持经济平稳较快发展、调整经济结构、管理通胀预期的关系，有针对性地解决突出矛盾和问题，国民经济继续朝着宏观调控的预期方向发展，呈现增长较快、物价趋稳、效益较好、民生改善的良好态势，实现了“十二五”时期经济社会发展良好开局。

会议指出，当前我国发展仍处于重要战略机遇期，具备不少有利条件，但经济平稳运行仍面临不少突出矛盾和问题。全党全国要增强忧患意识和风险意识，做好应对各种困难和挑战的思想和工作准备。

会议强调，2012 年是实施“十二五”规划承上启下的重要一年。做好 2012 年经济工作，对巩固经济社会发展良好势头、为党的十八大召开创造良好环境具有十分重要的意义。要全面贯彻党的十七大和十七届三中、四中、五中、六中全会精神，以邓小平理论和“三个代表”重要思想为指导，深入贯彻落实科学发展观，实施积极的财政政策和稳健的货币政策，保持宏观经济政策的连续性和稳定性，增强调控的针对性、灵活性、前瞻性，继续处理好保持经济平稳较快发展、调整经济结构和管理通胀预期三者关系，加快推进经济发展方式转变和经济结构调整，着力扩大国内需求，着力加强自主创新和节能减排，着力深化改革开放，着力保障和改善民生，保持经济平稳较快发展和物价总水平基本稳定，保持社会和谐稳定，以经济社会发展的优异成绩迎接党的十八大胜利召开。

12月9日

［纲　文］ **李克强在北京出席青藏直流联网工程投入试运行仪式。**

［目　文］ 中共中央政治局常委、国务院副总理李克强宣布工程投入试运行并指出，青藏联网工程建成和投运，结束了西藏电网长期孤网运行的历史，标志着我国内地电网全面互联，实现了北京国家电力调度中心对西藏电力的直接调度，为从根本上解决西藏城乡居民生活和工农业生产用电问题打下了基础。

青藏直流联网工程是世界上海拔最高、高寒地区建设规模最大、施工难题最多的输变电工程，主体工程连接青海格尔木和西藏拉萨，全长1038公里。除直流输电线路和两座±400千伏换流站外，还配套建设了西宁—明山—海西—格尔木750千伏输变电工程、藏中220千伏电网工程。

12月9日

［纲　文］ **中国科学院公布《关于公布2011年中国科学院院士增选和外籍院士选举结果的公告》。**

［目　文］ 《公告》说，根据《中国科学院院士章程》和《中国科学院院士增选工作实施细则》的规定，各学部院士投票选举，各学部常委会审查确认，并经中国科学院学部主席团六届十三次会议审议批准，共产生了51名新院士。根据《中国科学院院士章程》和《中国科学院外籍院士选举办法》的规定，经各学部院士对外籍院士有效候选人进行通信预选，各学部常委会讨论排序，学部主席团六届十二次会议审议并投票产生正式候选人，并经参加院士增选评审暨选举会议的全体院士投票选举，共产生了9名外籍院士。

12月9日

［纲　文］ **中国老挝缅甸泰国湄公河联合巡逻执法联合指挥部在云南西双版纳关累港码头揭牌。**

［目　文］ 此举标志着中老缅泰四国执法警务合作的新平台正式建立。为落实2011年10月31日中老缅泰《湄公河流域执法安全合作会议联合声明》，继续巩固和加强与会各国执法安全部门的务实合作，切实打击跨国犯罪，维护湄公河国际航运安全，中老缅泰四国执法安全部门代表于11月25日至26日在中国北京举行中老缅泰湄公河联合巡逻执法部长级会议。四国同意自今年12月中旬开始，在湄公河流域开展联合执法，以共同维护和保障湄公河流域安全稳定、促进湄公河流域经济社会发展和人员友好往来；同意在中国关累港设立中老缅泰湄公河联合巡逻执法联合指挥部，四国派驻官员和联络官，根据本国司法管辖权和法律规定协调、交流情报信息，充分协商统一协调各国执法船艇及执法人员开展联合执法工作。

12月9日

［纲　文］　**外交部2012年新年招待会在北京钓鱼台国宾馆举行。**

［目　文］　国务委员戴秉国、各国驻华使节、国际组织驻华代表及中外嘉宾400多人出席。外交部部长杨洁篪主持招待会。

12月9日

［纲　文］　**国务院新闻办公室主任王晨在北京会见美国前总统吉米·卡特和夫人一行，双方就政府信息发布和互联网建设发展管理等进行了交谈。**

12月9日

［纲　文］　**中印第四届防务与安全磋商在印度新德里举行。**

［目　文］　中国人民解放军副总参谋长马晓天与印度国防秘书夏尔马共同主持。双方就地区安全形势、两国两军关系以及两国军队建设情况等共同关心的问题深入交换了意见。双方认为，作为世界上两个最大的发展中国家，中印两国在维护世界和平，保持地区稳定，促进各自经济社会发展等方面有着广泛的共同利益。双方同意，在未来的岁月中，为使两军关系步入健康稳定的发展轨道，双方应着力把握“增进互信、友好相处、扩大合作、稳定边防”等重点问题，进一步增进相互了解，加强各领域交流与合作。

12月9日

［纲　文］　**纪念人民检察制度创立80周年大型主题文艺晚会《为了公平正义》在北京人民大会堂举行。**

［目　文］　中共中央政治局委员、中央政法委副书记王乐泉，全国人大常委会副委员长兼秘书长李建国，国务委员、公安部部长孟建柱，最高人民检察院检察长曹建明，中央军委委员、总政治部主任李继耐等出席并观看演出。晚会分为“忠诚之心”“百姓之情”“法律之尊”“正义之歌”四个篇章。

12月9日

［纲　文］　**2011年（首届）中国食品安全法治高峰论坛在北京举行。**

［目　文］　论坛由中央政法委、国务院食品安全委员会办公室指导，中国法学会主办。以“通过法治实现食品安全”为主题。全国人大常委会副委员长兼秘书长李建国出席并讲话。十届全国政协副主席罗豪才以及中央政法委员会、国务院食品安全办、最高人民法院、最高人民检察院、公安部、工业和信息化部、农业部、卫生部、工商总局、质检总局、食药监局等负责人出席论坛。来自全国各有关部门的代表和专家学者近300人参加了会议。论坛发布了“2011年（首届）全国食品安全制度创新最佳事例”。

12月9日

［纲　文］　**中共中央直属机关事务管理局召开中直机关厉行节约工作座谈会。**

［目　文］　会议指出，在因公出国（境）管理方面，中直机关严格计划审核，杜绝不必要和无实质内容的出国（境）培训、考察和访问；在公务用车配备使用方面，中直机关制定和完善了公务用车配备标准和管理制度，自主品牌和小排量汽车的采购规模不断

扩大，公务用车的采购、维修、加油和保险等都被纳入政府集中采购范围；在公务接待方面，中直机关明确接待规范和标准，严格接待审批程序，“公务卡”推广取得实效。

12月9—16日

［纲　文］　**首届世界智力精英运动会在北京举行。**

［目　文］　本届智英会由世界体育总会、国际智力联盟和世界桥牌联合会、世界国际象棋联合会、世界国际跳棋联合会、国际围棋联盟、世界象棋联合会以及中国有关方面共同举办，共有来自39个国家和地区的150多名运动员参加桥牌、国际象棋、围棋、国际跳棋、象棋5个大项18个小项的比赛。本届智英会位居奖牌榜前三名的代表团与奖牌数分别为：中国8金2银1铜、美国4金1银4铜、俄罗斯2金1银1铜。

12月9—11日

［纲　文］　**人类基因变异组计划（HVP）工作会议在北京召开。**

［目　文］　会议经卫生部批准，由人类基因变异组计划总部主办，中国卫生产业企业管理协会等单位承办。会议确定：中国正式成为人类基因变异组计划核心成员国。本次会议上，美国、英国等30多个国家和地区的卫生官员和专家就中国与该计划合作的优先发展项目类型、项目统一标准、国际基因/疾病数据库的应用范围等问题进行讨论。人类基因变异组计划是一个多国家、多机构、多团体共同参与的项目，其最终目标是收集致病遗传变异信息并用于医学临床实践，以降低遗传疾病诊断成本，达到快捷治疗的目标。

12月9—11日

［纲　文］　**“首届（2011）中国国际文化艺术博览会”在全国农业展览馆举办。**

［目　文］　博览会由中国人民对外友好协会和文化部艺术服务中心主办，会聚国内外已故和当代艺术家近百位，展出作品近千幅。分为近现代书画名家作品展、专业艺术机构展及投资机构藏品展、主题展等部分。

12月10日

［纲　文］　**国务院办公厅通知河北省人民政府，批准张家口市城市总体规划。**

［目　文］　通知说，你省《关于请批准张家口市城市总体规划的请示》（冀政〔2011〕31号）收悉。经国务院批准，现通知如下：一、原则同意修订后的《张家口市城市总体规划（2001—2020年）（2011年修订）》。二、张家口市是冀西北地区的中心城市，连接京津、沟通晋蒙的交通枢纽。《总体规划》实施要以科学发展观为指导，遵循城市发展客观规律，坚持经济、社会、人口、环境和资源相协调的可持续发展战略，统筹做好张家口市城市规划、建设和管理的各项工作。三、重视城乡统筹发展。在《总体规划》确定的2080平方公里的城市规划区范围内，实行城乡统一规划管理。城镇基础设施、公共服务设施建设，应当统筹考虑为周边农村服务。四、合理控制城市规模。到2020年，中心城区城市人口控制在129.8万人以内，城市建设用地控制在124平方公里以内。五、完善城市基础设施体系。要加快公路、铁路和机场等交通基础设施建设，改善城市与周边

地区交通运输条件。建立以公共交通为主体，各种交通方式相结合的多层次、多类型的城市综合交通系统。六、建设资源节约型和环境友好型城市。城市发展要走节约资源、保护环境的集约化道路，坚持经济建设、城乡建设与环境建设同步规划，大力发展循环经济，强化工业、交通和建筑节能，切实做好节能减排工作。七、创造良好的人居环境。要坚持以人为本，创建宜居环境。八、重视历史文化和风貌特色保护。要统筹协调发展与保护的关系，按照整体保护的原则，切实保护好城市传统风貌和格局。九、严格实施《总体规划》。城市建设要实现经济社会协调发展，物质文明和精神文明共同进步。城市管理要健全民主法制，坚持依法治市，构建和谐社会。

12月10日

［纲　文］　**工业和信息化部发布《国家通信保障应急预案》。**

［目　文］　《预案》由七个部分组成：一、总则。二、组织指挥体系与职责。三、预防与预警。四、应急响应。五、后期处置。六、保障措施。七、附则。自2011年12月10日起生效。

12月10日

［纲　文］　**国家主席胡锦涛特使、全国人大常委会副委员长蒋树声在布宜诺斯艾利斯出席阿根廷总统克里斯蒂娜就职仪式。**

12月11日

［纲　文］　**中国加入世界贸易组织10周年高层论坛在北京人民大会堂举行。**

［目　文］　国家主席胡锦涛出席并发表讲话。胡锦涛指出，面对新形势新要求，中国将坚持以更广阔的视野观察世界、观察中国，根据推动科学发展的要求，实行更加积极主动的开放战略，拓展新的开放领域和空间，完善更加适应发展开放型经济要求的体制机制，提高开放型经济水平和质量，形成开放型经济新格局，更好地以开放促发展、促改革、促创新。10年前的今天，中国正式成为世界贸易组织成员。这是中国改革开放进程中的一件大事，标志着中国对外开放进入了历史新阶段。加入世界贸易组织，是中国全面分析国内外形势、为加快推进改革开放和社会主义现代化作出的重大战略决策。加入世界贸易组织以来，中国坚持享受权利和履行义务相结合、实现自身发展和促进世界共同发展相结合，积极化挑战为机遇，在更大范围、更高水平上参与国际经济合作和竞争，大力发展开放型经济，推动中国和世界的关系发生了举世瞩目的变化。实践证明，中国加入世界贸易组织，扩大对外开放，惠及13亿中国人民，也惠及各国人民；中国的发展是和平的发展、开放的发展、合作的发展、共赢的发展，向世界展示了中国这个东方文明古国的勃勃生机和巨大潜力。面向未来，中国将坚定不移做和平发展的实践者、共同发展的推动者、多边贸易体制的维护者、全球经济治理的参与者。我们坚信，一个改革开放的中国，一个繁荣发展的中国，一个和谐稳定的中国，必将为人类作出新的更大的贡献。

国务院副总理王岐山主持论坛，国务委员戴秉国参加。本次论坛的主题是“面向未来的中国对外开放战略”。中央和国家机关有关方面负责人，各省区市和计划单列市人民政府以及新疆生产建设兵团主要负责人，参与复关和入世谈判的部分老同志，有关行业协会和中央企业负责人，部分国家驻华使节和外资企业在华代表等400多人出席论坛。世界贸易组织总干事拉米、联合国贸易和发展会议秘书长素帕猜、国际货币基金组织副总裁筱原尚之、世界银行副行长卡努托、法国施耐德电气总裁兼首席执行官赵国华、联想控股有限公司董事长兼总裁柳传志等有关国际组织和中外企业负责人在论坛上致辞。

论坛开始前，胡锦涛会见了出席论坛的有关国际组织负责人和中外企业家代表。

12月11日

［纲　文］　**国务院批复辽宁省、山东省人民政府和国土资源部、海洋局，同意辽宁省和山东省间海域行政区域界线。**

［目　文］　批复说，国土资源部《关于报请批准辽宁省和山东省间海域行政区域界线的请示》(国土资发〔2011〕192号)收悉。现批复如下：一、同意辽宁省和山东省间的海域行政区域界线。二、辽宁省和山东省人民政府要按照《行政区域界线管理条例》和海洋管理法律法规的规定，落实管理责任，依法加强海域行政区域界线管理，健全维护涉界海域社会稳定的协调机制，及时妥善处理涉海界线纠纷，合理开发利用海洋资源，保护和改善海洋生态环境，共同促进界线附近海域社会稳定和海洋经济可持续发展。三、国家海洋局要加强对两省人民政府海域行政界线管理工作的指导和协调，做好相关督促检查工作。

12月11日

［纲　文］　**国务院批复福建省、广东省人民政府和国土资源部、海洋局，同意福建省和广东省间海域行政区域界线。**

［目　文］　批复说，国土资源部《关于报请批准福建省和广东省间海域行政区域界线的请示》(国土资发〔2011〕191号)收悉。现批复如下：一、同意福建省和广东省间的海域行政区域界线。二、福建省和广东省人民政府要按照《行政区域界线管理条例》和海洋管理法律法规的规定，落实管理责任，依法加强海域行政区域界线管理，健全维护涉界海域社会稳定的协调机制，及时妥善处理涉海界线纠纷，合理开发利用海洋资源，保护和改善海洋生态环境，共同促进界线附近海域社会稳定和海洋经济可持续发展。三、国家海洋局要加强对两省人民政府海域行政界线管理工作的指导和协调，做好相关督促检查工作。

12月11日

［纲　文］　**国务院批复广东省、海南省人民政府和国土资源部、海洋局，同意广东省和海南省间海域行政区域界线。**

［目　文］　批复说，国土资源部《关于报请批准广东省和海南省间海域行政区域界线的请示》(国土资发〔2011〕190号)收悉。现批复如下：一、同意广东省和海南省间的海域行政区域界线。二、广东省和海南省人民政府要按照《行政区域界线管理条例》和

海洋管理法律法规的规定，落实管理责任，依法加强海域行政区域界线管理，健全维护涉界海域社会稳定的协调机制，及时妥善处理涉海界线纠纷，合理开发利用海洋资源，保护和改善海洋生态环境，共同促进界线附近海域社会稳定和海洋经济可持续发展。三、国家海洋局要加强对两省人民政府海域行政界线管理工作的指导和协调，做好相关督促检查工作。

12月11日

［纲　文］ **国务院批复广东省、广西壮族自治区人民政府和国土资源部、海洋局，同意广东省和广西壮族自治区间海域行政区域界线。**

［目　文］ 批复说，国土资源部《关于报请批准广东省和广西壮族自治区间海域行政区域界线的请示》(国土资发〔2011〕189号)收悉。现批复如下：一、同意广东省和广西壮族自治区间的海域行政区域界线。二、广东省和广西壮族自治区人民政府要按照《行政区域界线管理条例》和海洋管理法律法规的规定，落实管理责任，依法加强海域行政区域界线管理，健全维护涉界海域社会稳定的协调机制，及时妥善处理涉海界线纠纷，合理开发利用海洋资源，保护和改善海洋生态环境，共同促进界线附近海域社会稳定和海洋经济可持续发展。三、国家海洋局要加强对两省区人民政府海域行政界线管理工作的指导和协调，做好相关督促检查工作。

12月11日

［纲　文］ **国务院批复河北省、山东省人民政府和国土资源部、海洋局，同意河北省和山东省间海域行政区域界线。**

［目　文］ 批复说，国土资源部《关于报请批准河北省和山东省间海域行政区域界线的请示》(国土资发〔2011〕188号)收悉。现批复如下：一、同意河北省和山东省间的海域行政区域界线。二、河北省和山东省人民政府要按照《行政区域界线管理条例》和海洋管理法律法规的规定，落实管理责任，依法加强海域行政区域界线管理，健全维护涉界海域社会稳定的协调机制，及时妥善处理涉海界线纠纷，合理开发利用海洋资源，保护和改善海洋生态环境，共同促进界线附近海域社会稳定和海洋经济可持续发展。三、国家海洋局要加强对两省人民政府海域行政界线管理工作的指导和协调，做好相关督促检查工作。

12月11日

［纲　文］ **国务院批复天津市、河北省人民政府和国土资源部、海洋局，同意天津市和河北省间海域行政区域界线。**

［目　文］ 批复说，国土资源部《关于报请批准天津市和河北省间海域行政区域界线的请示》(国土资发〔2011〕187号)收悉。现批复如下：一、同意天津市和河北省间的海域行政区域界线。二、天津市和河北省人民政府要按照《行政区域界线管理条例》和海洋管理法律法规的规定，落实管理责任，依法加强海域行政区域界线管理，健全维护涉界海域社会稳定的协调机制，及时妥善处理涉海界线纠纷，合理开发利用海洋资源，保护

和改善海洋生态环境，共同促进界线附近海域社会稳定和海洋经济可持续发展。三、国家海洋局要加强对两省市人民政府海域行政界线管理工作的指导和协调，做好相关督促检查工作。

12月11日

［纲　文］　**钱学森图书馆在上海交通大学建成开馆。胡锦涛作出指示。**

［目　文］　中共中央总书记胡锦涛对钱学森图书馆建成开馆作出指示指出，钱学森同志是享誉海内外的杰出科学家、我国航天事业的奠基人、爱国知识分子的优秀典范，在国家经济、科技、国防建设中贡献突出、功勋卓著。建立钱学森图书馆是一件很有意义的事情。要充分发挥这个图书馆在开展思想教育、普及科学知识、培养优秀人才等方面的积极作用，进一步引导广大干部群众，特别是青年教师和学生，努力学习钱学森同志爱党爱国的政治品格、严谨求实的科学态度、开拓进取的创新精神、无私奉献的高尚情操，共同为推进中国特色社会主义事业而不懈奋斗。

中共中央政治局常委李长春出席钱学森图书馆开馆仪式，并为钱学森塑像揭幕。中共中央政治局委员、国务委员刘延东出席开馆仪式并讲话。中共中央政治局委员、上海市委书记俞正声出席开馆仪式。开馆仪式由教育部部长袁贵仁主持。钱学森之子钱永刚等在仪式上发言。

李长春等参观了馆内的钱学森事迹展览。展览分为“中国航天事业奠基人”“科学技术前沿的开拓者”“人民科学家风范”“战略科学家的成功之道”四个部分，全面展示了钱学森奋斗、奉献的一生。

12月11—16日

［纲　文］　**省部级领导干部“提高对外开放水平”专题研讨班在北京举行。**

［目　文］　研讨班由中组部、商务部、国家行政学院共同举办。各省（自治区、直辖市）有关负责人以及国务院有关部门、部分中管企业和金融机构负责人参加专题研讨班。

16日，中共中央政治局委员、国务院副总理王岐山出席结业式并讲话。他指出，要认真学习贯彻胡锦涛总书记在中国加入世界贸易组织10周年高层论坛上的重要讲话精神，解放思想，与时俱进，毫不动摇扩大对外开放，进一步提高对外开放水平，以开放促发展、促改革、促创新。要按照中央的要求和部署，加强对各级干部，特别是领导干部世贸组织规则再培训、再普及，强化开放意识、大局意识、规则意识，深入研究新形势下对外开放的总体思路和战略，加快培养国际化人才，不断提高驾驭开放型经济的能力和水平。

12月12日

［纲　文］　**胡锦涛《在中国加入世界贸易组织10周年高层论坛上的讲话》单行本由人民出版社出版，在全国新华书店发行。**

12月12日

［纲　文］　**“2012年土耳其中国文化年”在土耳其安卡拉开幕，国家主席胡锦涛致**

贺信。

［目　文］　胡锦涛在贺信中说，中土两国人民的友谊源远流长。建交40年来，双边关系长足发展，政治互信日益增强，各领域交流合作不断扩大。中土战略合作关系的建立，为两国关系开辟了更广阔的前景。中国文化年将以丰富多彩的形式和内容向土耳其人民介绍中国悠久历史、灿烂文化和发展成就。中国人民也将对土耳其文化年投以极大的关注和热情。中土两国加强人文交流，对维护世界文化多样性、促进不同文明对话、增进两国人民了解和友谊将起到积极作用。

文化部副部长杨志出席开幕式并宣读了胡锦涛的贺信。土耳其方面宣读了土耳其总统居尔的贺词。

中土两国互办文化年是两国高层互访达成的共识，是双方秉承传统友谊，扩大友好交往的重要举措。按照双方商定，2012年在土耳其举办中国文化年，2013年在中国举办土耳其文化年。

12月12日

［纲　文］　**国务院办公厅通知河北省、重庆市、云南省人民政府和环境保护部，同意调整河北大海陀等3处国家级自然保护区。**

［目　文］　通知说，环境保护部《关于调整河北大海陀等3处国家级自然保护区范围的请示》（环发〔2011〕141号）收悉。经国务院批准，现通知如下：一、国务院同意调整河北大海陀、长江上游珍稀特有鱼类和云南黄连山国家级自然保护区的范围。调整后保护区的面积、范围和功能分区等由环境保护部予以公布。二、有关地区要按照批准的调整方案组织勘界，落实自然保护区土地权属，并在规定的时限内标明区界，予以公告。三、有关地区和部门要严格执行《中华人民共和国自然保护区条例》等有关规定，认真贯彻《国务院办公厅关于做好自然保护区管理有关工作的通知》（国办发〔2010〕63号）要求，切实加强对自然保护区工作的领导和协调、监督，妥善处理好自然保护区管理与当地经济建设及居民生产生活的关系，确保各项管理措施得到落实。

12月12日

［纲　文］　**国务院办公厅印发《关于加快发展高技术服务业的指导意见》。**

［目　文］　《意见》由五个部分组成：一、充分认识加快发展高技术服务业的重要性和紧迫性。二、指导思想、基本原则和发展目标。三、重点任务。四、政策措施。五、加强组织落实。

《意见》指出，国务院有关部门要按照职能分工，加强对高技术服务业发展的协调指导，细化政策措施，创新体制机制，加强监督检查，推动我国高技术服务业又好又快发展。

12月12日

［纲　文］　**工商总局公布《关于按照〈中华人民共和国行政强制法〉修改有关规章的决定》。**

［目　文］　《决定》说，为贯彻实施《中华人民共和国行政强制法》，根据《国务院关于贯彻实施〈中华人民共和国行政强制法〉的通知》（国发〔2011〕25号）的要求，对国家工商行政管理总局制定和发布的《广告管理条例施行细则》《企业法人登记管理条例施行细则》《工商行政管理机关行政赔偿实施办法》《工商行政管理暂行规定》《工商行政管理机关行政处罚程序规定》5部规章中不符合《中华人民共和国行政强制法》规定的有关内容进行了修改，自2012年1月1日起施行。

12月12日

［纲　文］　**财政部、全国妇联发布《2011年至2015年中央专项彩票公益金支持农村贫困母亲两癌救助项目管理办法》。**

［目　文］　《办法》共5章22条。主要有总则、组织机构及职责、项目实施流程、监督管理、附则等内容。自2011年12月12日起施行。

12月12日

［纲　文］　**商务部发布修订后的《商业特许经营备案管理办法》，自2012年2月1日起施行。《商业特许经营备案管理办法》（商务部2007年第15号令）同时废止。**

12月12日

［纲　文］　**商务部公布《生活必需品市场供应应急管理办法》。**

［目　文］　《办法》共8章40条。主要有总则、应急准备、监测预警、报告与信息发布、应急处置、监督管理、法律责任、附则等内容。自2012年2月1日起施行。《突发事件生活必需品应急管理暂行办法》（商务部令2003年第7号）同时废止。

12月12日

［纲　文］　**2011 CCTV“中国经济年度人物”评选结果揭晓。**

［目　文］　活动由中央电视台主办，以“增长的品质”为主题，以“推动力、影响力、创新和责任”为标准，获奖人物主要分布在信息产业、文化产业、互联网等领域，充分反映转变经济发展方式的成就，体现自主创新、文化大发展大繁荣、小微企业发展、中国经济“走出去”等特点。

航天科技集团“天宫一号”“神舟八号”交会对接任务团队获得中国经济年度人物年度大奖；联想控股有限公司董事长兼总裁柳传志获得年度人物终身成就奖。

12月12日

［纲　文］　**黑龙江粮食总产量达到1114.1亿斤，跃居全国第一。**

［目　文］　黑龙江省人民政府新闻发布会发布，根据国家统计局黑龙江调查总队在全省27个市县的粮食产量实割实测结果，经国家统计局核定，黑龙江省2011年连续第八年获得粮食大丰收，粮食总产量达到1114.1亿斤，比2010年增加111.5亿斤，增长幅度为11.1%。黑龙江省粮食总产量首次超过河南，成为全国第一产粮大省。

12月12日

［纲　文］　**“万里长江第一闸”葛洲坝船闸年货运量首次突破亿吨大关。**

［目　文］　葛洲坝船闸自1981年6月通航以来，年货运量一路攀升，从1982年的347万吨到目前的1亿吨，增长达28倍。

12月12日

［纲　文］　**中国科技部与印尼林业部在印度尼西亚雅加达正式签署两部门关于巴厘岛长冠八哥保护合作的联合声明**。

［目　文］　两国在珍稀濒危鸟类保护领域开展全面合作。巴厘岛长冠八哥是印尼巴厘岛的独有鸟类，因其美丽夺目的外表在家养鸟类交易中极受欢迎，从而导致其成为偷猎者们的首要目标。巴厘岛长冠八哥野生数量极少，是一种极度濒危的稀有雀鸟。

12月12—14日

［纲　文］　**中央经济工作会议在北京举行**。

［目　文］　胡锦涛、吴邦国、温家宝、贾庆林、李长春、习近平、李克强、贺国强等党和国家领导人，各省、自治区、直辖市和计划单列市、新疆生产建设兵团的党政主要负责人，党中央有关部门、国务院有关部委和有关单位的主要负责人，中央管理的部分企业和金融机构负责人，军队及武警部队有关负责人出席了会议。

中共中央总书记胡锦涛在会上发表讲话，全面分析当前国际国内经济形势，深刻阐述明年和今后一个时期经济工作必须把握好的重大问题，明确提出明年经济工作的总体要求、大政方针、主要任务。温家宝在讲话中全面总结今年经济工作，对明年经济工作的主要目标、任务和有关重大问题作出具体部署。

会议指出，2011年是“十二五”时期开局之年，党中央、国务院团结带领全国各族人民，牢牢把握科学发展这个主题和加快转变经济发展方式这条主线，实施“十二五”规划，加强和改善宏观调控，正确处理保持经济平稳较快发展、调整经济结构、管理通胀预期的关系，加大解决突出问题工作力度，巩固和扩大应对国际金融危机冲击成果，促进经济增长由政策刺激向自主增长有序转变，国民经济继续朝着宏观调控预期方向发展，呈现增长较快、价格趋稳、效益较好、民生改善的良好态势。总的看，2011年，我国社会主义经济建设、政治建设、文化建设、社会建设以及生态文明建设和党的建设都取得了新的成绩，实现了“十二五”时期良好开局。在十分复杂的国内外背景下，这样的成绩确实来之不易。这是全党全国同心同德、团结奋斗的结果，是各地区各部门各方面不懈努力、顽强拼搏的结果。

会议提出了明年经济工作的主要任务。一、继续加强和改善宏观调控，促进经济平稳较快发展。二、坚持不懈抓好“三农”工作，增强农产品供给保障能力。三、加快经济结构调整，促进经济自主协调发展。四、深化重点领域和关键环节改革，提高对外开放水平。五、大力保障和改善民生，加强和创新社会管理。

会议指出，做好明年的经济工作，要坚持统筹兼顾，切实把握好各项目标、任务之间的平衡，稳中求进。要把稳增长、控物价、调结构、惠民生、抓改革、促和谐更好地结合起来。必须加强和改进党对经济工作的领导，着力提高推动科学发展、维护社会和谐稳定能力和水平。要增强大局意识，把思想和行动统一到中央对国际国内形势的判断上来，统一到中央对明年经济工作的总体要求和决策部署上来，正确把握本地区本部门工作同全国经济发展的关系，自觉服从和服务于全党全国工作大局。

12月12—14日

［纲　文］ **第六届孔子学院大会在北京举行。**

［目　文］ 中共中央政治局常委李长春出席开幕式，并为全球孔子学院先进个人和突出贡献奖获奖者颁奖，观看外国歌唱家“我唱北京”音乐会。中共中央政治局委员、孔子学院总部理事会主席刘延东出席开幕式并致辞。大会为全球孔子学院先进个人和突出贡献奖获奖者颁奖。

大会由孔子学院总部、国家汉办主办，以“孔子学院的未来十年”为主题。105个国家350多所孔子学院、60多个孔子课堂，以及中国各有关省份教育部门和大中小学2000多名中外代表参加。举行了18个校长论坛和院长论坛，108位校长、院长作了专题发言，举办了16个分组论坛。

12月13日

［纲　文］ **中俄友好、和平与发展委员会第九次全体会议在北京举行。国家主席胡锦涛向会议致贺词。**

［目　文］ 胡锦涛在贺词中表示，多年来，中俄友好、和平与发展委员会作为双方民间交往的主渠道，为增进两国人民相互了解与友谊，弘扬中俄世代友好的和平理念，巩固中俄关系的社会民意基础做了大量卓有成效的工作，为中俄战略协作伙伴关系深入发展作出了重要贡献。中俄双方已决定致力于发展平等信任、相互支持、共同繁荣、世代友好的全面战略协作伙伴关系。希望中俄友好、和平与发展委员会按照中俄关系发展的新目标新方向，继续坚持《中俄睦邻友好合作条约》精神，创新工作思路，拓宽合作领域，吸引两国社会各界，特别是青年更广泛地参与到中俄友好事业中来，努力开创两国民间交往的新局面。

俄罗斯总统梅德韦杰夫也向会议致贺词。梅德韦杰夫在贺词中表示，本次会议召开恰逢《俄中睦邻友好合作条约》签署10周年。10年来，委员会为有效推动这一俄中双边关系基础性文件的落实，加强两国战略协作和构建高度互信的氛围发挥了重要作用。相信本次会议将进一步巩固俄中关系的社会基础，为发展两国人文及务实合作开辟新的前景。

本次全会的主题是：“弘扬中俄世代友好理念，加强两国关系民意基础。”委员会中方主席、全国人大常委会副委员长华建敏和俄方主席德拉切夫斯基分别率双方委员及代表与会并作主旨发言。

中俄友好、和平与发展委员会成立于1997年，分设中方和俄方委员会，下设促进地方友好交流、人文交流、青年工作、促进企业和实业合作、学术交流、妇女工作和知名人士7个分委会。

12 日，国务院副总理李克强在北京会见中俄友好、和平与发展委员会第九次全体会议与会委员及代表时指出，国之交在于民相亲，而民相亲在于心相通，确保中俄关系长期健康稳定发展的根本在于人民之间互尊互信。中俄友好、和平与发展委员会成立十几年来，作为两国民间交往的主渠道，为巩固和发展中俄关系作出了重要独特贡献。双方应着眼未来，不断巩固两国世代友好的民意基础和社会基础，开创民间交往的新局面。

同日，全国人大常委会副委员长、全国妇联主席陈至立在北京会见前来参加中俄友好、和平与发展委员会第九次全体会议的俄罗斯联邦委员会副主席奥尔洛娃以及部分俄方委员。双方就进一步深化中俄两国关系、推动两国妇女友好交流与合作坦诚交换意见。

12 月 13 日

［纲　文］ **国务院办公厅印发《关于加强鲜活农产品流通体系建设的意见》。**

［目　文］《意见》由三个部分组成：一、主要目标。二、重点任务。三、保障措施。《意见》指出，商务部、发展改革委、农业部要会同公安部、财政部、国土资源部、住房城乡建设部、交通运输部、铁道部、税务总局、质检总局、银监会、保监会、供销总社等部门和单位加强督查和指导，及时研究解决鲜活农产品流通体系建设中的重大问题。

12 月 13 日

［纲　文］ **中国海监综合能力最强、吨位最大、科技含量最高的新旗舰船——“中国海监 50”号从国家海洋局东海分局上海码头启程首航，正式履行海洋巡航维权执法的职责。**

12 月 13 日

［纲　文］ **国家林业局发布，30 年来，全国 127 亿人次义务植树 589 亿棵。**

［目　文］ 截至 2011 年 11 月底，全国已完成 2011 年造林 9000 万亩的计划任务，其中 6.14 亿人次义务植树 25.14 亿株，超额完成了年度计划。根据最新颁布的《全国造林绿化规划纲要（2011—2020 年）》，今后 10 年，我国将组织 65 亿人次义务植树 260 亿棵。

12 月 13 日

［纲　文］ **国务委员兼国务院秘书长马凯在北京会见泰国国家反腐败委员会主席潘特普·克拉纳荣然及其率领的泰国国家反腐败委员会代表团一行。**

［目　文］ 双方就进一步加强两国在反腐倡廉方面的合作进行了交流。潘特普·克拉纳荣然对中国政府反腐倡廉工作取得的成就给予积极评价。

12 月 13 日

［纲　文］ **国务委员、公安部部长孟建柱在北京与蒙古国法律和内务部部长尼亚木道尔吉举行会谈。**

［目　文］ 孟建柱指出，执法安全合作是中蒙两国关系的重要组成部分。近年来，两国执法部门签署了合作文件，密切了执法合作，为打击跨国犯罪、维护边境地区安全稳定、推动边境地区经济社会发展发挥了重要作用。

尼亚木道尔吉表示，蒙古国政府十分重视与中国的友好合作关系，愿进一步加强与中方的执法安全合作，为本国和本地区的安全稳定作出更大贡献。

双方签署了《中华人民共和国公安部和蒙古国法律内务部合作谅解备忘录》。

12月13日

［纲　文］ **外交部发言人就美方近期在人权等问题上的言论表示，我们奉劝美方停止指手画脚，多多反省自己的人权问题**。

［目　文］ 有记者问，美国国务卿希拉里在“世界人权日”前夕发表关于人权、网络自由等问题的演讲，还提及刘晓波案。美驻华大使骆家辉也发表了类似讲话。中方对此有何评论？

发言人说，中国政府高度重视保障各族人民的各项基本权利，依法保护公民的宗教信仰自由。中国的人权事业取得巨大成就，世人有目共睹。我们愿在平等和相互尊重基础上就人权问题与美方开展对话，但坚决反对美借人权问题干涉中国内政。中国是法治国家，依法处理有关案件。美方无权干涉中国的内政和司法主权。中国政府重视发展并依法管理互联网。

12月13日

［纲　文］ **中国亚非发展交流协会2011年年会在北京举行**。

［目　文］ 会议总结了一年来的工作，讨论通过了协会会长武东和所作的工作报告，并就“亚太局势与大国博弈”“西亚北非动荡及发展前景”以及“欧美债务危机对世界的影响”进行专题研讨。

12月14日

［纲　文］ **国家主席胡锦涛与塞浦路斯共和国总统赫里斯托菲亚斯互致贺电，祝贺两国建交40周年**。

［目　文］ 胡锦涛在贺电中说，建交以来，中塞关系始终稳定发展，两国政治互信不断加深，相互理解和支持彼此重大关切，务实合作持续扩大。中方高度重视中塞关系，愿同塞方共同努力，进一步深化两国传统友谊，加强各级别交往，深化经贸、人文、旅游合作，保持在国际和地区事务中的沟通与协调，共同创建中塞友好合作更美好的未来。

赫里斯托菲亚斯在贺电中表示，塞中交流合作十分密切。近年来高层交往频繁，双边关系更加巩固。塞方相信，塞中两国友好相处，相互理解，符合双方共同利益，两国关系将在未来取得更大发展。

同日，外交部部长杨洁篪同塞浦路斯外长马尔库利斯也互致了贺电。

12月14日

［纲　文］ **财政部发布《关于调整全国农村部分计划生育家庭奖励扶助和计划生育家庭特别扶助标准的通知》**。

［目　文］ 《通知》说，根据《财政部人口计生委关于建立全国农村部分计划生育

家庭奖励扶助和计划生育家庭特别扶助标准动态调整机制的通知》（财教〔2011〕622号）规定，经研究，决定自2012年1月1日起调整全国农村部分计划生育家庭奖励扶助标准和计划生育家庭特别扶助标准。现将有关事项通知如下：一、奖扶标准从现在的每人每月不低于60元提高到每人每月不低于80元。二、特扶标准（独生子女死亡家庭）从现在的每人每月不低于100元提高到每人每月不低于135元，特扶标准（独生子女伤残家庭）由现在的每人每月不低于80元提高到每人每月不低于110元，特别扶助（计划生育手术并发症人员）标准暂不调整。三、调整标准所需经费由中央和地方财政按照现行规定分别纳入年度财政预算。

12月14日

［纲　文］　**税务总局发布《研发机构采购国产设备退税管理办法》，自2011年1月1日至2015年12月31日施行。**

12月14日

［纲　文］　**食药监局发布《餐饮服务单位食品安全监管信用信息管理办法》，自2011年12月14日起施行。**

12月14日

［纲　文］　**国务院台湾事务办公室发言人就近期两岸关系有关事宜回答记者提问。**

［目　文］　就大陆开放台湾鲜梨进口，发言人表示，应台湾鲜梨产销业者的要求，大陆有关方面决定即日开放台湾鲜梨进口。大陆开放台湾水果准入至此已达到23项。

就民政部将成立海峡两岸婚姻家庭服务中心，发言人表示，为更好地服务两岸婚姻当事人，民政部在近期成立海峡两岸婚姻家庭服务中心，为当事人提供婚姻家庭的辅导和法律政策咨询服务，帮助当事人维护合法权益，协同解决有关诉求。自两岸民间交流恢复以来，越来越多的两岸同胞喜结良缘。随着两岸民事、商事活动越来越密切，两岸婚姻当事人的有关服务需求也不断增加。

12月14日

［纲　文］　**港珠澳大桥香港口岸举行动工填海典礼。**

［目　文］　香港口岸是港珠澳大桥进入香港特别行政区的大门，为出入境旅客和车辆提供服务，是港、珠、澳三地的联运枢纽。

港珠澳大桥全长近50公里，设计时速100公里，是连接粤、港、澳三地的跨珠江口陆路通道，包括岛、隧、桥多项大型工程，连同三地境内各自的连接公路和口岸建设，是近年国家最大型的公路项目之一。

2018年10月24日，港珠澳大桥正式通车。

12月14日

［纲　文］　**商务部在日内瓦世贸组织总部举办“世贸组织第八届部长级会议暨中国加入世贸组织十周年招待会”。**

［目　文］　商务部部长陈德铭在招待会致辞时说，10年来，中国在世贸组织的大

家庭里与各成员密切协调，愉快合作，实现了与世贸组织其他成员经济的共同发展；未来10年，中国愿继续与各成员携手合作，维护多边贸易体制，创造更加稳定和谐、自由便利的贸易环境，实现各国经济的共同繁荣。

世贸组织总干事拉米、联合国贸发会议总干事素帕猜以及欧盟、澳大利亚、加拿大、英国、法国、南非、印度、墨西哥、泰国等国贸易部长和驻世贸组织大使共100多人出席招待会，并对中国加入世贸组织10周年及10年来所取得的成就表示祝贺。

12月14—15日

［纲　文］　**“南海航行自由与安全”国际研讨会在海南海口举行。**

［目　文］　研讨会由中国南海研究院与印尼战略与国际问题研究中心联合主办。来自中国和东盟国家的官员、学者及部分域外学者约60人与会。与会代表探讨了南海航行自由与安全现状、影响南海航行安全的主要因素以及各方权利与义务，并就如何进一步加强南海航行安全合作，共同促进本地区繁荣与发展提出了看法和建议。

12月15日

［纲　文］　**国务院印发《国家环境保护“十二五”规划》。**

［目　文］　《规划》由九个部分组成：一、环境形势。二、指导思想、基本原则和主要目标。三、推进主要污染物减排。四、切实解决突出环境问题。五、加强重点领域环境风险防控。六、完善环境保护基本公共服务体系。七、实施重大环保工程。八、完善政策措施。九、加强组织领导和评估考核。

《规划》指出，地方人民政府是规划实施的责任主体，要把规划目标、任务、措施和重点工程纳入本地区国民经济和社会发展总体规划，把规划执行情况作为地方政府领导干部综合考核评价的重要内容。国务院各有关部门要各司其职，密切配合，完善体制机制，加大资金投入，推进规划实施。要在2013年年底和2015年年底，分别对规划执行情况进行中期评估和终期考核，评估和考核结果向国务院报告，向社会公布，并作为对地方人民政府政绩考核的重要内容。

12月15日

［纲　文］　**教育部发布《“长江学者奖励计划”实施办法》。**

［目　文］　《办法》共7章30条。主要有总则、岗位职责、基本条件、聘任程序、支持方式、考核管理、附则等内容。自2011年12月15日起实行。《“长江学者与创新团队发展计划”长江学者聘任办法》同时废止。

12月15日

［纲　文］　**民政部、财政部发布通知，部署在2012年元旦春节期间为城乡困难群众发放一次性生活补贴有关工作，补贴所需资金由中央财政负担。**

［目　文］　本次补贴发放的范围是：全国城乡低保对象、农村“五保”对象、享受国家抚恤补助的优抚对象以及新中国成立前入党的农村老党员和未享受离退休待遇的城镇

老党员。补贴标准比2011年提高一倍，分别是：城市低保对象每人300元，农村低保对象和农村“五保”对象每人200元，优抚对象和新中国成立前老党员每人360元。

12月15日

［纲　文］　**全国民兵工作会议在北京举行**。

［目　文］　会前，中共中央总书记、国家主席、中央军委主席胡锦涛会见与会代表，向奋战在国防动员和后备力量战线的同志们，向全国广大民兵和预备役人员，表示诚挚的问候。

国务院总理温家宝出席会议时指出，在新的历史时期，要按照平时服务、急时应急、战时应战的要求，结合新的形势特点，全面提高民兵建设水平，更好地发挥民兵在经济社会建设和国防建设中的作用。按照军民融合发展的要求，把民兵建设与企事业单位的组织管理和生产实践结合起来，发挥好民兵在经济建设中的重要作用。根据各地实际，有针对性地加强民兵应急力量建设，发挥好民兵在应急抢险中的重要作用。依托地方行业优势，构建新型民兵体系，发挥好民兵在国防建设中的重要作用。各级政府要自觉履行职责，把民兵工作摆上重要工作日程。要保障民兵工作经费，完善民兵工作政策法规，保护好民兵权益。深入开展全民国防教育，提高全社会的国防意识。加强民兵队伍的思想政治建设，把民兵队伍建设成为引领社会风气、推动社会进步、促进社会和谐的重要力量。

12月15日

［纲　文］　**全国发展和改革工作座谈会在北京举行**。

［目　文］　国务院副总理李克强出席并讲话。座谈会由发展改革委主任张平主持。各省、自治区、直辖市政府和计划单列市政府、新疆生产建设兵团，国务院有关部门，以及各地发展改革部门负责人参加座谈会。部分省（市）负责人对做好2012年发展改革工作提出了看法和建议。

李克强说，2012年是我国发展进程中十分重要的一年，要在保持经济平稳较快发展和物价总水平基本稳定的同时，保持社会和谐稳定。要把转方式贯穿于经济社会发展的全过程和各领域，更加重视社会发展和社会建设，创新社会管理方式，提高发展的包容性。高度重视解决关系人民群众切身利益的突出问题，抓紧研究制定收入分配制度改革方案，搞好关系群众生产生活的煤电油气运供应，加强运粮运煤通道建设，提高保障和服务能力。

16日，全国发展和改革工作会议在北京召开。发展改革委主任张平在会上作了题为《统一思想　明确任务　扎实做好2012年发展改革工作》的报告。

会议指出，2011年是“十二五”的开局之年。面对严峻复杂的国内外经济形势，面对各种矛盾和困难，全国上下在党中央、国务院的坚强领导下，按照主题主线的要求，认真实施积极的财政政策和稳健的货币政策，正确处理保持经济平稳较快发展、调整经济结构和管理通胀预期三者关系，有针对性地解决突出矛盾和问题，巩固和扩大应对国际金融危机冲击成果，国民经济继续朝着宏观调控预期方向发展，呈现出增长较快、物价趋稳、结构优化、效益较好、民生改善的良好态势。

会议要求，作为宏观调控和经济综合部门，发展改革系统要深刻领会中央关于2012年经济工作的总体部署，抓住科学发展这个主题和加快转变经济发展方式这条主线，把握好稳中求进的工作总基调，牢牢把握扩大内需这一战略基点，牢牢把握发展实体经济这一坚实基础，牢牢把握加快改革创新这一强大动力，牢牢把握保障和改善民生这一根本目的，积极会同有关部门，继续实施积极的财政政策和稳健的货币政策，保持宏观经济政策的连续性和稳定性，增强调控的针对性、灵活性、前瞻性，保持经济平稳较快发展，保持物价总水平基本稳定，保持社会和谐稳定，在转变经济发展方式上取得新进展，在深化改革开放上取得新突破，在改善民生上取得新成效。

12月15日

［纲　文］　**全国政协经济委员会在北京召开“促进非公有制经济稳定健康发展”座谈会。**

［目　文］　全国政协副主席阿不来提·阿不都热西提、黄孟复出席会议。与会代表认为，促进非公有制经济持续、稳定、健康发展对防范未来经济运行中的风险、调整优化经济结构、化解城乡居民就业压力等具有十分重要的意义，要真正贯彻落实中央鼓励、支持和引导非公有制经济发展的一系列政策措施，促进非公有制经济稳定健康发展，实现非公有制企业和国有企业“国民共进、和谐发展”。

12月15日

［纲　文］　**全国政协提案委员会在全国政协机关召开重点提案办理落实情况座谈会。**

［目　文］　座谈会邀请相关部委负责人向提出提案的党派中央、政协委员通报提案办理情况，共商办理落实的措施办法。全国政协副主席阿不来提·阿不都热西提出席会议并讲话。

本次会议还围绕“加快汶川地震灾区发展振兴”和“加强食品药品安全监管”两个方面的提案进行座谈。

12月15日

［纲　文］　**国务院副总理张德江在北京会见朝鲜副总理韩光复。**

［目　文］　张德江说，在两国领导人的亲切关心和双方共同努力下，中朝友好合作关系不断深化发展。中方愿同朝方一道，继续加强各领域友好交流与合作，推动中朝关系不断向前发展，更好地造福两国和两国人民。张德江还简要介绍了中共十七届六中全会和中央经济工作会议精神。

韩光复表示，朝方高度评价朝中关系发展，愿同中方共同努力，进一步巩固朝中传统友好，扩大双边务实合作。朝方祝愿中国人民在建设中国特色社会主义事业中不断取得辉煌成就。

12月15日

［纲　文］　**国务委员兼国防部部长梁光烈在北京与马其顿国防部部长贝西米举行会谈。**

［目　文］　梁光烈表示，中方赞赏马方坚定奉行一个中国政策，愿与马方共同努力，扩大友好交往，深化务实合作，推动两国关系迈上新的台阶。近年来，两军高层领导人保持接触，在专业团组互访、人员培训等领域开展了积极的合作。中方愿与马方共同努力，推动中马两军友好交流与合作不断取得新的进展。

贝西米说，马中两国防务部门和军队之间近年来保持着良好的合作关系。马方视中国军队为可信赖的朋友，希望不断加强双方在各领域的交流与合作。

12 月 15 日

［纲　文］　**国务委员戴秉国在北京会见赞比亚副总统、爱国阵线副主席斯科特。**

［目　文］　戴秉国说，由中赞老一辈领导人缔造的中赞传统友谊来之不易，值得双方珍惜。不管形势如何变化，中方致力于发展中赞友好合作的政策不会变。中方愿与赞比亚新政府一道，进一步增进互信，深化合作，促进中赞关系更好、更快地向前发展。

斯科特表示，赞比亚新政府愿意与中国政府进行坦诚、开放的交流，共同推进双边合作。

同日，中共中央对外联络部部长王家瑞在北京与斯科特举行工作会谈。

12 月 15 日

［纲　文］　**中国—英国经贸联委会第十次会议在英国威尔士首府卡迪夫举行。**

［目　文］　商务部国际贸易谈判代表兼副部长高虎城与英国商务大臣凯布尔共同主持本次会议。双方回顾了近年来中英经贸关系的发展，对进一步推动中英经贸合作提出了多项建议。

12 月 15 日

［纲　文］　**北京和拉萨首开双向直航航班。**

［目　文］　12 时 30 分左右，西藏拉萨贡嘎机场迎来了从北京首都机场起飞的 CA4125 航班，中国国际航空公司在北京—拉萨航线上首次实现往返双向直航，也是国内首次实现北京和拉萨间定期航班往返直达。

12 月 15—16 日

［纲　文］　**全国统战部长会议在北京举行。**

［目　文］　全国政协主席贾庆林出席并讲话。全国政协副主席、中央统战部部长杜青林主持会议。各省、自治区、直辖市、新疆生产建设兵团和副省级城市党委统战部部长，以及中央国家机关有关部门、有关人民团体、中管高校党委和统战系统有关单位负责人出席会议。会议表彰了 2011 年度全国统战理论研究优秀成果、统战工作实践创新成果、统战信息工作先进单位和个人。

贾庆林说，2012 年是党和国家历史上具有重大意义的一年。我们党将召开第十八次全国代表大会，这是全党全国各族人民政治生活中的一件大事。为党的十八大召开营造良好环境，是统一战线的重大政治责任。要准确把握统一战线面临的形势任务，切实增强做好统战工作的责任感。要充分认识中国特色社会主义制度的巨大优势，引导统一战线广大成员坚定不移地走中国特色社会主义道路；要正确看待我国改革发展中出现的矛盾和问题，共同致力推动科学发展、促进社会和谐；要充分认识一致性基础上多样性的新发展，努力巩固发展具有空前广泛性和巨大包容性的爱国统一战线。各级党委要从党和国家事业发展的高度，切实加强和改善对统一战线工作的领导，健全统战工作领导体制和工作机制，及时研究解决重大问题，为统一战线工作创造良好条件。各级统战部门要加强自身建设，改进工作作风，完善体制机制，进一步提高履职尽责的能力。

12月15—17日

［纲　文］　**全国检察机关惩治和预防腐败体系暨廉政风险防控机制建设座谈会在长沙召开。**

［目　文］　最高人民检察院要求，各级检察机关要围绕重点部门、重点岗位、重点人员、重点环节，有针对性地提出防控的办法和措施。要针对暴露出来的苗头性、倾向性问题和薄弱环节，有针对性地采取预防措施，抓好廉政风险防控，以改革的精神、创新的思路、发展的办法研究新情况、解决新问题、提出新举措。要厘定检察机关各个业务环节权力界限，准确查找可能存在的廉政风险，及时设定防控措施，做到开展业务工作和防控廉政风险并重。

会议分析了当前检察机关惩防体系和廉政风险防控机制建设工作中存在的问题。最高人民检察院有关负责人指出，各级检察机关要深入推进惩防体系和廉政风险防控机制建设。一要突出预防重点，准确查找检察机关违纪违法问题易发多发的环节和部位。二要健全预防措施，加快完善防范检察人员违纪违法的制度体系。三要强化组织领导，确保惩防体系和廉政风险防控机制建设深入推进。

12月15—16日

［纲　文］　**2011年行政复议年度工作会议在北京召开。**

［目　文］　国务院法制办公室副主任郜风涛出席会议并讲话。来自各省、自治区、直辖市和国务院各部门的近150人参加了会议。会议总结交流了2011年各地方、各部门行政复议工作取得的经验，对93个行政复议工作先进单位和107名行政复议工作先进个人进行了表彰。

12月15—16日

［纲　文］　**当代世界研究中心年会暨国际形势研讨会（2011）在北京举行。**

［目　文］　中联部部长王家瑞出席开幕式并讲话。会议由当代世界研究中心主办，中国经济联络中心协办。当代世界研究中心理事及研究员、特约理事及特约研究员、特邀专家，以及中联部相关单位的近百名代表与会。中央党校、中国社科院、国防大学、中国现代国际关系研究院、北京大学、清华大学、中国人民大学、上海国际问题研究院等参会。专家学者就2011年国际与地区形势的特点、中国周边形势发展、中国外交回顾与展望、国际政治思潮与政党政治、地区局势、世界经济等议题展开了讨论。专家们认为：2011年国际形势乱象繁生、地区动荡加剧，国际金融危机与主权债务危机深度冲击地区

与世界经济，自然灾害与社会动荡挥之不去，全球性两极分化和社会不平等加剧，国际格局、经济发展、社会治理等诸多领域面临深度调整。

12月16日

［纲　文］　**中共中央、国务院、中央军委在北京人民大会堂举行大会，庆祝“天宫一号”与“神舟八号”交会对接任务成功。**

［目　文］　中共中央总书记胡锦涛出席并讲话。全国人大常委会委员长吴邦国主持大会。党和国家领导人贾庆林、李长春、习近平、李克强、贺国强等，中央党政军群有关方面负责人，各民主党派、全国工商联负责人和无党派人士代表，参与载人航天工程的有关方面代表以及首都各界群众代表3000多人出席庆祝大会。大会宣读了《关于表彰中国载人航天工程突出贡献集体和突出贡献者的决定》，胡锦涛等为获奖者代表颁发了奖牌、奖章和证书。

胡锦涛指出，“天宫一号”与“神舟八号”交会对接成功，是我国载人航天事业发展史上的又一重要里程碑，是建设创新型国家的又一标志性成果，是中华民族为人类探索利用外层空间作出的又一卓越贡献。全党全军全国各族人民要大力弘扬载人航天精神，万众一心，拼搏奉献，满怀信心为夺取全面建设小康社会新胜利、开创中国特色社会主义事业新局面而不懈奋斗。

建设创新型国家，加快转变经济发展方式，赢得发展先机和主动权，实现我国发展的战略目标，最根本的是要靠科技的力量，最关键的是要大幅提高自主创新能力。我们必须增强紧迫感和危机感，坚定信心、奋起直追，坚持把科学技术摆在优先发展的战略地位，坚定不移走中国特色自主创新道路，加快科技进步和创新步伐，为全面建设小康社会、加快推进社会主义现代化提供强大科技支撑。浩瀚无垠的太空是人类的共同财富，开发和利用太空资源是人类的共同追求。

吴邦国在主持大会时说，胡锦涛同志的重要讲话，阐述了“天宫一号”与“神舟八号”交会对接任务圆满成功的重大意义，总结了载人航天工程实施19年来取得的成就和积累的经验，对坚定不移走中国特色自主创新道路、为推动经济社会又好又快发展提供强大科技支撑提出了明确要求，我们要认真学习领会。

庆祝大会上，载人航天工程总指挥、中央军委委员、总装备部部长常万全，“天宫一号”与“神舟八号”交会对接任务突出贡献集体代表、北京航天飞行控制中心主任陈宏敏，突出贡献者代表、航天科技集团公司空间技术研究院研究员王翔等发言。

大会前，胡锦涛、吴邦国、温家宝、贾庆林、李长春、习近平、李克强、贺国强等会见了载人航天工程突出贡献集体代表和突出贡献者、载人航天工程负责同志以及有关专家代表并合影。

12月16日

［纲　文］　**温家宝主持召开国务院常务会议。**

［目　文］　会议主要内容是：一、讨论通过《促进就业规划（2011—2015年）》。会议指出，“十一五”时期，我国就业规模不断扩大，就业结构进一步改善，就业工作取得显著成效。“十二五”时期的就业总量压力将继续加大，城镇需就业劳动力年均比“十一五”时期增加100万人，劳动者技能与岗位需求不相适应、劳动力供给与企业用工需求不相匹配的结构性矛盾将更加突出，就业任务艰巨繁重。要切实把就业作为民生之本，作为保障和改善民生的头等大事，作为经济社会发展的优先目标，实施更加积极的就业政策，创造平等就业机会，构建和谐劳动关系，努力实现充分就业。会议明确了“十二五”时期就业工作的主要目标：城镇新增就业4500万人，农业富余劳动力转移就业4000万人，城镇登记失业率控制在5%以内，社会保障制度覆盖所有劳动者，就业稳定性明显提高。为此，一要提高经济发展对就业的拉动能力。二要实施更加积极的就业政策。三要统筹做好城乡、重点群体就业工作。四要完善面向全体劳动者的职业培训制度，加强专业技术人才和高技能人才队伍建设，全面提高劳动者职业素质和就业能力。五要健全统一规范灵活的人力资源市场，形成覆盖城乡的公共就业和人才服务体系，为劳动者提供优质高效的就业服务。二、部署进一步加强和改进消防工作。会议指出，消防工作直接关系人民群众生命财产安全。随着经济社会快速发展，致灾因素明显增多，火灾发生概率和防控难度增大。一些地方消防安全责任不落实、工作不到位，重特大火灾时有发生。必须加强和创新消防安全管理，不断提高公共消防安全水平，有效预防火灾和减轻火灾危害，为经济社会发展、人民安居乐业创造良好的消防安全环境。

12月16日

［纲　文］　**吴邦国在北京主持召开十一届全国人大常委会第七十三次委员长会议。**

［目　文］　全国人大常委会副委员长王兆国、路甬祥、乌云其木格、韩启德、华建敏、陈至立、周铁农、司马义·铁力瓦尔地、陈昌智、严隽琪、桑国卫等出席会议。会议决定十一届全国人大常委会第二十四次会议12月26日至31日在北京举行。全国人大常委会副委员长兼秘书长李建国就常委会第二十四次会议议程草案、日程安排意见作了汇报。全国人大常委会有关副秘书长，全国人大有关专门委员会、全国人大常委会有关工作委员会和全国人大常委会代表资格审查委员会负责人就常委会第二十四次会议的相关议程作了汇报。

12月16日

［纲　文］　**国务院办公厅印发《社会养老服务体系建设规划（2011—2015年）》。**

［目　文］　《规划》由五个部分组成：一、规划背景。二、内涵和定位。三、指导思想和基本原则。四、目标和任务。五、保障措施。

《规划》指出，各地可根据本规划，结合实际，制定本地区的社会养老服务体系建设规划。

12月16日

［纲　文］　**发展改革委、外交部、财政部、科学技术部发布《中国参与大湄公河次**

区域经济合作国家报告》。

［目　文］《报告》由五个部分组成：一、综述。二、中国与GMS各国的经济贸易联系。三、中国参与GMS合作的新进展。四、中国云南省和广西区参与GMS合作情况。五、中国参与下一阶段GMS合作的设想。

12月16日

［纲　文］**民政部发布《公益慈善捐助信息公开指引》。**

［目　文］《指引》共5章22条。主要有总则、信息公开基本原则、信息公开内容、信息公开时限及方式、附则等内容。

12月16日

［纲　文］**证监会公布《关于实施〈基金管理公司、证券公司人民币合格境外机构投资者境内证券投资试点办法〉的规定》，自2011年12月16日起施行。**

12月16日

［纲　文］**证监会、人民银行、外汇局公布《基金管理公司、证券公司人民币合格境外机构投资者境内证券投资试点办法》，自2011年12月16日起施行。**

12月16日

［纲　文］**海峡两岸关系协会成立20周年纪念大会在北京人民大会堂举行。**

［目　文］全国政协主席贾庆林出席大会并讲话。海协会会长陈云林在报告中回顾了海协会20年来的工作情况，总结了两会协商的重要成果，并对今后工作提出规划。中央和国家有关部门、民主党派、社会团体负责人，海协会负责人和理事，以及在海协会工作过的老同志等约320人参加大会。

贾庆林指出，开展两岸协商谈判，是以和平方式实现祖国统一的必由之路。中央对台工作大政方针的一项重要内容，就是主张通过两岸协商谈判，逐步解决彼此间的问题，不断推动两岸关系和平发展。海协会成立20年来，认真贯彻中央对台方针政策，开展了一系列卓有成效的工作，尤其是通过与台湾海基会开展协商，为促进两岸关系发展发挥了不可替代的重要作用。

12月16日

［纲　文］**中央直属机关工委在北京召开中直机关联系服务基层群众工作交流会。**

［目　文］会议传达学习贯彻中央领导有关批示精神，交流部分单位联系服务基层群众做法，并对中直机关进一步深入开展联系服务基层群众工作进行安排部署。来自中央组织部、中央宣传部、人民日报社、共青团中央、国家广电总局、新华社、中央电视台的7名同志作了发言，从不同侧面生动介绍了所在单位联系服务基层群众的做法和经验，畅谈了他们下基层的实际收获和切身体会。

12月16日

［纲　文］**中国人民对外友好协会与塞浦路斯驻华使馆在北京举行招待会，庆祝中国和塞浦路斯建交40周年。**

12月16日

［纲　文］ **中共中央政治局委员、全国政协副主席王刚在北京会见以中央常务委员会委员利拉玛尼·博克瑞尔为团长的联合尼泊尔共产党（毛主义）干部考察团。**

［目　文］ 王刚表示，中国共产党愿在党际交往四项原则基础上，进一步加强两党交往与合作，为推动中尼关系健康稳定发展作出贡献。

12月16日

［纲　文］ **对外联络部部长王家瑞在北京会见以越共中央委员、中央军委委员、国防部总政治部副主任梁强为团长的越南党政干部考察团。**

12月16日

［纲　文］ **“中国法律援助基金会维护民营企业合法权益专项基金”在北京正式启动。**

［目　文］ 基金由中国法律援助基金会与中华民营企业联合会共同成立。该基金由民企等自愿捐款构成，由专业委员会负责其运作和监督。其工作内容普法与维权并重——一方面通过专业法律人士为民企维权提供专业支持，另一方面还将对民企进行普法教育，增强其遵守法律法规的自觉性，最大限度降低企业发展成本。基金还会将一些具有典型意义的案例加以认真整理，写出报告，提供给相关政府部门和权威的法律机构，为民企发展提供借鉴。

12月16日

［纲　文］ **中国—东盟中心在北京举行庆祝成立招待会。**

［目　文］ 外交部部长杨洁篪、东盟秘书长素林出席并讲话。中国相关部委代表、东盟各国驻华使节以及来自中国—东盟企业界、学术界、媒体界的近500位嘉宾出席招待会。

中国—东盟中心于11月18日在印度尼西亚巴厘岛举行成立仪式。该中心的总部设在北京。

12月16日

［纲　文］ **外交部发言人就中国驻洛杉矶总领馆枪击案答记者问。**

［目　文］ 有记者问：据报道，中国驻洛杉矶总领馆日前遭到枪击，请证实并介绍有关情况。

发言人说，当地时间12月15日下午，中国驻洛杉矶总领馆遭不明身份歹徒枪击，未造成人员伤亡。总领馆已向当地警方报案。中国驻美国使馆、驻洛杉矶总领馆已向美方提出交涉，要求进一步加强中国驻美机构和人员安全保卫工作。当地警方第一时间赶赴现场处理。目前犯罪嫌疑人已被抓获，此案正在审理中。中方高度重视此事，敦促美方尽快破案，并采取切实有效措施保障中国驻美使领馆、机构及人员安全。

12月17日

［纲　文］ **全国人才工作座谈会在北京召开。**

［目　文］　中组部部长李源潮出席会议并讲话。中央人才工作协调小组成员，各省区市、新疆生产建设兵团和各副省级城市党委组织部，中央和国家机关各部委、部分国有重要骨干企业和高校有关负责人参加会议。

李源潮说，科学人才观是科学发展观在人才工作中的集中体现和具体运用。要大力宣传和普及人才是最活跃的先进生产力，人才是科学发展第一资源，人才工作要为经济社会发展中心任务服务，人才优先发展是科学发展的有效路径，树立人人皆可成才的社会理念，以用为本是人才发展的重要方针，人才投资是效益最大的投资，高端引领是人才队伍建设的战略重点，遵循系统培养的人才开发规律，坚持把改革创新作为人才发展的根本动力等科学理念，为加快建设人才强国提供思想动力和保证。

12月17日

［纲　文］　**《领导干部外事用语丛书》首发式在北京举行。**

［目　文］　国务委员戴秉国及中央国家机关和军队有关部门负责人、外交战线老同志代表、首都新闻界和出版界人士200多人出席。首发式由外交部副部长张志军主持。戴秉国为新书揭幕。外交部部长杨洁篪宣读了江泽民为该书撰写的序言并讲话。

《领导干部外事用语丛书》介绍了中国历史、政治、经济、文化、社会等领域的基本情况，有英、法、德、俄、日、阿拉伯、西班牙、意大利、罗马尼亚共9个语种的中外文对照翻译并附光盘。

12月17日

［纲　文］　**中国产学研合作创新大会暨2011中国产学研合作促进会年会在上海举行。**

［目　文］　全国人大常委会副委员长陈至立出席会议并致辞。大会由中国产学研合作促进会与上海市人民政府共同主办，发展改革委等15个部门支持。会上颁发了中国产学研合作创新与促进奖的269个奖项。大会发布了《上海宣言》。

12月17日

［纲　文］　**“法律体系形成与应用法学研究”理论研讨会暨中国应用法学研究所成立20周年座谈会在北京召开。**

［目　文］　最高人民法院常务副院长沈德咏在会议上开通了“中国应用法学网”。最高人民法院有关部门负责人，最高人民检察院、司法部、中国法学会以及科研机构、高校的专家学者代表共120余人参加座谈会。

12月17日

［纲　文］　**“传媒—文化产业发展”高峰论坛在北京举行。**

［目　文］　论坛由《新闻战线》杂志社和中国国际文化交流中心共同主办，全国各报业集团、广电集团代表与专家学者共同探讨文化强国命题下传媒业发展之路。与会者交流和分享了传媒文化产业发展改革的经验，围绕“提高文化软实力、增强国际竞争力”“国际视野下的互动趋向和融合浪潮”“文化产业坐标中的传媒角色”“文化强国的传

媒发展路径”等议题进行了探讨。

12月17日

［纲 文］ **中国文联和财政部主办、中国美协承办的“中华文明历史题材美术创作工程”在北京启动。**

［目 文］ 全国政协副主席、中国文联主席孙家正出席并致辞。“工程”作为迄今为止国内最大规模的主题性美术创作工程，计划用5年完成，由政府以采购方式出资1.5亿元收藏，并将在中国国家博物馆等重要场所展示。该工程的最终创作主题、美术家参与方式、申报流程，通过各大主要新闻机构公布。组委会将按照严格投标程序在全国选拔美术家参与创作，部分重点题材及难度较大的选题将采用特邀方式选定创作者。

12月18日

［纲 文］ **“风云世界激扬中国——2011年中国外交回顾与展望”研讨会在北京举行。**

［目 文］ 研讨会由外交学院主办，人民网协办。20余位官员、学者、媒体代表就经济外交、周边外交、中国与大国关系、中国与发展中国家关系和领事保护等问题进行研讨，并通过网络直播与网民问答互动，直面中国外交所面临的种种问题，研讨未来中国外交的趋势和走向。

12月18日

［纲 文］ **中国老年学学会成立了中国第一个专项寿星基金。**

［目 文］ 旨在为促进我国老龄事业的发展提供资金支持，积极应对中国人口老龄化。该基金根据《寿星基金管理办法》运营，按照分支机构进行管理。寿星基金主要任务是组织社会调研与长寿论坛、弘扬寿星纪念文化、开展科学养生的宣传培训与推广、实施公益服务项目和养老项目、编辑出版长寿书籍画册和科普读物。

12月18—22日

［纲 文］ **应国家主席胡锦涛邀请，波兰总统科莫罗夫斯基对中国进行国事访问。**

［目 文］ 访问期间，胡锦涛在北京同科莫罗夫斯基举行了会谈，两国元首积极评价中波关系取得的新进展，一致同意，顺应形势发展需要，建立和发展中波战略伙伴关系并签署了《中华人民共和国和波兰共和国关于建立战略伙伴关系的联合声明》，出席了有关双边合作文件的签字仪式；全国人大常委会委员长吴邦国、国务院总理温家宝、国务院副总理李克强在北京分别会见了科莫罗夫斯基；李克强与科莫罗夫斯基共同出席了中波经济论坛开幕式并致辞；国务委员刘延东在北京会见了科莫罗夫斯基并共同出席由波兰国家爱乐乐团同中国音乐家联袂演出的交响音乐会。

胡锦涛同科莫罗夫斯基会谈时表示，中波双方要以建立战略伙伴关系为新起点，共同落实好中波联合声明提出的各项任务，不断增进政治互信，密切两国政治关系，在涉及各自核心利益的重大问题上相互沟通、相互支持。双方要加强在国际和地区事务中的协调与配合，共同应对各种全球性挑战，推动国际政治经济秩序朝着更公正合理的方向发展。双方要更好地发挥政府间经济联委会和商会等中介组织的作用，加强对经贸合作的指导和协调，进一步深化贸易、交通、矿产等传统领域合作，同时要挖掘潜力，促进双向投资，拓展新能源、现代农业、绿色经济等新兴产业的合作，不断提升合作的质量和水平。

科莫罗夫斯基表示，波方愿同中方共同努力，加强两国政治往来以及经贸等各领域合作，支持双方工商企业加强交往与合作，大力开展人文交流，特别是高校交流，扩大两国友好的基础，加强在国际事务中的磋商与协调，把两国关系提升到新的更高水平，并推动两国战略伙伴关系不断向前发展。

吴邦国会见科莫罗夫斯基时说，中国全国人大与波兰众议院、参议院有着友好往来传统，双方在立法、监督、依法治国等方面的经验交流，为促进各自工作、服务国内建设需要发挥了积极作用。希望双方在已有基础上，继续保持、不断加强各层次各领域友好往来，为中波战略伙伴关系发展注入新的活力。

科莫罗夫斯基表示，波兰愿深化波中议会交往，加强相互交流和学习借鉴，使其成为两国关系的重要推动力量。

温家宝在会见科莫罗夫斯基时表示，两国政府部门和企业要抓住机遇，密切沟通联系，通过双边、多边方式，扩大贸易规模，促进相互投资，加强基础设施建设合作，深化财政金融合作，密切人文交流。

科莫罗夫斯基表示，波方愿与中方加强高层交往和各级别人员往来，全面深化贸易、投资、科技、金融、基础设施建设等领域的互利合作，增进人民之间的相互了解和友谊，使两国战略伙伴关系更多造福两国人民。

12月18—19日

［纲　文］　**温家宝在江苏调研。**

［目　文］　国务院总理温家宝在江苏省常熟、昆山和苏州工业园区的生产企业、科研单位、金融机构、服装交易市场，就当前经济运行及走势进行调研。

温家宝指出，当前我国经济发展势头总体良好，但也面临不少新情况、新问题。我们既要看到有利条件，增强发展的信心，又要充分估计形势的复杂性和严峻性，做好应对困难和挑战的准备，扎实工作，稳中求进，牢牢把握经济工作的主动权。

12月18—19日

［纲　文］　**全国组织部长会议在北京召开。**

［目　文］　中共中央政治局常委、国家副主席习近平出席会议并讲话。中组部部长李源潮主持会议。会议期间，举办了严明换届纪律、匡正换届风气主题展和地方组织部门特色工作成果展。

习近平指出，2012年部分省区市党委将进行换届，地方人大、政府、政协换届工作也将全面展开。各省区市要继续认真贯彻中央部署，加强组织领导，进一步把工作抓细抓实。要坚持德才兼备、以德为先用人标准，坚持五湖四海、任人唯贤，切实把政治坚定、实绩突出、作风过硬、群众公认的干部选拔上来。特别要注意选拔那些原则性强、对群众感情深、一身正气、敢抓善管和工作中有思路、有激情、有韧劲、贡献大的干部，进一步树立正确用人导向。

会议认为，2011年组织工作在党中央和各级党委领导下，改革创新、扎实推进，干部群众的满意度明显提高。召开党的十八大，组织部门承担着重要责任。要按照中央决策部署，认真做好十八大有关准备和地方领导班子换届工作。坚持五湖四海、任人唯贤，坚持德才兼备、以德为先，坚持民主公开竞争择优，选优配强领导班子，特别是党政正职，进一步营造风清气正的换届环境。加强换届后领导班子思想政治建设，增强党性、改进作风，提高推动科学发展、促进社会和谐能力。总结换届中推进改革的经验，继续积极稳妥推进干部人事制度改革。深化创先争优活动，使创先争优常态化、长效化。要把明年作为"基层组织建设年"，全面提升基层党建工作水平。深入实施人才发展规划，更好地发挥人才第一资源对科学发展的支撑作用。

12月19日

［纲　文］　**新华社讯，胡锦涛签署通令，给6个单位、12名个人记功。**

［目　文］　给在单位建设取得显著成绩和完成任务中作出突出贡献的63612部队、空军八一飞行表演队、空军某飞行学院三团、国防大学马克思主义研究所记一等功，63680部队接船一大队记二等功，海军某试验区记三等功。

给在本职岗位上做出突出成绩的装甲兵工程学院控制工程系电气工程教研室教授臧克茂、军事医学科学院毒物药物研究所所长李松、海军东海舰队航空兵某团副团长孙自武、空军某试飞团副参谋长李刚记一等功，给第二军医大学药学系药理学教研室教授苏定冯记二等功，给海军总医院专家组顾问、主任医师杨晔记三等功。

给在科研工作中取得显著成绩的第四军医大学航空航天医学系心理学教研室主任苗丹民记一等功，海军工程大学某研究所所长马伟明记一等功，给总后卫生部副部长王玉民，解放军总医院南楼临床部呼吸内科主任刘长庭，军事医学科学院放射与辐射医学研究所辐射生物技术研究室主任王升启，海军装备研究院院长汪玉记二等功。

12月19日

［纲　文］　**新华社讯，胡锦涛签署命令，给1个单位、2名个人授予荣誉称号。**

［目　文］　授予广西军区边防某团八连"卫国戍边模范连"荣誉称号。追授空军航空兵某师装备部原副部长徐建平同志"模范机务干部"荣誉称号。授予解放军第四医院外科副主任、副主任医师何敏同志"高原模范军医"荣誉称号。

中央军委号召，全军和武警部队广大官兵要以这次授予荣誉称号的单位和个人为榜样，高举中国特色社会主义伟大旗帜，以邓小平理论和"三个代表"重要思想为指导，深入贯彻落实科学发展观，自觉践行当代革命军人核心价值观，紧紧围绕国防和军队建设主题主线，团结拼搏，扎实工作，为推动军队建设科学发展、有效履行新世纪新阶段我军历史使命而努力奋斗！

12月19日

［纲　文］　**中共中央电唁金正日逝世。**

［目　文］　中共中央、全国人大常委会、国务院、中央军委向朝鲜劳动党中央委员会、朝鲜劳动党中央军事委员会、朝鲜民主主义人民共和国国防委员会、朝鲜民主主义人民共和国最高人民会议常任委员会、朝鲜民主主义人民共和国内阁发唁电，沉痛悼念朝鲜劳动党总书记、国防委员会委员长、朝鲜人民军最高司令官金正日同志。外交部部长杨洁篪约见朝鲜驻华使馆临时代办朴明浩，转达了唁电。

20—21日，中共中央总书记、国家主席、中央军委主席胡锦涛，中共中央政治局常委、国务院总理温家宝，在朝鲜驻华使馆吊唁金正日逝世。

12月19日

［纲　文］　**文化部发布《文化市场综合行政执法管理办法》。**

［目　文］　《办法》共5章44条。主要有总则、执法机构与执法人员、执法程序、执法监督与责任追究、附则等内容。自2012年2月1日起施行。2006年7月1日文化部发布的《文化市场行政执法管理办法》同时废止。

12月19日

［纲　文］　**税务总局发布修改后的《车辆购置税征收管理办法》，自2012年1月1日起施行。**

12月19日

［纲　文］　**首届中华艺文奖颁奖典礼在中国国家博物馆礼堂举行。**

［目　文］　中华艺文奖“终身成就奖”“艺文奖”“青年奖”三大奖项分别揭晓。中共中央政治局委员、国务委员刘延东出席并向获奖者颁奖。中宣部、文化部、中国文学艺术界联合会、中国艺术研究院等有关部门负责人和我国文化艺术界的专家学者、艺术家等500余人参加典礼

中华艺文奖由中国艺术研究院主办，中国泛海控股集团有限公司出资设立，是我国政府设立的文艺奖项之外，由国家级学术机构主办的最高艺术奖。该奖面向中国内地和港、澳、台地区，旨在表彰、奖励中华文化艺术英才，树立文化艺术典范，鼓励文化艺术创造，完善科学的艺术评价体系，推进国家文化艺术荣誉制度建设，促进中国文化艺术的发展与繁荣。

12月19日

［纲　文］　**中央企业负责人会议在北京召开。**

［目　文］　中共中央政治局委员、国务院副总理张德江出席会议并讲话。他指出，中央企业要深入贯彻落实科学发展观，全面贯彻落实中央经济工作会议精神，坚持以科学发展为主题、以加快转变经济发展方式为主线，坚持突出主业、把实体经济做强做优，坚持深化改革、加快推进布局结构调整，更加注重推进自主创新，更加注重提升质量效益，

更加注重加强内部管理，更加注重班子队伍建设，积极实施“走出去”战略，积极履行社会责任，努力促进企业健康可持续发展，为确保明年经济平稳较快发展、保持社会和谐稳定发挥积极作用。

12月19日

［纲　文］　**中共中央政治局委员、中组部部长李源潮在北京会见日本自民党参议员林芳正。**

［目　文］　李源潮指出，中日两国是一衣带水的近邻，中日在推动亚洲一体化进程，维护地区和世界稳定、发展与繁荣方面肩负着共同责任，走和平、友好、合作之路，符合两国和两国人民的根本利益。中方高度重视中日关系，愿继续与日方一道，加强各领域各层次的对话、交流与合作，推动两国关系不断取得新发展。

林芳正表示，愿继续关心和参与日中友好交流合作，推进两国战略互惠关系不断向前发展。

12月19日

［纲　文］　**国务委员兼国防部部长梁光烈与马来西亚国防部部长哈米迪在北京举行会谈，就地区形势，两国、两军关系及其他共同关心的问题交换了意见。**

12月19日

［纲　文］　**向全国重点辛亥革命纪念馆捐赠纪念辛亥革命100周年重点出版物的捐赠仪式在北京举行。**

［目　文］　捐赠活动由全国政协办公厅新闻局、新闻出版总署出版管理司、新闻出版总署财务司共同举办。人民出版社、社会科学文献出版社等15家出版单位捐赠的20种出版物将进入北京中山堂、北京宋庆龄故居、辛亥革命武昌起义纪念馆、南京孙中山纪念馆等26家全国重点辛亥革命纪念馆。

新闻出版总署从2010年年初就进行规划，要求全国出版单位加强对相关出版物选题的规划工作。全国有100多家出版社策划纪念辛亥革命100周年的选题400余种，其中列入各地省局重点规划的有200多种。其中，本次捐赠的20种列入总署重点的选题。

12月19日

［纲　文］　**香港大学与英国剑桥大学合作首次招收内地优秀学生攻读工程类本科专业，所有参加2012年内地高考的学生均可申请。**

12月19—21日

［纲　文］　**第十四届中国留学人员广州科技交流会在广州举行。**

［目　文］　中共中央政治局委员、中组部部长李源潮，中共中央政治局委员、广东省委书记汪洋出席开幕式，为第三批海外高层次人才创新创业基地授牌，并与参加“留交会”的外裔专家座谈。国内68个省市代表团，超过60所高校、17个研究所和200多家企业独立组团参展，携1万多个人才需求岗位前来对接，参展单位覆盖面为历届之最。22个海外留学人员社团报名组团参会，海外人才报名参会人数达2200多人，参会参展的创

新创业成果约1300项，均为历史之最。

12月19—20日

［纲　文］ **国务委员戴秉国在缅甸内比都出席大湄公河次区域经济合作（GMS）第四次领导人会议**。

［目　文］ 本次会议的主题是“超越2012：面向新十年的GMS战略发展伙伴关系”。缅甸总统吴登盛、柬埔寨首相洪森、老挝总理通辛、泰国总理英拉、越南总理阮晋勇和亚洲开发银行行长黑田东彦出席会议。他们积极评价中国为促进次区域合作发挥的作用。会议通过了《内比都宣言》和《大湄公河次区域经济合作新十年战略框架》。与会领导人接受了GMS部长递交的成果文件，听取了GMS工商论坛商业和投资会议的情况汇报，并出席了三个合作备忘录的签字仪式。

会议期间，戴秉国分别会见了缅甸总统吴登盛、柬埔寨首相洪森、老挝总理通辛、越南总理阮晋勇和泰国总理英拉；与缅甸副总统吴丁昂敏乌举行了会谈。

12月20日

［纲　文］ **国家主席胡锦涛任免驻外大使**。

［目　文］ 胡锦涛根据全国人民代表大会常务委员会的决定任免下列驻外大使：一、免去闵永年的中华人民共和国驻文莱达鲁萨兰国特命全权大使职务；任命郑祥林为中华人民共和国驻文莱达鲁萨兰国特命全权大使。二、免去杨洪林的中华人民共和国驻沙特阿拉伯王国特命全权大使职务；任命李成文为中华人民共和国驻沙特阿拉伯王国特命全权大使。三、免去赵五一的中华人民共和国驻秘鲁共和国特命全权大使职务；任命黄敏慧（女）为中华人民共和国驻秘鲁共和国特命全权大使。四、免去顾小杰的中华人民共和国驻埃塞俄比亚联邦民主共和国特命全权大使职务；任命解晓岩为中华人民共和国驻埃塞俄比亚联邦民主共和国特命全权大使。五、免去王卫国的中华人民共和国驻塞舌尔共和国特命全权大使职务；任命史忠俊为中华人民共和国驻塞舌尔共和国特命全权大使。六、免去刘增文的中华人民共和国驻罗马尼亚特命全权大使职务；任命霍玉珍（女）为中华人民共和国驻罗马尼亚特命全权大使。七、免去王俊岭的中华人民共和国驻阿尔巴尼亚共和国特命全权大使职务；任命叶皓为中华人民共和国驻阿尔巴尼亚共和国特命全权大使。八、免去王群的中华人民共和国常驻联合国日内瓦办事处和瑞士其他国际组织副代表、特命全权裁军事务大使职务；任命吴海涛为中华人民共和国常驻联合国日内瓦办事处和瑞士其他国际组织副代表、特命全权裁军事务大使。

12月20日

［纲　文］ **国务院公布《中华人民共和国招标投标法实施条例》**。

［目　文］ 《条例》共7章85条。主要有总则，招标，投标，开标、评标和中标，投诉与处理，法律责任，附则等内容。自2012年2月1日起施行。

12月20日

［纲　文］　**国务院公布《放射性废物安全管理条例》。**

［目　文］《条例》共6章46条。主要有总则、放射性废物的处理和贮存、放射性废物的处置、监督管理、法律责任、附则等内容。自2012年3月1日起施行。

12月20日

［纲　文］　**国务院办公厅印发《社区服务体系建设规划（2011—2015年）》。**

［目　文］《规划》由五个部分组成：一、发展现状和面临形势。二、指导思想、基本原则和发展目标。三、重点任务。四、重点工程。五、政策措施和组织保障。

《规划》指出，继续开展农村社区服务试点，加强资源整合，推进农村社区综合性公共服务设施建设，将就业、社会保障、卫生、计划生育、文化、体育、社会治安等基本公共服务向农村延伸，重点发展面向农村老年人、病残人员、妇女及未成年人等群体的照料、帮扶等服务，促进城乡基本公共服务均等化，把农业技术推广、动植物疫病防控和农产品质量监管等公共服务能力建设与农村社区建设结合起来。

12月20日

［纲　文］　**公安部发布修改后的《中华人民共和国普通护照和出入境通行证签发管理办法》，自2012年3月1日起施行。**

12月20日

［纲　文］　**新华社讯，财政部下达2012年中小河流治理专项资金239亿元。**

［目　文］　为利用好今冬明春水利项目施工的黄金时期，财政部提前下达2012年中小河流治理、小型病险水库除险加固专项资金239亿元，专项用于中小河流治理和小型病险水库除险加固。

12月20日

［纲　文］　**全国精神文明建设工作表彰大会在北京举行。**

［目　文］　中共中央政治局常委、中央文明委主任李长春出席并讲话。中共中央政治局委员、中央文明委副主任刘云山主持会议。中共中央政治局委员、中央文明委副主任刘延东宣读了表彰决定，授予27个全国文明城市（区）、899个全国文明村镇、1794个全国文明单位，继续保留23个城市（区）的全国文明城市（区）荣誉称号。中央文明委委员出席会议。各地各部门文明委负责同志，受表彰的城市（区）、村镇、单位代表参加会议。

李长春指出，要认真贯彻落实党的十七届六中全会精神，统一思想，提高认识，抓住机遇，乘势而上，把全会提出的目标任务、方针政策、决策部署贯彻落实到精神文明建设实际工作之中，为实现全面建设小康社会宏伟目标提供坚强思想保证、强大精神动力、有力舆论支持、良好文化条件。

12月20日

［纲　文］　**全国政协副主席孙家正在北京会见土耳其民族行动党常务副主席、土耳其大国民议会议员吐尔凯什率领的民族行动党干部考察团。**

［目　文］　孙家正表示，中土同为新兴发展中国家，进一步发展两国关系，不仅符合两国人民根本利益，也有利于世界和平与发展。中国共产党愿在党际交往四项原则基础上，与民族行动党加强往来，共同致力于发展中土战略合作关系。

吐尔凯什对中国改革开放和经济建设取得的巨大成就表示钦佩，希望加强同中共交流与合作，不断充实中土战略合作关系内涵。

12月20日

［纲　文］　**外交部部长杨洁篪分别同俄罗斯外长拉夫罗夫、美国国务卿希拉里、韩国外交通商部长官金星焕、日本外相玄叶光一郎通电话，就朝鲜最高领导人金正日逝世和当前半岛形势交换意见。**

［目　文］　杨洁篪同拉夫罗夫通电话时表示，维护朝鲜半岛和平稳定符合各方共同利益。中方愿同俄方一道，继续致力于维护半岛和平稳定大局。拉夫罗夫表示，俄方愿与中方保持密切沟通与协调，为维护半岛和平稳定做出积极努力。双方表示，将共同努力促进中俄全面战略协作伙伴关系在新的一年里取得更大发展。

杨洁篪同希拉里和金星焕通电话时表示，维护朝鲜半岛和平稳定符合各方共同利益。中方愿同各方继续共同努力，致力于维护半岛和平稳定。中方愿与美方和韩方加强对话合作，推动中美关系和中韩关系在新的一年继续向前发展。希拉里和金星焕表示，维护朝鲜半岛和平稳定十分重要，愿与中方保持密切沟通协调。希拉里和金星焕也分别表示了推进对华关系的愿望。

杨洁篪同玄叶光一郎通电话时表示，维护朝鲜半岛和平稳定符合各方共同利益。中方愿同日方一道，共同为维护半岛和地区和平稳定继续作出努力。玄叶表示，维护半岛和地区和平和稳定十分重要，日方愿与中方保持密切沟通。双方表示，将共同努力，确保野田首相访华取得成功，为迎接2012年中日邦交正常化40周年打下良好基础。

12月20日

［纲　文］　**中国在西昌卫星发射中心用"长征三号乙"运载火箭，将尼日利亚通信卫星1R成功送入预定轨道。**

［目　文］　本次发射任务是根据中国航天科技集团公司所属中国长城工业总公司与尼日利亚通信卫星有限公司于2009年签署的合同实施的。根据合同约定，"尼星1R"将接替因太阳能帆板驱动机构故障在轨失效的"尼星1号"，中国卫星发射测控系统部为其提供发射、测控服务及地面站支持。

此次发射是"长征三号乙"运载火箭的第18次发射，也是长征系列运载火箭的第154次飞行。

12月20日

［纲　文］　**北京铁路局发布，自2012年1月1日开始，火车票全部实行实名制。**

12月20—24日

［纲　文］　**习近平应邀对越南、泰国进行正式访问。**

［目　文］　20—22日，中共中央政治局常委、国家副主席习近平对越南访问，在河内分别会见了越共中央总书记阮富仲、越南国家主席张晋创、越南国会主席阮生雄、越南总理阮晋勇；同越共中央书记处常务书记黎鸿英和国家副主席阮氏缘举行会谈，双方还就南海问题交换了意见并积极评价2011年10月阮富仲访华时双方就妥善处理南海争议达成的重要共识和所签署的基本原则协议，一致表示要共同努力，认真抓好贯彻落实，切实维护南海稳定；习近平在越共中央对外部部长黄平君陪同下，瞻仰胡志明陵并参观了胡志明故居，听取了故居负责人有关胡志明生平及他与毛泽东、周恩来等中国老一辈革命家交往事迹的介绍；习近平和黎鸿英在河内国际会议中心共同会见了参加第十二届中越青年友好会见活动的两国青年代表。

22—24日，国家副主席习近平对泰国访问，在曼谷同泰国总理英拉举行了会谈并共同出席了两国有关加强经贸、金融、司法及防灾减灾等领域合作文件的签字仪式；在英拉等陪同下，在曾遭受洪灾影响的曼谷乐达纳古信沙拉雅中学看望慰问学校师生；习近平分别会见了泰国国王代表诗琳通公主，泰国国会主席兼下议院议长颂萨，泰国枢密院主席炳·廷素拉暖上将，泰国民主党党首、前总理阿披实等；参观了泰国孔子学院教学成果图片展，了解泰国各地孔子学院、孔子课堂在教育教学、师资培训、活动交流等方面的情况；在泰国副总理荣育陪同下，出席了泰国华人华侨各界举行的欢迎晚宴并致辞。

12月20—21日

［纲　文］　**第七次全国环境保护大会在北京召开。**

［目　文］　中共中央政治局常委、国务院副总理李克强出席并讲话。各省（区、市）政府、新疆生产建设兵团、各计划单列市分管环境保护工作的负责人，国务院有关部门负责人，部分中央企业负责人，各省（区、市）发展改革、财政、环保部门负责人参加会议。

李克强为全国环保系统先进集体和先进工作者代表颁奖。受国务院委托，环境保护部部长周生贤与各省（区、市）、新疆生产建设兵团和部分中央企业负责人签订了“十二五”污染减排目标责任书。发展改革委、财政部和江苏省、湖北省、重庆市人民政府负责人介绍了加强环境保护工作的经验，环境保护部部长周生贤作了会议总结。

李克强指出，环境是重要的发展资源，良好环境本身就是稀缺资源，要全面贯彻落实中央经济工作会议精神，按照“十二五”发展主题主线的要求，坚持在发展中保护、在保护中发展，推动经济转型，提升生活质量，为经济长期平稳较快发展固本强基，为人民群众提供水清天蓝地干净的宜居安康环境。进一步加强环境保护，要严格落实责任制度，用改革的办法破解难题，完善环保法规体系和激励约束并举的经济政策体系，在试点的基础上逐步推广排污权交易。加大环保执法力度，做到执法必严、违法必究，切实解决“环境违法成本低、守法成本高”的问题。要建立和完善社会力量参与环境保护的工作机制，对民间环保组织和环保志愿者提供必要的帮助，更好地鼓励、支持和引导他们参与环保，使全社会都关心环境、珍惜环境、保护环境。

20日，李克强会见了全国环保系统先进集体和先进工作者代表。

12月21日

［纲　文］　**国务院在北京召开农村综合改革工作座谈会**。

［目　文］　中共中央政治局委员、国务院副总理回良玉出席会议并讲话。安徽、江苏、湖北省人民政府负责人，有关专家学者在会上发言。国务院农村综合改革工作小组成员，中央和国务院有关部门，部分参与农村税费改革工作的老同志和专家学者，各省（区、市）、计划单列市和新疆生产建设兵团农村综合改革领导小组办公室负责人参加会议。

回良玉指出，以农村税费改革为起点的农村综合改革，走过了10多年艰辛而辉煌的历程，极大地解放和发展了农村社会生产力，掀开了公共财政更多地覆盖农村的新篇章。在新形势下，要继续坚持统筹城乡发展的方略，坚持工业反哺农业、城市支持农村和多予少取放活的方针，深入推进农村综合改革，巩固少取成果，加大多予力度，做好放活文章，创新体制机制，完善服务体系，力争在重点领域取得重大突破，在关键环节取得重大进展，为加快城乡经济社会一体化发展提供强大动力和制度保障。各级党委政府和有关部门要从全局和战略的高度，充分认识深化农村综合改革的长期性、艰巨性和复杂性，切实加强领导，搞好调研指导，健全组织机构，以更加创新的精神，更加有力的措施，更加扎实的工作，推进农村综合改革向纵深发展，努力开创农村综合改革新局面。

12月21日

［纲　文］　**中央政法委在北京召开全国政法工作电视电话会议**。

［目　文］　中共中央政治局委员、中央政法委副书记王乐泉主持会议并讲话。国务委员、中央政法委副书记孟建柱，最高人民法院院长王胜俊，最高人民检察院检察长曹建明，各省、自治区、直辖市政法委书记、高级人民法院院长、人民检察院检察长、公安厅局长、国家安全厅局长、司法厅局长、综治办主任和中央政法各单位、中央和国家机关有关部门负责人出席会议。

会议指出，贯彻落实中央第五次西藏工作座谈会精神和中央新疆工作座谈会精神，在配合有关地方和部门加快推进跨越式发展的同时，加强民族宗教、双语教育、现代文明引领、基层基础、法制宣传教育等工作，重点加强对寺庙的依法管理，加强对非法宗教活动的专项治理，加强对社会面，特别是重点地区、重点部位的防范控制，严密防范、严厉打击达赖集团的渗透破坏活动，严密防范、严厉打击暴力恐怖犯罪活动，为长治久安奠定良好基础。

12月21日

［纲　文］　**总参谋部军训部成立大会在北京召开**。

［目　文］　经中央军委主席胡锦涛和中央军委批准，解放军总参谋部军训和兵种部改编成立总参谋部军训部。改编成立的军训部与原军训和兵种部相比，基本职能有四个方面的变化：进一步强化军事训练战略管理，加强联合训练宏观管理，强化军兵种训练统筹

指导，整合陆军训练和兵种建设指导。

12月21日

［纲　文］　**财政部印发《村级公益事业建设一事一议财政奖补资金管理办法》，自2012年1月1日起施行。2009年1月19日发布的《财政部关于村级公益事业一事一议中央财政奖补事项的通知》（财预〔2009〕5号）同时废止。**

12月21日

［纲　文］　**财政部印发《村级公益事业建设一事一议财政奖补项目管理暂行办法》，自2012年1月1日起实施。**

12月21日

［纲　文］　**中组部在北京召开全国老干部局长会议。**

［目　文］　中组部常务副部长沈跃跃代表中组部部务会出席会议并讲话。会议的主要任务是：贯彻中共中央十七大和十七届六中全会及全国经济工作会议、全国组织部长会议精神，总结2011年老干部工作，部署2012年工作任务。

12月21日

［纲　文］　**刘延东在北京会见钟志平率领的香港工业总会访京团。**

［目　文］　国务委员刘延东对香港工业总会长期以来支持特区政府依法施政，为"一国两制"方针在香港的成功实践，保持香港繁荣稳定所作的贡献表示赞赏。希望香港工业总会继续坚定爱国爱港立场，把握"十二五"规划的良好契机，用好中央的各项惠港政策，继续保持香港工业发展的活力，进一步增强应对国际经济形势变化的前瞻性和针对性，依靠科技进步，提升产业的竞争力，增进香港与内地的交流与合作，为实现内地与香港的共同发展作出新的贡献。

香港工业总会成立于1960年，是香港五大最具代表性的工商社团之一，在香港工商界，特别是制造业界具有重要地位和影响。香港工业总会现有3000多家公司会员。

12月21日

［纲　文］　**成都大熊猫繁育研究基地在北京举行新闻发布会。**

［目　文］　该基地现有的由108只大熊猫构成的全球最大人工繁育种群，将逐步放归自然。首批6只野化过渡训练个体于2012年1月11日入驻"都江堰繁育野放研究中心——熊猫谷"。6大熊猫分别是星蓉、星雅、功仔、迎迎、芝芝、琪琪，它们均属于亚成体，相当于人类少儿期，发育迅速、胆子较大，具有较强的生存适应能力。"熊猫谷"位于成都市都江堰玉堂镇马家沟，在大熊猫栖息地范围内，总体规划用地2004亩，其中租用林地1870亩，总投资3亿元。

12月21日

［纲　文］　**"中国十大边疆重镇"高峰论坛暨颁奖盛典在云南西双版纳傣族自治州景洪举行。**

［目　文］　活动由《环球时报》、新浪网、西双版纳傣族自治州共同主办。高峰论

坛分别就“边疆城市模式发展的特色化——现状与前景”“边疆和谐发展及长治久安——机遇与挑战”“边疆民族文化发展的特色化——保存与复兴”三个议题展开深入讨论。

在“中国十大边疆重镇”颁奖盛典中，凭祥市获最现代化的边疆名城奖，亚东县获最具战略地位的边疆名城奖，集安市获最具历史价值的边疆名城奖，延吉市获最具文化特色的边疆名城奖，西双版纳傣族自治州获最具旅游吸引力的边疆名城奖，满洲里市获“边贸经济发展最佳典范”边疆名城奖，河口县获“民族团结最佳典范”边疆名城奖，绥芬河市获“跨境合作最佳典范”边疆名城奖，阿克苏市获“军民联防最佳典范”边疆名城奖，丹东市获“可持续发展最佳典范”边疆名城奖。

12月21日

［纲　文］　**中国数字文化集团有限公司在北京成立。**

［目　文］　中共中央政治局委员、国务委员刘延东致信祝贺。刘延东在贺信中说，文化与科技相互融合，是当今时代文化发展的一大趋势。中国数字文化集团有限公司作为科技型中央文化企业，在增强自主创新能力、发挥科技引领作用、培育新型文化业态等方面承担重要使命。希望中国数字文化集团有限公司深入贯彻落实党的十七届六中全会精神，坚持以弘扬社会主义先进文化为已任，充分发挥体制优势、科技优势，开拓创新，锐意进取，坚持数字化、网络化、信息化发展方向，加快完善企业运行机制，大力拓展国内国际市场，努力打造知名文化品牌，早日成为具有强大竞争力、影响力的骨干文化企业，不断谱写中国数字文化发展的新篇章，为建设社会主义文化强国作出新的更大贡献。

中国数字文化集团由中国录音录像出版总社转企改制与北京首都创业集团有限公司共同组建。该集团涉及音像制品、数字内容、数字出版、游戏准入等产业领域。预计“十二五”末期，集团年产值将超过100亿元。中国数字由国务院作为出资人，财政部履行出资职责，中录总社持股51%，首创集团持股49%。相关负责人表示，集团成立是北京市政府打造“国家文化中心”的战略部署，首创集团积极参与中录总社改制，致力于打造中国数字文化“龙头”企业。

12月21日

［纲　文］　**中国首家拥有省级国有企业免税品经营特许权的海口免税店正式开业。**

［目　文］　标志着海南国际旅游岛建设国家赋予的主要政策基本开始实施。该店是我国内地首家“机场离岛免税店”，旅客购物可“即购即提”。

12月21—22日

［纲　文］　**“两岸四地中国戏曲艺术传承与发展·北京论坛”在北京举行。**

［目　文］　论坛由全国政协京昆室主办，全国政协副主席、全国政协京昆室主任孙家正出席开幕式并作主旨发言。参加论坛的专家学者，围绕“戏曲艺术保护与理论构建”“戏曲艺术院团建设与市场开拓”“戏曲艺术教育与人才培养”“戏曲艺术传播与对外交流培养”四个专题进行了研讨。

21日，“两岸四地中国戏曲艺术传承与发展·北京论坛”在全国政协礼堂举办戏曲晚会。

全国政协主席贾庆林出席观看。来自大陆和港澳台地区的戏曲艺术家表演了京剧、昆曲、粤剧、河北梆子等中国传统戏曲的代表曲目。

12月22日

［纲　文］ **国务院办公厅转发发展改革委等部门《疫苗供应体系建设规划》。**

［目　文］《规划》由四个部分组成：一、我国疫苗供应体系现状。二、指导思想、基本原则与发展目标。三、主要任务。四、保障措施。

《规划》指出，疫苗供应体系建设规划任务和项目的具体实施，常态下由相关部门按职责分工各负其责，抓好落实；发生重大疫情时按国务院部署实施应急协调，统筹多方力量共同应对，及时解决具有共性、影响全局的重大问题。完善政府有关部门、研发机构、生产储备企业之间的常态联系机制和应急状态下快速动员机制，提高疫苗供应应急保障协调能力。

12月22日

［纲　文］ **交通运输部印发《全国航道管理与养护发展纲要（2011—2015年）》。**

［目　文］《纲要》由五个部分组成：一、发展现状。二、发展环境。三、指导思想和工作原则。四、发展目标和主要任务。五、保障措施。

《纲要》指出，各级交通运输主管部门和航道、海事管理机构要按照发展现代交通运输业的总体要求，转变观念，开拓创新，积极研究新情况、解决新问题、实现新突破，认真贯彻落实本纲要提出的各项任务，为实现水运现代化而努力奋斗。

12月22日

［纲　文］ **交通运输部印发《交通运输部安全生产约谈办法（试行）》，自2011年12月22日起试行。**

12月22日

［纲　文］ **新闻出版总署发布《关于重申坚决制止报刊摊派发行的紧急通知》。**

［目　文］《通知》指出，各地新闻出版行政部门和各报刊主管部门一定要从维护党和人民利益的高度，充分认识禁止报刊摊派发行等行为的重要性，严格执行中央有关要求，切实加强管理，确保维护报刊发行市场健康有序运行；还要求各级新闻出版部门立即组织检查纠正报刊摊派发行等行为，将重点检查“摊派订阅”“人情订阅”“指标订阅”问题。对涉及违纪违规的，依法查处，绝不姑息迁就。对严重违规的报刊，要依法予以停刊整顿直至撤销刊号。

12月22日

［纲　文］ **全国住房保障工作会议在北京召开。**

［目　文］ 国务院副总理李克强出席并讲话。各省（区、市）政府、新疆生产建设兵团分管住房和城乡建设工作的负责人，中共中央、国务院有关部门，各省（区、市）发展改革、国土资源、财政、住房城乡建设部门，各计划单列市、地级城市政府分管住房

城乡建设工作的负责人参加工作会。住房城乡建设部，北京、黑龙江、江苏、陕西4省（市）政府负责人介绍了2011年住房保障工作和2012年打算及建议。会上，受国务院委托，住房城乡建设部代表保障性安居工程协调小组与各省（区、市）、新疆生产建设兵团签订了明年保障性安居工程建设的目标责任书。责任书不仅明确了明年的开工量和开工期限，而且确定了竣工量。

李克强指出，要贯彻落实中央经济工作会议精神，扎实做好明年住房保障工作，在确保质量的前提下，统筹推进新开工和结转续建项目建设，完善配套设施，力争更多竣工，确保分配公平，促进民生改善和经济发展。在做好保障房建设的同时，还要适应城镇居民合理的自住需求，增加普通商品住房供地，引导房地产企业推进普通商品住房建设。他指出，要坚持房地产调控政策不动摇，促进房地产市场健康发展。各方面要积极探索，完善符合我国国情和市场经济规律的住房政策体系。

12月22日

［纲　文］　**全国高级法院院长会议在北京召开。**

［目　文］　会议指出，2011年1—11月，全国地方各级法院新收各类案件10508592件，审、执结9623213件，同比分别上升5.09%和4.08%。

最高人民法院院长王胜俊在会议上指出，2012年人民法院工作的总体思路是：继续狠抓执法办案第一要务，努力实现人民法院各项工作新发展。重点要抓好“六个深化”，实现“六个提高”：深化能动司法，进一步提高为经济社会发展服务的水平；深化社会管理，进一步提高维护社会和谐稳定的水平；深化文化建设，进一步提高为社会主义文化大发展大繁荣服务的水平；深化“两项活动”，进一步提高法院队伍素质整体水平；深化司法改革，进一步提高法院工作科学化水平；深化监督指导，进一步提高基层基础建设水平。

12月22日

［纲　文］　**全国检察长会议在北京召开。**

［目　文］　会议指出，2011年我国检察机关在开展严肃查办危害民生民利渎职侵权犯罪、打击危害食品药品安全犯罪等工作中，均取得显著成效。共批准逮捕制售有毒有害食品等犯罪嫌疑人1801人，提起公诉1254人，查处涉嫌渎职犯罪的国家工作人员120人。立案侦查渎职侵权犯罪案件7181件10331人，同比分别上升0.2%和3.7%。各级检察机关配合有关部门开展“打四黑除四害”等专项行动，今年1—11月，共批准逮捕各类刑事犯罪嫌疑人837736人，提起公诉1069280人。

最高人民检察院检察长曹建明在会上指出，要牢记检察机关的人民性，始终把人民放在心中最高位置，把人民群众的关注点作为检察工作的着力点。

12月22日

［纲　文］　**全国政法委书记座谈会在北京召开。**

［目　文］　中共中央政治局委员、中央政法委副书记王乐泉，国务委员、中央政法

委副书记孟建柱出席会议并讲话。各省、自治区、直辖市和省会城市、副省级城市政法委书记，中央和国家机关有关部门负责人出席会议。北京市、广东省、天津市、山东省、重庆市、上海市、广西壮族自治区和浙江省宁波市党委政法委书记在会上发言，围绕贯彻落实全国政法工作电视电话会议精神，从服务经济社会发展、提升维护社会稳定水平、创新流动人口服务管理、推进阳光执法、开展政法干警核心价值观教育实践活动、加强基层基础建设、营造良好舆论环境等方面，分别谈了探索体会和下步工作打算。

会议指出，2012 年是实施“十二五”规划承上启下的重要一年，我们党将召开十八大，做好政法工作意义十分重大，任务十分艰巨。各级政法机关要立即行动起来，认真贯彻落实全国政法工作电视电话会议精神，结合各自实际，精心谋划、切实做好明年各项工作，把可能遇到的风险挑战估计得更充分一些，把应对措施准备得更周全一些，牢牢掌握工作主动权。

12 月 22 日

［纲　文］　**全国人大常委会副委员长桑国卫在北京会见由团长马克·亨德里克率领的英国议会跨党派中国小组代表团。**

12 月 22 日

［纲　文］　**中国在太原卫星发射中心用“长征四号乙”运载火箭，成功将“资源一号”02C 卫星送入太空。**

［目　文］　这是中国 2011 年航天发射的收官之战，至此，全年共实施 19 次航天发射任务。“资源一号”02C 卫星是一颗填补国内高分辨率遥感数据空白的卫星，由中国航天科技集团公司所属中国空间技术研究院负责研制生产。卫星重约 2100 公斤，设计寿命 3 年，装有全色多光谱相机和全色高分辨率相机，主要任务是获取全色和多光谱图像数据，可广泛应用于国土资源调查与监测、防灾减灾、农林水利、生态环境、国家重大工程等领域。“资源一号”02C 卫星的成功发射，是我国自主创新取得的又一重大成果，标志着我国遥感卫星从科研试验型向业务应用型的转变。

12 月 22—23 日

［纲　文］　**全国妇联十届四次执委会议在北京举行。**

［目　文］　中共中央政治局委员、全国人大常委会副委员长王兆国出席会议并讲话，全国妇联执委等 200 余人出席了会议。会议传达学习了中共中央书记处对妇联工作的指示精神。会议审议通过了《全国妇联十届四次执委会议关于工作报告的决议》。会议号召，各级妇联动员组织各族各界妇女，紧密团结在以胡锦涛同志为总书记的党中央周围，开拓创新、锐意进取，以更加坚定的理想信念凝聚在中国特色社会主义伟大旗帜下，为夺取全面建设小康社会新胜利、开创中国特色社会主义事业新局面作出更大贡献。

12 月 23 日

［纲　文］　**温家宝主持召开国务院常务会议。**

［目　文］　会议研究部署加快发展我国下一代互联网产业。会议明确了今后一个时期我国发展下一代互联网的路线图和主要目标。2013年年底前，开展国际互联网协议第6版网络小规模商用试点，形成成熟的商业模式和技术演进路线；2014—2015年，开展大规模部署和商用，实现国际互联网协议第4版与第6版主流业务互通。在此过程中，形成一批具有较强国际影响力的下一代互联网研究机构和骨干企业，全面增强互联网产业对消费、投资、出口和就业的拉动作用，增强对信息产业、高技术服务业、经济社会发展的辐射带动作用。

会议确定了以下任务：一、加强资源共建共享，建设宽带、融合、安全、泛在的下一代国家信息基础设施，推动网站系统升级改造。二、重点研发下一代互联网关键芯片、设备、软件和系统，加快产业化及现网装备。三、推动下一代互联网商用进程，促进新型业务研发、现网试验和在线应用。建设基于国际互联网协议第6版的三网融合基础业务平台，加快发展融合类业务应用。支持物联网、云计算、移动互联网发展。四、加强网络与信息安全保障，强化网络地址及域名系统的规划和管理，全面提升下一代互联网安全性和可信性。五、完善技术和产业标准体系，加强关键理论和核心技术研究。

12月23日

［纲　文］　**新闻出版总署在北京举行《大中华文库》出版工程暨新闻出版“走出去”先进单位表彰大会。**

［目　文］　会前，中共中央政治局常委李长春在北京人民大会堂会见了出席《大中华文库》出版工程暨新闻出版“走出去”先进单位表彰大会代表。李长春希望受到表彰的先进单位进一步增强责任感和使命感，再接再厉、开拓创新，更好地发挥示范表率作用，为加快文化改革发展、推动中华文化走向世界再立新功。《大中华文库》的出版，充分体现了党中央、国务院对文化建设和弘扬中华优秀传统文化的高度重视，向世界展示了中华文化的优秀成果，体现了中华民族对人类文明的重要贡献。

表彰大会由新闻出版总署署长、国家版权局局长柳斌杰主持。中宣部部长刘云山、中共中央政治局委员刘延东出席表彰大会并为获奖单位颁奖。会议表彰了4家《大中华文库》出版工程先进单位和44家在版权输出、实物出口、数字出版产品出口、期刊“走出去”、印刷服务出口、企业海外投资、海外销售渠道拓展等领域作出突出成绩的新闻出版单位。中央和国家有关部门，各省区市新闻出版局和出版单位、出版企业、新闻出版行业协会负责人出席会议。

12月23日

［纲　文］　**李长春在国家大剧院，与首都观众一起观看国家大剧院推出的原创话剧《王府井》。**

［目　文］　中共中央政治局常委李长春与演职人员交谈。他称赞这部话剧题材厚重、表演精湛，具有鲜明的京韵京味，通过王府井大街的变迁，展现了中国近现代史的历史画卷，是弘扬北京精神、对广大青少年开展爱国主义教育的生动教材。他希望国家大剧

院以贯彻落实党的十七届六中全会精神为强大动力，坚持面向观众、面向市场，不断改革创新，推出更多观众喜闻乐见的优秀作品，为繁荣文化市场、丰富人民群众精神文化生活作出新的贡献。

《王府井》全剧讲述王府井商家在乱世中保匾、救匾、护匾、守匾的经历，记录了“中华商业第一街”在历史演进和社会变革中的兴衰沉浮，展现了北京深厚的历史文化底蕴，弘扬了中华民族的浩然正气和民族大义，反映了爱国、创新、包容、厚德的北京精神的传统渊源。

12月23日

［纲　文］　**全国铁路工作会议在北京召开。**

［目　文］　国务院副总理张德江出席并讲话。铁道部部长盛光祖在会上作了《努力开创铁路科学发展新局面，更好地为经济社会发展和人民群众服务》的报告，总结了2011年铁路工作，部署了2012年重点任务。

12月23日

［纲　文］　**新华社讯，中宣部等部门要求做好“两节”文化工作，丰富城乡群众生活。**

［目　文］　通知指出，组织安排好元旦、春节期间的文化活动，是一项得民心、顺民意、惠民生的重要举措，各级宣传文化部门要高度重视、统筹协调，精心安排、周密部署，扎实推进各项工作。

12月23日

［纲　文］　**中宣部、国务院国资委在沈阳召开全国国有企业推进社会主义核心价值体系建设座谈会。**

［目　文］　国资委主任王勇作总结讲话，国资委副主任黄丹华主持会议。郭明义、张江、宁高宁、李新华、张晓刚、林左鸣、乔保平等17位同志先后作了发言，30多个企业作了书面交流。北京、辽宁等15个省区市党委宣传部，中国石油、中粮集团、中国国电等60多家国有企业以及民营企业的负责人，共120多人参加了座谈会。

会议指出，国有企业是发展社会主义市场经济的中坚力量，是建设社会主义先进文化的重要力量。思想政治工作是国有企业的一大政治优势，是增强企业凝聚力、促进企业改革发展的动力源泉，也是国有企业履行社会责任、成为党执政重要社会基础的内在保障。要认真贯彻党的十七届六中全会精神，坚持用社会主义核心价值体系统领企业思想政治工作，拓宽工作领域，丰富渠道载体，总结典型经验，改进方式方法，提升工作水平，更好地凝魂聚气、强基固本，为推动国有企业又好又快发展、促进国民经济平稳较快增长作出新的贡献。

12月23日

［纲　文］　**人力资源社会保障部、司法部在北京举行全国司法行政系统先进集体、先进工作者和劳动模范表彰大会。**

［目　文］　中共中央政治局委员、中央政法委副书记王乐泉，最高人民法院院长王胜俊，最高人民检察院检察长曹建明等出席。全国司法行政系统100个先进集体、150名

先进工作者和 50 名劳动模范受表彰。

12 月 23 日

［纲　文］　**全国行政学院院长会议在北京召开。**

［目　文］　国务委员兼国务院秘书长、国家行政学院院长马凯出席会议并讲话。国家行政学院常务副院长魏礼群主持会议，中央和国家机关有关部门、各省（区、市）行政学院负责人，国家行政学院在学学员和部分教职工共 1000 余人出席会议。

马凯指出，要大力加强国家行政学院队伍建设，全面提升以教师为重点的各类人才队伍的综合素质，努力建设有特色、高水平国际一流的行政学院。各级行政学院要不断创造提升行政学院队伍素质的条件，努力健全队伍建设的体制机制，积极营造尊重知识、尊重人才的良好氛围，切实解决教职员工工作和生活中的实际问题，为各类人才提供施展本领的舞台和拓展事业的空间。

12 月 23 日

［纲　文］　**海峡两岸关系法学研究会成立。**

［目　文］　全国政协社会和法制委员会主任张福森当选为海研会会长。中国法学会会长韩杼滨发来贺信，常务副会长刘飏主持成立大会。全国政协副主席、台盟中央主席林文漪出席大会。中共中央台办、国务院台湾事务办公室主任王毅出席会议并讲话。

12 月 23—24 日

［纲　文］　**发展改革委在南宁召开全国发展改革系统地区经济工作会议暨区域合作座谈会。**

［目　文］　会议总结了 2011 年地区经济工作，安排部署 2012 年地区经济工作重点任务。会议提出，要全面实施区域发展总体战略和主体功能区战略，以推进重点地区发展为抓手，破解协调发展难题；以明确战略定位和发展目标为基础，充分发挥不同区域的优势互补；以加强区域合作交流为纽带，拓展区域发展空间；以政策细化实化差别化为着力点，完善区域政策体系。

12 月 23 日—2012 年 1 月 3 日

［纲　文］　**“第三次全国文物普查百大新发现”图片展在首都博物馆举办。**

［目　文］　图片展由国家文物局主办，国家文物局第三次全国文物普查办公室、中国文物报社承办，首都博物馆协办。第三次全国文物普查是新中国成立后国家进行的最大规模的不可移动文物资源调查工作，历时 5 年多，建立各级普查组织机构 3000 余个，汇集普查工作者近 5 万人，登记不可移动文物 70 余万处。

12 月 24 日

［纲　文］　**教育部在北京召开全国继续教育工作会议暨高等教育自学考试制度建立 30 周年纪念大会。**

［目　文］　中共中央政治局委员、国务委员刘延东出席会议时指出，要完善体制机

制，强化规范管理，加快发展继续教育，促进各级各类教育纵向衔接、横向沟通，构建灵活开放的终身教育体系，推进学习型社会建设，为实现科教兴国和人才强国战略作出积极贡献。

教育部部长袁贵仁主持会议。国务院有关部门负责人、有关省区市代表、部分行业组织和大型企业负责人、百所高校代表参加会议。会议主要内容是：交流地方、部门、行业、学校等开展继续教育的主要经验，以及教育规划纲要发布实施以来推进继续教育改革与发展的新举措、新进展；分析当前继续教育改革与发展面临的新形势、新任务、新挑战，明确“十二五”期间加快继续教育改革发展的目标任务、发展思路、方针政策、措施；研讨《继续教育专题规划（征求意见稿）》和《关于加快发展继续教育的若干意见（征求意见稿）》。

据悉，30多年来，有近4000万人接受本专科学历继续教育，其中，自学考试1000多万人，广播电视大学900多万人，函授教育、夜大学和高校网络教育2000多万人。近年来，各行业开展非学历职工教育培训每年超过9000万人次，参加城乡社区教育培训的每年上亿人次。

23—25日，“2011继续教育数字化学习资源共享与服务成果展览会”在北京国家会议中心举办，用现代信息技术手段展示我国继续教育在数字化学习、资源建设与服务社会等方面取得的成果，展示数字化学习资源在促进教育教学改革、终身学习、教育信息化等方面的主要成就。展场分为“综合展区”和“单位展区”两大区域，总面积达11000平方米。来自部门、行业组织、相关企业、高等学校、职业院校以及广播电视大学等上百家参展单位参展。

12月24日

［纲　文］　**第十一届中国经济论坛在北京举行。**

［目　文］　论坛由人民日报社主管，《中国经济周刊》杂志主办。来自相关部委、地方城市和近200家企业与机构的代表就“全球经济新格局下的国际资本市场博弈”“中国能源战略新选择”“中国企业国际角色的新定位”三个主题进行了对话。

12月24日

［纲　文］　**发展改革委、商务部发布《外商投资产业指导目录（2011年修订）》，自2012年1月30日起施行。2007年10月31日发展改革委、商务部发布的《外商投资产业指导目录（2007年修订）》同时废止。**

12月24日

［纲　文］　**中国佛牙舍利结束在缅甸的供奉瞻礼活动，回到北京。**

［目　文］　在首都机场举行了佛牙舍利交接签字仪式，国家宗教事务局局长王作安和缅甸宗教部部长杜拉吴敏貌分别代表中缅两国政府在交接文书上签字。交接仪式结束后，佛牙舍利移驾彩车，驶往北京西山灵光寺并举行安奉法会。至此，中国佛牙舍利第四次赴缅供奉结束。

中国佛牙舍利是应缅甸政府邀请，于11月6日起在缅甸仰光、内比都、曼德勒三地供奉瞻礼，历时48天，超过400万缅甸民众前往瞻拜。

12月25日

［纲　文］　**全国财政工作会议在北京召开。**

［目　文］　财政部部长谢旭人出席会议并讲话，财政部副部长廖晓军主持会议。各省（自治区、直辖市、计划单列市）财政厅（局）长，财政部驻各地财政监察专员办事处专员，中央部门、中央企业财务部门有关负责人，特邀部门代表等出席了会议。会议总结了2011年财政工作，分析了当前经济财政形势，部署了2012年财政工作。

26日，中共中央政治局常委、国务院副总理李克强出席全国财政工作座谈会并讲话。

座谈会由财政部部长谢旭人主持。各省、自治区、直辖市和计划单列市政府、新疆生产建设兵团负责人，国务院有关部门负责人以及各地财政部门负责人参加了座谈会。财政部和重庆、浙江、安徽等省（市）负责人就做好2012年财政工作发了言。

李克强指出，财政工作要全面贯彻落实中央经济工作会议精神，服务经济社会发展全局，继续发挥好积极财政政策在支撑发展、改善民生、优化结构、推进改革等方面的作用，保持经济平稳较快发展和物价总水平基本稳定，增强发展的协调性和可持续性。做好明年财政工作，要坚持把握好稳中求进的工作总基调，实施积极的财政政策，不仅在总量上，要保持适度的财政赤字和国债规模，中央财政支出增幅预计还会超过今年，而且在结构上，财政支出要更加突出重点：积极推动扩大内需，积极促进结构调整和改革，积极保障和改善民生，切实保证重点领域支出需要。要丰富和完善刺激消费的政策措施，促进消费较快增长。保持合理的中央财政基建投资规模，鼓励和引导扩大民间投资。

12月25日

［纲　文］　**中国国家话剧院创建70年组建10周年庆祝仪式在北京举行。**

［目　文］　中共中央政治局委员、国务委员刘延东出席并为从艺50周年以上老艺术家代表颁发荣誉证书。文化部部长蔡武等有关部门负责人出席庆祝仪式。

中国国家话剧院前身最早可追溯到创建于1941年的延安青年艺术剧院。2001年，原中国青年艺术剧院与原中央实验话剧院合并组建中国国家话剧院。

12月25—26日

［纲　文］　**应国务院总理温家宝邀请，日本首相野田佳彦对中国进行正式访问。**

［目　文］　访问期间，国家主席胡锦涛、全国人大常委会委员长吴邦国在北京分别会见了野田佳彦。温家宝在北京与野田佳彦举行了会谈并共同出席了关于节能环保、青少年交流等合作文件的签字仪式。

胡锦涛会见野田佳彦时说，2012年将迎来中日邦交正常化40周年。中方愿同日方一道，高举中日友好旗帜，精心筹划和办好各项纪念活动和“中日国民交流友好年”活动，按照中日四个政治文件确定的各项原则和双方达成的一系列重要共识，本着以史为鉴、面向未来的精神，增进政治互信，扩大交流合作，共同开创中日战略互惠关系的新局面。朝鲜保持稳定和发展，朝鲜半岛保持和平稳定，符合有关各方共同利益，也是国际社会的普遍期待。中方愿同包括日方在内的有关各方一道，为维护朝鲜半岛和平稳定，实现半岛和东北亚持久和平和长治久安而共同努力。

野田说，双方要以明年日中邦交正常化40周年为契机，加强政治互信和高层交往，促进两国国民交流，提升两国经济互惠关系，加强经贸、环境、金融、旅游等领域合作，促进亚太地区和平与繁荣，不断深化日中战略互惠关系。面对朝鲜半岛局势新变化，日中两国加强合作，维护半岛和平稳定，这是双方共同利益所在，日方愿意就此同中方保持沟通。

吴邦国会见野田佳彦时说，中国全国人大与日本众参两院分别建立了定期交流机制，为推动国家关系改善发展发挥了重要作用。今后双方应继续充分利用这一有效平台，就各自内外政策、发展道路及共同关心的其他问题加强交流与对话，增进相互了解和信任，推动更多政治家，特别是年轻政治家关心和支持中日关系发展，投身中日友好事业。

野田佳彦说，日方愿与中方一道，以共同庆祝日中邦交正常化40周年为契机，进一步加强政府、议会、政党、地方，特别是青年人之间的友好往来，使日中关系不断向前发展。

温家宝与野田佳彦会谈时表示，双方要进一步发挥中日节能环保综合论坛、绿色博览会等机制和平台的作用，尽快启动中日节能环保投资基金，办好中日生态工业园区，着力提升在节能环保、绿色经济、低碳经济、高新技术领域的合作水平和规模。中方愿同日方密切配合，促进两国本币金融市场发展，加快推动中日韩三国自贸区进程和东亚财金合作。

野田佳彦说，日方愿继续按照日中四个政治文件精神，加强同中方的高层往来，以及政党、议会和民间交流，密切在重大地区和全球性课题上的沟通合作，携手应对挑战，为推动双边关系发展，促进地区和平与繁荣作出积极努力。

12月25—27日

［纲　文］　**第八次全国律师代表大会在北京召开。**

［目　文］　大会听取并审议通过了《七届全国律协理事会工作报告》《七届全国律协理事会财务工作报告》和修改后的《中华全国律师协会章程》，表彰了109家优秀律师事务所和200名优秀律师，选举产生了新一届中华全国律师协会理事会和常务理事会。

12月25日—2012年1月3日

［纲　文］　**西藏历史文化题材创作展在北京中华世纪坛举行。**

［目　文］　创作展由西藏自治区文化艺术研究院策划组织，展出李铎、张海、尼玛泽仁、叶星生、敬庭尧、郑山麓等40余位书画家的近200幅作品。

12月26日

［纲　文］　**胡锦涛在中南海会见来北京述职的香港特别行政区行政长官，听取香港**

当前形势和特区政府一年来工作情况的汇报。

［目　文］　国家主席胡锦涛说，当前香港总体形势是好的。经济方面保持持续平稳增长，失业率维持在较低水平。政治方面，第四届区议会选举和行政长官选举委员会选举顺利。社会方面，求稳定、谋发展、促和谐仍是主流共识，社会氛围更趋平和理性。特区政府施政报告积极回应市民诉求，推出多项改善民生的政策举措，受到社会各界好评。中央对你和特区政府一年来的施政及取得的成绩是充分肯定的。中央希望并相信你和特区政府管治团队继续本着对香港、对国家高度负责的精神，同心协力，恪尽职守，积极有为地做好本届政府任期的各项工作，为香港长期稳定和繁荣发展打下良好基础。

同日，国务院总理温家宝在中南海紫光阁会见了来京述职的香港特别行政区行政长官，听取了他对香港当前形势以及特别行政区政府一年来工作情况的汇报。

温家宝表示，一年来，针对世界经济复苏乏力和欧债危机带来的不利影响，香港特别行政区政府及时采取应对措施，保持了金融稳定和经济增长，推动解决重大民生问题，密切了香港同内地的交流合作，中央对此予以充分肯定。本届特区政府的任期还有半年，面临的任务仍然十分繁重，要统筹兼顾，恪尽职守，把各项工作做好。努力发展经济，继续改善民生，并着眼长远，积极谋划，巩固和发展香港国际金融中心的地位，为香港的可持续发展打下扎实基础。要贯彻好基本法，依靠港人的智慧和能力，妥善处理经济社会中的问题，继续保持香港社会长期繁荣稳定。中央政府有关部门正会同特区政府抓紧落实36条支持香港发展、深化两地合作的政策措施，增强香港应对挑战和风险的能力，为香港的发展拓展更大空间。我们对香港的未来充满信心。

12 月 26 日

［纲　文］　**胡锦涛在中南海会见来北京述职的澳门特别行政区行政长官崔世安，听取他对澳门当前形势和特区政府一年来工作情况的汇报。**

［目　文］　国家主席胡锦涛表示，当前澳门总体形势是好的，经济快速增长，民生持续改善，社会保持稳定。特区政府稳健施政，认真践行“阳光政府、科学决策”的理念，努力提高施政能力和水平；及时推出多项扶贫纾困的政策措施，帮助市民缓解通胀带来的生活压力。中央对你和特区政府一年来的工作及所取得的成绩是充分肯定的。相信你们在新的一年会着力推动澳门各项事业又好又快发展，更好地为澳门市民谋福祉。

同日，国务院总理温家宝在中南海紫光阁会见了来京述职的澳门特别行政区行政长官崔世安，听取了他对澳门当前形势以及特别行政区政府一年来工作情况的汇报。

温家宝表示，一年来，澳门经济保持快速发展，社会和谐稳定。特区政府坚持以人为本，着力改善民生，努力提高施政水平，取得积极成效，中央对此给予充分肯定。明年的外部经济环境不容乐观，特区政府要居安思危，未雨绸缪，采取切实有效措施加以应对。要继续推动经济适度多元发展，提高澳门经济的抗风险能力。中央支持澳门依照基本法的规定，从澳门实际出发，妥善处理经济社会发展中的问题，保持澳门社会长期繁荣稳定。

12月26日

［纲　文］　**国务院批复吉林省人民政府，同意长春市城市总体规划。**

［目　文］　批复说，一、原则同意修订后的《长春市城市总体规划（2011—2020年）》。二、长春市是吉林省省会，东北地区中心城市之一，我国重要的工业基地城市。要以科学发展观为指导，遵循城市发展客观规律，坚持经济、社会、人口、环境和资源相协调的可持续发展战略，统筹做好长春市城乡规划、建设和管理的各项工作。三、重视城乡统筹发展。在《总体规划》确定的3891平方公里城市规划区范围内，实行城乡统一规划管理。四、合理控制城市规模。到2020年，中心城区城市人口控制在425万人以内，城市建设用地控制在445平方公里以内。五、完善城市基础设施体系。要加快公路、铁路、港口和机场等交通基础设施建设，改善城市与周边地区交通运输条件。加强轨道交通的规划和建设，建立以公共交通为主体，各种交通方式相结合的多层次、多类型的城市综合交通系统。六、建设资源节约型和环境友好型城市。城市发展要走节约资源、保护环境的集约化道路，坚持经济建设、城乡建设与环境建设同步规划，大力发展循环经济，强化工业、交通和建筑节能，切实做好节能减排工作。七、创造良好的人居环境。要坚持以人为本，创建宜居环境。统筹安排关系人民群众切身利益的教育、医疗、市政等公共服务设施的规划布局和建设。将廉租住房、经济适用住房、公共租赁住房和中低价位、中小户型普通商品住房的建设目标纳入近期建设规划，确保城市保障性住房用地分期供给规模和区位布局合理。八、重视历史文化和风貌特色保护。要统筹协调发展与保护的关系，按照整体保护的原则，切实保护好城市传统风貌和格局。九、严格实施《总体规划》。城市建设要实现经济社会协调发展，物质文明和精神文明共同进步。城市管理要健全民主法制，坚持依法治市，构建和谐社会。

12月26日

［纲　文］　**国务院在北京人民大会堂举行全国粮食生产表彰奖励大会。**

［目　文］　会前，国务院总理温家宝等在人民大会堂金色大厅，接见了受表彰的全国粮食生产先进单位和先进个人代表，并与大家合影留念。

大会由国务院副总理回良玉主持。温家宝、全国政协副主席万钢、全国粮食稳定增产行动协调指导小组成员等有关部门负责人出席大会。国务委员兼国务院秘书长马凯宣读了《国务院关于表彰全国粮食生产先进单位和先进个人的决定》和《国务院关于对粮食生产工作成绩突出的省级人民政府给予表扬的通报》。参加会议的有，受表彰的先进单位和先进个人代表，各省（区、市）党委和政府分管农业农村工作的负责人、农业厅局长。产粮大县代表吉林省榆树市委书记李国强，突出贡献农业科技人员代表河南农业大学教授郭天财，粮食生产先进工作者代表黑龙江省肇东市农业局局长闫德久，种粮售粮大户代表湖南省岳阳市屈原管理区营田镇阳岳球分别作了典型发言。受表彰的200个产粮大县发出了关于开展粮食高产创建、为保障国家粮食安全作出更大贡献的倡议，倡议全国县市奋力推进粮食稳定发展，全力夺取明年粮食丰收，为保障国家粮食安全作出新的更大贡献。

会议强调，要把发展粮食生产摆在经济社会发展的突出位置，进一步强化粮食和农业基础设施建设，持续增加农业补贴资金，持续提高粮食最低收购价，持续加大产粮大县奖励力度，切实让重农抓粮者、支农兴粮者、务农种粮者政治上有荣誉、经济上有实惠、工作上有动力，充分调动各方面积极性，确保粮食生产长期稳定发展。

12月26日

［纲　文］　**政协第十一届全国委员会第四十三次主席会议在北京召开。**

［目　文］　全国政协主席贾庆林主持会议并讲话。全国政协副主席王刚、白立忱、陈奎元、阿不来提·阿不都热西提、黄孟复、张梅颖、张榕明、孙家正、李金华、郑万通、万钢、林文漪、厉无畏、罗富和、陈宗兴、王志珍、何厚铧出席会议。会议审议通过了政协第十一届全国委员会常务委员会第十六次会议议程（草案）和日程；审议通过了关于召开政协第十一届全国委员会第五次会议的决定（草案）；审议通过了政协第十一届全国委员会第五次会议秘书长和副秘书长名单（草案）、新闻发言人名单、政协十一届全国委员会委员增补名单（草案）、政协十一届全国委员会专门委员会副主任增补名单（草案）。会议决定将上述有关草案提请政协十一届十六次常委会议审议。会议决定，政协十一届十六次常委会议于2012年2月26—28日在北京举行。会议确定全国政协外事委员会主任赵启正为政协十一届五次会议新闻发言人。会议听取了全国政协副主席杜青林，全国政协副主席兼秘书长钱运录，全国政协副秘书长孙怀山、仝广成、蒋作君对有关事项所作的说明。

12月26日

［纲　文］　**厦门经济特区建设30周年庆祝大会在厦门举行，胡锦涛致信祝贺。**

［目　文］　中共中央总书记胡锦涛在贺信中指出，30年来，厦门经济特区坚持解放思想，锐意改革创新，不断扩大开放，经济社会发展取得显著成绩，人民群众生活发生巨大变化，为全国改革开放和社会主义现代化建设发挥了重要窗口和示范带动作用，为推动两岸经贸合作、文化交流和人员往来作出了独特贡献。实践充分证明，中央关于兴办经济特区的决策和部署是完全正确的。现在，厦门经济特区正站在一个新的发展起点上。希望你们紧紧围绕科学发展这个主题和加快转变经济发展方式这条主线，牢牢把握国家支持经济特区深化开发开放的宝贵机遇，面向现代化、面向世界、面向未来，敢于先行先试，勇于攻坚克难，坚定不移推进改革开放，加快调整优化经济结构，着力增强自主创新能力，积极发展社会主义先进文化，切实保障和改善民生，不断加强和创新社会管理，更好服务两岸关系和平发展，努力谱写厦门经济特区各项事业发展新的辉煌篇章。

中共中央政治局常委、中央纪委书记贺国强出席大会并讲话。中共中央政治局委员、国务院副总理王岐山，全国人大常委会副委员长桑国卫，全国政协副主席李兆焯，中央军委委员李继耐等出席庆祝大会。福建省委书记、省人大常委会主任孙春兰主持庆祝大会。大会表彰了厦门经济特区建设30周年杰出建设者和优秀建设者。中央和国家机关有关部门、福建省及部分省（区、市）有关负责人，深圳、珠海、汕头、海南经济特区以及上海浦东新区、天津滨海新区负责人，福建省和厦门市各界代表共3000余人参加庆祝大会。

会议期间，贺国强在厦门分别会见了参加厦门经济特区建设30周年庆祝大会的国际友人代表、港澳台侨人士代表和特区杰出建设者、优秀建设者。

12月26日

［纲 文］ **交通运输部公布《出租汽车驾驶员从业资格管理规定》。**

［目 文］《规定》共7章47条，主要有总则、考试、注册、继续教育、从业资格证件管理、法律责任、附则等内容。自2012年4月1日起施行。

12月26日

［纲 文］ **工业和信息化部在北京召开2012年全国工业和信息化工作会议。**

［目 文］ 国务院副总理张德江出席会议并讲话。工业和信息化部部长苗圩作《稳增长 促转型 努力实现工业通信业平稳较快发展》的工作报告。工业和信息化部副部长、国防科工局局长陈求发主持会议。会议主要任务是，贯彻中央经济工作会议精神，总结2011年工作，分析面临的形势，部署2012年任务，进一步统一认识，明确要求，动员全系统干部职工坚定信心，振奋精神，全力以赴做好各项工作，努力保持工业通信业良好发展势头，为经济社会平稳较快发展作出积极贡献。

12月26日

［纲 文］ **国务委员兼国防部部长梁光烈在北京会见尼泊尔副总理兼内政部部长、国防部部长加奇恰达尔。**

［目 文］ 梁光烈说，多年来，两国一直平等相待、彼此信赖、相互支持，在政治、经济、文化、军事等各个领域开展了良好的合作。中方感谢尼方在涉及中国核心利益问题上对中国的宝贵支持，愿与尼方共同努力，为地区和平、稳定与发展作出新的贡献。

加查达尔说，尼泊尔坚定奉行一个中国政策，认为西藏是中国领土不可分割的一部分，决不允许任何势力利用尼泊尔领土从事反华活动。尼方将与中方密切配合，不断深化两国在防务安全领域的友好交流与合作，进一步发展尼中世代友好的全面合作伙伴关系。

同日，国务委员、公安部部长孟建柱在北京与加奇恰达尔举行会谈时指出，多年来，两国公安、内政部门秉承并发扬两国传统友谊，相互配合、相互支持，有力维护了各自国家的稳定和边境地区的安全。中方愿与尼方共同努力，进一步加强在出入境管理、情报信息交流、执法教育培训等领域的协作，积极推动执法安全合作迈上新台阶，为两国友好关系的长远发展作出新的贡献。

加奇恰达尔表示，尼泊尔十分重视与中国的友好合作关系，愿进一步深化两国在执法安全领域的合作。

会谈后，双方签署了《中华人民共和国公安部和尼泊尔政府内政部会谈纪要》。

12月26日

［纲 文］ **流浪乞讨人员救助管理工作部际联席会议第一次全体会议在北京召开。**

［目 文］ 会议通报了“接送流浪孩子回家”专项行动方案，研究确定了联席会议成员单位职责任务分工和2012年工作要点。

12月26日

［纲　文］ **中国国际战略学会2011年年会在北京举行。**

［目　文］ 中国国际战略学会会长马晓天主持年会并作了题为《当前我国家安全环境的新变化》的报告。近200名老将军、老外交官和有关部门领导出席了年会。马晓天指出，应立足全局、着眼长远，继续贯彻“坚持韬光养晦，积极有所作为”的战略方针，为维护我国家发展的重要战略机遇期营造更为有利的安全环境。

12月26日

［纲　文］ **故宫世界文化遗产监测中心揭牌成立。**

［目　文］ 该中心负责制定故宫世界文化遗产监测管理工作制度、监测技术规范及预警标准，统筹安排和指导故宫世界文化遗产监测管理各项工作，完善“故宫世界文化遗产监测信息化平台”。

12月26—31日

［纲　文］ **十一届全国人大常委会第二十四次会议在北京举行。**

［目　文］ 全国人大常委会委员长吴邦国主持开、闭幕会议。全国人大常委会副委员长王兆国、路甬祥、乌云其木格、韩启德、华建敏、陈至立、周铁农、李建国、司马义·铁力瓦尔地、蒋树声、陈昌智、严隽琪、桑国卫和常委会组成人员出席会议。

会议主要内容有：一、会议经表决，通过了全国人大常委会关于修改职业病防治法的决定；决定免去李斌的国家人口和计划生育委员会主任职务，任命王侠为国家人口和计划生育委员会主任。国家主席胡锦涛签署第五十二号、五十三号主席令，分别予以公布。二、会议经表决，决定将刑事诉讼法修正案草案提请十一届全国人大五次会议审议。三、会议表决通过了全国人大常委会关于《中华人民共和国澳门特别行政区基本法》附件一第七条和附件二第三条的解释。四、会议表决通过了十一届全国人大五次会议关于十二届全国人大代表名额和选举问题的决定草案、香港特别行政区选举十二届全国人大代表的办法草案、澳门特别行政区选举十二届全国人大代表的办法草案，决定提请十一届全国人大五次会议审议。五、会议表决通过了全国人大常委会关于召开十一届全国人大五次会议的决定。根据这一决定，十一届全国人大五次会议定于2012年3月5日在北京召开。六、会议分别表决通过了全国人大常委会关于批准《中华人民共和国和俄罗斯联邦关于打击恐怖主义、分裂主义和极端主义的合作协定》的决定、关于批准《中华人民共和国和意大利共和国引渡条约》的决定、关于批准《中华人民共和国政府和意大利共和国政府关于刑事司法协助的条约》的决定，批准了上述协定和条约。七、会议分别表决通过了全国人大民族委员会、法律委员会、教育科学文化卫生委员会、外事委员会、华侨委员会、环境与资源保护委员会关于十一届全国人大四次会议主席团交付审议的代表提出的议案审议结果的报告。八、会议表决通过了全国人大常委会代表资格审查委员会关于个别代表的代表资格的报告。根据全国人大常委会发表的公告，十一届全国人大代表现在实有2978人。九、会议经表决，任命吴恒为全国人大教育科学文化卫生委员会副主任委员，陆浩为全国人大外事委员会副主任委员，黄华华为全国人大华侨委员会副主任委员；免去高强的全国人大常委会预算工作委员会主任职务，任命廖晓军为全国人大常委会预算工作委员会主任；任命阚珂为全国人大常委会法制工作委员会副主任，黄建初为全国人大常委会预算工作委员会副主任。

12月26—28日

［纲　文］　**贺国强在福建调研。**

［目　文］　中共中央政治局常委、中央纪委书记贺国强在厦门、福州和平潭综合实验区等地就加快转变经济发展方式，保持经济平稳较快发展调研。

贺国强在戴尔中国（厦门）有限公司，对该企业不断推进转型升级和产品创新的做法给予赞赏；在厦门海沧保税港区，听取厦门港、东南航运中心建设情况介绍；在平潭综合实验区，了解项目建设进展情况；在平潭海峡高速客运码头，了解航线运行、客货流量等情况；在管委会现场指挥部，听取实验区规划建设情况介绍，并与中央有关部门、福建省、管委会的有关负责人就加快实验区开发开放进行座谈；在视察厦门翔安海底隧道、平潭环岛公路建设情况时，要求加快推进交通、能源、水利、信息等基础设施建设，消除瓶颈制约，增强发展后劲；在福州市考察内河综合整治项目时，要求坚持开发与保护并重，加强生态建设和环境保护，确保福建山清水秀、生态优良、环境优美；在福州市考察三坊七巷保护修复工程时，要求加强传统、特色文化资源的保护、开发和利用，积极发展文化产业和旅游业，提升城市文化品位，增强城市文化软实力；在福州市行政服务中心，指出要深化行政管理体制改革，加强和创新社会管理，推进服务型政府建设和廉政勤政建设，努力为人民群众提供优质、便捷、高效的服务。

考察期间，贺国强听取了福建省委、省政府和省纪委的工作汇报，他希望福建各级党委、政府和广大干部群众认真贯彻中央决策部署，紧紧抓住宝贵机遇，充分发挥自身优势，进一步解放思想、开拓进取、扎实工作，奋力谱写福建科学发展跨越发展新篇章。

12月27日

［纲　文］　**新华社讯，中共中央办公厅、国务院办公厅就做好2012年元旦、春节期间有关工作发布通知。**

［目　文］　通知指出，要扎实做好市场平稳运行工作，精心组织货源，加强产运销衔接，确保重要商品市场供应不断档、不脱销。要加强市场价格监测预警，严厉打击发布虚假信息、囤积居奇、操纵价格、恶意涨价等违法行为，保证节日期间市场价格，特别是生活必需品价格基本稳定。要加大产品质量和食品药品安全监管力度，严厉查处制售假冒伪劣和不合格产品案件。要保障煤电油气运稳定供应，重点做好与群众生产生活密切相关的供水、供电、供油、供气、供暖等工作。

12月27日

［纲　文］　**交通运输部公布《中华人民共和国海船船员适任考试和发证规则》。**

[目　文]　《规则》共9章64条。主要有总则、适任证书、适任考试、特免证明、承认签证、航运公司及相关机构的责任、监督管理、法律责任、附则等内容。自2012年3月1日起施行。2004年8月1日由原交通部颁布的《中华人民共和国海船船员适任考试、评估和发证规则》(交通部令2004年第6号)同时废止。

12月27日

[纲　文]　**全国体育局长会议在北京召开。**

[目　文]　中共中央政治局委员刘延东出席并讲话。会议就推进群众体育工作、备战伦敦奥运会、促进体育产业发展等方面对2011年的体育工作进行了总结，并对2012年的体育工作进行了展望。

12月27日

[纲　文]　**中国施工企业管理协会在北京举行“国家优质工程奖设立30周年纪念大会”。**

[目　文]　全国政协副主席阿不来提·阿不都热西提出席大会。各地方、各行业关联协会代表，广大工程建设、勘察、设计、施工、监理等参与创建“国优”工程的企业代表1000余人参加大会。会上，对评选出的23项“国优”30年经典工程、30家“国优”30年突出贡献企业和30位创“国优”30年突出贡献个人进行了表彰。

12月27日

[纲　文]　**中国能源汽车传播集团有限公司成立庆典在北京举行。**

[目　文]　中国能源汽车传播集团有限公司在中国能源报社、中国汽车报社基础上组建，其立足于能源、汽车两大行业，以能源、汽车产业新闻产品为核心业务，形成了报纸、杂志、新媒体、会展、研究咨询、影视制作、数字音像出版、品牌活动等多媒体、多元经营的格局，为两大行业和相关产业提供多方位服务。

中国能源汽车传播集团，是中共中央十七届六中全会后成立的第一家国有产业经济类专业传播集团，旨在通过体制机制改造组建集团，对能源、汽车两大关系密切领域传播资源进行整合，优势互补，相互协作，打造我国产业经济领域专业强势传播集团。

12月27日

[纲　文]　**《科学时报》2012年1月1日正式复名为《中国科学报》。**

[目　文]　经新闻出版总署批准，由中国科学院主管，中国科学院、中国工程院、国家自然科学基金委员会共同主办的《科学时报》于2012年1月1日起复名为《中国科学报》。

《中国科学报》于1959年创办，最初名为《科学报》，1989年1月更名为《中国科学报》，1999年1月1日更名为《科学时报》。

12月27日

[纲　文]　**纪念霍英东教育基金会成立25周年座谈会在北京举行。**

[目　文]　全国政协副主席郑万通、中央统战部副部长尤兰田出席座谈会。霍英东教育基金会顾问委员，历届获奖教师代表及驻京部分高校负责人等80多人参加座谈会。

霍英东教育基金会是由已故全国政协副主席、香港著名实业家霍英东先生出资1亿元港币，与教育部合作，于1986年设立的。基金会成立25年来，始终以发展教育、培育人才为宗旨，紧密配合国家科教兴国战略的实施，对内地高校青年教师从事科学研究活动给予大力资助，并对教学成果突出的青年教师进行奖励。截至目前，基金会共襄助3201名青年教师，资助金额超过2210万美元。

12月27日

［纲　文］　**第四次中韩外交部门高级别战略对话在韩国首尔举行。**

［目　文］　外交部副部长张志军同韩国外交通商部第一次官朴锡焕与会。双方就双边关系及共同关心的国际和地区问题交换了意见，一致认为要以2012年中韩建交20周年为契机，深化双边各领域务实合作，推动中韩关系取得新的发展。双方认为，有关各方应共同努力，维护朝鲜半岛和本地区的和平稳定。

中韩双方于2008年建立外交部门高级别战略对话机制，对话原则上每年举行一次。

12月27日

［纲　文］　**中国石油长庆油田发布，长庆油田年产油气突破4000万吨，标志着继大庆油田之后，我国建成第二个年产油气当量超过4000万吨的特大型油气田。**

12月27日

［纲　文］　**2011年女子国际象棋世界团体锦标赛在土耳其结束，中国队以8胜1负的战绩荣获冠军，并实现女团世锦赛三连冠。**

12月27日

［纲　文］　**2011年中国—东盟经贸论坛在泰国曼谷举行。**

［目　文］　该论坛是为庆祝中国—东盟建立对话关系20周年而举办的，论坛主题为“世界变局中，中国—东盟自贸区的机遇与挑战”。

12月27—28日

［纲　文］　**中央农村工作会议在北京举行。**

［目　文］　本次会议前，中央政治局常委会议、国务院常务会议和中央农村工作领导小组会议专门研究了会议文件，对做好2012年农业农村工作提出了明确要求。中共中央总书记胡锦涛对开好会议作出指示，充分肯定2011年农业农村发展的喜人形势，高度评价“三农”对全局工作的重大贡献，明确要求2012年要力争粮食生产再获丰收，农民收入再攀新高，农村民生继续改善。

国务院总理温家宝出席了第一次全体会议并讲话。他在讲话中系统回顾总结了党的十六大以来农业农村发展取得的巨大成就，阐述了在推进工业化城镇化进程中继续做好“三农”工作需要把握好的若干重大问题，对做好2012年农业农村工作提出了要求。

国务院副总理回良玉作了总结讲话。回良玉指出，要全面贯彻落实中共中央总书记胡锦涛指示、国务院总理温家宝讲话和会议精神，再接再厉、迎难而上、开拓进取，奋力做好2012年和今后一个时期的“三农”工作。

中央农村工作领导小组成员，各省、自治区、直辖市和计划单列市、新疆生产建设兵团负责人，中央和国家机关及军队有关单位负责人等出席会议。黑龙江、安徽、湖北、内蒙古、湖南、甘肃等省区代表作大会发言。会议讨论了《中共中央、国务院关于加快推进农业科技创新持续增强农产品供给保障能力的若干意见（讨论稿）》。

12月28日

［纲　文］　**新华社讯，国务院总理温家宝、中央军事委员会主席胡锦涛签署命令，给在执行任务中作出重大贡献的武警8674部队记一等功。**

12月28日

［纲　文］　**温家宝主持召开国务院常务会议。**

［目　文］　会议听取“7·23”甬温线特别重大铁路交通事故调查情况汇报。会议主要内容：一、会议同意事故调查组给予铁道部、通信信号集团公司、通信信号研究设计院、上海铁路局等单位54名责任人员党纪政纪处分的处理意见。其中，铁道部原部长刘志军、原副总工程师兼运输局局长张曙光对事故发生负有主要领导责任，因涉嫌严重违纪违法问题，另案一并处理；通信信号集团公司总经理、通信信号股份有限公司董事长马骋对事故发生负有主要领导责任，鉴于已因病去世，不再追究责任；铁道部副部长陆东福对事故发生负有重要领导责任，给予记过处分；给予铁道部总工程师何华武记过处分；给予铁道部运输局原副局长兼客运专线技术部主任、现任科技司司长、党总支书记季学胜撤职、撤销党内职务处分；给予铁道部运输局原副局长兼基础部主任、现任广州铁路集团公司董事长、党委书记徐啸明撤职、撤销党内职务处分；给予铁道部科技司原司长、现任安全总监兼副总工程师耿志修降级、党内严重警告处分；给予通信信号集团公司副总经理、党委常委缪伟忠撤职、撤销党内职务处分；给予通信信号研究设计院董事长、党委副书记张海丰撤职、撤销党内职务处分；给予上海铁路局原局长、党委副书记龙京撤职、撤销党内职务处分；给予上海铁路局原党委书记李嘉撤销党内职务处分。对其他责任人员，根据其应承担的责任给予相应党纪政纪处分。对于相关责任人员是否涉嫌犯罪问题，司法机关正在依法独立开展调查。二、会议决定，责成铁道部和铁道部部长盛光祖分别向国务院作出深刻检查。三、会议决定，责成国务院国资委对通信信号集团公司、通信信号股份有限公司及下属通信信号研究设计院依法进行整顿，重新组建通信信号研究设计院列控所。四、会议要求，铁道部、相关铁路运输企业和设备研发生产企业要深刻吸取事故教训，按照调查组针对事故暴露问题提出的整改意见，结合前一段铁路安全大检查的情况，进一步做好整改工作，切实加强安全质量管理，全面提高铁路，特别是高速铁路建设、运营安全管理水平。

同日，铁道部分别召开了党组会和全国铁路系统电视电话会议，要求全国铁路系统干部职工，坚决贯彻国务院常务会议决定，认真落实责任追究，深刻吸取事故教训，切实加强安全管理，维护职工队伍稳定，推进铁路安全发展。

铁道部部长盛光祖表示："7·23"事故暴露出铁道部在推进铁路发展过程中，安全发展理念树得不牢、行业监管职能履行不到位、对安全关键设备上道把关不严和上海铁路局安全管理薄弱、现场作业人员应急处置不力等问题，教训极为深刻。面对事故造成的严重后果和不良影响，深感对不起国家、对不起人民群众。铁道部和我已向国务院做出深刻检查，在此再次代表铁道部向"7·23"事故中遇难人员表示深切的哀悼，向遇难人员家属、受伤人员及其家属表示深深的歉意。

铁道部表示，坚决拥护国务院常务会议决定，要求全路干部职工不折不扣地贯彻落实。

12月28日

［纲 文］ **国务院办公厅印发《关于贯彻落实〈国务院关于进一步做好打击侵犯知识产权和制售假冒伪劣商品工作的意见〉任务分工的通知》。**

［目 文］ 《通知》由四个部分组成：一、依法严厉打击侵权和假冒伪劣行为。二、建立健全打击侵权和假冒伪劣的约束激励机制。三、动员社会力量参与打击侵权和假冒伪劣工作。四、完善打击侵权和假冒伪劣工作的保障措施。

《通知》指出，各有关部门要充分认识做好打击侵犯知识产权和制售假冒伪劣商品工作的重要意义，按照上述任务分工，对涉及本部门的工作进一步分解细化，抓紧制定具体措施，认真抓好落实。涉及多个部门和单位的工作，牵头部门要切实负起责任，加强组织协调，其他部门要密切配合。领导小组办公室要做好统筹协调工作，及时跟踪各项工作进展情况，重大问题及时向国务院报告。国务院办公厅将对有关工作落实情况适时开展督促检查。

12月28日

［纲 文］ **新华社讯，中央纪委监察部发布通知，要求党员领导干部在2012年元旦、春节期间严格执行廉洁自律各项规定，大力弘扬勤俭节约良好风尚。**

［目 文］ 通知要求，要严格执行中央关于领导干部廉洁自律各项规定。严格遵守政治纪律、保密纪律、组织人事纪律，严禁利用节日之机跑官要官、买官卖官以及搞拉票贿选等非组织活动。严格执行《中国共产党党员领导干部廉洁从政若干准则》，严禁违规收受礼金、有价证券、支付凭证和商业预付卡，严禁参与赌博活动，严禁领导干部的配偶、子女及身边工作人员借节日之机收敛财物。开展廉政文化创建活动，加强廉洁从政教育，引导党员领导干部讲党性、重品行、作表率，带头倡导和弘扬廉荣贪耻的良好风尚。

12月28日

［纲 文］ **证监会公布《中国证券监督管理委员会上市公司并购重组审核委员会工作规程（2011年修订）》。**

［目 文］ 《规程》共6章44条。主要有总则、并购重组委的组成、并购重组委及委员的职责、并购重组委会议、并购重组委的监督管理、附则等内容。自2011年12月28日起施行。《中国证券监督管理委员会上市公司并购重组审核委员会工作规程》（证监

发〔2007〕94号）同时废止。

12月28日

［纲 文］ **2011中国自主创新年会在北京人民大会堂举行。**

［目 文］ 中共中央政治局常委李长春对年会作出批示，中共中央政治局委员、中宣部部长刘云山发来贺信，中共中央政治局委员、国务委员刘延东出席并讲话。

李长春在批示中指出，经济日报社通过主办年会的方式，集中展示“十二五”开局之年我国在推进自主创新、掌握自主知识产权、培育自主品牌等方面取得的丰硕成果，宣传一批自主创新的先进典型，很有意义。他强调，提高自主创新能力是国家发展战略的核心，是深入贯彻落实科学发展观的必然要求，是加快转变经济发展方式的重要途径。新闻媒体要紧紧围绕科学发展这个主题和加快转变经济发展方式这条主线，切实把提高自主创新能力的宣传摆在更加突出的位置，大力弘扬创新精神、培育创新文化、营造创新环境，在全社会形成有利于创新激情竞相迸发、创新成果不断涌现的良好氛围，为加快建设创新型国家提供强大动力。

2011中国自主创新年会由经济日报社主办，主题为“世界经济变局 中国创新应对”。年会发布了《经济日报》“创新型城市与低碳城市评价体系”“创新型企业与创新人物评价体系”，并在权威专家学者科学认真评选的基础上，表彰了2011年度中国十大创新型城市、十大低碳城市、十大创新型企业、十大创新人物等。来自中央国家机关有关部委的负责人、有关城市和企业的代表及有关专家学者共200多人出席了年会。

12月28日

［纲 文］ **中国法学会常务理事会（扩大）会议暨第二届“中国法学优秀成果奖”颁奖仪式在深圳举行。**

［目 文］ 中共中央政治局委员、中央政法委副书记王乐泉，中共中央政治局委员、中共广东省委书记汪洋出席开幕式并为获奖代表颁奖。获奖者代表、辽宁省法学会代表、中国宪法学研究会代表在会上作了发言。

王乐泉指出，各级法学会和广大法学、法律工作者要切实增强责任感和使命感，进一步发扬理论联系实际的优良作风，为加快建设中国特色社会主义法治国家作出新贡献，为维护国家安全和社会和谐稳定、确保“十二五”规划顺利实施，提供更有力的法学理论支持。

12月28日

［纲 文］ **张德江在交通运输部调研。**

［目 文］ 中共中央政治局委员、国务院副总理张德江听取了交通运输部部长李盛霖关于2011年交通运输工作情况汇报以及部分省（自治区、直辖市）交通运输部门负责人发言。

张德江肯定了2011年交通运输各方面工作取得的成绩，并指出，交通运输是基础性、先导性和服务性产业，2012年改革发展任务十分繁重。要始终把确保安全放在首要位置，切实落实各项安全措施，加强安全隐患排查和专项治理，坚决遏制重特大事故发生，促进交通运输安全发展。要围绕稳增长、扩内需，继续保持一定投资建设规模，全力保障“十二五”重点项目、国家批准的在建项目和年内竣工项目按期、按质完成，促进交通运输稳定发展。

12月28日

［纲　文］　**李源潮与中央党校第31期中青年干部培训班学员座谈。**

［目　文］　中组部常务副部长沈跃跃主持座谈会。中央党校常务副校长李景田等参加。本期中青班有80多位学员表示，经过4个多月的学习，提高了理论素养，加强了党性锻炼，交流了实践经验，学到了新的知识，要把学习成果运用到实践中去，更好地为党和人民干事创业。

中组部部长李源潮指出，中青年干部要按照胡锦涛总书记要求，做社会主义核心价值体系的积极建设者和模范实践者，坚定科学信仰，保持先进追求，培养高尚品德，具有广博学识。

12月28日

［纲　文］　**国务院副总理王岐山在北京会见古巴部长会议副主席卡夫里萨斯，双方就中古关系及两国经贸合作等共同关心的问题交换了看法。**

12月28日

［纲　文］　**国务院台湾事务办公室举行新闻发布会。**

［目　文］　发言人表示，2012年1月1日起，大陆将开放台湾居民在部分省市申请设立个体工商户。首批开放北京、上海、广东、福建、江苏、浙江、湖北、四川、重庆9省市，开放的行业为餐饮及零售业；两岸共同打击犯罪及司法互助协议实施以来，双方合作取得长足进展，为维护两岸同胞权益和两岸交流交往的正常秩序发挥了重要的积极作用。两岸警方共抓获电信诈骗犯罪嫌疑人近3000名，缴获各类毒品1400多公斤，大陆警方遣返台湾通缉犯150多人，两岸司法机关相互送达文书、调查取证近2万件。根据协议的精神，本着人道互惠的原则，2010年大陆主管部门将一名罹患癌症的台湾服刑人员移交回台。2011年以来，大陆方面又陆续移交5名病重的台湾服刑人员。

就有关服务台资企业的问题，发言人表示，为进一步帮扶台资企业转型升级，广东、福建、辽宁、江苏、浙江、上海等省市近期陆续出台新政策，一是加强对台资企业的政策支持；二是加大对台资企业融资的支持力度；三是支持台资企业科技创新合作；四是推动台资企业转型升级，包括提供扶持资金、加强引导等。

12月28日

［纲　文］　**国防部举行例行记者会。**

［目　文］　就中国航母平台海试、北斗导航系统试运行等问题回答了记者提问。

发言人说，我航母平台前期开展的海上试验均已达到了预期效果，目前正按计划在海上开展后续科研试验。需要强调的是，航母平台的科研试验是一个长期的过程，根据工作需要，航母平台今后还将继续出海开展相关的科研试验和训练。

针对国外媒体关于俄罗斯拒绝对中国出售航母阻拦索装置的报道，发言人称报道毫无根据并表示，中国航母平台的主要系统装备，包括阻拦索在内，都是自主研发和改装的。

针对美国一些人士担心中国北斗导航系统可能对其构成军事威胁这一问题，发言人说，国际上的卫星导航系统都是军民两用系统。中国建设北斗导航系统是为了满足多样化的民用需求，也有利于中国的国防建设。中国一直致力于推动北斗系统与世界其他导航系统的兼容与互操作，共同推动卫星导航事业的发展。有关人士的担忧是多虑的。

12月28日

［纲　文］　**"温暖之春"——2012年慰问全国农民工春节晚会在北京奥体中心体育馆举行。**

［目　文］　晚会由文化部和国务院农民工工作联席会议办公室共同主办，近3000名农民工观看了晚会。参加晚会演出的400多名演员中，80%以上都是农民工或农民演员。

12月28日

［纲　文］　**中国出版传媒股份有限公司成立大会暨挂牌仪式在北京举行。**

［目　文］　中宣部、新闻出版总署等有关部门负责人出席挂牌仪式。中国出版传媒股份有限公司由中国出版集团公司、中国联合网络通信集团有限公司、中国文化产业投资基金及学习出版社共同发起成立。中国出版传媒股份有限公司旗下拥有人民文学出版社、商务印书馆、中华书局等20余家历史悠久的著名出版机构，以图书、期刊、音像制品、电子出版物、数字出版物出版、发行和销售为主营业务，属中央国有大型文化企业。

12月28日

［纲　文］　**新疆维吾尔自治区北屯市挂牌成立。**

［目　文］　北屯地处新疆北部阿尔泰区域地理中心，原名"多勒布尔津"，曾是古丝绸之路的必经之地。1958年，新疆生产建设兵团副政委张仲瀚将军率队踏勘选点时，选此为新疆兵团十师师部驻地，定名为"北屯"，意为"中国最北的屯垦重地"。

从1959年开始，十师干部职工白手起家，在荒无人烟的戈壁滩上开发建设，北屯从无到有，至今已走过半个世纪历程。1997年，中央下文提出北屯建市的构想，经过各方面14年的努力，北屯已初具城镇规模。2011年12月20日，国务院正式批复同意新疆维吾尔自治区设立县级北屯市。新疆兵团十师与北屯市实行"师市合一"的管理体制。

北屯市行政区域范围合计910.5平方公里，总人口7.63万人。

12月29日

［纲　文］　**财政部、工业和信息化部印发《政府采购促进中小企业发展暂行办法》，自2012年1月1日起施行。**

12月29日

［纲　文］ **工业和信息化部公布《规范互联网信息服务市场秩序若干规定》，自2012年3月15日起施行。**

12月29日

［纲　文］ **财政部、人民银行印发《中央财政国库集中支付会计对账办法》。**

［目　文］《办法》共10章37条。主要有总则，基层经办行与基层预算单位对账，预算单位上下级、代理银行上下级对账，代理银行总行与一级预算单位对账，代理银行总行与财政部对账，财政部与一级预算单位对账，代理银行总行与中国人民银行对账，中国人民银行与财政部对账，管理与监督，附则等内容。自2012年1月1日起实施。

12月29日

［纲　文］ **第三次全国文物普查工作电视电话会议在北京召开。**

［目　文］ 中共中央政治局委员、国务院第三次全国文物普查领导小组组长刘延东出席会议并讲话。会议总结回顾第三次全国文物普查工作，并就下一步全国文物保护和管理工作进行安排部署。会议指出，第三次全国文物普查工作进一步摸清了我国文化遗产家底，全面掌握了文化资源，进一步提高了全社会文物保护意识，促进了文物保护基础能力建设，推动了社会主义文化强国建设。会议强调，在下一步文物保护工作中，要以科学发展为主题，推动文物保护为促进经济社会发展作贡献；要坚持以人为本，让人民群众充分享受文物保护的成果；要深化改革，努力探索适应经济社会发展的文物保护体制机制；要加强领导，进一步落实政府文物保护责任；要合理利用，继续推动可移动文物普查工作。

第三次全国文物普查自2007年4月开始，到2011年12月结束。全国共调查、登记不可移动文物766722处，新发现登记不可移动文物536001处，复查登记不可移动文物230721处。

12月29日

［纲　文］ **中国商标申请注册量居世界第一，累计655.9万件。**

［目　文］ 截至11月底，国家工商总局商标局共审查商标注册申请1074903件，商标注册审查周期缩短到10个月。我国商标累计申请量957.6万件、累计注册量655.9万件、有效注册商标542.3万件，均居世界第一。前11个月，国外申请人通过马德里体系在华申请商标注册15592件，累计已达165616件，连续7年位居世界第一。

12月29日

［纲　文］ **2011年度践行当代革命军人核心价值观新闻人物颁奖典礼在北京举行。**

［目　文］ 颁奖典礼由总政宣传部主办、解放军电视宣传中心承办。本届评选活动采取各大单位推荐、部队官兵网上投票和专家评委评选相结合的形式，评选出王明孝、司启富、庄仕华、阳鹏、杨永飞、郈忠利、严高鸿、李强、房萍、彭燕、廖平11位年度新闻人物和广州军区战士杂技团演员群体、国防科技大学自主创新团队2个特别奖先进群体。颁奖典礼以培育当代革命军人核心价值观这一主题，分“精武先锋”“阳光使者”“大

爱无疆”“水火英雄”“使命如山”“创新之光”6个篇章，运用电视综述、人物事迹短片、嘉宾访谈和宣读评委会颁奖词等形式，反映了年度新闻人物和特别奖先进群体的事迹，展示了2011年度全军和武警部队培育当代革命军人核心价值观的成果。

12月29日

［纲　文］　**中央纪委监察部在北京召开派驻机构工作座谈会。**

［目　文］　中央纪委副书记何勇出席会议并讲话。中央纪委监察部各派驻机构负责人，中央和国家机关有关部门纪委书记、党组纪检组组长等参加会议。

何勇指出，各派驻机构要认真贯彻落实党的十七届六中全会、中央经济工作会议和即将召开的十七届中央纪委第七次全会精神，切实把思想和行动统一到中央对国际国内形势判断上来，自觉把中央的要求体现到工作中去，全面推进派驻机构各项工作，以党风廉政建设和反腐败斗争的新成效迎接党的十八大胜利召开。

12月29日

［纲　文］　**交通运输部发布《公路建设项目评标专家库管理办法》，自2011年12月29日起施行，2001年6月11日实施的《公路建设项目评标专家库管理办法》（交公路发〔2001〕300号）同时废止。**

12月29日

［纲　文］　**国家互联网信息办公室、共青团中央、全国青联指导开展的“劳动·创造·奋斗——青春励志故事”网络文化活动启动仪式在北京举行。**

［目　文］　各新闻网站负责人、有关地方新闻网站负责人、青年励志典型人物、青少年代表等200余人出席了启动仪式。“青春励志故事”网络文化活动主要面向青少年网民。从2012年年初开始，由中国青年网、未来网以“劳动创造财富、奋斗成就人生”为主题，每天推出一个励志人物典型，新闻网站和主要商业网站在首页同步刊发，专栏名称为《青春励志故事》。具体承办这项活动的是共青团中央网络影视中心，有关单位和部门给予积极支持。除了线上活动，2012年，中国青年网还将联合中央重点新闻网站、地方重点新闻网站和主要商业网站举行富有青少年特色的线下活动；2012年初，未来网在全国少先队员中以“劳动·创造·奋斗”为主题开展“寻找最美丽的心灵”主题活动。

12月29日

［纲　文］　**中国人民外交学会在北京召开第八届理事会成立大会。**

［目　文］　全国政协副主席张梅颖等出席并任本届理事会高级顾问。任高级顾问的还有全国人大常委会副委员长韩启德、全国政协副主席董建华等。13位党政、军部门负责人担任顾问，153位知名专家学者和资深外交官担任理事。外交部部长杨洁篪出席大会并讲话。

12月29—30日

［纲　文］　**2011全国人力资源和社会保障工作会议在北京召开。**

［目　文］　国务院副总理张德江出席会议并讲话。中组部副部长、人力资源社会保障部部长尹蔚民出席会议并作工作报告。会议贯彻党的十七届六中全会精神，落实中央经

济工作会议和全国组织部长会议部署，总结2011年工作，分析当前形势，部署2012年任务。

12月30日

［纲　文］ **中共中央政治局召开会议。**

［目　文］ 中共中央总书记胡锦涛主持会议。听取中央纪律检查委员会2011年工作汇报，分析当前党风廉政建设和反腐败斗争形势，研究部署2012年党风廉政建设和反腐败工作。

会议指出，2011年以来，在党中央、国务院坚强领导下，各级党委、政府和纪检监察机关认真贯彻落实中央关于反腐倡廉建设的一系列重要部署，既扎实抓好党风廉政建设和反腐败斗争各项长期性、基础性工作，又着力解决反腐倡廉建设中人民群众反映强烈的突出问题，加强对中央重大决策部署落实情况的监督检查，进一步落实《建立健全惩治和预防腐败体系2008—2012年工作规划》，深入开展党的作风建设，坚决查办违纪违法案件，加大纠风工作力度，扎实推进专项治理，加强领导干部廉洁自律和监督工作，深化反腐倡廉改革创新和制度建设，党风廉政建设和反腐败工作取得新进展新成效，为全面做好党和国家各方面工作发挥了重要保障和促进作用。

会议强调，在看到反腐倡廉工作取得新的进展和成效的同时，必须清醒地看到，当前党风廉政建设和反腐败斗争面临不少新情况新问题，形势依然严峻、任务依然艰巨。全党同志要科学认识和准确把握当前反腐败斗争形势，深刻认识我们党反对腐败的坚强意志和坚定决心，充分肯定党风廉政建设和反腐败斗争取得的明显成效，进一步坚定反腐败斗争必胜的信心，努力提高反腐倡廉建设科学化水平，不断把党风廉政建设和反腐败斗争引向深入。

会议指出，2012年党风廉政建设和反腐败工作总的要求是，全面贯彻党的十七大和十七届三中、四中、五中、六中全会精神，高举中国特色社会主义伟大旗帜，以邓小平理论和“三个代表”重要思想为指导，深入贯彻落实科学发展观，坚持标本兼治、综合治理、惩防并举、注重预防的方针，严明党的纪律，加强党的作风建设，推进惩治和预防腐败体系建设，着力解决反腐倡廉建设中人民群众反映强烈的突出问题，突出工作重点，狠抓任务落实，以党风廉政建设和反腐败斗争的新成效迎接党的十八大胜利召开。

会议同意2012年1月召开第十七届中央纪律检查委员会第七次全体会议。

12月30日

［纲　文］ **国务院印发《工业转型升级规划（2011—2015年）》。**

［目　文］ 《规划》由前言、“十一五”工业发展回顾和“十二五”形势分析、总体思路和主要目标、工业转型升级的重点任务、重点领域发展导向、保障措施及实施机制等部分组成。

《规划》指出，地方各级人民政府及国务院有关部门要切实履行职责，强化组织领导，周密部署、加强协作，保障规划顺利实施。

12月30日

［纲　文］ **国务院办公厅公布《关于印发〈三网融合第二阶段试点地区（城市）名单〉的通知》。**

［目　文］《通知》说，根据《国务院办公厅关于印发三网融合试点方案的通知》（国办发〔2010〕35号）要求，在省（区、市）人民政府自愿申报的基础上，按照试点地区（城市）应具备的条件，经国务院同意，确定了三网融合第二阶段试点地区（城市）名单，现予以印发，请有关省（区、市）人民政府和国务院有关部门认真组织好试点工作。

12月30日

［纲　文］ **财政部、发展改革委发布《关于公布取消253项涉及企业行政事业性收费的通知》。**

［目　文］《通知》说，一、自2012年2月1日起，取消253项各省、自治区、直辖市设立的涉及企业的行政事业性收费。二、取消上述行政事业性收费后，有关部门和单位依法履行管理职能所需相关经费，由同级财政预算予以保障。三、有关执收部门和单位应按规定到原核发"收费许可证"的价格主管部门办理"收费许可证"注销手续，并到原核发财政票据的财政部门办理票据缴销手续。四、各地区和有关部门及单位要严格执行本通知规定，对公布取消的行政事业性收费项目，不得以任何理由拖延或拒绝执行，不得以其他名目或转为经营服务性收费方式变相继续收费。各级财政、价格主管部门要按照职责分工，加强对落实本通知情况的监督检查，对不按规定取消收费项目的，按有关规定给予处罚，并追究责任人员的行政责任。五、切实加强涉及企业行政事业性收费的审批管理。各省、自治区、直辖市新设立企业直接负担的行政事业性收费项目和标准，要严格按照《中共中央、国务院关于治理向企业乱收费、乱罚款和各种摊派等问题的决定》（中发〔1997〕14号）的规定，分别报财政部和发展改革委审核同意，并在发布实施的文件中予以注明。各省、自治区、直辖市新设立企业直接负担的行政事业性收费项目和标准，凡未经财政部和发展改革委审核同意的，企业可以拒绝缴纳。

12月30日

［纲　文］ **财政部印发《统借自还主权外债会计核算暂行办法》。**

［目　文］《办法》共4章47条。主要有总则、新增会计科目及使用说明、账务处理、新旧会计账目衔接等内容。自2012年1月1日起执行。地方财政部门统借自还主权外债会计核算不再执行《财政部关于印发〈国际金融组织贷款转贷会计制度〉的通知》（财际字〔1999〕165号）。

12月30日

［纲　文］ **财政部印发《国际金融组织贷款赠款项目选聘采购代理机构管理办法》，自2012年1月1日起施行。**

12月30日

［纲　文］　**商务部公布《未依法申报经营者集中调查处理暂行办法》，自2012年2月1日起施行。**

12月30日

［纲　文］　**保监会公布《人身保险公司保险条款和保险费率管理办法》。**

［目　文］　《办法》共7章57条。主要有总则、设计与分类、审批与备案、变更与停止使用、总精算师和法律责任人、法律责任、附则等内容。自2011年12月30日起施行。中国保监会2000年3月23日发布的《人身保险产品定名暂行办法》（保监发〔2000〕42号）、2000年5月16日发布的《关于放开短期意外险费率及简化短期意外险备案手续的通知》（保监发〔2000〕78号）、2004年6月30日发布的《人身保险产品审批和备案管理办法》（保监会令〔2004〕6号）以及2004年7月1日发布的《关于〈人身保险产品审批和备案管理办法〉若干问题的通知》（保监发〔2004〕76号）同时废止。

12月30日

［纲　文］　**海关总署公布废止《中华人民共和国海关特别优惠关税待遇进口货物原产地管理办法》，自2012年1月1日起生效。**

12月30日

［纲　文］　**中央创先争优活动领导小组第八次会议在北京召开。**

［目　文］　中共中央政治局委员、中央创先争优活动领导小组组长李源潮出席并讲话。中组部常务副部长、中央创先争优活动领导小组副组长沈跃跃和领导小组成员参加会议。会议指出，2011年各地区各部门各单位按照中央部署和要求，推动基层党组织扎实开展创先争优，广大党员履职尽责争先进、立足岗位创优秀，得到了广大干部群众的广泛好评。特别是窗口单位和服务行业为民服务创先争优成效显著，让人民群众得到了实实在在的好处。2011年组织工作满意度民意调查，对创先争优的满意度比去年提高1.65分。

12月30日

［纲　文］　**国务委员戴秉国应约同美国总统国家安全事务助理多尼隆通电话。**

［目　文］　双方回顾了前一阶段中美关系的发展。双方同意，在新的一年里，要认真落实中美两国元首达成的重要共识，加强对话、互信与合作，妥善处理分歧，推动中美关系健康稳定发展。

12月30日

［纲　文］　**中国人权发展基金会第二届全国理事会第五次会议在北京召开。**

［目　文］　全国政协副主席、中国人权发展基金会理事长黄孟复发表书面讲话，强调基金会要坚持人权特色，全面拓展对外交流工作，积极推进公益事业。会议由中国人权发展基金会副理事长吉佩定主持。中国人权发展基金会副理事长兼秘书长林伯承向理事会作年度工作报告。

12月30日

［纲　文］　**峭岩作品研讨会在北京举行。**

［目　文］　研讨会由华夏诗歌研究会、中华诗歌文学会、解放军出版社、《新国风》诗刊共同主办。诗人峭岩曾在新中国成立60周年和建党90周年之际，分别创作出版了以英模人物为主体的诗集《他们感动了中国——100位英模诗传》和以遵义会议为蓝本的长诗《遵义诗笔记》。

与会专家认为，峭岩的诗歌具有三大亮点：一是坚守主旋律，他的笔下都是社会提倡、人民关注，具有导向意义的重大题材；二是凸显诗的本质，注重诗性的张扬和表达；三是诗本创新，他从诗的形式、语言、意象等方面进行创新，以满足当代人的审美需求。

12月31日

［纲　文］　**胡锦涛签署中华人民共和国主席令（第五十二、五十三号）。**

［目　文］　主席令（五十二号）说，《全国人民代表大会常务委员会关于修改〈中华人民共和国职业病防治法〉的决定》已由中华人民共和国第十一届全国人民代表大会常务委员会第二十四次会议于2011年12月31日通过，现予公布，自公布之日起施行。

主席令（五十三号）说，根据中华人民共和国第十一届全国人民代表大会常务委员会第二十四次会议于2011年12月31日的决定：免去李斌（女）的国家人口和计划生育委员会主任职务；任命王侠（女）为国家人口和计划生育委员会主任。

12月31日

［纲　文］　**中共中央、国务院印发《关于加快推进农业科技创新持续增强农产品供给保障能力的若干意见》。**

［目　文］　《意见》由六个部分组成：一、加大投入强度和工作力度，持续推动农业稳定发展。二、依靠科技创新驱动，引领支撑现代农业建设。三、提升农业技术推广能力，大力发展农业社会化服务。四、加强教育科技培训，全面造就新型农业农村人才队伍。五、改善设施装备条件，不断夯实农业发展物质基础。六、提高市场流通效率，切实保障农产品稳定均衡供给。

《意见》指出，各级党委和政府必须始终坚持把解决好“三农”问题作为重中之重，不断加强和改善对农业农村工作的领导，切实把各项政策措施落到实处，努力形成全社会关心支持“三农”的良好氛围。全面贯彻落实党的十七届六中全会精神，促进城乡文化一体化发展，增加农村文化服务总量，缩小城乡文化发展差距。加快推进社会主义新农村建设，切实保障和改善农村民生，大力发展农村公共事业，认真落实《中国农村扶贫开发纲要（2011—2020年）》。推进以党组织为核心的农村基层组织建设，完善农村基层自治机制，健全农村法制，加强和创新农村社会管理，确保农村社会和谐稳定。切实加强农业农村工作，加快推进农业科技创新，持续增强农产品供给保障能力，使命光荣、责任重大、任务艰巨。我们要紧密团结在以胡锦涛同志为总书记的党中央周围，坚定信心，真抓实干，以优异成绩迎接党的第十八次全国代表大会胜利召开！

12月31日

［纲　文］　**国务院印发《关于加强和改进消防工作的意见》。**

［目　文］　《意见》由四个部分组成：一、指导思想、基本原则和主要目标。二、切实强化火灾预防。三、着力夯实消防工作基础。四、全面落实消防安全责任。

《意见》指出，对各地区、各部门、各单位年度消防工作完成情况进行严格考核，并建立责任追究机制。地方各级人民政府和有关部门不依法履行职责，在涉及消防安全行政审批、公共消防设施建设、重大火灾隐患整改、消防力量发展等方面工作不力、失职渎职的，要依法依纪追究有关人员的责任，涉嫌犯罪的，移送司法机关处理。

12月31日

［纲　文］　**税务总局印发《增值税防伪税控开票系统服务监督管理办法》。**

［目　文］　《办法》共5章19条。主要有总则、监督内容及要求、监督方法、罚则、附则等内容。自2012年1月1日起施行。《国家税务总局关于印发〈增值税防伪税控系统服务监督管理办法〉的通知》（国税发〔2005〕19号）同时废止。

12月31日

［纲　文］　**农业部公布修订后的《农业行政处罚程序规定》《农业行政执法文书制作规范》《中华人民共和国植物新品种保护条例实施细则（农业部分）》《黄渤海、东海、南海区渔业资源增殖保护费征收使用暂行办法》《渔港费收规定》，自2012年1月1日起施行。**

附　录

［附录一］

2011年中国县级以上行政区划变动一览表

批准日期	批准机构	省、市、自治区	变动内容
1月6日	国务院批复	福建省	漳州市人民政府驻地由漳州市芗城区胜利路迁至漳州市龙文区步文镇。
2月17日	国务院批复	四川省	撤销南溪县，设立宜宾市南溪区，以原南溪县的行政区域为南溪区的行政区域。南溪区人民政府驻南溪镇。
4月14日	民政部批复	湖北省	五峰土家族自治县人民政府驻地由五峰镇迁至渔洋关镇。
5月20日	国务院批复	湖南省	撤销望城县，设立长沙市望城区，以原望城县的行政区域为新设望城区的行政区域。望城区人民政府驻高塘岭镇。
		云南省	一、撤销呈贡县，设立昆明市呈贡区，以原呈贡县的行政区域为新设呈贡区的行政区域。呈贡区人民政府驻三台路。 二、昆明市人民政府驻地由昆明市盘龙区东风东路迁移至昆明市呈贡区锦绣大街。
		上海市	撤销上海市黄浦区和卢湾区，设立新的黄浦区，以原黄浦区和卢湾区的行政区域为新设黄浦区的行政区域。黄浦区人民政府驻延安东路。
7月14日	国务院批复	安徽省	一、撤销地级巢湖市。 二、撤销原地级巢湖市居巢区，设立县级巢湖市，以原地级巢湖市居巢区的行政区域为新设的县级巢湖市的行政区域，新设的县级巢湖市人民政府驻卧牛山街道。新设的县级巢湖市由安徽省直辖，合肥市代管。 三、原地级巢湖市管辖的庐江县划归合肥市管辖。 四、原地级巢湖市管辖的无为县划归芜湖市管辖，和县的沈巷镇划归芜湖市鸠江区管辖。 五、原地级巢湖市管辖的含山县、和县（不含沈巷镇）划归马鞍山市管辖。

续表

批准日期	批准机构	省、市、自治区	变动内容
12月22日	国务院批复	重庆市	一、撤销重庆市双桥区、大足县，设立重庆市大足区。以原双桥区、大足县的行政区域为新设的重庆市大足区的行政区域。大足区人民政府驻棠香街道二环北路中段1号。 二、撤销重庆市万盛区、綦江县，设立重庆市綦江区。以原万盛区、綦江县的行政区域为新设的重庆市綦江区的行政区域。綦江区人民政府驻古南街道中山路1号。
12月22日	国务院批复	贵州省	一、撤销毕节地区和县级毕节市，设立地级毕节市。市人民政府驻新设立的七星关区碧阳大道518号。 二、毕节市设立七星关区，以原县级毕节市的行政区域为七星关区的行政区域。区人民政府驻市东街道东升路1号。 三、毕节市辖大方县、黔西县、金沙县、织金县、纳雍县、赫章县、威宁彝族回族苗族自治县和新设立的七星关区。
12月22日	国务院批复	贵州省	一、撤销铜仁地区和县级铜仁市、万山特区，设立地级铜仁市。市人民政府驻新设立的碧江区花果山中路20号。 二、铜仁市设立碧江区，以原县级铜仁市（不含茶店镇、鱼塘乡、大坪乡）的行政区域为碧江区的行政区域。区人民政府驻市中街道环西路93号。 三、铜仁市设立万山区，以原万山特区和原县级铜仁市的茶店镇、鱼塘乡、大坪乡的行政区域为万山区的行政区域。区人民政府驻万山镇。 四、铜仁市辖江口县、石阡县、思南县、德江县、玉屏侗族自治县、印江土家族苗族自治县、沿河土家族自治县、松桃苗族自治县和新设立的碧江区、万山区。
12月22日	国务院批复	江苏省	一、撤销扬州市维扬区，将原维扬区的行政区域划归扬州市邗江区管辖。 二、将扬州市邗江区的李典、头桥、沙头、杭集、泰安5个镇划归扬州市广陵区管辖。 三、撤销县级江都市，设立扬州市江都区，以原江都市的行政区域为江都区的行政区域。江都区人民政府驻仙女镇江淮路388号。
12月30日	民政部批复	江苏省	淮安市楚州区更名为淮安区。

资料来源于民政部网站。

[附录二] **2011年国民经济和社会统计资料**

项目	2011 年数据	本年度比上一年增长数	本年度比上一年增长率
一、全国行政区划			
地级区划数（个）	332	–1	–0.30%
地级市数（个）	284	1	0.35%
县级区划数（个）	2853	–3	–0.11%
市辖区数（个）	857	4	0.47%
县级市数（个）	369	–1	–0.27%
县数（个）	1456	–5	–0.34%
自治县数（个）	117	0	0.00%
乡镇级区划数（个）	40466	–440	–1.08%
镇数（个）	19683	273	1.41%
乡数（个）	13587	–984	–6.75%
街道办事处（个）	7194	271	3.91%
二、全国人口及就业状况			
年末总人口（万人）	134735	644	0.48%
男性人口（万人）	69068	320	0.47%
女性人口（万人）	65667	324	0.50%
城镇人口（万人）	69079	2101	3.14%
乡村人口（万人）	65656	–1457	–2.17%
就业人员（万人）	76420	315	0.41%
第一产业就业人员（万人）	26594	–1336.5	–4.79%
第二产业就业人员（万人）	22544	701.9	3.21%
第三产业就业人员（万人）	27282	949.7	3.61%
三、国内生产总值及构成			
国民总收入（亿元）	483392.8	73038.7	17.80%
国内生产总值（亿元）	487940.2	75820.9	18.40%
第一产业增加值（亿元）	44781.5	6350.7	16.53%
第二产业增加值（亿元）	227035.1	35408.6	18.48%
第三产业增加值（亿元）	216123.6	34061.7	18.71%
人均国内生产总值（元）	36302	5494	17.83%
农林牧渔业增加值（亿元）	46122.6	6503.6	16.42%
工业增加值（亿元）	195139.1	30016	18.18%
建筑业增加值（亿元）	32926.5	5667.2	20.79%
批发和零售业增加值（亿元）	43734.5	7826.6	21.80%
交通运输、仓储和邮政业增加值（亿元）	21842	3058.4	16.28%
住宿和餐饮业增加值（亿元）	8565.4	853.4	11.07%
金融业增加值（亿元）	30747.2	5014.1	19.49%
房地产业增加值（亿元）	27780.7	4454.1	19.09%
其他行业增加值（亿元）	81082.2	12427.5	18.10%
居民消费水平（元）	12646	2096	19.87%

续表

项目	2011年数据	本年度比上一年增长数	本年度比上一年增长率
城镇居民消费水平（元）	18968	2708	16.65%
农村居民消费水平（元）	5996	1145	23.60%
四、全社会固定资产投资			
全社会固定资产投资（亿元）	311485.13	59801.36	23.76%
城镇固定资产投资（亿元）	302396	60965	25.25%
五、对外经济贸易			
进出口总额（亿元）	236401.95	34679.61	17.19%
出口总额（亿元）	123240.56	16217.72	15.15%
进口总额（亿元）	113161.39	18461.89	19.50%
进出口差额（亿元）	10079.16	–2244.18	–18.21%
进出口总额（百万美元）	3641864	667863	22.46%
出口总额（百万美元）	1898381	320627	20.32%
进口总额（百万美元）	1743484	347237	24.87%
进出口差额（百万美元）	154897	–26610	–14.66%
对外承包工程合同数（份）	6381	–3163	–33.14%
对外承包工程合同金额（亿美元）	1423.32	79.65	5.93%
对外承包工程完成营业额(万美元)	10342400	1125400	12.21%
对外承包工程年末在外人数（人）	324000	–52510	–13.95%
对外劳务合作派出劳务人数（人）	209065	22265	11.92%
对外劳务合作年末在外人数（人）	488409	18314	3.90%
人民币对美元汇率(美元=100)(元)	645.88	–31.07	–4.59%
人民币对日元汇率(日元=100)(元)	8.11	0.38	4.92%
人民币对港币汇率(港币=100)(元)	82.97	–4.16	–4.77%
人民币对欧元汇率(欧元=100)(元)	900.11	2.86	0.32%
六、能源生产和消费状况			
能源生产总量（万吨标准煤）	340177.51	28052.76	8.99%
原煤生产总量（万吨标准煤）	264658.1	26819.04	11.28%
原油生产总量（万吨标准煤）	28915.09	–112.51	–0.39%
天然气生产总量（万吨标准煤）	13947.28	1150.17	8.99%
水电、核电、风电生产总量（万吨标准煤）	32657.04	196.07	0.60%
焦炭生产量（万吨）	43433	4775.17	12.35%
原油生产量（万吨）	20287.6	–13.8	–0.07%
汽油生产量（万吨）	7917.9	557.43	7.57%
煤油生产量（万吨）	1932.4	8.01	0.42%
柴油生产量（万吨）	15689.7	765.32	5.13%
燃料油生产量（万吨）	2301.8	–235.17	–9.27%
天然气生产量（亿立方米）	1053.37	95.46	9.97%
发电量（亿千瓦小时）	47130.19	5058.59	12.02%
水力发电量（亿千瓦小时）	6989.45	–232.27	–3.22%
火力发电量（亿千瓦小时）	38337.02	5017.74	15.06%
能源消费总量（万吨标准煤）	387043	26395	7.32%

续表

项目	2011 年数据	本年度比上一年增长数	本年度比上一年增长率
煤炭消费总量（万吨标准煤）	271704.19	22135.77	8.87%
石油消费总量（万吨标准煤）	65023.22	2270.47	3.62%
天然气消费总量（万吨标准煤）	17803.98	3378.06	23.42%
水电、核电、风电消费总量（万吨标准煤）	32511.61	–1389.3	–4.10%
煤炭消费量（万吨）	342950.24	30713.74	9.84%
焦炭消费量（万吨）	38163.27	4475.47	13.29%
原油消费量（万吨）	43965.84	1091.29	2.55%
汽油消费量（万吨）	7395.95	509.74	7.40%
煤油消费量（万吨）	1816.72	72.65	4.17%
柴油消费量（万吨）	15635.11	1001.31	6.84%
燃料油消费量（万吨）	3662.8	–95.22	–2.53%
天然气消费量（亿立方米）	1305.3	235.89	22.06%
电力消费量（亿千瓦小时）	47000.88	5066.39	12.08%
七、财政状况			
全国财政收入（亿元）	103874.43	20772.92	25.00%
中央财政收入（亿元）	51327.32	8838.85	20.80%
地方财政收入（亿元）	52547.11	11934.07	29.38%
中央财政收入比重（%）	49.4	–1.7	–3.33%
地方财政收入比重（%）	50.6	1.7	3.48%
全国财政支出（亿元）	109247.79	19373.63	21.56%
中央财政支出（亿元）	16514.11	524.38	3.28%
地方财政支出（亿元）	92733.68	18849.25	25.51%
中央财政支出比重（%）	15.1	–2.7	–15.17%
地方财政支出比重（%）	84.9	2.7	3.28%
各项税收（亿元）	89738.39	16527.6	22.58%
国内增值税（亿元）	24266.63	3173.15	15.04%
营业税（亿元）	13679	2521.09	22.59%
国内消费税（亿元）	6936.21	864.66	14.24%
关税（亿元）	2559.12	531.29	26.20%
个人所得税（亿元）	6054.11	1216.84	25.16%
企业所得税（亿元）	16769.64	3926.1	30.57%
国家国内增值税（亿元）	24266.63	3173.15	15.04%
国家国内消费税（亿元）	6936.21	864.66	14.24%
国家进口货物增值税、消费税(亿元)	13560.42	3069.78	29.26%
国家出口货物退增值税、消费税（亿元）	–9204.75	–1877.44	25.62%
国家营业税（亿元）	13679	2521.09	22.59%
国家企业所得税（亿元）	16769.64	3926.1	30.57%
国家个人所得税（亿元）	6054.11	1216.84	25.16%
国家资源税（亿元）	595.87	178.3	42.70%
国家城市维护建设税（亿元）	2779.29	892.18	47.28%

续表

项目	2011 年数据	本年度比上一年增长数	本年度比上一年增长率
国家房产税（亿元）	1102.39	208.32	23.30%
国家印花税（亿元）	1042.22	1.88	0.18%
国家证券交易印花税（亿元）	438.45	–105.71	–19.43%
国家城镇土地使用税（亿元）	1222.26	218.25	21.74%
国家土地增值税（亿元）	2062.61	784.32	61.36%
国家车船税（亿元）	302	60.38	24.99%
国家船舶吨税（亿元）	29.76	3.13	11.75%
国家车辆购置税（亿元）	2044.89	252.3	14.07%
国家关税（亿元）	2559.12	531.29	26.20%
国家耕地占用税（亿元）	1075.46	186.82	21.02%
国家契税（亿元）	2765.73	300.88	12.21%
国家烟叶税（亿元）	91.38	13.02	16.62%
国家其他税收收入（亿元）	4.15	2.35	130.56%
国家非税收入（亿元）	14136.04	4245.32	42.92%
国家专项收入（亿元）	3056.41	1015.67	49.77%
国家行政事业性收费（亿元）	4039.38	1042.99	34.81%
国家罚没收入（亿元）	1301.39	226.75	21.10%
国家其他收入（亿元）	5738.86	1959.91	51.86%
国家财政一般公共服务支出(亿元)	10987.78	1650.62	17.68%
国家财政外交支出（亿元）	309.58	40.36	14.99%
国家财政对外援助支出（亿元）	159.09	22.95	16.86%
国家财政国防支出（亿元）	6027.91	694.54	13.02%
国家财政公共安全支出（亿元）	6304.27	786.57	14.26%
国家财政武装警察支出（亿元）	1082.02	148.18	15.87%
国家财政教育支出（亿元）	16497.33	3947.31	31.45%
国家财政科学技术支出（亿元）	3828.02	–368.68	–8.78%
国家财政文化体育与传媒支出(亿元)	1893.36	350.66	22.73%
国家财政社会保障和就业支出(亿元)	11109.4	1978.78	21.67%
国家财政医疗卫生支出（亿元）	6429.51	1625.33	33.83%
国家财政环境保护支出（亿元）	2640.98	199	8.15%
国家财政城乡社区事务支出（亿元）	7620.55	1633.17	27.28%
国家财政农林水事务支出(亿元)	9937.55	1807.97	22.24%
国家财政交通运输支出（亿元）	7497.8	2009.33	36.61%
国家财政车辆购置税支出(亿元)	2314.6	772.78	50.12%
国家财政地震灾后恢复重建支出（亿元）	174.45	–958.09	–84.60%
国家财政其他支出（亿元）	2911.24	210.86	7.81%
八、人民收入状况			
城镇居民家庭人均可支配收入(元)	21426.9	2647.8	14.10%

续表

项目	2011 年数据	本年度比上一年增长数	本年度比上一年增长率
城镇居民家庭人均可支配收入指数（1978 年 =100）	1028.1	79.6	8.39%
农村居民家庭人均纯收入（元）	7393.9	1121.5	17.88%
农村居民家庭人均纯收入指数(1978 年 =100)	1127.4	115.3	11.39%
城镇居民家庭恩格尔系数（%）	36.3	0.6	1.68%
农村居民家庭恩格尔系数（%）	40.4	–0.7	–1.70%
九、农业状况			
农林牧渔业总产值（亿元）	78836.98	11073.85	16.34%
农业总产值（亿元）	40339.62	4430.55	12.34%
林业总产值（亿元）	3092.44	517.41	20.09%
牧业总产值（亿元）	25194.16	4733.08	23.13%
渔业总产值（亿元）	7337.37	1074	17.15%
农林牧渔业总产值指数（上年 =100）（%）	104.4	0	0.00%
农业总产值指数(上年 =100)(%)	105.6	1.3	1.25%
林业总产值指数(上年 =100)(%)	107.6	4.1	3.96%
牧业总产值指数(上年 =100)(%)	101.7	–2.5	–2.40%
渔业总产值指数(上年 =100)(%)	104.1	–1.3	–1.23%
农林牧渔业总产值指数（1952 年 =100）（%）	1379	58.8	4.45%
农业总产值指数(1952 年 =100)(%)	875	46.7	5.64%
林业总产值指数(1952 年 =100)(%)	5037.5	355.6	7.60%
牧业总产值指数(1952 年 =100)(%)	3250.2	54.7	1.71%
渔业总产值指数(1952 年 =100)(%)	25286.6	1088.2	4.50%
粮食产量（万吨）	58849.33	2938.02	5.25%
夏收粮食产量（万吨）	12529.47	325.86	2.67%
秋粮产量（万吨）	43130.1	2512.51	6.19%
谷物产量（万吨）	54061.73	2864.98	5.60%
稻谷产量（万吨）	20288.25	565.68	2.87%
早稻产量（万吨）	3189.76	99.66	3.23%
中稻和一季晚稻产量（万吨）	13612.62	542.96	4.15%
双季晚稻产量（万吨）	3485.87	–76.94	–2.16%
小麦产量（万吨）	11856.95	247.61	2.13%
冬小麦产量（万吨）	11230.45	254.69	2.32%
春小麦产量（万吨）	626.5	–7.08	–1.12%
玉米产量（万吨）	21131.6	2056.42	10.78%
谷子产量（万吨）	173.73	11.85	7.32%
高粱产量（万吨）	189.16	–4.15	–2.15%
其他谷物产量（万吨）	422.03	–12.45	–2.87%
大麦产量（万吨）	190.37	–4.8	–2.46%
豆类产量（万吨）	1863.3	–8.54	–0.46%

续表

项目	2011 年数据	本年度比上一年增长数	本年度比上一年增长率
绿豆产量（万吨）	75.32	0.65	0.87%
红小豆产量（万吨）	24.81	2.84	12.93%
大豆产量（万吨）	1487.85	–53.14	–3.45%
薯类产量（万吨）	2924.3	81.58	2.87%
马铃薯产量（万吨）	1631.46	100.83	6.59%
棉花产量（万吨）	651.89	74.85	12.97%
油料产量（万吨）	3212.51	55.74	1.77%
花生产量（万吨）	1530.24	16.68	1.10%
油菜籽产量（万吨）	1313.73	34.92	2.73%
芝麻产量（万吨）	45.76	–0.44	–0.95%
葵花子产量（万吨）	240.2	4.67	1.98%
胡麻籽产量（万吨）	30.8	–0.64	–2.04%
糖料产量（万吨）	11663.11	359.75	3.18%
麻类产量（万吨）	22.34	–1.89	–7.80%
黄红麻产量（万吨）	7.02	0.54	8.33%
亚麻产量（万吨）	3.1	–0.68	–17.99%
大麻产量（万吨）	1.34	0.34	34.00%
苎麻产量（万吨）	9.71	–2.5	–20.48%
甘蔗产量（万吨）	10867.35	269.12	2.54%
甜菜产量（万吨）	795.76	90.64	12.85%
烟叶产量（万吨）	299.78	16.58	5.85%
烤烟产量（万吨）	278.58	17.39	6.66%
蔬菜产量（万吨）	59766.63	2501.77	4.37%
十、工业状况			
原煤产量（亿吨）	37.64	3.36	9.80%
原油产量（万吨）	20287.55	–13.85	–0.07%
天然气产量（亿立方米）	1053.37	95.46	9.97%
原盐产量（万吨）	6742.16	–295.6	–4.20%
精制食用植物油产量（万吨）	4331.8	453.26	11.69%
成品糖产量（万吨）	1187.43	69.84	6.25%
罐头产量（万吨）	1093.41	112.89	11.51%
啤酒产量（万千升、万吨）	4834.5	344.34	7.67%
卷烟产量（亿支、万箱）	24474	721.4	3.04%
纱产量（万吨）	2717.86	145.04	5.64%
布产量（亿米）	814.14	14.14	1.77%
机制纸及纸板产量（万吨）	11010.89	1178.26	11.98%
汽油产量（万吨）	8158.06	482.02	6.28%
柴油产量（万吨）	16676.31	788.16	4.96%
焦炭产量（万吨）	43433	4775.17	12.35%
硫酸（折 100%）产量（万吨）	7482.7	392.23	5.53%
烧碱（折 100%）产量（万吨）	2473.52	245.13	11.00%
纯碱（碳酸钠）产量（万吨）	2294.03	259.21	12.74%

续表

项目	2011 年数据	本年度比上一年增长数	本年度比上一年增长率
乙烯产量（万吨）	1527.5	106.16	7.47%
合成氨产量（万吨）	5252.7	288.11	5.80%
农用氮、磷、钾化肥产量（万吨）	6419.39	81.53	1.29%
氮肥产量（万吨）	4500.97	42.3	0.95%
磷肥产量（万吨）	1561.22	28.31	1.85%
化学农药原药产量（万吨）	230	6.48	2.90%
初级形态的塑料产量（万吨）	4992.31	559.72	12.63%
合成橡胶产量（万吨）	367.13	47.61	14.90%
合成洗涤剂产量（万吨）	888.14	135.55	18.01%
化学药品原药产量（万吨）	248.85	22.71	10.04%
中成药产量（万吨）	259.48	43.74	20.27%
化学纤维产量（万吨）	3390.07	300.07	9.71%
橡胶轮胎外胎产量（万条）	83566.22	5954.39	7.67%
水泥产量（万吨）	209925.86	21734.69	11.55%
平板玻璃产量（万重量箱）	79107.55	12776.75	19.26%
生铁产量（万吨）	64050.88	4317.54	7.23%
粗钢产量（万吨）	68528.31	4805.32	7.54%
钢材产量（万吨）	88619.57	8342.99	10.39%
重轨产量（万吨）	291.5	–142	–32.76%
大型型钢产量（万吨）	1085.25	138.71	14.65%
中小型型钢产量（万吨）	4471.91	355.33	8.63%
棒材产量（万吨）	6987.37	378.51	5.73%
钢筋产量（万吨）	15573.99	1697.06	12.23%
线材产量（万吨）	12461.56	1888.89	17.87%
特厚板产量（万吨）	618.04	35.26	6.05%
厚钢板产量（万吨）	2608.15	257.85	10.97%
中厚宽钢带产量（万吨）	10505.1	223.14	2.17%
热轧薄宽钢带产量（万吨）	4256.94	506.05	13.49%
冷轧薄宽钢带产量（万吨）	3269.51	334.58	11.40%
镀层板产量（万吨）	3176.78	327.56	11.50%
十种有色金属产量（万吨）	3628.94	507.96	16.28%
精炼铜产量（万吨）	524.02	65.37	14.25%
原铝（电解铝）产量（万吨）	1961.39	384.26	24.36%
氧化铝产量（万吨）	3417.2	524.18	18.12%
发动机产量（万千瓦）	137099.43	–1492.6	–1.08%
金属切削机床产量（万台）	88.68	18.95	27.18%
矿山专用设备产量（万吨）	444.1	24.4	5.81%
炼油、化工生产专用设备产量（万吨）	175.76	43.54	32.93%
大中型拖拉机产量（万台）	40.19	6.51	19.33%
铁路客车产量（辆）	6853	–597	–8.01%
铁路货车产量（辆）	66928	18792	39.04%
汽车产量（万辆）	1841.64	15.11	0.83%

续表

项目	2011 年数据	本年度比上一年增长数	本年度比上一年增长率
轿车产量（万辆）	1012.67	55.08	5.75%
客车产量（万辆）	227.19	−19.34	−7.84%
载货汽车产量（万辆）	324.74	−66.83	−17.07%
摩托车整车产量（万辆）	2735.5	1.33	0.05%
两轮脚踏自行车产量（万辆）	7169.11	349.63	5.13%
发电机组产量（万千瓦）	14410.52	1530.31	11.88%
家用电冰箱产量（万台）	8699.2	1403.48	19.24%
房间空气调节器产量（万台）	13912.5	3025.03	27.78%
家用电风扇产量（万台）	18845.89	777.97	4.31%
家用吸排油烟机产量（万台）	2032.06	3.73	0.18%
家用洗衣机产量（万台）	6715.94	468.21	7.49%
家用吸尘器产量（万台）	8400.46	731.1	9.53%
程控交换机产量（万线）	3034.04	−103.93	−3.31%
电话单机产量（万部）	14017.91	−2751.77	−16.41%
传真机产量（万部）	268.13	87.04	48.06%
移动通信手持机产量（万台）	113257.71	13430.35	13.45%
微型计算机设备产量（万台）	32036.93	7452.47	30.31%
笔记本计算机产量（万台）	23897.41	5313.29	28.59%
显示器产量（万台）	12680.54	−1246.45	−8.95%
集成电路产量（万块）	7195200	670200	10.27%
彩色电视机产量（万台）	12231.34	401.31	3.39%
组合音响产量（万台）	15491.81	3877.97	33.39%
照相机产量（万台）	8241.34	−1086.36	−11.65%
数码照相机产量（万台）	8051.25	−1077.25	−11.80%
复印和胶版印制设备产量（万台）	655.05	120.23	22.48%
发电量（亿千瓦小时）	47130.19	5058.59	12.02%
火电发电量（亿千瓦小时）	38337.02	5017.74	15.06%
水电发电量（亿千瓦小时）	6989.45	−232.27	−3.22%
十一、金融业状况			
金融机构人民币信贷资金来源（亿元）	913226.33	107347.24	13.32%
金融机构资金来源各项存款(亿元）	809368.33	91130.4	12.69%
金融机构资金来源各项存款中单位存款（亿元）	410912.05	166416.43	68.07%
金融机构资金来源各项存款中财政性存款（亿元）	26223.07	768.1	3.02%
金融机构资金来源各项存款中委托存款（亿元）	308.47	−6156.88	−95.23%
金融机构资金来源金融债券(亿元）	10038.83	−3488.02	−25.79%
金融机构资金来源流通中货币（亿元）	50748.46	6120.29	13.71%
金融机构资金来源对国际金融机构负债（亿元）	776.46	56.38	7.83%

续表

项目	2011 年数据	本年度比上一年增长数	本年度比上一年增长率
货币和准货币（M2）供应量（亿元）	851590.9	125739.1	17.32%
货币（M1）供应量（亿元）	289847.7	23226.2	8.71%
流通中现金（M0）供应量（亿元）	50748.46	6120.26	13.71%
货币供应量中活期存款供应量（亿元）	239099.2	17105.8	7.71%
准货币供应量（亿元）	561743.22	102512.92	22.32%
准货币供应量定期存款（亿元）	166616.04	60757.39	57.39%
准货币供应量储蓄存款（亿元）	352797.5	49495	16.32%
准货币供应量其他存款（亿元）	42329.7	−7739.4	−15.46%
货币和准货币（M2）供应量同比增长率（%）	13.6	−6.1	−30.96%
货币（M1）供应量同比增长率（%）	7.9	−13.3	−62.74%
流通中现金（M0）供应量同比增长率（%）	13.8	−2.9	−17.37%
货币供应量中活期存款供应量同比增长率（%）	6.7	−15.4	−69.68%
准货币供应量同比增长率（%）	16.8	−2.1	−11.11%
准货币供应量定期存款同比增长率（%）	18.1	−10.6	−36.93%
准货币供应量储蓄存款同比增长率（%）	16.2	−0.1	−0.61%
准货币供应量其他存款同比增长率（%）	17.7	1.7	10.63%
黄金储备（万盎司）	3389	0	0.00%
外汇储备（亿美元）	31811.48	3338.1	11.72%
十二、运输业状况			
铁路营业里程（万公里）	9.32	0.2	2.19%
国家铁路电气化里程（万公里）	3.43	0.16	4.89%
公路里程（万公里）	410.64	9.82	2.45%
等级公路里程（万公里）	345.36	14.89	4.51%
高速等级路公路里程（万公里）	8.49	1.08	14.57%
一级等级公路里程（万公里）	6.81	0.37	5.75%
二级等级公路里程（万公里）	32.05	1.18	3.82%
等外公路里程（万公里）	65.28	−5.07	−7.21%
内河航道里程（万公里）	12.46	0.04	0.32%
定期航班航线里程（公里）	3490571	725424	26.23%
国际航线线路长度（公里）	1494387	424220	39.64%
管道输油（气）里程（万公里）	8.33	0.48	6.11%
旅客运输量（万人）	3526318.73	256810.56	7.85%
铁路客运量（万人）	186226.07	18617.05	11.11%
国家铁路客运量（万人）	179199.17	14438.15	8.76%
地方铁路客运量（万人）	528.41	51.41	10.78%
合资铁路客运量（万人）	6498.48	4127.48	174.08%

续表

项目	2011年数据	本年度比上一年增长数	本年度比上一年增长率
公路客运量（万人）	3286220	233482	7.65%
水运客运量（万人）	24556	2164	9.66%
民用航空客运量（万人）	29316.66	2547.52	9.52%
货物运输量（万吨）	3696961	455154	14.04%
铁路货运量（万吨）	393263	28992	7.96%
国家铁路货运量（万吨）	329535	19994	6.46%
地方铁路货运量（万吨）	22179	3090	16.19%
合资铁路货运量（万吨）	41549	5908	16.58%
公路货运量（万吨）	2820100	372048	15.20%
水运货运量（万吨）	425968	47019	12.41%
远洋货运量（万吨）	63542	5488	9.45%
民用航空货运量（万吨）	557	–6	–1.07%
管道货运量（万吨）	57073	7101	14.21%
十三、教育状况			
研究生培养机构学校数（所）	755	–42	–5.27%
普通高校研究生培养机构学校数（所）	481	0	0.00%
科研机构研究生培养机构学校数（所）	274	–42	–13.29%
普通高等学校学校数（所）	2409	51	2.16%
本科院校学校数（所）	1129	17	1.53%
专科院校学校数（所）	1280	34	2.73%
职业技术学院学校数（个）	1143	30	2.70%
其他机构（教学点）学校数（所）	47	–9	–16.07%
独立学院学校数（所）	309	–14	–4.33%
成人高等学校学校数（所）	353	–12	–3.29%
民办的其他高等教育机构学校数（所）	830	–6	–0.72%
中等教育学校数（所）	83810	–1253	–1.47%
高中阶段教育学校数（所）	27638	–946	–3.31%
高中学校数（所）	14545	–167	–1.14%
普通高中学校数（所）	13688	–370	–2.63%
普通高中完全中学数（所）	6357	–1240	–16.32%
高级中学数（所）	6532	71	1.10%
成人高中学校数（所）	857	203	31.04%
中等职业教育学校数（所）	13083	–779	–5.62%
普通中专学校数（所）	3753	–185	–4.70%
成人中专学校数（所）	1614	–106	–6.16%
职业高中学校数（所）	4802	–404	–7.76%
技工学校学校数（所）	2914	–84	–2.80%
其他机构（教学点）学校数（所）	642	–1370	–68.09%
初中阶段教育学校数（所）	56172	–307	–0.54%
普通初中学校数（所）	54063	–760	–1.39%

续表

项目	2011 年数据	本年度比上一年增长数	本年度比上一年增长率
初级中学数（所）	40759	–1362	–3.23%
九年一贯制普通初中学校数(所)	13304	602	4.74%
职业初中学校数（所）	54	–13	–19.40%
成人初中学校数（所）	2055	466	29.33%
初等教育学校数（所）	271804	–18793	–6.47%
普通小学学校数（所）	241249	–16161	–6.28%
成人小学学校数（所）	30555	–2632	–7.93%
扫盲班学校数（所）	20179	–2048	–9.21%
工读学校学校数（所）	76	–1	–1.30%
特殊教育学校数（所）	1767	61	3.58%
学前教育学校数（所）	166750	16330	10.86%
研究生在校学生数（万人）	164.5845	10.7429	6.98%
博士在校学生数（万人）	27.1261	1.2311	4.75%
硕士在校学生数（万人）	137.4584	9.5118	7.43%
普通本专科在校学生数（万人）	2308.5	76.7	3.44%
普通本科在校学生数（万人）	1349.6577	84.0445	6.64%
普通专科在校学生数（万人）	958.9	–7.3	–0.76%
成人本专科在校学生数（万人）	547.4962	11.4574	2.14%
成人本科在校学生数（万人）	233.6132	8.5675	3.81%
成人专科在校学生数（万人）	313.883	2.8899	0.93%
在职人员攻读博士、硕士学位在校学生数（万人）	46.1693	4.1399	9.85%
网络本专科生在校学生数（万人）	492.4833	39.339	8.68%
网络本科在校学生数（万人）	175.476	11.4357	6.97%
网络专科在校学生数（万人）	317.0073	27.9033	9.65%
中等教育在校学生数（万人）	9807.854	–211.8089	–2.11%
高中阶段教育在校学生数(万人)	4686.606	9.2763	0.20%
高中在校学生数（万人）	2481.276	42.4439	1.74%
普通高中在校学生数（万人）	2454.8	27.5	1.13%
普通高中完全中学在校学生数(万人)	839.18	—	—
高级中学在校学生数（万人）	1559.12	—	—
十二年一贯制普通高中在校学生数（万人）	56.52	—	—
成人高中在校学生数（万人）	26.4533	14.9563	130.09%
中等职业教育在校学生数（万人）	2204.3	–33.1	–1.48%
普通中专在校学生数（万人）	855.2071	–22.507	–2.56%
成人中专在校学生数（万人）	238.7275	26.3301	12.40%
职业高中在校学生数（万人）	680.9722	–45.361	–6.25%
技工学校在校学生数（万人）	429.4	8.4	2.00%
初中阶段教育在校学生数（万人）	5121.248	–221.0852	–4.14%
普通初中在校学生数（万人）	5064.2058	–211.7069	–4.01%
职业初中在校学生数（万人）	2.6	–0.8	–23.53%

续表

项目	2011 年数据	本年度比上一年增长数	本年度比上一年增长率
成人初中在校学生数（万人）	54.4456	–8.5576	–13.58%
初等教育在校学生数（万人）	10094.2847	–41.0769	-0.41%
普通小学在校学生数（万人）	9926.4	–14.3	–0.14%
成人小学在校学生数（万人）	167.9173	–26.74	-13.74%
扫盲班在校学生数（万人）	74.889	–33.1917	-30.71%
工读学校在校学生数（万人）	0.8976	–0.1759	-16.39%
特殊教育在校学生数（万人）	39.9	–2.7	-6.34%
学前教育在校学生数（万人）	3424.5	447.8	15.04%
十四、科技活动状况			
研究与试验发展人员全时当量（万人年）	288.3	32.9	12.88%
研究与试验发展人员全时当量中研究人员（万人年）	131.81	10.73	8.86%
研究与试验发展基础研究人员全时当量（万人年）	19.32	1.95	11.23%
研究与试验发展应用研究人员全时当量（万人年）	35.28	1.72	5.13%
研究与试验发展试验发展人员全时当量（万人年）	233.73	29.27	14.32%
研究与试验发展经费支出（亿元）	8687	1624	22.99%
研究与试验发展基础研究经费支出（亿元）	411.81	87.32	26.91%
研究与试验发展应用研究经费支出（亿元）	1028.4	134.61	15.06%
研究与试验发展试验发展经费支出（亿元）	7246.8	1402.5	24.00%
研究与试验发展政府资金经费支出（亿元）	1882.97	186.67	11.00%
研究与试验发展企业资金经费支出（亿元）	6420.64	1357.5	26.81%
发表科技论文（万篇）	150	8.4	5.93%
出版科技著作（种）	45472	–91	–0.20%
科技成果登记数（项）	44208	2100	4.99%
国家技术发明奖（项）	55	9	19.57%
国家科学技术进步奖（项）	283	10	3.66%
专利申请受理数（项）	1633347	411061	33.63%
发明专利申请受理数（项）	526412	135235	34.57%
专利申请授权数（项）	960513	145688	17.88%
发明专利申请授权数（项）	172113	37003	27.39%
高技术产品进出口额（亿美元）	10120	1069.66	11.82%
高技术产品出口额（亿美元）	5488	564.21	11.46%
高技术产品进口额（亿美元）	4632	505.45	12.25%
技术市场成交额（亿元）	4763.56	856.96	21.94%

续表

项目	2011 年数据	本年度比上一年增长数	本年度比上一年增长率
十五、卫生事业状况			
医疗卫生机构数（个）	954389	17462	1.86%
医院数（个）	21979	1061	5.07%
综合医院数（个）	14328	647	4.73%
中医医院数（个）	2831	53	1.91%
专科医院数（个）	4283	327	8.27%
基层医疗卫生机构（个）	918003	16294	1.81%
社区卫生服务中心（站）数（个）	32860	121	0.37%
街道卫生院数（个）	667	–262	–28.20%
乡镇卫生院数（个）	37295	–541	–1.43%
村卫生室数（个）	662894	14470	2.23%
门诊部（所）数（个）	184287	2506	1.38%
专业公共卫生机构数（个）	11926	91	0.77%
疾病预防控制中心数（个）	3484	–29	–0.83%
专科疾病防治院（所/站）数（个）	1294	20	1.57%
妇幼保健院（所/站）数（个）	3036	11	0.36%
卫生监督所（中心）数（个）	3022	30	1.00%
卫生人员数（万人）	861.6	40.85	4.98%
卫生技术人员数（万人）	620.29	32.67	5.56%
执业（助理）医师数（万人）	246.61	5.28	2.19%
执业医师数（万人）	202.02	4.74	2.40%
注册护士数（万人）	224.4	19.59	9.56%
药师数（万人）	36.4	1.01	2.85%
乡村医生和卫生员数（万人）	112.64	3.45	3.16%
其他技术人员数（万人）	30.6	1.58	5.44%
管理人员数（万人）	37.49	0.44	1.19%
工勤技能人员数（万人）	60.59	2.71	4.68%

资料来源于 2020 年 7 月 10 日国家统计局国家年度数据表。

［附录三］

2011 年中国对外缔结条约概况

2011 年中国与外国签订的主要双边条约			
序号	条约名称	签订日期	签订地点
1	中华人民共和国政府和新加坡共和国政府关于新加坡驻成都领事馆升格为总领事馆的换文	2011 年 2 月 15 日	北京
2	中华人民共和国政府和新加坡共和国政府关于外交、公务和公务普通护照持有者互免签证的协定	2011 年 2 月 18 日	新加坡

续表

2011年中国与外国签订的主要双边条约			
序号	条约名称	签订日期	签订地点
3	中华人民共和国政府和哈萨克斯坦共和国政府跨界河流水质保护协定	2011年2月22日	北京
4	中华人民共和国政府和瑞士联邦政府航空运输协定	2011年3月1日	北京
5	中华人民共和国政府和蒙古国政府关于蒙古在香港特别行政区设立总领事馆的换文	2011年3月29日	北京、乌兰巴托
6	中华人民共和国外交部和澳大利亚联邦外交贸易部关于建立中澳论坛谅解备忘录	2011年4月7日	堪培拉
7	中华人民共和国政府和乌兹别克斯坦共和国政府关于投资保护的协定	2011年4月19日	北京
8	中华人民共和国政府和乌克兰政府关于成立合作委员会的协定	2011年4月20日	基辅
9	中华人民共和国政府和喀麦隆共和国政府关于定期航班的航班协定	2011年4月21日	北京
10	中华人民共和国政府和伊朗伊斯兰共和国政府关于海关事务的互助合作协定	2011年4月21日	北京
11	中华人民共和国政府和马里共和国政府关于马里在广州设立总领事馆的换文	2011年4月21日 2011年6月8日	北京
12	中华人民共和国政府和莫桑比克共和国政府文化合作协定2011—2014年执行计划	2011年4月22日	马普托
13	中华人民共和国政府和土耳其共和国政府关于土耳其在广州建立总领事馆的换文	2011年4月27日	北京
14	中华人民共和国政府和马来西亚政府关于扩大和深化经济贸易合作的协定	2011年4月28日	吉隆坡
15	中华人民共和国政府和印度尼西亚共和国政府关于扩大和深化双边经济贸易合作的协定	2011年4月29日	雅加达
16	中华人民共和国外交部和印度尼西亚共和国外交部共同行动的谅解备忘录	2011年4月29日	雅加达
17	中华人民共和国政府和尼日利亚联邦共和国政府2011—2014年文化教育交流合作议定书	2011年5月17日	北京
18	中华人民共和国政府和尼日利亚联邦共和国政府关于互设文化中心的谅解备忘录	2011年5月17日	北京
19	中华人民共和国政府和约旦哈希姆王国政府2011—2014年文化合作计划	2011年5月22日	安曼
20	中华人民共和国政府和摩洛哥王国政府关于摩洛哥驻香港特别行政区总领事馆领区扩大至澳门特别行政区的换文	2011年6月2日	北京
21	中华人民共和国政府和乌拉圭东岸共和国政府文化合作协定2011—2014年执行计划	2011年6月8日	蒙德维的亚
22	中华人民共和国政府和格鲁吉亚政府民用航空运输协定	2011年6月10日	第比利斯
23	中华人民共和国政府和东南亚国家联盟成员国政府关于海关合作的谅解备忘录	2011年6月14日	内比都
24	中华人民共和国政府和蒙古国政府汽车运输协定	2011年6月16日	北京

续表

2011 年中国与外国签订的主要双边条约			
序号	条约名称	签订日期	签订地点
25	中华人民共和国政府和密克罗尼西亚联邦政府就密克罗尼西亚在香港特别行政区委派名誉领事的换文	2011 年 6 月 17 日	帕利基尔
26	中华人民共和国政府和乌克兰政府关于乌克兰在广州设立总领事馆的协议	2011 年 6 月 20 日	基辅
27	中华人民共和国政府和以色列国政府 2011—2015 年文化协定执行计划	2011 年 6 月 21 日	耶路撒冷
28	中华人民共和国政府和乌干达共和国政府关于乌干达在广州设立总领事馆的换文	2011 年 6 月 22 日 2011 年 7 月 5 日	北京
29	中华人民共和国政府和黑山政府关于加强基础设施领域合作协定	2011 年 6 月 23 日	波德戈里察
30	中华人民共和国政府和匈牙利共和国政府关于互设文化中心谅解备忘录	2011 年 6 月 25 日	布达佩斯
31	中华人民共和国政府和大不列颠及北爱尔兰联合王国政府关于对所得和财产避免双重征税和防止偷漏税的协定	2011 年 6 月 27 日	伦敦
32	中华人民共和国政府和斐济群岛共和国政府关于斐济在上海设立总领事馆的换文	2011 年 6 月 29 日 2011 年 7 月 11 日	苏瓦
33	中华人民共和国政府和蒙古国政府关于打击犯罪的合作协议	2011 年 7 月 7 日	乌兰巴托
34	中华人民共和国政府和南苏丹共和国政府关于两国建立外交关系的联合公报	2011 年 7 月 9 日	朱巴
35	中华人民共和国政府和南苏丹共和国政府关于两国建立外交关系的谅解备忘录	2011 年 7 月 9 日	朱巴
36	中华人民共和国政府和喀麦隆共和国政府文化合作协定 2011—2014 年执行计划	2011 年 7 月 20 日	北京
37	中华人民共和国政府和大韩民国政府关于韩国在大连设立韩国驻沈阳总领事馆大连领事办公室的换文	2011 年 8 月 9 日	北京
38	中华人民共和国政府和多民族玻利维亚国政府 2011—2013 年文化合作执行计划	2011 年 8 月 12 日	北京
39	中华人民共和国政府和南非共和国政府文化合作协定 2011—2014 年执行计划	2011 年 8 月 21 日	比勒陀利亚
40	中华人民共和国政府和老挝人民民主共和国政府关于边界管理制度的协定	2011 年 8 月 23 日	北京
41	中华人民共和国政府和老挝人民民主共和国政府关于边境口岸及其管理制度的协定	2011 年 8 月 23 日	北京
42	中华人民共和国政府和斯里兰卡民主社会主义共和国政府关于斯里兰卡在广州设立总领事馆的换文	2011 年 8 月 23 日	北京
43	中华人民共和国外交部和菲律宾共和国外交部关于加强合作的谅解备忘录	2011 年 8 月 31 日	北京
44	中华人民共和国政府和孟加拉人民共和国政府关于孟加拉在昆明设立总领事馆的换文	2011 年 9 月 5 日	北京
45	中华人民共和国政府和埃塞俄比亚联邦民主共和国政府关于埃塞俄比亚在重庆设立总领事馆的换文	2011 年 9 月 6 日	北京

续表

2011年中国与外国签订的主要双边条约			
序号	条约名称	签订日期	签订地点
46	中华人民共和国政府与大不列颠及北爱尔兰联合王国政府关于加强基础设施领域合作谅解备忘录	2011年9月8日	伦敦
47	中华人民共和国政府和吉尔吉斯共和国政府关于互设总领事馆的换文	2011年9月14日	大连
48	中华人民共和国政府和白俄罗斯共和国政府关于中白工业园的协定	2011年9月18日	明斯克
49	中华人民共和国政府和斯洛伐克共和国政府就斯洛伐克驻香港特别行政区名誉领事馆领区扩大至澳门特别行政区的换文	2011年9月21日 2011年9月30日	北京
50	中华人民共和国政府和开曼群岛政府关于税收情报交换的协定	2011年9月26日	乔治敦
51	中华人民共和国政府和德意志联邦共和国政府关于德国在沈阳设立总领事馆的换文	2011年10月10日 2011年11月28日	北京
52	中华人民共和国政府和埃塞俄比亚联邦民主共和国政府科学技术合作协定	2011年10月28日	亚的斯亚贝巴
53	关于实施《中华人民共和国政府与东南亚国家联盟成员国政府全面经济合作框架协议服务贸易协议》第二批具体承诺议定书	2011年11月16日	巴厘岛
54	中华人民共和国政府和加拿大政府就加拿大驻重庆领事馆升格为总领事馆的换文	2011年11月18日 2011年11月29日	北京
55	中华人民共和国政府和土库曼斯坦政府经济贸易合作协定	2011年11月23日	北京
56	中华人民共和国政府和土库曼斯坦政府在若干经济领域合作规划	2011年11月23日	北京
57	中华人民共和国政府和哥伦比亚共和国政府关于哥伦比亚在上海设立总领事馆的换文	2011年12月5日 2011年12月22日	北京
58	中华人民共和国政府和波兰共和国政府关于互设文化中心的谅解备忘录	2011年12月20日	北京
59	中华人民共和国政府和泰王国政府关于可持续发展合作谅解备忘录	2011年12月22日	曼谷
60	中华人民共和国和泰王国关于移管被判刑人条约	2011年12月23日	曼谷
61	中华人民共和国政府和塔吉克斯坦共和国政府关于边境口岸及管理制度协定	2011年12月29日	杜尚别

资料来源于外交部网站。

［附录四］

2011年国家科学技术奖励情况

国家自然科学奖获奖项目工程				
二等奖				
序号	编号	项目名称	主要完成人	推荐单位
1	Z-101-2-01	流体力学与量子力学方程组的若干研究	张　平（中国科学院数学与系统科学研究院） 江　松（北京应用物理与计算数学研究所）	中国科学院
2	Z-102-2-01	薄膜/纳米结构的控制生长和量子操纵	贾金锋（中国科学院物理研究所） 马旭村（中国科学院物理研究所） 陈　曦（清华大学） 赵忠贤（中国科学院物理研究所） 薛其坤（中国科学院物理研究所）	中国科学院
3	Z-102-2-02	轻元素新纳米结构的构筑、调控及其物理特性研究	王恩哥（中国科学院物理研究所） 白雪冬（中国科学院物理研究所） 于　杰（中国科学院物理研究所） 马旭村（中国科学院物理研究所） 刘　双（中国科学院物理研究所）	北京市
4	Z-102-2-03	电荷转移分子体系光学非线性及超快全光开关实现	龚旗煌（北京大学） 胡小永（北京大学） 王树峰（北京大学） 杨　宏（北京大学）	中国物理学会
5	Z-102-2-04	引力体系动力学和热力学性质及其内在联系的研究	蔡荣根（中国科学院理论物理研究所） 王　斌（复旦大学） 张元仲（中国科学院理论物理研究所）	中国科学院
6	Z-103-2-01	稀土纳米功能材料的可控合成、组装及构效关系研究	严纯华（北京大学） 张亚文（北京大学） 孙聆东（北京大学） 高　松（北京大学）	教育部
7	Z-103-2-02	超临界流体、离子液体及其混合体系相行为与分子间相互作用研究	韩布兴（中国科学院化学研究所） 刘志敏（中国科学院化学研究所） 张建玲（中国科学院化学研究所） 姜　涛（中国科学院化学研究所） 闫海科（中国科学院化学研究所）	中国科学院
8	Z-103-2-03	几类无机材料的氢、锂、镁储存与电池性能研究	陈　军（南开大学） 李玮瑒（南开大学） 陶占良（南开大学） 程方益（南开大学） 马　华（南开大学）	天津市

续表

国家自然科学奖获奖项目工程				
二等奖				
序号	编号	项目名称	主要完成人	推荐单位
9	Z-103-2-04	大分子自组装的新路线及其运用	江　明（复旦大学） 陈道勇（复旦大学） 姚　萍（复旦大学）	上海市
10	Z-103-2-05	催化材料的紫外拉曼光谱研究	李　灿（中国科学院大连化学物理研究所） 冯兆池（中国科学院大连化学物理研究所） 张　静（中国科学院大连化学物理研究所） 范峰滔（中国科学院大连化学物理研究所） 杨启华（中国科学院大连化学物理研究所）	辽宁省
11	Z-103-2-06	纳米尺度和分子水平上生物信息获取的新原理与新方法	王柯敏（湖南大学） 何晓晓（湖南大学） 羊小海（湖南大学） 杨荣华（湖南大学） 唐志文（湖南大学）	湖南省
12	Z-104-2-01	中国东部燕山期花岗岩成因与地球动力学	吴福元（中国科学院地质与地球物理研究所、吉林大学） 李献华（中国科学院广州地球化学研究所） 杨进辉（中国科学院地质与地球物理研究所）	中国科学院
13	Z-104-2-02	华北及邻区深部岩石圈的减薄与增生	徐义刚（中国科学院广州地球化学研究所） 郑建平〔中国地质大学（武汉）〕 范蔚茗（中国科学院广州地球化学研究所） 许继峰（中国科学院广州地球化学研究所） 郭　锋（中国科学院广州地球化学研究所）	广东省

续表

国家自然科学奖获奖项目工程				
二等奖				
序号	编号	项目名称	主要完成人	推荐单位
14	Z-104-2-03	青藏高原地体拼合、碰撞造山及隆升机制	杨经绥（中国地质科学院地质研究所） 许志琴（中国地质科学院地质研究所） 李海兵（中国地质科学院地质研究所） 张建新（中国地质科学院地质研究所） 吴才来（中国地质科学院地质研究所）	国土资源部
15	Z-104-2-04	晚中新世以来青藏高原东北部隆升与环境变化	方小敏（兰州大学） 李吉均（兰州大学） 潘保田（兰州大学） 马玉贞（兰州大学） 宋春晖（兰州大学）	教育部
16	Z-104-2-05	典型持久性有毒污染物的分析方法与生成转化机制研究	江桂斌（中国科学院生态环境研究中心） 郑明辉（中国科学院生态环境研究中心） 刘景富（中国科学院生态环境研究中心） 蔡亚岐（中国科学院生态环境研究中心） 蔡宗苇（香港浸会大学）	中国科学院
17	Z-104-2-06	典型污染物环境化学行为、毒理效应及生态风险早期诊断方法	王晓蓉（南京大学） 陈景文（大连理工大学） 尹大强（南京大学） 郜洪文（同济大学） 朱东强（南京大学）	教育部
18	Z-105-2-01	受体酪氨酸激酶介导的信号通路在突触发育和可塑性中的作用	叶玉如（香港科技大学）	香港特别行政区

续表

国家自然科学奖获奖项目工程				
二等奖				
序号	编号	项目名称	主要完成人	推荐单位
19	Z-105-2-02	多倍体银鲫独特的单性和有性双重生殖方式的遗传基础研究	桂建芳（中国科学院水生生物研究所） 周　莉（中国科学院水生生物研究所） 杨　林（中国科学院水生生物研究所） 刘静霞（中国科学院水生生物研究所） 朱华平（中国科学院水生生物研究所）	中国科学院
20	Z-105-2-03	棉纤维细胞伸长机制研究	朱玉贤（北京大学） 秦咏梅（北京大学） 姬生健（北京大学） 施永辉（北京大学） 李鸿彬（北京大学）	中国科协
21	Z-105-2-04	植物分子系统发育与适应性进化的模式与机制研究	施苏华（中山大学） 吴仲义（中山大学） 唐　恬（中山大学） 周仁超（中山大学） 曾　凯（中山大学）	教育部
22	Z-105-2-05	《中华人民共和国植被图（1：100万）》的编研及其数字化	侯学煜（中国科学院植物研究所） 张新时（中国科学院植物研究所） 李　博（内蒙古大学） 孙世洲（中国科学院植物研究所） 何妙光（中国科学院植物研究所）	中国科学院
23	Z-106-2-01	新发传染病的分子病理学和免疫学发病机制研究	顾　江（北京大学） 丁明孝（北京大学） 王月丹（北京大学） 高子芬（北京大学） 宫恩聪（北京大学）	教育部
24	Z-106-2-02	缺血性脑卒中神经保护新靶点的研究	高天明（南方医科大学） 张光毅（徐州医学院） 李晓明（南方医科大学） 裴冬生（徐州医学院） 关秋华（徐州医学院）	广东省

续表

国家自然科学奖获奖项目工程				
二等奖				
序号	编号	项目名称	主要完成人	推荐单位
25	Z-107-2-01	基于非测距的无线网络定位理论与方法研究	刘云浩（香港科技大学） 倪明选（香港科技大学） 李　默（香港科技大学） 杨　铮（香港科技大学）	教育部
26	Z-107-2-02	计算机网络资源管理的随机模型与性能优化	林　闯（清华大学） 李　波（香港科技大学） 任丰原（清华大学） 尹　浩（清华大学） 蒋屹新（清华大学）	工业和信息化部
27	Z-107-2-03	极化电磁散射传输与空间微波遥感对地观测信息理论	金亚秋（复旦大学） 徐　丰（复旦大学） 法文哲（复旦大学）	教育部
28	Z-107-2-04	近红外光激发下高阶多光子上转换过程及其强紫外上转换光发射的研究	秦伟平（中国科学院长春光学精密机械与物理研究所、吉林大学） 宋宏伟（中国科学院长春光学精密机械与物理研究所、吉林大学） 秦冠仕（中国科学院长春光学精密机械与物理研究所、吉林大学） 赵　丹（中国科学院长春光学精密机械与物理研究所、吉林大学） 吕少哲（中国科学院长春光学精密机械与物理研究所）	吉林省
29	Z-108-2-01	介孔基复合材料设计合成、非均相催化性能与应用探索	施剑林（中国科学院上海硅酸盐研究所） 陈航榕（中国科学院上海硅酸盐研究所） 高秋明（中国科学院上海硅酸盐研究所） 张文华（中国科学院上海硅酸盐研究所） 严东生（中国科学院上海硅酸盐研究所）	中国科协
30	Z-108-2-02	硬度的微观理论及新型亚稳相设计	田永君（燕山大学） 王慧田（南京大学） 高发明（燕山大学） 何巨龙（燕山大学） 孙　建（南京大学）	教育部

续表

国家自然科学奖获奖项目工程				
二等奖				
序号	编号	项目名称	主要完成人	推荐单位
31	Z-108-2-03	生物矿化纤维的分级组装机理研究	崔福斋（清华大学） 王秀梅（清华大学） 李恒德（清华大学） 蔡　强（清华大学） 孔祥东（清华大学）	工业和信息化部
32	Z-108-2-04	亚稳纳米材料生长的基础研究	杨国伟（中山大学） 王成新（中山大学） 欧阳钢（中山大学） 杨玉华（中山大学） 王　冰（中山大学）	广东省
33	Z-109-2-01	双剪统一强度理论及其应用	俞茂宏（西安交通大学） 李跃明（西安交通大学） 马国伟（西安交通大学） 张永强（西安交通大学） 范　文（西安交通大学）	陕西省
34	Z-109-2-02	微纳尺度传热的尺度效应及其物理机制	过增元（清华大学） 李志信（清华大学） 梁新刚（清华大学） 张　兴（清华大学）	教育部
35	Z-109-2-03	基于行为的城市交通流时空分布规律与数值计算	高自友（北京交通大学） 黄海军（北京航空航天大学） 杨　海（香港科技大学） 林兴强（香港理工大学） 毛保华（北京交通大学）	教育部
36	Z-109-2-04	提高光催化环境污染控制过程能量效率的方法及应用基础研究	全　燮（大连理工大学） 朱永法（清华大学） 李新勇（大连理工大学） 姚文清（清华大学） 于洪涛（大连理工大学）	教育部

国家技术发明奖获奖项目目录（通用项目）				
一等奖				
序号	编号	项目名称	主要完成人	推荐单位
1	F-236-1-01	宽带移动通信容量逼近传输技术及产业化应用	尤肖虎（东南大学） 高西奇（东南大学） 赵春明（东南大学） 潘志文（东南大学） 孙立新（华为技术有限公司） 罗　毅（华为技术有限公司）	教育部

续表

国家技术发明奖获奖项目目录（通用项目）				
一等奖				
序号	编号	项目名称	主要完成人	推荐单位
2	F-214-1-01	有机发光显示材料、器件与工艺集成技术和应用	邱　勇（清华大学） 段　炼（清华大学） 王立铎（清华大学） 张德强（清华大学） 高裕弟（昆山维信诺显示技术有限公司） 李银奎（北京维信诺科技有限公司）	教育部
二等奖				
序号	编号	项目名称	主要完成人	推荐单位
1	F-201-2-01	后期功能型超级杂交稻育种技术及应用	程式华（中国水稻研究所） 曹立勇（中国水稻研究所） 庄杰云（中国水稻研究所） 占小登（中国水稻研究所） 倪建平（中国水稻研究所） 吴伟明（中国水稻研究所）	农业部
2	F-202-2-01	森林计测信息化关键技术与应用	冯仲科（北京林业大学） 臧淑英（哈尔滨师范大学） 马　超（广州南方测绘仪器有限公司） 杨伯钢（北京市测绘设计研究院） 余新晓（北京林业大学） 姚　山（北京农学院）	北京市
3	F-203-2-01	仔猪断奶前腹泻抗病基因育种技术的创建及应用	黄路生（江西农业大学） 任　军（江西农业大学） 晏学明（江西科技师范学院） 艾华水（江西农业大学） 肖石军（江西农业大学） 丁能水（江西农业大学）	江西省
4	F-210-2-01	基于光纤振动传感的油气管道安全预警技术与应用	张金权（中国石油天然气管道局） 王小军（中国石油天然气管道局） 焦书浩（中国石油天然气管道局） 王　飞（中国石油天然气管道局） 方德学（中国石油天然气管道局） 王　赢（中国石油天然气管道局）	河北省

续表

国家技术发明奖获奖项目目录（通用项目）				
一等奖				
序号	编号	项目名称	主要完成人	推荐单位
5	F-211-2-01	高分子多糖生物质加工新技术与产品应用	张卫明（中华全国供销合作总社南京野生植物综合利用研究院） 蒋建新（北京林业大学） 孙润仓（华南理工大学） 孙达峰（中华全国供销合作总社南京野生植物综合利用研究院） 史劲松（中华全国供销合作总社南京野生植物综合利用研究院） 彭洪军（中国石化胜利石油管理局井下作业公司）	中华全国供销合作总社
6	F-213-2-01	全氟离子交换材料制备技术及其应用	张永明（上海交通大学） 高自宏（山东东岳高分子材料有限公司） 王　婧（山东东岳高分子材料有限公司） 唐军柯（山东东岳神舟新材料有限公司） 张建宏（山东东岳高分子材料有限公司） 张　恒（山东东岳高分子材料有限公司）	山东省
7	F-213-2-02	适应原料多样性的乙苯清洁生产催化技术及工业应用	杨为民（中国石化上海石油化工研究院） 邵百祥（中国石化上海石油化工研究院） 孙洪敏（中国石化上海石油化工研究院） 花尚元（江苏丹化集团有限责任公司） 钟思青（中国石化上海石油化工研究院） 杨　栋（中国石化广州分公司）	中国石油化工集团公司
8	F-213-2-03	纤维/树脂浸润增效关键技术及工程化应用	黄玉东（哈尔滨工业大学） 刘　丽（哈尔滨工业大学） 张春华（哈尔滨工业大学） 张　翔（中国航天科技集团公司四院四十三所） 姜　波（哈尔滨工业大学） 宋元军（哈尔滨工业大学）	工业和信息化部

续表

国家技术发明奖获奖项目目录（通用项目）				
一等奖				
序号	编号	项目名称	主要完成人	推荐单位
9	F-213-2-04	杂萘联苯聚醚腈砜系列高性能树脂及其应用新技术	蹇锡高（大连理工大学） 王锦艳（大连理工大学） 张守海（大连理工大学） 刘　程（大连理工大学） 杨大令（大连理工大学） 廖功雄（大连理工大学）	中国石油和化学工业联合会
10	F-214-2-01	连续梯度材料的共沉降可控制备新技术及其在动高压领域的应用	张联盟（武汉理工大学） 沈　强（武汉理工大学） 杨中民（武汉理工大学） 叶　菁（武汉理工大学） 王传彬（武汉理工大学） 罗国强（武汉理工大学）	中国建筑材料联合会
11	F-215-2-01	高性能低成本细晶粒无钴金属陶瓷制备技术	熊惟皓（华中科技大学） 郑　勇（华中科技大学） 崔　崑（华中科技大学） 杨青青（华中科技大学） 余立新（华中科技大学） 王赛玉（华中科技大学）	工业和信息化部
12	F-216-2-01	高耐磨性、高耐蚀性、环保型钨合金电镀技术研发及应用	何凤姣（湖南大学） 高　晖（湖南英才科技有限公司） 黄宇宁（湖南纳菲尔新材料科技股份有限公司） 雷同鑫（湖南纳菲尔新材料科技股份有限公司） 苏长伟（湖南大学） 王二立（湖南大学）	中国机械工业联合会
13	F-216-2-02	微机电系统的泛结构化设计方法与技术	苑伟政（西北工业大学） 常洪龙（西北工业大学） 马炳和（西北工业大学） 乔大勇（西北工业大学） 吕湘连（西北工业大学） 虞益挺（西北工业大学）	陕西省
14	F-216-2-03	月球车移动系统关键技术	邓宗全（哈尔滨工业大学） 高海波（哈尔滨工业大学） 陶建国（哈尔滨工业大学） 刘荣强（哈尔滨工业大学） 吴　湘（哈尔滨工业大学） 丁　亮（哈尔滨工业大学）	工业和信息化部

续表

国家技术发明奖获奖项目目录（通用项目）				
一等奖				
序号	编号	项目名称	主要完成人	推荐单位
15	F-217-2-01	高频环节逆变技术及其应用	陈道炼（福州大学） 陈亦文（福州大学） 陈艳慧（福州大学） 刘　剑（南京航空航天大学） 王国玲（福州大学） 张　蓉（南京航空航天大学）	福建省
16	F-219-2-01	基于微纳米技术的新型超级电容器及其实现	尤　政（清华大学） 王晓峰（清华大学） 阮殿波（北京集星联合电子科技有限公司） 陈胜军（北京集星联合电子科技有限公司） 陈照平（北京集星联合电子科技有限公司） 孙贯英［凯迈嘉华（洛阳）新能源技术有限公司］	北京市
17	F-219-2-02	高可靠性氮化镓基半导体发光二极管材料技术及应用	陆　卫（中国科学院上海技术物理研究所） 张　涛（中国科学院上海技术物理研究所） 张　波（中国科学院上海技术物理研究所） 陈效双（中国科学院上海技术物理研究所） 王少伟（中国科学院上海技术物理研究所） 冯雅清（上海蓝宝光电材料有限公司）	上海市
18	F-219-2-03	柔性在线自动测量方法、技术及应用	郗继贵（天津大学） 刘常杰（天津大学） 吴　斌（天津大学） 任永杰（天津大学） 杨学友（天津大学） 叶声华（天津大学）	天津市

续表

国家技术发明奖获奖项目目录（通用项目）				
一等奖				
序号	编号	项目名称	主要完成人	推荐单位
19	F-219-2-04	高密度集成、高光束质量激光合束高功率半导体激光关键技术及应用	王立军（中国科学院长春光学精密机械与物理研究所） 刘　云（中国科学院长春光学精密机械与物理研究所） 单肖楠（中国科学院长春光学精密机械与物理研究所） 宁永强（中国科学院长春光学精密机械与物理研究所） 秦　莉（中国科学院长春光学精密机械与物理研究所） 彭航宇（中国科学院长春光学精密机械与物理研究所）	吉林省
20	F-220-2-01	特征敏感的三维模型几何处理技术及应用	胡事民（清华大学） 查红彬（北京大学） 刘永进（清华大学） 唐卫清（北京中科辅龙计算机技术股份有限公司） 任继成（北京中科辅龙计算机技术股份有限公司） 张国鑫（清华大学）	教育部
21	F-221-2-01	现浇混凝土大直径管桩及复合地基技术与应用	刘汉龙（河海大学） 高玉峰（河海大学） 丁选明（河海大学） 陈育民（河海大学） 马晓辉（河海大学） 储海岩（河海大学）	江苏省
22	F-221-2-02	基于粗糙度系数快速测量技术的岩体结构面抗剪强度评价与应用	杜时贵（绍兴文理学院） 罗战友（浙江科技学院） 胡晓飞（浙江工业职业技术学院） 屠雄刚（浙江工业职业技术学院） 黄　曼（浙江工业职业技术学院） 马小杰（浙江建设职业技术学院）	住房城乡建设部
23	F-221-2-03	超高层智能化整体顶升工作平台及模架体系	叶浩文（中国建筑第四工程局有限公司） 顾国荣（中建三局一公司） 季万年（中国建筑第六工程局） 杨　玮（中建三局一公司） 向小英（广州市建筑集团有限公司） 苏广洪（中建四局六公司）	中国建筑工程总公司

续表

国家技术发明奖获奖项目目录（通用项目）				
一等奖				
序号	编号	项目名称	主要完成人	推荐单位
24	F-223-2-01	水下无封底混凝土套箱建造技术	姜言泉（山东高速青岛海湾大桥建设指挥部） 徐庆军（山东高速青岛海湾大桥建设指挥部） 李丕明（山东高速青岛海湾大桥建设指挥部） 李术才（山东大学） 侯福金（山东高速青岛海湾大桥建设指挥部） 韩　冰（北京交通大学）	交通运输部
25	F-230-2-01	基于力传感的人体运动信息在线获取方法与现场训练指导系统	孙怡宁（中国科学院合肥物质科学研究院） 马祖长（中国科学院合肥物质科学研究院） 杨先军（中国科学院合肥物质科学研究院） 吴仲城（中国科学院合肥物质科学研究院） 周　旭（中国科学院合肥物质科学研究院） 姚志明（中国科学院合肥物质科学研究院）	安徽省
26	F-231-2-01	室温催化氧化甲醛和催化杀菌技术及其室内空气净化设备	贺　泓（中国科学院生态环境研究中心） 陈运法（中国科学院过程工程研究所） 张长斌（中国科学院生态环境研究中心） 何鲁敏（北京亚都空气污染治理技术有限公司） 刘东方（北京亚都空气污染治理技术有限公司） 姜　风（北京亚都空气污染治理技术有限公司）	中国科学院
27	F-231-2-02	基于微生物特异性的重金属废水深度净化新工艺	柴立元（中南大学） 罗胜联（湖南大学） 王　辉（株洲冶炼集团股份有限公司） 王庆伟（中南大学） 王云燕（中南大学） 闵小波（中南大学）	中国有色金属工业协会

续表

国家技术发明奖获奖项目目录（通用项目）				
一等奖				
序号	编号	项目名称	主要完成人	推荐单位
28	F-232-2-01	全高程、全天时大气探测激光雷达	龚顺生（中国科学院武汉物理与数学研究所） 程学武（中国科学院武汉物理与数学研究所） 李发泉（中国科学院武汉物理与数学研究所） 杨国韬（中国科学院武汉物理与数学研究所） 宋　娟（中国科学院武汉物理与数学研究所） 戴　阳（中国科学院武汉物理与数学研究所）	中国科学院
29	F-233-2-01	新型可降解涂层冠脉药物洗脱支架的研制	葛均波（复旦大学附属中山医院） 王吉成（山东吉威医疗制品有限公司） 程树军（华东理工大学）	上海市
30	F-234-2-01	丹参多酚酸盐及其粉针剂	宣利江（中国科学院上海药物研究所） 王逸平（中国科学院上海药物研究所） 徐亚明（中国科学院上海药物研究所） 丁　愉（上海绿谷制药有限公司） 王　唯（中国科学院上海药物研究所） 顾云龙（中国科学院上海药物研究所）	上海市
31	F-235-2-01	新型重组肠激酶的研制及在生物制药中的应用	郭亚军（中国人民解放军第二军医大学） 王　皓（中国人民解放军第二军医大学） 张大鹏（上海中信国健药业股份有限公司） 戴建新（中国人民解放军第二军医大学） 李　晶（上海张江生物技术有限公司） 赵　健（中国人民解放军第二军医大学）	上海市

续表

国家技术发明奖获奖项目目录（通用项目）				
一等奖				
序号	编号	项目名称	主要完成人	推荐单位
32	F-236-2-01	多种新型天线的发明、分析及应用研究	陆贵文〔毫米波国家重点实验室（香港）〕 陈志豪〔毫米波国家重点实验室（香港）〕 薛　泉〔毫米波国家重点实验室（香港）〕 黄　衡〔毫米波国家重点实验室（香港）〕	香港特别行政区
33	F-237-2-01	选择性激光烧结成形装备与工艺	史玉升（华中科技大学） 闫春泽（华中科技大学） 文世峰（华中科技大学） 蔡道生（武汉滨湖机电技术产业有限公司） 张李超（武汉奥略软件有限公司） 黄树槐（华中科技大学）	工业和信息化部
34	F-238-2-01	煤矿井下运输系统安全保障关键技术与装备	葛世荣（中国矿业大学） 于　岩（山东科技大学） 张德坤（中国矿业大学） 姜汉军（常州科研试制中心有限公司） 周满山（山东科技大学） 王眉林（常州科研试制中心有限公司）	教育部
35	F-239-2-01	管磨开流选粉节能技术及其水泥绿色制成应用	胡曙光（武汉理工大学） 陈　平（桂林理工大学） 丁庆军（武汉理工大学） 杨　义（广西鱼峰水泥股份有限公司） 刘荣进（桂林理工大学） 潘晓娟（武汉江力建材设备有限公司）	广西壮族自治区
36	F-251-2-01	克服土壤连作生物障碍的微生物有机肥及其新工艺	沈其荣（南京农业大学） 徐阳春（南京农业大学） 杨兴明（南京农业大学） 黄启为（南京农业大学） 单晓昌（江苏新天地生物肥料工程中心有限公司） 陆建明（江苏江阴市联业生物科技有限公司）	江苏省

续表

国家技术发明奖获奖项目目录（通用项目）				
一等奖				
序号	编号	项目名称	主要完成人	推荐单位
37	F-251-2-02	玉米芯废渣制备纤维素乙醇技术与应用	曲音波（山东大学） 程少博（山东龙力生物科技股份有限公司） 朱明田（山东大学） 肖　林（山东龙力生物科技股份有限公司） 方　诩（山东大学） 阎金龙（山东龙力生物科技股份有限公司）	山东省
38	F-252-2-01	矿用悬浮液压支柱技术及应用	李炳文（中国矿业大学） 赵继云（中国矿业大学） 王启广（中国矿业大学） 陈世其（中国矿业大学） 王建武（中国矿业大学） 朱冬梅（北京科技大学）	江苏省
39	F-254-2-01	列车结构塑变吸能技术及装置	田红旗（中南大学） 梁习锋（中南大学） 许　平（中南大学） 姚　松（中南大学） 高广军（中南大学） 鲁寨军（中南大学）	湖南省

国家科学技术进步奖获奖项目目录（通用项目）					
特等奖					
序号	编号	项目名称	主要完成人	主要完成单位	
1	J-252-0-01	青藏高原地质理论创新与找矿重大突破	张洪涛、潘桂棠、侯增谦、唐菊兴、丁　俊、王建平、郑有业、李荣社、王保生、陈仁义、翟刚毅、王立全、谢国刚、黄树峰、张克信、王小春、刘鸿飞、李光明、庄育勋、李　才、王秉璋、熊盛青、赵志丹、计文化、李超岭、郭文秀、张振利、张金树、吴珍汉、陈红旗、王二七、刘文灿、夏代祥、王永和、周珍琦、尹福光、薛迎喜、张　华、姚华舟、朱同兴、杜光伟、韩芳林、燕长海、刘凤山、岳昌桐、陈惠强、杨竹森、陆济璞、魏荣珠、曲晓明	中国地质调查局、西藏自治区地质矿产勘查开发局、中国地质调查局成都地质调查中心、中国地质科学院矿产资源研究所、中国地质调查局西安地质调查中心、中国地质科学院地质研究所、西藏自治区地质调查院、河南省地质调查院、中国地质大学（北京）、青海省地质调查院、中国冶金地质总局第二地质勘查院、陕西省地质调查院、江西省地质调查研究院、中国国土资源航空物探遥感中心、河北省地质调查院、吉林大学、福建省地质调查研究院、新疆维吾尔自治区地质调查院、中国地质大学（武汉）、吉林省地质调查院、中国地质科学院地质力学研究所、四川省地质调查院、中国科学院地质与地球物理研究所、成都理工大学、四川省冶金地质勘查局、中国地质调查局武汉地质调查中心、山西省地质调查院、中国黄金集团公司、中国地质科学院地球物理地球化学勘查研究所、贵州省地质调查院	

续表

国家科学技术进步奖获奖项目目录（通用项目）					
一等奖					
序号	编号	项目名称	主要完成人	主要完成单位	推荐单位
1	J-201-1-01	玉米单交种浚单20选育及配套技术研究与应用	程相文、李潮海、张守林、赵久然、孙世贤、秦贵文、唐保军、张进生、程立新、常建智、刘天学、周进宝、刘存辉、徐献军、朱自宽	浚县农业科学研究所、河南农业大学、北京市农林科学院、河南省农业科学院	河南省
2	J-253-1-01	心脑保护的关键分子机制及围术期心脑保护新策略	熊利泽、高 峰、易定华、陶 凌、王海昌、赵 钢、王 强、黄远桂、曹 丰、俞世强、董海龙、费 舟、顾春虎、陈绍洋、马 恒	中国人民解放军第四军医大学	陕西省
3	J-210-1-01	特殊环境下复杂类型油气田规模高效开发关键技术		中国石油天然气勘探开发公司、中国石油勘探开发研究院	中国石油天然气集团公司
4	J-216-1-01	深海高稳性圆筒型钻探储油平台的关键设计与制造技术	倪 涛、张永康、王兴如、庄建军、王 匀、王 飞、宋 杰、许桢英、张朝阳、屠 艳、徐 昊、许智敏、蒋家坤、陈永明、钱保义	南通中远船务工程有限公司、江苏大学	江苏省
5	J-215-1-01	难冶钨资源深度开发应用关键技术	赵中伟、刘 咏、贺跃辉、吴冲浒、姜文伟、周建华、王社权、杨金洪、方 奇、钟 军、梁卫东、周永贵、张忠健、张 立、李洪桂	中南大学、厦门钨业股份有限公司、株洲硬质合金集团有限公司、自贡硬质合金有限公司、仁化县泰和元有限公司	湖南省

续表

国家科学技术进步奖获奖项目目录（通用项目）					
一等奖					
序号	编号	项目名称	主要完成人	主要完成单位	推荐单位
6	J-213-1-01	环烷基稠油生产高端产品技术研究开发与工业化应用	张有林、石亚华、杨建湘、刘广元、马书杰、郭　群、杨俊杰、罗来龙、甄新平、熊春珠、张玲俊、尹　宏、熊良铨、丛　飙、李　荣	中国石油天然气股份有限公司克拉玛依石化分公司、中国石油化工股份有限公司石油化工科学研究院、中国石油天然气股份有限公司润滑油分公司、中国石油天然气股份有限公司石油化工研究院、中国石油新疆油田分公司	中国石油天然气集团公司
7	J-217-1-01	高压直流输电工程成套设计自主化技术开发与工程实践	饶　宏、李立浧、赵　杰、刘映尚、黎小林、李　岩、黄　莹、徐　政、洪　潮、金小明、余建国、尚　涛、方森华、朱功辉、郑　军	南方电网科学研究院有限责任公司、中国南方电网有限责任公司、浙江大学、中国电力工程顾问集团中南电力设计院、西安高压电器研究院有限责任公司	中国电机工程学会
8	J-233-1-01	新发传染病综合防控技术体系的建立与应用	曹务春、李　松、周育森、赵彤言、鹿建春、祝庆余、田　丰、温博海、刘　玮、钟　武、张贺秋、张习坦、张启恩、田　辛、方立群	中国人民解放军军事医学科学院	北京市
9	J-221-1-01	国家游泳中心（水立方）工程建造技术创新与实践	傅学怡、董石麟、庞京辉、王双军、赵志雄、毛红卫、赵　阳、侯本才、陈　蕾、顾　磊、谢国昂、袁行飞、王武斌、高俊峰、施永芒	中国建筑股份有限公司、中建国际（深圳）设计顾问有限公司、浙江大学、中国建筑一局（集团）有限公司、北京市国有资产经营有限责任公司、沈阳远大铝业工程有限公司、中建一局集团建设发展有限公司、中科建钢结构工程技术有限公司、中国建筑第八工程局有限公司、中建国际建设有限公司	中国建筑工程总公司

续表

中华人民共和国国际科学技术合作奖
一、德乐思（德国籍，男，1938 年 8 月出生，国际著名数学家，中国科学院—马普学会计算生物学伙伴研究所首任执行所长、德国比勒菲尔德大学顾问。由上海市推荐。）
二、江见俊彦（日本籍，男，1935 年 2 月出生，国际著名冶金专家。因其在钢铁冶金领域的卓越贡献，曾先后荣获瑞典工程院 Brinell 金质奖章等 27 项奖励。由江苏省推荐。）
三、戴宇阁（法国籍，男，1959 年 1 月出生，医学专家，巴黎第七大学教授，法国科学院院士。2005 年受聘为上海交通大学医学院顾问。由上海市推荐。）
四、约翰·巴士威（英国籍，男，1942 年 6 月出生，食用菌生理和活性物质研究专家。由上海市推荐。）
五、栗原博（日本籍，男，1954 年 12 月出生，中药及保健品功能研发专家，暨南大学中药及天然药物研究所副所长。由广东省推荐。）
六、斯蒂芬·波特（美国籍，男，1934 年 4 月出生，国际第四纪联合会主席，国际著名地质学家，中国科学院院聘客座教授。由中国科学院推荐。）
七、岩本爱吉（日本籍，男，1950 年 2 月出生，传染性疾病与病毒学专家，东京大学医科学研究所亚洲传染病研究中心主任。由中国科学院推荐。）
八、逯高清（澳大利亚籍，男，1963 年 11 月出生，纳米材料专家，澳大利亚工程院院士、昆士兰大学副校长。由中国科学院推荐。）

资料来源于科技部网站。

［附录五］ **2011年中国运动员获世界冠军和破世界纪录情况**

2011年中国运动员获世界冠军统计

大项	分项	小项	运动员	性别	赛事	日期	举办地	成绩
游泳	游泳	男子800米自由泳	孙杨	男	2011年游泳世界锦标赛	2011年7月27日	中国上海	07：38.57
		男子1500米自由泳	孙杨	男	2011年游泳世界锦标赛	2011年7月31日	中国上海	14：34.14
		女子100米仰泳	赵菁	女	2011年游泳世界锦标赛	2011年7月26日	中国上海	00：59.05
		女子200米个人混合泳	叶诗文	女	2011年游泳世界锦标赛	2011年7月25日	中国上海	02：08.90
		女子200米蝶泳	焦刘洋	女	2011年游泳世界锦标赛	2011年7月28日	中国上海	02：05.55
	跳水	女子双人3米跳板	何姿	女	2011年游泳世界锦标赛	2011年7月16日	中国上海	356.40
			吴敏霞	女	2011年游泳世界锦标赛	2011年7月16日	中国上海	356.40
		女子双人10米跳台	陈若琳	女	2011年游泳世界锦标赛	2011年7月18日	中国上海	362.58
			汪皓	女	2011年游泳世界锦标赛	2011年7月18日	中国上海	362.58
		女子3米跳板	吴敏霞	女	2011年游泳世界锦标赛	2011年7月23日	中国上海	380.85
		女子1米板	施廷懋	女	2011年游泳世界锦标赛	2011年7月19日	中国上海	318.65
		女子10米跳台	陈若琳	女	2011年游泳世界锦标赛	2011年7月21日	中国上海	405.30
		男子双人3米跳板	罗玉通	男	2011年游泳世界锦标赛	2011年7月19日	中国上海	463.98
			秦凯	男	2011年游泳世界锦标赛	2011年7月19日	中国上海	463.98
		男子双人10米跳台	火亮	男	2011年游泳世界锦标赛	2011年7月17日	中国上海	480.03
			邱波	男	2011年游泳世界锦标赛	2011年7月17日	中国上海	480.03
		男子3米跳板	何冲	男	2011年游泳世界锦标赛	2011年7月22日	中国上海	554.30
		男子1米板	李世鑫	男	2011年游泳世界锦标赛	2011年7月18日	中国上海	463.90
		男子10米跳台	邱波	男	2011年游泳世界锦标赛	2011年7月24日	中国上海	585.45
射箭		女子奥林匹克淘汰赛个人赛（70米）	程明	女	2011年射箭世界杯总决赛	2011年9月25日	土耳其	142

续表

2011年中国运动员获世界冠军统计								
大项	分项	小项	运动员	性别	赛事	日期	举办地	成绩
田径		女子铁饼	李艳凤	女	2011年田径世界锦标赛	2011年8月28日	韩国	66.52
羽毛球		混合团体	傅海峰	男	2011年羽毛球苏迪曼杯	2011年5月29日	中国青岛	
			王晓理	女	2011年羽毛球苏迪曼杯	2011年5月29日	中国青岛	
			赵芸蕾	女	2011年羽毛球苏迪曼杯	2011年5月29日	中国青岛	
			田卿	女	2011年羽毛球苏迪曼杯	2011年5月29日	中国青岛	
			蔡赟	男	2011年羽毛球苏迪曼杯	2011年5月29日	中国青岛	
			王适娴	女	2011年羽毛球苏迪曼杯	2011年5月29日	中国青岛	
			徐晨	男	2011年羽毛球苏迪曼杯	2011年5月29日	中国青岛	
			林丹	男	2011年羽毛球苏迪曼杯	2011年5月29日	中国青岛	
			汪鑫	女	2011年羽毛球苏迪曼杯	2011年5月29日	中国青岛	
			于洋	女	2011年羽毛球苏迪曼杯	2011年5月29日	中国青岛	
			马晋	女	2011年羽毛球苏迪曼杯	2011年5月29日	中国青岛	
		女子双打	王晓理	女	2011年羽毛球世界锦标赛	2011年8月14日	英国	
			于洋	女	2011年羽毛球世界锦标赛	2011年8月14日	英国	
		女子单打	王仪涵	女	2011年羽毛球世界锦标赛	2011年8月14日	英国	
		男子双打	傅海峰	男	2011年羽毛球世界锦标赛	2011年8月14日	英国	
			蔡赟	男	2011年羽毛球世界锦标赛	2011年8月14日	英国	
		男子单打	林丹	男	2011年羽毛球世界锦标赛	2011年8月14日	英国	
		混合双打	张楠	男	2011年羽毛球世界锦标赛	2011年8月14日	英国	
			赵芸蕾	女	2011年羽毛球世界锦标赛	2011年8月14日	英国	

续表

2011年中国运动员获世界冠军统计								
大项	分项	小项	运动员	性别	赛事	日期	举办地	成绩
拳击		男子-49公斤级	邹市明	男	2011年拳击世界锦标赛	2011年10月10日	阿塞拜疆	
击剑		女子重剑个人	李娜	女	2011年击剑世界锦标赛	2011年10月13日	意大利	
		男子花剑团体	张亮亮	男	2011年击剑世界锦标赛	2011年10月16日	意大利	
			雷声	男	2011年击剑世界锦标赛	2011年10月16日	意大利	
			马剑飞	男	2011年击剑世界锦标赛	2011年10月16日	意大利	
			朱俊	男	2011年击剑世界锦标赛	2011年10月16日	意大利	
柔道		女子+78公斤级	佟文	女	2011年柔道世界锦标赛	2011年8月28日	法国巴黎	
		女子无差别级	佟文	女	2011年柔道世界无差别级锦标赛	2011年10月27日	俄罗斯	
体操	体操	女子平衡木	眭禄	女	2011年体操世界锦标赛	2011年10月16日	日本	15.866
		男子团体	滕海滨	男	2011年体操世界锦标赛	2011年10月12日	日本	275.161
			郭伟阳	男	2011年体操世界锦标赛	2011年10月12日	日本	275.161
			张成龙	男	2011年体操世界锦标赛	2011年10月12日	日本	275.161
			严明勇	男	2011年体操世界锦标赛	2011年10月12日	日本	275.161
			冯喆	男	2011年体操世界锦标赛	2011年10月12日	日本	275.161
			邹凯	男	2011年体操世界锦标赛	2011年10月12日	日本	275.161
			陈一冰	男	2011年体操世界锦标赛	2011年10月12日	日本	275.161
		男子吊环	陈一冰	男	2011年体操世界锦标赛	2011年10月15日	日本	15.8
		男子单杠	邹凯	男	2011年体操世界锦标赛	2011年10月16日	日本	16.441

续表

2011 年中国运动员获世界冠军统计								
大项	分项	小项	运动员	性别	赛事	日期	举办地	成绩
体操	蹦床	女子网上团体	何雯娜	女	2011 年蹦床世界锦标赛	2011 年 11 月 18 日	英国	164.485
			黄珊汕	女	2011 年蹦床世界锦标赛	2011 年 11 月 18 日	英国	164.485
			李丹	女	2011 年蹦床世界锦标赛	2011 年 11 月 18 日	英国	164.485
			钟杏平	女	2011 年蹦床世界锦标赛	2011 年 11 月 18 日	英国	164.485
			李萌	女	2011 年蹦床世界锦标赛	2011 年 11 月 18 日	英国	164.485
		女子网上个人	何雯娜	女	2011 年蹦床世界锦标赛	2011 年 11 月 20 日	英国	56.275
		女子单跳团体	张媛媛	女	2011 年蹦床世界锦标赛	2011 年 11 月 19 日	英国	102
			陈凌茜	女	2011 年蹦床世界锦标赛	2011 年 11 月 19 日	英国	102
			关爽	女	2011 年蹦床世界锦标赛	2011 年 11 月 19 日	英国	102
			贾芳芳	女	2011 年蹦床世界锦标赛	2011 年 11 月 19 日	英国	102
		女子单跳个人	贾芳芳	女	2011 年蹦床世界锦标赛	2011 年 11 月 20 日	英国	71.7
		男子网上个人	陆春龙	男	2011 年蹦床世界锦标赛	2011 年 11 月 19 日	英国	62.145
		男子双人同步	董栋	男	2011 年蹦床世界锦标赛	2011 年 11 月 20 日	英国	52.4
			涂潇	男	2011 年蹦床世界锦标赛	2011 年 11 月 20 日	英国	52.4
		男子单跳团体	杨松	男	2011 年蹦床世界锦标赛	2011 年 11 月 19 日	英国	115.5
			陶毅	男	2011 年蹦床世界锦标赛	2011 年 11 月 19 日	英国	115.5
			张凌峰	男	2011 年蹦床世界锦标赛	2011 年 11 月 19 日	英国	115.5
			张雒	男	2011 年蹦床世界锦标赛	2011 年 11 月 19 日	英国	115.5
		男子单跳个人	杨松	男	2011 年蹦床世界锦标赛	2011 年 11 月 20 日	英国	79.1

续表

2011年中国运动员获世界冠军统计

大项	分项	小项	运动员	性别	赛事	日期	举办地	成绩
射击		女子10米气步枪	易思玲	女	2011年射击世界杯总决赛	2011年9月18日	波兰	502.7
		女子飞碟双向团体	张冬莲	女	2011年飞碟世界锦标赛	2011年9月10日	塞尔维亚	216
			魏宁	女	2011年飞碟世界锦标赛	2011年9月10日	塞尔维亚	216
			张山	女	2011年飞碟世界锦标赛	2011年9月10日	塞尔维亚	216
		女子飞碟多向	刘英姿	女	2011年飞碟世界锦标赛	2011年9月3日	塞尔维亚	95
		男子10米气步枪	朱启南	男	2011年射击世界杯总决赛	2011年9月18日	波兰	703.8
		男子飞碟双多向团体	胡斌渊	男	2011年飞碟世界锦标赛	2011年9月10日	塞尔维亚	432
			李君	男	2011年飞碟世界锦标赛	2011年9月10日	塞尔维亚	432
			莫俊杰	男	2011年飞碟世界锦标赛	2011年9月10日	塞尔维亚	432
		男子飞碟双多向	李君	男	2011年飞碟世界锦标赛	2011年9月3日	塞尔维亚	194
乒乓球		乒乓球女子团体	丁宁	女	2011年乒乓球世界杯团体赛	2011年11月6日	德国	
			郭焱	女	2011年乒乓球世界杯团体赛	2011年11月6日	德国	
			范瑛	女	2011年乒乓球世界杯团体赛	2011年11月6日	德国	
			郭跃	女	2011年乒乓球世界杯团体赛	2011年11月6日	德国	
			李晓霞	女	2011年乒乓球世界杯团体赛	2011年11月6日	德国	

续表

2011 年中国运动员获世界冠军统计								
大项	分项	小项	运动员	性别	赛事	日期	举办地	成绩
乒乓球		乒乓球男子团体	马龙	男	2011 年乒乓球世界杯团体赛	2011 年 11 月 6 日	德国	
			马琳	男	2011 年乒乓球世界杯团体赛	2011 年 11 月 6 日	德国	
			王皓	男	2011 年乒乓球世界杯团体赛	2011 年 11 月 6 日	德国	
			王励勤	男	2011 年乒乓球世界杯团体赛	2011 年 11 月 6 日	德国	
			许昕	男	2011 年乒乓球世界杯团体赛	2011 年 11 月 6 日	德国	
		乒乓球女子单打	丁宁	女	2011 年乒乓球女子世界杯	2011 年 10 月 30 日	新加坡	
		乒乓球男子单打	张继科	男	2011 年乒乓球男子世界杯	2011 年 11 月 13 日	法国	
		乒乓球女子双打	郭跃	女	2011 年第 50 届乒乓球世界锦标赛	2011 年 5 月 15 日	荷兰	
			李晓霞	女	2011 年第 50 届乒乓球世界锦标赛	2011 年 5 月 15 日	荷兰	
		乒乓球女子单打	丁宁	女	2011 年第 50 届乒乓球世界锦标赛	2011 年 5 月 15 日	荷兰	
		乒乓球男子双打	马龙	男	2011 年第 50 届乒乓球世界锦标赛	2011 年 5 月 15 日	荷兰	
			许昕	男	2011 年第 50 届乒乓球世界锦标赛	2011 年 5 月 15 日	荷兰	
		乒乓球男子单打	张继科	男	2011 年第 50 届乒乓球世界锦标赛	2011 年 5 月 15 日	荷兰	
		乒乓球混合双打	张超	男	2011 年第 50 届乒乓球世界锦标赛	2011 年 5 月 15 日	荷兰	
			曹臻	女	2011 年第 50 届乒乓球世界锦标赛	2011 年 5 月 15 日	荷兰	

续表

2011年中国运动员获世界冠军统计								
大项	分项	小项	运动员	性别	赛事	日期	举办地	成绩
跆拳道		女子57公斤级	侯玉琢	女	2011年跆拳道世界锦标赛	2011年5月4日	韩国	
		女子49公斤级	吴静钰	女	2011年跆拳道世界锦标赛	2011年5月2日	韩国	
网球		女子单打	李娜	女	2011年法国网球公开赛	2011年6月4日	法国	
举重		女子58公斤级抓举	李雪英	女	2011年举重世界锦标赛	2011年11月7日	法国	103
		女子48公斤级总成绩	田源	女	2011年举重世界锦标赛	2011年11月5日	法国	207
		女子48公斤级抓举	田源	女	2011年举重世界锦标赛	2011年11月5日	法国	90
		女子48公斤级挺举	田源	女	2011年举重世界锦标赛	2011年11月5日	法国	117
		女子+75公斤级总成绩	周璐璐	女	2011年举重世界锦标赛	2011年11月13日	法国	328
		女子+75公斤级挺举	周璐璐	女	2011年举重世界锦标赛	2011年11月13日	法国	182
		男子77公斤级总成绩	吕小军	男	2011年举重世界锦标赛	2011年11月10日	法国	375
		男子77公斤级抓举	吕小军	男	2011年举重世界锦标赛	2011年11月10日	法国	170
		男子77公斤级挺举	苏达金	男	2011年举重世界锦标赛	2011年11月10日	法国	206
		男子69公斤级总成绩	唐德尚	男	2011年举重世界锦标赛	2011年11月8日	法国	341
		男子69公斤级挺举	唐德尚	男	2011年举重世界锦标赛	2011年11月8日	法国	186
		男子62公斤级总成绩	张杰	男	2011年举重世界锦标赛	2011年11月6日	法国	321
		男子62公斤级挺举	张杰	男	2011年举重世界锦标赛	2011年11月6日	法国	176
		男子56公斤级总成绩	吴景彪	男	2011年举重世界锦标赛	2011年11月5日	法国	292
		男子56公斤级抓举	吴景彪	男	2011年举重世界锦标赛	2011年11月5日	法国	133
		男子56公斤级挺举	吴景彪	男	2011年举重世界锦标赛	2011年11月5日	法国	159

续表

2011年中国运动员获世界冠军统计								
大项	分项	小项	运动员	性别	赛事	日期	举办地	成绩
摔跤		女子摔跤自由式67公斤级	西洛卓玛	女	2011年摔跤世界锦标赛	2011年9月16日	土耳其	
		女子摔跤团体	黎笑媚	女	2011年女子摔跤世界杯	2011年3年6日	法国	
			杨森莲	女	2011年女子摔跤世界杯	2011年3年6日	法国	
			许晴	女	2011年女子摔跤世界杯	2011年3年6日	法国	
			洪雁	女	2011年女子摔跤世界杯	2011年3年6日	法国	
			李会	女	2011年女子摔跤世界杯	2011年3年6日	法国	
			孙亚楠	女	2011年女子摔跤世界杯	2011年3年6日	法国	
			景瑞雪	女	2011年女子摔跤世界杯	2011年3年6日	法国	
滑冰	短道速滑	女子500米	范可新	女	2011年短道速滑世界锦标赛	2011年3年13日	英国	44.620
		女子3000米接力	范可新	女	2011年短道速滑世界锦标赛	2011年3年14日	英国	4：16.295
			刘秋宏	女	2011年短道速滑世界锦标赛	2011年3年14日	英国	4：16.295
			张会	女	2011年短道速滑世界锦标赛	2011年3年14日	英国	4：16.295
			李坚柔	女	2011年短道速滑世界锦标赛	2011年3年14日	英国	4：16.295
			肖涵	女	2011年短道速滑世界锦标赛	2011年3年14日	英国	4：16.295
滑雪	自由式滑雪	女子空中技巧	程爽	女	2011年自由式滑雪世界锦标赛	2011年2月4日	美国	188.4
潜水	蹼泳	女子800米蹼泳	刘娇	女	2011年蹼泳世界锦标赛	2011年8月1日	匈牙利	6：46.79
		女子800米器泳	刘娇	女	2011年蹼泳世界锦标赛	2011年8月1日	匈牙利	6：29.32

续表

2011年中国运动员获世界冠军统计								
大项	分项	小项	运动员	性别	赛事	日期	举办地	成绩
潜水	蹼泳	女子50米蹼泳	徐焕珊	女	2011年蹼泳世界锦标赛	2011年8月1日	匈牙利	17.66
		女子50米潜泳	朱宝珍	女	2011年蹼泳世界锦标赛	2011年8月1日	匈牙利	16.37
		女子4×100米蹼泳接力	李静	女	2011年蹼泳世界锦标赛	2011年8月2日	匈牙利	2：42.52
			徐焕珊	女	2011年蹼泳世界锦标赛	2011年8月2日	匈牙利	2：42.52
			朱宝珍	女	2011年蹼泳世界锦标赛	2011年8月2日	匈牙利	2：42.52
			梁耀月	女	2011年蹼泳世界锦标赛	2011年8月2日	匈牙利	2：42.52
		女子400米蹼泳	刘娇	女	2011年蹼泳世界锦标赛	2011年8月1日	匈牙利	3：12.90
		女子400米器泳	刘娇	女	2011年蹼泳世界锦标赛	2011年8月1日	匈牙利	2：59.24
		女子1500米蹼泳	刘娇	女	2011年蹼泳世界锦标赛	2011年8月1日	匈牙利	13：01.48
		女子100米器泳	徐焕珊	女	2011年蹼泳世界锦标赛	2011年8月1日	匈牙利	35.96
		男子800米器泳	池骋	男	2011年蹼泳世界锦标赛	2011年8月1日	匈牙利	5：51.51
		女子800米蹼泳	刘娇	女	2011年蹼泳世界杯总决赛	2011年9月18日	中国烟台	7：07.86
		女子6000米蹼泳	刘娇	女	2011年蹼泳世界杯总决赛	2011年9月18日	中国烟台	41：09.72
		女子50米蹼泳	梁耀月	女	2011年蹼泳世界杯总决赛	2011年9月18日	中国烟台	17.37
		女子50米潜泳	徐焕珊	女	2011年蹼泳世界杯总决赛	2011年9月18日	中国烟台	15.83
		女子4×100米蹼泳接力	李静	女	2011年蹼泳世界杯总决赛	2011年9月18日	中国烟台	2：55.16
			徐焕珊	女	2011年蹼泳世界杯总决赛	2011年9月18日	中国烟台	2：55.16

续表

2011年中国运动员获世界冠军统计								
大项	分项	小项	运动员	性别	赛事	日期	举办地	成绩
潜水	蹼泳	女子4×100米蹼泳接力	朱宝珍	女	2011年蹼泳世界杯总决赛	2011年9月18日	中国烟台	2：55.16
			梁耀月	女	2011年蹼泳世界杯总决赛	2011年9月18日	中国烟台	2：55.16
		女子400米蹼泳	刘娇	女	2011年蹼泳世界杯总决赛	2011年9月18日	中国烟台	3：24.97
		女子200米蹼泳	刘娇	女	2011年蹼泳世界杯总决赛	2011年9月18日	中国烟台	1：30.22
		女子200米双蹼	习亚平	女	2011年蹼泳世界杯总决赛	2011年9月18日	中国烟台	1：52.65
		女子100米蹼泳	梁耀月	女	2011年蹼泳世界杯总决赛	2011年9月18日	中国烟台	39.91
		女子100米器泳	徐焕珊	女	2011年蹼泳世界杯总决赛	2011年9月18日	中国烟台	35.84
		男子4×100蹼泳接力	简卡	男	2011年蹼泳世界杯总决赛	2011年9月18日	中国烟台	2：28.21
			李辉	男	2011年蹼泳世界杯总决赛	2011年9月18日	中国烟台	2：28.21
			周伟航	男	2011年蹼泳世界杯总决赛	2011年9月18日	中国烟台	2：28.21
			岑金龙	男	2011年蹼泳世界杯总决赛	2011年9月18日	中国烟台	2：28.21
		男子400米蹼泳	周伟航	男	2011年蹼泳世界杯总决赛	2011年9月18日	中国烟台	3：04.91
		男子200米蹼泳	周伟航	男	2011年蹼泳世界杯总决赛	2011年9月18日	中国烟台	1：24.17
		男子100米蹼泳	李辉	男	2011年蹼泳世界杯总决赛	2011年9月20日	中国烟台	

续表

2011年中国运动员获世界冠军统计								
大项	分项	小项	运动员	性别	赛事	日期	举办地	成绩
潜水	蹼泳	男子100米器泳	简卡	男	2011年蹼泳世界杯总决赛	2011年9月18日	中国烟台	32.67
台球		斯诺克男子团体	梁文博	男	2011年台球斯诺克团体世界杯	2011年7月17日	泰国	
			丁俊晖	男	2011年台球斯诺克团体世界杯	2011年7月17日	泰国	
		美式9球	毕竹清	女	2011年台球美式九球世界锦标赛	2011年9月25日	中国沈阳	
航海模型		F4-C	曾国升	男	2011年航海模型仿真航行项目世界锦标赛	2011年7月9日	匈牙利	198.66
		F4-B	梁杰峰	男	2011年航海模型仿真航行项目世界锦标赛	2011年7月9日	匈牙利	198
		F2-C	周志勇	男	2011年航海模型仿真航行项目世界锦标赛	2011年7月9日	匈牙利	198.66
		F5-E	宣东波	男	2011年航海模型帆船项目世界锦标赛	2011年4月20日	奥地利	24.4
		F5-10	龚群星	男	2011年航海模型帆船项目世界锦标赛	2011年4月20日	奥地利	42.4
国际象棋		女子个人	侯逸凡	女	2011年国际象棋女子世界锦标赛	2011年11月25日	阿尔巴尼亚	
象棋		女子个人	唐丹	女	2011年象棋世界锦标赛	2011年11月26日	印尼	
		男子团体	蒋川	男	2011年象棋世界锦标赛	2011年11月26日	印尼	
			许银川	男	2011年象棋世界锦标赛	2011年11月26日	印尼	
		男子个人	蒋川	男	2011年象棋世界锦标赛	2011年11月26日	印尼	

续表

2011年中国运动员获世界冠军统计								
大项	分项	小项	运动员	性别	赛事	日期	举办地	成绩
武术	散打	女子散打60公斤级	蒋先婷	女	2011年世界武术锦标赛	2011年10月14日	土耳其	
		女子散打56公斤级	刘玲玲	女	2011年世界武术锦标赛	2011年10月14日	土耳其	
		女子散打52公斤级	邱挑	女	2011年世界武术锦标赛	2011年10月14日	土耳其	
		女子散打48公斤级	冯玉芳	女	2011年世界武术锦标赛	2011年10月14日	土耳其	
		男子散打90公斤以上级	陈彦召	男	2011年世界武术锦标赛	2011年10月15日	土耳其	
		男子散打90公斤级	黄磊	男	2011年世界武术锦标赛	2011年10月15日	土耳其	
		男子散打75公斤级	纪海桐	男	2011年世界武术锦标赛	2011年10月15日	土耳其	
		男子散打60公斤级	吴强	男	2011年世界武术锦标赛	2011年10月15日	土耳其	
		男子散打56公斤级	李康	男	2011年世界武术锦标赛	2011年10月15日	土耳其	
	套路	太极拳	李昕豫	女	2011年世界武术锦标赛	2011年10月10日	土耳其	9.85
		女子南拳	林凡	女	2011年世界武术锦标赛	2011年10月12日	土耳其	9.81
		女子剑术	阚文聪	女	2011年世界武术锦标赛	2011年10月14日	土耳其	9.8
		女子刀术	成成	女	2011年世界武术锦标赛	2011年10月12日	土耳其	9.79
		女子长拳	赵诗	女	2011年世界武术锦标赛	2011年10月14日	土耳其	9.79
		男子太极剑	吴雅楠	男	2011年世界武术锦标赛	2011年10月12日	土耳其	9.85
		男子枪术	苏保成	男	2011年世界武术锦标赛	2011年10月14日	土耳其	9.8
		男子南拳	黄光源	男	2011年世界武术锦标赛	2011年10月11日	土耳其	9.79
		男子刀术	孙培原	男	2011年世界武术锦标赛	2011年10月11日	土耳其	9.82
		长拳	张凯	男	2011年世界武术锦标赛	2011年10月10日	土耳其	9.85
登山	攀岩	男子速度攀岩	钟齐鑫	男	2011年攀岩世界锦标赛	2011年7月24日	意大利	6.26

续表

2011年中国运动员获世界冠军统计								
大项	分项	小项	运动员	性别	赛事	日期	举办地	成绩
龙舟		成年女子组200米	曹立娜	女	2011年第十届世界龙舟锦标赛	2011年8月5日	美国	00：51.032
			项月	女	2011年第十届世界龙舟锦标赛	2011年8月5日	美国	00：51.032
			陈士平	女	2011年第十届世界龙舟锦标赛	2011年8月5日	美国	00：51.032
			董爱丽	女	2011年第十届世界龙舟锦标赛	2011年8月5日	美国	00：51.032
			方金彩	女	2011年第十届世界龙舟锦标赛	2011年8月5日	美国	00：51.032
			关旺兴	女	2011年第十届世界龙舟锦标赛	2011年8月5日	美国	00：51.032
			何淑贞	女	2011年第十届世界龙舟锦标赛	2011年8月5日	美国	00：51.032
			黄桂有	女	2011年第十届世界龙舟锦标赛	2011年8月5日	美国	00：51.032
			李莲英	女	2011年第十届世界龙舟锦标赛	2011年8月5日	美国	00：51.032
			李旺兴	女	2011年第十届世界龙舟锦标赛	2011年8月5日	美国	00：51.032
			李银英	女	2011年第十届世界龙舟锦标赛	2011年8月5日	美国	00：51.032
			梁戈葵	女	2011年第十届世界龙舟锦标赛	2011年8月5日	美国	00：51.032
			梁洪柳	女	2011年第十届世界龙舟锦标赛	2011年8月5日	美国	00：51.032
			梁杏彩	女	2011年第十届世界龙舟锦标赛	2011年8月5日	美国	00：51.032

续表

2011 年中国运动员获世界冠军统计								
大项	分项	小项	运动员	性别	赛事	日期	举办地	成绩
龙舟		成年女子组 200 米	刘雪莲	女	2011 年第十届世界龙舟锦标赛	2011 年 8 月 5 日	美国	00：51.032
			伦金仪	女	2011 年第十届世界龙舟锦标赛	2011 年 8 月 5 日	美国	00：51.032
			潘惠珠	女	2011 年第十届世界龙舟锦标赛	2011 年 8 月 5 日	美国	00：51.032
			屈雪	女	2011 年第十届世界龙舟锦标赛	2011 年 8 月 5 日	美国	00：51.032
			宋艳冰	女	2011 年第十届世界龙舟锦标赛	2011 年 8 月 5 日	美国	00：51.032
			王玉婷	女	2011 年第十届世界龙舟锦标赛	2011 年 8 月 5 日	美国	00：51.032
			张要欢	女	2011 年第十届世界龙舟锦标赛	2011 年 8 月 5 日	美国	00：51.032
			梁子宇	女	2011 年第十届世界龙舟锦标赛	2011 年 8 月 5 日	美国	00：51.032
			丛琳琳	女	2011 年第十届世界龙舟锦标赛	2011 年 8 月 5 日	美国	00：51.032
			彭春	女	2011 年第十届世界龙舟锦标赛	2011 年 8 月 5 日	美国	00：51.032
		成年混合组 200 米	曹立娜	女	2011 年第十届世界龙舟锦标赛	2011 年 8 月 5 日	美国	00：44.692
			魏乐	男	2011 年第十届世界龙舟锦标赛	2011 年 8 月 5 日	美国	00：44.692
			项月	女	2011 年第十届世界龙舟锦标赛	2011 年 8 月 5 日	美国	00：44.692
			董爱丽	女	2011 年第十届世界龙舟锦标赛	2011 年 8 月 5 日	美国	00：44.692

续表

2011年中国运动员获世界冠军统计								
大项	分项	小项	运动员	性别	赛事	日期	举办地	成绩
龙舟		成年混合组200米	关祥挺	男	2011年第十届世界龙舟锦标赛	2011年8月5日	美国	00：44.692
			何淑贞	女	2011年第十届世界龙舟锦标赛	2011年8月5日	美国	00：44.692
			胡伟峰	男	2011年第十届世界龙舟锦标赛	2011年8月5日	美国	00：44.692
			黄俭文	男	2011年第十届世界龙舟锦标赛	2011年8月5日	美国	00：44.692
			李银英	女	2011年第十届世界龙舟锦标赛	2011年8月5日	美国	00：44.692
			梁戈葵	女	2011年第十届世界龙舟锦标赛	2011年8月5日	美国	00：44.692
			梁洪柳	女	2011年第十届世界龙舟锦标赛	2011年8月5日	美国	00：44.692
			梁杏彩	女	2011年第十届世界龙舟锦标赛	2011年8月5日	美国	00：44.692
			刘培松	男	2011年第十届世界龙舟锦标赛	2011年8月5日	美国	00：44.692
			刘雪莲	女	2011年第十届世界龙舟锦标赛	2011年8月5日	美国	00：44.692
			刘尧森	男	2011年第十届世界龙舟锦标赛	2011年8月5日	美国	00：44.692
			潘辉俊	男	2011年第十届世界龙舟锦标赛	2011年8月5日	美国	00：44.692
			潘惠珠	女	2011年第十届世界龙舟锦标赛	2011年8月5日	美国	00：44.692
			谭仕鹏	男	2011年第十届世界龙舟锦标赛	2011年8月5日	美国	00：44.692

续表

2011年中国运动员获世界冠军统计								
大项	分项	小项	运动员	性别	赛事	日期	举办地	成绩
龙舟		成年混合组200米	熊其国	男	2011年第十届世界龙舟锦标赛	2011年8月5日	美国	00：44.692
			曾润发	男	2011年第十届世界龙舟锦标赛	2011年8月5日	美国	00：44.692
			纪平和	男	2011年第十届世界龙舟锦标赛	2011年8月5日	美国	00：44.692
			孙海龙	男	2011年第十届世界龙舟锦标赛	2011年8月5日	美国	00：44.692
			梁子宇	女	2011年第十届世界龙舟锦标赛	2011年8月5日	美国	00：44.692
			黄臣涛	男	2011年第十届世界龙舟锦标赛	2011年8月5日	美国	00：44.692
		成年公开组200米	魏乐	男	2011年第十届世界龙舟锦标赛	2011年8月5日	美国	00：44.269
			崔松允	男	2011年第十届世界龙舟锦标赛	2011年8月5日	美国	00：44.269
			关祥挺	男	2011年第十届世界龙舟锦标赛	2011年8月5日	美国	00：44.269
			胡伟峰	男	2011年第十届世界龙舟锦标赛	2011年8月5日	美国	00：44.269
			黄臣涛	男	2011年第十届世界龙舟锦标赛	2011年8月5日	美国	00：44.269
			黄俭文	男	2011年第十届世界龙舟锦标赛	2011年8月5日	美国	00：44.269
			纪平和	男	2011年第十届世界龙舟锦标赛	2011年8月5日	美国	00：44.269
			蒋涛	男	2011年第十届世界龙舟锦标赛	2011年8月5日	美国	00：44.269

续表

2011年中国运动员获世界冠军统计								
大项	分项	小项	运动员	性别	赛事	日期	举办地	成绩
龙舟		成年公开组200米	李富荣	男	2011年第十届世界龙舟锦标赛	2011年8月5日	美国	00：44.269
			刘培松	男	2011年第十届世界龙舟锦标赛	2011年8月5日	美国	00：44.269
			刘尧森	男	2011年第十届世界龙舟锦标赛	2011年8月5日	美国	00：44.269
			罗荣宽	男	2011年第十届世界龙舟锦标赛	2011年8月5日	美国	00：44.269
			潘辉俊	男	2011年第十届世界龙舟锦标赛	2011年8月5日	美国	00：44.269
			区爽安	男	2011年第十届世界龙舟锦标赛	2011年8月5日	美国	00：44.269
			苏伯品	男	2011年第十届世界龙舟锦标赛	2011年8月5日	美国	00：44.269
			孙海龙	男	2011年第十届世界龙舟锦标赛	2011年8月5日	美国	00：44.269
			谭仕朝	男	2011年第十届世界龙舟锦标赛	2011年8月5日	美国	00：44.269
			谭仕鹏	男	2011年第十届世界龙舟锦标赛	2011年8月5日	美国	00：44.269
			吴国朝	男	2011年第十届世界龙舟锦标赛	2011年8月5日	美国	00：44.269
			吴日昌	男	2011年第十届世界龙舟锦标赛	2011年8月5日	美国	00：44.269
			熊其国	男	2011年第十届世界龙舟锦标赛	2011年8月5日	美国	00：44.269
			杨志刚	男	2011年第十届世界龙舟锦标赛	2011年8月5日	美国	00：44.269

续表

2011 年中国运动员获世界冠军统计								
大项	分项	小项	运动员	性别	赛事	日期	举办地	成绩
龙舟		成年公开组 200 米	曾润发	男	2011 年第十届世界龙舟锦标赛	2011 年 8 月 5 日	美国	00：44.269
			周钧雄	男	2011 年第十届世界龙舟锦标赛	2011 年 8 月 5 日	美国	00：44.269

资料来源于国家体育总局网站。

[**附录六**]

2011 年全国道德模范名单

一、全国助人为乐模范（11 名）	
郭明义	鞍钢集团矿业公司齐大山铁矿生产技术室采场公路管理员
王文珍（女）	海军总医院护理部总护士长
阿尼帕·阿力马洪（女，维吾尔族）	新疆维吾尔自治区青河县青河镇居民
毛陈冰（女）	支付宝（中国）网络技术有限公司员工
刘丽（女）	福建省厦门市名悦休闲有限公司技术总监，原籍安徽省阜阳市颍上县
许月华（女）	湖南省湘潭市社会福利院供养人员
厉莉（女）	北京市房山区人民法院民二庭庭长助理
王振治	陕西省西安市公安局交通警察支队新城大队安监中队民警
董明（女）	湖北省武汉市硚口区汉水桥街营北社区居民
王文忠	河北省衡水市枣强县马约村党支部书记
阿里木江·哈力克（维吾尔族）	贵州省毕节市个体工商业者，原籍新疆维吾尔自治区巴音郭楞蒙古自治州和静县
二、全国见义勇为模范（10 名）	
郜忠利（蒙古族）	生前系中国人民解放军 65939 部队 67 分队班长，代理排长
王茂华、谭良才	王茂华生前系江西省宜春市袁州区慈化镇伯塘中学教师；谭良才系王茂华的岳父，江西省宜春市袁州区慈化镇伯塘村村民
冯思广	生前系驻济南空军航空兵某师飞行 2 大队正连职飞行员
纪长秋	生前系吉林省石油化工厅服务公司工人
甘占恩	生前系青海省湟中县羊圈中学初一（2）班学生

续表

旦增尼玛（藏族）、仁青达瓦（藏族）	旦增尼玛系西藏自治区拉萨中学高三（5）班学生；仁青达瓦系西藏民族学院附属中学高三（1）班学生
刘兴元、刘贺龙父子	刘兴元系河南省许昌市鄢陵县陶城乡黄庄村村民；刘贺龙生前系河北省文安县左各庄镇南陶管营小学学生，是刘兴元的儿子
曾庆香、刘　薇（女）	曾庆香生前系在京务工人员，原籍江西省信丰县大塘埠镇万星村；刘薇生前系中央电视台《每周质量报告》栏目记者
胡文传	安徽省长丰县岗集镇大窑村村民
吴菊萍（女）	阿里巴巴（中国）网络技术有限公司员工
三、全国诚实守信模范（10名）	
刘延宝	山东省济南市历城区港沟镇神武村村民
王文彬	河北省秦皇岛市昌黎县龙家店镇汪上村村民
孙东林	武汉东方建筑集团有限公司副总经理、湖北省“信义兄弟”建筑工程有限公司董事长
孙影（女）	广东省深圳市关爱行动组委会办公室工作人员
常德盛	江苏省苏州常熟市支塘镇蒋巷村党委书记
李影（女）	上海闸环灵石环境卫生工程有限公司沪太路1170弄（龙潭小区）29号公厕管理员
唐中和	湖南省新宁县丰田乡庄丰村乡村医生
马国林（回族）	宁夏回族自治区固原市西吉县硝河乡马昌村村民
丁新民（蒙古族）	内蒙古自治区鄂尔多斯市东方路桥集团董事长、党委书记
李郁林	海南省儋州市白马井中学教师、德育室主任
四、全国敬业奉献模范（12名）	
杨善洲	生前系云南省保山市原地委书记
何祥美	中国人民解放军73653部队73分队上士
沈　浩	生前系安徽省财政厅干部、凤阳县小岗村第一书记
马军武	新疆生产建设兵团农十师一八五团林管站职工
庄仕华	武警新疆总队医院院长、肝胆外科中心主任医师
孔祥瑞	天津港中煤华能煤码头有限公司孔祥瑞操作队队长、党支部书记
李文祥	河南省范县白衣阁乡北街村村民
王争艳（女）	湖北省武汉市汉口医院金桥社区卫生服务中心原主任
文建明	四川省南充市营山县城南镇党委书记
张雅琴（女）	生前系江苏省镇江丹阳市新桥镇金桥村党总支书记
邓前堆（怒族）	云南省怒江州福贡县石月亮乡拉马底村乡村医生
邵春亮	大连理工大学教授（退休教师）、少数民族预科班顾问

续表

五、全国孝老爱亲模范（11 名）	
孟佩杰（女）	山西师范大学临汾学院学生
王冬梅（女）	甘肃省两当县金洞乡太阳村村民
张蕾（女，土家族）	贵州省铜仁学院中文系学生
王欣（女）、顾金钟夫妇	王欣系大港油田总医院纪检监察办公室主任；顾金钟系天津市公安局大港分局海滨派出所民警
曹阳飞宇	福建三明学院外语系学生
陈九（女）	河南省濮阳市高新区皇甫街道前皇甫村村民
杨德碧（女）	重庆市涪陵区龙潭镇义和村村民
李建珍（女）	广西壮族自治区南宁铁路局柳州机车车辆厂工人
王现伟	安徽陆军某预备役师步兵一团副参谋长
朱清章	内蒙古自治区包头市石拐区矿务局河滩沟矿二采区退休职工
陈礼国	中国人民解放军 96401 部队高级工程师

资料来源于中国文明网。

[附录七] 2011 年全国自然灾害情况

指标	单位	数量
农作物受灾面积	千公顷	32470.5
农作物绝收面积	千公顷	2891.7
旱灾受灾面积	千公顷	16304.2
旱灾绝收面积	千公顷	1505.4
洪涝、山体滑坡、泥石流和台风受灾面积	千公顷	8409.9
洪涝、山体滑坡、泥石流和台风绝收面积	千公顷	872.8
风雹灾害受灾面积	千公顷	3309.3
风雹灾害绝收面积	千公顷	302.4
低温冷冻和雪灾受灾面积	千公顷	4447.1
低温冷冻和雪灾绝收面积	千公顷	211.1
自然灾害受灾人口	万人次	43290
自然灾害受灾死亡人口	人	1014
自然灾害直接经济损失	亿元	3096.4

资料来源于国家统计局国家年度统计表。

［附录八］

2011年国务院机构简称

中华人民共和国国务院办公厅	
全称	简称
中华人民共和国国务院办公厅	国务院办公厅
国务院组成部门	
中华人民共和国外交部	外交部
中华人民共和国国防部	国防部
中华人民共和国国家发展和改革委员会	发展改革委
中华人民共和国教育部	教育部
中华人民共和国科学技术部	科技部
中华人民共和国工业和信息化部	工业和信息化部
中华人民共和国国家民族事务委员会	国家民委
中华人民共和国公安部	公安部
中华人民共和国国家安全部	安全部
中华人民共和国监察部	监察部
中华人民共和国民政部	民政部
中华人民共和国司法部	司法部
中华人民共和国财政部	财政部
中华人民共和国人力资源和社会保障部	人力资源社会保障部
中华人民共和国国土资源部	国土资源部
中华人民共和国环境保护部	环境保护部
中华人民共和国住房和城乡建设部	住房城乡建设部
中华人民共和国交通运输部	交通运输部
中华人民共和国铁道部	铁道部
中华人民共和国水利部	水利部
中华人民共和国农业部	农业部
中华人民共和国商务部	商务部
中华人民共和国文化部	文化部
中华人民共和国卫生部	卫生部
中华人民共和国国家人口和计划生育委员会	人口计生委
中国人民银行	人民银行
中华人民共和国审计署	审计署
监察部与中共中央纪律检查委员会机关合署办公，机构列入国务院序列，编制列入中共中央直属机构。	
国务院直属特设机构	
国务院国有资产监督管理委员会	国资委
国务院直属机构	
中华人民共和国海关总署	海关总署
国家税务总局	税务总局
国家工商行政管理总局	工商总局
国家质量监督检验检疫总局	质检总局
国家广播电影电视总局	广电总局
国家新闻出版总署（国家版权局）	新闻出版总署（版权局）

续表

中华人民共和国国务院办公厅	
全称	**简称**
国家体育总局	体育总局
国家安全生产监督管理总局	安全监管总局
国家统计局	统计局
国家林业局	林业局
国家知识产权局	知识产权局
国家旅游局	旅游局
国家宗教事务局	宗教局
国务院参事室	参事室
国家机关事务管理局	国管局
国家预防腐败局	预防腐败局
国家预防腐败局列入国务院直属机构序列，在监察部加挂牌子。	
国务院办事机构	
国务院侨务办公室	侨办
国务院港澳事务办公室	港澳办
国务院法制办公室	法制办
国务院研究室	国研室
国务院直属事业单位	
新华通讯社	新华社
中国科学院	中科院
中国社会科学院	社科院
中国工程院	工程院
国务院发展研究中心	发展研究中心
国家行政学院	行政学院
中国地震局	地震局
中国气象局	气象局
中国银行业监督管理委员会	银监会
中国证券监督管理委员会	证监会
中国保险监督管理委员会	保监会
国家电力监管委员会	电监会
全国社会保障基金理事会	社保基金会
国家自然科学基金委员会	自然科学基金会
国务院台湾事务办公室	台办
国务院新闻办公室	新闻办
国务院防范和处理邪教问题办公室	防范办
国家档案局	档案局
国务院台湾事务办公室与中共中央台湾工作办公室、国务院新闻办公室与中共中央对外宣传办公室、国务院防范和处理邪教问题办公室与中央防范和处理邪教问题领导小组办公室，一个机构两块牌子，列入中共中央直属机构序列。国家档案局与中央档案馆，一个机构两块牌子，列入中共中央直属机关的下属机构。	
国务院部委管理的国家局	
国家信访局	信访局
国家粮食局	粮食局

续表

中华人民共和国国务院办公厅	
全称	简称
国家能源局	能源局
国家国防科技工业局	国防科工局
国家烟草专卖局	烟草局
国家外国专家局	外专局
国家公务员局	公务员局
国家海洋局	海洋局
国家测绘局	测绘局
国家铁路局	铁路局
中国民用航空局	民航局
国家邮政局	邮政局
国家文物局	文物局
国家食品药品监督管理局	食品药品监管局
国家中医药管理局	中医药局
国家外汇管理局	外汇局
国家煤矿安全监察局	煤矿安监局
国家保密局	保密局
国家密码管理局	密码局
国家航天局	航天局
国家原子能机构	原子能机构
国家语言文字工作委员会	国家语委
国家核安全局	核安全局
国家保密局与中央保密委员会办公室、国家密码管理局与中央密码工作领导小组办公室，一个机构两块牌子，列入中共中央直属机关的下属机构。工业和信息化部对外保留国家航天局、国家原子能机构牌子。教育部对外保留国家语言文字工作委员会牌子。环境保护部对外保留国家核安全局牌子。	

资料来源于国办秘函〔2008〕26号文件。

图书在版编目(CIP)数据

中华人民共和国史编年．2011 年卷 / 当代中国研究所，中央档案馆编．-- 北京：当代中国出版社，2022.2

ISBN 978-7-5154-1065-4

Ⅰ．①中… Ⅱ．①当… ②中… Ⅲ．①中国历史—现代史—编年体—2011 Ⅳ．① K270.43

中国版本图书馆 CIP 数据核字(2020)第 177146 号

出 版 人 冀祥德
责任编辑 陈 莎 周显亮
责任校对 康 莹
装帧设计 海 洋
出版发行 当代中国出版社
地 址 北京市地安门西大街旌勇里 8 号
网 址 http://www.ddzg.net 邮箱：ddzgcbs@sina.com
邮政编码 100009
编 辑 部 (010)66572264 66572154 66572132 66572180
市 场 部 (010)66572281 66572161 66572157 83221785
印 刷 北京润田金辉印刷有限公司
开 本 787 毫米 × 1092 毫米 1/16
印 张 64.25 印张 2 插页 1396 千字
版 次 2022 年 2 月第 1 版
印 次 2022 年 2 月第 1 次印刷
定 价 370.00 元

ISBN 978-7-5154-1065-4

版权所有，翻版必究；如有印装质量问题，请拨打 (010) 66572159 联系出版部调换。